〈著者紹介〉
梅本吉彦（うめもと・よしひこ）
昭和15年10月14日生まれ
昭和40年　法政大学法学部卒業
現　在　専修大学法学部教授

■主要論文

「情報化社会における民事訴訟法」民事訴訟雑誌33号（民事訴訟法学会・昭和62年）

「営業秘密の法的保護と民事訴訟手続」法とコンピュータ10号（法とコンピュータ学会・平成4年）

「知的財産権と証拠の保全」財団法人知的財産研究所5周年記念論文集『知的財産の潮流』（平成7年）

「知的財産権をめぐる紛争予防と紛争処理」財団法人知的財産研究所10周年記念論文集『21世紀における知的財産の展望』（平成12年）

「インターネット時代と新たな紛争処理システム—特に知的財産権紛争を中心として」新堂幸司先生古稀祝賀『民事訴訟法理論の新たな構築・上巻』（平成13年）

民事訴訟法

2002年（平成14年）4月30日　第1版第1刷発行　2410-0101

著者　梅本吉彦
発行者　今井貴
発行所　信山社出版株式会社
〒113-0033　東京都文京区本郷6-2-9-102
電話　03（3818）1019
FAX　03（3818）0344

Printed in Japan

印刷・製本／勝美印刷・渋谷文泉閣

ISBN4-7972-2410-X　C3332
2410-012-500-050
NDC分類327.201

事項索引

あ行

相手方の援用せざる自己に不利益な陳述… 468
異議申立権……………………………… 417
遺産分割審判…………………………… 193
意思推定………………………………… 772
移審の効力……………………………… 990
移　送……………………………………72
　——の裁判の拘束力……………………80
　遅延を避けるため等の——……………77
一応の推定……………………………… 769
一期日一調書の原則…………………… 556
一事不再理の原則……………………… 895
一部請求………………………………… 878
一部判決………………………………… 835
一般条項………………………………… 475
違法収集証拠…………………………… 751
医療過誤………………………………… 640
インカメラ手続 ……………………508, 811
受付事務………………………………… 249
受付相談事務…………………………… 243
内側説…………………………………… 849
訴　え…………………………………… 175
　——の一部取下げ…………………… 929
　——の主観的選択的併合…………… 630
　——の主観的追加的併合…………… 631
　——の主観的予備的併合…………… 627
訴えなければ裁判なしの原則………… 456
訴えの主観的併合……………………… 626
　——と併合請求の裁判籍………………57
訴えの取下げ…………………………… 918
　——の合意…………………………… 920
訴えの変更……………………………… 708
　——と釈明権………………………… 496
訴えの利益……………………………… 310
営業秘密の特定………………………… 242
援　用…………………………………… 481
応訴管轄…………………………………65

か行

外交関係に関するウィーン条約……………31
外国国家に対する裁判権の行使……………32
会社関係訴訟 ……………………713, 849
　——における取消・無効事由の追加主張　547
　——の当事者適格…………………… 379
解釈規定………………………………… 772
会社決議訴訟…………………………… 851
会社の合併……………………………… 684
会社の設立無効………………………… 185
会社分割………………………………… 685
解除権…………………………………… 866
介入尋問………………………………… 789
回　避……………………………………85
回　付……………………………………72
書留郵便に付する送達………………… 575
確定遮断の効力………………………… 990
確定判決の変更を求める訴え………… 898
確定判決の騙取………………………… 857
確定日付の付与………………………… 169
確認の訴え……………………………… 178
　——の客体の適切性………………… 345
　——の手段の適切性………………… 343
　——の当事者適格…………………… 376
　——の利益…………………………… 342
隔離尋問の原則………………………… 792
過去の事実又は法律関係……………… 349
過去の法律行為………………………… 351
瑕疵ある訴訟行為……………………… 444
瑕疵ある判決…………………………… 857
過　失…………………………………… 486
過失相殺………………………………… 486
学校における紛争……………………… 307
合併無効………………………………… 185
株主総会決議無効確認・不存在確認 ……… 185
株主総会決議取消し…………………… 185
株主代表訴訟 ……………………385, 389, 639
仮名による訴え……………………………95, 245

仮既済処理……827
仮執行宣言……912
仮代表取締役……140
簡易裁判所の訴訟手続……977
簡易裁判所の統廃合……36
管　轄……34
管轄権の調査……69
管轄の合意の制限……60
管轄選択権の濫用……58
管轄違いに基づく移送……73
管轄の合意……59
管轄の指定……67
間接事実……248, 465, 738
間接証拠……729
間接反証……766
間接否認……435, 740
完全陳述義務……461
鑑　定……796
関連裁判籍……56
期　間……566
——の計算……567
——の懈怠とその救済……568
期　日……562
——の変更……563
——の呼出し……565
擬制自白……743
擬制訴額……44, 47
起訴前の和解……953, 978
既判力……860, 966
——の客観的範囲……872
——の作用……895
——の主観的範囲……886
——の双面性……896
忌　避……84
義務履行地の特約……60
客観的証明責任……759
救済訴訟……189
旧訴訟物理論……204
給付の訴え……177
——と確認の訴えの機能……180
——の当事者適格……373
——の利益……321
求問権……491
境界確定の訴え……194, 378
供述書……174
行政上の送達……572
行政送達……572
行政訴訟と時効中断……274
強制的訴訟参加……636
強制反訴……723
共同代理……133
共同所有財産関係に関する訴え……610
共同訴訟……598
共同訴訟参加……633
共同訴訟的補助参加……647
共同訴訟人間の主張共通の原則……602
共同訴訟人間の証拠共通の原則……603, 754
共同訴訟人独立の原則……601, 624
共同代表……141
共同代理と表見法理……135
協同的訴訟運営……23, 411
業務執行組合員……157
共有物分割の訴え……191, 377
許可抗告……1012
虚偽表示……891
挙　証……438
金銭債権の明示的一部請求……229
金額を明示しない請求……231
均等論……242
国……101
国及び外交特権を有する者に関する裁判権免除の放棄……34
国等の指定代理人……156
国を当事者とする債権と時効の中断……274
クラスアクション……407
経験則……734
形式的形成訴訟……191
——の当事者適格……377
形成権の行使……865
形成の訴え……183
——の当事者適格……376
——の利益……364
形成力……903
係属する訴訟への第三者の引込み……632
決　定……830
決定の既判力……863
原因判決……833
厳格な証明……731

原告は被告の法廷に従う……51
現在の給付の訴え……321
検　証……815
検証協力義務……816
挙証責任……759
顕著な事実……744
限定承認……869
原　本……800
権利抗弁……438
権利自白……736
権利主張参加……661
権利推定……771
権利濫用……481
合意管轄……59
行為期間……566
後遺症……870
公開主義……507
攻撃防御方法……434
公　告……573
抗　告……1011
交互尋問……788
公示送達における追完•再審……579
公証制度の紛争予防機能……169
公序良俗違反……485
更正権……154
公正証書……168
構成要件的効力……910
控　訴……986
控訴権……986
控訴の取下げ……991
控訴不可分の原則……991
公知の事実……745
口頭主義……509
口頭弁論……503
——における当事者の懈怠行為……549
——の記録……556
——の実施……541
——の整序……552
口頭弁論終結後の承継人……887
口頭弁論終結時……542
口頭弁論調書……556
口頭弁論調書の証明力……559
口頭弁論を経ない訴え却下判決……252
交付送達……574
公文書……800
抗　弁……436
抗弁事項……284
国際的裁判管轄の合意……62, 63
国際的訴訟競合……270
固有期間……566
固有必要的共同訴訟……607
——において共同提訴を拒む者への対応 615

さ行

サービサー法……395
債権者代位訴訟……663
債権者の主債務者および保証人に対する訴訟……620
再抗告……1012
催　告……573
最初の抗告……1012
再　審……1015
再審訴訟の訴訟物……1016
裁定期間……567
裁　判……829
裁判所……24
裁判上の催告……277
裁判上の自白……735
裁判上の和解……953
裁判所書記官……28
裁判所調査官……29
裁判所に顕著な事実……745
裁判籍……49
裁判費用……17
裁判を受ける権利……292
裁量移送……78
裁量上告……1003
裁量中止……592
詐害行為取消請求訴訟……185, 693
詐害防止参加……658
差置送達……575
差止請求……237, 333
参加承継……687
参加的効力……652
暫定真実……772
残部判決……835
事案解明義務……461, 765
私鑑定……797

事件の分配…… 249
事件の引取……72
時　効…… 480
時効中断…… 272
時効の援用と釈明権…… 494
自己決定権 ……7
自己責任…… 453
自己点検評価…… 422
自己に不利益な事実の陳述 ……468, 739
自己負罪による拒否権…… 785
事　実…… 840
事実抗弁…… 438
事実実験公正証書…… 169
事実上の主張…… 435
事実上の承継の手続…… 588
事実上の推定…… 769
事実推定…… 771
事実認定…… 747
死者を当事者とする訴訟……92
死者を当事者とする和解…… 959
事　情…… 249
事情判決…… 851
持続的訴訟代理権の授与…… 149
実額反証…… 768
職権調査事項…… 501
執行力 ……901, 964
実質的記載事項…… 247
実体法上の抗弁…… 437
私的鑑定…… 797
私的自治の原則…… 227
支配人…… 156
自　白 ……436, 488
自判権……72
事物管轄……42
私文書…… 800
司法事実…… 733
氏名冒用訴訟……96
釈明義務違反と上告理由…… 497
釈明権 ……489, 490
釈明処分…… 498
社債管理会社…… 157
宗教団体における紛争…… 302
終局判決…… 835
自由心証主義…… 748
集中証拠調べ…… 782
自由な証明…… 731
住民訴訟 ……107, 640
主観的証明責任…… 759
主観的選択的併合…… 630
主観的追加的併合…… 631
主観的併合請求の訴額の算定……48
主観的予備的併合…… 622
受給権…… 206
受　継…… 588
取効的訴訟行為…… 431
受送達者…… 574
受訴裁判所……40
主　張…… 434
主張共通の原則 ……466, 602
——と「当事者の一方のみが主張できる無効」…… 467
主張責任…… 465
——と一般条項・不特定概念 …… 475
出頭義務…… 785
主要事実 ……248, 465, 736
——と間接事実の区別…… 471
循環訴訟現象の誘発…… 333
準備的口頭弁論…… 531
準備書面…… 524
準必要的共同訴訟…… 606
少額訴訟手続…… 979
商業帳簿提出命令…… 728
消極的確認請求 ……233, 261, 361
証言拒絶権…… 785
条件付き給付判決…… 846
証拠価値…… 729
証拠共通の原則 ……603, 753
上　告……1001
上告受理……1003
上告制度の目的……1002
上告提起通知書……1004
上告理由……1003
証拠契約…… 749
証拠決定…… 779
証拠原因…… 729
証拠抗弁…… 437
証拠調べの記録…… 783
証拠調べの集中実施…… 781

証拠調べへの協力義務……………………… 781
証拠資料……………………………………… 729
証拠による裁判……………………………… 725
証拠能力 ……………………………729, 751
証拠の申請…………………………………… 488
証拠の整理手続……………………………… 529
証拠の放棄…………………………………… 778
証拠の申出…………………………………… 777
証拠方法……………………………………… 728
証拠保全 ……………………………172, 817
証拠力………………………………………… 729
書証・検証融合 …………………………… 823
証書真否確認の訴え ……………………178, 347
少数株主の帳簿閲覧権……………………… 728
上　訴………………………………………… 981
上訴権の濫用………………………………… 984
上訴すべき裁判所を誤った場合と管轄違い
　による移送…………………………………75
証人義務……………………………………… 784
証人尋問……………………………………… 783
抄　本………………………………………… 800
証　明………………………………………… 730
証明責任 ……………………………758, 759
　——と主張責任の関係…………………… 760
　——の転換………………………………… 765
　——の分配 ………………………655, 761
将来の給付請求後の増額請求……………… 885
将来の給付の訴え…………………………… 325
職分管轄………………………………………40
職務上の当事者……………………………… 390
書　証………………………………………… 799
除　斥…………………………………………83
職権主義……………………………………… 410
職権進行主義………………………………… 410
職権審査……………………………………… 284
職権探知主義………………………………… 499
　——と職権調査事項……………………… 501
職権調査事項………………………………… 283
処分禁止の仮処分…………………………… 698
処分権主義…………………………………… 456
処分証書……………………………………… 800
書面主義……………………………………… 509
書面による準備手続………………………… 536
書面の機能…………………………………… 510
書面の真否確認についての訴えの利益…… 348
白地手形……………………………………… 341
新株発行無効………………………………… 185
信義誠実の原則……………………………… 486
審級管轄………………………………………41
審級代理の原則……………………………… 152
新件部………………………………………… 531
進行協議期日………………………………… 539
人事訴訟における検察官の法的地位……… 391
真実義務……………………………………… 459
新実体法説…………………………………… 208
新種記録媒体………………………………… 813
審　尋………………………………………… 506
人身保護請求………………………………… 266
迅速な訴訟の確保…………………………… 419
新訴訟物理論………………………………… 205
審　問………………………………………… 506
新様式判決書………………………………… 840
診療記録……………………………………… 820
診療録………………………………………… 172
随時提出主義の原則………………………… 544
推　定………………………………………… 769
推　認………………………………………… 768
請求異議の訴え………………………………74
請求棄却判決………………………………… 883
請求権競合…………………………………… 848
請求権の競合………………………………… 209
請求原因 ……………………………247, 248
請求の減縮…………………………………… 929
請求の趣旨…………………………………… 246
請求の認諾…………………………………… 947
請求の併合…………………………………… 701
　——と訴額…………………………………46
併合請求と訴額の算定………………………46
請求の放棄…………………………………… 947
請求の目的物の所持者……………………… 893
請求を理由づける事実……………………… 248
制限付自白…………………………………… 740
制限付き将来の給付判決…………………… 333
正当の事由…………………………………… 487
成年被後見人………………………………… 115
正　本………………………………………… 800
税理士………………………………………… 161
責任訴訟における訴訟通知義務…………… 654

責問権 ……125, 417
積極否認 ……435, 740
絶対的上告理由……1003
設立取消し…… 185
先行自白 ……468, 740
宣誓義務…… 785
専属管轄……37
専属的合意……62
前訴優先主義…… 269
選択的認定…… 475
選択的併合 ……220, 706, 998
選定当事者…… 402
選任弁護士…… 157
全部判決…… 835
占有の訴えと本権の訴え…… 214
総合的認定…… 475
控訴の利益…… 987
相殺権…… 866
相殺の抗弁 ……263, 874
相続財産管理人…… 127
送　達…… 570
　書留郵便に付する——…… 575
送達受取代理人……63
送達実施機関…… 573
送達事務取扱者…… 573
送達の瑕疵…… 582
送達方法…… 574
争　点…… 529
争点限りの補助参加…… 638
争点効…… 906
相当な損害額…… 773
送　付…… 572
双方審尋主義……87, 509
双方代理…… 122
訴額の算定……44
即時確定の利益…… 358
即時抗告……1011
訴権的利益…… 290
訴権の濫用 ……318, 319
訴権論…… 292
訴　状…… 244
訴訟委任に基づく訴訟代理権…… 148
訴訟委任に基づく訴訟代理人…… 143
訴訟が裁判をするのに熟したとき…… 542
訴訟経済……15
訴訟行為…… 425
　——と私法行為…… 426
　——と条件…… 439
　——の瑕疵…… 444
　——の追完…… 569
訴訟告知…… 650
訴訟裁判所と非訟裁判所間、非訟裁判所相
　互間の移送……75
訴訟参加…… 635
訴訟指揮権…… 412
訴訟承継…… 679
訴訟承継主義 ……687, 695
訴訟承継の利益…… 683
訴訟上における形成権の行使…… 426
訴訟上における合意…… 447
訴訟上の救助……20
訴訟上の抗弁…… 437
訴訟上の申立て…… 433
訴訟上の和解…… 953
　——に係る争い…… 971
　——の義務…… 972
　——の無効ないし取消…… 972
訴訟資料と証拠資料の峻別…… 470
訴訟進行に関する照会書…… 552
訴訟代理権と和解…… 959
訴訟代理権の調査の方法…… 125
訴訟代理人…… 142
訴訟脱退…… 669
訴訟脱退者…… 894
訴訟遅延…… 420
訴訟手続に関する異議権…… 125
訴訟手続の中断…… 583
訴訟手続の停止…… 583
訴訟における代理…… 120
訴訟に関する合意…… 447
訴訟能力…… 110
訴訟係属…… 256
訴訟の準備…… 163
訴訟の迅速…… 419
訴状の点検…… 251
訴訟の目的の価額……43
訴訟判決 ……837, 862
訴訟費用……16

——の裁判……915
訴訟物……203
——の特定……227
訴訟物論……203
訴訟物論争……204
訴訟要件……281
——と本案の審理の関係……285
——の調査……283
——の判断基準時……287
卒業判定と司法裁判権……309
続行命令……591
外側説……848
疎　明……731
損害額……773

た 行

大規模訴訟手続……975
第三者の訴訟担当……384
対　質……792
代償請求……336
代表権の欠缺と表見法理……138
対立当事者……826
対立当事者間の証拠共通の原則……753
建物買取請求権……868
他人間の法律関係を対象とする訴訟……358
単位認定と司法裁判権……309
短期賃貸借解除請求……185
単純否認……435
単純併合……704
担当者のための訴訟担当……385
地縁による団体……102
遅滞を避ける等のための移送……77
父を定める訴え……193, 378
中間確認の訴え……716, 875
中間判決……831
仲裁契約……316
調査の嘱託……821
直接証拠……729
陳述義務……785
陳述書……791
陳述録取書……174
沈　黙……436
追加的選定……404
追　完……569
通常期間……567
通常共同訴訟……599
通常抗告……1011
通称による訴訟……96
通　知……573
出会送達……574
ＤＮＡ鑑定……816
定期金賠償請求……335
手形金債権と原因債権……212, 882
手形債権による相殺と手形の呈示・交付……429
適時提出主義……547
——の原則……544
手続裁量論……413
手続保障……561
テレビ会議の方法による尋問……790
電子カルテ……820
電磁的記録媒体……168
天　皇……31
伝聞証言……751
電話会議システム……540
等価値主張(又は陳述)の理論……741
登記請求訴訟……621
当事者……86, 886
——の確定……89
——の死亡……681
——の訴訟行為……425
——の立会権の保障……780
——の同一性の確認……99
——の特定……89
——の秘密保護の利益……780
当事者権……88
当事者恒定主義……687
当事者主義……410
当事者進行主義……411
当事者尋問……793
——の補充性……794
当事者対等の原則……87
当事者対立の原則……86
当事者適格……369
会社関係訴訟の——……379
当事者能力……99
当事者費用……18
当事者本人の陳述の役割……794
同時審判申出共同訴訟……622, 624

同時履行の抗弁…………………………………… 846
当然承継…………………………………………… 681
当然の補助参加…………………………………… 641
謄　本……………………………………………… 800
特別抗告…………………………………………1012
特別裁判籍…………………………………………52
特別代理人………………………………………… 129
独立行政法人……………………………………… 101
独立当事者参加…………………………………… 655
独立当事者参加における二当事者間の和解 666
土地管轄……………………………………………49
土地工作物責任に基づく損害賠償請求…… 376
特許管理専門会社による特許管理と任意的
　訴訟担当………………………………………… 400
特許権等に関する管轄……………………………56
特許裁判所…………………………………………25
特許権侵害と請求の特定………………………… 242
取消権……………………………………………… 866
取締役解任の訴え ……………………………185, 609
取寄文書…………………………………………… 814

な 行

二重起訴の禁止…………………………………… 257
二重効 …………………………………………211, 579
二段の推定………………………………………… 802
二当事者対立の原則………………………………86
二分肢説…………………………………………… 207
理由付き否認……………………………………… 435
任意管轄……………………………………………38
任意訴訟…………………………………………… 450
任意的口頭弁論…………………………………… 505
任意的訴訟担当…………………………………… 393
任意的当事者変更………………………………… 673
ノーティスによる訴権の調達…………………… 405

は 行

配てん……………………………………………… 249
破棄判決の拘束力………………………………1009
破産財団に関する訴訟…………………………… 585
判　決……………………………………………… 830
　――の確定…………………………………… 855
　――の確定の証明…………………………… 856
　――の瑕疵…………………………………… 856
　――の羈束力………………………………… 854
　――の更正…………………………………… 853
　――の参加的効力…………………………… 652
　――の自縛力………………………………… 852
　――の成立…………………………………… 837
　――の相対的効力……………………………86
　――の脱漏…………………………………… 836
　――の不存在………………………………… 856
　――の併合…………………………………… 555
　――の変更…………………………………… 852
　――の無効…………………………………… 857
判決書……………………………………………… 838
判決事項…………………………………………… 843
判決釈明…………………………………………… 492
判決主文中の判断………………………………… 872
判決理由中の判断………………………………… 873
反　証……………………………………………… 729
反証提出責任の理論……………………………… 730
反　訴……………………………………………… 720
反対尋問…………………………………………… 788
判断機関と執行機関の分離………………………40
判断の脱漏………………………………………… 836
引受承継…………………………………………… 687
引取移送……………………………………………73
非公開審理手続…………………………………… 811
補充尋問…………………………………………… 788
必要的移送…………………………………………79
必要的記載事項…………………………………… 244
必要的共同訴訟…………………………………… 605
必要的口頭弁論…………………………………… 504
否　認……………………………………………… 435
被保佐人・被補助人 …………………………… 115
表見証明…………………………………………… 770
表示の訂正………………………………………… 678
付加的合意…………………………………………62
不起訴の合意……………………………………… 314
武器平等の原則……………………………………87
不在者の財産管理人……………………………… 127
附帯控訴…………………………………………… 992
附帯上告…………………………………………1007
不　知……………………………………………… 436
不動産の間接占有者に対する引渡請求…… 375
不動産の二重譲渡 ……………………………662, 891
不特定概念………………………………………… 475
不服の利益………………………………………… 987

不変期間…… 567
不法占有を理由とする明渡請求および損害
　賠償請求…… 374
不利益変更禁止の原則と審判の対象…… 997
文　書 ……799,800
文書送付の嘱託…… 814
文書提出命令…… 803
文書の真正な成立…… 801
紛争処理交渉…… 164
便宜訴訟…… 450
弁護士代理の原則…… 144
弁護士の報告請求…… 170
弁護士費用の敗訴者負担……18
弁理士…… 161
弁論兼和解…… 533
弁論主義…… 455
　――と処分権主義との関係…… 457
　――の内容…… 464
弁論準備手続…… 533
弁論能力…… 118
弁論の再開…… 543
弁論の制限…… 553
弁論の全趣旨 ……743,754
弁論の分離…… 553
弁論の併合…… 554
報告証書…… 800
法人格否認の法理と既判力…… 892
法人でない社団・財団 …… 101
　――の当事者能力…… 105
法人等の代表者…… 136
法定管轄……40
法定期間…… 567
法定証拠主義…… 748
法定訴訟担当…… 384
法定代理人…… 126
法定地上権の地代確定の訴え…… 203
法的観点指摘義務…… 482
法的評価の再施 ……211,219
法的黙秘義務に伴う拒否権…… 785
法と裁判…… 5
法律上の権利推定…… 771
法律上の事実推定…… 771
法律上の主張…… 435
法律上の推定 ……768,771
法律上の争訟…… 296
法律扶助……22
法律問題指摘義務…… 482
法律要件的効力…… 910
法律要件分類説…… 762
法令上の訴訟代理人…… 156
補佐人…… 159
補充送達…… 574
補助参加…… 636
補助参加人に対する判決の効力…… 644
補助参加人の地位…… 642
補助事実 ……465,739
保全抗告……1012
塡補賠償…… 337
本案の抗弁…… 437
本案の申立て…… 433
本案判決…… 837
本案前の抗弁…… 437
本　証…… 729

ま　行

満足的仮処分…… 172
未成年者…… 112
民事裁判権……31
民事事件…… 243
民事訴訟制度の目的 ……1
民事訴訟と公法・私法 二元論 ……3
民事法律扶助……22
民法上の組合…… 103
命　令…… 830
命令訴訟…… 189
申立て…… 433
申立事項…… 227
　――と判決事項…… 844
黙示による請求…… 229
黙示による中間確認の訴え…… 719
模索的証明…… 764
持株会社…… 400
規範説…… 762

や　行

遺言執行者の法的地位…… 392
遺言無効確認の訴え…… 362
唯一の証拠の取調べ…… 779

猶予期間……………………………………… 566
要件事実 ……………………………………248, 465
要件事実論…………………………………… 761
預金保険機構………………………………… 395
与効的訴訟行為……………………………… 431
予告登記 ……………………………………693, 698
——の嘱託………………………………… 250
予備的併合 …………………………………704, 997

ら 行

ラウンド・テーブル法廷 …………………… 531
立証責任……………………………………… 759
立法事実……………………………………… 733
理由付否認 …………………………………351, 740
領事関係に関するウィーン条約………………31
ローカル・ルール……………………………416, 449
労働組合による任意的訴訟担当…………… 400

わ 行

和　解………………………………………… 953
和解条項案の書面による受諾……………… 960

判例索引

明治

大判明治 29・4・2 民録 2 輯 4 巻 5 頁 ……… 600
大判明治 32・1・12 民録 5 輯 7 頁…………… 100
大判明治 35・6・24 民録 8 輯 6 巻 133 頁…… 600
大判明治 36・7・6 民録 9 輯 856 頁 ………… 621
大判明治 37・4・29 民録 10 輯 583 頁 ……… 611
大判明治 37・10・8 民録 10 輯 1319 頁……… 187
大判明治 38・2・10 民録 11 輯 150 頁 ……… 185
大判明治 38・3・2 民録 11 輯 309 頁………… 784
大判明治 40・3・25 民録 13 輯 328 頁 ……… 769
大判明治 40・7・19 民録 13 輯 827 頁 ……… 866
大判明治 41・9・25 民録 14 輯 931 頁 ……… 610
大判明治 42・5・28 民録 15 輯 3528 頁……… 866
大判(民事連合部)明治 43・11・26 民録 16 輯 764 頁 ……………………………………866
大判(聯合部)明治 44・3・24 民録 17 輯 117 頁……………………………………………… 185
大判明治 44・5・16 民録 17 輯 299 頁 ……… 621
大判明治 44・10・19 民録 17 輯 593 頁……… 186
大判明治 44・12・11 民録 17 輯 772 頁……… 846
大判明治 45・2・3 民録 18 輯 54 頁 ………… 212

大正

大判大正 2・6・19 民録 19 輯 463 頁………… 936
大判大正 3・2・16 民録 20 輯 75 頁 ………… 611
大判大正 4・6・30 民録 21 輯 1165 頁 ……… 96
大判大正 4・10・6 民録 21 輯 1596 頁 ……… 609
大判大正 4・10・23 民録 21 輯 1761 頁……… 70
大判大正 5・2・8 民録 22 輯 387 頁 ………… 274
大判大正 5・6・7 民録 22 輯 1141 頁………… 340
大判大正 5・12・27 民録 22 輯 2524 頁……… 377
大決大正 6・1・31 民録 23 輯 177 頁………… 115
大判大正 6・2・28 民録 23 輯 322 頁………… 611
大判大正 6・3・31 民録 23 輯 596 頁………… 186
大判大正 6・12・25 民録 23 輯 2220 頁……… 627
大判大正 7・1・28 民録 24 輯 67 頁 ………… 322
大判大正 7・1・28 民録 24 輯 51 頁 ………… 340
大判大正 7・2・19 民録 24 輯 231 頁………… 784
大判大正 7・2・25 民録 24 輯 282 頁………… 769
大判大正 7・4・15 民録 24 輯 687 頁………… 846
大判大正 7・7・11 民録 24 輯 1197 頁 ……… 569
大判大正 8・4・2 民録 25 輯 613 頁 ………… 611
大判大正 8・5・31 民録 25 輯 946 頁………… 278
大判大正 8・6・30 民録 25 輯 1200 頁 ……… 277
大判大正 8・9・27 民録 25 輯 1669 頁 ……… 157
大判大正 8・10・9 民録 25 輯 1777 頁 ……… 70
大判大正 9・3・3 民録 26 輯 217 頁 ………… 784
大判大正 9・4・28 民録 26 輯 482 頁………… 769
大判大正 9・10・14 民録 26 輯 1495 頁……… 66
大判大正 9・12・17 民録 26 輯 2043 頁……… 611
大判大正 10・3・18 民録 27 輯 547 頁 ……… 611
大判大正 10・6・13 民録 27 輯 1155 頁……… 611
大判大正 10・7・18 民録 27 輯 1392 頁……… 611
大判大正 10・9・28 民録 27 輯 1673 頁……… 604
大判大正 10・10・27 民録 27 輯 2040 頁 …… 611
大判大正 10・11・3 民録 27 輯 1875 頁……… 279
大判大正 11・2・20 民集 1 巻 52 頁 ……460, 742
大判大正 11・2・20 民集 1 巻 56 頁 ………… 611
大判大正 11・4・6 民集 1 巻 169 頁 ………… 70
大判大正 11・6・28 民集 1 巻 359 頁………… 203
大判大正 11・7・10 民集 1 巻 386 頁………… 611
大判大正 12・3・10 民集 2 巻 91 頁 ………… 921
大判(民事連合部)大正 12 年 6 月 2 日民集 2 巻 345 頁 ……………………………………194
大判大正 12・8・2 評論 13 巻民訴 98 頁 …… 757
大判大正 12・12・17 民集 2 巻 684 頁 ……… 610
大判大正 13・5・19 民集 3 巻 211 頁………… 611
大判大正 13・5・31 民集 3 巻 260 頁………… 612
大判大正 13・6・13 新聞 2335 号 16 頁……… 569
大判大正 13・11・20 民集 3 巻 516 頁 ……… 610
大判大正 14・3・20 民集 4 巻 141 頁………… 866
大判大正 14・4・22 新聞 2418 号 18 頁……… 877
大判大正 14・4・24 民集 4 巻 195 頁………… 972
大判大正 14・10・3 民集 4 巻 481 頁………… 149
大判(民刑聯中間)大正 15・5・22 民集 5 巻 386 頁 ……………………………………………543
大判大正 15・10・6 民集 5 巻 719 頁………… 340

昭和（戦前）

大判昭和 2・2・3 民集 6 巻 13 頁 …………… 96
大判昭和 3・8・1 民集 7 巻 648 頁…………… 487
大判昭和 3・8・1 民集 7 巻 687 頁…………… 212
大判昭和 3・9・5 新聞 2907 号 14 頁………… 884
大判昭和 3・10・20 民集 7 巻 815 頁………… 755
大判昭和 3・12・17 民集 7 巻 1095 頁 ……… 611
大決昭和 3・12・28 民集 7 巻 1128 頁 ……… 32
大判昭和 4・6・1 民集 8 巻 565 頁…………… 621
大判昭和 4・9・25 民集 8 巻 763 頁 ………… 610
大判昭和 5・1・28 法律評論 19 巻民法 343 頁 937
大判昭和 5・4・24 民集 9 巻 415 頁 ………… 965
大判昭和 5・6・27 民集 9 巻 619 頁 ………… 275
大判昭和 5・7・14 民集 9 巻 730 頁 ………… 357
大判昭和 5・12・20 民集 9 巻 1181 頁 ……… 551
大判昭和 5・12・22 民集 9 巻 1189 頁 ……… 666
大決昭和 6・4・22 民集 10 巻 380 頁………… 972
大判昭和 6・6・27 民集 10 巻 486 頁………… 127
大判昭和 6・8・1 民集 10 巻 642 頁 ………… 741
大判昭和 6・8・8 民集 10 巻 792 頁 ………… 155
大判昭和 6・9・14 法学 1 巻 2 号 233 頁 …… 744
大判昭和 6・11・4 民集 10 巻 865 頁………… 744
大判昭和 6・11・24 民集 10 巻 1096 頁……… 324
大判昭和 6・12・9 民集 10 巻 1197 頁 ……… 129
大判昭和 7・6・2 民集 11 巻 1099 頁………… 847
大判昭和 7・6・18 民集 11 巻 1176 頁 ……… 123
大判昭和 7・9・10 民集 11 巻 2158 頁 ……… 404
大判昭和 7・9・17 民集 11 巻 1979 頁 …111, 112
大判昭和 7・9・22 民集 11 巻 1989 頁 ……… 261
大判昭和 7・9・29 法律新聞 3476 号 16 頁 … 323
大判昭和 7・12・24 民集 11 巻 2376 頁……… 590
大判昭和 8・1・24 法学 2 巻 1129 頁………… 937
大判昭和 8・1・31 民集 12 巻 51 頁 ………… 736
大判昭和 8・2・7 民集 12 巻 159 頁 ………… 995
大判昭和 8・2・9 民集 12 巻 397 頁 ……739, 740
大判昭和 8・2・18 法学 2 巻 10 号 1243 頁 … 971
大判昭和 8・3・30 裁判例(7)民 57 頁 ……… 612
大判昭和 8・4・12 新聞 3553 号 10 頁 ……… 123
大決昭和 8・4・13 民集 12 巻 593 頁………… 693
大決昭和 8・4・14 民集 12 巻 629 頁………… 75
大判昭和 8・4・18 民集 12 巻 703 頁………… 527
大判昭和 8・4・18 民集 12 巻 689 頁………… 756
大判昭和 8・6・15 民集 12 巻 1498 頁 ……… 325
大判昭和 8・6・20 民集 12 巻 1597 頁 ……… 717
大決昭和 8・6・30 民集 12 巻 1682 頁 ……… 714
大決昭和 8・7・4 民集 12 巻 1745 頁………… 418
大判昭和 8・7・4 民集 12 巻 1752 頁………… 834
大判昭和 8・7・7 民集 12 巻 1849 頁………… 612
大決昭和 8・7・11 民集 12 巻 2040 頁 ……… 563
大判昭和 8・7・22 民集 12 巻 2244 頁 ………1017
大判昭和 8・9・12 民集 12 巻 2139 頁 …739, 740
大判昭和 8・9・29 民集 12 巻 408 頁………… 866
大判昭和 8・11・7 民集 12 巻 2691 頁 ……… 357
東京控判昭和 8・11・22 新聞 3662 号 7 頁 … 262
大判昭和 8・11・29 大審院裁判例(7)民事 273 頁 ……………………………………………971
大判昭和 8・12・13 法学 3 巻 5 号 563 頁 92, 100
大判昭和 9・1・23 民集 13 巻 47 頁 ……127, 130
大判昭和 9・5・12 民集 13 巻 1051 頁 ……… 570
大判昭和 9・3・30 民集 13 巻 418 頁………… 474
大判昭和 9・7・11 法律評論 23 巻民訴 318 頁 937
大決昭和 9・7・31 民集 13 巻 1460 頁 ……… 589
大判昭和 9・7・31 民集 13 巻 1438 頁 ……… 616
大判昭和 9・11・5 民集 13 巻 1974 頁 ……… 527
大判昭和 9・11・20 新聞 3786 号 12 頁……… 854
大判昭和 9・12・22 民集 13 巻 2231 頁……… 123
大判昭和 10・4・30 民集 14 巻 1175 頁……… 554
大判昭和 10・5・28 民集 14 巻 1191 頁……… 104
大決昭和 10・9・27 民集 14 巻 1650 頁……… 912
大判昭和 10・10・28 民集 14 巻 1785 頁 …… 96
大判昭和 10・10・31 民集 14 巻 1805 頁 …… 115
大判昭和 10・12・10 民集 14 巻 2077 頁 …… 357
大判昭和 10・12・17 民集 14 巻 2053 頁 285, 358
大判昭和 10・12・26 民集 14 巻 2129 頁 …… 580
大判昭和 11・1・17 裁判例(10)民事 3 頁…… 494
大判昭和 11・1・24 判決全集 3 輯 2 号 18 頁 846
東京地判昭和 11・2・10 新聞 3970 号 16 頁… 261
大判昭和 11・3・11 民集 15 巻 977 頁 ……… 95
大判昭和 11・3・18 民集 15 巻 520 頁 ……… 644
大判昭和 11・6・9 民集 15 巻 1029 頁 ……… 392
大判昭和 11・6・9 民集 15 巻 1087 頁 ……… 505
大判昭和 11・6・9 民集 15 巻 1328 頁 ……… 739
大判昭和 11・6・30 民集 15 巻 1281 頁……… 114
大判昭和 11・10・6 民集 15 巻 1771 頁……… 473
大判昭和 11・10・6 民集 15 巻 1789 頁……… 470
大判昭和 11・10・28 民集 15 巻 1894 頁 …… 714
大判昭和 11・10・31 法学 6 巻 2 号 239 頁 … 569

大判昭和 11・11・9 民集 15 巻 1959 頁……… 215
大決昭和 11・12・15 民集 15 巻 2207 頁 …… 21
大判昭和 11・12・18 民集 15 巻 2266 頁 …… 997
大判昭和 11・12・22 民集 15 巻 2278 頁 …… 938
大判昭和 12・2・23 民集 16 巻 133 頁 ……… 915
大判昭和 12・4・7 民集 16 巻 398 頁………… 877
大判昭和 12・4・16 民集 16 巻 463 頁 ……… 660
大判昭和 12・6・4 民集 16 巻 745 頁………… 600
大判昭和 12・12・24 民集 16 巻 2045 頁 …… 951
大判昭和 13・3・29 法学 7 巻 1414 頁 ……… 123
大判昭和 13・4・20 民集 17 巻 739 頁 ……… 841
大判昭和 13・5・14 評論 27 巻民訴 196 頁 … 591
大判昭和 13・8・19 民集 17 巻 1638 頁……… 593
大判昭和 13・12・8 民集 17 巻 2632 頁……… 279
大判昭和 13・12・16 民集 17 巻 2457 頁 …… 123
大判昭和 13・12・19 民集 17 巻 2482 頁 …… 123
大判昭和 13・12・20 民集 17 巻 2502 頁 …… 914
大判昭和 13・12・26 民集 17 巻 2585 頁 656, 695
大判昭和 13・12・28 民集 17 巻 2878 頁 …… 647
大判昭和 13・12・28 評論 28 巻民訴 261 頁… 942
大判(聯)昭和 14・3・22 民集 18 巻 238 頁 … 278
大判昭和 14・3・29 民集 18 巻 370 頁 ……… 865
大判昭和 14・4・18 民集 18 巻 460 頁 ……… 932
大判昭和 14・5・20 民集 18 巻 547 頁 …927, 939
大判昭和 14・8・12 民集 18 巻 903 頁 ……… 972
大判昭和 14・9・13 法学 9 巻 110 頁………… 135
大判昭和 14・9・14 民集 18 巻 1083 頁……… 594
大判昭和 14・11・17 民集 18 巻 1250 頁 …… 928
大判昭和 14・11・21 民集 18 巻 1545 頁 791, 800
大判昭和 15・2・3 民集 19 巻 110 頁………… 869
大判(民聯)昭和 15・3・13 民集 19 巻 530 頁
……………………………………336, 340, 542
大判昭和 15・4・9 民集 19 巻 695 頁 ……403, 404
大判昭和 15・7・10 民集 19 巻 1265 頁 …195, 275
大判昭和 15・7・16 民集 19 巻 1185 頁……… 128
大判昭和 15・7・26 民集 19 巻 1395 頁……… 644
大判昭和 15・9・18 民集 19 巻 1636 頁……… 127
大判昭和 15・12・20 民集 19 巻 2215 頁 …… 756
大判昭和 15・12・24 民集 19 巻 2402 頁 123, 667
大判昭和 16・3・15 民集 20 巻 191 頁 ……… 95
大判昭和 16・4・5 民集 20 巻 427 頁………… 135
大判昭和 16・4・15 民集 20 巻 482 頁 ……… 695
大判昭和 16・5・3 判決全集 8 輯 617 頁 …… 289
大判昭和 16・5・15 民集 20 巻 596 頁 ……… 203
大判昭和 16・5・23 民集 20 巻 668 頁 ……… 705
大判昭和 16・6・3 法律評論 30 巻民訴 118 頁 130
大判昭和 16・7・18 民集 20 巻 988 頁 ……… 580
大判昭和 16・9・9 新聞 4727 号 14 頁 ……… 585
大判昭和 16・10・8 民集 20 巻 1269 頁……… 755
大判昭和 16・11・13 法学 11 巻 6 号 626 頁… 736
大判昭和 16・11・18 判決全集 9 輯 115 頁 … 494
大判昭和 16・12・24 新聞 4766 号 13 頁 …… 682
大判昭和 17・1・17 民集 21 巻 14 頁 ……350, 354
大判昭和 17・4・1 新聞 4772 号 15 頁 …127, 130
大判昭和 17・6・23 民集 21 巻 716 頁 ……… 275
大判昭和 17・10・13 法学 12 巻 520 頁……… 548
大判昭和 18・5・27 法学 18 巻 69 頁………… 564
大判昭和 18・6・29 民集 22 巻 557 頁 …279, 280
大判昭和 18・7・2 民集 22 巻 574 頁………… 753
大判昭和 19・1・20 民集 23 巻 1 頁 ………… 348
大判昭和 19・6・28 民集 33 巻 401 頁 ……… 610
最決(一小)昭和 22・9・15 裁判集民事 1 号 1
頁……………………………………………… 74

昭和（戦後）

最決(二小)昭和 23・5・13 民集 2 巻 5 号 112
頁……………………………………………… 75
最判(三小)昭和 23・5・18 民集 2 巻 5 号 115
頁……………………………………………… 842
最決(二小)昭和 23・7・22 裁判集民事 1 号
273 頁 ………………………………………… 74
最判(三小)昭和 23・12・21 民集 2 巻 14 号
491 頁 ………………………………………… 754
最判(二小)昭和 24・2・1 民集 3 巻 2 号 21 頁 800
最判(大)昭和 24・3・23 刑集 3 巻 3 号 352 頁 292
最判(三小)昭和 24・4・12 民集 3 巻 4 号 97 頁
……………………………………………569, 570
最判(三小)昭和 24・8・2 民集 3 巻 9 号 312
頁……………………………………………… 564
最判(一小)昭和 24・8・18 民集 3 巻 9 号 376
頁……………………………………………… 984
最判(三小)昭和 24・11・8 民集 3 巻 11 号
495 頁 ………………………………………… 715
最判(三小)昭和 24・12・20 民集 3 巻 12 号
507 頁 ………………………………………… 353
最判(二小)昭和 25・6・23 民集 4 巻 6 号 240
頁 ……………………………………154, 565, 572
最判(三小)昭和 25・7・11 民集 4 巻 7 号 316

頁 ……………………………………460,742
最判(二小)昭和25・7・14民集4巻8号353頁…………………………………… 745
最判(二小)昭和25・9・8民集4巻9号359頁…………………………………… 644
最判(三小)昭和25・10・31民集4巻10号516頁…………………………………… 551
最判(二小)昭和25・11・10民集4巻11号551頁…………………………………… 473
最判(二小)昭和25・11・17民集4巻11号603頁…………………………………… 75
最判(二小)昭和25・12・28民集4巻13号701頁…………………………………… 353
最判(一小)昭和26・3・29民集5巻5号177頁 ……………………………………509,778
最判(二小)昭和26・4・13民集5巻5号242頁…………………………………… 965
最判(三小)昭和26・10・16民集5巻11号583頁…………………………………… 999
最判(二小)昭和27・2・15民集6巻2号88頁…………………………………… 367
最判(二小)昭和27・2・22民集6巻2号279頁…………………………………… 784
最決(大)昭和27・4・2民集6巻4号387頁 396
最判(二小)昭和27・5・2民集6巻5号483頁 ……………………………………192,193
最判(二小)昭和27・5・2民集6巻5号483頁…………………………………… 377
最判(三小)昭和27・5・6民集6巻5号496頁…………………………………… 215
最判(三小)昭和27・6・17民集6巻6号595頁 ……………………………………509,527
最判(大)昭和27・10・8民集6巻9号783頁 297
最判(三小)昭和27・10・21民集6巻9号841頁…………………………………… 755
最判(一小)昭和27・11・20民集6巻10号1004頁 …………………………………… 347
最判(一小)昭和27・11・27民集6巻10号1062頁 …………………………………… 467
最判(二小)昭和27・12・5民集6巻11号1117頁 …………………………………… 751
最判(一小)昭和27・12・25民集6巻12号1240頁 …………………………………… 779
最判(一小)昭和27・12・25民集6巻12号1255頁 ……………………………600,620,929
最判(一小)昭和27・12・25民集6巻12号1271頁 …………………………………… 322
最判(一小)昭和27・12・25民集6巻12号1282頁 …………………………………… 231
最判(一小)昭和28・4・23民集7巻4号396頁…………………………………… 94
最判(一小)昭和28・4・30民集7巻4号457頁…………………………………… 779
最判(一小)昭和28・5・14民集7巻5号565頁 ……………………………………481,754
最判(二小)昭和28・9・11裁判集民事9号901頁 ……………………………………471,745
最判(一小)昭和28・10・15民集7巻10号1083頁 ……………………………………348,949
最判(三小)昭和28・12・8裁判集民事11号145頁…………………………………… 929
最判(一小)昭和28・12・14民集7巻12号1386頁 …………………………………… 663
最判(大)昭和28・12・23民集7巻13号1561頁 …………………………………… 367
最判(一小)昭和28・12・24民集7巻13号1644頁 ……………………………………318,345
最判(一小)昭和28・12・24裁判集民事11号595頁…………………………………… 418
東京高判昭和29・1・23下民集5巻1号62頁…………………………………… 911
最判(一小)昭和29・1・28民集8巻1号308頁…………………………………… 19
最判(一小)昭和29・2・11民集8巻2号419頁…………………………………… 296
最判(二小)昭和29・2・12民集8巻2号448頁…………………………………… 886
最判(一小)昭和29・2・18裁判集民事12号693頁…………………………………… 731
最判(三小)昭和29・3・9民集8巻3号637頁 ……………………………………318,322,915
大阪高判昭和29・4・6高民集7巻3号328頁…………………………………… 101
最判(三小)昭和29・7・30民集8巻7号1501頁 …………………………………… 309
最判(二小)昭和29・8・20民集8巻8号1505頁 …………………………………… 496
最判(二小)昭和29・9・17民集8巻9号1635

頁 ……………………………………………600, 621
最判(一小)昭和 29・10・7 裁判集民事 16 号 19 頁 ………………………………………… 289
最判(二小)昭和 29・11・5 民集 8 巻 11 号 2007 頁 ………………………………………… 779
最判(一小)昭和 29・12・16 民集 8 巻 12 号 2158 頁 ………………………………………… 344
最判(二小)昭和 30・1・21 民集 9 巻 1 号 22 頁 ……………………………………………337, 542
最判(二小)昭和 30・1・28 民集 9 巻 1 号 83 頁……………………………………………… 84
最判(二小)昭和 30・1・28 民集 9 巻 1 号 125 頁……………………………………………… 352
最判(三小)昭和 30・2・1 民集 9 巻 2 号 139 頁……………………………………………… 429
最判(三小)昭和 30・4・5 民集 9 巻 4 号 439 頁 ……………………………………………548, 995
最判(一小)昭和 30・4・7 民集 9 巻 4 号 466 頁 ……………………………………………474, 850
最判(大)昭和 30・4・27 民集 9 巻 5 号 582 頁 779
最判(二小)昭和 30・5・20 民集 9 巻 6 号 718 頁 ……………………………………………318, 345
東京地判昭和 30・6・14 下民集 6 巻 6 号 1115 頁 ………………………………………… 315
最判(三小)昭和 30・7・5 民集 9 巻 9 号 985 頁……………………………………………… 738
最判(三小)昭和 30・7・5 民集 9 巻 9 号 1012 頁……………………………………………… 929
東京高判昭和 30・7・8 下民集 6 巻 7 号 1342 頁 ……………………………………………481, 482
大阪地判昭和 30・8・12 判時 67 号 18 頁…… 70
最判(二小)昭和 30・9・2 民集 9 巻 10 号 1197 頁 …………………………………………1009
最判(三小)昭和 30・9・27 民集 9 巻 10 号 1444 頁 ………………………………………… 735
最判(二小)昭和 30・9・30 民集 9 巻 10 号 1491 頁 …………………………………352, 949
福岡高判昭和 30・10・10 下民集 6 巻 10 号 2102 頁 ………………………………………… 662
最判(一小)昭和 30・12・1 民集 9 巻 13 号 1903 頁 …………………………………229, 877
最判(二小)昭和 30・12・16 民集 9 巻 14 号 2013 頁 ………………………………………… 124
東京地判昭和 30・12・23 下民集 6 巻 12 号 2697 頁 ………………………………………… 270
最判(三小)昭和 30・12・26 民集 9 巻 14 号 2082 頁 ………………………………………… 360
最判(三小)昭和 31・2・7 民集 10 巻 2 号 38 頁……………………………………………… 378
最判(一小)昭和 31・3・1 裁判集民事 21 号 259 頁 ………………………………………… 792
最判(二小)昭 31・3・30 民集 10 巻 3 号 242 頁……………………………………………… 966
最判(三小)昭和 31・4・3 民集 10 巻 4 号 297 頁……………………………………………… 878
最判(二小)昭和 31・4・13 民集 10 巻 4 号 388 頁 ………………………………………… 559
札幌高函館支決昭和 31・4・27 高民集 9 巻 5 号 313 頁……………………………………… 58
最判(一小)昭和 31・5・10 民集 10 巻 5 号 487 頁 ………………………………………… 611
最判(三小)昭和 31・6・5 民集 10 巻 6 号 656 頁……………………………………………… 713
最判(三小)昭和 31・6・19 民集 10 巻 6 号 665 頁 ………………………………………… 712
最判(三小)昭和 31・6・26 民集 10 巻 6 号 748 頁 ………………………………………… 359
最判(一小)昭和 31・7・19 民集 10 巻 7 号 915 頁 ………………………………………… 736
最判(二小)昭和 31・7・20 民集 10 巻 8 号 947 頁 ………………………………………… 745
最判(二小)昭和 31・7・20 民集 10 巻 8 号 965 頁 …………………………………909, 911
東京地判昭和 31・8・10 下民集 7 巻 8 号 2175 頁 ………………………………………… 261
最判(三小)昭和 31・9・18 民集 10 巻 9 号 1160 頁 ………………………………………… 392
最判(二小)昭和 31・9・28 民集 10 巻 9 号 1213 頁 …………………………………600, 621
最判(一小)昭和 31・9・28 裁判集民事 23 号 281 頁 ………………………………………… 812
最判(一小)昭和 31・10・4 民集 10 巻 10 号 1229 頁 ……………………346, 351, 352, 355, 362
最決(一小)昭和 31・10・31 民集 10 巻 10 号 1398 頁 …………………………………………68, 78

最判(一小)昭和31・12・20民集10巻11号1573頁 …… 715
東京地判昭和31・12・21行集7巻12号3091頁 …… 570
最判(二小)昭和31・12・28民集10巻12号1639頁 ……195, 196, 494, 799
最判(二小)昭和32・2・8民集11巻2号258頁 ……751, 789
最判(一小)昭和32・2・28民集11巻2号374頁 …… 715
千葉地判昭32・3・26判時108号12頁 …… 933
最判(二小)昭和32・5・10民集11巻5号715頁 …… 475
最判(二小)昭和32・6・7民集11巻6号948頁 …… 885
最判(三小)昭和32・6・25民集11巻6号1143頁 ……754, 778
最判(三小)昭和32・7・2民集11巻7号1186頁 …… 854
東京高判昭和32・7・18下民集8巻7号1282頁 …… 270
最判(大)昭和32・7・20民集11巻7号1314頁 …… 353
東京地判昭和32・7・25下民集8巻7号1337頁 …… 264
最判(三小)昭和32・9・17民集11巻9号1540頁 …… 691
最判(一小)昭和32・9・19新聞76号3頁 … 355
札幌高函館支決昭和32・11・1下民集8巻11号2035頁 …… 58
最判(二小)昭和32・11・1民集11巻12号1819頁 …… 352
最判(二小)昭和32・12・13民集11巻13号2143頁 …… 993
最判(三小)昭和32・12・24民集11巻14号2363頁 …… 124
最判昭和32・12・24裁判集民事29号555頁 548
最判(一小)昭和33・1・30民集12巻1号103頁 …… 600
最判(大)昭和33・3・5民集12巻3号381頁 966
最判(二小)昭和33・3・7民集12巻3号469頁 …… 742
最判(一小)昭和33・3・13民集12巻3号524頁 …… 846
最判(三小)昭和33・3・25民集12巻4号589頁 ……261, 344
最判(一小)昭和33・4・17民集12巻6号873頁 …… 403
最判(大)昭和33・5・28民集12巻8号1224頁 …… 267
最判(二小)昭和33・6・6民集12巻9号1384頁 …… 847
最判(一小)昭和33・6・14民集12巻9号1492頁 …… 967
最判(一小)昭和33・6・19民集12巻10号1562頁 …… 324
最判(三小)昭和33・7・8民集12巻11号1740頁 ……474, 844
東京高判昭和33・7・16事件記録［東京地判昭和32・7・25の控訴審］ …… 264
最判(三小)昭和33・7・22民集12巻12号1805頁 …… 611
最判(二小)昭和33・7・25民集12巻12号1823頁 ……115, 131
東京地判昭和33・9・3下民集9巻9号1736頁 …… 674
最判(二小)昭和33・9・19民集12巻13号2062頁 …… 686
最判(三小)昭和33・10・14民集12巻14号3091頁 …… 997
最判(二小)昭和33・10・17民集12巻14号3161頁 …… 569
広島高判昭和33・10・21高民集11巻9号545頁 …… 141
最判(三小)昭和33・11・4民集12巻15号3247頁 …… 557
最判(二小)昭和34・2・20民集13巻2号209頁 ……275, 881
最判(一小)昭和34・3・26民集13巻4号493頁 …… 16
最判(三小)昭和34・5・12民集13巻5号576頁 …… 353
大阪高決昭和34・6・16高民集12巻6号264頁 …… 58
最判(二小)昭和34・7・3民集13巻7号898頁 ……600, 612
最判(大)昭和34・7・20民集13巻8号1103頁 …… 138

大阪高判昭和34・7・31下民集10巻7号1624頁 …… 127
最判(一小)昭和34・9・17民集13巻11号1372頁 …… 742
最判(三小)昭和34・9・22民集13巻11号1451頁 …… 229
最判(三小)昭和34・9・22民集13巻11号1467頁 …… 352
最判(一小)昭和34・11・19民集13巻12号1500頁 …… 742
大阪高決昭和35・2・27下民集11巻2号423頁 …… 58
最判(大)昭和35・3・9民集14巻3号355頁 ……367, 368
最判(三小)昭和35・4・26民集14巻6号1064頁 …… 779
最判(大)昭和35・6・8民集14巻7号1206頁 …… 300
最決(二小)昭和35・6・13民集14巻8号1323頁 …… 569
最判(二小)昭和35・6・17民集14巻8号1396頁 …… 374
山形地判昭35・6・27行集11巻6号1856頁 933
最判(三小)昭和35・6・28民集14巻8号1558頁 …… 396
最決(大)昭和35・7・6民集14巻9号1657頁 …… 507
最判(二小)昭和35・10・21民集14巻12号2651頁 …… 396
最判(大)昭和35・12・7民集14巻13号2964頁 …… 543
最判(二小)昭和35・12・9民集14巻13号3020頁 …… 803
最決(二小)昭和35・12・9民集14巻14号3268頁 …… 854
最判(二小)昭和35・12・23民集14巻14号3166頁 ……151, 272, 492, 937
名古屋高決昭和35・12・27高民集13巻9号849頁 …… 113
最判(一小)昭和36・1・24民集15巻1号175頁 …… 149
最判(一小)昭和36・2・9民集15巻2号209頁 …… 914
名古屋地決昭和36・2・15下民集12巻2号291頁 …… 932
最判(二小)昭和36・2・24民集15巻2号301頁 …… 844
最判(三小)昭和36・2・28民集15巻2号324頁 …… 847
最判(一小)昭和36・3・16民集15巻3号524頁 ……658, 668
最判(二小)昭和36・3・24民集15巻3号542頁 …… 848
最判(二小)昭和36・4・7民集15巻4号694頁 …… 757
最判(二小)昭和36・4・7民集15巻4号716頁 …… 151
最判(三小)昭和36・4・25民集15巻4号891頁 …… 849
最判(一小)昭和36・4・27民集15巻4号901頁 …… 486
最判(二小)昭和36・5・26民集15巻5号1425頁 …… 580
最判(一小)昭和36・8・31民集15巻7号2040頁 …… 634
最判(一小)昭和36・10・5民集15巻9号2271頁 …… 742
大阪高判昭和36・10・11判時282号22頁… 792
最判(二小)昭和36・11・24民集15巻10号2583頁 ……380, 634
最判(三小)昭和36・12・12民集15巻11号2778頁 …… 866
最判(二小)昭和36・12・15民集15巻11号2865頁 …… 612
最判(三小)昭和37・1・19民集16巻1号76頁 …… 365
最判(二小)昭和37・1・19民集16巻1号106頁 …… 644
最判(三小)昭和37・2・13判時292号18頁　738
最判(一小)昭和37・2・22集16巻2号375頁 ……630, 713
最判(大)昭和37・3・7民集16巻3号445頁 301
最判(二小)昭和37・3・23民集16巻3号607頁 …… 324
最判(二小)昭和37・4・6民集16巻4号686頁 …… 935

最判(三小)昭和37・4・10民集16巻4号693頁……940
高松地判昭37・5・8判時302号27頁……945
名古屋地判昭和37・6・11労民集13巻3号734頁……113
東京高判昭和37・6・11行集13巻6号1213頁……298
東京高判昭和37・6・15東高民時報13巻6号87頁……261
最判(三小)昭和37・7・3裁判集民事61号463頁……985
最判(二小)昭和37・7・13民集16巻8号1516頁……396
最判(三小)昭和37・7・17裁判集民事61号665頁……985
最判(二小)昭和37・8・10民集16巻8号1720頁……881,885
大阪高決昭和37・9・15判時318号21頁……46
最判(二小)昭和37・9・21民集16巻9号2052頁……803
東京地判昭和37・10・8判タ136号92頁……46
最決(二小)昭和37・10・12民集16巻10号2128頁……695
最判(二小)昭和37・10・12民集16巻10号2130頁……275
最判(二小)昭和37・11・16民集16巻11号2280頁……339
最判(一小)昭和37・11・22裁判集民事63号307頁……1003
最判(三小)昭和37・12・18民集16巻12号2422頁……104
最判(三小)昭和37・12・25民集16巻12号2490頁……273
最判(二小)昭和38・1・18民集17巻1号1頁……195,275,678,712
最判(三小)昭和38・2・12民集17巻1号171頁……563
最判(一小)昭和38・2・21民集17巻1号198頁……721,996
最判(二小)昭和38・2・22民集17巻1号235頁……611
最判(二小)昭和38・3・8民集17巻2号304頁……836
最判(三小)昭和38・3・12民集17巻2号310頁……612
最判(二小)昭和38・4・12民集17巻3号268頁……582
名古屋高判昭和38・6・19労民集14巻5号1110頁……113
名古屋高判昭和38・7・30労民集14巻4号968頁……113
最判(三小)昭和38・7・30民集17巻6号819頁……1007
最判(三小)昭和38・10・1民集17巻9号1106頁……612
最判(三小)昭和38・10・1民集17巻9号1128頁……940
最判(三小)昭和38・10・15民集17巻9号1220頁……194
最判(大)昭和38・10・30民集17巻9号1252頁……278
最判(大)昭和38・10・30民集17巻9号1266頁……124
最判(二小)昭和38・11・15民集17巻11号1364頁……75
山形地判昭和38・12・18下民集14巻12号2576頁……129
最判(大)昭和39・2・15民集18巻2号270頁……300
奈良地判昭和39・3・23下民集15巻3号586頁……676
最判(三小)昭和39・4・7民集18巻4号520頁……705
大阪高判昭和39・4・10下民集15巻4号761頁……665
最判(三小)昭和39・5・12民集18巻4号597頁……802
最判(二小)昭和39・5・29民集18巻4号725頁……325
最判(二小)昭和39・6・12民集18巻5号764頁……186,722
最判(三小)昭和39・6・24民集18巻5号874頁……775
最判(二小)昭和39・6・26民集18巻5号954頁……496
最判昭和39・7・16判タ165号73頁……494

最判(三小)昭和39・7・28民集18巻6号1241頁 …… 475
最判(三小)昭和39・10・13民集18巻8号1578頁 …… 482
最判(三小)昭和39・10・13民集18巻8号1619頁 …… 84
最判(一小)昭和39・10・15民集18巻8号1671頁 …… 103
大阪地判昭和39・10・19判タ168号171頁 677
最判(三小)昭和39・10・20民集18巻8号1740頁 …… 274
最判(二小)昭和39・11・13判時396号40頁 474
最判(一小)昭和39・11・26民集18巻9号1992頁 …… 357
札幌高判昭和40・2・19高民集18巻2号120頁 …… 868
最判(二小)昭和40・2・26民集19巻1号166頁 …… 352
札幌高判昭和40・3・4高民集18巻2号174頁 …… 156
最判(一小)昭和40・3・4民集19巻2号197頁 …… 722
最判(二小)昭和40・3・19民集19巻2号484頁 …… 987
大阪高判昭和40・3・22判時408号27頁 … 101
最判(二小)昭和40・3・26民集19巻2号508頁 …… 722
最判(二小)昭和40・4・2民集19巻3号539頁 …… 866
最判(大)昭和40・4・28民集19巻3号721頁 …… 368
最判(一小)昭和40・5・20民集19巻4号859頁 …… 611
大阪地判昭和40・5・31判タ178号160頁… 676
最判(三小)昭和40・6・29民集19巻4号1045頁 ……360, 365
最判(大)昭和40・6・30民集19巻4号1089頁 …… 507
長崎地判昭和40・7・20判時421号55頁 … 685
最判(二小)昭和40・9・10民集19巻6号1512頁 …… 467
最判(一小)昭和40・11・25民集19巻8号2040頁 …… 352
最判(三小)昭和40・12・21民集19巻9号2270頁 …… 858
最判(二小)昭和41・1・21民集20巻1号94頁 …… 711
最判(三小)昭和41・2・8民集20巻2号196頁 ……296, 299
最決(大)昭和41・3・2民集20巻3号360頁 350
大阪地判昭和41・3・12下民集17巻3・4合併号138頁 …… 319
最判(二小)昭和41・3・18民集20巻3号464頁 …… 323
最判(三小)昭和41・3・21民集20巻3号484頁 …… 692
最判(三小)昭和41・4・12民集20巻4号548頁 …… 473
最判(三小)昭和41・4・12民集20巻4号560頁 ……496, 666
最判(二小)昭和41・4・15裁判集民事83号191頁 …… 254
最判(三小)昭和41・4・19訟務月報12巻10号1402頁 …… 715
最判(二小)昭和41・4・22民集20巻4号803頁 …… 126
最判(二小)昭和41・5・20裁判集民事83号579頁 …… 194
最判(一小)昭和41・6・2判時464号25頁 ……891, 912
最判(三小)昭和41・6・21民集20巻5号1078頁 …… 487
東京地判昭和41・6・29判時462号3頁…… 125
最判(一小)昭和41・7・14民集20巻6号1173頁 …… 95
福岡高判昭和41・7・18高民集19巻4号330頁 …… 685
最判(一小)昭和41・7・28民集20巻6号1265頁 ……130, 141
大阪地判昭和41・8・3行集17巻7・8号873頁 …… 274
東京地判昭和41・9・3判時466号46頁…… 261
最判(一小)昭和41・9・8民集20巻7号1314頁 ……467, 468, 741
札幌高決昭和41・9・19高民集19巻5号428頁 …… 58
最判(一小)昭和41・9・22判時464号28頁 348

最判(一小)昭和41・9・22民集20巻7号1392頁 …… 738
最判(二小)昭和41・9・30民集20巻7号1523頁 …… 138
最判(大)昭和41・11・2民集20巻9号1674頁 …… 342
最判(一小)昭和41・11・10民集20巻9号1733頁 ……554, 723
最判(二小)昭和41・11・18判時466号24頁 985
最判(三小)昭和41・11・22民集20巻9号1914頁 …… 550
最判(二小)昭和41・11・25民集20巻9号1921頁 …… 612
最判(二小)昭和41・12・23民集20巻10号2211頁 …… 339
東京地判昭和41・12・23判時469号57頁… 587
最判(一小)昭和42・2・23民集21巻1号169頁 …… 660
最判(二小)昭和42・2・24民集21巻1号209頁 …… 580
東京高判昭和42・3・1高民集20巻2号113頁 …… 265
東京高判昭和42・3・1行集18巻3号177頁 265
東京地判昭和42・3・28判タ208号127頁… 750
最決(二小)昭和42・3・29裁判集民事86号771頁 ……1012
名古屋地決昭和42・4・14判タ207号105頁 682
岡山地判昭和42・4・19最高裁判所事務総局編『境界確定訴訟に関する執務資料』(昭和55年)271頁 …… 378
最判(二小)昭和42・4・28民集21巻3号796頁 …… 141
最判(三小)昭和42・5・23民集21巻4号916頁 …… 557
最判(大)昭和42・5・24民集21巻5号1043頁 …… 683
最判(二小)昭和42・6・16判時489号50頁 474
最判(二小)昭和42・6・30判時493号36頁 289
大阪地判昭和42・7・13判タ213号169頁… 677
東京高決昭和42・7・14高民集20巻4号329頁 …… 72
最判(三小)昭和42・7・18民集21巻6号1559頁 …… 870
最判(二小)昭和42・8・25民集21巻7号1740頁 …… 611
最判(二小)昭和42・8・25判時496号43頁 687
最判(大)昭和42・9・27民集21巻7号1925頁 ……543, 658
最判(大)昭和42・9・27民集21巻7号1955頁 …… 146
最判(一小)昭和42・10・19民集21巻8号2078頁 ……102, 103
最判(二小)昭和42・11・10民集21巻9号2352頁 …… 775
最判(一小)昭和42・11・16民集21巻9号2430頁 ……736, 738
最判(一小)昭和42・11・30民集21巻9号2528頁 ……322, 973
最判(三小)昭和42・12・26民集21巻10号2627頁 …… 195
最判(一小)昭和43・2・1判時514号54頁… 768
最判(二小)昭和43・2・9判時510号38頁… 784
最判(一小)昭43・2・15民集22巻2号184頁 …… 971
最判(一小)昭和43・2・22民集22巻2号270頁 …… 195
最判(二小)昭和43・2・23民集22巻2号296頁 …… 853
最判(三小)昭和43・2・27民集22巻2号316頁 …… 97
最判(一小)昭和43・3・7民集22巻3号529頁 …… 715
最判(二小)昭和43・3・8民集22巻3号551頁 ……622, 628
最判(二小)昭和43・3・15民集22巻3号587頁 …… 870
最判(二小)昭和43・3・15民集22巻3号607頁 ……375, 612
最判(一小)昭和43・4・11民集22巻4号862頁 …… 871
最判(二小)昭和43・4・12民集22巻4号877頁 …… 666
大阪高判昭和43・5・15判時554号47頁 … 662
最判(二小)昭和43・5・31民集22巻5号1137頁 …… 392
東京高判昭和43・6・19判タ227号221頁… 587
最判(二小)昭和43・6・21民集22巻6号1297

頁 ……………………………………146, 583
最判(二小)昭和43・6・21民集22巻6号1329頁 ……………………………… 914
最判(三小)昭和43・8・27民集22巻8号173頁 ……………………………… 114
最判(三小)昭和43・8・27判時534号48頁 405
最判(一小)昭和43・9・12民集22巻9号1896頁 ……………………………………603, 641
最判(二小)昭和43・9・20民集22巻9号1938頁 ……………………………… 703
名古屋高決昭和43・9・30高民集21巻4号460頁 ……………………………… 639
最判(三小)昭和43・10・15判時541号35頁 713
最判(二小)昭和43・11・1民集22巻12号2402頁 ……………………………… 138
最判(二小)昭和43・11・1判時539号44頁 322
最判(大)昭和43・11・13民集22巻12号2510頁 ……………………………… 278
最判(二小)昭和43・11・15判時542号58頁 152
最判(二小)昭和43・11・15民集22巻12号2659頁 ……………………………555, 722
最判(二小)昭和43・12・20民集22巻13号3017頁 ……………………………… 377
最判(二小)昭和43・12・20判時546号69頁 940
最判(三小)昭和43・12・24民集22巻13号3349頁 ……………………………… 141
最判(三小)昭和43・12・24民集22巻13号454頁 ……………………………… 486
最判(大)昭和43・12・25民集22巻13号3548頁 ……………………………… 481
東京地判昭和43・12・25判時555号58頁… 868
最判昭和44・2・14裁判集民事94号311頁 275
最判(一小)昭和44・2・20民集23巻2号399頁 ……………………………… 75
最判(一小)昭和44・2・27民集23巻2号441頁 ……………………………… 18
最判(一小)昭和44・2・27民集23巻2号511頁 ……………………………… 892
最判(一小)昭和44・3・6裁判集民事94号543頁 ……………………………… 18
大阪高判昭和44・3・20判タ235号251頁… 795
最決(三小)昭和44・3・25刑集23巻3号212頁 ……………………………… 72
最判(一小)昭和44・4・20民集23巻2号399頁 ……………………………… 703
東京地判昭和44・5・7判時565号74頁…… 253
最判(三小)昭和44・6・24判時569号48頁 907
最判(三小)昭和44・7・8民集23巻8号1407頁 ……………………………… 858
最判(一小)昭和44・7・10民集23巻8号1423頁 ……………………………302, 380
最判(三小)昭和44・7・15民集23巻8号1532頁 ……………………………… 656
最判(二小)昭44・10・17民集23巻10号1825頁 ……………………………921, 925
最判(一小)昭和44・11・27民集23巻11号2251頁 ……………………………… 278
最判(一小)昭和44・12・18判時586号55頁 278
東京地判昭和44・12・22訟務月報16巻3号257頁 ……………………………… 337
最判(一小)昭和45・1・22民集24巻1号1頁 ……………………………… 379
最判(二小)昭和45・1・23判時589頁50頁 ……………………………………602, 603
最判(一小)昭和45・3・26民集24巻3号165頁 ……………………………… 481
最判(一小)昭和45・4・2民集24巻4号223頁 ……………………………… 365
東京地判昭和45・4・16下民集21巻3・4号596頁 ……………………………… 723
最判(三小)昭和45・4・21裁判集民事99号89頁 ……………………………… 18
最判(二小)昭和45・5・22民集24巻5号415頁 ……………………………… 612
最判(三小)昭和45・6・2民集24巻6号447頁 ……………………………… 388
最判(一小)昭和45・6・11民集24巻6号516頁 ……………………………………490, 496
最判(大)昭和45・7・15民集24巻7号864頁 ……………………………… 349
最判(大)昭和45・7・15民集24巻7号804頁 ……………………………………683, 998
最判(大)昭和45・7・15民集24巻7号861頁 ……………………………350, 353, 359, 391
最判(二小)昭和45・7・24民集24巻7号1177頁 ……………………………… 275

大阪高判昭和 45・7・30 行集 21 巻 7・8 号
1081 頁 ……………………………………… 274
最判(一小)昭和 45・9・20 民集 24 巻 3 号
165 頁 ……………………………………… 822
最判(三小)昭和 45・10・13 判時 614 号 51 頁 721
最判(一小)昭和 45・10・22 民集 24 巻 11 号
1583 頁 ……………………………………… 644
最判(三小)昭和 45・10・27 民集 24 巻 11 号
1655 頁 ……………………………………… 609
最判(大)昭和 45・11・11 民集 24 巻 12 号
1854 頁 ……………………………………105, 396
最判(二小)昭和 45・12・4 判時 618 号 35 頁 715
最判(二小)昭和 45・12・4 裁判集民事 101 号
627 頁 ……………………………………… 814
最判(一小)昭和 45・12・10 民集 24 巻 13 号
2004 頁 ……………………………………… 698
最判(三小)昭和 45・12・15 民集 24 巻 13 号
2072 頁 ……………………………………… 138
名古屋高裁金沢支決昭和 46・2・8 下民集 22 巻
1・2 号 92 頁 ……………………………………20, 21
最命(三小)昭和 46・3・23 判時 628 号 49 頁 130
大阪高判昭和 46・4・8 判時 633 号 73 頁
……………………………………………698, 894
最判(二小)昭和 46・4・23 判時 631 号 55 頁 548
東京地判昭和 46・4・26 下民集 22 巻 3・4 号
454 頁 ……………………………………… 753
最判(一小)昭和 46・6・3 判時 634 号 37 頁
……………………………………………………1016
最判(三小)昭和 46・6・22 判時 639 号 77 頁
……………………………………………137, 289
最判(二小)昭和 46・6・25 民集 25 巻 4 号
640 頁 ……………………………………… 941
最判(三小)昭和 46・6・29 裁判集民事 103 号
241 頁 ……………………………………… 644
最判(三小)昭和 46・9・21 民集 25 巻 6 号
823 頁 ……………………………………… 327
新潟地判昭和 46・9・29 下民集 22 巻 9・10 号
別冊 1 頁……………………………………… 768
最判(一小)昭和 46・10・7 民集 25 巻 7 号
885 頁 ……………………………………612, 931
大分地判昭和 46・11・8 判時 656 号 82 頁 … 753
京都地決昭和 46・11・10 下民集 22 巻 11・12
合併号 1117 頁 ……………………………… 21
大阪地決昭和 46・11・15 判時 651 号 28 頁… 816
最判(一小)昭和 46・11・25 民集 25 巻 8 号
1343 頁 ……………………………………… 846
最判(三小)昭和 46・12・7 判時 657 号 51 頁 846
最判(一小)昭和 46・12・9 民集 25 巻 9 号
1457 頁 ………………………………378, 612, 616
最判(一小)昭和 47・1・20 判時 659 号 56 頁 644
最判(三小)昭和 47・2・15 民集 26 巻 1 号 30
頁 ……………………………………………352, 364
東京地判昭和 47・5・9 判タ 278 号 193 頁は、
確認………………………………………… 324
最判(二小)昭和 47・6・2 民集 26 巻 5 号 957
頁 ……………………………………………105, 142
最判(一小)昭和 47・6・15 民集 26 巻 5 号
1000 頁 ……………………………………… 915
最判(一小)昭和 47・7・6 民集 26 巻 6 号
1133 頁 ……………………………………… 128
最判(二小)昭和 47・9・1 民集 26 巻 7 号 1289
頁 ……………………………………………128, 289
最判(一小)昭和 47・10・12 民集 26 巻 8 号
1448 頁 ……………………………………… 316
最判(一小)昭和 47・11・9 民集 26 巻 9 号
1513 頁 ……………………………………… 352
最判(一小)昭和 47・11・9 民集 26 巻 9 号
1566 頁 ……………………………………… 128
最判(一小)昭和 47・11・16 民集 26 巻 9 号
1619 頁 ……………………………………… 846
最判(一小)昭和 47・12・7 民集 26 巻 10 号
1829 頁 ……………………………………… 374
最判(三小)昭和 47・12・12 民集 26 巻 10 号
1850 頁 ………………………………………274
最判(三小)昭和 47・12・26 判時 722 号 62 頁 46
最判(三小)昭和 48・3・13 民集 27 巻 2 号
344 頁 ……………………………………… 323
最判(二小)昭和 48・3・23 民集 27 巻 2 号 368
頁 ……………………………………………589, 591
最判(一小)昭和 48・4・5 民集 27 巻 3 号 419
頁…………………………………………… 848
最判(三小)昭和 48・4・24 民集 27 巻 3 号
596 頁 ……………………………………… 663
大阪地判昭和 48・5・19 判時 716 号 91 頁 … 722
最判(一小)昭和 48・6・21 民集 27 巻 6 号
712 頁 ……………………………………… 891
大阪高決昭和 48・7・12 下民集 24 巻 5〜8 号
455 頁 ……………………………………… 786

最判(二小)昭和48・7・20民集27巻7号863頁……668
大阪高判昭和48・9・6行集24巻8・9号900頁……304
最判(二小)昭和48・9・7判時718号48頁……279
最判(一小)昭和48・10・4判時724号33頁　907
最判(三小)昭和48・10・9民集27巻9号1129頁……108
大阪地判昭和48・10・9判時728号76頁……270
最判(一小)昭和48・10・11判時723号44頁　18
最判(二小)昭和48・10・26民集27巻9号1240頁……698
大阪高判昭和48・11・16高民集26巻5号475頁……106
最判(三小)昭和49・2・5民集28巻1号27頁……45
最判(二小)昭和49・2・8金融商事403号6頁……261
東京地判昭和49・3・1下民集25巻1〜4号129頁……738
東京地判昭和49・4・2判タ311号166頁……397
東京高決昭和49・4・17下民集25巻1〜4号309頁……637,640
最判(二小)昭和49・4・26民集28巻3号503頁……847,870,907
最判(三小)昭和49・6・28民集28巻5号666頁……555
大阪地判昭和49・7・4判時761号106頁……262
東京地判昭和49・9・26判時769号38頁……299
最判(一小)昭和49・9・26民集28巻6号1283頁……365
山形地鶴岡支判昭49・9・27判時765号98頁……933
最判(一小)昭和49・11・14民集28巻8号1605頁……141,142
東京高判昭和49・12・20判時773号89頁……106
最判(二小)昭和50・2・14金融法務事情754号29頁……442
最判(一小)昭和50・3・13民集29巻3号233頁……666,668
最判(二小)昭和50・6・27判時785号61頁　721
最判(三小)昭和50・7・15民集29巻6号1029頁……542
福岡高決昭和50・9・12判時805号76頁……60
東京高判昭和50・9・22下民集26巻9〜12号791頁……985
最判(二小)昭和50・10・24民集29巻9号1417頁……730,773
最判(二小)昭和50・11・7民集29巻10号1525頁……193
大阪高判昭和50・11・27判時797号36頁……333,913
最判(三小)昭和50・11・28民集29巻10号1554頁……62,63,64
最判(三小)昭和50・11・28民集29巻10号1797頁……280
東京地判昭和51・3・2判時832号71頁……717
最判(二小)昭和51・3・15判時814号114頁　94
最判(三小)昭和51・3・30判時814号112頁　639
最判(一小)昭和51・6・17民集30巻6号592頁……490
最判(二小)昭和51・7・19民集30巻7号706頁……392
最判(三小)昭和51・7・27民集30巻7号724頁……682
東京地裁八王子支判昭和51・7・28下民集29巻1〜4号112頁……786
最判(二小)昭和51・8・30民集30巻7号768頁……542
最判(一小)昭和51・9・30民集30巻8号799頁……908
最判(一小)昭和51・10・21民集30巻9号903頁……553
最判(一小)昭和51・11・25民集30巻10号999頁……440
大阪高判昭和51・12・21下民集27巻9〜12号809頁……170
最判(三小)昭和51・12・21金商517号9頁　361
最判(二小)昭和51・12・24民集30巻11号1076頁……547
東京地裁昭52・1・17民事34部提示・判時838号29頁……964
東京地判昭和52・2・17判時862号50頁……253
最判(二小)昭和52・3・18金融法務事情837号34頁……691,694
東京地裁昭52・3・22民事34部提示・判時846号48頁……964

名古屋高判昭和 52・3・28 下民集 28 巻 1～4 号 318 頁…… 482
大阪高判昭和 52・3・30 判時 873 号 42 頁 … 866
最判(二小)昭和 52・4・15 民集 31 巻 3 号 371 頁 ……739, 801
最判(二小)昭和 52・6・20 裁判集民事 121 号 63 頁 …… 868
東京高判昭和 52・7・15 判時 867 号 60 頁 … 753
最判(三小)昭和 52・7・19 民集 31 巻 4 号 693 頁 …… 939
最判(三小)昭和 52・11・8 民集 31 巻 6 号 847 頁 …… 379
最判(三小)昭和 52・11・15 民集 31 巻 6 号 900 頁 …… 768
東京高判昭和 52・12・19 判時 878 号 68 頁… 585
東京高判昭和 53・2・28 判時 896 号 75 頁 … 653
大阪高決昭和 53・3・6 高民集 31 巻 1 号 38 頁…… 813
最判(二小)昭和 53・3・17 民集 32 巻 2 号 240 頁 …… 274
最判(一小)昭和 53・3・23 判時 886 号 35 頁 909
最判(一小)昭和 53・3・30 民集 32 巻 2 号 485 頁 …… 15
最判(一小)昭和 53・7・10 民集 32 巻 5 号 888 頁 …… 319
東京高判昭和 53・7・26 判時 904 号 66 頁 … 869
東京地判昭和 53・8・3 判時 899 号 48 頁…… 336
東京地判昭和 53・8・16 判タ 372 号 98 頁 … 253
東京高判昭和 53・8・16 民集 35 巻 4 号 815 頁…… 396
最判(一小)昭和 53・9・14 判時 906 号 88 頁 892
最判(三小)昭和 53・11・14 民集 32 巻 8 号 1529 頁 …… 703
東京地判昭和 53・12・11 判タ 378 号 114 頁 677
最判(三小)昭和 54・1・30 判時 919 号 57 頁 571
最判(二小)昭和 54・3・16 民集 33 巻 2 号 270 頁 …… 997
最判(二小)昭和 54・4・6 民集 33 巻 3 号 329 頁…… 722
最判(三小)昭和 54・4・17 判時 931 号 62 頁 866
東京高決昭和 54・5・31 判時 933 号 71 頁 … 21
最判(三小)昭和 54・7・31 判時 944 号 53 頁 580
札幌高決昭和 54・8・31 判時 937 号 16 頁 … 786
東京高判昭和 54・10・18 判時 942 号 17 頁… 764
東京高決昭和 54・11・12 判時 951 頁 …… 21
最判(二小)昭和 54・11・16 民集 33 巻 7 号 709 頁 …… 713
最判(三小)昭和 55・1・11 民集 34 巻 1 号 1 頁…… 303
仙台高判昭和 55・1・28 高民集 33 巻 1 号 1 頁…… 653
最判(一小)昭和 55・2・7 民集 34 巻 2 号 123 頁…… 473
最判(二小)昭和 55・2・22 判時 962 号 50 頁 289
最判(一小)昭和 55・4・10 判時 973 号 85 頁 ……303, 305
最判(三小)昭和 55・4・22 判時 968 号 53 頁 739
最判(三小)昭和 55・5・6 判時 968 号 52 頁… 253
福岡高決昭和 55・5・27 判時 980 号 67 頁 … 21
仙台高判昭和 55・5・30 判タ 419 号 112 頁… 667
東京地判昭和 55・7・30 判タ 424 号 118 頁… 265
東京地判昭和 55・9・29 判タ 429 号 136 頁… 262
最判(一小)昭和 55・10・23 民集 34 巻 5 号 747 頁 …… 866
最判(三小)昭和 55・10・28 判時 984 号 68 頁 ……569, 570
東京高判昭和 55・12・25 判時 992 号 65 頁… 723
最判(二小)昭和 56・1・30 判時 1000 号 85 頁 108
最判(二小)昭和 56・3・20 民集 35 巻 2 号 219 頁 …… 842
東京地判昭和 56・3・30 行集 32 巻 3 号 457 頁 ……201
最判(三小)昭和 56・4・7 民集 35 巻 3 号 443 頁…… 303
最判(三小)昭和 56・4・14 民集 35 巻 3 号 620 頁 ……171, 246, 921
最判(三小)昭和 56・6・16 民集 35 巻 4 号 791 頁 …… 610
最判(二小)昭和 56・7・3 判時 1014 号 69 頁 907
東京高決昭和 56・7・8 行集 32 巻 7 号 1017 頁…… 640
最判(一小)昭和 56・9・24 民集 35 巻 6 号 1088 頁 …… 544
東京高判昭 56・11・25 判時 1029 号 78 頁 … 927
札幌高決昭和 56・11・30 判タ 456 号 111 頁 70
最判(大)昭和 56・12・16 民集 35 巻 10 号 1369 頁 …… 330

最判(三小)昭和57・1・19民集36巻1号1頁…… 18
最判(三小)昭和57・1・19判時1032号55頁 846
最判(三小)昭和57・3・9判時1040号53頁 192
最判(三小)昭和57・3・30民集36巻3号501頁…… 865
最判(三小)昭和57・4・27判時1046号41頁 473
最判(一小)昭和57・5・27判時1052号66頁 580
福岡高決昭和57・7・8判タ479号118頁… 21
札幌高決昭和57・7・12判時1078号87頁… 65
最判(一小)昭和57・7・15民集36巻6号1113頁…… 653
最判(三小)昭和57・9・28民集36巻8号1652頁…… 327
最判(三小)昭和57・10・17判時1062号87頁…… 254
最判(二小)昭和57・11・26民集36巻11号2296頁…… 135
最判(二小)昭和57・11・26家裁月報35巻11号68頁…… 682
東京高判昭和58・1・26下民集34巻1～4合併号17頁…… 587
最判(一小)昭和58・2・3民集37巻1号45頁…… 75
仙台地判昭和58・2・16交通民集16巻6号1771頁…… 336
東京高決昭和58・3・16判時1076号66頁… 72
最判(三小)昭和58・3・22判時1074号55頁 997
最判(二小)昭和58・4・1民集37巻3号201頁……614, 618, 619
最判(一小)昭和58・4・14判時1131号81頁 998
東京地判昭和58・4・22判時1077号89頁… 796
最判(一小)昭和58・5・26判時1088号74頁 778
最判(三小)昭和58・6・7民集37巻5号517頁…… 365
最判(三小)昭和58・6・7判時1084号73頁 496
最決(一小)昭和58・6・25判時1082号50頁 863
名古屋地判昭和58・7・25下民集34巻1～4号355頁…… 317
最判(一小)昭和58・9・8判時1096号62頁……712, 713
東京高判昭和58・9・14判時1094号35頁… 682
東京高決昭和58・9・30行集34巻9号1697頁…… 640
最判(三小)昭和58・10・18民集37巻8号1121頁…… 378
最判(二小)昭和58・10・28判時1104号67頁…… 496
東京地判昭和59・1・19判時1125号129頁 107
仙台高判昭和59・1・20下民集35巻1～4号7頁…… 156
東京地判昭和59・2・15判時1135号70頁… 270
最判(一小)昭和59・2・16判時1109号90頁 378
最判(一小)昭和59・3・29判時1122号110頁…… 703
最判(一小)昭和59・5・17判時1119号72頁 586
盛岡地判昭和59・8・10判タ532号253頁… 753
東京高判昭和59・8・16判時1152号140頁 675
大阪高判昭和59・8・21高民集37巻3巻159頁…… 682
最判(二小)昭和59・9・28民集38巻9号1121頁…… 137
最判(二小)昭和60・3・15判時1168号66頁……666, 933
最判(一小)昭和60・3・28判時1151号125頁……288, 289
大阪高判昭和60・5・16判タ561号148頁… 397
東京高判昭和60・6・25判時1160号93頁… 654
東京地判昭和60・8・29判時1196号129頁 270
東京地決昭和60・9・6判時1180号90頁… 638
最判(三小)昭和60・9・17判時1173号59頁 581
東京地判昭和60・12・27判時1220号109頁 397
最判(二小)昭和61・2・24民集40巻1号69頁……712, 713
最判(一小)昭和61・3・13民集40巻2号389頁…… 350
最判(二小)昭和61・3・17民集40巻2号420頁…… 480
大阪地判(中間)昭和61・3・23判時1200号97頁……66
最判(一小)昭和61・4・3判時1198号110頁 496
最判(二小)昭和61・4・11民集40巻3号558頁…… 716
最判(二小)昭和61・4・25判時1193号137頁…… 569
最判(一小)昭和61・5・29民集40巻4号603頁…… 202

最判(三小)昭和61・6・10民集40巻4号793頁……401
最判(一小)昭和61・7・10判時1213号83頁　373
最判(一小)昭和61・7・17民集40巻5号941頁……885
東京高判昭和61・8・28判時1208号85頁…173
最判(一小)昭和61・9・4判時1215号47頁　997
東京高決昭和61・11・28判時1223号51頁　21
横浜地判昭和62・3・4判時1225号45頁…32
最判(大)昭和62・4・22民集41巻3号408頁……192
東京地判昭和62・5・29判タ657号102頁…192
東京地判(中間)昭和62・6・23判時1240号27頁……270
最判(一小)昭和62・7・2民集41巻5号785頁……775, 822
大阪高判昭和62・7・16判時1258号130頁　262
最判(三小)昭和62・7・17民集41巻5号1381頁……359
最判(三小)昭和62・7・17民集41巻5号1402頁……617, 631
最判(三小)昭和62・9・4判時1251号101頁　193
最判(二小)昭和62・10・16民集41巻7号1497頁……275
東京地判昭和62・12・9判タ663号163頁…99
最判(一小)昭和63・2・25民集42巻2号120頁……649
最判(三小)昭和63・3・15民集42巻3号170頁……264
最判(一小)昭和63・3・31判時1277号122頁……330
東京高判昭和63・7・27判時1284号68頁…193
最判(二小)昭和63・10・21判時1131号68頁……337

平　成

最判(三小)平成元・3・7判時1315号63頁　644
最判(三小)平成元・3・28判時1393号91頁　195
最判(三小)平成元・3・28民集43巻3号167頁……350, 610
最判(一小)平成元・4・6民集43巻4号193頁……350, 354
東京地判(中間)平成元・5・30判時1348号91頁……271, 272
東京地決平成元・6・2判タ709号262頁…813
東京地判(中間)平成元・6・19判タ703号240頁……272
東京地判平成元・8・29判時1348号87頁……272, 784
最判(三小)平成元・9・19判時1328号38頁……1009
最判(二小)平成元・9・8民集43巻8号889頁……303
最判(二小)平成元・10・13家裁月報42巻2号159頁……682
大阪高判平成元・10・26判タ711号253頁　587
最判(二小)平成元・11・20民集43巻10号1160頁……31, 252
最判(二小)平成元・12・8民集43巻11号1259頁……775
最判(二小)平成元・12・11民集43巻12号1763頁……703
最判(一小)平成元・12・21民集43巻12号2209頁……481
東京地決平成2・6・13判時1367号16頁…81
大阪高決平成2・8・17判時1364号42頁…193
最判(一小)平成2・9・17民集44巻6号1007頁……768
最判(二小)平成2・10・29判時1366号46頁　350
東京高判平成2・10・30判時1379号83頁…868
最判(三小)平成2・12・4判時1398号66頁　97
最判(三小)平成2・12・4民集44巻9号1165頁……380
神戸地判平成3・1・16判タ761号252頁…482
広島高判平成3・1・31判タ753号222頁…819
最判(三小)平成3・2・19判時1389号140頁　380
最決(一小)平成3・2・25民集45巻2号117頁……85
最判(一小)平成3・3・28判時1381号115頁　289
最判(二小)平成3・4・19民集45巻4号477頁……392
東京地命平成3・5・27判時1391号156頁…48
最判(三小)平成3・6・18裁判集民事163号107頁……1007
東京地判平成3・8・27判時1425号100頁…397
東京地判平成3・9・2判時1417号124頁…262
東京地判平成3・9・24労働判例598号86頁　101
東京地判平成3・9・24判時1429号80頁…242

東京地判平成3・9・26判時1422号128頁… 379
最決(三小)平成3・11・7判時1418号79頁……1012
横浜地決平成3・11・13判時1416号121頁 48
最判(一小)平成3・12・5訟務月報38巻6号1029頁 …… 819
最判(三小)平成3・12・17民集45巻9号1435頁 …… 264
東京高判平成3・12・17判時1413号62頁… 667
大阪高判平成4・1・28判タ787号263頁 … 795
東京地決平成4・2・10判タ789号251頁 … 48
東京地判平成4・3・27判時1418号109頁… 361
最判(三小)平成4・4・28判時1455号92頁 580
東京高判平成4・5・27判時1424号56頁 … 264
東京地判平成4・6・17判時1435号27頁 … 914
東京高決平成4・7・29判時1436号18頁 … 48
東京高判平成4・7・29判時1433号56頁 … 361
最判(一小)平成4・10・29民集46巻7号2580頁 …… 366
最判(一小)平成4・10・29民集46巻7号1174頁 …… 765
最判(一小)平成5・2・18民集47巻2号632頁 ……75,714
最判(二小)平成5・3・26民集47巻4号3201頁 …… 273
最判(三小)平成5・3・30訟務月報39巻11号2326頁 ……1009
最判(三小)平成5・7・20判時1503号3頁… 303
最判(三小)平成5・7・20民集47巻7号4627頁 …… 712
仙台高判平成5・7・29判時1514号90頁 … 316
最判(三小)平成5・9・7民集47巻7号4667頁…… 303
最判(二小)平成5・10・22民集47巻8号5136頁 …… 341
東京高判平成5・10・27訟務月報41巻2号77頁 …… 803
最判(一小)平成5・11・11民集47巻9号5255頁 ……323,848
最判(一小)平成5・11・25判時1503号18頁 303
最判(一小)平成5・12・2判時1486号69頁 715
最判(一小)平成5・12・16民集47巻10号5423頁 …… 713
大阪高判平成5・12・21判時1503号85頁… 48
最判(三小)平成6・1・25民集48巻1号41頁…… 932
最判(三小)平成6・2・8民集48巻2号373頁……374,375
最判(一小)平成6・2・10民集48巻2号388頁 ……940,948,949
最判(二小)平成6・3・25判時1501号107頁 185
広島地決平成6・3・28判タ875号278頁 … 815
最判(三小)平成6・4・19判時1504号119頁 288
東京高判平成6・5・30判時1504号93頁 … 569
最判(三小)平成6・5・31民集48巻4号1065頁 ……396,612
最判(二小)平成6・7・18裁判集民事172号969頁 …… 547
最判(一小)平成6・9・8判時1511号66頁… 480
最判(三小)平成6・9・27判時1513号111頁 663
最判(一小)平成6・10・13判時1558号27頁 360
最判(三小)平成6・11・22民集48巻7号1355頁 ……849,881,998
最判(三小)平成7・1・24判時1523号81頁 392
東京高判平成7・1・30判時1551号73頁・77頁…… 817
最判(一小)平成7・2・23判時1524号134頁 983
最判(三小)平成7・3・7民集49巻3号893頁……350,359
大阪高判平成7・3・17判時1527号107頁… 363
最判(一小)平成7・3・23民集49巻3号1006頁 ……1009
東京地判平成7・7・14判時1541号123頁… 319
最判(二小)平成7・7・14民集49巻7号2674頁 …… 354
最判(三小)平成7・11・7民集49巻9号2829頁 …… 683
東京地判平成7・11・30判タ914号249頁… 587
最判(二小)平成7・12・15民集49巻10号3051頁 …… 868
大阪地判平成8・1・26判時1570号85頁 … 264
最判(一小)平成8・2・22判時1559号46頁 497
東京高判平成8・4・8判タ937号262頁…… 264
最判(三小)平成8・5・28判時1569号48頁……253,254
東京地判平成8・7・30判時1596号85頁 … 298
最判(二小)平成8・9・13民集50巻8号2374頁 …… 543

福岡高判平成8・10・17判タ942号257頁… 705
東京地判平成8・12・10判時1589号81頁… 898
最判(三小)平成9・1・28民集51巻1号40頁 ……350,380
最判(三小)平成9・1・28民集51巻1号78頁 ……1007
最判(三小)平成9・2・25民集51巻2号502頁 ……475,773,797
東京地判平成9・3・14判時1612号101頁… 32
最判(二小)平成9・3・14判時1600号89頁 350
最判(大)平成9・4・2民集51巻4号1673頁 ……614,618,619
最判(一小)平成9・4・10民集51巻4号1972頁 …… 703
東京高決平成9・5・20判時1601号143頁 ……412,811
東京地判平成9・5・26判時1610号22頁 … 245
最判(一小)平成9・7・17判時1614号72頁 741
東京地決平成9・7・22判時1627号141頁 ……412,812
東京地判(中間)平成9・7・24判時1621号117頁 …… 361
最判(三小)平成9・9・9判時1624号96頁 1008
東京地判平成9・11・12判タ979号239頁… 267
最判(三小)平成10・2・24民集52巻1号113頁 …… 242
最判(二小)平成10・2・27民集52巻1号299頁 …… 392
最判(三小)平成10・3・10判時1683号95頁 304
最判(二小)平成10・3・27民集52巻2号661頁 ……380,381,382
福岡地判平成10・3・31判時1669号40頁… 107
東京高判平成10・4・22判時1646号71頁… 776
東京地判平成10・5・29判タ1004号260頁 753
大阪高判平成10・5・29労働判例745号42頁…… 776
最判(二小)平成10・6・12民集52巻4号1147頁 …… 881
最判(三小)平成10・6・30民集52巻4号1225頁 ……264,881
最決(三小)平成10・7・13判時1651号54頁 ……1012
東京高決平成10・7・16金融商事1055号39頁…… 811
東京地決平成10・7・31判時1658号178頁 ……412,812
最判(一小)平成10・12・17判時1664号59頁…… 276
最決(一小)平成11・3・9判時1672号67頁 ……1006
最決(三小)平成11・3・9判時1673号87頁 ……1005
最決(一小)平成11・3・12民集53巻3号505頁 ……1013
最判(二小)平成11・6・11判時1685号36頁 363
最判(二小)平成11・7・16民集53巻6号957頁 …… 240
東京地判平成11・8・31判時1687号39頁… 776
最判(一小)平成11・9・9民集53巻7号1173頁 …… 389
東京高決平成11・9・20判タ1045号302頁 644
最判(三小)平成11・9・28判時1689号78頁 303
最判(一小)平成11・11・9民集53巻8号1421頁 …… 615
最判(大)平成11・11・24民集53巻8号1899頁 …… 185
最判(一小)平成11・12・16民集53巻9号1989頁 …… 392
東京地決平成12・1・27資料版商事法務191号182頁…… 587
最判(二小)平成12・1・31判時1708号94頁 304
最判(一小)平成12・2・24民集54巻2号523頁 ……350,360
最決(一小)平成12・3・10民集54巻3号1073頁 ……786,810
最決(一小)平成12・3・10判時1708号115頁…… 806
最判(二小)平成12・4・7判時1713号50頁 741
最判(二小)平成12・7・7民集54巻6号1767頁 ……618,620
最決(二小)平成12・7・12刑集54巻6号513頁 …… 753
最決(二小)平成12・7・14判時1720号147頁 ……1006
最決(二小)平成12・10・13判時1731号3頁 48
最決(一小)平成12・12・11民集54巻9号2743頁 …… 810

最決(一小)平成12・12・14民集54巻9号2709頁 ……………………… 806
最決(一小)平成13・1・30民集55巻1号30頁 ……………………… 639
最判(三小)平成13・2・13判時1745号94頁 ……………………… 1004
最判(二小)平成13・6・8民集55巻4号727頁 ……………………… 57

条文索引

民事訴訟法

1条……50
2条……243, 459
2条後段……453
2条2号……785
4条……38, 55, 133, 245
4条1項……55
4条2項……50
4条3項……50, 139
4条4項……50
4条5項……50
4条6項……50, 101
5条……52, 55, 156
5条1号……50, 53, 60
5条5号……819
5条8号……50
6条……35
6条2号……55
7条……56, 58, 156, 627, 631, 704, 711, 935, 1012
7条本文……56
7条ただし書……57
8条1項……43
8条2項……44, 45
9条……530, 631
9条1項……46, 48
9条1項ただし書……47
9条2項……47
10条……67, 433, 530, 829
10条3項……68, 1013
11条……42, 59, 416, 432, 448, 530, 718, 721
11条1項……61
11条1項1号……785
11条2項……61, 63
12条……42, 59, 64, 69, 416, 652, 777
12条1項4号……148
12条5項……963
13条……37, 56, 61, 65, 69, 432
14条……38, 69, 139, 777
15条……46, 64, 71, 141, 439, 554
16条……71, 73, 289, 415, 433, 530
16条1項……71, 74, 711, 714
16条2項……42, 74, 79
17条……52, 55, 56, 58, 60, 64, 71, 73, 77, 414, 415, 433, 530
18条……42, 73, 78, 79, 414, 415, 785
19条……73, 416
19条1項……43, 79
19条1項ただし書……79
19条2項……43, 78
20条……37, 64, 78
20条括弧書……62
21条……70, 71, 80, 1013
21条6項……107
22条1項……80, 854
22条2項……80
22条3項……81
23条……68, 433
23条1項……83, 133
23条1項1号～6号……83
23条2項……83
24条……68, 433
24条1項……84
24条1項4号……107
24条2項本文……84
24条2項ただし書……84
24条2項……153, 731
25条……731, 785, 799, 829
25条4項……1013
25条5項……1013
26条……583, 648, 681, 702, 703, 715, 718, 721, 1017
27条……83
27条2項……686
28条……100, 111, 121, 126, 132, 136, 137
29条……101, 102, 103, 104, 105, 108, 136
30条……103, 395, 402, 609, 731
30条2項……404, 406
30条3項……404
30条4項……405, 406
30条5項……405, 406, 585
31条……113, 963
31条本文……112, 115
31条ただし書……113, 114
32条1項……116, 127, 133, 138, 648, 702, 703, 718, 721, 949
32条2項……133, 681, 1017
32条2項1号…116, 933, 950, 958
32条3項……715, 721
32条4項……681
33条……963
34条1項……117, 122, 414, 445, 566
34条1項ただし書……117
34条2項……116, 117, 122, 445, 1003
34条3項……445
35条……102, 112, 114, 121, 127, 129, 131, 140, 141, 577
35条1項……129, 131, 731
35条2項……131
35条3項……131, 133

36条 ………………94, 573, 584
36条1項……………………
114, 132, 134, 142, 154, 155
37条 ………………………
102, 108, 126, 136, 138, 139, 140, 142, 157, 245, 445, 581, 784
38条………………553, 605, 627
38条前段………57, 58, 600, 632
38条後段……………………600
39条………………601, 624, 755
40条……………………405, 649
40条1項……………………
116, 613, 614, 619, 649, 658, 665, 695, 755
40条2項……………………
613, 658, 666, 668, 695
40条3項……………………
614, 658, 665, 666, 695
40条4項 ……………………116
41条 ………………………
58, 622, 625, 633, 676, 695
41条1項 ………………623, 624
41条2項 ………………624, 625
41条3項 ……………………625
42条……………………636, 659
43条………………433, 635, 664
43条1項 ……………………640
43条2項 …………637, 641, 987
44条…………664, 695, 731, 832
44条1項前段 ………………641
44条2項 ……………………641
44条3項………………641, 1013
45条1項本文 ………………642
45条1項ただし書 ……643, 647
45条2項 ………………643, 647
45条3項 ……………………641
45条4項 ……………………641
46条 ………………………
104, 153, 644, 650, 651, 652, 653, 875
46条本文……………………647
46条1号 ……………………647
46条3号 ……………………647
46条4号 ……………………647
47条 ………………………
177, 256, 259, 358, 386, 652, 655, 656, 658, 694, 894, 987
47条1項 …………259, 656, 658
47条2項 ………………635, 664
47条3項 ………………635, 664
47条4項……………………
259, 656, 658, 664, 665, 695
48条…………116, 695, 886, 894
48条前段……………………669
48条後段……………………670
49条……………………177, 694
50条……177, 689, 831, 832, 894
50条1項 ……127, 138, 694, 695
50条2項 ……………………695
50条3項 …………695, 886, 894
51条 ………………………
177, 689, 691, 832, 886, 894, 987
51条前段………………694, 695
51条後段………………694, 695
51条2項 ……………………653
52条 ………………………
615, 633, 647, 659, 936, 987
52条2項 ………………635, 651
53条3項 ……………………652
53条4項 ………………652, 653
54条……123, 155, 394, 396, 403
54条1項本文 …………144, 161
54条1項ただし書 ……111, 145
54条2項 ………………145, 415
55条…………………………155
55条1項 ………………150, 151
55条2項 …………150, 151, 800
55条2項2号………932, 950, 958
55条2項3号…………………152
55条2項5号…………………148
55条3項 ……………………150
55条3項ただし書 …………151
56条…………………………131
56条1項 ……………………151
56条2項 ……………………151
57条 ………………………
154, 159, 160, 742, 794, 990
58条 ………………………
137, 154, 406, 584, 587, 689
58条1項……………94, 154, 158
58条2項 ……………………158
58条3項 ……………………406
59条 ………………………
122, 154, 155, 445, 566, 573
60条1項 ………………160, 414
60条2項 …………160, 414, 415
60条3項 ……………………160
61条…17, 19, 642, 648, 937, 951
62条……………………689, 937
64条……………………659, 689
65条…………………………642
66条…………………………642
67条…………………17, 19, 839
67条1項 ………………433, 915
67条2項 ……………………915
68条 …………………19, 964
69条……133, 153, 158, 688, 863
69条3項……………………1013
70条…………………………122
70条3項 ……………………653
71条………………317, 671, 829
71条3項………………………19
71条4項………………………19
71条5項………………………19
71条7項 ………………19, 1013
72条 …………………19, 964
72条2項 ……………………107
73条 …………19, 691, 827, 863
73条1項 ………………937, 951
73条2項 ………………937, 951
74条…………………………691
75条……………………437, 659
75条4項 ……………………283
75条5項 ………………414, 566
75条7項……………………1013
76条…………………………783
77条1項3号…………………429
77条2項 ……………………133
78条……………………252, 504

79条……151
79条3項 ……567, 573
79条4項……1013
81条……283, 800
81条1項 ……149
81条2項 ……149
82条 ……20
82条1項 ……17, 21
82条2項……21
82条本文 ……20
82条ただし書 ……21
83条 ……20
83条1項……21
84条 ……21, 822
85条 ……21
86条 ……21, 1001, 1013
87条……503, 506, 509, 863
87条1項……252, 373, 510, 830, 994
87条2項 ……505
87条3項 ……504
87条1項本文 ……504, 830
87条1項ただし書……505, 1014
88条 ……27
88条1項……28
89条 ……27, 414, 537
90条……125, 417, 446, 565
90条本文……417
90条ただし書……418
91条2項 ……731
91条3項 ……731
92条……781
92条1項 ……508
92条1項1号……245
92条4項……1013
93条……414, 829
93条1項……27, 255, 414, 415, 433, 562
93条2項 ……562
93条3項本文 ……564
93条3項ただし書 ……416, 563
93条4項 ……564
94条……780, 792
94条1項 ……255, 565, 574
94条2項本文 ……565
94条2項ただし書 ……565
95条1項 ……567
95条2項 ……568
95条3項 ……567
96条……414, 829
96条1項 ……568
96条1項10号 ……137
96条1項ただし書 ……567
96条2項 ……567
97条……273, 567, 569, 578
97条1項 ……446, 570, 989
97条2項 ……568, 570
98条1項 ……570, 571, 576
98条2項 ……573
99条……573
99条2項 ……573
100条 ……573, 574
102条1項……112, 134, 572
102条2項……133
102条3項……121
103条 ……582, 819
103条1項ただし書……134
103条1項……581
103条2項前段……581
103条2項後段……581
104条 ……575
104条1項……121
104条1項前段……581
104条1項後段……582
104条2項……581
104条3項1号 ……582
105条 ……574
106条1項……121, 574
106条2項……121, 574
106条3項……574, 575
107条 ……573, 574, 575
107条1項……576
107条3項……575
108条……27, 414, 565, 575, 576
109条 ……571
109条1項……648
110条 …255, 434, 576, 788, 829
110条1項……571, 576
110条1項1号 ……576
110条1項3号 ……576
110条1項4号 ……576
110条2項……572
111条 ……573, 574, 576, 577
112条 ……788
112条1項……567
112条1項本文……577
112条1項ただし書……567
112条2項……567, 577
112条3項……568, 577
112条ただし書 ……577
113条 ……578
113条前段 ……579
113条後段 ……579
114条……16, 221, 863, 911
114条1項……716, 872, 988
114条2項 ……264, 427, 442, 874, 988, 997
115条 ……16, 87, 279, 911
115条1項……886, 909
115条1項1号 ……886
115条1項2号……106, 259, 384, 406, 887
115条1項3号……325, 689, 697, 887, 889, 965
115条1項4号……106, 259, 696, 697, 698, 893
115条2項……680
115条3項……793
116条1項……793, 855
116条2項……990
117条……333, 335, 339, 886, 898, 973
117条2項……900
117条ただし書 ……900
118条 ……271, 862
118条1項 ……32
118条1項3文 ……954
119条 ……132, 562, 568
120条 ……415, 852
121条 ……577, 856
121条2項……577
122条 ……830, 863

123条 ……………………………831
123条1項……………………………790
123条2項……………………………790
123条3項……………………………790
124条 ……………………………587
124条1項………………………588, 589
124条1項1号………………………
94, 109, 584, 588, 681
124条1項2号………………………
109, 584, 588, 684
124条1項3号………………………
116, 129, 134, 135, 142, 584, 588
124条1項4号………………………
142, 584, 588, 685
124条1項5号 ……585, 588, 685
124条1項6号………………………
406, 585, 588, 685
124条2項 …………………………
109, 135, 155, 406, 587, 589, 686
124条5項1号 ………………………135
124条5項2号 ………………………135
125条…………………………82, 685
125条1項……………………………588
125条1項前段………………………585
125条1項後段………………………585
125条2項前段………………………586
125条2項後段………………………586
126条 …………………………415, 588
127条 ……………573, 589, 590
128条 …………………………415, 832
128条1項……589, 590, 686, 831
128条2項……………………………590
129条………………82, 414, 591
130条 ……………………………592
130条2項……………………………731
131条 …………………………414, 592
132条1項……………………593, 594
132条2項……………………………594
133条…………89, 273, 420, 504
133条1項 …………71, 244, 511
133条1項2号 ………………………545
133条2項 ……90, 244, 245, 421
133条2項1号 ……134, 138, 245
133条2項2号………………………
217, 228, 247, 248, 469, 524, 712, 833
134条………………………………
175, 178, 204, 297, 345, 347
135条………………………………
177, 326, 327, 329, 334, 335, 341, 355, 704, 965
136条………………………………
221, 553, 554, 601, 605, 627, 702, 704
137条………………………………
27, 228, 244, 255, 282, 414, 990
137条1項 …………………………
90, 251, 254, 445, 566, 567
137条1項本文 ………………………90
137条2項……251, 254, 825, 990
137条3項 ……………………27, 251
138条 ……………………………255
138条2項……………………255, 825
139条 ……………………255, 414
140条………………………………
99, 254, 290, 373, 504, 777
141条2項 …………………………1013
142条………………………………
221, 257, 258, 262, 266, 271, 313, 664
143条………………………………
46, 177, 221, 573, 830, 929
143条1項……………………………548
143条1項本文……709, 711, 715
143条1項ただし書…………710
143条2項……273, 511, 712, 718
143条3項……………………………718
143条4項……713, 714, 831, 832
144条…………………………………46
144条1項……………………………404
144条2項……………………………404
144条3項…………273, 404, 511
145条………………………………
46, 177, 256, 716, 717, 874, 875, 936
145条1項ただし書…………718
145条1項ただし書の括弧書
………………………………718
145条2項…………273, 511, 718
146条……46, 177, 256, 720, 721
146条1項ただし書…………721
146条1項ただし書の括弧書
………………………………721
146条2項……………………………273
147条………………………………
123, 249, 256, 272, 273, 712, 718
148条 ………413, 414, 541, 543
148条1項……………………………503
148条2項……………………………414
149条………………………………
119, 413, 414, 461, 489, 506, 526, 537
149条1項 …………………………
490, 492, 495, 497, 528
149条2項……………………413, 419
149条3項……………………………415
149条4項……………………413, 573
150条 ………27, 413, 981, 1011
151条 ……………………………413
151条1項……………………………498
151条1項1号………………………
154, 470, 503, 794
151条1項2号 ………………………503
151条1項5号 ………………………798
151条2項……………………………498
152条………………………………
413, 414, 415, 503, 615, 617, 707, 829
152条1項 ………………46, 415
152条2項……………………506, 555
153条 ………414, 503, 542, 543
153条3項……………………………731
154条 ……………………414, 503
155条 ……………………413, 414
155条1項……………………………118
155条2項 …………18, 119, 121
155条3項……………………………119

156条……………………… 421, 453, 545, 778, 782, 994, 995, 996
157条……………………… 153, 413, 414, 415, 502, 527, 550, 643, 742, 779, 834, 995
157条1項……421, 546, 548, 787
157条2項………………421, 549
158条……………………… 66, 414, , 511, 524, 526, 551, 552, 744
159条 ……………488, 756, 830
159条1項 ………………66, 436
159条1項本文………………743
159条1項ただし書…………743
159条2項……………………436
159条3項………………526, 551
159条3項本文………………744
159条3項ただし書…………744
160条…………28, 503, 783, 827
160条1項……511, 556, 557, 800
160条2項……………………558
160条3項…………556, 559, 749
161条 …503, 504, 511, 524, 830
161条2項……………………525
161条2項1号 …………248, 524
161条3項………………525, 527
162条……………………… 414, 511, 526, 527, 546, 566, 567
163条 …………………167, 461
164条 ………414, 529, 531, 546
165条 ……………421, 529, 546
165条1項………………532, 536
165条2項 ………………… 532, 536, 538, 541, 546
166条 ………529, 532, 536, 546
167条 …529, 532, 536, 546, 549
168条 …414, 416, 533, 534, 546
168条2項……………………593
169条 ………………………546
169条1項……………………535
169条3項……………………535
170条 ………………………546
170条1項……………………535
170条2項……………………535
170条3項………………249, 416
170条3項本文………………535
170条3項ただし書…………535
170条5項本文………………934
170条5項……………………960
170条6項 ………………… 421, 535, 536, 541, 546, 551, 566
171条 ………………………546
172条 ………………………546
173条 ………536, 541, 546, 547
174条 ………153, 536, 546, 549
175条……………………… 414, 416, 511, 529, 536, 537, 546
176条 ……………414, 529, 546
176条1項……………………537
176条3項………………249, 538
176条4項…………537, 538, 546
177条 …421, 529, 538, 546, 547
178条 ………529, 538, 546, 549
179条……………………… 436, 488, 735, 736, 741, 744, 747
180条 …………………433, 438
180条1項………………528, 777
180条2項……………………778
181条1項………………778, 787
181条2項…………778, 787, 789
182条 …532, 781, 782, 784, 794
183条 …………………550, 780
184条1項……………………780
185条…………………………42
185条1項 ……………………27
185条1項前段………………779
185条1項後段………………779
185条2項……………………779
186条 ………474, 729, 777, 821
188条 ………………………749
188条1項……………………731
190条……………781, 784, 1005
191条………………………1005
191条1項……………………786
191条2項……………………786
192条……………………… 785, 787, 788, 1005, 1013
192条1項……………………785
192条2項 …………………1013
193条 ………………………785
193条………785, 787, 788, 1005
194条 …………………785, 788
195条………………27, 779, 796
195条3号……………………540
196条 ………752, 785, 788, 819
196条1号……………………785
196条2号……………………785
196条柱書前段 ……………785
197条 …………………752, 819
197条1項……………………785
197条1項1号 ………………786
197条1項2号 …………786, 806
197条1項3号 ………………786
197条2項……………………785
198条 ……………731, 787, 788
198条1項……………………787
198条2項……………………787
199条 ……………785, 788, 832
199条2項 …………………1013
200条……………785, 787, 1013
201条1項…………785, 788, 965
201条2項 ………………… 112, 784, 785, 788, 796
201条3項……………………788
201条4項………………785, 788
201条5項………………785, 788
202条 …………………413, 796
202条1項………………438, 788
202条2項…………416, 789, 793
202条3項 ………………… 27, 413, 789, 793, 981, 1011
203条 ………………………510
203条本文 ……………789, 791
203条ただし書 ………789, 791
203条 ………………………966
204条 …………………790, 796
205条 ………511, 790, 791, 791

206条 ……………………414, 796
206条本文 ……………………793
206条ただし書 ………793, 981
207条 ……………438, 777, 793
207条1項前段………………795
207条1項後段………………795
207条2項………………416, 794
208条 ……………………781, 795
209条2項 …………………1013
210条 ……………………510, 796
211条 ……………134, 784, 795
212条 ……………………781, 798
213条 ……………………………798
214条 ……………………………798
214条1項…………………………751
214条2項…………………………751
214条3項 …………………1013
216条 ……………………………798
217条 ……………………………797
218条 ……………777, 798, 799
219条 …433, 777, 803, 804, 809
220条 ……………………………781
220条本文 ……………………805
220条1号………………805, 808
220条2号……………………………805
220条3号……………………………808
220条4号……………………………809
220条4号イ……………811, 819
220条4号ロ……………………811
220条4号ハ………806, 811, 819
220条4号ニ……………………811
221条 ……………………………803
221条1項…………………………809
222条1項前段…………………810
221条2項………………809, 810
223条 ……………………………781
223条1項………………816, 832
223条1項前段…………………810
223条1項後段…………………810
223条2項………………810, 832
223条3項……508, 728, 781, 811
223条4項………………810, 811
223条5項…………………………811
223条6項…………………………781
223条6項後段…………………780
224条 ……………749, 781, 816
224条準用 ……………816, 817
224条1項…………………………812
224条2項…………………………813
224条3項………………764, 812
225条1項…………………………813
225条2項…………………………813
226条 ……………………………803
226条本文 ……………………814
226条ただし書 ……………815
227条 ……………………………815
228条 ……………………………347
228条1項…………………………801
228条2項………………749, 801
228条3項………………777, 801
228条4項………………749, 802
229条 ……………………………801
229条2項………………749, 781
229条4項…………………………781
230条1項…………………………801
231条 ……………………………813
232条1項……749, 781, 816, 817
232条2項…………………………816
232条3項…………………………816
233条 ……………777, 798, 816
234条…………40, 172, 817, 818
235条1項…………………………819
235条2項………………172, 819
235条3項…………………………819
235条以下 ……………………727
236条 ……………121, 129, 132
236条前段 ……………………819
236条後段 ……………………819
237条 ……………………777, 818
238条 ……………………………819
240条本文 ……………172, 819
240条ただし書 ………172, 819
240条 ……………………………780
240条1項本文…………780, 792
241条 ……………………………820
242条 ……………………………820
243条 ……………………………550
243条1項………………542, 863
243条2項………………614, 835
243条3項…………707, 835, 836
244条 ……………………542, 577
244条本文 ……………………550
244条1項4号 ………………577
244条3項…………………………577
245条 ……………289, 553, 832
246条…………………………
194, 196, 197, 199, 216, 221, 222, 225, 227, 246, 318, 446, 469, 474, 843, 844, 845, 848, 849, 872
247条…………………………
437, 470, 499, 729, 744, 750, 756, 758, 794, 801
248条…………………………
200, 233, 773, 774, 775, 776
249条 ……………………27, 81
249条1項………………503, 837
249条2項………………559, 837
250条 ……………………830, 841
251条 ……………………………842
251条1項…………………………567
251条2項…………………………550
252条 ……………………512, 648
253条 ……………………………512
253条1項………………134, 839
253条1項1号 ………………839
253条1項2号 …………756, 840
253条1項3号 ………………756
253条2項………………839, 840
253条5項…………………………134
254条…………28, 512, 559, 989
254条1項…………………………842
254条2項…………………………843
255条 ……………………………800
255条2項………………574, 800
256条 ……………………………852
256条1項…………………………567
256条1項本文…………………852
256条1項ただし書…………853
256条2項………………252, 504
257条 ……………………852, 972
257条項ただし書 …………853

257条1項……………853, 836
257条2項本文……………853
258条2項……………837, 915
258条3項……………837, 915
258条4項……………837
259条 …433, 440, 680, 839, 912
259条1項……………913
259条2項……………913
259条2項本文……………913
259条3項……………913
259条4項……………914
259条5項……………914
260条 ……………440
260条1項……………915
260条2項 ……………
318, 322, 839, 914, 915
260条3項……………915
261条 ……………670
261条1項……………927
261条2項 ……………
133, 526, 664, 669, 711, 918, 927, 933, 991
261条2項ただし書……………933
261条3項……………133, 511, 918
261条3項本文……………934, 992
261条3項ただし書……………934
261条4項……………800, 934
261条5項……………666, 934, 935
262条1項……670, 918, 935, 992
262条2項 ……………
257, 313, 925, 937, 943
263条……………
550, 567, 568, 826, 918, 919, 992
264条 ……………960, 961
265条 ……………959
265条1項……………962
265条2項……………963
265条4項……………963
265条5項……………963
266条 ……………530, 949, 950
266条2項……………950
267条……………
439, 458, 862, 951, 964, 966, 972, 979
268条……………27, 975, 976
269条……………27
269条1項……………975
270条 ……………977
271条 ……………244, 273, 977
272条 ……………977
273条 ……………244, 562, 977
274条 ……………46, 78
274条1項……………977
274条2項 ……………80, 977
275条……………42, 953, 964
275条1項……………979
275条3項……………963
275条4項……………963
275条ノ4……………123
276条 ……………971, 978
277条……………
66, 504, 511, 526, 552, 744
278条 ……………978
279条1項……………978
280条 ……………978
281条1項……………988
281条1項ただし書……41, 1001
282条……………19
283条……………27, 779, 834
283条本文 ……………986
283条ただし書……………80, 986
284条 ……………855, 988
285条………566, 567, 855, 1004
285条本文 ……………989
285条ただし書 ……………989
286条……………1013
286条1項 ……75, 511, 853, 989
286条2項……………989
287条1項……………989
287条2項……………989
288条……………445, 990, 1004
289条……………1004
289条1項……………990
289条2項……………990
290条 ………252, 504, 990, 994
291条1項……………990
291条2項……………990
292条1項……………991
292条2項……………918, 991, 992
293条……………1007
293条1項……………855, 988, 993
293条2項本文……………992
293条3項……………855, 993
294条 ……………914, 995
295条 ……………995
296条1項 ……………
991, 993, 995, 996, 1008
296条2項……………993, 996
297条 ……………551, 994, 995
297条 ……………995, 996
298条 ……………993, 996
298条1項……………994, 995
298条2項……………994
299条……………66
299条本文………38, 69, 71, 290
299条ただし書………38, 71, 80
300条1項……………721, 995
300条2項……………721, 996
300条3項……………404
301条 ……………994
301条1項……………995
301条2項……………995
303条 ……………839, 984, 985
303条2項……………985
304条 ……………991, 996
305条 ……………998
306条 ……………998
307条本文 ……………998
307条ただし書 ……………998
308条1項……………714, 999
308条2項……………81, 999, 1009
309条 ……………73, 81, 999
310条 ……………913
311条1項……………41, 986, 1001
312条1項 ……1001, 1003, 1006
312条1項3号 ……………38, 71
312条1項4号 ……………594
312条2項 ……1001, 1003, 1006
312条2項3号……………80

312条2項4号………………
117, 122, 139, 565, 589
312条3項………109, 1002, 1004
313条………………………
19, 252, 566, 567, 839, 855, 918, 985, 1004, 1005, 1007, 1009
314条…………………853, 1005
314条1項 ……………511, 1004
314条2項 ………445, 853, 1004
314条3項……………………853
315条……………511, 567, 1005
316条…………………504, 1008
316条1項……………1004, 1005
316条1項1号………………1004
316条1項2号 ………………511
316条2項 …………………1004
317条……………504, 831, 1008
317条1項 …………………1005
317条2項……………1005, 1008
318条 ………………………855
318条1項 …………………
497, 1002, 1003, 1006
318条2項 …………………1006
318条3項 …………………1006
318条4項 ……1002, 1003, 1006
318条5項 ……………855, 1005
319条………………………
252, 504, 505, 511, 524, 1008
319条の反対解釈…………1008
320条…………………844, 1008
321条………………………1002
321条1項 ……………854, 1008
321条2項 …………………1008
322条 …………502, 1002, 1008
323条 ………………………914
324条 ……………………41, 73
325条……………………73, 688
325条1項 …………………1008
325条2項………109, 1006, 1009
325条3項 ……………………82
325条3項前段 ……………1009
325条3項後段 ………854, 1009
326条………………………1009
327条……………………41, 981
327条1項 …………………1010
327条2項 ………567, 839, 1010
328条 ………27, 132, 589, 1013
328条1項………67, 68, 686, 695
328条2項……………………982
328条3項……………………132
329条…………………830, 1013
329条1項 ……………981, 1011
331条………………………1013
331条本文 …………1012, 1013
331条ただし書……………1012
332条……………566, 567, 1012
333条…………………852, 1014
334条1項……………1012, 1014
334条2項 …………………1014
335条………………………1014
336条 ………………………981
336条1項 …………………1012
337条1項 …………………1012
337条1項ただし書 ………1012
337条ただし書……………1012
338条 …109, 187, 446, 896, 981
338条1項……………………153
338条1項1号………………1015
338条1項2号………………1015
338条1項3号………………
117, 122, 139, 565, 580, 594, 1015, 1016
338条1項4号………………1015
338条1項5号………………
742, 752, 941, 1015
338条1項6号…………752, 1015
338条1項7号…………752, 1015
338条1項8号………………1015
338条1項9号…………837, 1015
338条1項10号…895, 1015, 1016
338条2項 ………742, 941, 1016
340条1項………………74, 1016
340条2項 …………………1016
342条 ……………………566, 595
342条1項 ……………567, 1016
342条2項 …………………1016
342条3項 ……………122, 1016
345条1項……………………831
345条2項……………………831
346条………………………1017
346条1項……………………831
347条………………………1017
348条1項 …………………1017
349条………………………1015
351条 ………………………721
352条 ………………………749
353条 ………………………415
355条 ……………………252, 505
355条1項……………………855
357条………………………
567, 580, 830, 855, 981, 1011
358条 ………………………855
359条 ……………………252, 505
367条1項 ……………………75
367条2項…………721, 749, 981
368条………………42, 977, 979
368条1項本文………………979
368条1項ただし書…………979
369条 ……………………721, 977
370条 ……………977, 979, 977
371条 ……………………749, 977
372条 ………………………977
373条 ………………………977
373条1項……………………416
373条2項……………………416
374条 ………………………977
374条1項……………………843
374条2項 ………………28, 843
374条2項本文………………843
374条2項ただし書…………843
374条ノ26 …………………685
375条 ………………………977
376条 ………………………977
376条1項……………………913
377条 ………………………977
378条………830, 855, 977, 1011
378条1項……………………855
378条2項……………………855
379条 ………………………977
380条 ………………………977
381条 ………………………977

383条……42
384条ノ2……985
387条……568
391条……914
392条……568
393条……567
394条……863
398条1項1号……570
398条1項3号……990
附則27条……809

民事訴訟規則

1条……640
2条……244
3条……249
3条1項1号……244
3条1項本文……244
4条……573
4条1項……589
4条6項……589
6条……50
7条……75
8条1項……416
8条2項……416
10条3項……731
11条……244
12条……68, 85, 506
13条……83, 244
15条……115, 133, 138, 749
15条後段……403
16条……131
17条……114, 134
18条……102, 126, 136, 138, 141
19条1項……624
19条2項……623, 624, 624
20条1項……640
21条……694
22条1項……652
22条2項……652
22条3項……652
23条……749
23条1項……148, 155
23条2項……149
24条……829
24条1項……937, 951
25条……829
25条1項……567, 573
26条……829
31条1項……27
31条2項……814, 822
32条1項……154, 959
32条2項……540
35条……414, 562
36条……564
37条……564
38条……414, 568, 577
39条……573
40条……572, 573, 800
41条1項……582
41条2項……582
44条……575
45条……575
46条2項……576
47条……572
47条1項……249, 572, 800
47条3項……572
48条1項……856
48条2項……855, 856
50条1項……830
50条3項……830
51条1項……589, 686
51条2項……686
52条……109, 588, 686
53条……420
53条1項……244, 247, 248, 421, 469, 524, 545
53条2項……244, 248, 545
53条3項……244, 248, 524
53条4項……244, 248
54条……244
55条……244, 420
56条……28, 251
58条……255
58条1項……244
60条1項……255
60条1項ただし書……535, 536
60条2項……255, 567
61条……255, 416
61条1項……552
61条2項……28, 255, 552
62条……566
63条1項……28, 491, 528
63条2項……490, 528
63条4項……490, 528
64条……564
65条……118, 119, 573
66条……503
66条1項……557
66条2項……556
66条3項前段……556
66条3項後段……556
67条……503
67条1項……557
67条1項1号……827, 934, 951
67条1項2号……783
67条1項4号……783
67条1項5号……556
67条1項7号……827
67条2項本文……558
67条2項ただし書……558
68条……783, 558
68条1項……416, 558
68条2項前段……558
68条2項後段……558
69条……503, 558
70条……503, 557, 783
71条……783
72条……557, 783
73条……557
74条……557
75条……783
76条……558
78条……28, 540
79条……511, 524
79条1項……525
79条2項……525
79条3項……436, 525
79条4項……525
80条……511
80条1項……469
80条1項前段……546

80条1項後段 ……………………546
80条2項 ……………………546
80条2項後段 ……………………546
81条……………………511
81条前段……………………546
81条後段……………………546
82条……………………511
83条1項 ……………………525, 572
83条2項 ……………………525, 572
83条3項 ……………………572
86条……………………529, 546
86条1項 ……………………532, 536
86条2項……………………
532, 536, 538, 546, 566
87条……………………529, 536, 546, 549
87条1項 ……………………532
87条2項 ……………………533, 538
88条……………………529, 541, 546
88条2項 ……………………540
88条4項 ……………………540
89条 ……………………
421, 529, 536, 541, 546, 547
90条……………………529, 536
90条……536, 538, 546, 549, 566
91条……………………529, 546
91条2項 ……………………538
91条3項 ……………………538
92条……………………529, 546, 566
93条……………………421, 529, 546
94条……………………529, 546, 549
94条1項 ……………………538
94条2項 ……………………538
95条 ……………………66
95条1項 ……………………414
95条1項前段 …………539, 540
95条1項後段 ……………………539
95条2項 ……540, 934, 950, 960
95条以下……………………950
96条……………………540
96条1項 ……………………414, 416
96条3項 ……………………540, 950
97条……………………540
98条……………………540
99条1項 ……………………777
99条2項 ……………………778
100条 ……………………778
104条……………………42, 573, 779
106条 ……………………433, 787
107条1項本文……………………787
107条1項2項3項……………………787
108条 ……………………787
109条 ……………………788
111条 ……………………788
112条1項前段……………………788
113条1項……………………788
113条2項……………………793
113条3項…………413, 789, 793
114条1項……………………789
114条2項…………413, 789, 793
114条4項……………………789
115条1項……………………789
115条2項……………………789
115条3項……………………413, 789
116条 ……………………790
116条3項……………………413
117条 ……………………413
117条1項……………………793
117条2項……………………793
118条1項……………………792
119条 ……………………790
120条 ……………………792
121条 ……………………416
123条1項……………………416
124条1項……………………791
125条 ……………414, 793, 795
127条 ……………………565
128条 ……………………784, 795
129条 ……………………777
129条1項……………………798
129条2項……………………798
129条3項……………………798
129条4項……………………798
131条 ……………………799
132条 ……………………799
133条 ……………………799
134条ただし書 ……………………798
137条 ……………………777
137条1項……………………803
137条2項……………………803
138条 ……………………803
138条1項……………………813
140条1項……………………809
142条 ……………………779, 822
143条 ……………………815
143条1項……………………803
143条2項……………………803
145条 ……………………436, 801
146条2項……………………832
147条 ……………………813
149条3項……………………491
150条 ……………433, 777, 816
151条 ……………………816
153条1項……………………819
153条2項……………………819
153条3項……………………819, 820
155条1項……………………842
155条2項……………………842
155条3項……………………842
156条 ……………………842
157条1項……………………830, 840
157条2項……………………840
158条 ……………………843
159条1項……………………567, 843
159条2項…………574, 800, 843
160条1項ただし書…………574
161条 ……………………915
162条1項……………………934
162条2項……………………934
163条1項……………………961
163条2項……………………962
163条3項前段……………………960
163条3項後段……………………960
164条1項……………………963
165条 ……………………976
166条 ……………………976
167条 ……………………976
168条 ……………………529
169条 ……………………529
170条 ……………………529
170条1項前段……………………978
170条1項後段……………………978
170条2項……………………978

民事訴訟法

梅本吉彦

信山社

育ての母に
本書を捧げる

はしがき

民事訴訟制度は、設置目的である法秩序の維持、利用目的である権利保護及び機能目的である紛争解決から構成されるところ、三者の調和の上に形成されている。他方、民事訴訟においては、実体法と訴訟法とが車の両輪のように作用する。したがって、民事訴訟法学は、それ自体の学問的成果はもとより、実体法学の成果をも取り込んで、その両者の成果の基盤の上に構築されるべき性質をもっている。さらに、民事訴訟をめぐる学説と実務の相互理解と適度の緊張関係の上に健全な司法の発展が適えられるものであり、現在の民事訴訟法学もそうした構造の上に成り立っている。

司法制度改革審議会は、平成一三年六月一五日に内閣に提出した「意見書」において、二一世紀のわが国が目指す司法について、「国民の期待に応える司法制度」、「司法制度を支える法曹の在り方」、「国民的基盤の確立」の三つの柱をうち立てている。これを受けて、政府声明は、「明確なルールと自己責任の原則に貫かれた事後監視・救済型社会への転換を更に進めることが必要であり、司法の機能を充実・強化して国民の権利・利益の適切かつ迅速な救済を図ることが極めて重要であります。」（平成一三年六月一五日閣議決定）と述べている。

経済構造の変革と創造のための行動が求められる節目の時に当たり、これらの経緯と背景を踏まえ、国民の期待に応える新たな民事訴訟法学を構築することは、研究者に課せられた責務である。

ここに本書は、民事訴訟法学の原点に立ち返って、長年にわたる民事訴訟法及び実体法における先達の研究成果

と民事訴訟実務の実績を基盤として、新しい民事司法の幕開けの使命を担って、民事訴訟法学の体系書として執筆したものである。

そこにおいては、第一に、民事訴訟の理念と構造を明確にし、民事訴訟の目的を多元的にとらえ、法秩序の維持と利用者の権利保護と紛争処理の調和を図ることにより、「国民の期待に応える司法制度」を民事訴訟の局面において実現するための理論的整備を図ることに努めている。

第二に、訴訟経済を図ることを重視し、訴訟コスト、訴訟の迅速及び柔軟な複線的訴訟手続による多面的な訴訟経済の確保に留意している。

第三に、訴訟法上の事項と密接に関連する実体法上の事項について積極的に取り上げて問題の所在を明確にし、実体法における現在に至るまでの研究成果を活用することにより、その均衡のとれた問題の処理に努めている。

第四に、通常民事訴訟はもとより、わが国が二一世紀に目指す技術立国における知的財産訴訟、情報関係訴訟をはじめとする新しい形態の民事紛争をも視野に入れて、それらに関して生起する問題について、手続法の視点から多角的な考察を加えている。

第五に、現在に至るまでの間に学界、法曹界における多大なる研究成果を積極的に取り入れるとともに、新しい発想に基づき、今後現実に生起することが予測される問題について検討を加えている。

第六に、これらの諸点を基盤として、民事訴訟法学を学ぶことの有用性を強調することとしている。医学の世界において、臨床医学に対する予防医学が重要であるのと同様に、法律学の世界においても、紛争解決のための法学から紛争予防のための法学の役割が重視されるべきである。民事紛争は実体法と訴訟法とが連動して機能することによりはじめて、有効かつ適切な処理を図ることが可能になる。民事紛争は、社会生活を営むものとして、市民に

とっても企業にとっても身近な事象である。これを対象とする民事訴訟法学は、法律専門家のためにだけあるのではなく、およそ社会の構成員たる市民、企業にとっても最も有用なる法律学の一つであり、これを学ぶことにより法体系の全体を理解できるとともに、紛争予防から被害予防へと発展する開かれた法化社会の中心的座標軸の一員となることを可能にする意義がある。

右に述べた執筆の趣旨により、引用文献は、論文を中心とし、判例評釈をもってこれを補完することとし、それで対応できない場合に限って、体系書・注釈書によることとする。また、最高裁判所、法務省及び日本弁護士連合会の刊行に係る公表された資料は、いずれも実務上はもとより、学問的にも極めて貴重なものであり、これらを積極的に活用することとする。さらに、判例を忠実に紹介するとともに、判例に現れない民事訴訟実務の重要性を深く認識し、それらについて、裁判官、裁判所書記官、弁護士に直接聴取することにより、問題の所在を把握し、それを理論的に検証することに努めている。

民事訴訟法学を専攻対象として選択して研究生活に入って、まもなく三七年になる。ここに至るまでに研究者、法曹実務家はもとより、幅広い分野における数多くの方々から様々な機会を通して貴重な教えを受けてきた。とりわけ、東京大学名誉教授新堂幸司先生の謦咳に接する幸運に恵まれ、慈愛溢れるご指導をいただき、適切な表現を見出せないほどお世話になってきた。もし、その機会に巡り会わなければ、現在の私の研究生活はあり得なかった。ここに、心からの感謝を捧げる。また、この間、専修大学法学部をはじめとして数多くの諸君が私の講義を受講してくれた。それらの受講生は、いずれも常に真摯かつ誠実な態度で講義に臨んでくれたことを大変にうれしく思うとともに、私の誇りである。そうした講義の成果が、本書の礎になっている。

信山社の袖山貴さんは、本書の執筆を熱心に勧めてくださり、その刊行につき終始最大限のご配慮をいただいた。

また、同社編集部の戸ヶ崎由美子さんには、大変行き届いたご助力を受けた。お二人に厚く御礼申し上げる。

私事にわたるが、太平洋戦争で幼少にして両親を失った私と妹を引き取って育ててくれた叔母は、今年卒寿を迎える。この育ての母に万感の思いを込めて本書を捧げる。

本書の執筆に着手して三年が経過した。この間、妻眞弓と俊彦、祐子の二人の子が、私にとってはじめての体系書の完成を楽しみに最も身近で常に励まし、心の安らぎを与えてくれたことは、なにものにも代え難く、ここに完成した本書を最愛の家族とともに繙くことができることは、私の最高の喜びとするところである。

平成一四年一月

新春を迎えた
専修大学法学部研究室にて

梅本吉彦

凡例

・条文の表記は、民事訴訟法の条文は数字のみ（〇〇条）により、民事訴訟規則の条文は「規〇〇条」とし、その他は法令名と数字をもって示し、法令の略語は原則として有斐閣刊行『六法全書』による。
・判例及び判例集の表記は、つぎに掲げる他は、一般の慣行による。
最判(大)昭和四五・七・一五民集二四巻七号八六一頁＝最高裁判所大法廷昭和四五年七月一五日判決（最高裁判所民事判例集二四巻七号八六一頁登載）
・判例雑誌・学術雑誌の表記は、つぎに掲げる他は、一般の慣行による。
判時＝判例時報、判タ＝判例タイムズ、民訴雑誌＝民事訴訟雑誌、民商＝民商法雑誌、法協＝法学協会雑誌
・論文の引用は、原出典を示すとともに、再録された論文集によることとし、〔　〕によって表記する。
・論文集・体系書・注釈書等の引用につき、その内の一部は、巻末の〔主要参考文献〕に示す略語による。
・判例評釈は、執筆者名と掲載誌をもって示すこととする。
・判例・論文は、原則として平成一三年一二月末までに刊行されたものによる。
・法令は、平成一三年一二月三一日現在のものによる。

目　次

はしがき
第一部　民事訴訟の理念と構造……一
第一編　民事訴訟の法構造……一
第一章　民事訴訟制度の目的……一
第二章　民事紛争処理における実体法と手続法の交錯……九
第三章　民事訴訟に係る学説と実務……一三
第二編　訴訟経済……一五
第一章　民事訴訟と訴訟経済……一五
第二章　訴訟費用……一六
第一節　訴訟費用……一七
第二節　訴訟上の救助……二〇
第三節　民事法律扶助……二三
第二部　民事紛争処理手続……二三
第一編　訴訟の主体……二三
第一章　裁判所……二四
第一節　裁判所の組織……二四
第二節　民事裁判権……三一
第三節　管　轄……三四
第一款　管轄の理念と構造……三四
第二款　法定管轄……四〇
第一項　職分管轄……四〇
第二項　事物管轄……四三
第三項　土地管轄……四九
第三款　当事者による管轄の設定……五九
第一項　合意管轄……五九
第二項　応訴管轄……六五
第四款　裁判所による管轄の指定……六七
第五款　管轄の調査手続……六九
第六款　訴訟の移送……七三
第一項　移　送……七三
第二項　各種の移送……七三
第三項　移送の裁判……八〇
第四節　裁判権の行使と裁判の公正の確保……八一
第一款　司法組織の側面……八二
第二款　訴訟手続内の側面……八二

第二章　訴訟当事者……八六
第一節　当事者……八六
第一款　当事者の概念……八六
第二款　当事者の確定……八九
第一項　当事者の確定の必要性……八九
第二項　当事者の確定基準と調査……八九
第三項　具体的諸問題……九二
第二節　当事者能力……九九
第三節　訴訟能力……一一〇
第四節　弁論能力……一一八
第三章　訴訟における代理……一二〇
第一節　訴訟における代理の構造……一二〇
第二節　法定代理人……一二六
第三節　法人等の代表者……一三六
第四節　訴訟代理人……一四二
第一款　訴訟委任に基づく訴訟代理人……一四三
第二款　法令上の訴訟代理人……一五六
第五節　補佐人……一五九
第二編　訴訟の開始……一六三
第一章　訴訟の準備……一六三

第一節　紛争処理交渉……一六四
第一款　紛争の認識と交渉の準備……一六四
第二款　交渉形態……一六四
第三款　交渉内容と交渉姿勢……一六五
第二節　事実の調査と証拠の確保……一六六
第一款　事実の調査……一六七
第二款　証拠の確保……一六八
第二章　訴えの提起……一七五
第一節　訴　え……一七五
第一款　訴　え……一七五
第二款　給付の訴え……一七七
第三款　確認の訴え……一七八
第四款　形成の訴え……一八三
第五款　形式的形成訴訟……一九一
第二節　訴訟上の請求……二〇三
第一款　訴訟上の請求（訴訟物論）……二〇三
第二款　中立事項の設定と訴訟物の特定　二三七
第三節　訴訟開始手続……二四三
第一款　訴え提起の手続……二四三
第一項　事件の受付相談……二四三
第二項　訴え提起の方式……二四四

第二款　裁判所による審理前手続 ……二四九
第四節　訴え提起の効果 ……二五六
第一款　二重起訴の禁止 ……二五七
第二款　時効中断 ……二七二
第三章　訴訟要件 ……二八一
第一節　訴訟要件の構造 ……二八一
第一款　訴訟要件の意義 ……二八一
第二款　訴訟要件の調査と審理 ……二八三
第二節　訴権的利益 ……二九〇
第一款　訴権的利益の構造 ……二九〇
第二款　裁判を受ける権利と訴権論の接続 ……二九二
第三節　権利保護の資格（訴権的利益の客観的利益──その一） ……二九六
第一款　法律上の争訟 ……二九六
第二款　司法裁判権の制限 ……二九九
第一項　国の統治機関または地方自治体における紛争 ……二九九
第二項　宗教団体における紛争 ……三〇二
第三項　その他団体の内部紛争 ……三〇七
第四節　権利保護の利益（訴権的利益の客観的利益──その二） ……三一〇
第一款　訴えの利益の構造 ……三一〇
第二款　訴えの利益 ……三一三
第三款　各種の訴えの利益 ……三二一
第一項　給付の訴えの利益 ……三二一
第二項　確認の訴えの利益 ……三四三
第三項　形成の訴えの利益 ……三六四
第五節　当事者適格 ……三六九
第一款　当事者適格の構造 ……三六九
第二款　正当な当事者 ……三七三
第一項　訴訟類型と当事者適格 ……三七三
第二項　団体・集団紛争と当事者適格 ……三七九
第三項　当事者適格の訴訟上の位置付け ……三八三
第三款　法定訴訟担当（第三者の訴訟担当──その一） ……三八四
第一項　法定訴訟担当の構造 ……三八四
第二項　担当者のための訴訟担当 ……三八五
第三項　権利義務の帰属主体のための訴訟担当 ……三九〇
第四款　任意的訴訟担当（第三者の訴訟

担当――その二）……三九三
第一項　任意的訴訟担当の構造……三九三
第二項　任意的訴訟担当の形態……三九四
第三項　選定当事者……四〇三
第三編　訴訟の審理……四〇九
第一章　訴訟審理の進行と訴訟主体の役割分担……四一〇
第一節　訴訟審理の進行についての裁判所と当事者の役割……四一〇
第一款　訴訟審理の進行に関する基本原則……四一〇
第二款　裁判所の訴訟指揮権……四一二
第三款　訴訟審理の進行における当事者の地位……四一五
第二節　迅速な訴訟の確保……四一九
第一款　訴訟の迅速……四一九
第二款　迅速な訴訟への対応……四二〇
第二章　訴訟審理の中核としての当事者の訴訟活動……四二四
第一節　当事者の訴訟活動の構造……四二四

第二節　当事者の訴訟行為の構造……四二五
第一款　当事者の訴訟行為……四二五
第二款　当事者の訴訟に関する行為の分類……四三〇
第三款　訴訟行為の類型的考察……四三一
第一項　訴え提起を目的とする行為……四三二
第二項　裁判所への審判要求を目的とする行為……四三三
第三項　裁判所への審判要求の撤回を目的とする行為……四三八
第四款　訴訟行為の理論的諸問題……四三九
第一項　訴訟行為と条件……四三九
第二項　訴訟行為の撤回・取消……四四三
第三項　訴訟行為の瑕疵……四四四
第四項　訴訟上における合意……四四七
第三章　事案の解明と訴訟主体の役割分担……四五三
第一節　事案の解明についての裁判所と当事者の役割……四五三
第一款　事案の解明に向けた当事者の訴訟活動……四五三

第二款　事案の解明に関する基本原則 …… 四五四
第二節　弁論主義 …… 四五五
第一款　弁論主義の構造 …… 四五五
第二款　弁論主義の内容 …… 四六四
第三款　事案の解明に向けた裁判所の訴訟活動 …… 四八九
第三節　職権探知主義 …… 四九九
第四章　訴訟審理における口頭弁論の構造 …… 五〇三
第一節　訴訟審理における口頭弁論の位置 …… 五〇三
第二節　口頭弁論の基本構造 …… 五〇六
第三節　口頭弁論の準備 …… 五一六
第一款　当事者による事前準備 …… 五一六
第一項　事実関係調査義務 …… 五一六
第二項　当事者照会制度 …… 五一七
第三項　準備書面 …… 五二四
第二款　裁判所による事前準備 …… 五二八
第三款　争点及び証拠の整理手続 …… 五二九
第一項　準備的口頭弁論 …… 五三一
第二項　弁論準備手続 …… 五三三
第三項　書面による準備手続 …… 五三六
第四款　進行協議期日 …… 五三九
第四節　口頭弁論の実施 …… 五四一
第五章　手続保障の確保 …… 五六一
第一節　手続保障の基本的構造 …… 五六一
第二節　期日・期間 …… 五六三
第一款　期　日 …… 五六三
第二款　期　間 …… 五六六
第三節　送　達 …… 五七〇
第四節　訴訟手続の停止 …… 五八三
第四編　訴訟の形態の複合と変動 …… 五九七
第一章　訴訟の主体の複合と変動 …… 五九七
第一節　共同訴訟 …… 五九八
第一款　共同訴訟の構造 …… 五九八
第二節　通常共同訴訟 …… 五九九
第一款　通常共同訴訟の構造 …… 五九九
第二款　通常共同訴訟の要件 …… 五九九
第三款　通常共同訴訟の審理 …… 六〇一
第三節　必要的共同訴訟 …… 六〇五
第一款　固有必要的共同訴訟 …… 六〇七
第一項　固有必要的共同訴訟の構造 …… 六〇七
第二項　固有必要的共同訴訟の判断基

準と類型 ……六〇七
第三項 固有必要的共同訴訟の審理 …六一三
第二款 類似必要的共同訴訟 ……六一七
第一項 類似必要的共同訴訟の構造 …六一七
第二項 類似必要的共同訴訟の判断基準と類型 ……六一八
第三項 類似必要的共同訴訟の審理 …六一九
第三款 通常共同訴訟と必要的共同訴訟の交錯 ……六二〇
第四節 同時審判申出共同訴訟 ……六二三
第一款 同時審判申出共同訴訟の構造 …六二三
第二款 同時審判申出共同訴訟の要件 …六二三
第三款 同時審判申出共同訴訟の審判 …六二四
第二章 訴訟主体の複合形態の発生 ……六二六
第一節 訴訟主体の併合形態 ……六二六
第一款 訴えの主観的併合 ……六二六
第二款 訴えの主観的予備的・選択的併合 ……六二七
第一項 訴えの主観的予備的併合 ……六二七
第二項 訴えの主観的選択的併合 ……六三〇
第三款 訴えの主観的追加的併合 ……六三一
第四款 共同訴訟参加 ……六三三
第二節 訴訟参加 ……六三五
第一款 訴訟参加の構造 ……六三五
第二款 補助参加 ……六三六
第三款 共同訴訟的補助参加 ……六四七
第四款 訴訟告知 ……六五〇
第五款 独立当事者参加 ……六五五
第三章 訴訟主体の変動の発生と形態 ……六七三
第一節 任意的当事者変更 ……六七三
第一款 任意的当事者変更の構造 ……六七三
第二款 任意的当事者変更の理論構成 …六七四
第三款 任意的当事者変更の要件・効果 ……六七六
第四款 任意的当事者変更の手続 ……六七七
第二節 訴訟承継 ……六七九
第一款 訴訟承継の構造 ……六七九
第二款 当然承継 ……六八一
第三款 参加承継・引受承継 ……六八七
第一項 係争物の移転と訴訟の帰趨 …六八七
第二項 参加承継・引受承継の原因・内容と請求態様 ……六九一

第三項　参加承継・引受承継の手続……六九四
第四章　訴訟の客体の複合と変動……七〇一
第一節　請求の併合……七〇一
第二節　訴えの変更……七〇八
第三節　中間確認の訴え……七一六
第四節　反　訴……七二〇
第五編　証　拠……七二五
第一章　証拠法の理念と構造……七二五
第一節　証拠法の理念……七二五
第二節　証拠法の構造……七二八
第二章　証明の対象と事実の確定……七三三
第一節　証明の対象……七三三
第二節　証明を要しない事項……七三五
第三章　証拠による事実認定……七四七
第一節　事実認定の構造……七四七
第二節　自由心証主義……七四八
第一項　自由心証主義の構造……七四八
第二項　自由心証主義の内容……七五〇
第三項　自由心証主義と心証形成過程・事実認定と透明化……七五六
第三節　証明責任……七五八
第一項　証明責任の構造……七五八
第四章　証拠調手続……七七七
第一節　証拠調べの構造……七七七
第二節　証人尋問……七八三
第三節　当事者尋問……七九三
第四節　鑑　定……七九六
第五節　書　証……七九九
第六節　検　証……八一五
第七節　証拠保全……八一七
第八節　特別な証拠調べ……八二一
第六編　訴訟の終了……八二五
第一章　訴訟の終了の形態……八二五
第二章　判　決……八二九
第一節　裁　判……八二九
第二節　判　決……八三一
第一款　判決の種類……八三一
第二款　判決の成立……八三七
第三節　判決事項……八四三
第四節　判決の効力……八五一

第一款　判決の成立による効力……八五三
第二款　判決の確定による効力……八五五
第三款　判決の瑕疵……八五六
第五節　既判力……八六〇
第一款　既判力の構造……八六〇
第二款　既判力の範囲……八六三
第三款　既判力の作用……八九五
第四款　確定判決の変更を求める訴え……八九八
第六節　その他の効力……九〇一
第一款　執行力……九〇一
第二款　形成力……九〇三
第三款　争点効……九〇六
第四款　反射的効力……九〇八
第五款　法律要件的効力……九一〇
第七節　終局判決の付随的裁判……九一三
第一款　仮執行宣言……九一三
第二款　訴訟費用の裁判……九一五
第三章　判決によらない訴訟の完結……九一七
第一節　訴えの取下げ……九一八
第一款　訴えの取下げの構造……九一八
第二款　訴え取下げの合意……九二〇
第三款　訴えの取下げの要件……九二七
第四款　訴えの取下げの手続……九三四
第五款　訴えの取下げの効果……九三五
第六款　訴えの取下げの争いと審判……九四一
第二節　請求の放棄・認諾……九四七
第一款　請求の放棄および認諾の構造……九四七
第二款　請求の放棄・認諾の要件……九四九
第三款　請求の放棄・認諾の手続……九五〇
第四款　請求の放棄・認諾の効力……九五一
第三節　訴訟上の和解……九五三
第一款　訴訟上の和解の構造……九五三
第二款　訴訟上の和解の要件……九五八
第三款　訴訟上の和解の手続……九六〇
第四款　訴訟上の和解の効果……九六四
第五款　訴訟上の和解に係る争いと審判手続……九七一
第七編　大規模訴訟手続……九七五
第八編　簡易裁判所の訴訟手続……九七七
第九編　上訴手続……九八一
第一章　上訴制度の役割と機能……九八一

第一節　上訴制度の構造……九八一
第二節　上訴の要件・効果……九八三
第三節　上訴権の濫用……九八四
第二章　控訴審手続……九八六
第一節　控訴の構造……九八六
第二節　控訴の提起……九八九
第三節　控訴審の審理と判決……九九三
第三章　上告審手続……一〇〇一
第一節　上告の構造……一〇〇一
第二節　上告の提起……一〇〇四
第三節　上告審の審理と判決……一〇〇七
第四節　特別上告……一〇一〇
第四章　抗告審手続……一〇一一
第一〇編　再審手続……一〇一五
主要参考文献（巻末）
事項索引（巻末）
判例索引（巻末）
条文索引（巻末）

第一部　民事訴訟の理念と構造

第一編　民事訴訟の法構造

第一章　民事訴訟制度の目的

一　民事訴訟制度の目的──設置目的・機能目的・利用目的

一般に、制度の目的には、設置目的、機能目的及び利用目的とがある。これを民事訴訟制度についてみると、その設置目的は、法秩序の維持である。国家は、その社会体制を維持するために国家統治制度の一つとして民事訴訟制度を設置するのであり、もとより当然のことである。これに対し、国民がその制度を利用する訴え提起の目的は、自己の権利を保護するためである。決して、法秩序の維持に協力するためではない。これをもって過度の権利意識とみることはできない。また、訴えを提起しても、敗訴に終わることがあるからといって、利用目的を権利の保護とみることはまったく差し支えないのみならず、その場合は目的を達成できなかったにすぎないのである。このことは、国家が原告となって国民または団体を被告として民事訴訟を提起する場合（たとえば、国家が国の債権の回収を図る場合）にも、その利用目的は、国家としての権利保護であって、法秩序の維持ではない。(1) 民事訴訟制度を設置する目的とこれを利用する

目的は、当然に異なっているのであって、これを前者に統一化すること（兼子一「民事訴訟の出発点に立返って」法協六五巻二号（昭和二二年）〔同『民事法研究・第一巻』（酒井書店、昭和三〇年）四八五頁〕）は、国家が民事訴訟制度を設置する目的に国民を同調させるものであり、民事訴訟制度を利用する国民の意識と大きく乖離し、基本的な視点において誤っている。また、逆に後者に統一化することも、国家が制度を設置する目的と著しく異なってくる。このように国家が民事訴訟制度を設置する目的と国民がこれを利用する目的とを明確に識別してとらえることは、この制度のあり方を正しく理解する基本的な視点である。(2)

他方、その制度の機能目的は紛争解決である。法秩序の維持でもなければ、権利の保護でもない。機能目的は、設置者とこれに対する利用者から離れた本来中立的なものであることを建前とし、民事訴訟制度についてみると、それは紛争解決である。もっとも、たとえ判決が下されても、最終的に強制執行により権利が実現できるとは限らず、また判決によらずに訴訟上の和解により訴訟が完結したとしても、それにより義務を負った者が履行しないこともありえるので、そうしてみると、その紛争が訴訟により解決したとはいえないとする見方もあろう。しかし、ここにいう紛争解決とは、司法権として民事訴訟制度の枠組みとしての紛争解決をいうのであり、歴史的事実としての紛争解決をも含めていうわけでもなく、またそれは民事訴訟制度の守備範囲を越える問題である。そうした限界を捉えて、紛争解決という機能を否定することは疑問である。

また、近代国家において、民事訴訟制度を担う司法権は、通常、行政権及び立法権から独立して、干渉されないことが制度上保障されている。しかし、司法権の担当する民事訴訟制度の機能が、たとえ国家が直接に訴訟当事者になっていない事件においても、そこで導き出した結論及びそこにいたる理論構成が、結果として、行政権の施策に即したこともあれば、あるいは限りなく近いこともあれば、逆に相反する場合もある。もしくは、事案の性格上、行政権の施策とはまったく関係がないこともある。しかし、こうした現象に着目して、民事訴訟制度の目的は、紛

争解決であると結論づけるのは、制度の有する目的の三面性を見過ごす誤りを犯している。

他方、民事紛争の解決のための制度という広い視野に立つと、訴訟制度に止まらず、調停、仲裁といった裁判外紛争処理制度が、大きく寄与していることに着目して、これらの制度をも射程距離に含めて共通した民事訴訟制度の目的としようとする試みがある。紛争解決説は、訴訟と並ぶ民事紛争の解決のための諸方式をも、目的観の中に包摂するとともに、その中にある一般的、強力的、公権的紛争解決方式としての特性を合わせ指示するものであって、三者の目的観を吸収される点を強調する見方である（三ケ月章「私法の構造と民事裁判の論理」社会科学の方法一九七二年一〇月号（昭和四七年）〔同・研究第七巻三四一頁〕、同「民事訴訟の目的」民事訴訟法の争点（昭和五四年）〔同・研究第八巻四五頁〕）。こうした裁判外紛争処理制度が民事紛争の解決のために果たしている役割を正当に評価することはもとより必要なことである。しかし、そのことから、ただちに民事訴訟制度の目的をこれらの裁判外紛争処理制度と同列に位置付け、紛争解決という機能目的の共通性から、これを制度の目的に導くことは、それぞれの制度の役割の違いを看過するものであり、制度の本質についての理解に疑問がある[3]。

近時、目的論の積極的意味を強調し、実践に役立つ目的論の必要性を唱え、手続を他の何らかの手段として把握するのではなく、両当事者の実質的な対等化をはかりながらそれぞれの役割分担ルールに基づいて、訴訟による討論または対話を展開していく手続を保障することこそ訴訟制度の目的とする考え方がある（井上治典「民事訴訟の役割」『岩波講座・基本法学8・紛争』（岩波書店、昭和五八年）一五三頁以下、特に一五八頁以下〔同『民事手続論』（有斐閣、平成五年）一頁以下、特に七頁以下〕）。しかし、対等な弁論を中核とする手続の保障は、訴訟全体との関係においてみると、手続過程であり、確かにそこには双方審尋主義あるいは当事者対等の原則という理念があるものの、当事者にとっては自己の権利保護という訴え提起の所期の目的を達成するための手段であって、訴訟制度の目的として位置付けるべき性格のものではない。

（1）民事訴訟と公法・私法二元論　国が原告となって提起する訴訟について、本文のように解することは公法・私法二元論か

らも裏付けられる。これまで、公法・私法二元論は、実体法の次元においてのみ展開され、手続法に浸透されていないきらいがある（公法と私法の学説の発展過程については、塩野宏「公法と私法―その学説史的考察」国家学会雑誌八三巻五・六合併号（昭和四五年）一四六頁以下、同「公法と私法―第二次大戦前における学説の課題と展開」田中二郎先生古稀記念『公法の理論・上』（有斐閣、昭和五一年）一四三頁以下、同「公法と私法―日本国憲法下における学説の変遷と課題」『法協百年論集二巻』（有斐閣、昭和五八年）一八一頁以下参照）。

（２）　訴え提起の目的と動機　一般に、国民が訴訟制度を利用する目的は権利の保護であるものの、その動機は必ずしも一様ではない。直接自己に多大な経済的利益をもたらすわけではなく、あるいはまったく直接的な経済的利益を享受する効果を生じないにもかかわらず、あえて経費と労力を負担して訴訟を提起する場合も少なくない。それらは、訴え提起の動機が、自己の権利を直接的に保護することにあるのではなく、別のところにある。第一は、政策志向を動機とする訴訟である。紛争から生じる被害に対する直接経済的賠償を要求するとともに、既存の制度では十分に対応できない状況にあるものについて、新しい法的利益としての司法上の救済を求め、ひいて将来において施策として策定されることに発展することを期待するものである。それらの訴訟では、国又は地方自治体の制度・政策や企業活動のあり方が重要な争点を形成することが特徴である。しかし、この種の訴訟は政治的社会的に大きな関心を呼び、国又は地方自治体のその後の政策に重大な影響を及ぼすことが少なくないが、その多くは不法行為に基づく訴訟形態を採ることにより生じる内在的性質に起因するものと見受けられる（平井宜雄『現代不法行為理論の一展望』（一粒社、昭和五五年）六六頁以下が、国又は地方自治体の制度・政策や企業活動のあり方が重要な争点を形成する訴訟について、主観的政策志向型訴訟と客観的政策志向型訴訟に類型化する。）。

　第二に、違法行為抑止を動機とする訴訟である。訴訟を提起する動機が、直接的に賠償請求にあるのではなく、被告の具体的行為について裁判所により違法と認定されるという事実を取得することにある。とくに、国または地方自治体の行政行動を対象とする国家賠償請求、企業の活動を対象とする不法行為訴訟に多いようである。株主代表訴訟にも、こうした動機に基づくものと見られる訴訟が見受けられる。この種の訴訟は、違法行為を摘発することよりも、違法行為を今後抑止することにねらいがあるとみるべきであり、もとより非難されるべきことではない（国家賠償請求には、裁判所による違法宣言を得ることを目的とする場合があることを指摘し、法律による行政の原理の担保に資する積極的側面を評価すべきであるとする見解がある。宇賀克也「国家責任の機能」高柳信一先生古稀記念論集『行政法学の現状分析』（勁草書房、平成三年）四五一頁、同旨・原田尚彦「国家賠償責任―統一化のなかの多様化・類型化―」『雄川一郎先生献呈論集・二巻』（有斐閣、平成二年）七一六頁（同『行政判例の役割』（弘文堂、平成三年）二四三頁）参照）。

（３）　紛争解決説の波及的影響　紛争解決説には、既判力論としての権利実在説と結びついた訴訟目的論としての紛争解決説と、不当判決について積極的な位置付けをしようとした紛争解決説とがあるとする見方がある（山本克己「民事訴訟の現在」『岩波講座・現代の法５・現代社会と司法システム』（岩波書店、平成九年）一七四頁）。興味深い分析である。

二　法と裁判

民事訴訟制度の目的をどのように理解するかという問題は、法と裁判の関係と深く関わっている。紛争解決説は、現代国家における裁判が訴訟法規の定める手続を遵守し、私法の適用として行われるのは、権力分立と法治国家という国家体制の面からの観察であり、民事裁判と法規の本質的関連を表すものではないとする（兼子一『実体法と訴訟法―民事訴訟の基礎理論』（有斐閣、昭和三二年）一二頁）。そして、裁判そのものが端的に具体的法実在の形成として行われたのであり、法規がなくとも裁判をしなければならないことはその象徴であるとし、それを古代ローマ法からの沿革を根拠とする（兼子・前掲書一三頁以下）。

しかし、現代国家における裁判と法の関係をローマ法の下におけるそれと同様に位置づけることは、歴史的発展を看過するものであり、単に紛争解決という機能の共通性にとらわれてそれぞれの裁判のもつ時代的背景による違いを無視するものである（小室直人「訴訟対象と既判力対象」法学雑誌九巻三・四号（昭和三七年）（同『訴訟物と既判力』（信山社、平成一一年）四頁））。現代国家の裁判は、権利既存の考え方を前提に、特定の権利又は法律関係の存否の主張の形式による訴えに対する審判として、「法による裁判」を基本原理とする。裁判を通じて「判例による法形成」は、重要な機能を果たしているとはいえ（田中英夫「判例による法形成―立法による法形成との比較を中心に」法協九四巻六号（昭和五二年）（同『法形成過程』（東京大学出版会、昭和六二年）三頁以下）参照）、それは前記基本原理を前提として成り立っているのであり、これを否定するものでないことはもとより、これと抵触するものでもない（裁判官が「事件のすじ」「事件の落ち着き」の善し悪しを重視するのも、「法による裁判」から離れて判断するのではなく、事件全体に対する法感情による結論と法規を適用した結論とが相違した場合にはじめて問題になる。村松俊夫「裁判官と法」『法哲学年報・法と裁判』（昭和三三年）（同『民事裁判の理論と実務』（有信堂、昭和四二年）三六頁）参照）。

三　民事裁判の理念

民事訴訟制度の目的は、民事訴訟として提起された司法権としての回答である民事裁判の理念となって顕在化される。民事訴訟制度の目的について、制度の設置目的と利用目的とを明確に峻別することを要するが、民事訴訟の理念は、設置者側の理念と利用者側の理念の二つから構成されるわけではない。また、訴訟制度の利用者と設置者

の双方の立場を対比して、単に利益考量の上に形成されるものでもない。利用者と設置者の双方の視点から、民事訴訟のあるべき姿を総合的かつ理性的に捉えることによって得られた最高概念として成立する。その理論的帰結として、民事裁判の理念は、利用者にとっても、設置者にとっても、納得できるものであることを要する。

そこで、民事訴訟は、対立する当事者間の法的解決になじむ紛争を法的に解決を図ることをその機能とするものであるという原点に立ち返って考えると、民事裁判の理念は、公正、適正、迅速、訴訟経済であるといえる。

(1)　公　正　民事裁判は、主権者たる国民から負託された司法権を担う裁判所が、具体的紛争に対して一定の終局的処理をすることであるから、公正であることが、最も要求される。これを訴訟手続過程に投影して、当事者の視点からみると、第一に、当事者の意思に基づいて訴訟が開始され、手続過程を通じて当事者の意思を尊重することを基本原則とする（処分権主義として位置づけられる。これを広い視点から考察するものとして、松本博之「民事訴訟における当事者の自己決定」松本博之＝西谷敏編『現代社会と自己決定権』（信山社、平成九年）三八三頁以下参照）。裁判所が任意に紛争を取り上げて審判に乗り出すのではない。第二に、当事者双方に平等に攻撃防御を展開する機会が与えられ、手続保障が確保されることである。両者は、手続的正義として位置づけられる（谷口安平「手続的正義」『岩波講座・基本法学8・紛争』（岩波書店、昭和五八年）三五頁以下は、実体的正義に対する手続的正義の復権と評価する。）。他方、審判機関としての裁判所の視点からみると、当事者の意思を尊重し、いずれの当事者にも偏しない中立的立場を堅持するとともに、両当事者に平等に攻撃防御を展開させることを基本原則とする訴訟指揮をとり、もって公正な審判をすることを絶対的至上命令とされる。それによってはじめて、裁判所の判断が民事紛争に対する最終的結論として、利用者からも設置者からも信頼され、受け入れられるのである。(1)

(2)　適　正　民事裁判は、法的紛争について法的判断を下すものである。法は、実体法と手続法の両面からこれまで生起された事象を踏まえて、それらに対する適切な対応を可能にするために、法の定める手続によって制定され、判断規準としてあらかじめ公示されたものである。しかし、社会にはこれまで予想できなかった利害の対立

による紛争を生じることも少なくないし、さらに社会の発展により既存の判断規準では対応できない事象に直面することも当然あり得ることである。そうした事態に対し、単に従来の手法なり判断規準を適用することがたとえ具体的妥当性に欠けることがあったとしても、やむを得ないこととして判断規準の見直しをその後の検討に譲ることは、当事者に多大な不利益を与えることになるばかりか、裁判所として社会的に著しく信頼を損なうことになる。このような事態を避けるために、紛争の処理として落ち着きの良いものであることが必要であり、その意味で適正でなければならない。それは、実体法と手続法の交錯する機能的関連性を活かした複線的思考を必要とするとともに、それによってはじめて紛争の適正な処理を図ることが可能になる。後に、第二章において論じることとする。

（1）　民事訴訟における「自己決定権」　民事訴訟の利用目的は当事者が自己の権利の保護を図ることを目的とするところにあり、他方、民事訴訟制度の設置目的は法秩序の維持にある。また、民事裁判は公正であることを最も重要な理念とする。裁判所は当事者双方のいずれにも偏することなく中立的立場から審判を行うことを使命とする機関としての付託を受けている。訴訟は、これら利用目的、設置目的及び理念を調和させるものとして、当事者の意思の尊重を基本原則として成立する。これを訴訟手続の上においては、処分権主義、弁論主義等の原則として具体化されている。これらの原則は、相互の情報開示と実質的対等を確保する基盤整備が図られていることを前提としてはじめて、合理的妥当性ある原則として位置づけられる。訴訟に登場する紛争当事者の間には、程度の差はあるものの、情報の収集・保持等種々の面において事実上格差があり、必ずしも実質的平等の立場にあるとは限らないことはもとより当然のことである。これらの格差を是正し、実質的平等の環境の整備を図ることによってはじめて、公正な審判が可能になるのであり、それなくして、裁判所がいかに中立的立場から公正な審判を心掛けてもおのずから限界がある。そうした実態を直視して、訴訟法は文書提出命令をはじめとする証拠の収集方法を用意し、裁判所としても訴訟指揮権、釈明権を行使すること等の方策を用意することにより、訴訟手続過程における訴訟環境の基盤整備を図るための制度を設けている。こうした考え方を「自己決定権」と便宜上総称することは可能であるが、あらためてそうした概念を創設することの積極的必要性があるともいえない（自己決定権の視点から民事訴訟を論じるものとして、松本博之「民事訴訟における当事者の自己決定」松本博之＝西谷敏編『現代社会と自己決定』（信山社、平成九年）三八三頁以下参照）。

(3)　迅　速　民事裁判は具体的紛争について、当事者の訴えの提起をまってはじめて審判されるものであり、具体的紛争が生起してからすでに時が経過している。一般に、個人であれ、団体であれ、社会生活は連続性の上に成り立っているので、その一つの段階で紛争を生じ、明確かつ終局的な決着がつかないまま流動的な状態の上にその後の動きが形成されることは、現況を著しく不安定なものにすることとなる。とりわけ、その一つの段階がなにかの節目であったり、それを基盤としてさらなる計画が予定されている場合にあっては、顕著なものとなる。このようにみると、民事裁判は迅速であることが重要になる。

(4)　訴訟経済　訴訟の主体である裁判所及び訴訟当事者が訴訟の審理に必要とする経費、時間、労力の負担を最小限にすることによって、審理の効率性を図ることを訴訟経済という。訴訟経済は、前述した(1)ないし(3)が純然たる理念であるのと異なり、司法政策的色彩が顕著である。したがって、これについては、後に改めて論じることとする(一五頁)。

第二章　民事紛争処理における実体法と手続法の交錯

一　実体法と手続法の交錯と複線的思考

社会生活の態様が複雑になり、価値観が多様化し、規制緩和が進むと利害関係の対立は必然的に顕著になり、紛争は増加するとともに、質的に新たな性質をもったものが現れるようになる。その際に、従来の規範が基盤とした環境も当然に変化してきているので、紛争処理に対する法的手段も、これまでの判例を当然に踏襲し、あるいは優先させれば足りるわけではなく、もとより学説が判例に対し優位な地位につくべきものでもなく、これまでの諸原則の原点に立ち返って見直す姿勢が求められる。そこでは、公正にして公平かつ均衡のとれた具体的妥当性のある紛争処理を図るには、あらためて「法による裁判」を原点として確認した上で、法の適用、運用を見直し、問題解決の拠り所を、実体法に求めるか、訴訟法に求めるか、あるいは判決手続ではなく民事保全手続に求めるかという均衡のとれた複線的思考が求められることとなる（兼子一『実体法と訴訟法』（有斐閣、昭和三二年）は、実体法と手続法との関係を民事訴訟における諸問題との関係で理論的に分析したものとして、歴史的意義がある。もっとも、第一章で指摘したように法と裁判の関係に対する基本的認識については賛成できないところがある。請求権概念の歴史的発展過程を、実体法と手続法との関係を通じて検証するものとして、奥田昌道『請求権概念の生成と展開』（創文社、昭和五四年）九九頁以下は、わが国の民事法学の画期的な成果である。）。

それは、第一に、実体法上の原則を認めた上で、それを手続法の次元に反映させる試みとなって現れる。例えば、権利能力なき社団の登記能力に係る判例及び法務実務の確立された立場を前提としつつ、その枠組みの中で、登記関係訴訟における実質的紛争主体である団体を当事者に据えた紛争処理（一〇五頁）、古くは延期的抗弁に対する引換給付判決（八四六頁）、最近では抵当債務の弁済の先履行に対する条件付き給付判決（八四六頁）等の理論構成がそれである。第二に、実体法の欠缺を手続法により補完する試みである。例えば、債権者の第三債務者への直接請求を認める実定

法が欠けている場合の将来の給付の訴え（一三五条）による救済（三二六頁）、実定法上の請求権の有無とそれを求める基礎的な法的地位の有無を峻別し、前者が認めることが困難な場合に、後者の私法上の権利を肯定することによる司法上の救済等の理論構成となって現れる。[1]

二　実体法と手続法の機能的関連性

実体法と手続法との関係を機能的にみると、第一に、実体法は「法による裁判」の内容となる基準を規律し、手続法はその裁判の過程を規制する。その意味で、前者は「法による裁判」の実質を、後者は形式を規律するといえる（奥田・前掲書二九二頁が、債権を素材にして、実体法と手続法が、債権の強制的実現可能性と強制実現の方法という二つの局面について、それぞれ所管すると分析するのも同様の見方といえる。）。第二に、実体法がその内容を抽象的に規定すると、個別具体的事案に即してその内容を具体化させることは、主張立証活動の対象となり、審判機関による自己判断に委ねる比重が増し、手続法の機能する局面に移動してくる。これを立法技術又は立法政策の視点からみると、権利の要件事実をどこまで具体的に定めるか抽象的な表現に止めるかによって、立法による「純然たる訴訟事件」から「訴訟の非訟事件化」を生じさせると捉える見方もある（新堂幸司「民事訴訟法序説―沿革、目的、実体法」『注釈民事訴訟法（1）』（有斐閣、平成三年）〔同『民事訴訟制度の役割』（有斐閣、平成五年）三八〇頁〕）。これら双方の機能面に着目すると、実体法と手続法は、その区別を明確にしつつ（兼子一『実体法と訴訟法』（有斐閣、昭和三二年）八頁以下は、法律の変更、外国法の適用及び上告審における職権調査の三点で、両者を区別する意義があるとする。）、紛争処理に際し、車の両輪のように作用することになる[2]（執行の局面においても同様のことがいえる。竹下守夫「民事執行における実体法と手続法」『新・実務民事訴訟講座12』（日本評論社、昭和五九年）〔同『民事執行における実体法と手続法』（有斐閣、平成二年）四五頁以下〕参照）。

（1）　手続法の欠缺の補完　法の欠缺とりわけ手続法の欠缺の場合には、第一に、両当事者と裁判所という訴訟主体の合意により、その訴訟限りでの手続形成ということが考えられる（山本和彦「訴訟法律関係の契約的構成―裁判所と当事者との『審理契約』を中心に（一）（二・完）」法学五五巻一号・二号（平成三年）〔同『民事訴訟審理構造論』（信山社、平成七年）三三五頁以下〕、梅本吉彦「営業秘密の法的保護と民事訴訟手続」法とコンピュータ一〇号（平成四年）九〇頁）。第二に、裁判所の訴訟指揮権による補完が有効な機能を営むのであり、近年、営業秘密、プライバシー等を保護するための手続として活用されている（四一二頁）。

（2）　訴訟法学の考察方法における実体法と手続法　一般に、実体法と手続法の関係を機能面については、両者は紛争処理に際

し、車の両輪のように作用すると自覚しながら、これまでの民事訴訟法学は、学問的考察において機能的考察の重要性を自覚したものの（三ケ月章「民事訴訟の機能的考察と現象的考察」法協七五巻二号（昭和三三年）（同・研究第一巻二四九頁以下）参照）、実体法に関わる問題を対象としても、もっぱら手続法の学問的成果の上に展開され、民法及び商法等の実体法の研究成果に踏み込んで肯定的に取り入れ、あるいは批判的に論じる姿勢が必ずしも十分ではなかったきらいがある。今後、民事訴訟法学は、実体法の研究成果へ正面から対峙することが求められる。

第三章　民事訴訟に係る学説と実務

一　民事訴訟における学説と実務

学説は、その形式的側面からみると、一つの提言であって、それには法の解釈に関する性質の提言を含む解釈論的な学説と、社会の現実において存在する法はどういうものであるかという趣旨をその内容とする性質の提言を含む法の理論的認識に関する理論的学説がある（宮沢俊義「法律学における『学説』」法協五四巻一号（昭和一一年）、同『法律学における学説』（有斐閣、昭和四三年）六九頁）。民事訴訟法学における学説は、主に解釈論的学説として展開される。これは、①提言に止まる場合と、②裁判官によって採用され、さらに判例となる場合、③制定法となる場合がある（宮沢・前掲書七五頁以下は、前者に対し、後二者を「学説の公定」という。）。①の提言が直接③となることは稀であり、②を経て③になるという経路をたどることになる。もっとも、それもきわめて限定された場合であり、多くは、提言に止まっている。その反面、少数説が実務に示唆を与え、判例として形成されることもまれではあるが存在し、このあたりに学説の隠れた機能があるとみることもできる（例えば、相殺の抗弁と二重起訴。二六四頁参照）。

逆に、判例が、研究者に問題の所在を認識させ、検討対象としての有益性を自覚させ、学説を形成する端緒を創る場合は少なくない。とりわけ、判例は、具体的事件を通じた判断である点で、極めて有益な示唆を与えている（その点で、わが国では判例の公表制度が確立されていないことが惜しまれる。梅本吉彦「判決原本とそのデータベース化について」紋谷暢男教授還暦記念『知的財産権法の現代的課題』（発明協会、平成一〇年）七八六頁以下）。判例は、それが裁判所の判断として公表される点で、実務を知る主たる部分を占めるが、判例として現れない又は現れにくい問題も数多くあり、これらの訴訟手続過程における種々の取扱いも訴訟の中で重要な部分を占め、訴訟の帰趨に大きな影響を与えることも少なくない。それは、訴訟手続に係る長年にわたる経験あるいは試行錯誤の上に形成され蓄積されて定着した

ものであり、その多くは、合理的妥当性が認められるといえよう（新堂幸司「民事訴訟法における判例研究の意義」『続民事訴訟法判例百選』「はしがき」（昭和四七年）（同『民事訴訟法学の基礎』（有斐閣、平成一〇年）一六二頁）、梅本吉彦「判例研究の意義と方法（三・完）」法学セミナー三二八号（昭和五六年）一三四頁参照）。さらに、訴訟手続上の運用が先行し、それを学説が理論付け、立法に至る場合も、近年の特徴である（旧法における弁論兼和解手続から新法の弁論準備手続への発展過程は、その一例である。五三二頁参照）。

これらの現象は、これまでにも、具体的事例を素材として学説と実務とりわけ判例の姿勢について、実証的に検証されてきている（新堂幸司「民事訴訟法をめぐる学説と判例の交錯」『新・実務民事訴訟講座1』（日本評論社、昭和五六年）（同『民事訴訟法学の基礎』（有斐閣、平成一〇年）二二一頁以下」は、その先鞭をつけたものである。これを受けて裁判官の立場からの対応として、園部逸夫『モデル志向による拒絶反応』について」司法研修所論集七三号（昭和五九年）（同『現代行政と行政訴訟』（弘文堂、昭和六二年）一〇六頁以下」参照）。今後とも、学説と実務の適度の緊張関係は、健全な民事司法の発展のために有益であることは、いずれの立場にあっても共通した認識といえよう（三ケ月章「民事訴訟の理論と実務」季刊実務民事法一号（昭和五八年）（同・研究第九巻二五頁以下）、中野貞一郎「実務の継受」季刊実務民事法三号（昭和五八年）（同『民事手続の現在問題』（判例タイムズ社、平成元年）五七頁以下）、竹下守夫「民事訴訟法における学説と実務」民訴雑誌四六号（平成一二年）六頁以下参照）。

二　民事訴訟と裁判実務、法務行政実務

一般に、実務と包括的に総称する中には、民事訴訟との関係でみると、民事訴訟手続及びこれに関連する作業の過程における取扱いである裁判実務と法務行政実務がある（民事訴訟の利用者という視点からみると、民事訴訟は、企業実務とも深く関わる。企業は法務部門の重要性を強調しつつ、支配人を設けて法令上の訴訟代理人による企業の意思を直接に訴訟の場に反映させる途を敬遠する傾向にある等、矛盾した態度も見られ、訴訟による筋の通った紛争処理という姿勢の所在にも混迷したところがある。）。一で述べたところは、主として裁判実務についてである。裁判実務も、地方裁判所毎に地域の実情に即して裁判所として長年に亘って継承してきた慣行があり、全国的に見てすべての裁判所において必ずしも一様ではないようである。とりわけ新法の下においては、裁判所は地元の単位弁護士会との協議によりいわゆるローカル・ルールを策定し（四一七頁参照）、訴訟運営に資することが期待されている（最高裁判所事務総局民事局監修『民事訴訟手続の改正関係資料（2）』（民事裁判資料二一四号）三頁、同『民事訴訟手続の改正関係資料（3）』（民事裁判資料二二一号）七二頁参照）。法務行政実務は、登記、戸籍及び供託実務を中心に、訴訟の提起に際し、どのような請求形態を選択すべきかという問題にはじまり、確定判決の広義の執行に至るまで、密接な関連性があり、たとえ確定判決を取得しても、執行できない事態を生じることさえある

（九〇一頁参照）。このように、裁判実務と法務行政実務は、訴訟の開始の段階から完結した後に至るまで、密接な関連性をもっている（千種秀夫「民事法務行政と裁判」『民事法務行政の歴史と今後の課題・上』（テイハン、平成五年）六頁以下は、この点の一端を指摘する。）。しかし、確定判決による広義の執行が不可能になるということは、訴訟の利用者にとっては訴訟制度の存在を否定されるに等しい事態であり、相互の調整が必要である。

第二編　訴訟経済

第一章　民事訴訟と訴訟経済

訴訟の主体である裁判所及び訴訟当事者が訴訟の審理に必要とする経費、時間、労力の負担を最小限にすることによって、審理の効率性を図ることを訴訟経済という。訴訟経済は、経費と時間と労力の複合的要素から構成される政策的理念である。

訴訟経済について、利用者の視点からみると、第一に、訴訟を提起するのに必要とする経費はできるだけ安価であることが望ましい。しかし、訴訟制度は、国家が法秩序維持を目的として設置したものであるが、主権者たる国民も自己の権利の保護を図ることを目的としてこれを利用するのであるから、応分の経済的負担を要求されることは当然のことである。もっとも、訴え提起によって自己が直接に経済的利益を受けるわけではない場合には、同じ訴訟の提起に要する手数料であっても、別の考慮を必要とする（例えば、株主代表訴訟における裁判手数料に関する商二六七条四項、地方自治法二四二条の二第一項第四号所定の住民訴訟につき、最判（一小）昭和五三・三・三〇民集三二巻二号四八五頁参照）。第二に、訴えを提起するからには、その訴訟によって処理されるべき紛争はできる限り広範囲にわたって集約的解決を図れることが望ましい。また、いったん提起した訴訟を基盤として関連する紛争を取り込んで解決できるならば、原告にとっても被告にとっても好都合であり、同時にこの点は裁判所にとっても原則とし

て不都合はないはずである。したがって、そうした制度が原告のみならず被告のためにも用意されるべきである。第三に、これらの審理の効率性は、当事者の手続保障を侵害するものであってはならず、それとの調和の上にはじめて成立し、正当化されるのである。

つぎに設置者の視点からみると、民事裁判制度は、法により定数が限られた裁判官によって、裁判所に提起される拒否することのできない多数の訴訟を公正かつ迅速に処理するという要請の上に成り立っている。訴訟の効率性という意味での訴訟経済は、一個の訴訟の過程を通じて支配するとともに、ある訴訟について非効率的な訴訟運営をすることは、単にその訴訟のみならず、それによって相互に関わりのない他の多数の訴訟にも影響を生じてくる。

このような民事訴訟手続における訴訟経済の思想は、手続の効率性となって顕在化される。すなわち、弁論の更新、訴訟承継、訴えの変更、反訴、中間確認の訴え、共同訴訟等、訴訟手続の節目となる手続は、前記のような意味での訴訟経済の上に設けられている。訴訟上の信義則の発想にも訴訟経済という視点が秘められているが、信義則を明確に補完するものとして、訴訟経済が機能することもある（例えば、最判(一小)昭和三四・三・二六民集一三巻四号四九三頁参照）。手続の効率性という考え方を押し進めていけば、判決の効力の範囲は包括的に捉える方向に発展することが想定されるが、それは当事者の手続保障の確保という別の理念によって一定の制約を受けるのであり（一一四条・一一五条参照）、訴訟経済は、民事裁判の理念である公正、適正、迅速との相対的調和の上に政策的指針として位置づけられる。

第二章　訴訟費用

訴訟費用は、広く当事者が訴訟を準備し、追行するのに要する経費のすべてをいう。訴訟救助の付与の認否を判

断する基準としての「訴訟の準備及び追行に必要な費用」（八二条一項）とは、この意味の訴訟費用をいう。訴訟費用のうち、直接に訴訟に要した経費として当事者間で責任分担するものを狭義の訴訟費用という。終局判決において、その訴訟に要した費用を負担すべき当事者と負担の割合を裁判所が裁判をもって判断する訴訟費用（六一条・六七条）とは、この意味の訴訟費用をいう。通常、訴訟費用という場合には、この狭義の訴訟費用をいうので、項を改めてこれについて検討する。

第一節　訴訟費用

一　訴訟費用の構造

訴訟費用（狭義）は、出費の原因により裁判費用と当事者費用に分かれる。

(1)　裁判費用　当事者が訴訟手続の追行過程において法律の定めるところにより裁判所に納めるために要する費用をいう。民事訴訟費用法制は明治時代以来い幾多の変遷を経て、現在の「民事訴訟費用等に関する法律」（昭和四六年法律第四〇号）に至っている（その沿革と現行法についての法律案立案に関与した関係者による解説として、『民事・刑事訴訟費用等に関する法律の解説』（法曹会、昭和四九年）参照）。申立て手数料（民訴費三条）とその他の原因に係る費用として当事者が納める費用（民訴費一一条）とから成る。前者は、申立てに応じて手数料が法定されている（同三条一項別表第一）。手数料を納付しない申立ては、不適法とされる（同六条）。後者は、裁判所が証拠調べ、書類の送達その他の民事訴訟等における手続上の行為をするために必要な給付その他の給付に相当する金額等の費用をいい（同一一条一項）、当事者はその費用の概算額につき予納義務を負い（同一二条一項）、予納がないときはその行為を行わないことができる（同条二項）。

(2)　当事者費用　当事者が裁判所に納めるために要する費用以外の当事者の必要な出費に係るものをいう。当事者が期日に出頭するために要した旅費・宿泊費、訴状等提出した書類の書記料等である。これに対し、当事者が訴訟委任した訴訟代理人としての弁護士に対する報酬は、訴訟費用に算入されない。ただし、裁判所が弁護士の付き添いを命じた場合（一五五条二項）は、裁判所が相当と認める金額の限度で訴訟費用に算入される（民訴費二条一一号）。弁護士費用の敗訴者負担原則を採用することの可否については、それのもたらす直接間接の影響を斟酌すると、難しい側面があるが、改めて検討しなければならない時期に来ていると認められる。訴訟の種別を限定し、かつ一部を敗訴者に負担させるという限定的な採用が社会的合意を得られやすい選択肢の一つであろう。その場合に、訴訟費用保険制度と関連付けながら施策を設定することが必要となろう。(1)

（1）　弁護士費用の敗訴者負担　判例は、一般論として不法行為に基づく損害賠償請求においては、相当と認める範囲内のものにかぎり、その不法行為と相当因果関係に立つ損害として認め（最判（一小）昭和四四・二・二七民集二三巻二号四四一頁）、その後、交通事故損害賠償請求事件について踏襲され、定着している（最判（一小）昭和四四・三・六裁判集民事九四号五四三頁、最判（三小）昭和四五・四・二一裁判集民事九九号八九頁、最判（三小）昭和五七・一・一九民集三六巻一号一頁）。その趣旨は、弁護士強制主義は採用していないものの、弁護士に委任しなければ十分な訴訟活動をなし得ないことに求めている（前掲最判昭和四四・二・二七）。これに対し、債務不履行に基づく損害賠償請求においては、金銭債務の不履行による損害賠償請求につき、民法四一九条を根拠に否定する（最判（一小）昭和四八・一〇・一一判時七二三号四四頁）。しかし、両者の間に理論的整合性があるかは、疑問である。この点については、かねてから議論があり（敗訴者負担に肯定的な考え方として、中野貞一郎「弁護士費用の敗訴者負担」ジュリ三八八号（昭和四三年）（同『過失の推認』（弘文堂、昭和五三年）二五五頁）、否定的な考え方として、伊藤眞「訴訟費用の負担と弁護士費用の賠償」中野貞一郎先生古稀祝賀『判例民事訴訟法の理論（下）』（有斐閣、平成七年）八九頁以下・特に一〇六頁。これに対し、太田勝造「裁判手数料と弁護士費用について」名古屋大学法政論集一四七号（平成五年）六三五頁以下は、裁判モデルを区分し、その訴訟過程に与える影響という視点から、従来の議論を批判的に検討する。）、法務省は平成七年に「民訴費用制度等研究会」を発足させ、検討を重ねた上で、将来的には一部敗訴者負担制度を導入することが望ましいという意見が多数を占めたと報告されている（『民訴費用制度等研究会報告書』（平成九年一月三一日）ジュリ一一一二号五七頁参照）。その後、司法制度改革審議会は、明確にその旨を提言するとともに、弁護士報酬を含む訴訟費用保険の開発・普及を期待している（『司法制度改革審議会意見書』（平成一三年六月一二日）二八頁以下）。方向性として、妥当な考え方であり、訴訟費用保険についての研究実績を踏まえて、今後きめ細かな検討を進めることが必要と

いえよう（小島武司「司法改革と権利保護保険」自由と正義五二巻一二号（平成一三年）五六頁以下参照）。

二　訴訟費用の負担

訴訟費用は、原則として、敗訴者の負担とされる（六一条）。

(1)　訴訟費用の負担の裁判は、終局判決において職権でその審級における訴訟費用の全部について、裁判しなければならない（六七条）。訴訟費用の負担額は、その負担の裁判が執行力を生じた後に、申立てにより、第一審裁判所の裁判所書記官が定める（七一条一項）。その処分は相当と認める方法で告知し、この処分に対する異議は告知を受けた日から一週間の不変期間内にしなければならない（同条三項四項）。この異議申立ては、執行停止の効力を生じる（同条五項）。異議申立てについての決定に対しては、即時抗告できる（同条七項）。

訴訟費用の負担の裁判に対しては、独立して上訴できない（二八二条・三一三条）。本案の裁判に対する上訴が不適法若しくは理由のないときは、訴訟費用の裁判に対する不服申立は許されない（最判(二小)昭和二九・一・二八民集八巻一号三〇八頁）。

(2)　訴訟上の和解をした場合に、和解の費用又は訴訟費用の負担について特別の定めをしなかったときは、各自がその費用を負担する（六八条）。負担について定め、その額を定めなかったときは、申立てにより、第一審裁判所の裁判所書記官がその額を定める（七二条）。訴訟が裁判及び和解によらないで完結したときは、申立てにより、第一審裁判所は決定で訴訟費用の負担を命じ、その裁判所の裁判所書記官はその決定が執行力を生じた後にその負担額を定めなければならない（七三条）。

第二節　訴訟上の救助

一　訴訟上の救助の構造

訴訟の準備及び追行に必要な費用を支払う資力がない者又はその支払いにより生活に著しい支障を生ずる者に対し、裁判所が行う救済措置を、訴訟上の救助という。一般に、訴訟を提起するには相当程度の費用の支出を必要とし、しかもそれを予納しなければならないところ、経済的余裕がないことによって訴訟の提起が不可能な事態を生じることは、「裁判を受ける権利」（憲三二条）を形骸化するものであり、法秩序の基本である訴訟による権利保護の途を閉ざすことになる。そこで、国家による最低限度の救済措置として、民事訴訟法は、訴訟上の救助の制度を設けている。

二　訴訟上の救助の要件

訴訟上の救助をするには、以下の要件を具備することを要する（八二条）。

(1)　訴訟の準備及び追行に必要な費用を支払う資力がない者又はその支払いにより生活に著しい支障を生ずる者であること（八二条本文）　資力の認定について、裁判例は、申立人の資産及び収入と予想される訴訟費用を対比して判断すべきであり、その訴訟費用には、訴訟上の救助の対象とされる裁判費用（八三条）だけでなく、民訴費用法所定の訴訟費用その他具体的事件に応じて訴訟の追行に必要不可欠と見られる訴訟のための必要経費を含むとする（名古屋高裁金沢支決昭和四六・二・八下民集二二巻一・二号九二頁）。妥当な判断である。相手方と資力に著しい格差があることは、判断の要素にはならない。自然人であると、法人であるとを問わない。自然人についてみると、形式的な訴訟当事者が基準になるのではなく、

訴訟当事者の生活実態（例えば、未成年者を当事者とする場合の法定代理人の財産）、訴訟の対象である実体的権利義務の帰属主体（例えば、法定訴訟担当によって担当される場合の背後の財産）等を斟酌し、当該訴訟において当事者に前記の訴訟費用を負担させることが裁判を受ける権利を阻害させることにならないかという視点に立って判断すべきである。もっとも、法人については、判断規準が極めて困難で、特に倒産処理手続におけるその一貫としての訴訟は、すべて救助の対象になるのかというところまでたどり着くこととなり、非現実的要素が少なくない（法人について救助を認めた例として、京都地決昭和四六・一一・一〇下民集二二巻一一・一二合併号一一一七頁）。

(2) 勝訴の見込みがないとはいえないこと（八二条ただし書き）　まったく勝訴の見込みがない場合にまで救済することは、権利の保護という訴訟の利用目的に合致しない。

三　訴訟上の救助の対象・内容

救助は、① 裁判費用並びに執行官の手数料及びその職務の執行に要する費用、② 裁判所に付添いを命じた弁護士の報酬及び費用、③ 訴訟費用の担保を対象とし、①②については支払いを猶予し、③については免除する（八三条一項）。救助を受けた者に支払いを猶予した費用につき、相手方が負担することを命じられた場合は、国庫が直接相手方から猶予された訴訟費用等を取り立てる（八五条）。これに対し、救助を受けた者が負担を命じられた場合は、利害関係人の申立て又は職権で、決定により猶予した費用の支払いを命じる（八四条）。

四　訴訟上の救助の手続

訴訟上の救助は、申立てにより、決定をもって各審級ごとに行う（八二条一項二項）。訴訟救助に関する決定に対しては、即時抗告できる（八六条）。救助付与決定に対し、相手方は利害関係人として即時抗告できるかについては、積極説（大決昭和一一・一二・一五民集一五巻二二〇七頁、前掲名古屋高裁金沢支決昭和四六・二・八、東京高決昭和五四・一一・一二判時九五一頁）と、訴訟費用の担保提供の申立てのできる場合を除き、認められないとする消極説（東京高決昭和五四・五・三一判時九三三号七一頁、福岡高決昭和五五・五・二七判時九八〇号六七頁、福岡高決昭和五七・七・八判タ四七九号一一八頁、東京高決昭和六一・一一・二八判時一二二三号五一頁）が、対立する。救

助の申立ては、裁判所に対しその措置を要求するのであり、相手方は対立当事者として関わるものではなく、その他救助付与決定によって特別不利益を被るわけではないので、抗告の利益はなく、後者が妥当である。

第三節　民事法律扶助

裁判所における民事裁判等に関する手続において自己の権利を実現するための準備及び追行にな必要な費用を支払う資力のない者又はその支払により生活に著しい支障を生じる者を援助することを、民事法律扶助という。法律扶助には、民事法律扶助と刑事法律扶助がある。これを業務として行うものを、民事法律扶助事業という。法律扶助は、国民の裁判を受ける権利を国家として実質的かつ具体的に保障すべきかという点で、根本的課題とされてきた（小島武司『法律扶助・弁護士保険の比較法的研究』（日本比較法研究所、昭和五二年）は、この点についての先駆的研究である。外国の現状については、財団法人法律扶助協会『リーガル・エイドの基本問題』（平成四年）、法務大臣官房司法法制調査部編『各国の法律扶助制度』（法務資料四五四号・平成八年）参照）。

わが国では、平成一二年に「民事法律扶助法」（平成一二年法律第五五号）が制定された。同法では、民事法律扶助事業の健全な発展のために国、日本弁護士連合会等の責務、民事法律扶助事業者の指定等が定められている（法務大臣は、同法五条一項の規定に基づき、平成一二年一〇月八日付けをもって民事法律扶助事業を行う者として財団法人法律扶助協会を指定した（法務省告示第四一七号・平成一二年一〇月二六日付け官報により公示））。

第二部　民事紛争処理手続

第一編　訴訟の主体

民事訴訟は、当事者間の紛争について裁判所が公権力に基づき解決する手続である。これを主体的側面についてみると、訴訟は原告と被告の対立する二当事者が存在することを基本原則とするとともに、そこに審判機関である裁判所が関与することにより成立する構造を形成している。そして、民事訴訟は公正、適正かつ迅速に実施されなければならないので、裁判所と訴訟関係者は、右の理念を踏まえて、協同して訴訟の機能目的を達成するように努めることを要求されている。(1) そうした性質に照らし、訴訟の構造は、まず主体的側面に着目して、裁判所と訴訟当事者という視点から捉えることができる。

(1)　裁判所が民事紛争の最終的な処理機関として利用者から信頼され、円滑に機能し、もって使命を遂行するためには、法廷における裁判官の訴訟指揮はもとより、法廷外の訴訟準備をも視野に取り込んだ広い視点に立った訴訟の運営の在り方について、検討されるべきであるということがいわれてきている。そうした視点から訴訟運営というものを見た場合には、主体的側面から光りを当て、裁判所、当事者という訴訟主体の協同的な訴訟運営が必要である（岩佐善巳ほか『民事訴訟のプラクティスに関する研究』司法研究報告書四〇輯一号（昭和六三年）二一二頁以下、篠原勝美ほか『民事訴訟の新しい審理方法に関する研究』司法研究報告書四八輯一号（平成八年）三一頁以下、三九頁）。これらの背景には、各地の裁判所における第一審の審理の充実を追求する長年にわたる試みと、それらを集大成した一つの節目として、昭和六〇年一二月六日開催民事事件担当裁判官協議会の成果をみることができる（最高裁判所事務総局編『民事訴訟の審理の充実を図るための方策に関する協議要録』民事裁判資料一六九号（昭和六二年）二二頁以下）。そうした動きに沿った具体的取り組みが公表され、

各方面から強い関心をもたらしてきている（最高裁判所事務総局編『東京地方裁判所における民事訴訟の審理充実方策に関する研究成果報告書』（平成二年）七頁以下）。新民事訴訟法の下における訴訟主体の垂直的関係と水平的関係の均衡のとれたところに、利用者のための民事訴訟の姿が見えるのではなかろうか（鈴木正裕「新民事訴訟法における裁判所と当事者」『講座新民事訴訟法Ⅰ』（弘文堂、平成一〇年）六四頁以下参照）。

第一章　裁判所

憲法は、司法権について最高裁判所及び法律の定めるところにより設置する下級裁判所に属する旨を定めるとともに、特別裁判所の設置の禁止、裁判官に関して規定している（憲七六条）。これを受けて、裁判所の組織、権限、裁判官その他裁判所の職員などについては、裁判所法（昭和二二年法律五九号）が規定する。したがって、裁判所法は、これらの事項についての基本法である。

第一節　裁判所の組織

一　裁判所

(1)　「裁判所」の意義　「裁判所」という概念には、実定法上二つの意義がある。第一は、国法上の意義における裁判所で、裁判権の分配の単位を構成するとともに、司法行政上の単位となり、「司法行政上の意義における裁判所」ともいう。国法上の裁判所は、官署としての裁判所と官庁としての裁判所に分けることができる。前者は、裁判官及びそれ以外の裁判所職員により構成される（裁第四編第一章・第二章）。施設の全体を指す場合もある（例えば、裁六九条等）。後者は、

司法行政上の権能を与えられている裁判所をいう（たとえば、裁一二条・二〇条・二九条・三一条の五・八〇条等）。第二は、裁判機関としての裁判所で、訴訟法上の意義における裁判所ともいう。

(2)　裁判所の組織　裁判所は、最高裁判所（東京都に置かれる。裁六）とその下級裁判所から成る（憲七六条一項）。下級裁判所には、高等裁判所（東京、大阪、名古屋、広島、福岡、仙台、札幌及び高松の八高裁）、地方裁判所（各都府県に一地裁、北海道に四地裁）、家庭裁判所（地裁と同数）および簡易裁判所（全国に四三八簡裁）がある（裁二条一項、下級裁判所の名称、所在地及び管轄区域は、下級裁判所の設立及び管轄区域に関する法律（昭和二二法六三号）一条・二条が定めている。昭和六二年には簡易裁判所の統廃合が実施されている、三六頁参照）。高等裁判所は支部を、地方裁判所及び家庭裁判所は支部又は出張所を設けることができる（裁二二条・三一条・三一条の五）。

特別裁判所は、設置できない（憲七六条二項）。その趣旨は、裁判所の裁判を受ける権利（憲三二条）に対応して、法の下の平等を法廷の平等にまで徹底させることにある（兼子一＝竹下守夫『裁判法〔第四版〕』（有斐閣、平成一一年）一三六頁）。ここにいう特別裁判所とは、憲法七六条一項により司法権を付託する最高裁判所および下級裁判所以外の裁判所で、その裁判所に特定の事件の裁判を行わせたのでは、裁判所の裁判を受ける権利及び法の下の平等を保障した趣旨に反する結果となるものをいう[1]（兼子＝竹下・前掲書一三六頁）。

（1）　特別裁判所の設置　最高裁判所の系列下に属する下級裁判所として、法律によって特別の事件を取り扱う裁判所を設置することは憲法の禁止するところではない。もっとも、その場合には、最高裁判所及び高等裁判所に上訴する制度を設けておくことを要する。近時、特許裁判所の創設を望む意見があるが、政策の当否は別として、このような前提要件の下で対応することは可能である。『工業所有権審議会企画小委員会報告書――プロパテント政策の一層の深化に向けて』（特許庁、平成一〇年一一月）は、「特許裁判の抜本的機能強化」の今後の方向として、「知的財産権の迅速かつ的確な保護を図り、適切な権利行使が実現されるよう、知的財産権に係る紛争処理体制の強化については今後とも引き続き検討していくことが重要である。諸外国に見られるような特許裁判所について、その創設を求める声もあり、中長期的には、このような点も含めて幅広い検討が引き続き行われることが望まれる」（五四頁）と述べている。

二　官署としての裁判所

官署としての裁判所は、裁判官とそれ以外の裁判所職員とから成る。

(イ)　裁判官の構成はつぎのとおりである。最高裁判所は、最高裁判所長官および一四人の最高裁判所判事とで構成される（憲七九条一項裁五条一項）。高等裁判所は、高等裁判所長官及び相応な員数の判事で構成される（裁一五条、判事補のうち法曹経験五年以上になる者のうちで最高裁の指名する者（特例判事補）を含む。判事補の職権の特例等に関する法律一条の二第一項）。地方裁判所及び家庭裁判所は、それぞれ相応な員数の判事及び判事補で構成される（裁二三条・三一条の二）。簡易裁判所には、相応な員数の簡易裁判所判事が置かれる（裁三二条）。裁判官の任命資格等については、憲法及び裁判所法が定めている。

(ロ)　それ以外の裁判所職員として、裁判所書記官（裁六〇条）、裁判所調査官（裁五七条）、裁判所事務官（裁五八条）、裁判所速記官（裁六〇条の二）、家庭裁判所調査官（裁六一条の二）などをはじめとする裁判所法が定める種々の職員が置かれている。これらの任命資格等については、裁判所法が定めている。

三　裁判機関としての裁判所

裁判機関としての裁判所は、官署としての裁判所の中に組織され、司法権の行使を目的として、裁判官だけでもって構成され、その他の裁判所職員を含まない点に特徴がある。裁判官は、官署としての裁判所の中心であるとともに、裁判機関としての裁判所を構成する唯一の担い手である。

(1)　単独制と合議制　　裁判機関としての裁判所は、単独制と合議制がある。合議制とは、裁判機関が複数の裁判官により構成され、その評議及び評決によって意思が決定される制度をいう。最高裁判所は、合議制を採用し、最高裁判所長官と一四名の最高裁判所判事の全員で構成する大法廷（定足数九名）又は、五名で構成する小法廷（定足数三名）で審理及び裁判をする（裁九条）。高等裁判所も、合議制を採用し、三名で構成するのを原則とし（裁一八条二項本文）、例外として

法律に特に定めのある事件については五名で構成する（同条二項ただし書、独禁八七条二項。なお、判事補一条の二第二項）。地方裁判所は、原則として一人の裁判官でその事件を取り扱い（裁二六条一項）、合議体で審理及び裁判をする旨の決定を合議体でした事件、簡易裁判所の判決に対する控訴事件並びに簡易裁判所の決定及び命令に対する抗告事件は、三名で構成する合議体で取り扱う（同条二項・三項。大規模訴訟に係る事件については、五人の裁判官の合議体で裁判をする旨の決定をその合議体ですることができる（二六九条））。判事補は、一人で裁判することができず（裁二七条一項）、同時に二人以上合議体に加わり、又は裁判長となることができない（同条二項。ただし、特例判事補を除く（判事補一条））。また、簡易裁判所は、一人の裁判官でその事件を取り扱う（裁三五条）。

⑵　合議制と役割分担　合議制の裁判機関が裁判の迅速と訴訟経済を図り、有効に機能するために、訴訟運営に関する事項については、役割を分担することを制度として定めている。

合議体では、それを構成する裁判官のうちの一人を裁判長とする（裁九条三項・一八条二項・二六条三項）。裁判長は、合議体の裁判機関を代表する裁判官をいう。裁判長は裁判の評議を開き、これを整理し（裁七五条二項）、また、訴訟の審理において、口頭弁論を指揮する（一四八条）。その他、単独で裁判所の権限を行使できる場合が認められている（三五条一項・九三条一項・一〇八条・一三七条、規三一条一項等）。合議体の長としての行為は、合議体の監督下にあるが（一五〇条・二〇二条三項参照）、単独で裁判所の権限を行使する場合は、直接に上級審の判断を受けることになる（一三七条三項・二八三条・三二八条参照）。

合議体における評決については、裁判長も陪席裁判官と同等である。

合議体は、訴訟運営に関する事項のうち法定された事項を、その構成員の一部の裁判官に委任することができる（八八条・八九条・一八五条一項・一九五条・二六八条）。この委任を受けた裁判官を受命裁判官という。

合議体の審理が長時日にわたる場合に、その間に合議体を構成する裁判官に変動を生じると、直接主義の要請から弁論の更新、証人の再尋問（二四九条）をしなければならなくなり、その結果訴訟の迅速を妨げ、訴訟経済に反するお

それがある。そうした場合に備えて、審理が長時日にわたることが予見される場合においては、あらかじめ合議体の審理に補充の裁判官を立ち会わせ、その審理中に合議体の裁判官が審理に関与することができなくなったときには、これに代わって、その合議体に加わり審理及び裁判することができる（裁七八）。これを補充裁判官という。

四　裁判所書記官

官署としての裁判所には、裁判所書記官という同名の職員によって構成される機関が置かれる（裁六〇条）。

裁判所書記官の職務権限は、第一に、裁判所の事件に関する記録その他の書類の作成及び保管（裁六〇条二項）である。訴訟記録の作成及び保管、各種調書（一六〇条、規七八条・八八条一項）及び調書判決（二五四条・三七四条二項）の作成が該当する。このうち、各種調書の作成は、公証事務に属し、書記官の基本的な職務である。裁判手続を明確にし、適式かつ公正に実施されることを担保するために、これを記録することを職務とする独立した機関として設置されていることに由来する（最高裁判所事務総局総務局『裁判所法逐条解説（中巻）』（法曹会、昭和四四年）二七二頁）。第二に、裁判所法以外の法律において定める事務（裁六〇条二項）であり、第三に、裁判所の事件に関し、裁判官の命を受けて、裁判官の行う法令及び判例の調査その他必要な事項の調査を補助する調査事務（裁六〇条三項）がある。

民事訴訟は適正かつ迅速に実施されるべきであるところ、そのためには、民事訴訟の運営が、裁判所と訴訟関係者の協同作業として行われることを要するとともに、裁判所の訴訟運営は裁判官と裁判所書記官の協同体により行われるべきものである。そうした視点から、裁判所書記官は、裁判所の事件に関し、訴訟当事者から情報を収集、整理し、審理の事前の準備を行い、もって審理の充実を図る役割を担うこととされ、新法においてこれまで実務上行われてきたことを明確に規定化されるにいたっている（例えば、規五六条・六一条二項・六三条一項。旧法の下において、裁判所書記官による審理充実・促進の試みに関する状況をアンケート調査に基づいて研究したものとして、河西和雄ほか『民事訴訟の審理の充実と書記官の役割』裁判所書記官実務研究報告書二二巻一号（平成二年）参照）。これらを総称して審理充実促進事務といっているが、右に挙げた三

つの職務権限の類型以外に、新たな職務権限が付与されたのではなく、第一として挙げた職務については、程度の差こそあれ、審理充実促進という趣旨を含んでいるのであり、その内容とする具体的職務権限が、審理充実促進を裁判官との協同体として遂行するという理念に基づき、新法において拡充されたものと解するのが相当である。(1)

（1）　新民事訴訟法の制定により裁判所書記官の権限が拡充され、その役割はこれまでの公証事務を主体とする職務に加えて、判断作用を伴う事務の比重がこれまでと比較して著しく増加してきているのが特徴である。裁判所書記官の職務は、きめ細かい法的感覚と人格的配慮が基盤となっていて、長年にわたりみずからが積み重ねてきた実績とそれに対する信頼が、このたびの新法における職務権限の拡充となったものと評価できる（新法の下における裁判所書記官の事務について、裁判所書記官の立場からもっとも詳細に記述するものとして、大塚啓志ほか『新民事訴訟法における書記官事務の研究（I）』平成九年度裁判所書記官実務研究報告書・第一章参照。また、裁判官の立場から適切に論じたものとして、石井浩「新民事訴訟法における裁判所書記官」『講座新民事訴訟法I』（弘文堂、平成一〇年）七〇頁～七五頁参照。また、とくに新民事訴訟規則の制定を踏まえたものとして、林道晴「新しい民事訴訟規則と裁判所書記官の事務」ジュリ一一〇八号（平成九年）九頁以下参照）。

五　裁判所調査官

裁判官の補助的機関として、最高裁判所、高等裁判所及び地方裁判所に裁判所調査官が置かれている(1)（裁五七条一項）。裁判所調査官は、裁判官の命を受けて、事件の審理及び裁判に関して必要な調査を行う。裁判所法の制定当初（昭和二二年四月一六日法律五九号）は、最高裁判所及び各高等裁判所を通じて裁判所調査官を置く旨を定めていた。最高裁は、上告審として法律判断を主として行うので、その判断は当該事件に止まらず、判例として各裁判所をはじめ、立法、行政にも重要な影響を与える性格を有している。少数の裁判官が、すべての領域の事件について、こうした判断の前提とすべき法律問題等について網羅的に調査することは著しく困難である。また、高等裁判所は、法的問題の調査を要することは地方裁判所と比較して顕著であるのみならず、工業所有権関係等法律以外の高度の専門的知識を要する事件を取り扱うこともある。このような事情を踏まえて、裁判官の補助的職員として置くこととしたものである(2)（最高裁判所事務総局総務局『裁判所法逐条解説（中巻）』二四八頁）。その後、高裁と同様の事情は地方裁判所についても生じてきたので、工業所有権又は租税に

関する事件に限り地裁にも置かれることとなった（同条二項、昭和四一年法律第二三号改正）。いずれの裁判所についても、裁判所調査官が裁判官に提出する調査結果は、訴訟資料ではなく、裁判所の内部資料であるに止まり、したがって訴訟記録には編綴されず、訴訟当事者にも公表されない(3)。

（1）　東京及び大阪の裁判所には、工業所有権関係事件を扱う専門部が設置され、その調査を担当する裁判所調査官が配置されている。そこでの調査官の職務は、自然科学及び工業所有権に関する専門的知識を用いて、裁判官の指示により工業所有権関係事件の審理及び裁判に関して必要な調査を行い、裁判官を補佐することにある（清永利亮ほか『工業所有権関係民事事件の処理に関する諸問題』司法研究報告書四一輯一号（昭和六一年）三〇三頁）。このような専門部以外に所属する裁判官も担当している事件がこれらの専門的事項に関する場合には、それらの調査官を活用することが薦められている（篠原勝美ほか『民事訴訟の新しい審理方法に関する研究』司法研究報告書四八輯一号（平成六年）一九一頁）。調査官が配置されていない裁判所も、これらの裁判所に調査官の派遣を求めることができる（東京地方裁判所（知的財産権関係専門部）に三年間配属経験があり、また最高裁判所調査官として五年間知的財産権関係訴訟を含めた事件の調査を担当した経験に基づき、裁判所調査官が知的財産権関係訴訟において現実にどのような役割をはたしているかについて紹介するものとして、高林龍「知的財産権関係訴訟における裁判所調査官の役割」『知的財産紛争とその解決』日本工業所有権法学会年報二〇号（平成九年）三七頁以下は、極めて貴重である。）。

（2）　最高裁については、裁判官をもって当てることができるとされている（裁附則Ⅲ）。工業所有権関係については、特許庁が、租税関係については、国税庁がそれぞれ担当官を派遣している。

（3）　調査官の役割は、単に裁判官の事件についての理解を補助するものにすぎず、その調査報告に基づいて判断を行うのは、あくまでも裁判官の役割である。しかし、工業所有権関係訴訟においては、関連する技術の理解が訴訟の帰趨を左右する度合いが高いので、調査官の調査報告が裁判官の法的判断に実質的な影響を及ぼしているのではないかという懸念を抱く訴訟当事者が少なくない。そのため、訴訟当事者が調査官名および調査報告を知り得る機会を設けるべきであるという要求がある。しかし、それはかえって調査官の役割を損なう恐れがあり、裁判所が技術的な事項についても積極的に釈明するなど訴訟指揮権を適切に行使することにより対応すべき問題である。

第二節　民事裁判権

一　民事裁判権の意義

国家が、国家主権に基づき民事訴訟を処理する権能又はその範囲を民事裁判権といい、刑事裁判権と合わせて裁判権又は司法権という。民事裁判権は国家主権の現れであるから、それを行使するについては、対人的及び対物的制約を伴う。民事裁判権の枠内において訴訟法の理念に基づいてさらに自律的に抑制したものを国際的裁判管轄権という(1)。

(1)　民事裁判権の対人的制約　民事裁判権の行使について、被告の属性による制限を、民事裁判権の対人的制約という。民事裁判権は、わが国にいるすべての人に及ぶ。天皇は象徴という地位の性格に照らし、及ばないと解する（最判(二小)平成元・一一・二〇民集四三巻一〇号一一六〇頁は、日本国及び日本国民統合の象徴であることを理由に否定説を採り、天皇を被告とする訴えは裁判長が訴状を却下すべきであるとする。）。外国人にも及ぶ。特定の国に派遣された外交使節の外交特権は、主として国際慣習法によっていたところ、一九六一年（昭和三六年）ウィーンにおいて「外交関係に関するウィーン条約」が採択され、わが国はこの条約を批准し（昭和三九年条約第一四号）、昭和三九年（一九六四年）七月八日から効力を生じており、また一九六三年（昭和三八年）には「領事関係に関するウィーン条約」が採択され、この条約も批准し（昭和五八年条約第一四号）、昭和五八年一一月二日から効力を生じているので、わが国における外交使節及び領事の裁判権免除についてはこれらの規定による(2)。もっとも、条約によって、これらの者の裁判権を免除しない旨を取り決めることはできる。また、これらの者に対する事件について、派遣国が接受国の裁判権からの免除を放棄することはできる。裁判権からの免除を放棄しても、その判決の執行についての免除の放棄のためには、別にその放棄をすることを要

する。これらの者が訴えを提起する権利は奪われない。

外国国家の裁判権免除については、現在のところ国際的に確立された慣習法、国際条約はなく、各国の国内法及び判例によることとなる。(3)

(1) 民事裁判権と国際的裁判管轄権を明確に区別することは、それに違反したときの効果に違いを生じる。国際法上の限界を逸脱して民事裁判権を行使したときは、国際法違反になるのに対し、国際法の認める枠内で国際裁判管轄権の範囲を広く設定し、行使しても、国際法違反の問題を生じることはない。他国の国際的裁判管轄権の範囲を自国の訴訟法の立場から過大であると判断したときは、他国の管轄権に基づく判決の承認及び執行を拒否すれば足りるのである（一一八条一項、民執二四条三項参照。道垣内正人「国際的裁判管轄」『注釈民事訴訟法(1)』（有斐閣、平成三年）八七頁、同・法協一〇五巻七号九七九頁）。

(2) 外交関係に関するウィーン条約　同条約は、外交官、外交官の家族の構成員でその世帯に属する者、事務及び技術職員、役務職員について裁判権の免除を規定している（この条約の紹介として、高桑昭「民事裁判権の免除」澤木敬郎＝青山善充編『国際民事訴訟法の理論』（有斐閣、昭和六二年）一四七頁以下、太寿堂鼎「民事裁判権の免除」『新・実務民事訴訟講座7』（日本評論社、昭和五七年）六二頁以下参照）。その任務の遂行にあたって行った行為についてのみ、裁判権からの免除及び不可侵を享受する。また、接受国の領域内にある個人の不動産に関する訴訟、外交官が個人として遺言執行者などとして関係している相続に関する訴訟、外交官が自己の公の任務の範囲外で行う職業活動又は商業活動に関する訴訟については、裁判権の免除の対象から除外される（同条約三一条一項a・b・c）。

(3) 外国国家に対する裁判権の行使　わが国の判例は、古くから外国国家についてわが国の裁判権は及ばないとする立場を採っている。大審院は、中華民国代理公使の振出しに係る手形について、同国代表者公使を被告として手形金支払請求訴訟を提起した事案について、国家は民事訴訟の当事者としてわが国の裁判権に服さないとしている（大決昭和三・一二・二八民集七巻一一二八頁）。また、東京地判平成九年三月一四日（判時一六一二号一〇一頁）は、アメリカ合衆国を被告とする横田基地夜間飛行差止等請求訴訟について、同国に対する裁判権は及ばないとして、訴えを却下している。もっとも、アメリカ合衆国軍隊の構成員である軍人が公務中に起こした不法行為に対する損害賠償請求訴訟について、同軍人はわが国の民事裁判権に服する（横浜地判昭和六二・三・四判時一二二五号四五頁。外国国家に対する民事裁判権の免除については、高桑・前掲一五四頁以下参照）。なお、外国国家との大使館建築請負契約等においては、仲裁合意条項を設けることにより対処する。

(2) 民事裁判権の対物的制約　民事裁判権の行使について、事件との間における一定の関係の存在することに

よる制限を、民事裁判権の対物的制約という。一般に、国家は主権の及ぶ領域におけるすべての事件について裁判権を行使することができる。したがって、国内事件については、当然にわが国の裁判権が及ぶこととなる。これに対し、国際的事件については、わが国がどの範囲について裁判権を行使できるか問題である。この点について、国際的に確立された法則はなく、一般的基準を定めた国際条約も存在しない。したがって、各国がそれぞれ国内法により定めたところによることとなる（高橋宏志「国際裁判管轄―財産関係事件を中心にして」澤木＝青山（編・注（2）前掲書三一頁以下、道垣内・注（1）前掲書九〇頁参照）。その場合、いたずらに自国の裁判管轄を拡大する方向で対応すると、当事者に損害を与えることになり、また逆に裁判管轄の対象範囲を厳格に抑制すると、当事者にとって訴訟への途を事実上閉ざすことになる恐れがある。国際的事件は、国内事件と比較して個別事件ごとの特殊事情が顕著に認められるので、それぞれの具体的事情に即した柔軟な対応が必要となる（小島武司「国際裁判管轄」中野貞一郎先生古稀祝賀『判例民事訴訟法の理論・下』（有斐閣、平成七年）四一二頁）。

二　民事裁判権の効果

(1)　訴訟要件としての裁判権　　事件が、対人的及び対物的にわが国の裁判権に服することは、訴訟要件の一つである。これらのうちのいずれか一方を欠くときは、訴えは不適法であり、却下される。裁判権の存在は、職権調査事項であるとともに、そのための判断に供する資料は裁判所は職権でも探知すべきである。裁判所が、裁判権の欠缺を看過しあるいは誤って本案判決をしたときは、上訴して取消しを求めることができる。判決確定後は、再審事由には該当しないので、取り消す余地はないが、裁判権のない者に対する判決であるので、判決としての効力はなく、したがって無効の判決となる。

(2)　民事裁判権免除の効果　　民事裁判権の免除を享受する者は、当事者として裁判及び強制執行から免除される。送達名宛人として、訴状等を送達することも、それ自体が裁判権の行使であるから許されない(4)。証人として証

言する義務を負わない。もっとも、証言能力がないわけではないので、証人として任意に出頭して証言する場合には、その証言は効力を有する。

（4）国及び外交特権を有する者に関する裁判権免除の放棄　わが国に駐在する外国の大使、公使又は外交使節団の職員等で外交上の特権及び免除を享受する者等に対して、裁判権などの免除の放棄について照会する場合の手続は、訴訟が係属する裁判機関としての裁判所ではなく、官署としての裁判所の長から最高裁判所事務総長に、裁判権免除の放棄又は証人としての証言義務免除の放棄に関する照会をし、最高裁は外務省に対してその者の派遣国に確認を依頼することとされている（平成六・一二・一五最高裁民二第四二四号高等裁判所長官、地方及び家庭裁判所長あて事務総長通達）。外国を相手方とする民事事件における応訴意思の有無に関して照会する場合についても、同様の手続を採る（平成六・一二・一四最高裁民二第四二五号高等裁判所長官及び地方裁判所長あて事務総長通達。なお、最高裁判所事務総局監修『国際司法共助ハンドブック』民事裁判資料第二二五号（平成一一年）三四二頁以下、同『民事事件に関する国際司法共助手続マニュアル』（法曹会、平成一一年）二八五頁以下参照）。

第三節　管　轄

第一款　管轄の理念と構造

一　管轄の意義

(1)　概　念　裁判所に提起された民事訴訟事件について、民事裁判権を行使する裁判所間の分掌の定めを管轄という。これを裁判所の側からみると、裁判所がその裁判所に提起された事件について裁判権を行使する権能を意味するので、管轄権ともよばれる。裁判所が、その事件について本案判決をするための訴訟要件を構成する。一方、訴訟当事者の側からみると、特定の裁判所で個別事件に即して自己の主張とそれに伴う攻撃防御を十分に尽くし、

裁判を受ける権利を保障される利益を意味するので、管轄の利益ということができる。

(2) 管轄の利益と司法政策的意義　一般に、訴えを提起するに当たり、訴訟によって自己の権利の保護を図る価値があるかという点について慎重に検討作業を行う。その場合に訴訟を提起するか否かを判断する要素となるのは、事件の内容・経済的価値と、訴訟を維持するのに要する費用・時間などである。これらの判断する決め手の一つとして、どこの裁判所に訴え提起をすることを要するかという点が大きな比重を占めている。管轄の利益は、主として土地管轄、共同訴訟裁判籍について問題となる。反対に、被告となる側は、できだけ自分に都合の良い地で応訴したいという意思が働くのが常であり、さらには管轄を特定の箇所に集中させることにより、訴訟の提起の度数を間接的に抑制しようという思惑も働いてくる。このような予想される紛争当事者の利害を調整する必要を生じる。したがって、現在ではわが国の交通網、とりわけ航空網が発達し、全国的に利便性が著しく高まったといえても、それらを利用することによる費用、時間等を斟酌すると、交通の利便性が浸透してきていることをもって、管轄の利益のもつ意義が軽減しているということはできない。利用者のための民事訴訟の在り方という視点からみると、管轄の利益は裁判を受ける権利を保障するための基盤を形成する一つといえる。したがって、民事訴訟関係法規の立法政策として、合理的理由のある場合を除いて、管轄の集中を抑制し（例えば、行政機関情報公開法三六条及び独立行政法人情報公開法二一条における特例措置としての特定管轄裁判所。なお、総務省行政管理局編『詳解情報公開法』（財務省印刷局、平成一三年）二〇八頁参照）、あるいは緩やかな集中にとどめ（例えば六条）、さらに合意管轄の導入を制限し管轄の不当取得を抑制するように努めるのは、妥当な対応措置といえる（約款について同様の視点に立った規制をするのも、政策の方向性において共通するものがある。）。

また、裁判所の側からみると、管轄は、裁判所全体として、事件を一定の基準により配分するとともに、それに対応する裁判官及び裁判所職員を配置して、裁判権を合理的に分担することにより適正な訴訟運営を遂行するという司法政策的意義を認めることができる。

このような当事者の管轄の利益と司法政策の調和を基盤として管轄規定が形成されているといえる。(1)

（1）簡易裁判所の統廃合　最高裁判所は、昭和五九年一月法曹三者協議会に簡易裁判所の適正配置の問題を提起し、検討を重ねるとともに、それと並んで法務大臣から法制審議会に諮問がなされ、同審議会司法制度部会の審議を経て、答申が出された（「簡易裁判所の適正配置に関する法制審議会答申（昭和六一年九月一九日）」ジュリ八七一号四六頁以下）。その趣旨は、簡易裁判所の配置について見直し、現状に即してその統廃合を図り、もって裁判所全体の効率的運営を図ろうというものであり、当事者の管轄の利益と司法政策とが交錯する問題の一つである。その後、下級裁判所の設立及び管轄区域に関する法律（昭和二二年法律第六三号）の一部を改正する法律（昭和六二年法律第九〇号）により、簡易裁判所の統廃合が実現するところとなった。

簡易裁判所が全国的に広範囲に設置されていることは利用者にとってはもとより便利なことである。そのことは、同時にそれに対応して裁判官をはじめとする裁判所職員を配置するとともに、物的施設を整えることを必要とする。しかし、これらの裁判所職員は法の定める定員の枠内で従来の事件数等に照らして配置されることとなるのであり、その結果として、簡易裁判所裁判官の資質を全国的に高い水準を維持することは必然的に困難になる。そうしてみると、簡易裁判所を統廃合して裁判官の水準を高めることが、最終的には利用者に利益をもたらすことになると捉えるのが妥当であろう。他方、簡易裁判所の存在自体がその地域の活性化に資するところが少なくないので、これを裁判所側の事情だけで統廃合することは地域振興を阻害するという見方もあろう。しかし、その点は別途に行政において対処すべきであって、裁判所側が責めを負うべきことではない（「特集　簡易裁判所の適正配置」ジュリ八七一号（昭和六一年）一〇頁以下参照。日本政治史専攻の立場から、歴史的に見ると、明治時代から昭和初期にいたるまで、裁判所の設置、統廃合は、中央政府及び地方自治体が深く関わった政治問題であったことを実証的に検証したものとして、前山亮吉『近代日本の行政改革と裁判所』（信山社、平成八年）は、貴重な研究である。）。

二　管轄の種類

管轄は、種々の事由を基準として分類することができる。

(1)　決定事由による分類　　管轄は、決定事由を基準として分類すると、法定管轄、合意管轄、応訴管轄並びに指定管轄がある。

裁判権を各裁判所に分配するのに、法律よって定まる管轄を法定管轄という。法定管轄を裁判権分掌の定めを基

準としてみると、第一審の判決手続を管轄する裁判所は、地方裁判所と簡易裁判所に分かれ（職分管轄）、いずれに属するかは、事件の性質と訴訟物の価格による定まる（事物管轄）。その上で、事件ないし被告との関係により、その地域を管轄する地方裁判所又は簡易裁判所に分配される（土地管轄）。

他方、当事者の意思又は態度により管轄裁判所を設定することを認める制度が用意され（合意管轄、応訴管轄）、さらにこれらのいずれの基準によっても裁判所が定まらない場合に、直近上級裁判所がその事件の管轄裁判所を定める制度を設けている（指定管轄又は裁定管轄）。

(2) 根拠による分類　管轄を生じる根拠を基準として分類すると、法律の規定による法定管轄、当事者の意思又は対応による合意管轄、応訴管轄、裁判所の指定による指定管轄に分かれる。

(3) 管轄の定めの強制力による分類　法定管轄は、強制力のある専属管轄と強制力のない任意管轄とに分かれる。

(イ) 専属管轄　法律の規定する裁判所の管轄に専属し、裁判所、当事者の意思又は態度により変更することのできない管轄をいう。法律が一定の訴えの事物管轄又は土地管轄について、とくに専属管轄と明示している管轄及び職分管轄が、これに該当する。専属管轄の定めのある場合は、他の一般規定による競合的な管轄を生じることがなく（一三条）、裁判所も、管轄違いの場合その他特に法律の定める場合（例えば、人訴一条・一条ノ二・二六条、民執四四条三項）を除き、他の裁判所へ移送することができない（二〇条）。また、当事者の意思又は態度により合意管轄、応訴管轄を設定することはできない（一三条）。専属管轄は、特定の事件について必ずしも常に唯一の管轄裁判所を定めるとは限らない（例えば、民執四四条二項・一九条、民保一二条一項・六条。なお、六八頁注(1)参照）。

管轄権の存在は、専属管轄はもとより任意管轄も、訴訟要件の一つであるから、その存在について疑義があると

きは、裁判所は職権で調査しなければならない。また、その存否について当事者は主張立証できるが、裁判所も職権で証拠調べをすることができる（一四条）。さらに、専属管轄については、管轄の原因事実の有無を職権で探知する職責がある。また、専属管轄に違背した判決については、控訴理由になるのみならず（二九九条ただし書）、上告理由になる（三一二条一項三号、ただし再審事由にはならない。）。

(ロ) 任意管轄　当事者の便宜や公平を図る趣旨で設けられた裁判管轄で、当事者の意思又は対応によりその定めとは別の管轄を設定することも認める管轄をいう。任意管轄の違背は、控訴審では主張できない（二九九条本文）。

三　管轄規定の性質

(1) 法定管轄の必要性　裁判所は、社会的に生起する広範囲にわたる様々な種類の多数の法的紛争について、権利の保護を求めて提起されてくる事件を、公正かつ迅速に処理しなければならない。しかも、こうした要請に対し、全国的に地域的格差を生じることなく均等に対応することを要する。他方、当事者の側からみると、原告はどこの裁判所に訴えを提起すべきか、また被告はその裁判所で応訴すべきかについて、容易に判断できることを要求されるとともに、原告と被告との間で利害が常に一致するとはかぎらず相反する場合もある。そうした、裁判所と当事者及び当事者間の事情を司法政策と当事者の管轄の利益（三五頁）に照らして斟酌すると、管轄の基本的原則は画一的な基準によって法定管轄として定めておくことが必要になる。そこで、各裁判所の管轄権の配分について、詳細な規定を置いている（四条以下）。

(2) 管轄の公益性　法定管轄の内の一部を、専属管轄とする根拠について、一般に裁判の適正、迅速という公益的要請に求める見方をしている（たとえば、菊井＝村松・I〔一三六頁〕、『注解民事訴訟法〔第二版〕（1）』三五七頁〔小室＝松山〕、小山・四一頁）が、こうした意味の公益性は専属管轄に限ったことではなく、裁判に共通した使命であるので根拠とはならない。確かに、専属管轄という定めは公益性

という理念に基づいている点では、共通性を認められるものの、専属管轄とする個々の規定の立法趣旨は必ずしも一様ではない。公益性とは、単に裁判所の職務権限に属する事項でないことはもとより、裁判所にとって利便性があるという片面的な捉え方をすべきことではない。「管轄権」という点を強調すると、管轄に関する規定はすべて裁判所の職務権限に帰属することになる。ここにいう公益性とは、訴訟当事者、裁判所に止まらず、その事件に関し、訴訟当事者以外の広く利害関係者（例えば、訴訟参加の利益を有する者、証人など）の手続保障を確保するには、特定の裁判所に限定して審理するのが適切かつ妥当であり、それにより任意管轄とすることにより生じる弊害を防ぐことができるとともに、不当な不利益を被る者も見あたらないという趣旨によると解するのが相当である。(2)

(2) 職分管轄は、裁判所の職務権限を定めたものであるから、当事者の意思又は対応によりもともと左右されるべき性質のものではない。しかし、たとえば審級管轄についてみると、裁判所の職務権限を定めたものではあるが、その根底にある趣旨は、訴訟当事者の利害をも考慮に入れることにある。特定の事件の上級裁判所について、敗訴当事者が一方的に任意の裁判所に上訴されたのでは、相手方は予測し難い不利益を被ることになる。さらに、訴訟当事者に限らず、第三者が訴訟参加する機会を確保する点等をも斟酌することを要する。そうした視点からみると、常に明確で画一的であることが必要であって、当事者の意向により左右されるならば、第三者に不当な不利益を与える恐れがある。このような趣旨から、専属管轄とする合理的根拠を導くことができる。これに対し、土地管轄は、主として当事者間の公平を図る趣旨に基づき、基本的には任意管轄を原則とし、例外的に専属管轄とする。民事訴訟法、民事執行法をはじめその他実体法上において専属管轄とされている場合に、その立法趣旨はそれぞれ異なっている。執行関係訴訟は、すべて専属管轄（民執一九条）とされているのは、たとえば物件の換価に関わる事項については、その物件の所在地を管轄する裁判所（民執四四条）において取り扱うのが適切であり、執行当事者以外の関係者がそれに参加する機会を保障するためにも特定の裁判所において審理するのを相当とする趣旨による。また、会社関係訴訟について専属管轄（商八八条）とされるのは、画一的処理の要請にあるといえる。

法定管轄として、職分管轄、事物管轄及び土地管轄がある。

第二款　法定管轄

第一項　職分管轄

裁判権の行使をどの裁判所の役割として分担させるかという定めを、職分管轄という。

一　判断機関と執行機関の分離

わが国の現行裁判制度は、民事紛争処理を担当する役割分担について、権利判定手続を扱う判断機関と、執行手続を扱う執行機関を分離する。前者の役割を担当する機関として、受訴裁判所は、権利判定手続及びそれから派生しあるいは付随する事項を職分とし、後者を担当する機関として、執行裁判所は、権利執行手続及びそれから派生しあるいは付随する事項を職分とする。

受訴裁判所とは、特定の事件が権利の存否を判定するために判決手続として将来係属すべき、あるいは現に係属中の、あるいはかつて係属していた裁判所をいう。受訴裁判所である資格に基づき、その事件についての証拠保全（二三四条以下）、民事保全手続（民保一二条・三七条・三八条・三九条）、仲裁手続に関する権限（公催仲裁七九六条・八〇五条）等の職分を有する。

執行裁判所とは、その事件にいて民事執行に関する権限をもつ裁判所をいう（民執二条・三条）。執行裁判所としての資格に基づき、民事執行に付随する事項（民執一一条・三六条三項・三八条・一三二条）について職分を有する。もっとも、民事執行に関する事項のうち、執行文付与に対する異議の訴え等に係る執行停止の裁判については、受訴裁判所の職分とされ（民執三六条・三七条）、代替執行、間接強制の授権決定手続は、執行裁判所とともに、債務名義の区分に応じ第一審の受訴裁判所の職分に

もなっている（民執一七一条二項・一七二条六項）。

二　審級管轄

下級審の裁判所の裁判に対し、それより上級審の裁判所へ不服を申立てることを許し、同一事件を異なる種類・階級の裁判所に重ねて裁判させる場合に、これらの裁判所間の審判の順序、上下の関係の定めを審級管轄という。判決手続においては、第一審の裁判に対する不服を申立てる上訴制度として、控訴、上告の二段階を認め、三審制を採用している。第一審裁判所は、簡易裁判所又は地方裁判所を原則とし（裁三三条・二四条一号）、控訴審は、簡易裁判所が第一審の場合は、これを管轄区域内にもつ地方裁判所であり（裁二四条三号）、地方裁判所が第一審の場合は、管轄高等裁判所であり（裁一六条一号）、上告審は、簡易裁判所の事件については、高等裁判所であり（裁一六条三号、民訴三一一条一項）、地方裁判所の事件については、最高裁判所である（裁七条一号、民訴三一一条一項）。ただし、高等裁判所が上告審である場合に、憲法その他の法令の解釈について最高裁判所の判例（これがない場合にあっては、大審院又は上告裁判所若しくは控訴裁判所である高等裁判所の判例）と相反する意見となったときは、最高裁判所へ移送しなければならない（三二四条、規二〇三条）。高等裁判所が上告審とした終局判決に対しては、憲法の解釈の誤りがあることその他憲法の違反があることを理由とするときに限り、最高裁判所に特別上告できる（三二七条）。また、第一審判決について、当事者の合意により控訴審を省略し、直接上告することができる（二八一条一項ただし書、飛躍上告という。）。

法律に特に定めのある事件については、高等裁判所が第一審裁判所となる（公選二〇三条・二〇四条等。東京高等裁判所の特別権限とされている事件がある（独禁八五条・八六条、特許一七八条一項、実用新案四七条一項、意匠五九条一項、商標六三条一項等。））。高等裁判所を第一審とする判決に対しては、最高裁判所に上告することができる（三一一条）。

三　簡易裁判所の職分管轄

簡易裁判所は、全国的に各地に設置され、簡易な又は特に迅速を要する事項に関して特別の職分を認められてい

る。少額訴訟（三六八条）、督促手続（三八三条）、起訴前の和解（二七五条）、公示催告手続（公催仲裁七六四条二項）、共助の受託（一八五条、規一〇四条、ただし地方裁判所と競合する）などである。

第二項　事物管轄

一　意　義

第一審裁判所について、同一地域を管轄する簡易裁判所と地方裁判所との間における事件を分担する定めを、事物管轄という。簡易裁判所は、訴訟の目的の価額が九十万円を超えない請求について裁判権を有し（裁三三条一項一号）、地方裁判所は、それ以外の請求に係る訴訟及び訴訟の目的の価額が九十万円超えない請求のうち不動産に関する訴訟について裁判権を有する（裁二四条一項）。

事物管轄は、任意管轄であり、当事者の合意（一一条）又は被告の応訴（一二条）により変更することができる。地方裁判所は、訴訟がその管轄区域内の簡易裁判所の管轄に属する場合においても、相当と認めるときは、管轄する簡易裁判所に移送しないで、申立て又は職権で、訴訟の全部又は一部について自ら審判及び裁判することができる（一六条二項）。逆に、簡易裁判所は、訴訟がその管轄に属する場合においても、相当と認めるときは、申立てにより又は職権で、訴訟の全部又は一部をその所在地を管轄する地方裁判所に移送することができる（一八条。七八頁参照）。いずれの趣旨も、地方裁判所は、簡易裁判所と比較すると、裁判官の任用資格が厳格で充実した審理及び裁判を期待できる点にある。これらの条項にいう「相当と認めるとき」とは、事件の内容に照らし慎重な審理を要する場合、関連事件が地方裁判所に係属する場合で、地方裁判所において審理及び裁判することを適切かつ妥当と認める場合等が該当する。また、第一審裁判所は、訴訟がその管轄に属する場合においても、当事者の申立て及び相手方の同意があると

きは、訴訟の全部又は一部を申立てに係る地方裁判所又は簡易裁判所に移送しなければならない（一九条一項）。その趣旨は、訴え提起後においても、特別の事情のない限り、当事者の合意による管轄の設定を認め、当事者の管轄の利益を図ることが、その事件の審理を進めるのに有効適切であるという点にある。また、簡易裁判所は、その管轄に属する不動産に関する訴訟につき被告の本案の弁論の前に申立てがあるときは、地方裁判所に移送しなければならない（一九条二項）。

二　訴訟の目的の価額

事物管轄は、原則として訴訟の目的の価額である訴額を基準として定まる。訴訟の目的とは、原告が訴えにより保護を求める請求の内容である権利義務その他の法律関係をいい（八条一項）、訴訟物と同義である。訴訟の目的の価額を訴額といい、訴額は、原告が訴えで主張する利益により算定する（八条一項。訴額は裁判手数料算出の基礎ともなるのをはじめ（民訴費三条一項・四条一項）、弁護士報酬の算定においても基準の一つとされる（日本弁護士連合会報酬等基準規程一五条参照）。）。訴えで主張する利益とは、この訴訟物についての請求を認容されたときに、原告が直接に享受する経済的利益をいい、その利益は金銭で評価する方法により算定する。(1)

（1）　通説が、訴えをもって主張する利益を経済的利益としてとらえて金銭的に評価する方法により算定するのを疑問とし、ドイツ法に示唆を受けて訴額を規定する法の規範的解釈によるべきであるとする考え方がある。そこでは、とくに財産権上の請求における訴額は、原告が訴えをもって主張する経済的利益を基準として受訴裁判所が裁量により算定すべきであり、その裁量にあたっては、原告が請求認容によって受ける経済的利益の客観的な計算にとどまることなく、裁判を受ける権利の実効を確保し、訴訟制度を利用するすべての人に対する平等の基準の適用に配慮し、事物管轄の機能の適正な配分、訴状貼用印紙額の迅速・妥当な決定を求めている（中野貞一郎「訴訟物の価額」判タ八三三号（平成六年）（同『民事訴訟法の論点Ⅰ』（判例タイムズ社、平成六年）六八頁、六九頁〜七二頁））。この見解が有する裁判手数料についての基本的な姿勢については、貴重な示唆を受けるが、その反面で、財産権上の請求について裁判所の裁量という判断要素を導入することは、原告に重い経済的負担を負わせることにより、裁判所の側からみて好ましくなかったり、社会的影響が大きく面倒な訴えを、はじめの段階で排除し、純粋に法的な意図と理由に基づく訴えだけを裁判の場に取り込んでいくという、主張者の意図

するところとは大きく乖離した方向に歩む可能性も少なくない性質を含んでいることを危惧する。訴訟を提起することにより、被告に応訴を強いるとともに、裁判所に判断を求めるということは、原告に当然に重い負担を負わせ、相当なる覚悟をもって臨むことを国家として要求すべきことではない。新法が少額訴訟制度を導入したという姿勢は、わが国が利用者のための司法政策を基本姿勢とする現れとみるべきであり、そうした基本姿勢は、訴訟運営の全過程を通して堅持されるべきことである。

(1)　訴額の算定　訴訟物を内容の性質についてみると、経済的利益を内容とする権利義務関係に関する請求である財産権上の請求と、経済的利益を直接の内容としない権利義務関係に関する請求である非財産権上の請求とがある。両者の請求をその内容が有する利益について比較すると、前者は金銭で評価できるのに対し、後者は評価することができない。そこで、訴訟の目的の価額を算定することができないとき、その他価額を算定することが極めて困難であるときは、その価額が九〇万円を超えるものとみなし（八条二項）、地方裁判所の管轄に属することとしている[2]（裁二四条一項。もっとも、裁判手数料の基礎となる訴額は、非財産権上の請求のみならず、財産権上の請求のうち訴額の算定が極めて困難な場合について、九五万円とみなすこととしている（民訴費四条二項）。これを擬制訴額という。）。

訴訟の目的の価額を算定することができないときとは、個別の場合に算定が困難であることをいうのではなく、訴額がないことを意味する。したがって、財産権上の請求については、これに該当する余地はない。価額を算定することが極めて困難であるときとは、財産権上の請求において、第一に、その訴えを原告が提起する目的が直接に経済的利益を享受することにはなく、原告が直接享受する利益を金銭により評価することはもともと困難であり、その反面、①訴えの目的である訴訟物は経済的価値が極めて高く、金銭により評価することが可能である場合、②訴訟物も金銭で評価することが困難である場合をいう（たとえば、住民訴訟（自治二四二条の二）、人格権に基づく差止請求、株主権に基づく取締役の違法行為の差止請求（商二七二条）等）。第二に、その訴えを原告が提起する目的が直接に経済的利益を享受することではあるが、現在ただちにすべての経済的利益を享受するわけではなく、継続的に享受するもので、原告が直接享受する利益を金銭により評価することはもとも

と困難である場合をいうものと解する（たとえば、解雇無効確認請求）。

（2）　財産権上の請求と非財産権上の請求　非財産権上の請求には、身分関係請求、人格に関する請求（ただし、人格権の侵害による損害賠償請求は、財産権上の請求に当たる。）、会社の設立無効、株主総会決議に関する請求などがその例であり、経済的利益を内容としないので、訴額の算定はできない。財産権上の請求であっても、請求の性質に照らし、訴額の算定については、非財産権上の請求とみなす旨を定めている例がある（商二六七条四項、株主代表訴訟）。

(2)　算定の基礎　算定の基礎は、原告が直接に享受する経済的利益による（したがって、同一の事実関係あるいは権利関係についての訴訟であっても、いずれが原告になるかによって訴額に差異を生じることがある。）。原告が訴えを提起する動機、複雑な事件であることによる裁判所が審判する難易性等は、一切斟酌されない（訴額の算定に際し、とくにこれらの点を考慮すると、実質的には訴訟費用の担保を提供させるのと等しい負担を課することになり、原告に不当な不利益を与え、その結果として訴訟の提起を抑制させる恐れがある。）。訴訟物の前提となる法律関係も、経済的利益を判断する要素にならない（たとえば、確定した給付判決がある場合に時効中断のために提起する訴訟における給付確定判決の存在、債務名義となる公正証書がある場合に給付請求権について既判力のある確定判決を取得するために提起する給付訴訟における債務名義の存在、訴訟上の和解の内容を明確にするために提起する訴訟における和解調書の存在）。

(3)　算定の権限　訴額の算定は、受訴裁判所の権限に帰属する。算定の基準を示す規定は実定法に設けられていないので、解釈及び運用に委ねられている(3)。財産権上の請求についても、訴額の算定には困難を伴うことが多いので、前述したように新法は、価額の算定が極めて困難である場合について、算定不能時と同様の扱いをすることを定めている（八条二項）。もっとも、財産権上の請求について訴額を算定することは、困難を伴うことはあっても、理論上常に可能であるので、基本的には、裁判所が価額の算定にとって重要な諸要因を確定し、それを基礎として、裁量によって補完し訴額を評価算定すべきである（旧法の下で、営業委託契約に基づく営業受託者地位確認及び受託業務の妨害禁止等の請求訴訟について、同旨の見解を示すものとして、最判（三小）昭和四九年二月五日民集二八巻一号二七頁。裁判所の裁量に多くを依存せざるを得ない種類の訴訟もあるが、最近の有力説のように裁判所の裁量を全面に打ち出すことは、提唱者の意図とは異なり裁判所の恣意的な判断に傾く恐れがある。前掲注(1)参照）。訴額の算定に際し、鑑定その他の証拠調べをすることもできるが、それによらなければならないわけではなく、その他の方法により認定すること

も差し支えない。

(3)　算定基準と最高裁通知　算定基準については、実務上の参考資料として、最高裁判所民事局長通知「訴訟物の価額の算定基準について」(昭和三一・一二・一二民事甲第四一二号・裁判所時報二二一号二頁)、同「訴訟物の価額の算定基準について」(昭和三九・六・一八最高裁民二第三八九号・裁判所時報四〇四号二頁)、同「土地を目的とする訴訟の訴訟物の価額の算定基準について」(平成六・三・二八最高裁民二第七九号・裁判所時報一一一九号三頁)がある。これらの通知はいずれも受訴裁判所を拘束せず(最判(三小)昭和四七・一二・二六判時七二二号六二頁)、慣習法としての法的拘束力もないとされている(大阪高決昭和三七・九・一五判時三一八号二一頁)。さらに、裁判長による訴状審査の前段階における訟廷事務すなわち事実上の訴状受付に当たり裁判所職員(裁判官を除く)の判断基準を示したにすぎないという理解もある(東京地判昭和三七・一〇・八判タ一三六号九二頁)。しかし、一般的な事例を前提として合理的基準を示すものと解されるので、特別の事情がある場合を除き、これに準拠するのが相当である。

(4)　算定の標準時　訴額は、訴え提起時を基準として算定し(最判(三小)昭和四七・一二・二六判時七二二号六二頁)、裁判所の管轄はその時を標準として定める(一五条)。その後は、訴訟の目的の価額に変動を生じても、管轄は変わらない(もっとも、訴えの変更(一四三条)、選定者に係る請求の追加(一四四条)により訴訟の目的そのものが法律的に変われば、訴額を算定し直してそれに応じて算出された裁判手数料を納付することになるとともに、管轄について改めて判断することとなる。反訴(一四六条)を提起したときも同様であり、その結果として、移送を必要とする場合を生じることもある。二七四条参照)。

三　請求の併合と訴額

(1)　併合請求と訴額の算定　原告が一つの訴えで数個の請求をする場合は、原則として各請求の価額を合算した額を訴額とし(九条一項本文)、これによって事物管轄も定まる(個々の請求の訴額が九〇万円を超えなくても、合算して超えるときは、地方裁判所の管轄となる。)。併合の態様、時期を問わない。数人の原告から、又は数人の被告に対して一つの訴えを提起する共同訴訟の場合についても同様である。[4] また、訴訟係属中に、訴えの追加的変更(一四三条)、中間確認の訴え(一四五条)によって請求の併合を生じる場合にも、適用される。

原告による請求の併合を生じる場合であるから、被告が反訴を提起した場合は、その請求を本訴の請求と合算しないし、また弁論を併合すること(一五二条一項)により請求が併合された状態を生じても、裁判所の訴訟指揮権に基づくの

で、それにより訴額に影響を及ぼさない。

一つの訴えで数個の請求をする場合に、その訴えで主張する利益が各請求について共通である場合におけるその各請求については、合算しない（九条一項ただし書、民訴費四条一項）。

果実、損害賠償、違約金又は費用の請求が訴訟の附帯の目的であるときは、その価額は、訴額に算入しない（九条二項）。管轄の確定は明確であることを要するところ、訴額の計算を簡明にして、管轄を容易に判定するためには、これらの請求が附帯的な請求に止まるかぎり算入しないことが適切妥当であり、それにより訴額の算定さらには裁判手数料の性質に反することもないという趣旨からである。もっとも、果実、損害賠償、違約金又は費用を主たる請求から分離独立させて請求するときは、訴訟の附帯の目的ではないので、それ自体について訴額を算定する。

(2)　非財産権上の請求の併合と訴額の算定　(イ)　非財産権上の請求とそれに関係する財産権上の請求を併合請求する場合は、管轄を定める関係では合算せず、裁判手数料は多額である一方の請求に吸収され、その請求の価額による（民訴費四条三項。たとえば、離婚請求と慰謝料請求を併合請求する場合（人訴七条二項））。

(ロ)　非財産権上の請求と非財産権上の請求を併合請求する場合は、非財産権上の請求は訴額を算定することができず、訴額がないのであるから、たとえ複数の請求を併合しても同様であるという見方もあり得る。しかし、個々の請求について訴額を算定できないというに止まり、訴えによって享受するなんらかの利益はあるのだから、別個独立した請求を併合する場合には、それぞれの請求に対応する手数料を観念することが裁判手数料の性質に照らし、妥当とみるべきである。したがって、各請求の擬制訴額（民訴費四条二項）を合算した額による。もっとも、複数の請求の利益が重複する場合は、前記イの場合と同様に、裁判手数料は多額である一方の請求に吸収されると解するのが相当である（たとえば、複数の株主が原告となって提起する株主総会の決議の瑕疵を争う訴訟）。

（4）　主観的併合請求の訴額の算定　　東京地命平成三年五月二七日（判時一三九一号一五六頁）は、多数の原告が国に対して人格権に基づき公金の支出等の差止請求をした事案においてつぎのような見解を示している。すなわち、五七一名の原告が、国を被告として、湾岸戦争のため国が湾岸平和基金へ五〇億ドルを支出することと及び自衛隊機を派遣することの差止めと一人当たり各一万円の慰謝料の支払請求訴訟を提起した事件において、原告等は差止請求は非財産権上の請求であり、その訴額は原告全体で九五万円（民訴費四条一項）であるとして、これに対応する裁判手数料を訴状に貼付した。これに対し、裁判所は、差止請求には、原告らの平和のうちに生存する権利に対する侵害を事前に予防するための請求が含まれているものと解されるが、その請求の根底として個々の原告らに固有の右のような人格権又はこれに類する権利が主張されていることは明らかである。そうすると、原告らの差止めを求める行為自体は国の行う九〇億ドルの支出等という同一の行為ではあっても、その差止めによって原告らの得ることとなる利益は、個々の原告ごとに別個独立に存在するものというべきである。さらに、本件訴えが必要的共同訴訟ではないことからすれば、本件訴えの手数料の算定に当たっては、原告ごとの訴訟の目的の価額を合算すべきこととなるとして、手数料の追徴を命じた。法的に同種の事案について同様の立場をとるものとして、横浜地決平成三年一一月一三日（判時一四一六号一二一頁）、東京地決平成四年二月一〇日（判タ七八九号二五一頁）、東京高決平成四年七月二九日（判時一四三六号一八頁）がある。また、多数の周辺住民が提起した林地開発行為許可処分取消請求につき各原告の主張する水利権、人格権、不動産所有権等は、各原告がそれぞれ有するものであり、全員に共通とはいえないので、訴訟の目的の価額は合算すべきであるとする（最決(二小)平成一二・一〇・一三判時一七三一号三頁）。

これに対し、大阪高判平成五年一二月二一日（判時一五〇三号八五頁）は、複数の原告が人格権、環境権等に基づき、ゴルフ場建設工事の差止請求をした事案について、原告等がこの訴えをもって主張する利益は、ゴルフ場の建設中止自体であるから、その利益は全員を通じて共通のものであると認め、その法的根拠として主張する人格権、環境権等が侵害されることによって現に発生し、または発生するおそれのある各人固有の不利益の回復または予防を求めているわけではないから、本件訴えをもって主張する利益が原告ごとに別個独立に存在するものといわなければならないものではないとして、原告ごとの訴訟の目的の価額の合算を否定している。

九条一項の法的解釈として、後者の非合算説を相当であると解する。なお、裁判手数料という性格に照らし、裁判所が、法的解釈として前掲東京地命平成三年五月二七日のような結論に立ち至ったときに、それによって生じる訴え提起の可能性を検証し、社会通念に照らし、否定的な結果を十分予測できる場合には、その前提とする法的解釈の妥当性についてあらためて見直す

姿勢が法律専門家として採るべき法解釈の基本的な作法である。

第三項　土地管轄

一　意　義

所在地を異にする同種の裁判所について、裁判所間における権限の調整を図るために同種の職分を分担させる定めを、土地管轄という。わが国の裁判所が管轄する区域については、日本全国を行政区画により地域区分し、同種の裁判所について裁判権を行使する管轄区域を定め、異種の裁判所間について重複的に同様の管轄区域を定めている（下級裁判所の設立及び管轄区域に関する法律二条）。

土地管轄は、各種の職分について生じるが、訴えについての第一審裁判所間の土地管轄を基本とし、民事訴訟法も主としてこれに関する定めを置いている。この場合に、土地管轄を決定する基準となる事件と裁判所の管轄区域との関係地点を、裁判籍という。事件と裁判所の管轄区域との関係地点は、当事者又は訴訟物に関係する地点が基準となり、その地点を管轄区域内に有する裁判所について土地管轄を生じる（したがって、一つの事件について、種々の裁判籍を生じ、その結果土地管轄が競合し、管轄裁判所が複数生じることがあり得るので、土地管轄の定めを個別的に指示するのに、裁判籍の種類を特定して表示し、通常「何々裁判籍」という。）。

裁判籍には、普通裁判籍と特別裁判籍があり、特別裁判籍は、さらに独立裁判籍と関連裁判籍に分けられる。また、事件を構成する要素の視点から裁判籍をみると、事件の当事者ごとに被告との関係から認められる人的裁判籍と、訴訟物との関係から認められる物的裁判籍に区別できる。前者は、その者が被告となる事件に限り適用されるのに対し、後者は、当事者がだれであるかにかかわらず適用される。

二　普通裁判籍

(1) 意　義　事件の種類、内容を問わず、すべての民事訴訟事件について一般的に定められる裁判籍を、普通裁判籍という。訴えは、被告の普通裁判籍の所在地を管轄する裁判所の管轄に属する（一条）。訴訟は、一般に原告が被告と関係のある地に赴いて提起するのが公平であるという原則に基づくものである[1]。訴訟は、当事者のいずれについても経済的、時間的に多大な負担を伴う性質を有するところ、とりわけ応訴を強いられる被告についてこの点が顕著である。そこで、当事者双方の管轄の利益については、被告の利益を優先させ、応訴を容易にすることが適切妥当であるという趣旨により、管轄配分において被告保護の原則を採っている。もっとも、特別裁判籍によって、原告の関係地点に管轄が生じる場合がある（たとえば、五条一号・八号、人訴一条・二四条・二七条等）。

(2) 自然人　第一次的には、住所により、第二次的に、日本国内に住所がないとき又は住所が知れないときは居所により、第三次的に、日本国内に居所がないとき又は居所が知れないときは、最後の住所による（四条二項）。また、日本人で、大使、公使その他外国にあってその国の裁判権から免除を享有する者が普通裁判籍を有しないときは、その者の普通裁判籍は、東京都千代田区とする（四条三項、規六条）。

(3) 法人その他の団体　第一次的には、主たる事務所又は営業所により、第二次的には、代表者その他の主たる業務担当者の住所による（四条四項）。外国の法人については、第一次的には、日本における事務所又は営業所により、第二次的には、日本における代表者その他の主たる業務担当者の住所による[2]（四条五項）。

(4) 国　国の普通裁判籍は、訴訟について国を代表する官庁の所在地により（四条六項）、現在国を当事者とする訴訟について国を代表する官庁は、法務大臣であるから（国の利害に関係のある訴訟についての法務大臣の権限などに関する法律一条）、法務省の所在地により定まる。

（1）「原告は被告の法廷に従う」（actor sequitur forum rei）　本条は、ローマ法に源を有し、「土地管轄については、かなり古い時代から、当事者が同一の裁判籍を有せず同一の政務官の管轄に服しない場合には、管轄の問題は被告に対して管轄権を有する政務官がだれであるかによって解決され、訴訟は被告に強制を加えることができる政務官の面前に提起されることを要するという原則、原告は被告の裁判籍に追随する原則が行われた。」という（船田享二『ローマ法　第五巻』（岩波書店、昭和四七年改版）三九頁）。現在でも、諸外国の大部分が、この原則を採用している（ドイツ民事訴訟法一二条、オーストリア裁判管轄法六五条、フランス民事訴訟法四二条、イタリア民事訴訟法一八条等）。

（2）定款上の本店、登記簿上の本店と営業活動の中心としての本店　会社の本店の所在地は定款の絶対的記載事項である（商六三条四号・一四八条・一六六条一項八号、有六条七号）とともに、登記事項である（商六四条一項二号・一四九条一項・一八八条二項二号、有一三条二項二号）。そこで、定款に記載され登記により公示されている形式的意味の本店と、その営業活動の中心となっている実質的意味の本店とが一致していない場合に、裁判管轄についていずれを標準とすべきかが問題となる（商法の視点から分析する、大隅健一郎「会社の本店について」勝本先生還暦記念『現代私法の諸問題・上』（有斐閣、昭和三四年）〔同『商事法研究（上）』（有斐閣、平成四年）一二六頁〜一二九頁〕は、極めて示唆に富む。）。

① 会社設立無効の訴え（商一三六条三項・一四七条・四一六条一項、有七五条一項）、設立取消の訴え（商一四二条・一四七条、有七五条一項）など各種会社法上の訴えは、いずれも会社の本店所在地の地方裁判所の専属管轄に属する。これらの訴えについては原告適格を有する者が多数おり、複数の訴訟が同時に係属する場合には、弁論を併合することを強制され、また判決の対世的効力を生じるので、管轄裁判所を画一して明確にする必要がある。また、営業上の取引関係から生じる訴訟と異なり、会社の営業と密接に関係する地を管轄する裁判所で審理し裁判する必要性も見出しがたい。そうした事情を考えると、形式的かつ画一的に確定され、株主が容易に知り得る要素を優先させるべきであるから、定款に記載され登記により公示されている本店所在地を裁判籍と解するのが妥当である。

② 法定倒産手続事件についてみると、破産事件は第一次的に会社の主たる営業所所在地を管轄する地方裁判所の専属管轄に属する（破一〇五条）のに対し、会社更生事件は本店所在地を管轄する地方裁判所の専属管轄に属するとされている（会更六条）が、前者にいう主たる営業所所在地とは、本店所在地を意味すると解するのが相当である。法定倒産手続事件においては、会社の営業上の取引関係に深く関わっているので、実質的意味での本店に着目すべき要素もある。しかし、倒産処理は利害関係人による包括的執行という性質を基本的特徴とすることに照らすと、管轄裁判所は画一的に明確性を優先させるのが妥当といえるので、定款に記載され登記簿上の本店所在地を裁判籍と解するのが妥当である（大隅・前掲書一三六頁は、破一〇五条にいう主たる営業所とは実質上の本店を意味し、形式上の本店と一致しない場合は、前者によるべしとする。同様の立場を採りつつ、債権者の申立てのときは申立人が実質上の本店所在地を探知する負担を避け、形式上の本店所在地における申立ても不適法ではないとするものとして、伊藤眞『破産法〔全訂第三版補訂版〕』（有斐閣、平成一三年）一二〇頁）。それにより支障を

生じるときは、裁判所は職権で他の営業所の所在地を管轄する地方裁判所に移送すること（会更七条、破一〇八条、民訴一七条）により対処すべきである。

③ 社債・整理・清算に関するその他の会社関係の商事非訟事件は、会社の本店所在地の地方裁判所の管轄とされている（非訟一二六条一項・一三五条ノ一五・一三五条ノ二四・一三六条）。これらの管轄はいずれも専属管轄ではなく、同一事件について複数の管轄裁判所を生ずる可能性も想定されている。もっとも、会社の整理・清算は法定倒産の一種であることに着目すると、両者については定款に記載され登記により公示されている形式上の本店に限定することも考えられるが、専属管轄は明文規定の定めがあるものに限られるべきであり、容易く法解釈によって性質決定すべきものではない。したがって、会社に形式上の本店と実質上の本店がある場合は、双方の本店所在地を裁判籍と解するのが相当である。

④ さらに、会社の取引行為についてみると、本店も一個の営業所という性格に止まるので、取引行為に関する訴訟については、形式上の本店所在地のみならず、実質上の本店所在地をも裁判籍に含むものと解するのが相当である。

また、同じく商法の視点から、商法総則における営業所と会社法における営業所は意味内容が異なり、前者は、取引活動の中心である場所を問題とするのに対し、後者は会社組織上の中心である場所を問題とする旨を、主張する有力説がある（鈴木竹雄「会社の営業所」上智法学論集一〇巻二号（昭和四一年）〔同『商法研究Ⅱ会社法（1）』（有斐閣、昭和四六年）一七七頁〕）。この立場によっても、同様の結論を導くこととなろう。

三　特別裁判籍

(1) 意　義　事件の種類、内容において限定された事件について、普通裁判籍と競合的に又はその例外として普通裁判籍に代わって認められる裁判籍を、特別裁判籍という。特別裁判籍には、他の事件と無関係にその事件について本来認められる裁判籍と他の事件と関連して生じる裁判籍とがある。前者を独立裁判籍、後者を関連裁判籍という。

(2) 独立裁判籍　民訴法五条において、事件の種類、内容ごとに裁判籍を定めている。それらは、いずれも普通裁判籍と競合して認められる独立裁判籍であり、任意管轄である。

(イ) 財産権上の訴え（一号） 義務履行地を裁判籍とする（(ロ)以下については、単に裁判籍となる地のみを記載する。）。財産権上の訴えであれば、給付の訴えにかぎらず、確認の訴えについても適用される。義務履行地は、第一次的には当事者間の特約により、第二次的には法律の規定するところ又は義務の性質により定まる。契約関係に基づく請求については、契約上の債務の履行地を義務履行地とするのが、契約の趣旨に適うとともに、義務履行地について特約を定めている場合には、当事者の予定するところであり、当事者のいずれについても公平であるという趣旨による。法律の規定する債務の履行地は、履行時における債権者の住所又は営業所を原則とし（持参債務の原則（1）（2））、例外として特定物の引渡しを目的とする債務については、債権発生の当時その物の存在した場所とされている（民四八四条、商五一六条）。

(ロ) 手形又は小切手による金銭の支払い請求を目的とする訴え（二号） 手形又は小切手の支払地。

(ハ) 船員に対する財産権上の訴え（三号） 船舶の船籍の所在地。

(ニ) 日本国内に住所（法人にあっては、事務所又は営業所）がない者又は住所が知れない者に対する財産権上の訴え（四号） 請求若しくはその担保の目的又は差し押さえることができる被告の財産の所在地。

(ホ) 事務所又は営業所を有する者に対する訴えでその事務所又は営業所における業務に関するもの（五号） 事務所又は営業所の所在地。

(ヘ) 船舶所有者その他船舶を利用する者に対する船舶又は航海に関する訴え（六号） 船舶の船籍の所在地。

(ト) 船舶債権その他船舶を担保とする債権に基づく訴え（七号） 船舶の所在地。

(チ) 会社その他の社団又は財団に関する訴え（八号） 社団又は財団の普通裁判籍の所在地。

(リ) 不法行為に関する訴え（九号） 不法行為があった地。不法行為があった地を裁判籍とする趣旨は、証拠調べが容易で侵害された権利を迅速に保護できることにある。

「不法行為に関する訴え」とは、民法七〇九条以下に定める不法行為に基づく訴えはもとより、特別法に定めるところに基づく訴えを含むが、債務不履行に基づく損害賠償は契約関係の存在することを基本的関係として生じる請求であることに照らし、含まれないと解する。

知的財産権、人格権、物権の侵害に基づく損害賠償を求める訴えは、本号に含まれる。さらに、これらの権利の侵害に対する差止請求等の妨害排除請求については、差止請求は、絶対権から生じる請求権で不法行為に基づく請求権とはいえないとして消極に解する見解がある（兼子・条解五一頁〔新堂〕）。しかし、不法行為に関する訴えは、損害賠償請求に限られないばかりでなく、差止請求は不法行為により侵害され、又は侵害されるおそれがあるときに、これを現状に回復し、又はこれを予防するという趣旨においては不法行為の性質を有している。また、仮処分により債権者の保護を図るには、本案の裁判所の管轄に属すること（民保一二条）を視野に入れると、積極に解するのが相当である（清永利亮ほか『工業所有権関係民事事件の処理に関する諸問題』司法研究報告書四一輯一号（昭和六一年）四二頁、野崎悦宏「差止請求訴訟の管轄」『工業所有権訴訟（裁判実務大系9）』（青林書院、昭和六〇年）三九頁、石川明「工業所有権の侵害差止訴訟と民訴法一五条」法学研究六二巻一二号（平成元年）一七頁）。

(ヌ)　船舶の衝突その他海上の事故に基づく損害賠償の訴え（一〇号）　損害を受けた船舶が最初に到達した地。

(ル)　海難救助に関する訴え（一一号）　海難救助があった地又は救助された船舶が最初に到達した地。

(ヲ)　不動産に関する訴え（一二号）　不動産の所在地。不動産が複数の裁判所の管轄区域に関わって存在するときは、各裁判所に裁判籍があり、原告は任意に選択することができ、管轄指定の申立てをする余地はない。「不動産に関する訴訟」とは、裁判所法二四条一号に定めるそれと同義であり、不動産の所有権その他の物権の存否確認、不動産の登記、明渡し、引渡し、共有物の分割、土地の境界確定請求訴訟などが含まれ、不動産を直接目的とするものではない不動産に関する法律関係を機縁として生じる金銭請求は含まれない（最高裁判所事務総局民事局編『簡易裁判所の民事訴訟手続関係資料』（民事裁判資料一四八号・昭和五八年）一七頁・二〇頁）。ここに不動産とは、土地及び建物に限らず、特別法において不動産とみなし、不動産に関する規定、土

地に関する規定を準用するもの及び地上権に関する規定を準用すると規定するものを含むが、単に抵当権の目的となるとしたり、さらにその実行方法として不動産の抵当権、強制競売の規定を準用するにすぎないものは含まれない（最高裁民事局編・前掲書二〇頁）。

(ワ)　登記又は登録に関する訴え（一三号）　登記又は登録をすべき地。

(カ)　相続権若しくは遺留分に関する訴え又は遺贈その他死亡によって効力を生ずべき行為に関する訴え（一四号）　相続開始の時における被相続人の普通裁判籍の所在地。

(ヨ)　相続債権その他相続財産の負担に関する訴えで一四号に掲げる訴えに該当しないもの（相続財産の全部又は一部が十四号に定める地を管轄する裁判所の管轄区域内にあるときに限る）（一五号）　相続開始の時における被相続人の普通裁判籍の所在地。

(タ)　特許権、実用新案権、回路配置利用権又はプログラムの著作物についての著作者の権利に関する訴えについては、普通裁判籍（四条）、特別裁判籍（五条）の規定により、東京、名古屋、仙台又は札幌の各高等裁判所の管轄区域内に所在する地方裁判所に管轄権を有する場合には、東京地方裁判所にも、また、同様に、大阪、広島、福岡又は高松の各高等裁判所の管轄区域内に所在する地方裁判所に管轄権を有する場合には、大阪地方裁判所にも競合的に特別裁判籍を認められる(3)（六条二号）。

(1)　義務履行地の裁判籍　実体法が、特定物の引渡債務以外の債務について、特約のない限り持参債務の原則を採っているので、義務履行地の裁判籍を認めることにより、原告となる債権者の住所、営業所によって管轄裁判所が定まることになり、「原告は被告の法定に従う」の原則（四条一項。五一頁注1参照）を形骸化する恐れも懸念される。ドイツの法制度は、不特定物の給付について取立債務を原則としている（ドイツ民法二六九条）ので、契約上の義務履行地の裁判籍は原則として被告の普通裁判籍（ドイツ民訴法二九条）と一致することとなる。これに対し、わが法制度は、実体法と手続法との間で調和に欠ける点はあるものの、移送（一七条）を活用することに

より、個別の事案に即して適切に対処することが可能であるといえよう。

（2）　国に対する債務　　国の債権は、会計法六条、予算決算及び会計令二九条によるとその支払いは、納入告知書に指定された納付場所においてなすべきところ、通常納入告知書には納入場所として、「日本銀行本店・支店・代理店・歳入代理店又は収入官吏」を指定する旨の記載があり、収入官吏の所属庁の所在地が義務履行地の一つとなる。

（3）　特許権等に関する管轄　　新法は特許権等について緩やかな管轄の集中を図っているが、意匠、商標権関係事件を含んでいない。むしろこれらの事件の方が経験とそれを基調とする見識を必要とするので、立法の妥当性に疑問を生じる。知的財産権関係の事件を一部の裁判所に集中させることは、偏った画一的な傾向を生む恐れがあり、しかもそれが基準化する傾向にあると懸念する向きもある。確かにこうした指摘は正鵠を得ている面はある。しかし、管轄の集中による専門部の設置による処理を図ることは、上級裁判所による絶え間ざる見直しの姿勢という裏付けがあってはじめて健全に機能することである。それとともに、専門部を設置することは、特定の裁判官を長年月にわたって専属にすることを意味することではなく、限られた裁判官を専門部に固定化する状況を避けることにより、対応すべきことと考える。

(3)　関連裁判籍　　特定の事件について管轄権を有するときに、その事件との関連から、他の事件について本来管轄権のない裁判所に管轄権を生じさせる裁判籍を、関連裁判籍という。新法は、関連裁判籍としてとくに併合請求の裁判籍について定めている（七条）。もっとも、請求の一部について、法定専属管轄の定めがある場合には、本条は適用されない（一三条。専属的合意管轄の場合については、適用を妨げない。）。さらに、本条により関連裁判籍を生じる場合であっても、遅滞を避ける等のために移送すること（一七条）は、妨げられない。

(イ)　訴えの客観的併合と併合請求の裁判籍　　一つの訴えで数個の請求をする場合には、四条ないし六条の規定により一つの請求について管轄権を有する裁判所にその訴えを提起できる（七条本文）。一つの請求について管轄権があれば、その裁判所において併合された他の請求についても審判することは、原告はもとより被告にとっても便利であり、数個の請求について集約的に紛争を処理することができる点では、裁判所にとっても訴訟運営の視点から効

率的であるという趣旨による。もっとも、ある管轄原因によりわが国の裁判所の国際裁判管轄が肯定される請求の当事者間における他の請求につき、併合請求の裁判籍を肯定するには、両請求の間に密接な関係が認められることを要する（最判(二小)平成一三・六・八民集五五巻四号七二七頁）。

(ロ)　訴えの主観的併合と併合請求の裁判籍　数人から又は数人に対する訴えについては、訴訟の目的である権利又は義務が数人について共通であるとき、又は同一の事実上及び法律上の原因に基づくとき（三八条前段）に限り、一人の原告から又は一人の被告に対する請求について管轄権を有する裁判所にその訴えを提起できる（七条ただし書）。

訴えの主観的併合は、法の定める三つの要件、すなわち、①訴訟の目的である権利又は義務が数人について共通であるとき、②同一の事実上及び法律上の原因に基づくとき、③訴訟の目的である権利又は義務が同種であって、事実上および法律上同種の原因に基づくとき、のいずれかを満たしていることを要する。これらの訴えの主観的併合の場合についても、客観的併合の場合と同様に一律に併合請求の裁判籍を認めると、原告にとっては便利であることはもとより、被告にとっても共通した訴訟資料に基づき統一した裁判を可能にするという利益も予想できる。しかし、被告にとっては全く関係のない者とともに、しかも無関係の土地で応訴を強いられることになる事態を生じる可能性があり、その点は被告に先の利益を上回る不利益を及ぼすことが懸念される。他方、すべての請求について同一の裁判籍を有する場合に限り、併合請求を可能にするのは、被告の管轄の利益を重視するあまり、併合請求が有する紛争の集約的処理という特質を生かす途を著しく減少させてしまう恐れがある。そこで、併合請求における原告の利便性と被告の管轄の利益を調和させるとともに、裁判所の立場からみた効率的な訴訟運営という要素をも取り込んで、管轄に係る公共の利益を図り、三八条前段に定める前記①及び②の場合に限って、併合請求による裁判籍を認めることとし、③の場合については各共同訴訟人間の請求の関連性はほとんど認められないので対象

から除外したのであり、妥当な立法措置といえる。(4)

同時審判の申出がある共同訴訟（四一条）においては、各請求の間に主観的予備的併合と同様の関係があると認められるので、このような関係がある場合には、三八条前段に当たるものとして、本条の併合裁判籍が適用されるものと解する。

(4)　管轄選択権の濫用　もともと請求する意思がないにもかかわらず、管轄を生じさせるためだけの目的で併合して、その請求を管轄する裁判所に訴えを提起したことが明らかなような場合については、管轄選択権の濫用として、併合裁判籍の規定の適用を否定すべきである（兼子・条解上五三頁）。七条が新設されても、このような場合を生じる可能性はなお存在する。

(イ)　訴えの主観的併合の場合　約束手形の所持人（釧路在住）が、振出人、第一裏書人（両者は盛岡地裁管轄区域在住）及び第二裏書人（釧路在住）を共同被告として釧路地裁に手形金支払請求訴訟を提起し、第一回口頭弁論期日において訴状陳述前に、第二裏書人に対する訴えを取り下げた場合について、札幌高決昭和四一・九・一九高民集一九巻五号四二八頁は、併合裁判籍の適用があることを前提とした上で、原告が過去にも同一当事者に対して同様の行為を行った訴訟態度をも斟酌し、原告が自己に便利な裁判所に旧二一条の併合裁判籍による関連裁判籍を得ようとしたものであると認め、管轄選択権の濫用として釧路地裁について併合裁判籍を否定している。訴訟法の視点から、本件事案の処理としては是認しつつ、一般論としては、遅滞を避ける等ための裁量移送（一七条）、併合裁判籍の規定（七条）を一定の範囲の裏書人に制限する方法、七条の適用を制限して特別の共通の裁判籍がある場合には、本条の適用を否定する方法等が考えられ、当事者間の利害の調整手段としてはこれらの手段のほうに多くを期待できるとする見解がある（新堂・九一頁）。単に主観的併合の場合のみならず、後述する客観的併合の場合をも視野にいれて考えると、後者の場合も管轄選択権の濫用に該当するので、併合裁判籍の適用を否定すべきであるとすることに帰着するので、両者の場合を統一的に処理する点で、管轄選択権の濫用として処理する判旨の立場が妥当といえる。

(ロ)　訴えの客観的併合の場合　手形所持人が、手形金と満期日から完済までの法定利息である遅延利息の支払いを求めて自己の住所地を管轄する裁判所に訴えを提起することがある（札幌高函館支決昭和三一・四・二七高民集九巻五号三一三頁、札幌高函館支決昭和三二・一一・一下民集八巻一一号二〇三五頁、大阪高決昭和三四・六・一六高民集一二巻六号二六四頁、大阪高決昭和三五・二・二七下民集一一巻二号四二三頁）。その理由は、手形金に附帯する遅延損害金の請求は持参債務になり（商五一六条一項）、債権者の住所地の管轄裁判所の管轄に属するという点にある。しかし、併合請求の裁判籍を定めた規定は、その趣旨に照らし、従た

る請求に主たる請求を併合する場合には適用すべきでなく、かりに適用されると解したとしても、遅延損害金の附帯請求は手形利息として請求するのが自然であり、原告にとっても有利なはずであるのに、あえてこのような方法を採るのは自己の住所地に管轄を設定するためであると認められ、管轄選択権の濫用とみるべきである。したがって、振出人の住所地を管轄する裁判所に移送するのが相当である（商法の視点から同旨として、竹内昭夫『判例商法Ⅱ』八四・八五事件）。

第三款　当事者による管轄の設定

当事者の意思又は対応により法定管轄の定めとは別の管轄を設定することが、当事者の管轄の利益に適うとともに、それによって裁判所として審理を進める上で特別支障を来す恐れもないばかりでなく、全国の裁判所に対する適正な負担を図ることを損なうこともない。かえってこれを許容することにより審理を円滑に遂行することに資することとなり、訴訟運営全体にとっても望ましく、ひいては公共の利益にも適うと認められる。法は、そうした趣旨により、合意管轄（一一条）及び応訴管轄（一二条）の設定を制度として定めている。

第一項　合意管轄

一　意　義

法定の管轄と異なる管轄を定める当事者間の合意を、管轄の合意といい、これにより生じる管轄を合意管轄という。直接に訴訟法上の効果を目的とする点で、訴訟行為であるから、その要件効果は、訴訟法による規制を受ける。しかし、通常、私法行為と一体として合意されるので（契約、約款などにおける管轄合意条項）、その場合は、要件効果について訴訟法と実体法の規制に服することになる(1)（もっとも、その契約に係る紛争処理についての合意であるから、たとえ契約自体について解除、取消等の解消事由を生じても管轄合意条項の効力も消滅するわけではない。）。

管轄は、一般に訴訟の最初の段階で当事者間の利害が対立する可能性がある事項の一つであり、合意管轄は契約当事者間の経済的支配関係により一方にのみ有利に定まる傾向にある。(2) しかし、本来、管轄の合意は当事者間の管轄裁判所に関する利害の対立をあらかじめ調整する機能を有するのであり、その点にこそ基本的な意義があるといえる。

(1)　義務履行地の特約　生命保険契約をはじめ各種の契約において、契約条項として義務履行地の定めを設けることがあるが、これにより義務履行地の裁判籍（五条一号）を生じさせる点で、専属的合意管轄と同様の効果がある。しかし、現実には、保険金の支払は、保険金受取人等の住所地又は受取人の指定した金融機関の口座へ振込みの方法によっている。そこで、こうした約款条項は、附合契約としての限度を超えていて無効であるとする主張がある（中島弘雅「保険金支払義務履行地の裁判籍——生命保険契約を中心に」菅原菊志先生古稀記念論集『現代企業法の理論』（信山社、平成一〇年）四〇七頁以下、とくに四二一頁。これに対し、支払地の特約を有効と認めるものとして、福岡高決昭和五〇・九・一二判時八〇五号七六頁）。現実に支社・営業所等会社の組織を設置して営業活動を行っている地域においては、かりに会社と顧客の間で紛争を生じたときには、それらの出先機関において対応するという顧客の信頼を基盤として成り立っているとみるのが、社会通念に照らして、素直な理解であるといえるとともに、前述した現実の支払い形態を併せて考えると妥当な見解といえよう。

(2)　管轄の合意の制限　管轄の合意を制限する法制もあり、ドイツ法はその一例である。

「ドイツ民事訴訟法第三八条第一項　当事者が商法第四条（日本商法八条の小商人に対応）に規定された営業者に属さない商人、公法上の法人又は公法上の特別財産であるとき、本来管轄権を有しない第一審裁判所は、当事者の明示又は黙示の合意により管轄権を取得する。

第二項（略）

第三項　その他裁判管轄の合意は、それが明示的かつ書面によって以下の場合にかぎり許される。

1　紛争の発生後、又は、

2　訴えによって請求をなすべき当事者が、契約締結後にその居所若しくは通常の滞在所を本法の適用領域から移転し、又は訴提起のときにその居所又は通常の滞在所が知れないとき。」（『各国民事訴訟法参照条文』二二六頁〔河野正憲訳〕）

わが国の新法は、このような対応策を採らず、移送によって当事者間の衡平を図ることとしている（一七条）。

二　合意の要件

(1) 第一審裁判所を定めるものに限る（一一条一項）。第一審裁判所は、簡易裁判所と地方裁判所を職分管轄とするので、それらのうちのいずれかを合意により定めるものである。土地管轄、事物管轄又はその双方について合意できる。専属管轄の定めがある場合については、合意の対象にできない（一三条）。

(2) 一定の法律関係に基づく訴訟に関するものに限る（一一条二項）。将来のすべての訴訟、期間を限定した訴訟等についての合意は、対象とする訴訟を特定しているとはいえず、被告の管轄の利益を害するので、許されない。これに対し、直接に訴訟の目的である法律関係を特定していなくても、あらかじめその前提とする法律関係を包括的に特定して合意することは差し支えない(3)。非財産権上の請求についても、専属管轄の定めがない限り、管轄の合意をすることができる。

(3) 管轄合意条項の例
(イ)「ソフトウェア開発契約基本契約書第三五条（管轄裁判所）　本契約および個別契約に関する訴訟については、○○地方裁判所をもって第一審の専属的合意管轄とします。」（社団法人日本電子工業振興協会編『ソフトウェア開発モデル契約解説書』（平成六年）一五九頁）
(ロ)「○○カード会員規約第一九条（合意管轄裁判所）　会員と当社との間で訴訟の必要が生じた場合、訴額のいかんにかかわらず、会員の住所地、購入地及び当社の本社、支店、営業所所在地を管轄する裁判所を合意管轄裁判所とします。」

(3) 法定管轄と異なる定めをすることを要する。(イ) 合意の趣旨から、管轄裁判所を特定できるものでなければならない。一つに限らず、複数の裁判所を定めてもよい。競合する法定管轄の一部を除く旨の合意もできるが、すべての裁判所を管轄裁判所とする旨の合意は、被告の管轄の利益を喪失させるので許されない。また、すべての裁判所の管轄を除外する旨の合意も、管轄の合意と認められない（この場合については、不起訴の合意、あるいは外国の裁判権に服する旨の合意と解することはできず、特定性を欠くので無効と解するのが相当である。）。

(ロ)　合意の態様には、法定管轄の外に管轄裁判所を付け加える合意と、特定の裁判所に限定する合意とがある。前者を付加的合意、後者を専属的合意という。いずれの合意であるか明示されていないときは、合意の解釈に帰着する。競合する法定管轄のうちの一つを特定し、又は一つを残して外を除外する旨の合意は、専属的合意と解するのが素直な解釈というべきである。[4]

(ハ)　外国裁判所を管轄裁判所とする旨の合意は、国際的裁判管轄の合意という。[5]その有効性を判断するについては、法廷地法とりわけわが国の条理としての国際民事訴訟法によることとなる（池原季雄「国際的裁判管轄権」『新・実務民事訴訟講座7』（日本評論社、昭和五七年）三六頁）。付加的合意は、国際裁判管轄の問題として、その国の法により有効性を判断され、わが法制上はとくに問題とはならない。これに対し、専属的合意については、わが国の裁判権を排除するので、効力が問題になる。判例は、特定の外国の裁判所だけを第一審裁判所と指定する旨の国際的専属的裁判管轄の合意について、①その事件がわが国の裁判権に専属的に服するものでないこと、②指定された外国の裁判所が、その外国法上、右事件につき管轄権を有することを有効要件としている（最判（三小）昭和五〇・一一・二八民集二九巻一〇号一五五四頁）。この立場は、これまでの通説と基本的に一致している（江川英文「国際私法に於ける裁判管轄権」法協六〇巻三号（昭和一七年）三九二頁を嚆矢とする。）。判例が示す有効要件に照らすと、わが国所在の不動産に関する訴訟は、本来わが国の裁判権に専属するので、外国の裁判所を専属管轄とする旨の合意は無効となる。その他の事件については、外国の裁判所が専属的合意の効力を認めるか否かに帰着する。外国の裁判所を専属的合意管轄とする事件について、その合意に反してわが国の裁判所に訴えが提起されたときは、裁判所は訴えを却下すべきである。

（4）　管轄の合意の解釈　法定管轄裁判所のうちのいずれかを特定し又は排除する旨を合意する場合は、専属的合意であり、それ以外は、弱者保護の趣旨から付加的合意とみるべしとするのは、局面を取り違えている。もっとも、新法が専属的合意管轄について、当事者間の衡平を図るため必要があると認めるときは、移送により対応することとしている（二〇条括弧書き）ので、管轄の合

意に関する解釈の意義は、旧法の下と比較して著しく後退したとする見方もある（満田明彦「合意管轄及び応訴管轄」『新民事訴訟法大系一巻』（青林書院、平成九年）一四三頁）。しかし、移送とりわけ職権による移送は、個別具体的事案に即した緊急措置であるとともに、限界があるので、本来は管轄の合意の基本的な役割を踏まえた適正な管轄配分を規律することが正道というべきである（旧法下における判例の詳細な分析に基づく検討は、その点で現在でも資するところが少なくない。坂本倫城「管轄合意及び移送をめぐる実務及び立法上の諸問題」木川統一郎博士古稀祝賀『民事裁判の充実と促進・上巻』（判例タイムズ社、平成六年）二三一頁以下、とくに二四二頁以下、池田辰夫「管轄合意の専属性と移送——消費者保護法理の形成」中野貞一郎先生古稀祝賀『判例民事訴訟法の理論（上）』（有斐閣、平成七年）一三九頁以下、とくに一五〇頁）。

（5） 国際的裁判管轄の合意と送達受取代理人　国際取引の契約条項として、送達受取代理人（process agent）の定めを置くことがあるが、このことをもって、管轄の合意の意思を推定することはできない。

国際的専属的合意管轄条項の例を、最判（三小）昭和五〇年一一月二八日（民集二九巻一〇号一五五四頁）についてみると、次の通りである。

All actions under this contract of carriage shall be brought before the Court at Amsterdam, and no other court shall have jurisdiction with regard to any other action unless the carrier appeals to another jurisdiction or voluntarily submits himself thereto.（『最高裁判所判例解説・民事篇』（昭和五〇年度）五三六頁による。）

三　合意の方式及び時期

合意は、書面によることを要する（一一条二項）。その趣旨は、当事者の意思を明確にするとともに、真意による合意の存在を記す点にあるので、必ずしも当事者間の合意が同一書面によることまでは必要でなく、申込みと承諾が別の書面によってなされても、また時を異にしても差し支えない。さらに、国内の商取引においても、電子商取引をはじめとして取引形態が多様化する傾向が顕著であり、とりわけ書面の有する比重と役割も異なることに照らし、管轄の合意について書面による合意を要する趣旨を踏まえて、「書面」の概念について柔軟に解することが要求される。(6)

申込みの時に一定の法律関係から生じる訴訟に関して相手方が特定できることをもって足り、現に特定していなくてもよい。

合意の時期について、特別の制限を設けた定めはないが、いったん訴えを提起し訴訟係属すると管轄は固定する（一五条）ので、その後に管轄の合意をすることは移送を申し立てる状況を作り出す意味をもつに止まる。

（6）　管轄の合意の書面性　書面による合意という要件を厳守しつつ、書面自体について柔軟に捉える傾向は、とくに国際民訴においては一般的な流れのようである。判例も、船荷証券に記載された国際的専属的裁判管轄の合意に係る書面による合意の要否について、少なくとも当事者の一方が作成した書面に特定国の裁判所が明示されていて、当事者間における合意の存在と内容が明白で有れば足り、その申込みと承諾の双方が当事者の署名のある書面によることは要しないとしている（最判(三小)昭和五〇・一一・二八民集二九巻一〇号一五五四頁）。そうした動向に即した見方も現れている。すなわち、書面性を判定する基準となるのは、その文書に管轄の合意が明確に、かつ合意の効果が予見可能な形で記載されているか否かにあり、したがって、基本契約が約款に契約の具体的内容を委ねており、その約款中に管轄の合意が記載されている場合には、受託者に約款が送付され、その内容が了知可能な状態になっていなければならないとする。そして、国際訴訟の場合には、電報、テレックスなども、原則として一五条にいう書面と評価できるとしている（貝瀬幸雄「国際的裁判管轄の合意」澤木敬郎＝青山善充編『国際民事訴訟法の理論』(有斐閣、昭和六二年) 一〇一頁(同『国際化社会の民事訴訟』(信山社、平成五年) 三一七頁)）。

四　合意の効力

(1)　適法な合意により、訴訟法上の効果として直接に管轄の発生・消滅の効果を生じる。付加的管轄の合意においては、法定管轄の外に合意された裁判所に管轄権を生じ、専属的管轄の合意においては、他の法定管轄裁判所の管轄権は排除される。もっとも、専属的合意であっても、法律上の専属管轄を生じるわけではないので、合意によって再び管轄裁判所を変更することもできるし、原告が合意した裁判所以外の裁判所に訴えを提起しても、被告が応訴したときには、その裁判所に応訴管轄を生じる（一二条）。また、合意管轄裁判所は、訴訟の著しい遅滞を避けるため必要があると認めるときは、申立てにより又は職権で訴訟を移送することもできる（一七条・二〇条）。

(2)　管轄の合意は、当事者間の訴訟に限り効力を有し、原則として第三者にまでは及ばない。もっとも、当事者

の一般承継人は、当事者の権利義務を包括的に承継するので、管轄の合意についても同様である。第三者が当事者に代わり、当事者と並んで訴訟物について当事者適格を有する第三者にも、訴訟物に付随する合意の効力が及ぶ（たとえば、破産管財人、債権者代位訴訟における代位者。もっとも、札幌高決昭和五七・七・一二判時一〇七八号八七頁は、破産法上の否認権の行使について、破産管財人は、破産宣告前に破産者が合意した管轄裁判所にかかわりなく、民訴法の管轄の定めにしたがって訴えを提起できるとする。しかし、専属管轄の定めのない破産法における解釈としては疑問である。）。

訴訟物である権利関係の特定承継人については、権利関係の実体法上の性質により異なる。管轄の合意は、権利行使の属性を構成する性質とみることができる。したがって、権利関係が当事者間でその内容を定めることができる性質のものについては、合意の効力は譲受人にも及ぶと解する。管轄の合意をなす基本となる契約に基づく抽象的権利義務はもとより、具体的権利義務の特定承継人についても、合意の効力が及ぶ（たとえば、ライセンス契約によるライセンス料債権の譲受人が実施権者またはそのライセンス料債務の引受人に対し訴えを提起する場合）。これに対し、権利関係の内容が法的に定型化されていて当事者間でその内容を変更できない性質のものについては、合意の効力は当事者間についてのみ生じ、譲受人には及ばないと解する（たとえば物権、手形債権）。

第二項　応訴管轄

一　意義

被告が第一審裁判所の口頭弁論期日、準備的口頭弁論期日において管轄違いの抗弁を提出しないで本案について弁論をし、又は弁論準備手続において申述をすることによりその裁判所に生じる管轄を、応訴管轄という。専属管轄については、適用されない（一三条）。任意管轄については、たとえ管轄違いの裁判所に訴えが提起されても、被告がその裁判所において異議なく応訴する態度を表明しているときには、これを認めることが当事者の意思に合致するのみならず、訴訟経済にも適うと認められることによる。

二　要　件

(1) 管轄権のない第一審裁判所に提起されたこと　第一審裁判所の土地管轄及び事物管轄のいずれについても生じる。土地管轄は専属的であっても、事物管轄は任意管轄である場合は、後者について応訴管轄を生じる。

(2) 他に専属管轄裁判所がないこと　専属的合意管轄については、応訴管轄の成立を妨げない（一三条）。国際的専属合意管轄についても、応訴管轄を生じる（大阪地（中間）判昭和六一・三・二三判時一二〇〇号九七頁）。

(3) 被告が管轄違いの抗弁を提出しないで、本案につき弁論をし、又は弁論準備手続において申述をしたこと

(イ) 本案とは、訴訟の目的すなわち原告の請求の当否に関する事項をいう。訴訟要件の欠缺に基づく訴え却下の申立て、裁判官の忌避の申立て等は、本案に属さない。請求棄却の申立ては、本案の弁論に属する（大判大正九・一〇・一四民録二六輯一四九五頁は、本案の弁論とは、訴訟物についての事実上又は法律上の陳述をいうとし、請求棄却の申立てはこれに当たらないとするが、疑問である。）。

(ロ) 弁論又は申述は、現実になされることを要する。期日前に準備書面を提出しただけではこれに当たらず、訴状等の陳述の擬制（一五八条・二七七条）によっても、応訴管轄を生じない。同様の趣旨により、書面による準備手続においては、応訴管轄は生じない。もっとも、被告が、答弁書、準備書面を提出しないで口頭弁論に欠席した場合に、応訴管轄を生じることはないが、裁判所が原告の主張を明らかに争わないものとみなし（一五九条一項）、原告勝訴の判決をした場合に、被告が控訴しても、控訴審においては、専属管轄を除き、第一審裁判所の管轄違いを主張できないので（二九九条）、その結果として第一審裁判所に管轄権を生じることがある。

また、進行協議期日については、訴訟の進行につき協議し口頭弁論の審理を充実させることを目的とするので（規九五条）、応訴管轄を生じる余地はない。

三　効　果

被告の応訴により、本来管轄権を有しなかった裁判所に、訴え提起時に遡って管轄を生じる。併合請求の一つについて応訴管轄を生じた場合には、これに基づいて併合請求の裁判籍が認められ、他の請求についても管轄権を生じる。応訴管轄は、合意管轄と異なり、その訴訟限りで認められるにすぎず、したがっていったん訴えを取下げ又は却下された後に再訴を提起する場合には、従前の応訴管轄の効果は及ばない。

第四款　裁判所による管轄の指定

一　管轄の指定

具体的事件について、上級裁判所が管轄裁判所を定めることにより生じる管轄を、指定管轄という。管轄裁判所が法律上又は事実上裁判権を行うことができないとき、又は裁判所の管轄区域が明確でないため管轄裁判所が定まらないときは、前者についてはその裁判所の直近上級裁判所が、後者については関係のある裁判所に共通する直近上級裁判所が、申立てにより、決定で、管轄裁判所を定める（一〇条）。管轄裁判所が裁判権を行使できない状況にあるときに、漫然と事態が解決に向かうまで放置するならば、訴訟を遂行するのに著しい支障を来し、利用者の権利の保護を妨げることになるので、上級裁判所が、申立てによりすみやかに管轄裁判所を指定し、こうした事態に対応しようという趣旨である。管轄の指定の法的性質について、司法行政作用とし（菊井＝村松・I一三六頁）、あるいは法律が裁判権に委任した権限に基づくものであるとし（兼子・条解六五頁〔新堂〕）、通常の裁判ではないとするが、後述するように指定の申立てを却下する決定に対しては、抗告が許される（三二八条一項）のであるから、通常の裁判行為とみるのが素直である（鈴木正裕「抗告できる裁判の範囲と問題点」中野貞一郎先生古稀祝賀『判例民事訴訟法の理論（下）』（平成七年）三一一頁注（7））。

二　要　件

(1) 管轄裁判所が法律上又は事実上裁判権を行うことができないこと　　合意管轄裁判所も含まれる。管轄裁判所以外に法定管轄裁判所が競合して存在していても差し支えない。法律上の裁判権行使不能原因とは、大部分の裁判官が除斥事由に該当し（二三条）、若しくは忌避され（二四条）、若しくは回避した場合（規一二条）等である。(1) また、事実上の裁判権行使不能原因とは、裁判官の病気、裁判所の施設の破壊等が該当する。合意管轄裁判所が廃止された場合も同様である。

(2) 裁判所の管轄区域が明確でないため管轄裁判所が定まらないこと　　管轄区域の限界が明確でないため管轄区域の所在地点がいずれの管轄区域に入るか判断できないときのほか、管轄区域は明確であっても、管轄原因の所在地がいずれの管轄区域にあるか判断でないときも含まれる。

三　手　続

当事者の申立てにより、関係のある裁判所に共通する直近上級裁判所が、決定で管轄裁判所を指定する。指定の決定に対しては、不服を申し立てることはできず（一〇条三項）、また指定裁判所もこの決定に拘束され、移送することはできない。指定の申立てを却下する決定に対しては、抗告が許される（三二八条一項）。

(1)　固有必要的共同訴訟と管轄の指定　　すでに離婚していて名古屋と大津に別居している養親を被告とする養子縁組無効確認訴訟を提起するに際し、直近上級裁判所である最高裁に管轄の指定を申立てたのに対し、最高裁は、二個以上の専属管轄裁判所が存在する場合には、各裁判所が管轄権を有するとして申立てを却下している（最決(一小)昭和三一・一〇・三一民集一〇巻一〇号一三九八頁）。判旨を妥当と考える（同旨、新堂・判例一七七頁）。

第五款　管轄の調査手続

一　管轄権の調査

(1) 訴訟要件としての管轄　管轄権は、裁判所がその裁判所に提起された事件について裁判権を行使する権能である。これを本案判決との関係でみると、裁判所がその事件について管轄権を有することは本案判決をするための要件として訴訟要件を構成する。この点は、専属管轄はもとより任意管轄についても同様である。したがって、裁判所は、当事者が管轄違いの主張をしない場合であっても、その存在について疑義があるときは、職権で事件についての管轄権の存否を調査し顧慮しなければならない。その存否について当事者は主張立証できるが、裁判所も職権で証拠調べをすることができる（一四条）。さらに、専属管轄については、管轄の原因事実の有無を職権で探知する職責がある。被告が第一審裁判所において管轄違いの抗弁を提出しないで本案について弁論をし、又は弁論準備手続において申述したときは、専属管轄の定めがある場合を除き、その裁判所に応訴管轄を生じる（一二条・一三条）。任意管轄の違背は、控訴審では主張できない（二九九条本文）。

(2) 管轄の調査の範囲　管轄に関する調査は、管轄を定めるのに必要かつ十分な限度で行う。管轄権の存在は本案の審理を行う前提として具備していることを要するから、管轄原因事実が、同時に請求を理由づける事実の一部であるときは、管轄原因事実と請求原因事実が符合し、両者の審理が不可分な場合に、被告がこの原因事実を争うとき、管轄に関する調査の範囲が問題になる。管轄原因事実は職権探知により証拠調べをすべきところ（一四条）、請求原因事実については弁論主義が適用されるので、同一事実について異なる両者の原則が競合することになる。

この点ついて、原告が請求原因として主張した事実が存在するものと仮定して管轄権の存否を判断すれば足りる

とする有力説がある（兼子・条解上七一頁、新堂・九九頁）。管轄原因事実と請求原因事実の審理判断は、目的が別であるのみならず、適用される原則も前述のように異なるのであり、管轄の調査は原告の主張を前提とするのではなく、証拠調べに基づき判断すべきであって、管轄原因事実の判断は請求原因事実の判断を拘束するものではない（菊井＝村松・Ⅰ一五六頁）。もっとも、同一裁判官が判断する場合に一個の歴史的事実についてこのような分離的な判断はあり得ないとする批判も予想される。しかし、管轄の存否は訴え提起時に判断され、その後の事情の変化により変わることはないのに対し、請求原因事実は本案の具体的審理において判断されるのであるから、分離的な判断は理論的であるとともに自然な考え方であり、前記批判は決め手を欠くものである[1]。判例も古くは別れていたが（前者の立場として、大判大正四・一〇・二三民録二一輯一七六一頁。後者の立場として、大判大正八・一〇・九民録二五輯一七七七頁、同大正一一・四・六民集一巻一六九頁）、現在の実務は私見と同様の立場を採るようである（大阪地判昭和三〇・八・一二判時六七号一八頁、札幌高決昭和五六・一一・三〇判タ四五六号一一一頁）。

(3)　管轄原因と請求原因の符合についての対応の底流　管轄原因事実と請求原因事実の審理判断をめぐる二つの考え方の底流には、現在では従来と異なった二つの認識が窺われる。第一に、有力説は、請求が棄却されたときは管轄権が存在しなかったことになるが、被告は勝訴したのであるから不利益を受けないと捉える。これに対し、私見の立場においては、被告が勝訴しても、原告が控訴すれば結局管轄権のない裁判所で審判を受ける不利益を被ることは否定できないことを認めている。したがって、管轄について疑念を生じたとき又は管轄違いによる移送を申し立てられたときは、管轄権の有無について証拠調べをし、当事者の即時抗告の機会（二一条）を失わせないために、終局判決によることなく、すみやかに管轄権の有無について判断をすべきである。第二に、訴訟要件の調査と本案判決との関係について、訴訟要件の存否の判断するよりも、請求を理由なしと容易に判断できるときには、請求棄却の本案判決をすべきかという問題について、前記有力説は肯定的に解し、私見の立場では否定していることと密

接に関連している面がある。

二　管轄決定の時期

管轄は、起訴の時を標準にして定める（一五条。これを起訴による管轄の固定という。）。起訴の時とは、訴状を裁判所に提出したとき（一三三条一項）をいう。この趣旨は、審理を進めていった途中で管轄原因が消滅したことにより管轄裁判所を変更することは、そこにいたるまでの審理が無駄になり、審理を常に不安定にすることとなるので、そうした事態を回避することにある（その点で、一般の訴訟要件が口頭弁論終結時に具備していれば足りることに対する例外である。）。もとより、このことは、管轄違い又は遅滞を避ける等のためにする移送（一六条・一七条）を認めることと抵触するものではなく、起訴による管轄の固定の原則を前提として、これらの移送制度が形成されているといえる。

三　調査の結果

管轄権が存在すると判断する場合は、そのまま審理を進め、被告が管轄違いを主張しあるいは移送を申し立てているときは、裁判所は申立てを却下する決定をする。

管轄権が存在しないと判断する場合に、訴訟の全部又は一部がその管轄に属さないと認めるときは、申立て又は職権で、管轄裁判所に移送する旨の決定をする（一六条一項）。移送決定及び移送申立てを却下した決定に対しては、即時抗告をできる（二一条）。いずれの裁判所の管轄にも属さないと判断するときは、終局判決をもって訴えを却下する。

裁判所が、管轄権の不備を誤認し又は看過した判決は、違法な判決ではあるが、無効な判決ではない。専属管轄に違背した判決については、控訴理由になるのみならず（二九九条ただし書）、上告理由になる（三一二条二項三号）。もっとも、再審事由にはならないので、判決確定後は、争う余地はない。これに対し、第一審の任意管轄の違背は、控訴審では主張できない（二九九条本文）。

第六款　訴訟の移送

第一項　移　送

係属する訴訟等の事件をその裁判所の裁判により他の裁判所へ送致することを、移送という。訴訟等の事件にとっては、係属中における裁判所の変更といえる(1)。移送は、訴訟が係属している裁判所が行うのであって、訴訟係属中の裁判所に対し、他の裁判所が訴訟を自庁へ移送するように求めることはできない(2)。

一　移送の概念

(1)　回　付　訴訟事件等を同一裁判所の本庁と支部の間、又は各裁判部の間、各係の間で実際上移転することを回付という。回付は、管轄権の存在が肯定された上で生じる事務分配の司法行政上の措置であり、訴訟法上の手続きではないので、管轄の移送に準じて当事者に不服申立てを認める余地はないとされている（最決(三小)昭和四四・三・二五刑集二三巻三号二一二頁、東京高決昭和五八・三・一六判時一〇七六号六六頁。これに対し管轄の移送に準じて処理すべきであるとするものとして、東京高決昭和四二・七・一四高民集二〇巻四号三二九頁）。本庁と支部の関係と各裁判部の関係を同一に捉えるのは、地域的隔たり等の点で困難であるが、裁判所法が事務の一部を取り扱わせるために支部を設置すると定めていること（裁二二条・三一条）に照らすと、最高裁判例の立場を是認すべきである（反対・坂井芳雄「民事訴訟における時間と費用」判タ五七一号（昭和六一年）三頁、鈴木正裕「抗告できる裁判の範囲と問題点」中野貞一郎先生古稀祝賀『判例民事訴訟法の理論（下）』（有斐閣、平成七年）三一一頁注(7)）。

(2)　他の裁判所からの事件の引取　人身保護請求事件については、最高裁判所は特に必要があると認めるときは、下級裁判所に係属する事件が、いかなる程度にあるかを問わず、これを送致させて、みずから処理することができる（人保二二条一項）。最高裁が、同条によりみずから処理するため送致させようとするときは、下級裁判所に対し、事件送致命令を発する（人保規四三条）。最高裁は、事件送致命令を発したときは、速やかに、請求者に対し、又、人身保護命令が発せられた後は、拘束者に対し、その旨を通知する（同条二項）。事件送致命令があったときは、事件は、はじめから最高裁に係属したものとみなす（人保規四四条一項）。事件の送致を受けた最高裁は、下級裁判所のなした裁判及び処分を取消又は変更することができる（人保二二条二項）。これを最高裁の自判権という。また、

会社更生事件において、更生裁判所は、更生手続開始当時会社の財産関係の訴訟が他の裁判所に係属するときは、決定でその移送を求めることができる。更生手続開始後他の裁判所に係属するに至ったものについても同様である（会社更生七一条一項）。これを引取移送という。

二　移送の種類

移送には、第一審の訴訟の移送と上級審における移送がある。前者の移送として、管轄違いの場合の移送（一六条）、遅滞を避ける等のための移送（一七条）、簡易裁判所の裁量移送（一八条）、必要的移送（一九条）等がある。後者の移送として、第一審の管轄違いを理由とする移送（三〇九条）、上告裁判所としての高等裁判所から最高裁判所への移送（三二四条）、破棄差戻し等による移送（三二五条）がある。

第二項　各種の移送

第一審の訴訟の移送には、管轄違いの場合の移送（一六条）と管轄裁判所による移送（一七条ないし一九条）がある（上級審における移送については「第九編上訴手続」において扱うこととする。）。

一　管轄違いに基づく移送（一六条）

(1)　管轄違いの訴えは訴訟要件を欠いているので、裁判所は本案判決をできない。この場合に、他の訴訟要件を欠いている場合のように、訴えを却下すると、原告は起訴による時効中断、期間の遵守の利益を失い（民一四九条参照）、再訴を提起してもすでに提訴期間を経過している恐れもあるのみならず、そもそも再訴の提起のためにあらためて手数と費用を負担することになる。他方、被告にとっては、本来管轄権のある裁判所で応訴するについては異議もないはずである。また、裁判所にとっても、いったん提起された訴えについて、管轄裁判所を誤っていることをもっ

てただちに審判を拒否する積極的な理由もない。そこで、裁判所は、訴訟の全部又は一部がその管轄に属しないと認めるときは、申立て又は職権で、管轄裁判所に移送することとしている（一六条一項）。

(2)　移送は、事物管轄・土地管轄のいずれの管轄違いについても認められる。ただし、地方裁判所は、訴訟がその管轄区域内の簡易裁判所の管轄に属する場合においても、その訴訟が簡易裁判所の専属管轄に属する場合（たとえば、再審の訴え（三四〇条一項）、請求異議の訴え（民執三五条三項・三三条二項・一九条）等）を除き、相当と認めるときは、申立てにより又は職権で、訴訟の全部又は一部についてみずから審理及び裁判することができる（一六条二項）。第一審裁判所についての管轄違いであれば、職分管轄を誤って高等裁判所・最高裁判所へ提起された場合についても、本条が適用される（参議院議員選挙無効確認訴訟を最高裁に提起した事件について、仙台高裁に移送する旨の決定をしたものとして、最決（一小）昭和二二・九・一五裁判集民事一号一頁、特許標準局の抗告審判の審決に対し、最高裁に不服を申立てた事案について、右申立てを訴えの提起とみて、東京高裁に移送する旨の決定をしたものとして、最決（二小）昭和二三・七・二二裁判集民事一号二七三頁。前者は弁護士委任訴訟であり、後者は本人訴訟である）。上訴すべき裁判所を誤った場合についても、本条を類推適用するのが相当である[1]。さらに、家事審判事件を訴訟事件として地方裁判所等に提起した場合又はその逆の場合についても、同様に解すべきである[2]。

(3)　移送は、管轄に属しない訴訟の全部又は一部について行う。訴訟の一部が管轄違いのときとは、併合請求の一部につき、他の専属管轄に属するとき、併合請求を許されない数個の請求について、単純併合請求され、弁論を分離しても、その裁判所に管轄権がないときをいう。訴えの交換的変更において、新請求について他の裁判所の専属管轄に属するときは、訴えの変更を不適法とするのではなく、変更を認めた上で専属管轄裁判所に移送すべきである（七五頁注2参照）。

訴訟の一部が管轄に属さないときでも、残部についてそのまま審理することが一七条の要件に照らして妥当でないと判断するときは、全部を本条により移送することもできると解する。

(4)　移送は、申立て又は職権でする。移送の申立ては、期日においてする場合を除き、書面でしなければならな

いとともに、申立ての理由を明らかにしなければならない（民訴規七条）。この点は、他の種類の移送についても、同様である。

（1） 上訴すべき裁判所を誤った場合と管轄違いによる移送　上訴すべき裁判所を誤った場合について、判例は、管轄違いによる移送を肯定している（大決昭和八・四・一四民集一二巻六二九頁、最決（二小）昭和二三・五・一三民集二巻五号一一二頁、最判（二小）昭和二五・一一・一七民集四巻一一号六〇三頁）。旧法においては、控訴の提起は控訴状を第一審裁判所又は控訴裁判所に提出するとされていた（三六七条一項）が、新法は、第一審裁判所に提出することとしている（二八六条一項）ので、今後は上訴すべき裁判所を誤るという事態は、この限りでは生じる余地がなく、控訴状を控訴裁判所に提出した場合、又は第一審裁判所を管轄区域としない別の上級裁判所に提出した場合に限られる。

（2） 訴訟裁判所と非訟裁判所間、非訟裁判所相互間の移送　(イ) 訴訟裁判所と非訟裁判所間の移送　家事審判法九条一項に定める家事審判事件は、家庭裁判所の専属管轄とされているところ、これを誤って地方裁判所に訴えとして提起されたときについては、移送に関する規定がないので、一六条を準用して管轄する家庭裁判所に移送できるかが問題になる。

判例は、①最判（二小）昭和三八年一一月一五日（民集一七巻一一号一三六四頁）は、準禁治産宣告を受けた者がその取消申立てをすべて斥けられたので、国を相手方として、名誉毀損等に基づく損害賠償請求と準禁治産宣告取消請求訴訟を保佐人の同意なしに提起したところ、控訴審において損害賠償請求は主張しない旨を述べた事案（本人訴訟）について、管轄違いに基づく移送の規定は、訴訟事件の移送に関する規定であるにとどまり、原則として移送された訴訟事件が移送された裁判所においても訴訟手続によって処理されることを前提としているという理由で、準禁治産宣告取消請求について家庭裁判所に移送することはできないとして、訴えを却下した。②最判（一小）昭和四四年二月二〇日（民集二三巻二号三九九頁）は、離婚請求の本訴に対し、離婚、慰藉料、財産分与等を請求し、合わせて婚姻費用の分担及び扶養料を反訴請求した事案について、前掲①判決を引用し、同様に移送を否定している。さらに、③最判（一小）昭和五八年二月三日（民集三七巻一号四五頁）は、人訴一五条により離婚の訴えに附帯してなされた財産分与申立ては、本来的請求である離婚の訴えの係属が失われたときは、不適法であり却下される旨を判示し、結果として移送の可能性を否定している。これに対し、④最判（一小）平成五年二月一八日（民集四七巻二号六三二頁）は、家庭裁判所における家事審判に基づく債権差押命令に対する請求異議の訴えの審理中に損害賠償請求に訴えの交換的変更の申立てがなされた場合には、家裁は許否を判断する権限があるとする。そして訴えの変更の要件を満たしていれば、変更を許した上で、新訴が家裁の管轄に属さないと判断したときは、新

訴を管轄地方裁判所に移送すべきであるとする。

①②の事案は、移送すると、訴訟事件から家事審判事件に手続の変更を生じる場合である。審判の対象の視点からみると、①は、甲類家事審判事項であり、②は乙類家事審判事項であり、さらに③をも斟酌すると、それらの限りでは、判例の一貫した姿勢をみることができる。もっとも、①についてみると、原告は誤って地裁に提起したのではなく、準禁治産宣告取消の本来の途が断たれたので、訴訟に救済を求めたという特異な事案であり、この問題の先例として機能するには必ずしも適切ではない（山木戸克己［判例評釈］民商五一巻一号〔同『民事訴訟法判例研究』三頁〕）。しかし、一般論として前記見解を判示したため、最上級裁判所の判例として機能することになったという点で、立場のいかんを問わず、その後はこの問題を冷静な視点で検討する機会を失った嫌いがある。

否定説は、当初から訴訟事件と非訟事件とが区別されることは、適用される手続法が異なりかつ相互に排斥することを意味し、したがって相互に管轄を誤って訴えを提起ないし申立てがなされたとき、特別の規定がない限り民訴法の移送に関する規定の適用はなく、いずれも不適法として却下すべきであるとしていた（鈴木忠一「非訟事件の既判力」岩松裁判官還暦記念『訴訟と裁判』（有斐閣、昭和三一年）〔同『非訟事件の裁判の既判力』（弘文堂、昭和四一年）一七頁〕、市川四郎「家事審判の本質」前掲『訴訟と裁判』七一三頁。最近では三ケ月・双書三〇二頁）。その後、判例を支持する立場は、判例の理由とするところに加えて、移送を認めると、はじめから受移送裁判所に係属していたことになるので、非訟事件と訴訟事件を手続上連結する点で理論上無理があるとしている（『注解民事訴訟法〔第二版〕(1)』（第一法規、平成三年）三七三頁〔小室直人・井上繁規〕。もっとも特別規定の必要性を指摘する。）。これに対し、学説の多くは、肯定説を採り、訴訟事件と非訟事件の区別と手続帰属は必ずしも明瞭でなく、管轄違いによる不利益はできるかぎり救済し、速やかな保護を図ろうという点に集約される。そして、地裁が乙類審判事項につき調停申立てを受けた場合に、受移送裁判所は審判事件として処理できるので、審判事件の移送と変わらないこと、当事者の再手続による費用と負担を軽減する便宜を図る必要があること、請求時期の制限による不利益を救済する必要があること等の理由により、民訴法の移送に関する規定を類推して、管轄家庭裁判所に移送すべきであるとする（石川明「非訟事件の提携分類」法学研究三一巻四号（昭和三三年）四〇頁、山木戸克己・前掲書六九頁、鈴木正裕・民商六二巻一号七六頁）。確かに、訴訟事件・非訟事件の違いは、審判形式、当事者の地位をはじめ、申立ての形式等異なる点が少なくなく、いずれも基本的な事項でもある。しかし、もともとこれらの二つの事件の処理形態の違いは民事司法手続の複雑・広汎な課題を処理するための二つの構え方の違いであるとみることもできる（三ケ月章「訴訟事件の非訟化とその限界」『実務民事訴訟講座7』（日本評論社、昭和四四年）〔同『民事訴訟法研究五巻』（有斐閣、昭和四七年）五五頁〕。こうした見方に立つと、同博士が前述したように判例に簡単に組みするのは一層疑問が残る。）。そうした視点からみると、判例の態度は、極めて硬直化した嫌いがする。特別規定の制定を単に待つだけでは問題の解決にはならないのであって、現行法の下で、どのような法的対応が可能であるかという方向での前向きの試みは、決して法解釈枠組みを超えるものでは

ないのみならず、本来の法解釈の基本的な在り方というべきである。

甲類審判事項については、相手方が存在しない点で民事訴訟の基本原則である二当事者対立構造を構成していないので、特別の法的手当のない現行法の下では否定説が妥当する面を認めることができる。しかし、争訟性のある乙類審判事項については移送を否定すべき積極的な決め手に欠けるばかりでなく、時効中断、期間遵守の効果等の点で移送の可否は直接権利の救済に関わってくる場合があり、そうした点を考慮すると、裁判所の選択を誤ったということを責めるべき決定的な根拠は見出すことができず、肯定説を妥当と考える（同旨、岨野悌介「非訟事件の移送」『実務民事訴訟講座7』（日本評論社、昭和四四年）五七頁、もっとも受移送裁判所に対する拘束力は認めるべきでないとする。）。

他方、④についてみると、旧訴は家庭裁判所での手続ではあるが、新訴とともにいずれも民事訴訟法に基づく手続である点で、①②とは異なっているので、これまでの判例を否定するものでないことはもとより、判例の射程距離に歯止めをかけたものと解すべきでもない。

(ロ)　非訟裁判所相互間の移送　同種の非訟裁判所相互間について、家庭裁判所は、その管轄に属しない事件について申立てを受けた場合には、これを管轄家庭裁判所に移送する（家審規四条）。つぎに、異種の非訟裁判所相互間について、家庭裁判所は、家庭に関する事件（家審一七条）の範囲に属しない、民事調停の対象となる事件について家事調停の申立てを受けた場合には、管轄権のある地方裁判所又は簡易裁判所に移送する（家審規一二九条の二）。また、地方・簡易裁判所は、管轄に属しない事件について調停の申立てを受けた場合には、管轄権のある地方裁判所、家庭裁判所又は簡易裁判所に移送しなければならないとされている（民調四条）。これらは、いずれも、調停という同質的な事件相互間の移送である点に特徴がある。

二　遅滞を避ける等のための移送（一七条）

(1)　一つの訴えについて、管轄が競合するときは、原告はその内の一つを任意に選択することができる。しかし、原告が選択した裁判所が、その訴訟の審理を進める上で必ずしも適当でなく、あるいは被告にとって著しく不利益を生じるおそれのある場合もあり得る。また、原告にとっても、もともと管轄権のある裁判所であれば、他の裁判所において審理を受けることを拒否できる理由もない。そこで、審理が遅滞することを避けるとともに、被告の被る損害を避ける趣旨から、当事者及び尋問を受けるべき証人の住所、使用すべき検証物の所在地その他の事情を考

慮して、訴訟の著しい遅滞を避け、又は当事者間の衡平を図るため必要があると認めるときは、裁判所は訴訟の全部又は一部を他の管轄裁判所に移送することができるとしている。

(2)　専属管轄に属する訴訟を他の普通裁判籍に基づく管轄裁判所に移送することはできない。専属管轄が競合するときについては、一七条に定めるのと同様の要件により、他の専属管轄裁判所に移送することができる（最決(一小)昭和三一・一〇・三一民集一〇巻一〇号一三九八頁（ただし傍論）、第四款注(1)参照。婚姻事件及び養子縁組事件について、昭和五一年法律六六号により明文化されている（人訴一条ノ二・二六条））。専属的合意管轄について、新法は明文で移送を認めている（二〇条）。

(3)　訴訟の一部を移送するときは、弁論を分離した上でなすべきであるが、明示の分離決定がなくても、移送決定自体に分離決定を含んでいると解されるので、違法とまではいえない。

(4)　移送は、申立て又は職権でする。原告が訴え提起後にその訴訟について一七条所定の要件に当たると判断するときは、原告も移送を申し立てることができる。

三　簡易裁判所から地方裁判所への移送

(1)　簡易裁判所の裁量移送（一八条）　簡易裁判所は、訴訟がその管轄に属する場合においても、相当と認めるときは、申立てにより又は職権で、訴訟の全部又は一部をその所在地を管轄する地方裁判所に移送することができる（四二頁参照）。

(2)　必要的移送（一九条二項）　簡易裁判所は、その管轄に属する不動産に関する訴訟につき、被告が本案につき弁論する前に申立てがあるときは、訴訟の全部又は一部をその所在地を管轄する地方裁判所に移送しなければならない。もっとも、被告は、本案につき弁論した後も、一八条及び一九条一項に基づき移送を申し立てることができる。

(3)　反訴提起に基づく移送（二七四条）　簡易裁判所に係属する訴訟に対し、被告が反訴で地方裁判所の管轄に属す

る請求をした場合において、相手方である本訴原告の申立てがあるときは、簡易裁判所は、決定で、本訴及び反訴を地方裁判所に移送しなければならない。本訴の提起によってはじまった訴訟であり、反訴は本訴の存在を前提にして提起されるものであるから、反訴が提起されたことにより本訴原告が自己の管轄の利益が害されると判断するときには、それを保護する必要があるという趣旨による。

四　必要的移送（一九条一項）

(1)　趣　旨　第一審裁判所は、訴訟がその管轄に属する場合においても、当事者の申立て及び相手方の同意があるときは、訴訟の全部又は一部を申立てに係る地方裁判所又は簡易裁判所に移送しなければならない。一六条二項、一八条が裁判管轄の設定について、受訴裁判所の「相当と認めるとき」という裁量に委ねているのと異なり、移送を裁判所の義務としている点に特徴がある。そこに、合意管轄の考え方を訴え提起後に押し進めたものと評価することができる。

(2)　手　続　移送の申立ての時期については、特別の制限は設けられていないが、移送により著しく訴訟手続を遅滞させることとなるとき、又はその申立てが、簡易裁判所からその所在地を管轄する地方裁判所への移送の申立て以外のものであって、被告が本案について弁論をし、若しくは弁論準備手続において申述をした後は、認められない（一九条一項ただし書）。弁論終結間際、証拠調べ終了後における申立て等は、これに当たるといえる。

相手方の同意は、本条の移送の性格に照らし、異議を述べない等黙示の同意だけでは足りず、明確に同意の意思が表示されていることを要する。

第三項　移送の裁判

一　移送の裁判の方式と不服申立て

移送の裁判は決定による。移送の決定及び移送の申立てを却下した決定に対しては、即時抗告をすることができる（二一条）。遅滞を避ける等のための移送のほか、管轄違いに基づく移送についても、新法は申立権を認め、即時抗告による不服申立ての途が確保されることとなった。なお、反訴提起による移送の決定に対しては、不服を申し立てることはできない（二七四条二項）。

移送申立ての争いを中間判決により判断を示すことは、中間判決自体が独立して不服申立ての対象でなく、終局判決をまってはじめて、上訴によって上級審の判断を受けることになるところ、上訴審では専属管轄を除き、管轄違いを主張できず、決定手続であれば認められる当事者の即時抗告を実質的に奪うことになるので許されない。かりに中間判決により判断したときは、違式の裁判として、上訴審で争えるものと解する。

二　移送の裁判の拘束力

移送の裁判は、確定すると移送の事由及び受移送裁判所の管轄権について、受移送裁判所を拘束する（二二条一項）。受移送裁判所は、さらに事件を他の裁判所に移送することはできない（同条二項）。受移送裁判所が移送の当否、管轄権の有無を審理し、移送を決定した裁判所あるいは他の裁判所に再び移送を繰返すことにより審理が遅滞することを避け、すみやかに管轄裁判所を確定し、訴訟の審理を進める趣旨によるものである。したがって、専属管轄違背により移送する場合についても、同様の趣旨から拘束力を生じ、その後は上級裁判所の判断の対象にもならない（二八三条ただし書。二九九条ただし書、三一二条二項三号の適用は排除される。）。

もっとも、受移送裁判所において、従前の移送の際に存在しなかった新たな原因を生じたときは、あらためて移送することは妨げられないと解する（行訴一三条に係わる事案であるが、東京地決平成二・六・一三判時一三六七号一六頁は、その一例である。）。

三　移送の裁判の効果

(1)　訴訟主体の地位　移送の裁判が確定したときは、訴訟は、初めから移送を受けた裁判所に係属していたものとみなされる（二二条三項）。訴え提起による時効中断、期間遵守の効果は、そのまま維持される。移送は、いったん提起した訴えについて、管轄裁判所を変更するのであるから、訴え提起による法的効果を左右すべき理由はなく、当然に維持されるべきだからである。

(2)　訴訟手続の効力　移送される前の裁判所において行われた訴訟手続は、それが本来管轄権を有する裁判所であれば、受移送裁判所においてもそのまま効力を有するが、直接主義の建前から、弁論の更新手続きを必要とする（二四九条の類推適用）。これに対し、管轄違いに基づき移送されたときは、従前の訴訟手続は管轄権のない裁判所において行われたことになるので、移送により取り消されたものとみなされる（三〇八条二項・三〇九条の類推適用）。

第四節　裁判権の行使と裁判の公正の確保

裁判の最も基本的な理念は公正であるところ、これを確保するためには、裁判権の行使が審判の担い手である裁判官について公正であることを要する。裁判官の公正性は、訴訟手続の基盤となる司法組織の側面と民事訴訟制度の側面の両面において、制度として確保されていることを要する。

第一款　司法組織の側面——訴訟手続外の側面

一　裁判官の独立

裁判の公正性は、裁判官の独立を前提としてはじめて成立する。裁判官は、良心に従い独立してその職務を行い、憲法及び法律にのみ拘束される（憲七六条三項）。それは、司法権として他のいかなる国家機関からの干渉を受けないとともに、司法権の内部において、裁判官は、上級裁判所、司法行政上の監督機関、同僚等からのいかなる干渉も受けないことを意味する（裁八一条）。審級制度において、下級裁判所の判断を取り消し又は破棄し差し戻す場合に、上級裁判所の判断は下級裁判所を拘束するが（裁四条、民訴三二五条三項）、審級制度を採用することによる内在的な性質に由来するものであって、もとより裁判官の独立とは関係ないことである。

二　裁判官の身分保障

裁判官は、裁判により、心身の故障のために職務を執ることができないと決定された場合を除き、公の弾劾によらなければ罷免されない（憲七八条前段）。同様に、その意思に反して、免官、転官、転所、職務の停止又は報酬を減額されることはない（裁四八条）。裁判官の懲戒処分は、行政機関が行うことはできない（憲七八条後段）。裁判官の懲戒処分は、最高裁判所又は高等裁判所が裁判権を有する（裁限三条）。また、裁判官の弾劾は、国会法（一二五条ないし一二九条）及び裁判官弾劾法（昭和二二年法律第一三七号）の定めるところによる。

第二款　訴訟手続内の側面

訴訟手続内についてみると、個別訴訟との関係という視点から、裁判官、裁判所書記官がその訴訟事件を担当す

ることが裁判の公正を害するおそれがある場合には、訴訟の審判に関与することを差し控えることが要請される。それは、裁判所の責務であり、また当事者にはそのための申立権が認められるべきである。その制度として、除斥、忌避及び回避が設けられている。以下に述べる裁判官に係る除斥、忌避及び回避の規定は、裁判所書記官について準用する（二七条、規一三条）。

一　除　斥

裁判官は、つぎに定める場合には、その職務の執行から除斥される（二三条一項）。①裁判官又はその配偶者若しくは配偶者であった者が、事件の当事者であるとき、又は事件について当事者と共同権利者、共同義務者若しくは償還義務者の関係にあるとき（一号）、②裁判官が当事者の四親等内の血族、三親等内の姻族若しくは同居の親族であるとき、又はあったとき（二号）、③裁判官が当事者の後見人、後見監督人、保佐人、保佐監督人、補助人又は補助監督人であるとき（三号）、④裁判官が事件について証人又は鑑定人となったとき（四号）、⑤裁判官が事件について当事者の代理人又は補佐人であるとき、又はあったとき（五号）、⑥裁判官が事件について仲裁判断に関与し、又は不服を申し立てられた前審の裁判に関与したとき（六号）である。これらの除斥原因があるときは、裁判所は、申立てにより又は職権で、除斥の裁判をする（二三条二項）。

①ないし③は、いずれも裁判官と当事者との関係に着目していて、その訴訟代理人との関係を問題にしているわけではない。しかし、訴訟代理人たる弁護士は当事者の依頼によって職務を行うものであり（弁護士三条一項）、両者は委任契約関係にあり（六四三条）、弁護士は当事者に対し善良なる管理者の注意義務を負い（民六四四条）、訴訟手続において訴訟代理人の行為は原則として当事者の行為として位置づけられている（ただし、当事者には更正権が認められている。）ことに照らすと、裁判官と当事者の関係だけに着目して形式的に対処することは、社会通念にそぐわないおそれが認められる（後述する二参照）。また、

⑥にいう「前審の裁判に関与したとき」について、判例は、裁判という国家意思の形成に関与したことをいい、これを具体的にいうとその評決及び裁判書の作成に関与したしたことをいうのであり、裁判の準備行為に止まる準備手続又は準備的口頭弁論を行ったことは含まれないとする（最判(三小)昭和三九・一〇・一三民集一八巻八号一六一九頁）。裁判官が「前審の裁判に関与したとき」をもって除斥事由とする趣旨は、これに対する不服申立の審判に関与することは、予断をもって審判するおそれがあるのみならず、自己が関与した裁判の結果を維持する方向で対応することが懸念され、その結果として審級制度を形骸化することになり、ひいては裁判の公正を害することとなるので、これを防止することにある。このような観点からみると、前記判例の態度は正当といえる（三ケ月・判例九八頁）。もっとも、この場合についても、前審への関与の程度によって、裁判官みずからにおいて回避することが望まれる。

二　忌　避

裁判官について裁判の公正を妨げるべき事情があるときは、当事者は、その裁判官を忌避できる（二四条一項）。当事者が裁判官の面前において弁論をし、又は弁論準備手続において申述をしたときは、その裁判官を忌避することはできない（同条二項本文）。ただし、忌避の原因があることを知らなかったとき、又は忌避の原因がその後に生じたときは、この限りでない（同条項ただし書き）。

一般に、公正ということは、その当事者にしか判らないことであり、第三者は絶対的公正が求められる究極の聖域には立ち入ることはできないので、外観から判断することになるのであり、それはやむを得ないことである。したがって、そうした公正性を求められる者は、絶対的に公正であれば足りるのではなく、外観から公正性に疑念を生じさせるような行動をしてはならないということに帰着する。たとえば、判例は、裁判長たる裁判官が当事者の一方の訴訟代理人の娘婿であるからといって、裁判の公正を妨げるべき事情があるとはいえないとする（最判(二小)昭和三〇・

（一・二八民集九巻一号八三頁）。しかし、一般的な健全な法感覚には合致せず、司法の信頼を損なうおそれがある。もっとも、実際の裁判官の行為規範は、はるかに高潔なものがあり、こうした事案においては、後述する回避によっているようである。

また、裁判官会議への出席したことは、そこで意思決定された事項に関する訴訟事件への関与につき、裁判の公正を害する事由を構成するものではない（最高裁判所につき、最決(一小)平成三・二・二五民集四五巻二号一一七頁）。さらに、最高裁判所裁判官全員に共通する除斥・忌避事由がある場合には、これをもって裁判への関与を否定することは、それが唯一の最上級裁判所であるので、裁判を不可能にし、さらには裁判の拒否という事態を招来するので、忌避を申し立てることはできないと解する。たとえば、最高裁判所が所管する土地と隣接地の境界確定訴訟事件の場合がそれである。

三　回　避

裁判官は、前記除斥及び忌避の原因がある場合は、監督権を有する裁判所の許可を得て、その事件への関与を回避することができる（規一二条）。裁判官が、正当な理由なしに職務の執行を避ける場合、第三者から強要されて職務の執行を避ける場合等を懸念し、監督権を有する裁判所の許可を得ることを要件としている。

第二章　訴訟当事者

第一節　当事者

第一款　当事者の概念

一　当事者の意義

訴訟事件について、訴え又は訴えられることにより、判決の名宛人となる者を、訴訟当事者又は単に当事者という。民事訴訟は、私人間における法的利益の主張の対立である紛争の解決を図ることを機能目的とする手続である。したがって、訴訟は、利益主張の対立する者が紛争主体として互にみずからの法的利益を訴訟上において主張する地位と機会を平等に保障し、裁判所が両当事者を名宛人としてこれらの利益主張に対する法的判断をするという構造から成り立っている。このような地位と機会を訴訟上に与えられる主体を「当事者」という観念を用いて表象する。

二　二当事者対立の原則

訴訟が成立するには、二つの対立する当事者の地位につく者が存在することを基本構造とし、これを二当事者対立の原則といい、その間限りで紛争解決を図ることを機能目的とするので、これを判決の相対的効力ないし相対性

という。対立する二当事者の存在を訴訟の基本構造とすることは、訴訟上においてこれらの者がみずからの法的利益を主張する地位と機会を平等に保障するとともに、裁判所が審判機関として公平な立場において判断することを裁判の基盤とすることを意味する。このように当事者双方にその主張を述べる機会を平等に保障する建前を、双方審尋主義という。これを実質的にみて、当事者双方に攻撃防御の方法と機会を平等に与えることに着目して、当事者対等の原則又は武器平等の原則ということもある。

(1) 対立当事者の地位に混同を生じて同一人が双方の地位を占めると、同一人が対立当事者の地位を兼ねることになり、民事訴訟の基本原則である二当事者対立構造が消滅するので、訴訟は当然に終了する（八二六頁参照）。訴訟物である権利または法律関係が当事者の一方に専属する性質を有し、その当事者が当事者能力を失った場合にも、同様の理由で訴訟は当然に終了する。

(2) 三人以上の当事者からなる訴訟も、それぞれ原告又は被告の地位について共同訴訟の形態をとるのであり、二当事者対立構造は維持されている。さらに、三当事者の法的利益が相互に対立し、その間に生じた紛争を集約的に解決を図る要請のある場合に対応するための訴訟構造も、理論的に十分成り立ち、法的枠組みとして設けられている（三面訴訟。六五八頁参照）。

三　判決の名宛人としての当事者

訴訟手続において、訴え又は訴えられることにより、法的利益を主張する地位と機会を与えられ、判決の名宛人となる者という意味での当事者は、訴訟法律関係上の地位を意味し、形式的当事者概念という(1)。その判決の効力は、当事者間にのみ生じるのを原則とするが、当事者以外の者にも及ぶ場合があり（一一五条）、判決の効力が及ぶからといって、当事者とは必ずしもいえない。さらに第三者が、訴訟物たる権利義務の主体に代わり又はこれと並んで、その

訴訟物について訴訟を追行する場合、代理人として本人のために訴訟を追行する場合がある。そこで、判決の名宛人としての当事者概念とは別に、訴訟物たる権利義務関係の帰属主体という意味での当事者を、実質的当事者概念という（最近では、形式的当事者概念そのものに批判的な考え方もある、松原弘信「民事手続における『手続主体』概念について」熊本大学法学部十周年記念『法学と政治学の諸相』（平成元年）三一三頁。しかし、この二つの当事者概念は単に講学上の創作物ではなく、民事訴訟手続上の実体法と手続法の交錯する局面における当事者の地位と権限を両法規に基づいて峻別するものであって、十分な根拠に裏付けられた合理性を認めることができる。）。

四　当事者の呼称

当事者は、訴訟手続ごとに種々の呼ばれ方をする。訴訟手続の第一審では、原告・被告といわれるが、控訴審では控訴人・被控訴人、上告審では上告人・被上告人という。督促手続、民事執行、民事保全の手続では、債権者・債務者と呼ばれる。和解手続、証拠保全手続では、単に申立人・相手方と呼ぶことがある。

（1）「当事者権」概念の意義と役割　「当事者が訴訟の主体たる地位においてその手続上認められている諸権利」の総称として当事者権という概念を設定する考え方がある（山木戸克己「訴訟における当事者権―訴訟と非訟の手続構造の差異に関する一考察」民商三九巻四・五・六号（昭和三四年）（同『民事訴訟理論の基礎的研究』（有斐閣、昭和三六年）六〇頁））。その趣旨は、訴訟と非訟の違いを当事者の弁論権と異議権を通して分析し、訴訟に比較して非訟では職権主義による裁量的手続なので関係人の手続関与の機会が限られ、弁論権についても相当に制約があることを指摘し、あらためて一般的に裁判手続上これに関与する私人の主体性を承認しその当事者権を十分に保障すべきことを強調する点にある。それらの内容は、当事者が審判の対象を定めるとともに、訴訟の開始及び判決によらずに訴訟を終了させる権能と訴訟手続上平等に攻撃防御を主張する権能を認めることから成り立っている。しかし、前者は、処分権主義により、後者は、双方審尋主義ないし当事者対等の原則によるのであり、これらを包括する概念として当事者権という概念を設定することはことさら有益ともいえないし、それによって当事者の手続保障が高められる決め手となるとも考えられないので、あまり実益のある概念の設定ではない。

第二款　当事者の確定

第一項　当事者の確定の必要性

民事訴訟において、だれが当事者であるかを明らかにすることを、当事者の確定という。訴えが提起されると、だれのだれに対する訴えかという判決の名宛人となる当事者を明らかにすることにより、裁判籍が定まり、その者に訴状を送達するとともに、口頭弁論等期日の呼び出しの通知をし、みずからの法的利益を訴訟上において主張する地位と機会を平等に保障し、もって公正かつ迅速な審理を遂行することとなる。この間、訴訟手続に関わる種々の事項について、当事者という地位はその判断基準となるので、当事者を確定することは、裁判所にとって、訴訟事件に対処する基本的な作業である。

第二項　当事者の確定基準と調査

一　当事者の特定と確定

民事訴訟は、対立する特定の二当事者が存在することを基本構造とするので、現実の当事者がだれであるかという当事者を確定する前提として、当事者の特定を必要とする。訴えを提起する者は、原告を特定することはもとより、相手方とする被告を特定することを要する。訴えの提起は訴状を裁判所に提出してしなければならないところ（一三三条）、訴状において当事者は必要的記載事項の一つであり、請求を特定する構成要素の一つでもある。裁判長が提出された訴状の記載事項を審査するに当たっては、当事者についてみると、訴状の必要的記載事項として当事者が

特定されているかについて審査するのであり（一三七条一項本文・一三三条二項）、この段階で当事者を確定することはその趣旨ではなく、また確定することはできない。訴状に記載された当事者が特定されていなければ、裁判長から訴状の補正を命じられる（一三七条一項）。

当事者は訴状提出時にその記載に基づき特定され、それにしたがって、訴状が被告に送達された時に、特定の対立する二当事者間で特定の請求について、特定の裁判所で審理される状態である訴訟係属を生じ、ここに判決の名宛人としての対立する二当事者が確定する。[1] 通常は、訴状提出時に特定されたところが、そのまま送達時に確定し、その後、特に疑義を生じることはない。

（1）当事者の特定と確定　当事者の特定と確定の問題を識別すべきことは、すでに指摘されている点である（納谷廣美「当事者の確定」法律論叢四六巻五・六号（昭和四九年）二五頁以下、同「当事者確定の理論と実務」『新・実務民事訴訟講座1』（昭和五六年）二四頁、新堂・一一〇頁注（1））が、訴訟手続の時系列的な流れに即して検討していないため、具体的な分析として生かされていない嫌いがある。とりわけ、当事者の特定と確定を識別するのは、それぞれの基準時に関わってくるのであるが、その点について明確な視点に欠けている。

二　当事者の確定の基準

裁判所が当事者を確定するにつき、どのような基準によるべきかについては、原告により当事者として欲せられた者であり、客観的な法律状態によって決まるのではなく、原告の主観的な意思によるとする意思説、訴えもしくは訴えられている者ないし事実上訴え提起行為あるいは応訴行為を行っている者であるとする行動説、さらにこれに対立する表示説がある（これらの諸説につき、最も詳細かつ比較法的視点をも踏まえて紹介したものとして、中務俊昌「当事者の確定」『民事訴訟法講座一巻』（有斐閣、昭和二九年）七四〜八三頁参照）。表示説は、訴状の当事者欄の記載をはじめ、請求の趣旨・原因を含む必要的記載事項（一三三条二項）全体から、その訴訟の当事者を判断すべきであるとする（兼子・判例民訴一五頁）。行動説は、どのような基準で判断するかが問題であり、現実に期日に出頭する者が必ずし

も当事者とは限らないので、明確でない。同様に、意思説も、だれの意思を基準にして、どういう方法で意思を確認するかについて客観的で妥当な決め手がなく、とりわけ原告がだれかを確定する必要があるときに、原告の意思によるというのは意味のないことである。こうした意思説が何人かの主観的意思に重点を置くことから生じる不都合を検討することを通じて、意思内容のもつ意味が基準にはなるが、それは主観的に考えられている意思内容ではなく、訴訟において表明されたところを客観的に解釈してえられるもので、全体としてみた訴状の表示それ自体がもつ客観的な解釈から確定されるべきであるとする表示説が登場してきた（中務・前掲八二頁）。これに対し、本来民事紛争は当事者適格者間で争われ解決されてこそ意味があり、したがって表示説のいうように当事者を表示により確定し、確定された当事者について適格を問うのでなく、はじめから適格者にあわせて確定すべしとする主張がある（適格説といわれる。伊東乾「訴訟当事者の概念と確定」中田淳一先生還暦記念『民事訴訟の理論（上）』（有斐閣、昭和四四年）七一頁、石川明・判評九八号（判時四六八号）一〇三頁）。そして、当事者の意思は意思説におけるよりも、客観的な基準において尊重されるべきであり、原告の意思は客観的に類型化すれば当事者適格者を被告とするものであるとする（石川・前掲一〇三頁）。しかし、当事者の確定は当事者適格とは別個の問題であり、両者を混同しているきらいがある。

訴訟係属中に当事者がだれであるかが問題になったときには、裁判所は職権で調査しなければならないところ、つぎのような事態を生じたときに、当事者がだれであるかということが問題になる（一般に、「当事者の確定」とはこの問題をいう。）。

① 誰が当事者か　当事者の確定は、訴状の当事者欄に記載された者と実際の当事者との間に不一致を生じたときに、だれが当事者かということが問題になる。単に表示上の過誤の場合には、表示の訂正により処理する（六八頁参照）。

② 人違いの問題　訴状の当事者欄の記載と訴訟手続上の実際の当事者は一致しているにもかかわらず、事案の事実に照らし、当事者が異なるのは、人違いの問題であり、裁判所は請求棄却の判決を下すこととなる（建物収去土地明渡

請求において、登記名義人を被告とすべきか、現実の占有者とすべきかという問題とは異なる。）。

③　存在していない当事者　　訴状の当事者欄に記載された者が存在していないときに（例、架空の者であるとき、死亡していたとき、会社が解散し、清算法人として清算結了登記を終了していたとき。）、その地位を実体法上承継している者を当事者として取り扱って差し支えないかという問題を生じる（大判昭和八・一二・一三法学三巻五号五六三頁は、会社の清算結了登記後にこれを被告とする訴えは不適法とする。）。

これら①②③いずれの場合についても、訴状の当事者欄の記載と実際の訴訟手続において判決名宛人となる当事者として取り扱ってきた者との間で、同一性について疑義を生じたときに、訴状の当事者欄の記載は同一性の有無を判断する対象基準として機能する。また、訴訟代理人に訴訟委任しているときは、委任状の表示が基準となる。(1)

(1)　訴訟係属中に当事者がだれであるかが問題になったときには、裁判所は職権で調査しなければならないところ、それは、訴状の当事者欄の記載に対し、実際の訴訟手続において判決名宛人となる当事者として取り扱ってきた者との間で、同一性について疑義を生じたときである。審理が進行した途中で①の事態を生じると、そこにいたるまでの訴状の提出からはじまるすべての経過に基づいて判断されることとなるのであり、いいかえれば当事者の確定を問題とする時点がいつ発生するかということによる判断基準時の違いであり、その際に判断の拠り所となる構成要素が異なるのである。それをもって訴え提起時の判断基準を行為規範とし、その後の基準を評価規範とし、両者は異なるというのは問題の所在を取り違えているのであり、しいては行為規範の存在意義を形骸化することとなり、妥当でない。これをもって硬直化した考え方という批判は当たらない。

第三項　具体的諸問題

一　死者を当事者とする訴訟

死者を当事者とする訴訟については、これまではもっぱら死者を被告とする訴訟を当事者の確定の問題として検討するにとどまっているが、原告と被告の双方について生じる可能性があり、両者を分けて検討することを要する

とともに、判例について、事案に即した検討に欠けるところが見受けられる（また、死者名義による和解については、九五九頁注（2）参照）。

(1) 死者を原告とする訴訟

(イ) 背景事情　通常は、死者を原告として訴えを提起することは想定しにくいが、①時効完成時又は提訴期間が切迫しているため、死亡した者の周辺の者が、ひとまず死者名義で訴えを提起し、その上で相続人の存否または所在を調査する場合、②一定の地位に基づく請求について、その地位にあった者が死亡し相続人がそれを承継する手続に時間を要するため、死者名義で訴えを提起する場合、③不在者のための財産管理人が不在者の代理人として訴えを提起したところ、財産管理人に選任時又は訴え提起時に本人が死亡していた場合、④弁護士に訴訟委任した後に本人が死亡したことを弁護士が知らないで、死者を原告として訴えを提起する場合等がその例である。

これらのうち、①②は、死者名義で訴えを提起することを相続人又は関係者が承知してした場合であり、③は本人がすでに死亡している可能性を内在的に秘めた上で訴えを提起している場合であるのに対し、④はだれも本人が死亡していることを知らなかった場合である点に違いがある。しかし、①②については、本人の利害関係人が本人のために緊急避難として、③については、財産管理人の職務に基づき訴えを提起したのであって、当事者の特定という訴え提起における訴状の記載要件を潜脱する脱法行為とか無効な行為として法的効力を否定する方向で処理すべき理由は見あたらない。また、これを法的に保護することにより、相手方の手続保障を阻害するおそれもない。

(ロ) 判例の動向　③の事例として、判例は、Xから応召に際し後事一切につき包括的代理委任を受け、その後財産管理人の選任を受けたAが鉱石試掘権移転登記手続請求の訴えを提起したところ、訴訟係属中に財産管理人選任前にXが戦死していたことが判明し認定死亡の登載（戸八九条）がなされた事案につき、Aは包括的代理委任により、委任による不在者の財産管理人の地位にあったものと認められ、かつ右代理権はXの死亡により消滅しない趣旨と

解されるとの理由により、民訴五七条・八五条（新民訴三六条・五八条一項）はこのような場合に法定代理人又は訴訟代理人の訴訟行為の効果を実質上死亡したXに帰属させることを容認するとし、Xの生死不明の間に裁判所から不在者の財産管理人に選任され、その許可をえて本件訴訟物をXの権利として提起した訴えについて、「本人の当事者としての適格」を否定すべきでないとする（最判(二小)昭和二八・四・二三民集七巻四号三九六頁）。判旨のいう「本人の当事者としての適格」とは、当事者適格の意味ではなく、Aは死亡したXを本人とする法定代理人及び法令による訴訟代理人の地位にあるという趣旨に解するのが相当であり、Xの死亡により影響を受けず、法定代理権も家庭裁判所の選任命令の取消まで存続するので、本件訴えは適法であり、判旨は妥当である（同旨、中野貞一郎・阪大法学一〇号一四六頁、谷口知平・民商二九巻三号〔同『家族法の研究（上）親族法』（信山社、平成三年）三九八頁〕）。④の事例として、判例は、Xの先代Aから訴訟委任を受けた弁護士がその後に本人が死亡したことを知らないで、Aを原告として訴えを提起し、被告に訴状送達後にXらが訴訟承継を申立て審理の上でXら勝訴判決を受け、控訴審で一部の原告が訴えを取下げ、被告も同意した事案につき、民訴法八五条・二〇八条（新法五八条一項・一二四条一項一号）を類推適用して本訴提起を適法とし、Xらにおいて訴訟承継したものと認めている（最判(二小)昭和五一・三・一五判時八一四号一一四頁）。

(2)　死者を被告とする訴訟

(イ)　背景事情　一般に、死者を被告として訴えを提起する場合は、⑤被告が死亡しているのを知らないで死者を相手方として訴えを提起した場合、⑥訴状提出後その送達前に被告が死亡した場合、⑦被告が死亡しているのを知っていながら、相続人の存在又は所在が不明のため、ひとまず死者を相手方として訴えを提起し、その上で相続人の存否または所在を調査する場合、⑧不在者の財産管理人を被告として訴えを提起したところ、訴え提起時にすでに本人が死亡していた場合等がその例である。

(ロ)　判例の動向　⑤の事例として、判例は、原告が短期清算取引の立替金支払請求の訴えを提起したところ、

すでに被告が死亡していて家督相続が開始されていたため、相続人の親権者で被相続人の妻が訴状を受領し審理が進められ、その途中で原告が事情を知り、相続人に対し受継を申し立てた事案について、本訴における実質上の被告は相続人であり、その表示を誤ったにすぎず、表示の訂正によるべしとする（大判昭和一一・三・一一民集一五巻九七七頁）。また、XはYに対し地上権設定登記の抹消請求訴訟を提起し、Yの住所不明のため訴状等は公示送達され、X勝訴判決が確定した後に、Yの家督相続人Zが、前訴の提起前にYは死亡していた旨を主張して、再審の訴えを提起した事案について、前訴判決はZに対し効力を生じないとする（大判昭和一六・三・一五民集二〇巻一九一頁）。その理由として、Y宛に発せられた訴状が相続人であるZにより受領された等、本訴訴訟係属の事項を覚知できる事情がなかったことを決め手としている。⑥の事例として、被告Y名義の訴状が送達されたが、その前にYが死亡していたので、相続人Y_1らがAを訴訟代理人に選任し訴訟承継して訴訟手続を遂行し、第一審及び第二審ともXが勝訴したところ、Y_1らが上告し、訴状送達時にYが死亡していたことを理由に訴訟要件の欠缺を主張した事案について、信義則により許されないとして主張を斥けている（最判(二小)昭和四一・七・一四民集二〇巻六号一一七三頁）。死者を当事者とする訴訟については、相続人および相手方の手続保障が図られているかという点が問題であって、その上でどのように法的に理論構成するかということに帰着する。したがって、当事者の確定の問題として考えるのが適当であるかについては疑問がある。

二　仮名による訴訟

一般に、仮名を用いて訴えを提起することは、原告と被告のいずれについても、存在しない者を当事者とするので不適法である。特定の事件の被害者が他人に知られることにより、本人及び家族等周囲の者が不利益を受ける恐れを懸念して仮名で訴えを提起することを望む場合がある。当事者の意図するところは裁判所を含めて何人も十分理解できるであろうが、判決の名宛人が特定しないことに照らしても、これを許容することは法的に困難である

（八九頁参照）。

三　氏名冒用訴訟

(1)　通称による訴訟　甲が乙の名をもって訴えを提起した場合に、乙が甲の通称、芸名あるいは屋号であることが判明したときは、氏名冒用訴訟と異なり、不適法ではなく、「乙こと甲」と表示を訂正することをもって足りる。このことは、原告、被告のいずれを問わず同様である。

(2)　氏名冒用訴訟　甲が乙の名をもって訴えを提起した場合に、甲と乙とが別人格であったときに、その判決の効力はだれに対して生ずるかが問題になる。氏名冒用訴訟といわれる問題である。被告についても、同様である。

(イ)　判例の動向　判例は、大審院時代に古くは、原告の氏名を冒用して訴訟委任をし訴訟代理人に訴えを提起させて敗訴し確定した後に、被冒用者がこの事実を知って再審の訴えを提起した事案について、被冒用者に判決の効力は及ばないから上訴又は再審の訴えも提起できないとしていた（大判大正四・六・三〇民録二一輯一一六五頁、大判昭和二・二・三民集六巻一三頁）。その後の主流は、一般論として、他人の氏名を冒用して訴訟を提起し、訴訟行為を冒用者の行為として行い、判決が冒用者に対して言い渡されたときは、判決の効力は冒用者にのみ及び被冒用者に及ばない。これに対し、訴訟当事者の氏名を冒用し当事者名義の委任状を偽造して訴訟代理人を選任し、被冒用者名義で訴訟行為をし、被冒用者に対し判決が言い渡されたときは、判決の既判力は冒用者ではなく被冒用者に及ぶとする。そして、被告の氏名を冒用して取得された原告勝訴判決に対し、被告は再審の訴えを提起する利益があるとした（大判昭和一〇・一〇・二八民集一四巻一七八五頁）。

最高裁は、AはBと通謀してCの氏名を冒用して取得した仮執行付き支払命令を債務名義として強制執行したところ、Cから執行前にその不動産を買い受けた未登記のDが善意の競落人Eに対し所有権確認等を請求した事案につき、CはA・Bの行為に対し防御の訴訟行為をする機会を完全に奪われているので債務名義の効力は及ばず、強

制競売はCに対する関係では無効として競落人は係争不動産の所有権取得を主張できないとした（最判(三小)昭和四三・二・二七民集二二巻二号三一六頁）。なお、CはAを被告として再審の訴えを提起して勝訴し、本件債務名義は取り消されている。もっとも、第一審手続において氏名冒用の事実があったとしても、第一審判決に対し被冒用者がみずから控訴し、その選任した訴訟代理人が本案について弁論をして訴訟を遂行しているときは、被冒用者が冒用者のした訴訟行為を追認したものと解される（最判(三小)平成二・一二・四判時一三九八号六六頁。山本克己・私法判例リマークス五号一三七頁は、正確には被冒用者の前記の異議を留めない控訴手続の追行により追認が擬制される（民一二五条、民訴三〇〇条二項参照）とする。）。

(ロ)　検　討　判例の主流の傾向を見ると、たとえ氏名冒用訴訟であっても、それが原告側か被告側かを問わず、判決の名宛人である被冒用者にその効力が及ぶことを肯定した上で、被冒用者が攻撃防御の機会を奪われたことを理由として法的にそれを回復する救済措置を認めている。他方、被冒用者から利害関係のある第三者が存在する場合については、被冒用者に対する関係で判決の効力を無効とし、これを前提とする第三者は右判決の当然無効の主張を認めるという構成を採っている。一見すると矛盾するが、後者については、同様の理由によりつつ、第三者を救済することを通じて、被冒用者が攻撃防御の機会を奪われたことを判決の無効という方法で同時に救済する趣旨と理解できる。かりに、この場合に、前者の場合と同様に被冒用者に判決の効力は及ばないとすると、これから権利を取得した第三者と被冒用者との間でさらに事後措置を必要とするとともに、その結果として、被冒用者は損害賠償の責めを負うこととなる。こうした点をも視野に入れて、被冒用者が攻撃防御の機会を奪われたことを、事案に即して救済するというのが判例の基本的な態度と理解できる。もっとも、前記最判昭和昭和四三年二月二七日の事案では、競落人もDもともに被害者であり、いずれを優先させて保護すべきかという視点から考察すべきであるとする見方もある（中田淳一・民商五九巻三号〔同・判例研究三九二頁〕）。しかし、競落人も被害者の立場にあるとはいえるものの、その救済ための相手方となるべき者はDではなく、被冒用者とみるべきである。ところが、被冒用者は全く攻撃防御の機会を奪わ

れていて、しかも再審の訴えで本件債務名義は無効とされているのであるから、競落人よりも優先して保護されるべきであり、判旨を妥当と考える（村松俊夫・ジュリ四三三号一〇五頁）。

氏名冒用訴訟は、AがXの名を用いて訴えを提起し、AとXが人格を異にするときに、その効力をどのように捉えるかという問題である。[1]原告・被告のいずれについて氏名を冒用したかを問わない。この場合、訴状の記載により当事者はXとみるのが素直であり、Xに対し判決の効力を生じると解する。その上で、Xは、無権代理を理由として上訴、再審の訴えにより法的救済を求めることができるとするのが妥当である。あるいは、当事者として訴訟上ふるまったAを当事者とみて、判決の効力が及ぶとする見方も予想される。しかし、この場合、判決はだれに対して効力を生じるかという点を留保するとしても、不存在ではなく、外観としては有効な判決が存在するのであり、それは、判決の名宛人とされた者に対して形式上法的効力を生じることを意味する（たとえば、登記請求訴訟を想定すると明白であり、その影響はきわめて大きい。）。したがって、Aに効力を及ぼしたことをもってXについて法的救済の必要性がなくなるわけではない。その点で、訴訟上の行動に着目してAを当事者とみるのは妥当でない。[2]その基本的な視点は、被冒用者の失われた手続保障をどのように回復し、救済すべきかということであり、先に検討した判例の姿勢は是認できるものといえる。

さらに、身分法上の請求についてみると、この点は一層顕著である。夫Xが別居中の妻Yを被告として離婚請求訴訟を提起し、Yの身代わりにAをYの名をもって被告として出廷させ、X勝訴判決を取得し、右判決に基づきYとの離婚手続きをした上で、愛人B女と再婚した場合に、判決はだれに対し効力を生じるかが問題になる（中務俊昌「当事者の確定」『民事訴訟法講座第一巻』（有斐閣、昭和二九年）七九頁参照）。Yに対して判決の効力が及ぶことはなく、被告としてふるまったAに対して効力を生じるとみると、婚姻関係にないXとAとの間に離婚判決がなされたことになり、したがって実体的に無効な判決とみて、Yは再審請求を提起する必要もなく、また利益もないとすることが簡単な処理のようにみえる。しかし、かえっ

て判決の事実上の効力としてXとYの離婚判決が確定しているという事実を放置するに止まり、問題の解決にはならない。Yを名宛人とする判決効として無効ではあるが形式上は有効な判決が存在するという事実を認めた上で、YはXに対し再審請求をできると解するのが相当である。なお、YがXに損害賠償請求することも可能であり、既判力に抵触しない（新堂・一八五頁。反対・中田淳一「形成判決の既判力」法学論叢四三巻五号（昭和一五年）〔同『訴訟及び仲裁の法理』（有信堂、昭和二八年）二一五頁注1〕）。

（1）　氏名冒用訴訟と当事者の同一性の確認　　氏名冒用訴訟において判決の効力がだれに生ずるかを論じる前に、裁判官は当事者の同一性の確認義務が問題になる。裁判例は、氏名冒用訴訟が被告（本人訴訟）の請求の認諾により終了し、右認諾調書に基づき土地所有権移転登記がなされたため、被冒用者が裁判官による当事者の同一性の確認に過失があるとして国家賠償請求訴訟を提起した事案において、民訴法及び民訴規則その他関係法規に特別の定めがないので、当事者の氏名冒用訴訟を疑うべき特段の事情がない限り、当事者にその身分を証するものを提示させるなどの方法をとる必要はなく、裁判所（官）の合理的な裁量に基づき相当と認める方法により実施すれば足りるとし、請求を棄却している（東京地判昭和六二・一二・九判タ六六三号一六三頁）。本人訴訟の出頭当事者の同一性の確認方法として、妥当な見解である。

（2）　氏名冒用訴訟と訴えの取下げ　　訴訟係属中に氏名冒用訴訟であることが発覚し、A名義の訴え取下書が提出された場合には、Aを当事者とみると、相手方の同意があれば当然に取下げを認めることとなろう。しかし、有効に訴えを提起したわけではない者について、訴えの取下げを認めることは矛盾するので、XがAの訴訟行為を追認するか否かの意思を確認し、その意思がないときは、訴え却下判決をすべきである（一四〇条）。

第二節　当事者能力

一　当事者能力の意義

民事訴訟の当事者となることのできる一般的な資格を、当事者能力という。実体法上において権利義務の主体と

なることのできる資格を権利能力又は法主体というのと対照的に、当事者能力は、訴訟上において裁判権の行使を受けるのに必要な訴訟法上の権利能力又は法主体であるといえる。当事者能力は、訴訟事件の内容性質に関係なく、当事者となることのできる一般的に認められる資格である点で、特定の権利義務関係について本案判決を求めることができる資格である当事者適格とは区別される。

二　当事者能力

当事者能力は、民事訴訟法に特別の定めがある場合を除き、民法その他の法令に従うとされる（二八条）。

(1)　権利能力者　一般的に権利義務の帰属主体となることのできる者であることは、具体的な訴訟物である特定の権利義務関係について当事者適格を有するための要件であるので、実体法上の権利能力者は、訴訟上もすべて当事者能力を有する（二八条）。自然人であると、法人であるとを問わない。

(イ)　自然人は、すべて当事者能力を有する（民一条ノ三）。未成年者はもとより当事者能力を有する。自然人の権利能力は、出生に始まり（民一条ノ三）、死亡に終わるが、胎児も、相続、受遺贈及び不法行為に基づく損害賠償請求権についてはすでに生まれたものとみなされるので（民七二一条・八八六条・九六五条）、これらの関係訴訟については、当事者能力を有し、胎児のまま母を法定代理人として当事者となることができる（この胎児が死産であったときは、当事者を欠くことになり、訴えは却下され、判決確定後に死産になったときは、判決はその限度で無効となる。）。認知請求については、判例は消極的見解を採る（大判明治三二・一・一二・民録五輯七頁）が、胎児について認知を認めていること（民七八三条一項）との均衡から、積極的に解するのが相当である。外国人は、権利能力を有する限度で、当事者能力を有する（民二条）。

(ロ)　法人は、当事者能力を有する（民四三条）。外国法人も、権利能力を有する限度で、当事者能力を有する（民三六条）。法人は、解散又は破産宣告を受けても、清算又は破産目的の範囲内で存続するものとみなされるので（民七三条、商一一六条、破四条）、当事者能力を有する。清算結了登記後は、消滅する（その後、これを被告とする訴えは不適法である、大判昭和八・一二・一三法学三巻五号五六三頁）。

(ハ)　国も、民法上の権利義務の主体となるので、当事者能力を有する（四条六項）。国の機関である官庁は、民法上の権利義務の主体ではないので、民事訴訟上は当事者能力がない（東京地判平成三・九・二四労働判例五九八号八六頁は、裁判所書記官が最高裁判所を被告として提起した退職申請受理無効及び地位確認の訴えについて、最高裁は国の機関にすぎず、当事者能力を有しないとして訴えを却下している）。行政事件訴訟においては、権利主体である国又は公共団体を被告としないで、その機関たる官庁に当事者能力を認め被告適格を有する[1]（行訴一一条一項・三八条一）。外国国家も、当事者能力を有する（なお、第二部第一編第一章第二節参照）。独立行政法人は国から独立して自律的な法主体であり、当事者能力を有する（独法通則六条）。

(1)　行政事件訴訟の当事者能力　行政事件訴訟特例法および行政事件訴訟法制定時に、理論的には権利主体を被告とし、その判決はとくに規定をまたずに関係行政庁を拘束することになり、それを妥当とする意見もあった（兼子一「行政事件の特質」法律タイムズ一五号（昭和二三年）一九頁）。しかし、行政実定法は官庁と国民との関係を定め、必ずしも国又は公共団体と国民との関係を直接規定しているわけではないので、実定法を訴訟に反映させる意味からも、行政庁を被告とすべきであるとの意見によることとなった（田中二郎『行政争訟の法理』（有斐閣、昭和二九年）七六頁）、杉本良吉『行政事件訴訟法の解説』（法曹会、昭和四二年）四四頁）。基本的には、立法政策の問題であるといえる。なお、公法上の権利関係に関するいわゆる当事者訴訟あるいは行政処分の無効を前提とする現在の権利関係に関する民事訴訟においては、権利主体でない行政庁は、当事者能力ないし被告適格を有しない（最高裁判所事務総局編『続行政事件訴訟十年史』（法曹会、昭和四七年）一二九頁）。
　裁判所も、職員の任免等その他司法行政事務の権限を与えられているので（たとえば、国家公務員法七五条以下参照）、その限度において行政庁たる地位を有する（大阪高判昭和二九・四・六高民集七巻三号三二八頁、大阪高判昭和四〇・三・二二判時四〇八号二七頁、中込秀樹ほか『改訂・行政事件訴訟の一般的問題に関する実務的研究』司法研究報告書四五輯二号（平成一二年）五六頁）。

(2)　法人でない社団・財団で代表者又は管理人の定めのあるもの（二九条）　一般に、法人の設立について、主務官庁の許可を要する場合に、それに対応した要件を具備することは必ずしも容易なことではなく、かりに設立を許可されても、管理運営については主務官庁の監督を受けるとともに、そのためには相当な経済的人的負担を必要とする。それによって社会的な信用は認められるものの、たとえ許可を受けずに団体として活動していても、著しい支障を来すおそれも認められないことから、現実にはそうした法人格のない団体が多数存在し、しかも活発な社会

活動や取引行為を営んでいる。その結果、これらの団体が紛争の当事者となることも少なくない。その場合に、紛争解決の交渉過程に止まらず、交渉により解決せず、訴訟の場に移った場合にも、これらの団体が当事者として対応するのが自然であるのみならず、団体自身にとっても便利である。また、紛争の相手方にとっても、そのまま団体との間で訴訟手続を追行できることは、あらためて当事者とすべきものを調査する煩わしさもなく、訴訟手続の確実性と安定性も確保できる。そこで、民事訴訟法は、法人でない社団・財団であっても、代表者又は管理人の定めがあるものについては、外部に対して明確な組織をもっているものといえる実体に着目して、民法等とは別の趣旨から当事者能力を認めることとしたのである。

法人でない社団又は財団が当事者能力を有するには、代表者又は管理人の定めがあることを要する。ここにいう代表者又は管理人とは、団体活動の代表機関をいい、その名称は問わない。団体の寄附行為、定款その他の基本規程により選任の資格、方法が定められていることを要し、それをもって足りる。規定があるものの、現在選任されていない場合は、相手方は特別代理人の選任を申し立てることができる(三五条・三七条、規一八条)。

(イ)　要　件　(i)　社　団　民訴法二九条にいう「社団」とは、一定の目的のための多数人の結合体であって、その構成員各自の生活活動から独立した社会活動を営むと認められる程度に達しているとともに、その活動から生じた債務の引当てのために、構成員から独立して管理されている固有の責任財産を有するものをいう(2)(これに対し、財産的独立性を要素することを疑問とする立場が見られる。伊藤眞『民事訴訟の当事者』(弘文堂、昭和五三年)七一頁、長谷部由起子「法人でない団体の当事者能力」成蹊法学二五号(昭和六二年)九五頁以下)。同業会、商店会、同窓会、PTA、学会、労働委員会の証明を受けない労働組合(労組一一条一項)、町会(普通地方公共団体の区域に属する特定地域の住民により結成された任意団体について、最判(一小)昭和四二・一〇・一九民集二一巻八号二〇七八頁。なお、町又は字の区域その他市町村内に一定の区域に住所を有する者の地縁に基づいて結成された団体で、地域的な共同活動等のための不動産に関する権利等を保有するため市町村長の認可を受けたときは、権利能力を有する(自治二六〇条の二)。これを「地縁による団体」という。)、設立中の会社等が、これに当たる。もっとも、社員に共通する利益を図ることを目的とし、かつ、余剰金を社員に分配すること

を目的としない社団については、法人格を取得することが、可能である（中間法人法（平成一三年法律第四九号）参照）。

(ii)　民法上の組合　民法上の組合は、組合財産が目的財産として組合員個人の財産から独立して管理される建前になっている（民六六七条・六六八条参照）。しかし、その中には、継続的な組織を有し、相当の財産を有し、外観上その構成員である組合員の財産から独立した財産を有するものと、当面する特定の目的のために一次的な集合体を構成するに止まり、その構成員である組合員の財産から独立した目的財産を形成していないものとがある。前者は、社会生活上独立した主体として活動する点で法人格なき社団に準じて取り扱うのが相当であるのに対し、後者については、同様に扱うことは妥当ではない。二九条が法人でない社団・財団にとくに当事者能力を認めた前述した趣旨及びそれらの団体との均衡を考慮すると、前者と認められるもので、代表者又は管理人の定めのあるものに限り、訴訟上も法人格なき社団と同様に当事者能力を認めるものと解するのが相当である。(3)(4) 後者については、業務執行組合員に対して組合員全員が訴訟追行権を授権し、業務執行組合員が組合の権利義務について自己の名をもって訴訟追行する方法（任意的訴訟担当）によるのを相当と解する。

(2)　法人格なき社団の成立要件　判例は、法人格なき社団の成立要件として、①団体としての組織を備えること、②団体において多数決の原則が行われること、③構成員の変更にもかかわらず、団体そのものが存続すること、④団体において、その組織によって代表の方法、総会の運営、財産の管理その他団体としての主要な点が確定していることを上げている（最判（一小）昭和三九・一〇・一五民集一八巻八号一六七一頁、最判（一小）昭和四二・一〇・一九民集二一巻八号二〇七八頁）。

(3)　立法過程における民法上の組合の対応　民法上の組合が二九条に入るか否かについては、同条に相当する旧四六条の制定時に、司法省に設置された委員会審議の段階で見解が厳しく対立し、結局解釈に委ねられることとなった経緯がある。とくに、否定説は、三〇条（旧四七条）が同時に提案されたことに着目し、民法上の組合は同条によるべきであるというのが根拠の一つであった（民事訴訟法改正調査委員会議事速記録第五回（大正一一年一月三一日）〔日本立法資料全集一一民事訴訟法（大正改正編）(3)〕（信山社）六四頁～六八頁、同委員会議事速記録第六回（同年二月七日）同資料集六八頁～七一頁）。しかし、国会審議におい

て、政府委員は、民法上の組合の全部とはいえないが、継続的組織をもっているものであれば入ると答弁している（長島政府委員答弁・第五一帝国議会大正一五年三月一六日衆議院民事訴訟法中改正法律案外一件委員会議録（速記）第六回・前掲立法資料全集一四（5）三一二頁）。

（4）　民法上の組合の当事者能力　㈠　判例は、民法上の組合について二九条により当事者能力を認めている。

①　原告側について［最判(三小)昭和三七・一二・一八民集一六巻一二号二四二二頁］　A会社に対して債権を有する三銀行の取扱い支店が右債権を出資し、A会社の経営を管理してその営業の再建整備を図るとともに、協力して三銀行がそれぞれ有する右債権を保全回収することを目的として民法上の任意組合として三銀行債権管理委員会を結成した上、代表者Bを選任し業務執行に関する一切の権限を委任した。同委員会は、A会社のYに対する売掛金債権を譲り受け、原告となって売掛代金支払請求訴訟を提起した。第一審は社団性が極めて稀薄で権利能力なき社団とは認められないとしたが、控訴審及び最高裁は、これを権利能力なき社団にして代表者の定めあるものとして訴訟上の当事者能力を認めている。しかし、本件の三銀行債権管理委員会は、民法上の組合として結成されたものではあるが、三銀行の個人的利益を離れた独立の目的がなく、Bも代表者というよりも、三銀行から構成される集合体の業務執行組合員たる銀行の代表機関とみるべきであり、四六条（新二九条）により当事者能力を認めることはできないと解する（小山昇・民商四九巻三号〔同・著作集三巻三三八頁〕も、結論として判旨に賛成しつつ、典型的な民法上の組合とはいいがたく、無名契約の色彩があることを認める。）。

②　被告側について［大判昭和一〇・五・二八民集一四巻一一九一頁］　Xは、「日英合板従業員組合」が権限なくしてその所有物を占有使用していることを理由として、同組合を被告として建物機械引渡請求訴訟を提起した事案につき、大審院は、民法上の組合も代表者の定めがある場合には四六条により当事者能力があるとした。しかし、この組合は、合資会社日英合板製作所内において製作業をなし工場運転を維持し他日の社運挽回を期すことを目的として、同社の従業員をもって組織され、理事長を代表者とするもので、むしろ実質的にみて社団といえる事案であり（我妻栄・判民昭和一〇年度七一事件）、判旨の結論は是認できるものの、被告側についての肯定例としての先例的意義を認めることは困難である。また、民法上の組合について、代表者の定めがある場合に、一律に当事者能力を認めている点については、本文に述べた趣旨から賛成できない。

㈡　他方、学説は、社団と民法上の組合は、社会的実在として峻別されるとして、二九条の「社団」に民法上の組合は含まれないとする（兼子・体系一一〇頁、三ケ月・全集一八一頁、民法の立場から、末広厳太郎「訴訟当事者としての人格なき社団財団」『加藤先生還暦祝賀論文集』（有斐閣、昭和七年）〔同『民法雑考』（日本評論社、昭和七年）一〇三頁以下〕、我妻榮・判民昭和一〇年度七一事件）。もっとも、社会的実体をみると、両者を選別することは必ずしも明確でなく、したがって一律に肯定的に扱うのが訴訟手続上便宜で妥当な対処方法であるとする見方もある（新堂・一二二頁。実体法の視点から、社会学的及び実定法的に社団と組合の区別は明確でないことを指摘し、同様の結論を導くものとして、星野英一「いわゆる権利能力なき社団について」法協八

四巻九号（昭和四二年）（同『民法論集一巻』（有斐閣、昭和四五年）二四七頁～二六四頁）。さらに、来栖三郎「民法上の組合の訴訟当事者能力」菊井先生献呈論集『裁判と法・上』（有斐閣、昭和四二年）三四九頁は、同様の立場を採るとともに、訴訟手続と執行手続の繋がりを強調する。一〇七頁（5）参照）

しかし、そうした安易な対応をすることは、組合でありながら、訴訟手続の段階で各組合員が独自に訴訟追行することが妨げられ、さらに執行段階では、実質は組合であるのに組合員の財産に対する個別執行の途をふさぐことになり、債権者の立場を著しく阻害する（上田徹一郎「組合と訴訟・執行」『契約法大系Ⅴ』（有斐閣、昭和三八年）一三七頁、松本博之「非法人社団の当事者能力と実体関係」民商法雑誌創刊五十周年記念Ⅱ・九三巻臨時増刊号（2）（昭和六一年）七九～八一頁）。民法上の組合が原告・被告両様の立場にある場合を考えなければならないとともに、他方その取引の相手方との利益考量をも考慮する必要がある。そうすると、むしろ、二九条（旧四六条）は選定当事者制度とともに立法されたという経緯に照らし、民法上の組合を一律に処理するのではなく、組合の多様性を視野に捉えて、類型化して対処することにより適切妥当な解決を図ることができるとともに、それにより法的保護を損なうこともない。したがって、右の批判は執行段階及び取引の相手方の利益を考慮する姿勢に欠ける点で是認できず、本文のように解するのが相当である（民法上の組合一般について任意的訴訟担当による立場を採るものとして、最判（大）昭和四五・一一・一一民集二四巻一二号一八五四頁、山木戸克己『民事訴訟法判例研究』一九頁、二七頁。上田・前掲一三九頁、松本博之前掲八一頁は、同様の結論を認めるとともに、業務執行組合員を法令上の訴訟代理人として訴訟追行することもできるとする。）。

(iii) 財　団　民訴法二九条にいう「財団」とは、個人の帰属を離れて、管理機構の下で一定の目的のために管理運用されている財産の集合体をいう（目的財産について、兼子一「破産財団の主体性―目的財産論を背景として」法協五八巻六号（昭和一五年）（同・研究一巻四二三頁以下、とくに四五〇頁以下参照））。

(ロ) 法人でない社団・財団の当事者能力と実定法上の制約

(i) 登記関係訴訟　法人格なき社団の登記能力について、判例は、その資産は社団の構成員全員に総有的に帰属しているので、社団自身が私法上の権利義務の主体となることはないから、社団の資産たる不動産についても、社団はその権利主体となり得るものではなく、登記請求権を有しないとする。したがって、法人格なき社団が登記申請人となることは許されず、その代表者が個人名義で所有権の登記をすることができるにすぎないとしている（最判（二小）昭和四七・六・二民集二六巻五号九五七頁）。右判例の趣旨に照らすと、法人格なき社団はたとえ民訴法二九条の要件をみたしていたとしても、そのことからただちに登記請求訴訟について当事者能力を認めることは困難と見るべきである。もっとも、その不動産の所有権確認と相手方名義の登記抹消請求についてては、登記請求権の行使ではないので、これらの社団

も二九条の要件をみたしていれば、当事者能力を認められることになる（登記抹消請求について同旨として、東京高判昭和四九・一二・二〇判時七七三号八九頁。反対・吉野衛「権利能力なき社団と登記請求権の行使」『不動産登記の諸問題・下巻』（帝国判例法規出版、昭(5)和五一年）三一七頁注(2)）。

しかし、同一不動産について、権利関係の存否の確認請求と所有権移転登記請求を併合請求する場合に、前者は社団が原告となり、後者は代表者個人が原告になるべしとするのは、形式的にすぎるばかりでなく、訴訟形態を著しく複雑にするきらいがある。

この点について、法人格なき社団の実体法上の登記能力を否定する判例の立場を前提としつつ、登記請求についても、社団の当事者能力を認め、社団が原告となって、代表者個人名義への所有権移転登記請求訴訟を提起することができ、その代表者は民訴法一一五条一項四号にいう「請求の目的物を所持する者」に準じて考えられるとし、右勝訴判決に基づきみずから自己名義に登記申請することを認める見解がある（大阪高判昭和四八・一一・一六高民集二六巻五号四七五頁、新堂・一二四頁、浦野雄幸「登記能力（権利能力なき社団の登記能力）」『判例不動産登記ノート（一）』（テイハン、昭和六三年）九五頁。また、松本・前掲注(4)八八頁は、方向性として共感を示しつつも、民訴法一一五条一項四号を根拠とする見解を疑問とし、社団自身が登記申請できるとする。また、代表者も、任意的執行担当の方法により社団の代表者名義で移転登記を命ずる判決に基づき執行文の付与を受け（民執二三条一項三号・二項）、自己の名において登記申請できるとする。）。

しかし、同条項にいう「請求の目的物を所持する者」を形式的当事者と訴訟手続上において同視できる実質的当事者を含むと解したとしても、ここにいう社団の代表者について同条項を重視することは無理がある。この見解によると、逆に社団を被告としてその代表者名義になっている登記について、相手方が所有権移転登記請求訴訟を提起することも認めざるをえないこととなる。右の見解が、このような場合をも念頭にいれているかは断定できないが、これを認めることは困難である。法人格なき社団の不動産登記についての実体法上の前述した判例の立場との整合性をはかるには、むしろ実体法上の権利義務の帰属主体のために、社団をもって第三者の訴訟担当と位置付け、民訴法一一五条一項二号を準用して、前述した近時の有力説と同様の結論を導くのを妥当と解する。これに対し、

代表者個人が他人のため原告となる任意的訴訟担当と解し、代表者個人への所有権移転登記請求を認める見解がある（吉野衛・前掲三一六頁）。しかし、不動産の所有権は社団に帰属するのであるから、前述した所有権確認請求の主体との関連性を考慮してなく、所有権の帰属主体と一層乖離する訴訟方法であり、疑問である。

（5）　法人格なき社団と第三者異議の訴え　東京地判昭和五九年一月一九日（判時一一二五号一二九頁）は、法人格なき社団の代表者の債権者が、右代表者個人名義の社団所有不動産について仮差押えしたのに対し、社団が第三者異議の訴えを提起した事案について、社団は代表者個人名義のまま第三者に対抗できるとする（同旨、星野・注（4）前掲二八九頁、鎌田薫・判例評論三三五号一九五頁）。妥当と考えるが、社団の債権者は、代表者名義の社団所有の不動産に強制執行することは可能であり、代表者が登記名義人として第三者異議の訴えを提起して自己の所有権を主張することはできないと解する（同旨・星野・前掲二八九頁）。

(ii)　住民訴訟　普通地方公共団体の住民であって、地方自治法一〇条により市町村の区域内に住所を有する者は、その市町村及びこれを包括する都道府県の住民として、これらの自治体の財務会計行為について住民訴訟を提起することができる（自治二四二条・二四二条の二）。法人についても、市町村の区域内に住所を有し、地方税の納付義務を負う住民として原告となり得る。これに対し、法人格なき社団は、地方税の納付義務を負うものではないので住民とはいえず、一定の財務会計上の非違行為を予防し、あるいは是正するための役割を認めた住民訴訟制度の趣旨にも反するとして、原告適格を否定する見解がある（三好達「住民訴訟の諸問題」『新・実務民事訴訟講座九』（日本評論社、昭和五八年）三一五頁、中込秀樹ほか『改訂・行政事件訴訟の一般的問題に関する実務的研究』司法研究報告書四五輯二号（平成一二年）三三六頁）。しかし、地方自治法二四二条・二四二条の二にいう「住民」とは、選挙人のみならず、地方公共団体に住所を有する者いわゆる納税義務を負う者（法人を含む。）のすべてを含むとされているので（昭和二三年九月一七日自治課長回答・自治省行政局行政課編『地方自治関係実例集（第十二次改訂版）』二九四頁）、法人格なき社団であっても、住所は、民法五〇条を類推し、地方税の納税義務を負うもの（地方税一二条・二四条一項四号、六項・七二条二項）については法人に準じて肯定的に解するのが相当である（法人格なき社団一般について、成田頼明「住民訴訟（納税者訴訟）」『行政法講座三巻』（有斐閣、昭和四〇年）二〇九頁、大和勇美「住民訴訟の諸問題」『実務民事訴訟講座三巻』（日本評論社、昭和四五年）五六頁。福岡地判平成一〇・三・三一判時一六六九号四〇頁、もっとも、同判決は訴訟目的で設立されたようなものについては否定すべしとする。）。

(ハ)　効　果　法人でない社団又は財団その他二九条により当事者能力を認められる団体は、訴訟手続上法人と同様に扱われる。(6) 普通裁判籍については、四条四項、代表者又は管理人の地位については、三七条が適用される。これらの団体は、判決の名宛人となり、これらの団体に権利義務が帰属する旨の判決をできることになる（その結果、特定の財産権の帰属について実体法上は法主体として認められない団体について、実体に即した権利義務の帰属を反映した紛争解決を図ることができるのであり、これをもって、たとえその限度においても、一般に認められない権利能力が個別の訴訟を通じて認められることになる（新堂・一二三頁）とはいえない。）。また、補助参加人となることができる。これらの団体を名宛人とする判決は、団体について効力を生じ、これを債務名義として団体の帰属財産に対して強制執行することができる。(7) その構成員にも判決の法律要件的効力を生じるが、団体の性格に照らし、構成員の個人財産に対し強制執行することはできない（注7参照）。

(6)　法人格なき社団と公正証書嘱託能力　判例は、傍論としてではあるが、民法上の組合ないし法人格なき社団は、たとえ代表者の定めがあっても、社団の名において、公正証書の作成嘱託をすることはできないとする（最判(二小)昭和五六・一・三〇判時一〇〇〇号八五頁）。また、先例も同様の見解を採っている（法人格なき社団について、昭和一三年二月二日民甲第一〇四号司法省民事局長回答、民法上の組合について、昭和三五年三月二八日民事甲第七三三号法務省民事局長回答、昭和三八年三月二六日民事甲第九〇二号法務省民事局長回答・法務省民事局編『公証人法関係解説先例集』七九〇頁）。しかし、疑問である（瀬戸正二「公証法の解釈に関する三つの最高裁判決について」『公証制度百年記念論文集』（昭和六三年）一一七頁以下、佐上善和・民商八五巻三号五四三頁）。

(7)　団体の受けた判決と強制執行の対象範囲　(i)　法人格なき社団・財団　判例は、法人格なき社団の代表者が社団の名においてした取引上の債務は、その社団の構成員全員に一個の債務として総有的に帰属するとともに、社団の総有財産だけが責任財産となり、構成員各自は取引の相手方に対し直接には個人的債務ないし責任を負わないとする（最判(三小)昭和四八・一〇・九民集二七巻九号一一二九頁）。これは、同様の理由から民法学者の通説でもある（我妻榮『新訂民法総則』（岩波書店、昭和四〇年）一三四頁、合有と解しつつ結論的に同旨として、川島武宜『民法総則』（有斐閣、昭和四〇年）一三九頁）。これに対し、社団に対する債権者の保護を図る視点から、営利を目的とする社団については、構成員は利益配分を受けることに照らし、損失を負担することもやむを得ないとする見解がある（星野英一「いわゆる権利能力なき社団について」法協八四巻九号（昭和四二年）（同『民法論集一巻』（有斐閣、昭和四五年）二九六頁）、福地俊雄「法人に非ざる社団について」神戸法学雑誌一六巻一・二号（昭和四一年）（同『法人法の理論』（信山社、平成一〇年）三三三頁））。しかし、構成員の手続保障が確保されているとはいえないことを考えると、判例・通説の立場が妥当であり、営利を目的とするか否かで識別することでは、その点についての解決策を提示するものではなく、賛成し難い。

(ii)　民法上の組合　民法上の組合を判決名宛人とする判決を債務名義として、組合財産に対し強制執行することはできる

が、組合員固有の財産に対し強制執行はできない（末川博「組合の業務執行について」民商一一巻六号（昭和一五年）〔同『債権』（岩波書店、昭和四五年）四二四頁〕）。これに対し、合名会社の場合の商法八一条一項を類推適用して、組合が提出できなくなった抗弁を組合員も提出できないと解し、組合を名宛人とする組合債務の存在を認める判決があると、その反射効によって各組合員は組合債務の存在を争えなくなると解すべきであり、債権者が、各組合員に対する分割責任を追及するために、民事執行法二七条二項により、組合に対する判決について各組合員に対する執行文の付与を申し立てることができるとする見解がある（新堂・一二四頁。来栖三郎「民法上の組合の訴訟当事者能力」『裁判と法・上』（菊井先生献呈論集）（有斐閣、昭和四二年）三四九頁は、民法の視点から同様の見解を唱えるとともに、それによってはじめて民法上の組合に当事者能力を認める意義があるとする。）。しかし、前述した(i)の場合と同様に組合員の手続保障に欠ける点で疑問があり、賛成できない。

三　当事者能力の調査及び欠缺の効果

(1)　当事者能力の存在は、訴訟要件の一つである。裁判所は、いつでも職権をもって調査し、その欠缺を認めるときは、訴えを却下しなければならない。当事者能力のない者について、それを看過して本案判決をしたときは、控訴又は上告により取り消すことができる（三一二条三項・三二五条二項）が、再審事由には当たらないので（三三八条参照）、判決確定後は取り消すことはできない。(8)

(2)　当事者能力の喪失による地位の承継　当事者が訴訟係属中に当事者能力を喪失したときは、訴訟手続は中断し（一二四条一項一号・二号、ただし同条二項、規五二条）、その権利義務を承継する者が、当事者能力を喪失した者の訴訟上の地位を承継する。もっとも、訴訟物である権利または法律関係が当事者の一方にとって一身専属的性質を有するときは、二当事者対立構造が消滅するので、訴訟は当然に終了する（八二六頁参照）。

(8)　当事者能力欠缺の判決の効力　当事者能力を欠缺しているにもかかわらず、これを看過して本案判決をした確定判決の効力については、通説はその事件に限って当事者能力があるものと扱われるとする（兼子・体系一一二頁。三ケ月・全書二二七頁は、訴訟法の予定している法人格なき社団・財団にまで至らないものをそのように認めて訴訟上扱った場合を念頭に置いている。）。これに対し、内容上の効力を生じない無効の判決であるとし、当事者能力の有無が争点になっていなかったときは、執行手続において判決の無効を主張し執行を排除できるとする説がある（新堂・一二五頁。死産した胎児を名宛人とする給付判決を例としている。）。

このことはその訴訟手続において直接法的効力が問われるのではなく、第一に、その後の執行手続においても、当事者能力のない者に対する執行文の付与を認めて執行手続きを遂行することができるか、第二に、後訴において、前訴判決の効力を受けるかという問題に帰着する。第一の点について、再審の訴えの道を開くべきであるとともに、判決の無効を主張して執行を排除できるとする考え方がある（栂善夫「判決機関と執行機関の職務分担について――執行手続における当事者能力および訴訟能力の審査に関する問題を中心として」民事訴訟雑誌二四号（昭和五三年）一三四頁、中野貞一郎『民事執行法〔新訂四版〕』（青林書院、平成一〇年）一一八頁）。しかし、直接該当する再審事由がなく、また債務名義の安定性に照らし、判決の無効の主張を認めるのは妥当でない。通説の立場によりつつ、死産した胎児を名宛人とする給付判決については、当事者能力に係る事項ではあるが、むしろ債務名義の形式上の理由による無効に当たるとみるべきであり、たとえ執行文が付与されたとしても、債務者はそれに対する異議（民執三二条）により争うことができると解する。第二の点についても、同様に通説を覆すには決め手に欠ける。

第三節　訴訟能力

一　訴訟能力の意義

訴訟当事者（又は補助参加人）がみずから単独で有効に訴訟行為をなし、又は受けるために必要な能力を、訴訟能力という。

(1)　訴訟能力と当事者能力　当事者能力があれば、訴訟事件の内容性質に関係なく、訴訟の主体として一般的に当事者となる資格を有し、判決の名宛人となることができるが、それによってみずから単独で訴訟追行行為をできるわけではなく、そのためには訴訟能力を有することを必要とする。訴訟手続は全体的にみると、当事者の意思を尊重し、その主体性の下に遂行するのを基本原則として構成されている。したがって、みずから積極的に訴訟追行し、あるいは相手方もしくは裁判所の訴訟行為を受けるには、それによって自己の法的利益を主張し、権利を守

る意義を十分に認識していることを必要とする。そうしたことを期待することが困難な者については、かえって自主性に委ねると不利益を生じさせるおそれがあるので、民法上制限能力者制度を設けるのと同様に、別に訴訟能力という水準を設けることによりその利益を擁護することとされるのである。

(2) 訴訟能力を必要とする訴訟行為　訴訟能力は、当事者（又は補助参加人）として自分の訴訟上の利益を主張し保護するために訴訟行為を追行するのに必要な能力である。ここにいう訴訟行為は、訴訟手続内の行為のほか、訴訟外又は訴訟前に行われる行為を含んでいる。

代理人は自己の利益を追行する者ではなく、訴訟無能力者制度は当事者を保護する制度であるから、他人の代理人として訴訟行為をするには、民法の原則に則り（民一〇二条）、訴訟能力を必要としない（判例は、判決の効力は代理人には及ばないので、訴訟無能力者も簡易裁判所においては裁判所の許可をえて訴訟代理人となることができるとし、区裁判所における未成年者（一九歳）による訴訟代理を認めている（大判昭和七・九・一七民集一一巻一九七九頁）。しかし、簡易裁判所では弁護士代理の原則が適用されていないものの（五四条一項ただし書）、同様の建前を採る非訟事件手続においても、代理人は訴訟能力者でなければならないとされている（非訟六条）とともに、簡易裁判所であっても、訴訟手続を円滑にし、審理の充実を図るという要請はもとより適用されるのであるから、訴訟能力も必要としないとするのは賛成できない）。

二　訴訟能力者

訴訟能力は、民事訴訟法に特別の定めがある場合を除き、民法その他の法令に従うとされる（二八条）。当事者能力を有する者のうち、みずから訴訟追行行為をなしうる者と特に保護を要する者を、行為能力を基準にして選別して訴訟能力の有無を決めることとする趣旨である。したがって、行為能力者はすべて訴訟能力を有する。

三　訴訟無能力者及び制限的訴訟能力者

民法上の制限能力者は、完全な訴訟能力を有しないが、その範囲及び取扱いについては、訴訟法の視点から政策的に判断することであり、必ずしも民法と同様の原則に基づいて対処すべきことではない。また、民事訴訟のうち、財産権関係訴訟と人事関係訴訟とでも別個の考慮を必要とする。民事訴訟法は、未成年者及び成年被後見人を訴訟

無能力者とし、被保佐人及び成年被後見人を制限的訴訟能力者とする。

(1)　未成年者　(イ)　原則として、訴訟無能力者であり（三一条本文。法文上訴訟無能力者というときは、未成年者と成年被後見人の両者を指す。一〇二条一項参照）、みずから有効に訴訟行為をなし、又は受けることができない。その趣旨は、民法上、未成年者はあらかじめ法定代理人の同意をえれば、みずから有効に法律行為をすることができる（民四条）が、自己の権利を保護するために積極的に訴訟追行すべきか、又は訴訟行為を受けるべきかについては、先行きを見通した多角的な視点からの判断を要するとともに、その複雑な特質を有することを考慮すると、法定代理人の同意を要件とするだけでは未成年者の保護を図るのに十分とはいえないので、必ず法定代理人が代わって訴訟追行することとしたのである。

未成年者を訴訟無能力者とすることに対応し、未成年者の法定代理人となるべき者がいない場合又は法定代理人が代理権を行うことができない場合に、これに対し訴訟行為をしようとする者が不当な不利益を被ることを避けるために、特別代理人の制度を設けている（三五条）。未成年者が原告となる場合についても、判例は、この制度を利用することを認め、未成年者の保護を図っている（一三〇頁参照）。

(ロ)　未成年者であっても、例外的にみずから訴訟行為をすることができる場合がある。

第一に、訴訟能力者が未成年者を代理人とすることは妨げず（民一〇二条）、その場合は未成年者であっても訴訟行為をできるとされる。判例は、簡易裁判所においては、許可をえて訴訟代理人となることができるとする（大判昭和七・九・一七民集一一巻一九七九頁）が、賛成できない（一一一頁）。

第二に、行為の性質に照らし、本人であることを要する場合には、みずから有効に訴訟行為をできる。証人尋問（二〇一条二項参照）、検証の対象として証拠調べを受ける場合が、それである。未成年者に代わって法定代理人について証拠調べを行っても意味がなく、未成年者を証拠調べの対象とすることによりえられた証拠資料に裁判所がどの程度の

証拠力を認めるかの問題に帰着する。

第三に、未成年者であっても、独立して法律行為をすることができる場合については、みずから訴訟行為をすることができる（三一条ただし書）。

未成年者が婚姻をしたときは、成年に達したものとみなされる（民七五三条）ので、完全に訴訟能力を有する。また、法定代理人から営業をすること（民六条一項）又は会社の無限責任社員となること（商六条）を許された場合は、その関係する訴訟の限度で訴訟能力を有する。これに対し、未成年者が特定の財産の処分を許された場合（民五条）については、それに必要な行為能力を取得するに止まり、財産の処分により生じる紛争処理に関する訴訟まで視野に入れて許可したものと解するのは困難であり、したがって訴訟能力を認めるのは妥当でない。

賃金請求をはじめとする労働契約に関する訴訟については、賃金請求については独立請求の趣旨（労基五九条）に照らし、また労働契約関係についても、法定代理人の許可をえて契約を締結している場合には、営業の許可があった場合（民六条一項・八二三条）と同様に、三一条ただし書に当たり、労働者の最低年齢である一五歳以上の未成年者について（労基五六条参照）、訴訟能力を認められるものと解する(1)（名古屋高決昭和三五・一二・二七高民集一三巻九号八四九頁、名古屋高判昭和三八・六・一九労民集一四巻五号一一一〇頁、中川善之助編『註釈親族法(下)』（有斐閣、昭和二七年）五六頁（山木戸克己）、兼子一・労働判例百選一二二頁は、とくに年齢制限を設けることなく肯定説を採る。最近の労働法学者の有力説も肯定説を支持する、菅野和夫『労働法〔第五版〕』（弘文堂、平成一一年）三三二頁。反対・名古屋高判昭和三八・七・三〇労民集一四巻四号九六八頁、名古屋地判昭和三七・六・一一労民集一三巻三号七三四頁、三好達「未成年労働者の訴訟能力」『実例法学全集・民事訴訟法　上巻』（青林書院、昭和三八年）三六頁、小山・一〇八頁）。

つぎに、人事関係訴訟については、身分法上の行為はできるかぎり本人の意思を尊重すべきであるという民法の態度に対応して、意思能力があるかぎり訴訟能力を認められる（民七五三条、人訴三条一項・二四条・二六条・三二条一項）。その場合に、受訴裁判所の裁判長は、申立てにより又は職権で弁護士を訴訟代理人に選任するように命じることができ、あるいはみずから選任することもできる（人訴三条二項ないし四項）。判例は、未成年者X（年齢不明）がY・Zを被告としてY・Z間の親子関係確認とX・

Z間の嫡孫関係の確認請求訴訟を提起した場合について、訴訟能力を認める（大判昭和一一・六・三〇民集一五巻一二八一頁。兼子・判例民訴六六頁は、未成年者が自己の身分関係に関する訴訟を提起するのは、独立して法律行為をできる場合に属し、三一条ただし書により訴訟能力を肯定すべしとする。）。もっとも、他人間の身分関係に第三者として当事者となる場合（たとえば親族として婚姻取消訴訟を提起する場合）は、当事者の親族ないし利害関係人としての立場で当事者となるのであるから、前記各条項を適用すべきではなく、訴訟能力は認められないと解する。さらに、身分法上の訴訟に関連する損害賠償請求については、みずから訴訟行為はできず、法定代理人によらなければならない（人訴七条二項ただし書・二六条・三二条一項）。未成年者に意思能力がある場合でも、法定代理人は子を代理して認知請求訴訟を提起できる（一四歳の女子につき、最判(三小)昭和四三・八・二七民集二二巻八号一七三三頁）。未成年者に意思能力がない場合について、嫡出否認の訴え（民七七五条）、認知の訴え（民七八七条）、離縁の訴え（民八一五条）等について、法定代理人による旨の明文規定が設けられている。これらの場合の法定代理人の地位については、身分行為は本来代理に親しまないので、職務上の地位に基づき当事者（訴訟担当者）として訴訟追行するものと解する（一一五頁参照）。法定代理人がいないか、その他法定代理人がいても訴訟追行できない場合は、特別代理人の選任を申し立てる方法による（三五条。一二九頁参照）。

(ハ)　訴訟係属中に未成年者が成年に達したときは、訴訟能力を取得し法定代理人の法定代理権は消滅するが、消滅の効果は、訴訟能力を取得した本人又は法定代理人から相手方に通知するまで生じない（三六条一項。なお相手方に通知した者はその旨を裁判所に書面で届け出なければならない（規一七条）。）。法定代理人が訴訟代理人を選任していたときは、本人が訴訟委任状を追完するか、従前の訴訟委任を追認する措置を採るのが相当である。

(1)　未成年者と労働契約関係訴訟の背景　　未成年者が労働紛争の当事者になった場合には、通常親権者が物心両面から全面的に支援すると期待されるので、標記の事項について論じる実益を疑問とする向きもあろう。しかし、親権者が未成年者と生計をともにしていない場合には、未成年者本人と親権者の労働契約関係に対する認識に相当程度の隔たりがあり、さらに親権者が遠

隔地にいる場合には迅速に対応することが困難であることが少なくない。また、賃金請求と労働契約関係の紛争を分離するのも、観念的である。そうした背景を視野に入れて考えると、未成年者の訴訟能力を否定することは、法的救済をきわめて困難にするおそれがあり、これを認めることがかえってその保護に有益でもある。

(2) 成年被後見人　未成年者と同様に、訴訟無能力者であり（三一条本文）、みずから有効に訴訟行為をなし、又は受けることができない。法定代理人によらなければ、訴訟行為をすることができない。その反面、未成年者と異なり、人事訴訟についても訴訟能力は認められない。意思能力が安定してなく、本人の意思を尊重するという趣旨に基づき訴訟能力を認めることは、かえって本人の保護に欠ける恐れがあるのみならず、手続の安定性を害し、相手方に不利益を及ぼすことも予測されることによる。したがって、未成年者に意思能力がない場合と同様の方法による（離婚・離縁の訴えにつき、人訴四条・二五条。子の否認の訴えにつき、二八条参照）。判例は、禁治産者（成年被後見人）を被告とする認知請求について、後見人を法定代理人としていた（大判昭和一〇・一〇・三一民集一四巻一八〇五頁）が、最高裁は人訴法四条の法定代理人を職務上の当事者と解している（最判(二小)昭和三三・七・二五民集一二巻一二号一八二三頁、ただし禁治産宣告がなされていない事案）。身分行為は代理に親しまない性質に照らし、妥当といえる。

(3) 被保佐人・被補助人　(イ) 被保佐人及び被補助人はみずから訴訟行為をできるが、原則として保佐人又は補助人の同意を要する（民一二条一項四号）。ただし、人事訴訟に係る訴訟行為については、被保佐人及び訴訟行為につき能力の制限を受ける被補助人も保佐人又は補助人の同意を要せず、完全な訴訟能力を有する（人訴三条・二六条・三二条一項）。非訟事件についても、同様である（大決大正六・一一・三一民録二三輯一七七頁）。

(a) 保佐人又は補助人の同意は、書面で証明しなければならない（規一五条）。

(b) 保佐人又は補助人の同意は、特定の事件の訴訟追行について包括的に与えられることを要し、個別的の訴訟行為に限定して同意し、あるいは条件を付すことはできない。訴訟手続の安定性を確保する趣旨である。審級毎に

同意を与えることもできるが、審級を限定しないで同意を与えたときは、事件が終局するまでの上級審の訴訟行為にも及ぶ。同意をえないで訴訟行為を行ったときは、その訴訟行為は無効であり、追認により行為の時に遡って有効になる（三四条二項）。

(c)　訴訟係属中に、当事者が保佐開始の審判（民一一条）又は補助人の同意を要する旨の審判（民一六条一項）を受けても、訴訟手続は中断せず（後見開始の審判を受けたときは中断事由となる（一二四条一項三号）。）、その審級に関する限り、保佐人又は補助人の同意をえないで訴訟行為をできるが、上訴については同意を要する。

(ロ)　被保佐人及び被補助人が、相手方の提起した訴え又は上訴について訴訟行為をするには、保佐人又は補助人の同意その他の授権を要しない（三二条一項）。

(ハ)　被保佐人及び被補助人が、訴えの取下げ、和解、請求の放棄もしくは認諾、四八条による訴訟脱退をするには、特別の授権を要する（三二条二項一号）。また、被保佐人等が必要的共同訴訟の一人であるときに、他の共同訴訟人が上訴すれば、被保佐人等も上訴人になり（四〇条一項）、上訴審においては保佐人又は補助人の同意その他授権なしに訴訟行為をできる（四〇条四項）。

四　訴訟能力の調査及び欠缺の効果

(1)　訴訟要件と訴訟能力　訴訟能力は、それ自体は訴訟要件ではない。個々の訴訟行為の有効要件であり、訴訟能力のない者が行った訴え提起行為、送達受領行為等訴訟行為は無効であって、訴訟係属を構成する要件を欠くので、適法な訴訟係属を生じないこととなり、訴訟能力の欠缺が補正されなければ、訴訟要件を欠く不適法な訴えとして却下される。(2)　裁判所は、いつでも職権をもって調査し、その欠缺を認めるときは、訴えを却下しなければならない。訴訟能力のない者の訴訟行為、又はこの者に対する相手方もしくは裁判所の訴訟行為は、無効である。もっ

とも、訴訟能力のない者の訴訟行為も、意思能力の欠缺の場合を除き、訴訟行為として不存在ではないので、裁判所は対応措置を採ることを要し、明確に不適法として却下する旨の裁判をしなければならない。

(2) 訴訟能力の欠缺に対する追認　訴訟能力のない者の訴訟行為も、その法定代理人又は能力を取得しもしくは授権を得た本人がこれを追認すれば、行為の時に遡って有効となる（三四条二項）。それにより、訴訟無能力者の保護に欠けることはないのみならず、裁判所及び相手方の手続保障を損なう恐れもなく、さらに訴訟経済にも適うという趣旨による。追認は、訴訟能力を欠く行為が確定的に排斥されるまで可能である。また、追認は、裁判所又は相手方に対し、明示又は黙示の意思表示によることができる。ただし、追認は、過去の訴訟行為について包括的に行うことを要し、訴訟手続中の個別的行為について追認することはできない。個々の行為を選択して追認することは、訴訟行為が全体として連続して形成されている性格に適応せず、過去の行為をそのまま活かすことにならないばかりでなく、さらにその後の訴訟手続を複雑にするからである。

(3) 裁判所側の措置　(イ) 訴訟能力を欠くときは、裁判所は期間を定めて、その補正を命じなければならない（三四条一項）。ここにいう補正とは、過去の行為を追認するとともに、将来に向かって欠缺がない訴訟追行ができる方法を講じることをいう。

(ロ) 補正されるまでの間に訴訟行為をしないと、遅滞のため損害を生ずるおそれがあるときは、裁判所は一時訴訟行為をさせることができる（三四条一項ただし書）。

(4) 訴訟能力の欠缺した判決の効力　訴訟能力の欠缺又は制限を看過した終局判決は無効ではなく、上訴によって争うことができ（三一二条二項四号）、たとえ判決が確定しても再審事由となる（三三八条一項三号。これに対し、新堂一三五頁は無効としつつ、同様の措置を認める。）。

（2） 訴訟要件としての訴訟能力　通説が訴訟能力の存在はそれ自体としては訴訟要件ではなく、訴訟行為の有効要件であると

するのと異なり、訴訟行為の有効要件であるとともに、訴訟要件でもあるとする見解がある（菊井維大『民事訴訟法　上〔補正版〕』（弘文堂、昭和四三年）九三頁、柏木邦良「訴訟要件と訴訟内紛争――単一的訴訟把握に対する一つの反省」民訴雑誌一九号（昭和四八年）六八頁、一〇二頁、中野貞一郎「当事者が訴訟能力を欠く場合の手続処理」判タ七九九号（平成五年）（同『民事訴訟法の論点Ⅰ』（判例タイムズ社、平成六年）八一頁））。その前提には、訴訟要件について、通説がもっぱら本案判決の要件と捉えるのに対し、右の見解は手続適法要件でもあるとする点に起因する（中野・前掲八三頁が本案審理の要件とするのも同旨と解する。）。通説の立場が妥当である。

第四節　弁論能力

一　弁論能力の意義

訴訟手続において、口頭弁論等の期日において裁判所に対し訴訟行為とくに主張、陳述をするのに必要な資格を、弁論能力という。訴訟能力がその能力を欠く当事者本人を保護するための制度であるのに対し、弁論能力は、訴訟手続の円滑、迅速な進行を図り、司法制度の健全な運営を帰する公益上の目的に基づき、当事者のほか現実に訴訟追行する者について法廷において弁論する者の資格を制限しようという趣旨である[1]。したがって、訴訟能力者であっても、裁判所から後述する陳述禁止の決定を受けたときは、この資格を失い、法廷で弁論することができない。弁護士強制主義は、この資格を弁護士に限定する原則であり、訴訟能力者も弁護士を訴訟代理人に選任して訴訟行為を委ねなければならない。

二　弁論能力についての裁判所の権限

訴訟関係を明確にするために必要な陳述をすることができない当事者、代理人又は補佐人については、決定でその者の陳述を禁じることができる（一五五条一項。陳述禁止の決定はほとんど見られず、訴訟指揮により対処しているようである。）。代理人には、弁護士を含む（規六五条参照）。陳述

禁止の決定があると、その期日に限らず、その審級における以後の弁論のすべてに及ぶ。この決定を受けた者が行った訴訟行為は、無効である。この決定に対する不服申立てはできないが、裁判所がみずから決定を取り消すことはできる。陳述禁止の決定があると、本人の利益を保護するために、期日を閉じ、口頭弁論の続行のため新たな期日を定めることになる（一五五条二項。本人と訴訟代理人が出廷していて、その内の一部の者について陳述を禁止した場合のように、本人の利益を害する恐れのない場合は、新期日を指定することは要しない）。

裁判所は、陳述禁止の決定をした場合に、必要と認めるときは、弁護士の付添を命ずることができる（一五五条三項）。特定の弁護士を選任するわけではない。裁判所が訴訟代理人の陳述を禁止する決定をし、又は弁護士付添命令を決定したときは、裁判所書記官はその旨を本人に通知しなければならない（規六五条）。本人の利益を保護する趣旨である。

（1）弁論能力制度の新たな評価　弁論能力制度について、母法国であるドイツとの違いを強調し、わが国の通説を疑問とする見方がある。すなわち、ドイツにおいて、弁論能力制度は、当事者保護のために採用する弁護士強制主義を維持し、弁護士による代理を保障するために、弁護士の適正配置を目的とする各裁判所への弁護士分属制を採用し、その裁判所で資格のない弁護士の訴訟関与の排除を目的とするものである。その判断基準として、公益性中心の評価基準を採っている。このような背景の違いにもかかわらず、そのまま本人訴訟原則を導入し、同様の基準で捉えることについて反対する見解である。そして、わが民訴法の下では当事者保護のための私益であり、「訴訟関係を明瞭ならしむるための裁判所の釈明（一四九条）の内容を理解しうる能力」としての弁論能力を欠く当事者につき、その陳述を禁じて弁護士付添命令を発すべきであり、補充的に特別代理人制度の利用も考えるべきであるとしている（上田徹一郎「訴訟追行能力と弁論能力」三ケ月章先生古稀祝賀『民事手続法学の革新・中巻』（平成三年）、同「訴訟追行能力と弁護士附添命令・釈明」民訴雑誌三八号（平成四年）（同『当事者平等の原則』（有斐閣、平成九年）五一頁以下、とくに五六頁、六九頁、九一頁以下））。しかし、両国法制度に背景の違いはあるものの、わが民訴法の下においても、公益性と当事者の保護との調和を図りながら制度の枠組みを形成しているものと認められるので、しいて通説の立場を変更するだけの積極的理由はないように考える。

第三章　訴訟における代理

第一節　訴訟における代理の構造

一　代理の意義

訴訟追行は、本来、権利義務の主体である本人がみずから行うことを原則とする。一般に、実体法上権利義務の主体として認められていても、その主体である本人がみずから訴訟追行できない場合には、本人の権利を保護する途を別に制度として用意する必要がある。また、本人がみずから訴訟追行できないわけではないが、その高度の専門的性質に照らし容易でないか、もしくは時間的物理的等の事情により困難である場合にも、同様のことがいえる。そこで、第三者が本人に代わってその権利を保護し、あるいは便宜を図るために、訴訟上において代理という制度を設ける趣旨がある。

二　代理と訴訟担当

訴訟追行を本来の権利義務の帰属主体以外の者が担当する場合として、第三者が、本人のためにもしくは本人に代わって行う場合と、他人の権利について自己の名で行う場合がある。第三者の立場からみると、前者は、本人の名において訴訟追行する場合であり、代理という形態を採る。これに対し、後者は自己の名において行うところに違いがあり、第三者による訴訟担当という形態を採る。訴訟上の代理は本人の名において訴訟追行する行為であるので、訴訟物が第三者による処分を許されない性質であっても、原則として代理によることが認められる。これに

対し、第三者による訴訟担当は、本来の権利義務の帰属主体に代わって、第三者が自己の名において行うので、とくに法が定める場合に限り許されるところに、代理との違いがある。

三　訴訟上の代理人の概念

当事者以外の者が、当事者（又は補助参加人）の名において、代理人たることを示して、当事者の代わりに、自己の意思に基づいて訴訟行為をし又は受け、その効果が直接当事者本人に帰属する形態を、訴訟上の代理といい、その者を訴訟上の代理人という。本来の権利義務の帰属主体に代わって、自己の名において訴訟追行する第三者の訴訟担当も、その効果は権利義務の帰属主体に及ぶが、訴訟上の代理は、当事者（又は補助参加人）の名において訴訟追行する点で、異なっている。代理人は、自己の意思に基づいて訴訟行為をする者である点で、他人の訴訟行為を伝達する者（たとえば訴状等を裁判所に持参し提出する者）、他人を名宛人とする訴訟行為を受ける者（例えば、送達受領補助者、一〇六条一項二項）は、使者であって、代理人とは異なる。

四　訴訟上の代理人の種類

訴訟上の代理人には、本人との代理関係の発生が本人の意思に基づかない法定代理人と、本人の意思に基づく任意代理人とがある。代理人を選任することが法律上又は裁判上要求されている場合でも、本人の意思に基づいて選任される建前の場合には、任意代理人といえる（一五五条二項。なお、裁判所が申立て又は職権で選任する訴訟代理人も同様である（人訴三条二項・三項）。）。任意代理人は訴訟代理人と呼ばれる。法定代理人には、実体法上の代理人（二八条）と訴訟法上の特別代理人（三五条・二三六条）がある。任意代理人には、法令上の訴訟代理人と訴訟委任に基づく訴訟代理人がある。また、訴訟上の代理人は、訴訟追行の全般にわたって代理人となるのが原則であるが、個々の訴訟行為のための代理人も、法がとくに定めた場合については、許される（法定代理人の例として、在監者に対する送達のための監獄の長（一〇二条三項）。任意代理人の例として、送達受取人（一〇四条一項））。

五　訴訟上の代理権

(1)　訴訟上の代理権の特徴　代理人による、又はこれに対する訴訟行為の効果が、直接本人に生じるためには、代理人に代理権のあることを必要とする。この点は、民法上の代理と同様である。しかし、訴訟上の代理については、訴訟手続が円滑に進行し、それらの手続が安定して形成されるために、民法上の代理と比較して、代理権の存否・範囲について、画一的であるとともに、明確であることを要求される。

(2)　訴訟上の代理権の二重機能　(イ)　代理権の存在は、訴訟行為である代理行為の有効要件である。無権代理人の行為は、無効であるが、その後に本人又は法定代理人が追認すれば、行為の時に遡って有効となる（三四条二項・五九条）。裁判所は、職権で代理人の代理権の有無を調査し、代理権を欠くときは、補正を命じ、遅滞のため損害を生ずるおそれがあるときは、一時訴訟行為をさせることができる（三四条一項・五九条）。

(ロ)　訴訟成立過程である訴え提起行為又は訴状送達の受領行為が代理人によった場合には、代理権が存在しないと、訴訟係属は適法でなく、裁判所は本案判決をすることはできない。その意味で、代理権の存在は訴訟要件の一つを構成するのであり、職権調査事項である。[1]この代理人の代理権欠缺が補正されない限り、裁判所は終局判決で訴えを不適法として却下しなければならない。この場合に、訴訟費用は無権代理人として訴えを提起した者の負担となる（七〇条）。代理権の欠缺を看過して本案判決をしても、本人に対して無効であるが、不存在ではなく、手続の終結の効果を生ずるので、上訴することができ（三一二条二項四号）、判決確定後は再審の訴えを提起できる（三三八条一項三号・三四二条三項）。いずれも、訴訟能力の欠缺の場合と同様である。

(3)　双方代理　訴訟上における原告・被告は利害関係が対立するのを常とするので、訴訟追行について、対立当事者の一方が他方を代理し、又は一人で双方の代理人を兼ねることは、当事者の利益を保護する趣旨から許され

ない。訴訟行為の多くは裁判所に対するものであるので、直接相手方との関係で双方代理は成立しないようであるが、訴訟追行全体として見ると、訴訟は対立する二当事者の存在を基本構造として成り立っているので、双方代理を禁止する必要がある。民法上の自己契約又は双方代理と同様である（民一〇八条）。もっとも、対立当事者の地位に混同を生じた場合と異なり、理論的には成立しないわけではなく、無権代理行為になるに止まるので、当事者があらかじめ承知していた場合又は事後に追認した場合については、有効として扱うことができる（裁判外において多数当事者間の紛争の調整役として、特定の弁護士に依頼される場合があるが、双方代理には当たらない。）。

(イ)　法定代理人の場合　実体法上、双方代理を禁止する場合については、法定代理権の制限として規定されているところ（民五七条・八二六条・八六〇条、商七五条・一四七条・二七五条ノ四、有限二七条ノ二）が、そのまま訴訟行為についても適用されることになる。これらの規定に違反する訴訟行為は、無権代理行為として扱われる。

(ロ)　任意代理人の場合　法令上の訴訟代理人については、民法一〇八条が適用されることになる。これに対し、訴訟委任に基づく訴訟代理人については、弁護士が代理人になるのを原則とするので（五四条）、弁護士法二五条一号又は二号の適用を受けることとなる。同条の趣旨は、当事者の利益の保護、弁護士の職務執行の公正の確保及び弁護士の品位の保持にあるといわれる（日本弁護士連合会調査室編『条解弁護士法（第二版補正版）』（弘文堂、平成一〇年）一八四頁）。

(i)　判例の動向　弁護士法二五条一号・二号（旧々弁護士法一四条、旧弁護士法二四条）違反の訴訟行為の効力について、大審院は、本人の許諾の有無を問わず無効としていた（訴訟参加の申出について、大判昭和七・六・一八民集一一巻一一七六頁、大判昭和八・四・一二新聞三五五三号一〇頁。起訴前の和解について、大判昭和九・一二・二二民集一三巻二二三一頁。控訴の提起について、大判昭和一三・三・二九法学七巻一四一四頁、大判昭和一三・一二・一六民集一七巻二四五七頁）。もっとも、その間にあって、裁判上の和解について、本人の追認により完全な効力を有するとし（大判昭和一三・一二・一九民集一七巻二四八二頁）、さらに参加人・被参加人の双方を代理する訴訟行為について無効としつつ、審理を更新して適法に選任された訴訟代理人が追認することにより有効となるとして（大判昭和一五・一二・二四民集一九巻二四〇二頁）、

個別的事案に即して追認による有効への転換を認める姿勢を示していた。

最高裁は、和解契約の履行確保のため裁判上の和解について弁護士法二五条一号違反による和解無効確認請求につき、相手方が異議を述べなかったことを理由に有効とし、その後無効を主張できないとし（最判(二小)昭和三〇・一二・一六民集九巻一四号二〇一三頁）、他方、弁護士が一方の法律顧問であるところ、双方代理により作成した公正証書については、無効とした（最判(三小)昭和三二・一二・二四民集一一巻一四号二三六三頁）。その後、相手方はこれに異議を述べてその行為の排除を求めることができるが、知り又は知り得たにもかかわらず異議を述べることなく訴訟手続を進行させ、第二審の口頭弁論を終結したときは、その後になって無効を主張できないとしている（最判(大)昭和三八・一〇・三〇民集一七巻九号一二六六頁）。

(ii)　学説の動向　古くは、弁護士法二五条の立法趣旨が公益的性格にあるとして、公序良俗違反により絶対的に無効とする立場が有力であった（末川博『判例民法の理論的研究一巻』五四頁。吉川大二郎「訴訟代理における双方代理の禁止―弁護士法第二十四条に関する判例の素描」民商一六巻六号（昭和一七年）六八八頁は、絶対的無効説を採りつつ、本条は当事者間に実質的対立関係がある場合に限るとし、前記判例の事案はいずれもこれに当たらないとする。）が、追認により無効は治癒されるとして調整を図る試みも見られた（中島弘道『日本民事訴訟法・第一編』（松華堂書店、昭和九年）三六七頁）。その後、弁護士に対する職務上の訓示規定でありむしろ懲戒により対処すべきであって、訴訟法上の効果は左右しないとする見解もあった（兼子・判民昭和七年度九四事件、同・判民昭和一四年度六一事件、原井龍一郎・民商五三巻五号七四三頁）が、前記立法趣旨を踏まえると、事実審口頭弁論終結時までに相手方から異議の申し立てがなされたときは無効とする主張がなされ（有泉亨・判民昭和一三年度一四九事件）、現在ではこの異議権を訴訟法上の一種の責問権と位置付けるべしとする見解が有力である（吉村徳重・民商五六巻三号（昭和四二年）五〇一頁、桜田勝義「弁護士法二五条一号違反の訴訟行為の効力」判例評論一一九号（判時五三五号）一〇八頁、同一二二号（判時五四四号）一二二頁（昭和四三年）（同『判例弁護士法の研究』（一粒社、昭和四五年）六八頁、八六頁）、青山善充「弁護士法二五条違反と訴訟法上の効果」『判例展望』（ジュリ五〇〇号記念）（昭和四七年）三二〇頁、伊藤眞「弁護士と当事者」『講座民事訴訟3』（弘文堂、昭和五九年）一三四頁）。もっとも、異議を申し立てる時期については、責問権の性格に照らし、違反の事実を知ったときは遅滞なく述べるべきであるとする主張も見られる（吉村・前掲五〇一頁、青山・前掲三二〇頁、伊藤・前掲一三五頁）。

(iii)　検　討　弁護士法二五条立法趣旨に照らすと、基本的には、弁護士の職務上の訓示規定であるとし、訴訟

行為の効力はまったく左右されないという見方も成り立ち得るが、そのことから相手方が弁護士法二五条違反の訴訟行為について違法性を主張する権利がまったくないという結論を導くことは相手方の正当手続の保障という視点から、到底是認されるべきことではない。相手方としては、弁護士代理の原則にしたがって正当な訴訟委任手続きを経ているのに、それによって受任した弁護士が双方代理という弁護士法に抵触する訴訟行為を行ったときには、その訴訟手続内で右弁護士による訴訟行為の効力を争う権利を当然に有するものと解するのが相当である。これを民事訴訟法の場に置き換えると責問権として位置付けることができる。もっとも異議を述べることができるのは、依頼した当事者ではなく相手方であるから、相手方が自己の行為について代理権の欠缺による無効を主張するのは本来責問権の行使ではないのである（その点で、従来の先に紹介した最近の学説の理解は発想としては是認できるものの、正確性を欠くきらいがあった。）。しかし、新法が、「責問権」という表現を用いず、「訴訟手続に関する異議権」（九〇条）という表現を用いていることには、従来「責問権」と比較して、弁護士法二五条違反による相手方の異議権等広い範囲を射程距離に捉えて訴訟手続に関する異議を主張する権利を保障したものと積極的に評価できる。また、裁判所もその事実を知ったときは、弁護士の法令違反行為を放置することは許されない（もっとも、このことは、同条違反の有無を常に職権で顧慮しなければならないことを意味するものではない。）。したがって、裁判所は、当事者の申立により又は職権により決定をもってただちにその弁護士を訴訟手続への関与を排除しなければならない（弁護士法二五条一号違反の事案について「A弁護士は、本件につき被告の訴訟代理をしてはならない」旨の中間判決をした例がある（東京地判昭和四一・六・二九判時四六二号三頁）が、これに対する不服申立を終局判決まで待たなければならなくなるので、訴訟手続に関する事項として決定によるべきである。もっとも、本件が同条違反に該当するとみることについては、疑問が残る事案である。小山・判例評論九九号（同・著作集三巻一六一頁））。

（1）　訴訟代理権の調査の方法　　訴訟代理権の有無の調査方法について、直接定めた訴訟法規はなく、各裁判官の裁量に委ねられている。判例は、弁護士の双方代理の事案について、裁判所は委任状その他の記録により双方代理の事実を当然に知り又は知りうべきであったとして、本人あるいはその代理人を直接審問する等して委任状の形式的要件を具備しているか否かを調査する

だけでなく、当事者が双方代理の事実を認識しながら真に代理権を授与したものかについての調査をすべきであるとする見解と、弁護士が自己の訴訟代理権を主張してこれに添う委任状を提出している場合には、本人に確認しなくても、その真偽を疑わせるような特段の事情のないかぎり、真正の代理権が存在するものとして取り扱えば足りるとする立場とに分かれている（裁判官の訴訟代理権の有無について調査懈怠を理由とする国家賠償請求事件において、第一審及び控訴審は前者の立場を、上告審は後者の立場を採り、訴訟代理権の存否の確認は、第一次的には事件の依頼を受けた弁護士が負うべきであり、裁判所の職権の行使は二次的であることを強調する。最判(二小)昭和四一・四・二二民集二〇巻四号八〇三頁）。しかし、本件事案については、双方代理という特殊性に照らし、第一審及び控訴審の採る前者の立場に説得力が認められる。

第二節　法定代理人

一　法定代理人の意義

法定代理人とは、訴訟上の代理人としての地位が本人の意思に基づかない代理人をいう。訴訟上において法定代理の形態を認めるのは、みずから訴訟追行できない者の訴訟上の利益を保護する趣旨による。

法定代理人には、実体法上の法定代理人と訴訟法上の特別代理人とがある。なお、法人又はその他の団体（二九条）が訴訟当事者であるときは、当事者としての訴訟行為はその代表者又は管理人が追行するが、それについては訴訟無能力者の法定代理又は法定代理人に関する規定が準用される（三七条、規一八条。本章第三節参照）。

二　法定代理人の種類

(1)　実体法上の法定代理人　一般的法定代理権は、訴訟上の代理権を包含するので、実体法上の法定代理人の地位にある者は、訴訟法上も法定代理人とされ、だれが法定代理人になるかは、民法等の法令の定めるところによる（二八条）。したがって、訴訟無能力者である未成年者については、親権者（民八二四条）又は未成年者後見人（民八五九条）が、

成年被後見人については、成年後見人（民八五九条）が、それぞれ法定代理人となる。(1) 被保佐人又は被後見人の法定代理人としての保佐人又は補助人も、訴訟上の法定代理人となる。

民法上の特別代理人も、訴訟上の法定代理人となる。たとえば、法人と理事間、親権者と子間及び後見人と被後見人間の利益相反事項に関する訴訟について、法人、子、被後見人のために裁判所が選任する特別代理人（民五七条・八二六条・八六〇条。判例は、家庭裁判所が民法八二六条一項に基づいて選任した特別代理人と未成年者との間に利益相反関係がある場合には、特別代理人は選任の審判によって付与された権限を行使できず、これを行使しても無権代理行為として新たに選任された特別代理人又は成年に達した本人の追認がない限り無効とする（最判（二小）昭和五七・一一・一八民集三六巻一一号二二七四頁））である。不在者の財産管理人（民二五条ないし二九条）、相続財産管理人（民九三六条一項・九五二条・九五三条、家審規一〇六条一項）については、議論がある。(2)

(1) 戸籍上の法定代理人と実体上の法定代理人　戸籍上の記載による法定代理人を争う訴訟が提起された場合における法定代理人たるべきものについては、見解が対立する。判例の大勢は、三五条により特別代理人の選任によるべしとする（原告側につき、大判昭和九・一・二三民集一三巻四七頁、大判昭和一五・九・一八民集一九巻一六三六頁、大阪高判昭和三四・七・三一下民集一〇巻七号一六二四頁、被告側につき、大判昭和一七・四・一新聞四七七二号一五頁。これに対し、戸籍上の記載によるべしとする立場として、大判昭和六・六・二七民集一〇巻四八六頁）。これに対し、学説は、判例とは逆に戸籍上の記載により法定代理人を定めるべきとし、その理由として、訴訟追行の有効要件である法定代理権の有無を、本案の結果に懸からせることは疑問であり、現在の外観状態を基準とすべきであるとする（兼子・判例民訴三三頁、穂積・判民昭和九年度六事件、これに対し、最も本人の保護に適する者が代理人になるのが妥当という視点から、判例の立場を支持するものとして、兼子一＝畔上英治＝古関敏正編『増補判例民事訴訟法（上）』（酒井書店、昭和五一年）一七一頁）。しかし、戸籍上の記載を実質的に争っている場合に、その記載により社会的に法定代理人として取り扱われているという事実を尊重するというのは説得力がない。判例の背景には、特別代理人によらなければ原告の権利の保護を図ることが困難であるという意識が見られるとともに、戸籍上の法定代理人によるべしとした事案については、それによっても同様の目的を達することが可能とみている姿勢が伺われる。身分関係訴訟においては、とくに当事者の意思を尊重する必要性が顕著であることを斟酌すると、当事者の権利の保護を図ることを優先することが法的にも妥当な対応であり、そうした視点から考えると、判例の立場を相当と考える（同様な姿勢をとるものとして、奈良次郎「法定代理人についての若干の考察」民訴雑誌二四号（昭和五三年）四七頁以下）。

(2) 不在者の財産管理人・相続財産管理人

(イ) 不在者の財産管理人　判例は、民訴法五〇条一項（新法三二条一項）により、民法二八条による裁判所の許可なしに応訴できる

し（大判昭和一五・七・一六民集一九巻一一八五頁）、民法一〇三条一号にいう保存行為として上訴できる（最判(二小)昭和四七・九・一民集二六巻七号一二八九頁）とする。上訴のみならず応訴についても、保存行為として権限の行使を認めるのが妥当である。時効中断のための訴え提起についても同様に解する（梅本吉彦「代理と訴訟担当との交錯」『講座民事訴訟3』（弘文堂、昭和五九年）一四一頁〜一四四頁）。

(ロ)　相続財産管理人　判例は、相続財産に関する訴訟において当事者適格を有するのは相続人であり、民法九三六条一項による相続財産管理人は法定代理人にすぎないとする（最判(一小)昭和四七・一一・九民集二六巻九号一五六六頁）。また、家審規一〇六条一項による相続財産管理人も、相続財産に関して提起された訴えにつき、相続人の法定代理人として、家裁の許可なしに応訴できるとする（最判(一小)昭和四七・七・六民集二六巻六号一一三三頁）。多数説も、判例を支持する（兼子「破産財団の主体性」法協五八巻七号（昭和一五年）〔同・研究一巻四七〇頁〕、『新版注釈民法(27)』（有斐閣、平成元年）五七二頁〔岡垣学〕、民法の立場から、我妻榮編『判例コンメンタール相続法』（日本評論社、昭和四一年）二〇二頁〔唄孝一〕）。これらの立場の根拠は、相続財産管理人は、遺産分割前の遺産を管理する場合（家審規一〇六条一項）を除き、不在者の財産管理人の規定を準用していることから（民九一八条三項・九二六条二項・九三六条二項・九四〇条二項・九四三条二項・九五〇条二項）、一般に不在者の財産管理人と同様に解すべきであるとする点にある。それでは、相続財産管理人はだれを代理するかについては、相続人全員とみる立場（岡垣・前掲書五七二頁、唄・前掲書二〇二頁）と、死亡した被相続人の法主体の残映が遺産を目的財産たらしめるものとして、その代理人とみる立場（兼子・前掲四七〇頁）、とに分かれる。

第二説は、相続財産を法人格なき社団として当事者能力を有し、相続財産管理人はその代表者であるとする（山木戸克己・判タ二九四号九一頁〔同『民事訴訟法判例研究』四八頁〕、福永有利・民商六九巻一号一二三頁）。相続の開始により関係人間の利害を調整するものとして過渡的状態にある相続財産が相続人固有の財産と別個独立して存在する形態と特徴に着目して、相続財産管理人の存立基盤を結合させたにすぎず、その任務と役割についての考察を欠いている点で妥当でない。

第三説は、相続財産管理人は、利害関係人の利益保護のために選任され、財産管理権を与えられているのであるから、それによって相続人は管理処分権を奪われ、相続財産管理人はその職務上自己の名において当事者となるとする（民法の立場から、中川善之助編『注釈相続法(上)』（有斐閣、昭和二九年）三五四頁〔島津一郎〕）。この見解が妥当である（梅本吉彦・前掲論文一四七頁）。

これに対し、他人の財産について法定代理人としての地位にあることと、管理権を有していてこれに基づき訴訟追行権を有することは本質的に同じであり、相続人の代理人として訴訟をしても、自己の名をもって当事者として訴訟を追行しても差し支えないとする説がある（小野木常「第三者の訴訟追行権」『訴訟法学の諸問題〈第一輯〉』（岩波書店、昭和一三年）一三二頁。一般論の観点から同様の立場にあるものとして、於保不二雄「遺言執行者の法律上の性質」法学論叢三一巻五号（昭和九年）〔同『財産管理権論序説』（有信堂、昭和二九年）一〇四頁〕）。財産管理人による選択的権利行使を許容することは、柔軟な考え方であるとともに、結果的に当事者の保護に

もなるかのようであるが、提唱者の意図はその点にあるわけではない。実体法的に代理を一義的に理解し、そのまま訴訟法上に投影されているにすぎないとみられるので、支持できない。

(2) 訴訟法上の特別代理人　民事訴訟法の規定に基づき、個々の訴訟又はこれに付随する訴訟手続に関して、裁判所が選任する法定代理人を、訴訟法上の特別代理人という。訴訟無能力者の特別代理人（三五条）と証拠保全手続における特別代理人（二三六条）がある。

(イ) 訴訟無能力者の特別代理人　(i) 立法趣旨　未成年者又は禁治産者（成年被後見人）に法定代理人を欠き、その選任が遅れているか、あるいはいたとしても代理権を行使できないときは、これらの訴訟無能力者に対して訴えを提起し、その他訴訟行為をしようとしてもできないことになり、それによって相手方は権利を行使できない事態に陥ることとなる。そこで、こうした場合に相手方を救済するために、法定代理人に代わるべき特別代理人の選任の途を開いたものである（司法省編纂『民事訴訟法中改正法律案理由書』（大正一五年）二八頁）。その趣旨は、新法の下においても、同様である(3)（三五条一項）。

(ii) 選任要件　(a) 未成年者又は成年被後見人に対し訴訟行為をしようとする場合であること　訴訟行為は、訴え提起行為をはじめ、支払命令、保全処分、破産申立てのほか、訴訟手続過程における種々の訴訟行為を含む。訴訟係属後に、訴訟無能力者の法定代理人が死亡した等の事由により訴訟手続が中断した場合（一二四条一項三号）にも、本条を適用し、特別代理人の選任を申し立てることができると解する。特別代理人の選任は、未成年者又は成年被後見人に止まらず、意思能力を欠く常況にありながら後見開始の審判（禁治産宣告）(4)を受けていない者（山形地判昭和三八・一二・一八下民集一四巻一二号二五七六頁）、相続人不明の相続財産（大判昭和六・一二・九民集一〇巻一一九七頁）にも、適用されると解する。

(b) 法定代理人がいないか、いても法定代理権を行使できない場合であること　法定代理人がいない場合とは、例えば両親が死亡し、未成年後見人が選任されていないとき又は未成年後見人が欠けた場合である。法定代理人が

いても代理権を行使できない場合とは、法律上行使できないこと(民八二六条・八六〇条)をいい(一二七頁注(1)大判昭和九年一月二三日はその一例である)、事実上行使できない場合は含まない。

(c) 遅滞のため損害を生じるおそれのあること　個別の所定の方法によって法定代理人あるいは民法上の特別代理人(民五七条・八二六条)の選任をまっていたのでは、申立人が損害を生じるおそれのあることをいう。

(3) 特別代理人制度の利用　訴訟無能力者側が本条に基づき特別代理人の選任を申し立てることについては、三五条の立法趣旨に照らし、否定的に解する見解が有力であった(兼子・条解上一三七頁、同・体系一二八頁、三ケ月・全集一九八頁)。その根拠として、本人は選任の申立てをできない場合であるから、第三者が申し立てることとなるところ、このような権限を認められた者は本来存在しないはずであり、また本条が訴訟法上必要やむを得ない場合の救済措置として最小限度で非訟事件的な権限を受訴裁判所に認めた趣旨にも反するとする。これに対し、判例は、実体上分家にあり戸籍上は本家にある未成年者が本家及び分家の戸主を共同被告として入籍除籍無効確認請求するに際し、分家の母を特別代理人として訴えを提起した場合について、五六条の類推適用による特別代理人の選任を是認し(大判昭和九・一一・二三民集一三巻四七頁、大判昭和一七・四・一新聞四七七二号一六頁)、さらに代表取締役の欠けている株式会社が、訴えを提起するために本条に基づき特別代理人の選任を申し立てた事案についても、本条の類推適用を肯定する(最判(一小)昭和四一・七・二八民集二〇巻六号一二六五頁)。前者は、未成年者本人とその親権者が利益相反関係(旧六六六条・現行民法八二六条)に当たる場合である。後者は、仮代表取締役の選任を請求できる場合であるが、その方法によると遅滞のため損害を生じるおそれがあるときは、特別代理人の選任を申請できるとする。妥当な措置といえる(同旨・新堂・判例一四一頁)。もっとも、判例は、清算手続中の会社が原審で特別代理人選任の申立てを却下され、清算人の選任申請もせず、代表権限の欠缺を理由に訴えを却下されているときに、上告審で特別代理人の選任を申し立てることは原審の訴訟行為を追認させようとするものであって許されないとする(最命(三小)昭和四六・三・二三判時六二八号四九頁)。法定代理権の欠缺も上告審で追認できるとする判例も認められる(大判昭和一六・六・三法律評論三〇巻民訴一一八頁)が、本件については事案の経過に照らし、最高裁の命令を是認できる。

(4) 身分関係訴訟と特別代理人　身分関係訴訟において、特別代理人を利用することの可否については、本人の意思を尊重する建前から議論の分かれるところである。判例は、夫が心身喪失の常況にある妻に対して提起した離婚請求訴訟について、①代理に親しまない訴訟であること、②「夫婦の一方のため訴訟の遂行をする者は、その訴訟の結果により夫婦の一方に及ぼすべき重大なる利害関係を十分に考慮して慎重に訴訟遂行の任務を行うべきであって、その訴訟遂行の途上において、或いは反訴を提

起し、又は財産の分与、子の監護に関する人訴一五条の申立てをする等の必要がある場合もある」から、その訴訟に限定した代理人である特別代理人を当たらせるのは適当でないことを根拠に、民訴五六条（新三五条）は適用されず、禁治産宣告を得て、人訴四条により後見監督人又は後見人を被告として訴えを提起すべきである、とする（最判(二小)昭和三三・七・二五民集一二巻一二号一八二三頁）。さらに、判旨は、精神病に基づく離婚は、病者の離婚後についての具体的方途を講じ、見込みのついた上でなければ認められないという実体法上の法的見解を重要な根拠としている。しかし、配偶者は後見開始の審判の申立権があり、通常配偶者が後見人に就職するので、結局後見監督人を被告として離婚請求することになる。しかも、特別代理人は本人と全く関係のない者が選任されることは、弁護士を除き考えにくい点を考慮すると、いかにも形式論に過ぎるきらいがある。また、特別代理人はその訴訟について後見人に準ずる地位にあること（三五条三項）に照らすと、財産分与に関する裁判手続も、特別代理人の権限に帰属すると解するのが相当であり、判旨はいずれの点からも賛成できない（同旨・山木戸克己・民商四〇巻三号〔同・判例研究三三八頁〕、民法の立場から、我妻榮「離婚と裁判手続―最高裁の一判決を機縁として」民商三九巻一・二号（昭和三四年）〔同『民法研究Ⅶ―2』（有斐閣、昭和四四年）一五八頁〕、泉久雄「精神病離婚」『家族法大系Ⅲ』（有斐閣、昭和三四年）〔同『家族法論集』（有斐閣、平成元年）九二頁〕。これに対し判旨に賛成する立場として、新堂・一四七頁、三ケ月・全書二四二頁、民法の立場から、有地亨・判例評論一五号（判時一六四号）一三頁）。なお、前記最高裁判例の影響は強く、禁治産者の法定後見人である妻が夫に対して離婚請求するに当たり、後見監督人となるべき適当な近親者およびこれに就任を承諾する者がいないからといって、特別代理人の選任により訴えを提起することはできないという見解を導くにいたっている（昭和四二年九月七日法曹会身分法調査委員会決議『法曹会決議要録』（法曹会、昭和四三年）三六六頁）。これらは、新成年後見制度の下でも、当てはまる。

(iii) 選任手続　訴訟無能力者に対し訴訟行為を行おうとする者は、遅滞のため損害を受けるおそれがあることを疎明して、受訴裁判所の裁判長に特別代理人の選任を申し立てることができる（三五条一項）。人選は、裁判長が行い、通常は申立人の意向をあらかじめ聴取し、当事者と身分関係その他深い関係にある者を優先させ、その他弁護士等を選任するようである。一般には、選任されても就任する義務はない（通常はあらかじめ就任する意向の有無を確認するようである。なお、弁護士については正当な理由がなければ辞することができない（弁護士法二四条参照）。）。裁判所は、いったん選任した特別代理人をいつでも改任することができる（三五条二項）。特別代理人の選任及び改任の裁判は、特別代理人にも告知しなければならない（規一六条）。選任命令に対しては、抗告できない。選任の申立てが不適法又は理由がないときは、裁判長は命令をもって申立てを却下する。この却下命令に対し、申立人

は抗告することができる（三二八条）。

(iv)　地位と権限　特別代理人は、法定代理人に代わるものであるから、その訴訟に関し法定代理人と同一の権限を有する。上訴を提起する権限も有する。特定の審級を限定して特別代理人を選任することも差し支えないが、明示のない限り審級を限定せずに選任されたものと解する。もっとも、特別代理人はその訴訟限りの目的で選任される応急的な性格であることに照らし、請求の認諾及び和解については特別授権を要すると解する。特別代理人が訴訟行為をするには後見人と同一の授権を要するので（本条三項）、後見監督人がいる場合には、その同意を得て特別授権を受けなければならない。

特別代理人の代理権は、特別代理人の死亡、裁判所による改任により消滅する。代理権の消滅は、相手方に通知しなければならない（三六条一項）。改任の場合は、裁判所が相手方に告知することにより、効力を生ずる（一一九条）。

(ロ)　証拠保全手続における特別代理人　証拠保全は、相手方を指定することができない場合においても申し立てることができ、その場合には特別代理人の選任を申し立てることが認められる（二三六条）（証拠保全の項を参照）。

三　法定代理人の権限と地位

訴訟法上の特別代理人については、該当する個所で述べているので（前項二(2)参照）、ここでは主として実体法上の法定代理人、とりわけ訴訟無能力者の法定代理人について述べることとする。

(1)　法定代理権の範囲と代理権の行使　法定代理権については、訴訟法に特別の定めのない限り、民法その他の法令に従う（二八条）。

(イ)　法定代理権の範囲　(i)　親権者が子を代理する場合には、いっさいの訴訟行為をする権限を有する（八二四条参照）。(ii)後見人が相手方の提起した訴え又は上訴について訴訟行為をするには、後見監督人の同意を要しない

（三二条一項）。民法の定めるところによれば、後見監督人がある場合には、その同意をえなければならない（民八六四条）が、同意をえる手続きが遅滞するときには、訴訟を提起する相手方が不当な不利益を被るおそれがあるので、被保佐人及び被補助人であって訴訟行為をすることにつきその補助人の同意を得ることを要する場合に準ずることとして、民法の例外規定を設けたものである。もっとも、判決によらないで訴訟を完結する行為については、当事者に重大な結果をもたらすので、後見監督人の個別的な同意を要する（三二条二項）。(iii)実体法上の特別代理人である法定代理人（一二七頁参照）は、その関係する訴訟についてはいっさいの訴訟行為ができる。(iv)訴訟無能力者のための訴訟法上の特別代理人については、後見人に準ずる（三五条三項）。

法定代理人の資格及び特別授権については、代理人において書面で証明しなければならない（規一五条）。

(ロ)　共同代理　(i)　数人の法定代理人について共同代理の定めのある場合（民八一八条三項・商七七条・二六一条二項）には、代理人側の訴訟行為は、原則として共同して行わなければ本人のために効力を生じない。訴え・上訴の提起はもとより、判決によらずに訴訟を完結する行為についても、共同代理の定めは各代理人の代理権の相互制限という性格に照らし、全員が明示的に共同ですることを要する。[5] もっとも、その他の訴訟行為（たとえば、期日における弁論）については、一人でも行うことができると解する。

(ii)　相手方又は裁判所の訴訟行為を受けるには、単独で足りる（送達の受領について、一〇二条二項。なお、商三九条二項・七七条二項・二六一条三項参照）。期日の呼出も一人に対して行えば足りると解する（新堂・一四八頁は、弁論の機会を確保するため、全員に対してすべきであるとする。）。

(2)　法定代理人の地位　法定代理人は、当事者ではなく代理人であり、判決の名宛人となるわけではない（ただし、訴訟費用の償還を命じられることがある（六九条）。）。したがって、裁判籍（四条）、裁判官の除斥事由（二三条一項二号）を判定する標準にもならない。しかし、当事者に代わって訴訟追行する点で、同じ訴訟上の代理人であっても、訴訟代理人と比較して、当事者に準ず

る地位にある。したがって、訴状及び判決については、本人とともに必要的記載事項であり（一三三条二項一号・二五三条一項五項）、訴訟追行上も本人自身のできる一切の行為を行えることを原則とする。また、送達は必ず代理人にしなければならない（一〇二条一項。ただし、送達場所は本人の営業所又は事業所でできる（一〇三条一項ただし書き））、その訴訟においては、証人能力がなく、法定代理人を尋問するには当事者尋問の手続によらなければならない（二一一条）。そのため、法定代理人の死亡又は代理権の消滅は、訴訟追行者を欠くことになるので、本人の死亡又は訴訟能力の喪失と同様に、訴訟手続の中断事由となる（一二四条一項三号）。

(3)　法定代理権の消滅　(i)　法定代理権の消滅事由は、民法等による。本人の死亡（民一一一条一項一号）、代理人の死亡・後見開始の審判・破産宣告（民一一一条一項二号）、又は法定代理人をやめること（たとえば、訴訟無能力者の法定代理人については、本人が成年に達したとき（民三条）、婚姻したとき（民七五三条）、後見開始の審判を取り消されたとき（民一〇条））により消滅する。ただし、その消滅は、能力を取得し又は回復した本人から、又はその代理人から、相手方に通知するまで効力を生じない（三六条一項）。代理権の消滅の有無、時期を明確にし、画一的な処理をすることにより、手続の安定を図る趣旨による。したがって、通知が相手方に到達するまでに法定代理人が行った訴訟行為又は同人に対して行った訴訟行為は、有効である。[6]新旧いずれの代理人が通知をしても差し支えない。法定代理人が死亡し又は後見開始の審判を受けたときは、本人も代理人も代理権の消滅を通知できないので、その死亡又は後見開始の審判のときに消滅の効果を生ずると解する。

(ii)　法定代理権の消滅を通知した者は、その旨を裁判所に書面で届けなければならない（規一七条）。裁判所が、訴訟手続を進める上で法定代理権の消滅を承知していることを必要とすることはもとより、これまでも裁判所に対し、証明資料の提出とともに、通知をしたことを届け出る運用を合理性があるとして明文化したものである（最高裁判所事務総局民事局監修『条解民事訴訟規則』三六頁）。

(iii)　訴訟係属中に、法定代理権が消滅すると、訴訟能力を取得した本人又は新しい法定代理人が受継するまで、

訴訟手続は中断する（一二四条一項三号）。ただし、訴訟代理人がある間は、法定代理権が消滅しても訴訟手続は中断しない（一二四条二項）。また、被保佐人又は被補助人が訴訟行為をすることについて保佐人又は補助人の同意を得ることを要しないとき、およびこれらの同意を要する場合においてすでに同意を得ているときにも、中断しない（一二四条五項一号二号。なお、小林昭彦＝大門匡編著『新成年後見制度の解説』（きんざい、平成一二年）三三六頁）。

(5)　共同代理と表見法理　判例は、父母が共同して親権を行使すべき場合に、その一方が、他方の意思に反して共同名義で訴訟委任した弁護士を代理人として応訴した上で訴訟上の和解を行った場合について、民法八二五条は取引行為と異なる訴訟行為には適用されないとして、効力を否定する（最判(二小)昭和五七・一一・二六民集三六巻一一号二二九六頁）。その理由として、訴訟手続は有機的に結合して手続を形成すること、法定代理権は職権調査事項であり、その欠缺は絶対的上告理由および再審事由になることに求めている（結論として判旨と同旨のものとして、田中加藤男「共同親権の規定に違反する訴訟行為の効力」『実例法学全集・民事訴訟法(上)』（青林書院、昭和三八年）四九頁、反対・竹下守夫「訴訟行為と表見法理」『実務民事訴訟講座1』（日本評論社、昭和四四年）一八一頁）。しかし、法定共同代理は、当事者の意思に関わりなく、共同代理という代理権行使の制限を課せられているのであり、その点で法令上の訴訟代理人における共同代理が当事者の意思に基づくのとは基本的に異なっている。この点に着目すると、民法八二五条はたとえ訴訟行為であっても適用を否定すべき理由はなく、また肯定することにより、訴訟手続の安定性を害することにもならないといえる（もっとも、一般論として訴訟行為にも表見法理をすべて適用すべきであるという趣旨ではない。住吉博・判例評論二九四号（判時一〇七九号）一九七頁は、このことは、親権の共同行使の要件の具備を、訴訟委任を受ける際の弁護士に課せられる公的専門職能としての一種の職権調査事項として位置付け、この調査義務を励行することにより対処すべきであるとする。しかし、弁護士として職務上そうした注意義務を負うとしても、問題の解決をそこに求めるのは筋違いである。）。

(6)　法定代理権の消滅の通知と消滅の効力　判例は、たとえ相手方が法定代理権の消滅原因を知っていたとしても、通知のない限り法定代理権の消滅の効果は生じないとする。たとえば、金銭消費貸借契約に基づく金銭債権支払請求訴訟の係属中に被告の法定代理人である親権者が戸主による居所指定の催告に応じないことにより離籍され法定代理権を失ったため、右戸主が法定代理人となって被告敗訴判決に対し控訴したが控訴期間を徒過していたところ、債権者である原告は本件法定代理人の姉であって右事実を知っていたため、たとえ通知がなくても法定代理権は消滅し、訴訟手続は中断したか否かが争いとなった事案について、大審院は代理権の消滅を認めず被告の主張を斥けた（大判昭和一六・四・五民集二〇巻四二七頁）。また、未成年者の後見人について、本人が成年に達しても代理権消滅の通知をしなければ、後見人は訴訟行為をし又は受領する権限があるとする（大判昭和一四・九・一三法学九巻一一〇頁）。学説も、とくに異論はなかったところ（齋藤秀夫・判民昭和一六年度二八事件、兼子・条解上一三九頁）、近年これを疑問とする見解が見られる。すなわち、手続の安定

を図るのは、一つには相手方の保護のためであるし、他方、無能力者本人の審級の利益を確保する必要があるから、相手方が知っている場合には、通知のないことによる代理権の存続の擬制はその審級の終局判決の送達と同時に消滅し、手続は中断するとする（新堂・一五〇頁注1、もっとも相手方は代理権消滅による手続中断の効果を自分に有利に援用することはできないとしている。）。この見解を受けて、従来から当事者が裁判所を通じて法定代理権の消滅の届け出、相手方への通知をするのが慣行であるとして、裁判所に代理権の消滅を通知し、相手方に通知しなかったときには、裁判所との関係では消滅の効果を認め、相手方との関係では認めず、それぞれなしうる訴訟行為を個別的に考察すべしとする主張がある（奈良次郎「法定代理人についての若干の考察」民訴雑誌二四号（昭和五三年）六五頁～七一頁）。相手方が代理権の消滅の事実を知っていたのであれば、その効力を認めることについて積極的評価をしようという方向性は、一見すると、一般には受け入れやすい論理であろう。そうなると状況は相手方が知っていたか否かの問題に帰着することとなる。しかし、それは代理権の存否という性質に照らし、手続を極めて不安定なものにするおそれがある。やはり前述した両見解とも、判例を覆すだけの説得力はなく、判例の立場を妥当と考える。

第三節　法人等の代表者

一　代表者の意義

法人及び法人でない社団又は財団で代表者又は管理人の定めのあるものは、訴訟法上の当事者能力を有する（二八条・二九条）。これらの法人等の訴訟行為は、自然人であるその代表者によって追行される。ここに代表者とは、法人等の機関として、その法人等の名をもって、自己の意思に基づいて行為をする者で、その行為の効果が直接法人等に帰属する関係にある者をいう。(1) この場合に、代表は代表機関の行為そのものが法人等の行為とみられるのに対し、代理は代理人の行為が本人の行為とみられるとともに、代理人の行為によって本人が権利義務を取得する点で、法人等とその代表者との関係は、本人と代理人の関係と比較して一層密接である。そこで、法定代理及び法定代理人に関する規定を、法人の代表者及び法人でない社団及び財団の代表者又は管理人に準用することとした（三七条、規一八条）。

二　代表者の訴訟上の地位と権限

(1)　代表者の地位と権限　法人の代表者が法人などを代表して訴えを提起するための授権については、実体法の定めるところによる[(2)]（二八条）。法人でない社団又は財団においては、その代表者又は管理人の定めの趣旨による。法人を当事者とする訴えを提起した者の代表権の存在は訴訟要件であって、事実審の口頭弁論終結時に具備していることを要する。その時に代表権限がなかったときは、たとえその後に代表権限を取得してもそれにより訴えが適法となるわけではない（最判(三小)昭和四六・六・二二判時六三九号七七頁）。

（1）　本案訴訟の代表者と民事保全手続の代表者　株主総会における取締役選任決議の無効確認若しくは取消請求訴訟を本案とする代表取締役の職務執行停止及び職務代行者選任の仮処分がされた場合に、本案訴訟の被告会社を代表すべき者について、判例は、代表取締役職務代行者とする（最判(二小)昭和五九・九・二八民集三八巻九号一一二一頁）。これに対し、代行者が代表すると、被停止者の手続保障に欠けるとして、被停止者によるべきであるとする説がある（吉川大二郎「仮処分による取締役代行者に関する若干の問題点」菊井先生献呈論集『裁判と法(上)』(有斐閣、昭和四二年)四八一頁)、宮川種一郎「仮処分による代行取締役の地位」松田判事在職四十年記念『会社と訴訟(上)』(有斐閣、昭和四三年)四一四頁、岡垣学「仮処分による取締役職務代行者の権限」『実務民事訴訟講座5』(日本評論社、昭和四四年)一二五頁）。しかし、被停止者は共同訴訟的補助参加することにより防御権を確保することが十分に可能と認められるので、判例の立場を支持する（新堂幸司「仮処分」『経営訴訟』(ダイヤモンド社、昭和四一年)一四五頁(同『権利実行法の基礎』(有斐閣、平成一三年)五三頁)、東京地裁商事研究会編『商事非訟・保全事件の実務』(判例時報社、平成三年)三五二頁、原井龍一郎「法人役員の職務執行停止仮処分の再構成」竹下守夫=鈴木正裕編『民事保全法の基本構造』(西神田編集室、平成七年)四四五頁、福永有利「法人の役員の職務執行停止・代行者選任の仮処分」竹下守夫・藤田耕三編『民事保全法』(有斐閣、平成九年)三九一頁）。なお、被停止者が共同訴訟的補助参加では保護が不十分であれば、取締役として本案訴訟における被告適格を会社とともに認める方向で処理すべき旨を示唆する指摘がある（山本和彦・法協一〇五巻一〇号一四四〇頁）。

（2）　地方公共団体と訴訟行為の授権　地方自治法（昭和二二年法律第六七号）は、立法当初、九六条一項一〇号において、議会の議決事件として、「普通地方公共団体がその当事者である異議の申立、訴願、訴訟、和解、斡旋、調停及び仲裁に関すること。」と定められていた。この規定について、自治省関係者は応訴も議決事件と解し、その趣旨は単に応訴について議決するという意味ではなく、当該事件に関する取扱及び方針について議決する意と解すべきであるとしていた（長野士郎『逐条地方自治法』(学陽書房、昭和二八年)二四七頁）。これに対し、最高裁は、応訴について、地方自治法二四三条の二第四項による請求に関する規則二項、行政事件訴訟特例法一条、民訴法

五八条、五〇条一項（新法三七条・三二条一項）により、議会の議決を必要としないとした（最判(大)昭和三四・七・二〇民集一三巻八号一一〇三頁）。その結果、昭和三八年の地方自治法一部改正（法律第九九号）において、それまで「訴訟」となっていたのが「訴えの提起」に改められ（現行地方自治法九六条一項一二号）、応訴については議会の議決を必要としないことが立法上も明確にされた。なお、現行法の下において、「訴えの提起」には、上訴の提起も含むが、第一審の訴訟提起の際の議決に当たって議会が特に上訴につき改めて議会の議決を得べき旨を明確に示した場合を除き、上訴につき改めて議決を経る必要はなく、反対に、訴訟を提起された場合において、その判決に対し上訴する場合には、議会の議決を得なければならないとされている（長野士郎『逐条地方自治法〔第一二次改訂新版〕』（学陽書房、平成七年）二八九頁。前段について同旨、自治省行政課編『改正地方自治法詳説』（帝国地方行政学会、昭和三八年）五七頁）。また、附帯控訴する場合にも、議会の議決を要するとされている（昭和五二年一二月一二日・自治行第七一号・岩手県総務部長宛行政課長回答・地方自治制度研究会編『新訂注釈地方自治関係実例集』（ぎょうせい、平成五年）一八二頁）。

(2)　代表権の証明　代表権又は必要な授権は、書面で証明しなければならない（規一八条・一五条）。法人を当事者とする訴訟においては、原告自身が法人の場合は自己の代表者はもとより、被告が法人の場合には訴状に記載した被告法人の代表者についても、原告においてそれを書面をもって証明しなければならない（一三三条二項一号）。通常は、商業登記簿抄本若しくは法務局登記官が認証する資格証明書による。その有効期限について特別の定めはないが、通常は、作成後三ヵ月以内ものであることを基準としている（不登細則四四条及び商登規五六条の類推適用）。

(3)　代表権の欠缺と表見法理　原告が、被告法人の代表者を登記簿の記載により了知し、その記載を信頼して訴訟追行したところ、事実と異なっていたときに、表見法理の適用により法的に保護されるかが問題となる。

判例は、法人若しくは会社の代表者の確定につき、訴訟行為であることを理由に、それぞれ私立学校法二八条二項、商法一二条は適用されないとし（学校法人につき、①最判(二小)昭和四一・九・三〇民集二〇巻七号一五二三頁、株式会社につき、②最判(二小)昭和四三・一一・一民集二二巻一二号二四〇二頁）、民法一〇九条、商法二六二条の適用も否定する（③最判(三小)昭和四五・一二・一五民集二四巻一三号二〇七二頁）。しかし、これらの判例の先例的意義について、従来の理解には、疑問がある。[3]

一般に、法人等を被告として訴えを提起する際には、登記簿により、その代表者を捕捉するのを通例とする。公文書として最も信頼できると、社会通念上考えられるからである。ところが、その記載が事実と一致していなかったときに、登記簿の記載を信頼した者に真実に即した登記申請を怠ったことによる危険負担を負わせることは、著しく衡平に反することになる。そうした視点から考えると、この場合には、商法一二条・一四条を適用し、登記簿の記載を信頼した者を保護するのが妥当のようであり、こうした見解を採る説も少なくない（竹下守夫「訴訟行為と表見法理」『実務民事訴訟講座1』（日本評論社、昭和四四年）一八四頁、新堂・一五三頁）。しかし、相手方の法人等の立場にたってみると、正しい代表者によって代表されて訴訟追行することは、手続保障の基本的な基盤である。表見法理を適用するということは、被告の法人等に訴状が正当に送達されてなく、訴えを提起された事実を知らなかったにもかかわらず、訴訟の法的効果を及ぼすことになる。それは、訴訟の原点である訴え提起の段階から、その訴訟手続の枠外に置かれ、訴状の送達を受けていないという点に着目すると、訴訟係属しないまま訴訟が進行し、あるいは終結したことになる（前記判例③が、真正な代表者に送達されていないことを強調するのは、この点を示唆するものとして理解できる。したがって、訴状の送達先を法人等の主たる事務所又は営業所（四条三項）とすることにより、訴訟係属事実の不知と真正な代表者に対する訴状送達の欠缺の主張を防止することができる。表見法理適用説を採る新堂・前掲一五四頁も、その点を示唆する。）。それによる手続保障の欠缺は、判決の効力を生じさせるための攻撃防御の機会を全く欠くものであり、到底是認されるべきことではない。また、代表権権限の欠缺は、上告事由である（三一二条二項四号）とともに、再審事由でもあり（三三八条一項三号）、この点に限り、これらの条項の準用を否定する根拠も見当たらない。したがって、判例の立場を支持すべきものと考える（同旨、豊水道祐「商事会社の訴訟代表と商法第一二条との関係」松田判事在職四十年記念『会社と訴訟（下）』（有斐閣、昭和四三年）一一一三頁）。表見法理を適用することを主張する見解は、いずれも上告事由および再審事由との関係について説得力ある対応策を提示していないところに、判例を動かすことのできない要因がある。

　また、法人等の代表者については、法定代理の規定が準用されることとはいえ（三七条）、規定の構造の違いに照ら

すと、法定共同代理における表見法理の適用とは、別個に考えるべきことである（一三五頁注(5)参照）。

（3）　代表者の確定と表見法理　最高裁判例は、いずれも本文で紹介するように、抽象的に表見法理は取引行為と異なる訴訟行為には適用されない旨、判示する。従来から、一般にもそのように理解されてきている。しかし、①は、Y学校法人を解雇されたXがYを被告（代表者理事長A）として解雇無効確認及び未払い給与の支払請求訴訟を提起し、訴状はAに送達されたところ、すでに退任していて、Bが理事長職務代行者になっていたため、第一審は欠席判決により、Xが勝訴し、控訴審にいたり、Yが訴訟係属の事実を知り、訴えの適法性が争いとなった事案である。したがって、Yは訴状を適法に送達されていないのである。②は、Y会社において、株主総会が紛糾して外形上二つの総会が開催され、二人の異なる代表者が選任され、一方が先に登記されたため、他方が登記できず、後者を代表者とする株主総会決議訴訟において、その代表者の適法性が争いとなった事案である。最高裁は、「BをY会社の代表者である清算人に選任した本件乙総会の決議は、右決議の取消しを求めるXの本訴を認容する判決が確定するまでは有効に存在するのであり、右決議が有効に存在するかぎり、Bは、Yの清算人の地位、資格を有する」旨、判示してY会社の主張を排斥したのである。したがって、むしろ総会決議の形成力の問題であって、表見法理の適用に関する判旨部分は、付言されたにすぎないのである（梅本吉彦・公証法学四号（昭和五〇年）五三頁以下参照）。③は、有限会社の取締役選任の社員総会に出席もせず、取締役就任を拒絶したにもかかわらず、登記簿上代表取締役とされている者について、代表者としての資格はないとするのであり、登記簿偽造の事案である。したがって、登記簿の記載を信頼したにもかかわらず、その記載が事実と異なっていた場合に、それを信頼した者は法的に保護されるかという命題とは、いずれも著しくかけ離れた事案であり、これまでの判例の理解には、疑問がある。

三　代表権行使の代行と制限

(1)　特別代理人　法人の代表者がいない場合、又は法人の代表者が代表権を行使できない場合には、法人に対して訴えを提起しようとする者は、特別代理人の選任を申し立てることができる（三七条・三五条）。さらに、法人が原告側である場合についても、同様の申立てを許容するのが相当である[4]（一三〇頁注(3)参照）。

（4）　特別代理人と仮代表取締役　代表取締役の欠けている株式会社が、訴えを提起するためには、仮代表取締役の選任を請求

すべきか、特別代理人の選任を申し立てることができるかが問題になる。判例は、三五条を類推適用して特別代理人の選任の申立てを認めている（最判(一小)昭和四一・七・二八民集二〇巻六号一二六五頁）。仮代表取締役の選任は会社の本店所在地の地方裁判所の専属管轄に属するのに対し、特別代理人の選任申立ては受訴裁判所に申し立てることができる。さらに、特別代理人はその訴訟限りであるのに対し、仮代表取締役は株主総会の招集をはじめとする多くの任務を負うので多額の経費と時間を要することになる。迅速な紛争処理の必要性に照らし、判例の立場を是認すべきである（同旨・新堂・判例一四一頁）。仮代表取締役の選任を申し立てても、裁判所が特別代理人の選任申立てを指導することもあるという（東京地裁商事研究会編『商事非訟・保全事件の実務』（判例時報社、平成三年）三〇八頁）。

(2) 共同代表　共同代表は法定共同代理と共通している側面もあるものの、当事者の意思により形成される点で、共同法定代理における民法八一八条三項のように当事者の意思に関わりなく法の定める要件であるのとは基本的に異なっている。したがって、すべてについて共同法定代理と同一に取り扱うことはできない。共同代表の定めのある場合には、共同して訴訟追行しなければならず、その内の一人が単独で訴訟追行した場合には、訴訟法上の効力を有しない。その点では変わりがない。その場合に、商法二六二条を類推適用できるかが、問題になる。判例は、取引行為については、肯定的のようである（鉱泉地共有持分買受契約につき、最判(二小)昭和四二・四・二八民集二一巻三号七九六頁、手形の単独振出行為につき、最判(三小)昭和四三・一二・二四民集二二巻一三号三三四九頁）が、訴訟手続においては、代表権の存在を書面をもって証明することを要する（規一八条・一五条）ので、訴訟行為について同一に扱うことは困難であり、否定されるべきである。また、他の者の意思にかかわりなく共同の名義で代表して訴訟追行行為をした場合についても、共同法定代理の場合と異なり、表見法理を適用するのは妥当とはいえず、同様に否定的に取り扱うのが相当である（もっとも、相手方が共同代表であることを知りながら、その点の違法性を主張しないで敗訴判決を受け、上訴審にいたって、共同代表の定めに違反することを奇貨として、訴訟行為の無効を主張することは信義則に反し許されないことがあろう（最判(一小)昭和四九・一一・一四民集二八巻八号一六〇五頁参照）。また、広島高判昭和三三年一〇月二一日高民集一一巻九号五四五頁は、訴訟上の和解には商法二六二条はそもそも適用されないとする（判旨賛成、竹下守夫・東大商判昭和三三年度一二七事件）。なお、一三五頁注(5)参照）。

また、共同代表取締役が、他の共同代表取締役に訴訟追行行為に関する代表権の行使を委任することができるか、ということが問題になる。共同代表取締役の間で、特定事項について意思が合致したときに、一部の代表取締役に

意思表示のみを委任できることは、判例の認めるところである（最判(二小)昭和四九・一一・一四民集二八巻八号一六〇五頁）。しかし、このことから、特定事件について意思決定をした上で一部の代表取締役に訴訟追行を委任することも、当然に許容されるかは、訴訟行為が有する流動性と結論の不確実性という性質に照らし、ただちに是認し難いものがある。

四　代表権の消滅

代表者の死亡若しくは代表権の消滅により、訴訟手続は中断し、新代表者がその地位を承継する（一二四条一項三号参照）。法人格なき社団の代表者が旧代表者に対し社団の資産である不動産について所有権移転登記請求訴訟を提起したところ、その訴訟係属中に原告代表者が死亡した場合には、一二四条一項四号の類推適用により新代表者が承継する（最判(二小)昭和四七・六・二民集二六巻五号九五七頁の原判決参照）。

代表権の消滅は、新旧いずれかの代表者から、相手方に通知するまで効力を生じない（三七条・三六条一項）。仮処分で代表権の行使を停止されたときも、同様である（もっとも、相手方当事者が仮処分の申立人であるときは、不要である。）。

第四節　訴訟代理人

訴訟上の代理人のうち、本人との代理関係の発生が本人の意思に基づく任意代理人は訴訟代理人と呼ばれる。訴訟代理人には、訴訟委任に基づく訴訟代理人と法令上の訴訟代理人がある。

第一款　訴訟委任に基づく訴訟代理人

一　訴訟委任に基づく訴訟代理人の意義

当事者の意思に基づき、特定の事件について訴訟追行の委任を受けて、その訴訟のための包括的な代理権を授与された者を、訴訟委任に基づく訴訟代理人という。わが国では、これまで当事者が訴訟追行するのに、みずから行うか弁護士に訴訟委任するかは、もっぱら当事者の意思に委ねられ、一部の外国法制にみられるような弁護士強制主義は採用されていない[1]。したがって、いずれの審級においても、当事者本人が訴訟追行することが認められる（これを本人訴訟という）。

（1）　弁護士強制主義　(i)　外国法制における弁護士強制主義　もっとも代表的な例として、ドイツ法制にみることができ、つぎのように定めている。

「民事訴訟法第七八条〔弁護士訴訟〕　地方裁判所及びその上級審のすべての裁判所においては、当事者は受訴裁判所において許可された弁護士を代理人としてこれに代理されなければならない（弁護士訴訟）。

二　家庭事件においては、当事者及び関係者は以下の諸規定により、裁判所において許可された弁護士によって代理されなければならない。

〔1ないし3号略〕

家庭裁判所においては、高等裁判所において許可された弁護士もまた代理することができる。〔略〕

三　これらの規定は、受命裁判官又は受託裁判官の面前における手続及び事務課の文書作成官の面前においてなすことを得べき訴訟行為にはこれを適用しない。

四　第一項及び第二項の規定により代理することのできる弁護士は、自己を代理することができる。」（法務大臣官房司法法制調査部編『ドイツ民事訴訟法典』（法務資料四五〇号）三〇頁）

この弁護士強制主義は、一九七七年（昭和五二年）のいわゆる簡素化法施行後も、高く評価されているようである（大喜多啓光ほか『ドイツにおける簡素化法施行後の民事訴訟の運営』司法研究報告書四三輯二号（平成元年）一四頁）。

(ii)　わが国が弁護士強制主義を採用しない背景　弁護士代理の原則を採用することの是非については、大正一五年改正の立案過程においても議論があり、起草委員会においてはその前段階として弁護士強制主義を採用することをめぐって議論がなされ、そこではむしろ積極的な意見が見られていた（民事訴訟法改正起草委員会審議録『日本立法資料全集10 民事訴訟法〔大正改正編〕(1)』（信山社）三八二頁）が、主査委員会においては賛否が対立し、結局総会には報告しないこととされた（民事訴訟法改正主査委員会日誌・前掲立法資料全集六二八頁〜六三二頁）。これらの議論はこのたびの新法の下においてもそのまま置き換えることについては、その背景となる弁護士制度及びその実態が異なるので、慎重を要する。新法も弁護士強制主義の採用は見送っているが、これを採用しない背景として、①弁護士が地域的に大都市に偏在し、地方によっては著しい弁護士過疎の地域があること、②自己のできる限度で訴訟の途によってみることとし、弁護士に訴訟委任してまで、訴訟によることは欲しない意思を有する一般市民が見られること、③弁護士に相談することにより、法律専門家として良心から無意味な訴訟を回避されることができる反面、一般市民の素朴な思いを訴訟の場に活かすことができず、不審を買い、かえって本人訴訟により、たとえその訴訟では敗訴しても、かえって政策の転換をもたらす等の実績が見られること、④弁護士強制主義を採用するには、訴訟救助の拡充を図ることを要するところ、必ずしもそうした展望は開かれていないこと、⑤弁護士費用の訴訟費用化による敗訴者負担についても課題が大きいこと、⑥弁護士に関わる不祥事がたとえ一部にせよ相継ぎ、弁護士に対する社会的信頼が必ずしも十分に定着しているとはいえないこと、⑦むしろ本人訴訟を認めつつ、事案に即して当事者が弁護士に訴訟委任する方向で対処することが市民感情との摩擦をすくなくすること等があると見られる。

二　弁護士代理の原則

(1)　弁護士代理の原則の意義　訴訟委任に基づく訴訟代理人は、原則として弁護士でなければならない（五四条一項本文）。これを弁護士代理の原則という(2)。その趣旨は、紛争処理を業とすることによりその前提環境を形成するためにいたずらに紛争を惹起し、法によらない紛争処理を図り、あるいは法的知識に精通しない者の窮状に乗じて不当な利益を享受する等の反社会的行為を行う者が出現することを防止するとともに、当事者の訴訟追行能力を確保する

ために、法令により裁判上の行為をすることができる代理人を除き、法的資格のある者に訴訟代理人を限定することにより、衡平な訴訟手続の執行を図ることにある(3)（当事者主義の訴訟構造の下で実質的な手続保障の実現と充実した円滑な審理の実現を図る視点から、弁護士代理の原則を解明するものとして、上田徹一郎「弁護士代理原則の成立と機能」法と政治四三巻一号（平成六年）（同『当事者平等の原則の展開』（有斐閣、平成九年）一一二頁以下参照））。その反面で、弁護士が訴訟代理業務を独占することになるので、弁護士自身には強い倫理観が求められるとともに、弁護士過疎地域の住民に対する役務の欠缺についての新たな対応が必要になってくる。

(2) 弁護士代理の原則の適用範囲　弁護士代理の原則の立法趣旨を踏まえ、どの範囲について適用するかは、司法政策上の問題である。簡易裁判所においては、係属する事件が一般に軽微な内容のものであることを考慮し、裁判所の許可を得て、弁護士でない者も訴訟代理人とすることができることとしている（五四条一項ただし書）。もっとも、裁判所は、その許可をいつでも取り消すことができる（五四条二項）。民事調停（民調規八条二項三項）、家事調停（家審規五条二項三項）、さらに執行裁判所でする手続についても、訴え又は執行抗告に係る手続を除いて（民執一三条）、同様の取扱いを認めている。また、倒産処理手続においても、債権の届出は弁護士でない者も代理人となることができるとされている（破二二八条、会更一二六条）。これに対し、非訟事件手続では、代理人は訴訟能力者であることをもって足り（非訟六条）、弁護士であることを要しない。また、弁護士代理の原則が適用される手続においても、訴訟代理人の選任は、弁護士以外の者が代理することができる（新堂・一五八頁。たとえば、あらかじめ委任契約において、「本委任契約に基づく事務を行うために必要な訴訟の提起及び応訴について、訴訟代理人を選任すること」を約することにより、受任者が弁護士でなくても訴訟代理人を選任することができる。）。

(3) 弁護士代理の原則と違反行為の効果　(i) 判例の動向　弁護士代理原則違反の代理人の訴訟行為の効力について、判例は、①弁護士に対する懲戒処分は告知の時に効力を生じるという前提を示した上で、業務停止の懲戒処分を受けた弁護士の訴訟行為は違法であり、裁判所は訴訟手続への関与を禁止し、排除しなければならないが、訴訟行為をしてしまったときは、その処分は弁護士としての身分・資格を剝奪するものではないこと、処分は

一般に周知徹底されていないこと等の事情の下では、一般の信頼を保護し、裁判の安定を図り、訴訟経済に資するという公共的見地から、訴訟行為を有効とすべきであるとしている（最判(大)昭和四二・九・二七民集二一巻七号一九五五頁）。さらに、②被告側の弁護士が控訴審係属中に業務停止の懲戒処分を受け、さらに登録取消しの処分を受けた後に、同弁護士宛に各種呼出状などが送達されたため、被告本人がこれを無効と主張した事案において、弁護士業務停止中の訴訟行為については前記大法廷判例を引用して有効とし、さらに判決言渡期日の告知は在廷しない当事者に対しても有効とする判例を引用するとともに、控訴審判決の送達も本人に到達し、本人が上告手続期間中に上告できたことにより瑕疵が治癒されたとして、結局前記送達はいずれも有効になされたことになるとした（最判(二小)昭和四三・六・二一民集二二巻六号一二九七頁）。

(ii)　学説の動向と検討　　多数説は、弁護士代理の原則を弁論能力の制限と解する立場に立って、弁護士資格のない者の訴訟追行行為も有効と認める（兼子・体系一三二頁に代表される。）。反対に、この原則は当事者の意思により左右されるべきものではなく、当事者の追認により瑕疵を治癒させることはできず、絶対的に無効とする説（三ケ月・法協八六巻七号〔同・判例民訴六一頁〕）とが両極に対立して存在する。この間にあって、原則として無効としつつ、無権代理人の行為と同様に追認を認めるべきであるとし、本人が弁護士資格のないことを知りながら委任したときは、手続安定の要請から有効とする説（新堂一五九頁、上田・前掲論文一二八頁）とがある。さらに、弁護士法違反の視点から捉え、訴訟関与の排除の問題と過去の訴訟行為の効力の問題を区別し、前者については裁判所は申立又は職権により決定をもって裁判し、その効力は将来に向かってのみ生じるとし、後者については、いずれかの当事者が異議を述べれば無効とする説が見られる（山木戸克己「弁護士法違反と訴訟法上の効果」（昭和四九年）〔同『民事訴訟法論集』（有斐閣、平成二年）一七二頁〕）。これらの学説も、弁護士会により業務停止の懲戒処分を受けている間に行った訴訟行為については、弁護士としての身分は喪失していない点に着目して、絶対的無効説の立場を除き、有効としている。

弁護士としての資格のない者が訴訟委任を受けて訴訟追行を行った場合の法的効果は、弁護士代理の原則が有す

る前述した（照(1)参）私益的及び公益的性格の両面からみることを要する。本人にとっては、弁護士資格のない者が訴訟追行を行ったという点で、正当な代理権を有する資格のある弁護士によって代理されなかったという不利益を被っている。その反面、訴訟追行は相手方の存在を前提とするところ、相手方にとっては一方の当事者側の事情により訴訟行為の効力を左右されるのは、不当な不利益を強要されるに等しい。しかし、弁護士代理の原則が適用される訴訟手続において、弁護士資格は、訴訟代理権の発生及び存続要件であること、訴訟代理権の欠缺は上告事由及び再審事由であることを斟酌すると、弁護士資格のないことは訴訟代理権の前提を欠くことになるので、その者が行った訴訟追行は基本的に無効と解するのが相当である。したがって、裁判所は、係属中の訴訟に関与している訴訟代理人が弁護士資格のないときは、申立又は職権で決定をもって訴訟への関与を禁止する決定をしなければならない。もっとも、無権代理行為に準じて、本人である当事者がこれを追認するときは、みずからその不利益を甘受するか不利益と受け止めていないとみることができるので、その訴訟行為は有効とすることが妥当である。さらに、本人が訴訟代理人の資格のないことを知っていながら訴訟委任していた場合には、これを無効と主張するのは信義則に反して許されないと解するのが相当である。いずれの場合でも、相手方が無効を主張することは妨げられるべきではない。また、弁護士会により業務停止の懲戒処分を受けている間に行った訴訟行為ついては、もともと弁護士資格のない者と弁護士ではあるが業務の遂行を停止されていて身分は喪失していない者は区別するのが妥当であり、有効と解する（もっとも、このように解することは業務停止の意味を軽視するものではなく、従来の処分の妥当性について見直しを図ることを含めて、処分のあり方、裁判所及び一般に向けた公告方法などについて検討する必要があると考える。三ケ月・前掲評釈六四頁参照）。

（2）　弁護士代理の原則の背景　旧々民訴法六二条（明治二三年法律第二九号）は、弁護士代理を本則としつつ、弁護士がいない場合には、親族又は雇人をもって訴訟代理人とし、それもいなければ他の者をもって訴訟代理人とする旨を定めていた。大正一五年改正審議過程では、明治二三年当時と比較して弁護士の普及に著しい相違があるとの理由から、地方裁判所以上については弁護士代理

の原則が採用されることとなった（第五一帝国議会大正一五年二月二一日貴族院民事訴訟法中改正法律案外一件特別小委員会議事速記録第二号（『日本立法資料全集10民事訴訟法〔大正改正編〕(4)』（信山社）三八九頁））。その際に、三百代言の取締まりの必要性と弁護士倫理の向上ということが強くいわれていることが注目される（前掲立法資料全集三九一頁〜三九三頁）。

(3)　弁護士代理の原則の本質　弁護士代理の原則の本質は、従来代理人として訴訟行為をするための弁論能力の制限と理解されている（たとえば、兼子・体系一二一頁以下、一三一頁）。しかし、注(1)(2)で述べた沿革に照らすと、本人訴訟における訴訟追行能力とりわけ弁論能力の停滞を補完するものとして陳述禁止、弁護士付添命令、釈明権を設けるとともに、訴訟追行能力を確保し、手続保障を図ることにあるとみるのが妥当である（上田・前掲一一九頁は、当事者の訴訟追行能力の一定水準以上での対等性を確保することに求めるのも、方向性において同趣旨といえよう。）。

三　訴訟委任に基づく訴訟代理権

(1)　訴訟代理権の授与の性質　訴訟委任に基づく訴訟代理人の訴訟代理権は、本人が特定の事件について訴訟追行を委任し、そのための包括的な代理権を授与する行為により生じ、これを訴訟委任という。訴訟追行の委任は、委任契約によりその法的効果として訴訟代理人に誠実義務及び費用報酬請求権を生じる（民六四三条）。そして、代理権授与行為により、訴訟代理権を生じる。通常、委任契約の締結とともに、訴訟代理権の授与行為が行われる。(4)(5)

(2)　訴訟委任のできる資格　訴訟委任するのは訴訟行為であるので、本人が訴訟委任するには、訴訟能力を有することを要する。法定代理人が訴訟無能力者に代わって訴訟行為を行う権限を有する場合は、法定代理人は訴訟委任することができる（後見人が訴訟委任するには、後見監督人の同意を要する（民八六四条・一二条一項四号）。）。また、本人から訴訟委任をする代理権を与えられた者（弁護士であることを要しない。）は、当然に訴訟委任できる。訴訟委任に基づく訴訟代理人は、特別に委任を受けないかぎり復代理人を選任することはできない（五五条二項五号）。

(3)　訴訟代理権の証明　訴訟代理人の権限は書面で証明しなければならない（規二三条一項。通常は、委任状が用いられる。）。この書面が私文書であるときは、裁判所は、公証人その他の認証権限を有する公務員の認証を受けるべきことを訴訟代理人に命ずることができる（規二三条二項）。訴訟代理権の存在を書面により証明させる趣旨は、確実性を期することにより、将来

に向けて手続の安定性を図ることにある。したがって、その書面には、代理権の存在とその範囲が明記されていることを要する。[6] また、すでに行われた訴訟行為の代理権の有無を判断するに際しては、書証に限らず一切の証拠を用いることができるとするのが、訴訟代理権の追認には特別の方式を要しないこととの均衡から妥当であるし、そのように解したからといって前述した立法趣旨にも反するものでもない（民事調停の調停代理人につき（民調二二条、非訟七条）、同旨のものとして、最判（二小）昭和三六・一・二四民集一五巻一号一七五頁）。

（4） 訴訟追行の委任と代理権の授与　訴訟追行の委任と代理権の授与は、別個の行為であり、訴訟追行の委任契約を締結するためには、本人に行為能力を要するのに対し、訴訟代理権の授与行為は本人の単独行為であり、また訴訟行為であるので訴訟能力を必要とする。人事訴訟につき、訴訟行為無能力者が弁護士との間で委任契約をして報酬の支払いを約し、訴訟追行を委任し代理権を授与した場合は、人事訴訟については意思能力があれば訴訟能力を認められるので、代理権の授与は有効であるが、委任契約による報酬支払いの約束は取り消すことができることになる（未成年者が養親から離縁の訴えを提起されたため、みずから応訴するとともに弁護士を訴訟代理人に委任して報酬支払い契約を締結した事案につき同旨のものとして、大判大正一四・一〇・三民集四巻四八一頁）。

（5） 持続的訴訟代理権の授与　社会の高齢化にともない高齢者の財産を適正かつ安全に管理するサービスを提供することを目的として、一部の単位弁護士会が高齢者を対象に（一部では障害者を含む）、財産管理センターを設置している（秦悟志「第二東京弁護士会の財産管理制度」判タ九五二号（平成九年）七〇頁、額田洋一「第二東京弁護士会における高齢者財産管理システムの概要」金融法務事情一五二二号（平成一〇年）七五頁）。そこで、高齢者が依頼者としてその単位会に所属する特定の弁護士との間で、「財産管理に関する委任契約書」により委任契約を締結したところ、その後に意思能力を喪失した場合に、右の弁護士は先に管理を委任された財産に関する訴訟につき、訴訟代理人として提訴ないし応訴できるかが問題となる。同契約書には、委任事務の範囲として、「第五条　甲（（注）依頼者）が乙（（注）弁護士）に委任する事務の範囲は次のとおりとする。(1)本件財産管理の保存、管理（本件管理財産の改良および財産の同一性を害さない範囲における変更を含む）、(2)本件管理財産の前号を超える変更および処分、(3)本件管理財産に関して生じた紛争の処理に関する事項（訴訟行為を含み、民事訴訟法第八一条第一項及び第二項の権限のすべてを含む）」と定められている。

依頼者がこのような財産管理を委任するには、持続的な代理権を授与することはその前提であり、依頼者が正常な判断能力を

保持できなくなったときに備えて訴訟行為を含む代理権をあらかじめ特定の代理人に包括的に授与する内容の委任契約をすることは、本人である依頼者の利益を有効に保護するために適切かつ必要であり、合理的妥当性を認めることができる。あるいは、訴訟代理権は、本人がそれを授与するときに正常な判断能力を備えていることを要し、高齢者でこうした判断を期待できないときは、その時点で特別代理人を選任するか、後見開始の審判を得た上で成人後見人が対応すべきであるとする反論も予想される。しかし、それでは、かえって本人の意思が実質的に反映されているとはいえないことはもとより、その権利を保護するのに迂遠な途をたどることとなり、迅速かつ適切に対処できないおそれがある。むしろ、右契約書とともに、対象とする管理財産の物件等を特定した訴訟代理権の授与を明記した訴訟委任状を同一日付をもって作成しておくことが必要であると考える（積極的に評価するものとして、額田洋一「弁護士活動と高齢者の財産管理」新井誠ほか編『高齢者の権利擁護システム』（勁草書房、平成一〇年）一四三頁以下、とくに一五〇頁以下）。これに対し、成年後見法立法の検討過程において、日弁連は、当初は弁護士法七二条の潜脱につながることへの懸念と、民訴法上も代理人が資格のある訴訟代理人を選任することは可能であることを理由に消極説を採り、立法提言を見送っていた（日本弁護士連合会司法制度調査会『成年後見法大綱（中間意見）』（平成八年）一一三頁）が、単位会の多くが積極的意見を寄せ、その結果として、「任意後見人は、監督が開始した後において、受任事務を遂行するために必要な範囲で、訴訟追行、登記・登録申請の権限を有する。」旨の結論に達し、積極的な提言をしている（日本弁護士連合会『成年後見法大綱（最終意見）』（平成一〇年）一〇二頁）。

(6)　書面による訴訟代理権の証明　　訴訟代理権の授権については、現在では特別委任事項（五五条二項）を含む委任状として定型文書が使用されているので、代理権限の範囲自体が争いとなることはまれであるが、一部においては、いまだに定型文書によらず、個別に作成された任意の書式を用いてられている。そのため、委任事項に関する表現が明確性を欠き、委任の有無をめぐって争いとなることがある。もっとも、和解権限が明記されていても、その範囲について当事者と訴訟代理人との間で紛争を生じることがある（九五九頁注(3)参照）。

四　訴訟代理権の範囲と代理権の行使

訴訟代理権の範囲は、訴訟委任に基づく訴訟代理人が原則として弁護士という法曹であるので、単に法律専門家であるに止まらず深い教養と高い品性を期待できること（弁護士法二条参照）と、訴訟手続の安定性を確保する趣旨から、包括的な代理権を有するものと認める（五五条一項）とともに、これを個別に制限することを禁止している（同条三項本文）。ただし、

弁護士でない訴訟代理人については、訴訟代理権を制限することを認めている（同条三項ただし書）。

(1) 訴訟代理権の範囲　(イ) 訴訟代理権の法定範囲　訴訟委任の目的である特定の事件の指定された訴訟追行をするために必要な訴訟手続、並びにこれに付随し又はこれから派生すべき訴訟手続についての権限を有する。この範囲内において、原則として訴訟追行に必要な一切の訴訟行為ができる。こうした趣旨から、反訴、参加、強制執行、仮差押え及び仮処分に関する行為、弁済受領について権限を有する（五五条一項。もっとも、これは、強制執行、仮差押え及び仮処分に関する行為等の独立した目的を有する手続に限定した代理権の授与を認めないことではない。）。これらは、制限的に列挙したものであり、それ以外の訴訟行為についても、訴訟委任の目的に反しない限り、訴訟代理権の範囲に属する（担保提供取消しの申立て（七九条）も、弁済受領権を認められることとの均衡及び付随手続という性格に照らし、法定範囲に属し、改めて委任状を要しないと解する。）。また、訴訟における攻撃防御に必要な限りにおいて、実体法上の行為についても代理権の範囲に属する（私法上の形成権の行使及びその受領についても代理権の範囲に属する。売買契約に基づく所有権移転登記請求訴訟における売買契約の解除の意思表示（最判(二小)昭和三六・四・七民集一五巻四号七一六頁）、その受領（最判(三小)昭和三三・七・二五裁判集民事三二号八一一頁）、相殺の意思表示及びその前提とする受働債権の承認（最判(二小)昭和三五・一二・二三民集一四巻一四号三一六六頁）等が、その例である。）。

(ロ) 特別委任事項　①反訴の提起、控訴、上告若しくは上告受理の申立てという本案の申立ての行為、②訴えの取下げ、和解、請求の放棄若しくは認諾、脱退という判決に因らないで訴訟を完結させる行為、③控訴、上告若しくは上告受理の申立ての取下げ等本人に重大な結果をもたらす行為、④その他本人の意思を確認するのを相当と考えられる行為については、本人の特別の授権を要する[7]（五五条二項）。

(2) 訴訟代理権の行使　(イ) 個別代理の原則　訴訟代理人が数人あるときは、各自が単独で当事者を代理する権限を有する[8]（五六条一項）。これを個別代理の原則という。当事者が、共同代理又は協議代理等これと異なる定めをしても無効である（同条二項。もっとも、本人と代理人との間では、拘束力がある。）。複数の訴訟代理人の訴訟行為が矛盾する場合は、先行する行為が取消し又は撤回の対象となるときは、後の行為により取り消されたものとみなされ、拘束力があって取り消すことがで

きないとき（たとえば自白）は、後の行為は効力を生じない。さらに、同時にあるいは相継いで矛盾する行為がなされたときは、無意味な陳述とみるべきである。裁判所、相手方当事者は、複数の代理人のうちの一人に対して訴訟行為をすれば足りる（たとえば、期日等の呼出は一人に対してすれば差し支えない。）。

(ロ)　審級代理の原則　上訴の提起は特別委任事項であるから（五五条二項三号）、訴訟代理権は、審級毎に授与することを要する。[9]これを審級代理の原則という。第一審の訴訟追行のための代理権を授与されたに止まる場合には、上訴の提起はもとより、相手方の上訴に対し応訴する権限もない。これに対し、上訴の権限を授与されている場合には、相手方の附帯上訴に応訴することはもとより、附帯上訴し、かつ訴えを変更する権限も有する（最判(二小)昭和四三・一一・一五判時五四二号五八頁）。

（7）　訴訟代理権の範囲と無権代理及び表見代理　訴訟委任に基づく訴訟代理人が特別委任事項について授権されていなかったにもかかわらず、代理権を行使した場合、特別委任事項として委任されてはいたが、本人が予見する範囲を越えて代理権を行使した場合に、その法的効果が問題となる。前者の場合は、無権代理による和解として訴訟法上不適法として無効であり、本人の追認があった場合には、効力を有する（和解について、吉戒修一「和解調書作成上の問題点」『訴訟上の和解の理論と実務』（西神田編集室、昭和六二年）四六〇頁。追認の方法は、相手方にその旨の意思表示をするとともに、裁判所に対し和解権限の授与を明記した訴訟委任状を提出することによる。）。後者は、和解の効力を左右するものではなく、たとえ本人と代理人との間で特約があったとしても、それは代理権の制限として相手方との関係では効力を有しない。また、訴訟上の和解に係る訴訟代理権の範囲について、民法上の表見代理の規定の適用を認めるのは、和解手続きの安定性を図る趣旨から妥当ではない（竹下守夫「訴訟行為と表見法理」『実務民事訴訟講座1』（日本評論社、昭和四四年）一八九～一九一頁、同・法協八二巻一号一四一頁）。それによる本人の意思との不一致を避ける方策については、九五九頁注（4）参照。

（8）　複数の弁護士が受任する場合の背景　一つの事件について、複数の弁護士が同一当事者からいっしょに事件を受任する場合がある（共同代理ではない。）。その背景には、①事件が複雑で問題点が多義に及ぶため、各々役割分担する必要があったり、専門分野を担当する必要がある場合、②訴訟代理人の一人が口頭弁論等の期日に出頭するのに差し支えがあっても、他の者が出頭することを可能にする場合、③パートナー弁護士が責任を負うが、アソシエイト弁護士と共同して受任することにより、役割を分担

し、あるいは実質的な役割を負わせる場合、④法律事務所が収支共同型を採用しているため、事件の受任処理から得られる収入は、事務所全体の収入になることとしている場合等の事情がある。

(9) 審級代理の原則と弁護士の行為規範　訴訟委任に基づく訴訟代理人が上訴の提起について特別委任を受けていたとしても、訴訟代理人としては、第一審の判決の結果を踏まえて、当事者に上訴の意向を確認し、あるいは状況判断に基づいてむしろ上訴を差し控えさせるように勧める判断を迫られることもある。弁護士としての倫理性が問われる節目である。

五　訴訟代理人・本人の訴訟上の地位

訴訟委任に基づく訴訟代理人は、本人は訴訟追行能力を有するが、本人の意思により、特定の事件について訴訟追行の委任を受け、そのための包括的な代理権を授与された者である。その点で、法定代理人が、本人の意思に基づかないで、訴訟追行能力を有しない者の能力を補充し、その利益を保護するためにあるので、本人との一体性が濃厚であるのと比較して、訴訟代理人と本人との関係は異なっている。

(1)　訴訟代理人の地位　(イ)　代理人としての地位　訴訟代理人は、その訴訟の当事者ではなく、第三者であり、したがって、判決の名宛人ではなく判決の効力を受けない（ただし六九条）。また、法定代理人と異なり、証人、鑑定人となることもできる。しかし、実際には訴訟代理人が訴訟追行するので、訴訟追行に当たる者について、知・不知、故意・過失等の事由が問われる場合（二四条二項・四六条・一五七条・一七四条・三三八条一項）には、基本的には訴訟代理人について判断すべきである。もっとも、本人の故意・過失が代理人の知・不知の原因を構成すると認められる場合（たとえば、本人が攻撃防御方法の存在を知っていたにもかかわらず代理人に伝えなかったため、代理人がその提出を遅滞した場合（一五七条参照））は、当事者は、代理人の不知又は責めなきことを自己の利益に援用することはできないと解すべきである（民一〇一条二項参照。兼子・体系一三六頁）。

(ロ)　弁護士として裁判所との関係　訴訟委任に基づく訴訟代理人は原則として弁護士であることから、訴訟手続上において弁護士として裁判所との関係で、とくに本人訴訟におけるのとは異なり、協同的訴訟運営の担い手と

いう責務に重みを増すこととなる。

(2) 本人の地位　(イ) 訴訟追行権　当事者は、訴訟代理人に訴訟委任しても、訴訟追行権を失うわけではない。したがって、訴訟代理人がいるにもかかわらず、本人に宛てた期日等の呼出状、裁判等の送達も、妥当とはいえないが、適法である（代理人が送達受領場所の届け出を怠った場合の送達について、最判（二小）昭和二五・六・二三民集四巻六号二四〇頁。これに対し、手続保障の点から疑問とし、特別の事情のない限り不適法とするものとして、伊藤眞「弁護士と当事者」『講座民事訴訟3』（弘文堂、昭和五九年）一二四頁）。また、訴訟代理人がいても、本人が出頭を命じられることもあるし（一五一条一項一号、規三二条一項）、証拠方法として尋問の対象となることもある（当事者尋問。二〇七条以下）。

(ロ) 更正権　当事者が訴訟代理人とともに出頭して代理人の事実上の陳述をただちに取り消して更正するときは、代理人の陳述は効力を生じない（五七条）。事実関係は、代理人よりも本人の方が知っているとみるのが自然であるし、特に法律上の専門的知識の有無とも直接に関係するものではないので、本人の更正権を認める趣旨である。その理論的根拠は、訴訟代理人に委任した後も、本人はなお弁論能力を有することにある（伊藤・前掲論文一二三頁）。

六　訴訟代理権の消滅

訴訟委任に基づく訴訟代理人は、本人の意思により、特定の事件について訴訟追行の委任を受け、そのための包括的な代理権を授与されたものであるという性質を踏まえ、訴訟代理権の消滅事由について、特別の規定を設けている（五八条）。また、消滅事由を生じても、本人から相手方に通知しない限り、その効力を生じないとされている（五九条・三六条一項）。

(1) 民事訴訟法上の特則　訴訟代理権は、当事者の死亡又は訴訟能力の喪失、当事者たる法人の合併による消滅、当事者である受託者の信託の任務終了、法定代理人の死亡、訴訟能力の喪失又は代理権の消滅若しくは変更によって、消滅しない（五八条一項）。

民法では、委任は個人的信頼関係を基礎にして形成される一身専属的関係であるので、当事者の死亡により当然に終了することとし（民六五三条）、委任に基づく代理権もその終了とともに消滅することとなる（民一一一条一項一号）。ところが、訴訟委任に基づく訴訟代理人は、原則として弁護士に限られ（五四条）、しかも代理権の範囲は明確であるので（五五条、規二三条一項）、委任者又は承継人の信頼が損なわれる懸念も少ないものと認められる。このことは、訴訟物についての訴訟追行権を喪失した場合についても、当てはまる。そこで、訴訟手続の迅速な進行を図る趣旨から、民法上の委任契約及びそれに基づく代理権の消滅事由とは異なる特則を設けたものである。

訴訟代理人の背後にある本人、法定代理人等の訴訟追行者が交替しても、訴訟代理権は消滅しないということは、新しい訴訟追行者から同一内容の訴訟委任を受け、そのための代理権を授与されたのと同様に、訴訟代理権が存続し、訴訟代理人はこれらの者のために職務を遂行することを認める趣旨である。したがって、当事者の交替があっても、訴訟手続は中断せず（一二四条二項）、さらに、訴訟代理人が上訴について特別に授権されている場合には、終局判決が確定するまで、訴訟手続は続行されることとなる。他方、上訴の権限を授与されていない場合は、原審級の終局判決が送達されるとともに、訴訟手続は中断する（大判昭和六・八・八民集一〇巻七九二頁）。

(2) 弁護士たる身分の喪失　弁護士が退会命令又は除名の懲戒処分を受け（弁護士法五七条三号・四号）、弁護士たる身分を喪失すると、地方裁判所以上の裁判所においては、弁護士代理の原則（五四条）により、代理権は当然に消滅すると解する（新堂・一六五頁は、相手方に対する通知も不要とするが、やはり必要と解するのが相当である（五九条・三六条一項）。兼子・体系一三八頁は、弁論能力の喪失に止まるとする。）。

(3) 民法上の代理権消滅事由　民法上の代理権消滅事由のうち、前記(1)の場合を除き、代理人の死亡・破産・後見開始の審判（民一一一条一項二号）、委任の終了（同条二項）によって、訴訟委任に基づく訴訟代理権は消滅する。訴訟委任関係は、委任事件の終了（審級代理の場合には、差戻し後の手続については、あらためて訴訟委任を要する、新堂・一六五頁。反対、兼子・体系一三八頁）、委任契約の解除（民六五一条）、本人の破産（民六五三条）

により終了する。

第二款　法令上の訴訟代理人

一　法令上の訴訟代理人の意義

本人の意思により特定の地位を与えられることにより、法令の規定に基づき、本人の一定の範囲の業務について、包括的な代理権を授与された代理人を、法令上の訴訟代理人という。その地位に結びついた包括的な代理権の内容として、訴訟代理権を授与され、本人に代わって一切の裁判上の行為ができる。その点で、訴訟委任に基づく訴訟代理人と比較して、法定代理人に近い性格を有する。支配人[1]（商三八条一項）、船舶管理人（商七〇七条一項）、船長（商七一三条一項）、中小企業等協同組合の参事（中協四四条二項）、指定代理人[2]（法務大臣権限二条・五条・七条）、等がその例である。[3][4]

(1)　支配人と弁護士代理の原則　支配人が弁護士代理の原則を潜脱する目的で選任されたものと認められるときに、その支配人が営業主のために訴えを提起し、訴訟追行する行為は、弁護士法七二条に違反し、無効であり、それをみずから選任した本人である営業主が追認することもできないと解するのが相当である（梅本吉彦「会社関係訴訟と支配人制度」大阪市立大学法学雑誌四八巻四号（平成一四年））。たとえば、弁護士でない同一人が複数の会社の支配人に選任され、報酬を得る目的で訴訟事件その他一般の法律事件に関する代理人をし、また他人の事件を譲り受けて訴訟その他の手段で権利の実行をする等を短期間に反復していた場合（札幌高判昭和四〇・三・四高民集一八巻二号一七四頁）、ファイナンス会社の登記簿上の仙台支店代理人支配人が同支店の従業員ではなかった場合（仙台高判昭和五九・一・二〇下民集三五巻一～四号七頁）が、その例である。

(2)　国等の指定代理人　国を当事者又は参加人とする訴訟については、法務大臣が国を代表する（国の利害に関係のある訴訟についての法務大臣の権限等に関する法律一条）。調停事件その他非訟事件についても、同様である（同法九条）。法務大臣は、所部の職員でその指定する者にこれらの訴訟を行わせることができるとともに、行政庁の所管し、又は監督する事務に係る訴訟については、当該行政庁の職員で法務大臣の指定する者にも、その訴訟を行わせることができる（同法二条。法務大臣の所部の職員とは、訟務部局の職員をいう。）。また、地方公共団体その他政令で定める公法人の事務に関する訴訟についても、それらの請求により、法務大臣が同様にその所部の職員でその指定する者に訴訟を行わせる

ことができる（同法七条三項）。これらの法務大臣又は行政庁がその所部の職員を指定して訴訟を行わせる場合に、その指定された職員を指定代理人という。また、地方公共団体の事務に関する訴訟を行わせるために、当該地方公共団体の長が選任した吏員（地自一五三条一項）も、指定代理人と呼ばれる。公法人の事務に関する訴訟について、その代表者が法律に基づいて選任した職員も指定代理人と呼ばれるが、通常その根拠法令により当該公法人の業務の一部について一切の裁判上裁判外の行為をする権限を与えられているので、他の指定代理人とは性格が異なり、むしろ支配人、船長に類似の代理人である。

指定代理人制度の趣旨は、大量の事件を国の行政目的に沿って統一的に処理するとともに、最も経済的かつ効率的に処理すること、国の行政及び行政法規に精通している者に処理させることが、その訴訟の適正な処理に役立ち、国益に最も沿うことにあるとされている（法務省訟務局内訟務事務研究会編『新版訟務事務の手引』（ぎょうせい、平成一三年）二七頁。なお、訟務制度の有する性格については、木佐茂男「訟務制度にみる公共性と法治主義（1）」北大法学論集四一巻五・六合併号（平成三年）二四〇七頁参照）。指定代理人に指定される者は、法務大臣の所部の職員、行政庁の職員又は行政庁の所部の職員であれば足り、他に特別の資格は要しない。個別事件毎に指定され、その事件に限り代理人の選任を除く一切の裁判上の権限を与えられる（同法八条参照）。法務大臣又は行政庁は、弁護士を訴訟代理人に選任して、国又は行政庁の訴訟を行わせることもできる（同法三条・五条三項）。これにより選任された弁護士を、選任弁護士と呼び、訴訟委任に基づく訴訟代理人である。

独立行政法人は、国から独立した法主体であるが、国の事業及び事務に準じる公共性の高いものであるところから、独立行政法人又はその行政庁を当事者等とする争訟は、国の利害に関係があるので、法務大臣が関与できることとされている（同法六条の三参照）。

（3）　民法上の組合の業務執行組合員　　民法上の組合の業務執行組合員も、その地位につくことにより、組合の業務について包括的な代理権を有し、全組合員のために訴訟追行できるので、法令上の訴訟代理人とみるべきであるとする説がある（大判大正八・九・二七民録二五輯一六六九頁（ただし傍論）、上田徹一郎「組合と訴訟・執行」『契約法大系V』（有斐閣、昭和三八年）二三九頁、新堂一六八頁注（3））。しかし、法令上の訴訟代理人は、単にその地位につくことによりその業務について包括的な代理権を有する点に特徴があるので、法文に代理権限が明記されていることを要するのであり、業務執行組合員はこれに当たらず（兼子・体系一三〇頁）、むしろ組合の代表者としての性格が強いので、三七条を適用することにより対応するのを妥当と解する（伊藤・一二〇頁は、同様に法令上の訴訟代理人とみることに反対し、組合員全員のための任意的訴訟担当者又は選定当事者によるべきであるとする。）。

（4）　社債管理会社（商二九七条）　　社債管理会社が社債発行会社に対して社債権者全員のために社債の元利金支払請求訴訟を提起する場合に、社債管理会社の法的地位について、法定代理人とみる見解（吉戒修一『平成五年・六年改正商法』（商事法務研究会、平成八年）二七三頁、松下淳一「社債管理会社・社債権者の手続法上の地位」金融法研究・資料編（15）（平成一一年）五〇頁）、法令上の訴訟代理人とみる見解（松下淳一「社債管理会社の地位・権限と民事手続法との関係について」学習院大学法学会誌三一巻一号（平成七年）四三頁注（3）、同教授はその後前記法定代理人説に改

めている。）があるが、社債管理会社は社債権者を代表として、その利益のためにあるので、むしろ法定訴訟担当と解するのが適切である（山本克己「社債管理会社および担保の受託会社の訴訟上の地位について―代理と訴訟担当の境界事例の一つとして」『京都大学法学部創立百周年記念論文集・第三巻民事法』（有斐閣、平成一一年）五八〇頁）。

二　法令上の訴訟代理人たる資格

法令上の訴訟代理人は、弁護士であることを要しない(5)。法令の定める地位の任免は、本人の意思によるので、任意代理人である。しかし、その地位に就任すると、本人の業務のうちの一定範囲について、訴訟代理権を含む包括的な代理権を法令上当然に与えられる。その点で、同じ任意代理人であっても、訴訟委任に基づく訴訟代理人よりは、法定代理人に近い立場にあり、弁護士に訴訟委任することもできる。

三　代理権

法令上の訴訟代理人は、通常その根拠法令によりその地位の業務に関する一切の裁判上裁判外の行為をする権限を与えられ、訴訟代理権は、法令の定める地位に伴う法定の権限であるから、その地位の業務範囲に関する事件一般に及ぶ。したがって、訴訟代理権の証明は、その地位に就任していることを証明するものであることを要する（たとえば、支配人については支配人登記簿抄本、商業登記簿抄本、法人登記簿抄本を、指定代理人については、法務大臣、行政庁、地方公共団体の指定書）。法令上、共同代理の定めがある場合（たとえば、商三九条、中協四四条二項）には、訴訟上も共同代理が認められる。また、法令上の訴訟代理人は本人との信頼関係に基づき、実体法上の地位についているので、本人の死亡などによりその地位を失うとともに、実体法上の地位が消滅することにより訴訟代理権も消滅する（五八条一項・二項て適用されない。）。

四　法令上の訴訟代理人の手続上の地位

法令上の訴訟代理人は、その訴訟の当事者ではなく、第三者であり、したがって、判決の名宛人ではなく判決の効力を受けない（ただし六九条）。また、法定代理人と同様に、みずからさらに弁護士に訴訟委任することもできる（その場合、更正権

（五七条）を行使できる。）。もっとも、証人、鑑定人となる適格を有する点で、法定代理人と異なる。

五　法令上の訴訟代理人の新たな評価

法令上の訴訟代理人、とりわけ支配人及び参事については、企業、中小企業等協同組合を当事者とする訴訟において、その組織体の構成員として事情に精通している点に着目すると、当事者の意思を訴訟追行に適切に反映させるために、実体法の定める趣旨に基づき健全な活用を図ることにより、この制度を育成させる必要がある。(4)

（5）　支配人の意義と制度の背景　法令による訴訟代理人としての支配人は、実体法である商法三七条の支配人に該当するか否かによって判断すべきであり、登記簿上支配人とされていることが決め手ではない（ただし、登記事項ではある。商四〇条）。支配人の意義について、従来の通説は、営業主に代わり、その営業に関する一切の裁判上又は裁判外の行為をなす権限を有する商業使用人をいい、営業主から右のような包括的な代理権（支配権）を与えられたか否かによって定まるとする（西原寛一『日本商法論・第一巻』（日本評論社、昭和二五年）三五三頁、石井照久＝鴻常夫『商法総則』（勁草書房、昭和五〇年）八八頁）。これに対し、近時の有力説は、営業主により本店又は支店の営業の主任者として選任された商業使用人をいい、その選任者の意思にかかわりなく、その者は法律上当然に包括的かつ不可制限的な代理権（商三八条）を有するとする（大隅健一郎「支配人と表見支配人」田中誠二先生古稀記念論文集『現代商法学の諸問題』（千倉書房、昭和四二年）（同『商事法研究（上）』（有斐閣、平成四年）二一一頁）、服部榮三『商法総則（第二版）』（青林書院、昭和四七年）二八〇頁）。また、必ずしも「支配人」の名称を使用することは必要でない点についても、現在では異論がない。こうした方向性は、訴訟法に反映させるのに適した基盤が形成されつつあるように見受けられる（梅本吉彦「会社関係訴訟と支配人制度」大阪市立大学法学雑誌四八巻四号（平成一四年））。

第五節　補　佐　人

一　補佐人の意義

補佐人とは、当事者、補助参加人又はこれらの訴訟代理人とともに期日に出頭し、それを補足するものをいう

（六〇条一項）。期日において当事者、補助参加人又はこれらの訴訟代理人に付き添う者であって、代理人ではないので、これらの者に代わって単独で期日に出頭して訴訟行為を行ったり、期日外で訴訟に関する行為を行うことはできない。補佐人は、自己の意思に基づいて発言し、その効力は本人に帰属するので、一種の代理人と見るのが妥当である（これに対し、三ケ月・全集二〇八頁は、当事者又は訴訟代理人の単なる発言機関とするが、立法趣旨に反し妥当でない。）。

二　補佐人の地位及び権限

(1)　補佐人の地位　補佐人は、当事者又は訴訟代理人の請求により、裁判所が許可する[1]（六〇条一項）。請求するに際し、とくに理由を付すことは法律上要求されていないが、その許否は、裁判所の手続裁量により決せられるので、補佐人として許可を求める者を特定するとともに、その者について裁判所をして首肯させる理由を付して請求すべきである。いずれの審級の裁判所でも認められるが、裁判所の許可は審級毎に必要である。裁判所の許否の決定について、不服を申立ることはできない。裁判所は、許可をいつでも取り消すことができる（六〇条二項）。取消の決定についても、不服申立はできない。

補佐人となるには、訴訟能力を要しない。弁護士であることも要しない。

(2)　補佐人の権限　補佐人は、その当事者又は代理人の期日における一切の陳述を代わってすることができる[2]。その陳述は、当事者又は訴訟代理人が直ちに取り消し、又は更正しないときは、当事者又は訴訟代理人が陳述したものとみなされる（六〇条三項）。当事者又は訴訟代理人による更正権は、訴訟代理人の当事者の陳述に対する更正権（五七条）と異なり、事実上の陳述に限らず、法律上の陳述にも及ぶ。

（1）　補佐人の許可と陳述の制限　裁判所は、補佐人を許可するについて、条件を付し、あるいは陳述できる期日を限定することは、補佐人を制度として認めた趣旨に反するので、許されない。たとえば、補佐人の請求を許可するが、陳述は必ず訴訟代理

人を通じて行うことを条件とすることは、補佐人の役割を事実上否定することになる。

（2）　補佐人制度の再評価　　従来、補佐人は、弁護士代理の原則（五四条一項本文）の潜脱等を考慮し、あるいは交互尋問に不慣れなことから法廷が混乱することを懸念して、厳しく制限されていたようである。一部では、国又は地方公共団体を当事者とする訴訟において、これらの側の指定代理人として、事案の内容に即して専門家が所管官庁から派遣されることとの訴訟技術上の衡平を考慮して、特に許可されることがみられるようである。しかし、知的財産権、製造物責任、医療責任等をはじめとして専門的知識を必要とする訴訟については、それが通常の不法行為訴訟であっても、広く補佐人制度を活用することにより、訴訟代理人を介さずに直接陳述する機会を与える積極的な運用を検討すべきであると考える（同様に前向きな評価をするものとして、西口元「民事訴訟における専門家の関わり―争点整理、証拠調べ及び和解における専門家の役割」早稲田法学七二巻四号（平成九年）四〇七頁以下、とくに四二〇頁、四二四頁）。

三　補佐人に関する新たな動き

平成九年以来の規制緩和推進計画における公的資格制度の見直しという環境の変化と、平成一一年に内閣に設置された司法制度改革審議会の動きに対応して、弁理士法が抜本的に改正され（平成一二年法律第四九号）、弁理士は、特許関係訴訟において、裁判所の許可を得ることなく、補佐人として、弁護士である訴訟代理人とともに出頭し、陳述又は尋問できることとなった（弁理士五条。特許庁総務部総務課工業所有権制度改正審議室編著『条解弁理士法』（経済産業省、平成一三年）六〇頁以下参照）。さらに、税理士制度についても同様の動きが見られ、税理士法が改正され（平成一三年法律第三八号）、税理士も、租税関係訴訟において、裁判所の許可を得ることなく、補佐人として、弁護士である訴訟代理人とともに出頭し、陳述できることとなった（税理士二条の二）。

第二編　訴訟の開始

一般に、社会生活を営む上で紛争を生じた場合に、個人であれ、団体であれ、その紛争を解決するための交渉に努め、協議により解決を図ることができるならば、幸いこれに優ることはない。協議によっては、紛争の解決を図ることができず、あるいは解決の見込みが困難な状況に至ったと判断した段階で、訴訟による解決を図ることをも含めて、解決策についての検討に入るのである。

そこで、本編では、訴訟の開始を訴訟の準備（第一章）と訴えの提起（第二章以下）の段階に分けて、検討することとする。

第一章　訴訟の準備

紛争を生じた場合に、その処理のための交渉に当たっては、当初から協議により解決を図ろうという意思で臨む場合と、ひとまず協議に入るものの、いずれは訴訟によることをも視野に入れて臨む場合とがある。いずれの場合についても、紛争処理交渉があって、それでは解決が着かないときに、訴訟を含めて、種々の視点からその後の対応を検討することとなる。

第一節　紛争処理交渉

第一款　紛争の認識と交渉の準備

一般に、紛争は、二当事者間の行動若しくは事実をめぐり、両者の間の利害に不一致を生じることに起因する。一方が、不一致を強く認識し、相手方に伝え、これに対し反論ないし無視という幅のある対応があって、紛争が顕在化することとなる（紛争の発生から交渉の過程を法社会学の立場から分析するものとして、和田仁孝『民事紛争交渉過程論』（信山社、平成三年）一五頁以下、交渉から解決過程に重点をおいて分析するものとして、棚瀬孝雄「紛争解決過程の理論枠組」『法社会学講座5』（岩波書店、四七年）（同『紛争と裁判の法社会学』（法律文化社、平成四年）三頁以下」参照）。こうした紛争の立ち上がり過程は、両当事者間に契約関係があるか否かに関わらないといえようが、当事者が個人か団体かによって、一様ではないのはもとより、紛争類型によっても異なってくる。交渉段階に立ち至った後は、多様な解決選択肢の中から紛争類型に応じた交渉過程をたどることとなる（生活紛争を中心にアメリカ合衆国における民事紛争の解決制度の機能と役割を実証的に分析した貴重な研究として、太田勝造「民事紛争解決システム：生活紛争を中心として」『民事紛争解決手続論』（信山社、平成二年）一頁以下）。交渉技術という視点からみると、相手方との接触をもつに際し、十分な準備をした上で行うべきことである（準備が不完全なまま交渉に入り、紛争をこじらせてしまう弁護士が多く、交渉に当たり十分な準備の重要性が指摘されている（太田勝造「交渉・和解による民事紛争解決」名古屋大学法政論集一二六号（平成元年）（同・前掲書一九五頁））。たとえば、瑕疵担保責任を追及する場合の瑕疵についての十分な調査等を想起すれば、容易に納得できることである。）。

第二款　交渉形態

交渉の形態は、紛争の内容によって異なってくる。当事者同士による交渉をはじめとして、双方弁護士を代理人とする交渉による紛争処理、アドホック仲裁による処理（財界人、弁護士など。この場合は、双方代理に当たらない。）、その他裁判外紛争処理等多様で

ある。また、市民を当事者とする紛争では、各種の法律相談の利用が先行し、法律相談から裁判外紛争処理へ移行する場合が少なくない（裁判外紛争処理機関の内で、比較的順調に機能しているものは、法律相談との連携が功を奏している例が顕著のようである。）。

第三款　交渉内容と交渉姿勢

一般に、交渉による紛争処理は、訴訟と異なり、紛争の対象について直接的な決着を図ることもあるが、紛争の発生を契機として、双方が交渉の場を設けて、その結果として新たな契約関係の形成による処理という前向きな対応も見られる（例えば、特許侵害紛争における賠償金の支払に代えて、侵害の事実を斟酌した金額の設定による新たなライセンス契約の策定）。また、紛争当事者に止まらず、第三者をも当事者に加えて交渉を重ねることにより、発展的な解決を図ることができることにもなる（たとえば、下請会社を紛争当事者とする場合に、元請会社が参加する場合）。こうした際にも、日常業務の遂行過程における証拠の確保が、重要な意味を持ってくることが少なくない。

紛争交渉過程における言動行動は、単にその交渉の場に止まらず、思いがけない局面に影響することがある。交渉が成立せず、その後、問題が訴訟の場に移ったときに、訴え提起に先立つ交渉過程における言動行動は、訴訟法上直接法的効力を有するわけではないが、裁判所が和解案を提示するに際し、これらを斟酌することがある（たとえば、借地借家紛争における明渡請求の交渉過程で賃貸人側が具体的な立退料を提示すると、交渉が不成立に終わっても、裁判所の和解案において、最低基準額として大きく影響する傾向にある。）。また、相手方が、口頭弁論においてその事実を主張したときは、弁論の全趣旨として事実認定に影響することも少なくない（その点で、交渉の経過については、詳細に記録することが双方にとって有益である。）。

こうした訴え提起前における交渉は、たとえ紛争解決を図ることができず、訴訟に至ったとしても、訴え提起により完全に断絶するとは限らず、その後も、裁判外の和解へと引き継がれる可能性もある。それは同時に、当事者間の自主的交渉による解決の目途を見極め、つぎの訴訟という場に持ち込むことを決断する時期とも関わる難しい問題でもある[1]。

（1）　紛争処理交渉と時間的制約　紛争を交渉により解決することを望んでいる場合に、その最も障害になる要素の一つに提訴期間という制約がある。とりわけ、瑕疵担保責任、製造物責任を追及する場合、医療過誤事件、薬害事件の場合等においては、訴訟をするには同時に専門的知識を必要とするので、可能ならば交渉により解決を図りたいという心情がある反面、交渉によるにしても、こうした特性をもっているので、交渉の準備自体に相当な時間を要することになる。さらに、専門家を相手方とすることになるので、交渉も容易に進展しないきらいがある。他方、提訴期間という時間的制限が押し迫ってくると、訴訟という途を選択したときに要する時間、経費等の負担と、専門家に押し切られつつある無念さとが交錯し、不本意な決断を迫られる場合も少なくない。わが国の法制度の下では、交渉中の消滅時効の中断を認める定めはない（ドイツ民法では、BGB八五二条二項において、不法行為に基づく損害賠償については、交渉中の消滅時効の停止を認めている。もっとも、消滅時効の起算点が、わが民法と異なり、請求権の発生時より進行する。こうした裁判外の交渉について、時間的制約との関係に着目して、実体法の視点から分析したものとして、曽野裕夫「売主担保責任の裁判外追及と期間制限―紛争交渉過程の視点から」山畠正男・五十嵐清・藪重夫先生古稀記念『民法学と比較法学の諸相Ⅱ』（信山社、平成九年）三二一頁以下、特に四四頁以下参照）。

第二節　事実の調査と証拠の確保

新法は、証拠をはじめから集中して提出することを義務付けるので、それ自体は当然のことではあるが、事前の準備に相当な手数と負担と時間を要することとなる。もっとも、紛争処理について訴えを提起するか否かを見極める際には、自己の主張が判例、学説等に照らして理由があるとして裁判所に認められるかという点について、一応の予測をした上で行うのが通常の在り方である。そうした観点からすると、本来、こうした事前の準備とそれに基づく結果に対する予測可能性の設定は程度の違いこそあるものの、いずれの紛争についても当てはまることであり、裁判外紛争処理制度を利用する場合であっても同様である。

第一款　事実の調査

一般に、当事者又はその訴訟委任をうけた弁護士は、訴訟に臨むに際して、詳細な事実関係の把握に努めるとともに、それに必要な調査を行い、事実関係を明らかにし、それを証明する証拠の存否について調査する(1)（旧規則も、当事者の事実関係についての調査義務を定め、訴訟手続全般に関する通則的な規定であることから、総則の訴訟手続の通則に置かれていたが、新規則では充実した争点等の整理を行って早期に争点を確定するという新法の趣旨から、「第二編第二章　口頭弁論及びその準備　第二節　準備書面等」の末尾に置いたものである。最高裁判所事務総局民事局監修『条解民事訴訟規則』一九二頁参照）。その場合に、特に相手方とすべき当事者の確定と目的物の確定が重要になる（司法研修所『四訂民事弁護の手引』（昭和五七年一月）三七頁。その場合に、新法で設けられた当事者照会の制度は、訴訟係属中であることを要件とするので、この段階では利用できない。一六三条参照）。その上で、自己の主張が法的に根拠のあるものであるか、第一次的にそれを裏付ける先例となる判例を調べ、第二次的に学説の動向を調べ、その上で訴え提起を決断することとなる。さらに、個別事件の性格に即した特別の調査を必要とする場合がある。たとえば、瑕疵担保責任、製造物責任を追及する場合、医療過誤事件、薬害事件の場合等においては、それぞれの事件そのものはもとより、関連事項についての詳細な調査をしなければならない(2)。また、新しい法的問題に関わっている事件では、相当な調査を要することはもとより、その分野の専門家に法律意見書の作成を求めることもある。

（1）事件の調査と時間的制約　紛争処理のために訴え提起に至るには、事前に相当な調査を必要とするが、消滅時効、除斥期間との関係、当事者の年齢等の要素が複雑に交錯し、ある一定の時点で決断を迫られることとなる。その点で、外国法の中には、交渉中は消滅時効が停止する旨の定めを設けているものがあり、注目される（一六六頁注(1)参照）。

（2）特別な事件固有の専門的調査　医療過誤事件、薬害事件等の場合には、その分野の専門家の助力を借りることなしには、提訴の見極めを付けることが困難である。ところが、そうした専門的分野に一般市民はもとより、たとえ法律専門家であっても、正確な情報を収集することは、一般的に極めて困難である。そこで、最近ではインターネットを活用して、広く協力方を求めることが行われることがあり、新たな問題を生じている。また、独占禁止法二五条に基づく損害賠償請求の有効な活用を図る

ため、確定審決が存在する違反行為の被害者又はその代理人である弁護士から、公正取引委員会に当該被害について損害賠償請求訴訟を提起するために必要であるとして資料提供等の求めがあった場合に備えて、公正取引委員会は、その取扱要領を定めている（「独占禁止法違反行為に係る損害賠償請求訴訟に関する資料の提供等について」（平成三年五月一五日・公正取引委員会）最高裁判所事務総局行政局監修『独占禁止法関係訴訟執務資料』行政裁判資料七六号（平成一三年）二一二頁所収）。

第二款　証拠の確保

ここにいう証拠の確保とは、日常社会生活若しくは企業活動における一般的な事務処理としての証憑書類等の文書管理を除く、特別の目的をもった証憑の確保をいう。

一般に、取引社会では、将来その取引に関する紛争が生じたときに備えて、取引当事者間であらかじめ取り決めをしておくのが原則である（継続的契約関係における基本契約書はその最も基本的な例である）。その内容は、主として実体面を中心に構成されているが、紛争処理における証拠に関する条項も重要な意味がある（証拠契約はその一例であり、それに合わせた証拠の確保は当事者にとって最小限度のものである）。企業としては、自己の権利を保護するためにさらに広範囲にわたって、証拠の確保を図ることになる。

(1)　恒常的な証拠の確保　　恒常的な証拠の確保は、紛争予防という点に大きく比重が置かれているが、訴訟の段階になっても法的に根拠のあることを要するところ、法的に深く関わりのあるものとして、つぎの方法がある。

(イ)　電磁的記録媒体　　現在では、社会的に多方面において情報を電磁的記録媒体で保管することが行われている。そうした動向を踏まえて、すでに多くの法規等でこうした媒体による情報の保管について、これを認めつつあり、民事訴訟手続上も明文規定はないものの、証拠能力を認める方向にある。したがって、証拠の確保を図る媒体として、法的にも不完全ではあるが、一応の基盤は存在するものといえる（詳細は、八一三頁参照）。

(ロ)　公正証書　　公的に認証された証拠方法を確保するものとして、公証制度を利用することが、訴訟対策とし

てはもとより、紛争予防としても比較的簡易であるとともに、有効な対応の一つといえる(1)。

（1） 公証制度の紛争予防機能　公証制度の予防司法的機能に着目する発想は、比較的古くから見られ、非訟事件手続とならんで予防的司法の重要な役割を果たすことが見込まれていた。とりわけ、だれでも比較的容易に利用できることが合目的的であると評価されたいる。また、公正証書は、事実行為、自然現象にまで及び、幅広い活用が可能であることが指摘されていた（末川博「公證人制度改善管見」日本公證人協会雑誌一三号（昭和一一年）六頁以下）。その反面、現在の公証実務は、形式的な公証になっていること、一部の公証人の資質について疑問があること等の指摘がかねてから根強く、したがって公証人の社会的信頼性を高める具体的施策を設定し、実行することが当面する課題として存在する（公正証書の作成行為の本質について考察するものとして、山木戸克己「公正証書の本質」公証四号（昭和二九年）〔同『民事訴訟理論の基礎的研究』（有斐閣、昭和三六年）二七九頁以下〕、将来の請求権を内容とする公正証書という視点から、紛争予防機能を検討するものとして、竹下守夫「将来の請求権と執行証書」日本公証人連合会編『公証制度百年記念論文集』（昭和六三年）五頁以下参照）。もっとも、後述する知的財産紛争との関係については、これらの論考も言及していない。

（i） 確定日付の付与私署認証　私署証書に対する確定日付の付与若しくは私署認証（公証一条、民法施行法五条二号）という方法である。もっとも、認証行為は、文書が真正であることを公的に証明するに止まり、その記載内容が真実であることを意味するものではない。しかし、新技術の開発過程における文書についてこうした方法を施すことにより、特許侵害紛争を生じた場合に、先使用権、公知性等を証明する決め手として有効に機能する性質をもっている（梅本吉彦「知的財産権と証拠の保全」知的財産研究所五周年記念論文集『知的財産の潮流』（信山社、平成七年）七三頁）。

（ii） 事実実験公正証書　公証人法一条に定める私権に関する事実につき作成された公正証書を事実実験公正証書という。私権に関する事実とは、手続法ないし証拠法的に要証事実として考えるべきであり、実体法的に法律要件を構成する事実をいうものではない。事実実験公正証書は、嘱託人の嘱託に基づき、公証人が事実を見聞し、みずから目撃その他五感作用により認識し、見聞した事実について、これを録取し、かつその実験の方法を記載することにより作成する（公証二五条）。ここにいう事実を見聞することを事実実験といい、民事訴訟手続における裁判所の行

う検証とほぼ同一の意味を有する。特に、生産工程等の証拠保全については、事実実験公正証書によらなければ証拠の保全としては十分でない場合がある。確定日の付与・私署認証とともに、知的財産紛争に対する証拠の確保として重要な意義を有している（梅本・前掲論文六七頁以下のほか、公証人の立場からこれについて実証的に紹介するものとして、棚町祥吉「知的財産権の保全と公証制度（一）～（三・完）」発明八九巻一〇号、一一号、一二号（平成四年）、特に一〇号九三頁以下、一一号九五頁以下、森林稔「工業所有権法分野における公証制度の活用（一）～（七・完）」パテント四五巻一一号（平成四年）～四六巻五号（平成五年）、特に四五巻一一号二〇頁以下参照）。

(2)　訴え提起前における証拠の確保　当事者が、訴え提起を視野に入れ、事件に関する資料を訴え提起に先立って収集し、訴訟の準備をすることは基本的な作業である。しかし、公権力に基づかないで証拠を収集し、確保することは極めて困難なことであり、訴え提起のための事前の手段として、若干の法制度が用意されている。

(イ)　弁護士の報告請求　(i)　制度の趣旨　弁護士は受任している事件について、所属弁護士会に対し、公務所又は公私の団体に照会して必要事項の報告を申し出ることができる（弁護二三条の二第一項前段）。弁護士が、裁判所を煩わすことなく、その一個の官公署としての性格を有する弁護士会を経由させることにより、証拠の収集を図り、訴訟の場に立ち至ったときには、裁判所の行う真実発見と公正な判断に寄与することを期待するという公共的な役割に由来するものであり（一七一注(2)に紹介する最高裁判決が、一般論として裁判所の行う照会と同格に捉えていることが注目される。大阪高判昭和五一・一二・二一下民集二七巻九～一二号八〇九頁参照）、新民事訴訟法の制定された現在では、協同的訴訟運営の先駆的な施策として新たな位置付けをすることができる。

(ii)　要　件　弁護士が事件を受任していることを要し、単に法律専門家としての自発的研究を目的とする情報収集として利用することはできない。事件は、訴訟係属中であることは必要でなく、訴え提起前でも差し支えない。公務所又は公私の団体に対する照会に限り、個人に対するものは対象にならない。会員から申出があった場合に、弁護士会は、申出が適当でないと認めるときは申出を拒絶できる（弁護二三条の二第一項後段）。弁護士会は、右の申出に基づき公務所又は公私の団体に照会して必要な事項の報告を求めることができる（同条二項）。照会を受けた公務所又は公私の団

体は、これに応じる法律上の義務があるが、拒絶しても履行を強制する手段はなく、法的制裁措置もない。(2) 弁護士は、必要事項の報告を受けても、それによって訴えを提起する義務を生じるわけではない（いわゆる起訴責任を生じない。）。

(2) 公務所又は公私の団体の報告責任　標記事項の先例とされるのが、最判(三小)昭和五六年四月一四日（民集三五巻三号六二〇頁）である。本件は、弁護士法二三条の二に基づき、「中央労働委員会、京都地方裁判所に提出するため」との理由で、解雇事件の係争中の従業員の前科及び犯罪経歴の照会を受けた京都市中京区長が、右従業員には、道路交通法違反一一犯、業務上過失傷害一犯、暴行一犯の前科がある旨を報告したところ、右従業員がこれを不当として京都市に対し国家賠償請求訴訟を提起した事案である。最高裁は、「前科等の有無が訴訟等の重要な争点になっていて、市区町村長に照会して回答を得るのでなければ他に立証方法がないような場合には、裁判所から前科などの照会を受けた市区町村長は、これに応じて前科等につき回答することができるのであり、同様な場合に弁護士法二三条の二に基づく照会に応じて報告することも許されないわけのものではないが、その取扱には格別の慎重さが要求されるものといわなければならない。」と一般論を述べた上で、本件について、前記の理由だけで照会に応じることは、前科等については、従来通達により一般の身元照会に応じない取扱いであり、弁護士法二三条の二に基づく場合も回答できない旨の自治省行政課長回答があったこと等を理由に違法な公権力の行使に当たると判示した。

　しかし、上記申出書の記載により趣旨は明らかであり、環裁判官が、一個の官公署としての性格をもつ弁護士会を信頼して回答した中京区長の行為について過失の責めを問うのは困難であると述べている反対意見に、強い共感を覚える。むしろ、本件は、この回答を中労委及び京都地裁の構内等で、事件関係者及び傍聴に集まっていた者の前で摘示するという意図的に目的外に利用した会社幹部の行為に起因するものであり、こうした事態は回答者としての予測可能性の範囲をはるかに越えることであって、この行為に対してこそ不法行為責任を追及すべき事案である。

　ところが、本判決は、結論だけが先行して射程距離が安易に拡張され、回答を拒絶することこそ最善の策であるという受け止め方を各方面に与えているきらいがある。それは、本件のように当事者が目的外に作為的な利用をすることにより、紛争に巻き込まれることを懸念する気持ちの表れと見ることもできる。しかし、最高裁の本旨は、前段の一般論に基本的姿勢が示されていると見るのが妥当であり、このような理解は決して最高裁の本意ではなかろう。訴訟に対する第三者の協力義務という視点から、いかなる立場の者も判旨を正確に理解する心構えが要求される。そういう点で、この制度について、報告を受けた情報につ

いて、目的外利用の制限と情報に接することのできる者についての制限を付することを法制度として整備する必要がある。

(ロ)　証拠保全　あらかじめ証拠調べをしておかないと、その証拠を使用することが困難な事情があるときに、申立てにより行う証拠調べを、証拠保全という(二三四条)。証拠保全は訴え提起前でも行うことができる(二三五条二項参照)。もっとも、たとえ証拠保全手続により証拠調べをしても、それによって訴えを提起する義務を生じるわけではない(いわゆる起訴責任を生じない。この点で、古く証拠保全を、立法論としては、公証制度と同様に事実関係を明瞭ならしめ、訴訟を予防する目的のために訴訟と離れて独立の私権保護制度の一つとして設置すべきであるとする考え方が見られたことは注目される(3)(加藤正治『新訂民事訴訟法要論』(有斐閣、昭和二六年)四五〇頁)。)。この二点で、弁護士の報告請求と共通する性質をもっている。証拠保全手続による証拠調べをするには、あらかじめ証拠調べ期日に申立人及び相手方を呼び出すことを要する(二四〇条本文)が、急速を要する場合はこの限りでない(同条ただし書)。証拠隠滅、文書改竄等のおそれがあることにより、訴え提起前に証拠保全をする場合は、通常本来例外的な場合である二四〇条ただし書によるのが、原則的な形態となっている(詳細は、八一七頁以下参照)。

(ハ)　満足的仮処分　(i)　被保全権利　契約関係に基づき相手方に対して証拠方法の閲覧・謄写請求権が認められる場合には、満足的仮処分によってその機会を保障することができるとする考え方がある。たとえば、患者は医師に対し診療契約に基づくカルテ等診療録の診療記録閲覧・謄写請求権を実体法上有するとして、これを根拠として満足的仮処分によってそれらを閲覧・謄写することができるとする説である(新堂幸司「訴訟提起前におけるカルテ等の閲覧・謄写について」判タ三八二号(昭和五四年)〔同『民事訴訟法学の展開』(有斐閣、平成一二年)一八五頁〕)。患者と医師との診療契約に基づき医師は患者に対し民法六四五条に定める診療経過についての弁明義務を負うとする。これを患者側から見ると、カルテ等の閲覧　閲覧請求権あるいは謄写請求権を有することになる。そこで、患者は、医師に対する損害賠償請求訴訟を提起するか否かを決定する資料を入手する目的で、仮処分によりカルテ等の閲覧・謄写を求めるという考え方であり、実定法上も無理がなく支持することができる。

これに対し、反対説は、医療行為の前後を問わず、医師側の誠意ある懇切な説明が紛争なり訴訟抑止に連なることを認めつつ、このような説明義務は診療行為の内容をなすものではなく、診療債務の履行に付随する義務に過ぎないとする立場がある。この立場においては、受任者の顚末報告義務（民六四五条）もまた、委任事務の処理という本来の債務目的に対しては、まったく付随的・形式的債務にすぎないとして、このような付随的義務が実体法上存在するということが、本来の債務の不履行責任が訴訟上主張される場合に注意義務違反についての医師の証明責任の負担を決定づけることにはならないとする（中野貞一郎「医療過誤訴訟の手続的課題」法学セミナー二五八号（昭和五一年）（同『過失の推認』（弘文堂、昭和五三年）一一三頁））。あるいは、患者の医師に対する診療録の閲覧請求権自体について実定法上の根拠を欠くとし、かりに診療契約について民法六四五条が準用されるとしても、医師の患者に対する診療結果の報告の範囲、程度、方法等は医師の裁量に委ねられるとして法的義務を否定する（伊藤瑩子「診療録の医務上の取扱いと実務上の取扱いをめぐって（下）」判タ三〇二号（昭和四九年）四三頁～四五頁））。判例は、近年になって、医療契約を一種の準委任契約とし、民法六四五条により、医師は患者に対し診断結果、治療の方法、その結果等について説明報告義務があることを認めるものの、患者の医師に対する診療録閲覧請求権については否定している（東京高判昭和六一・八・二八判時一二〇八号八五頁）。しかし、診療行為の終了後に患者が結果について疑問を抱くにいたった場合にまで、医師の裁量に属するというのは根拠がなく、診療録閲覧請求権はこの場合の報告義務に関するものであり、これを診療契約という契約法の局面で捉えると、実定法上の根拠を民法六四五条に求めることは自然な理解といえる（長谷部由起子「仮の救済における審理の構造（三・完）」法協一〇二巻九号（昭和六〇年）一七五五頁）。

(ii) 実現方法・要件　患者は、医師に対する損害賠償請求訴訟を提起する前又は提起した後に証拠保全又は仮処分により、診療録の閲覧、謄写を求めることができる。その請求権は、本案請求である医師に対する損害賠償請求とは異なり、その前提として認められる付随的かつ暫定的権利という性質に即して、仮の救済においてのみ主張

できる権利である実体的経過規定による（長谷部・前掲一七五六頁。吉村徳重「民事保全手続の構造」竹下守夫・藤田耕三編『民事保全法』（有斐閣、平成九年）四九頁は、この考え方を積極的に評価した上で、保全訴訟における被保全権利の審理は本案の審理とは異なった暫定的な経過規定に基づくものと位置付ける必要があるとする。）。その行使は、第一に、患者が、診療行為の意外な結果は医師の注意義務違反に起因するものではないかという疑いをもっていること、第二に、患者が医師に対する損害賠償請求訴訟の準備という目的をもって診療録の閲覧、謄写を要求したにもかかわらず、正当な事由なしに拒絶され、仮処分によらなければその実現が困難であること、を要件とし、診療録改竄のおそれがあることは必要としない（長谷部・前掲一七五七頁）。

(二)　供述書　行政官庁は、日常業務について後日紛争の発生を予想される場合には、担当官が関係者に具体的業務を遂行した時から時間を措かずに直接面談し、供述書を採っておくことがある。必ずしも認証権限のある公務員が、その権限に基づいて作成しているわけではないので、公文書とはいえないが、訴訟になった場合に、裁判所の心証形成には積極的な役割を果たしているようである。(4)

(3)　証拠保全と証拠開示機能　立法作業の過程において、証拠保全の証拠開示機能について、当事者の提訴前の準備を充実させて、審理を効率的に進めたり、根拠に乏しい訴え提起を思い止まらせることに寄与しているので、これを法文上も認めるか、別に提訴前の証拠収集制度を新たに設けてはどうかという指摘があるとされていた（『検討事項補足説明』「第五　証拠　八　証拠保全」）。しかし、一般的に提訴前の証拠収集を認めることは濫用のおそれが大きく、提訴前では濫用かどうかを裁判所が的確に判断することも困難であるという指摘が優先し、立法化するに至っていない。前向きの対応を必要とした事項の一つである。

(4)　陳述録取書の立法化　新民訴法の改正要綱試案では、訴訟において、当事者又は第三者が供述した内容を記載した陳述書が書証として提出される場合があることに着目して、このような書面の作成に公証人を関与させて、証拠の拡充を図ることが、紛争発生の予防と証拠保全に有益であるとされていた（『改正要綱試案補足説明』「第五　証拠　四　書証」）。しかし、虚偽の陳述をしたときは、偽証罪の制裁を科することとしていたことと、反対尋問権を経ない公証人面前調書に高い証明力を認めることについて強い反対があり（日本弁護士連合会「『民事訴訟手続に関する改正要綱試案』に対する意見書」（平成六年）一一五頁）、立法化されるにいたらなかった。公証人制度の拡充を図ることにより、問題の所在の解決を図り、証拠の充実のために検討を継続すべき事項である。

第二章　訴えの提起

第一節　訴　え

第一款　訴　え

一　訴えの意義

訴えは、原告の被告に対する請求について、裁判所にそれに対応する審判を求める訴訟行為である。

(1)　訴えの対象　訴えは、裁判所に審判を求める訴訟行為である。請求が原告の被告に対する訴訟上の権利主張であるのと異なり、訴えは裁判所に対する訴訟行為である。請求も訴えも、主体は原告であるが、請求は被告に向けられるのに対し、訴えは裁判所に向けられるという違いがある。請求は、原則として、特定の権利又は法律関係の存否の主張という形式をもって行う（例外として、証書真否確認の訴え（一三四条））。請求の内容である特定の権利又は法律関係を、訴訟物という。裁判所に求める対象は、請求に対応する審判である。ここにいう裁判所とは、裁判機関としての裁判所をいう。

(2)　訴えの目的　訴えの目的は、自己の権利保護にあり、単なる紛争解決のための本案判決の要求ではない。たとえ、原告が敗訴判決を受けたとしても、訴えの目的が適えられなかったに止まり、そのことをもって自己の権

利保護を訴えの目的とすることについて、妥当性を欠くとはいえない。

(3) 訴えに対する裁判所の審判　一般に紛争は訴えの提起があってはじめて、裁判所の審判の対象となり、第一審の訴訟手続が開始される（訴えなければ裁判なしの原則）。もっとも、すでに訴訟が開始され、進行している訴訟手続内で提起される訴えは、係属中の訴訟に併合して審理されることになるが、訴訟中の訴えも、訴えの提起があってはじめて審判の対象となる点においては、変わりがない。

裁判所は、提起された訴えについて、審判機関として実質的判断をする要件を満たしているときは、請求の当否について請求認容若しくは請求棄却の本案判決をもって裁判所の判断を示すこととなる。これに対し、その要件を満たしていないときは、実質的判断をせず、訴え却下の訴訟判決をする。本案判決をもって実質的判断をするために備わっていなければならない要件を、訴訟要件という。

二　訴えの種類

訴えは、請求の性質・内容、起訴の態様・時期を基準とすることにより、種々に分類することができる。

(1) 請求の性質・内容による分類　原告の被告に対する請求の性質・内容を基準として、訴えを分類すると、給付の訴え、確認の訴え、形成の訴えに分かれる。訴えは、原告の被告に対する請求の当否について、裁判所に審判を求める行為であることに照らすと、この基準に基づく類型に即して検討することが、適切かつ重要である。もっとも、すべての訴えをこれら三つに分類するについては、とくに形式的形成訴訟を形成の訴えの特殊類型として位置付けることに妥当でない要素がある。そこで、第二款以下において、これらの三つの訴えと形式的形成訴訟について、順次検討する。

(2) 起訴の態様・時期による分類　(イ) 単一の訴えと併合の訴え　単一の訴えは、一人の原告が一人の被告

に対し、一の請求をする訴えであり、最も単純な訴えで、訴えの基本的態様である。併合の訴えは、一人の原告が一人の被告に対し、数個の請求をする場合と、数人の原告から、若しくは数人の被告に対し、一の訴えを提起する場合とがある。単一の訴えが客体的又は主体的に結合されたものである。

(ロ)　独立の訴えと訴訟中の訴え　独立の訴えは、他の訴訟手続と関係なく、新たに判決手続を開始させる訴えの提起である。これに対し、訴訟中の訴えは、すでに訴訟が開始され、進行している訴訟手続内で、当事者又は第三者がこれと併合審理を求めて提起する訴えである。すでに係属中の訴訟と同一当事者が、その訴訟と併合審理を求める制度として、訴えの変更（一四三条）、中間確認の訴え（一四五条）、反訴（一四六条）があり、第三者が若しくは第三者に対し、その訴訟と併合審理を求めるものとして、独立当事者参加（四七条）、訴訟参加（四九条・五一条）、訴訟引受け（五〇条・五一条）、任意的当事者変更がある。訴訟中の訴えは、すでに係属中の訴訟手続を利用することを許容する制度であるので、それぞれ特別の起訴の方式と併合要件が定められている。

第二款　給付の訴え

一　給付の訴えの意義

給付の訴えは、原告の被告に対する給付請求権の主張を訴訟上の請求とし、それに対応する審判を裁判所に求める訴訟行為をいう。その義務が現存する旨を主張するのが、現在の給付の訴えであり、将来現実化すべき給付義務をあらかじめ主張するのが、将来の給付の訴え（一三五条）である。ここに将来とは、その訴訟の口頭弁論終結時以後をいう。給付とは、金銭の支払い、物の引渡しをはじめ、作為又は不作為を含む（作為の例として、登記請求等の意思表示、不作為の例として、差止請求）。債権に基づくと物権に基づくとを問わない。

二　給付の訴えに対する裁判所の審判

給付の訴えにおける原告の給付請求を認容する判決は、原告が被告に対し主張する給付請求権について、その存在を認め、被告が原告に給付すべきことを宣言する給付判決である（給付請求の全部を認めるのが、全部認容判決であり、一部を認めるのが一部認容判決である。）。給付判決が確定すると、裁判所が請求に対して行った終局的判断である給付義務が存在する旨の判断について、既判力を生じる（この点を捉えて、給付の訴えを確認の訴えの特殊な場合にすぎないとみるのは、不適切である。）。さらに、被告が判決の内容を任意に履行しないときは、原告は、その確定判決を債務名義として（民執二二条一号）、強制執行を申立てることができる。判決に仮執行宣言が付されたときは、判決の確定をまたずに、同様の申立てをできる（民執二二条二号）。これに対し、給付請求を棄却する判決は、給付義務が不存在であることの確認判決であり、給付義務が不存在である旨の判断について、既判力を生じる。

第三款　確認の訴え

一　確認の訴えの意義

確認の訴えは、原告の被告に対する特定の権利又は法律関係の存在又は不存在、法律行為の有効・無効の主張等（以下単に権利関係の存在又は不存在という）を訴訟上の請求とし、それに対応する審判を裁判所に求める訴えをいう。その存在を主張するのを積極的確認の訴え、不存在を主張するのを消極的確認の訴えという。確認の訴えは、権利関係の存否を対象とするのを原則とするが、例外的に、法律関係を証する書面が真正に作成されたか否かの事実を確定するために提起することが認められる（証書真否確認の訴え、一三四条）。

二　確認の訴えに対する裁判所の審判

確認の訴えにおける原告の請求を認容する判決は、原告が被告に対し主張する権利関係の存在（又は不存在）を認め、こ

れを宣言する確認判決である。権利関係が存在（又は不存在）する旨の判断について、また、請求を棄却する判決も、確認判決である。既判力を生じる。確認の訴えに対する請求認容判決は、給付の訴えに対する請求認容判決と異なり、執行力はない。

三　給付の訴えと確認の訴え

(1)　給付の訴えと確認の訴えの沿革　わが国の民事訴訟法学には、確認訴訟原型観という考え方がある（兼子一『実体法と訴訟法』（昭和三二年）三六頁、もっとも著者自身はそうした名称を付しているわけではなく、「基本的な類型」といっている。）。それによれば、訴訟制度を法規の生成という視点からみると、給付訴訟は紛争において切迫した立場に追い込まれた者の方から起こすので、訴訟制度としても、この者の訴えをまず取り上げて解決を与えるのは当然のことで、これが訴訟制度の初期においては、給付訴訟が原則であった所以であるとする。一般的な確認訴訟が出現すると、その機能は給付訴訟と異質のものではなく、いずれも既判力によって紛争の観念的解決を図る点では同一である。したがって、現在において訴えの目的を訴訟制度の窓口の一番広いところで捕らえるとすれば、給付訴訟が沿革上は古く、また現在においても統計上訴訟の大部分を占める事実にもかかわらず、理念的には確認訴訟こそ訴訟の基本的な類型であり、給付訴訟は、原告の被告に対する給付請求権の積極的確認の訴えである意味で、その特殊のものにすぎないとする。

この考え方は、給付・確認・形成の三訴訟類型の判断過程においては権利の確認作用を共通して伴っていることに着目して、権利の確認を直接の目的として純粋に保有する確認訴訟を基本的な訴訟類型であるとした上で、これらの訴訟類型を統一的に捕らえ、すべての訴訟の目的は既判力の取得にあるとするドイツのかつての有力説の立場（J. Goldschmidt, Prozess als Rechtslage, 1925, S. 150ff.）を、その訴訟状態説とともに一歩進める形で取り入れたところに特徴がある（三ケ月章「民事訴訟の機能的考察と現象的考察―兼子一著『実体法と訴訟法』の立場をめぐって」法協七五巻二号（昭和三三年）（同・研究一巻二六一頁～二六三頁））。

しかし、給付・形成の訴えにおいて権利の確認的機能があるとはいうものの、それは訴え本来の目的ではなく、したがってその点をことさら強調することは決め手にならないばかりでなく、むしろその背景には、裁判の前に権利がすでに存在することを否定するという法と裁判との関係についての理解があり、そのことから必然的に確認訴訟原型観を導いているものと考えられる。歴史的にみても、給付の訴えが最も基本的な訴訟類型であることは、兼子博士みずから認めるところであり、現在の時点でみても、最終的には強制執行により強制的な権利の実現を図ることを制度として用意していることは、訴訟制度の機能目的である紛争解決を最も忠実に反映しているものであり、その基本的な訴訟類型と位置付けることは最も自然な理解といえる。そうしたことを確認した上で、確認訴訟は給付訴訟にはない別の機能を営むことを次項でみることとする。

(2)　給付の訴えと確認の訴えの機能　給付の訴えは、現在権利を侵害されていると主張する者がその積極的な実現を図ることを求めるものであり、最終的には給付判決に基づき強制執行により実現を図ることができる点に特徴がある。これに対し、確認の訴えを提起する趣旨は、多様であり、たとえ勝訴判決を取得したとしても、給付判決と異なり、強制的に判決内容の実現を図ることは予定されていない。それでは、確認の訴えは、給付の訴えと比較して、機能が低いかというと決してそういうことはなく、特定の権利関係の存否を既判力をもって確認することにより、給付の訴えが持ち合わせていない独自の機能を営むことが可能であり、民事紛争を処理するための在り方として、重要な意義を認めることができる。

確認の訴えには、大別すると、集約的解決機能、紛争の予防的機能、給付の訴えの代替的機能がある(1)。

第一に、紛争の集約的解決機能である。一般に紛争は一個の権利関係をめぐる争いが要因となって、複数若しくは重畳的に生起するものである。そうして派生的に生起した紛争を個別に解決を図る必要がある場合も、もとより

あり得るが、基本にある権利関係の存否について解決を図ることにより、それから派生する紛争を集約的に解決することができる場合がある（たとえば、賃料増額確認請求、遺言者が死亡後の遺言請求権無効確認請求）。とりわけ、別訴と併合することにより、その機能の一層効率化を図り、紛争の処理を安定させるという特徴が見られる（梅本吉彦「相殺に基づく訴え」志林六九巻一号（昭和四六年）四六頁、伊藤眞「確認訴訟の機能」判タ三三九号（昭和五一年）二八頁以下、特に三二頁）。

第二に、紛争の予防的機能である。当事者間に利害の対立が潜在し、それが顕在化しつつあり、しかも将来紛争として拡大することが予想され、若しくは一層対立することが懸念される場合に、利害の対立の対象となっている権利関係について直接解決を図ることができる。もっとも、給付の訴えと異なり、終局的に強制的に権利を実現できるわけではなく、相手方が確認判決を遵守するとは保障できないので、その機能に疑問とする見方も予想される。しかし、裁判所の公的判断により、当面の紛争の解決はもとより、将来の紛争の発生若しくは拡大を予防することは、社会的に権利と法をめぐる健全な意識の発達に伴い、訴訟制度として組み込まれたものであり、この機能に期待することは十分根拠のあることである（任意の履行に期待する仮処分も、方向性として同様に積極的に評価できる、藤田耕三「仮処分の方法とその許容性」竹下守夫・鈴木正裕編『民事保全法の基本構造』（西神田編集室、平成七年）二一八頁、山口浩司・江原健志「任意の履行に期待する仮処分の諸問題」判タ九五四号（平成一〇年）〔東京地裁保全研究会編『詳論民事保全の理論と実務』（判例タイムズ社、平成一〇年）三四〇頁以下、特に三四三頁〕。これに対し疑問とする立場もある、鈴木正裕「仮の地位を定める仮処分と保全の必要性」吉川大二郎博士還暦記念『保全処分の体系・上巻』（法律文化社、昭和四〇年）二一七頁）。

第三に、給付の訴えの代替的機能である。主位的請求として給付請求をし、予備的請求として給付請求をする形態を採る場合がその典型的な場合である（たとえば、賃料不払いによる家屋明渡請求と予備的に賃料増額請求権確認請求をする場合）。給付判決に包含される給付命令は執行と直結して意義をもつべきものであるから、明らかに執行不能の場合は給付判決を求める利益はなく、確認の訴えのみ認められるとする立場では、確認の訴えは給付の訴えの代替的機能が明確になる（三ケ月章「権利保護の資格と利益」『民事訴訟法講座第一巻』（有斐閣、昭和二九年）〔同・研究一巻二七頁〕）。しかし、その前提とする立場に賛成できない。

(3)　紛争処理方策としての交錯　給付の訴えと確認の訴えの関係について、これまで給付の訴えが可能なときに確認の訴えを提起することができるかという問いかけがなされ、通説は、給付請求権についての確認の利益を否定する立場を採っている（兼子・条解上六一二頁、三ケ月・全集六六頁など）。しかし、民事訴訟は当事者に訴え提起の主導権を委ねることを基本原則としている。したがって、その原則に照らすと、当事者がどういう内容の請求を、どの範囲を対象として、どのような権利行使をするかは、当事者の自由である。確認判決では権利保護が十分でないとも断定できないことはもとより、給付判決よりかえって確認判決によって民事紛争の適切な処理を図ることができる場合も少なくない。訴えを提起しようとする者が、紛争の内容とそれをとりまく種々の状況を斟酌しつつ、どのような方法を選択するのが、自己の権利保護を図るためにもっとも有効かつ適切かという視点から選択すべきことである。そうすると、通説の立場も見直すべき必要がある。

また、確認の訴えには、積極的確認と消極的確認とがあり、それぞれ固有の機能をもっている。したがって、確認の訴えをこの二つの形態を念頭に置きつつ、その機能をあらためて考えると、これらの確認の訴えと給付の訴えが有する特徴と機能に着目して、両様相まって訴えを併合して提起することにより、自己の権利保護を図ることを目的として紛争の解決に積極的施策をとることも可能になる。このように個別訴訟類型を複合的に活用することは、単に二つの訴えの機能を単純に合わせたに止まらず、安定性のある明確な決着を生み出す可能性がある。

これらの課題は、訴えの利益、とりわけ確認の利益の問題として、検討を迫れることになる。

（1）　確認の訴えの機能の多様性　確認の訴えは、確認の対象となり得るものは限りがなく、種々に類型化することができるので、その機能も多様であって、判例の詳細な分析に基づき、①紛争の根本的解決を目的とするもの、②給付訴訟の代替的目的をもつもの、③紛争が全面的に解決することが法制度上保証されているもの、④裁判の波及的効果を求めるもの、⑤予防的目的

をもつもの（その多くは消極的確認の形で提起される）、⑥包括的解決を目的とするもの、⑦個人的利益よりも社会的利益の実現を目的とするもの、⑧団体の内部紛争解決を目的とするもの、に類型化する立場がある（伊藤眞「確認訴訟の機能」判タ三三九号（昭和五一年）二八頁、特に三五頁）。極めて優れた分析であるが、これらを整理してみると、本質的には本文に述べるようにまとめられると考える。

第四款　形成の訴え

一　形成の訴えの意義

形成の訴えは、原告の被告に対する一定の形成要件に基づく権利関係の変動の主張を訴訟上の請求とし、それに対応する審判を裁判所に求める訴訟行為をいう（形成権の行使を目的とする訴えではない）。この訴えは、特に訴えをもって裁判所に権利関係の変動を求めることができる旨を法が定めている場合に限り提起できる。一般に、私法上の権利関係の発生・変更・消滅は、法律行為その他の法律要件を具備すれば、当然に生じるので、あらためて権利関係の変動について訴えをもって主張し、判決を得る必要はなく、権利関係の変動によって生じた法律効果に基づく権利を主張することができる。また、実体法上の形成権は、意思表示のみによって権利関係の変動を生じるので、訴えの提起によることは、必要がないのみならず、かえって許されない。しかし、権利関係の変動が当事者間に限らず、第三者との関係においても画一的に生じさせる特別の必要がある場合については、法律行為その他の法律要件を具備すれば、当然に生じるとし、あるいは当事者の意思表示のみによって生じるとしたのでは、一般的法律関係を著しく不安定なものにするおそれがある。また、権利関係の変動を生じた法律効果について争いのある者の間だけで、個別的に相対的な解決を図ることに委ねたのでは、社会的法律関係に混乱を生じさせる場合もある。そこで、このような性質を有する事件については、権利関係の変動を裁判所の判断に求め、形成判決の確定をまってはじめて生じさせることとし、

他の訴訟の前提として権利関係の変動を主張することはできないこととしている（もっとも、「裁判上行使を要する形成権」は請求権ではなく、権利者によって法的効果を訴訟上実現されうる可能性を示すものにすぎないとする考え方もある、川島武宜「時効及び除斥期間に関する一考察」民商一一巻五号（昭和一五年）（同『民法解釈学の諸問題』（弘文堂、昭和二四年）一七九頁））。それらは、特に法律上規定を設けて明確にしているが、社会生活の基本的法律関係を形成する人事関係、多数の利害関係人に関わる会社関係に係わる事件、確定判決の効力を争う事件に多くみることができる。

二　形成の訴えの類型

一般に、形成の訴えは、個別に規定されているが、一に述べた趣旨に照らすと、特に規定されていない場合についても、同様に取り扱う場合が考えられ、それらは解釈に委ねられることになる。その決め手は、確定判決の効力が一般第三者にも及ぶかという視点ではなく、権利関係の変動を確定判決によってのみ形成され、他の訴訟の前提として権利関係の変動を主張することを認めるべきか否かという点に帰着する。したがって、訴えの果たす機能に即して考えるのが相当であり、名称により左右されるべきことではない。

(1)　実体法上の形成の訴え　(i)　人事関係訴訟　身分関係は社会生活における基本的単位であるとともに、その発生、変更、消滅は、近親の者に止まらず、広く社会生活の種々の局面に係わってくる性質を有するので、一般的に形成の訴えとされている。婚姻の取消し（民七四三条、人訴一条）、離婚（民七七〇条、人訴一条）、離縁（民八一四条、人訴二四条）、離婚・離縁の取消し（民七六四条・八〇三条、人訴一条・二四条）、嫡出否認（民七七五条、人訴二七条）、認知（民七八七条、人訴二七条）等は、その例である。離婚・離縁は、当事者間の協議によることもできるが、協議が調わなければ、これらを実現させるには訴えを提起し、判決によらなければならないので、形成の訴えといえる。認知についても、同様である。婚姻・縁組の無効（民七四二条・八〇二条、人訴一条・二四条）については、見解が対立する。[1]

(ii)　会社関係訴訟　会社組織は多数の利害関係人に係わる性質を有し、その管理運営機関等の意思決定行為、

組織の発生、消滅、変更は、組織の構成員はもとより、取引関係をはじめとする広範囲の第三者に深く係わる性質を有するので、一般的に形成の訴えとされている。会社の設立無効（商一三六条・四二八条）・設立取消し（商一四〇条、有七五条一項）、合併無効（商一〇四条・四一五条、有六三条）、株主総会決議取消し（商二四七条）、取締役解任（商二五七条三項四項）、新株発行無効（商二八〇条ノ一五）等は、その例である。株主総会決議無効確認・不存在確認（商二五二条）については、見解が対立する。(2) しかも、会社設立行為をはじめとするこれらの訴えの対象は、資本組成的行為としての特殊な性格を有するので、取引行為の枠では処理することが困難な側面がある。そこで、法律関係を早期に安定させる必要性から、提訴期間を限定する等の制限を設定している（たとえば、会社設立無効・取消しの訴えにおける提訴期間を制限する趣旨について、商法の視点から形成訴訟との関わりを指摘するものとして、浜田道代「会社設立行為に関する一考察」鈴木竹雄先生古稀記念『現代商法学の課題・下』（有斐閣、昭和五〇年）一五五八頁参照）。

(iii) 財産関係訴訟　(a) 短期賃貸借解除請求（民三九五条ただし書）　抵当権設定後に締結された短期賃貸借契約は抵当権者に対抗できるところ、右賃貸借が抵当権者に損害を及ぼすときは、抵当権者は賃貸借契約の解除請求の訴えを提起できる（民三九五条ただし書）。この解除請求の訴えは、形成の訴えであるとされ、これが確定したときは賃貸人との関係でも賃借人の目的不動産に対する占有権原は消滅し、したがって賃貸人は賃借人に対しその明渡請求をできるとされる（最判(二小)平成六・三・二五判時一五〇一号一〇七頁。なお、その後、抵当権に基づく不法占拠者に対する明渡請求を認めるにいたっている（最判(大)平成一一・一一・二四民集五三巻八号一八九九頁））。もっとも、同条をめぐる訴訟の実態についてみると、抵当権者による解除請求訴訟が減少し、競落人が賃借人を相手方とする訴訟の増加が顕著である（内田貴『抵当権と利用権』（有斐閣、昭和五八年）一〇八頁、吉田克己「民法三九五条（抵当権と賃借権との関係）」広中俊雄=星野英一編『民法典の百年Ⅱ』（有斐閣、平成一〇年）六九一頁、特に七二〇頁以下）。

(b) 詐害行為取消訴訟（民四二四条）　詐害行為取消権の法的性質について、古くは、詐害行為を取り消し、その効力を絶対的に無効とする形成権であるとし、債務者及び受益者を共同被告とする必要的共同訴訟とする法的構成が有力で、判例も同様であった（大判明治三八・二・一〇民録一一輯一五〇頁）。その後、判例が、詐害行為の取消しと逸出した財産の取戻請求が合体した請求権であり、したがって形成訴訟と給付訴訟をもって構成されるとの立場を明らかにした（大判(聯合部)明治四四・三・二四民録一

七輯一一七頁）。それによると、詐害行為の効力を否認するものであるから、取消しの効果は債権者と取戻請求の相手方の間に相対的に生じるとする。この理論構成は制度の目的を正面から捉え、条文に即した考え方として、判例の基本的立場を形成するとともに（大判明治四四・一〇・一九民録一七輯五九三頁、大判大正六・三・三一民録二三輯五九六頁、最判（二小）昭和三九・六・一二民集一八巻五号七六四頁）、通説的地位を占めることとなった（我妻栄『新訂債権総論』（岩波書店、昭和三九年）一七五頁、於保不二雄『債権総論〔新版〕』（有斐閣、昭和四七年）一八〇頁、奥田昌道『債権総論〔増補版〕』（悠々社、平成九年）二八五頁）。さらに、責任法的効果を生じさせる一種の形成権とする見解もある（中野貞一郎「債権者取消訴訟と強制執行」民訴雑誌六号（昭和三五年）〔同『訴訟関係と訴訟行為』（弘文堂、昭和三六年）一八七頁〕）。これに対し、近年、民法四二四条を沿革的に実証的に検討し、訴えによってのみ行使されるべき旨を定めているのは、実体法的思考と訴訟法的思考が未分化である訴権（ローマ法上のアクチオ）を規定した趣旨と解すべきであるとして、取消権の形成権か請求権かという実体権的性質にとらわれることなく、執行忍容の訴えを規定したものであるとして訴権法的構成をとる見解がある（佐藤岩昭「詐害行為取消権に関する一試論（四・完）―その効果論を中心として」法協一〇五巻三号（昭和六三年）二六一頁以下、これを基本的に支持するものとして、平井宜雄『債権総論〔第二版〕』（弘文堂、平成六年）二八〇頁。詳細かつ信頼できる学説史の研究として、佐藤岩昭「民法四二四条～四二六条（債権者取消権）」広中俊雄＝星野英一編『民法典の百年Ⅲ』（有斐閣、平成一〇年）五七頁以下参照。）。

しかし、いずれの立場によっても、一旦有効に成立した法律行為の効果を消滅させるという基本的局面を直視すると、その点に関する限り形成訴訟とみる判例・通説の立場がやはり妥当な考え方である。もっとも、債務者の地位及び債務者に目的財産が取り戻される根拠に欠けるとする批判がある。民法四二四条は、詐害行為とされる債務者の法律行為について、債権者に管理処分権を与え、債権者はその権限に基づき詐害行為取消訴訟を提起するのであって、債務者を被告とすることは要しないのである。その請求を認める形成判決または形成判決とそれに基づく給付判決の存在を要件とする同条の実体法上の効果として、受益者から取り戻された目的物の所有権が債務者に復帰することになる。また、法は、債権者に管理処分権を与えるにつき、その行使は訴えによることを要件としているのであって、これをもって訴権と捉えるのは、訴権という概念に混乱を生じるおそれがあるので妥当でない。こ

のように解することによってはじめて、債務者の法律行為について、債務者を関与させることなしに、債権者の主導権による法律関係の変動を根拠づけることができる。

(2) 訴訟法上の形成の訴え　再審の訴え（三三八条）、仲裁判断取消の訴え（公催仲裁八〇一条）は、訴訟法上の形成の訴えとみることができる（一般に、執行法上の訴えを訴訟法上の形成の訴えの範疇に取り込むが、その性質に照らし、別に検討すべきことである。なお、一八九頁(2)参照）。

（1）　婚姻・縁組の無効　判例は、古く形成訴訟説の立場を採っていた（大判明治三七・一〇・八民録一〇輯一三一九頁）が、その後下級審の裁判例は確認訴訟説と形成訴訟説とに分かれている（前者の立場として、新潟地判昭和二九・一一・三〇下民集五巻一一号一九六八頁、後者の立場として、千葉地判昭和三七・七・一二判タ一三四号九六頁、盛岡地判昭和四一・四・一九下民集一七巻三〜四合併号三一四頁）。他方、学説の多数説は、民法は婚姻・縁組の取消しは訴えによるべしとしながら、無効についてはとくに定めがなく、実質的にも届出が形式的にできるので、つねに訴えによらなければならないのは適切でなく、また対世効が与えられていること（人訴一八条・二六条）をもって、形成の訴えとする十分な根拠とはならないとし、判例の立場を支持する（新堂・一七九頁、民法の立場から、谷口知平『日本親族法』（弘文堂書房、昭和一〇年）二五八頁、中川善之助『新訂親族法』（青林書院、昭和四〇年）四三七頁、我妻榮『親族法』（有斐閣、昭和三六年）五五頁、二八四頁）が、訴訟法学者の多くは、婚姻・縁組の無効の訴えについては、無効を宣言する判決のない限り、だれもその無効を主張できず、他の訴訟の前提問題としては有効として取り扱わなければならないことを理由に、形成訴訟説を採る（兼子一『実体法と訴訟法』（有斐閣、昭和三二年）一六四頁、同・体系一四六頁、小室直人「婚姻の無効・取消訴訟」『谷口知平先生追悼論文集1　家族法』（信山社、平成四年）八〇頁）。しかし、訴えによることを明文をもって規定していないものについて、形成の訴えか否かを問うているのであるから、無効について定めがないというのは根拠にならない。そこで、民法七四二条にいう婚姻無効の訴えは、当事者の意思の欠缺を原因とする場合に限られ、形成の訴えであるのに対し、婚姻が有効に成立しなかったことによる無効（たとえば、婚姻の届出がない場合、婚姻当時に当事者の一方が生存する者でない場合）は確認の訴えであるとする説がある（山木戸克己『人事訴訟手続法』（有斐閣、昭和三三年）一五頁。民法の立場から、鈴木祿弥『親族法』（創文社、昭和六三年）二四頁、一八五頁は、形成の訴えとしつつ、後者の婚姻不成立の場合は、夫婦関係不存在確認の訴えを提起し、その確認判決に基づいて戸籍の訂正できるとする。）。しかし、後者も前者の範疇に入る場合であって、前者と比較して一般に証明が容易であろうから、請求も認容されやすいとはいえようが、婚姻無効の主張の原因によって訴えの性質が左右されるというのは、説得力がない。婚姻関係の消滅という基本的身分関係の変動であることに着目すると、個別の訴えで無効を主張することは、有効無効が交錯するおそれがあり、そうした事態を防止することは当事者はもとより、円滑な社会秩序を形成する上で、必要不可欠なことであり、したがって対世効のある判決をもって画一的処理を要するので、形成の訴えとみるのが妥当である。

（2）　株主総会決議無効確認・不存在確認　株主総会決議取消訴訟を形成の訴えである点については、明文規定により異論がな

いのに対し、株主総会決議無効確認・不存在確認については、古くから見解が対立する（沿革及び学説の推移については、岩原紳作「株主総会決議の瑕疵を争う訴訟の構造（一）」法協九六巻六号（昭五四）六七四頁以下参照）。商法の視点から、民事訴訟法上の想定される問題点を十分に視野に入れて、株主総会決議を争う訴訟をシステムとして捉え、決議取消訴訟を決議を争う典型とすれば、決議無効確認訴訟、不存在確認訴訟は、取消訴訟のサブシステムの一部が欠けている訴えと理解する立場がある（岩原・前掲六九〇頁）。その前提に立って、決議取消訴訟のサブシステムを、①対象、②原告法定、③不可争性、④弁論の一元化、⑤公告、⑥片面的対世効、⑦被告法定、⑧排他性、⑨敗訴原告の損害賠償義務及び提訴株主の担保提供義務に分類し、これら九つの視点から、決議無効確認訴訟を分析し、形成訴訟説を採用できないことを検証している（特に同論文（一）九六巻六号六九二頁以下、（二）七号八四二頁以下、（九・完）九七巻八号一〇五五頁以下）。そして、その立場を徹底すれば、決議の手続の瑕疵も、立法論としてはむしろ決議取消事由から無効事由へ移すべきであるとする考え方の可能性を示唆する（九七巻八号一一一一頁）。

しかし、決議取消を典型とし、決議無効確認をそのサブシステムが欠けている訴えとする前提自体について疑問に思う。一般に、意思決定機関の決議について手続上の瑕疵があることを理由として、訴えをもってその瑕疵を争うことの可否については、直接これを認める明文規定があるか、又は既存の規定の準用規定がある場合を除き、決議無効確認の訴えによることとされている（森本滋・民商六七巻三号三九〇頁、梅本吉彦・ジュリ七〇四号一三一頁）。したがって、その間に主従の関係はないとみるべきである。

三　形成の訴えに対する裁判所の判断

形成の訴えに対する原告の請求を認容する判決は、原告が被告に対し主張する形成要件の存在を認め、権利関係の変動を宣言する形成判決である。その確定により、形成要件の存在について既判力を生じるとともに、権利関係の変動を発生させる形成力を生じる。また、請求を棄却する判決は、形成要件の不存在を確認する確認判決である。

四　形成の訴えの機能

(1)　形成の訴えと給付の訴えとの結合　形成の訴えの形成要件に基づく権利関係の変動という機能に着目すると、形成の訴えと、その形成判決の存在を要件とする給付の訴えを結合させて提起することにより、紛争の集約的解決に資することができる。この場合、形成判決の下されることを前提とするので、将来の給付の訴えとして許

容される。そうした視点からみると、ことさら形成の訴えの枠組みを限定的にとらえなくても、その特徴を活かした訴訟方策をとることが十分可能である。

(2)　形成の訴えと「救済訴訟」、「命令訴訟」概念の提唱　(i)　「救済訴訟」、「命令訴訟」概念の提唱　裁判に一定の形成宣言が結びつく事例を形式的同一性のみで括って、訴訟法上の形成の訴えとする一般的な姿勢に疑問を提起し、執行法上の訴えを中心に形成機能と確認機能の並存する訴えについて、救済訴訟という第四の訴訟類型を提唱する考え方がある（三ケ月章「執行に対する救済」『民事訴訟法講座三巻』（有斐閣、昭和三〇年）（同・研究二巻五七頁以下、特に六一頁））。そこでは、抗告訴訟を中心とする行政訴訟をも視野に入れて発展的に捉え、裁判上の形成の必要性という角度から訴訟類型の深化を試みようとする点に特徴がある（三ケ月「訴訟物再考」民訴雑誌一九号（昭和四八年）（同・研究七巻六九頁））。

また、執行関係訴訟は、判決裁判所が執行機関の職務行為の前提要件の内の慎重な審理・判断を要する事項を事前又は事後に判断し、執行機関に指示・宣言する共通した構造的特質を有するとして、命令訴訟という訴訟類型を提唱する考え方がある（竹下守夫「第三者異議訴訟の構造」法曹時報二九巻五号（昭和五二年）（同『民事執行における実体法と手続法』（有斐閣、平成二年）三三四頁）。もっとも第四の一般的訴訟類型といえるかについては、留保している。）。

(ii)　検　討　形成訴訟の対象が広い範囲に及ぶため、多様な紛争類型があり、一括して形成訴訟という枠組みによって集約することは困難と見受けられることもある。しかし、その背景には、社会の仕組みが複雑になるに伴い、紛争の帰趨が当事者間に止まらず、程度の差こそあれ第三者にも直接間接に影響する場合が少なくなく、形成訴訟の対象が拡大しつつあるという状況も見逃すことができない。また、その中には、既存の訴訟類型について、その性質をあらためて見直すことにより、形成訴訟という性質決定が適切であるという場合もある。また、公法私法二元論を法的紛争処理手続の局面についてみると、民有地と官有地間の境界確定（二〇一頁参照）にもその一例が見られるように、国又は地方自治体の法主体としての地位を、対等な契約当事者関係とそれ以外の権力関係とに形式論理的

に分割することは、法理論的には可能ではあるものの、社会に生起する紛争はその枠組みを乗り越えて波及的効果を有する場合もありえる。そうした点に着目すると、裁判上の形成の必要性という角度から、民事訴訟、行政訴訟という根拠となる手続法の守備範囲を越えた新たな訴訟類型の見直しを思考しようとする問題意識は、それ自体貴重なものではある。しかし、そこには裁判上の形成という外観的な共通性では一括できない性質の違いがある。

そうした視点から救済訴訟説についてみると、形成判決の既判力を認める最近の学説の方向性に照らし、形成判決にも確認機能と形成機能を合わせもっているし、給付判決についても、確認機能と給付機能を合わせもっているのであり、いずれもその重点は別として、複合的な性質を有している。こうした中で、それぞれの最も特徴的な機能と性格に即して三つの訴訟類型が設定されているのであって、それを救済訴訟として枠組みを再構成するだけの必要性も意義も特別に認めるだけの理由もない（同旨、中野貞一郎「請求異議訴訟の法的性質」吉川大二郎博士追悼論集『手続法の理論と実践・上巻』（昭和五六年）〔同『民事手続の現在問題』（判例タイムズ社、平成元年）三四六頁、三四八頁〕）。また、命令訴訟説についても、同様のことがいえる。さらに、執行関係訴訟、とりわけ請求異議訴訟について、形成訴訟説によると、基本となった実体権が既判力により確定されず、執行終了後に債務者がふたたびその実体権の不存在を主張して不当利得返還請求、違法執行による損害賠償請求訴訟を提起するのを阻止できないことから、折衷説の形で議論を展開してきていると、その背景を指摘する見方もある（鈴木正裕「民事執行の実体的正当性の確保」竹下守夫・鈴木正裕編『民事執行法の基本構造』（西神田編集室、昭和五六年）一一九頁）。しかし、それは、むしろ執行文の制度に関連して、請求異議の訴え、執行文付与の訴え、執行文付与に対する異議の訴えと三分化することに固定化した点に起因するとみる余地もある（鈴木・前掲書一一四頁参照）。三つの訴訟類型が設定されている背景には、理論的な試練を経た歴史の重みをみることができるというべきであろう（鈴木正裕「《紹介》Schlosser, Peter, Gestaltungsklagen und Gestaltungsurteile, 1966.」民訴雑誌一三号（昭和四二年）三一三頁）。

第五款　形式的形成訴訟

判決により権利関係の変動を生じるものの、その要件について法の定めを欠いている訴えについては、前者の特質に着目すると形成の訴えに類似するが、後者の点は他の訴訟類型に見られない特徴であるので、講学上は形式的形成訴訟として別に枠組みを設けて取り扱われている。共有物分割の訴え、父を定める訴え、境界確定の訴え、法定地上権の地代確定の訴えがそれである。これらの訴えは、権利関係の変動を生じる要件について法の定めがないので、裁判所は要件事実を認定してそれに法規を適用することにより、法的判断を行うという作業ができず、当事者の主張を参考にしながら、具体的事件の一切の状況を考慮して、合目的的に裁量により権利関係の形成をすることとなる。しかし、この点をもって、形式的形成訴訟では訴訟物を観念できず、したがって請求棄却判決をできないということはできない。また、裁判所の合目的的裁量に委ねられる点に着目すると、むしろ非訟事件に限りなく近いともいえるが、これらの事件も当事者の利害関係が鋭く対立する点では、通常の民事訴訟事件に優るとも劣らないものがあるので、訴訟事件として取り扱われている（裁判所の裁量の比重が大きいことは、その判断の基礎になる資料の収集・評価について対審構造の方式により当事者の弁論権を確保する審理が強く要請されるといえる。新堂幸司「訴訟と非訟」（昭和五四年）（同『民事訴訟法学の基礎』（有斐閣、平成一〇年）二二六頁）、山木戸克己「訴訟手続の多様性」『講座民事訴訟２』（弘文堂、昭和五九年）（同『民事訴訟法論集』二〇九頁））。もっとも、先に挙げた四つの訴えの性格は、それぞれ異なっていて一様に論じることはできない。

一　共有物分割の訴え（民二五八条）

共有者は、原則としていつでも共有物の分割を請求できるところ（民二五六条一項）、第一次的には、共有者間の協議により分割契約を締結し、それに基づいて分割され、協議が調わないときは、第二次的に、他の共有者全員を被告として分割請求の訴えを提起できる(1)（民二五八条）。その他、共有者のうちの一部の者が協議自体に応じる意思がない場合、共

有関係の存在を争っている場合についても、同様である。裁判所は、現物分割を原則とし、それが不可能なとき又は分割によって著しくその価格を損するおそれがあるときは、競売を命じてその代金を分配させることができる（民二五八条二項）。分割の形成要件の定めはなく、当事者は、単に共有物の分割を求める旨を申し立てれば足り、分割の方法・内容を具体的に明示することは要せず（もとより、訴訟技術としては自己に有利な分割を導くため事実を主張立証する必要がある）、たとえ明示しても、当事者の提案としての意義を有するに止まり、裁判所を拘束せず（最判(三小)昭和五七・三・九判時一〇四〇号五三頁。これに対し、非訟事件とは性質を異にする面もあり、相手方を特定した者との間での共有関係解消の申立てについては、拘束力があるとするものとして、奈良次郎「共有物分割の訴えについて」藤原弘道・山口和男編『民事判例実務研究第五巻』（判例タイムズ社、平成元年）三〇二頁、同「共有物分割訴訟の分割方式の多様化と審理への影響」判タ九一一号（平成八年）五〇頁）、分割請求を認容する判決の確定により、創設的に共有物が分割された法的状態を生じる。また、上訴審における不利益変更禁止の原則も働かない（佐々木吉男「形式的形成訴訟の上訴」小室直人・小山昇先生還暦記念『裁判と上訴』（有斐閣、昭和五五年）七七頁。奈良・前掲民事判例実務研究三六五頁では反対の結論になる。）。裁判所が、具体的事件の一切の状況を考慮して、合目的的に裁量により共有物の分割、すなわち権利関係の形成をするという点で、その本質は、非訟事件である（政府委員富井政章答弁『第九回帝国議会衆議院民法中修正案委員会速記録（明治二九年三月六日）（第六号）』八一頁〔廣中俊雄編著『第九回帝国議会の民法審議』（有斐閣、昭和六一年）一七三頁〕）。

共有物分割の訴えの訴訟物は、共有持分権に基づく共有物分割請求権であり、その実体法上の性質は物権的請求権と解するのが相当である。既判力は、共有物分割請求権についてのみ生じ、共有持分権にまでは及ばない（最判(二小)昭和二七・五・二民集六巻五号四八三頁、小山昇・民商二五巻三号（同・著作集二巻二九六頁）、三ケ月章・法協七三巻三号（同・判例民訴一八八頁））。

共有物分割請求の訴えにおいても、訴えの利益なしとして訴えが却下される場合もある。判例は、共有物の分割につき裁判所の裁量の余地を幅広く認め、具体的妥当性のある現物分割を許容する立場を採っている（最判(大)昭和六二・四・二二民集四一巻三号四〇八頁）。しかし、共有の対象である土地の境界が明確でなく、その確定に長期間を要する場合に、現時点での現物分割は不可能として訴えの利益がないとすることは差し支えない（東京地判昭和六二・五・二九判タ六五七号一〇二頁）。また、請求棄却判決がなされる場合もあり、その理由として、係争物について共有関係が存在しない場合、請求の対象とされた物が分割す

べき共有物でない場合、不分割の特約がある場合（民二五六条。最判(二小)昭和二七・五・二民集六巻五号四八三頁の前訴）、その他分割が禁止されている場合（民九〇八条）等がある（小山・前掲書二九七頁）。

共有者はいつでも分割請求し、協議により分割契約を締結して解決を図ることもできるので、父を定める訴え、境界確定の訴えと異なり、訴訟上の和解によることも可能である（東京高判昭和六三・七・二七判時一二八四号六八頁、大阪高決平成二・八・一七判時一三六四号四二頁。奈良次郎「共有物分割の訴えについての若干の考察」判タ八一五号（平成五年）二九頁も、結論として同旨。その場合に、厳密にいえば、形式的形成訴訟では訴訟物を観念できないので、形成要件を構成する実体法上の権利関係について、その存否又は内容の変更について当事者間の合意により訴訟上の和解をするとともに、係属中の訴訟について訴えを取下げる旨を合意するという形態により決着を図るべきであるという批判も予想される。しかし、形式的形成訴訟であっても、一切訴訟物を観念できないとすることには、前述したように疑問がある。）。

（1）　共有物分割請求と遺産分割審判　　判例は、共同相続人の一部から遺産を構成する特定不動産の共有持分権を譲り受けた第三者がその共有関係解消のためにとるべき裁判手続は、遺産分割審判ではなく、共有物分割訴訟であるとする（最判(二小)昭和五〇・一一・七民集二九巻一〇号一五二五頁）。持分権の譲渡部分は遺産分割の対象から逸出しているので、遺産分割審判によるべき理由はなく、妥当と解する。これに対し、遺産相続により相続人の共有となった財産の分割について、協議が調わないとき、又は協議をすることができないときは、遺産分割審判によるべきであり、判決手続によるべきではないとする（最判(三小)昭和六二・九・四判時一二五一号一〇一頁）。共有物分割はその価値を持分に応じて分割する点に特徴があるのに対し、遺産分割審判は、遺産全体の価値を総合的に把握し、これを共同相続人の具体的相続分に応じて民法九〇六条の基準にしたがって分割することを目的とし、共有物分割手続の特別手続として設けたという趣旨に照らし、前記判例を妥当と解する（吉本俊雄「遺産分割と共有物分割との関係」『現代家族法大系5』（有斐閣、昭和五四年）二三頁）。

二　父を定める訴え（民法七七三条）

父を定める訴えは、一人の子の父について嫡出推定の競合を生じる場合に、裁判所にその子の父の決定を求めるものである。その性質は、一種の非訟事件たる形式的形成訴訟である（兼子一「親子関係の確認」『家族制度全集第二部法律篇第三巻』（昭和一三年）〔同・研究・第一巻三四七頁〕、同「人事訴訟」『家族問題と家族法VII　家事裁判』（酒井書店、昭和三二年）一七八頁、山木戸克己『人事訴訟手続法』（有斐閣、昭和三三年）六四頁）。原告適格を有する者は、子、母、母の配偶者又はその前配偶者である（人訴三〇条一項）。子又は母が提起するときは、母の配偶者及びその前配偶者を被告とし、その一方が死亡した後は他

の配偶者を被告とし（同条三項4）、母の配偶者及びその前配偶者が提起するときは、他方の配偶者を被告とする（同条二項4）。被告とすべき者が死亡したときは、検察官を被告とする（人訴三二条・二条三項4）。

父を定める訴えについては、訴訟物を観念することができず、さらにその性質上社会秩序を図る趣旨から、当事者適格を誤ったことにより、訴えが却下されることはあり得るが、請求棄却判決がなされる余地はない。もっとも、前夫も後夫も父でないとの心証に達したときは、いずれも父でない旨の判決をすべきである（我妻榮＝立石芳枝『親族法・相続法』（日本評論社、昭和二七年）一六一頁。山木戸・前掲書六五頁注二は、推定が重複しているものとみれば、否認の訴えが併合されていない限り、必ずいずれかを父と定め、反対に子いずれについても嫡出が推定されないときは、請求を棄却すべきであるとするが、嫡出推定の競合を形式的に単に当てはめるだけで処理するもので妥当でない。）。その点で、形式的形成訴訟の中でも、共有物分割の訴え、境界確定の訴えとは、性質が異なる。

父を定めることは、当事者をはじめ関係人間の合意をもってできることではないのはもとより、父が承認（民七七六条参照）すれば足りるというものでもなく、したがって訴訟上の和解によることはできない。もっとも、当事者間で和解をする可能性が見込まれるときは、受訴裁判所は職権で家庭裁判所の調停に付し（家審一九条）、合意に相当する審判により解決を図っているようである（家審二三条）。

三　境界確定の訴え

境界をめぐる紛争に対する処理方法は、その対象となっている土地の法的属性により異なってくる。

(1)　民有地間の境界確定　(i)　判例の動向　境界確定の訴えについて、判例の立場はつぎのとおりである。すなわち、原告は当事者間の相接する所有地相互の境界が不明ないし争いのあることを主張すれば十分であり、特定の境界線の存在を主張する必要はなく（最判(二小)昭和四一・五・二〇裁判集民事八三号五七九頁）、たとえ当事者が特定の境界線を主張したとしても、裁判所はその主張に拘束されることなく、みずから正当と認めるところにしたがって定めるべきであり、一八六条（新二四六条）の適用はなく（大判(民事連合部)大正一二年六月二日民集二巻三四五頁）、控訴審における不利益変更禁止の原則の適用もない（最判(三小)昭和三八・一

〇・一五民集一七巻九号一二二〇頁）。また、当事者の合意により一筆の土地の境界自体は変動せず（最判(二小)昭和三一・一二・二八民集一〇巻一二号一六三九頁）、隣接土地所有者間に境界についての合意が成立した事実は境界確定の一資料にすぎず、それにのみにより境界を確定することはできないとする（最判(三小)昭和四二・一二・二六民集二一巻一〇号二六二七頁）。そして、境界確定の訴えは、隣接する土地の境界が事実上不明なため争いある場合に、裁判によって新たにその境界の確定を求める訴えであって、土地所有権の範囲の確認を目的とするものではなく、したがって係争地の時効取得の主張の当否は、境界確定とは無関係であるとする（最判(一小)昭和四三・二・二二民集二二巻二号二七〇頁）。もっとも、境界確定の訴え提起による係争地に対する時効中断の効果を認めつつ（大判昭和一五・七・一〇日民集一九巻一二六五頁、最判(二小)昭和三八・一・一八民集一七巻一号一頁）、境界確定の訴えと係争地について土地明渡請求が併合審理されていて、後者について原告の所有権が否定され請求が棄却されたときは、前者について原告主張のとおり境界が確定されても、係争地について所有権に関する取得時効中断の効力は生じないとする(2)（最判(三小)平成元・三・二八判時一三九三号九一頁）。これらの判例の立場は、通常の形成訴訟とは異なる形式的形成訴訟として捉えられている（これを最も理論的に裏付ける代表的なものとして、村松俊夫『境界確定の訴〔増補版〕』（有斐閣、昭和五二年）特に一〇頁以下、五六頁以下参照）。

(ii) 検　討　判例の採用する境界確定と所有権確認を明確に分離する形式的形成訴訟説に対し、最も端的に所有権確認訴訟とみる考え方がある（①宮崎福二「経界確定訴訟の性質について」判タ四九号（昭和三〇年）一頁を嚆矢とし、その後、②小室直人「境界確定訴訟の再検討」中村宗雄先生古稀祝賀論集『民事訴訟の訴訟の法理』（敬文堂、昭和四〇年）〔同『訴訟物と既判力』（信山社、平成一一年）一二二頁以下、特に一四七頁〕により、押し進められた。）。①の考え方は、土地の境界紛争の実態は、実質的には当事者双方の主張する境界線で囲まれた係争地域に対する所有権の帰属をめぐる争いとする視点からはじまっている。したがって、所有権の帰属について確認されれば、おのずから紛争は決着するという。②は、①に示唆を受けて、土地境界を創設的に確定し、それにより同時に相隣者の所有権の範囲が確定される特殊な性質の訴訟と解し、形成作用と確認作用を等価値的に包含する特殊な訴訟類型であるとする。そして、これを訴訟の三類型に当てはめると、境界線の非訟的形成請求を先決関係とし、所有権の範囲確認請求を順位的に併合する複合訴訟と解しえられなくもないと曖昧な表現

に終わっている。そして、原告及び被告は、一定線を主張し係争地域を明確にすることにより、自己の請求を特定しなければならないとするとともに、双方の訴えの性質を有し、実質上被告の反訴提起があったと同一に扱い、被告の反訴申立てに当たる部分として、被告の一定線の主張も同様に扱うべしとする。したがって、その限界を越えることは、たとえその本質が非訟事件であっても、訴訟形式をとる限り、二四六条に違反するという。

しかし、土地の境界を確定することにより同時に相隣者の所有権の範囲が確定されるというのは、土地境界の創設がなぜ所有権の範囲を確定するかということの理由に欠けている。それのみならず、原告及び被告が係争地域を明確にし、請求の特定することを求めることは、その点について証明責任を生じるところ、両当事者の主張が当然重なり合うときに、証明責任はどのように機能するのか、また二四六条をどのように適用されるのか説明がなく、判例の立場に疑問をもつ者であっても、判例を否定してこの見解に賛意を示すことは困難であって、土地境界紛争における所有権の要素に着目した①の発想が的確に活かされていない(3)。

土地の境界とは、登記された一筆の土地と他の一筆の土地との境をいい（最判(二小)昭和三一・一二・二八民集一〇巻一二号一六三九頁）、登記実務の上では筆界ともいう（地籍調査作業規程準則（昭和三二年総理府令第七一号）三条二号は、一筆地調査に基づいて行う毎筆の土地の境界を、筆界と定義している。新井克己「公図と筆界」香川最高裁判事退官記念論文集『民法と登記・上』（テイハン、平成五年）四五六頁）。したがって、境界は公法上の性質のものであり、私有地相互間の境であっても、私的な性格と捉えることはできず、判例も客観的に公的な境界線と位置付けている（前掲最高裁判例参照）。もっとも、一般に、土地の境界がその土地所有権と分離して独立した財産権を構成することはなく、所有権に随伴することは、土地境界確定の訴えの法的性質についてどのように考えるにしろ、異論はないことであろう。問題は、その土地所有権の所在と土地境界確定の訴えとの間で、どのように位置付けるかということである。

土地の境界紛争は、大別して、①係争地域の所有権帰属をめぐる紛争である場合、②特定の財産的紛争の前提と

しての土地境界紛争である場合、③土地の境界が不明である場合とからなり、基本的な紛争類型は、①にあると見られる。境界確定の訴えは、裁判所に対し、土地の境界を創設的に定めることを求める訴えであり、その原告の法的地位を根拠づけるのは土地についての所有権とみるのが素直である。その意味で、この訴えの法的性質は、形成の訴えそのものであるが、境界を創設するための形成要件についての法の定めはなく、裁判所の裁量に委ねられているので、形式的形成の訴えとして本来の形成の訴えとは異なる類型と捉えるのが妥当である。しかし、他の形式的形成訴訟と比較しても、当事者の権利関係が鋭く対立する点では、通常の民事訴訟事件に優るとも劣らないものがあるので、その実質に着目すると、当事者の手続保障を確保するために、訴訟事件に準じて取り扱うことが必要である（鈴木正裕「非訟事件と形成の裁判」『新実務民事訴訟講座8』（日本評論社、昭和五六年）八頁注5）。こうした背景を踏まえて考えると、訴えとして裁判所に審判を求めるのであるから、その対象とすべき土地について特定することを要する。その場合に、通常の訴訟と異なり、請求対象を特定するということを意味するのではなく、その基盤となる訴訟対象を特定することを意味するに止まり、直接訴訟物を観念することはできず、したがって二四六条を適用する余地は認められず、上訴との関係についても、不利益変更の原則は適用されない。そして、訴訟対象である特定された係争地域についての所有権の主張により時効中断の効果を生じると解するのが相当である。このように考えると、境界確定の訴えについては、判例のいう形式的形成訴訟とみるのが基本的に妥当であり、境界を創設する形成作用と所有権を認める確認作用との複合されたものとみるのは、擬制にすぎず、無理がある（その点で、奈良次郎「境界紛争に関する訴えについての若干の考察（上）」判例評論三三八号（判時一二二一号）（昭和六二年）一五〇頁注3が、現在の判例の基本的姿勢を認めつつ、当事者の意思を斟酌して種々の試みと工夫に努めていて示唆を受ける点が少なくない。）。もっとも、それは、当事者として全く証明活動を要しないということではなく、訴訟技術として自己の主張を根拠づける証拠を進んで提出する等の証明活動に努めるべきことは通常の訴訟事件と変わるところはない（この点をも否定すると、職権による証拠調べに終始し、まったく証拠を提出しなくても請求を棄却されないことになる。）。また、境界を間接的に基礎づける事実についての当

事者の自白については、その法的拘束力を認めるべきであるが、境界線の公的性質に照らすと、たとえ当事者の合意があっても境界を決める一資料に止まり、それにより直接的に和解で解決を図ることはできず、所有権確認の訴え等に訴えを変更させた上で、和解を成立させることとなる。(4)

しかし、境界確定の訴えは、確定される境界により囲繞される土地について、所有権の帰属を同時に主張する意思を通常伴っているので、(5)境界確定の訴えと当該係争地についての所有権確認の訴えを併合請求することが、訴訟技術として妥当である。(6)その場合に、訴訟構造は、土地境界の創設という形成判決を求める訴えとその判決を先行要件とする確認の訴えとの併合請求である。もっとも、右形成判決の存在が土地所有権の構成要件となるわけではないので、所有権確認を併合請求する場合は、係争地域について所有権を有することの要件事実について主張立証することを要する。この場合に、相隣地の所有者等の利害関係者は、前者後者いずれについても、訴訟参加し、三当事者間での判決をえることも、もとより可能である。これと異なり、所有権確認の訴えを併合請求しなくてももとより差し支えなく、その場合は、土地境界に係る形成判決により係争地について所有権の帰属は確認されるわけではなく、それを求めるには改めて別訴を提起することとなる。

これに対し、前記③の場合には、土地の境界が不明であるにすぎないので、単に境界確定の訴えを提起することとなる。たとえば、地震、風水害等により土地境界が不明になった場合である。もとより、この場合についても、たとえ境界を創設する判決が下されても、それを不服とする者が所有権確認の訴えを提起する可能性はありえるので、そうした事態が懸念される場合には、①の場合と同様の訴訟技術を選択すべきこととなる。もっとも、その場合は、民有地間とともに民有地と官有地間の境界を同時に確定する事態になると想起されるので、複数当事者間の境界確定の訴えとなる可能性が高いといえる。また、②の場合については、境界線上の工作物の撤去請求、囲繞地

通行権請求等の前提問題として、境界紛争を生じる場合がある（倉田卓次「境界確定の訴について（一）」司法研修所論集五四号（昭和四九年）四〇頁）。

(2) 境界確定訴訟の判例の背景　境界確定訴訟に関する最上級裁判所の判例は、形式的形成訴訟として確立されていると見られるが、下級裁判所の裁判例を概観すると、つねに所有権確認の要素がつきまとう実態と、都市部の商業地、住宅地、さらに地方の田畑、山林等の土地の属性による事情の顕著な違いに直面し、個別的事案の具体的妥当性のある解決に苦心している様子が窺われる（たとえば、最高裁判所事務総局編『境界確定訴訟に関する執務資料』（民事裁判資料一二五号）（昭和五五年）「第一　境界確定訴訟に関する裁判例」参照）。また、判例自体についても、形式的形成訴訟と性質決定されることから演繹的に推論するものの、特に時効中断の根拠をはじめとして理論的にも実際的にも多くの問題の所在を認識しつつ、これまで提起されている疑問に対する明確な回答を生み出せずにいる状況にあると見られる。

(3) 所有権確認の要素の取込みに向けた試み　(イ) 所有権確認説の台頭　本文の②説をさらに進めて、所有権確認訴訟として構成する注目される見解がある（新堂幸司・判例民事手続四八頁、同「民事訴訟と紛争解決」書研所報三一号（昭和五五年）〔同『民事訴訟制度の役割』（有斐閣、平成五年）七五頁〕）。その基調は、証明責任を緩和することにより十分趣旨はかなえられるとし、当事者の合意にも法的効力を認めるべきであるとする。しかし、所有権確認という構成をとりながら、なぜこの場合には証明責任を緩和させるか、当事者による証明が困難なときは、裁判所が裁量で境界を創設する特殊性を認めるべしとする等の点について論証すべき課題が残されている。

(ロ) 係争地の分割としての境界確定　②説を評価しつつ、境界確定訴訟と所有権確認訴訟とは訴訟対象の点では同一の権利の確定を求める訴訟と考え、そのこと自体により境界までの所有権の拡がりを確定するとみる説がある（宮川種一郎「境界確定手続の純化について」吉川大二郎博士追悼論集『手続法の理論と実践　上巻』（法律文化社、昭和五五年）一〇五頁）。したがって、形成と確認の複合形態とみる余地はないとする。この基礎には、権利範囲とその境界線の同時決定は、共有物分割の場合の方法と効果と同一と考え、境界確定を実質的にみると、境界帯すなわち係争地の配分すなわち分割に他ならないとする考えである。しかし、本文で②説について述べたのと同様の論証すべき問題点が解消されていない。

(ハ) 境界線訴訟物説　通説・判例と所有権確認という当事者の意思の双方を考えると、問題の所在は、所有権の範囲の不明・争いが公簿上の境界の不明・争いに起因するとして、境界確定の特殊性を証明責任の不適用に帰着することにより解決の手がかりを見出し、その結果として、公簿上の境界線を訴訟物とすることにより、証明困難の点に合わせて理論構成できるとする説がある（高橋・重点講義七五頁以下）。そして、境界確定の特殊性は、証明責任の不適用に求めるとともに、それに限定し、二四六条も不利益変更禁止原則も、適用されるとする。他方、取得時効の成立、所有権の範囲についての合意のように所有権の境が正面から問題にな

り、証明責任も働くときは、通常の所有権確認の訴えに任せることとしている。しかし、理論的一貫性に欠け、いずれの立場からも賛意を得るのは困難であろう。

(二)　形式的形成訴訟と所有権訴訟構成の両立に向けた新たな試み　境界確定訴訟には、登記簿上の境界を確定する筆界確定訴訟と私法上の所有権の範囲を確定する所有権範囲確認訴訟があることを前提とし、前者は公法上の法律関係に関する訴訟として実質的当事者訴訟（行訴四条）に当たり、後者は、証明度の軽減が問題となるところ、過去の古い境界の合意について民訴二四八条の類推適用により裁判所による合理的な所有権の範囲の認定の余地を認めるべきであるほか、通常の民事訴訟であり、処分権主義などの適用があるとする説がある（山本和彦「境界確定訴訟」判タ九八六号（平成一一年）九六頁以下）。そして、両訴訟は行訴法上の関連請求として併合させることにより処理しようとする。

境界の公法上の性格を訴訟手続に反映させ、行訴法四一条により準用される諸規定をもって対応しようという発想は注目すべきものがあるが、民有地間の境界紛争の背景に所有権の範囲を巡る争いの存在を認めつつ、境界の公法上の性格を理由に行政訴訟に結びつけるには、なお論証すべき課題が残されている。

(4)　民事調停による境界確定　調停に代わる決定、調停が確定した場合には、確定判決と同一の意味で形成力を生じるとする見解では、調停による境界確定も可能とする（佐々木吉男『増補民事調停の研究』（法律文化社、昭和四九年）一三〇頁）。しかし、調停の本質は当事者の合意にあることに照らすと、否定的に解するべきであり、土地所有権の範囲についての調停として処理し、調停条項では双方が合意した基点、方位を明確にした表現を用いるのが相当である（「簡易裁判所判事会同（民事関係）における境界確定訴訟に関する問題及び協議結果の要旨」前掲『境界確定訴訟に関する執務資料』五五二頁）。

(5)　共有物分割と境界確定の関係　共有地分割の協議成立後に、自分の所有地となった土地の一部が他人の所有地であったことが判明した場合は、改めて協議をするか、協議に応じないならば、共有物分割の訴えによるべきで、錯誤を理由に境界確定の訴えを提起することは許されない（前掲「簡易裁判所判事会同協議結果」『境界確定訴訟に関する執務資料』五四八頁）。

(6)　境界確定と所有権確認との併合関係　両者を併合請求することについては、判例の立場によっても可能である（村松・前掲書一六頁、伊藤瑩子「境界確定の訴訟に関する判例・学説」訟務月報一八巻五号（昭和四七年）八〇七頁参照）。選択的併合についても、同様に解する（村松・前掲書一六頁は、否定する。）。これに対し、主位的請求として所有権確認請求をし、予備的請求として境界確定を併合することは、前者が棄却されると、後者については当事者適格を欠くことになり、訴えは却下される。また、主位的請求として境界確定をし、予備的請求として所有権確認を併合請求することは、前者について請求棄却はありえず、予備的併合の要件を欠くので認められない。

(2) 民有地と官有地との境界確定　民有地と官有地との境界確定の方法には、行政手続による方法と、訴訟手続による方法とがある。

(i) 行政手続による方法　各省各庁の長は、その所管に属する国有財産の境界が明らかでないため、その管理に支障がある場合には、隣接地の所有者に対し、立会場所、期日その他必要な事項を通知して、境界を確定するための協議を求めることができる（国財三一条の三第一項）。その場合に、協議を求められた隣接地の所有者は、やむをえない場合を除き、その通知に従い、その場所に立ち会って境界の確定につき協議しなければならない（同条二項。公法上の義務である。）。協議が成立した場合には、双方書面により確定された境界を明らかにする（同条三項）。この境界確定のための協議は、財産所有者としての国と隣接地所有者の対等な当事者間において所有権の範囲を定める私法上の契約と解されるので（建部和仁『平成六年改訂国有財産法精解』（大蔵財務協会、平成六年）六三九頁、東京地判昭和五六・三・三〇行集三二巻三号四五七頁、大阪高判昭和六〇・三・二九・判タ五六〇号二〇五頁）、協議が成立した場合には、公法上の境界が確定するのではなく、所有権の及ぶ範囲が確定することとなる。したがって、この協議自体については、抗告訴訟の対象とはならない（前掲東京地判昭和五六・三・三〇、大阪高判昭和六〇・三・二九）。協議が成立しなかった場合は、境界は確定せず、民事上の境界確定の訴えによることとなる。

協議を求めた隣接地の所有者が立ち会わず、協議をすることができないときは、当該隣接地の市町村の職員の立会を求めて境界を定めるための調査をし、それに基づいて境界を定め、当該隣接地の所有者その他の権利者に通知し、所定の期間内に同意しない旨の通告がないかぎり、その同意があったものとみなされる（国財三一条の四）。その法的性質は、解除条件付きの境界確定処分とする見解（田中二郎『新版行政法中巻（全訂第二版）』（弘文堂、昭和五一年）三一三頁）と、私法上の契約とする見解（倉田卓次「境界確定の訴について(二)」司法研修所論集五七号（昭和五一年）七四頁、建部・前掲書六五二頁）とがある。この協議の性質に照らし、後者を妥当と考える。

(ii) 訴訟手続による方法　民事上の境界確定訴訟による。

(3) 市町村相互間の境界確定　市町村の境界に関し争いがあるときは、都道府県知事は、関係市町村の申請に基づき自治紛争調停委員の調停に付することができる（地自九条一項）。調停により境界が確定しないとき、又はすべての関係市町村から裁定を求める申請があるときは、知事は境界について裁定することができる（同条二項）。知事がこれらの調停又は裁定に適しない旨を通知したときは、関係市町村は裁判所に市町村の境界の確定の訴えを提起することができる（同条九項）。公有水面のみに係る市町村の境界変更、公有水面の埋立てにより造成されるべき土地の所属すべき市町村の決定については、別に規定があり、最終的には同様に境界確定の訴えによることとされている（自治九条の三・九条の四）。この訴えについても、判例は民事上の境界確定と同様に形式的形成訴訟と解する立場にあり（最判（一小）昭和六一・五・二九民集四〇巻四号六〇三頁）、通説も同様である（塩野宏「境界確定に関する法制度上の問題点」『境界紛争とその解決─市町村の境界に関する研究委員会報告書』（地方自治協会、昭和五五年）六八頁（同『国と地方公共団体』行政法研究第四巻（有斐閣、平成二年）三〇〇頁）は、民事上の境界確定と異なり確認訴訟的要素はないとする。）。しかし、この土地境界には飛び地をめぐる争い等もあること、九条九項の規定は公有水面に係る場合にも準用されていることを視野に入れると、同様に取り扱うことには疑問があり、類型化することを要すると考える。

(4) 執行手続、倒産処理手続における境界確定　(i) 執行手続において境界不明の場合　現況調査において境界に争いがある場合に、境界を確定することは判決手続によることであるから、執行手続において確定する必要はなく、現況調査報告書にその旨を記載すれば足りるとされている（最高裁判所事務総局編『民事執行事件執務資料』民事裁判資料一三四号（昭和五六年）一九頁、最高裁判所事務総局民事局監修『執行官事務に関する協議要録（第三版）』民事裁判資料二二七号（平成九年）六〇頁、同『条解民事執行規則（改訂版）』（平成一〇年）一一四頁、名古屋高決昭和五八・一一・四執行官雑誌一一号七六頁参照）。宅地造成等により土地の境界が不明となり、執行の目的である土地が特定できない場合でも、境界自体は存在し、訴訟により確定することは可能なはずであるとして、強制競売手続の取消しはできず、まったく不明の場合に限り、民事執行法五三条を類推適用して手続を取り消すことができるとされている（前掲『民事執行事件執務資料』一五頁）。

(ii)　倒産処理手続において境界不明の場合　破産財団に属する土地の境界が不明、又は争いのある場合は、それを前提に評価することとし、地元の不動産業者の見積書または意見を聞いて、破産管財人が適正と判断した価格で評価すれば足りるとされている（最高裁判所事務総局編『破産事件執務資料』（民事裁判資料一九三号）（平成三年）六四頁）。

四　法定地上権の地代確定の訴え（民三八八条ただし書）

法定地上権が発生したときに、その地代は当事者間の協議により、それが調わなければ当事者の請求により裁判所が定める（民三八八条ただし書）。当事者間に地代の債権債務関係を創設するわけではないが、当事者が協議により自由に定めることができる地代を、裁判所の判決により決定する点では、形成的効果を生じるのであり、その形成要件について特別の定めがなく、裁判所は諸般の事情を斟酌して裁量により地代を定めることができるとされている（大判大正一一・六・二八民集一巻三五九頁、大判昭和一六・五・一五民集二〇巻五九六頁）。そうした性質に照らすと、形式的形成訴訟とみるのが妥当である（山木戸克己・民商一四巻五号二七八頁、中野貞一郎・民商五三巻五号七一九頁、村松俊夫・判例評論八一号（判時四一〇号）七五頁、奈良次郎「『形式的形成訴訟』の特色についての考察」判タ九〇八号（平成八年）一六頁）。このように考えると、判決の確定によりはじめて地代債権が発生するのではなく、地上権設定時に遡及して確定的に発生することとなる。

第二節　訴訟上の請求――訴訟の客体

第一款　訴訟上の請求（訴訟物論）

一　訴訟物の意義

訴えは、裁判所に審判を求める訴訟行為である。請求が、原告の被告に対する訴訟上の権利主張であるのと異な

り、訴えは裁判所に対する訴訟行為である。請求は、原則として、一定の権利又は法律関係の存否の主張という形式をもって行う（例外として、証書真否確認の訴え（一三四条））。請求の内容である特定の権利又は法律関係を、訴訟物という。(1)

(1)「請求」概念の広狭　原告の被告に対する権利主張を狭義の請求とし、裁判所に対する判決要求をも含めた意味で用いるときは広義の請求として、「請求」概念を使い分ける考え方がある（たとえば、新堂二六六頁）。一般に法的概念を狭義と広義に使い分けることは、法技術的な擬制にすぎず、原則として避けるのが妥当であり、本文のように使用するのが適切である。

二　訴訟物論争

請求の内容である一定の権利又は法律関係をどのように特定するかについては、昭和三〇年代から長らく学界の最も強い関心を呼び、訴訟物論争といわれる問題となった。

(1)　旧訴訟物理論　旧訴訟物理論は、実体法上の権利又は法律関係ごとに訴訟物を構成すると解し、それにより確認訴訟について、個別の権利又は法律関係がそれぞれ有する特質を的確に反映することができるとする。確認訴訟こそ訴訟類型の原型であるとして（確認訴訟原型観）、確認、給付および形成の三つの訴訟類型を通じて統一した訴訟物概念を構成すべきであるとする。したがって、確認訴訟の訴訟物の考え方を給付訴訟、形成訴訟にも当てはめることにより、実体法に裏付けられた法的利益を訴訟上の請求である訴訟物に表すことができるとしている。また、訴訟手続における既判力の客観的範囲をはじめとする諸問題について、統一的な判断基準として訴訟物概念を構築することを前提とする（兼子一『実体法と訴訟法』（有斐閣、昭和三二年）七三頁、中田淳一「訴訟上の請求」『民事訴訟法講座一巻』（有斐閣、昭和二九年）一七八頁。近時、基本的に旧理論の立場を採るものとして、伊藤・一六三頁）。複数の実体法上の請求権を同時に審判の対象とする場合には、原告の意思により主位的、予備的請求として順位を付けて請求してもよいし、特に順位を付けないで、選択的併合として請求しても差し支えなく、それにより二重の給付判決を生じることも回避できるとする。民事訴訟は特定の当事者間の紛争をその間かぎりで解決を図るのであるから、特定の

原告から特定の被告に対する権利主張をもって、訴訟物の単位を構成する（権利主張の相対性）。したがって、当事者が異なれば、訴訟物も別個のものとなる。もっとも、当事者を構成すべき複数の者が全体として一個の当事者適格を有する固有必要的共同訴訟の場合については、訴訟物は全体として一個と解すべきである（兼子・体系三八四頁、中田・前掲一六六頁）。

旧訴訟物理論は、実体法の定めを訴訟物に直接取り入れるところに着目して、実体法説あるいは後述する新実体法説と識別し、旧実体法説ともいう。

(2)　新訴訟物理論　わが国の新訴訟物理論は、ドイツの新訴訟物理論に示唆を受けつつ、(2) わが国固有の理論を形成することに努めたことに特徴がある。もっとも、新理論と総称されるものの、その立場は一様ではない。

第一の立場は、紛争は私生活の利益主張の衝突であるという認識に立って、請求は利益主張であり、請求たる利益主張は法的効果ないし権利として承認されている利益の主張でなければならないとともに、そのような利益主張であれば足り、実体法によって要件事実によって識別された法律効果たる権利主張であることは必要でないとする（小山昇「請求について」『訴訟と裁判』（岩松裁判官還暦記念）（有斐閣、昭和三一年）（同・著作集一巻三頁以下）、同「訴訟物論」北大法学会論集一一巻三号（昭和三六年）（同・著作集一巻二六頁以下））。

第二の立場は、実体法上の請求権概念から遮断するという思考回路を採るのではなく、実体法秩序が是認する訴訟上解決を要する紛争の個数によって訴訟物が決定されるとし、そこに実体法との接合を図ることにより、むしろ旧訴訟物理論の長所を拡充するものであるとし、わが国固有の新訴訟物理論の特徴があるとする。そして、民事訴訟の典型である給付訴訟を視野に捉えて訴訟物を把握することに照準を合わせ、相手方から一定の給付を求める実体法上の地位があるとの権利主張（法律上の主張）であり、実体法上の請求権を相手方から給付を求める法的地位というものを基礎づける法的観点として捉える（三ケ月章「請求権の競合」私法一九号（昭和三三年）（同・研究第一巻八八頁）、同「訴訟物理論の連続と不連続」法曹時報一四巻一一号・一二号（昭和三七年）（同・研究第三巻六七頁）、同「訴訟物再考」民訴雑誌一九号（昭和四八年）（同・研究第七巻二三頁））。

第三の立場は、「紛争すなわち一定の実体法上の権利の争い」というドグマから、訴訟物論を解放し、訴訟目的により一層適合した請求ならびに訴訟物論を打ち立てることにより、現実の紛争の合理的な解決調整を可能ならしめるという点に基本的視点がある（新堂幸司「『訴訟物』の再構成（一）」法協七五巻一号（昭和三三年）（同『訴訟物と争点効（上）』（有斐閣、昭和六三年）四頁、六〇頁以下））。その上で、給付訴訟を念頭に置いて、一つの生活事実関係から当事者が達しようとする給付という目的そのものに着眼し、その経済的かつ法的同一性をもって訴訟物の特定基準とし、給付利益の単複異同によってのみ枠づけられる給付請求権、いわば受給権を訴訟物であるとし、一定の目的を獲得する手段である実体法上の請求権ごとに紛争が別個となるわけではないとする。このように考えることにより、同一利益に関する争いを一個の訴訟物に盛り込むことができ、その結果、同一利益を対象に一回の訴訟をもって実質的解決を図ることができ、このような抜本的な紛争の処理こそ民事訴訟制度の目的に適っているという。

このように考え方が必ずしも一様でないにもかかわらず、これらの学説を新訴訟物理論と総称するのは、第一に、旧訴訟物理論と比較して、いずれも訴訟物を広く捉えることにより、同一範囲について既判力を生じるので、それと同一の対象について既判力の客観的範囲を構成するので、紛争の集約的解決を図ることができるとして、紛争解決の一回性を強調する点に共通した基調がある。もっとも、どこまでそれを貫徹するかについては、各自の訴訟制度観等とも関わり、違いがある（後述する一部請求はその一例である。）。また、第二に、実体法上の権利又は法律関係から解放された訴訟上固有の請求権概念を構築するとともに、各訴訟類型の機能と目的に即して個別に訴訟物概念を構築する必要があるとしている点にある。

このような基調に立って、確認訴訟については、個別の権利又は法律関係がそれぞれ特質を有するとともに、既判力が公権的紛争解決を支える唯一の手段であることに着目し、各々について独立した訴訟物を構成するとする。

その結果、確認訴訟については、旧訴訟物理論と一致することとなる。しかし、給付訴訟については、原告の意思はいずれの実体法上の根拠に基づいて請求が認容されるかということにはなく、給付請求が認容されること自体を目的としていると見られるし、あるいは実体法秩序は最終的に一個の給付を認めるときは、実体法上の権利は訴訟物を基礎づける法的観点または裁判理由ないし裁判原因であるに止まり、実体法上の権利から解放された給付を求める一個の法的地位の存否の主張を訴訟物と解すべきであるとする。また、同様の視点から、形成訴訟については、形成を求める一個の法的地位とする。また、権利主張の相対性に関して、固有必要的共同訴訟の場合には、当事者ごとに訴訟物が別個に存在し、数個の請求が一個と観念されるにすぎないとする（三ケ月・全集一二七頁、斎藤・四四八頁。これに対し、小山昇「必要的共同訴訟」『民事訴訟法講座一巻』（有斐閣、昭和二九年）〔同・著作集四巻二頁〕は一個と解する。）。

新訴訟物理論は、それぞれの論者が訴訟法固有の請求権概念を構築するところに着目して、訴訟法説ともいう。その反面で、旧訴訟物理論とは異なった局面で実体法との結びつきを意識して強調している点に特徴があり、その点では、後述する新実体法説と共通する面が少なくない。

(2)　ドイツにおける訴訟物論の特徴　ドイツにおける新訴訟物理論は、すでに戦前にわが国に紹介されていた。ドイツの理論が、それまで実体権に求めていた訴訟物を特定識別する基準を、主張される法的効果と事実関係に求めた点について、基準としてあいまいであると厳しく批判され、わが国においてはとうてい採用できないとされた（中田淳一「『訴訟物』の概念に関するローゼンベルヒの見解」法学論叢二九巻三号（昭和八年）四三九頁、同「請求の同一性」法学論叢三五巻三号（昭和一一年）〔同『訴訟及び仲裁の法理』（有信堂、昭和二八年）二八頁〕、斎藤秀夫「訴訟物概念に関する近時の論争」法学五巻一二号（昭和一一年）一二〇頁）。

戦後、ドイツにおいても、わが国の新理論と同様に訴訟物の枠を紛争を基準として画することを試みられたが、当初の新理論は実体法上の請求権から遮断することに共通した底流があった。その際に、訴訟物の識別基準として、①申立によってのみ特定する立場と②申立と事実関係によって特定する立場とがあり、前者を一分肢説というのに対し、後者を二分肢説といい、事実関係が異なれば申立が同一であっても、訴訟物は別個であるとする（当時のドイツの状況を紹介するものとして、三ケ月章「最近のドイツにおける訴訟物理論の一断面」法協七四巻五・六合併号（昭和三三年）〔同・研究第一巻一〇一頁〕、中野貞一郎「西ドイツにおける訴訟物論の近状」ジュリ三二三号（昭和四〇年）四七頁参照）。その背景には、既判力の拡大を意図することによる紛争の一回解決性という

理念によるのではなく、訴えの変更に対する制限を視野に入れて理論構成し、むしろ裁判所の審判の範囲を拡大することにあったとみられる（井上正三「既判力の対象と裁判所の選択権（二）」立命館法学三三号（昭和三五年）三九頁注8参照。訴えの変更の制限に関するドイツ民事訴訟法の規定の変遷については、菊井維大「訴の変更」『民事訴訟法講座一巻』（有斐閣、昭和二九年）一九四頁以下参照）。これに対し、わが国の新理論は、事実関係によって訴訟物を画するのは基準として不明確であるのみならず、訴訟物を細分化する方向に作用するおそれがあり、その結果、旧理論に接近することになってしまうとして批判的な姿勢を採っていた（三ケ月・前掲研究一巻一三八頁）。もっとも、わが国の新理論の立場でも、給付訴訟のうちの例外的場合（手形債権と原因債権の関係）について、二分肢説によって処理する意味があるとする指摘がある（三ケ月「訴訟物再考」民訴雑誌一九号（昭和四八年）〔同・前掲研究七巻四一頁以下〕）。

(3)　新実体法説　新訴訟物理論が旧理論に対する批判と新たな自説を展開したところから生まれた成果を踏まえて、実体法と訴訟法を架橋することを試み、訴訟物と実体法上の請求権との新たな対応関係を追究しようという動きが出てきた。新実体法説と総称される考え方である。それらは一様ではなく統一的なまとまった見解とはなっていないが、ほぼ共通しているのは、請求権競合の問題に照準を合わせて、既存の複数の請求権の構成要件を充足する場合に、一個の実在する請求権の発生を認めるという点にある（大久保邦彦「新実体法説に関する一考察」神戸学院法学二四巻一号（平成六年）二頁以下は優れた分析である。）。第一の立場は、請求が認容される場合に、訴訟的保護を受ける権利としては、すなわち訴訟物の次元で捉えると、原則として一個の請求権が存在するという。観念的に複数の請求権が存在する場合にも、実在としては一個の請求権のみを認め、処分対象をなすのはこの単一としての実在する請求権であり、これが訴訟物を構成し、前者の複数の請求権は法的観点にすぎないとする（奥田昌道「請求権と訴訟物」判タ二一四号（昭和四三年）〔同『請求権概念の生成と展開』（創文社、昭和五四年）三七四頁〕）。この立場は、観念的請求権と実在的請求権の二重構造を提唱するところに特徴があり、その背景には、「一構成要件（請求権規範）→一請求権」が近代法の基本的思考であり、これを貫徹させるべしという基本的姿勢が見られる（奥田「民法学のあゆみ・（書評）四宮和夫『請求権競合問題について』」法律時報四七巻一一号（昭和五〇年）一二六頁）。第二の立場は、請求権は、ある特定人から他の特定人に対する一定の給付の要求を本質とした人的な法的関係であるとする。法的保護の対象としての一つの単位をなすのは、法的関係＝請求権であり、そのうち真に法的に保

護すべき対象の核心的内容は、特定の一個の給付を求める利益であるという。したがって、ある生活事象が複数の法規のもとに包摂される場合でも、実体法秩序が特定の一個の給付のみを是認するにすぎないときは、真に法的に保護されるべき利益である実体的請求権は、一個しか成立しないとする。その場合に、複数の法規間に順位がないときは、法規の意味、目的に照らし、合目的的に決定すべきであり、しかも原則として単一の請求権の属性は、債権者に最も有利に決定されるべきであるとしている（上村明広「給付訴訟の訴訟物」岡山大学法経学会雑誌一八巻二号（昭和四二年）七〇頁、同「請求権と既判力」民訴雑誌一七号（昭和四六年）二一一頁）。この立場は、第一の見解に対し、観念的請求権はもはや規範ないし法規とみるべきで、それら複数の法規の共同の法律効果として単一の請求権を導き出せば足りるというものである（上村・前掲「給付訴訟の訴訟物」七六頁注一二、同・前掲「請求権と既判力」二〇八頁）。第三の立場は、前二者の立場は不徹底であるとし、請求権規範の法律効果に止まらず、構成要件についても統合化を図り、新たな一個の構成要件を構築することにより、その効果として一個の法律効果だけを認めようとする（四宮和夫『請求権競合論』（一粒社、昭和五三年）四二頁・二二六頁）。その場合に、構成要件を統合化する原理は、請求権規範調整の許容条件としてあげられる「事実関係の同一性」を規範レベルに移して得られた原則に求めるという。第一の見解と同一の基本的姿勢に立ちつつ、さらにそれを構成要件について徹底させたところに違いがある。

(4) 各理論の論争点　これらの訴訟物をめぐる異なった考え方は、種々の問題について見解の違いを招来する。実体法と手続法が交錯する問題を素材にして、新旧両理論を中心に検討することとする。

(i)　請求権の競合　請求権の競合とは、ある事実関係が法律効果として複数の請求権を発生させる構成要件を充足させる場合に、請求権規範の数に対応する請求権が成立するのか、権利者・義務者の間の法律関係はいかなる規範により処理されるかという問題をいう[3]（四宮和夫『請求権競合論』（一粒社、昭和五三年）一頁）。

第一に、旧理論の立場では、実体法上の請求権ごとに訴訟物を構成するという考え方を採るので、請求権規範の

数に対応する請求権が成立することとなる（請求権競合説という。）。この立場によっても、請求の選択的併合により重複した給付判決を生じるおそれはない。

第二に、旧理論を前提にしつつ、複数の請求権の間にある規範が他の規範を排除する場合には、前者に基づく請求権のみが成立するとみる法条競合論という考え方がある（川島武宜「契約不履行と不法行為の関係について―請求権競合論に関する一考察」法協五二巻一号・二号・三号（昭和九年）（同『民法解釈学の諸問題』（弘文堂、昭和二四年）一二六頁、一三二頁以下）、兼子一『実体法と訴訟法』（有斐閣、昭和三二年）七三頁）。契約責任と不法行為責任とが競合する場合に、両者は特別関係あるいは補充関係に立ち、当事者間には契約責任に基づく請求権のみが生じ、不法行為責任は契約外関係に対してのみ適用され、これにより、契約の具体的事情の個別性に応じた解決を図ることができるとする（川島・前掲書一三二頁以下）。

第三に、新実体法説の立場から、新法条競合論という考え方がある。実体法上請求権競合の生じる場合には、観念的に数個の請求権が競合するが、実在（処分対象）としては一個の請求権だけが存在し、これが訴訟物であるとする（奥田昌道「請求権と訴訟物」判タ二一四号（昭和四三年）（同『請求権概念の生成と展開』（創文社、昭和五四年）三七四頁）。この考え方は、請求権競合説も、法条競合説も、「一法規→一請求権」という見方、および観念的・論理的効果としての請求権が直ちにそのまま実在として請求権であるとして両者を同一視していると批判する（奥田・前掲書三七八頁）。そして、競合する請求権から実在としての請求権を認定するためには、競合する請求権のどれか一つが認識根拠として機能し、認定されれば給付判決をするが、その実在する一個の請求権がいかなる法的性質であるかという請求権の属性は、競合する請求権のそれぞれの法的性質から法則的に選択して単一の請求権の属性（法的性質）が決定され、それは裁判所の任務であるとする（奥田・前掲書三七四頁）。もっとも、実在としての請求権は一個であることの帰結として、譲渡等処分の対象はこの単一の請求権であり、訴え提起による時効中断はこの単一の請求権についてのみ生じ、個々の請求権の時効もこの単一の請求権の時効中断により同時に中断されるとする（奥田・前掲書三七六頁）。

これに対し、新理論の立場では、同一の給付を目的とする数個の実体法上の請求権が競合する場合であっても、実体法秩序が一個の給付しか是認しない場合には、一個の給付を求める法的地位または受給権しか成立しないとする（三ケ月「法条競合論の訴訟法的評価―新訴訟物理論の立場よりの一考察」我妻榮先生還暦記念『損害賠償責任の研究・中』（有斐閣、昭和三三年）〔同・前掲研究一巻一四三頁〕、新堂・前掲『訴訟物と争点効（上）』九一頁以下）。したがって、これを認容する判決は、競合する数個の実体法上の請求権のうちから特定の法的性質を既判力によって確定する機能はないこととなる。この結果、たとえば不当利得返還請求と不法行為に基づく損害賠償請求とが競合する場合に、裁判所が前者に基づいて請求を認容しても、その事件では後者に基づいて認容される余地も存在したとして、民法五〇九条により相殺できないことを主張して、裁判所の判断を求める余地を認めるのが妥当であるとし（「法的評価の再施」という。）、むしろこの点を新理論の長所とする（三ケ月・前掲研究一巻一四四頁。新堂「訴訟物と既判力」法協八〇巻三号（昭和三八年）〔前掲『訴訟物と争点効（上）』一七五頁〕は、既判力だけに依存することによる無理を指摘し、争点効の併用により理論的妥当性を図ることができるとする。）。

しかし、新理論の立場は、契約関係における免責条項がある場合に両者を単に攻撃防御方法の局面で処理するには適切でない事案について（契約責任と不法行為責任における免責条項には差異があるとともに、不法行為における免責条項は契約に関わる場合が大部分を占めている。加藤一郎「免責条項について」『民法学の歴史と課題』（東京大学出版会、昭和五七年）二三四頁）、契約法と不法行為法の特質を訴訟物の中に吸収し、消滅させてしまうものであり、個別事案の局面に掘り下げて検討すると、実体法との接合はやはり困難な事態を招来することとなる。

(3) 二重効（Doppelwirkung） 二〇世紀初頭にドイツにおいて、法規の構造には、①同一の法律効果が多数の原因から発生する場合と、②多数の同様な法律効果が多数の原因から発生する場合があることが指摘され、前者を二重原因（Doppelgründe）、後者を二重効果（Doppelfolgen）といわれていたところ、後に②の場合を「二重効理論」と認めるようになった（於保不二雄「二重効（Doppelwirkung）について」法学論叢四一巻二号（昭和一四年）〔同『財産管理権論序説』（有信堂、昭和二九年）三八四頁〕）。二重効理論は法規における法律要件・法律効果の論理的構造に対する見方の点において、請求権の競合の問題と同一の発想に基づいている。また、無効・取消の競合、所有権の二重取得、請求権競合においては、実質的には一つの法律効果がどのような事由により根拠づけられるかという問題である点に着目すると、共通する面を認めることができる（奥田昌道「『二重効』の意義」『民法学1《総論の重要問題》』（有斐閣、昭和五一年）六一頁、七四頁以下）。わが国における現在の通説は、二重効理論とし

て一般化するのではなく、無効・取消の競合の場合について、無効・取消という法律概念の本質を解明し、具体的行為が無効であると同時に取り消しうるものでもあるということは、不合理ではなく、したがって錯誤と詐欺が競合する場合に、両者はいずれも表意者保護の制度であることに照らし、当事者はそれぞれの要件を証明して、いずれを選択的に主張することも任意であるとしている（我妻榮『新訂民法総則』（岩波書店、昭和四〇年）三一〇頁、三八七頁、川島武宜『民法総則』（有斐閣、昭和四〇年）三〇二頁、星野英一『民法概論Ⅰ（序論・総則）』（良書普及会、昭和四六年）二三二頁）。これに対し、通説が、錯誤による無効も詐欺による取消も、表意者保護の制度であるという発想は、表意者と相手方との間を対象とするものであり、両者の競合が問題になるのは、表意者と善意の第三者との間に生じる問題であるとする批判がある（賀集唱「『無効主張権』及び『二重効問題』―攻撃防御方法としての錯誤無効の主張と詐欺取消しの主張」司法研修所論集九七号（司法研修所創立五十周年記念特集号　第一巻　民事編Ⅰ）（平成一〇年）七三頁）。その立場では、二重効の問題は、両者が法律要件をともに充足していて、異なる法律効果を生じる場合に、いずれの効果を選択するかという問題であるとする。そして、効果の選択は、適用する法条の優劣の問題であり、個別事案における利益考量によるとする。しかし、民法九六条三項を錯誤無効の場合に類推適用を認める流れ（我妻・前掲書三〇三頁、幾代通『民法総則（第二版）』（青林書院、昭和五九年）二七七頁）を考慮すると、右の批判も通説を覆すだけの決め手にはならないと考える。また、二つの効力排除規範によって基礎づけられた一つの法的地位が成立すると解すべきであり、その内容たる規範は全法秩序の立場から、二つの効力排除規範を統合することによって、問題点ごとに原則として当事者にもっとも有利な規範をもって形成すべきであるとする説がある（四宮和夫『民法総則〔第四版〕』（弘文堂、昭和六一年）二〇八頁）。さらに、無効と取消しの場合に限らず、民法典は各法条の所定の要件にしたがって契約の拘束力から解放のための多様な法制度を用意しているとして問題の広がりを示唆する指摘が見られる（磯村保「契約成立の瑕疵と内容の瑕疵（1）」ジュリ一〇八三号（平成八年）八二頁、小野秀誠「二重効」一橋大学法学部創立五十周年記念論文集『変動期における法と国際関係』（有斐閣、平成一三年）三八五頁）。

なお、判例は、取消の効果としての原状回復請求権と無効を理由とする不当利得返還請求権との関係について、当初は競合的に成立を認め、選択的行使を許容していたが（大判明治四五・二・三民録一八輯五四頁）、その後、詐欺による取消を主張して返還請求訴訟で敗訴した後に、錯誤無効を主張して返還請求した事案について、取消の効果としての請求権は不当利得返還請求権であるとし、両者は不当利得返還請求としては同一であると認め、前訴の既判力により請求を斥けている（大判昭和三・八・一民集七巻六八七頁）。

(ii)　手形債権と原因債権　　一定の法律関係に基づき約束手形が振り出された場合に、実体法上は原因関係に基づく債権と手形上の債権とが競合的に存在する。この場合に、手形債権と原因債権との関係について、旧理論では、実体法上それぞれ別個の請求権として成り立っているので、訴訟上も別個の訴訟物を構成する。したがって、手形

債権に基づく請求によると、手形債権にのみ既判力を生じ、原因債権にまでは及ばない。その反面で、手形債権についてのみ裁判上の請求としての時効中断の効力を生じ、原因債権にまでは及ばないこととなり、訴訟係属中に原因債権の消滅時効が完成し、手形債務者による人的抗弁が成立し、請求棄却に導かれることとなる。

他方、新理論においては、必ずしも一様ではない。第一の考え方は、手形債権の無因性という経済的には同一のものを法的には異別に取り扱う法律的技術に着目すると、この本質と機能を訴訟物理論に投影させて、経済的同一性に着眼して一個の紛争として取り扱う余地と、法律的異別性を利用して別個の紛争として構成する余地の二つの可能性を認め、原告の選択に任せるのが妥当であるとする（三ケ月・全集一〇九頁）。これに対し、第二の考え方は、両者は生活利益が同一である点を根拠とし、あるいは手形の振出しは別個の受給利益を発生せしめるものではなく、その利益を獲得する手段を別途用意するにすぎず、一個の受給権である訴訟物が成立するという（前者の立場として、小山昇「請求について」岩松裁判官還暦記念『訴訟と裁判』（有斐閣、昭和三一年）（同・著作集一巻五頁以下）、同「訴訟物論」北大法学会論集一一巻三号（昭和三六年）（同・著作集一巻六〇頁以下）、後者の立場として、新堂幸司「『訴訟物』の再構成（二）」法協七五巻二号（昭和三三年）（同『訴訟物と争点効（上）』（有斐閣、昭和六三年）七六頁以下））。

第一の考え方は、手形債権と原因債権について、訴訟物と構成するか、攻撃防御方法として構成するかの選択を原告に認めるということである。その点について、請求権競合の場合一般についてこれを認めるのは便宜的にすぎるが、手形債権についてはその無因債権というものの中にこのような取り扱いを正当化するものが潜むとし、手形債権と原因債権とを選択的競合の関係で把握する場合と同じであって、実際的にも妥当であるとする（三ケ月・前掲書一一〇頁）。しかし、第一の考え方の基本的な視点の上に、手形債権の無因性という実体法上の法理を根拠に原告に選択の余地を認めるという結論に導くことは、新理論の立場からすれば無理なことであって、原告が両債権を切り離して独立の訴訟物とする自由はなく、訴訟物は一個と構成する第二の考え方を採ることの方が、むしろ自然な論理というべきである。もっとも、第二の考え方も、請求が棄却された場合に、その理由の如何にかかわりなく、手形債権のみ

ならず、原因債権についてまで既判力を生じる関係で難点があり、是認し難い。

新旧両理論とも、手形債権と原因債権の手続法上の処理については、理論的に破綻していることは否定できない(3)。手形債権支払請求について、審判対象としての訴訟物は手形債権であり、したがって手形債権についてのみ既判力対象となる。他方、訴訟対象としての訴訟物は、手形債権と経済的利益を同一にする原因債権をも対象範囲とし、原因債権についても、裁判上の請求としての時効中断の効力を生じると解する（二七七頁）。

（3）　手形債権の無因性と訴訟法　手形債権の無因性は、訴訟法理論とりわけ訴訟物論争に深刻な影響を与え、請求権競合とともに、もっとも難しい問題であるとされてきている。確かに、訴訟物理論との関わりでは、これまでの訴訟物、既判力および裁判上の請求としての時効中断を三者一体のものと捉える態度に、根本的な再検討を迫る一つのきっかけを与えてくれた効用は、多大なるものがある。しかし、手形行為の無因性と訴訟法との関わりは、これらの諸問題に止まらず、証明責任と深く係わっていることを見過ごしてはならない。手形債権の無因性により、債権者は、手形金支払請求訴訟において、原因関係の存在を主張し、証明する負担を免れ、手形金債権の回収に訴訟上の便宜を与えられている。したがって、手形債権と原因債権の問題を訴訟物の視点から検討する場合にも、これらの問題をも視野にいれて対処することが要請される（上柳克郎「手形債権の無因性」法学論叢五九巻五号（昭和二八年）（同『会社法・手形法論集』（有斐閣、昭和五五年）三六三頁、特に三七六頁以下）は、商法の立場から訴訟法の視点をも取り込み論述したものとして、示唆に富む）。

(iii)　占有の訴えと本権の訴え　わが民法典は、占有者の事実的支配を基礎とする占有に基づき認められる物権として占有権を規定するとともに、他方占有の訴えと本権の訴えとを分離する対処をしている（民法二〇二条の比較法的系譜について、三ケ月章「占有訴訟の現代的意義―民法二〇二条一項の比較法的・系譜的考察」法協七九巻二号（昭和三七年）（同・民研究三巻三三頁以下参照）、法制史の視点からの分析として、石井紫郎「占有訴権と自力救済―法制史から見た日本民法典編纂史の一齣」法協一一三巻四号（平成八年）五三七頁以下参照）。そのため、占有の訴えと本権の訴えの関係は、訴訟物論争の主たる対象の一つとされてきている。

民法二〇二条の系譜を手続法の視点からみると、現行民法の制定過程において、占有の訴えと本権の訴えとは、いずれも別個の物権であるので、占有の訴えは本権の訴えとは独立した訴えとして位置付ける意義を是認しつつ

（広中俊雄編著『民法修正案（前三編）の理由書』（有斐閣、昭和六二年）一二三七頁）、占有の訴えについては簡易な特別訴訟手続を予定されたが、最終的には訴訟法に規定されるべきことであるとされたのである（これらの経緯を含め、三種の占有の訴えに関する規定の旧民法から現行民法への修正過程の詳細については、大塚直「生活侵害の差止に関する基礎的考察（三）―物権的妨害排除請求と不法行為に基づく請求との交錯」法協一〇三巻八号（昭和六一年）一五五八頁以下、とくに一五六一頁参照）。占有訴権が「仮の保護」と「物の利用保護」という二元的内容（川島武宜『新版所有権法の理論』（岩波書店、昭和六二年）一四五頁）をもつことを考えると、このような手続法上の基盤を用意することは重要な意義をもっていたのである。ところが、そうした趣旨が生かされなかったため、現在では、占有訴訟が本来もっているべき簡易・迅速機能は、占有の訴えを本案とする仮処分に期待されている(4)（三ケ月・前掲書六三頁、本間義信「占有権に基づく仮処分」『民事保全講座3 仮処分の諸類型』（法律文化社、平成八年）五五頁、民法の立場から、広中俊雄「占有ノ訴」『注釈民法(7)』（有斐閣、昭和四三年）（同『民法論集』（東京大学出版会、昭和四六年）一一一頁））。このように見ると、現在では、民法二〇二条は、占有に基づく請求と本権に基づく請求とは、性質上別個に成立する請求権として存在することを意味するに止まると解するのが相当である（三ケ月・前掲書五八頁、広中俊雄「民法二〇二条の解釈に関するおぼえがき―占有に基づく請求権と本権に基づく請求権との競合の場合を中心として」ジュリ六九七号（昭和五四年）（同『民事法の諸問題』（創文社、平成六年）三七四頁）、大塚・前掲一五六一頁）。

その上で、二〇二条の具体的意味について考えると、第一に、占有の訴えに対し、本権をもって攻撃防御として主張できず、したがって本権の存在を理由として請求を棄却することはできない（判例は、占有の訴えを本案とする仮処分申請において、被保全権利としての占有権の存否について、本権の存否を判断し、その不存在を理由として申請を斥けることはできないとする（大判昭和一一・一一・九民集一五巻一九五九頁、最判(三小)昭和二七・五・六民集六巻五号四九六頁）。もっとも、最近の裁判実務では仮処分の必要性について債権者の本権の有無を考慮できると解するのが一般的な立場であるという指摘がある、東京地裁保全研究会「占有権を被保全権利とする仮処分」『民事保全実務の諸問題』（判例時報社、昭和六三年）二三二頁、栗原壮太「占有権に基づく仮処分」判タ八一八号（平成五年）（東京地裁保全研究会・大阪地裁保全研究会編『民事保全ノート』（判例タイムズ社、平成七年）二五七頁））。第二に、本権の訴えに対し、占有権をもって請求を棄却することも許されないことを意味する。

つぎに、占有の訴えと本権の訴えの関係についてみると、旧理論の立場では、それぞれ別個の訴訟物と捉えることとなる。本権の訴えが提起されても、占有の訴えを失権させる効果はなく、両者の訴えを重複して提起しても、二重起訴禁止原則に抵触せず、また本権の訴訟手続を中止させる効果もない。また、両請求を併合することも差し支えなく（その場合、選択的併合と解される、兼子・体系一六六頁）、占有の訴えに対し、本権に基づく反訴を提起することも可能である。その場合

に、いずれも理由ありとして請求を認められることはあり得る（七二二頁注（2）参照）。

占有の訴えで敗訴しても既判力は本権に及ばず、したがってあらためて本権の訴えを提起することができる（兼子一「裁判の脱漏と判断の遺脱との差異」『実例法学全集・民事訴訟法・上巻』（青林書院、昭和三八年）三五一頁、勅使川原和彦「民法二〇二条の訴訟法的考察」早稲田法学七〇巻一号（平成六年）一〇六頁）。本権の訴えで勝訴した後に、占有の訴えを認める意義はないが、本権の訴えで敗訴判決が確定した後に、占有の訴えを提起することについて、民法二〇二条一項を根拠に肯定する考え方がある（民法の立場から、我妻榮『物権法』（岩波書店、昭和二七年）三四八頁、星野英一『民法概論Ⅱ』（良書普及会、昭和五一年）一〇一頁、鈴木祿弥『物権法講義・四訂版』（創文社、平成六年）六四頁）。しかし、本権の訴えで敗訴したことは原則として不法占拠者であることを意味するので、同条はその者にまで占有の訴えを認める根拠となるものではなく、否定的に解すべきである（長谷部由起子「仮の救済における審理の構造（三・完）」法協一〇二巻九号（昭和六〇年）一七四〇頁注一七、民法の立場から、舟橋諄一『物権法』（有斐閣、昭和三五年）三二八頁、広中俊雄「占有ノ訴」『注釈民法（7）』（有斐閣、昭和四三年）〔同『民法論集』（東京大学出版会、昭和四六年）四〇頁〕、同・前掲『民事法の諸問題』三六〇頁）。

これに対し、新理論の立場では、単一の訴訟物と解し、占有権と本権の存在は攻撃防御方法の局面の問題にすぎないとする（三ケ月・前掲五四頁、新堂・二七八頁。占有権の侵害の存否は物の返還の手段にすぎず、その点で利益主張が単一であることを根拠に訴訟物を一個とみる立場として、小山昇「所有物返還請求と占有回収請求について」北海道大学法学部十周年記念『法学政治学論集』（有斐閣、昭和三五年）〔同・著作集一巻一一六頁〕）。しかし、前述した民法二〇二条の具体的意味については、新理論の立場でも、受け入れざるをえず、これを否定することは条文の定め自体を否定することとなる。したがって、ここでも、占有の訴えに対する攻撃防御方法としては、本権の存在を主張することはできず、他方、判決事項との関係で、占有の訴えについて、本権の存在を根拠に請求を認容する判決をすることは、訴訟物が同一であるので民訴法二四六条に違背しないといえる。その限りで新理論の基本的立場を維持しつつ、民法二〇二条との抵触を避けることが可能であるという、偏面的な対応に止まることとなる。もっとも、そうなると、占有の訴えを本訴として本権の訴えを反訴として提起することの適法性について立ち入った根拠付けを要求されてくるが、必ずしも容易なことではなかろう。

しかし、このように検討してくると、民法二〇二条は、それに対応すべき手続法を欠いた実体法上の定めであり、

新理論の立場では変則的な対応を余儀なくされる場合を生じることは否定できないものの、同条の特殊な立法事情に照らし、これをもって新旧両理論の当否を論じるのは、妥当ではないと考える。

（4） 占有の訴えの機能と仮処分の新たな視点　占有の訴えの機能については、法秩序維持とみる説（末川博「占有訴権」民商四巻四号（昭和一一年）〔同『物権・親族・相続』（岩波書店、昭和四五年）一三五頁〕、我妻榮『物権法』（岩波書店、昭和二七年）三一〇頁・三四八頁に代表される。）、本権の証明が困難であることに伴い、証明が比較的容易な占有権に基づく訴えにより本権を有する者の保護を図ることにあるとする説（我妻榮著・有泉亨補訂『新訂物権法』（岩波書店、）五〇二頁。不動産に限り、同様の立場を採るものとして、上野芳昭「日本法における占有訴訟の役割について」広中俊雄教授還暦記念論文集『法と法過程』（創文社、昭和六一年）八二八頁）、物の債権的利用権者の保護に求める説（川島武宜『新版・所有権法の理論』（岩波書店、昭和六二年〔初版昭和二三年〕）一四三頁、広中俊雄「占有ノ訴」『注釈民法（7）』（有斐閣、昭和四三年）〔同『民法論集』（東京大学出版会、昭和四六年）一三頁〕）に分かれており、さらにこれらのように一元的な説明は困難であって、歴史的沿革とこれら三つの要請が絡み合ったものと捉える説（鈴木祿弥「占有訴権制度の存在理由」（昭和四四年）〔同『物権法の研究』（創文社、昭和五一年）三九〇頁〕）がある。これに対し、仮処分手続においても、期待されるような機能を果たしているか疑問であるとし、仮処分の審理における発令要件として位置付けることが実情に合致するという見解がある（藤原弘道「占有訴権の訴訟上の機能と仮処分」民商七八巻臨時増刊号(3)（昭和五三年）〔同『時効と占有』（日本評論社、昭和六〇年）二六二頁、二六九頁〕、長谷部由起子「仮の救済における審理の構造（三・完）」法協一〇二巻九号（昭和六〇年）一七三六頁）。注目すべき見方であるが、賃借人をはじめとする債権関係に基づく占有者が、第三者によって自己の占有を侵害された場合に、裁判上の権利保護の手段として機能していることは、特別訴訟手続がないので十分でないとはいえ、否定できない（三ヶ月章「占有訴訟の現代的意義」法協七九巻二号（昭和二七年）〔同・研究三巻六三頁〕参照）。

(iv) 訴訟物の特定と法的性質決定　新旧両理論は、実体法との接続の在り方を中心に見解の違いを生じていることから、実体法と手続法が交錯する訴訟の開始段階である訴え提起における訴訟物の特定の問題をめぐり、とりわけ給付訴訟について違いが鮮明になる。

旧理論は、実体法上の権利又は法律関係ごとに訴訟物を構成するという立場を採るので、請求は一定の実体法上の権利または法律関係の存否の主張として特定されなければならず、それは訴状において請求の趣旨および請求原因を記載することによる（一三三条二項二号）。これらが、訴状の必要的記載事項とされる所以でもある。ところが、請求の法的性質決定を要するかについては、見解が分かれる（必要とする立場として、納谷広美「訴訟物の特定」『講座民事訴訟2』（弘文堂、昭和五九年）二四七頁、不要とする立場として、兼子一『実体法と訴訟法』（有斐閣、昭和三二

年）七二頁、伊藤・一六三頁）。しかし、訴訟物が法的性質決定を伴った権利関係であるという立場を貫けば、確認訴訟のみならず、給付訴訟についても法的性質決定を要するとともに、原告の法的性質決定は裁判所を拘束すると解するのが自然であり、新理論が旧理論におけるこの点を理論上矛盾するというのは（三ケ月・研究一巻一九八頁）、もっともな指摘である。

他方、新理論は、訴訟物を「利益主張」（小山・著作集一巻三頁、二六頁）、「相手方から一定の給付を求める実体法上の地位があるとの権利主張」（三ケ月・研究一巻九〇頁、一四三頁）あるいは「受給権」（新堂・前掲『訴訟物と争点効（上）』六二頁）と解する（二〇五頁参照）。したがって、特定物の給付請求の場合であれば、給付すべき物および給付の態様が請求の趣旨で明らかにされるから、それだけで訴訟物は特定され、請求原因をもって補足する必要はない。これに対し、金銭または代替物の一定数量の給付請求の場合であれば、同一当事者間で同種の給付請求権が複数存在する可能性があり得るので、請求原因を記載することにより、その給付請求権の発生原因事実を明らかにし、訴訟物が特定されるとする（小山・著作集一巻四頁、三ケ月・全書一一一頁、新堂一八八頁）。そして、請求が一定の生活利益の主張として特定されなければならないとする旧理論からの指摘を是認した上で、そのことが、一定の実体法上の権利または法律関係の存否の主張として特定されなければならないとする結論を導くものではなく、生活利益を特定することは、権利主張を特定することと切り離して決定できることであり、かつそれで足りるとする（小山・前掲書四頁）。

しかし、訴訟物は具体的事実関係そのものではないが、具体的事実関係と離れて抽象的に法的性質決定されたものではなく、具体的な事実関係について原告の法的判断に基づいて法的性質決定されたものである。それにもかかわらず、事実関係という概念は明確でないという理由で、訴訟物を特定するための要素として一切係わってこないという考え方は、訴訟が具体的事実関係に起因する紛争に由来するという原点を見過ごしている。また、訴訟物を特定することは、裁判所に向けて審判の対象と範囲を明確にするに止まらず、相手方の攻撃防御の対象を明らかに

するとともに、それによって要件事実と証明責任の問題に連動する性質をもっている。したがって、新理論の立場によると要件事実を導き出す手掛かりが不明確であって、当事者の証明活動をきわめて不安定なものにするおそれがある。この点が、新理論と裁判実務と調和を困難なものとしてる最も主要な点と見られる。

さらに、新理論は、訴訟物から法的性質決定を解放したことにより、給付請求を認容する判決は、給付を求める法的地位あるいは受給権の存在を認めるにすぎず、それを理由づける複数の競合する実体法上の請求権のうち、いずれの法的性質を有するかという点を既判力により確定される機能はないこととなる（三ケ月・前掲研究一巻一四三頁、新堂・前掲『訴訟物と争点効（上）』一一六頁）。あるいは、その場合の受給権について、訴訟法的には実体法上の請求権によって理由づけられ、実体法的には実体法上の請求権の存否の判断としてのみ行われることから、受給権という単位を想定しない実体法的観察によれば、確定された受給権がその理由付けとなった実体法上の特定の請求権として評価されるとし、その判断には争点効を生じるとする（新堂・前掲『訴訟物と争点効（上）』一七五頁）。もっとも、確定された受給権について、別の実体法上の請求権としても評価されると主張されることは妨げないとする。したがって、不当利得返還請求権と不法行為による損害賠償請求権とが競合する場合に、裁判所が前者により請求を認容しても、被告が相殺を主張した場合に、原告が後者も成立しえた事情を主張して、かつ民法五〇九条の解釈論として、相殺できない旨を主張することは認められるべきであるとするとともに、この点をも新理論の長所とする（新堂・前掲『訴訟物と争点効（上）』一一七頁、同・二八二頁）。この点は、訴訟物を給付を求める法的地位と捉える立場においても、同様の認識の下に法的評価の再施を認める（三ケ月・前掲研究一巻一四五頁）。

しかし、判決で認容された受給権あるいは給付を求める法的地位について、訴訟法的評価と実体法的評価を分離し、別の実体法上の請求権としても評価されるとの主張を認めるべしとするのは、本来原告は自己の給付請求の実体法上の根拠は問うところではなく、したがって実体法上の請求権から解放した訴訟物概念を構築すべきであると

した新理論の出発点とも抵触することとなる。それのみならず、紛争の一回解決性を唱えながら、法的評価の再施の機会を用意すべきことを積極的に主張するのは、一貫性がないとともに、執行法をも視野に入れた理論構成に欠けるきらいがある。

(v)　選択的併合の論理　　旧理論は、複数の実体法上の請求権を同時に審判の対象とする場合には、原告の意思により主位的、予備的請求として順位を付けて請求してもよいし、特に順位を付けないで、選択的併合として請求しても差し支えなく、それにより裁判所の審理に支障を生じるおそれもなく、被告の攻撃防御について妨げとなる余地も認められないとする。また、二重の給付判決を生じることも回避することができるとする。

これに対し、新理論は選択的併合の論理を厳しく批判する（新堂・前掲『訴訟物と争点効（上）』九三頁、三ケ月「民事訴訟の機能的考察と現象的考察」法協七五巻二号（昭和三三年）（同・前掲研究一巻二七三頁））。二つ以上の請求の一つについて請求を棄却すべきものとの心証に達したときに一部判決をすると、それぞれ独立に上訴の対象となり、手続が二分し、場合によっては二重の給付判決の可能性があるという。しかし、選択的併合において一部判決はできないと解すべきであり（八三六頁）、それにより審理に支障を来すという根拠も見あたらず、かりに適法としても、一部判決をする積極的な事情も想定し難く、その妥当性自体が疑問である。また、裁判所が一方の請求を認容するとその請求について既判力を生じ、一方の請求を斥けた上で、他方の請求を認容すると、両方の請求について既判力を生じることとなり、既判力の対象が当事者の申立によってではなく、裁判所の便宜から決定される結果になり、当事者が審判の対象を特定したといえるか疑問であるとする。選択的併合という併合形態は、審判の順序を特に指定していないのであるから、右のような結果の違いを生じることは当然のことであり、裁判所は、当事者の特定し、指定したところに即して審判しているのであるから、右の批判は理由がない。

選択的併合、予備的併合は、いずれも請求の順位を当事者の意思に委ねるものであって、訴えの内容である請求

の定立を原告の権能と責任とする処分権主義の現れの一つとしてむしろ積極的に評価すべきことである。それのみならず、とくに選択的併合はいずれの請求でもよいから認めてほしく、早く給付判決を取得することができさえすればよいという意図に起因するというよりも、むしろ自己の主張は多面的な法的根拠に裏付けられているという権利保護意識の強い主張の現れとして採られる請求形態と前向きに理解するのが相当である。この点において、新理論は訴訟制度を利用する当事者の意思を的確に把握しきれてなく、ひいては利用者のための訴訟法理論からほど遠いものとなってしまった要因となっている。かくして、請求の選択的併合の論理は、「旧訴訟物理論を給付訴訟・形成訴訟の領域において貫いて行くとき必然的に生ずる非現実的な結果を除去して給付訴訟・形成訴訟の機能に密着する理論を樹てるためには、不可避的に、こうした攻撃防御方法と訴訟物を混同する論理を請求権競合・形成権競合の場合のみに限って要請せざるをえなくなる」（三ケ月・前掲研究一巻二七三頁）という緊急避難として採用しているのではなく、いわんや「旧訴訟物理論がわが国においてたどりついて最後の墓場」（三ケ月・全集九四頁）でもない。原告に与えられた請求の定立の権能と責任の保障、被告の攻撃防御の機会の確保および裁判所の適正かつ円滑な審理の維持の三つの要請を調和させた訴訟協同関係を、請求という訴訟の基幹において形成した理論と実務の発展的結晶として、選択的併合の論理は積極的に位置付けられるべきである。

三　検　討

(1)　わが国の訴訟物論の特徴　わが国の訴訟物論の特徴をみると、第一に、訴訟過程に生起する種々の事項について統一した判断基準が構築されるべきであるということを当然の前提としてきたところにある。とりわけ、既判力の客観的範囲（一一四条）、判決事項（二四六条）を中心として、二重起訴の禁止（一四二条）、訴えの併合（一三六条）、訴えの変更（一四三条）に係わっている。第二に、給付、確認および形成の三つの訴訟類型を通じて統一した訴訟物概念を構成すべ

きか否かということである。第三に、訴訟物、既判力の客観的範囲および裁判上の請求としての時効中断の範囲を三者一体のものとしている。実体法から遮断した訴訟上固有の請求権概念の構築を唱える新訴訟物理論も、実体法が定める請求による時効中断の範囲については、条文の文言に忠実に理論構成する。第四に、実体法の構造の見直しが遅れたことである。旧訴訟物理論においては、個別的条文あるいは条項毎に当然に訴訟物が異なると理解していたふしがみられ、条文が相互に有する関連性が訴訟法理論に活かされていない気味がある。第五に、紛争の集約的解決は、訴訟当事者はもとより裁判所としても、裁判制度の使命と役割に照らし、望むところである。それをどのような視点から確保すべきかという点で、拠り所を訴訟物理論に集中させてしまい、機能的な視点が欠けていたと見られる。この点は、前述した第一の特徴とも関連するところがあり、その延長線上にあるともいえる。

(2)　訴訟物の機能　訴訟物の機能についてみると、①訴え提起における請求の定立、②判決にいたるまでの訴訟手続過程、③判決事項および、④判決確定後の四つ局面がある。①として、訴状における請求の特定、時効中断（民一四七条一号）、②として、二重起訴、訴えの変更、請求の併合等があり、③として、判決事項（二四六条）、さらに④として、既判力の客観的範囲、判決確定債権の時効の延長（民一七四条ノ二）等がある。このうち、時効中断、判決確定債権の時効期間の延長は、実体法に直接の根拠規定がある点に特徴がある。(5) したがって、訴訟物と両者の関係については、実体法を視野に入れつつ、訴訟上機能する局面を直視して検討することを要する。

(5)　訴訟物の機能とその相対性　訴訟物は、訴訟手続上に生起する諸事項との関係で統一的な判断基準として構築されるべきであるかについては、新訴訟物理論が主張され始めた頃からドイツにおいては疑問とする立場が見られた問題である。この点が、わが国において、戦前戦後を通じてドイツの新訴訟物理論に対する強い批判の対象となった経緯がある（中田淳一「請求の同一性」法学論叢三五巻三号（昭和一一年）（同『訴訟及び仲裁の法理』（有信堂、昭和二八年）一二九頁）、井上正三「既判力対象と裁判所の選択権（二）」立命館法学三三号（昭和三五年）三九頁注8）。訴え提起における請求の定立としての訴訟物は、二重起訴、訴えの変更、請求の併合等判決にいたるまでの訴訟手続過程を経て、判決事項および判決確定後へとその機能が発展す

る。その後、こうした点に着目して、むしろ訴訟対象と既判力対象はまったく同一であることは要しないし、その不一致を肯定的に捉える見解が見られた（小室直人「訴訟対象と既判力対象」法学雑誌九巻三・四号（昭和三八年）（同『訴訟物と既判力』（信山社、平成一一年）一六頁））。さらに、最近では、訴訟物の機能を相対的に捉える動きとして見られるようになってきているものの、その内容は多様である（中野貞一郎「訴訟物概念の統一性と相対性」判タ八四六号（平成八年）（同『民事訴訟法の論点Ⅰ』（判例タイムズ社、平成六年）三二頁）、酒井一「訴訟物における相対性」中野貞一郎先生古稀祝賀『判例民事訴訟法の理論（上）』（有斐閣、平成七年）一六五頁、山本和彦「法律問題指摘義務違反による既判力の縮小」判タ九六八号（平成一〇年）七八頁）。

(3) 審判対象としての訴訟物と訴訟対象としての訴訟物——訴え提起における請求の定立としての機能

訴えの本質は、法的に根拠づけられた経済的利益の追求にある。社会生活において実際に生じた具体的事実関係における経済的利益の対立について、原告が法的に請求として理論構成したものが訴訟物であり、審判対象となるのである。個別の訴えにおいて審判対象として構成された法的請求権を基礎づける経済的利益を同じくする範囲における生活利益の対立が、その請求の基礎となる事実関係であり、それが訴訟の対象とされている紛争である。請求の基礎というのは、もともと手続法的には、法的性質決定される前提となる経済的利益である。

訴訟対象としての訴訟物は、法的に保護されるべき経済的利益であって、そのうちから個別の訴えにおいて法的請求権として構成されたものが審判対象としての訴訟物であり、既判力対象となる。したがって、請求は経済的利益を法的に評価し、性質決定された主張であり、それが審判の対象として既判力対象になるといえる。請求の基礎となる事実関係から一個の実体法上の請求権が成立する場合には、訴訟対象と審判対象とは一致し、それが通常の場合といえる。これに対し、複数の実体法上の請求権が競合して成立する場合には、そのうちから原告が選択し、主張した請求権が審判対象としての訴訟物であり、請求を認容する給付判決は、その実体法上の請求権の存在を既判力をもって確定する。

法的性質決定の視点からみると、審判対象としての訴訟物は、実体法上の請求権として構成されるので、請求を

認容する判決は実体法上の請求権の存在を既判力をもって確定するのは、もとより当然のことである（山木戸克己「訴訟上の請求について」『民事訴訟理論の基礎的研究』一二六頁、小室・前掲一六頁）。競合する実体法上の請求権のうち、いずれか一つの請求権の存在を認め、請求を認容する給付判決は、その実体法上の請求権の存在を既判力をもって確定する。そこに、法的評価の再施が働く余地はなく、またもとより当然のことであり、当事者に不当な不利益を生じることになるとする理由も見あたらない。新理論が採用する給付を求める一個の法的地位あるいは受給権の存在を既判力をもって確定するという理論構成は、実体法秩序と調和するものではなく（たとえば、民法一七四条ノ二は、既判力による法的性質決定を予定していると認められる。）、「法に基づく裁判」の原則にも適応しない。

この点について、裁判所は当事者の付した法的性質決定に拘束されるかということが問題となり、訴訟物が法的性質決定を伴った権利関係であるという旧理論の立場では、確認訴訟のみならず、給付訴訟についても法的性質決定を要するとともに、原告の法的性質決定は裁判所を拘束すると解する。旧理論は、実体法上の請求権をもって訴訟物を構成すると理解するので、法規を大前提とし、事実を小前提として、結論を請求の趣旨という構成形態をもって主張することになる。個別的場合において、必ずしも適用されるべき法規を明示的に主張するとは限らず、それにもかかわらず裁判所において請求が特定されていると判断されるのは、訴状に請求の趣旨とともに請求原因が記載されているので、それによって要件事実の記載に欠けるところがなく、したがって請求の根拠となる実体法規が明確であると判断されることによるのである（村松俊夫「実務と新訴訟物理論」法曹時報一四巻四号（昭和三七年）五一〇頁）。特別法をはじめとして、条例、慣習法などについては、当事者は具体的に記載し、その存在を証明することもある。そうした意味で、当事者は請求の法的性質決定をする必要があるといえる。

もっとも、当事者の請求の内容に照らし、その付した法的性質が誤解によると判断される場合には、裁判所はそのことだけの理由により直ちに請求を排斥するのは妥当でなく、また付された法的性質に係わる記述が不要な部分

であれば、その記述にかかわりなく請求を認容することは、処分権主義の建前に反するものではなく、請求についての意思解釈の問題として是認されることである。その意味で、「裁判所は当事者の付した法的性質決定に必ずしも拘束されない」といわれるものと解されるのである。したがって、複数の実体法上の請求権が競合する事案において、当事者が明確に特定の実体法上の請求権に基づき請求している場合には、裁判所は当事者の主張に拘束され（村松俊夫「処分権主義」『総合判例研究叢書・民事訴訟法(1)』（有斐閣、昭和三一年）二八頁、同「弁論主義」『民事訴訟法講座・第二巻』（有斐閣、昭和二九年）（同『民事裁判の理論と実務』（有信堂、昭和四二年）一一〇頁））、それにもかかわらず、別個の請求権に基づき請求を認容することは、処分権主義（二四六条）に反するのであり、そのこととはまったく別個の問題である。

他方、時効中断は、訴訟対象としての訴訟物である経済的利益の同一性の範囲について生じる。訴え提起により時効が中断の効力を認める趣旨は、その請求権について権利行使されたことにより、請求権の消滅を訴訟が完結するまで差し当たり猶予するというに止まり、請求権の存在が認められることを前提としているものでもないことはもとより、請求権の存在までも差し当たり存在するものとみなす趣旨でもない。時効中断の範囲を既判力対象に限定する合理的理由はないのみならず、権利行使の対象を形成する訴訟対象に係る請求権の期間経過による消滅を猶予するものと解するのが相当である。したがって、訴訟対象とされる経済的利益の同一性の範囲内において、裁判上の請求としての時効中断の効力を生じるとともに、訴えによって権利主張した後も、経済的利益の同一性の範囲内においては、訴訟対象として請求の基礎を同じくするので、訴えの変更も許されることとなる。その点で、訴訟物、既判力の客観的範囲および裁判上の請求としての時効中断の範囲を三者一体のものとしている新旧両理論を通じて共通した認識には、賛成しがたい。

つぎに、給付、確認および形成の三つの訴訟類型を通じて統一した訴訟物概念を構成すべきか否かという点につ

いて考えると、審判の対象としての訴訟物は、実体法上の請求権として構成されるので、これらの三つの訴訟類型について統一した訴訟物概念が構築されることになるのは論理必然的な自然の流れであり、はじめに統一した訴訟物概念を構成すべしとする指針があって、形式論理的に当てはめた結果として統一した訴訟物概念が構築されるわけではない。また、確認訴訟をもって、訴訟類型の原型であると捉えるべきものでもなく、むしろ手続法体系の全体を視野に入れて考えると、給付訴訟こそ訴訟類型の中核を形成するものと位置付けるのが相当である。

四　訴訟物論と実体法

訴訟法と実体法は、紛争処理過程とりわけ訴訟手続において、本来車の両輪のように相乗的に機能するものであるにもかかわらず、これまでの訴訟物理論は、すべてを実体法に委ね、あるいは実体法から遮断することにより訴訟法独自のものを模索するという姿勢を採り、いずれも極端な対応に傾斜したところに、裁判実務から畏敬されつつも敬遠される最も大きな要因になったものと見られる（裁判実務は旧訴訟物理論の立場にあるというものの、必ずしも学説にみるような形式的な姿勢ではなく、裁判上の請求としての時効中断についての対応に見られるように、機能的であることに留意しなければ、判例の評価として公平とはいえない。二七六頁参照）。たとえば、時効中断における訴訟物、既判力との三者一体的構成は、一見すると、訴訟法と実体法との対等な連鎖関係を形成しているようでいて、実は実体法が有する固有の機能を見落としていることになるのである。訴訟法と実体法との交錯は、それぞれの有する機能を相互にいかすことができるか否かに係わっている。同様のことは、判決の法律要件的効力についての理解にも該当することである（九一一頁参照）。

また、実体法における法条相互間の要件効果について関連性を見直すという点検作業が、本来研究者側から実体法と手続法の調整的視点に立って提起されるべきところ、実務家側が着目して先鞭を付けたのである（借地借家訴訟における明渡請求に関し、東京地判昭和二五・一二・二八下民集一巻二二二九頁ほか、村松俊夫「訴訟上の請求」『法律実務講座民事訴訟編二巻』（有斐閣、昭和三三年）一〇一頁以下、羽柴隆「貸借終了による家屋明渡請求と訴訟物」『実例法学全集・民事訴訟法上巻』（青林書院、昭和三八年）一九四頁以下、交通事故訴訟における損害賠償請求に関し、『交通事故による損害賠償事件の処理に関する民事裁判官会同要録』（民事裁判資料九一号）（昭和四二年）一三八頁、岩村弘雄「損害賠償請求の訴訟物」判タ二一二号（昭和四二年）一六九頁）。もっとも、それらは、戦後に昭和四〇年代

末まで民事訴訟のかなりの部分を占めた借地借家紛争および交通事故紛争における問題解決のために、裁判実務が差し迫った必要性に直面していたことに加えて、新理論から裁判実務が拠り所とする旧理論が抱える硬直した矛盾を指摘されたところに主たる要因があったと見られる（こうした状況にあって、山木戸克己「訴訟上の請求について」（昭和三六年）『民事訴訟理論の基礎的研究』（有斐閣、昭和三六年）一三〇頁は、旧理論の立場によりつつ、研究者として離婚請求を中心に当初からこうした試みに努めていたものとして注目される。）。実体法と手続法との繋がりは、証明責任に視点が集中する傾向があるが、その点に止まらず、訴訟手続上の種々の事項に係わっている。したがって、実体法体系と訴訟法体系との交錯する中で問題の適切な解決を検討する姿勢が求められる。

第二款　申立事項の設定と訴訟物の特定

一　申立事項の設定

当事者主義の発現形態の一つである処分権主義の第一の原則として、当事者は訴訟上の請求を定立して、訴えを提起する権限を有する（「訴えなければ裁判なしの原則」という）。第二の原則として、当事者が申立事項を設定する権能を有する（審判対象の指定の自由）。原告が自己の申立事項を明らかにし、裁判所による審判の対象と範囲を設定する権能を認めることは、訴訟の局面における「私的自治の原則」の発現形態の一つである。他方、裁判所は、原告の申立事項の範囲内において審判しなければならず（二四六条）、原告による申立事項の設定は、裁判所の判決事項を画する機能を営むこととなる。

訴えは、原告の被告に対する請求の当否について裁判所に審判を求める行為であって、単に当事者間の紛争の解決を図ることを要求する行為ではない。したがって、原告は訴えの内容として、審判の対象となる被告に対する請求を定立し、特定するとともに（「訴訟物の特定」の問題）、権利保護の形式である審判手続の種類および判決内容（給付・確認・形成判決）を特定することを要する。これらの事項を総称して申立事項という（一般に、二四六条にいう申立事項とは訴訟物をいうとされるが、厳密には訴訟物のほかに、権利保護の方式も裁判所を拘束する点で、

申立事項に含まれると解される、兼子・条解五二六頁〔竹下〕。通常は、原告が選択した審判手続を前提とした上での申立事項という理解に立って、訴訟物を意味するとしていると理解するのが妥当である。）。同時に、相手方を含む両当事者は、審判の対象、範囲をあらかじめ了知するので、原告の申立事項の限度において攻撃防御を展開すれば足りることとなり、予見可能性を越えた判決の結果を招来する事態を生じるおそれはなく、その意味において、手続保障が確保される。

二　訴訟物の特定の意義

原告の裁判所に対する申立事項の設定の中核を形成するのが、訴訟物の特定である。訴訟物の特定は、請求の対象、範囲を特定することによる。訴訟物を特定することは、原告の権限であるとともに、責任でもある（裁判所は、裁判長による訴状審査（一三七条）を通じて、原告による訴状における訴訟物の特定に関わりを持つが、後見的なものにすぎない。）。その趣旨は、原告が、自己の権利の保護を図るために、被告に対する請求を明確にして、裁判所に審判を求めることは、請求の相手方である被告の攻撃防御の対象を明示することにより、被告が攻撃防御を展開することの手続保障を図るとともに（当事者による相手方に対する手続保障の現れの一形態といえる。）、裁判所にいかなる審判を求めるかを明らかにすることにより、裁判所が審判する対象、範囲を明確にし、訴訟の適正な審理をするのに資する責任を原告に負担させることが、公平かつ適切であるという点にある。

三　訴訟物の特定の基準

原告は訴訟物を特定することにより、被告が攻撃防御を展開すべき対象を了知させるとともに、裁判所による審判の対象と範囲を設定する権能と責任を有する。したがって、原告は、被告が攻撃防御を展開し、裁判所が審判するのに必要な程度に請求の対象と範囲を明確にすることが要求される（「特定の訴訟物の特定性」の問題）。それは、訴状において、請求の趣旨および請求の原因を記載することにより（一三三条二項二号）、特定人の特定人に対する権利または法律関係の主張として特定されることを要する。[1]「訴訟物の特定」と「特定の訴訟物の特定性」は、別個の問題であり（納谷広美「訴訟物の特定」『講座民事

訴訟2』（弘文堂、昭和五九年）二四五頁）、後者は個別的事案に即して具体的かつ相対的に判断されるべき問題である。訴訟物が法的性質決定を伴った権利関係であるという旧理論の立場では、確認訴訟のみならず、給付訴訟、形成訴訟についても法的性質決定を要するとともに、原告の法的性質決定は裁判所を拘束すると解する（二二七頁参照）。

（1）　黙示による請求　最判（一小）昭和三〇年一二月一日（民集九巻一三号一九〇三頁）は、傍論ではあるが、所有権に基づく物上請求権による訴えにおいて、原告がその基本たる所有権をも訴訟物たらしめんとする意思をその請求の趣旨で黙示的に表明し、裁判所もまた主文において黙示的にその存否について裁判している場合、その判決が当該所有権の存否についても既判力を有すべきことはもちろんであるとしている。しかし、請求の趣旨および原因が訴状の必要的記載事項とされているのは、訴訟物を特定し、審判の対象を明確にすることにより、当事者の予見可能性の下に攻撃防御をつくし、手続保障を図るとともに、もって訴訟の適正な審理に資することにある。判旨は、登記請求訴訟における既判力の客観的範囲に係る問題の解決を図る手掛かりの一つを傍論として示したものと想定されるが、その内容は、審判の対象、ひいては既判力の範囲を不明確にするとともに、審理を不安定に陥らせるおそれがあり、疑問である（中野貞一郎・民商三四巻四号五九〇頁、新理論の立場から同趣旨の指摘をするものとして、三ケ月章「訴訟物をめぐる戦後の判例の動向とその問題点」民訴雑誌五号（昭和三三年）〔同・研究一巻一七一頁〕）。もっとも、判例は、不当利得返還請求権のみが成立する場合に、その権利を主張しながら、不法占拠もしくは損害金という語を用いた請求について、その法的評価ないし表現を誤ったにすぎないとして、不当利得返還請求と解して請求を認容する判決をすることは許されるとする（最判（三小）昭和三四・九・二二民集一三巻一一号一四五一頁）。妥当な処置と評価する。

四　具体的問題

(1)　金銭債権支払請求　(i)　金銭債権の明示的一部請求　金銭債権の明示的一部請求については、訴訟法上の種々の事項に係わることから、かねてより議論のある問題である。(2) その一つとして、請求の特定を欠き、不適法とする見解がある。すなわち、一定額の金銭債権のうちから一部である特定金額を請求する訴えは、全債権のいずれの部分が審判の対象となるかが定まらず、被告が右一部請求金額と同額の弁済の抗弁を提出し、請求部分の消滅を主張したならば、ただちに請求棄却の判決をすれば被告に有利であるが、被告もその部分に弁済の充当を特定で

きないために、認められないとすれば、結局裁判所としては全債権額のあらゆる部分を審理しなければ請求を排斥できないことになる。したがって、その場合には、裁判所は訴状の補正を命じる意味で、原告にその特定を促し、それでもなお特定しないときは、債権額全体が特定していれば、これについての全部請求として印紙の貼用を命じ、債権額全体が特定していないときは、前記訴求金額を債権額とする全部請求として審判すべきであるとする（兼子一「確定判決後の残額請求」『法学新報五十周年記念論文集第二部』（昭和一五年）（同・研究一巻四一六頁、四一八頁））。しかし、訴求債権の存在自体が原因関係により特定されていれば、金銭債権の一部であることを明示することにより、右原因関係に基づく金銭債権であるとともに、請求の範囲も画されているのであり、それは金銭債権の可分性により十分特定されていると認められ、請求の特定性について欠ける点はないといえる（小山昇「請求について」岩松裁判官還暦記念『訴訟と裁判』（有斐閣、昭和三一年）、同「金額請求について」民訴雑誌六号（昭和三五年）（同・著作集一巻六一頁、一四五頁）、中野貞一郎「一部請求論について」染野義信博士古稀記念論文集『民事訴訟法の現代的構築』（勁草書房、平成元年）（同『民事手続の現在問題』（判例タイムズ社、平成元年）八九頁））。原告の任意による一部の明示が特定性を欠くということは、たとえ全債権額のうち特定費目の部分を請求する場合であっても、金銭に個性はなく、それによってみずからを特定できないことになり、同様に特定性を否定しなければならない（明示的一部請求は請求の特定を欠いているとするのであれば、訴えを不適法として却下判決をする旨を主張すべきである、中野・前掲八九頁）。また、たとえ請求の特定性という要件は充たしているとしても、国家の訴訟制度を利用する姿勢として不遜であることはもとより、司法コストの視点からみると、紛争を一回の訴訟で集約的に解決できない点で、是認し難く、特別の理由のないかぎり訴えの利益がないとして却下すべしとする批判も予想される。しかし、一部請求自体は、意図的に細分化して繰り返す濫用的訴訟は別として、民事訴訟法が採用している当事者処分権主義の当然の帰結として、当事者が自己の権利について、全部を請求するかあるいはそのうちの一部について請求するかはみずから判断すべきことであって（中野・前掲九〇頁）、これを制限すべき法的規制はないのみならず、右批判の諸点はいずれも根拠を欠き、決め手とはならない。

(2) 金銭債権の明示的一部請求の背景　債権者が全債権額を請求するのを差し控えて、そのうちの一部を請求するには、その背景として通常つぎのような種々の事情が存在するようである。

第一に、債務者の資力に不安があるため、裁判手数料および弁護士報酬を考慮して、当面確実に回収できると見込まれる限度について請求する場合、第二に、証拠を確保できている部分について請求する場合、第三に、証拠は確保できているが、請求を理由づける法的根拠について判例が確立されていない場合、第四に、請求金額が高額になると、被告の応訴の態度が厳しくなり、そのため訴訟が長引くおそれがあるため、早期に権利保護を図ろうとする場合などである。特別の事情もなく意図的に細分化した一部請求の場合を前提として、一部請求に係る問題を論じるのは、学問的健全性に欠けた実りのない論議に陥るおそれが懸念される。そうした病理的現象の扱いについては、一般に見解が分かれる可能性も少なく、別途に対応すべきことである。

(ii) 金額を明示しない請求　一般に、金銭債権支払請求においては、民事訴訟法の原則により、請求の趣旨として請求金額を一定して範囲を明確にすることを要し、これを欠く訴えは不適法として却下されることとなる(3)（不法行為に基づく損害賠償請求について、最判(二小)昭和二七・一二・二五民集六巻一二号一二八二頁）。ところが、損害賠償請求においては、損害額を正確に算定することは困難なことが少なくない。とりわけ慰謝料は、裁判所の裁量に委ねられる要素が強く、過去の類似の事例を斟酌しても個別的事案について的確な請求額を算定することは、請求する側にとっても裁判所にとっても容易なことではない。控えめに請求しても、一歩踏み込んで請求しても、裁判所の算定額との間に隔たりを生じても、処分権主義の建前により、判決の結果には不確定な要素を伴うのは避けられないことである。

そこで、不法行為による損害賠償請求については、訴状に請求内容として一定の金額を明示しなくても、具体的請求原因によって特定されていれば、「裁判所が相当と認める慰謝料の支払いを求める」旨を記載すれば足り、かりに明示しても裁判所はこれを相当でないと判断するときは、釈明権を行使して、訴状記載の金額を訂正させることができるとする解釈論が提唱されている（五十部豊久「損害賠償額算定における訴訟上の特殊性」法協七九巻六号（昭和三八年）七三二頁、七四〇頁、小山昇「金額請求について」民訴雑誌六号（昭和三五年）（同・著作集一巻一五〇頁）、ドイツ法

に手掛かりを求めて請求の特定性を認めるものとして、小室直人「一部請求と上訴」山木戸克己教授還暦記念『実体法と手続法の交錯・下巻』（有斐閣、昭和五三年）（同『上訴と再審』（信山社、平成一一年）六三頁、七三頁）、民法の立場から、平井宜雄『損害賠償法の理論』（東京大学出版会、昭和四六年）四九一頁。慰謝料の算定をはじめ、公平の見地からする賠償額の減額として枠づけられてきた問題に対して、事実認定の問題として証明度の軽減によって処理している裁判実務における金銭評価作業に適切な位置付けを与えるものとして前向きに評価する立場がある、潮見佳男『不法行為法』（信山社、平成一一年）二三二頁）。その趣旨は、損害額とりわけ慰謝料の算定は裁判所の自由裁量による選択行為・創造行為により算定され、もっぱらその裁量に委ねられていること、訴状は実質的解決のための手段・形式にすぎず、原告が訴状にいかなる請求を記載したかは決定的ではないとする点にある。また、こうした賠償認容額に伴う不確定な要素のために、印紙代をはじめとする裁判費用の負担について生じる不利益を当事者に強要することは正義に反すると主張する（五十部・前掲七三二頁）。

金額を明示しない請求について、実体法の側面からみると、損害賠償請求における損害額を特定しないことは、ある事実関係から損害を生じたという抽象的な主張であるに止まり、損害発生の主張として不完全であって、損害賠償請求における要件事実の主張に欠けている。手続法の側面からみると、原告は裁判所が相当と認める判断に全面的に委ねる意思であっても、相手方にとっては攻撃防御の対象が定まらず、手続保障に欠けて著しく不公平である。裁判所にとっては、審判の対象は、処分権主義の原則に基づき、原告において特定する権能と責務があるところ、金額が特定されていないことは、中立事項が特定されず、審判の対象が定まっていない。また、原告にとっても、判決の結果に対する上訴の利益の有無を判断する前提を欠き、その判断する手掛かりがないこととなる。さらに、訴え提起の段階において、事物管轄も決まらないばかりでなく、裁判費用の負担の点についての認識を誤っている。請求額に対し、認容額が減額されれば差額分に相当する裁判費用は損失となり、逆に認容額が上回っても処分権主義より請求額にまで認容額が抑えられるので、差額分の裁判費用を支払っても認容額そのものを取得したいという意思が働くことは、一見するともっともなようである。しかし、裁判費用は、裁判所が審理をする際の手数料という性格のものであり、その算定の根拠を便宜上訴額によっているのである。裁判の不確実性という性格に照

らすと請求額に比較して認容額の相違は、内在的なものであって、その格差をもって当事者の利益か不利益かを問題にすることは適切ではない。また、請求が全部棄却されたとしても、裁判手数料という性質に照らし、当事者に不要な負担を課したということもできない。したがって、金額を明示しない請求を肯定する見解は、実体法と手続法のいずれの側面からも是認できない(4)（梅本吉彦「紛争処理における損害の概念と賠償範囲—損害賠償請求と賠償請求額の特定について」加藤一郎＝木宮高彦編『自動車事故の損害賠償と保険』（有斐閣、平成三年）七頁）。

（3）　調停の申立と請求額の特定　民事調停を申し立てるには、その趣旨および紛争の要点を明らかにしなければならない（民調規二条）。しかし、訴訟が、当事者間の具体的権利義務関係の存否を判断することによって、紛争解決を図るのに対し、調停は、当事者間の紛争について調整し、合意を図ることにより、新たな権利義務関係を生成させ、もって紛争の解決を図る制度である。紛争の当事者が調停を申し立てるのは、裁判所に紛争解決の調整を求めるのであって、必ずしも特定の権利義務関係の存否を主張するものではない。したがって、調停において、申立人は、請求金額を特定することは必要とせず、たとえ特定したとしても、調停機関はこれに拘束されるわけではない（佐々木吉男「調停申立書の必要的記載事項—交通事故紛争に対する訴訟的アプローチと調停的アプローチ」中田淳一先生還暦記念『民事訴訟の理論（上）』（有斐閣、昭和四四年）三〇五頁）。最高裁通達も、交通調停事件について同趣旨の見解を採っている（「簡易裁判所における交通調停事件の処理について」（昭和四二年一〇月二七日付最高裁民二第八九一号地方裁判所あて民事局長通達）裁判所時報四八四号一頁）。

（4）　民訴法二四八条と金額を明示しない請求　新法の立法過程においては、本文に紹介した新しい学説の影響もあって、『民事訴訟手続に関する検討事項』（平成三年一二月）において、検討事項として、「第三　訴え　5　請求額を明示しない損害賠償請求　損害賠償請求については、請求額を明示せずに訴えを提起することができ（事物管轄の関係で、請求額が九〇万円を超えるか否かは明らかにするものとする。）、その後一定の時期まで（例えば、証人等の取調べを開始するまで）に請求額を明らかにすれば足りるものとするとの考え方」が取り上げられていた。しかし、その後の『民事訴訟手続に関する改正要綱試案』（平成五年一二月）では、取り入れられていない。他方、新法は、損害の性質上その額を立証することが極めて困難なときは、裁判所が口頭弁論の全趣旨と証拠調べの結果に基づき、相当な損害額を認定できる旨の規定を設けている（二四八条）。しかし、立法の経緯に照らし、本条をもって請求額を明示しない損害賠償請求をも取り込む趣旨と解するのは困難であり、新法の下でもこのような請求を是認するものではないと解するのが相当である。

(2)　消極的確認請求　一般に、法律関係において積極的に権利の保護を図る立場にある債権者もしくは被害者

は、その処分権に基づいて債務者もしくは加害者に対し権利行使をするのを常態とする。ところが、これらの者の積極的な権利行使を待つことなく、債務者もしくは加害者の方から、自己の法的責任について不存在を主張して消極的確認を求める訴えを提起する場合がある。[5] 権利者による前者の場合と異なり、義務者による後者の場合は、権利者の請求を待つことなく、訴えを提起するという変則的な事態のため、請求の特定が問題になる。[6]

(5)　消極的確認訴訟と起訴催告手続　現代の一般的確認訴訟は中世イタリア法の起訴催告手続 (Provokationsverfahren) の起源を有し、それは本来被告となるべき者から、訴訟をかって出る形で、相手方の起訴を誘発し、消極的確認訴訟と同種の機能を有する制度であり、その後はドイツ普通法にも見られたという（兼子一『実体法と訴訟法』（有斐閣、昭和三二年）三八頁、水谷暢「訴の利益に対する一視角―民事訴訟法における訴の利益総論（一）」法政理論一一巻三号（昭和五四年）七九頁以下）。

(6)　消極的確認請求訴訟の背景事情　権利者による積極的な請求を待つことなく、義務者が先んじて消極的確認請求訴訟を提起する背景には、種々の特別な事情があるが、つぎのような場合が存在するようである。第一に、当事者間に紛争が潜在的に存在し、顕在化しつつあるときに、紛争予防を目的として提起する場合、第二に、相手方からの強固な債権取立てに対抗する法的手段として活用する場合、第三に、相手方との法的紛争を早期に解決する法的手段として活用する場合、第四に、証明責任の負担に着目して、有利に紛争処理を図ることを意図する場合、第五に、相手方の管轄の利益を封じることを意図する場合、第六に、紛争の集約的解決を目的として給付訴訟と併合して、先決関係の確認を求めて提起する場合、第七に、自己の損害の拡大を招く相手方の行動を抑制することを意図する場合、第八に、早期の示談解決の代替手段として利用する場合、等が主たる場合である。とくに、後二者については、交通事故に関して保険会社による利用が目立っているようである（なお、梅本吉彦「消極的確認訴訟について―知的財産権紛争を中心として」牧野利秋判事退官記念『知的財産法と現代社会』（信山社、平成一一年）五七二頁参照）。

(i)　金銭債務の場合　金銭債務の不存在確認請求は、大別すると、三つに分かれる。[7]

(7)　金銭債務不存在確認請求訴訟は、被告となる債権者にとって、訴訟法の観点からみても、実体的権利の行使を強制し、実体法の観点からみると、権利者の権利行使の自由を制限する訴訟形態であるとともに、提訴強制機能を有するという見方がある（坂田宏「金銭債務不存在確認訴訟に関する一考察（一・完）」民商九六巻一号（昭和六二年）七八、七九頁）。しかし、不法行為関係訴訟と契約関係訴訟とは、訴え提起にいたる経緯が異な

り、前者は、その事件に先立ち当事者間に法律関係が存在しないので、提訴強制機能という色彩が濃いのに対し、後者は、それまでの契約関係の上に成り立っている訴訟であるので、債務者の自己防衛的色彩が比較的全面に出てくる傾向が顕著である。また、債務不存在確認請求訴訟は給付訴訟の「反対形相」であるから、訴訟物の構成は、通常の確認訴訟の訴訟物とは異なり、むしろ給付訴訟における訴訟物の規定に従い、実体法上の性質決定を伴った請求権の主張が訴訟物となるとみるべきではなく、給付を求める地位がないという主張が訴訟物をなすという見解がある（三ケ月・全集一一二頁）。しかし、右のような特有の機能を視野に入れると、妥当な見方とはいえない。

(イ) 債務額の上限を明示していない場合　たとえば、「一〇〇〇万円を超えて債務が存在しないことの確認を求める」場合である。最判(二小)昭和四〇年九月一七日（民集一九巻六号一五三三頁）は、金銭消費貸借の元本一一〇万円の債務のうち九六万円は弁済し、消滅したとして、「原告の被告に対する残存元本は一四万円を超えて存在しない」旨の確認を求める訴えを提起した事案について、請求の趣旨および請求の原因ならびにその訴訟事件記録から、訴訟物は「元金として残存することを自認する一四万円を本件貸金債権額一一〇万円から控除した残額九六万円の債務額の不存在確認」であるとし、原審が原告の弁済の主張事実の存否について審理し訴訟物である貸金残額の存否ないし限度を明確に判断しなかったのを違法としている。係争債務額の上限が示されていない場合は、原則として当該債務全体を争うものとして特定していると考えられる（奈良次郎「消極的確認の訴について」民訴雑誌二一号（昭和五〇年）九一頁・九四頁、浅生重機「債務不存在確認訴訟」『新・実務民事訴訟講座1』（日本評論社、昭和五六年）三六七頁。坂田宏「金銭債務不存在確認訴訟に関する一考察（二）」民商九五巻六号（昭和六二年）八二四頁は、ただし一部認容判決が不要とされる事例を除くとする。）。したがって、前記最判の事案においても、訴訟物は、一、〇〇〇万円全体であり、元金として残存することを自認する一四万円は、先行自白と解し、その点で、判例とは見解を異にする（基本的に同様の見解に立ちつつ、一四万円については認諾の効力を認めるものとして、小室直人「訴訟上の請求」『新・実務民事訴訟法講座1』（昭和五六年）、同『訴訟物と既判力』（信山社、平成一一年）三九頁）。

これに対し、被告が原告の示した債務額以上の金額の債権を主張する場合には、債務の全体を訴訟物としつつも、原告の主張は債務全体を表現するための「仮の申立」というべきものであるとする見解がある（奈良・前掲一〇二頁）。しかし、

原告の示した債務額は、みずからが想定した金額ではあるが、原告敗訴の場合の危険を限定する趣旨でもない。また、被告の主張があってはじめて訴訟物が特定されるのではなく、被告の主張により争点が形成され（坂田・前掲八二六頁が、事実上被告の主張する債務額によって請求は特定されるが、理論上は原告が債務の全体を争うという意思を有するとの解釈によって、原告による請求の特定という原則は破られないこととなるとする見解も、妥当でない。）、その主張は原告の主張を争う抗弁として被告に証明責任があり、したがってその存否をめぐって審理がなされ、被告の主張が認定されたときは、原告の主張を上回る特定金額の債務が存在する旨の一部認容判決をすることとなる。

(ロ)　債務額の上限を明示している場合　　たとえば、「一、〇〇〇万円の債務が存在しないことの確認を求める」場合である（相手方は金銭消費貸借に基づく貸金一、〇〇〇万円の存在を主張するのに対し、右契約の存在自体を争っている場合）。この場合の訴訟物は、一、〇〇〇万円の債務の不存在であり、債務額を明示することにより、請求は特定されているといえる。

その他については、前記(イ)の場合と同様である。被告が原告の示した債務額以上の金額の債権を主張する場合には、その存否をめぐって審理がなされ、被告の主張が認定されたときは、原告の主張を上回る特定金額の債務が存在する旨の一部認容判決をすることとなる（小室・前掲三九頁。浅生・前掲三六七頁は、原告の主張する額を超えて債務の存在することを認める一部認容判決はできないとする。）。

(ハ)　債務額を明示しないで金銭債務の不存在確認請求する場合　　たとえば、帰責事由の不存在を主張して損害賠償債務の不存在確認請求をする場合、相手方は金銭消費貸借契約の存在を主張するのに対し、右契約の存在自体を争って金銭債務の不存在確認請求する場合等である。この場合、通常請求原因によって相手方の主張している債務全額が明らかにされているので、訴訟物は相手方の主張している債務全額であり、したがって請求は特定されていると認められ、債務全額の不存在確認を求める趣旨と解すべきである（浅生・前掲三六八頁）。この場合は、前記(イ)に準ずることとなる。

これに対し、特定の不法行為事件について帰責事由の不存在を主張して純然たる損害賠償債務の不存在確認請求

をする場合については、適法性が問題になる。①単なる事実の確認を請求するものであること、②法的根拠が明確でなく、とりわけ契約責任と不法行為責任とが競合する場合であれば、法的根拠が特定されていないので、請求の特定性を欠いていること、③原告が敗訴した場合には、紛争解決に資する余地がまったくないこと等の理由により、不適法とする考え方もあり得る（兼子・体系一七一頁。奈良・前掲一〇四頁は、一定法律関係について帰責事由の有無のみの確認請求と解し、かつ適法とする。）。しかし、共同不法行為もしくは原因競合の有無が争いになっている場合に、日時、場所を特定して、被害者もしくは被害者および他の加害者に対し、いかなる法的責任も存在しないことの確認を求める場合に、これを単なる事実の確認とみることはできない。また、帰責事由の不存在を主張するので、債務額は零という趣旨であり、したがって請求の特定性に欠けるともいえない（知的財産権関係紛争、とりわけ不正競争防止法に関する消極的確認訴訟においては、請求の特定について、営業秘密に係わってくるので、原告が請求の対象を特定するのに困難を生じる場合がある。後掲(3)参照）。さらに、原告敗訴の場合における紛争解決の効用については、確認訴訟そのものに内在する問題であって、この場合に限ったことではない。その反面、紛争の現実性、即時確定の必要性の視点から、単にそのような事情だけを理由に確認の利益があるかという疑問があり、個別具体的事案において、確認の利益が否定される点で不適法とすべき事案が少なくないとみられる。

(ii) 非金銭債務の場合　一般に、非金銭債務について消極的確認の訴えは多様であるが、金銭債務におけると同様に、原告は、審判の対象となるべき特定の権利関係を特定しなければならない（奈良・前掲六六、六八頁）。後述する差止請求権不存在確認請求の場合に、請求の特定について困難な問題を生じる。

(3) 差止請求　社会生活における紛争の構造が複雑になるにつれ、事後的な損害賠償による救済が必ずしも十分に機能しにくい状況になりつつあり、それに伴い事前の救済方法として、あるいは事後的な損害の拡大の防止を目的として、生活妨害への対応策をはじめとする差止請求の役割が大きくなってきている。

(i)　一般的差止請求　　差止請求を請求態様を基準に大別すると、作為命令と不作為命令とに分かれる。一般的な差止請求を違法な権利侵害行為に対する事前の救済という視点からみると、不作為命令が主体となる。その場合に、「不作為」という性格から、給付行為の特定性が問題になる。

(イ)　不作為請求　　不作為給付の特定について、第一の考え方は、侵害行為の中に不作為給付の具体的に妥当な法的特定標識を見出すことは困難であるという認識の上に立って、現実に行われる危険が切迫している具体的な侵害行為を捉え、それを通して保護範囲を明らかにし、保護範囲を基準にして、侵害行為の範囲を包括的に限界づけることによるとする（保護範囲説。上村明広「差止請求訴訟の機能」『講座民事訴訟2』（弘文堂、昭和五九年）二九六頁）。

第二の考え方は、当該事件の紛争関係上、現に存するあるいは予測される侵害の発生源が特定されていて、しかも原告によって、被告のいかなる行為を禁止すれば、あるいはいかなる行為の実施を求めれば侵害の結果を排除ないし防止できるかということが容易に確知できる場合には、禁止さるべきあるいは実施さるべき行為を特定し、それによって請求を特定すべきであるとする。これに対し、確知できない場合には、危険ないし発生源と除去されるべきあるいは未然に防止されるべき侵害の結果とによって特定する方法も認められるとする。そして、たとえば「被告は、ある事業を遂行するにあたって、原告にこれこれの損害を与えるような行為をしてはならない」というような請求の趣旨でもよいとしている（侵害結果説。竹下守夫「生活妨害の差止と強制執行・再論」判タ四二八号（昭和五六年）三二頁）。保護範囲説および侵害結果説とも、侵害行為の形式・態様面から特定することは困難であるという点では認識が一致していて、侵害行為が、将来にわたって継続するであろう侵害行為の範囲をも比較的正確に予測できる場合には、侵害行為を具体的に明示することを原則とする（上村・前掲二九七頁）。

また、第三に、侵害行為の露出部分をその形式・態様等の面から具体的に特定すべしとする説がある（侵出行為説。松浦馨「差止

請求権の強制執行」『新版・民事訴訟法演習2』（有斐閣、昭和五八年）二八二頁）。保護範囲の特定だけでは、給付請求を特定したことにはならないとするとともに、侵害結果説の前記事例についても、一般的すぎて被告がどのように行動してよいかわからず、明確な行動基準を提示すべきであると批判する。

これに対し、第四に、不作為命令の対象は、具体的侵害行為に限る必要はなく、それを求める申立ての段階で広く枠付けることができ、そのように枠付けられた対象を有する債務名義によって、債務者の行為態様の変更に対処されるべきであるとする説がある（野村秀敏「債務名義における不作為命令の対象の特定（四・完）」判タ五六五号（昭和六〇年）（同『予防的権利保護の研究―訴訟法学的側面から』（千倉書房、平成七年）一五六頁、一五九頁））。申立ては、要求された不作為命令の対象となる行為を認識可能となるようにしなければならず、債権者は、不作為命令の対象を広く枠付けることもできるとする。そして、裁判所は、この申立ての範囲においてのみ、その範囲内の行為について回避の危険が存在し、かつ、その行為が違法である限りで、作為命令を発することができるとしている。

(ロ)　作為請求　作為請求は、目的たる作為を請求することにより特定し、その内容には、被告のなすべき行為について具体的な方法、態様を特定して請求する場合と、そこまでは限定せずに、違法な権利侵害行為を除去するため必要な行為を請求する場合とがある。

前者は、個別事案に即して請求を特定すれば足りるのであり、原則として特別の問題を生じるおそれはないのに対し、後者は、強制執行が不能であるとして不適法とする考え方もあり得る。しかし、この場合も、相手方の違法な権利侵害行為を除去することを目的としても点では、前者と変わるところはなく、それに必要な行為の方法および態様を相手方に委ねているのである。したがって、直接強制まではできないに止まり、間接強制によるのは差し支えないのであり、これによって相手方に特別の不当な不利益を生じさせることも見あたらず、したがって違法とする見解は根拠がない。

(ii)　知的財産権関係　一般に、知的財産権に係る差止請求は、実定法に明文規定が設けられていて、それらの定めを根拠とする（特許一〇〇条、実用新案二七条、商標三六条、意匠三七条、著作一一二条、不正競争三条）。特許権又は専用実施権者は、自己の特許権または専用実施権を侵害する又は侵害するおそれがある者に対し、その侵害の停止又はまたは予防を請求することができる（特許一〇〇条一項）。これらの請求をする者は、侵害の行為を組成した物の廃棄、侵害行為に供した設備の除却その他侵害の予防に必要な行為を請求できるとされている（同条二項）。したがって、前記の差止請求をする場合には、具体的な請求の態様を示さなければならない（特許庁編『工業所有権法逐条解説〔第一六版〕』（発明協会、平成一三年）二六一頁）。特許法一〇〇条二項にいう「侵害の予防に必要な行為」について、判例は、特許発明の内容、現に行われ又は将来行われるおそれがある侵害行為の態様及び特許権者が行使する差止請求権の具体的内容等に照らし、差止請求権の行使を実効あらしめるものであって、かつ、それが差止請求権の実現のために必要な範囲内のものであることを要するという（最判(二小)平成一一・七・一六民集五三巻六号九五七頁）。請求の特定という視点から見ると、特に特許侵害による差止請求においては、差止の対象とする物およびその方法を特定することが、必ずしも容易でないことが少なくない[8]（この点の特定性について、当事者間に争いがある場合には、争点が定まらず審理の進行に著しい支障を生じることとなる。）。

(イ)　侵害差止請求　特許権侵害による差止請求においては、特許請求の範囲として記載する文章が程度の差こそあれ抽象的表現を用いるのと異なり、その対象とする物件は現に製造されているものであるから、特許請求の範囲に記載された文章を用いるのでは特定性に欠け、具体的かつ客観的に表現することを要する（古関敏正「特許侵害訴訟における対象物件の特定」兼子一博士還暦記念『裁判法の諸問題・中巻』（有斐閣、昭和四四年）四五八頁）。一般に、被告が製造する製品の技術的構成を文章および図面で表現した製品目録を添付し、さらに事案によっては商品名を併記することをもって請求の対象を特定する（清永利亮ほか『工業所有権関係民事事件の処理に関する諸問題』司法研究報告書四一輯一号（平成七年）一〇〇頁以下）。特定の程度は、原告が差止めの対象とする物件と対象としない物件を社会通念上識別でき、かつ、構成要件との対比が可能となる程度に具体的に特定することを必要とし、それをもって足りると解する（飯村敏明「知

的財産権事件の審理の現状と効率的な審理」牧野利秋判事退官記念『知的財産法と現代社会』（信山社、平成一一年）三七〇頁）。もっとも、対象物件に多少の変更を施してさらに侵害する事態をも視野に入れて差止する必要性から、「対象物件に付随的変更を施したに止まる製品の開発、製造」を禁止する旨を請求することができ、右の文言は本来の侵害差止請求の対象と併記されることに照らすと、これをもって請求の特定性を確保しているものと解する（西田美昭「特許侵害訴訟における差止対象の特定の審理の実情と展望」前掲『知的財産法と現代社会』四〇七頁が、具体的製品の特定を要するとともに、それに加えて上位概念の範囲内の物を実施するおそれと、その範囲内の物はすべて権利侵害になる旨主張すべしとするのも、方向性において同趣旨とみられる。）。右の目的のためには、侵害予防請求を併合請求する方法によるべきであるとする見解（古関・前掲四六四頁）には、賛成できない。

(ロ)　侵害予防差止請求　　特許侵害予防の差止請求においても、上記(イ)に準じて処理することとなる。この場合に、差止請求の対象を上位概念で特定しておくという考え方がある（野村秀敏「債務名義における不作為命令の対象の特定（四・完）」判タ五六五号（昭和六〇年）（同『予防的権利保護の研究―訴訟法学的側面から』（千倉書房、平成七年）一五六、一五九、一九六頁））。しかし、それでは請求の対象を特定しているとみることは困難であり、侵害予防においても、具体的に特定することは必要であり、その請求を認容する債務名義は、社会通念上「対象物件に付随的変更を施したに止まる製品」についても、執行力が及ぶと解するのが相当である（古関・前掲四六四頁、牧野利秋「特許権侵害差止請求訴訟の訴訟物」原増司判事退官記念『工業所有権の基本的課題・上』（有斐閣、昭和四六年）五八六頁、中野貞一郎「非金銭執行―起訴責任の分配をめぐって」『新・実務民事訴訟講座12』（日本評論社、昭和五九年）四七〇頁）。相手方の手続保障は、執行手続きにおいて確保することによって処理するのが妥当である。

(ハ)　営業秘密侵害による侵害差止及び侵害予防　　営業秘密の侵害による場合には、相手方が取得している秘密の範囲が明らかではないので、差止請求の対象とすべき範囲の特定に困難を極め、訴えの提起を差し控える場合もある（梅本吉彦「営業秘密の法的保護と民事訴訟手続」法とコンピュータ一〇号（平成四年）九一頁）。また、たとえ訴えを提起しても、公開の法廷ではかえって被害を拡大させるとして、証明活動を十分にできない事態も生じている(9)。したがって、相手方への訴状の送達に先立つ裁判長による訴状審査の段階においては、請求を特定するに足りる程度に請求の趣旨および請求の原因が記載されているか

否かについて審査することにより、相手方が攻撃防御を尽くすのに必要な程度に請求の対象が特定されていないことによる不利益をあらかじめ防止するとともに、裁判所が審判する対象を確定することもできると解する（梅本・前掲九一頁）。

(8)　特許権侵害と請求の特定　特許権侵害による差止請求においては、被告の製品の性状を正確に表現することが困難な場合、あるいは訴訟完結後に被告が差止対象に微細な改変を加えた上で新たな侵害行為に及ぶことを考慮して、原告が特許発明の構成要件に対応する構成をもって請求を特定しようとする場合等、請求の特定自体が主たる争点を形成する事案が見られる（西田前掲三九五頁～三九七頁）。もっとも、特許請求の技術的範囲についていわゆる均等論が判例理論として認められたことにより（最判(三小)平成一〇・二・二四民集五二巻一号一一三頁）、請求の特定との関わりにおいても、間接的にではあるが資することと予想される。

(9)　営業秘密の特定　米国法人Yの日本法人Xに対するノウハウ侵害の差止及び不当利得返還請求訴訟が米国において提起されたところ、XはYに対し、日本においてYのXに対する前記請求権の不存在確認請求の訴えを提起した。右事案において、裁判所は、「Yは右各債務及び差止請求権が存在する旨の主張、立証を尽くさなければならず、そのためには損害及び利得の基礎となる被侵害利益、つまりYが侵害されたと主張しているノウハウの内容について、主張立証しなければならない。そして、右のノウハウの内容については、Y主張のルートによってXが入手した銅箔製造に関する技術情報のうち、いかなる部分がYの営業秘密に属するのか、少なくともXにおいてその秘密性の有無につき十分に防御を尽くすことができる程度まで特定することが要求されるものである。」とし、裁判所の求釈明にもかかわらず、Yはノウハウを選び出して特定することは、公開の法廷ではできないとして拒否し続けたので、裁判所はYに主張立証の意思がないものと判断して、X勝訴判決を下している（東京地判平成三・九・二四判時一四二九号八〇頁）。一般論として、差止請求権不存在確認における請求の特定については、判示していない。

第三節　訴訟開始手続

第一款　訴え提起の手続

第一項　事件の受付相談

一　民事事件の意義

民事事件とは、申立てその他によって、裁判所が受理した私人間の経済上又は身分上の生活関係に関する紛争その他民事に関して法令により定められた事項についての裁判所の事務処理単位をいう（大塚啓志ほか『新民事訴訟法における書記官事務の研究Ⅱ』（平成九年度書記官実務研究）一頁参照）。国又は地方公共団体も、私人と対等な関係に基づき生活関係の主体を構成する場合は、ここにいう私人に含まれる。

二　受付相談事務

裁判所の受付相談事務とは、裁判所に相談に訪れた者から、紛争の内容を聴取し、その求めに応じて手続の概要を説明し、必要とする書類及びその書き方、手数料及び費用等を教示する手続をいう（大塚啓志ほか・前掲書一頁）。裁判所は、民事訴訟が公正かつ迅速に行われるように努める責務を負っているので（二条）、その環境基盤を整備することを要するところ、そのために利用者に接する事件受付に係る相談事務は、重要な意義がある（とりわけ、少額訴訟制度の普及については、利用者として一般市民が中心になることが予想されるので、受付相談事務の役割は極めて大きいものと考えられる。）。その対応には、国民に親しみやすい利用者のための裁判所であることを心がけるとと

もに、裁判の公正を基本的指針とし、それを疑わせることのないように特に留意することを必要とする。

第二項　訴え提起の方式

一　訴え提起の方式

訴えの提起は、訴状を裁判所に提出してしなければならない（一三三条一項。簡易裁判所における訴えは、口頭で提起することができる。二七一条・二七三条）。訴状は、その事件を管轄する裁判所の事件受付係に直接提出する他に、郵便等により提出することも差し支えない。新法の下においては、裁判所に提出すべき書面について、原則としてファクシミリを利用した送信によることができるとされている（規三条一項本文）が、訴状については認められない（規三条一項一号）。

二　訴状の記載事項

訴状には、当事者及び法定代理人、請求の趣旨及び原因を記載しなければならない（一三三条二項）。これらの事項は、訴額に応じた所定の印紙の貼用とともに、裁判長の訴状審査権の対象となるので（一三七条）、訴状の必要的記載事項といわれる。

訴状には、法の定める必要的記載事項（一三三条二項）のほか、所定の事項（規五三条一項（実質的記載事項）・二項・四項・五四条）を記載し、当事者又は代理人が記名押印し（規二条）、事件の種類に対応して所定の書類を添付しなければならない（規五五条）。また、訴額に応じた手数料を納めなければならないしなければならない（民訴費用三条・四条。手数料の納付方法は、訴状へ印紙の貼用による。八条）。さらに、被告に送達するために被告の数と同数の副本を添え（規五八条一項）、送達費用を予納しなければならない（同法一一条ないし一三条）。なお、攻撃防御方法を記載した訴状は、準備書面を兼ねるものとされる（規五三条三項）。

(1)　必要的記載事項　　訴えは、原告の被告に対する請求の当否について、裁判所にその審判を求める行為であ

るので、原告及び被告を特定するとともに、原告が訴えによって判決を求める請求を特定することを要する。そのために、法は訴状に当事者及び法定代理人、請求の趣旨及び原因を記載することを義務づけている（一三三条二項）。これらは、審判の対象である請求を特定する最小必要要素を構成するので、訴状の必要的記載事項としたものである。

(イ) 当事者及び法定代理人　訴状には、原告及び被告について特定できるのに十分な程度に記載しなければならないとともに、その表示のみによって特定しなければならない（たとえば、「別紙目録記載の土地の占有者」という記載では不可）。通常、氏名又は名称及び住所を記載して特定するが、[1]氏名の代わりに芸名、雅号等によっても差し支えない（旧法二四四条は、準備書面について、商号及び職業も記載することと定めていたが、同法の下でも氏名及び住所により当事者が特定されているときは、これらの記載は不要とする運用がされていたので、新法の下では採用されていない（なお、民保規一三条一項一号参照）。会社については、商号と本店所在地により、商業登記簿上の本店所在地と実質上の本店所在地が異なるときは、併記するのが妥当である（その場合の土地管轄の基準について、五一頁注2参照）。その他の団体については、名称と主たる事務所の所在地による。

また、訴状には、当事者を記載する他に、当事者が訴訟無能力者の場合には、法定代理人を、法人等の団体の場合は、代表者を記載しなければならない（三七条・一三三条二項一号）。

(1) 仮名による訴えの提起　原告として訴えを提起することにより、社会生活を営むのに重大な損害を生じるおそれがあるとして、仮名により訴えを提起することを強く望む者がある。しかし、仮名によることは、社会的に存在しない者を当事者とすることになるのみならず、原告を特定できず、したがって不適法であり、認められない。その場合は、秘密保護のために記録の閲覧等を制限する請求によるべきである（九二条一項一号）。

被告とすべき者を特定できないときに、氏名不詳として訴えを提起することはできないが、インターネット社会においてはそうした事態が十分予想される。たとえばパソコン通信の会員が匿名をもってそのフォーラムの電子会議室において書き込みをし、それにより名誉を毀損された者が、右会員を被告として訴えを提起しようとする場合に、パソコン通信の主宰者であるプロバイダーは通常その住所・氏名を開示しないので（電通事一〇四条・四条参照）、被告の特定に困難を生じることがある（東京地判平成九・五・二六判時一六一〇号二二頁の事案でも、同様の状況がうかがわれる）。電気通信事業法四条二項にいう「通信に関して知り得た他人の秘密」とは、通信内容、通信の構成要素のほ

か、直接通信の構成要素とはいえないが、それを推知させうるものも含むと解されるので（電気通信法制研究会編著『逐条解説電気通信事業法』（第一法規、昭和六二年）一二五頁）、会員の住所・氏名も同様に解するのが妥当である。そこで、事件を受任した弁護士が、弁護士法二三条の二に基づき照会する方法が考えられるが、最判(三小)昭和五六年四月一四日（民集三五巻三号六二〇頁）との関係で、プロバイダーが回答することの適否が問題となる。右判例の事案と異なり、プロバイダーが会員の住所・氏名を回答しても、法的責任は生じないと解する余地もあるが、困難であろう。さらに、いったん被告不詳として訴えを提起し、裁判長の訴状補正命令を受けて同様の照会をした場合においても、プロバイダーが回答を拒否したときは、かえってフロバイダーが被害者の訴訟の提起を不可能にしたことについて被害者から法的責任を追及される可能性があろう。そこで、第一五三回国会において、「特定電気通信役務提供者の損害賠償責任の制限及び発信者情報の開示に関する法律」（平成一三年法律第一三七号、いわゆるプロバイダー法）が制定され、特定電気通信（インターネット）による情報の流通によって自己の権利を侵害されたとする者は、特定電気通信役務提供者（プロバイダー）にその保有する当該権利の侵害に係る発信者情報（住所、氏名等）の開示を請求できることとなった（同法四条）。

(ロ)　請求の趣旨　請求の趣旨とは、原告が訴えによって判決を求める請求を表示する部分をいう。したがって、原告の請求が認容されたときの主文に対応するので、その文言を用いるのが通例である。明確かつ確定的に表示することを要する。目的物が多数にわたるときは、別紙として物件目録を添付し、これを請求の趣旨において引用することによる。

(i)　請求の対象たる権利又は法律関係について求める判決内容を明確に記載することを要する。それは、原告が求める判決の内容、範囲を示すものであるとともに、裁判所が判決する対象範囲を画する意義を有する（二四六条）。給付の訴えでは、給付の内容として、目的物を特定し又は種類数量を明確にするとともに、給付の方法を明示する。たとえば、金銭支払請求については、請求金額を明示することを要し、「裁判所の相当と認める金額の支払いを求める」という記載だけでは、請求内容、範囲の特定性を欠くので許されない（二三二頁参照）。確認の訴えでは、確認の対象である権利又は法律関係を特定することを要する。また、形成の訴えでは、判決によって形成的効果を生じる法律関

係を明確にすることを要する。

(ii) 請求についての判決を確定的に求めることを要する。たとえば、特定の日時までに請求についての裁判所の判断を必要とする場合であっても、判決期限を付した請求は、裁判所の審理を不当に拘束するので許されない。これに対し、引換給付請求、条件付き給付請求は、給付判決の執行について、反対給付の提供又は条件に係らせるにすぎず、判決手続における裁判所の審理を妨げる要素は認められないので、同様に許される。また、主位的請求の認容を解除条件として、予備的請求をすることは、前者についての審判の結果により、直ちに後者について審判することが必要か否かが判明するので、裁判所の公正かつ円滑な審理を妨げるおそれがなく、訴訟手続の安定性を害することもないので差し支えない。

(ハ) 請求原因　ここにいう請求原因とは、請求の対象たる権利又は法律関係の発生原因となる事実をいう（狭義の請求原因という。「ここにいう」と限定的な表現を用いるのは、請求原因という用語が多義的であることによる。広義の請求原因については、後掲(2)(イ)参照）。請求の趣旨だけでは、一般に訴訟物を特定できないので、請求の趣旨とあいまって、請求の対象たる権利又は法律関係の発生原因となる事実を記載することによって補充し、これを特定することを目的とする（給付訴訟を主題として、新旧訴訟物理論と請求原因との関係について適切に記述するものとして、兼子一「給付訴訟における請求原因」菊井先生献呈論集『裁判と法（上）』（有斐閣、昭和四二年）（同・研究第三巻七九頁、特に八八頁以下）参照）。したがって、請求を特定するために必要な事実（規五三条一項参照）を記載することを要し、請求の趣旨だけで請求を特定できるときは、請求原因を記載することは要しない。

(2) 実質的記載事項　訴状には、請求の趣旨及び請求の原因を記載する（一三三条二項二号）ほか、請求を理由づける事実を具体的に記載し、かつ立証を要する事由ごとに当該事実に関連する事実で重要なもの及び証拠を記載しなければならない（規五三条一項）。その趣旨は、期日、とりわけ第一回口頭弁論期日において争いのある事件とない事件の振り分けをし、すみやかに実質審理を行うために基本的な主張立証関係を明らかにすることが必要であり、そのために旧法

の下でも訴訟運営の改善策として実践されてきたところを踏まえて（岩佐善己ほか『民事訴訟のプラクティスに関する研究』司法研究報告書四〇輯一号（法曹会、平成元年）五九頁）、それを明文化したものである（最高裁判所民事局『条解民事訴訟規則』一一六頁）。本条は訓示規定であるので、したがって必要的記載事項と異なり、これらの事項をたとえ記載しなくても、そのことだけで訴状が却下されることはない。しかし、今後、訴訟慣行として確立されていくことが望まれているし（最高裁・前掲条解民訴規則一一七頁）、とりわけ訴訟代理人は協同的訴訟運営の基本的な姿勢として本条を遵守することが要請される。

(イ)　請求を理由づける事実　　請求を理由づける事実とは、請求を基礎づける攻撃防御方法としての請求原因をいい（一三三条二項二号の請求原因に対し、広義の請求原因という）、原告が主張証明責任を負う事実である。請求を理由づける事実は、抗弁を理由づける事実、再抗弁を理由づける事実と合わせて、主要事実あるいは要件事実という。

(ロ)　請求を理由づける事実に関連する事実で重要なもの及び証拠　　請求を理由づける事実に関連する事実とは、請求を理由づける事実の存否を推認させる事実である間接事実をいい、ここではそのうちの重要な間接事実を記載する。(2)　前記(イ)との関係についてみると、請求を特定する事実に加えて、請求を理由づける事実（主要事実）を記載し、主要事実ごとにそれに関連する事実（間接事実）で重要なものを記載するとともに、それに合わせて具体的な証拠方法を記載することを求められている（規五三条一項）。また、前述した規則五三条一項の趣旨に照らすと、請求を理由づける事実とその事実に関連する事実についての主張は、当然に区別して記載しなければならないことになる（規五三条二項）。さらに、請求を理由づける事実及びそれに関連する事実は、準備書面の記載事項としての攻撃防御方法（一六一条二項一号）に当たるので、これらを訴状に記載したときは、準備書面を兼ねるものとされる（規五三条三項）。

(ハ)　その他の記載事項　　訴状には、原告又はその代理人の郵便番号及び電話番号（ファクシミリの番号を含む。）を記載しなければならない（規五三条四項）。これは、郵便番号については旧法の下でもすでに一般化していたことであり、電話番号につい

ては、事務上の連絡に用いるのをはじめとして、電話会議の方法による弁論準備手続、書面による準備手続（一七〇条三項・一七六条三項）等の実施するために必要であり、さらにファクシミリを利用した書面の提出、書類の送付を新法の下では認めていること（規三条・四七条一項等）から、いずれも訴状の記載事項としたものである。

（2）「事情」という概念　実務では、主要事実以外の事実、あるいは主要事実以外の事実のうち間接事実及び補助事実を除いたその他の事実を「事情」と呼ぶという。「事情」は、紛争の全体像を理解するのに重要な役割を果たすことが多いので、主張証明責任の観念はないが、原告は十分に意識した主張を展開することが必要であるとされる（司法研修所監修『三訂民事訴訟第一審手続の解説』（平成一一年）一一頁〜一三頁）。

第二款　裁判所による審理前手続

一　受付事務

（1）　事件の受付　事件の受付とは、訴訟法上の裁判所が申立書、届出書等を審判の対象となるべきものとして接受することをいう（最高裁判所事務総局総務局編『事件の受付および分配に関する事務の取扱要領の解説―改訂』（訟廷実務資料四六号）（昭和五二年）二頁。なお、同書の対象とされた通達は、「事件の受付および分配に関する事務の取扱いについて」（平成四年八月二一日最高裁総三第二六号事務総長通達）裁判所時報一〇八一号一頁に変わっている。）。事件が受け付けられたときは、その時に時効中断、法律上の期間遵守等の効果を生じる（一四七条）。その性質は、裁判事務であるが、申立人等の便宜、取扱いの統一及び迅速処理の必要性等から勤務時間内は事件係書記官に、勤務時間外は当直員に対し、接受の権限を内部的に委任したものとされている（最高裁事務総局総務局編・前掲書二頁）。

（2）　事件の分配　事件の分配とは、裁判事務の定め（下級裁判所事務処理規則六条・八条）に従って、事件を部又は部とみなされるもの（同規則四条・一〇条の二）に配てんすることをいう（最高裁総務局編・前掲書三頁）。裁判事務の分配は、あらかじめ当該裁判所の裁判官会議の議により定めることとされ（下事規六条）、それは原則として年度中不変であり（下事規七条）、この趣旨は裁判の公正を確保することにある。最高裁判所についても、基本的に同様である（最高裁判所裁判事務処理規則四条・五条）。事件係書記官は、訴状の記載事項等

について、受付担当者としていわゆる窓口指導を行っているようであるが、法的強制力はなく、したがってたとえ訴状の記載に過誤があったとしても、その受領を拒絶し、または受付を拒否することはできない。訴状を受け付けた事件係書記官は、当該裁判所の裁判事務の定めにしたがって、事件を各裁判部に配てんする。

二　事件の受付に伴う事務

(1)　事件の報告　民事事件のうち、法令、通達等により定められている事件については、事件を受け付けた裁判所は最高裁判所に報告しなければならない。たとえば、人身保護事件については、救済の請求を受けた裁判所は、直ちに事件を最高裁判所に報告し、かつ事件処理の経過並びに結果を報告しなければならないとされている（人保二〇条）。その趣旨は、最高裁に下級審に係属する人身保護事件をみずから処理する機会を与えられており（人保二二条）、その判断に資することにある（小林一郎『人身保護法概論』（昭和二四年、有斐閣）二二三頁）。

(2)　事件の通知　裁判所から関係官庁に事件に関する所定の事項を通知する旨の法令の定めがある場合には、事件を受け付けた裁判所は、その定めるところにより対応をしなければならない（たとえば、人訴五条三項・二六条・三二条、特許一八〇条、実用新案四七条二項、意匠五九条二項、商標六三条二項等）。特に、新民訴法の制定に伴い、人事訴訟事件が係属した場合に、その判決結果により相続権を害される者に対する手続保障を拡充するために、訴訟係属の事実をそれらの者に通知することとしている（人訴三三条。人事訴訟手続法第三十三条の規定による通知に関する規則（平成八年一二月一七日最高裁判所規則第七号）参照）。

(3)　予告登記の嘱託　不動産登記法三条所定の訴えを受理した裁判所の裁判所書記官は、職権をもって遅滞なく管轄する登記所に登記の嘱託をしなければならない（不登三四条。予告登記）。登記原因の無効又は取消しによる登記の抹消又は回復の訴えが提起された場合に、請求が認容されると現存する登記は遡って無効となるので、これを有効と信じて取引する第三者が不測の損害を被ることを防止するために警告する趣旨によるものである（慶田康男「予告登記の意義、予告登記のできる場合、お

よび予告登記の手続」『不動産登記講座II』（日本評論社、昭和五二年）二一〇頁）。嘱託登記は、事件の配てんを受けた裁判部の裁判長による訴状審査を経た後に、当該裁判部の書記官が行うこととなる。なお、その抹消登記手続きについては、受訴裁判所の嘱託による場合と登記官の職権による場合とがある（不登一四五条）。

三　訴状の点検

事件が、各裁判部に配てんされると、その裁判長は、訴状の必要的記載事項の具備、所定の印紙の貼用の有無を審査し、不備がある場合には、相当の期間を定め、その期間内に不備を補正すべきことを命じなければならない（一三七条一項。訴状補正命令）。単独制の下では、単独裁判官が裁判長の資格で行う。原告が、不備を補正しないときは、裁判長は命令で、訴状を却下しなければならない（同条二項）。この裁判長による訴状却下命令の法的性質は、裁判長が合議体から独立して有する訴訟指揮権の一つと解するのが相当である（兼子・条解八三六頁（竹下）。菊井＝村松・II一三五頁は一種の行政処分とみるが、これに対し即時抗告できることと対応しない。）。この命令に対しては、原告は即時抗告できる（同条三項）。この際に、裁判長は実質的記載事項の記載についても当然に審査するのであり、記載に不備な点が認められれば補正を命じることができるが、原告がこれに従わなかったとしても、必要的記載事項の記載の不備の場合と異なり、訴状を却下することはできないに止まる。

裁判長は、訴状の記載について必要な補正を促す場合には、裁判所書記官に命じて行わせることができる（規五六条）。その場合は、必要的記載事項に止まらず、実質的記載事項も含まれると解する。当事者が補正に応じないときは、あらためて裁判長が補正命令を発する必要がある。総括裁判長が、当該裁判部に配てんされる事件についてはすべて、裁判所書記官が訴状の点検を行うとともに必要な補正を促すように、あらかじめ包括的に命じておくことはできないと解する。必要的記載事項についてはその可能性を示唆する考え方も見受けられる（最高裁判所民事局『条解民事訴訟規則』一二五頁、東京地方裁判所監修『東京地方裁判所における新民事訴訟法・規則に基づく実務の運用（改訂版）』（司法協会、平成一二年）三頁）が、裁判長は必要的記載事項はもとより、実質的記載事項の記載につい

ても点検し、その上で補正命令又は補正の促しをするのであり、したがって前者の記載に係る補正の点についてだけ裁判所書記官にあらかじめ包括的な指示をしておくという対応は、規定の趣旨に反する。裁判長の訴状審査権は、前記事項に限られ、たとえ訴状自体から訴訟要件の欠缺が明らかであり、その欠缺を補正できないと判断するときでも、訴状を却下することはできない（最判(二小)平成元・一一・二〇民集四三巻一〇号一一六〇頁は、天皇を被告とする訴えについて、民事裁判権は及ばないことを理由に訴状を却下すべきであるとする。しかし、訴訟要件について、裁判長の判断により訴状を却下するのは妥当でなく、天皇について民事裁判権が及ばないと判断する立場でも、裁判所が一四〇条に基づき訴え却下判決をすべきである。請求の理由のないことが明白であるときも、同様である。）。

四　口頭弁論を経ない訴え却下判決

(1)　趣　旨　訴えが不適法であって、その不備を補正することができないときは、裁判所は口頭弁論を経ないで、判決で訴えを却下することができる（一四〇条）。訴訟については、口頭弁論を開いた上で、判決をもって裁判所の判断を下すのを原則とする（八七条一項参照）が、その趣旨は、当事者に攻撃防御方法、主張及び提出の機会を平等に与え、手続保障を図った上で、裁判所が判決することを必要とする点にある。したがって、訴えが不適法であって、その不備を補正することをまったく期待できないときであっても、一律に同様の手続を経ることは、口頭弁論の必要性の趣旨に抵触しないばかりでなく、訴訟経済の点からも是認されるべきことである。このような発想はそうした視点から、前記原則の例外として、本条を設けたものである。担保不提供の場合の判決（七八条）、変更判決の場合（二五六条二項）、不適法な上訴等に関する場合（二九〇条・三一三条・三一九条）、手形・小切手訴訟における一定の場合の判決（三五五条・三五九条）の規定は、本条と同様の趣旨に基づくものである。

(2)　要　件　口頭弁論を経ないで訴え却下判決をできる要件は、不適法な訴えであること、その不備が補正できないことである。本来、訴訟要件が欠缺する場合であっても、口頭弁論を開いて原告に主張を陳述し、証拠を提出する機会を与えるのを原則とするのであるから、口頭弁論を開くことなく、訴えを却下するについては、訴訟要

件が欠缺し、それを補正できないことが明白な場合に限られる。

(i)　不適法な訴えであることとは、訴訟要件を欠く訴えであることをいう。

(ii)　不備を補正できないことが明白であるとは、裁判制度の趣旨から、不適法な訴えであることが明白であり、当事者のその後の訴訟活動により適法とすることがまったく期待できない場合をいう（最判(三小)平成八・五・二八判時一五六九号四八頁）。特に、明白であるとは、立法上の沿革に照らし、客観的に見て判例及び学説の大勢から異論を認められないような場合をいい、見解が対立するような事項については該当しないと解するのが相当である。たとえば、一般的には、裁判権、当事者能力の欠缺等が該当するが、これらの事項であっても見解が対立するような事項については、不備を補正できないことが明白とはいえず、したがって口頭弁論を開いて原告の主張を陳述する機会を与え、その上で裁判所は判断すべきであり、本条によって訴えを却下するのは妥当でない。不備を補正できないことが明白である例として、判例は、最高裁まで争って判決が確定した事件について判決無効確認の訴え（最判(三小)平成八・五・二八判時一五六九号四八頁）、日本国憲法無効確認の訴え（最判(三小)昭和五五・五・六判時九六八号五二頁）を、いずれも却下している。

また、訴え提起後に原告が所在不明になったため、期日の呼出しができなくなった場合、被告に訴状送達後に被告が所在不明となり、期日の呼出しができず、裁判所が原告に被告の住居所の補正を命じたのに、原告が補正手続も公示催告の申立てもしないまま長期間を経過した場合にも、本条により訴えを却下できると解する（前者について、東京地判昭和四四・五・七判時五六五号七四頁、後者について、東京地判昭和五二・二・一七判時八六二号五〇頁、東京地判昭和五三・八・一六判タ三七二号九八頁。いずれの場合についても、同旨として、兼子・条解七〇三頁〔竹下〕）。

(3)　手　続　　裁判長が訴状審査をし、その結果を受けて、訴状を被告に送達することなく、裁判所が一四〇条の要件をみたすものと判断するときは、口頭弁論を経ないで訴えを却下することができる（最判(三小)平成八・五・二八判時一五六九号四八頁）。この場合は、訴訟係属を生じていないので、判決言渡期日を指定し、当事者を呼び出すことは要しない。また、判決

正本を被告に送達することも要しない。さらに、訴状送達後であっても、前記法条の要件をみたすと判断するときは、第一回口頭弁論期日の指定を取消して、口頭弁論を開くことなく、訴えを却下することができる。もっとも、この場合は、訴訟係属後であるので、判決言渡期日を指定し、当事者を呼び出すことを要するとともに、判決正本は被告にも送達すべきである。判例は、裁判制度の趣旨から、不適法な訴えであることが明白であり、当事者のその後の訴訟活動により適法とすることがまったく期待できない場合には、被告に訴状を送達せずに訴え却下判決をできるとし、その判決正本は原告にのみ送達すれば足りるとする（最判(三小)平成八・五・二八判時一五六九号四八頁）。また、一四〇条により却下した判決に対し、控訴され、控訴審も同様に判断するときは、口頭弁論を開かずに控訴を棄却できるとする（最判(二小)昭和四一・四・一五裁判集民事八三号一九一頁、最判(三小)昭和五七・一〇・一七判時一〇六二号八七頁、前掲最判(三小)平成八・五・二八）。

(4)　裁判長の訴状却下命令、口頭弁論を経た訴え却下判決との関係　裁判長による訴状審査は、訴状について必要的記載事項の有無と裁判手数料の納付である所定の印紙の貼用という形式的事項に限って審査する（一三七条一項）。そして、訴状に不備があるときは、補正を命じ、補正命令に応じなかったときは、訴状却下命令を下すこととなる（同条二項）。しかし、裁判長が、たとえ訴状自体から見て訴訟要件の欠缺が明らかであり、その欠缺を補正できないと判断するときでも、裁判長が訴状を却下することはできない。その場合は、事件がすでに裁判部に配てんされているので、その裁判部が裁判機関としての裁判所の立場において、訴状を被告に送達することなく、すなわち口頭弁論を経ないで、訴え却下判決をすることができる（一四〇条）。

これに対し、訴状が被告に送達されると、訴訟係属を生じるので、そのときを境として、事件は裁判機関としての裁判所に帰属することとなる。したがって、訴状送達後に、訴状の不備を発見したときは、たとえそれが裁判長であっても、裁判所が訴状の補正を命じ、それに応じなかったときは、裁判所が訴え却下の判決をする。

五　訴状の送達と口頭弁論期日の指定

裁判長が訴状を受理すべきものと認めるときは、裁判所書記官に命じて、その訴状の副本を被告へ送達させる（一三八条、規五八条）。送達費用の未納、被告の住所・居所の不明等により訴状を送達できない場合には、補正を命じ、補正されないときは、裁判長は訴状を却下する（一三八条二項・一三七条）。被告の住所・居所その他送達すべき場所が知れない場合は、原告は公示送達を申し立てることになる（一一〇条）。

裁判長は、訴えの審理をはじめるために、速やかに口頭弁論の期日を指定し、当事者双方を呼び出さなければならない（一三九条、規六〇条一項）。その期日は、特別の事由がある場合を除き、訴えが提起された日から三〇日以内の日に指定しなければならない（同条二項）。期日は、申立て又は職権で、裁判長が指定する（九三条一項）。期日の呼出しは、呼出状の送達等の相当と認められる方法による（九四条一項）。通常、訴状の送達とともに、第一回口頭弁論期日の呼出しの送達をする。

六　最初の口頭弁論期日前における参考事項の聴取

裁判長は、最初にすべき口頭弁論の期日前に、当事者から訴訟の進行に関する意見その他訴訟の進行について参考とすべき事項の聴取をすることができる（規六一条）。また、この聴取を裁判所書記官に命じて行わせることができる（同条二項）。その趣旨は、新法の下では、第一回口頭弁論期日において争いのある事件とない事件の振り分けをし、すみやかに実質審理を行うことが期待されており、そのためには、第一回口頭弁論前に当事者から参考事項を聴取することが必要かつ適切であるという点にある（最高裁・条解民訴規則一三三頁）。裁判長は、この聴取を裁判所書記官に命じて行わせることができる（同条二項）。裁判長は、後述する定型的処理を前提として、書記官にあらかじめ包括的な権限を与えることができると解する。

ここにいう訴訟の進行に関する意見その他訴訟の進行について参考とすべき事項とは、訴え提起にいたるまでの経緯、和解の意思、別件の訴訟係属の有無等が主たる事項として考えられる。速やかに実質審理を行うとともに、事件の円滑な進行を図る上でこの参考事項の聴取はもっとも基本的な手続といえる。一般的に、定型的な処理になじむ性格であることに照らし、「訴訟進行に関する照会書」（東京地方裁判所監修『東京地方裁判所における新民事訴訟法・規則に基づく実務の運用（改訂版）』（司法協会、平成一二年）六頁五二頁参照。もっとも、その書式については工夫の余地がある。）による運用が妥当といえよう。

第四節　訴え提起の効果

訴えが提起されて訴状が裁判所から被告に送達されると、それにより特定の当事者間の特定の請求について、両当事者が関与して特定の裁判所において審判される状態を生じる。この状態を、訴訟係属という。(1)訴訟係属の発生により、訴訟法上の効果として、二重起訴禁止を生じ、訴訟参加、訴訟告知の要件を具備することとなる。また、受訴裁判所が特定されることにより、関連した請求の裁判籍を生じる（四七条・一四五条・一四六条）。これに先立って、訴え提起により、実体法上の効果として、時効中断（一四七条）、提訴期間遵守（たとえば民二〇一条、商一四八条）のほか、金銭債権支払請求訴訟の提起は、期限の定めのない請求について、履行遅滞を生じる（民四一二条三項）等の効果をみることができる。

これらのうち、ここではもっとも重要な二重起訴禁止の原則、時効中断について項を改めて述べることとする。

（1）　訴訟係属の発生時期　　訴訟係属は、訴状が被告に送達されることにより発生する。訴状が裁判所に提出された段階では、原告と裁判所との間の訴状受理による関係を生じるに止まり、民事訴訟の基本構造である二当事者対立構造を形成するにいたっていないので、特定の裁判所で審判される状態を生じているとはいえない。

第一款　二重起訴の禁止

一　二重起訴の禁止の趣旨

訴訟係属中の事件と同一事件について重ねて審判を求めることは、原告にとっては二重に経済的負担を伴うとはいうものの、かりにいずれかの訴訟において勝訴すれば自己の権利を保護するという目的を達することができる。しかし、自己の目的を達するまで訴訟を提起するということは、裁判制度を間接的に否定することにも等しい不正常な利用であり、訴訟制度の濫用という性格をもっている（二六二条二項に定める本案判決の後における訴えの取下げに対する制裁制度と、同様の司法政策に基づく表裏をなす関係にある。）。こうした弊害をあらかじめ防止する点に、二重起訴禁止原則の第一の趣旨がある。(1) さらに、これを機能的及び現象的側面から分析してみると、第二に、二重に訴訟追行を強いられる相手方にとっては、煩わしいだけに止まらず、経済的にも精神的にも不当な負担を負わされることになる。さらに、当事者の立場が入れ替わった場合をも視野に入れると、第三に、裁判所にとっても、訴訟制度全体からみて、一定の裁判官をはじめとする人的資源をもって多数の事件を公正、迅速、安価に処理する上から、同一事件について重複した審理をすることは、訴訟経済に反することである。第四に、同一事件について異なった審判を生じるおそれがありえるばかりでなく、たとえ、矛盾した結果を生じなかったとしても、同一当事者に二重の債務名義を与えることも想定され、いずれの場合も法秩序を混乱させることになる。(2) このような弊害を生じるのをあらかじめ回避しなければならないので、そのために、訴訟係属中の事件について、当事者が重ねて審判を求めることを禁止するのである（一四二条）。

（1）　立法の経緯　　大正一五年改正の改正作業の段階においては、それまでの権利拘束という概念を訴訟の係属と改め、裁判所に訴えを提起して事件が係属している以上は、その事件に対して当事者はさらに訴えを提起できない意味を明らかにする趣旨と

説明されている（「民事訴訟法改正調査委員会議事速記録第二三回」『日本立法資料全集一二 民事訴訟法〔大正改正編〕(3)』（平成五年、信山社）二四八頁）。改正法案理由書では、旧々法の下では訴状の送達により権利拘束を生じ、その係属中に同一訴訟物につきさらに訴えを受けたときは、被告は権利拘束の抗弁を提出できたのを、係属する事件につき当事者がさらに訴えを提起した場合は、抗弁の有無にかかわらず、許さないという趣旨を明らかにしたものとされている（司法省編纂『民事訴訟法中改正法律案理由書』一二五頁）。国会審議においては、前記調査委員会と同様の説明に止まっていて、特別の異論もなく、訴訟物という点を強調している節は見受けられない（「大正一五年貴族院民事訴訟法中改正法律案外一件特別小委員会議録」前記立法資料全集一三(4)四八六頁）。

(2)　二重起訴禁止原則の根拠　　本文に上げる二重起訴禁止原則の根拠について、これらは異なった指導原理を提供するものであり、多元的で漫然と並行的に列挙しただけでは解釈論としての意味が薄く、具体的解釈論としては、既判力の抵触だけが機能しているとする批判がある（三木浩一「重複訴訟論の再構築」法学研究六八巻一二号（平成七年）一四〇頁）。これらの根拠は、二重起訴について、訴訟制度、訴訟の主体の側面から、機能的及び現象的に分析し、これを許容した場合に生じる問題点を抽出するとともに、事件を公正・迅速・安価に処理する訴訟制度の基本原則に照らし、二重起訴禁止原則を理由あらしめる根拠として位置付けたものである。したがって、その指導原理も同一ではないのはもとより自然なことであるとともに、しかしその反面、解釈論の局面では、むしろ相互に補完し合いつつ機能しているとみるべきである。

二　二重起訴の禁止の要件

訴訟係属中の事件と同一事件について、さらに訴えを提起することが禁止される（一四二条）。ここに事件とは、裁判所に対する審判の対象として申し立てられた特定の当事者間における請求の対象たる権利又は法律関係をいう。したがって、事件が同一であるか否かは、当事者と審判の対象についての同一性について、前述した制度の趣旨に照らして判断することを要する。

(1)　当事者が同一であること　　当事者が同一であることを要し、当事者が異なるときは、たとえ請求の対象である権利又は法律関係が同一であっても、同一事件とはいえない（ただし、人身保護請求については、二六六頁(2)参照）。当事者が同一であれば、二つの訴訟で原告・被告の地位が入れ替わっていても、既判力の矛盾抵触を生じるおそれがあることに変わりはなく、

当事者の同一性を認めるのに妨げとはならない。

判決の効力を受ける関係で当事者と同視される関係にある者は、たとえ同一人ではなくても、同様の趣旨から、二重起訴との関係では当事者と同視すべきである（たとえば、訴訟担当者、当事者のために請求の目的物を所持する者（一一五条一項二号四号））。

Xが債権者代位権に基づき債務者Zに代位して第三債務者Yに貸金支払請求訴訟を提起した場合には、その判決の効力はZに及ぶので、前記訴訟の係属中に、Zが同一貸金債権についてYに貸金支払請求の別訴を提起することは、二重起訴禁止原則に抵触する（兼子・条解上六三三頁、その他通説。福永有利「当事者適格論の再構成」山木戸克己教授還暦記念『実体法と手続法の交錯・上』（有斐閣、昭和四九年）六五・七一頁は、X勝訴判決に限りZに及ぶとしつつ、二重起訴に当たるとするが、論旨が矛盾する。また、三ケ月章「取立訴訟と代位訴訟の解釈論的・立法論的調整」法協九一巻一号（昭和四九年）（同・研究七巻一五二頁）は、代位訴訟は公的な意味での差押さえが先行する場合と異なり、債務者の行為を阻止し得ないとして、債務者が別訴の提起または権利者参加したときは、代位権者は訴訟追行権を失うとする。）。

これに対し、Zが代位訴訟に独立当事者参加し（四七条一項四項）、Yに同一の請求をすることは、自己の権利の擁護のため特別の必要があるとともに、たとえ請求しても代位訴訟と併合審理が強制され（四七条四項参照）、審理の重複及び既判力の抵触のおそれもないので、二重起訴に当たらない（同旨、最判（三小）昭和四八・四・二四民集二七巻三号五九六頁。池田辰夫「債権者代位訴訟における代位の構造（五）」判時一〇〇五号（昭和五六年）（同『債権者代位訴訟の構造』（信山社、平成七年）一〇〇頁）は、代位制度の債務者の責任財産保全という基幹的機能及び債務者の管理不全補完機能からみて、債務者が自己への給付を求めて参加してきた以上、財産帰属主体への直接給付を命ずべきであり、それに伴い代位債権者の請求の趣旨を変更させるべきであるとする。）。

他の取立債権者が別訴を提起することも同様に、二重起訴に抵触するが、先行する債権者代位訴訟と併合審理することにより、ともに認容することも可能である（最判（三小）昭和四五・六・二民集二四巻六号四四七頁）。これに対し、他の債権者が被代位債権を差し押さえたときは、代位債権者は訴訟追行権を失い、差押債権者は適格承継人として四七条により従前の代位訴訟を承継すべきであるとする説がある（竹下守夫・金融商事二三七号五頁。三ケ月・前掲一五二頁は、基本的に同様の見解に立ちつつ、従前の手続を受継することもできるが、強制されるべきではないとする。）。民事訴訟という手続法の局面において、債権者代位訴訟という法定代位による訴訟上の地位に対し、差し押さえという国家の公権力に基づく強制換価制度の優位を主張することは、特別の規定がない限り根拠とはなりえないと解するので、判

例の立場を妥当と考える。

(2) 権利又は法律関係が同一であること　権利又は法律関係の同一性とは、原則として訴訟物の同一性をいう。事件が同一であるには、訴訟物が同一であれば足り、請求の趣旨に表示される原告が求める判決の内容まで同一であることは要しない。(3) 権利又は法律関係が同一であっても、訴訟物が異なれば、事件の同一性を欠くことになる。(4)

（3）　主要な争点の共通性と事件の同一性　訴訟物たる権利関係が同一でなくとも、二つの事件における主要な争点が共通であれば、同一事件として後の別訴を禁じるべきであるという見解がある（新堂・一九五頁。その萌芽はすでに、同教授の「争点効を否定した最高裁判決の残したもの」中田淳一先生還暦記念『民事訴訟の理論(下)』（昭和四五年）（同『訴訟物と争点効(上)』二九一頁）に見られる。）。既判力の範囲と異なり、争点効理論の基盤を形成する主要な争点は、訴訟が確定した後に事後的評価としては仮に明確になったとしても、その訴訟係属中の過程において流動的であり、二重起訴禁止原則の要件を構成する要素としては、画一性を欠くので妥当でない。また、請求の基礎の概念は事実関係資料の共通を意味すると解し、それを基準とする視点から同様の結論を導く考え方（住吉博「重複訴訟禁止原則の再構成」法学新報七七巻四・五・六合併号（昭和四五年）（同『民事訴訟論第一巻』（法学書院、昭和五三年）二五五頁以下、特に二八九頁））も、その方向性には共通したものが見られる。しかし、請求の基礎についての理解自体に疑問がある。

（4）　事件の同一性をめぐる新たな試み　前掲注(1)で紹介したように、大正一五年改正では、旧々法における同一の訴訟物という要件から、同一の事件という概念に変わった点に着目して、事件の同一性とは、第一に訴訟物が同一である場合、第二に訴訟物が同一でない場合にも、訴訟物たる権利関係の基礎となる社会生活関係が同一であり、主要な法律要件事実を共通にする場合には、事件としての同一性を認められるとする見解がある（伊藤・一八二頁）。改正点をそのように強調して解するのが妥当であるかは疑問であるが、第二の基準の着想には注目すべき点がある。

(i)　権利又は法律関係と、その前提をなす権利又は法律関係の存否とは、訴訟物が異なり、前者の既判力は後者に及ばず、したがって、いずれが先行する場合であっても、両者は、二重起訴に当たらない。たとえば、土地所有権に基づく所有権移転登記請求訴訟の係属中に、相手方が同一の土地につき、自己の所有権確認請求訴訟を提起す

ることは二重起訴に当たらない（最判(二小)昭和四九・二・八金融商事四〇三号六頁）。また、賃借権に基づく土地引渡請求訴訟と賃借権確認訴訟との関係についても同様である（最判(三小)昭和三三・三・二五民集一二巻四号五八九頁は、前者の係属中であっても、後者について確認の利益があるとする。）。

(ii) 同一の権利又は法律関係についての積極的確認請求と給付請求は、いずれが先行する場合であっても、二重起訴に当たり、後訴は不適法である。判例は、XがZに代位してYに対し株金払込請求したところ、YがZに対し株主関係不存在確認並びに名義削除請求の訴えを提起したため、Xは右訴訟の結果権利を害されるとして、Y・Zを共同被告としてYがZの株主であることの確認の訴えを提起した事案について、Xが控訴審で請求の趣旨を株金払込請求権確認に変更したが、同一請求権の給付の訴えと積極的確認の訴えとは二重起訴に当たらないとした（大判昭和七・九・二二民集一一巻一九八九頁）。しかし、すでに係属中の訴訟と請求の原因である権利又は法律関係が同一である場合には、たとえ請求の趣旨が異なっていても、二重起訴に当たると解するのが相当である（兼子・判例三四事件）。積極的確認請求が先行すると、被告は勝訴判決を得ても、それを債務名義とすることはできないが、反訴によることができるので、その法的利益を損なうおそれもなく、別訴をもって給付の訴えを提起することはできないと解すべきである。

給付訴訟の係属中に同一の権利又は法律関係について消極的確認訴訟を提起する場合について判例は、いずれも金銭債権債務をめぐる紛争に関し、反訴による場合も（東京地判昭和一一・二・一〇新聞三九七〇号一六頁、東京地判昭和三一・八・一〇下民集七巻八号二一七五頁）、さらに別訴をもって提起して弁論が併合された場合も、適法とする（東京高判昭和三七・六・一五東高民時報一三巻六号八七頁、東京地判昭和四一・九・三判時四六六号四六頁）。その理由として、給付請求が棄却されるには、必ずしも請求権の不存在によるとは限らず、期限未到来あるいは取立禁止等を理由とする場合もあり得るので、消極的確認訴訟を別訴として提起しても、二重起訴禁止原則に抵触しないとする。他方、所有権移転登記請求訴訟の係属中にその不存在確認訴訟を提起した事案について、二重起訴に当たるとしている（最判(二小)昭和四九・二・八金融商事四〇三号六頁。小室直人「訴訟上の請求」『新・実務民事訴訟講座1』(日本評論社、昭和五六年)(同『訴訟物と既判力』(平成一一年、信山社)四〇頁注(9))は、訴えの利益なしとすべきであるとする。）。これに対し、消極的確認訴

訟が先行して提起され、給付訴訟を後訴として提起した場合について、判例は、いずれも金銭債権債務をめぐる紛争に関し、古くは二重起訴に当たらないとしていた（東京控判昭和八・一一・二二新聞三六六二号七頁）が、最近ではむしろ二重起訴に当たるとする傾向にある（東京地判昭和五五・九・二九判タ四二九号一三六頁）。

一般に、給付訴訟において請求が棄却される場合には、請求権の不存在を理由とするほかに、期限未到来あるいは取立禁止等を理由とする場合もあり得るが、後二者の場合も、口頭弁論終結時を基準として請求権の不存在が確定されるのであるから、そのことをもって、給付訴訟の係属中に同一の権利又は法律関係について消極的確認訴訟を提起することを是認するだけの根拠とするには、決め手を欠いている。

また、消極的確認請求訴訟の係属中に、同一の権利又は法律関係について給付の訴えを提起することは、二重起訴禁止原則に抵触し、反訴によるべきである（兼子・判例民訴一〇五頁）。確認訴訟も給付訴訟も同等の訴えであって、判断の矛盾回避を根拠に先行する訴訟を優先させること（先着手主義）を疑問として、消極的確認訴訟の係属中に提起された給付訴訟は、反訴であれ、別訴であれ二重起訴には当たらず、逆に先行する消極的確認訴訟が訴えの利益を欠き不適法になるとする批判がある（松本博之「重複起訴の成否」中野貞一郎先生古稀祝賀『判例民事訴訟法の理論（上）』（平成七年、有斐閣）三六四頁以下）。しかし、前訴が後訴により訴えの利益を欠き不適法となるのは、一四二条の趣旨から導くのは困難である（なお、二七〇頁注（6）参照）。

もっとも、通常訴訟による手形金債務不存在確認訴訟において、手形債権者に反訴を要求することは、手形訴訟という簡易訴訟を利用する途を妨げるという不当な不利益を強いることになるので、手形金債務不存在確認訴訟の係属中に同一手形金債権支払請求訴訟を別訴として提起することは、適法と解するのが相当である（梅本吉彦「手形金請求訴訟と時効中断」民訴雑誌二七号（昭和五六年）一一四頁、大阪地判昭和四九・七・四判時七六一号一〇六頁、大阪高判昭和六二・七・一六判時一二五八号一三〇頁、東京地判平成三・九・二判時一四一七号一二四頁。これらの裁判例も、一般論としては二重起訴に当たるとし、手形訴訟の特殊性を根拠に適法とする。）。

(3)　事件が裁判所にすでに訴訟係属していること

(i)　前訴が裁判所に訴訟係属していることを要する。裁判

所に訴訟係属していることをもって足り、同一の裁判所であることは要しない。前訴については、その提起の時期態様が単一かつ独立のものか、あるいは他の請求と併合されもしくは他の請求のための訴訟係属中に訴えの変更、反訴または訴訟参加の方法により提起されたものかは問わない。

前訴がすでに訴訟係属していれば、それが訴訟要件を具備した適法なものか否かは問わない。もっとも、後訴を提起したときに、前訴が訴訟係属していても、前訴が訴訟要件の欠缺により訴えが却下され、あるいは取り下げられたときは、後訴との関係で、二重起訴の状態が解消するので、その結果として、後訴は二重起訴の状態を解消されることになる（二重起訴の状態を解消させるために、前訴を取り下げた場合に、前訴の提起による時効中断の効果について、二八〇頁参照）。

(ii) 前訴の係属中に別訴として後訴が提起された場合に、二重起訴禁止原則との抵触が問題になる。後訴が反訴として提起された場合、後訴を提起するとともに、弁論の併合を申し立てた場合には、同様の問題を生じる余地はない。それらの訴訟が係属する裁判所にとって、事件の処理が複雑になることはあっても、判決の結果について矛盾抵触を生じて法秩序を著しく混乱させるおそれもなく、かえって関連する事件について統一的な解決を図ることができる。そうした点を考えると、裁判所にとって二重に審理の負担を生じ、訴訟経済に反するとまでいえず、訴訟制度の全体的視点からみても、人的資源の重複した利用として非難すべき特別の理由も見あたらず、その他訴権の濫用をうかがわせる余地もなく、したがって二重起訴禁止原則を根拠づけるいずれの事由にも抵触しないので、後訴の提起を適法と認めることができる（こうした発想の原点は、兼子・体系一七六頁にはじまり、新堂幸司「争点効を否定した最高裁判決の残したもの」中田淳一先生還暦記念『民事訴訟の理論（下）』（昭和四五年）〔同『訴訟物と争点効（上）』二九一頁〕に引き継がれている。もっとも、後者にあっては、二重起訴の成立要件について主要な争点の共通性をもって事件の同一性を認めるところまで拡大している点で、発想の方向性について必ずしも同一とはいえない節が見受けられる。二六〇頁注（3）参照）。

三　問題となる具体的事例

(1) 相殺の抗弁　訴訟上相殺の抗弁について裁判所の実体的判断がなされたときは、訴求債権（受働債権）のみなら

ず自働債権についても既判力を生じる（一一四条二項）ので、自働債権として相殺に供した債権が重複して二つの訴訟で主張された場合に、二重起訴禁止原則に抵触するのではないかが問題とされる。それには、一般的かつ包括的に論じるのではなく、つぎのように類型的に考察することを要する（梅本吉彦「相殺の抗弁と二重起訴」『新実務民事訴訟講座1』（昭和五六年、日本評論社）においてはじめて取り入れた手法であり、その後はこうした姿勢が学説に浸透してきているようである。）。すなわち、①訴えによって請求している債権を、別訴において自働債権として相殺の抗弁をもって主張する場合、②係属中の訴訟において相殺の抗弁の自働債権として主張している債権を、別訴により請求する場合、③相殺の抗弁の自働債権として主張している債権を、同一訴訟において反訴として請求する場合、④本訴で請求している債権を、反訴に対する相殺の抗弁として主張する場合、⑤係属中の二つの訴訟において、同一債権を自働債権としてそれぞれ相殺の抗弁を主張する場合である。

判例の動向をみると、①の類型について、解雇無効をめぐる紛争において、賃金の仮払いを命ずる仮処分の執行に係る仮払金について仮処分債務者（使用者）による不当利得返還請求に対し、仮処分債権者が本案訴訟で訴求中の賃金債権をもって相殺の抗弁を主張した事案において、二重起訴禁止原則に抵触するとし（最判（三小）昭和六三・三・一五民集四二巻三号一七〇頁）、いったん弁論が併合され、その後弁論が分離されたが、同一裁判部で並行して審理されていた事案において、同様の判断をしている（最判（三小）平成三・一二・一七民集四五巻九号一四三五頁）。この傾向は、さらに進んで、別訴において自働債権相当分につき請求を減縮した場合についても不適法とする（東京高判平成四・五・二七判時一四二四号五六頁）。もっとも、別訴において請求している債権の残部を自働債権とする相殺の抗弁は適法としている（最判（三小）平成一〇・六・三〇民集五二巻四号一二二五頁）。

つぎに、②の類型については、裁判例は二重起訴の成立を否定し、適法説を採っていた（東京地判昭和三二・七・二五下民集八巻七号一三三七頁。その控訴審も同じ立場を採る、東京高判昭和三三・七・一六（昭和三二年（ネ）第一七五五号）（事件記録による））。しかし、前記最高裁昭和六三年三月一五日判決以降は、①の類型と同様に違法説を採る傾向にある（大阪地判平成八・一・二六判時一五七〇号八五頁。東京高判平成八・四・八判タ九三七号二六二頁は、弁論が併合されていても不適法とする。）。これらの不適法説を採る判例は、そ

の理由として、審理の重複を避けることと、複数の判決において互いに矛盾した既判力ある判断がされるのを防止することに求めている。また、③の類型について、判例は前記①及び②に見られるような理由は認められないとして、適法とする（東京高判昭和四二・三・一（昭和三六年（ネ）八一四号）高民集二〇巻二号一一三頁、東京高判昭和四二・三・一（昭和三七年（ネ）二七四六号）行集一八巻三号一七七頁）。これに対し、④の類型については、既判力を生じる二個の裁判を求めることになるとして、一四二条の類推適用により不適法とする（東京地判昭和五五・七・三〇判タ四二四号一一八頁）。

他方、学説は、従来から適法説が主流であった（中野貞一郎「相殺の抗弁」『訴訟関係と訴訟行為』一二〇頁、同「相殺の抗弁と二重起訴の禁止」奈良法学会誌五巻三号（平成四年）一二頁、栗原良扶「相殺の抗弁と重複起訴の禁止」大阪学院大学法学研究七巻一・二号（昭和五七年）八五頁、三木浩一「重複訴訟論の再構築」法学研究六八巻一二号（平成七年）一八四頁）が、最近では不適法説が増加の傾向にある（河野正憲「相殺の抗弁と重複起訴禁止の原則」北九大法政論集一巻（昭和四九年）、三巻四号（昭和五一年）〔同『当事者行為の法的構造』（弘文堂、昭和六三年）一一三頁〕、梅本・前掲三八四頁以下。なお、新堂一九六頁は結論において同じ立場を採るが、主たる争点が同一であることを根拠とする点で、基本的な発想が異なっている。）。その間にあって、①を不適法としつつ、②は適法とする見解（流矢大士「二重起訴と相殺の抗弁」伊東乾教授古稀記念論文集『民事訴訟の理論と実践』（慶応通信、平成三年）四六九頁以下）、逆に①を適法としつつ、②は不適法とする見解（佐野裕志「相殺の抗弁と二重起訴禁止」一橋論叢一一七巻一号（平成九年）四七頁以下）も見られる。不適法説は、判例とほぼ同様の理由を上げているが、適法説は、既判力の矛盾を生じるおそれを認めつつ、相殺の抗弁は攻撃防御方法に過ぎず、とりわけ通常は予備的抗弁として主張されるので、実体的判断がされるか否か不確実であること、相殺の担保的機能を確保すべきことに主たる理由を求めている。

しかし、①、②及び⑤の類型とも、不適法であり、③については適法と解するのが相当であり、判例の理由とするところはいずれも妥当である（詳細は、梅本・前掲三八四頁以下参照）。二重起訴禁止原則を理由づける根拠の一つである矛盾する既判力の防止は、現実に既判力が抵触することを前提としたものではなく、そのおそれのある事件について、あらかじめ重複審理を避けることにより、これを回避しようという趣旨であり、このことは相殺の抗弁に特有のことではなく、この原則に内在するものである。また、訴訟の進行状況、審理状況も異なるので、制度上も実際上も既判力の矛盾を避ける保障はない。相殺の抗弁の有する不確実な性質を考慮すると、その訴訟において債権の回収を確実に

図ることを意図するときは、判例も認めるように、予備的反訴による③の類型による途が確保されているので、自働債権を有する者の権利を著しく損なうことにもならない。また、相殺の担保的機能は、相殺権はいつでもなんの制約もなく任意に行使できることを意味するものではなく、したがって不適法説を採ったからといって、その担保的機能を減殺するともいえない。

他方、④については、判例と異なり、適法と解する（梅本・前掲三九三頁）。この場合に、本訴請求をもって反訴請求に対する相殺の抗弁を主張するのは、本訴と相殺の抗弁とによって同一債権を二重に行使しようというのではない。かりに、本訴請求と反訴請求とがともに認容すべきものと裁判所が判断した場合に、裁判所はそれぞれについて請求認容判決をするのであって、両方の請求認容額を差し引いて、いずれか一方に対して差引残額債権の支払を命ずる判決をすることはできない。したがって、原告が反訴請求の認容される場合に備えて、本訴請求債権をもって反訴請求に対する相殺の抗弁に供する必要性を認めることができる。また、これを認めたからといって、同一債権について既判力の抵触あるいは二重取得のおそれはないばかりか、相手方になんら不利益を及ぼすこともならず、したがって二重起訴禁止原則の趣旨に反するものではない。

(2)　人身保護請求　人身保護法による救済請求は、何人も請求できるところ（人身二条、人身規四条）、すでにその請求が裁判所に係属中に、同一の被拘束者についてさらに救済請求することは、たとえ請求者が異なっていても、人身保護法四六条により民訴法一四二条が適用され、二重起訴禁止原則に抵触する（同旨、東京高判昭和三五・八・二五下民集一一巻八号一七七二頁）。したがって、後の請求は、不適法として決定をもって棄却する（人身規二一条一項一号）。

子の引渡請求が民事訴訟として係属中に、同一の子を被拘束者として人身保護請求する場合、あるいはその逆の場合に、二重起訴禁止原則に抵触するかについては、人身保護請求の法的性質に係わってくる。人身保護手続は、

人身保護法及び人身保護規則に定める外は、民事訴訟法が適用されることを定めていること（人身規四六条）に照らすと、形式的には民事訴訟手続の特別手続と解するのが相当である（もっとも、人身保護法による救済は、種々の特別の要件が課せられているので、民事訴訟法を適用することについては慎重でなければならない。）。その救済請求に対する判決の既判力は、他の民事事件、家事事件を拘束するという意味での既判力は、人身保護手続の「民事又は刑事の裁判とは異なった非常応急的な特別の救済方法」（最判(大)昭三三・五・二八民集一二巻八号一二二四頁）という性格に照らし、否定的に解するのが相当であり、したがって民事訴訟としての子の引渡請求との間では、いずれの手続が先行しているかにかかわらず二重起訴を生じないと解する。

(3) 執行関係訴訟　(イ) 重複する請求異議訴訟　請求異議訴訟が係属中の債務名義に記載された請求権に関して、同一当事者間で請求異議訴訟が提起された場合は、両者の訴訟物は同一であるので、前訴と後訴における請求異議事由の異同にかかわらず、二重起訴禁止原則に抵触し、後訴は不適法である（中野貞一郎「請求異議訴訟の訴訟物」『実務民事訴訟講座一〇巻』（昭和四五年）（同『強制執行・破産の研究』（有斐閣、昭和四六年）二八頁））。異議事由の同時主張の強制（民執三五条三項・三四条二項）に基づくものではない（中野・前掲一六頁以下）。

(ロ) 仮執行宣言付き給付判決と請求異議訴訟　未確定の仮執行宣言付判決の口頭弁論終結後に異議事由を生じた場合に、第一審判決については、控訴手続中で主張すべきであり、別に請求異議の訴えを提起することはできない（民執三五条一項。提起した場合は訴えの利益を欠くことになる。）。これに対し、控訴審判決については、上告審手続で主張する余地がなく、債務名義の成立した本案訴訟と請求異議訴訟とでは訴訟物も異なるので、上告するとともに請求異議の訴えを提起することができ、二重起訴には成らないと解する（東京地判平成九・一一・一二判タ九七九号二三九頁、中野貞一郎「請求異議訴訟の法的性質」吉川大二郎博士追悼論集『手続法の理論と実践・下巻』（昭和五六年）（同『民事手続の現在問題』（判例タイムズ社、平成元年）三六七頁注五三）、香川保一監修『注釈民事執行法2』（昭和六〇年、金融財政事情研究会）三八八頁〔宇佐見隆男〕。もっとも、上告審で原判決を破棄差し戻したときに、二つの訴訟の取扱いが問題になる。）。

(ハ) 請求異議訴訟と消極的確認請求訴訟　債務名義に記載された給付義務について不存在確認請求訴訟の勝訴判決を取得した場合に、債務名義の執行力は排除されるわけではなく、右判決をもって前記債務名義による強制執

行停止ないし取消すことはできない。したがって、給付義務についての不存在確認請求訴訟の係属中に、同一債務名義について請求異議訴訟を提起しても、二重起訴禁止原則には抵触しない。

逆に、請求異議訴訟の係属中に、同一債務名義に記載された同一の給付義務について不存在確認請求訴訟を提起する場合についてみると、請求異議訴訟の既判力は、確定した本案判決の執行債権の不存在であるので、両者は審判の対象が同一であり、二重起訴禁止原則に抵触すると解する（中野・前掲三六七頁注五二は、確認の利益を否定すべきであるとする。もっとも、中野『民事執行法〔新訂四版〕』（平成一二年、青林書院）二四二頁では、二重起訴禁止の趣旨を類推して、請求異議訴訟に併合審理すべきであるとしている。これに対し、宇佐見・前掲四三七頁は、形成訴訟説によると実体上の請求権の存否については既判力を生じないことを理由に、二重起訴の成立を否定する。）。

(二)　第三者異議訴訟と所有権確認訴訟、詐害行為取消請求訴訟　第三者異議訴訟の係属中に別訴により執行目的物に対する権利の積極的確認訴訟を提起することは、二重起訴禁止原則に抵触する（竹下守夫「第三者異議訴訟の構造」法曹時報二九巻五号（昭和五二年）（同『民事執行における実体法と手続法』（有斐閣、平成二年）三五四頁注一八）は、第三者異議訴訟の訴訟物を「債務名義に記載された請求権の実現のため、当該目的物に対してなされた強制執行が、原告に対する関係で実体法上違法であるとの主張」と解し、第三者の執行目的物について有する所有権等の積極的確認と訴訟物は異なるとしつつ、後者を別訴により提起するのは、主要な争点の共通性ないし請求の基礎の同一性に着目して、二重起訴禁止原則に抵触するという。）。

第三者異議訴訟とその異議事由の存否に関する判断の先決関係についての詐害行為取消請求訴訟は、訴訟物が異なるので、両者を二重起訴とみることは困難であるが、弁論の併合により審理の併合を図り、統一的な解決を求めるべきである。第三者異議訴訟の係属中に詐害行為取消しの抗弁を提出した後に、詐害行為取消しの別訴を提起することは、二重起訴禁止原則に抵触し、弁論の併合により審判の統一を図るべきであるとする見解がある（新堂・判例民訴八三頁）。考え方の方向性において、同様のものがある。

四　二重起訴の禁止の効果

後訴の提起がすでに係属中の前訴に対し、二重起訴禁止原則に抵触する場合は、後訴は不適法として却下される。前訴の係属中に、同一事件について後訴を提起した場合に、後訴の適法性が問題となるのであり、後訴の提起によ

り、前訴について二重起訴の限りでは適法性が問題になるわけではない。(5)

第一に、請求の趣旨が同一である場合は、補正により救済すべき合理的理由もないので、当然に不適法として却下判決をすべきである。裁判所の職権調査事項であり、相手方の抗弁をまって判断する事項ではない。

第二に、請求の趣旨が異なる場合は、併合審理が可能であれば、前述した(1)の趣旨に照らし、弁論の併合等により後訴を前訴と合体して審判する処置を講ずることが妥当である。(6) 併合審理により二重起訴禁止原則に抵触することを回避されるのは、二つの訴訟が類似必要的共同訴訟の関係を形成することになるからである。また、併合審理ができなくても、後訴の訴訟手続を中止するのが適切な場合もあり得る。併合審理も手続中止の余地も認められないときは、後訴を不適法として却下判決をする。

第一、第二のいずれの場合についても、裁判所が二重起訴を看過して本案判決をしたときは、相手方は上訴をもって争うことができる。しかし、判決が確定した後は、再審事由には当たらないので、争う余地はなくなる。この場合は、前訴について確定判決を生じたことにより、訴訟係属中の後訴は、前訴の既判力による拘束を受け、それに抵触する判決はできなくなる。逆に、後訴について先に確定判決を生じた場合も、同様である。

(5) 前訴優先主義　近年、前訴に対し後訴が二重起訴禁止原則に抵触する場合に、後訴が不適法却下となることを疑問とする見方がある（松本博之「重複起訴の成否」中野貞一郎先生古稀祝賀『判例民事訴訟法の理論（上）』（平成七年、有斐閣）三六七頁、三木浩一「重複訴訟論の再構築」法学研究六八巻一二号（平成七年）一一二頁、一四〇頁。前者は先着手主義、後者は前訴優先ルールと称している。）。その理由として、訴え提起の時間的前後を絶対視するのを疑問とし、確認の利益の視点（松本・前掲）、あるいは裁判所の裁量的な事件管理権限に基づく司法資源の適正配分、当事者の便宜の見地からの利益考量的考慮により（三木・前掲）、個別事案毎に対処すべきであるとする。しかし、そこに提示されている後訴を弁論の併合、移送等によって前訴と一体として審判することにより対処することについては、すでに現在でも活用されている対応措置である。また、後訴の方が地の利に優れている場合もあることを重視する節が見られるが、前訴自体の審理の上で対処できることであり、いずれの指摘も決め手を欠いている。もっとも、裁判例

には、前訴の損害賠償請求訴訟の提起前に、調停を申し立てたところ不調となったため、二週間以内に損害賠償債務不存在確認請求訴訟を提起した事案について、後訴は二重起訴に当たり不適法とする例がある（東京地判昭和六〇・八・二九判時一一九六号一二九頁）。これに対し、本件裁判例は、前訴優先ルールの趣旨を形式的な先後ではなく、実質的な審理の進行状況の先後と考えたものと解し、前訴優先ルールの形式的絶対性を部分的に相対化しかつ実質化しているとする見方がある（三木・前掲一五一頁）。しかし、民事調停法一九条は、調停を申し立てた者が、出訴期間の遵守、出訴に伴う時効中断等の利益を喪失することを防止する趣旨に基づいて判示したものであって、裁判例の理解に無理がある。

(6)　併合審理が不可能な場合の処置　前訴がすでに上訴審に係属していて併合審理が困難である場合について、前訴の確定まで後訴の手続を中止して、前訴の確定後にその判決の効力を受ける形で後訴を進行させるべきであり、実務上もそうした取扱いを慣行化すべきであり、立法論としては、その旨の規定を設けるべきであるとする見解がある（新堂・一九八頁、三木・前掲・論文一七一頁）。しかし、後訴の提起がもともと二重起訴に当たるにもかかわらず、それに対する救済措置であることを考えると、その役割を越えた対応であり、国際的訴訟競合におけるのと異なり、特別の理由がない限り不適法として却下するのが相当である。

五　国際的訴訟競合

同一事件について、複数の国の裁判所に訴訟係属が生じることを、国際的訴訟競合又は国際的二重起訴という。とりわけ、外国裁判所にすでに訴訟係属している事件と同一事件について、わが国の裁判所に訴えが提起された場合に、その適法性が問題になる。その場合に、同一原告が両国で訴えを提起する場合と原告被告が逆になる場合とがある。後者は、外国において提起された訴訟に対抗する形で、わが国の裁判所に提起される場合である。

裁判例は、当初は、規制消極説により形式的判断に止まる傾向にあったが（東京地判昭和三〇・一二・二三下民集六巻一二号二六九七頁、東京高判昭和三二・七・一八下民集八巻七号一二八二頁、大阪地判昭和四八・一〇・九判時七二八号七六頁）、最近では、いわゆる大韓航空事件において、国際航空運送に関するワルソー条約は国際的訴訟競合を禁止しないとしつつ、二重起訴の許否は国際民事訴訟法の問題としている（東京地中間判昭和六二・六・二三判時一二四〇号二七頁）。さらに、二重起訴の事実を、わが国における裁判管轄権を否定する判断要素の一つとして斟酌する例が見られる（東京

地判昭和五九・二・一五判時一一三五号七〇頁）。その中にあって、一般論として承認予測説の成り立つ場合のありうることを認め、その上で結論として、国際的訴訟競合に当たらないとする裁判例が見られている（東京地中間判平成元・五・三〇判時一三四八号九一頁。なお、わが国の裁判所に提起された後訴の訴訟手続の中止については、根拠規定を欠くとして否定している。）。

国際的訴訟競合に対する見解として、大別して三つの考え方がある。

第一に、国際的訴訟競合はわが国の裁判所に後訴を提起することを制限されないとする（兼子・条解八四八頁〔竹下〕）。一四二条にいう裁判所は、わが国の裁判所を意味し、外国裁判所を含まれないので、たとえ外国の裁判所に訴訟係属していても、わが国の裁判所における審理には一切関係がないとする（規制消極説）。第二に、外国判決は承認要件（一一八条）をみたせばわが国でも効力を有するので、将来の承認可能性が予測される場合には、先行する外国裁判所における訴えを優先させる見解である（承認予測説。海老沢美弘「外国裁判所における訴訟係属と二重起訴の禁止」青山法学論集八巻四号（昭和四一年）一頁、澤木敬郎「国際的訴訟競合」『新・実務民事訴訟講座７』（日本評論社、昭和五七年）一一六頁）。基本的にこの立場を支持しつつ、国内訴訟については訴え却下によるのではなく、訴訟手続の中止を活用しつつ、判決の抵触は承認判決の段階で処理しようとする見解がある（道垣内正人「国際的訴訟競合（五・完）」法協一〇〇巻四号（昭和五八年）七五三頁、七七一頁、七八六頁以下、鈴木忠一＝三ケ月章編『注解民事執行法１』（第一法規、昭和五六年）四一三頁〔青山善充〕）。第三に、適切な法廷地、訴えの利益等を利益衡量して個別具体的妥当性に即して対処すべきであるとする（利益衡量説。石黒一憲「外国における訴訟係属の国内的効力」澤木敬郎＝青山善充編『国際民事訴訟法の理論』（昭和六二年、有斐閣）三三一頁）。第四に、原告被告共通型の場合は承認予測説が妥当するが、原告被告逆転型では、利益衡量説が妥当するという見解である（斎藤秀夫他編著『注解民事訴訟法〔第二版〕（５）』（第一法規、平成三年）四六六頁〔山本和彦〕）。

一四二条にいう裁判所は、わが国の裁判所を意味し、外国裁判所を含まれず、したがって国際的訴訟競合は同条の趣旨と直接抵触しないと解する。しかし、外国判決も、国内的効力を取得するには、いずれにしても承認判決という局面でわが国の裁判所の判断を受けることになる。そのようにみると、外国裁判所における訴訟係属をはじめから一切無視することは、たとえ国際的競合という特殊性を斟酌しても問題がある。その反面、外国裁判所に訴訟

係属する事件について確定判決にまで至るか否かがそもそも不確実であるから、将来の承認可能性をもって訴訟競合を処理することは困難な要素が少なくない。この点は、原告被告共通型でも、変わるところはない。したがって、訴訟競合を認めた上で、内国訴訟について訴訟手続の中止を含む扱いを認める（ただし、東京地判(中間)平成元・五・三〇判時一三四八号九一頁、東京地判(中間)平成元・六・一九判タ七〇三号二四〇頁は否定する。）とともに、最終的に承認判決の段階で抵触を解決することが相当であると考える。また、これらの国際的訴訟競合については、職権調査事項ではなく、抗弁事項と捉えるのが妥当である。

第二款　時効中断

一　裁判上の請求による時効中断の趣旨

裁判上の請求は、時効の中断事由となる（民一四七条一号）。裁判上の請求が時効中断事由となるのは、すでに訴え提起もしくは応訴行為により権利行使がなされ、裁判所で審理が続いている間は、その事件から生じる権利関係については、訴訟係属中にたとえ時効完成時が到来しても、時効の完成による権利関係の変動は訴訟が完結するまで猶予することにある[1]（規定の沿革及び学説の状況については、松久三四彦「消滅時効制度の根拠と中断の範囲(一)(二・完)」北大法学論集三一巻一号二号（昭和五五年）参照）。

（1）　訴訟行為と時効中断　訴え提起行為、応訴行為以外の訴訟行為が時効中断事由となる場合がある。相殺の抗弁の前提として、訴求債権である受働債権の存在を認めたことが承認に当たるとされた場合（最判(二小)昭和三五・一二・二三民集一四巻一四号三一六六頁）、別件訴訟における会社の代表取締役が売買代金債務の存在を認める旨の証言が、右債権の消滅時効の中断事由たる承認に当たるとされた場合（東京地判平成元年八・二九判時一三四八号八七頁）等である。また、行政機関のＡＤＲにおけるあっせんの申請に時効中断の効力を生じる場合がある（公害紛争三六条の二、個別労働紛争一六条）。

二　時効中断の発生時期

時効中断又は法律上の出訴期間遵守のための裁判上の請求は、訴え提起の時に効力を生ずる（一四七条）。訴えにおい

ては、訴状の提出時（一三三条）、簡易裁判所における口頭による訴え提起（二七一条）においては、口頭によるその旨の陳述の時、訴訟中の訴え提起においては、書面の提出時（一四七条・一四三条二項・一四四条三項・一四五条二項・一四六条二項）である。[2]
起訴前の和解の申立てによっても、時効中断の効力を生じ、和解が調わなかった場合には、一ヶ月以内に訴えを提起しなければ、その効力を生じない（民一五一条）。また、民事調停が不成立の場合に、申立人はその旨の通知を受けた日から二週間以内に訴えを提起したときは、調停申立ての時に訴え提起があったものとみなされる（民調一九条）。さらに、調停不成立により終了して二週間経過後で一か月以内に訴えを提起した場合については、民法一五一条の類推適用により、調停申立時に時効中断の効力を生ずると解する（最判(二小)平成五・三・二六民集四七巻四号三二〇一頁。両法条の沿革を詳細に検証し、判例に賛成するものとして、中田裕康・金融判例研究四号二九頁は極めて示唆に富む。）。

（2）出訴期間の遵守と訴え提起の時期　法が出訴期間を定めている場合に、訴え提起の時期の捉え方が問題となる。①通常の訴えの提起の場合は、訴状を裁判所に提出した時を基準とする（一四七条）。②訴えが変更された場合は、新たな訴え提起とみるべきであり、書面によることを要するので（一四三条二項）、原則として、出訴期間内に書面を裁判所に提出しなければならないと解する。なお、許容される場合について、七一二頁参照。また、株主総会決議関係訴訟における取消事由の追加について、七一三頁参照。③当事者参加による場合も、訴えの提起に準じて、提起期間内であることを要する（町議会解散請求者名簿の効力に関する訴訟における当事者参加の事案について、最判(三小)昭和三七年一二月二五日民集一六巻一二号二四九〇頁）。④行政事件訴訟法一五条による被告変更許可決定があった場合には、最初に訴えを提起した時に提起されたものとみなされる（行訴一五条三項）。これらに対する救済措置として、訴訟行為の追完（九七条）があり、また行政訴訟については、特別の定めがある（行訴一四条三項ただし書）。

三　時効中断の効力の範囲

(1)　客観的範囲　裁判上の請求による時効中断の効力が及ぶ客観的範囲は、裁判上の請求による時効中断の趣旨に照らすと、訴え提起行為による場合と応訴行為による場合とに分けて考察することを要する。

(i)　訴え提起行為による場合　訴訟物たる権利関係については、給付の訴えをはじめとして、確認の訴えでも形成の訴えでも、裁判上の請求としての時効中断の効果を生じる。判例は、将来の給付の訴えによっても可能とするが、技巧的で問題が残る（最判(三小)昭和四七・一二・一二民集二六巻一〇号一八五〇頁、鈴木康之・最判解説昭和四七年度四五九頁注一四）。民事上の訴えであることを要し、行政訴訟は私法上の権利の相手方に対する請求ではないので、私法上の権利について時効中断の効力を生じない。(3)(4)

(3)　国を当事者とする債権と時効の中断　国を当事者とする債権の消滅時効は五年とされ（会計三〇条）、時効の中断については、原則として民法の規定が適用される（同法三一条二項）。したがって、請求、仮差押え又は仮処分、承認により時効中断の効力を生じるが、国の債権の管理手続において、国が行う「納入の告知」については、民法の催告と異なり、時効中断の効力を有する（会計三二条）。判例は、国が私人から承継取得した私法上の債権についての納入の告知についても、同様とする（最判(二小)昭和五三・三・一七民集三二巻二号二四〇頁。渋谷秀樹・法協九七巻六号八六一頁は判旨を疑問とする。）。

(4)　行政訴訟と時効中断　判例は、古くから行政裁判所への行政訴訟の提起によっては、時効中断の効力を生じないとしていた（大判大正五・二・八民録二二輯三八七頁）。戦後、自作農創設特別措置法による農地買収処分の関連事案をめぐって標記の問題が生じた。判例は、自作農創設特別措置法による農地買収処分の無効確認を求める行政訴訟の係属中に、買収農地の売渡を受けた者が所有権を時効取得したときは、右農地の被買収者は、前記無効確認を求める訴えの利益を失うとする（最判(三小)昭和三九・一〇・二〇民集一八巻八号一七四〇頁）。そこで、無効確認の行政訴訟の提起により、買収農地の売渡を受けた者の時効取得が中断されるという法的効果を認められないかという問題を生じた（後述する最判昭和四七・一二・一二が示唆する方法によっては、時効中断の効力を生じないとするものとして、大阪地判昭和四一・八・三行集一七巻七・八号八七三頁、大阪高判昭和四五・七・三〇行集二一巻七・八号一〇八一頁）。現行の行政事件訴訟法施行後の事件において、判例は、同法に定める取消訴訟によっても、買収農地の売渡を受けた者につき同様に時効中断の効力を否定するとともに、被買収者は、取消訴訟の係属中に売渡の相手方に対する時効中断の方法として、買収計画または買収処分の取消訴訟とあわせて、またはこれと別個に売渡の相手方を被告として、「右処分の取消しを条件とする原状回復の請求（土地の返還、所有権移転登記の抹消等）の訴えまたは右取消しによって土地所有権を回復すべき法律上の地位に関し条件付権利の確認の訴えを提起する等の方法」によることができるとしている（最判(三小)昭和四七・一二・一二民集二六巻一〇号一八五〇頁）。しかし、併合訴訟により統一的な判決が同時にできるものの、同時に確定する保障はないから、この方法によると、条件付の請求による時効中断の効力自体もまた条件付ということになるという指摘がある（藤井正雄・民商六九巻二号三四七頁）。

行政庁の行為の効力を争ってその排除を求め、あるいは右行政行為によって形成された法律効果を争うには、私法行為の場合と異なり、行政行為の公定力により、まず行政庁の行為について取消訴訟を提起することを必要とする。これに対し、公定力を生じない行為によって生じた法律効果により権利を侵害された旨を主張する場合には、民事訴訟による。中断事由としての請求は時効の利益を受ける者に対してすることを要し、それ以外の者に請求したことをもって時効中断の効力を認めることはできない。したがって、現行法の下でも、行政訴訟によって、民事法上の権利について時効中断の効力を認めることは困難である。

(イ) 判例の動向　給付の訴えについて、判例は、一般に一個の金銭債権の支払請求においては、特に一部である旨を明示しない限り、債権全部について時効中断の効果を生じ（①最判(二小)昭和四五・七・二四民集二四巻七号一一七七頁）、明示的一部請求においては、その範囲についてのみ時効中断の効果を生じるとする（②最判(二小)昭和三四・二・二〇民集一三巻二号二〇九頁）。また、いずれの判決も、既判力の生じる範囲についても同様とする。確認訴訟については、債権者が債務者の第三債務者に対する債権を差し押さえた場合に、債務者が第三債務者に対し、右債権の確認訴訟を提起したとき、債務者の債権について時効中断の効果を生じるとする（③大判昭和五・六・二七民集九巻六一九頁）。形成訴訟についても、詐害行為取消請求訴訟において、債務者の受益者に対する請求権が訴訟物であるから、債権者の債務者に対する債権について時効中断の効果は生じないとする（④大判昭和一七・六・二三民集二一巻七一六頁、⑤最判(二小)昭和三七・一〇・一二民集一六巻一〇号二一三〇頁。小山昇・著作集三巻七二頁は結論を肯定するが、於保不二雄・民商四九巻一号九四頁は疑問とする。）。また、境界確定訴訟は、係争地について時効中断の効果を生じるとする（⑥大判昭和一五・七・一〇民集一九巻一二六五頁、⑦最判(二小)昭和三八・一・一八民集一七巻一号一頁）。

また、債権者が代位訴訟により求償権請求訴訟の係属中に、右求償権を譲り受け、訴えの変更により自己の債権として請求する場合に、訴訟物は同一であり時効中断の効果は消滅しないとする（⑧最判昭和四四・二・一四裁判集民事九四号三一一頁）。その後、判例は、手形金債権支払請求について、手形金債権のみならず原因債権についても、時効中断の効力を生じるとしている（⑨最判(二小)昭和六二・一〇・一六民集四一巻七号一四九七頁）。その理由として、手形授受の当事者間においては、手形債権は原因債権と法律上別個の債権であっても、経済的には同一の給付を目的とし、原因債権の支払の手段として機能しこれ

と並存するものにすぎないこと等を根拠とする。さらに、同一事実関係の下で、不法行為に基づく損害賠償請求により不当利得返還請求権の消滅時効も中断するとし、その理由として、基本的な請求原因事実を同じくすること、経済的に同一の給付を目的とする関係にあること及び損害賠償請求により不当利得返還請求権につき催告が継続していることに求めている（⑩最判(一小)平成一〇・一二・一七判時一六六四号五九頁）。これらの場合には、前述した訴訟物及び既判力との一体関係が後退し、それに代わって「経済的給付の同一性」という基準が共通した決め手として前面に出てきていることが注目される（梅本吉彦「手形金請求訴訟と時効中断」民訴雑誌二七号（昭和五六年）九七頁）。

このように、判例は、基本的には、訴訟物、既判力及び裁判上の請求としての時効中断の範囲を三身一体のものとして捉えているところに特徴がある。ところが、手形金債権支払請求訴訟において、その連鎖が綻んでいる。

(ロ)　検　討　訴訟物、既判力及び裁判上の請求としての時効中断の範囲を三身一体と捉えたことには、疑問がある。訴えの本質は、経済的利益の追求にあり、その根拠として法的裏付けを有することを要求される。訴訟対象としての訴訟物は、法的に保護されるべき経済的利益であって、そのうち審判対象である法的請求権が既判力対象である（前掲②の藤田八郎裁判官の少数意見は残額部分について潜在的訴訟係属の状態にあるというが、擬制的構成のきらいがあり、むしろ明確に訴訟対象として位置付けるべきである。）。他方、時効中断は、訴訟対象としての訴訟物について生じる。通常は、訴訟対象と既判力対象とが一致するが、例外的に一致しない場合については、このように解するのが相当である。時効が中断されたからといって、その請求権の存在までもが確定されるわけではなく、その請求権の消滅が差し当たり阻止されるに止まるにすぎないのであるから、時効中断の範囲を既判力対象に限定する理由はないというべきである(5)（民法の視点から、既判力を前提にして時効中断の作用を考えることについての疑問を鋭く指摘するものとして、我妻榮「確認訴訟と時効中断」法協五〇巻六号（昭和七年）（同『民法研究II』（有斐閣、昭和四一年）二三五頁））。したがって、訴訟対象とされる経済的利益の同一性の範囲内において、裁判上の請求としての時効中断の効果を生じるとともに、訴えによって権利主張した後も、訴訟対象としての経済的利益の同一性の範囲内においては

請求の基礎を同じくするので、訴えの変更も許されることとなる（梅本・前掲九七頁）。

このような視点からみると、手形金債権に基づく請求により、既判力は手形金債権についてのみ生じるが、時効中断の効果は原因債権にも生じる（梅本・前掲九九頁）。また、金銭債権の明示的一部請求についても、既判力はその請求部分についてのみ生じるが、裁判上の請求としての時効中断の効果は、一部請求の基盤となった債権全体に生じると解するのが相当である(6)（一部請求については、二三〇頁参照）。このような私見の立場は、その後の⑨⑩により支持されたものといえる。

(5)　主要な争点と時効中断　訴訟物たる権利関係を判断するために主要な争点となった権利関係についても、時効中断が生じるとする考え方がある（新堂・一九九頁）。しかし、第一に、主要な争点という基準自体あいまいであるのみならず、それは必ずしも一つとは限らず、それらのすべてについて時効中断を認める趣旨であるならば、対象範囲が著しく拡大するだけでなく、その範囲を予測することも困難である。第二に、訴訟物の前提をなす権利関係については争点になっていなくても、その権利関係を構成する権利の時効消滅が訴訟物の存否を左右する抗弁事由となる場合には、主要な争点という基準は有効でなく、前掲⑨の場合がその例である。したがって、右の見解には賛成できない。

(6)　「裁判上の催告」の理論　裁判上の催告は裁判外の催告と比較して明確な主張であることに着目して、裁判上の催告により訴訟係属中催告の状態が不断に継続するとみることができるとして、裁判終了後六月以内に完全な中断手続を採ることにより、裁判上の催告時に遡って時効中断の効力を生じるとする考え方がある（我妻・前掲書二六五頁）。その具体例として、金銭債権の明示的一部請求における残額債権、訴えが不適法却下されたときの請求権、相殺の抗弁の実質的判断がされなかったときの自働債権等を上げるほか、消極的確認請求訴訟における債権存在の主張をしたが訴えが却下された場合、基本的法律関係の存在確認請求訴訟についても、同様の取扱いができるとする。しかし、民事法上の催告という概念は、一定の行為をなすべきことを相手方に要求する一方的な意思の通知行為であり、その状態が訴訟係属中は継続しているというのは、催告という性格になじまない法的効果を求めるものである。催告は、裁判上の請求をする期間を六月間延長する効力を有するに止まり、裁判上の請求をしなければ時効中断の効力を生じない（大判大正八・六・三〇民録二五輯一二〇〇頁）。

(ii)　応訴行為による場合　相手方の提起する訴えに対する応訴によっても、裁判上の請求としての時効中断の

効果を生じる。既判力対象を含む訴訟対象に起因する被告としての裁判上の権利主張であることによる。したがって、抗弁としての権利主張について、裁判上の請求としての時効中断の効力を認めることができると解する。

判例は、①債務不存在確認訴訟において、被告が債権の存在を主張して勝訴した場合（大判(聯)昭和一四・三・二二民集一八巻二三八頁）、②所有権に基づく所有権移転登記請求訴訟において、原告が予備的に取得時効の完成を主張するのに対し、被告の自己の所有権存在の主張が認められた場合（最判(大)昭和四三・一一・一三民集二二巻一二号二五一〇頁）、③債務者兼抵当権設定者が債務不存在を理由に提起した抵当権設定登記抹消請求訴訟において、債権者兼抵当権者が請求棄却を求めるとともに、被担保債権の存在を主張した場合（最判(一小)昭和四四・一一・二七民集二三巻一一号二二五一頁）に、いずれも裁判上の請求としての時効中断の効果を認める。さらに、④共有物分割請求において、被告の一人が自己の共有持分を主張することが共同被告のための取得時効を中断するとし（最判(一小)昭和四四・一二・一八判時五八六号五五頁）、また、⑤物の引渡請求訴訟において、被告が留置権の抗弁を主張したときは、裁判上の催告として被担保債権の消滅時効を中断するとしている（最判(大)昭和三八・一〇・三〇民集一七巻九号一二五二頁）。

判例の動向をみると、応訴行為について裁判上の請求としての時効中断の効果は、既判力対象としての訴訟物である原告の権利又は法律関係の主張に対する被告の権利主張のみならず、その前提として存在する訴訟対象についての権利主張についても認めるものと解する。もっとも、⑤については、時効中断という局面で捉える限りでは、裁判上の催告としてよりも、裁判上の請求として同様の効力を認めるのが妥当である。

(2)　主観的範囲　裁判上の請求による時効中断の効力が及ぶ主観的範囲は、当事者及びその承継人の間に限られる[7]（民一四八条、時効中断の効力の相対性という。例外として、民二八四条二項・四三四条・四五七条）。

判例は、土地共有者の一人が自己の持分権に基づく占有者に対する土地明渡請求は、自己の持分についてのみ時効中断の効力を生じ、他の共有者の持分には生じないとし（大判大正八・五・三一民録二五輯九四六頁）、土地占有者から地上権の設定を受け

た者に対する所有者の土地明渡請求は、地上権者の占有が占有者本人のためにする代理占有に当たるとして、占有者の取得時効を中断するという（大判大正一〇・一一・三民録二七輯一八七五頁）。

前記の原則の例外として、連帯債務者に対する裁判上の請求は、主たる債務者に対しても効力を生ずる（民四三四条・四五八条）。その場合に、裁判上の請求としての効力を有するのであり（大判昭和一三・一二・八民集一七巻二六三三頁）、催告としての効力に止まるものではない（来栖三郎・判民昭和一三年度一六〇事件）。主たる債務が手形債務であっても、同様である（最判(一小)昭和四八・九・七判時七一八号四八頁）。また、訴訟係属中の当事者間で調停が成立したことにより、訴えを取り下げた場合にも、先の訴え提起による右債権の消滅時効の中断の効力は、他の連帯債務者に対しても生じる（大判昭和一八・六・二九民集二二巻五五七頁）。

(7) 法定の時効中断の相対性　民法一四八条は、判決による時効中断の効力は既判力の主観的範囲に限られることを意味するとする見解がある（川島武宜『民法総則』（有斐閣、昭和四〇年）四七四頁）。しかし、本条の文言は既判力の主観的範囲の表現と類似するものの、旧法二〇一条（新法一一五条）は大正一五年改正で新設された規定であり、民法典の制定ははるかに先行すること、裁判上の請求に限らず他の法定時効中断事由についても適用されることに照らすと、無理な推論である。法制史の側面からみると、本条はローマ法の精神に合し、フランス古法の法格言に由来するという（原田慶吉『日本民法典の史的素描』（創文社、昭和二九年）七九頁。なお、松久三四彦「民法一四八条の意味」金沢法学三一巻二号（平成元年）四一頁以下参照）。

四　時効中断の効果の帰趨

(1) 訴えの取下げ・却下と時効中断　裁判上の請求による時効中断の効果は、訴えの取下げまたは訴えの却下により、遡って消滅する（民一四九条。訴えが不適法により却下された場合に、裁判上の催告としての時効中断の効力を認めるべきであるとする見解につき、二七七頁注(6)参照）。もともと旧民法証拠編一一一条では、方式が無効の請求及び管轄違いの請求も、時効中断の効力を生ずるものとしていたが、不適法の請求についてこのような効力を認めるのは当を得ず、少し酷ではあるが、当事者が少し注意すれば、方式の誤り又は管轄違いによりその権利について時効にかかることもないという趣旨による（廣中俊雄編著『民法修正案（前三編）の理由書』（有斐閣、昭和六二年）一九七頁）。

判例は、訴訟係属中の当事者間で調停が成立したことにより、訴えを取り下げた場合については、もはや訴訟を

進める必要がなく、たとえ進行させても権利保護の必要なしとして訴えが却下されるのであって、裁判所による判断を取りやめる趣旨の訴えの取下げとは趣旨が異なり、したがって民法一四九条に定める訴えの取下げには含まれず、先の訴え提起による右債権の消滅時効の中断の効力は、他の連帯債務者に対しても生じるとする（大判昭和一八・六・二九民集二二巻五五七頁）。また、二重起訴を解消するために前訴が取り下げられても、前訴の請求がそのまま後訴で維持されている場合には、前訴の提起により生じた時効中断の効力は消滅しないとする（最判(三小)昭和五〇・一一・二八民集二九巻一〇号一七九七頁）。前述した立法趣旨に照らし、前者の判例が理由とするところは是認でき、後者についても同様の理由により、妥当といえる。

(2)　判決の確定と時効中断の効果　　時効中断の効果は、裁判が確定するまで持続し、裁判が確定すると、その時から判決で認められた権利について新たに時効の進行が開始される（民一五七条二項）。確定判決によって確定した権利については、一〇年より短い時効期間の定めのあるものでも、その期間は一〇年となる（民一七四条ノ二第一項）。ただし、確定された時に、弁済期が到来していない債権については、適用されない（同条二項）。

第三章　訴訟要件

第一節　訴訟要件の構造

第一款　訴訟要件の意義

一　訴訟要件の意義

訴訟要件とは、訴えによる原告の被告に対する請求について理由があるか否かを、裁判所において審判を受けるために具備しなければならない要件をいう。裁判所は、請求について理由があるか否かを、本案判決により裁判するので、本案判決のための要件であるといえる。訴えの目的は、自己の権利の保護にあり、原告が勝訴判決を取得するには、自己の提起した訴えについて訴訟要件を具備していることを要するが、原告勝訴判決のための要件に止まらず、裁判所が請求の当否について審判するために具備していなければならない要件である。また、たとえ、訴訟要件の欠缺があっても、訴え自体は適法に提起されている限り、訴訟は有効に成立する。したがって、訴訟成立の要件ではない。もっとも、訴訟要件を欠いていることが判明すると、さらに本案の審理に入りあるいは続行せず、審理を打ち切って訴え却下の判決をできるが、訴訟要件は口頭弁論終結時に具備していれば足りるので、そのまま本案の審理に入りあるいは続行することも差し支えない。さらに、欠けている訴訟要件について、補正する途も用

意されている（たとえば、裁判長による訴状補正命令、一三七条）。したがって、訴訟要件を本案審理の要件とみることもできない。

二　訴訟要件たる事項

訴訟要件に関する一般的規定はなく、訴訟要件たる事項を個別的に明示にした規定も実定法上存在しない。講学上において、訴訟要件とされる事項を列挙すると、つぎの通りである。

(1) 被告及び事件について、わが国の裁判権があること。
(2) 裁判所が、管轄権を有すること。
(3) 訴訟係属を構成する行為が有効であること。
(4) 当事者が実在し、かつ当事者能力を有すること。
(5) 原告が訴訟費用の担保を提供する必要がなく、あるいは必要な担保を供したこと。
(6) 併合の訴え又は訴訟中の訴えについては、その要件を具備すること。
(7) 裁判所に審判権のあること。
(8) 訴えの利益及び当事者適格のあること。

三　訴訟要件の態様

訴訟要件を本案判決との関係の視点からみると、積極的要件と消極的要件に分かれる。前者は、それが存在することが本案判決の要件となる場合（たとえば、管轄権、当事者能力、訴えの利益）であり、後者は、その存在が本案判決の障害となる場合（たとえば、仲裁契約の存在、不起訴の特約、二重起訴）である。

四　訴訟要件の機能

訴訟制度の目的には、設置目的、機能目的および利用目的とがある。設置目的は法秩序の維持であり、これに対

し、訴訟制度を利用する目的は権利の保護である。その間にあって、その機能目的は紛争の解決である。これら三者は、ことごとく対立するとは限らないが、もとより常に一致するわけではなく、訴訟制度はこれら三つの目的の調和の上に形成されているといえる。そこで、訴えにより相手方に対する請求の当否について裁判所の審判を受ける前提要件として、三つの目的の調整機能を目的とする訴訟要件という必要要件を設定したと理解するのが相当である。その結果、訴訟要件を具備していたとしても、それをもってただちに訴えの利用目的と機能目的とを適えられるのではなく、有理性の要件を充足することによってはじめて、両者の目的を遂げることができることとなる。したがって、本案判決をする前提として、訴訟要件を具備していることを必要とし、訴訟要件の存否についての判断を省略して本案判決をすることは、たとえ請求棄却判決であっても、許容されないのである。

そこで、さらに進んで三者の機能の調整的視点から捉えると、訴訟要件の機能は、当事者の利益保護と本案判決の実効性の確保とに帰着する。したがって、このような視点から訴訟要件をみると、それは単に事実審におけるに止まらず、法律審である上告審手続においても審判の対象となる。

第二款　訴訟要件の調査と審理

一　訴訟要件の調査

訴訟要件は、本案判決の要件であるところ、これを裁判所の調査の責務という視点からみると、職権調査事項と抗弁事項に分かれる。前者は、その存在することを裁判所が職権で調査し、顧慮しなければならない事項であり、後者は、被告が主張した場合にはじめて、裁判所として顧慮すれば足りる事項である（被告が訴訟要件の欠缺あるいは訴訟障害事由の存在を主張して訴え却下を申し立てることを妨訴抗弁ということがあるが、現行法において訴訟費用担保提供の申立て（七五条四項・八一条）を除き、被告はそれによって本案の弁論を拒絶する権利を与えられていないので、用語として不適当である。）。訴訟要件のうち大部分の事項は職

権調査事項であり（この場合、被告の主張は単に職権の発動を促す意義を有するに止まる。）、抗弁事項としては、仲裁契約、不起訴の特約、訴訟費用等の担保提供の申立てがあるに止まる（管轄違いの抗弁（一二条）という用語が用いられているが、管轄の存在は職権調査事項であり、したがって真の抗弁ではなく、職権発動を促すにすぎない。）。職権調査事項とされる訴訟要件のうち、二重起訴の禁止については、その存否を判断する資料の収集をも裁判所の職責をもって対処しなければならない（職権探知主義の適用）。これに対し、抗弁事項はもとより、職権調査事項であっても、当事者の利益のためにある事項（任意管轄）、本案の審理に直接に関連する事項（訴えの利益、当事者適格）については、その存否を判断する資料の収集は当事者の責任に委ねられる[1]（弁論主義の適用を受け、裁判上の自白や擬制自白の成立も認められる。）。

訴訟要件の調査は、本案の審理とは別個の前提要件の問題であり、さらに訴訟要件たる事項も後述するように多様であることに着目すると、個別事案におけるそれぞれの事項に即して適切な方法によることが妥当であると認められるので、自由な証明をもって足りるとするのが相当である（これに対し、手続上の問題も実体上の問題と同様に重要性があることを理由に厳格な証明によるべきであるとする説として、小室直人「民事訴訟における職権調査事項の諸問題」名城法学三五巻一号（昭和六〇年）（同『訴訟物と既判力』（信山社、平成一一年）二四〇頁））。

（1）　職権審査　職権調査事項の判断資料には、当事者の提出した事実・証拠に限って利用することができる点で弁論主義と一致するが、裁判上の自白や擬制自白は成立せず、したがって裁判所を拘束しない点で職権探知主義に近い職権審査型というべきものを別個に認める見解がある（高島義郎「訴訟要件の類型化と審理方法」『講座民事訴訟2』（弘文堂、昭和五九年）一〇五頁、一一七頁、松本博之「訴訟要件に関する職権調査と裁判上の自白」大阪市立大学法学雑誌三五巻三・四号（平成元年）（同『民事自白法』（弘文堂、平成六年）一二二頁以下、一二五頁以下、一三五頁以下））。この考え方は、通説が職権探知主義を適用する可否の基準とする公益性の強弱という識別は曖昧であると批判するとともに、訴訟要件の具備を基礎づける事実とそれを否定する事実について同一に扱うことを疑問とすることに起因する。従来、通説のいう「公益性」という基準自体に考え方の方向性で不明確な点があるとはいうものの、訴訟要件の審理はそのように識別できるか疑問があり、観念的にすぎるきらいがある。

二　訴訟要件の調査の順序

訴訟要件の調査の順序について定めた規定は存在しない。しかし、裁判所は任意の順序で調査できるわけではな

く、第一に、裁判所が国家権力を行使できる基本的根拠である裁判権の存在を調査し、第二に各裁判所が裁判権を行使できる範囲である点で、管轄権の存在を調査し、その他については、順次に任意に調査できると解するのが相当である（新堂・二〇六頁は、結論の出やすいものを先に調査するのを建前とし、欠缺があればそれ以上の調査をうち切るのが合理的であるとするが、理論上妥当でない。）。これに対し、本案請求の当否の前提要件として存在することを要する訴訟要件とその存否についての判断を経ることなしに本案請求を棄却できる訴訟要件とに分け、前者の訴訟要件から審理判断すべきであるとする見解がある（鈴木正裕「訴訟要件と本案要件との審理順序」民商五七巻四号（昭和四三年）五二五頁）。しかし、次項三で述べるように、その前提とする立場に賛成できない。

三　訴訟要件と本案の審理の関係

裁判所は、本案判決をするには、訴訟要件の存在または訴訟障害事由の不存在を確認することを要する。もっとも、訴訟要件は、本案と比較して必ずしも容易に審判できるとは限らず、本案よりもかえって難しい争点を備えている事案も少なくない。そこで、訴訟要件を具備しているか否か確定できないが、本案について理由のない旨心証形成に達した場合に、裁判所は訴訟要件の具備について確定することなく、請求棄却の本案判決をできるかが問題になる（大判昭和一〇・一二・一七民集一四巻二〇五三頁は、傍論ではあるが、確認の利益の存否を判断することなく、請求棄却判決することを是認する。）。たとえば、請求自体が失当であって理由のないことが明白である場合、口頭弁論終結間近になって訴訟要件の存否が争いになる場合であり、いずれも実体関係に密接な関わりのある訴訟要件であって、その存否について相当程度の訴訟資料、証拠資料を提出する等審理に時間を要する訴訟要件の存否が問題になる場合に、標記の問題を生じる（竹下守夫「訴訟要件をめぐる二、三の問題」司法研修所論集六五号（昭和五五年）一四頁）。通説は、これを便宜的にすぎる扱いである等の理由により否定する（兼子・判例民訴法五九頁、三ケ月章「権利保護の資格と利益」『民事訴訟法講座一巻』（有斐閣、昭和二九年）〔同・研究一巻四二頁〕、竹下・前掲一六頁以下、上村明広「上告審における訴訟要件」小室直人・小山昇先生還暦記念『裁判と上訴（中）』（有斐閣、昭和五五年）二〇六頁以下）。

これに対し、前記判例の見解を支持し、訴訟要件のうちその欠缺が確定判決の無効もしくは再審事由に該当する

事項、裁判手続の種類を決める事項については、その審理を省略して請求棄却の本案判決をすることは許されないが、被告の利益保護を主たる目的とする訴訟要件（抗弁事項、任意の土地管轄）については、その存否の判断よりも請求の理由のないとする判断が可能なときは、請求棄却判決をして差し支えないとする見解がある（鈴木正裕「訴訟要件と本案要件との審理順序」民商五七巻四号（昭和四三年）五〇七〜五二〇頁、新堂・二〇五頁）。その理由は、前記訴訟要件の具備することによって本案判決すべき場合を制約するのは、被告のために本案審理に入って訴訟追行する煩わしさを免れさせ、本案の追行から被告に生じる損害を最小限に止めるためであるから、被告が請求棄却の本案判決を受けられる状態にあるのに、訴訟要件の存否のために時間と費用を投下して手続を続けるのは無駄であるという点にある。

訴訟要件を具備しているか否かを判断していないにもかかわらず、本案判決をすることは、裁判所が請求に対する法的判断を行って差し支えないか否かを確認することなく、たとえ請求棄却判決にしろ、法的判断を下してしまうということである。したがって、それは本案について請求の理由のないことを公的に判断することであることをもって、許容されるかという点に帰着する。

そこで、抗弁事項についてみると、それは、被告が主張しない限り、裁判所として顧慮しない事項であるに止まり、被告の主張があれば、裁判所としては必ず判断する職責を有する事項であり、その場合でも、裁判所として判断するか否かについてみずからの裁量に委ねられているわけではない。さらに、抗弁事項であっても、本案請求に吸収される性質を有する当事者適格については、見解が対立し（本案判決に先立って判断することを要するという説と例外的扱いを認める説とに分かれている。前者として、鈴木・前掲五二二頁注一七、後者として、新堂・二〇六頁、ただし第三者に判決の効力が及ぶ場合を除くとする。）、訴えの利益についても司法権の限界が問われている事案においては、裁判所がその点について判断すること自体を要請されるべきであるとして、前記のような取扱いの対象から外している（新堂・二〇六頁）が、そうしたこと自体が例外的扱いをしようとする判断基準について合理的妥当性に欠けていることを示している。

また、請求棄却の本案判決をすることが、訴訟要件の欠缺による訴え却下判決と比較して、類似の後訴を阻止するのに有益であるとも限らず、訴訟判決によりかえって同種の訴えの提起が抑止される機能を営むことも十分にあり得る。また、管轄違いの抗弁、仲裁契約の存在の主張は、いずれも被告の利益を主たる目的とする訴訟要件でありあるいは抗弁事項であるが、第一審で主張が認められてこそ価値があるところ、前記少数説は第一審の局面でしか問題を捉えてなく、控訴審を視野に入れて理論構成していないきらいが認められる（竹下・前掲一六頁以下）。

四　訴訟要件の判断基準時

訴訟要件は本案判決の要件であるところ、本案判決は事実審口頭弁論終結時までの資料に基づいて行われるので、訴訟要件の存否を判断する基準時は、原則として事実審の最終口頭弁論終結時である（例外として管轄については、起訴の時である、一五条。これに対し、訴訟要件は事実審のみならず上告審にも直接該当する手続法であるという立場から、その判断基準時を上告審口頭弁論終結時（口頭弁論が開かれないときは判決時）とする説として、上村明広「上告審における訴訟要件」小室直人・小山昇先生還暦記念『裁判と上訴（中）』（有斐閣、昭和五五年）二一五頁以下、小室直人「民事訴訟における職権調査事項の諸問題」名城法学三五巻一号（昭和六〇年）〔同『訴訟物と既判力』（信山社、平成一一年）二四七頁〕）。

(1)　訴訟要件の具備と判断時　　訴え提起の時には訴訟要件を具備していなくても、前記基準時に具備していれば足り、逆に訴え提起時に具備していても、その後に消滅し基準時に欠いているときは、訴えは不適法として却下される。もっとも、訴訟要件を欠くときは、本案の審理をうち切り、訴えは却下されることとなるので、右の理はたとえ訴訟要件を欠けていていても、補正する可能性のある場合には、その機会を与えるところに意義がある。

(2)　上告審における訴訟要件　　訴訟要件の判断基準時である事実審口頭弁論終結時後に、訴訟要件の具備について変動を生じた場合の上告審における対応については、二つの場合に大別することができる[2]（判断基準時を上告審口頭弁論終結時とする立場によると、当然に顧慮することとなる、上村・前掲二一七頁）。

(イ)　事実審口頭弁論終結時に訴訟要件を具備していたところ、その後にこれを欠いた場合　　訴訟要件の判断基

準時に具備していたのであるから、原判決は当然に本案判決を下していると考えられるので、上告審は、原則として、その後の事実を斟酌すべきではなく、本案請求に対する原判決の当否についてのみ判断することとなる。もっとも、欠缺した事項が判決の無効ないし再審事由に該当する場合（たとえば、裁判権を喪失した場合、当事者が死亡し相続に親しまない請求である場合）、さらに実体関係に係わりのある訴訟要件の欠缺の場合については、それを斟酌して判決すべきであると解する（竹下・前掲三九頁は、権利保護の利益のように無益な訴訟の排除を目的とする訴訟要件についてまで顧慮する必要はないとする。）。これらの事由が、口頭弁論終結後に生じたとして、上告審がそれを斟酌しないで法的に無意味な判決あるいは再審事由のある判決をすることは、法秩序をかえって混乱させるおそれがあると認められるからである。もっとも、原審で請求棄却判決を受けた原告が、その口頭弁論終結時後に、みずから訴訟要件の欠缺を生じさせる事由を作出し、訴えの利益の消滅による訴え却下判決を求めて上告した場合については、上告権の濫用とみなし、上告を却下すべきである（同旨・最判(三小)平成六・四・一九判時一五〇四号一一九頁）。特許出願の明細書の補正却下決定に対する審判請求を排斥した審決の取消訴訟の上告審係属中に原告が特許出願を放棄した場合は、訴えを却下すべきである（最判(一小)昭和六〇・三・二八判時一一五一号一二五頁）。

(ロ)　事実審口頭弁論終結時に訴訟要件を欠いていたところ、その後にこれを具備した場合　一般に、いったん係属した訴訟について手続法上の欠缺を補正することが可能であれば、その措置を施し、本案審理を進行させることは、民事訴訟法の基本的な姿勢であるのみならず（たとえば訴状補正命令）、原告の便宜に適うとともに、被告にとっても裁判所の実質的な判断を求める利益を図ることになる。したがって、原審が訴え却下の訴訟判決をしていたときは、原審口頭弁論終結時を基準時として判断すると、もとより正当な判決であるが、上告審は、右の趣旨に基づき、訴訟要件を具備した点を顧慮して原判決を破棄し事件を差し戻すべきである。この点を顧慮しないで上告棄却判決をしても、原告は改めて訴えを提起し直すこととなり、訴訟経済にも反するばかりでなく、紛争解決を先送りする弊害

を生じさせることとなる。また、原審が訴訟要件の欠缺を見過ごし、本案判決をしていたときは、その後に訴訟要件を具備したことを斟酌して、原判決を結論として維持すべきである。

(2)　上告審における訴訟要件と判例の動向　判例は、(イ)の場合について、社団法人の役員選任決議無効確認ならびに資格不存在確認請求訴訟において、原審が請求を斥ける判決をしたところ、上告審係属中に右決議によって選任された役員が辞任又は任期満了により退任した場合に、上告審は職権調査により確認の利益が喪失したとして、原判決及び第一審判決を破棄し、訴えを却下している（最判(一小)昭和二九・一〇・七裁判集民事一六号一九頁）。その後も、本判決が採用する事実審口頭弁論終結時後に訴えの利益が消滅した場合には、上告審はこれを顧慮して原判決を破棄し、訴えを不適法として却下すべきであるとする態度が踏襲され（最判(一小)昭和六〇・三・二八判時一一五一号一二五頁、最判(一小)平成三・三・二八判時一三八一号一二五頁）、こうした考え方は当事者能力の欠缺の場合についても、適用され（住民訴訟における事実審口頭弁論終結時後、判決言渡し前に原告が死亡した場合について、最判(二小)昭和五五・二・二二判時九六二号五〇頁）、判例理論として確立されているとみられる。

他方、(ロ)の場合について、事実審口頭弁論終結時後に、当事者能力を取得したことを理由とする口頭弁論の再開の申立てにつき、原審がこれを容れなかったのを違法とする主張に対し、右基準時後に生じた事由を顧慮することを要しないとするとともに、弁論の再開の可否は裁判所の職権調査事項であるとして右主張を斥けている（最判(二小)昭和四二・六・三〇判時四九三号三六頁）。会社を当事者とする訴えを提起した者（清算人）が、基準時後に代表清算人に選任され代表権を取得したという主張に対し、代表者の存否についてその後の事情を斟酌することを要しないとする（最判(三小)昭和四六・六・二二判時六三九号七七頁）。また、上告審の口頭弁論において、権限のある訴訟代理人が上告審および原審における無権代理人による上訴の提起およびそれに係る訴訟代理人の選任などの訴訟行為を追認することを認める（大判昭和一六・五・三判決全集八輯六一七頁、最判(二小)昭和四七・九・一民集二六巻七号一二八九頁）。

五　調査の結果

(1)　訴訟要件について調査し、具備している場合には、その旨を特別に判示する必要はなく、本案判決をする。当事者間に争いがある場合には、中間判決（二四五条）または終局判決の理由中で、その存在する旨を判示する。

(2)　訴訟要件を欠いていると判断する場合には、本案の審理を打ち切り、終局判決をもって訴え却下の判決をする。ただし、管轄違いの場合には、移送決定をする（一六条）。欠けている訴訟要件を補正できる見込みのある場合に

は、まず補正を命じ、それにしたがわず、あるいは補正できなかったときにはじめて、訴え却下の判決をする。補正の見込みがないときは、口頭弁論を開くことなく、訴え却下の判決をすることができる（一四〇条）。

(3)　訴訟要件を欠いているのを看過しまたは誤認して本案判決をした場合は、違法な判決であるので、請求を棄却された原告も、請求棄却の申立てを容れられず請求を認容された被告も、上訴してその取消しを求めることができる（ただし任意管轄違いを除く、二九九条本文）。もっとも、請求棄却判決について、被告が訴訟要件の欠缺を理由に訴え却下を求めて上訴する利益はない（竹下・前掲二八頁は、判決の手続的または内容的正当性を確保することを目的とする訴訟要件、とりわけ司法権の限界に由来する訴訟要件については、上訴の利益を認めるべきであるとする。）。判決確定後は、それが再審事由に該当する場合に限り、再審の訴えを提起できるに止まる。他方、訴訟要件を具備しているのを看過しまたは誤認して訴え却下判決をした場合は、原告はもとより、請求棄却判決を求めた被告も、上訴する利益がある。

第二節　訴権的利益――訴権と司法裁判権の交錯

第一款　訴権的利益の構造

国家は統治者という立場において、統治機関の一つとして裁判制度を設営し、他方、国民は国家の統治に服するところ、裁判制度という局面において、統治者であるとともに設営者である国家と被統治者である国民を結びつける方策が必要となる。近代国家社会は、一般に国民が裁判所で裁判を受ける権利を憲法上保障している。他方、国民の側が、裁判所に対してどのような立場にあるかについては、必ずしも明らかでない。この国家が設営した裁判所と国民がだれでもみずからの自由な意思により訴えを提起できる権能を接続するものが訴権である。それにより、

国民が国家の設営した裁判所に訴えを提起し、裁判を受ける権利を保障する基盤が整備されるのである。
その基盤が前提にあって、「国民が、訴権に基づき、特定の当事者間における特定の請求の当否について、裁判所による実体的判断を求めることのできる正当な利益を認められるべき要件」が設定されることになるとともに、その必要性がある。これを「訴権的利益」といい（新堂・二〇九頁も、訴権的利益という概念を使用するが、著者の立場はそれとは異なり、上田・二〇五頁に近い。）、広義の「訴えの利益」である。したがって、訴権的利益は、裁判制度の設置者である国家とその利用者である国民の間の利益を調整するものとしての意義を有する。

訴権的利益は、客観的利益と主観的利益の両面からみると、前者は、前述した広義の訴えの利益であり、権利保護の資格と権利保護の利益に分かれる。これに対し、後者は、訴訟当事者の当事者適格の問題である。

訴訟要件うちの請求についての要件である訴えの利益と当事者適格は、訴訟要件であるとともに、請求の内容と密接に関係する特徴をもっている。これらの要件は、本案判決を求める正当な法的利益があり、その当事者間で本案判決をすることにより、法的に有効かつ適切な紛争解決を図る機能を認められるか否かについて、個別的事案の請求の内容について判断する要件である。請求の内容に密接に関係することから、右の機能を期待される場合には、むしろ積極的に判断し、紛争解決という訴訟制度の機能目的に即した対応をすることを目的とする。他方、それによって、当事者とりわけ、被告が法的に無意味な訴訟に応訴させられる不利益を避けるとともに、裁判所も紛争解決に資することができない本案審理およびそれに基づく本案判決を行うことを防止し、訴訟制度の正常な運営を図ることをも目的とする。このように、訴えの利益と当事者適格は、積極的・抑止的両面を有するものと認められる（従来の議論は、後者の抑止的機能だけに着目しているきらいがある。）。それによって、民事訴訟制度の設置目的、利用目的および機能目的を大きく左右する性格をもっている。そこで、これらの訴訟要件は、他の訴訟要件とは別に抽出し、訴権的利益として把握し、論じ

ることが、民事訴訟制度の目的に照らし、有効かつ適切であるといえる（新堂・二〇九頁に示唆を受けたものであるが、本書は訴訟目的との関わりで捉えるところに顕著な相違がある。）。これらについて、次節以下において検討する。

第二款　裁判を受ける権利と訴権論の接続

憲法第三二条は、「何人も、裁判所において裁判を受ける権利を奪はれない。」と定めている。その趣旨について、判例は、すべて国民は憲法または法律に定められた裁判所においてのみ裁判を受ける権利を有し、裁判所以外の機関によって裁判をされることはないことを保障したものであるとする（最判(大)昭和二四・三・二三刑集三巻三号三五二頁）。判例の立場は基本的に妥当であるが、形式的な理解に止まり、実体的考察に欠けるきらいがある。裁判を受ける権利は、政治権力から独立した中立公正な司法機関に対して、すべての個人が平等にかつ自由な意思をもって自己の権利の保護を求め、手続保障に則った審判を受ける権利であって、裁判所以外の国家機関によって裁判されることのないことを保障するものと位置付けるのが相当である（憲法学者の有力説は、著者とほぼ同様の立場にある。芦部信喜「裁判を受ける権利」『憲法Ⅲ人権(2)』（有斐閣、昭和五六年）〔同『人権と議会政』（有斐閣、平成八年）二二二頁〕）。これに対し、「裁判を受ける権利」について、手続的デュープロセスという視点から捉える考え方が登場している（松井茂記『裁判を受ける権利』（有斐閣、平成五年）一一二頁以下）。しかし、その点は、前記学説において吸収されており、視点として捉えるのでは、かえって同条の意義を後退させるおそれが懸念される。

他方、個人が訴えを提起して裁判所という国家機関による裁判を受けることのできる権能を訴権といい、その内容の構成等に関わる議論を訴権論という。それは、同時に訴訟制度の目的とも密接に関連することから、学説の関心が集中し多くの議論を呼ぶところとなった（訴権論の歴史的発展過程を検証するものとして、富樫貞夫「ドイツ訴権論の成立過程」民訴雑誌一一号（昭和三九年）九八頁以下）。

現在では、ほぼつぎの考え方に集約されている。

(1)　権利保護請求権説　民事訴訟の唯一の目的は権利保護にあり、訴権は勝訴判決を請求する権利と構成する説である（木川統一郎「訴訟制度の目的と機能」『講座民事訴訟1』（弘文堂、昭和五九年）二九、四三、四八頁）。公法学と訴訟法学との相互影響関係の中で公権としての訴権という観念が確立していった学説の歴史的発展過程の検証は現在でも学問的関心の対象となっている（海老原明夫「公権としての権利保護請求権」法協一〇八巻一号（平成三年）二頁）。さらに、最近では、権利保護請求権説を基礎として再構成した権利保障請求権説が登場してきている（竹下守夫「民事訴訟の目的と司法の役割」民訴雑誌四〇号（平成六年）一〇頁、これに賛成するものとして、山本和彦「民事訴訟における法的利益の保護」一橋論叢一一七巻一号（平成九年）六五頁）。しかし、権利の保護をもって訴権の内容とするのは、裁判を受ける内容として意義がないのみならず、権能ということも困難である。また、権利の保障といったところで、その本質は変わるところはなく、言葉を言い替えたにすぎない。もっとも、その言い替え自体について少なからざる意義を認める余地もあり得る（主張者自身その点を強調する、竹下・前掲二六頁）が、決め手とはなり得ない。

(2)　紛争解決請求権説　訴訟制度は私人の訴えをまって機能するので、訴権の本質は、訴訟制度の存在理由と個人の利用目的との相関点に求められるべきであるという。そして、民事訴訟制度の目的は、国家権力で私人間の生活関係の紛争、利害の衝突を強制的に解決調整することによって、社会生活の秩序と安定を保持することにあるので、この目的を達することのできる権能としての訴権は、実質的にいえば国家に対する紛争解決請求権とする説である（兼子一「民事訴訟の出発点に立返って」法協六五巻二号（昭和二二年）（同・研究一巻四七七頁以下）、同『実体法と訴訟法』（有斐閣、昭和三二年）一〇八頁、一一二頁、一一三頁）。永く支配的な学説の地位を占めていて、現在でも通説といえる（新堂・二一四頁、伊藤・一五頁）。しかし、紛争解決をもって訴権の内容とするのは、権利保護請求権説におけると同様の批判が当てはまり、妥当でない。

(3)　手続保障説　当事者相互間でそれぞれの役割分担の中で訴訟による論争を展開していくという手続過程そのものの意義を重視し、そのような論争ないし対話の手続の保障がすなわち手続保障であり、それを訴訟の目的として中核に据えようとする説である（井上正三「訴訟内における紛争当事者の役割分担」民訴雑誌二七号（昭和五六年）一九三頁、井上治典「手続保障の第三の波」法学教室二八号（昭和五八年）（同『民事手続論』（有斐閣、平成五年）三四頁））。

もっとも、手続保障をもって訴権の内容とするのかは、明確でない。しかし、訴訟の目的としてであっても、手続保障に求めるのは、現行の裁判制度の使命と役割から大きく遊離する考え方である。

(4)　訴権否定説　訴権という観念は、誇張された権利意識の生み出した幻想にすぎないという認識の上に立って、国家が民事訴訟制度を営むことにより、国民は利益不利益の両面をもつが、国家と訴訟制度の関係は私法上の権利・義務と同じような意味で権利・義務関係ではなく、また恩恵の関係でもないとし、国民が国家の主権に服している事実の反映にすぎないとする。そして、訴権論を訴訟理論の中核にすえることを自覚的に否定する説である（三ケ月・全集八頁、一三頁）。その背景には、訴訟制度の目的を説明するために訴権という発想を維持することに対する疑問に端を発している（三ケ月「民事訴訟の機能的考察と現象的考察」法協七五巻二号（昭和三三年）〔同・研究一巻二五九頁〕）。訴権論が訴訟法理論に占める理論的価値、あるいは民事訴訟実務における実践的意義については、評価に幅がある。しかし、訴権という発想自体を疑問とし、国民が国家の主権に服している事実の反映にすぎないとするのは、訴訟法の次元で考えても、当事者主義を基本原則とする構造にまったく反する理解であるのみならず、こうした発想を生み出す淵源に疑問を感じる。

(5)　司法行為請求権説　実定法として存在する民事訴訟法の体系構造の点から考察すると、個人の中立に基づいてのみ裁判が行われるのであるから、訴訟法と国家法を結合することを要し、個人の公法上の権利として訴権を位置付けることができるとする説である（斎藤秀夫「訴権と憲法との架橋」『石田文治郎先生古稀記念論文集』（昭和三七年）〔同『民事訴訟法理論の生成と展開』（有斐閣、昭和六〇年）七一頁〕）。そして、訴権は、特に憲法三二条と結合することによりはじめて、理論的価値のみならず実際的効用を果たすことができるとする（中野貞一郎「訴権」法学セミナー六四号（昭和三六年）五八頁は、訴権は訴訟法と憲法を結びつける概念として理論的価値をもつとする。もっとも、後年、中野「民事裁判と憲法」『講座民事訴訟1』（昭和五九年）〔同『民事手続の現在問題』（判例タイムズ社、平成元年）六頁〕では、憲法三二条と訴権は内容的に重なりをもち、その限りで憲法と民訴法とを結びつけながら併存するとしている。）。その背景には、訴権における公法的側面の重要性に着目することにある（斎藤秀夫「公法学理論の訴権理論への影響―権利保護請求権説の公法的側面」民商一二巻四号～六号（昭和一五年）〔同・前掲書二四頁以下〕参照）。この説は、裁判を受ける権利と訴権を峻別しつつ、裁判を受ける権利と

国民が裁判所に訴訟を提起し審判を受けることができる権利を架橋するものとして訴権を位置付け、司法行為請求権説と称している。権利保護請求権説が意図したところを憲法を頂点とする法体系の中で根本的に再検討し、構成し直すという立体的な思考方法によっている点に特徴を認められる。

このように訴権論をめぐる議論を概観すると、これまでの訴権論の中には、訴訟制度の目的と訴権論とを直接に結びつけ、それを当然のこととする傾向がみられる（その中にあって、新堂幸司「民事訴訟の目的論からなにを学ぶか(8)」法学教室八号（昭和五六年）〔同『民事訴訟制度の役割』（有斐閣、平成五年）一〇一頁、特に一七七頁以下〕は、意識的かつ明確に分離しているのが注目される。もっとも、その論旨はいずれも著者と見解を異にする。）。しかし、訴訟制度の目的を一義的に考えることは妥当でないのみならず、たとえ特定された目的を設定したとしても、目的論が訴権論に論理必然的に直結するものではなく、視点を異にすべき問題である。

そこで、裁判を受ける権利と訴権との関係について考えると、第一に、訴権は、訴訟制度の設置目的と利用目的とを円滑に接続する機能を有する。統治者と被統治者という立場の異なる主体が、統一された法制度の下で両立して存在する基盤を形成するものとして、訴権というものが設定される。前者の立場からは、法秩序の維持という目的が、後者の立場からは権利の保護という目的が導かれる。しかし、統治者が訴訟制度を設置することから、被統治者が当然に裁判所に訴えを提起することができるという権能を導くことはできない。そこに、被統治者のために、憲法上の基本的権利として「裁判を受ける権利」を定める意義がある。しかし、それはあくまでも国家が統治権の方策として裁判制度を設置したことについて、主権者たる国民はここにおいて裁判を受ける権利を認められるという理念を定めたに止まる。

第二に、訴権は、裁判を受ける権利と訴え提起の権能を接続する機能を有する。裁判を受ける権利に基づき、国民のために訴権という権能を設定することにより、国民がみずからの自由な意思と判断に基づき裁判所を利用する

ことができる法的根拠が基礎づけられる。それにより、「訴えなければ裁判なし」という原則と「訴えに対する裁判拒否の禁止」という原則が定律されるのである。

訴権がこのような機能に着目すると、訴権の性質は、司法行為請求権説が最も妥当な考え方と評価する。

第三節　権利保護の資格（訴権的利益の客観的利益――その一）

第一款　法律上の争訟――司法裁判権の使命

裁判所は、原則として、「一切の法律上の争訟を裁判」する権限を有し（裁三条一項）、この権限を司法裁判権あるいは単に裁判権という。この権限は、憲法により裁判所に与えられたところの裁判所に本質的な権限であり（憲七六条一項）、他の法律によって奪うことはできない性格のものである（裁三条参照）。裁判所が裁判をする権限は国民が裁判を受ける権利（憲三二条）と表裏の関係にあり、裁判所は裁判する権限を有するとともに、裁判する責務を負う（最高裁判所事務総局総務局『裁判所法逐条解説・上巻』（法曹会、昭和四二年）二一頁）。

一　「法律上の争訟」の意義

裁判所法第三条にいう「法律上の争訟」の意味内容について、判例は、「法令を適用することによって解決し得べき権利義務に関する当事者間の紛争をいう」とする（最判(一小)昭和二九・二・一一民集八巻二号四一九頁、同(三小)昭和四一・二・八民集二〇巻二号一九六頁）。「争訟」とは、法律上定められた権利義務または法律関係に関する主張の対立を意味する（最高裁事務総局・前掲書二四頁。これに対し、斎藤秀夫『民事訴訟法概論〔新版〕』二一頁は、権利主張の当否について、関係当事者間に争いがある場合に、国家機関が一方の申立にもとづき、一方のみの主張だけでなく、双方の主張を聴いた上で、公権力をもってその争いを裁判する手続をいうとする。）。実体法上に具体的な権利義務についての定めがな

く、裁判によってはじめて権利または法律関係が形成される場合は、争訟に含まれない。したがって、「法律上の争訟」とは、法主体を当事者とする間の具体的権利義務ないし法律関係に関する争いであって、法令を適用することにより終局的に解決しうべき争いをいう。

また、裁判所は、「法律において特に定める権限」を有する（裁三条一項）。憲法により、法律上の争訟に関する裁判以外の権限を付与され、また他の法律によってもそれ以外の権限を付与されているが、それらは裁判所として本質的な権限ではなく、付随的なものであり、したがって法律において特に定めのあることを要する[1]（最高裁事務総局・前掲書二七頁）。

二　権利保護の資格としての「法律上の争訟」

司法裁判権の対象とする「法律上の争訟」は、訴えを提起する視点からみると、具体的な権利義務に関する争いであることと、法令を適用することにより終局的に解決できる争いであることを要する。

(1)　具体的な権利義務ないし法律関係に関する争い　単なる事実の存否に関する争いは、権利保護の資格がなく、請求適格を欠くこととなる（例外・証書真否確認の訴え、一三四条）。裁判所は、当事者間に生じた具体的な権利義務ないし法律関係をめぐる争いに対する審判として法的判断をするのであるから、抽象的な法令の解釈または効力に関する争いがあっても、具体的な権利義務ないし法律関係から離れて、法令の解釈または効力について一定の判断をすることは、司法裁判権の対象とするものではない（裁判所は、固有の権限として抽象的な意味での違憲立法審査権を有しない、最判(大)昭和二七・一〇・八民集六巻九号七八三頁。わが最高裁判所は、抽象的規範統制の権限を付与されたいわゆる憲法裁判所という性格を有するものではない。外国法制について、千葉勝美ほか『欧米諸国の憲法裁判制度について』司法研究報告書四三輯一号（法曹会、平成二年）参照）。

(2)　法令を適用することにより終局的に解決できる争い　法令を適用できる事項であっても、それにより紛争の終局的解決を図ることができることを要し、たとえ形式的に法令を適用することができても、紛争の終局的解決を図ることができない争いは、権利保護の資格を認められない。そうした視点から、学術上の評価、論争は争訟性

に欠けるので、権利保護の資格を認められない。(2)

国の統治機関または地方自治体における紛争、宗教団体その他団体の内部紛争等については、「法律上の争訟」の前述した二つの要件が交錯するので、「司法裁判権の制限」として項を改めて論じることとする。

（1）「法律において特に定める権限」の意義　裁判所が法律上の争訟を裁判する権限以外の権限としては、憲法上裁判所の権限とされるものと、裁判所法その他の法律の定めにより裁判所の権限とされるものとがある。前者として、最高裁判所の規則制定権（憲七七条）、最高裁判所の下級裁判所裁判官の指名権（憲八〇条一項）がある。さらに、憲法七六条・七七条・八〇条等の規定の精神から、最高裁判所の司法行政権は憲法上付与されたものであり、他の法律によって奪うことはできないと解するのが相当である（最高裁事務総局・前掲書二八頁）。後者の内、裁判所法によるものとして、各下級裁判所の司法行政権（裁二〇条、二九条、三一条の五、三七条）があり（最高裁事務総局・前掲書二八頁）、その他の法律の定めによるものとして、非訟事件がある（兼子一＝竹下守夫『裁判法〔第四版〕』（有斐閣、平成一一年）六八頁は、国の機関の長に対する職務命令訴訟（地自一五一条の二第三項）、地方議会の選挙、資格決定に対する出訴（地自一一八条五項・一二七条四項）等もその例であるとする。）。

（2）学術上の評価、論争と権利保護の資格　大学における学位審査、論文指導をめぐる紛争は、少なくない。東京地判平成八年七月三〇日（判時一五九六号八五頁）は、大学において指導教授が大学院生の修士論文の指導を行い、学会誌に掲載するについて、指導教授が第一著者、右院生を第二著者に順序を入れ替えたことについて、院生による指導教授に対する著作者人格権の侵害に基づく損害賠償請求を認容している。法律上の争訟として権利保護の資格があることを当然の前提とするものであり、もとより妥当な理解であるが、院生に対する論文指導は指導教授としての当然の責務であり、これを履行したことにより指導教授が独自の著作権を主張すること自体失当である。

また、学位を授与するか否かの審査は、もっぱら学問的見地から審査判断されることであり、法律の適用によって決まる事項ではないから、審査内容の当否を争う訴えは裁判所の判断になじまない事項を対象とするもので不適法というべきである。判例は、この点については是認しつつ、東京大学長を被告とする取消請求訴訟について、東京大学大学院数物系研究科委員会の学位不授与決定が違法な手続に基づいてなされたとして、右決定を公法上の一種の確認行為であるとして、その無効確認または取消を求める訴えを適法とする（東京高判昭和三七・六・一一行集一三巻六号一二一三頁）。

さらに、判例は、国家試験の不合格の正否を争うのも、「学問または技術上の知識、能力、意見等の優劣、当否の判断を内容と

する行為」であることを理由に、裁判所の判断の対象とはなりえないとする（最判(三小)昭和四一・二・八民集二〇巻二号一九六頁）。もとより、当然の判断である。もっとも、司法試験第二次試験の不合格者が司法試験管理委員会を被告とする司法試験の合否判定取消しないし無効確認の訴えについて、同試験の合否の判定も法律上の争訟にあたるとしつつ、司法試験法五条に定める学識・応用能力の有無の判断の当否は、裁判所による審査に親しまないが、それ以外の他事考慮（年齢等による差別）の存否・適否については裁判所の審査権が及ぶとしている（東京地判昭和四九・九・二六判時七六九号三八頁）。

第二款　司法裁判権の制限

司法裁判権は、裁判所が「一切の法律上の争訟を裁判」する権限をいうことから、「法律上の争訟」に当たらない紛争は、法律において特に定める場合を除き、裁判所の権限の対象とならない。裁判所という司法権を委ねられた国家機関である性格に照らし、たとえ法的形式を採った争いであっても、裁判所法三条にいう「法律上の争訟」に該当せず、司法裁判権を行使することを制限される場合がある。司法裁判権の制限は、訴訟法上において権利保護の資格の制限として位置付けられる。

第一項　国の統治機関または地方自治体における紛争

一　国家統治の基本に関する国家行為

司法裁判権の行使の対象とならない行為として、統治行為ということがいわれる。統治行為の概念は、学説上必ずしも確立されているとはいえず、異なった概念として用いられている（芦部信喜「違憲審査権の限界―統治行為を中心として」『続判例展望』（昭和四八年）〔同『憲法訴訟の現代的展開』（有斐閣、昭和五六年）一三二頁〕）。統治行為とは司法権を担う裁判所以外の国家統治機関である国会および内閣の自主性に委ねられた自律に属する事項で、裁判による統制を受けない行為であり、統治行為として位置付けるのが相当である。それら

の多くは、国家統治の基本に関わる高度に政治性のある国家行為であるといえようが、そのことをもって司法判断の対象から除外されるのではなく、国会・内閣の自主的自律的行為であることに基づくものである。裁判所がそれらの行為について、司法裁判権の対象にならないものと判断しても、主権者たる国民の理解と納得を得られるばかりでなく、かえって信頼されることとなる。裁判所も、国家統治の機関である点においては、国会・内閣と同様であり、訴訟の場に現れる争訟の内には、政治的色彩が極めて濃厚なものも少なくない。しかし、それが「高度に政治性のある国家行為」であることをもって司法統制の範囲外とすることは、裁判所法三条に定める法律上の争訟を裁判する裁判所の責務を放棄することになるおそれがあるとともに、裁判所に対する国民の信頼を損なうこととなる。したがって、たとえ、説明概念として用いるのであっても、「高度に政治性のある国家行為」を理由とするのは、妥当でない(1)。

（1）「高度に政治性のある国家行為」と「裁量行為」　判例は、衆議院の憲法七条による解散の無効を主張して提起した議員資格確認および歳費支払請求訴訟について、①直接国家統治の基本に関する高度に政治性のある国家行為は、たとえ法律上の争訟であり、これに対する有効無効の判断が可能であっても、裁判所の審査権の外にあり、その判断は主権者たる国民に対して政治的責任を負うところの政府、国会等の政治部門の判断に委ねられている。この司法権の制約は特定の明文はないが、司法権の憲法上の本質に内在する制約である。②衆議院の解散の効力については、これに当たる。③右国家行為が訴訟の前提問題となっている場合であっても、同様であるとする（最判(大)昭和三五・六・八民集一四巻七号一二〇六頁）。本判決は、統治行為論を認めた先例として位置付けられている。しかし、本件は、国会・内閣の自律的行為であることを理由として、判旨と同一の結論を導くのを妥当と解する。

また、裁量行為論というものがある（最判(大)昭和三九年二月一五日民集一八巻二号二七〇頁、芦部信喜「違憲審査権の限界―統治行為を中心として」『続判例展望』（昭和四八年）〔同『憲法訴訟の現代的展開』（有斐閣、昭和五六年）一二五頁・一二七頁・一二九頁〕参照）。しかし、国会・内閣の広範な裁量に委ねる姿勢は疑問である。

二　国の統治機関および地方自治体における行為

立法機関の運営手続、議事手続等の瑕疵を主張し、その効力に関する争いは、三権分立の原則に照らし、その機関において自律的に解決されるべきことであり、司法裁判権は及ばないと解する。判例は、国会の会期延長議決の無効を理由とする警察法の無効を主張し、大阪府知事を被告とする同法に基づく予算の支出の禁止を求める訴えについて、裁判所の審査権は国会の議事手続に及ばないとする（最判(大)昭和三七・三・七民集一六巻三号四四五頁）。妥当な判断といえ、通説はこれを支持している（宮沢俊義『日本国憲法』（日本評論社、昭和三〇年）五九四頁、芦部信喜「違憲審査権の限界—統治行為を中心として」『続判例展望』（昭和四八年）〔同『憲法訴訟の現代的展開』（有斐閣、昭和五六年）一三五頁〕）。もっとも、法律の制定議事手続については公布をも含めて、議院の自主性を尊重すべきで、司法審査の対象とすべきでないとする見解（横田喜三郎「立法府の自律権と司法権」ジュリ二三七号（昭和四一年）三八頁）は、是認し難い。

国会における議員の懲罰に関する決議については、懲罰権は議会に内在する固有の権限に基づく内部規律の問題であり、前述した運営手続、議事手続等と同様に、本来その自律権に委ねるべきことであって、除名処分を含め、司法裁判権の対象とはならないと解する（宮沢・前掲書五九五頁、田中二郎『行政法総論』（有斐閣、昭和三二年）四八頁）。この点は、地方議会についても、原則として同様である（村議会における三日の出席停止の議員懲罰につき、最判(大)昭和三五年一〇月一九日民集一四巻一二号二六三三頁）。これに対し、公職選挙法に基づき選挙された議員の除名処分は、議員の身分を喪失させ議会から排除する点で、内部規律の範囲を越える市民法秩序に関わる問題であり、一般の懲罰と同一に対処すべきでない特別の性格をもっている。また、地方議会と裁判所との関係は、三権分立の原則を適用する余地もなく、国会とは別に考えても、均衡を失するものでもない。したがって、民事訴訟制度が市民法秩序の維持を設置目的とすることに照らし、地方議会の議員除名処分については、司法裁判権が当然に及ぶものと解する（前記最判(大)昭和三五・一〇・一九日（ただし、傍論）、田中二郎「行政処分の執行停止と内閣総理大臣の異議」法協七〇巻一号（昭和二八年）〔同『行政争訟の法理』（有斐閣、昭和二九年）一九六頁〕、芦部信喜「地方議会の議員除名決議と取消訴訟の対象」自治研究三〇巻八号（昭和二九年）〔同『人権と議会政』（有斐閣、平成八年）五七六頁〕。もっとも、その後、このような限定的積極説をとるべきか無限定的積極説をとるべきかについて結論を留保するとしている（芦部信喜「統治行為と行政事件訴訟」『行政法演習・第二巻』（昭和三八年）〔同『憲法訴訟の理論』（有斐閣、昭和四八年）四三五頁〕）。）。

これに対し、公選による議員たる地位は、普通の市民として享受し得る地位ではなく、国または公共団体の組織上の公の資格であって、個人の職業ではなく、除名処分を含めて法律上の争訟に当たらないとする見解がある（兼子一「司法権の本質と限界」ジュリ二九号（昭和二八年）〔同・研究二巻一六九頁〕）。公選による地位と組織上の公の資格という意味を誤認した見解であって、是認しがたい。

第二項　宗教団体における紛争

一　宗教団体における紛争の特徴

宗教団体の社会的存在が増大するにつれて宗教団体をめぐる紛争が訴訟の場に登場することが著しく増加する傾向にある。宗教上の教義、布教方針の当否等の宗教上の争いを直接訴訟物とする訴えは、法律上の争訟に当たらず、司法裁判権の対象から外れることは明白なので、訴訟の場に登場することはほとんどあり得ない。いずれも、訴訟形態は通常の民事訴訟の法的請求形式をとっていながら、そこにいたる前提問題である攻撃防御としての主張の中に宗教的色彩の事項が登場してくるところに特徴がある。(1)

(1)　判例の動向　最高裁判所を中心にこれまでの判例の動向をみると、宗教法人の主宰者ないし機関たる地位の地位をめぐる争いと宗教活動に係る団体ないし法人とその会員ないし信者との争いに大別できる。

宗教法人A寺の代表役員・責任役員および住職であったXが、Aの包括宗教法人Y_1およびその代表役員・責任役員（変更登記済み）および住職Y_2を被告として、Aに提出した退職願書の無効を主張し前記代表役員・責任役員たる地位の確認およびその前提として住職たる地位の確認を求めた訴えにおいて、前者についてA宗教法人を相手方としない限り確認の利益がないとする（①最判（一小）昭和四四・七・一〇民集二三巻八号一四二三頁（銀閣寺事件））。また、宗教法人Yにより住職を罷免されたXが住職たる地位確認を求め（甲事件）、YはXがその地位を喪失したにもかかわらず占有している物件につき、所有権に基づき引渡請求した事案（乙事件）において、①判決を引用して、甲

事件については住職の訴えを却下するとともに、乙事件については、「特定の住職たる地位の存否が他の具体的権利又は法律関係をめぐる紛争につき請求の当否を判定する前提問題となっている場合には、その判断の内容が宗教上の教義にわたる場合でない限り、右住職たる地位の存否について審判権を有する。」とし、そのことと前記確認請求を許さないこととは矛盾しないとする（②最判(三小)昭和五五・一・一一民集三四巻一号一頁（種徳寺事件））。さらに、寺院の住職というような宗教団体内部における宗教活動上の地位にある者がその宗教法人の規則上当然に代表役員兼責任役員となるとされている場合には、裁判所は、特定人がその宗教法人の代表役員等であるかどうかを審理、判断する前提として、その者が右規則で定める宗教活動上の地位を有する者であるかどうかを審理、判断することができるとする（③最判(一小)昭和五五・四・一〇判時九七三号八五頁（本門寺事件））。

また、宗教団体内部における懲戒処分の効力を前提問題とする具体的権利義務ないし法律関係に関する訴訟であっても、その効力の有無が当事者間の紛争の本質的な争点をなすとともに、宗教上の教義、信仰の内容に深く関わっているため、右教義、信仰の内容に立ち入ることなくしてその効力の有無を判断することができず、しかもその判断が訴訟の帰すうを左右する必要不可欠のものである場合には、法律上の争訟に当たらないとする（⑤最判(二小)平成元・九・八民集四三巻八号八八九頁（蓮華寺事件））。包括宗教法人により懲戒処分に付された僧侶に対する右法人の末寺が自己の所有する建物の明渡請求訴訟を提起した事案、および包括宗教法人Y_1及びその代表役員および管長であるY_2を被告とする被包括宗教法人である寺院（末寺）などの代表役員である住職などが原告となって右各地位の不存在確認請求訴訟を提起した事案について、いずれも前記⑤と同様の事情が認められる場合にも、同一の理由により法律上の争訟に当たらないとする（⑥最判(三小)平成五・七・二〇判時一五〇三号三頁（白蓮院事件）、⑦最判(三小)平成五・九・七民集四七巻七号四六六七頁（日蓮正宗管長事件）、その他、同旨として、⑧最判(一小)平成五・一一・二五判時一五〇三号一八頁（小田原教会事件）、⑨最判(三小)平成一一・九・二八判時一六八九号七八頁）。

また、訴訟が具体的な権利義務ないし法律関係に関する紛争の形式をとっており、信仰の対象の価値ないし宗教上の教義に関する判断は請求の当否を決するについての前提問題にとどまるものとされていても、それが訴訟の帰すうを左右する必要不可欠のものであり、紛争の核心となっている場合には、その訴訟は、裁判所法三条にいう法律上の争訟にあたらないとする（④最判(三小)昭和五六・四・七民集三五巻三号四四三頁（板まんだら事件））。そして、Xらは宗教法人Yの会員として、Yが「(1)戒壇の本尊板まんだらを安置するための正本堂建立の建設費用に充てることを目的とする、(2)この正本堂建立は広宣流布達成の時期にあたる。」と称して募集したところによる供養金名義の寄附（贈与）について要素の錯誤による無効を理由とするYに対する不当利得返還請求の訴えを不適法として却下している。

他方、宗教法人の代表者として寺院建物を所持していたところ、僧籍剝奪処分を受け建物の所持を奪われた住職による右法人に対する占有回収の訴えにつき、請求を認容している（最判(三小)平成一〇・三・一〇判時一六八三号九五頁、最判(二小)平成一二・一・三一判時一七〇八号九四頁）。

二　宗教団体における紛争と司法裁判権

宗教団体は、宗教法人法の定めるところにより法人格を取得し、宗教法人となることができる（宗法四条）。宗教団体における紛争には、宗教法人の主宰者ないし機関たる地位の地位をめぐる争いと宗教活動に係る団体ないし法人とその会員ないし信者との争いがある。また、民事訴訟に限らず、行政訴訟という形式を採ってはいるものの、その前提には宗教団体内部における右のような争いが存在することもある（たとえば、宗教法人役員変更登記申請受理処分取消請求訴訟によるものとして、大阪高判昭和四八年九月六日行集二四巻八・九号九〇〇頁）。これまでの学説の主流は、判例の方向に大筋において賛成する傾向にある（新堂幸司「審判権の限界」『講座民事訴訟1』（弘文堂、昭和五九年）〔同『民事訴訟法学の基礎』（有斐閣、平成一〇年）〕一八一頁、特に二〇〇頁以下）。しかし、疑問とする点が少なくない。

第一に、宗教法人には、代表役員および責任役員を置くことを要するところ（宗法一八条一項）、その地位は法律上のものであるから、これらの地位をその意に反して退かされた者は自己がその地位にある宗教法人を被告として代表役員もしくは責任役員の地位確認の訴えを提起することは、法律上の争訟として司法裁判権の対象となる。住職、管長については、宗教法人法に直接の根拠規定はなく、その限りでは宗教活動の主宰者としての地位にすぎないとみられる（渡部蓊『新訂逐条宗教法人法』（ぎょうせい、平成一〇年）一三二頁）。これに対し、同法所定の宗教法人の規則にその資格、任免手続等の定めがある場合には、単なる宗教上の地位に止まらず、市民法上の地位を認めるのが相当であり、その地位をめぐり争いがある場合に、罷免手続の瑕疵を理由に住職、管長の地位確認請求するのは法律上の争訟であり、かつ確認の利益を認めることができる。とりわけ、その規則により、宗教法人の代表役員もしくは責任役員はその寺院の住職をもって当てる旨の定めがある場合には、もはや宗教活動の主宰者としての地位とみるのは妥当でないのみならず、職務上の

地位に基づき代表役員および責任役員という組織法上の地位にあり、両者は一体として法的地位と解するのが相当である（伊藤眞「宗教団体の内部紛争と裁判所の審判権」判タ七一〇号（平成元年）一一頁）。この点について、前掲③最判（一小）昭和五五年四月一〇日が、単に住職の地位確認請求については、法律上の争訟性を否定しつつ、代表役員および責任役員の地位確認請求の前提として審判することを是認するのは、理論的に問題がある。かりに、請求を認容した場合に、訴訟物は代表役員および責任役員の地位確認請求であり、住職の地位確認については判決理由中の判断にすぎないので既判力を生じないこととなる。したがって、その判決により、いったん喪失した住職の地位が復活するという効力を導き出すことは困難である。また、宗教の種類によっては、宗教上の地位と宗教法人の責任役員とを常に兼務する定めになっているとは限らない。そうした場合をも視野に入れて理論構成することが必要である。もっとも、このような考え方と前記判例の立場には、宗教団体の自治への介入の程度にかなりの差があり、二段審査という視点から判例の見解を評価する立場もある（新堂・前掲書三〇一頁）。そうすると、住職であることを代表役員および責任役員の要件とするにもかかわらず、前者は既判力により確定しないまま、後者のみ確定する事態を生じる。その点で、前記③判決には賛成できない。

第二に、訴訟が具体的な権利義務ないし法律関係に関する紛争の形式をとっている場合には、請求の当否を判断する前提として、信仰の対象の価値ないし宗教上の教義に関する判断を要するからといって、法律上の争訟性を否定し、司法裁判権の対象にならないと決めつけることは、是認できない。裁判所としては、④における供養金名義の寄附を募集した趣旨の真否については、その宗教団体と利害関係のない専門家による鑑定に付し、その鑑定結果を斟酌するか否かは、裁判所の自由心証に委ねられるのであり、その判断は判決理由中の判断であり、法的に既判力をもって確定されるわけではないのみならず、たとえ最上級審裁判所の判断であっても、その訴訟限りの判断であって、宗教上はなんらの効力も生ぜず、権威を有するものではない。したがって、それにより、裁判所という国

家機関が宗教に対する不当な干渉を行ったことにもならない。もとよりそれらがたんに宗教上の教義の当否等宗教上の価値判断に関わる事項であるときには、司法判断の対象ではなく、裁判所としては、その団体が自律的に確認、決定したところにしたがって判断すれば足りるのであり、その上で、その他の争点について審理、判断して裁判することが裁判所の責務である（前記⑥の佐藤庄市郎、大野正男裁判官の反対意見、⑧の三好達裁判官の反対意見参照）。しかし、宗教団体内部における自律性の尊重は、右の限度とすべきであり、前記第一の場合について宗教上の地位の任免にまで自律性を拡大するのは（新堂・前掲書三〇三頁、松浦馨「民事訴訟における司法審査の限界」竜崎喜助先生還暦記念『紛争処理と正義』（有斐閣、昭和六三年）三六頁。司法裁判権は一定の限度を設定した上で実体的制限および手続的制限の双方にわたることを認めつつ、この点の自律性を認めるものとして、竹下守夫「団体の自律的処分と裁判所の審判権」『書研創立四十周年記念論文集』（平成二年）三九頁以下）、司法裁判権の行使を事実上形骸化するに等しく是認できない（中野貞一郎・判タ七〇四号八〇頁）。

第三に、宗教団体における紛争には、宗教法人の主宰者ないし機関たる地位の地位をめぐる争いであっても、宗教活動に係る団体ないし法人とその会員ないし信者との争いであっても、その宗教団体の内部で解決できないからこそ、法的紛争として司法判断に委ねられるのである。また、宗教団体に係る紛争は、どのような訴訟形態をとっても、程度の差はあるものの、宗教的色彩は拭いきれない。そうした場合に、法的形式を整えた申立てであるにもかかわらず、宗教的色彩の濃淡により、裁判所が司法裁判権の行使を制御することは、その団体における少数者の権利が保護されないのみならず、その根拠とする主張の当否について法的判断を受ける機会を得ることなしに、執行機関の意のままに終わってしまう。こうした事態は、裁判所法三条に定める裁判所の責務に反するばかりでなく、ひいては国民の裁判所に対する信頼を著しく損なうおそれがあり、賛成できない。

第三項　その他団体の内部紛争

一　団体内部における紛争と司法裁判権

国の統治機関、宗教団体におけるように、その主体自身が三権分立あるいは信教の自由という憲法上の原則を基本的な理念として存立していることから、司法裁判権の行使はその点との調整的視点が関わってくる。これに対し、その他の団体についても、別の視点から自律性との関係が問題となる。

二　学校における紛争

学校における紛争は、司法裁判権の対象という視点から分類すると、設置者と教員の間、学校と生徒・学生等の間の紛争とがある。

(1)　設置者と教員　設置者と教員とは雇用関係にあるところから、それに伴う懲戒処分の有効性をめぐる紛争があり得る。一般的には、通常の労働訴訟としてとらえることをもって足り、手続法上の問題を生じる余地はない。これに対し、教育機関としての大学において、教授会が所属する教員の昇格を否決した場合、大学が研究業績不振を理由として懲戒処分を行った場合等に、その有効性を争う訴訟について司法裁判権の対象となるかという問題を生じる。研究業績の評価は、純然たる学術的な性格のものであり、特定の教員の研究業績については、それが昇格要件を充たすか否か、著しく研究業績を積むことを懈怠し、教員としての責務を履行しているか否かは、法律上の争訟に当たらず司法判断になじまないといえる。このように市民法秩序の中で大学に学問の府として自律性を認めることは、特に、大学が恒常的に自己点検評価（Accreditation）することを社会的に要求されるとともに、教員の研究業績不振を理由として懲戒処分を行う場合に、厳格かつ公正な審査手続を設けることを必要とする。

(2)　学校と生徒・学生　第一に、大学における一般的処分についてみると、担当教員による成績評価、学部教授会による単位認定、進級判定および卒業判定がある。これらのうち、成績評価は担当教員に帰属する固有の権限であり、しかも試験、その他種々の要素を総合的に勘案して評価されるのであって、その当否を争うのは法律上の争訟とはいえない。また、単位認定、進級判定は、個々の教員の成績評価に基づき学部教授会が、その学生について当該授業課目を履修し試験に合格したことを確認する教育上の措置であり、大学の自主的・自律的判断に委ねられるべきものであり、したがってこれらの当否自体（たとえば、成績評価の程度）を直接争うことは、司法判断の対象とはならない。しかし、単位認定は、学校教育法六三条、大学設置基準三二条に基づき各大学において定める学則によって根拠づけられる法的根拠のある制度であり、単位認定を行う大学側が前記法令等の一切の拘束を受けることなく、任意に基準等を定めることはできない。そうすると、現行教育法制の下にあって、学生は、在学する大学の学則等が定める要件を構成する科目を履修し、試験を受験して合格した場合には、教育を受ける権利に基づき正当な手続保障に基づく単位認定を受ける法的利益を有するものと解するのが相当である。したがって、学生が、単位認定、進級判定についても、当該大学の学則等に抵触することを主張し、その有効性を争うことは、司法判断の対象になるものと解する（たとえば、進級要件を充たす単位を取得していたにもかかわらず、大学の過失により進級を認められず、後にその瑕疵が判明し、法的救済を求める場合である。）。また、単位取得が法律上一定の法的資格を取得するための前提要件とされる場合に（司法試験法四条一項一号、税理士七条、教職免許五条）、教育課程に従い授業科目を履修し試験に合格したにもかかわらず、単位認定されないことを主張し、その違法性を争う訴訟も、同様に解する（園部逸夫・最高裁判例解説昭和五二年度民事篇一〇三頁）。さらに、卒業判定は、単位認定されたところの集積として卒業要件を充たしているか否かが判定されるのであり、卒業判定だけを取り出して市民法秩序における問題と捉えることは疑問である[1]。

第二に、懲戒処分についてみると、一般に、学校における生徒・学生に対する懲戒処分は、いずれもあらかじめ

設定された一定の基準に基づいて行われるのであり、またそうあるべき行為であり、したがって法規裁量行為であって自由裁量行為ではない。かりにまったく基準がなく、あるいはたとえあらかじめ設定されていても一般抽象的な基準に止まり、処分権者の広範な裁量にもっぱら委ねられるような内容であれば、それ自体が失当であり、したがってそれらの基準に基づく処分はまったく基準がないに等しく、それに基づく懲戒処分は効力を有しないと解する。そうした点で、懲戒処分の当否に関する争いは、懲戒手続の公正性、適法性および内容に係る裁量権の正当性について司法審査の対象となる（兼子一「司法権の本質と限界」ジュリ二九号（昭和二八年）（同・研究二巻一六九頁）、これに対し、田中二郎「行政処分の執行停止と内閣総理大臣の異議」法協七〇巻一号（昭和二八年）（同『行政争訟の法理』（有斐閣、昭和二九年）一九六頁）は否定する。）。判例は、懲戒処分をめぐる争いについて司法審査の対象から除外し、全く事実上の根拠に基づかないと認められる場合か、もしくは社会通念上著しく妥当性を欠き懲戒権者に任された裁量権の範囲の範囲を超えるものと認められる場合を除き、懲戒権者の裁量に委ねられるとする（最判(三小)昭和二九・七・三〇民集八巻七号一五〇一頁）。しかし、この基本原則は懲戒権者の全くの自由裁量とすることに等しく、これを不服とする学生が司法的救済を求める途を極めて困難なものにし、学生の地位を著しく不安定なものにするおそれがあり、是認できない。

（1）　単位認定と司法裁判権、卒業判定と司法裁判権　単位認定、卒業判定に関する争いと司法裁判権についての先例とされるのが、①最判(小三)昭和五二・三・一五民集三一巻二号二三四頁、②最判(小三)昭和五二・三・一五民集三一巻二号二八〇頁である。本件は、①国立大学において授業停止措置を受けた教授の授業を履修し、受験した学部学生が、単位授与・不授与の未決定の違法確認ならびに単位取得認定義務確認の訴えを提起した事案と、②同教授担当の演習、研究報告を履修した専攻科学生が、単位取得および専攻科修了認定の義務確認の訴えを提起した事案である。最高裁は、前者について、いわゆる部分社会論を根拠にして、司法審査の対象にならないとした。これに対し、後者については、学生が公の教育研究施設を一般市民として利用する権利を侵害するものとして司法審査の対象になるとしている。しかし、二つの事件は、いずれも実質的には同一教授の単位の扱いに根本的な争点があり、単位認定と専攻科修了判定を分離し、前者は内部事項として司法審査の対象とならないとしつつ、それを前提とする修了判定については、市民法秩序と関連するとして司法審査の対象とすることは、理論的に矛盾を生じるおそ

れがあり、疑問である。また、大学の教員間の紛争を学生の不利益に帰することは、大学として最も避けなければならないにもかかわらず、かりにそうした事態に立ち至った前記判例の事案のような場合に、学生に司法救済の途を閉ざすことは極めて疑問である。

　また、本件で学生は市民としてではなく、当該国立大学の学生としての立場を前提とするので、②事件について判旨のいう国立大学の在学関係を公法上の営造物利用関係の一種とする基本的視点に疑問がある。学生の大学に対する関係を考える場合に、国公私立大学の如何に関わりなく、在学契約という一種の無名契約と解するのが相当であり、前記判例が、①については国公私立大学の法的同質性をいいつつ、②については前記解釈を採るのは、理論的に一貫性を欠くものである。

第四節　権利保護の利益――訴えの利益（訴権的利益の客観的利益――その二）

第一款　訴えの利益の構造

一　訴えの利益の機能

　訴えの利益とは、原告が請求について本案判決を求める必要性および本案判決することによる実効性からなる訴訟追行利益をいう。本案判決を求める必要性とは、原告が請求の内容とする一定の権利又は法律関係について、法的保護を図る必要性をいい、本案判決することによる実効性とは、本案判決することにより、法的保護を図ることの法的効力が認められ、確保できることをいう（山木戸克己「訴えの利益の法構造」吉川大二郎博士追悼論集『手続法の理論と実践・下巻』（昭和五六年）〔同『民事訴訟法論集』一二四頁〕は、訴えの利益を訴訟追行利益であるとし、原告の主張する実体的利益が直面している危険・不安を除去しうべき法的手段としての訴訟を追行し本案判決を求める利益・必要であり、原告の主張する実体的利益が現実に危険・不安に陥っていることにより生じるとする。この見解は、本案判決を求める必要性の点についてのみ着目した見方である。）。

　訴訟要件は、訴えにより相手方に対する請求の当否について裁判所の審判を受ける前提要件として、訴訟制度の

設置・機能・利用という三つの目的の調整機能という趣旨に基づき設定されている。これら三つの目的を調整する機能という視点から捉えると、訴訟要件の機能は、当事者の利益保護と本案判決の実効性の確保とに帰着する。訴訟要件のこれら二つの機能に照らし、訴訟要件の個別化された要件の一つが、訴えの利益である。(1)

（1） 訴え利益と権利生成機能　訴えの利益に権利生成の機能を見出す考え方がある（谷口安平「権利概念の生成と訴えの利益」『講座民事訴訟2』（弘文堂、昭和五九年）一七六頁）。訴えの利益を実体法と手続法の中間に位置する救済法の領域の問題であるとし、却下判決をするか請求棄却の本案判決をするかを決める判断基準としての働きをするのであり、それは既存の実体法に欠いている部分、手薄な部分と訴訟との繋がりをつける働きであるとする。その結果、新たな定形的な訴えの利益が救済法の中で認められたときは、これが新しい手段的権利として認識されることになるとしている。

実体法の欠缺について判例法理による補完的機能の意義はもとより肯定されるべきである。しかし、この考え方は、訴えの利益が訴訟要件であることにより生じる反射的効果について特に法的意義を付与したものであり、その点に着目して訴えの利益の権利生成機能と位置付け、強調するのは、訴えの利益の本質を見誤らせるおそれがあり、妥当でない。また、前記の見解のように、訴えの利益を実体的権利に先行して位置付けることは、裁判官の裁量的判断に委ねられることとなるとする視点からの批判的な見方もある。そこでは、訴えの利益が歴史的に担ってきた又は担わされてきた意義と機能を正しく認識することが不可欠であり、そうした作業なしに、そこに主観的な欲求ないし期待を不用意に注入することは、議論を混乱させるだけでなく、民事訴訟制度に対して、またそれに関与し又は関与させられる私人に対しても、かえって論者の意図に反する結果をもたらすおそれがあると厳しく批判する（山本弘「権利保護の利益概念の研究㈠」法協一〇六巻二号（平成元年）一六八頁）。もっともな指摘といえる。

二　訴えの利益と訴訟主体との関係

訴えは原告による裁判所に対する審判の請求行為であるので、訴えの利益は、原告の訴えについて判断されるという当然の意味において、その主体は原告であるといえる。しかし、訴えの利益は、訴訟に関わる主体にとって深く利害関係をもっている。訴えの利益の機能に照らし、原告の有する主観的利益、被告の有する法的利益および審

判機関として裁判所の利益が合致したときに、訴えの利益が認められることとなる。[2] もっとも、その利益考量は常に均等であるとは限らず、また均等であることを要するものではない。訴えの利益の主体は原告であり、基本的には原告の利益を中心として判断され、被告および裁判所の利害は抑止的に斟酌されるに止まる。

(1)　原告の立場　原告は、訴えをもって請求の内容である相手方に対する一定の権利又は法律関係について、法的保護を図ることの必要性があり、本案判決することにより、法的保護を図ることの法的効力を認められ、確保できるものと裁判所によって判断される場合には、本案判決を得られる積極的利益を有する。その訴えの利益が認められることによってはじめて、自己の権利を保護する裁判所の判断を得られる途が開かれることとなる。

(2)　被告の立場　被告は、原告との間の紛争解決という訴訟制度の機能目的に対応しない訴えについて、応訴する負担を免れるという消極的利益を有する。その反面で、いったん応訴した場合には、自己の攻撃防御権を正当に行使し、主張する機会を保障されることにより、原告の請求を斥け、もって自己の権利を保護するという後発的ではあるものの積極的利益を有する（したがって、被告が請求棄却を申し立てた場合にも、訴え却下判決に対し、上訴の利益が認められる（九八七頁参照）。）。

(3)　裁判所の立場　裁判所は、本案判決を求める必要性および本案判決することによる実効性ある請求について、公権力に基づき法的判断を下すことにより、司法機関として紛争解決機能を果たすことができる。もとより、裁判所は、「訴えなければ裁判なしの原則」により、当事者の意思による訴えの提起があってはじめて、司法裁判権を行使するのであり、かつ紛争に対する事後的措置であるという限界はあるものの、そうした制約の下で、権利保護を求める者に対する最終的機関として、裁判を通じて法秩序の維持を図る使命と役割を遂行することができる。その反面、前述した要件に合致しない請求については、司法権として公権力に基づく実体的法的判断を拒絶することにより、裁判所としての使命と役割をかえって鮮明にし、もってその地位を確立することとなる（そのことは、裁判所にもたらされた紛争

（については、裁判外紛争処理の必要性を残している場合が少なくない。）。したがって、裁判所が、個別訴訟について訴えの利益なしとするには、そのことがこのような司法権としての基本的あり方に合致する場合であることを要する。

（2） 訴えの利益の主体と機能　訴えの利益は、私的・実体法的利益と公的・訴訟法的利益とが接合するという視点に立って、訴えの利益の存在によって原告は本案判決を求めることができるところに前者の発現が見られ、その欠缺の場合には訴え却下判決がなされるところに後者の発現を見ることができるとする見解がある（山木戸克己・前掲『民事訴訟法論集』一二四頁）。しかし、単に原告と国家との対立の局面で捉えることには賛成できない。また、訴えの利益は、国家と被告の保護を目的とし、その保護の限度は、双方について一致するという見方（野村秀敏『予防的権利保護の研究』（千倉書房、平成七年）二〇四頁）も、同様の理由により妥当でない。さらに、訴えの利益の本質を紛争解決制度に内在する国家的利益の現れとする見解がある（三ケ月「権利保護の資格と利益」『民事訴訟法講座一巻』（昭和二九年）（同・研究一巻三八頁））。訴えの利益をもっぱら国家の立場からみるのは、訴権否定説と共通する一面的にすぎる見方である。

第二款　訴えの利益

一　訴えの利益の多重性

訴えの利益には、給付、確認および形成のすべての訴えに共通する事項とそれぞれの訴えに特有の事項とがある。両者の間に軽重の差異はない。ここでは、前者について考察することとし、後者については、項を改めて取り扱うこととする。

二　一般的な訴えの利益

(1)　起訴禁止事由の不存在　訴え提起そのものが、手続法上禁止されていないことである。二重起訴（一四二条）、本案判決後の訴え取下げ後の再訴（二六二条二項）、人事訴訟における別訴（人訴九条）に該当する訴えは、それぞれの趣旨により法律上禁止されていて、これに該当する訴えは権利保護の利益がなく、訴えの利益を認めらず、不適法な訴えとし

て却下される（これに対し、兼子・条解七七九頁（竹下）は、これらの禁止規定の根拠は異なり、訴えの利益がないことだけがその根拠ではないので、いずれも訴えの利益の問題ではなく、それらの禁止に触れることを理由に訴えを却下すれば足りるとする。）。

これに対し、公序良俗に反する契約に基づく請求、不法原因給付についての返還請求等は、本案判決を求める必要性および本案判決することによる実効性が問われる事由ではなく、請求の当否として審判される事由であるので、かりにそれぞれの請求が公序良俗あるいは不法原因に該当すると判断された場合には、訴え却下判決ではなく、請求棄却判決をすることとなる。

(2)　起訴障害事由の不存在　　訴訟による解決を抑制する事由のないことである。

(i)　当事者の合意による起訴障害事由　(イ)　不起訴の合意　(a)　特定の権利または法律関係から生じるおそれのある又は生じた紛争について、裁判所に訴えを提起しない旨の合意を、不起訴の合意という[1]。もともと、民事紛争につき訴えをもって自己の権利保護を図る途を選択するか否かは、当事者の意思に委ねられているので、その実体権がみずから処分できる性格のものであれば、特定の権利または法律関係に係る紛争について起訴しない旨合意することは、訴権の放棄に当たらず、不起訴の不作為義務を生じる私法上の契約として有効であり、公序良俗にも反しない。したがって、その合意に反して、訴えを提起された場合は、権利保護の利益を欠き、被告は、右合意の存在を主張立証することによって、訴えの利益がないことを基礎づけ、訴え却下判決を得ることができる（兼子一「訴訟に関する合意について」法協五三巻一二号（昭和一〇年）（同・研究一巻二七五頁）、上村明広「訴訟に関する合意」『契約法大系VI』（有斐閣、昭和三八年）三七四頁。権利保護の資格の欠缺に当たるとする説として、中野貞一郎・判例評論三号（判時六四号）一九頁。これに対し、当事者が意図した訴訟上の効果を直接生じる訴訟契約と解するとともに、訴訟手続外で訴訟契約がなされた場合は、当事者の主張をまって訴訟手続上顧慮されるので間接的効果を生じるに過ぎないとする説がある、竹下守夫「訴訟契約の研究(二)」法協八〇巻四号（昭和三八年）四六九頁）。もっとも、はじめから不起訴の合意をすることは、特定の権利または法律関係に係る紛争について訴訟への途を閉ざすことであるから、「訴えなければ裁判なしの原則」と必ずしも対応するものではない。むしろ、右原則が適用される前提となる基盤そのものに係わることである。また、不起訴の合意は、明確になされるべきであり、書面によることを要する。

(b)　つぎに、たとえ不起訴の合意として有効であっても、いったん合意すると、それに反する訴えは永続的に常に不適法であるかが問題になる。不起訴の合意は、たとえいかなる紛争を生じても双方免責にすることを意味するのではなく、交渉し協議をつくすことにより解決を図るという趣旨である。この合意に反する訴えは常に不適法とすると、当事者間で紛争を生じた場合に、自己に不利な状況にあると判断したときは、一切の交渉、協議に応じないことにより法的責任を免れてしまう事態を生じる可能性すらあり得る。そうした事態は、もとより法的正義に反することであり、不起訴の合意が有する私的自治の原則の趣旨に照らしても、許容されることではない。したがって、紛争を生じたにもかかわらず、相手方が交渉に応じなかったり、たとえ応じたとしても、誠心誠意協議する態度を見せなかったときは、もはやこの合意が前提とする当事者間の自主的な紛争処理条件を喪失したものとみるのが相当であり、当事者は右の事態を主張立証し、訴え提起にいたった場合には、訴えの利益を認めるべきものと解する（梅本吉彦「共同開発の紛争処理についての一考察」竜嵜喜助先生還暦記念『紛争処理と正義』（有斐閣、昭和六三年）四二九頁、新堂・二二九頁）。

また、具体的事案における不起訴の合意の有効性自体については、合意された趣旨および経緯、事案の性質、状況等を斟酌して、一方的に裁判を受ける権利（憲三二条）を阻害されることのないように、慎重に判断することが必要である（中野・前掲一九頁は、当事者の地位の強弱、合意の動機、態様からみて、公序良俗違反として無効される余地のあることを示唆している。）。とりわけ、請負契約関係、雇用関係事件、家事事件関係の紛争処理における不起訴の合意の効力については、外観的に法形式が調っていたとしても、その背後にある実質的紛争に着目した対応が要請される。知的財産に関する契約において、これまで多く見られる傾向である（共同権利者である特許発明に関する企業化契約における不起訴の特約に反する訴え提起を、権利保護の利益を欠くとして訴えを却下した例として、東京地判昭和三〇・六・一四下民集六巻六号一一一五頁）。最近ではコンピュータ・ソフトウェアの開発契約において受託会社がベンチャー企業の場合に、発注企業から不起訴の特約を強要されることがあり、法的有効性について慎重な検討を要する。また、職務発明等に関して会社と従業員との間であらかじめ不起訴の特約をすること

により従業員の司法的救済の途を閉ざすことは、公序良俗に違反するおそれがある（梅本・前掲四三〇頁）。さらに、家事事件に関する不起訴の合意は、請求の放棄との関係で有効性が問題になるところ、直接の当事者間における不起訴の合意は、原則として無効と解する（判例は、婚姻当事者の一方と第三者との間における婚姻無効の調停ないし審判の申立をしない旨の合意に反し、右第三者が婚姻無効確認の訴えを提起した場合について、前記合意を不起訴の合意と認め、権利保護の利益を欠くとして、訴えを却下している、仙台高判平成五・七・二九判時一五一四号九〇頁）。

(ロ)　仲裁契約　特定の権利または法律関係から生じるおそれのある又は生じた紛争について、相互の合意によりその指定する仲裁機関または選定する仲裁人に判断させ、その判断に服する旨の合意を、仲裁契約という[2]（公催仲裁七八六条）。その合意に反して、訴えを提起された場合は、不起訴の合意におけると同様に、権利保護の利益を欠き、被告は、右合意の存在を主張立証することによって、訴え却下判決を得ることができる（兼子一「訴訟に関する合意について」法協五三巻一二号（昭和一〇年）〔同・研究一巻二七七頁注六八〕、小山昇「仲裁契約の抗弁について」（昭和五三年）〔同・著作集六巻七四頁〕）。仲裁契約は、当事者に裁判を受ける権利を放棄させる点では不起訴の合意と共通しているが、第三者に当事者間の紛争に対する判断権限を与えるとともに、その判断は確定判決と同一の効力を有する点で、不起訴の合意と異なり、訴訟契約の要素がある。他方、その存在は抗弁事項であって、たとえ合意に反して訴えが提起されても、相手方が応訴することは可能である点に着目すると、私法契約の要素がある。したがって、訴訟契約と私法契約との両面の性質を有する契約と解するのが相当である。また、あらかじめ仲裁契約を締結するには、不起訴の合意と同様に、書面によることを要するが、紛争を生じた後に仲裁の合意をする場合には、口頭による合意あるいは黙示の合意もあり得る（最判(一小)昭和四七・一〇・一二民集二六巻八号一四四八頁は、仲裁契約の黙示的成立を認めているが、建築請負契約の締結に際し、契約書にいわゆる四会連合約款による旨記載されているので、むしろ書面による合意の要件を充たしているといえる。）。もっとも、たとえこれらの様式を備えていても、仲裁契約自体が経済的又は社会的に優位な地位にあることを利用して締結された場合には、その効力が問題となる余地がある（仲裁契約濫用に対する規制を施すドイツ民事訴訟法一〇二五条二項の紹介について、上野泰男「経済的又は社会的優位の利用と仲裁契約の効力」関西大学法学論集三六巻三・四・五合併号（昭和六一年）七七五頁参照）。

（1）　不起訴の合意の形態　一般に、不起訴の合意といわれる形態には、(i)特定の権利または法律関係について起訴しない旨の合意、(ii)示談、(iii)債務の履行期限の猶予等がある。基本的には当事者の意思解釈の問題であるが、後述するように、個別具体的事案に即して実質的に判断することが必要である。最も問題となるのは、(i)についてである。これには、①契約の締結に際し、将来を見込んで不起訴の合意条項を契約条項に加える場合と、②紛争を生じた後に交渉の上で解決を図るに際し、合意条項として挿入する場合とがあり、後者は(ii)ともいうべき形態である。①は商取引に、②は商取引、知的財産権関係取引、私的整理、雇用関係に多くみられる傾向にある。私的整理では、整理手続に参加した債権者と債務者間の個別的和解契約という枠組みでは処理しきれない面が強く（伊藤眞「私的整理の法理（上）」判タ四四〇号（昭和五六年）〔同『債務者更生手続の研究』（西神田編集室、昭和五九年）二四四頁〕）、私的整理に同意した債権者、私的整理に参加しなかったが異議なく配当を受領した債権者が、放棄を余儀なくされた残額債権について支払請求した場合には、禁反言の法理による構成も考えられるが、むしろ集団的な不起訴の合意と捉えることによってはじめて、私的整理の拘束力を担保されると解するのが相当である（前者の債権者による事案について、名古屋地判昭和五八・七・二五下民集三四巻一～四号三五五頁）。

（2）　仲裁契約の形態　仲裁契約には、機関仲裁（institutional arbitration）による合意とアド・ホック（ad hoc）仲裁による合意とがある。前者は、既存の仲裁機関の仲裁規則による仲裁に付託する旨の仲裁条項に基づく仲裁をいう。他方、後者は、このような仲裁規則によらない仲裁をいい、当事者が仲裁人、準拠法等を仲裁契約において定める（小山昇『仲裁法〔新版〕』（有斐閣、昭和五八年）一五頁）。とりわけ、仲裁人の選任の条項によっては、極めて偏った内容になり、あるいは紛争発生後に選任する旨の条項であると、紛争状況に照らして不利な立場にある者が仲裁人の選任を意図的に遅滞し、仲裁手続の開始を遅らせもしくは不可能にする場合がある。もっとも、紛争が発生してから具体的に特定の第三者を指名して、その仲裁に付託する旨の仲裁契約を締結する場合があり、この場合には、かえって迅速かつ適正な解決を得られることが少なくないという。

(ii)　法の定めによる起訴障害事由　(イ)　特別の手続の存在　権利又は法律関係の存否について争いがある場合に、そのための手続が特に設けられているときには、所定の手続によるべきであって、独立に民事訴訟を提起する利益は認められない。訴訟費用額の確定手続（七一条）、破産債権確定手続（破一六条・二二八条）、遺産分割手続（民九〇七条、家審九条一項乙類一〇号）等がその例である。もっとも、たとえ特別の手続が設けられていても、特にそれに限定されない場合は、通常の

訴えによっても、訴えの利益を認められる（たとえば、民訴法二六〇条二項と仮執行宣言の失効による損害賠償について、最判(三小)昭和二九・三・九民集八巻三号六三七頁）。

(ロ)　確定判決の存在　原告が同一の請求について勝訴の確定判決を取得している場合に、新たに提起された訴えは原則として訴えの利益がなく、裁判所は被告の主張立証をまつことなく、訴えを却下する。その根拠は、原告がすでに債務名義を取得している場合には、それに基づいて強制執行すれば足りるのであり、あらためて同一請求権について訴えを提起する利益も必要性も認められないことにある。もっとも、たとえ債務名義を取得していても、既判力を伴わないものである場合には、既判力をもって確定しておく法的利益を認めることができる。また、たとえ、既判力のある債務名義を取得している場合であっても、時効中断の必要がある場合、判決原本が滅失していて執行正本を得られない場合等には、訴えの利益を認められる。これらの場合に、給付の訴えを提起できるか、確認の訴えに止まるかについては、争いがある（三二四頁注(2)参照）。

(ハ)　その他　判例は、訴訟代理権の存否について争いがある場合に、別訴により確認の訴えを提起できないとする（最判(二小)昭和二八・一二・二四民集七巻一三号一六四四頁）。訴訟代理権を証すべき書面の真否確認についても、同様とする（最判(二小)昭和三〇・五・二〇民集九巻六号七一八頁）。いずれも、妥当である。その他、株主総会決議取消訴訟における裁量棄却（商二五一条）、行政事件の取消訴訟における事情判決（行訴三一条）を訴えの利益の欠缺と捉える説が有力であるが、疑問であり、むしろ民訴法二四六条の例外を定めた規定と解するのが相当である（八五〇頁参照）。

(3)　訴権の行使の適法性　訴権の行使が適法であることを要し、訴権の濫用に当たる場合は、訴えの利益がない。もっとも、具体的事案の処理に際して、既存の法理により無理なく処理することが可能な場合には、実体権の濫用として、あるいは訴訟法理を用いて処理することに努めるべきであって、訴権の濫用という法的構成を用いる場合は、それらの法的処理では対応できず、しかもそうした訴訟追行を是認できない場合に限られる(3)。また、訴権

の法的性質について、訴権を裁判を受ける権利と国民が裁判所に訴訟を提起し審判を受けることができる権利を架橋するものとする司法行為請求権説の立場に立つと、個別具体的訴えを「訴権の濫用」として捉える場合は、極めて例外的な事態といえる。そういう視点から考えると、「訴権の濫用」とは、①自己の請求自体について理由のないことを認識しながら、あえて訴えを提起し又は権利行使に名を借りて不法の目的を遂げることを意図して訴えを提起する場合（たとえば、仮装訴訟の場合）、②裁判を受ける権利をいたずらにもてあそび、又は裁判所に審理のための不当な負担を負わせ、もしくは相手方に応訴のための不当な負担を負わせることを意図して、訴えを提起する場合（たとえば、極端な分割請求を繰り返す場合、東京地判平成七・七・一四判時一五四一号一二三頁）及び③真摯に訴訟追行する意思がみとめられない場合（たとえば、担当裁判官の忌避を理由なく繰り返し、審理に協力しない場合、大阪地判昭和四一・三・一二下民集一七巻三・四合併号一三八頁）をいうものと解するのが相当である。(4)

(3)　訴権の濫用の発生形態と法的処理　訴権の濫用が問題になる場合には、その訴訟手続内で生じる場合と訴訟完結後に事後的に生じる場合とがある。前者は、信義則による法的構成によることが適切な場合が少なくないし、後者についても、判決効、不法行為の違法性の問題として処理できる場合が多くを占めている（山木戸克己「民事訴訟と信義則」末川博先生古稀記念『権利の濫用（中）』（昭和三七年）〔同『民事訴訟法論集』七一頁〕）。したがって、訴権の濫用という法的処理を余儀なくされる必然性は例外的な場合に限られる。

(4)　訴権の濫用をめぐる判例の動向　訴権の濫用の一般的要件について判示した最高裁判例は、見当たらないようであるが、訴権の濫用を明示的に認めた最上級裁判所の判例としては、最判（一小）昭和五三・七・一〇（民集三二巻五号八八八頁）が唯一の例である。事案の概要はつぎのとおりである。すなわち、Y有限会社の経営の実権をもっていたXが同社の経営不振により持分をZに譲渡し、その代償としてZはY会社が当時負担していた債務を弁済し、経営の改善に努めたところ、Y会社は三年で業績が回復した。そこで、Xは前記持分の譲渡を承認されたと記録されている社員総会の招集手続がまったくとられていず、総会も開催されてなく、Zらの取締役選任決議も存在しないことを主張して、Y会社（代表者Z）に対し持分譲渡等に係る社員総会決議不存在確認の訴えを提起した。最高裁は、Xらの行為は、Z夫婦に対し信義を欠き、道義上是認しえないとするとともに、本訴請求を認容する判決は対世効を有するので、Xらの訴えはZ夫婦に対する著しい信義違反の行為であること及び請求認容判決がZらに対して

も効力を有するので、Xらの本訴提起は訴権の濫用に当たり、不適法であるとして訴え却下の判決をした。本判決を支持する立場は少なくない（新堂・判例一七頁、谷口安平・判タ三九〇号二五六頁）が、訴権の濫用という構成に安易に依存するのは、かえって訴権というものの意義を軽視することになるおそれがある。また、本案請求を権利濫用により棄却すべしとする考え方もあり得るが、本来存在しない決議の存在が確定する難点がある。本件は、閉鎖会社における会社取戻しの典型的な事例であることに着目し（宍戸善一「閉鎖会社における内部紛争の解決と経済的公正」法協一〇一巻四号（昭和五九年）五一三頁、一〇一巻一一号一七八六頁）、むしろ、持分のすべてを譲渡したXには、本件訴えの当事者適格がなく、したがって確認の利益がないという理由で訴え却下判決をするのが、事案に即した最も妥当な処理である（吉川義春・民商八〇巻五号六一二頁）。

下級審の裁判例には、いわゆるレッドパージにより解雇された労働者がわが国の独立をまって解雇無効確認訴訟を提起した事件について、解雇後にただちにその効力を争わず、長年月を経過して訴えを提起していることを主たる根拠として、信義則違反ないし権利濫用により訴えを却下している事例が多くみられる（林屋礼二「民事訴訟における権利濫用と信義則㈠」民商七一巻一号（昭和四九年）六六頁以下）。これらの事件について、終戦後における特殊な事態であることを認めつつ、そこに述べられている根拠は、訴えの提起の場における信義則の問題が争いとなる場合の一般的な指針として肯定的に評価する見解もある（林屋・前掲六六頁）。しかし、それらの根拠は、裁判所が占領下において生じた特殊な事案に直面し、苦肉の法的理論構成を施したものとみられるのであって、その背景を斟酌すると、現在では一般的指針についても先例としての価値はほとんど認められないと評価するのが妥当である。

第三款　各種の訴えの利益

第一項　給付の訴えの利益

一　現在の給付の訴え

現在の給付の訴えは、原告の被告に対する給付請求権の主張を訴訟上の請求とし、それに対応する審判を裁判所に求める訴訟行為をいう。現在の給付の訴えは、現実化している給付請求権を主張するものであり、給付請求権の内容として、訴えにより履行を求める権能を含んでいる。したがって、給付の訴えの利益を特別に法律要件として必要とすることはない。原告が訴え提起に先立って、被告に催告をしたか、被告が履行を拒絶したか、被告が任意に履行する意思をもっているか等の事情は、給付の訴えの利益とは関係がない。

給付判決を得ても給付の実現を図ることが法律上または事実上不可能もしくは著しく困難であっても、給付の訴えの利益を否定する理由とはならない(1)。その根拠は、現行法制の上では、判断機関と執行機関とが分離されていて、執行の可否は執行機関において判断されるべきであるという形式的機能分離の点にあるのではない。民法四一四条一項にいう強制履行は、直接強制を意味するものと解されている（我妻栄「作為又は不作為を目的とする債権の強制執行」『加藤先生還暦祝賀論文集』（昭和七年）〔同『民法研究Ⅴ』（有斐閣、昭和四三年）一一二頁〕）。この点は、民事執行法が制定された現在でも変わるところはない。請求権の実現可能性は、具体的な強制履行の実現可能性を意味するのではなく、現実的履行強制の可能性はなくても、損害賠償義務へ転換することを通じて、かつ損害賠償義務の強制実現の方法により強制的満足を得る可能性を意味する（奥田昌道「民法四一四条について」法学論叢一〇二巻三・四号（昭和五三年）〔同『請求権概念の生成と展開』（創文社、昭和五四年）二九二頁〕）。また、任意の履行の可能性という事態をも視野に入れると（一八一頁）、執行の可能性は給付の

利益の有無を判断する要素とはならないと解するのが妥当である。これに対し、自然債務は訴えにより履行を求める権能を欠いているので、自然債務の履行を求める訴えは、給付の利益がない（民法学者の有力説は、強制執行力だけを欠くものを責任なき債務といい、自然債務と区別するとともに、両者を包含する概念として、不完全債務という語を用いる（我妻栄『新訂債権総論』（岩波書店、昭和三九年）六八頁）。自然債務の歴史的発展については、石田喜久夫『自然債務序説』（成文堂、昭和五六年）、特に第一章参照）。

原告が同一の請求について勝訴の確定判決を取得している場合に、重ねて給付の訴えを提起する利益はないが（八九七頁参照）、時効中断の必要がある場合、[2]判決原本が滅失していて執行正本を得られない場合等には、訴えの利益を認められる。また、たとえ債務名義を取得していても、既判力を伴わないものである場合には、給付請求権について既判力をもって確定しておく法的利益を認めることができるので、給付の訴えの利益がある（たとえば、執行証書が存在していても、既判力がないので、既判力ある判断を求めて給付の訴えの利益がある、大判大正七年一月二八日民録二四輯六七頁）。さらに、和解調書、調停調書についても、既判力を否定する立場においてはもとより、たとえ肯定する立場にあっても（九六九頁参照）、和解条項等が不明確であったり、その後の事情の変化により対象物件の同一性に疑義がある等当事者間に争いを生じている場合には、給付の訴えの利益を認められる（和解調書につき、最判（一小）昭和四二・一一・三〇民集二一巻九号二五二八頁、最判（二小）昭和四三・一一・一判時五三九号四四頁。調停調書につき、最判（一小）昭和二七・一二・二五民集六巻一二号一二七一頁）。

給付の訴え以外に特別の法的手続が予定されている場合には、その法的手続によるべきであり、給付の訴えは原則として給付の利益がない[3]（三一七頁参照）。権利又は法律関係の存否について争いがある場合に、そのための手続が特に設けられているときには、所定の手続によるべきであって、独立に民事訴訟を提起する利益は認められないことによる。もっとも、たとえ特別の手続が設けられていても、特にそれに限定されない趣旨の場合は、通常の給付の訴えによっても、給付の利益を認められる（たとえば、判例は民訴法二六〇条二項と仮執行宣言の失効による損害賠償について別訴による請求も差し支えないとする、最判（三小）昭和二九・三・九民集八巻三号六三七頁）。

（1）　給付の実現の可能性と給付の訴えの利益

給付の訴えを給付の実現の可能性という視点からみると、給付の訴えの利益について問題を生じる場合がある。

(一) 物理的に執行不能の場合　判例は、特定物が第三者の手に渡ってしまった場合について、訴えの利益を認める(大判昭和七・九・二九法律新聞三四七六号一六頁)。また、いわゆる代償請求は、このような場合にも訴えの利益を認められることを示しているといえる(これに対し、強制執行が不能であることが客観的に明白である場合には、給付の利益はなく、確認の訴えとしてのみ認められるとする説として、三ケ月章「権利保護の資格と利益」『民事訴訟法講座一巻』(昭和二九年)〔同・研究一巻二七頁〕)。

(二) 給付の性質により実現の方法に制約がある場合　子の引渡請求、夫婦の同居請求がその例であり、執行方法については見解に争いがあるが(中野貞一郎『民事執行法〔新訂四版〕』(青林書院、平成一二年)六六七頁参照)、いずれも給付の訴えの利益はある。不執行の合意のある請求権についても、給付の訴えの利益は否定されない(最判(一小)平成五・一一・一一民集四七巻九号五二五五頁参照)。

(三) 法技術上の制約から給付の実現が困難な場合　所有権保存登記及びその後順次経由された所有権移転登記の抹消登記請求訴訟において、最終登記名義人を被告とする請求について敗訴判決があった場合に、そこに至る登記名義人に対する抹消登記請求することは、たとえ勝訴判決を得ても前記最終名義人の承諾書または裁判の謄本を添付しなければ抹消登記の目的を達することができない(不登一四六条一項)。そこで、これらの登記名義人に対する抹消登記請求の可否が問題になる。判例は、抹消登記請求の勝訴判決が確定すれば、それによって意思表示をしたものとみなされ(民執一七三条)、判決の執行は完了するので、抹消登記の実行が可能か否かによって抹消登記請求の訴えの利益の有無は左右されないとする(最判(二小)昭和四一・三・一八民集二〇巻三号四六四頁)。抹消登記請求権は現実の抹消がなくても満足されるという一見すると奇妙のようであるが、最終名義人との示談が成立する可能性をも想定すると、抹消登記請求権について対物的構成を採らない限り、現行法制の理解の下では当然の結論であるといえる(谷口安平・民商五五巻四号六六九頁、小山昇・判例評論九四号〔同・著作集三巻三二二頁〕。民法の立場でも、登記請求訴訟における一般的問題として、同様に解するようである、幾代通『登記請求権』(有斐閣、昭和五四年)一〇二頁~一〇四頁)。なお、必要的共同訴訟との関係について、六二一頁参照。

(四) 執行手続の対象の権利についての給付請求の場合　執行債務者は被差押債権について第三債務者に対し給付の訴えを提起できるか否かについて、民事執行法制定前の判例は、無条件の給付の訴えを認めていた(最判(三小)昭和四八・三・一三民集二七巻二号三四四頁)。民事執行法の下では取立命令を廃止したので、標記の事項への対応が問題になる。この点について、差押命令の第三債務者への送達時に差押債権者は取立権を取得するので、執行債務者は差押命令の第三債務者への送達により訴訟追行権を失うとする説(山口繁「差し押えた債権の取立てと転付」竹下守夫・鈴木正裕編『民事執行法の基本構造』(西神田編集室、昭和五六年)四五二頁)と、旧法下と同様に無条件の給付の訴えを提起することができ、差押中は執行できないにすぎないとする説(田中康久『新民事執行法の解説【増補改訂版】』(金融財政、昭和五五年)三三六頁、鈴木忠一＝三ケ月章編『注解民事執行法(4)』(第一法規、昭和六〇年)四一四頁〔稲葉威雄〕、中野貞一郎『民事執行法〔新訂四版〕』(青林書院、平成一二年)五九七頁)、あるいは差押えの失効を停止条件とする給付判決又は債権者及び債務者のための供託を命ずる判決によ

るべしとする説（上原敏夫『債権執行手続の研究』（有斐閣、平成六年）一二三頁・一二七頁）に分かれている。差押債権者は取立権を取得することからただちに執行債務者は訴訟追行権を失うという結論を導くことは飛躍があり（原田和徳・富越和厚『執行関係等訴訟に関する実務上の諸問題』（司法研究報告書三七輯二号）（平成元年）三四三頁）、執行債務者に給付の訴えを許容しても、それにより執行債権者が取立訴訟を提起するのを妨げられるわけではなく、その他不当な不利益を与える余地も見られない。また、両者の訴訟が競合する場合には、弁論を併合すれば足りるし、第三債務者は、執行債務者の提起した訴訟に差押債権者を引き込むことも可能であり（民執一五七条一項の類推適用。その点で福永有利「当事者適格論の再構成」山木戸克己教授還暦記念『実体法と手続法の交錯・上』（昭和四九年）七二頁の考え方は民事執行法の下でも当てはまる。）、第三債務者にとっても、二重の応訴を強いられるおそれもない。したがって、差押えの失効の停止条件又は供託を命ずる条件付き給付判決を必要とする理由もなく、無条件の給付判決を肯定するのを妥当と考える。

㈤　倒産手続における給付請求の場合　倒産手続において債務者に対して弁済禁止の保全処分が発せられた場合における債権者の取立権について、判例は、債権者に対しては効力がないことを理由に給付の訴えの提起を認める（会社更生につき、最判（一小）昭和三三・六・一九民集一二巻一〇号一五六二頁、会社整理につき、最判（二小）昭和三七・三・二三民集一六巻三号六〇七頁）。学説も、判例の立場を支持している（伊藤眞「倒産手続における保全処分」『民事保全講座1』（法律文化社、平成八年）四三六頁）。なお、民事再生手続における包括的禁止命令は、再生債権者に対しても効力を有し、再生債権者は強制執行等はできないが、給付の訴えを提起することまでは禁止されない（民再二七条。伊藤眞『破産法〔全訂第三版補訂版〕』（有斐閣、平成一三年）八九頁）。

（2）　確定判決ある給付請求権と再訴　大審院判例は、手形金債権に関して確定給付判決を有する原告が、さらに時効中断のために給付の訴えを提起した事案について、一般論として権利保護を要求する利益のあるときは、同一事件について再訴を提起できるとし、時効中断のために裁判上の請求以外に方法がないときは再訴の利益が認められるとする（大判昭和六・一一・二四民集一〇巻一〇九六頁）。もっとも、確認の訴えに止まるのか、給付の訴えも許されるかについては、直接判示していない（東京地判昭和四七・五・九判タ二七八号一九三頁は、確認の訴えに限るとする。）。後訴の確認判決を取得することにより、実際上は前訴の給付判決による執行が妨げられないであろうが、理論上は前訴判決をもってする執行は、請求異議の訴えを提起されたときには対応できず、これに対し、後訴の給付判決をもって執行すれば、いずれの面からもそうしたおそれはないので、給付の訴えを認めるのが妥当である（兼子・判例二八六頁、小山昇・判タ二八九号〔同・著作集三巻三一二頁〕）。それによって、二重執行を懸念される余地もない。

（3）　給付の訴えと執行関係訴訟の排他性　執行関係について給付の実現を図るために特別の法的手続が設けられていることにより、給付の訴えの利益が認められるか否かが問題を生じる場合がある。

㈠　承継執行関係訴訟と給付の訴え　承継執行文の付与を申立てられる場合であっても（民執二七条二項）、相手方が承継あるいは執

行債権の存在を争っていて、執行文付与に対する異議の訴え（民執三四条）、請求異議の訴え（民執三五条）を提起されるおそれがあるときには、はじめから通常の給付の訴えを提起する利益も是認されるべきである（新堂・二三三頁、兼子・条解七七八頁〔竹下〕、大判昭和八・六・一五民集一二巻一四九八頁は、債務者が承継原因たる債権譲渡の効力を争っている場合に、債務名義の存在する債権の譲受人が給付の訴えを提起する利益を認める。これに対し、兼子・判例七〇頁は、民訴法一一五条一項三号により譲受人は自分自身が確定判決を取得しているのと同様の立場にあり、既判力ならびに執行力を享受しているので、さらに給付の訴えを提起する利益はないとする。）。承継執行文の付与という方法を設けた趣旨は、被承継人に対する前訴の給付判決をもって、執行可能な給付請求権をもつと推測される者のために、その義務を負うと推測される者に対して、簡易迅速な執行手続を確保しようという点にある（新堂「訴訟当事者から登記を得た者の地位（二・完）」判例評論一五三号（昭和四六年）（同『訴訟物と争点効（上）』三四〇頁））。そうしてみると、給付の訴えにより実質に踏み込んで法律関係を明確にしようという姿勢については、給付の利益を是認すべき理由こそあれ、否定すべき理由はないといえる。なお、登記名義の承継人について民訴法一一五条一項三号の承継人に当たらないとする立場においては、承継人に対し給付の訴えを提起することを必要とする（中野貞一郎「執行力の客観的範囲」山木戸克己教授還暦記念『実体法と手続法の交錯・下』（昭和五三年）（同『民事手続の現在課題』（判例タイムズ社、平成元年）二七六頁））。

㈡　不動産引渡命令と給付の訴え　不動産の競落人が債務者またはその一般承継人に対し引渡命令を申し立てることによらず、競落不動産引渡請求訴訟を提起しても、給付の利益を認められている（最判（二小）昭和三九・五・二九民集一八巻四号七二五頁）。右判決当時は引渡命令について直接の規定がなく、その根拠については見解の対立があったが、昭和五四年に民事執行法の制定により、明文をもって制度化されるところとなった（民執八三条）。その趣旨は、執行手続内で買受人に簡易迅速に目的不動産の占有を確保させることにある。さらに、平成八年の民事執行法一部改正により、引渡命令の発令に関し、相手方となるべき者が拡大されるとともに、審尋を要する者の範囲が変更され、適正かつ迅速な競売手続の拡充が図られた（八三条一項・三項）。改正の結果、引渡命令によらず、別訴による給付の利益が否定されたわけではないが、その余地は大きく減殺したものと見受けられる（最高裁判所事務総局民事局監修『民事執行法改正関係執務資料』（民事裁判資料二一一号）（平成八年）二〇頁以下、東京地裁民事執行実務研究会編著『改訂不動産執行の理論と実務（下）』（法曹会、平成一一年）五一五頁以下参照）。

㈢　執行判決と給付の訴え　渉外紛争において外国判決の不承認を想定して執行判決の申立てを避けて、内国の給付判決を求める場合には、国際民事訴訟の特殊性に鑑み、訴えの利益を是認すべきものと解する（高桑昭「外国判決の承認及び執行」『新・実務民事訴訟法講座7』（日本評論社、昭和五七年）一五二頁、鈴木忠一・三ケ月章編『注解民事執行法(1)』（第一法規、昭和五九年）三八九頁〔青山善充〕、反対・菊井維大『強制執行法・総論』（有斐閣、昭和五一年）五六頁）。

二　将来の給付の訴え

(1)　意　義

将来の給付の訴えは、原告の被告に対する将来現実化すべき給付請求権の主張を訴訟上の請求と

し、それに対応する審判を裁判所に求める訴訟行為である。将来現実化すべき給付請求権をあらかじめ主張するものである。したがって、現在の給付の訴えが、現実化している給付請求権を主張するものであり、給付請求権の内容として、履行を求める権能を含んでいるのと異なり、将来現実化すべき請求権であって、訴えにより履行を求める権能を生じていないので、将来の給付の訴えを提起するには、特別の要件を充たしていることを要する。

新法一三五条の前身である旧法二二六条は、将来の給付についてもあらかじめ訴えを提起する必要がある場合は少なからず認められ、旧々法もこのような訴えを許さない趣旨ではないが、明文規定がなかったので、疑義をまぬかれないとし、大正一五年改正においてはじめて設けられた規定である（司法省編纂『民事訴訟法中改正法律案理由書』（大正一五年）一二二頁）。

将来の給付の訴えを特に認める趣旨は、将来給付義務を履行すべき時期が到来しても、現時点における給付義務の性質・種類および給付義務者の対応姿勢等に照らし、ただちに履行することが期待できず、その時点で給付請求権者が給付の訴えを提起するのでは、その保護を図るのに困難であることが予見される場合に、現時点で訴えを提起し、債務名義を取得することを許容し、履行期が到来したときは、ただちに給付請求を実現させることを確保することにある。[4] 他方、たとえ現在の時点で将来の給付判決を取得できても、現実化していない請求権であるので、将来期限が到来し、あるいは条件が成就して、請求権が現実化したときにはじめて、執行を開始できるのであり、執行段階において、そのための審査手続きを執行文付与手続として用意することにより[5]（民執二七条一項・三〇条・三一条）、債務名義の正当性の根拠付けを制度の上でも確保している（竹下守夫「将来の請求権と執行証書」『公証制度百年記念論文集』（日本公証人連合会、昭和六三年）〔同『民事執行における実体法と手続法』（有斐閣、平成二年）九二頁〕）。

（4）　将来の給付の訴えの機能　将来の訴えを機能面からみると、第一に、債務名義の先取りによる給付の実現をあらかじめ準備する機能がある。これが民訴法一三五条の想定する本来の機能である。第二に、直接的に実体法上の根拠を欠いている場合に、別の請求権と併合して行使することにより、所期の目的を達する補完的機能である。たとえば、詐害行為取消訴訟におい

て、いわゆる責任説の立場により、詐害行為取消訴訟と併合して責任判決を求める訴えを将来の給付の訴えとして提起することにより、執行機能を持たせることができるとする（中野貞一郎「債権者取消訴訟と強制執行」民訴雑誌六号（昭和三五年）、同『訴訟関係と訴訟行為』（弘文堂、昭和三六年）二〇六頁）。また、判例は、責任保険契約において、加害者の保険会社に対する保険金請求権は、加害者と被害者との間で損害賠償額が確定したときに発生し、これを行使できる旨の約定があっても、被害者が加害者に対する損害賠償請求と保険会社に対し加害者に代位して保険金請求を併合して訴求する場合には、右保険金請求訴訟は、将来の給付の訴えとして許されるとする（最判（三小）昭和五七・九・二八民集三六巻八号一六五二頁）。

(5) 将来の給付請求権とその確保策　将来現実化すべき給付請求権の確保についてみると、第一に、将来の請求権についての給付の訴えであり（一三五条）、第二に、民事保全手続がある。両者の違いについては、三二九頁注(6)参照。第三に、将来の請求権についての公正証書がある。将来の請求権を内容とする公正証書について、通説は、停止条件付き・期限付き請求権はもとより、反対給付に係るものでも、一定の金額・数量が表示されていれば、債務名義となり得るとする（吉川大二郎「執行証書」『民事訴訟法講座四巻』（有斐閣、昭和三〇年）一〇〇二頁、小室直人「公正証書」『実務法律体系7・強制執行・競売』（青林書院、昭和四九年）（同『執行・保全・特許訴訟』（信山社、平成一一年）一一八頁）、中野貞一郎『民事執行法〔新訂四版〕』（青林書院、平成一二年）一九七頁、鈴木正裕・判例評論五一号一五頁）。これに対し、基本的には右の積極説に同調しつつ、将来の給付判決の債務名義性におけるその許容性の限度と執行文付与手続の構造との間における一定の相関関係に着目し、執行手続において将来の請求権の現在化についての審査手続きが用意されていないものについては、債務名義性を否定すべきであるとする見解がある（竹下守夫・前掲『民事執行における実体法と手続法』九六頁）。公正証書は、将来の紛争予防に主たる機能と役割を担っていることに照らすと、通説の立場でも、債務者の保護に欠けるとまではいえず、差し支えないと考える。さらに、第四に、将来の定期金債権を被保全債権として詐害行為取消請求の訴えの方法がある。判例は、調停により将来にわたり支払うこととされた婚姻費用分担に関する債権を被保全債権とする詐害行為取消権の成立を認めている（最判（三小）昭和四六・九・二一民集二五巻六号八二三頁）。

(2) 要　件　将来の給付の訴えは、あらかじめその請求をする必要がある場合に限る（一三五条）。

(イ) 将来の給付であること　将来の給付の訴えの基礎となる請求権は、将来現実化すべき給付請求権であることを要する。将来現実化すべき給付請求権とは、口頭弁論終結時までに履行期の到来しない給付請求権をいう。確定又は不確定期限付き請求権、条件付き請求権（その条件は、当事者の行為、判決、公法上の条件を含む。）、その他基礎となる法律関係が口頭弁論終結時にすでに存在している限り、将来発生すべき請求権を含む。これに対し、解除条件付き請求権による訴えは、現

在の給付の訴えである。また、訴え提起時に履行期が未到来のため、将来の給付の訴えとして提起されても、口頭弁論終結時までに履行期が到来すれば、当然に現在の給付の訴えとなる。

(ロ)　あらかじめその請求をする必要があること　給付請求権が将来現実化したとき、すなわち将来履行すべき時期が到来したときに、即時にその給付請求を実現させる必要性を口頭弁論終結時の時点に予見されることにより、その時点ですでに請求を許容すべき合理的妥当性が認められることをいう(6)。大別すると二つの場合がある。

第一に、履行期が到来しても、給付義務を負う者の履行を期待できない場合である。どのような場合がこの要件に合致するかは、給付義務の性質・種類および給付義務者の対応姿勢等を考慮して、個別具体的事案ごとに判断されるべきことである。たとえば、履行期の到来した債務の元本及び利息を未履行の場合には、たとえ履行期が到来しても、その後の損害金を支払わないと予測できるので、あらかじめ請求できるといえる。また、賃借人が履行期の到来している賃料を支払わない場合に、その後履行期が到来する賃料についても、同様である。通常、これら元本とその支払い済みまでの利息、損害金の支払い、不動産明渡請求と明渡済みまでの賃料の支払いを命じる判決では、それらについてあらかじめ請求する必要性について特別に判断を示すことなく主張を認めている。

第二に、履行期が到来したときに、ただちに給付義務が履行されないと、債務の本旨に反することとなるか、もしくは給付請求権者が著しい損害を蒙るおそれがある場合である。たとえば、定期売買に基づく履行請求（民五四二条）、扶養料請求等は、たとえ給付義務者が履行を確約していても、履行期が到来したときに即時に履行されることが必要であり、被告の確約により給付請求権者の履行期到来時における即時履行に係る危険ないし不安が除去されるとは必ずしもいえないので、それを確保するために、将来の給付の訴えを認められる。

（6）　あらかじめ請求をする必要性と民事保全の必要性　民事保全における保全の必要性は、現在の時点で仮差押え又は仮処分

をえておかないと、強制執行をすること又は権利を実行することに困難なおそれがあるときをいい、疎明で足りる（民保二〇条一項・二三条一項二）。保全手続として、現時点における迅速性の要請が強く働く点に特徴がある（吉川大二郎「保全訴訟における被保全権利の審理」法と経済一〇巻二号（昭和一三年）（同『増補保全訴訟の基本問題』（有斐閣、昭和五二年）一九四頁）、松本博之「民事保全における疎明責任とその分配」『民事保全講座２』（法律文化社、平成八年）三七頁参照）。ここでは、債権者が保全処分の申請を却下されたときに蒙るであろう損害と債務者が保全処分命令により蒙るであろう損害との利益考量において、債権者が優るべきことが要求される（鈴木正裕「仮の地位を定める仮処分と保全の必要性」『保全処分の体系・上巻』吉川大二郎博士還暦記念（法律文化社、昭和四〇年）二二六頁、野村秀敏『保全訴訟と本案訴訟』（千倉書房、昭和五六年）三二頁）。これに対し、将来の給付の訴えにおける「あらかじめ請求をする必要があること」とは、将来の給付の訴えとしての訴訟要件であって、それを具備することは、疎明では足りず、証明を要する。ここでは、現時点における迅速性という要請は働いていなく、将来の給付請求権が現実化したときにおける給付義務の履行の迅速性が要請される。したがって、その趣旨に照らし、給付義務者の資力、執行の難易性等は、一切判断の要素とはならない。また、民事保全におけるように、訴訟当事者間の利益考量を量る余地はない。

(3) 具体的問題　(イ) 将来の損害賠償請求　将来の給付の訴えは、将来の給付であることと、あらかじめその請求をする必要があることを要件とする（一三五条）。ここに「将来の給付であること」とは、基礎となる法律関係が口頭弁論終結時にすでに存在している限り、将来発生すべき請求権を含むとされている。そこで、将来発生する損害についての賠償請求を将来の給付の訴えとして提起する請求適格が問題になる。

(a) 判例の態度　この点について、先例とされる判例は、①「既に権利発生の基礎をなす事実上及び法律上の関係が存在し、ただ、これに基づく具体的な給付義務の成立が将来における一定の時期の到来や債権者において立証を必要としないか又は容易に立証しうる別の一定の事実の発生にかかっているにすぎず、将来具体的な給付義務が成立したときに改めて訴訟により右請求権成立のすべての要件の存在を立証することを必要としないと考えられるようなものについて、例外として将来の給付の訴えによる請求を可能ならしめたにすぎないものと解される。」とする。②「継続的不法行為に基づき将来発生すべき損害賠償請求権についても、……基礎となるべき事実関係及び法律関係が既に存在し、その継続が予測されるとともに、右請求権の成否及びその内容につき債務者に有利な影響

を生ずるような将来における事情の変動としては、……あらかじめ明確に予測しうる事由に限られ、しかもこれらについては請求異議の訴えによりその発生を証明してのみ執行を阻止しうるという負担を債務者に課しても格別不当とはいえない点において……期限付債権等と同視しうるような場合」に許される。③したがって、「たとえ同一態様の行為が将来も継続されることが予測される場合であっても、……損害賠償請求権の成否及びその額をあらかじめ一義的に認定することができず、具体的に請求権が成立したとされる時点においてはじめてこれを認定することができるとともに、その場合における権利の成立要件の具備については当然に債権者においてこれを立証すべく、事情の変動を専ら債務者の立証すべき新たな権利成立阻却事由の発生としてとらえてその負担を債務者に課するのは不当であると考えられるようなもの」は請求適格がないとしている（最判(大)昭和五六・一二・一六民集三五巻一〇号一三六九頁＝大阪国際空港事件の多数意見）。その後も、この立場は、基本的に踏襲されている（最判(二小)昭和六三・三・三一判時一二七七号一二二頁）。

これに対し、団藤重光裁判官の反対意見は、請求権発生の基礎となるべき事実関係が継続的な態様においてすでに存在し、しかも将来にわたって確実に継続することが認定されるような場合には、具体的事案に応じて、既判力の範囲の問題や当事者間の利益の均衡などを考慮して是認される限度で、将来の給付の訴えを認めるべきであるとする。そして、最小限度の被害の発生が確実に継続するものと認められる期間を控え目にみてその終期を定めるならば、その期間内に特別の事情が生じた場合に相手方に請求異議の訴えによって救済を求めさせることにしても、不当に不利益を課することにはならないとしている。

(b)　学説の動向　学説は、判旨①及び②の一般論としての利益考量論には、おおむね肯定的評価をしているもの（①について、竹下守夫「将来の請求権と執行証書」公証制度百年記念論文集（日本公証人連合会、昭和六三年）（同『民事執行における実体法と手続法』（有斐閣、平成二年）九八頁）、②について、伊藤眞「将来請求」判時一〇二五号（昭和五七年）二五頁、中野貞一郎「将来の給付の訴え」判タ八〇一号（平成五年）（同『民事訴訟法の論点Ⅰ』（判例タイムズ社、平成六年）一三九頁・一四四頁）、山本弘「将来の損害の拡大・縮小または損害額の算定基準の変動と損害賠償請求訴訟」民訴雑誌四二号（平成八年）三七頁注二一。これに対し、②について疑問とするものとして、松浦馨「将来の不法行為による損害賠償請求のための給付の訴

えの適否―公害訴訟を中心として」中野貞一郎先生古稀記念『判例民事訴訟法の理論（上）』（有斐閣、平成七年）二〇九頁以下）、大阪国際空港事件について請求適格を否定した点については、多数説は反対する（竹下守夫「救済の方法」『岩波講座基本法学8―紛争』（岩波書店、昭和五八年）二一五頁、民法の立場から、加藤一郎「大阪空港大法廷判決の問題点」ジュリ七六一号（昭和五七年）一三頁。また、判旨②に反対する前提に立って請求適格を認めるものとして、松浦・前掲書二〇九頁。これに対し、強制執行に関する起訴責任の分配という視点から判旨に賛成するものとして、中野貞一郎・前掲書一三九頁以下）。その主たる理由は、すでに現在の事業態様が不法行為を構成するのであるから、同一態様の行為が将来も継続されることが確実に予測されるなら、たとえ将来における不法行為の成否・賠償すべき損害の範囲が今後の複雑な事実関係の展開により左右されるといっても、その大部分が加害者によりなされる損害防止のための諸方策の実施である場合には、それらは、加害者が免責事由として主張・立証することを要すると解する方が、当事者間の公平に合致するという点にある（竹下・前掲書二一五頁）。他方、団藤裁判官の反対意見について、原告・被告間の利害関係を調整する視点に立って、将来の給付に明確かつ適当な終期を付した中間的処理に妥当性を見出す考え方もある（伊藤・前掲二六頁、松浦・前掲書二一五頁）。

(c) 検　討　将来の損害賠償請求の特質は、第一に、いまだ現実化していない損害賠償請求権につきあらかじめ債務名義を取得することを許容し、それが現実化したときにはただちに給付請求を実現させることを確保すること、第二に、それによって将来の権利侵害の発生自体あるいは継続的発生を抑止する間接的機能を有することにある（伊藤・前掲二四頁、竹下・前掲書二一二頁）。そうした視点からみると、過去から口頭弁論終結時まで継続して違法な権利侵害行為が存在し、その事実を認定できるとともに、その後も同一の内容の違法な権利侵害行為が引き続き存続することが容易に予見される場合には、未だ現実化していない将来の給付の訴えについて訴えの利益を是認することが相当であると解する。また、後述するように、執行段階において給付義務者に手続保障が確保されているので、それによって、給付義務者に不当な不利益を与える余地も見られない。

この点について、判旨が、法文にない②の要件を新たに設定し、そこから③を導き出している点には、疑問があ

る。②の要件とする給付請求権者の有する「あらかじめその請求をする必要があること」を給付義務者に課せられる請求異議訴訟の負担との比較考量として捉えることは、是認できない。将来の損害賠償請求権は将来の権利侵害があってはじめて現実化するのである。そうした性質に着目すると、停止条件付き請求権と解するのが相当であり、給付請求権者は条件成就を証明して執行文の付与を受けるという手続を経ることによって（民執二七条一項）、執行を開始できることとなる。このことは、たとえ同一の事実関係に基づく継続的又は反復的侵害行為であっても変わるところはなく、全体として確定期限付債権とし、区分された個別的部分をその支分権とみて、現在の時点で包括的に執行分の付与を受けて、区分された期限が到来する分毎に民事執行法三〇条一項により執行を開始できると解するのは（竹下守夫「差止請求の強制執行と将来の損害賠償請求をめぐる諸問題」判時七九七号（昭和五一年）三五頁）、その請求権の法的性質に反するものである。これに対し、給付義務者は、基本的には、執行文付与に対する異議の申立て（民執三二条一項）により自己の利益を確保する手続が設けられ、両者の利益考量を図っている。したがって、給付義務者の請求異議訴訟を提起する負担との比較において、給付請求権者との利益考量を考えるのは、将来の給付の訴えを認める趣旨に反するものである。[7]給付義務者は、給付請求権者が執行文付与を受けるのを待つことなく、請求異議事由を生じたときはいつでも、請求異議訴訟を提起することにより、執行力の消滅を主張することももとより可能である。

もっとも、将来の損害賠償請求について、終期の制限なしに是認することは、その趣旨に照らして妥当ではなく、個別的事案に即して相当な制限を付した認容判決をすることを検討することが必要である。[8]

これに対し、仮に、前記最高裁判例の多数意見の立場によると、同一の事実関係に基づく継続的又は反復的侵害行為に対する法的救済を求めるためには、給付請求権者に再訴の提起を促すことになり、時的限界による遮断効が形骸化することはもとより、訴訟経済にも反する。[9]

（7） 事情変更と利害の調整　将来の損害賠償請求を認めた上で、その後に事情の変更を生じた場合に、原告は追加請求訴訟により、被告は請求異議訴訟により、それぞれ法的救済を図るという途も考えられる（松浦・前掲書二一五頁、代償請求について、中野貞一郎「将来の給付の訴え」判タ八〇一号（平成五年）〔同・民事訴訟法の論点Ⅰ（判例タイムズ社、平成六年）一三七頁〕）。新民事訴訟法は、一般的な変更判決の制度を採用することはせず、口頭弁論終結時前に生じた損害について定期金賠償を命じた確定判決に限り、変更を求める訴えの制度を導入した（一一七条。八九九頁参照）。

（8） 制限付き将来の給付判決　大阪空港事件の控訴審判決は、原告の請求は、その主張する六五ホンを超える一切の航空機の発着を禁止するまでとするのを、将来の損害賠償請求を認めるについて、月毎を単位とするとともに、当事者間に運行規制についての合意が成立するまでという被告国の損害賠償義務の終期を設けている（大阪高判昭和五〇・一一・二七判時七九七号三六頁・七五頁）。また、最高裁判決における団藤裁判官の反対意見は、「最小限度の被害の発生が確実に継続するものと認められる期間を控え目にみてその終期を定める」という制限を付した上で請求を認めるべしとする。いずれについても、一部認容判決として許容されると考える（竹下・前掲三五頁は、前者について、処分権主義に違反するという）。

（9） 循環訴訟現象の誘発　大阪国際空港事件に当てはめると、最高裁の多数意見は、事実審口頭弁論終結時を基準時とする現在の給付請求としての限度で請求を認容しているのであるから、本判決が確定した時点ですでに右基準時以降の損害については、現在化しているにもかかわらず、確定判決の範囲には含まれていない。そこで、原告としては、本件訴訟の事実審口頭弁論終結時以後に生じた損害について、ただちに再訴を提起することになる。その場合に、前訴の訴訟記録を取り寄せただけでは足りず、原告・被告ともはじめから訴訟活動をやり直すことになるのであろうか。そして、将来の損害賠償を一切否定する立場を前提とすると、たとえ再訴で原告が勝訴したとしても、なお損害を生じている場合に、原告は権利の保護を求めることを断念しない限り、幾重にも訴訟を提起することを余儀なくされ、循環訴訟現象を呈することとなる。こうした事態は、訴訟制度のあり方として極めて異例なことである。逆に、給付権利者が循環訴訟現象を嫌って権利の保護を断念する事態に陥るおそれも十分に予想される。それは、将来の給付の訴えが本来有する給付義務者に対する間接強制的機能が、反対に給付権利者に働くという制度の趣旨に反する結果を生じることとなる。

(ロ) 差止請求　(a) 将来の給付請求としての差止請求　差止請求は一般に将来の給付の訴えと解されている（継続的不作為請求について、兼子・体系一五五頁、菊井維大＝村松俊夫『全訂民事訴訟法Ⅱ』（日本評論社、平成元年）九五頁）。現在、請求権発生の基礎となるべき事実関係がすでに存在してい

て、これから継続して将来において一定の作為ないし不作為を請求するのであるから、将来の作為ないし不作為についてては将来の給付にあたるものといえる。これに対し、常に将来の給付の訴えとみるのを疑問とし、特に不作為請求権の成立により、それに対応する相手方の不作為義務も現在の給付義務として成立するので、不作為請求訴訟は現在の給付の訴えとする説がある（三ケ月章「権利保護の資格と利益」『民事訴訟法講座一巻』（有斐閣、昭和二九年）〔同・研究一巻二七頁〕、上村明広「差止請求訴訟の機能」『講座民事訴訟2』（弘文堂、昭和五九年）二八七頁、松浦馨「将来の不法行為による損害賠償請求のための給付の訴えの適否―公害訴訟を中心として」中野貞一郎先生古稀記念『判例民事訴訟法の理論（上）』（有斐閣、平成七年）一九二頁注11）。将来の特定の日時に特定の行為をしないという一回限りの不作為請求はもとより、継続的不作為請求についても、現在に請求権発生の基礎となるべき事実関係がすでに存在している場合には、当然に「あらかじめその請求をする必要があること」という一三五条の要件を充たしている。したがって、将来の給付の訴えと解するのが自然であるのみならず、前述した将来の損害賠償請求とも整合するとともに、それによって給付請求権を有する者に特別の不利益を生じるおそれもない。また、裁判所としては、むしろ将来の給付という特徴を積極的に活かし、相手方に期間を区切って一定の作為義務を課し、それを履行しなかったときにのみ差止を命ずる判決をするという方法を採ることにより、当事者間の利害の調整を図った対応策も可能であろう（大塚直「生活妨害の差止に関する基礎的考察（八・完）」法協一〇七巻四号（平成二年）六一八頁は、後述する代償請求の考え方を参考にして、同様の主張をする。）。

このような差止請求は、物権的請求権に基づき認められるのはもとより、占有保全請求権（民一九九条）、商号使用差止請求権（商二〇条）、株主の差止請求権（商二七二条）、知的財産権に基づく差止請求権（著作権一一二条、特許一〇〇条、実用新案二七条、意匠三七条、商標三六条、不正三条）等の明文の定めにより認められている場合がある。いずれも、現在は権利侵害を生じていなくても、将来の権利侵害が差し迫っている場合に、予防的に差止請求することもできる。その場合は、将来権利侵害を生じる高度の蓋然性があることを要件とする（竹下守夫「救済の方法」『岩波講座・基本法学8―紛争』（岩波書店、昭和五八年）二一〇頁）。

(b)　差止請求と将来の損害賠償請求　　将来の賠償請求と差止請求を併合請求した場合（前記大阪空港事件）に、差止請求が

認容されても、それによって将来における権利侵害の発生をただちに阻止できるわけではないので、損害賠償請求する必要性が消滅することにはならない。また、将来の損害賠償は棄却されても、差止請求は認容される場合もあり得るし、逆の場合もあり得る。いずれにしても、両者は必ずしも排他的な関係にあるわけではない（伊藤眞「将来請求」判時一〇二五号（昭和五七年）一二三頁）。

差止請求とりわけ継続的不作為義務の執行は、執行裁判所が、債務者に対し、債務の履行を確保するために相当と認める一定額の金銭を債権者に支払うことを命ずる間接強制の方法による（民執一七二条一項）。債務不履行による損害額が前記間接強制による支払額を超えるときは、債権者は超える分について損害賠償請求できる（同条四項）。もっとも、このことをもって、将来の損害賠償請求を否定する根拠とはならない（伊藤・前掲二四頁）。

(ハ) 定期金賠償請求　定期金賠償請求とは、将来回帰的に現実化する給付請求権に基づき履行請求するものであって、現在すでに履行期にある分について未履行にあれば、他の分についてたとえ履行期が到来しても、その給付義務を履行しないものと予測できるので、あらかじめ請求する必要が認められる（一三五条）。民法は、債務不履行もしくは不法行為に基づく損害賠償請求について、金銭賠償の原則を定めるに止まり（民四一七条・七二二条一項）、請求形式については特別の規定を設けていない。このことは、一時払賠償請求によるか定期金賠償請求によるかは、処分権主義の建前から、原告が、事案に応じてもっとも適切な請求形態を選択することに委ねるものと解するのが相当である。一般には、相手方の将来の動静等に対する不安と、紛争処理を将来に持ち越すことの煩わしさ等の事情から、一時払請求の形式を選択することとなる。新法は、定期金賠償請求を前提とする規定を設けるにいたった(10)（一一七条）。

(10) 定期金賠償請求に係わる議論の背景　民法では、古くから定期金支払方式に着目し、扶養料請求権、ことに将来に対する期待権の侵害については扶養必要状態の持続状況を予測することが困難であることを理由に、これを肯定する見解があった（本勝

正晃「離婚に因る損害賠償」『家族制度全集法律編II離婚』（河出書房、昭和一二年）（同『民法研究四巻』（巖松堂、昭和一四年）九六頁以下」）。また、生命侵害によって生ずる財産的侵害の算定が困難であるとして、年金形式による請求を認めるべしとしていた（我妻栄『事務管理・不当利得・不法行為』（日本評論社、昭和一二年）二〇六頁）。戦後になって比較法的視点から一時払方式と定期金方式の長短所について研究が深められ（山田晟・来栖三郎「損害賠償の範囲および方式に関する日独両法の比較研究」我妻先生還暦記念『損害賠償責任の研究（上巻）』（有斐閣、昭和三二年）二〇九頁以下）、裁判実務の視点からも、交通事件訴訟における後遺障害による逸出利益の賠償につき定期金賠償請求の有用性が指摘されるに至った（倉田卓次「定期金賠償試論」判タ一七九号（昭和四〇年）（同『民事交通訴訟の課題』（日本評論社、昭和四五年）一〇七頁以下」）。しかし、請求事例として公表されたのは極めて少なく（原告が定期金払い請求の形態を採った例として、仙台地判昭和五八年二月一六日交通民集一六巻六号一七七一頁。これに対し、東京地判昭和五三・八・三判時八九九号四八頁・三八九頁は、傍論ではあるが、定期金賠償請求の適法性について疑義のあることを示唆している。）、一時払請求に対し、定期金払いを命ずる判決をできるかという判決事項の問題として検討されていた（倉田・前掲、楠本安雄「定期金賠償論の現代的意義」『司法研修所二〇周年記念論文集・一巻』（昭和四二年）一六六頁以下。実体法と訴訟法の両面から比較法的に考察したものとして、池田辰夫「定期金賠償の問題点」『新・実務民事訴訟講座4』（日本評論社、昭和五七年）（同『新世代の民事裁判』（信山社、平成八年）六六頁以下」なお、八九九頁参照）。

㈡　代償請求

(a)　趣　旨　代償請求とは、本来の給付請求の履行不能もしくは執行不能を停止条件とする塡補賠償請求をいう。(11)両者を併合して請求する場合に、現在の給付請求と将来の給付請求の単純併合の関係にある。前者の給付請求が履行遅滞にあることをもって、その履行不能もしくは執行不能の際には後者の請求についても履行を期待できないと見込まれ、あらかじめ請求する必要性を認められる。その趣旨は、債権者の便宜を図るとともに、併合請求という一回の訴訟により当事者間の紛争処理を可能にするという意味での訴訟経済を確保する点にある。

(b)　請求適格　判例は、株式売買契約に基づき株券の引渡請求とともに、その履行不能のときは二〇〇万円の支払請求をした事案において、物の引渡請求による強制執行の不能は必ずしも履行不能には当たらないとしつつ、履行不能によらないでも塡補賠償できることを認め、本件は履行遅滞による損害賠償に当たるとして、最終口頭弁論終結時における本来の給付の価格相当額について賠償請求を認容している（大判（民聯）昭和一五・三・一三民集一九巻五三〇頁）。もっとも、この種の代償請求は債権者において契約解除の後に生ずるものであっても、契約関係が現存し、かつ解除原因たる遅滞

の状態が存するからには停止条件付き債権として将来の給付の訴えの利益を認めて差し支えなく、判旨は肯定的に評価されている[12]（兼子・判例八四頁）。その後、最高裁は、原告が線材の引渡請求とともに、任意に算定した価格に基づく代償請求を併合請求した事案について、一般論として代償請求を認めつつ、塡補賠償の価格の算定基準時についても、前記大審院判例を踏襲している（最判(二小)昭和三〇・一・二一民集九巻一号二二頁）。

これに対し、①株式贈与契約に基づき取得した株式につき訴外会社の取締役会の譲渡承認申請手続、②右承認を条件とする右株式に相当する株券につき指図による占有移転および③これらの請求が強制執行不能となった場合の代償請求の事案について、①②は執行不能を生ずることはありえないので（民執一七三条一項参照）、それらの執行不能を条件とする代償請求は「あらかじめ請求する必要」がないとして訴えを却下している（最判(二小)昭和六三・一〇・二一判時一三一一号六八頁）。さらに、所有権に基づく動産の引渡請求であって、しかもその目的物が非代替物である場合には、将来動産の引渡が執行不能になることによってただちに本来の物権的請求権が金銭による塡補賠償請求権に代わると解するのは相当でないとして、代償請求を斥けている（国を被告とする古文書類の引渡請求ならびに代償請求について東京地判昭和四四・一二・二二訟務月報一六巻三号二五七頁）。前者は一般論としては是認できるが原告の意思に適った処理であるかについては疑問が残り（山本和彦・判例評論三七〇号二一二頁）、後者については結論自体が疑問である。

(c) 塡補賠償の算定基準時　本来の給付請求と併合して代償請求を認める趣旨は、執行不能が現実化する時を待つことなく、債権者の便宜と訴訟経済上の考慮から認められる救済方法である。それは、実体法とりわけ損害賠償法理論と訴訟法理論とが交錯する性質をもっている。

そこで、第一に、塡補賠償の算定基準時を何時に設定することが最も執行不能時の価格に近く、本来の給付に代わる損害賠償請求権という性質に合致するかという問題である。[13] 代償請求は、本来の給付に代わる賠償請求そのも

のではあるものの、執行不能か否かは執行機関が実際に執行に及んだときに判断することである。しかし、その時点の価格を算定することは判決裁判所の権限であって、執行機関の権限を越える問題である。そうすると、次善の策として本来の給付請求について判断する時点である判決手続の最終口頭弁論終結時を算定基準時とすることが最も妥当であることになる。もっとも、訴え提起に際し、賠償請求額を特定することを要する。単に、執行不能の時の時価相当額というのでは特定しているとはいえず、原告としては、訴え提起時の価格を示して特定するとともに、またはこれと著しく相違しない口頭弁論終結時の価格をもって賠償額として主張立証するとするのを妥当と考える（本来の給付請求が特定している限り、その執行不能の場合の塡補賠償ということで特定しているとする説として、小山昇「塡補賠償訴訟の訴訟物」我妻先生還暦記念『損害賠償責任の研究（中）』（有斐閣、昭和三三年）〔同・著作集一巻一三二頁〕）。執行不能時の価格を賠償請求することを欲するのであれば、本来の給付請求に代償請求を併合請求するのではなく、前者の執行不能の後に改めて、後者の賠償請求訴訟を提起する方策を採ることが要請される。

第二に、そのように割り切るのではなく、代償請求の意義を積極的に評価し、代償請求を併合請求する前提に立ちつつ、目的物の価格が、訴え提起時、判決時および執行不能が現実化した時のずれにより、高騰しあるいは下落した場合に生ずる経済的価値の差異を法的救済の枠組みの中に吸収すべきではないかという疑問を生ずる。それは、価格が高騰した場合における債権者による塡補賠償の追加請求、逆に価格が下落した場合における債務者による請求異議訴訟という方法をもって利害の調整を図るべきであり、代償請求を併合請求したからといって事後の追加請求を否定する根拠とはならず、逆に債務者が執行不能もしくは履行不能を招いたことをもって請求異議訴訟を否定することにもならない（小山・前掲書一三八頁）。原告は併合請求という便宜的手段を選択したのであり、被告はもともと目的物の給付義務を負っていたのであるから、いずれも否定すべきであるとする考え方もある（瀬戸正義「いわゆる代償請求について」判タ二〇八号（昭和四二年）〔宮川種一郎＝賀集唱編『民事実務ノート・第一巻』（判例タイムズ社、昭和四三年）二四一頁〕、村松俊夫「株券の引渡請求とその代償請求」商事法務研究一三一号（昭和三四年）六頁）。しかし、これらの請求を否定すべき法的根拠は

なく、当事者がその煩雑性を厭わないか否かの事実問題に帰着する。原告が、執行不能時における給付請求の対象物の価格を賠償請求するのであれば、当初から代償請求の途を選択するのではなく、執行不能を待った上で改めて別訴を提起する方法によるべきである。なお、新法の変更判決の制度は口頭弁論終結時前に生じた損害について定期金賠償を命じた確定判決に限るので、このような場合に直接に対応できるものではない（一一七条。八九九頁参照）。

(d)　訴訟係属中における履行不能による賠償請求への変更　土地所有権移転登記請求訴訟の係属中に係争物件を第三者に譲渡し、移転登記もしてしまったため、原告は訴えを変更して、履行不能による損害賠償請求をした事案について、判例は、債務の目的物の価格が履行不能後騰貴を続けてきた場合に、履行不能となった際に債務者がその事情を知りまたは知りえたときは、債権者が口頭弁論終結時の価格まで騰貴する以前に目的物を他に処分したであろうと予想された場合でない限り、右終結時現在において処分するであろうと予想された場合でなくても、債権者は右終結時の価格による損害賠償を請求できるとする（最判(二小)昭和三七・一一・一六民集一六巻一一号二二八〇頁）。債権者である原告が移転登記禁止の仮処分をしなかったことをもって過失があるとみることもできず、判旨は妥当といえる（谷口知平・判例評論五八号六八頁）。

(11)　代償請求の二義性　これと異なり、履行不能を生じたのと同一原因によって債務者が履行の目的物の代償と考えられる利益を取得した場合に、債権者が右履行不能により受けた損害の限度でその利益の償還を求めることを代償請求といい、これを公平の観念に基づく債権者の権利と捉えて代償請求権という。民法上に直接の明文規定はないが、判例はこれを認め、民法五三六条二項但書をこの法理の現れであるとする（最判(二小)昭和四一・一二・二三民集二〇巻一〇号二二一一頁）。なお、外国通貨による支払いが執行不能の場合には、日本通貨による支払いを請求するのは、請求としては一個であり（民四〇三条参照）、これを代償請求というのは不正確である。

(12)　株券引渡請求と代償請求における株価の算定　上場株式等取引相場のある株式については、市場価格とその会社の企業としての客観的価値を発行済株式総数で除した数値とがズレる可能性があるとの指摘があり、公正な価格の算定をめぐる新たな問題を生じる可能性がある（江頭憲治郎「取引相場のない株式の価値」『法協百年論集三巻』（有斐閣、昭和五八年）四四九頁）。さらに、上場株式については、流通性・代替性が高い性質に照らし、引渡不能はないと考える余地もあり、損害賠償の方法・価格についても、別個の考え方をすべきであるとする意見が

ある（竹内昭夫『判例商法Ⅰ』六九頁）。いずれも貴重な指摘である。

(13)　塡補賠償の価格算定基準時　判例は、当初、塡補賠償の価格算定基準時について、判決執行時であるべきところ、あらかじめその時点の価格を算定することは不可能なので、便法として判決時である口頭弁論終結時によることとしていた（大判大正五・六・七民録二二輯一一四二頁、同大正七年一月二八日民録二四輯五一頁）。さらには、訴え提起時に算定することは困難であるとして、代償請求の併合を認めないとした（大判大正一五・一〇・六民集五巻七一九頁）。ところが、前掲大判（民聯）昭和一五年三月一三日をもって判例変更し、これを是認するとともに、口頭弁論終結時を算定基準時とした。これに対し、有力説は、執行不能により突如として履行に代わる損害賠償請求権に転化することは不自然であるという疑問から、履行に代わる損害賠償請求権は、履行遅滞によって発生し、その行使について執行不能を停止条件とする権利であるとする（北川善太郎「損害賠償算定の基準時」法学論叢八八巻四・五・六合併号（昭和四六年）一一五頁）。原告は、被告の債務不履行の後に、すでに発生している履行に代わる損害賠償請求権を行使する時期を任意に選択することができ、執行不能の存否に委ねる権利行使の途を選択したことにより、口頭弁論終結時となったものであるとしている。他方、判例の態度は執行不能によって損害賠償請求権が成立した時点と統一的な理由づけによっているとみること自体を疑問とする見方がある（平井宜雄「損害賠償額算定の基準時に関する一考察（一）」法協八三巻九・一〇合併号（昭和四一年）一三一八頁）。それによると、口頭弁論終結時となるのは、原告の「請求ノ趣旨」の解釈の結果であり、判例が「本来の給付に代るものとしての損害賠償」を認めるというのは、弁論主義の枠内で、可能なかぎり本来の給付にできるだけ近い経済上の地位を債権者に回復させるべきであるという価値判断によるものであるとする。その前提には、価格の変動に基づく損害を民法四一六条にいわゆる「損害」として処理すべきではなく、確定した損害の事実の金銭的評価が時期によって変動するということにすぎず、基準時の問題は自由裁量により算出された損害額の根拠を示す一資料に吸収されるという考え方に裏付けられている（平井・前掲一三二〇頁、同『損害賠償法の理論』（東京大学出版会、昭和四六年）二六三頁、四九七頁）。

(ホ)　手形金請求　満期前の手形金支払請求には、現在の給付請求と将来の給付請求とがある。現在の給付請求は、支払人について支払停止等の事由（手四三条後段各号）を生じたときに、中間利息を控除した後の手形金及び遅延損害金又は利息（手四八条二項）を請求する。支払人の資力について不確実な事由を生じた場合に、実体法が特に満期前であっても支払請求を認めたものである（菅原菊志「遡求」『手形法・小切手法講座5』（有斐閣、昭和四〇年）（同『社債・手形・運送・空法〔商法研究Ⅲ〕』（信山社、平成五年）一九六頁・二〇三頁）。原告は勝訴判決を取得した

場合には、現在の給付請求であるから、満期の到来するのを待つことなく、ただちに強制執行できる。これに対し、将来の給付請求による場合は、満期時における手形金及び満期後の利息又は遅延損害金の支払をあらかじめ請求するのであり、したがって民訴法一三五条に定める要件を備えることを要する（「あらかじめその請求をする必要」は、現在の給付請求における手形法四三条後段各号の定めと異なり、訴訟要件である。）。通常は将来の給付請求によっている。(14) 将来の給付の利益を判断するについて、約束手形の振出人と裏書人を共同被告として将来の給付請求をしている場合に、同一振出人による別の手形について不渡りになっていれば、たとえ裏書人は右不渡り手形に関わっていなくても、当然に将来の給付請求の利益を認めている場合と、別の手形の不渡りという事実に止まらず、振出人の資産状況、不渡りの原因等を斟酌した上で、改めて給付請求の利益の有無を判断する場合とがみられるようである。

裏書人に対する遡求権行使の要件との関係についてみると、判例は、約束手形の所持人が、振出人が別に振り出した小切手が不渡りになったことにより、右振出人および裏書人を共同被告に満期前に将来の給付の訴えとして手形金支払請求訴訟を提起し、口頭弁論終結前に満期が到来した場合について、裏書人に対する遡求権行使の要件として、手形法四三条・七七条一項四号により支払呈示期間内に支払場所において振出人に対する支払呈示をしなければならず、振出人に対する訴訟の提起ないし訴状の送達は、裏書人に対する遡求権行使の要件である支払呈示としての効力を有しないとしている（最判(二小)平成五・一〇・二二民集四七巻八号五一三六頁）。その理由として、請求者が手形の正当な所持人であることを確知させる必要性と振出人によって支払がされるか否かを明らかにさせる必要性に求めている。訴状の送達による振出人に対する遅滞に付する効力と遡求権を保全する効力とは別次元のものと捉えるものといえる（井上健一・法協一一二巻一一号一六一三頁）。

(14)　白地手形による時効中断と将来の給付の訴え　判例は、白地手形のまま手形金支払請求訴訟を提起した場合について、訴

え提起時に時効中断の効力を生ずるとする（最判(大)昭和四一・一一・二民集二〇巻九号一六七四頁）。これに反対して、時効中断の効力を否定する意見は、白地手形の所持人が手形上の権利を有しているという前提に立つと、あらかじめ手形金の請求をする必要がある場合には、白地手形を補充することなく、将来の給付の訴えによって手形金支払請求できることを肯定しなければならず、白地手形は権利行使の点に関して完成手形と異ならず、未完成手形の名に値しないこととなると批判している（前記大法廷判決における松田二郎裁判官の少数意見）。

第二項　確認の訴えの利益

一　確認の訴えの利益

確認の訴えは、原告の被告に対する特定の権利又は法律関係の存在又は不存在、法律行為の有効・無効の主張等（以下単に権利関係の存在又は不存在という。）を訴訟上の請求とし、それに対応する審判を裁判所に求める訴訟行為をいう。確認の訴えは、理論的には対象となり得る権利関係、法律行為が限りなく存在する可能性があること、たとえ請求認容判決を取得して、既判力をもって権利又は法律関係の存否を確定しても、強制執行によってその実現を図ることはできない点で、給付の訴えとは異なる特徴がある。また、単に権利又は法律関係の存否を確定することにより、法的安定を図ることを趣旨とする点で、直接に法律関係の変更を求める形成の訴えと異なる。他方、確認の訴えを機能面についてみると、紛争の集約的解決機能、紛争の予防的機能及び給付の訴えの代替的機能がある（一八頁）。このような特徴と機能を有する確認の訴えを訴訟類型として一般的に許容するには、個別事案毎にこれを認める要件を設定することが必要になる。そこで、訴訟要件として、確認の利益というものが位置付けられることとなる。

ここに確認の利益とは、原告の権利又は法律関係について原告・被告間に法律上の紛争があり、それによって原

告の権利又は法的地位に不安ないし危険が現に存するとともに、それを除去する方法として、原告・被告間でその訴訟物たる権利又は法律関係の存否について確認判決をすることが有効かつ適切であることをいう。確認の利益は、確認の訴えの前述した特徴とその機能の視点から捉えると、確認の訴えによることの適切性、確認の対象の適格性、即時確定の利益及び確認の訴えの主体の適格性という四つの要素から構成される（この点を最も明確にしたのは、新堂幸司『民事訴訟法』（筑摩書房、昭和四九年）一八一頁を嚆矢とする。）。

二　確認の利益の判断

(1)　確認の訴えの手段の適切性　請求の内容を基準とする訴訟類型の中から確認の訴えという手段を選択したことが、その事案に即してみたときに、他の訴訟類型と比較して有効かつ適切であるかという確認の訴えの手段の適切性が問題になる。

(イ)　給付・形成の訴えとの関係　請求権につき給付の訴えが可能であるにもかかわらず、その請求権自体についての確認を求めることは、原則として認められない。直接的な紛争解決を図る手段があるにもかかわらず、たとえ確認判決があっても請求権の実現には給付判決による執行力をまたなければ紛争解決機能がなく、相手方や裁判所にいたずらに労を掛けさせる手段を選択する点を斟酌すると、そこまで当事者の意思を尊重すべき積極的な理由はなく、したがって原則として確認の利益はない。もっとも、確定した給付判決があり、時効中断のために再訴を提起する場合には、確認の訴えでもその目的を達することが可能であり（給付の訴えの利益を否定するものではない。）、その他特別の定めがある場合（たとえば、倒産法における債権確定訴訟（破二四四条、会社更生一四七条））には、いずれも例外的に確認の利益がある。

これに対し、基本となる権利関係から生ずる給付請求権について給付の訴えが可能であっても、基本的権利関係自体についての確認を求める利益は認められる。

第一に、給付請求権の前提となる権利関係について争いがあり、それに基づく種々の紛争を生ずる可能性がある場合に、個々の給付請求権について確定判決を取得しても、その判決の効力は、前提となる基本的権利関係を確定するものではない。基本となる権利関係について直接確認を図ることにより、紛争を簡潔かつ集約的に解決できるとともに、そこから紛争が派生するのを予防する機能をも果たすことができる（物上請求権につき給付請求が可能であるのに、物上請求権の基礎たる所有権のみの確認を求める場合につき、最判(一小)昭和二九・一二・一六民集八巻一二号二一五八頁、賃借権に基づく土地引渡請求訴訟の係属中に賃借権確認を求める場合につき、最判(三小)昭和三三・三・二五民集一二巻四号五八九頁、新堂・判例三一〇頁・三一二頁以下、中田淳一＝尾中俊彦・民商三二巻五号六四三頁）。同様に、形成の訴えが可能であるのに、形成権ないし形成原因だけについての確認を求める利益もない（新堂・判例三一三頁）。

第二に、給付請求権の前提となる権利関係について争いがあり、それに基づく紛争を生ずる可能性があるものの、給付請求することは積極的に望まず、その前提となる権利関係について確認することを目的とする場合である。たとえば、懲戒処分について事実誤認に基づき有効性を争う場合に、無効処分に基づく人格権の侵害を理由とする損害賠償請求も可能ではあるが、賠償請求という金銭的補償よりもむしろ事実誤認により理由のない処分を受けたことを重要視して、処分の無効確認請求を選択することも十分に理由のあることである（この場合に、現在又は将来に給与又は昇格等において利益を被ると否とに関わりなく確認の利益が認められる。）。たとえ懲戒処分を無効とする確認判決が確定したとしても、あらためて人格権侵害による損害賠償請求訴訟が提起されることも予測されないわけではないからといって、確認の利益を否定する根拠とはならない。

(ロ)　手続内問題の処理と手段の妥当性　訴訟は、具体的な権利又は法律関係の存否をめぐる法的紛争に対する裁判所による実体的判断を行うための連続した手続として形成されている。したがって、訴訟手続の過程で生じた紛争については、その手続内で自己完結的に処理することを予定されているのであり、手続上の問題を抽出してあらためて別訴により確認を求めることは、訴訟手続の前記の性質に照らし、その利益がない。(1)

（1）　手続内問題と確認の利益　たとえば、訴訟代理権の存否について争いがある場合には、その訴訟において審判すべきであ

り、別訴を提起する確認の利益はない（最判(一小)昭和二八・一二・二四民集七巻一三号一六四四頁）。訴訟代理権を証すべき書面の真否確認についても、同様である（最判(二小)昭和三〇・五・二〇民集九巻六号七一八頁）。他の訴訟要件の存否、訴訟手続の中断、訴訟承継の有無、訴えの取下げ有効無効等についても、同様に独立して確認を求める利益はない（中野貞一郎・民商三〇巻五号四四四頁、新堂・判例三一四頁）。さらに、和解の効力をめぐる争いについても、訴訟法律関係に係わることを理由にその訴訟手続内で解決されるべきであるとし、無効確認の別訴を提起することは確認の利益がないとする説がある（中野・前掲四四四頁）。しかし、訴訟上の和解は、判決によらずに訴訟を完結させる点では、訴えの取下げと同様であるが、和解を前提として新たな法律関係を形成していることもあり、訴訟当事者以外の第三者の利害に関わっている場合をも視野に入れることが必要であって、そうした要素をも斟酌すると和解無効確認にまで拡張するのは妥当でない。

(2) 確認の訴えの客体の適切性　確認の訴えは、原告の権利又は法律関係について原告・被告間に法律上の紛争があり、それによって原告の権利又は法的地位に不安ないし危険が現に存するときに、それを確認判決の既判力をもって除去することを目的とする。その対象は、原則として、権利又は法律関係であり、事実をも対象になり得る場合もある。権利は、確認の訴えの予防的機能に照らし、抽象化された権利であっては足りず、実体法上の権利として一義的に内容の確定した権利であることを要する（山本和彦「訴訟物」判タ九九七号（平成一一年）三四頁）。確認の訴えの機能として集約的解決という機能があるとはいえ、それは確認判決の既判力による権利又は法律関係の明確な確定をいうのであって、それをもって抽象的権利の確認を認めることにはならない（確認訴訟の対象は利益の存在であるとする前提に立って、利用権の確認を認める説として、小山昇「訴訟物論」北大法学会論集一一巻三号（昭和三六年）（同・著作集一巻四六頁））。法律関係は、社会生活関係のうち一定の事実関係を通じて形成された法的規律を受けるものをいう。法律関係は、私法上のものでも公法上のものでも差し支えなく、当事者間の法律関係を原則とするが、第三者間の法律関係も対象になり得る。

この点について、判例は、「確認の訴は原則として法律関係の存否を目的とするものに限り許されるのであって、事実関係については訴訟法上特に認められた『法律関係ヲ証スル書面ノ真否ヲ確認スル為ニ』する場合（民訴二二五条＝新一三四条）

の外はこれを提起することはできない。それは法令を適用することによって解決し得べき法律上の争訟について裁判をなし以て法の権威を維持しようとする司法の本質に由来する。すなわち法律関係の存否は法令を適用することによって判断し得るところであるに反し事実関係の存否は経験則の適用によって解決されるのであり、経験則の確認、これが正当な適用というようなことは司法本来の使命とは直接的関係はなく法令適用の前提問題にすぎないからである。」とし、法律関係についても、現在時における存否のみがこの訴えの対象として許されるとする（最判（一小）昭和三一・一〇・四民集一〇巻一〇号一二二九頁）。しかし、確認の訴えの対象は、権利又は法律関係であることを要するとともに、それは現在の法律関係に限るとして固定化した上で、それらについて確認の利益の有無を判断するという思考態度は、前述した確認の訴えの機能に照らし、論理が逆であり妥当でない（こうした考え方を疑問とし、前記判例の立場をなお堅持すべきであるとする見解として、中野貞一郎「確認訴訟の対象」判タ八七六号（平成七年）七頁）。

さらに、確認の訴えの対象とすべき法律関係は、独立した法律関係であることを要せず、その一部についても、確認の訴えの対象とできる（中野・前掲一〇頁）。これに対し、法律関係を構成する個別的要素は単なる事実にすぎない。

そこで、確認の対象とする客体が、その不安ないし危険を除去するために有効かつ適切かという確認の訴えの対象としての適切性が問題になる。この確認の訴えの客体の適切性は、時間的要素、属性的要素及び属人的要素から構成される。

(イ)　過去・現在・将来の事実又は法律関係と現在の紛争　民事訴訟は、基本的に現在の法的紛争について公権力による法的判断を下すことにより、紛争の法的処理を図るものである。訴訟類型の中で、確認の訴えは、集約的解決機能及び予防的解決機能を有することに特徴がある。また、事象は、過去から現在へ、さらに将来へと連続しているのであって、時間的経過に関わりなく、個々に独立してわけではない。そうした確認の訴えの特徴と時間的経過の連続性を踏まえると、どのような権利または法律関係を対象とするのが、現に存在する紛争の処理に有効か

つ適切であるかという視点から、確認の訴えの対象を設定することが必要である。そうした前提に立つと、現在の法的紛争を処理するには、基本的に現在の権利又は法律関係を対象にすることによって、適えられるといえる。

(a) 証書真否確認の訴え（一三四条）

(i) 趣旨　本条は、法律関係の成立不成立の確認の訴えが認められるという前提に立って、さらに法律関係を証する書面の真否を確定する訴えを認めるべきであるとして、旧々法において設けられた規定であり、証拠保全と同じ趣旨であるとする（『日本立法資料全集12・民事訴訟法〔大正改正編〕(3)』（信山社、平成五年）二四二頁・二四四頁）。文書の実質的証拠力の前提である文書の真否をめぐり争いがあり、その点について判決をもって確定することによって、右文書に記載されている法律関係に関する紛争が解決され、もしくは解決に資する高度の蓋然性を認められる場合に、法が特に文書の真否について、確認の利益を認めたものである。文書が真正に成立したか否かは、その作成者であると主張される者の意思に基づいて作成されたか否かをいい（偽造文書か否かとは必ずしも一致しない。中野・前掲一〇頁）、したがって法律関係の確認ではなく、事実の確認と性質決定することができる（証書真否確認の訴えにいう「書面の成立の真否」と二二八条以下の書証の規定にいう「文書の成立の真正」とは同義である。）。もっとも、生の事実についての確認を認めたものと捉えるべきではなく、法的評価を導き出し得る事実をいうのであって、本条をもって例外的に事実の確認を認めたものと捉えることは妥当でなく、端的に文書の真否についての確認の利益を認めた規定と解すべきである。

また、文書の記載内容が客観的真実に合致するか否かを確定するものではない（農地買収における未墾地買収計画書中の記述について真実でない旨の確認の利益を否定するものとして、最判（二小）昭和二七・一一・二〇民集六巻一〇号一〇〇四頁）。記載内容の真実性に争いがある場合は、文書の真否について確認しても紛争の処理に資するものではなく、その文書が証する法律関係の確定を直接求めることによるべきである。

(ii) 要件　証書真否確認の訴えは、その書面が法律関係を証するものであること、書面の真否確認について訴えの利益があることを要する。

①　法律関係を証する書面　書面には、その記載のみから経験則により一定の法律関係の存否を証明できるものと、他の事実をも総合してはじめて同様の機能を果たすことができるものとがある。訴訟において、証拠として提出される書面は、程度の差はあるものの、法律関係の存否を証明するのに資するといえるにしても、本条により特に証書真否確認の訴えの対象となり得るのは、(i)に述べた趣旨に照らし、書面自体の内容から直接に一定の法律関係の存否を証する書面に限られると解するのが相当である（山木戸克己・判例研究一五六頁。家督相続無効確認訴訟係属中における家督相続届の付箋について偽造確定の訴えを提起した場合に、確認の利益を否定したものとして、最判(一小)昭和二八・一〇・一五民集七巻一〇号一〇八三頁）。

②　書面の真否確認についての訴えの利益　書面真否確認の訴えは、確認の訴えとしての固有の要件である確認の利益を備えていることを要する。それは、書面真否を確認することが、原告の権利又は法律関係について現に存する不安ないし危険を除去するために有効かつ適切であることをいう。判例は、同一当事者間における不当利得返還請求及び部分林引渡請求の前訴において、官有林下戻申請書及びその副本に添付した図面の真否が争いとなり、判決理由中でその真正なることが認められ、原告敗訴判決が確定後は、改めて右書面の偽造確認を求める利益はないとする（大判昭和一九・一・二〇民集二三巻一頁）。右書面の真否については既判力を生じないが、証書真否確認の訴えは、対象とする書面の真否を確認することにより、それにより証せられるべき法律関係の存否をめぐる争いに備える意義を有している。したがって、そうした法律関係をめぐる争いについて判決確定後に、その前提となる書面の真否確認を求める利益はなく、判旨は妥当である。さらに、貸金支払請求の根拠とされる金銭債務のために売渡担保に供された土地の「土地売渡書」について、債務者が不真正確認の訴えを別訴として提起した事案について、係属中の訴訟に債権者である原告の勝訴判決が確定しても、債権者が右書面による権利主張する可能性があることを理由に確認の利益を認めている（最判(一小)昭和四一・九・二二判時四六四号二八頁）。本件訴えが原告の土地売買関係について現に存する不安ないし危険を除去するため

に抜本的な解決をもたらすかについては、疑問がある（判旨に賛成するものとして、山木戸・判例研究一六五頁）。それのみならず、本件書面は訴訟要件に関わる性格のものではないが、係属中の訴訟において併合請求（本件では反訴）によって処理されるべきであり（中野・前掲一〇頁が、中間確認の訴えとしても許されないとするのは根拠がない。）、それにより債務者の法的利益は十分に保護されると見られるので、別訴をもって主張することまで許容すべき積極的必要性はない。

(b)　過去の事実又は法律関係　　(i)　過去の事実又は法律関係　　過去の事象は常に変化しつつあるので、過去の事実又は法律関係と現在のそれとは時の経過に伴い乖離があり、一般的には過去の事実又は法律関係の存否について確認したとしても、現に存在する紛争の処理にただちに資することにはならない。したがって、過去の事実又は法律関係について、存否もしくは有効・無効の確認を求める訴えは、特に法の定めがある場合（たとえば、商二五二条、行訴三条四項・三六条）を除き、原則として、確認の利益を認められないといえる。

これに対し、むしろ過去の事実又は法律関係の存否について確認することにより、現に存する原告の権利又は法律関係に係る不安ないし危険を除去するために有効かつ適切である場合には、確認の利益を認めるべきである。「現在の権利または法律関係の個別的な確定が必ずしも紛争の抜本的解決をもたらさず、かえって、それらの権利または法律関係の基礎にある過去の基本的な法律関係を確定することが、現に存する紛争の直接的かつ抜本的な解決のため最も適切かつ必要と認められる場合」（最判(大)昭和四五・七・一五民集二四巻七号八六四頁の大隅裁判官の補足意見）には、確認の利益が認められるとするのは、同様の発想である。

これを実定法上についてみると、株主総会決議不存在・無効確認の訴え（商二五二条）、新株発行無効の訴え（商二八〇条ノ一五）、婚姻無効確認の訴え（人訴二条）、養子縁組無効確認（人訴二四条）等は、そうした視点から明文をもって確認の利益を認めた例である。同様の趣旨から、判例が確認の利益を認めた例として、戸籍簿上の父母及び子が死亡した後における親子

関係存在確認の訴え（最判(大)昭和四五・七・一五民集二四巻七号八六一頁）、遺産範囲確認の訴え(2)（最判(一小)昭和六一・三・一三民集四〇巻二号三八九頁）、認知者の死亡後における認知無効確認の訴え（最判(二小)平成元・四・六民集四三巻四号一九三頁〔(大)判昭和一七・一・二七民集二一巻一四頁を判例変更〕）、新株発行不存在確認の訴え（最判(三小)平成九・一・二八民集五一巻一号四〇頁）がある。逆に、宗教法人代表社員たる地位不存在確認の訴えについては、同様の視点から確認の利益を否定する（最判(二小)平成二・一〇・一九判時一三六六号四六頁）。また、民法九〇三条一項により算定される具体的相続分の価額又は割合の確認を求める訴えは、確認の利益がないとする（最判(一小)平成一二・二・二四民集五四巻二号五二三頁。本書三五九頁参照）。

(2)　遺産に関する紛争処理と主体的・客体的側面　遺産に関する紛争を客体的側面から捉えると、主として、遺産分割手続との関係、遺言の有効性との関係で問題となる。遺産分割審判手続との関係でみると、相続権、相続財産等の存否に関する判断は訴訟事項であるから、審判手続において審理判断しても、その判断には既判力を生じない（最決(大)昭和四一・三・二民集二〇巻三号三六〇頁）。また、共同相続人間で特定の財産について被相続人の遺産であるかについて争いがある場合に、各共同相続人は自己の共有持分に応じてその財産について共有持分の確認を求めることは可能であるが、抜本的な解決にはならない。そこで、直接に争いのある財産について被相続人の遺産に属することの確認請求の訴えは、当該財産が現に共同相続人による遺産分割前の共有関係にあることを既判力をもって確定し、その後に遺産帰属性を争うことを許さない点で、確認の利益があるとされる（最判(一小)昭和六一・三・一三民集四〇巻二号三八九頁。その基準時については、一律に決めがたい問題がある、山本克己「遺産確認の訴えに関する若干の問題」判タ六五二号（昭和六三年）二一頁）。それによって共同相続人間の紛争解決に資することに、この訴えの適法性を認める実質的根拠があるので、固有必要的共同訴訟とされる（最判(三小)平成元・三・二八民集四三巻三号一六七頁）。

さらに、特定の財産の遺産帰属性をめぐって、共同相続人の一部の間で互いに単独所有権を主張して争いのある場合に、一方が他方に所有権確認請求訴訟を提起し請求棄却判決が確定しても、改めて他の共同相続人をも被告に加えて同一財産について遺産確認請求訴訟を提起できるとされる（最判(二小)平成九・三・一四判時一六〇〇号八九頁）。そうした場合を視野に入れると、共同相続人の一部が単独所有権を主張して争うのに、他の相続人が遺産確認請求訴訟を提起しない場合に、むしろ単独所有を主張する者は他のすべての共同相続人を被告として先制的に包括的な遺産帰属性をめぐる争訟の処理のために当該財産について遺産に帰属しない旨の消極的遺産確認請求訴訟を提起することが有用といえる（上田徹一郎「消極的遺産確認訴訟」原井龍一郎先生古稀祝賀『改革期の民事手続法』（法律文化社、平成一二年）七五頁、特に八一頁以下）。

他方、判例は、特定財産が特別受益財産であることの確認の訴えについては、確認の利益を欠くとする（最判(三小)平成七・三・七民集四九巻三号八九三

頁)。その理由として、相続分又は遺留分をめぐる紛争を直接かつ抜本的に解決することにならないとともに、遺産分割中立事件、遺留分減殺請求に関する訴訟など具体的な相続分又は遺留分の確定を必要とする審判事件又は訴訟事件の前提問題として審理判断されるのであり、その点だけを別個独立させて判決によって確定させる必要はないとする。共同相続人間の紛争解決に資する点に重きを置く判例の立場からは、むしろ遺産確認請求との共通性は顕著であって、確認の利益を肯定することも無理ではないようにみえるが、遺産の総合的分割という視点からは、一部の紛争を解決するに止まるので(光本正俊・民商一一三巻四＝五号七八〇頁)、同様に取り扱うことは困難のように考える(田中荘太ほか『遺産分割事件の処理をめぐる諸問題』(司法研究報告書四五輯一号)(平成六年)一八頁。中野貞一郎「確認訴訟の対象」判タ八七六号(平成七年)一三頁は、法律関係の要素についての確認の訴えとして、対象適格を欠くことを理由に不適法とすべしとする。遺言の有効性との関係については、三六二頁参照。また、遺産に関する紛争処理を主体的側面で捉えて、遺言執行者が存する場合の処理については、三九二頁参照)。

(ii) 過去の法律行為　法律行為は、法律効果を生じる前提要件である法律要件であり、法律要件を組成する要件のうちの重要な要件である。法律行為は、単なる歴史的事実ではなく、法的評価を伴った事実である。したがって、「法律行為はその法律効果として発生する法律関係に対しては法律要件を構成する前提事実に外ならないのであって法律関係そのものではない。」(最判(一小)昭和三一・一〇・四民集一〇巻一〇号一二二九頁。もっとも、三ケ月・判例二〇二頁は、右説示をもって一般論としては正しい面があるが、このように常に峻別できるかは問題であるとする。)。この法律要件を充たすことにより、一定の法律効果を生じて法律関係が形成されることとなる。過去の法律行為について有効・無効を確認することは、法的評価を伴った過去の事実に対する法的判断であって、前述したのと同様の場合には確認の利益を認めるのが相当である[3](中野・前掲一〇頁は、法律関係に対する法的評価とする。)。もっとも、法律行為の有効・無効は、法律要件を構成する事実の現在の法的評価であるから、過去・現在をいうことはできず、時間的限定はないとまでいう見解(山木戸克己「法律行為の効力確認訴訟の適法性」八幡大学論集二三巻一＝二＝三合併号(昭和四七年)(同『民事訴訟法論集』(有斐閣、平成二年)一〇一頁以下、特に一〇七頁))には、論旨に無理がある。また、法律行為は事実ではなく法律関係であると解するのは(中野・前掲一〇頁、光本正俊・民商一一三巻四・五号七七五頁)、確認の訴えの対象を「権利又は法律関係の存否」という従来からの枠組みの中で捉えようとする前提に立つことよる発想と見受けられる。しかし、むしろ率直に法律行為と法律関係を前記最判のように峻別した上で、確認の利益を認めるのを妥当と考える。

判例は、当初、過去の法律関係についてその存否の確認を求めることはできないという固い態度を示していたが（最判(一小)昭和三一・一〇・四民集一〇巻一〇号一二二九頁）、その後、確認の利益という次元で捉えて、原告の権利又は法的地位に不安ないし危険が現に存するときに、それを確認判決の既判力をもって除去するために有効且つ適切であるか否かという視点から対処するように変わってきていると認められる。その引き金となったのは、人の身分に関わる紛争である。(4) 身分関係は、出生を起点とする時間的経過を超えて連続した事象であり、そこに時間的分岐点を設定することは妥当性を欠く性格をもっている。出生は、自然人が法律上権利の主体として認められる始点であり、単なる歴史的事実ではなく、法的評価を伴った法的事実である。しかも、その本人の権利能力は死亡により終了するが、身分関係自体は本人が死亡したからといって、第三者との関係では終結するわけではない。そこに、判例の態度を動かした大きな要因を見出すことができる。

（3）　過去の法律行為の有効・無効と確認請求　　過去の法律行為について無効確認請求訴訟を提起した事案について、判例の態度は分かれている。学校法人の理事会・評議員会決議無効確認（最判(一小)昭和四七・一一・九民集二六巻九号一五一三頁）について、商法二五二条を類推適用し、遺言者死亡後の遺言無効確認（最判(三小)昭和四七・二・一五民集二六巻一号三〇頁）について、現在の特定の法律関係の不存在確認と解されること等を理由に、それぞれ確認の利益を認めている。他方、漁業協同組合総会で理事に選挙されその後辞任した者につき、過去に理事でなかったことの確認を求める趣旨の理事選挙無効確認（最判(二小)昭和三二・一一・一民集一一巻一二号一八一九頁）、供託無効確認（最判(一小)昭和四〇・一一・二五民集一九巻八号二〇四〇頁）について、過去の法律関係の存否を対象とするものは許されないことを理由に、相続放棄確認請求（最判(二小)昭和三〇・九・三〇民集九巻一〇号一四九一頁）について、それによっていかなる具体的権利又は法律関係の存否の確認を求める趣旨が不明確であるとして、いずれも確認の利益を否定する。また、手続法関係についてみると、判決無効確認（最判(二小)昭和四〇・二・二六民集一九巻一号一六六頁）、強制執行無効確認（最判(二小)昭和三〇・一・二八民集九巻一号一二五頁）、競売手続無効確認（最判(三小)昭和三四・九・二二民集一三巻一一号一四六七頁）について、いずれも確認の利益を否定する。

（4）　身分関係の確認と時間的要素　　身分関係に関する紛争は、実質的にみると、必ずしも二当事者対立構造の下で存在する場合に限らず、一人の当事者に現に存するその権利又は法律関係に係る不安ないし危険を除去する実体法上の利益を訴訟法の次元

においてどのように対処すべきかという場合とがある。このうち、後者の場合について、時間的要素を超えた争訟性と法的救済の必要性という視点から確認の利益が問題になる。第一は、いわゆる日系二世による国籍訴訟の問題である（鈴木忠一「国籍訴訟」法曹時報六巻三号（昭和二九年）一頁以下参照）。米国において日本人を父として出生し日米両国の国籍を取得した者が、いったん日本国籍を離脱し、その後国籍回復請求をして許可されたところ、戦後になって出生により日本国籍を取得した旨の確認請求訴訟が提起される事案が数多く生じたのである。その背景には、日系二世は戦時中に日本政府の圧迫により意に反して日本国籍の回復請求を強いられたこと、戦後になって米国国籍確認請求を提起するための米国入国許可も与えられなかったこと、国籍回復請求により日本国籍を取得したことによると米国国籍を喪失するが、出生により日本国籍を取得した場合には、両国国籍を取得できること等の事情があった。当初、最高裁は、国を被告として出生により日本国籍を取得し内務大臣の国籍回復許可によるものではないことの確認を求めた訴えについて、米国国籍を有することの確認を求めるべきであって、出生による日本国籍の取得の確認を求めるのは過去の事実の確認請求で不適法であるとした（最判(三小)昭和二四・一二・二〇民集三巻一二号五〇七頁）。この判決に対し多くの批判があったところ（鈴木忠一・前掲四〇頁、トーマス・エル・ブレイクモア〔平賀健太訳〕「アメリカ法における国籍喪失の原因としての日本国籍の回復」法曹時報二巻四号（昭和二五年）〔訳文附記〕六四頁、山田鐐一・民商二七巻五号三三三頁）、その後に同種の事案について前記判例を変更し、戸籍の訂正には確定判決を必要とすることを理由に、法律上の利益を有するとした（最判(大)昭和三二・七・二〇民集一一巻七号一三一四頁）。戦中から戦後にかけての特殊な事情を背景とする判例として、先例的意義は現在では限られているが、すでにこの時点で確認の利益という視点から問題を捉えていることは、判例上において重要な意義がある。

第二に、親子関係の問題である。この問題でも、最高裁は、当初から、戸籍上の父母と子の三者がいずれも生存している場合及び父母いずれか一方の死亡後に、生存する一方の者と子との間において親子関係不存在確認請求することについては、利益があるとしていた（最判(二小)昭和二五・一二・二八民集四巻一三号七〇一頁）。これに対し、戸籍上の父母及び子の死亡後に第三者が右子の実父母である旨を主張して、検察官を被告として親子関係不存在確認請求の訴えを提起した事案において、過去の法律関係の確認を理由に不適法とした（最判(三小)昭和三四・五・一二民集一三巻五号五七六頁）。これは戦前の一部の有力説には沿うものの（兼子一「親子関係の確認」『家族制度全集二部三巻』（昭和一三年）〔同・研究一巻三六〇頁以下〕）、多くの学説は極めて批判であり（中川善之助・民商一三巻二号二四五頁、来栖三郎・判民昭和一九年度二三事件、斎藤秀夫「身分関係不存在確認の訴」『家族法大系Ⅰ』（有斐閣、昭和三四年）〔同『民事訴訟法理論の生成と展開』（有斐閣、昭和六〇年）二四〇頁〕）、判例の再考が望まれていた。その後、最高裁は、同種の事案で実母である旨を主張する者が検察官を被告として亡子との親子関係存在確認請求の訴えを提起した場合について、前記判例を変更し、確認の利益を認めるにいたった（最判(大)昭和四五・七・一五民集二四巻七号八六一頁）。その理由として、「親子関係は、父母の両者または子のいずれか一方が死亡した後でも、生存する一方にとって、身分関係の基本となる

法律関係であり、それによって生じた法律効果につき現在法律上の紛争が存在し、その解決のために右の法律関係につき確認を求める必要がある場合があることはいうまでもなく、戸籍の記載が真実と異なる場合には戸籍法一一六条により確定判決に基づき右記載を訂正して真実の身分関係を明らかにする利益が認められるのである。」とし、前記事案においては、人訴法二条三項・二四条・二六条・二七条・三二条等を類推し、検察官を被告として親子関係の存否確認請求をできるとした。極めて妥当な判断である。本件では、控訴審において、原告が戸籍を訂正して遺族扶助料を受領することが目的である旨主張した点に特徴があるが、そのことをもって訴え提起の動機を批判することは妥当ではない。この理は、認知についても同様であって、大審院が、認知者死亡後は、子は認知の効力を争うことはできないとしていたところ（大判昭和一七・一・一七民集二一巻一四頁）、最高裁は、大審院判例を変更し、認知者死亡後は、人訴法二条三項を類推適用し、検察官を被告として認知無効確認の訴えを提起できるとしている（最判(一小)平成元・四・六民集四三巻四号一九三頁）。戸籍簿上の身分関係と実体的身分関係との不一致をいう当事者の主張については、安易に当事者の有責性を強いるような先入観をいささかなりとも抱いてはならず、真実を求める当事者の主張の背後にある事情を冷静に見守る行き届いた配慮が強く求められ、その法的利益を十分に尊重することが望まれる。また、関係者の生前に確認請求しなかったことを責めるのも、困難を強いるものであって、むしろ止むにやまれずようやく訴え提起にいたる場合が少なくないと受け止めるべきである。もとより、実体的請求の当否については別個の問題である。また、一般論として、子を第三者の特別養子とする審判確定後は、子の血縁上の父が戸籍上の父と子の親子関係不存在確認の訴えを提起する利益はないとする（最判(二小)平成七・七・一四民集四九巻七号二六七四頁）。判例に賛成する説は、その根拠として、特別養子が成立すると養子と実方との親族関係は終了するという制度の趣旨（民八一七条の九）から、真実の親子関係の確認を追求する利益は、特別養子制度の下では後退させられるという制度に内在する制約に求める（最高裁判所事務総局家庭局編『養子制度の改正に関する執務資料』家庭裁判資料一三九号（法曹会、昭和六三年）一八二頁）。これに対し、親子関係の不存在を確認すべき特段の事情がある場合には、確認の利益を認められるとする説も有力である（細川清『改正養子法の解説』（法曹会、平成五年）一一六頁）。もっとも、前記最高裁判例は、血縁上の父が認知請求するために、親子関係不存在確認の訴えを提起し係属中に特別養子縁組許可の審判することについては、右父の認知の途を閉ざし、さらに前記審判手続に関与の機会を奪うことになるので、違法とし、これをもって審判手続に準再審事由があるとしている。この判決を受けて、審判手続に関与する者は、訴訟手続と審判手続の連結に欠けることを認識し、子の保護を視野に入れつつ、慎重に対応することが望まれる（中島弘雅「特別養子と親子関係不存在確認の訴え」山畠・五十嵐・藪先生古稀記念『民法学と比較法学の諸相Ⅱ』（信山社、平成九年）二七五頁、特に二八〇頁以下参照）。

(c)　将来の法律関係　確認請求の当否が問題とされる将来の法律関係とは、将来一定の要件が具備されたとき

に発生する法律関係をいう。そのような法律関係の発生の基礎となる法律関係が現に存する場合に、それを対象とする確認請求は現在の法律関係の確認を求めるものであり、その限りでは確認の利益が問題となる余地はない。

将来の法律関係の確認請求について、判例は、「法律関係として現存せず従ってこれに関して法律上の争訟はあり得ないのであって、仮にある法律関係が将来成立するか否かについて現に法律上疑問があり将来争訟の起り得る可能性があるような場合においても、かかる争訟の発生は常に必ずしも確実ではなく、しかも争訟発生前予めこれに備えて未発生の法律関係に関して抽象的に法律問題を解決するというが如き意味で確認の訴を許容すべきいわれはなく、むしろ現実に争訟の発生するを待って現在の法律関係の存否につき確認の訴を提起し得るものとすれば足ると解せられるからである。このことは現存する給付請求権について、それが条件付又は期限付であるとき、『予メ其ノ請求ヲ為ス必要アル場合ニ限リ』将来の給付の訴を提起し得るものとした民訴二二六条（新民訴一三五条）の規定の存在することに徴しても容易に理解し得るところであろう。」とする（最判（一小）昭和三一・一〇・四民集一〇巻一〇号一二二九頁）。

これを具体的事例についてみると、①遺言者がいったん行った第一の公正証書遺言を第二の公正証書遺言をもって取り消した上で、前者の公正証書遺言の無効確認を求めた事案について、本件遺贈による法律効果としての法律関係不存在確認請求と理解しても、将来の法律関係の不存在確認を求めるものであって、不適法とする（前掲最判昭和三一・一〇・四）。さらに、②被相続人の生存中の遺留分に関する確認請求について、前記最判を引用し、将来発生するあるいは発生するかもしれない法律関係の確認を求めるものであることを理由に不適法とする（最判（一小）昭和三二・九・一九新聞七六号三頁）。

これに対し、学説は、形式的には将来の法律関係とみられても、すでに現存する法律関係の「将来の発展」については、なお確認の利益を肯定すべき要素もあり得るとし、判例の論理とは逆に現在の時点で確認の利益があるか否かという視点から捉えるべきことを比較的早い時期から示唆していた（三ケ月章・法協七五巻二号（昭和三三年）（同・判例研究二〇三頁）、潮久郎「損害賠償債務不存在確認訴訟に関する一

考察」判タ三七八号（昭和五四年）二八頁）。アメリカ法における宣言適否判決の果たしている役割から、わが国でも将来の法律関係についての確認の利益を認める必要性を指摘する向きもある（竹下守夫「救済の方法」『岩波講座・基本法学8―紛争』（岩波書店、昭和五八年）二〇七頁。アメリカ法の宣言的判決については、わが国で行政事件訴訟法の参考にするために研究されてきた経緯がある、最高裁判所事務総局行政局『英米法における宣言的判決』行政裁判資料七号（昭和二四年）、その他、野村秀敏『予防的権利保護の研究』（千倉書房、平成七年）三二六頁以下参照）。現在では、確認判決後に事情が変動することによりその機能が減殺するのは確認の訴え一般に該当する内在的な要素であるとし、むしろその予防的機能に着目して、早期の段階において将来を視野に入れた確認の訴えの意義を強調する見解が見られる（野村・前掲書三六七頁）。

前記判例①は、第一遺言は取り消されているのであるから、改めて無効確認請求をする余地はなく、そもそも右遺言を前提とする所有権移転登記の抹消登記請求をすれば足りるのであり、将来の法律関係の確認という視点で捉えるべき事案ではない。また、判例②についても、異論のないところである。その他、確認の訴えの予防的機能という視点から、将来の法律関係の確認請求を根拠づけるのは筋が違うことであり、はじめに定義付けた意味での将来の法律関係についての確認請求として積極的に解すべき事例を見出すことは困難である。

(ロ)　積極的確認と消極的確認　確認の訴えは、現に存する自己の不安ないし危険を除去するために有効かつ適切である訴訟物を対象として選択することを要するので、自己の権利の積極的確認を求めることができる場合に、相手方の権利の消極的確認を求めるのは、原則として、確認の利益を欠くことになる。たとえば、ある物の所有権をめぐり争いのある当事者間において、相手方の所有権不存在確認を求め、たとえ勝訴判決を取得したとしても、相手方の所有権の不存在を確定するに止まり、自己の所有権の存在が確認されるわけではなく、その既判力は自己の物上請求権の基礎を確定する機能を有しない。これに対し、かえって相手方の権利の消極的確認を求めることによりはじめて、自己の権利の保護を図ることができる場合には、確認の利益を認めるべきである。[5]

（5）　消極的確認と権利の保護　第一に、紛争の実体は特定の一個の権利の帰属をめぐって争いが存するように見えても、実際

は被告に原告の権利とは別個の権利が帰属し、それが原告の地位を不安ないし危険にしている場合に、原告としては、自己の権利の積極的確認を求めてもこれらの不安ないし危険を除去することはできず、むしろ被告の権利の消極的確認を求めることによって、既判力に基づきそれを確定することこそが、紛争処理のために有効かつ適切であると認められるときは、消極的確認の利益を是認されるべきである（梅本吉彦「消極的確認訴訟について」牧野利秋判事退官記念『知的財産法と現代社会』（信山社、平成一一年）五七九頁、兼子・条解八一一頁〔竹下〕）。判例は、同一名称の指定商品について後願の商標権者が先願の商標権について商標法上すでに商標権として存在しないことの確認を求める利益を認める（最判（一小）昭和三九・一一・二六民集一八巻九号一九九二頁）。形式上は二個の商標権が存在するが、訴訟物は被告が使用している登録商標の不存在確認であり、それによってはじめて原告の権利を保護できると認められるので、判旨は妥当である（梅本・前掲五八三頁、新堂・判例三二五頁）。これに対し、登記簿上の第二順位抵当権者が第一順位抵当権の被担保債権の弁済による消滅を主張して、第一抵当権を譲受けたとして競売申立をしている者を被告とする抵当権不存在確認について、訴えの利益を否定する（大判昭和八・一一・七民集一二巻二六九一頁）。判旨は、自己が第一順位抵当権者であることの積極的確認を求めるべしとするが、それでは競売を阻止することはできず、賛成できない（同旨・兼子・判例民訴六二頁）。

第二に、紛争の実体は特定の一個の権利の帰属をめぐる争いであるが、それが二面性を有する場合に、一つの性格に着目すると、直接に争いのある当事者間で積極的確認請求するに止まるが、他の性格に着目することにより、利害関係者全員を相手方として消極的確認請求することにより、包括的な紛争処理を図ることができる場合がある（三五〇注(2)参照）。

(ハ)　法律関係と属人性　訴訟は、当事者間の紛争をその間かぎりで処理するものであるから、その対象は原則として当事者間の権利又は法律関係に限られる。しかし、他人間の権利又は法律関係であっても、その存否を確認することによって、被告に対する関係において、原告の法的地位を確定する利益が存在する場合には、確認の訴えの対象として認められる。[6][7]

(6)　他人間の法律関係と確認の訴え　他人間の権利又は法律関係の存否を対象とする確認の訴えとして、判例は、①墓地使用権の帰属を主張する者がこれを侵害する者を被告として自己と訴外寺間の墓地使用権の確認を求める場合（大判昭和五・七・一四民集九巻七三〇頁）、②土地境界確定訴訟の係属中に被告が係争地を第三者に売買し、所有権移転登記を完了したので、両者を被告として売買無効確認及び登記抹消請求をする場合（大判昭和一〇・一二・一〇民集一四巻二〇七七頁）について、いずれも確認の利益を認めている。他方、③Xは訴外Zに対

する分配金債権の帰属を主張するところ、Yがみずから債権者である旨を主張して、Zに対し分配金支払請求訴訟を提起したので、XはZに対し分配金支払請求をするとともに、Yに対し分配金請求権の確認を求めたところ、訴訟係属中にZはXに分配金を弁済してしまった事案について、法律上の利益が消滅したとして請求を棄却している（大判昭和一〇・一二・一七民集一四巻二〇五三頁）。①②は是認できるが、③が確認の利益が消滅するのは疑問である（兼子・判例民訴五二頁・五五頁。なお、自称者間訴訟（Prätendentenstreit, Legitimationsstreit）については、鈴木正裕「既判力の拡張と反射的効果(一)」神戸法学雑誌九巻四号（昭和三五年）五一八頁以下参照）。

(7)　他人間の法律関係を対象とする訴訟　他人間の法律関係を訴訟物とする訴訟は、三五四頁注(4)に述べた確認の訴えによるほかに、つぎの場合がある。①給付の訴えによる場合として、たとえば、第三者のための契約に基づいて、要約者が諾役者に対して第三者への給付請求する場合（民五三七条）、受任者が委任者に対し第三者への弁済を請求する場合（民六五〇条）、譲受人が譲渡人に債権譲渡を債務者に通知することを請求する場合（民四六七条一項）。②形成の訴えによる場合として、他人間の権利関係の変動を目的とする場合であり、たとえば、第三者が婚姻無効・取消請求する場合（人訴二条二項）、抵当権者が短期賃貸借の賃貸人および賃借人を共同被告として賃貸借契約の解除請求する場合（民三九五条ただし書き）。③独立当事者参加による場合も、視点は異なるが一類型である（四七条）。もっとも、それ自体が、確認・給付及び形成の訴えの各種があり得る。

(3)　**即時確定の利益**　確認の利益は、前述した確認の訴えによることの適切性、確認の対象の適格性の要件を充たした上で、原告・被告間の紛争について確認判決によって即時に確定すべき必要性が存することを要する（即時確定の利益を確認の利益と同義語として理解ないし使用するのは正確性に欠ける。たとえば斎藤秀夫『民事訴訟法概論〔新版〕』（有斐閣、昭和五七年）一七五頁、林屋礼二『新民事訴訟法概要』（有斐閣、平成一二年）一五八頁）。それは、被告の原告に対する対応と原告の法的地位に差し迫った救済の現実的必要性の二点から考察することを要する。

第一に、原告・被告間に権利又は法律関係の存否をめぐり争いのあることを要する。積極的確認の訴えは、原則として、被告が原告の権利又は法律関係の存在を争っていることを要する。被告が、原告のこれら法的地位を否認し、もしくはこれと相容れない主張をしている場合である。本来、被告が争っていないにもかかわらず、これらの存否について確認判決をもって確定する必要性は認められないからである。もっとも、たとえ被告がこれらの存否

について争っていなくても、なお原告の権利又は法律関係について現に不安ないし危険が存する場合には、即時に確定すべき必要性を認めることができる。また、消極的確認の訴えは、原則として、被告が原告に権利又は法律関係の存在を主張していることを要する。

戸籍等公簿の記載が真実と異なっていて、それを訂正するには確定判決を要する場合には、たとえ財産的利益をはじめとする特別の利益を取得することを目的とする等の事情がなくても、真実の表示を得ること自体にその当事者の法的利益を認められるので、相手方が争っていると否とにかかわらず、なお右記載を訂正するための確認の利益がある（家制度が崩壊した現在では、戸籍の訂正という行政的目的を根拠に理論構成するのを疑問とする見解がある（林屋礼二「身分関係存否確認の訴」『実務民事訴訟講座6』（日本評論社、昭和四六年）一二七頁）。しかし、戸籍の記載と真実との間の不一致を訂正し、真実の表示を得ることに当事者の法的利益を認める趣旨に基づくのであり、このことは戸籍簿という制度を前提とする現行法制の下では妥当な論拠である。）。

判例についてみると、実母である旨を主張する者が検察官を被告として亡子との親子関係存在確認請求の訴えを提起した場合について、確認の利益を認めるにいたった（最判(大)昭和四五・七・一五民集二四巻七号八六一頁。三五二頁注(4)参照）。また、養子縁組の当事者の一方が戸籍の記載が真実と異なる場合には、離縁無効確認判決を取得してその訂正をする利益があり、右訴えにおいてたとえ相手方がその主張を認めた場合であっても、確認の利益を失わないとする（最判(三小)昭和六二・七・一七民集四一巻五号一三八一頁）。離婚無効確認についても、同様の論旨に基づき確認の利益を認める（最判(三小)昭和三一・六・二六民集一〇巻六号七四八頁）。いずれも妥当である（中島弘雅・民商九八巻四号五一二頁は、身分関係をめぐる法律関係の安定という観点から確認の利益を認める。）。

他方、特定財産が特別受益財産（民九〇三条一項）であることの確認を求める訴えは、それによってただちに具体的な相続分又は遺留分が定まるわけではないので、確認の利益がないとする（最判(三小)平成七・三・七民集四九巻三号八九三頁）。さらに、同条により算定される具体的相続分は遺産分割手続における分配の前提となるべき計算上の価額又はその価額の遺産の総額に対する割合を意味し、それ自体が実体法上の権利関係でないので、具体的相続分の価額又はその価額の遺産の総額に対

する割合の確認を求める訴えは、確認の利益を欠くとする（最判(二小)平成一二・二・二四民集五四巻二号五二三頁）。

その他、時効中断の必要性のある場合についても、同様である。

第二に、原告の権利又は法律関係に現に存する不安ないし危険を除去すべき現実的必要性が認められることを要する。確認の訴えの機能の一つとして紛争予防機能があるが、そのことを理由に即時確定の必要性が存しないにもかかわらず、権利主張の形式を整えていることをもって、裁判所がただちに審判すべき合理的根拠があるとはいえない。裁判所は、当事者間の具体的法的紛争について審判することを使命とするのであり、かりに現実的必要性が認められるまでに紛争が成熟していないのに審判するとなると、抽象的争いについて審判することとなるおそれがあり、司法の本来の使命にも反することになるからである。また、被告にも無用な応訴を強いることになる可能性もある。たとえば、推定相続人が被相続人と第三者に対し、被相続人がその所有する土地を右第三者に譲渡した売買契約について相続権に基づき通謀虚偽売買を理由に無効確認を求める利益はない（最判(三小)昭和三〇・一二・二六民集九巻一四号二〇八二頁）。推定相続人は、将来相続開始の際に被相続人の権利義務について包括的に承継すべき期待権を有するに止まり、被相続人の生前にその個々の財産に対しなんらの権利を有するものではないからである。同様に、相続財産分与の審判前に特別縁故者を主張する者は、遺言無効確認を求める利益はない（最判(二小)平成六・一〇・一三判時一五五八号二七頁）。特別縁故者として相続財産の分与を受ける権利は、家庭裁判所の審判によってはじめて形成される権利にすぎないからである（民九五八条の三）。

逆に、確認の訴えを提起した時点で即時確定の利益が存在しても、訴訟係属中にそれが消滅したときは、確認の利益は消滅する。判例は、第三者への新株引受権の付与に係る株主総会決議無効確認訴訟の係属中に新株が発行された場合について、新株発行後は新株発行無効の訴えによらなければ確認の利益がないとする（最判(三小)昭和四〇・六・二九民集一九巻四号一〇四五頁）。その他、団体の意思決定機関の役員選任決議無効確認の訴え提起後に当該役員が退任した場合、業界団体の除

名決議無効確認訴訟の係属中に、原告が破産宣告を受け会員資格を喪失した場合（最判(三小)昭和五一・一二・二一金商五一七号九頁）等である。もっとも、債務不存在確認の訴えを提起した後に、被告が損害賠償請求の訴えを提起した場合に、先行する前者の訴えは確認の利益を失うとするのは（納谷広美・判例評論四一一号一九八頁、松本博之「重複訴訟の成否─同一権利関係に基づく消極的確認訴訟と給付訴訟の競合の場合について」中野貞一郎先生古稀祝賀『判例民事訴訟法の理論(上)』(有斐閣、平成七年)三七四頁）、後者の訴えについて必ずしも実体的判断がなされるとは断定できないので、疑問である。

(イ)　消極的確認請求　消極的確認請求の背景には多様な事情があり得るが（梅本吉彦「消極的確認訴訟について─知的財産権紛争を中心として」牧野利秋判事退官記念『知的財産法と現代社会』(信山社、平成一一年)五二七頁参照）、特定の事案について相手方の応訴の体制が整わないのを見越して、先制攻撃的に消極的確認請求の訴えを提起し、それによって相手方の権利の主張を断念させ、若しくは減殺させようとする場合がある（特に、交通事故等不法行為関係紛争に見られるようである。藤原弘道・私法リマークス七号一三三頁、谷口安平「債務不存在確認訴訟と訴訟前交渉」林良平先生献呈論文集『現代における物権法と債権法の交錯』(有斐閣、平成一〇年)一二六九頁）。消極的確認請求自体は、必ずしも筋の良くない訴えとはいえないが、このような場合については、そもそも確認の利益があるかという疑問を生じる。

判例は、二つの見方に分かれ、第一は、損害賠償債務不存在確認の訴えについては、損害額の算定について裁判所にかなりの裁量が認められているとともに、当事者が算定する損害額も異なることを理由に、当事者の主張する損害額が異なるというだけでは確認の利益があるとはいえず、この違いを解消すべく当事者が誠意をもって協議を尽くしたがなお示談が成立しないという事情もしくは加害者の誠意をもって協議に応ずることのできない被害者側の事情をも斟酌することを要するとする（東京地判平成四・三・二七判時一四一八号一〇九頁）。これに対し、第二は、加害者が交渉をしてきたが、被害者の主張する損害額との間に違いがあり交渉に応じない事情があるときは、確認の利益があるとする（東京高判平成四・七・二九判時一四三三号五六頁(右東京地判の控訴審)、同様の方向性をもった立場として、東京地判(中間)平成九・七・二四判時一六二一号一一七頁）。後者の立場も、当事者間の交渉がまったく行われていないのに、加害者側の判断だけをもって先制攻撃的に行う訴えを許容する趣旨ではない。

確認の訴えの機能の一つとして、紛争予防機能があるが、それも確認の利益の存在を前提とするのであり、とりわけ紛争が存在せず、あるいは加害者の法的地位に不安ないし危険を生じているわけではなく、即時に確定すべき利益も認められないのに、先制攻撃的に確認の訴えを利用することを許容する趣旨ではない。そうした確認の訴えの趣旨に照らすと、即時確定の利益として、加害者は、相手方の主張する権利又は法律関係について相手方から明確に主張されていること等交渉の経過、被害者側からの請求を待つことなく訴えを提起する必要性を主張立証することを要すると解する（坂田宏「金銭債務不存在確認訴訟に関する一考察（二・完）」民商九六巻一号（昭和六二年）八二頁は、紛争の実態を示すべきであるとするが、交渉の経過は含まれていない。これに対し、谷口・前掲二八九頁は、事前交渉とその決裂ないしそれと同等の事情の存在を訴えの利益を根拠付ける事実の一つとする。いずれも不十分な点がある）。したがって、相手方の主張する権利又は法律関係が確定せず、原告の法的地位に現に不安ないし危険を生じているとまでは認められない場合に、相手方に応訴を強制させるのは不当なことであって、確認の利益がないといえる（同旨、藤原・前掲一三五頁）。たとえば、加害者側が強いて訴え提起を急ぐ根拠もないのに、被害者側の準備が整わないのに乗じて又はこれをねらって訴えを提起したような場合、被害者側の症状が明確になり、将来の後遺症などについても一応の目途もたっていないのに、訴えを提起したような場合には、いずれも紛争として成熟しているとはいえず、即時確定の利益がなく確認の利益を欠いているといえる（浅生重機「債務不存在確認訴訟」『新・実務民事訴訟講座1』（日本評論社、昭和五六年）三七五頁は、確認の利益なしとするが、期日の指定を延期すべきであるとする。奈良次郎「消極的確認の訴について」民訴雑誌二一号（昭和五〇年）一二一頁は、紛争の成熟度の解釈を適切かつ厳格にすべきであるとする。）。

(ロ)　遺言無効確認の訴え　(a)　遺言者の生前における遺言無効確認　判例は、遺言者がいったん行った第一の公正証書遺言を第二の公正証書遺言をもって取り消した上で、前者の公正証書遺言の無効確認を求めた事案について、本件遺贈による法律効果としての法律関係不存在確認請求と理解しても、将来の法律関係の不存在確認を求めるものであって、不適法とする（最判昭和三一・一〇・四民集一〇巻一〇号一二二九頁）。遺言は、本人の自由な意思で取り消すことが可能であり、本件でも第一遺言が取り消されているのであるから、改めて無効確認請求をする余地はなく、そもそも右遺言を前

提とする所有権移転登記の抹消登記請求をすれば足りるのであり、将来の法律関係の確認という視点で捉えるべき事案ではなく、確認の利益を問う余地がない。

これに対し、遺言者本人がいったん行った遺言について取り消し、もしく変更する等意思表示できない状態にある場合に、遺言者の生前中でも、第三者が遺言者を被告として遺言無効確認の訴えを提起できるかが問題になる。判例は、心神喪失の常況にある遺言者の生前中に推定相続人が右遺言者（訴え提起時はすでに禁治産宣告を受けていた。）と遺言による受贈者を共同被告として遺言者の意思能力の欠缺と方式違反を理由に公正証書遺言について無効確認の訴えを提起した事案について、見解が分かれている。遺言者が遺言の取消し又は変更する可能性がないことが明白な場合には、その生存中であっても、紛争予防の趣旨から遺言無効確認の訴えを認めるべきであるとする原審判決（大阪高判平成七・三・一七判時一五二七号一〇七頁）に対し、最高裁は、遺言者の生存中は遺贈を定めた遺言によって何等の法律関係も発生せず、受贈者は何等の権利も取得せず、その地位は確認の訴えの対象となる権利又は法律関係には該当しないとして、訴えを却下している（最判(二小)平成一一・六・一一判時一六八五号三六頁）。学説は、確認の利益を認める原判決を支持する傾向にある（中野貞一郎「遺言者生存中の遺言無効確認の訴え」奈良法学会雑誌七巻三・四号（平成七年）五一頁、松村和徳「遺言無効確認の訴えに関する諸問題」中村英郎教授古稀祝賀『民事訴訟法学の新たな展開・上巻』（成文堂、平成八年）一七九頁）が、最高裁の実体法上に理由を求めるところに説得力があり、確認の利益を否定する判旨を妥当と考える（同旨、野村秀敏『予防的権利保護の研究』（千倉書房、平成七年）三八七頁、高橋・重点講義三三二頁注四五）。

(b) 遺言者の死後における遺言無効確認　遺言者死亡後に共同相続人間で遺言の有効性について争いを生じた場合に、遺言によって権利関係を指定された個別の財産ごとに現在の権利又は法律関係に置き換えて確認請求等により解決を図ることは、煩瑣であるのみならず、遺言の効力についても矛盾した結論を生じるおそれがある。また、遺言者が死亡しているので、直接遺言者本人に確認する術もない。そこで、共同相続人間において紛争の源である遺言の有効・無効について直接確認を求めることにより、紛争の集約的かつ抜本的解決を図ることが有効適切であ

り、確認の訴えの役割にも適っている。したがって、このような事情の下における遺言無効確認を求める訴えは、確認の利益を認められるべきである。判例も、遺言者の死亡後における遺言無効確認の訴えについて、遺言が有効であるとすれば、それから生ずべき現在の特定の法律関係が存在しないことの確認を求めるものと解される場合で、原告がこのような確認を求めるにつき法律上の利益を有するときは、適法として許容されるとする（最判(三小)昭和四七・二・一五民集二六巻一号三〇頁）。もっとも、遺産分割協議が有効に成立した後においては、もはや確認の利益はないと解する。

(4) 確認の訴えの主体の適格性　当事者適格の問題として、第五節において扱うこととする。

第三項　形成の訴えの利益

一　形成の訴えの利益

形成の訴えは、原告の被告に対する一定の形成要件に基づく権利関係の変動の主張を訴訟上の請求とし、それに対応する審判を裁判所に求める訴訟行為をいう。一般に私法上の権利関係の発生・変更・消滅は、法律行為その他の法律要件を具備すれば当然に生じるので、あらためて訴えをもって主張し、判決を得る必要はなく、権利関係の変動によって生じた法律効果に基づく権利を主張することができる。形成の訴えは、権利関係の変動を判決により宣言し、その判決が確定することによりはじめて権利関係の変動の効果を生じるものとする旨を実体法があらかじめ定めた場合に限って提起できるところに特徴がある。したがって、訴えが法の定める要件を充たしていれば、原則として訴えの利益があるといえる。

二　訴訟対象の事情の変動と形成の利益

形成の訴えが所定の要件を充たしていても、訴え提起前もしくは提起後の訴訟係属中に訴えの対象である権利関係に係る事情に変動を生じた場合、とりわけ、訴訟係属後に変動を生じた場合に、なお訴えの利益が存在するか否かが問題になる[1]。

(1)　判例の動向　判例は、原則として、訴えの利益は消滅するとする。役員選任に係る株主総会決議取消請求訴訟の係属中に、当該決議により選任された役員全員が任期満了により退任し、その後の総会において新たな役員が選任された場合について、特別の事情のないかぎり、決議取消の訴えは実益がなくなり、訴えの利益を欠くとする(最判(一小)昭和四五・四・二民集二四巻四号二二三頁)。さらに、商工組合の創立総会における定款承認、事業計画の設定および収支予算決定に関する決議、役員選任決議の取消し請求訴訟の係属中に、事業計画の設定および収支予算決定に係る予定年度を経過し、役員全員が任期満了により退任した場合について、定款承認については設立無効の訴えに変更しなかったことにより、その他については前記昭和四五年判決と同様の趣旨により、特別の事情のないかぎり訴えの利益を欠くとする(最判(一小)昭和四九・九・二六民集二八巻六号一二八三頁)。

また、第三者への新株引受権の付与に係る株主総会特別決議取消訴訟の係属中に新株が発行されてしまった場合についても、訴えの利益がなくなるとする(最判(三小)昭和三七・一・一九民集一六巻一号七六頁)。なお、同様の内容の株主総会決議無効確認訴訟についても、新株発行後は新株発行無効の訴えによらなければ確認の利益がないとする(最判(三小)昭和四〇・六・二九民集一九巻四号一〇四五頁)。

他方、計算書類等承認の株主総会決議取消請求訴訟の係属中に、その後の決算期の計算書類等が承認された場合であっても、前記計算書類等につき承認の決議がされた等の特別の事情がない限り、訴えの利益は失われないとする(最判(三小)昭和五八・六・七民集三七巻五号五一七頁)。しかし、役員退職慰労金贈呈の株主総会決議取消請求訴訟の係属中に、右決議と同一内容

で、前記決議取消判決が確定した場合に遡ってこれに代わって効力を生ずるものとする旨の決議が有効に成立したときは、特別の事情のない限り、訴えの利益は失われるとしている（最判(一小)平成四・一〇・二九民集四六巻七号二五八〇頁）。

(2)　検　討　形成の訴えは、権利関係の変動を機能とするものではなるが、法がそれを訴えによる確定判決の効力によらしめた趣旨は、必ずしも一様ではなく、個々の訴えの類型毎に異なる。これを株主総会決議取消請求についてみると、その趣旨は決議の取消し自体にあるのではなく、株主総会という株式会社の最高意思決定機関に係る招集手続にはじまる管理・運営の違法性を正し、もって社会的に重要な存在意義を有する団体として公正かつ適法な管理・運営を確保しようとするところにある。したがって、その訴訟の原告が株主、取締役又は監査役のいずれであるとを問わず、その訴え自体が原告個人の利害に由来するものではなく、前述したところの公益的目的に基づくものである（西原寛一・民商四七巻二号三〇七頁（同『商事法研究第三巻』（有斐閣、昭和四三年）四二一頁）、谷口安平・民商五四巻二号二〇一頁、中島弘雅「株主総会決議訴訟の機能と訴えの利益（三・完）」民商九九巻六号（平成元年）八一一頁）。この点は決議取消訴訟制度が有する趣旨であり、改めて原告が主張・立証する負担を負う要件事実ではない（前記最判昭和四五・四・二が同様の目的として捉えながら、その主張・立証責任を原告に負わせているのは矛盾する。）。多数説は、株主の利益のためであるとする（大隅健一郎「いわゆる株主の共益権について」『会社法の諸問題』（昭和二六年）（同『商事法研究（上）』（有斐閣、平成四年）二五三頁）、竹内昭夫・法協八八巻九・一〇号（同『判例商法I』（弘文堂、昭和五一年）一八七頁））が、取締役・監査役に原告適格が認められても自己のために提起すると想定してはいえない。本来、株主等はこうした違法な管理・運営について株主総会の場においてそれを主張し正すべきところ、その機会を阻害され、もしくは困難であることから、訴えにより、裁判の場において主張し、裁判所の判断にかからしめたところに、株主総会決議取消訴訟の制度としての意義がある。またその決議で選任された役員が在任中の責任追及のためではなく、そのためであれば決議取消を請求する必要はない。訴訟は必然的に一定程度の時間を要する性格に照らすと、いったん株主総会決議取消訴訟が提起されても、時間の経過を待ちさえすれば、たとえば役員選任決議に係る事案においてはその任期である二年（商二五六条）ないし三年（商二七三条）を経過すれば、裁判所

による本案判決を阻止できる訴訟の引き延ばしを誘発するような事態を、法は想定しているとは到底考えられないし、右法政策として採用するものではあるまい。三審制という現行訴訟制度において、こうした訴訟は、上告審をも含めて前記の期間内に確定させるということを定める規定も存在しない。そうしてみると、前記判例の立場は、現行法制度上において相容れられないことになる。

訴訟係属中に役員の任期が満了した場合には、決議を取り消すことは、それによって選任された取締役が招集した次期の株主総会における決議の有効性を左右することになるので、むしろ法的利益は減少されてはない。しかし、いまになって決議を取り消す判決をしたのでは当該会社の管理・運営を根底から覆すおそれがあるので（訴えの利益の消滅を主張する説が最も警戒するのはこの点であるという。）、一部認容判決として総会決議違法宣言判決をもって処理するのを妥当と考える（梅本吉彦・ジュリ五九〇号一一六頁）。この考え方は、現行法制度の枠内の処理として十分に可能なことである。もっとも、当該会社自体が解散してしまった場合については、訴えの利益を認める余地はない。なお、決議無効確認請求においても、同様に決議違法確認判決をもって処理することとなる。

（1） 行政訴訟における訴えの利益　形成の訴えの係属中における時の経過に伴う事情の変動による訴えの利益の存否については、戦後まもなく、行政事件訴訟において争いとなった問題である。行政事件訴訟特例法（昭和二三年法律第八一号）の下における判例をみると、メーデーのための皇居外苑使用不許可処分取消訴訟の係属中に右メーデー当日が経過してしまった場合について、訴えの利益がないとした（最判(大)昭和二八・一二・二三民集七巻一三号一五六一頁）。また、地方公共団体の議会議員の除名処分取消請求訴訟の係属中に任期が満了した場合に、訴えの利益を失うとした（最判(二小)昭和二七・二・一五民集六巻二号八八頁、最判(大)昭和三五・三・九民集一四巻三号三五五頁）。しかし、後者の判決には、除名処分後本来の任期満了までの間における議員たる資格に伴う報酬請求権等は回復する手段がなく、除名処分がなければ議員として有するはずであった権利につき裁判所に救済を求める途を失うと批判する七名の反対意見があるが、八名の多数意見はこの点に答えていない。この点は、その後の改正作業において重要な課題となり、昭和三七年の行政事件訴訟法において、処分取消しの訴えおよび裁決取消しの訴えの原告適格として、「処分又は裁決の効果が期間の経過その他の理由によりなくなった後においてもなお

処分又は裁決の取消しによって回復すべき法律上の利益を有する者を含む」という規定（九条）を設けることにより、解決を図ったのである。これは、取消訴訟においては訴えの利益を原告適格と区別して規定を設けることが困難であるのみならず、これを積極的に解するかぎり原告適格と関連させて規定することもできるという趣旨から、便宜本条に掲げたものであるという（杉本良吉『行政事件訴訟法の解説』（昭和四二年）三七頁）。

その後、行政事件訴訟法の下において、免職処分を受けた公務員が免職処分取消し請求訴訟を提起し、訴訟係属中に公職の選挙に立候補したため、公務員の職を辞したものとみなされた場合（公選九〇条）について、「新法九条が、たとえ注意的にしろ、括弧内において前記のような規定を設けたことに思いを致せば、同法の下においては」訴えの利益を認めるべきであるとした（最判（大）昭和四〇・四・二八民集一九巻三号七二一頁）。最判（大）昭和三五年三月九日の背景には、反対意見が取消訴訟の本質を違法の宣言と解するのに対し、多数意見は処分の取消しと解する違いがある。しかし、本件の前記判旨に照らすと、新法の下では、抗告訴訟の本質を処分違法の宣言と位置付けられ、九条かっこ書は注意的規定であり、四〇年判決は三五年判決を実質的に変更したものと解するのが相当である（園部逸夫「制裁的処分における『回復すべき法律上の利益』」今村教授退官記念『公法と経済法の諸問題（上）』（有斐閣、昭和五六年）（同『現代行政と行政訴訟』（弘文堂、昭和六二年）一二九頁））。

したがって、問題は、九条かっこ書の解釈に移ったこととなるが、この点を限定的かつ例外的場合として極力制限するのであっては、立法の趣旨とは著しく乖離するのであって、そこに至る経緯を踏まえた対応が望まれる（最高裁判所事務総局『続行政事件訴訟十年史』（法曹会、昭和四七年）一六二頁以下、同『続々行政事件訴訟十年史』（法曹会、昭和五六年）一三一頁以下参照）。とりわけ、制裁的行政処分の内でも、行政上の指導監督的機能ではなく制裁ないし懲罰的機能を営むものについては、人の名誉人格の侵害は直接的ないし法律上の効果であり、その回復のためには処分の違法宣言を求める法的利益があるものと解するのが相当である（園部・前掲書一四一頁参照）。この点について、国家賠償のほうが容易であるという見解がある（塩野宏「行政指導」『行政法講座六巻』（有斐閣、昭和四一年）（同『行政過程とその統制』（有斐閣、平成元年）二〇一頁注四二））が、金銭による償いを求めるのではなく、その基本的法律行為である処分の違法宣言を求める法的利益を否定する論拠とはなり得ない。

第五節　当事者適格

第一款　当事者適格の構造

一　当事者適格

当事者適格とは、訴訟物たる権利又は法律関係について、当事者として訴訟を追行し、本案判決を求めることができる資格をいう。その資格を有することを当事者として訴訟を追行できる権能として捉え、訴訟追行権ともいう。当事者適格又は訴訟追行権を有する者を「正当な当事者」という（「正当な当事者」に関するドイツにおける学説の変遷を中心とした研究として、福永有利「民事訴訟における『正当な当事者』に関する研究（一）〜（五・完）」関西大学法学論集一七巻一号・三号・五号・六号、一八巻二号（昭和四二〜四三年）参照、特にドイツ民事訴訟法の下における学説について、一七巻五号・六号、一八巻二号で詳細に紹介・検討され、わが国における研究に多大な示唆を与えている。その近時の成果として、松原弘信「民事訴訟法における当事者概念の成立とその展開（一）〜（四・完）」熊本法学五一号（昭和六二年）・五二号・五四号・五五号（昭和六三年）参照）。

当事者能力は、訴訟事件の内容・性質に関係なく、民事訴訟の当事者となることのできる一般的な資格をいうのに対し、当事者適格は、特定の権利又は法律関係について本案判決を求める資格である点で、異なっている。したがって、当事者適格を有する者は、当事者能力を有する者であることを要する。民事訴訟は、対立する特定の二当事者が存在することを基本構造とするので、訴えを提起しようとする者は当事者となる原告および被告を特定することを要する。そのためには、当面する法的紛争について、自己の権利の保護を図るために有効かつ適切な当事者となるべき者を選択し、特定する作業を行うこととなる。その特定された者を当事者として訴えを提起し、当事者が確定される。もっとも、訴訟手続が進行し、だれが当事者であるかについて疑義を生じると、あらためて当事者

の確定が問題となる。

二　当事者適格と訴訟主体との利害関係

訴えを提起する者は、訴訟によって自己の権利の保護を図るためには、だれを相手方とするのが有効かつ適切であるかを見極める必要がある。そうした要件を備えている正当な当事者を名宛人として訴えを提起し、勝訴判決を取得することにより、訴えを提起した所期の目的を達することができることとなる。他方、相手方とされる者にとって、応訴すべき者から訴えを提起されることにより、応訴し、自己の主張をし、攻撃防御を尽くす意義を有するのであって、本来、自分にとってまったく関わりのない訴えについてまで、応訴を余儀なくされるのは、単に余計な経済的負担を強いられるに止まらず、精神的にも時間的にも煩わしいことである。したがって、このような筋違いの訴えに応訴を強いられることから、手続上で保護されていることが要請される。また、裁判所にとっても、正当な当事者間の法的紛争について審判することが使命であり、たとえ法的形式は整っていたとしても、そもそも無益な当事者間の争いについて審判することは、訴訟制度全体の視点からみて、不経済なことである。このように、当事者適格は、訴訟主体のそれぞれについて、利害を調整し、法的地位を保護する趣旨を基盤として形成されている。

三　当事者適格の現代的意義と課題

社会生活が錯綜し、価値観が多様化すると、社会の構成員の間で利害の対立が顕著となり、紛争が多発し複雑化する傾向になる。それらは、単一当事者間の紛争から、多数当事者間の紛争へと発展し、しかも地縁ないし地域ぐるみで紛争の渦中になる場合があること、紛争原因が複合する性格の紛争が増加すること等の特徴が見受けられるようになってきている。こうした紛争の利害関係者は程度の差はあるものの、法的救済を要する状況にある場合が少なくない。しかし、既存の当事者適格に関する法理論では、必ずしも十分に対応できない面がある。[1]そうした場

合に、政策論の成熟に委ねられるべき問題であるとし、あるいは立法論にまつべきである等の理由を上げて、法律専門家（研究者であると、裁判官、弁護士等法曹実務家であるとを問わないという意味で用いる。）が問題解決への途をみずから閉ざし、あるいは努力を逃避するのは、社会的使命に反するものである。既存の法制度の枠組みの中で、いかにして対応すべきか、あるいは新たなる法的理論構成を模索する努力を重ねることこそ、広く法律専門家に課せられた責務である。

さらに、社会生活において、企業間取引はもとより、一般個人を対象とする取引についても、取引形態が複雑になる傾向にある。その背景には、社会の要請の多様化、租税対策をはじめとして種々の事情があり、それらを踏まえた営業戦略が複雑に交錯し、一層契約構造を判りにくくしている側面がある。このような場合に、いったん紛争を生じると取引の担い手と法的形式上の主体とが必ずしも同一でないことから、責任の所在が明確に訴訟の局面に現れてこない場合が少なくない（北川善太郎『現代契約法I』（商事法務研究会、昭和四八年）一五一頁以下は、現代的契約類型における法律的当事者と経済的当事者との乖離を指摘している。）。しかし、紛争の具体的妥当性のある処理を図るには、現実の紛争当事者が訴訟の当事者として登場してくるように検討しなおすことが、当事者適格の基本的な在り方として要請されると考える。

（1）地縁・地域被害と民事紛争　古くは公害が、さらに現在では産業廃棄物の違法廃棄、原子力事故による環境汚染が、発生地周辺の地域に多大なる損害を与え、しかもそれは行政区画とは無関係に生じることとなるので、解決に困難を極めている。それは、損害の発生に程度の幅が広く、さらにその原因及び因果関係の証明には極めて最高度の専門的知識を要する性格をもっている。もとより、法律専門家がこれらの紛争を政治的な性格のものと決め込んで、予断を持って対応することは、紛争の本質を見誤っている。また、市民の次元で対応できるような性格のものではない。しかし、そうであるからといって、現在では法的救済手段はなく、したがって、権利保護の余地はないということはもとより誤っている。

第二款　正当な当事者

個別の紛争において、訴訟物たる権利又は法律関係について、当事者として訴訟を追行し、本案判決を求めることができる資格をどのような視点から判断すべきであるかは、当事者適格の本質に関わる問題である。基本的には、直接的ないし最も利害関係のある者の間において、紛争処理を図ることが、有効かつ適切である。そのような関係にある者が当事者として訴訟に関わり、手続保障の機会を与えられ、攻撃防御を尽くし、それによりはじめて、裁判所の審判が公権力という裏付けをもった判断として当事者間の紛争処理機能を果たすこととなる。(1)

(1)　訴訟要件としての当事者適格と手続過程としての当事者適格　当事者適格を訴訟要件の一つと捉えることは、本案判決との関係で定められることであり、観点を変えると、訴訟物たる権利関係との関係で当事者適格を捉えることになるが、むしろ具体的な紛争過程および手続過程の中で特定の事項または争点について主張・立証などの手続行為をなしうる資格という争点適格(issue standing)の観点で捉えるべきであるとする考え方がある(井上治典「多数当事者訴訟の課題と展望」ジュリ七三一号(昭和五六年)〔同『多数当事者訴訟の法理』(弘文堂、昭和五六年)三四四頁〕、安念潤司「憲法訴訟の当事者適格について」芦部信喜先生還暦記念『憲法訴訟と人権の理論』(有斐閣、昭和六〇年)三六二頁)。その前提として、訴訟追行の資格は、手続の開始から終了まで固定的に捉えるべきではなく、動態的な手続過程およびそこで争われる事項に対して弾力的に考えられるべきであるという発想に基づいている。しかし、訴訟手続過程において終始一貫して手続保障が確保されているからこそ、その者に判決の効力を生じるのであり、このことを最も強く主張する立場に基盤を置きながら、争点ごとの当事者適格を認めることは、どの点を根拠にして、だれに判決の効力を生じさせることとなるかについて、判断の決め手を欠くことになる。

第一項　訴訟類型と当事者適格

一　給付の訴えの当事者適格

給付の訴えにおいては、訴訟物である給付請求権をみずから有すると主張する者が原告となる適格を有し、原告によりその義務者と主張される者に被告適格がある。判例も、所有権に基づく妨害排除請求訴訟において、被告とされた者の目的物に対する処分権限の有無は本案請求の問題であるとして、被告適格の欠缺により訴えを不適法として却下するのは違法とする（最判（一小）昭和六一・七・一〇判時一二一三号八三頁。なお、実体法学者の中には、請求すべき相手方という意味で被告適格という表現を用いている場合がある。たとえば、能見善久「共同不法行為責任の基礎的考察（一）」法協九四巻二号（昭和五二年）二一〇頁注六、八、廣中俊雄『物権法〔第二版増補〕』（青林書院、昭和五七年）二四五頁、稲本洋之助『民法Ⅱ（物権）』（青林書院、昭和五八年）七四頁）。これに対し、基本的には、判例・通説の立場によりつつ、主張された法律関係について給付請求権者ないし給付義務者たりえない場合については、例外的に被告適格を否定すべきであるとする見解がある（小山・九四頁、兼子・条解一一三頁〔新堂〕）。しかし、給付請求権ないし給付義務の存否は、本案審理の上で判断されることであり、その審理を経ることなく、主張された法律関係について給付請求権者ないし給付義務者たりえない場合に当たるか否かを判断することはできない性格のものである。それのみならず、給付請求の主体たりえないことが明らかであるか否かについて、審級によって判断が分かれ、容易に判断することが困難な場合も少なくない（中野貞一郎「当事者適格の決まり方（上）」判タ八一九号（平成五年）（同『民事訴訟法の論点Ⅰ』（判例タイムズ社、平成六年）一〇四頁）、福永有利「給付訴訟における当事者適格」中野貞一郎先生古稀祝賀『判例民事訴訟法の理論・上』（有斐閣、平成七年）二三〇頁）。また、請求が明らかに有理性に欠ける場合には、口頭弁論を経ることなく（一四〇条参照）、訴えを却下すべきであるという説もある（加波眞一「請求の有理性審理と訴えの利益（二・完）」北九州大学法政論集二二巻三・四号（平成六年）一五頁以下）が、訴訟要件と異なり、請求の当否は常に口頭弁論を開いて本案判決をすることが必要であり（八七条一項）、前記事情をもってその例外的処理をすべき根拠とすることにも無理がある。もっとも、明らかに給付請求の主体たりえない場合もあり得ないわけではないが、そうした極端な場合を想定

して理論構成することは、たとえ例外的処理としても、かえって全体的な問題の処理を誤るおそれがあり、したがって本案請求の当否に関わる判断として処理することが妥当であるといえる。(1)

(1)　給付の訴えの被告適格の具体的事例　給付の訴えにおいて、当事者適格は原告の主張に依拠し、その当否は本案請求の判断に吸収されるということは、被告とすべき者を誤った場合には、請求棄却判決を受けることとなる。したがって、この通説の立場は、当事者適格とりわけ被告適格を論じる意義をいささかなりとも否定するものではない。

(i)　不法占有を理由とする明渡請求および損害賠償請求　判例は、土地所有権に基づく物上請求権として建物収去土地明渡請求するには、現実に建物を所有することによってその土地を占拠し、土地所有権を侵害している者を相手方とすべきことを基本原則とし（最判(三小)平成六・二・八民集四八巻二号三七三頁）、つぎのようにいう。①未登記建物の所有者Yがそのまま右建物を第三者に譲渡し、その後裁判所の嘱託によりYのために所有権保存登記がされた場合であっても、その敷地を占拠していないYを相手方として、敷地所有者が不法占有を理由に家屋明渡請求することは許されず（最判(二小)昭和三五・六・一七民集一四巻八号一三九六頁）、また、②建物の所有権を有しない者は、たとえ所有者との合意により建物につき自己のための所有権保存登記をしていたとしても、建物収去の権能を有しないから、建物の敷地所有者の所有権に基づく請求に対し、建物収去義務を負わない（最判(一小)昭和四七・一二・七民集二六巻一〇号一八二九頁）。これに対し、③甲所有地上の建物の所有権を取得した乙が、自らの意思に基づいてその旨の登記を経由した場合には、たとえ右建物を他に譲渡したとしても、引き続き右登記名義を保有する限り、甲に対し、建物所有権の喪失を主張して建物収去土地明渡義務を免れない（前掲最判(三小)平成六・二・八）。その理由として、甲と乙との関係は、土地所有者が地上建物の譲渡による所有権の喪失を否定してその帰属を争う点で、建物の物権変動における対抗要件にも似た関係にあり、建物所有者はみずからの意思に基づいて所有権取得の登記を経由し、これを保有する以上、右土地所有者との関係においては、「対抗関係にも似た関係」があり、建物所有権の喪失を主張できないとする。③の場合における請求の相手方ついて、学説は、登記名義の有無にかかわらず、建物の実質的所有者とする説（舟橋諄一『物権法』(有斐閣、昭和三五年)一九八頁、柚木馨『判例物権法総論』(有斐閣、昭和三〇年)二一三頁、椿寿夫『不法占拠』(総合判例研究叢書民法(25)、昭和四〇年)四九頁）と、登記名義人とする説（幾代通「土地不法占拠の責任と建物登記」法曹時報二九巻一一号(昭和五二年)(同『不動産物権変動と登記』(一粒社、昭和六一年)七七頁以下、特に八〇頁)。鈴木禄弥『物権法講義(四訂版)』(創文社、平成六年)一三三頁では登記名義人説を採っていたが、その後、鈴木禄弥「登記懈怠の効果について」民事研修四四一号・四四二号(平成六年)(同『物権変動と対抗問題』(創文社、平成九年)一八頁・二一頁注7)では、いずれに対しても請求できるとしている。）とが対立していた。前者は、不法占拠者か否かは事実上の観念であり、対抗関係を生じる余地はないという基本的な認識に基づいている。これに対し、後者は、前記最判平成六年二月八日と同様に、登記の有

無・所在に一定の法的効果を結びつけようとする点に特徴があるとともに、実質的所有者を捜し出すことは容易なことではないという点に最も大きな理由がある。前記判例の「対抗関係にも似た関係」があるとする論理には無理があるものの、端的に建物所有者であり登記名義人であった者が、建物を第三者に譲渡しながら登記名義をそのままにしておいたことに法的責任の根拠を求めて、判例の採用する登記名義人説を妥当とする説もある（藤原弘道・民商一一一巻四・五号七九二頁以下は、両説の問題の所在を的確に指摘し、同様の結論を導いている。）。

　これまでの議論は建物の単独所有を前提としているようであるが、判例は、建物の共有者を被告とする場合について、固有必要的共同訴訟ではなく、通常共同訴訟とする（共同相続の場合について、最判(二小)昭和四三・三・一五民集二二巻三号六〇七頁）のは、前記最判平成六年二月八日が冒頭で現実に所有し占有する者を被告とすべきであるとする原則と共通の前提にあるものと理解できる。そうすると、実質的所有者の存在と所在が判明していながら、なおかつ登記名義人を相手方とするのは合理性を欠くのであり、したがって実質的所有者を原則としつつ、それが不明の場合に限って、権利推定（民一八八条）により、例外的に登記名義人を相手方とすることも是認するのを相当と解する（田尾桃二「建物の登記名義人と建物収去土地明渡し」『司法研修所論集 創立五十周年記念特集号　第一巻　民事編Ⅰ』(平成九年)一四一頁）。

　他方、損害賠償請求の相手方についてみると、前記最判平成六年二月八日に直接の先例的意義はない（事実上の影響については別個の問題である。）。従来から、損害賠償請求と建物収去土地明渡請求の相手方を合致させることを疑問とする見方がある（椿・前掲書四九頁、田尾桃二『最高裁判例解説民事篇昭和四七年度』二九九頁、石田喜久夫・民商六九巻四号一五三頁）。登記名義を存続させることにより土地所有権に対し損害をまったく与えていないということは困難であって、実質的所有者と連帯して賠償義務を負うと解する（幾代・前掲書八七頁～九二頁）。

(ii)　不動産の間接占有者に対する引渡請求　　不動産に直接占有者が存在するとともに、間接占有者が存在する場合に、不動産の所有者は間接占有者に対し引渡請求できるかが問題になる。債権的請求権としての引渡請求の場合に、賃貸人は賃借人が間接占有者であっても現実の引渡しを求めることができる点について、争いはない。他方、所有権に基づく物権的請求権としての引渡請求の場合については、見解が対立する。従来の有力説は、間接占有者に対して代理占有の移転（返還請求権の譲渡と通知）を求めることができるに止まり、現実の引渡しを命ずることはできないとする（田尾桃二「代理占有者に対する引渡しないし明渡し請求」判タ一七六号（昭和四〇年）宮川種一郎＝賀集唱編『民事実務ノート・第一巻』（判例タイムズ社、昭和四三年）二二頁以下、特に二三頁）。これに対し、直接占有者と間接占有者を共同被告として、前者については現在の給付としての明渡請求をし、後者については将来の給付として明渡請求でき、かつ有効であり、また直接占有者に対して明渡請求できる場合でも、間接占有者に対してのみ、指図による占有移転の方法による間接占有の移転を請求できるとする説がある（小林明彦＝鈴木秀彦＝相場中行「不動産の間接占有者に対する物権的請求権としての引渡請求権」『司法研修所論集　創立五十周年記念特集号　第一巻　民事編Ⅰ』（平成九年）一〇六頁以下）。執行手続をも視野に入れると、後者が妥当である。

(iii)　土地工作物責任に基づく損害賠償請求　相手方を工作物の登記名義人とする説（鈴木・前掲論文集一九頁）と、実質的所有権者とする説（加藤一郎『不法行為〔増補版〕』（有斐閣、昭和四九年＝初版・昭和三二年）二〇〇頁、平井宜雄『債権各論Ⅱ不法行為』（弘文堂、平成四年）六八頁）とに分かれているが、登記を存続させている点に法定担保的責任を認め、被害者はいずれに対しても任意に選択して請求できると解するのが相当である（幾代通『不法行為』（筑摩書房、昭和五二年）一六二頁、廣中俊雄『物権法〔第二版増補〕』（青林書院、昭和六二年・初版＝昭和五四年）六四頁、四宮和夫『不法行為』（青林書院、昭和六〇年）七四七頁）。

(iv)　被告とすべき相手方が消滅している場合の請求　五〇年前に廃寺となった寺に対する時効取得に基づく所有権移転登記請求は、国を相手方にすべきである（全国裁判所書記官協議会編『書協論集民事編Ⅰ』（法曹会、昭和五四年）三〇頁）。

二　確認の訴えの当事者適格

確認の訴えにおいては、訴訟物である権利又は法律関係の主体であると主張する場合には、その者に原告適格がある。さらに、一般的に訴訟物である権利又は法律関係の存否を確認することにより、現に存する自己の権利又は法律関係に係る不安ないし危険を除去するのに有効かつ適切であると認められる場合には、やはり原告適格がある。他方、被告適格についてみると、前記いずれの場合についても、その相手方とされる者との間で、同様のことが認められる場合には、被告適格が認められる。したがって、確認の訴えにおける当事者適格は、確認の利益を構成する要素として判断されることとなるのであり、その意味において、当事者適格は確認の利益の判断に吸収されるということができる。もっとも、このことは、当事者適格の問題が確認の利益を判断するに際し、常に中心的問題ではなく、派生的なものに止まることを意味するものではない。会社等の団体関係訴訟は、判決の効力が第三者にまで生ずるという点で、形成の訴えと類似する特徴があるので、特に被告適格について、見解の対立がある。第三者効を生じる訴訟として、第二項で取り扱う（三九四頁以下参照）。

三　形成の訴えの当事者適格

形成の訴えは、権利関係の変動を判決により宣言し、その判決が確定することによりはじめて権利関係の変動の

効果を生じるものとする旨を実体法があらかじめ定める場合に限って提起できるところに特徴があり、その原告となり得る者については、通常、法に明文をもって定められている。したがって、正当な当事者であるか否かについては、原告とされている者が所定の者に該当するか否かを判断すれば足りるものといえる。これに対し、被告適格についてみると、人事関係訴訟は定めがある（人訴二条・四条・二〇条等）が、会社等の団体組織関係訴訟は、商法等に定めがなく、見解が対立する（三七九頁参照）。第三者効を生じる訴訟として、第二項で取り扱う（三九四頁以下参照）。

四　形式的形成の訴えの当事者適格

(1)　共有物分割の訴え（民二五八条）　共有物分割の訴えは、原告が一人で他の共有者が被告の場合もあり、逆の場合もあり得るが、共有関係にある全員が原告か被告かを問わず、その訴訟の当事者になっていることを要し、その意味での固有必要的共同訴訟である（最判(二小)昭和四三・一二・二〇民集二二巻一三号三〇一七頁）。不動産の共有者の一部が自己の共有持分の一部又は全部を第三者に譲渡し、未登記である場合に、二つの問題を生ずる。第一に、未登記譲受人は分割請求の訴えを提起できるかという点について、判例は適法とし（大判大正五・一二・二七民録二二輯二五二四頁）、これを支持する見解もあり、持分が譲渡当事者のいずれに属するかは、他の共有者に帰属する権利に影響を及ぼさないことを理由としている（川井健・法協九〇巻五号八四〇頁）。しかし、共有持分の譲渡が共有者間で行われた場合を除き、相手方との関係で実体法上の対抗関係を生じるので、登記を要すると解すべきである（奈良次郎「共有物分割の訴えについて」判タ五七九号（昭和六一年）〔藤原弘道＝山口和男編『民事判例実務研究・第五巻』（判例タイムズ社、平成元年）三二六頁〕）。第二に、だれを相手方にすべきかという点について、紛争を実質的に処理することを優先させ、登記名義を伴わなくても実質的当事者である未登記譲受人を相手方すべしとする立場（川井・前掲八四二頁）と、持分がなお譲渡人に帰属するものとして実質的権利を伴わなくても、登記名義のある譲渡人を相手方とする立場（奈良・前掲書三二七頁。最判(二小)昭和四六・六・一八民集二五巻四号五五〇頁は、分割の内容という視点から捉えて、同様の立場によるものと解される。）とがある。前者によっても、持分の帰属は先決関係に止まり、既判力を生ぜず（最判(二小)昭和二七・五・二民集六巻五号四八三頁、三ケ月・判例民訴一八八頁。これに対し、小山昇「既

判力か争点効か信義則か」・補遺『判決効と失権効（訴権の喪失）』（同・著作集二巻一三七頁）は、持分権に基づく分割請求を認容した場合には、持分権の存在について既判力を生ずるとする。）、後者を妥当と考える。

(2)　父を定める訴え（民七七三条）　原告適格を有する者は、子、母、母の配偶者又はその前配偶者である（人訴三〇条一項）。子又は母が提起するときは、母の配偶者及びその前配偶者を被告とし、その一方が死亡した後は他の配偶者を被告とし（同条三項）、母の配偶者及びその前配偶者が提起するときは、他方の配偶者を被告とする（同条二項）。被告とすべき者が死亡したときは、検察官を被告とする（人訴三二条・二条三項）。

(3)　境界確定の訴え　土地の境界について法的利害関係を有する者は、隣接地の所有権者をはじめ、多方面に及ぶ。しかし、それらの利害関係あるすべての者に当事者適格を認めることは、土地の境界を創設的に定めるという訴えの性質に照らし、法秩序を著しく混乱させるおそれがあり、妥当とはいえない。そこで、訴訟手続における当事者適格に関しては、現行法制度が、土地の成立・変更・滅失等を公示する行為について、どのような者に法的適格を認めているかという視点から捉えることが妥当と考えられる。新たに土地を生じたときに、所有者に土地表示登記の申請を義務付けることにはじまり（不登八〇条一項）、当該不動産の最初になされる記入登記である所有権に係る保存登記（同法一〇〇条一項）等、所有権者にのみ適格を認めているものとうかがわれる。これに境界確定の訴えの前記性質を合わせ考えると、土地境界確定の訴えの当事者適格を判断するについても、この点は最も重要な決め手になるものと考えるのが相当である（当事者適格を同様の視点から詳述するものとして、岡山地判昭和四二・四・一九・最高裁判所事務総局編『境界確定訴訟に関する執務資料』（昭和五五年）二七二頁）。他面、境界確定に係る紛争を民事紛争として適切かつ妥当な解決を図るためには、最も基本的な法的利害関係を有する者を当事者とすることが必要である。そのように捉えると、隣接する土地所有者をもって当事者適格を有するものと解するのが相当である（奥村正策「土地境界確定訴訟の諸問題」『実務民事訴訟講座4』（日本評論社、昭和四四年）一九〇頁）。判例も、同様の立場を採る（最判（三小）昭和三一・一二・七民集一〇巻一二号三八頁、最判（一小）昭和四六・一二・九民集二五巻九号一四五七頁は、この見解を前提とするに止まっているが、最判（三小）昭和五八・一〇・一八民集三七巻八号一一二一頁は、相隣接する土地の一部について一方当事者の時効取得が認められる場合であっても、公簿上において原告・被告を各名義人とする土地が隣接することに着目し、訴えの利益の視点を全面に打ち出すことにより、根拠付けている。また、

最判(一小)昭和五九・二・一六判時一一〇九号九〇頁は、公簿上隣接する土地の間に第三者の所有地が介在する場合に、公簿上の所有者間で境界確定を求めることは当事者適格を欠き、不適法であるとする。)。(なお、六一五頁注(1)参照)

第二項　団体・集団紛争と当事者適格

一　第三者効の訴訟と当事者適格

民事訴訟は、私人間の紛争をその当事者間かぎりで解決を図ることをもって足りるのであり、それを基本原則とする。これに対し、訴訟の当事者間に止まらず、第三者にも判決の効力を生じさせる場合がある。しかも、確認の訴え、形成の訴えの双方について見られる。その内、人事関係訴訟については、実定法上に規定があるのに対し、会社等の団体組織関係訴訟については、特に被告適格の定めがなく、第三者に判決の効力を生じさせる合理的妥当性の理由付け、判決の効力を生じる者の手続保障の点で見解が対立する。(1)

(1)　会社関係訴訟における原告適格　会社関係訴訟における原告適格については、一般に実定法上の定めがあるので明確であるが、問題を生じることもある。

(i)　株主が破産宣告を受けた場合　株主が破産宣告を受けても、議決権は破産者に帰属し、破産管財人に帰属するわけではない(大森忠夫「議決権」『株式会社法講座・第三巻』(有斐閣、昭和三一年)八九五頁)が、破産管財人は破産財団について管理処分権を有するので、破産財団に属する株式についても議決権を行使できるとされている(大森・前掲書八九七頁、西原寛一ほか『株主総会』(ジュリスト選書、昭和三三年)五五頁〔大森・大隅・鈴木発言〕)。そうしてみると、理論的帰結として株主総会決議取消権の行使を認めるのが妥当である(『新版・注釈会社法(5)』(有斐閣、昭和六一年)三三〇頁〔岩原紳作〕、否定説・松田二郎＝鈴木忠一『条解株式会社法(上)』(弘文堂、昭和二六年)二四五頁、大隅健一郎＝今井宏『会社法論中巻(第三版)』(有斐閣、平成四年)一二一頁)。外国の裁判所で選任された破産管財人についても、当該外国の法律上付与されている権限に照らし、株主総会決議取消訴訟の原告適格を認めている(東京地判平成三・九・二六判時一四二二号一二八頁)。

(ii)　株式の共有の場合　株式を共有する場合に、株主総会決議無効・不存在確認の訴えを提起するには、権利行使者を指定し会社に通知しなければならず(商二〇三条二項)、これを欠く訴えは原告適格を有せず不適法となる。株式を相続人が共同相続したときは、遺産分割を完了するまで共同相続人の準共有に属し(最判(一小)昭和四五・一・二二民集二四巻一号一頁、最判(三小)昭和五二・一一・八民集三一巻六号八四七頁、大野正道「株式・持分の相続準共有と権利行使者の

法的地位」鴻常夫先生還暦記念『八十年代商事法の諸相』（有斐閣、昭和六〇年）二三六頁（同『企業承継法の研究』（信山社、一九九四年）一三〇頁））、その場合についても、同様である（最判(三小)平成二・一二・四民集四四巻九号一一六五頁、大野正道「企業承継法と最高裁第三小法廷判決—商法二〇三条二項に関する判決の検討」竹内昭夫先生追悼論文集『商事法の展望』（商事法務研究会、平成一〇年）二〇九頁以下）。もっとも、発行済み株式の全部が準共有である等特段の事情のある場合には、権利行使者の指定の手続を経ることなく、原告適格を認められるとされている（前掲、最判平成二・一二・四、最判(三小)平成三・二・一九判時一三八九号一四〇頁）。

(1)　判例の動向　判例は、① 株主総会決議取消の訴えについて、株主総会の決議は会社の意思決定であるから、その決議について処分権を有するのはその会社にほかならないとの理由に基づき、被告適格を有するのは会社に限られるとする（最判(二小)昭和三六・一一・二四民集一五巻一〇号二五八三頁）。② 新株発行無効・不存在確認の訴え（二八〇条ノ一五）についても、同様に、会社を被告にすべしとする（最判(三小)平成九・一・二八民集五一巻一号四〇頁）。他方、③ 取締役解任の訴えについては、会社と取締役の会社法上の法律関係の解消を目的とする形成の訴えであることを理由に基づき、会社と取締役の双方を共同被告とする固有必要的共同訴訟とし、取締役の手続保障を図る必要性をもって実質的理由とする（最判(二小)平成一〇・三・二七民集五二巻二号六六一頁）。さらに、このような判例の態度は、会社以外についても同様であって、④ 宗教法人の代表役員・責任役員であった者が、その宗教法人の包括宗教法人を被告として前記各役員の地位確認の訴えを提起したところ、当該法人を相手方としない点で確認の利益がないとし、当該法人を相手方として理事者たる地位確認請求を認容する確定判決により、その者が当該法人との間で執行機関としての組織法上の地位にあることが確定され、右判決は対世的効力を有することとなるとする（最判(一小)昭和四四・七・一〇民集二三巻八号一四二三頁）。

(2)　学説の状況　学説の状況をみると、通説は、①・②について、総会決議は会社の意思決定として株主・取締役らを拘束するので、会社は法律関係の一方の当事者としての地位において被告となるとする（中田淳一・判例研究三二一頁、大隅健一郎＝今井宏『会社法論中巻〔第三版〕』（有斐閣、平成四年）一二三頁）。これに対し、有力説は、最も直接的利害関係を有する者が当事者となるべしという趣旨

に基づき、①については、会社に加えて代表取締役を共同被告とする固有必要的共同訴訟であるとし、②については、代表取締役を被告とすべしとする（谷口安平「会社訴訟と訴の利益」法学論叢八二巻二・三・四号（昭和四三年）三二二頁、同「判決効の拡張と手続権の保障」中田淳一先生還暦記念『民事訴訟の理論（下）』（有斐閣、昭和四五年）六〇頁。これに賛成する立場として新堂・二六一頁）。その背景として、法人という制度は、対外的関係において真の意味をもつ法技術であって、法人の内部組織上の紛争に関して法人自体は紛争の主体になり得ず、決議の過程においては全くの形骸にすぎず、決議そのものについてなんらの独自の利益をもたないという理解に基づいている（谷口・前掲『民事訴訟の理論（下）』五九頁）。

また、③については、会社に対し、取締役の解任を求める訴えと捉えて、会社のみを被告とする説（鴻常夫「取締役解任の訴」松田二郎判事在職四十年記念『会社と訴訟（上）』（有斐閣、昭和四三年）（同『会社法の諸問題Ⅱ』（有斐閣、平成元年）六九頁）、宍戸達徳「取締役解任の訴の当事者」『実務民事訴訟講座5』（昭和四五年）七〇頁）、形成判決により取締役の資格の剝奪を求める訴えと捉えて、取締役のみを被告とする説（大隅健一郎・大森忠夫『逐条改正会社法概説』（有斐閣、昭和二六年）二四九頁、松田二郎・鈴木忠一『条解株式会社法（上巻）』（弘文堂、昭和二六年）二七一頁）もあるが、多数説は、前記最判平成一〇年三月二七日と同様に、従来から会社・取締役共同被告説を採り（上柳克郎ほか編『新版・注釈会社法(6)』（有斐閣、昭和六二年）七七頁〔今井宏〕、その他、同書参照）、会社と取締役の委任関係の解消を目的とする形成の訴えであることを根拠とする。これに対し、現在でも、取締役の会社内部における機関としての地位を剝奪する訴訟という前提の上に、会社を被告とし、取締役については共同訴訟的補助参加で足りるとする説もある（本間靖規「会社内部紛争における当事者適格について」原井龍一郎先生古稀記念『改革期の民事手続法』（法律文化社、平成一二年）六二二頁）。

(3)　検　討　役員選任株主総会決議を争う訴えについて、実質的利害関係者を当事者とすべきであるとする説は、それが株主に帰着することを承認しつつ、その非現実性を考慮して最も充実した攻撃防御を期待できる者を被告とすべしという観点から、前記結論を導いている（谷口・前掲『民事訴訟の理論（下）』五九頁）。しかし、かりにそうした観点に立つとするのが合理的であるとしたら、総会で取締役等に選任された者は、その招集手続あるいは総会の管理運営手続について法的責任も権限もなく、はたして適法になされたか否かは承知していないのであって、攻撃防御の行いようがないはずである（せいぜい自己が従業員として勤務する会社の信頼性に照らし、おそらく法的に不備な対応はありますまいという推定と期待が働くに止まる。）。それは、社外取締役を例にとれば、極めて明白

である。前記有力説の論理は、決議の内容ごとに利害関係者を想定する発想であり（後述する新株発行の場合についても、同様である。）、会社の管理運営行為という組織法的視点を欠き、単に個人の利害に還元する見方であって法体系から大きく遊離し、是認し難い。株主総会の招集手続にはじまり総会自体の管理運営にいたるについては、会社自体が管理権限をもっているのであり、そこから会社を被告とする根拠が導かれるのである。そうした意味において、会社はその決議の効力について、正当な利益を有する当事者といえる（会社自身が決議の効力について正当な扱いがなされることに利益を有すること、代表取締役は個人としてよりも代表者の資格において応訴することの方が、会社の内部規制を受けるために、誠実な訴訟追行を期待できることを根拠に、通説を支持するとともに、利害関係者の訴訟参加を認めるものとして、岩原紳作「株主総会決議を争う訴訟の構造（九・完）」法協九七巻八号（昭和五五年）一〇八七頁・一〇九二頁。なお、中島弘雅「法人の内部紛争における被告適格（一）」判タ五二四号（昭和五九年）四三頁参照）。また、対世的効力を生じる根拠についてみると、会社における株主総会の招集手続をはじめとする会社の管理運営に係る一切の権限は、株主から代表取締役によって代表される会社自体に委ねられているのであるから、会社を当事者とする訴訟の判決は、それを構成する株主、取締役、監査役等に等しく効力を生じることとなる。その点で、総会決議に係る訴えにより、そこで選任された取締役等に利害が及ぶとしても、それをもって直ちに訴訟当事者として参画することにより保護すべしとすることは、会社の組織法上の理解に合致しない考え方であって、是認できない。また、取締役解任の訴えについて、前記最判平成一〇年三月二七日が取締役の手続保障の確保を実質的根拠とするが、会社と取締役との法律関係の解消という実体法上の根拠に求めるのが妥当であるとともに、それで足りるのであり、賛成できない。これらのことは、役員の地位の確認請求についても、該当する。

また、新株発行についても、同様にその発行主体である会社自体が管理権限をもっているのであり、そこから会社を被告とする根拠が導かれる。前記有力説の立場によると、ここでは新株引受人が最も利害関係を有することとなるが、それを決定した株主総会決議についての管理権限をもとより有していないのであるから、この場合についても妥当性を欠くものである。

二　多数当事者訴訟

多数当事者紛争において、合一確定を必要とする固有必要的共同訴訟は、これを構成する者が個々に当事者適格を有するのではなく、原告・被告を問わず、共同訴訟人とすべき者全部が揃ってはじめて、全体として一個の当事者適格を認められるところに特徴がある。したがって、共同訴訟人とすべき者が一部でも遺脱しているときは、当事者適格を欠き、訴訟要件の欠缺により、訴えは不適法として却下される。

第三項　当事者適格の訴訟上の位置付け

一　当事者適格の判断

当事者適格の存否の判断は、請求内容の違いによって異なってくる。給付の訴えでは、当事者適格の判断は訴訟物たる権利関係の存否から独立させて行うことはない。同様に、確認の訴えでも、原則として、確認の利益の判断に吸収され、独立に行うことはない。これに対し、形成の訴えでは、訴訟物たる権利関係の存否とは独立し、その前提を構成する訴訟要件の一つとして判断の対象となり、これを欠くときは、訴えは不適法として却下される。「第三者の訴訟担当」の場合についても、同様である。

二　訴訟係属中の当事者適格の喪失

訴訟係属中に当事者がその適格を喪失したときは、当事者間で本案判決を行う意義を失うので、訴えは不適法として却下される。もっとも、当事者適格を喪失した者の訴訟上の地位を承継する者がいるときは、その者が訴訟承継することとなる。

三　当事者適格の欠缺を看過した判決

当事者適格の欠缺を看過した本案判決については、相手方は上訴により争うことができる。判決が確定しても、原則として、再審事由にはならない。当事者適格を具備しているにもかかわらず、これを誤って欠くものと判断して訴えを却下した判決に対しては、いずれの当事者も上訴により争うことができる。

これに対し、「第三者の訴訟担当」の場合には、担当者が当事者適格を真実有する場合に限り、判決の効力が被担当者にも及ぶこととなる（一一五条一項二号）。したがって、被担当者は、別に後の訴えにおいて、訴訟担当者が当事者適格を有していなかったこと（もともと有しなかったことばかりでなく、口頭弁論終結時には消滅していた場合を含む。）を主張して、その判決が自己に及ぶのを争うことができる。

第三款　法定訴訟担当（第三者の訴訟担当――その一）

第一項　法定訴訟担当の構造

訴訟物たる権利義務の本来の帰属主体に代わり、またはこれと並んで、第三者がその訴訟物について当事者適格を有し、その者の受けた判決の効力が権利義務の本来の帰属主体にも及ぶ場合を、第三者の訴訟担当という。第三者の訴訟担当は、当事者適格を取得する根拠を基準として分類すると、権利義務の本来の帰属主体の意思にかかわりなく、法律の定めるところに基づく法定訴訟担当と、権利義務の本来の帰属主体の意思に基づく任意的訴訟担当とがある。

第二項　担当者のための訴訟担当

一　担当者のための訴訟担当の構造

法定訴訟担当のうち、権利義務の本来の帰属主体が有する管理処分権を法の定めるところにより付与された第三者が、自己または自己が代表する者の利益のために訴訟追行権を認められる場合を、「担当者のための訴訟担当」あるいは「管理処分権の付与に基づく法定訴訟担当」という。

このうち、①自己の利益を目的とする場合の例として、差押債権者の金銭債権取立訴訟（民執一五五条一項・一五七条）、債権質権者の債権取立訴訟（民三六七条）、債権者代位訴訟（民四二三条）等があり、②自己が代表する者の利益を目的とする場合の例として、破産管財人による破産財団に関する訴訟（破七条・一六二条）、民事再生手続における管財人による再生債務者の財産関係の訴訟（民事再生六七条）、株主代表訴訟（商二六七条）等がある。しかし、このように大別できるものの、①に上げる個々の場合について、その根拠となる実体法の趣旨は必ずしも一様ではなく（たとえば、債権質権者の債権取立権について、その根拠を質権設定者の意思に求め任意的訴訟担当と位置付ける考え方もある。三ケ月章「債権質の実行」山木戸克己教授還暦記念『実体法と手続法の交錯（下）』（昭和五三年）〔同・研究八巻二四二頁〕）、その点は、後者についても、同様である。とりわけ、前者の場合は、自己の利益を目的とすることに照らし、被代位者および他の代位権者の法的利益をいかに保護するかという点が問題になる。

二　被代位者および他の代位権者の法的地位

(1)　被代位者の地位　担当者のための訴訟担当のうち、前記一における①の場合には、代位権行使の対象である権利義務の本来の帰属主体も、それに対する管理処分権を失ったわけではなく、依然として自己固有の権利を有するのであり、したがって代位権者と利害が対立する関係にある。そこで、担当者のための訴訟の枠組みにおいて、

被代位者の法的利益をどのように保護すべきかが問題になる。

この点について、第一の考え方は、②の場合を吸収型法定訴訟担当、①の場合を対立型法定訴訟担当と位置付け、②の場合に、代位権の行使による判決の効力を本来の帰属主体である被代位者に及ぶが、①の場合にも、一律に及ぼすことは、被代位者に著しい不利益を与えることになるとして、代位権者の勝訴判決は被代位者に及ぶものの、敗訴判決は及ばないとする（三ケ月章「わが国の代位訴訟・取立訴訟の特異性とその判決の効力の主観的範囲」兼子博士還暦記念『裁判上の諸問題（中）』（昭和四四年）（同・研究六巻一頁、特に八頁以下）。）。

第二の考え方は、被代位者は自己に有利な判決のみ効力を受けるとするのは、相手方は担当者との間で勝訴しても、被代位者との間で同一権利を訴訟物とする訴訟を再び生じる応訴の煩わしさを生じ、公平を失するとともに、訴訟経済にも反するとする。そこで、被代位者に対し訴訟告知（非訟七六条一項参照。同条の沿革等の詳細については、坂原正夫「非訟事件手続法第七六条について」『注解非訟事件手続法』（青林書院、昭和六一年）（同『民事訴訟法における既判力の研究』（慶応通信、平成五年）三四〇頁）参照）による訴訟参加（四七条）もしくは共同訴訟的補助参加の途を確保することによるべきであるとする（新堂・二五五頁、同旨・吉村徳重「判決効の拡張と手続権保障」山木戸克己教授還暦記念『実体法と手続法の交錯（下）』（昭和五三年）一四四頁注23、池田辰夫「債権者代位訴訟の構造（四）」判時九九九号（昭和五六年）（同『債権者代位訴訟の構造』（信山社、平成七年）八二頁）、上原敏夫「取立訴訟と債権者代位訴訟」民訴雑誌三一号（昭和六〇年）（同『債権執行手続の研究』（有斐閣、平成六年）一六〇頁））。必要的訴訟告知への傾斜に解決の途を求める考え方である（もっとも、池田・前掲書七九頁・八一頁は、債権者に訴え提起に先立ち債務者に対する権利催告を義務づけ、それを欠くときは、特段の事情のないかぎり、第三債務者の本案前の抗弁により不適法却下されるとし、権利催告が実務に定着するまでの代替的役割を訴訟告知に求める。）。

第三の考え方は、債務者を代位訴訟に関与させる方法を採った上で、既判力を及ぼすべきであるという第二の考え方と同一方向の視点に立ちつつ、それをさらに進めて、債務者を共同被告とすべしとする説である（坂原正夫「債権者代位訴訟における既判力の主観的範囲について」法学研究五九巻一二号（昭和六一年）（同・前掲書二七五頁以下））。その場合に、債務者は自己への給付を求めることができ、代位権者の請求認容と代位権消滅を条件とする債務者勝訴判決を併合して判決する（同・二七六頁）。

他方、第四の考え方は、当事者適格の基礎は、「訴訟の結果に係る重要な利益」にあるという認識に立って、一つの債権をめぐって代位権者と債務者の対立関係が存在することを直視すると、代位権者は債務者に代わって取り立

てるのであるが、債務者のために取り立てるわけではなく、したがってその判決は有利・不利を問わず債務者に対して効力を生じると考えるのは不当であるとする。そして、代位権者は第三者の訴訟担当者としてではなく、みずから本来の利益帰属主体として固有の当事者適格を有する者と解すべきであるとする（福永有利「当事者適格理論の再構成」山木戸克己教授還暦記念『実体法と手続法の交錯（上）』（有斐閣、昭和四九年）五四頁・六五頁）。その理論的帰結として、債務者は当事者適格を失わず、反面で、代位権者の勝訴判決は、その時点から遡って全体としての訴訟追行行為を実体法的に評価すると取立行為とみられ、その取立権限の範囲内の行為といえるから、債務者にも及ぶとする（福永・前掲六六頁・六八頁）。

これらの考え方を検討すると、判決の結果によって債務者に及ぶか否かを左右することは、法理論として均衡を失するばかりでなく、第三債務者の地位を著しく不安定なものにする。判決の効力、とりわけ敗訴判決が債務者に及ぶことによる債務者の不利益は、法定訴訟担当という権利義務の本来の帰属主体が有する管理処分権を第三者に付与する制度を実体法上に設けたことによる内在的なものであって、その点を敗訴判決の効力を除外することによって解決するという発想は安易な対応である。第三者による訴訟担当の訴訟の枠組みの中で、債務者の手続保障の確保という角度から捉えるべきであり、そうした視点からみると、訴訟告知による対応は、代位権者、第三債務者との関係において三者間の利害について均衡のとれた法的処理である。これに対し、債務者を共同被告とし、あるいは係属する代位訴訟とは別個に訴訟外に当事者適格を認めようとするのは、代位訴訟を形骸化することとなるとともに、そうしなければ債務者の法的利益の保護を図れないというわけでもなく、是認できない。したがって、総合的にみて、第二の考え方が妥当である。もっとも、担当者のための訴訟担当における実定法上の性格も一様ではなく、さらにそこにのってくる実体法上の請求権の構造も多様であり、いずれも実体法と手続法が交錯し、複合的な問題を生じるとともに、問題解決の視点も多角的であって、個別的な検討を必要とする。(1)

(2)　他の代位権者の地位　代位権者が競合する場合に、代位権者が訴訟に着手した後に、他の代位権者の地位が問題になる。代位訴訟と取立訴訟との関係について、判例は、代位訴訟が提起された後に滞納処分としての取立訴訟が提起された場合に、国税債権の優先弁済権は現実の弁済に当たって確保されれば足りることを根拠に、先行する代位訴訟を不許とする理由はなく、裁判所は両者を併合審理していずれも認容する判決をできるとする（最判（三小）昭和四五・六・二民集二四巻六号四四七頁）。両者は、類似必要的共同訴訟になる。これに対し、代位訴訟の係属中に他の債権者が差押・取立命令を取得したときは、その限度で代位権者は訴訟追行権を失い、差押債権者は係属中の訴訟について参加・承継すべきであるとする説がある（竹下守夫・金融商事判例二三七号三頁）。

基本的には、判例の立場を是認すべきものと考える。その場合に、第三債務者が二重執行を受けないような措置を講ずることを必要とするので、判決主文を工夫し（福永有利・前掲論文七六頁、池田辰夫「債権者代位訴訟の構造（五）」判時一〇〇五号（昭和五六年）〔同『債権者代位訴訟の構造』（信山社、平成七年）一〇四頁〕）、あるいは第三債務者の供託の意義を重視する見解もある（上原敏夫・前掲書五六頁）。また、代位訴訟においては、債務者が共同訴訟参加ないし独立当事者参加した後であれば、他の代位権者は二重に代位することはできず、共同訴訟的補助参加するに止まるが、債務者が独立当事者参加する前であれば、ただちに共同訴訟参加できる（池田・前掲書一〇一頁）。

なお、取立訴訟が提起された場合に、受訴裁判所は第三債務者の申立てにより、他の差押債権者に共同訴訟参加を命ずることができる（民執一五七条一項）。その性質は、訴訟告知類似のものと解される（山口繁「差し押えた債権の取立てと転付」竹下守夫＝鈴木正裕編『民事執行法の基本構造』（西神田編集室、昭和五六年）四七八頁）。

（1）　担当者のための訴訟担当と具体的事例　（i）　自己の利益を目的とする場合　たとえば、生命保険における保険契約者の債権者が債務者である契約者に代位して第三債務者である保険会社に対して、解約返戻金支払請求権を差押さえ、代位請求する場合について、生命保険契約の性質に照らし、特有の問題を生じる。生命保険契約が有する生活保障的性格に照らし、債務者

である保険契約者の保護を図る趣旨から、実体法上の局面で、現に有効に存在する債務者の生命保険契約を債権者が解約することについて、解約権を一身専属権とし、あるいは権利濫用として、その形成権としての行使を制約する解釈論が試みられる（藤田友敬「保険金受取人の法的地位（七・完）－保険契約者と債権者の利害の調整を中心として－」法協一一〇巻八号（平成五年）一二〇八頁以下参照）。しかし、判例は、これを否定している（最判（一小）平成一一・九・九民集五三巻七号一一七三頁、同旨・山下友信「保険契約の解約返戻金請求権と民事執行・債権者代位請求」金融法務事情一四五二号（昭和六二年）（同『現代の生命・傷害保険法』（弘文堂、平成一一年）一四六頁）。他方、この場合は、代位者である債権者と被代位者である債務者の対立・拮抗関係が存在する典型的な場合であり、手続法上の局面で、被代位者である債務者自身に差押えおよび代位請求訴訟に共同訴訟的補助参加ないし独立当事者参加を保障する方法を確保されるべきであるとされている（藤田・前掲一二一一頁）。債権者の請求に対し、第三債務者である保険会社の側においては、保険契約者の利益を守る対抗方策が存在しないし、そもそも保険会社に期待できることではないので、その必要性は顕著である。さらに、それでは必ずしも十分でなく、前記実体法上の解釈論にも問題があることを自覚し、むしろ代位訴訟の判決の効力が被代位者に及ぶという考え方自体を見直すべき必要性を強調する考え方もある（平井宜雄「債権者代位権の理論的位置―解約返戻金支払請求権の差押および代位請求を手がかりとして」加藤一郎先生古稀記念『現代社会と民法学の動向・下』（有斐閣、平成四年）二四〇頁）。関係者間の利害調整手段としていずれが最も適切に機能するかという観点から判断すると、訴訟参加による途に求めるのが、妥当と考える（藤田・前掲一二〇九頁・一二一一頁）。

(ii) 自己が代表する者の利益を目的とする場合　① 株主代表訴訟　株主代表訴訟は、代位訴訟と代表訴訟の二つの性格を有し、そこにおける株主は、共益権の一つとして会社全体の利益のために訴訟追行権を認められたものであり、したがって右の目的のために行使され、その訴訟構造は法定訴訟担当の一つとして担当者のための訴訟担当である（高田裕成「株主代表訴訟における原告株主の地位」民商一一五巻四・五号（平成九年）五三七頁、特に五四〇頁以下、伊藤眞「法定訴訟担当訴訟の構造——株主代表訴訟を材料として」『司法研修所論集 創立五十周年記念特集号 第一巻 民事編Ⅰ』（平成九年）三九一頁・三九四頁）。これに対し、訴訟担当者として会社の権利を代位行使するのでなく、全株主の利益を守ると同時に会社経営の違法是正や監督のために、構成員の一人として監督権を発動したものと見る説がある（小林秀之「株主代表訴訟の手続法的考察」木川統一郎博士古稀祝賀『民事裁判の充実と促進・上巻』（判例タイムズ社、平成六年）六〇九頁）。その背景には、沿革的に見ると、一種のクラスアクションであるとする立場である（竹内昭夫「株主の代表訴訟」『法協百年・三巻』（有斐閣、昭和五八年）一六五頁（同『会社法の理論Ⅲ』（有斐閣、平成二年）二三一頁））。結論的には、法定訴訟担当に属することは認めつつ、団体の構成員が団体の機関について違法行為を行わないように監督し、違法行為の是正を求める訴訟類型として、担当者のための訴訟担当とは別個に位置付ける考え方である（小林・前掲書六一〇頁）。しかし、前記通説の立場が無理がなく妥当と考える。なお、会社が被告取締役側に訴訟参加できるかという株主代表訴訟に特有の問題がある。

② 破産管財人による破産財団に関する訴訟　破産管財人は破産財団の管理および処分に関する一切の権限を有し（破七条）、破

産財団に関する訴えについての当事者適格を有する（破一六二条）。破産管財人の地位は、差押債権者としての面と破産者の一般的承継人としての面という両面の性格を有している（伊藤眞「破産管財人の第三者性」民商法雑誌創刊五十周年記念・九三巻臨時増刊(2)（昭和六一年）九三頁）。その法的地位は、裁判所が任命し、監督する公益的機関と解するのが相当である。その点では、後述する職務上の当事者に類似する点も見受けられるが、前述した職務権限に特徴を見出し、法定訴訟担当とするこれまでの一般的な理解は妥当といえる。また、破産管財人の法定訴訟担当は、破産財団に関する訴訟に限られる。破産財団に関する訴訟とは、破産財団に属する財産に関する訴訟をはじめ、財団債権、破産債権に関する訴訟をいう。

これに対し、会社更生手続における更生管財人（会更九六条）について、破産管財人と同様の視点から捉えることについては、疑問とする見方がある。更生管財人は、会社が置かれている旧来の経済的・法律的関係の下で、取締役に代わって事業の継続を図る機関であるとし、全利害関係人の利害を調整する役割を担うため公的性格を帯びてはいるが、会社と別個の権利主体、あるいは対等の立場の第三者としての性格を強調することは誤っているとする（千葉勝美「更生管財人の第三者的地位」司法研修所論集七一号（昭和五八年）四頁）。しかし、更生管財人は破産管財人と担う役割に違いがあるとはいえ、破産手続と会社更生手続の差異に基づくものであり、そのことをもって直ちに管財人の法的地位に異なった位置付けを求めるものとはいえず、破産管財人と同様に解して差し支えない。

第三項　権利義務の帰属主体のための訴訟担当──職務上の当事者

一　職務上の当事者

法定訴訟担当のうち、第三者が権利義務の本来の帰属主体のために訴訟追行権のみを付与されている場合を、「職務上の当事者」という。訴訟物たる権利義務の本来の帰属主体が、訴訟を追行することについて、不可能ないし困難な事情がある場合に、それらの権利義務に係る紛争の処理を図るために、法律上一般的にその帰属主体の利益を保護すべき職務にあることに鑑み、これに代わって訴訟担当する者である。法の定めにより管理処分権が付与されていることに基づくのではなく、一定の職務にあることにより訴訟担当する点に着目し、職務上の当事者という。

権利義務の本来の帰属主体のみならず、相手方もが有する紛争の処理を図る利益を保護することを目的とする。

二　職務上の当事者の類型

職務上の当事者には、①公益的理由に基づく場合、②便宜的理由に基づく場合、③両者の目的に基づく場合がある。①の場合として、婚姻事件、養子縁組事件、親子関係事件において、本来当事者適格を有する者が死亡している場合における検察官および弁護士（人訴二条三項四項・二六条・三二条二項四項）、不適法婚姻取消の訴えの場合における検察官[1]（民七四四条一項本文）、成年被後見人の離婚訴訟、嫡出否認訴訟における成年後見人および後見監督人（人訴四条・二八条）がある。②の場合として、海難救助料支払請求における救助船の船長（商八一一条二項）がある（大判昭和八年一月二四日法学二巻一一二二頁、海商法の立場から、小町谷操三『海難救助法論』（岩波書店、昭和二四年）二一二頁、鈴木竹雄『商行為法・保険法・海商法〔全訂第三版〕』（弘文堂、平成五年・初版＝昭和二九年）一五九頁）。船主、船長および海員は、自己固有の救助料請求につき単独で訴えを提起できるが、訴訟追行上の便宜のため、船長にこれらの者のためにする訴訟追行権を認めたものである（小町谷操三＝梅本吉彦・損害保険研究三五巻一号一一頁）。さらに、②として、相続財産管理人がある（一二八頁参照）。また、③として、遺言執行者がある。[2]

（1）　人事訴訟における検察官の法的地位　人事訴訟における検察官の関与の形態には、①特定の人事訴訟について、職務上の当事者として当事者適格を認められる場合と、②当事者とならないときでも、すべての人事訴訟に立ち会って意見を述べ（人訴五条・二六条・三二条）、事実および証拠方法を提出することができる（人訴六条・二六条・三一条一項）。いずれも、「公益の代表者として他の法令がその権限に属させた事務を行う」（検察庁法四条）という職務に基づき、民事訴訟において地位を与えられるものである（その沿革について、岡垣学「人事訴訟における検察官の地位―その一般的関与について」法学新報八〇巻一号（昭和四八年）〔同『人事訴訟の研究』（第一法規、昭和五五年）一一一頁以下参照〕）。そのうち、前者についてみると、婚姻事件、養子縁組事件、特に親子関係存否確認請求の訴えにおいて、本来当事者適格を有する者が死亡している場合に、前記立法上の措置が存在することにより、確認の利益への途が開かれる場合があり（最判（大）昭和四五・七・一五民集二四巻七号八六一頁）、その意義は少なからざるものがある（原告適格および被告適格についての問題点を詳述するものとして、岡垣学「人事訴訟における検察官の地位―とくに当事者適格について」兼子博士還暦記念『裁判法の諸問題　中』（有斐閣、昭和四四年）（同・前掲書六一頁以下参照））。もっとも、第三者の手続保障という視点から、訴訟告知、補助参加を活用することが指摘されている（奈良次郎「検察官を当事者とする人事訴訟と手続保障（上）（中）（下）」ジュリ八五六号（昭和六一年）、八五七号、八五八号、特に八五六号九八頁以下、八五八号一〇一頁以下参照）。

（2）　遺言執行者の法的地位　　遺言執行者は、相続人の利益を図るためにのみあるのではなく、遺言者の意思を受けて遺言内容の実現を図ることに基本的使命がある。したがって、遺言執行者が選任されているときには、相続人は相続財産の管理権を奪われ（民一〇一三条）、遺言執行者がもっぱらこれについての管理処分権を有することとなる（民一〇一二条）。これらの諸規定を合わせ考えると、遺言執行者は、自己の名をもって当事者として訴訟追行するのであり、その効果が相続人に及ぶ（民一〇一五条）と解するのが相当である（梅本吉彦「代理と訴訟担当」『講座民事訴訟3』（弘文堂、昭和五六年）一五三頁）。

判例は、相続人が遺言の有効性を争うには、遺言執行者を被告として遺言の無効を主張し、相続財産について自己が持分権を有することの確認の訴えを提起できるとし（①最判(三小)昭和三一・九・一八民集一〇巻九号一一六〇頁）、特定不動産の遺贈を受けた者がその遺言の執行として目的不動産の所有権移転登記を求める訴えの被告は遺言執行者に限られるとする（②最判(二小)昭和四三・五・三一民集二二巻五号一一三七頁）。他方、遺贈の目的不動産につき、遺言執行としてすでに受遺者に遺贈による所有権移転登記あるいは所有権移転仮登記がなされているときに、相続人が遺言の無効確認と右登記の抹消登記請求するには、遺言執行者ではなく、受遺者を被告とすべきであるとする（③最判(二小)昭和五一・七・一九民集三〇巻七号七〇六頁）。

さらに、特定の不動産を特定の相続人甲に相続させる旨の遺言（「相続させる遺言」）がある場合については、遺産分割方法の指定の性質を有し、被相続人の死亡の時に直ちに当該不動産が甲に承継されるとする（④最判(二小)平成三・四・一九民集四五巻四号四七七頁）。このような実体法上の理解を前提として、前記遺言による権利移転について対抗要件の必要の有無にかかわらず、甲に当該不動産の所有権移転登記を取得させることは、遺言執行者の職務権限に属することであるとし、他の相続人乙が相続開始前に自己名義に所有権移転登記を経由し、遺言執行が妨害されている場合には、遺言執行者は右所有権移転登記の抹消と甲への登記名義の回復を原因とする所有権移転登記を乙に対し請求できるとする（⑤最判(一小)平成一一・一二・一六民集五三巻九号一九八九頁）。これに対し、当該不動産が被相続人名義である限りは、相続させる遺言については、甲が単独で登記申請できるので（不登二七条）、遺言執行者は登記手続をすべき権利も義務もないという（⑥最判(三小)平成七・一・二四判時一五二三号八一頁）。他方、第三者との関係という視点についてみると、右特定の不動産についての賃借権確認請求の被告適格は、遺言執行者があるときでも、特段の事情のない限り、甲であるという（⑦最判(二小)平成一〇・二・二七民集五二巻一号二九九頁）。

また、遺言において、受遺者に毎月一定額を給付すべき旨を定めた場合に、その支払請求するには、遺言執行者ではなく、相続人を被告とすべきであるとする（⑧大判昭和一一・六・九民集一五巻一〇二九頁）。

まず、②および③については、直接的解決にならないとして疑問とする批判がある（新堂・二五七頁）。しかし、②は遺言と異なる相

続財産の移転がなされたのであるから、これを遺言に即した相続財産の処分に改めることは、遺言執行者の職責である。むしろ、受遺者は、遺言執行者に代位して相続人に対する相続登記抹消請求と、遺言者に対する所有権移転登記を併合請求することにより、問題の処理を図るべきである（梅本・前掲一一五五頁）。これに対し、債務者である遺言執行者が権利行使を怠っているとは限らないので、疑問とする批判がある（福永有利「遺言執行者の訴訟追行権」北大法学論集三八巻五・六合併号（下）（昭和六三年）一一七五頁）。しかし、遺言執行者が職務の遂行に着手しないので、受遺者が積極的に法的保護を求めるのであって、右の批判は当らない。また、③は、遺言執行者としての職務を完了していて、事案の内容とするところは権限外である。また、実体法の視点からみても、不動産登記法一四四条に照らし、仮登記名義人である受遺者を被告として訴えるべきであり、判旨は妥当である（納谷広美「遺言執行者の訴訟上の地位」法律論叢五三巻三・四合併号（昭和五六年）八二頁。平井宜雄・法協九五巻四号七八六頁は、遺言無効を理由とする所有権移転仮登記抹消請求であることに着目し、遺言執行者を被告とする本件訴えを適法とする。）。

また、いわゆる「相続させる遺言」を遺産分割方法の指定と解する④の立場を前提にすると、⑥は当然の解釈論的帰結として導かれると考える。もっとも、⑥と同様に、⑤の場合にも、甲はみずから単独で同様の登記請求できるので、同判決のように、あらためて遺言執行者の権限とすることは、両者の訴えが競合する場合を生ずる可能性を否定できず、むしろ遺言執行者の権限は否定されるべきであり、判旨は疑問である。

さらに、⑧については、受遺者の金銭給付を求める債権は、遺言によってはじめて創設されたものであり、遺言の効力が生じたことによって、受遺者は同時に終身年金債務を負担することとなったと解することができ、遺言執行者が遺言の執行として履行すべき余地はないので、判旨は妥当である（有泉亨・判民昭和一一年度六九事件、納谷・前掲七九頁）。

第四款　任意的訴訟担当（第三者の訴訟担当――その二）

第一項　任意的訴訟担当の構造

第三者の訴訟担当のうち、権利義務の本来の帰属主体の意思に基づき訴訟追行権を付与された第三者が、その帰属主体および自己の利益のために訴訟担当する場合を、任意的訴訟担当という。法定訴訟担当が本来の帰属主体の

意思にかかわりなく、法律の定めるところに基づくのに対し、任意的訴訟担当は、法令が認める場合であっても、訴訟追行権が本人の意思に基づき付与される点で異なっている。

本人の意思に基づき、第三者に訴訟追行権を付与できる場合を認める趣旨は、本来の帰属主体が訴訟追行するよりも第三者に訴訟担当させることによって訴訟の効率を図ることのできる場合があり得るとともに、それによって右帰属主体の手続保障に欠けることもないと認められることにある。

任意的訴訟担当は、訴訟手続上は容易性、集約性、効率性を認められる面があるものの、弁護士代理の原則（五四条）及び訴訟信託の禁止（信託一一条）に抵触するおそれがあるとして、立法に際しても、個別具体的場合の対応においても、これまで慎重な動きをたどってきた。(1)

（1）　任意的訴訟担当と弁護士代理の原則・訴訟信託の禁止原則　わが国の立法が弁護士代理の原則及び訴訟を目的とする信託の禁止を定めているのは、主としてみずからの利益のために他人の法律事件に介入することを業とする者の生ずることを防止する（「第五一帝国議会審議録・大正一五年二月二二日貴族院民事訴訟法中改正法律案外一件特別小委員会議事速記録第二号」『日本立法資料集13・民事訴訟法〔大正改正編〕』三九一頁以下）とともに、濫訴健訟の弊を防止し（「第四五帝国議会審議録・大正一一年三月四日衆議院信託法案外四件委員会議録」『日本立法資料集2・信託法』二二九頁、「大正一一年三月二二日貴族院信託法案外十一件特別委員会記事速記録」前掲書三七六頁）、健全な法治国家の発展を図ることにある。もっとも、訴訟信託禁止の理解について、裁判外による権利の実現こそ、公序良俗に反する事態が少なくなく、法廷という場を用いて法的救済を求めることは非難されるべきことではなく、濫訴健訟の弊を強調することに強い疑問を指摘する見方がある（田中実「訴訟信託について」法学研究三二巻四号（昭和三四年）二頁以下、田辺光政「訴訟信託禁止の意義をめぐる学説」上柳克郎先生還暦記念『商事法の解釈と展望』（有斐閣、昭和五九年）四七九頁以下）。

第二項　任意的訴訟担当の形態

一　立法による任意的訴訟担当

実定法上において任意的訴訟担当を認める例について、その趣旨に即して分類すると、つぎの三類型がある。

第一に、多数当事者の権利義務の効率的な実現を図ることを目的とする場合で、選定当事者（三〇条）、区分所有方式集合住宅管理者の訴訟追行権（建物区分二六条四項）がこれに該当する。前者が個々の選定者からの授権を要するのに対し、後者は、区分所有建物及びその共同関係の維持と管理を団体的に行うべきものとする同法の趣旨から、その授権は規約又は集会の決議という団体的意思決定によることとされる（濱崎恭生『建物区分所有法の改正』（法曹会、平成元年）二二三頁）。区分所有者が管理組合法人となったときは、法人自身が当事者能力を有するとともに、法人が区分所有者全員のために訴訟担当することもできると解する（二六条四項の類推適用、濱崎・前掲書二二六頁）。第二に、実体法上の権利義務の実現を図るために必要かつ不可欠である場合として、手形の取立委任裏書（手一八条。もっとも、最近では法令上の訴訟代理人とみる立場もある、中野貞一郎「当事者適格の決まり方」判タ八二二号（平成五年）（同『民事訴訟法の論点Ⅰ』一一二頁・一三〇頁注50）。商法学者は、従来から同様の見解を採る、大隅健一郎＝河本一郎『注釈手形法・小切手法』（有斐閣、昭和五二年）二三七頁、前田庸『手形法・小切手法』（有斐閣、平成一一年）三七〇頁）がある。その他に、債権質権者の債権取立権について、その根拠を質権設定者の意思に求め、任意的訴訟担当と位置付ける考え方もある（三ケ月章「債権質の実行」山木戸克己教授還暦記念『実体法と手続法の交錯（下）』（昭和五三年）（同・研究八巻二四二頁））。近時、立法により任意的訴訟担当が認められる例が相次ぎ、第三に、業務の効率性を確保することを目的とする場合として、住宅金融債権管理機構または整理回収銀行から委託を受けて債権の取立てを行う場合の預金保険機構（特定住宅金融専門会社の債権債務の処理の促進等に関する特別措置法一九条一項）、及びこれら債権処理会社から譲受債権等に係る債権の取立ての委託を受けた協定銀行（同条二項）、債務者の財産に係る権利関係が複雑なものその他その回収に専門的知識を必要とするものについて、協定銀行から委託を受けて、その取立を行う預金保険機構（預金保険法附則一五条）、委託契約に基づき特定金銭債権の管理又は回収を行う債権回収会社（債権管理回収業に関する特別措置法（いわゆるサービサー法）一一条一項。同条二項により、裁判上の行為については弁護士に追行させることが義務付けられている。法務省債権回収監督室『Q&Aサービサー法』（商事法務研究会、平成一一年）一六一頁）は、前二者の類型とは異なった趣旨に基づく規定である。いずれも、業務の内容に照らし、任意的訴訟担当自体が、その使命を遂行するのと表裏一体として形成するものである。

二　立法によらない任意的訴訟担当

判例の動向を見ると、最高裁は当初、頼母子講自体に当事者能力がある場合でも、その管理人が自己の名をもって掛戻金請求訴訟を提起することを認めている例（①最判(三小)昭和三五・六・二八民集一四巻八号一五五八頁）を除き、労働組合が、組合員に代わって、その解雇無効を主張し、仮処分申請又は確認請求する場合（②最決(大)昭和二七・四・二民集六巻四号三八七頁、③最判(二小)昭和三五・一〇・二一民集一四巻一二号二六五一頁）、民法上の組合の清算人が組合員に対し債権取立訴訟を提起する場合（④最判(二小)昭和三七・七・一三民集一六巻八号一五一六頁）についてことごとく、当事者適格を否定してきていた。こうした流れを変えたのが、⑤最判(大)昭和四五年一一月一一日（民集二四巻一二号一八五四頁）である。本件は、Xほか四名により構成されるA建設工業共同企業体の代表者Xが、自己の名をもって発注者である県に対し、請負代金支払請求の訴えを提起した事案について、第三者も本来の権利主体の意思に基づいて訴訟追行権を授与されて当事者適格を認められる場合もあり得ることを認めるとともに、それが弁護士代理の原則（五四条）及び訴訟を目的とする信託の禁止（信託一一条）を回避ないし潜脱するおそれがなく、かつ合理的必要がある場合には許容されるとし、前記④を判例変更した。しかし、その後の裁判実務は、慎重に対応していたようで、建物区分所有法二六条四項（昭和五八年改正）が新設される以前の事案において、マンションの管理者が、自己の名をもって区分所有者の共有に属する共用部分について、右マンションの分譲会社に対して、所有権保存登記抹消請求の訴えを提起した事案について、右管理者も共有持分を有する点に着目して、共有持分に基づく保存行為と捉えて原告適格を認めるという対応をしている例も見られる（東京高判昭和五三・八・一六民集三五巻四号八一五頁・八二一頁〔最判(一小)昭和五六・六・一八民集三五巻四号七九八頁の原審〕）。

最近になって、任意的訴訟担当を認める事例が顕著である。それらを大別すると、第一に、多数の利害関係者の法的利益を確保するために、その意に基づき取りまとめて訴訟追行する場合として、前記⑤をはじめとして、入会団体構成員の総有地の登記請求名義人を委任された代表者でない特定の構成員による登記請求（⑥最判(大)平成六・五・三一民集四八巻四号一〇六五

頁）がある。そこでは、前述した二つの原則と法的救済手続の容易性、集約性、効率性に裏付けられた要請の調和の上に積極的根拠を見出すことができる。第二に、権利の本来の帰属主体による訴訟追行の困難な場合として、中華人民共和国の委任に基づき、わが国政府による旧満州国財産を不法占拠する者に対する建物収去土地明渡請求（⑦東京地判昭和六〇・一二・二七判時一二二〇号一〇九頁）、英国保険シンジケート筆頭保険者による日本における日本法人に対する保険代位請求（⑧東京地判平成三・八・二七判時一四二五号一〇〇頁）がある。とりわけ、⑧では、日本法に基づきつつ、英国法をも斟酌して結論を導いていることが注目される。他方、外国メーカーの有する代金債権について、日本の販売代理店による任意的訴訟担当を否定している（⑨大阪高判昭和六〇・五・一六判タ五六一号一四八頁）。これらは、一見すると緊急性による例外的措置のようであるが、その本質はむしろ第一と同様の根拠に基づくものと解するのが妥当であろう（緊急事務管理に基づく訴訟追行は認められない、東京地判昭和四九・四・二判タ三一一号一六六頁）。もとより、これらは、個別事案に即した判断に基づき、前記⑤の打ち出した基本姿勢が健全な方向に発展していると見られる。

三　学説の検討

当初、学説は、この問題が弁護士代理及び訴訟信託の禁止という二つの原則に抵触するおそれのあることを指摘しつつ、権利の帰属主体が、その管理処分の権能を他人に授権するについて、正当な業務上の必要があれば、許すべきであるとしていた（兼子・体系一六一頁）。その真意は、労働組合との関係についてみられるように、むしろ前向きな方向にあったとうかがわれるが、前提とする基本認識が強力に作用し、判例は慎重な態度を採ってきた。

その後、前述したような判例の動向の中にあって、任意的訴訟担当には、訴訟担当者のための任意的訴訟担当と権利主体のための任意的訴訟担当とがあることを指摘するとともに、それぞれの場合について任意的訴訟担当を許容すべき要件を設定して、この問題に積極的に対応する見解が前記⑥の最高裁の判例変更に先立ってすでに主張されていた（福永有利「任意的訴訟担当の許容性」中田淳一先生還暦記念『民事訴訟の理論（上）』（有斐閣、昭和四四年）七五頁以下）。すなわち、前者として、訴訟の結果について利害関係を有

する場合には、権利者の授権のある場合に限るとし（八三頁）、後者として、訴訟を追行する権限を含む包括的な管理権を与えられていることと訴訟物たる権利関係の発生やその管理につき、現実に密接な関与をなしていることを要件とし、集約すればその権利関係の主体と同じ程度にあるいはそれ以上に、その権利関係につき知識を有する程度までその権利関係に関与している場合に、任意的訴訟担当を許容すべきであるとする（九〇頁）。さらに、後者の場合のうち、法律上任意的訴訟担当が認められている場合と、権利主体が、その責に任ずべき事由によらずに、みずから当事者となりえず、また訴訟代理人をも選任しえない場合で、しかも訴訟を緊急になす必要性のある場合には、実体法上の包括的な管理権が授与されているだけで足りるとしている（九二頁）。

他方、この見解の学説的意義を評価しつつ、任意的訴訟担当の要件が厳しいのは当然のことであり、前記⑥以後の判例の放漫化を警戒する必要があるという観点に立って、訴訟物たる権利関係について、訴訟担当者による弁済の可否・要否等の実体法上の問題を生じるおそれがあるとして、当事者適格の一般論に立ち返り、担当者が他人の権利関係についての「独立の訴訟を許容してでも保護すべき程度に重要な利益」をもつか否かによって決すべきであるとする説がある（中野貞一郎・前掲民事訴訟法の論点I一二一頁）。さらに、最近になって、ドイツ法、オーストリア法の沿革に立ち返った詳細な比較法的考察により、研究は著しく深化してきている（八田卓也「任意的訴訟担当の許容性について(一)(二)(三)」法協一一六巻二号（平成一一年）・三号・四号、特に二号二七七頁以下・三号四一二頁以下・四号五七五頁以下参照、堀野出「任意的訴訟担当の意義と機能(一)(二・完)」民商一二〇巻一号（平成一一年）・二号、特に一号三九頁以下参照）。第一の立場は、ドイツ法からの示唆として、権利主体の意思に基づき第三者が訴訟に追行者として介入することの可否と、たとえ認められても、担当者としてか権利主体としてか代理人としてかは、別個の問題であるとする。さらに、実体権の裏付けのない利益を救済する手段として、現在機能している債権者代位権からもれる利益を救済する機能を営むことができるかという点を問題点として指摘する（八田・法協一一六巻四号六〇七頁・六一一頁）。しかし、いずれもこれまで必ずしも明示されてはいなくても、当然に認識した上で検討さ

れてきた事項である。第二の立場は、明示的授権を要しない任意的訴訟担当について、授権規定の不備の補充による提訴制度の創設という機能が営まれているとし、担当者と被担当者との間の実体関係が授権として判断されているとする。それを、提訴権規定のある法定訴訟担当と明示的な意思表示のある任意的訴訟担当の中間的なものとして地位付ける。そこでは、恣意的な濫用を防止するための要件は必要でなく、授権の意義も後退し、訴訟担当の許否を決する決め手は「法的保護に値する担当者の利益」として一般化されるとする（堀野・民商一二〇巻二号二八〇頁以下）。この考え方は法定訴訟担当に限りなく近づく構成であり、任意的訴訟担当の一面を示すものではあろうが、一般化できるか否かは疑問であるのみならず、判決によらない訴訟の完結を図る権限をも視野に入れて考えるべき点については理論構成がなされてなく、なお解明すべき点が残されている。

四　現状と新たな動き

一般的に、法的救済手続は、容易性、集約性、効率性を必要とすることは、特に手続法学においては程度の差はあるものの、常に留意されてきた要素である。最近の立法における任意的訴訟担当の対象を拡大する傾向は、弁護士代理及び訴訟信託の禁止という二つの原則を否定するものでないことはもとより、新たな価値基準を設定するものでもなく、前述した既存の判断規範における比重の置き方に変動を生じてきていると受け止めることができる。もっとも、それらは、単に経済的必要性が先行したことによる結果ではなく、経済的合理性と法的妥当性の調和の上に形成されたものであり、実質的当事者の意思を訴訟手続に反映させるという方向性は妥当なものがある。

そこで、判例の推移と最近の立法の動向を踏まえて考えると、集団が有する財産的価値があるものをめぐって紛争を生じた場合における処理権限をも視野に入れて、集団がそれを構成する者の意思に基づき、特定の者にあらかじめ明確に権限を付与しておくという手続を経由することにより、任意的訴訟担当として是認されると考える。そ

れは、法の定める前記二原則を潜脱するものでないことはもとより、容易性、集約性、効率性を図る訴訟手続の一つとして積極的に評価することができる。このような視点からみると、最近の動向について、判例の放漫化を警戒する必要があるという指摘は、妥当な見方ではない。したがって、訴訟の追行という局面におけるときに、保存行為として処理することをもって足りる場合には、そうした解決策を選択することももとより可能である。他方、そうした方法によっては必ずしも十分ではなく、権利義務の本来の帰属主体の意思に基づき第三者に訴訟追行権を付与し、その者が権利義務の帰属主体および自己の利益のために訴訟担当することを必要とする場合には、前述した要件を備えていることを検証した上で積極的に対応すべきものと考える。

他方、権利の本来の帰属主体が有する個別的事情による要素が強く、訴訟追行前記二原則を潜脱しないとしても、訴訟手続における容易性、集約性、効率性という要素を前面に持ち出すことになじまない性格を有する場合には、任意的訴訟担当を許容すべき要件に欠けるものと解する。また、任意的訴訟担当は、権利の本来の帰属主体の保護に資するものであることを要するのであって、担当者のためのものではない。したがって、前述した要件を充たしていても、任意的訴訟担当を認めることがかえって権利の本来の帰属主体の利益を損なうことを懸念される場合には、認められないと解する。(2) 労働組合による任意的訴訟担当は、その点を最も考慮すべき場合の一例である。(3)

(2)　特許管理専門会社による特許管理と任意的訴訟担当　最近、中小企業、ベンチャー企業等が有する特許権の管理、クロスライセンス契約の斡旋等を事業目的とする会社が誕生している。その場合に、特許権侵害の監視等に止まらず、かりに侵害されたときには、特許権者の委任を受けて自己の名をもって訴訟追行できるかが問題になる。積極的に考える可能性が十分にあると解する。もっとも、弁理法七五条との関係の問題はある。また、持株会社と事業会社との間で後者が有する特許権につき、前者の名において訴訟をできるかという問題がある。これについても肯定的に捉えることは可能と考える。

(3)　労働組合による任意的訴訟担当　個別組合員に係る紛争において労働組合が訴訟当事者適格を有するかについて、判例

は、いずれも否定する立場を採っている（三九六頁参照）。これに対し、学説は、確認訴訟においては、第三者であってもみずからの立場から確認を求める利益があるならば、たとえ他人間の権利関係であっても、当事者適格を有することに着目し、さらに給付訴訟については、判決の効力が本人にも及ぶことを考慮し、本人の明示的授権を条件として肯定する立場（三ケ月・判例民訴九九頁）と、組合員の労働関係から生じた権利、すでに発生した権利関係について、組合がその名をもって訴えを提起することはできないとしつつ、個別的に組合員から依頼され、あるいは組合員でなくても組合員であることに基づいて発生したような当時の権利関係であれば、組合としてこれを引き受けて任意的訴訟担当として訴訟をする適格を有するという立場（兼子一「労働組合の訴訟当事者適格」労働法一四号（昭和二七年）〔同・研究二巻二三三頁以下〕）、組合が自己自身のために、組合員の権利又は法律関係に関する訴訟を追行する権能は一般的には否定すべきであるが、労働協約上の権利追行に必要な場合のように、組合の利益に直接かつ具体的に影響する場合に限って認める立場（吉川大二郎「労働組合の当事者適格」末川博士還暦記念論文集『労働法経済法の諸問題』〔同『増補仮処分の諸問題』（有斐閣、昭和四三年）二〇九頁〕）等がある。いずれも、視点が異なり、共通点を容易く指摘することは困難であるが、前記判例の説示だけをもってしては不十分であるという認識では共通する面がある。

一般に、組合の任意的訴訟担当を認めることが、組合員の保護に資するように解されている傾向にあるが、はたして常にそのようにいえるかについては疑問がある。組合員と組合の利害は常に同一であるとは限らない。また、判決の取得を前提として考えると、組合による訴訟担当は組合員の保護になるようであるが、いったん訴訟を提起しても、判決によらずに訴訟を完結する場合を視野に入れる必要がある。通常の民事訴訟でも当事者と訴訟代理人との訴訟に賭ける思い入れは異なることが少なくなく、特に判決によらずに訴訟を完結する場合に顕著である。労働関係訴訟では、そうした場合に、組合の意向が優先することが懸念される。さらに、組合員の有する権利関係も多様であるので類型的に考えることが必要であって、純粋の個別的労働関係に係る権利について、組合がたとえ団結権に基づくにしろ、管理処分権を有するとみることは困難である。そうしてみると、組合員の意思を優先的に尊重することが必要であって、組合規約等により当然に組合による任意的訴訟担当を認めることはできないと解する。これらの趣旨を総合的に斟酌すると、前記第二の立場を妥当と考える。その場合でも、組合員が訴訟係属中にその資格を喪失した場合における、組合の当事者適格が問題になるが、判例は、組合員に対する賃金カットについて不当労働行為救済申立てを認めた労働委員会の救済命令を不服として、会社がその取消しを求める訴えを提起した事案において、判例は、組合員が資格を喪失しても組合には救済を受けるべき固有の利益があるとする（最判(三小)昭和六一・六・一〇民集四〇巻四号七九三頁。なお、山川隆一『不当労働行為争訟法の研究』（信山社、平成二年）六九頁以下参照）。

第三項　選定当事者

一　選定当事者の構造

選定当事者とは、共同の利益を有する多数者の中から選定されて、全員のために当事者となる者をいう（三〇条）。

多数者を当事者とする訴訟において、当事者にとって、多数者が常に訴訟に携わることは必ずしも容易なことではなく、訴訟手続の中断事由をはじめとして困難な事態も十分に予想される。そこで、多数者が共同の利益を有することに着目して、当事者という枠組みの中で、自分達の利益を代わって訴訟に反映させてくれる一人又は数人に訴訟追行権を委ねることも、選択肢の一つとして自然と考えられるところである。また、相手方にとっても、多数者に対峙するのと比較して、一人または数人と対応することは、訴訟過程における交渉を容易にするとともに、特別の不利益を生じることも予想されない。他方、裁判所にとっても、多数者を当事者とする訴訟の審理は、訴訟手続の中断事由の発生等少なからざる影響を受ける事態も予想され、送達事務をはじめとして訴訟手続も煩瑣になることが少なくない。単一当事者間の訴訟と比較して、程度の差はあるものの、訴訟審理の円滑な進行に負担を生じることは十分にあり得ることである。さらに、共同の利益を有する多数者に代わって当事者になる者は、それら多数者の財産上の管理処分権をもともと有するわけではないが、共同の利益を有することに照らすと、弁護士代理及び訴訟信託の禁止という二つの原則に抵触するおそれも見当たらない。そこで、法は、特に任意的訴訟担当の一つとして、選定当事者の制度を認めることとし、民事訴訟法上に規定を設けたものである。[(1)]

（1）　選定当事者制度の沿革　選定当事者については、旧々民訴法制定前にイギリス人カークリットが代表訴訟制度をわが国に導入すべきことを主張したのに始まる（法務大臣官房司法法制調査部監修『日本近代立法資料叢書22・現代民事訴訟手続及カークリット氏意見書』（商事法務研究会、昭和六〇年）二六頁）。また、テッヒョウ草案で

は、「第八十六条第三項　共同訴訟人中ノ一人若クハ数人ハ裁判所ノ允許ヲ受ケスト雖モ総員ノ為メ訴訟代人ト為ルコトヲ得」という条項が存在する（兼子一「民事訴訟法の制定―テッヒョウ草案を中心として」『東京帝国大学学術大観法学部編』（昭和一七年）〔同・研究二巻一〇頁〕は、この考えを選定当事者制度に類し、おもしろい考えであったとしている。）。しかし、旧々民訴法では取り入れるにいたらず、その後の改正作業においてはじめて当初の改正草案（大正一〇年）から導入が検討され、大正一五年改正においてはじめて取り入れられたものである（旧法四七条）。そこでは、代表的な例として、入会権訴訟を想定していたようである（「第五一帝国議会審議録・大正一五年二月二〇日貴族院民事訴訟法中改正法律案外一件特別小委員会議事速記録第一号」『日本立法資料集13・民事訴訟法〔大正改正編〕』三六五頁〔池田寅二郎政府委員答弁〕、司法省編纂『民事訴訟法中改正法律案理由書』（大正一五年三月）一三頁）。

(1) 共同訴訟人として原告又は被告になる者が多数いること。原告、被告のいずれについても、可能である。二人以上いることをもって足りる。

(2) 多数者が共同の利益を有すること。「共同の利益を有する」の意味について、判例は、同一の事実上及び法律上の原因に基づき、当事者双方の主要な攻撃防御方法が全員につき共通であることをいうとする（大判昭和一五・四・九民集一九巻六九五頁、最判(一小)昭和三三・四・一七民集一二巻六号八七三頁）。近時の学説も、社会通念上相手方に対して一団として対立していると認められれば足りるとして、おおむね判例と同一の立場にある（兼子・条解一二四頁〔新堂〕）。

(3) 選定当事者は、共同の利益を有する者の中から選定されること。これ以外の者から選定できることとすると、弁護士代理の原則（五四条）を潜脱するおそれがあることによる。一人又は数人を選定できる。

二　選定行為

当事者となる者を選定する行為は、自己の権利についての訴訟追行権を授与することである。

(1) 選定行為は、訴訟追行権を授与することであるから、訴訟能力を要する。選定当事者の選定及び変更は書面でしなければならない（規一五条後段）。

(2) 選定は、多数決で行うことはできない。各人の訴訟追行権を選定当事者に授与する行為であるから、多数決で他人の訴訟追行権を剥奪することはできない。意見の一致する者限りで、選定当事者を選定するのであり、他の

者は別の者を選定することも可能であり、また選定当事者を選定せずにみずから訴訟追行することも差し支えない。また、一方が多数者を当事者とする相手方に対し、選定当事者を選定することを求めることはできない（山林共有者の一人を選定当事者に選定した上で被告として、共有物分割請求の訴えを提起した事案について、大判昭和七・九・一〇民集一一巻二一五八頁）。

(3)　選定に条件を付することはできない。選定者と選定当事者とが最終的に意見が対立することも予想されるので、選定行為を取り消すこともできるとはいえ、差し当たり審級を限定して行うことは、可能であると解する（大判昭和一五・四・九民集一九巻六九五頁、村松俊夫・判例評論一二二号一四一頁、反対・兼子一・判例民訴三〇頁）。

(4)　選定は、訴訟係属前でも後でも可能である。訴訟係属後に選定当事者を選定したときは、それ以外の当事者は当然に訴訟から脱退する（三〇条二項）。

(5)　係属中の訴訟の当事者と共同の利益を有する者で当事者でないものは、その原告又は被告を自己のためにも原告又は被告となるべき者として選定することができる[(2)]（三〇条三項、「追加的選定」という）。この場合に、原告となった選定当事者は、口頭弁論終結に至るまで、その選定者のために請求を追加することができる（一四四条一項）。本来は、別訴を提起し、弁論の併合を求め、その上で選定当事者を選定する煩瑣な手続を要するのを避け、簡略化を図ったものである。被告となるべき者について選定当事者の選定があった場合には、原告は、口頭弁論終結に至るまで、その選定者に係る請求を追加することができる（同条二項）。これらの手続は、訴えの変更の手続に準ずる（同条三項）。したがって、控訴審における選定者による請求の追加については、相手方の同意を要する（三〇条三項）。相手方の審級の利益を確保する趣旨に基づくものである。

（2）　追加的選定と第三者への広告　民訴法三〇条三項に定める「追加的選定」は、新法において創設された規定であり、その立法上の意義が積極的に評価されている（長谷部由起子「選定当事者制度の改革」『講座新民事訴訟法Ⅰ』（弘文堂、平成一〇年）一一七頁。川嶋四郎「新たな選定当事者制度の救済構造」法政研究六六巻二号（平成一一年）五六八頁以下は、訴外共

同利益者が自発的に係属中の訴訟に「選定参加」するという視点から高く評価する。）。立法作業の過程では、その前提として、訴外第三者が訴訟係属の事実を知り得ることが必要であるとの認識の上に立って、選定者を募るための広告の制度を設けることが検討対象とされていた（『民事訴訟手続に関する改正要綱試案』第二・一 選定当事者（注））。こうした発想は、「ノーティスによる訴権の調達」という視点から、すでに指摘されていたことである（新堂幸司「クラス・アクション・アレルギーの予防のために」鈴木竹雄先生古稀記念『現代商法学の課題（上）』（有斐閣、昭和五〇年）〔同『民事訴訟法学の基礎』（有斐閣、平成一〇年）一九三頁〕）が、立法に至らなかった（その理由については、法務省民事局参事官室編・一問一答五五頁参照）。その結果、この制度がどの程度まで機能するかは、疑問が残る。

三　選定当事者の地位

(1)　選定当事者の権限　選定当事者は、選定者全員及び自己の訴訟について、当事者として訴訟追行権を有する。その訴訟について一切の権限を有し、訴訟代理人のように、特定の事項については特別の委任を要することもないとともに、権限に制限を付することもできない（もっとも、審級を限定した選定は有効である）。訴訟上の和解をする権限も当然に有するのであり、これを与えない旨の留保を付しても無効である（最判(三小)昭和四三・八・二七判時五三四号四八頁）。また、訴訟追行において必要とする私法上の行為を行う権限も有する。執行権限については、選定当事者制度の前述した趣旨に照らし、当然に有するものではなく、特に付与されている場合に限る（伊藤眞「株主代表訴訟の原告株主と執行債権者適格（下）」金融法務事情一四一五号（平成七年）一五頁。村松俊夫「選定当事者と給付判決」法時三〇巻五号（昭和三三年）〔同『民訴雑考』（日本評論社、昭和三四年）二七頁〕は、執行権限を一切認めない。これに対し、執行権限を当然に有する立場として、兼子・体系三九七頁、兼子・条解一二五頁〔新堂〕、中野貞一郎「代表訴訟勝訴株主の地位—第三者の訴訟担当と執行担当」判タ九四四号（平成九年）四二頁）。その場合に、選定当事者は、選定者の請求権に基づき取得した給付判決について、単純執行文の付与を受けて、選定者のために執行することができる（民執二三条一項一号）。

(2)　複数の選定当事者の関係　共同の利益を有する多数者の中から複数の選定当事者を選定した場合に、これらの選定当事者は固有必要的共同訴訟を構成する。したがって、合一確定の制約を受ける（四〇条）。

(3)　選定当事者の資格の喪失　選定当事者は、選定者による選定の取消し、選定当事者の変更により、その資格を喪失する（三〇条四項）。また、選定当事者は、死亡により資格を喪失する（同条五項）。複数の選定当事者がいる場合に、

その一部の選定当事者が資格を喪失したときは、他の選定当事者は全員のために訴訟行為をすることができる（同条五項）。選定当事者の全員が資格を喪失したときは、訴訟手続は中断し（一二四条一項六号、ただし一二四条二項・五八条三項）、選定者全員又は新たに選任された選定当事者がその訴訟上の地位を承継する。選定者による選定の取消し、選定当事者の変更があったときも、同様に解する（一二四条一項六号参照。兼子・判例民訴三一頁は中断を生じないとする）。これに対し、選定者について死亡、訴訟能力の喪失等の事由を生じても、この制度の趣旨に照らし、選定当事者の資格は影響されない（五八条の類推適用）。

四　選定者の地位

(1)　選定による訴訟からの脱退　訴訟係属後に選定当事者を選定したときは、それ以外の当事者は当然に訴訟から脱退する（三〇条二項）。したがって、その訴訟の追行権を失い、訴訟上の和解、訴えの取下げを行う権限もない（裁判外で和解をし、訴え取下げの合意をしても、その権限を有しないので実効性がない。）。

(2)　選定者に対する判決の効力　選定当事者の受けた判決の効力は、選定者に及ぶ（一一五条一項二号）。給付判決の場合は、これに基づいて選定者のために又は選定者に対して、強制執行できる（民執二三条一項二号）。

(3)　選定者は、選定当事者の選定を取り消し、あるいは選定当事者を変更することができる（三〇条四項）。

五　選定当事者の現代的意義

選定当事者の制度は、多数当事者紛争が増加するにつれて注目を集めてきた（小島武司「共同所有をめぐる紛争とその手段的処理」ジュリ五〇〇号記念特集『判例展望』（昭和四七年）（同『訴訟制度改革の理論』（弘文堂、昭和五二年）一二六頁）が、選定手続の厳格性をはじめとする種々の要因により、旧法の下で必ずしも十分に機能してきたわけではない（松野嘉貞＝石垣君雄『集団訴訟における訴訟手続上の諸問題』（司法研究報告書二九輯一号）（法曹会、昭和五三年）五〇頁参照）。その反面、多数当事者訴訟に関する法理論の発展の影響を受けつつ、見えざる貴重な機能を営んできている。選定によって特定の者に訴訟追行権を集約させることにより、訴訟過程において相手方からの切り崩し工作を防止し、所期の目的を適えさせることに寄与する

側面がある。こうした点は、相手方が強力な社会的支配力を有する場合に、有効に機能する面がある。さらに、こうした機能に着目し、比較的少数当事者の訴訟であっても、相続関係訴訟において、近親者間で争うことによる訴訟過程における脱落を防止するために、活用される傾向が見られる。

その反面、選定行為という手続は、当事者が広範囲に散在する場合には、必ずしも容易なことではなく、それがこの制度の活用に際し、妨げになっていることは少なくない、この制度の限界がある。そこに、多数当事者紛争を集約的に処理するとともに、少額被害者について実効性のある法的救済を図るために、いわゆるクラスアクションを立法化すべき要請が働くのである(1)（クラスアクションについて、比較法的研究に基づき、最も詳細に検討を加えた最新のものとして、上原敏夫『団体訴訟・クラスアクションの研究』（商事法務研究会、平成一三年）参照）。

（1）　クラスアクション（Class action）の法理　クラスアクションとは、ある者（代表当事者）が他の同様の立場にある多数の代表者として訴えを提起し、又は提起されることを許す制度をいう。アメリカ合衆国連邦民事訴訟規則第二三条を模範とし（条文の全訳として、谷口安平訳・ジュリ五二五号（昭和四八年）五五頁参照）、特に多数の者が企業を相手方とするいわゆる消費者訴訟に有効に機能することが見込まれるとして、わが国へ導入すべしとする主張がある（谷口安平「多数当事者紛争とデュープロセス」法学論叢七八巻五号（昭和四一年）二四頁以下、同「クラスアクション運用上の諸問題」ジュリ五二五号（昭和四八年）四七頁以下、新堂幸司「クラス・アクション・アレルギーの予防のために」鈴木竹雄先生古稀記念『現代商法学の課題・上』（有斐閣、昭和五〇年）（同『民事訴訟法学の基礎』（有斐閣、平成一〇年）一八五頁以下」。その立法試案として、クラスアクション立法研究会（代表・新堂幸司）「クラス・アクション―その立法のために」ジュリ六七二号（昭和五三年）一六頁以下は、先駆的試みである。）。

第三編　訴訟の審理

訴訟の審理は、訴訟主体である裁判所、当事者によって遂行される。訴訟の審理をその構造に即してみると、訴訟審理の進行と事案の解明とに大別することができる。それぞれについて、裁判所と当事者が役割を分担し、前者については、裁判所が主導権を担い（第一章）、後者については、原則として当事者の権能と責任に委ねることとされている（第三章）。その間にあって、当事者の訴訟活動は、訴訟審理の進行の一端を担うとともに、紛争の主体として事案の解明のために攻撃防御を尽くす権能と責任を負担するという審理の進行と事案の解明を結合させ、訴訟審理における中核として位置付けることができる（第二章）。

その訴訟の審理は、口頭弁論を主たる場として展開される構造から成り立っていて、口頭弁論手続は訴訟の審理の中心構造を形成している。それは、当事者双方が、公開の法廷において、対等の立場で攻撃防御を展開するとともに、その機会を平等に保障される手続保障という訴訟手続の基本的理念を基盤としている。

第一章　訴訟審理の進行と訴訟主体の役割分担

第一節　訴訟審理の進行についての裁判所と当事者の役割

第一款　訴訟審理の進行に関する基本原則

訴訟審理の進行は、審判機関と訴訟当事者との協力関係の上にはじめて成り立つものであり、本来裁判所と当事者の協同作業として行われることが予定されていて、(1)いずれか一方に一切の権能と責任を委ねることはできない性格のものである。事案の特質に即して、訴訟主体の合意による訴訟手続の形成ということも、訴訟運営の在り方として、検討されるべきことである。(2)しかし、訴訟審理を公正、適正かつ円滑に遂行するには、いずれか一方に基本的な主導権を委ねることは必要であるのみならず、それによってはじめて訴訟手続を進行させることができる。また、これをもって、訴訟の進行を恣意的にするとも断定できない。

そこで、訴訟審理の進行の性格について考えると、当事者の主張の当否に対する裁判所による判断に向けて審理を尽くし、もって事案の解明を図ることを目的としている。このような視点からみると、訴訟審理の主導権を訴訟の対立する当事者に委ねるのはその性格に照らし、困難であり、審判機関である裁判所に担わせることが適切かつ妥当であるといえる。これを職権主義ないし職権進行主義といい、逆に当事者に主導権を委ねる建前を当事者主義

ないし当事者進行主義という（ドイツのプロイセン法典を中心とした歴史的研究の貴重な成果として、鈴木正裕「一八世紀のプロイセン民事訴訟法―職権主義訴訟法の構造（一）（二）」神戸法学雑誌二三巻三・四号（昭和四九年）一一五頁以下、二四巻二号一〇九頁以下参照）。

民事訴訟は私的紛争に関わるという特徴に着目すると、当事者主義の要請が前面に押し出されてくるが、審理の公正かつ迅速という要請から、比較法的に見ると、一九世紀末以降から職権主義を基調とする傾向にあり、わが国においても、明治二三年の旧々民事訴訟法典の制定による近代的訴訟制度の創設に始まり（兼子一「民事訴訟法の制定―テッヒョー草案を中心として」『東京帝国大学学術大観・法学部編』（昭和一七年）（同・研究二巻三頁以下参照））、大正一五年改正を経て現在の平成八年制定の新民事訴訟法にいたるまで、当事者主義から職権主義の採用へ移行するとともに、その基調は次第に強化されてきている（その経緯については、染野義信「わが国民事訴訟法の近代化の過程」菊井先生献呈論集『裁判と法（上）』（有斐閣、昭和四二年）（同『近代的転換における裁判制度』（勁草書房、昭和六三年）一八八頁以下、特に二三八頁）、同「わが国民事訴訟制度における転回点―大正一五年改正の経過と本質」中田淳一先生還暦記念『民事訴訟の理論（上）』（有斐閣、昭和四四年）（同・前掲書二四二頁以下、特に二八四頁）、最高裁判所民事局『民事訴訟促進関係法規の解説』（民事裁判資料二三号）（昭和二六年）参照）。

（1）　協同的訴訟運営　訴訟審理の進行は、裁判所と当事者の協同作業として行われるものであり、従来から訴訟関係者はそうした認識の上に対応してきたはずである。この点について、近年改めて裁判所と弁護士による「協同的訴訟運営」ということが強調されている。その嚆矢となったのが、昭和六〇年一二月六日に開催された民事事件担当裁判官協議会に東京地方裁判所及び大阪地方裁判所から提出された「民事訴訟の審理を充実させるための東京地方裁判所の方策案」及び「民事訴訟の審理を充実させるための大阪地方裁判所の方策案」（最高裁判所事務総局民事局編『民事訴訟の審理の充実を図るための方策に関する協議要録』（民事裁判資料第一六九号）（昭和六二年）一三三頁以下及び一四四頁以下所収）といえよう。その後、岩佐善己ほか『民事訴訟のプラクティスに関する研究』（司法研究報告書四〇輯一号、平成元年）八頁以下は、明確にこうした姿勢を打ち出すとともに、様々な注目すべき提言を行った。これを受けて各裁判所においても積極的な試みがなされ、最高裁判所事務総局民事局編『東京地方裁判所における民事訴訟の審理充実方策に関する研究結果報告書』として、大阪地裁及び名古屋地裁における検討結果の成果とともにまとめられている。その後も、民事訴訟法改正作業と並行して検討が進められ、篠原勝美ほか『民事訴訟の新しい審理方法に関する研究』（司法研究報告書四八輯一号、平成八年）として、発表されている。特に、これらが、弁護士会との協力の上で行われてきていることは、積極的に評価すべきことである。また、裁判所書記官にも、こうした動きが具体化し、たとえば、河西和

雄ほか『民事訴訟の審理の充実と書記官の役割』（裁判所書記官実務研究報告書二二巻一号、平成二年）として、検討の成果を見ることができる。

（2）　合意による訴訟形成　　訴訟手続に関わる規範は、最も標準的な民事訴訟を念頭にして設定されているのであり、それ自体はもとより当然のことである。その結果、個別的事案の特質によっては必ずしも適切ではなく、また未だ法的整備が施されていない事態に直面することもある。そうした場合に、裁判所及び当事者がその事案に限定して合意による訴訟運営を行うことは必要なことである（四四九頁以下参照）。

第二款　裁判所の訴訟指揮権

一　裁判所の訴訟指揮の構造

訴訟の審理を公正、適正かつ円滑に遂行するために、訴訟を主宰する権能を訴訟指揮権といい、裁判所に付託される。それは、当事者に対等かつ平等に攻撃防御を主張する機会を確保するとともに、充実かつ迅速な審理を行い、もって事案の解明を図ることを目的とする。その目的に照らし、法規に適合することを基本原則とし、その上で、事案に即して適切に対処するものであることを必要とする。[1]したがって、訴訟指揮権の行使が適切になされるか、また当事者とりわけ訴訟代理人がそれに十分に対応できるかが、事案の処理の鍵になるともいえる。

また、適正手続を確保するために、法が十分に整備されていない場合に、それを補完する機能を営む性質をも有している。たとえば、文書提出命令によって提出された機密性の高い文書の閲覧、謄写等の方法を裁判所の訴訟指揮権に基づいて定める場合である（東京高決平成九・五・二〇判時一六〇一号一四三頁は、それを示唆する。具体的に定めた例として、東京地決平成九・七・二二判時一六二七号一四一頁、東京地決平成一〇・七・三一判時一六五八号一七八頁）。機密性の高いことに着目して対象から除外するのではなく、提出を命じて、事案の解明に資するとともに、その一方で、閲覧、謄写等の方法に制限を加えることにより、右文書の所持者の法的利益を保護するという対応措置は積極的に評価されるべきことである。

このように、訴訟指揮権の行使は訴訟審理の進行という形式的面に止まらず、多様な機能を営むことが可能であるので、有効かつ適切に積極的に行使されることが期待されるとともに、それだけに裁判所は訴訟指揮権の有する意義を深く認識し、極めて強力な法的性質を有することに照らし、その行使にあたっては逸脱しないように十分に自戒することが要請される。

(1) 手続裁量論　裁判官が訴訟運営を主宰する責任を委ねられていることに由来する権能として、「手続裁量」という観念を設定する考え方がある。それは、「裁判官が、訴訟における適正・迅速・公平・廉価という諸要請を満足させるため無駄を省いた効率的な審理を目標として、一方において、事件の性質・争点の内容・証拠との関連等を念頭に置きつつ、他方において、訴訟の進行状況、当事者の意向、審理の便宜等を考慮し、当事者の手続保障の要請にも配慮したうえで、当該場面に最も相応しい合目的的かつ合理的な措置を講ずる際に発揮されるべき裁量」であるとする（加藤新太郎「実質と形式の統合と手続裁量」交渉と法研究会編『裁判内交渉の論理』（商事法務研究会、平成五年）〔同『手続裁量論』（弘文堂、平成八年）六七頁〕）。それは、本来的裁量と創設的裁量とからなり、前者は、訴訟法規に定めがあるのに対し、後者は、訴訟遂行目的等に照らして有用な事項については、他の手続規制とのバランスを逸脱しない限り、実施できるものであるとする。その発現形態として、弁論兼和解を上げ、手続裁量を発揮すべき特定場面における裁判官準則を策定する必要性を指摘している。その趣旨は、十分に是認できる提言であるが、裁量は常に「はみ出し」を生じる性質を内在的に秘めており、しかも容易に表面化しないところに問題がある。しかも、そうした現象は全体的に見ればもとより例外的なものであろうが、当事者にとっては致命的かつ取り返しのつかない結果を生じさせる事態が危惧される。そうしてみると、慎重な対応が必要であろう。

二　訴訟指揮権の主体

訴訟指揮権は、原則として裁判所に属する（たとえば、一五一条ないし一五五条・一五七条）。合議体の審理における弁論、証拠調べ中の指揮は、主として裁判長がその発言機関として当たり（たとえば、一四八条・一四九条・二〇二条、規一一三条三項・一一四条二項・一一五条三項・一一六条三項）、陪席裁判官も、裁判長に告げて同様の処置をすることができる（一四九条二項四項）。この裁判長もしくは陪席裁判官の処置に対し、当事者が異議を述べたときは、裁判所がその異議について裁判する（一五〇条・二〇二条三項、規一一七条）。この他に、裁判長は、合議体から独立して訴

訟指揮権をもつ場合もある（九三条一項・一〇八条・一三七条・一七六条等）。受命裁判官または受託裁判官も、授権された事項を処理する限度で、訴訟指揮権を有する（規三五条・三八条、民訴二〇六条、規一二五条等）。

三　訴訟指揮権の内容

裁判所の訴訟指揮は、審理の全般にわたっている。その主たる内容はつぎのとおりである。

(1)　手続の進行　期日の指定及び変更（九三条）、期間の裁定及び伸縮（三四条一項・七五条五項・九六条・一六二条、規一九六条一項・二〇一条）、訴訟手続の中止（一三一条）、中断した訴訟手続の続行（一二九条）、口頭弁論の開始・終結・再開（一三九条・一五三条）等がある。これらの訴訟手続の進行に関する措置は、裁判所が審判機関の職責として保有するものであり、当事者の申立てをまって行うべきではないのみならず、たとえ当事者の合意があっても拘束される性質のものではない（職権進行主義。例外として九三条三項ただし書き）。

(2)　口頭弁論の指揮　弁論指揮権（一四八条）を中心とし、広範囲に及ぶ（六〇条一項二項・一四八条二項・一五四条・一五五条・一五八条等）。開廷中の法廷の秩序の維持を目的とする法廷警察権（裁七一条一項）も、その例である（もっとも、事件関係者に止まらず、傍聴人一般に及ぶ点で、弁論指揮権と異なる）。

(3)　審理の整序　弁論の制限・分離・併合（一五二条）、裁量移送（一七条・一八条）、争点及び証拠の整理手続に付する措置（一六四条・一六八条・一七五条、規九五条一項・九六条一項）等がある。

(4)　事案の解明の補完　釈明権（一四九条）がそれであり、前記(1)ないし(3)が訴訟審理の形式的進行面に関する事項であるのと異なり、訴訟審理の実質的内容面に関する事項である。

(5)　審理の促進　和解の勧試（八九条）、時機に遅れた攻撃防御方法の却下（一五七条）、優先審理（人保六条）等が、それに当たる。

四　訴訟指揮権の行使の態様

訴訟指揮権の行使は、事実行為として行われる場合と裁判として行われる場合とがある。前者の例として、弁論、

証拠調べにおける訴訟指揮があり、後者の例として、弁論の制限・分離・併合（一五二条）がある。裁判として行われる場合に、裁判所によるときは、決定の形式により、裁判長・裁判官がその資格においてするときは、命令の形式を採る。もっとも、裁判の形式によるときも、訴訟指揮権の行使という訴訟の審理の進行に係る手段に止まるので、自己拘束力はなく、したがってそれを不必要ないし不適当と判断したときは、みずからいつでも取り消すことができる（一二〇条・五四条二項・六〇条二項・一五二条一項）。

第三款　訴訟審理の進行における当事者の地位

訴訟指揮権は、審判機関である裁判所に付託されているが、民事訴訟の基本理念である当事者主義の建前に基づき、当事者も訴訟の進行について自己の意思を反映させる途が設けられている。

一　当事者の申立権

訴訟の進行について、法は、当事者が裁判所を促して訴訟指揮上の処置を要求する申立権を認めている。たとえば、訴訟の移送（一六条・一七条・一八条）、期日の指定（九三条一項）、中断した訴訟手続の受継（一二六条）、求問権（一四九条三項）、相手方が時機に後れて提出した攻撃防御方法の却下（一五七条）等である。当事者がこれらの申立てをした場合には、裁判所は、明示の規定があると否とにかかわらず、その許否を明らかにしなければならない（特にそれを明示する場合として、一六条・一七条・一八条・一二八条・一五七条）。

二　当事者の意思の尊重

訴訟審理の進行に関わる事項のうち、審理の方式、手続の選択等当事者の意思に委ねても差し支えないか、もしくはそれがむしろ合理的と認められる事項については、当事者の意思を尊重し、自主的判断もしくは合意によることを許容している。たとえば、審理の方式の例として、手形訴訟から通常訴訟への原告による移行の申述（三五三条）、

少額訴訟から通常訴訟への被告による移行の申述（三七三条一項二項）があり、手続の選択の例として、管轄の合意（一一条）、応訴管轄（一二条）、管轄簡易裁判所から地方裁判所への移送（一九条）、最初の期日の変更（九三条三項但し書き）等である。

三　当事者の意見の聴取

新法は、裁判所が当事者の意見を聴取する場合について、強制の度合いを付けて定めている。

(1)　新法は、新たな審理及び手続の方式を採用しているが、その多くについては、裁判所がその採用を相当と認めた場合に当事者の意見を聴くことを義務づけている。たとえば、弁論準備手続の実施（一六八条）、電話会議による弁論準備手続の実施（一七〇条三項）、書面による準備手続の実施（一七五条）、証人の尋問の順序の変更（二〇二条二項）、当事者本人尋問の先行実施（二〇七条二項）、裁量移送における相手方の意見聴取（規八条一項）、電話会議の方法による進行協議期日における手続の実施（規九六条一項）、テレビ会議の方法による証人尋問の実施（規一二三条一項）、証人尋問における傍聴人の退廷（規一二一条）等である。当事者の意思にかかわりなく、審理及び手続の方式を選択して遂行しても、円滑な進行を望むことは困難である。また、これらの新しい審理および手続の方式は、必ずしもすべての裁判所において常に適合するとはいえず、当事者との合意の上で実施することが、訴訟を協同して運営していくという最近の動きに照らし、妥当であるのみならず、むしろ強い要請であることにある。特にいわゆる「ローカル・ルール」が果たす役割を考慮しているとみることができる。(1)

(2)　裁判所が当事者の意見を聴取することを義務づけられているわけではないが、当事者が意見を述べる権利を認めている場合として、調書の記載に代わる録音テープ等への記録がある（規六八条一項）。

(3)　前記**(2)**とは逆に、裁判所が必要と認めるときに、当事者の意見を聴取できる場合として、職権による移送の場合（規八条二項）、最初の口頭弁論期日前における参考事項の聴取の場合（規六一条）等がある。

（1） ローカル・ルール　ローカル・ルールについての定義が確立されているわけではない。一般には、裁判所とりわけ地方裁判所が当該地域の弁護士会との協議により、民事訴訟法及び民事訴訟規則に基づき、当該地域において永年形成されてきた健全な実務慣行を踏まえ、その裁判所かぎりで適用される訴訟手続に関する運用基準・指針として作成されたものをいう。裁判所と弁護士会との協力態勢を形成するものとして積極的に評価できる。

四　適正手続の監視

(1)　異議申立権　当事者は、裁判所が主宰する訴訟手続について、適法に実施されることを監視し、訴訟手続上における自己の手続保障が確保されることを目的として、違法な手続とりわけ裁判所及び相手方による法規に違背する行為について異議を申し立てる権能を有する（九〇条参照）。これを講学上の概念として責問権という。

(2)　異議申立権行使の適用範囲・方法　訴訟手続に関する法規の違背について、それによって不利益を受ける当事者及び代理人は異議を申し立てることができる。裁判所の行為については当事者双方が、当事者の行為については相手方が、それぞれ異議申立権の主体となる。自己の行為について、異議申立権を行使することはできない。したがって、当事者能力、訴訟能力あるいは代理権の欠缺による無効の主張は、異議申立権の行使ではなく、その追認は異議申立権の放棄でもない。

異議申立権の行使方法は、訴訟手続に関する規定に違反する行為について、その旨を指摘して異議を述べることによる。

(3)　異議申立権の放棄・喪失　(i)　趣旨　当事者が訴訟手続に関する規定の違反を知り、又は知ることができた場合において、遅滞なく異議を述べないときは、異議を述べる権利を失う（九〇条本文）。訴訟手続に違反する行為は本来無効であり、無効な行為を基礎とする行為も同様に無効であるが、それをいつまでも主張できることとする

と、いったん進行した訴訟手続が後になってすべて効力を失い、訴訟手続の安定性を害することはもとより、訴訟経済にも反する結果を生ずることとなる。そうした事態を避ける必要があるので、たとえ訴訟手続に関する規定に違反する行為であっても、それが当事者の利益を保護するために設けられた規定であり、その違反により不利益を被る当事者が積極的に異議を述べないときは、もはやその権利を失うこととし、もって訴訟手続の安定性と訴訟経済の確保を図ることとしたものである。したがって、当事者が放棄できないものについては、異議を述べる権利を失わない（九〇条ただし書）。

(ii)　要　件　当事者が訴訟手続に関する規定の違反を知り又は知ることができたのに、知り得ず、遅滞なく異議を述べなかったことを要件とする。

(イ)　「訴訟手続に関する規定」とは、訴訟手続の形式に係る規定を意味し、訴え提起及び訴え変更の方式、訴訟参加・訴訟告知の方式、証拠調べの方式に関する規定等がそれに当たる。送達に関し、判例は、訴状の送達（訴状が被告以外の者に送達された場合について、最判（一小）昭和二八・一二・二四裁判集民事一一号五九五頁）、不変期間の起算点となる送達（未成年者である被告に直接送達された場合について、大判昭和八・七・四民集一二巻一七四五頁）も、旧法の責問権の放棄及び喪失の対象になるとしている。しかし、受送達者自体を誤った送達は、無効と解すべきである。

(ロ)　知り又は知ることができたのに、知り得なかったとは、過失により知り得なかったことをいう。

(ハ)　「遅滞なく異議を述べないとき」とは、一般にはそれを知り又は知ることができた直後の口頭弁論期日あるいは準備手続期日をいう。異議申立権の放棄の方法は、口頭弁論期日又は準備手続期日において、裁判所に対し、明示的に異議がない旨を述べることによって行う。

(iii)　効　果　当事者が訴訟手続に関する規定の違反を知り又は知ることができた場合において、遅滞なく異議を述べないときは、異議を述べる権利を失う。異議申立権の放棄ないし喪失により、手続規定に違背した行為の瑕

疵は治癒され、完全に有効な行為として取り扱われることになる。瑕疵のある行為を改めてやり直すことも要しない。

第二節　迅速な訴訟の確保

第一款　訴訟の迅速

訴訟の基本理念の一つとして、迅速という要請がある。訴訟制度が常に担っている使命である。その前提として、訴訟遅延という事態があり、そのことがどこまで実態を反映しているかは、必ずしも明らかではないが、一般市民であれ企業であれ、あるいは原告・被告を問わず、訴訟の主体の立場の違いを越えて、さらには広く国民の間にそうした認識が広まっていることは否定できない事実といえる。(1) その要因は、複数の要因が複雑に交錯していて、その主たる要因を特定することは困難である。したがって、迅速な訴訟を実現するには、訴訟遅延の想定される要因を視野に入れつつ、複合的な対応を必要とすることとなる。訴訟には、私人間の権利義務関係に関わる民事紛争について、裁判所が公権力に基づき法的判断を行うことにより、紛争処理を図るという性質に照らし、一定程度の時間を必要とすることは、内在的な要因として存在する。他方、訴訟の迅速は、充実した審理と審理の促進の調和の上に成り立つのであって、簡略な審理を求めることではない。そうした構造的特質が存在することを認めた上で、訴訟遅滞を解消し、迅速な訴訟の実現を図ることが訴訟制度の永遠の課題として横たわっている。

こうした状況の下で、訴訟の迅速を図るための対応策については、多面的に考察することを要する。その点について、次の款で検討する。

（1）　訴訟遅延と訴訟主体の立場　産業界からは、製品寿命が短い製品をめぐる紛争は迅速な決着を図ることができなかった場合には、たとえ勝訴したとしても致命的な打撃を被ることになるおそれがあるといわれる。また、市民間の訴訟においても、その後の生活基盤の基礎となる家屋明渡請求訴訟等においては、訴訟の迅速は重要な要素になる。その反面、企業を当事者とする訴訟では、その結果次第では所管する役員に責任が生じるおそれが予想されることから、意図的な訴訟の引き延ばしを生じる事態もないわけではない。そこに、訴訟代理人の倫理性が厳しく問われる余地がある。こうした訴訟の迅速が社会的に幅広い階層から要請されているといっても、それによって審理の充実という要請が後退することであってはならず、また裁判所による和解の強要と受け取られるような事態は許容されることではなく、かえって司法への信頼を損なうこととなる。裁判所と当事者、訴訟代理人の信頼性という基盤の上にはじめて、訴訟遅延も無理なく改善の方向に歩みを進めることができよう。

第二款　迅速な訴訟への対応

充実した審理と審理の促進という二つの要請を調和させ、その上に訴訟の迅速を確保するためには、手続的側面、人的側面及び啓蒙的側面から検討することを要する。

一　手続的側面

訴訟の迅速を図るための方策として、直接的には訴訟手続上において、種々の対応策が設けられている。とりわけ、新民事訴訟法はその点について顕著である。その主たるものを手続の順に即してみると、以下の通りである。

第一に、訴訟提起段階についてみると、訴状の機能を拡充する（一三三条、規五三条参照）とともに、訴状添付書類を定め（規五五条）、訴訟運営の改善を図っている。すなわち、訴状には、必要的記載事項である請求の趣旨、請求原因事実

(一三三条二項)の他に、請求を理由付ける事実を具体的に記載し、かつ、立証を要する事由ごとに、当該事実に関連する事実で重要なもの及び証拠を記載することを義務づけること(規五三条一項)により、争点整理を促進し、早期にこれを実現しようという新法の趣旨を明確に打ち出している。

第二に、審理前手続を整備し、準備的口頭弁論・弁論準備手続又は書面による準備手続を明文で定めることにより、特に争点整理の拡充を図っている。もっとも、こうした制度を設けても、これを十分に活用してはじめて、効用を発揮することができるのであって、準備書面を十分な時間的猶予をもって提出すること等、訴訟代理人の法曹としての訴訟促進に向けた真摯な対応をはじめとする倫理感に依存する度合いが少なくない。また、裁判所も、自己の視点からいたずらに早急に争点を集約することなく、当事者の主張を十分に聴くという真摯な姿勢こそが当事者の信頼を得るのであり、それが訴訟の促進に寄与することを常に留意しなければならない。

第三に、訴訟の審理において旧法における随時提出主義(旧一三九条)を排し、適時提出主義(一五六条)を採用することにより審理の迅速の確保に努めている。さらに、攻撃防御方法の提出を怠った場合には、時機に後れた提出の却下(一五七条一項)、釈明に応じない攻撃防御方法の提出の却下(一五七条二項)、準備的口頭弁論・弁論準備手続又は書面による準備手続を経た場合の新たな主張を制約すること(一六五条・一七〇条六項・一七七条、規八九条・九三条)等訴訟引延ばしへの対応策を設けている。

このように新法は、訴訟の促進を図ることを目的として、旧法を引き継いだ制度を含めて種々の制度を設けているが、それをどのように活用し、所期の目的を達するかは、そこに関与する人的側面に大きく左右される。

二 人的側面

「一つの裁判制度というものは、長い眼で見れば、〔そこで働く〕法曹より、より以上によいものでは絶対にありえない」(Vanderbilt, Cases and materials on modern procedure and judicial administration (1952), p. 26.)という法格言がある(三ケ月章「法の客体的側面と主体的側面」尾高朝雄教授追悼論文集『自由の法理』(有斐閣、昭和三八年)〔同・研究四巻二五

頁参照〕の訳による。））。訴訟制度の主体である裁判官、裁判所書記官、弁護士の育成は、わが国の訴訟制度の健全な発展のために最も重要な課題である。しかし、それはこれら広義の法曹を社会に生み出す主たる供給源である大学における法学教育、とりわけその担い手となる法律学者の資質に大きく依存するものである。この点について顧みると、大学は、そして法学者の各人が、多方面にわたり自己点検評価（accredita-tion）を行い、根本的な反省と見直しが求められる。

三　啓蒙的側面

一般に、法律を専門としない立場にある者は、自分が当面する事案にとってどのような事実が重要であるか、それを証明する方法としてどのようなものが有効かについて十分に理解していない。これを適切に引き出すのが弁護士の責務である。また、医学の世界に臨床医学に対する予防医学の重要性が叫ばれるように、法学の世界においても、紛争処理よりも紛争予防という点に比重を置いた法文化が必要である。その一つとして、社会生活における文書管理を、企業であれば組織的に、個人においては几帳面に行う習慣を身に付けることが重要であり、そのことを法律専門家は一般社会に啓蒙する使命を担っている。事案に即した適切な証拠となるべきものがあるか否かが、紛争処理を適切かつ迅速に行う大きな要因となる要素を含んでいる。

四　今後の課題

訴訟に時間を要することは、中小企業にとっては自己の法的主張についてたとえ相当程度の確信をいだいている場合であっても、体力的に持続できない状況がある。そうした立場にある者にとっては、訴訟による解決よりも裁判外紛争処理制度に一縷の望みを託する傾向が顕著である。さらに、特殊な技術を経営基盤の中核とする比較的領域の狭い業界においては、自己の開発した製品について法的主張を公的に認められることは、経済的側面はもとより、自社の名誉の保持ということが、これまでの蓄積された信用に裏付けられた地位を今後とも経営の要とする必

要性により、極めて重要な要素として重い比重を占めている。わが国の産業構造の基盤を形成するそうした階層の要求に対し、法律専門家は真摯な対応を迫られている。

第二章　訴訟審理の中核としての当事者の訴訟活動

第一節　当事者の訴訟活動の構造

訴訟の審理は、訴訟主体である裁判所、当事者によって遂行される。訴訟の審理の構造は、訴訟審理の進行と事案の解明から成り立っている。前者については、裁判所が主導権を担いつつ、民事訴訟の基本理念である当事者主義の建前に基づき、当事者も訴訟の進行について自己の意思を反映させる途が設けられている。後者については、当事者の権能と責任に委ねるのを原則とするものの、訴訟の審理は、口頭弁論における当事者の攻撃防御の展開による訴訟行為を中核として形成されている。それは、訴えが、原告の被告に対する権利又は法律関係の主張として構成される請求の当否を審判の対象とする裁判所に対する審判の要求である、という訴訟の基本的構造に由来する。当事者の訴訟活動は、訴訟審理の進行の一端を担うとともに、紛争の主体として事案の解明のために攻撃防御を尽くす権能と責任を負担するという両者を結合させる主体的役割を訴訟上に位置付けられる。それは、自己の主張を展開するとともに、それを少しでも証明力の高い証拠方法をもって裏付ける証明活動と連動させ、もって裁判所の積極的判断をえることに努める作業である。その作業は、当事者双方が、公開の法廷において対等の立場で攻撃防御を展開するとともに、その機会を平等に保障されるという訴訟手続の基本的理念を基盤として成り立っている。

当事者の訴訟行為は、弁論行為と証明行為に大別することができる。このうち、証明行為は、証拠法という巨視

的な視点から、別に取り扱うことが妥当であるので、後に第五編として独立の編を起こすこととし、本章では弁論行為を中心に検討をすすめ、証明行為については必要な限度において言及することとする。

第二節　当事者の訴訟行為の構造

第一款　当事者の訴訟行為

一　訴訟行為

訴訟法に定める要件を充たし、訴訟手続上の効果の発生を目的とする訴訟に関する行為を、一般に当事者の訴訟行為という。これに対し、訴訟上の効果を生じる行為を訴訟行為とみる考え方がある（三ケ月・全集二六六頁）が、法構造において要件と効果は一体のものであり、いずれか一方の規制を受けることをもって訴訟行為とするのは、法規の基本的構造に照らし、妥当性を欠くものである。もっとも、訴訟法が効果だけを規定し、要件について明文を設けていないこともあるが、その点を捉えて要件について私法と訴訟法のいずれの規制を受けるのか明確でないというのは適切でなく、訴訟法規を含む実定法理によることを示唆しているものと理解すべきである。

当事者による訴訟行為は、取引行為において将来の紛争をも視野に入れて、合意が形成され、紛争が発生したことにより、紛争の主体として訴え提起がなされ、自己の権利を保護するために、攻撃防御の展開として訴訟手続の中核を形成する行為が展開される。さらに、その過程では、裁判所への審判要求の撤回を目的とする行為をもみることができる。これらは、いずれも訴訟法の当事者主義という基本理念に基づき、その主体性を発揮することを基

本的に尊重しつつ、手続の安定性との調和を図り、もって審判機関による公正かつ迅速にして、訴訟経済をも斟酌した紛争処理に資することに向けられている。そうした視点からみると、訴訟行為論は、理論的にも実践的にも、今日民事訴訟において重要な地位を占めていると認められる（訴訟行為論の学説史的分析として、河野正憲『当事者行為の法的構造』（弘文堂、昭和六三年）三頁以下が有益である。）。

裁判所による訴訟行為も、訴訟手続を形成していく点では、基本的に当事者の訴訟行為と変わるところはない。他方、審判機関としての職務に基づき遂行され、審理の公平という視点から法的規制を受ける性格を有し、また、私法行為との対立概念として位置付けられるものでもない点で、当事者の訴訟行為と異なる。

二　訴訟行為と私法行為

一般に、法規を実体法と訴訟法とに大別し、実体法と私法行為、手続法と訴訟行為という枠組みを設定することにより、訴訟行為は、私法行為に対立する概念として用いられる。訴訟行為は、前述したように訴訟法に定める要件を充たし、訴訟手続上の効果の発生を目的とする訴訟に関する行為をいうのに対し、私法行為は、実体法に定める要件を充たし、実体法上の法律効果の発生を目的とする行為をいう。その反面、両者は全く分離された別個独立したものではなく、実体法にもむしろ手続法に設けられるべき規定も少なくないし、その逆も同様である。また、実体法はもともと第一次的には裁判規範であるという性格から、訴訟の局面において、実体法と手続法とは主従の関係にあるのではなく、両者は交錯して機能するとみることができる。とりわけ、実体法上の権利を攻撃防御方法として主張する場合[1]、あるいは訴訟上における合意形成の場合（訴訟手続そのものを直接形成する要素が濃厚であるので、「第四款　訴訟行為の理論的諸問題」として取り扱う。四四六頁以下参照）に、その点が最も顕著である。

（1）　訴訟上における形成権の行使　　私法上の形成権は、訴訟外において、民法の定めるところにしたがって意思表示によりなしうるが、訴訟上において、攻撃防御方法としてはじめて形成権の行使の意思表示をする場合に、その法的性質をはじめ種々の

問題を生じる。これを最も中心的な相殺の抗弁についてみることとする。

(i) 法的性質　① 私法行為説（併存説）　訴訟における相殺の意思表示は、私法上の形成権である相殺権を行使する意思表示としての私法行為と、それによって生じた自働債権（反対債権）と受働債権（訴求債権）とが対等額で消滅するという法律効果を訴訟上で陳述する訴訟行為の二つの行為から成り立ち、その要件・効果はそれぞれ実体法・訴訟法によるとする（兼子『実体法と訴訟法』（有斐閣、昭和三二年）八七頁、同・体系二一二頁、小山・一六四頁、石川明「訴訟上の相殺の法的性質」判タ二一四号（昭和四三年）（同『訴訟行為の研究』（酒井書店、昭和四六年）六七頁以下））。しかし、相殺が攻撃防御方法として主張されている視点に欠け、訴訟が本案判決にいたらずに終了した場合であっても、相殺の私法上の効果を確定的に生じるという不都合な結果をまねくことになる（石川・前掲書八九頁は、ドイツ民法一三九条の一部無効の理論を用いて、実質的判断に至らなかった場合に、実体法上の効果も無効とする結論を導いているが、私法行為説の無理な理論構成の現れと見られる。）。

② 訴訟行為説　訴訟における相殺の意思表示は、訴訟上の攻撃防御方法として主張されることから、純然たる訴訟行為であって、その要件・効果はもっぱら訴訟法の規制を受けるとする（中野貞一郎「相殺の抗弁」『訴訟関係と訴訟行為』（弘文堂、昭和三六年）一〇五頁（旧説）、三ケ月・全集二八〇頁）。そこでは、訴訟上の相殺をもって、単独の意思表示による民法上の相殺とは親近ではあるが別個の制度である裁判上の相殺と解し、訴訟上の相殺を認める判決の形成力によって、相殺による対立債権の消滅の効果を生じるとする。この説は、訴訟上の相殺を民法上の相殺とは別個の制度というが、それでは一一四条二項を除いて民訴法に明文規定はなく、民法五〇四条以下に定める要件・効果等の規制をまったく受けないことになる。それのみならず、訴訟上の相殺はこれを認める判決の形成力により効力を生じるのではなく、攻撃防御方法として主張され、それに対する実体的判断により判決の既判力によって効力を生じるものと解すべきである。攻撃防御方法として主張されるという私法行為説が見落としている点に留意したことは評価できるが、民法との関係を無視している点は是認できない。

③ 新私法行為説（新併存説）　訴訟における相殺の意思表示は私法行為と認めつつ、裁判所の判断を受けることを効果意思とする行為であって、不適法ないし無意義になったときには、実体法上の効果も残らないとするとともに、抗弁としての意味を失っても私法上の効果を残さないと相手方に不公平であるような場合には、これを認めるべきであるとする（新堂・三七七頁、中野貞一郎「相殺の抗弁（上）」判タ八九一号（平成八年）（同『民事訴訟法の論点II』（判例タイムズ社、平成一二年）一四二頁以下）。山木戸克己「訴訟における契約解除ならびに相殺―訴訟における私法行為と訴訟行為に関する一考察」民訴雑誌二号（昭和三〇年）（同『民事訴訟理論の基礎的研究』（有斐閣、昭和三六年）五四頁・五五頁）は、訴訟上の相殺に私法行為の成立と訴訟行為の成立を認め、両者を明確に峻別すべきとしつつ、裁判所の判断を受けるときにのみ効果を生じる条件付き相殺の意思表示とする。河野正憲「不適法な相殺の抗弁とその実体的効果」『当事者行為の法的構造』（弘文堂、昭和六三年）三五頁以下・特に四四頁以下も、同様の立場にあるとみられる。）。しかし、右の効果意思は、攻撃防御方法として主張していることにあり、私法行為説における具体的妥当性への欠落に留意したことは評価できるものの、それを私法行為の枠内で処理するところに矛盾がある。むしろ、主張者の効果

意思に着目すれば、理論的帰結として、つぎに述べる両性説に帰着する。

④　両性説　訴訟における相殺の意思表示は、攻撃防御方法として主張されるのであり、私法行為と訴訟行為の両方の性質を備えた密接不可分な一個の行為であり、実体法上の要件を充たしていることを要するとともに、訴訟法上の要件をも充たしていることを要する。したがって、裁判所の実体的判断を受けることによってはじめて、訴訟法上及び私法上の効果を生じる（梅本吉彦「相殺の抗弁」『演習民事訴訟法』（新演習法律学講座）（青林書院、昭和六二年）三一九頁。ほぼ同趣旨のものとして、加藤正治『新訂民事訴訟法要論』（有斐閣、昭和二一年）二二二頁、岩松三郎・兼子一編『法律実務講座民事訴訟編・第三巻』（有斐閣、昭和三四年）九二頁）。このようにとらえることは、相殺の抗弁を攻撃防御方法として主張する当事者の行為目的に適うとともに、後述する具体的諸問題について妥当な結論を導くことができる。新私法行為説は、仮定的相殺の抗弁は条件付き相殺の意思表示になると本説を批判する（新堂三七六頁、伊藤・二七五頁）が、攻撃防御の提出行為に条件を付するにすぎず、したがって条件付き相殺ではなく、右の批判は当たらない。また、両性説によると、私法行為と訴訟行為は、前者は相手方に後者は裁判所に向けられる行為であり、説明が困難であるという批判がある（伊藤・二七五頁）。相殺が攻撃防御方法として主張されるということは、常に訴訟行為を介して意思表示がなされるのであり、その点にこそ訴訟外における意思表示との違いがある。それは、私法行為と訴訟行為からなる密接不可分の一個の行為によって構成されているのであり、これを訴状、答弁書、準備書面等により記載し、法廷で陳述することにより、主張するのであるから、私法行為としても訴訟行為としてもその要件になんら欠けるところはなく、たとえ相手方が在廷しない場合であっても相殺の意思表示として有効であって、解釈論として無理のない論理的帰結である。

他方、訴訟前又は訴訟係属後に訴訟外で相殺の意思表示をし、その事実を抗弁として主張する場合は、一個の事実を攻撃防御方法として主張する訴訟行為であり、ここでの検討対象の外にある。新私法行為説の中には、この場合をも対象範囲に引き入れて、同説の立場を適用する見解がある（河野・前掲書三九頁以下、新堂・三七八頁）が、賛成できない。

(ii)　具体的諸問題　個々の性質論によると、個別的問題の処理について検証することを要する。もっとも、これは、性質論から演繹的に導くという思考論理によるのではなく、個別的問題の具体的妥当性ある処理の可能性を視野に入れつつ、法的性質を考察すべきことを意味している。

①　意思表示の瑕疵と撤回　訴訟上の相殺を純然たる私法行為とすると、相殺権は意思表示によりただちに確定的に効果を生じ、それに意思表示の瑕疵がある場合を除き、任意に撤回できない。これに対し、訴訟行為とみると、攻撃防御方法の撤回として捉えることとなり、裁判所の審判の対象からは外れるが、撤回自体が弁論の全趣旨として心証形成の手がかりとしてはなお

存続する。両性説においても、その点は同様であり、それによって相手方の信頼を裏切ることになるとはいえない。

② 本案判決にいたらずに訴訟が終了した場合の効果　私法行為説では訴訟に相殺の意思表示をすることにより、その効果が確定的に発生することとなり、その点が同説の最も大きな難点とされたが、新私法行為説は、私法行為という基本的姿勢を堅持しつつ、当事者の効果意思という概念を用いて回避することを試みている。しかし、それは実体的にみると、条件付き相殺を概念の置き換えによったに過ぎない。攻撃防御方法として主張されることに着目し、そこに訴訟行為としての性格を認めることによりはじめて、本案判決にいたらずに訴訟が終了した場合には、相殺の実体法上の効果を生じないという結論を無理なく導くことが可能になる。また、新私法行為説では、効果意思に着目することにより、抗弁としての意味を失っても私法上の効果を残さないと相手方に不公平である場合には、これを認める解釈を可能にするとして、最判(二小)昭和三五年一二月二三日民集一四巻一四号三一六六頁を援用する(新堂・三七八頁)。同判決は、原告が被告に負っている債務の存在を認めた上で、反対に被告に対して損害賠償債権を有すると主張し、当初から両者を相殺してその残額債権の支払請求訴訟を提起したところ、その後右債務について消滅時効が完成したとして前記相殺を撤回し、相殺に供した部分の損害賠償をも請求するとともに、消滅時効が完成した債務の不存在確認に訴えを変更した事案である。そこでは、相殺の受働債権について、時効中断としての承認が、相殺の撤回後も認められるか否かが争いとなり、最高裁は、すでに生じた債務の承認の効力は失われないとする原判決を是認したものである。相殺を抗弁として主張したのではなく、差引残額債権支払請求の事案であるのみならず、相殺の主張とは別に債務の承認の存在を認められるか否かという問題であって、相殺の法律効果ではなく、別に観念すべき行為である(中田淳一・判例研究三〇六頁)。したがって、同説の合理的妥当性を根拠付けるものではない。

③ 手形債権による相殺と手形の呈示・交付　手形の支払請求するにはその呈示を要し(手三八条一項・七七条一項三号)、振出人は支払に際しその交付を請求することができる(手三九条一項・七七条一項三号)。そこで、手形債権を自働債権として訴訟上で相殺の意思表示をする場合に、手形の呈示・交付を要するかが問題になる。訴訟行為説では、おそらくこれらの規定を提供する余地はないこととなろう。これに対し、私法行為説及び両性説では、手形法上の理論が前面に出てくることとなる。判例は、裁判上の請求においては、訴状の送達によって、その時点で債務者を遅滞に付することができるので、手形の呈示を要しないとする(最判(三小)昭和三〇・二・一民集九巻二号一三九頁)。訴訟手続において、通常係争手形が証拠として提出されること、請求認容判決に際しては、当然に手形との引換給付判決がなされることを考慮すると、訴訟法の立場からも妥当といえる。これを訴訟上の相殺についてみると、攻撃防御方法として主張され

る訴訟行為であることに照らすと、これと同様に手形の呈示・交付は要しないと解するのが相当である（河本一郎「手形債権を自働債権とする相殺と手形交付の要否」民商法雑誌創刊二十五周年記念(上)・民商三九巻一・二・三号（昭和三四年）二九九頁以下・特に三〇九頁、大隅健一郎＝河本一郎『注釈手形法・小切手法』（有斐閣、昭和五二年）三一二頁）。もっとも、遡求権を自働債権とする相殺、すなわち遡求義務者を被相殺者とする場合には、相殺の抗弁が認められたときに、遡求義務者は自己の遡求義務を履行しながら、みずからは前者に再遡求できなくなるおそれがあるという批判が予想される（大隅＝河本・前掲書三五三頁）。しかし、後者においては、手形自体ではなく、手形債権による相殺の抗弁を認めた判決正本をもって手形の呈示証券性に代えることを認めるべきものと解する。

第二款　当事者の訴訟に関する行為の分類

当事者の訴訟に関する行為は、種々の視点から分類することができる。

(1)　時系列による分類　当事者の訴訟に関する行為を時系列的に分類すると、訴え提起前における行為、訴訟係属中における行為に分かれ、後者はさらに、訴訟手続外における行為と訴訟手続内における行為とがある。しかし、この視点から分類する訴訟に関する行為は、訴訟の発展過程に即したものであるので、訴訟手続は手続の積み重ねにより形成されるという性質に合致し、学問体系の中にそのまま吸収されることとなる。

(2)　行為の目的による分類　有利な裁判又は裁判所の特定の行為の取得という目的をもつ行為、勝訴判決の取得という目的はないか、またはそのような目的と並んで別のより具体的な目的ないし効果意思をもった行為とに大別される（新堂・三六八頁）。この考え方は、行為の目的に焦点を当てている点は評価できるが、抽象的に過ぎ、その効用が具体的に現れてなく、分類の意義を見出すことが困難である。

(3)　審判機関の判断との関係による分類　審判機関である裁判所の判断行為を要するか否かによって分ける考え方がある[1]。訴訟過程における当事者の訴訟行為は、自己の請求の当否について裁判所の審判を受けることを目的とする点に集約されるので、審判機関の判断行為との関係において分類することは、前述した訴訟の基本構造に対

応し、最も有効かつ適切な視点のようである。しかし、この視点によると、訴え提起前の段階における行為は、対象から外れることになる。

(4)　新たな視点による分類　これまでの視点は、行為の目的、審判機関の判断の有無という単線的な視点による分類である点で訴訟に関する行為の特質を反映されていないきらいがある。当事者による訴訟行為の目的という視点と審判機関による判断という視点を融合した複線的視点から分類することによりはじめて、機能的な意義を有することとなる。また、当事者の訴訟に関する行為は、訴訟当事者主義の理念に合致することを要する。そうした前提に立つと、訴え提起を目的とする行為（たとえば、積極的行為として、管轄の合意、消極的行為として、不起訴の特約、仲裁契約等）、裁判所の審判を得ることを目的とする行為、裁判所に対する審判の要求を撤回することを目的とする行為に分類することができる。

（1）　取効的訴訟行為・与効的訴訟行為　当事者の訴訟に関する行為を裁判所の判断を介するか否かという視点から二つに分けて、裁判所に対し、特定の裁判（または裁判所の行為）をなすことを求める行為及びそれを基礎付けるために資料を提供する行為を取効的訴訟行為（Erwirkungshandlung）といい、このように裁判等を介在せしめてはじめて意義をもつのではなく、直接に何らかの訴訟法上の効果を生ずる行為を与効的訴訟行為（Bewirkungshandlung）とするゴールドシュミットの提唱に係る考え方（Goldschmidt, J., Der Prozess als Rechtslage, 1925, S. 364ff.）が、戦後のわが国では有力に主張されてきた（三ケ月・全集二六七頁）。しかし、当事者の訴訟に関する行為を裁判所の判断を介するか否かを基準にして分類するのは、当事者の意思に合致するとはいえず、訴訟法の理念にもそぐわない。

第三款　訴訟行為の類型的考察

訴訟行為を前述したところにしたがって（第二款(4)参照）、以下において類型的に考察する。

第一項　訴え提起を目的とする行為

訴え提起を目的とする訴訟行為は、訴え提起前に訴訟外において、私法上の取引行為に係る契約において、基本契約に付随してその取引行為に係る紛争を生じた場合に備えて形成される点に特徴がある。したがって、その合意の内容が実際に訴訟手続上問題になる場合には、すでに効力を生じている前記取引行為に係る基本契約に基づき取引行為が実行されていて、その紛争処理に直面したときに問題が顕在化する点に特徴がある。それらは、積極的行為と消極的行為とに分けて考えることが適切である（ドイツにおける訴訟契約の効果としての変動効果を積極的と消極的に識別する考え方について、青山善充「訴訟法における契約」『岩波講座・基本法学4・契約』（岩波書店、昭和五八年）二七一頁注二三参照）。

(1)　積極的行為　訴え提起を目的とする行為であるので、その要件及び効果について訴訟法の規制を受けることとなる。たとえば、管轄の合意（一一条）がそれであり、管轄に関する訴訟法の要件（一一条・一三条）を充足していることを要する（訴訟法に明文規定がある点からも、訴訟行為とみるのが自然である。）。これに対し、義務履行地の特約（商五一六条参照）は間接的に管轄裁判所を特定することになるものの、直接に訴訟上の効果を生じるわけではないので、訴訟行為ではなく、直接的に訴訟法の規制を受けるものではない。

(2)　消極的行為　訴え提起を抑止することを目的とする行為であるので、直接に訴訟上の効果を生じるわけではなく、その行為について訴訟上どのような法的効果を付与させるべきかという訴訟手続上の別個の判断を受ける問題になる。そのかぎりでは、訴訟上の効果を生じる可能性があるものの、私法行為であって訴訟行為ではない。たとえば、不起訴の特約、仲裁契約等である。これらの合意が存するにもかかわらず、当事者の一方が訴えを提起した場合に、相手方が右合意の存在を主張立証したときに、裁判所は右合意が訴訟障害事由に該当し、したがって

訴えの利益がないとして、その訴えを却下することとなる。もっとも、不起訴の特約について、単に履行期の猶予を意味する場合もあるのみならず、訴訟行為としての要件に欠ける場合であっても、同様に履行期の猶予と解する余地のある場合もあり得る。

第二項　裁判所への審判要求を目的とする行為

裁判所への審判要求を目的とする行為は、申立て、主張並びに挙証に分けることができる。

一　申立て

(1)　意　義　申立てとは、当事者その他の訴訟関係人が、裁判所（又は他の裁判機関）に特定の行為を求める行為をいう。その法律行為としての性質は、意思の通知であり、意思表示ではない。また、申出ということもある（四三条・一八〇条・二一九条、規一〇六条・一五〇条等）。

(2)　種　類　申立てには、本案の申立てと訴訟上の申立てがある。

訴訟物について審判を求める申立てを、本案の申立てという(1)。原告の本案の申立ては、訴状における請求の趣旨に記載され、これを口頭弁論において陳述することにより行われる。これに対応する被告による反対の申立てが、被告の本案の申立てである。原告の本案の申立てがあってはじめて、審判が成り立つのと異なり、たとえ被告の本案の申立てがなされなくても、審判が成り立たないわけではない。訴訟費用の裁判の申立て（六七条一項）、仮執行宣言の申立て（二五九条）は、いずれも訴訟物に関連する審判の申立てであるので、本案の申立てに当たる。

訴訟手続における派生的又は付随的事項についての申立てを、訴訟上の申立てという。例えば、除斥又は忌避の申立て（二三条・二四条）、管轄裁判所の指定の申立て（一〇条）、移送の申立て（一六条・一七条）、期日の指定の申立て（九三条一項）、公示

送達の申立て（一一〇条）等である。

(3)　裁判所の対応　申立ては、裁判所に対する行為である。本案の申立てについては訴訟要件を備えている場合に、裁判所は申立ての当否について判断できるのであり（本案判決）、訴訟要件を欠くときは、その申立ての当否について判断することはできず、訴えを却下しなければならない（訴訟判決）。訴訟上の申立てのうち当事者の申立権に基づく申立てについては、裁判所として応答する義務があるが、その他の訴訟上の申立ては、裁判所の職権発動を促すにすぎないので、裁判所は応答する義務を負うものではない。これら裁判所に応答義務を課するのは、当事者に裁判所の判断を明確に伝えるという伝達機能を営むとともに、申立てが容れられなかったときは、当事者にそれに対する不服申立ての機会を与えることにある（もとよりそれが認められる場合に限られる。）。また、間接的には、当事者の申立てについて迅速に対応することを裁判所に促す機能を担っている。

（1）「攻撃防御方法」という概念　口頭弁論における当事者の訴訟行為の対応関係という視点からみると、本案の申立てに対応するものとして、当事者が自己の本案の申立てを基礎付けるための主張及びこれを証明するための挙証を一般に「攻撃防御方法」と総称する。このうち原告によるのを攻撃方法、被告によるのを防御方法という（提出者が攻撃的立場か防御的立場かによる区別であって、内容による区別ではない）。これらの主張及び挙証に伴う訴訟手続の方式、訴訟行為の効力等訴訟法上の事項に関する陳述も含まれる。

二　主　張

(1)　意　義　主張とは、申立てを基礎付けるための行為をいう。その表現形態に着目して、陳述ともいう。主張には、法律上の主張と事実上の主張とがある。その法律行為としての性質は、いずれも観念の通知である。主張は、裁判所に対する行為であって、相手方に対する行為ではないので、たとえ相手方が期日に欠席していても有効

に行うことができる。

(2)　法律上の主張　特定の法律効果の発生に関する自己の認識、法的判断を報告する陳述をいう。攻撃防御方法の一種であり、権利主張ともいう。訴訟物は特定の権利又は法律関係の主張であることに照らし、それを基礎付ける法律上の陳述は、訴訟物を構成する内容の論理的帰結として当事者にとって不可欠な攻撃防御方法である。これに対し、法規の解釈・適用に関する当事者の意見の陳述は、単に裁判所の注意を促し、参考に供するに止まる。したがって、弁論主義の適用を受けるものではない。

(3)　事実上の主張　(i)　意　義　法律上の主張を基礎付ける具体的事実の存否に関する自己の知識、認識を報告する陳述をいう。攻撃防御方法の一種であり、事実主張ともいう。自己の法律上の主張を相手方が争うときには、別の法律上の主張によって基礎付けるか、あるいは事実上の主張によって、自己の法律上の主張が正当であることを基礎付けることとなる。

(ii)　事実上の主張に対する相手方の態度　事実上の主張に対する相手方の態度は、否認、不知、自白、沈黙に分かれる。

(イ)　否　認　相手方の主張事実を否定する陳述をいう。[2]　相手方の主張事実を真実でないといって直接的に否定する陳述を単純否認といい、それと両立しない別の事実の存在を主張して間接的に相手方の主張事実を否定する陳述を積極否認、理由付き否認又は間接否認という。積極否認として、貸金支払請求に対する被告による、金員受領の事実を認めるが、贈与として受領した旨の陳述、不当利得返還請求に対する被告による財貨受領原因としての一定事由の陳述、手形金債権支払請求における被告による原因関係に基づく抗弁に対する原告の具体的な原因債務の陳述等が、その例である（松本博之『証明責任の分配〔新版〕』（信山社、平成一二年）四〇八頁四一三頁。制限付自白との違いにつき、七四〇頁参照）。

新民事訴訟規則では、準備書面において相手方の主張する事実を否認する場合には、単に否認するに止まらず、その理由を併せて記載しなければならないものとし（規七九条三項）、積極否認を励行すべき訴訟慣行を確立することを目指している（最高裁判所事務総局民事局監修『条解民事訴訟規則』一七三頁）。同様に、文書の成立を否認する場合にも、理由の明示を求められている（規一四五条）。この趣旨は、個別の実定法規にも波及し、特許侵害訴訟において、権利者が侵害の行為を組成したものとして主張する物件又は方法の具体的態様を相手方が否認するときは、自己の行為の具体的態様を明らかにしなければならない（特許一〇四条の二本文）。特許侵害訴訟の審理促進等の観点から、前記民事訴訟規則の考え方を一歩進めたものである（特許庁総務部総務課工業所有権制度改正審議室編『平成一一年改正・工業所有権法の解説』（発明協会、平成一一年）四三頁、三木浩一「特許侵害訴訟における当事者の情報収集手段の拡充」ジュリ一一六二号（平成一一年）五五頁）。ただし、相手方において明らかにすることができない相当の理由があるときは、この限りでない（同条ただし書き）。例えば、営業秘密が含まれていたり、主張すべき内容がなにもない場合である（特許庁編・前掲書四四頁）。

(ロ)　不　知　　相手方の主張事実を知らない旨の陳述をいう。不知の陳述をした者は、その事実を争ったものと推定される（一五九条二項）。

(ハ)　自　白　　自己に不利益な相手方の主張事実を真実と認める旨の陳述をいう。当事者が自白した事実は証明することを要しない（一七九条）。

(ニ)　沈　黙　　相手方の主張事実に対しなにも陳述しないことをいう。沈黙は、他の陳述から相手方の主張事実を争うものと認められないかぎり自白とみなされる（擬制自白。一五九条一項）。

(2)　抗　弁　　相手方の事実上の主張を争う陳述のうち、相手方が主張責任を負う事実を否定する陳述を否認というのに対し、自己が主張責任を負う別個の事実を主張する陳述を抗弁という（主張責任については、四六五頁参照）。後述する本案の抗弁がそれである。否認か抗弁かは、弁論主義の下における主張責任の帰属を基準として区別された概念である（このことは、主張責任と証明責任の分離を認めることを意味するものではない。）。した

がって、講学上あるいは実務上において「抗弁」という用語が用いられていても、そのことからただちに訴訟法上の抗弁と判断することはできない。とりわけ、積極否認と抗弁とは混同することなく、厳格に区別することを要し、判決の上でも抗弁と書くのは、主張責任を負う事実に限られる（司法研修所編『八訂・民事判決起案の手引』（法曹会、平成一一年）五四頁）。

一般に、相手方の申立て又は主張の排斥を求めるために、これとは別個の事項を主張することを、広く抗弁という（岩松三郎＝兼子一編『法律実務講座民事訴訟編三巻』（有斐閣、昭和三四年）四五頁参照）。それには、訴訟上の抗弁と本案の抗弁がある。

（i）　訴訟上の抗弁　　訴訟手続のみに関する抗弁を総称して、訴訟上の抗弁という。これには、本案前の抗弁と証拠抗弁がある。

①　本案前の抗弁　　訴訟要件の欠缺（又は訴訟障害事由の存在）を主張して、訴え却下判決を求める本案前の申立てを理由付ける事実の陳述をいう。訴訟要件の存否は、原則として裁判所の職権調査事項であり、被告の主張をまってはじめて、裁判所として顧慮すべき事項ではないので、裁判所の職権発動を促すに止まり、純然たる抗弁ではない。また、これを妨訴抗弁ということがあるが、現行法上は訴訟費用担保提供の申立て（七五条）を除き、それによって被告に本案の弁論を拒絶する権利を与えているわけではないので、不適切な用語である。これに対し、訴訟要件のうち、被告の主張をまってはじめて裁判所として顧慮すべき事項を主張する被告の抗弁が、本来の本案前の抗弁である。訴訟費用担保提供の申立て、不起訴の特約、仲裁契約の抗弁がそれである。

②　証拠抗弁　　相手方の提出した証拠方法が法律上許されないものであること、無効であること又は証拠能力を有しないこと、あるいはその証拠方法から感得された証拠資料が証明力を有しないことを主張し、その不採用を求める主張をいう。証拠方法の採否は、裁判所の職権に属する事項であり、証明力の存否も自由心証に委ねられているから（二四七条）、証拠に関する法律上の意見の陳述であって、純然たる抗弁ではない（旧々民訴法二一四条に明文規定が存在したことにより、現在では実務上の慣用語として残存する。）。

（ii）　本案の抗弁（実体法上の抗弁）　　相手方が主張する要件事実に基づき実体法上の法律効果が発生するのを妨げ、あるいはいったん発生した法律効果を消滅させ、もしくは排除するために、相手方の主張とは別個の実体法上の法律効果を根拠付ける事実の陳述をいう。一般にそれはつぎの三つに分類される。

①　権利障害規定に基づく抗弁　　相手方が主張する法律効果の発生を障害する権利障害規定に基づく抗弁で、この規定の要件事実を権利障害事実という。右法律効果の発生を根拠付ける法律要件を構成する事実が生起すると同時に又はそれ以前に存在することを要する。例えば、虚偽表示・要素の錯誤・心裡留保・公序良俗違反による無効等である。

② 権利滅却規定に基づく抗弁　いったん発生した権利を消滅させる権利滅却規定に基づく抗弁で、この規定の要件事実を権利滅却事実という。例えば、債務の弁済、免除、契約の解除・取消し、解除条件の成就等である。

③ 権利排除規定又は権利阻止規定に基づく抗弁　いったん発生した権利を排除し、又はその行使を阻止する規定に基づく抗弁で、原則として、私法上の形成権又は抗弁権の行使を伴うものである。その発生の基礎たる事実の主張の外に、形成権又は抗弁権を行使した事実の主張（又は訴訟上の行使）を要する点に、①・②との差異がある。

(イ) 私法上の形成権を抗弁とする場合　形成権の発生事実及びこれを行使した事実が抗弁事実を構成する。例えば、取消権、相殺権、建物買取請求権等である。

(ロ) 私法上の抗弁権（実体法上の抗弁権）を行使する場合　債務の履行を一時的に拒絶する履行拒絶権といわれるもので、例えば、催告及び検索の抗弁権（民四五二条・四五三条）、同時履行の抗弁権（民五三三条）等である。この私法上の抗弁権は、必ず権利主体による主張があってはじめて、裁判所は斟酌できる点に特徴がある。

本案の抗弁のうち、①、②を総称して事実抗弁、③の私法上の形成権と私法上の抗弁権を総称して権利抗弁ということがある（最判（一小）昭和二七・一一・二七民集六巻一〇号一〇六二頁、兼子一『実体法と訴訟法』（有斐閣、昭和三二年）七八頁参照。これに対し、坂田宏「権利抗弁概念の再評価（二・完）」民商一一〇巻六号（平成六年）九八二頁は、権利抗弁は形成権を含む概念ではないとする。）。

三　挙　証

挙証とは、係争事実について証拠によって裁判官が確信をいだく状態に達するために行う訴訟行為をいう。その活動という点に着目し、立証、証明ともいう。証拠調べは、弁論主義の下では、原則として、当事者の申出をまって行う。証拠の申出（一八〇条）、証人の尋問（二〇二条一項）、当事者の尋問（二〇七条）がその例である。

第三項　裁判所への審判要求の撤回を目的とする行為

民事裁判は、原告による裁判所に対する訴えの提起により開始される。当事者主義の基本的な現れである。その原則は、たとえいったん訴えを提起して、裁判所に対する審判の要求を撤回し、判決によらないで訴訟を完結させ

る自由をも当事者に認めることとしている。訴えの取下げ、訴訟上の和解、請求の放棄・認諾がそれである。その法律行為としての性質は、いずれも裁判所に対する意思表示である。したがって、これらに対する裁判所の判断を必要としないが、直ちに効力を生じるのではなく、訴訟上の和解、請求の放棄・認諾は、調書に記載することにより、訴訟終了効及び確定判決と同一の効力を生じる（二六七条）。

第四款　訴訟行為の理論的諸問題

第一項　訴訟行為と条件

一般に、法律行為には、条件又は期限を付することが許されるが、訴訟行為は訴訟手続の安定性を確保し、訴訟の迅速を図る必要性から、条件または期限を付することについては、改めて検討することを要する。訴訟行為に条件又は期限を付することの可否については、訴訟当事者主義の理念に照らし、当事者による訴訟行為の目的という視点と審判機関による判断という視点を融合した複線的視点から分類した行為毎に検討することが有効かつ適切である。

第一に、訴え提起を目的とする行為についてみると、積極的行為は、訴え提起時において判断すれば足りるのであるから、それによって訴訟手続の安定性を害するおそれも見当たらず許されると解する。たとえば、管轄の合意に条件を付した場合に、訴え提起の時に条件の成就の有無を判断すれば、それによって管轄は固定されるので（一五条）、訴訟の進行はもとより、その他訴訟手続の安定性を損なうおそれがあるとも認められない。また、期限を付して管轄の合意をすることも、十分に予想されることであり、その期限があいまいであれば効力を有しないに止まる。

これに対し、消極的行為は、前述したように訴訟行為ではなく、私法行為と解すべきである。私法行為であっても条件ないし期限を付することが訴訟上において主張された場合に、その有効性が問題になる。訴え提起を抑制することを目的とする行為であり、条件または期限を付したとしても、訴訟手続の安定性を左右するおそれはなく、したがって許されると解する。不起訴の合意は期限の猶予と解すべき場合もありえるが、それは合意条項の意思解釈の問題に帰着する。仲裁契約の効力の発生に条件を設け、又は右契約が効力を有する期限を付することも差し支えない。仲裁人が仲裁判断をなすべき期限を設けることも許される（小山昇『仲裁法〔新版〕』（有斐閣、昭和五八年）一五八頁、小島武司『仲裁法』（青林書院、平成一二年）一二〇頁）。第二に、裁判所への審判要求を目的とする行為については、申立て、主張、挙証のそれぞれが性格が異なっているので個別に検討することを要する。

(1)　申立ては、条件を付することは原則として許されない。将来発生するか否か不確定な事実の成否によって、その効力の発生または消滅の効果を生じることは、訴訟手続の安定性を害することになる。訴え提起又は上訴の提起は、前者については訴訟係属の状態を生じ、後者については判決の確定の効果を遮断するところ、これらについて条件を付することは、裁判所による審判の状態を不確定にするとともに、相手方にとっても自己の地位を著しく不安定にし、攻撃防御を尽くすのに支障を生じさせることとなる。

これに対し、例外的に条件を付することが許される場合がある。

(イ)　法が、申立ての効力の発生又は消滅を将来の不確実な事実の成否に係らせている場合である。本案請求について請求認容判決が下されることを停止条件とする仮執行宣言の申立て（二五九条）、原審の本案判決の変更を停止条件とする仮執行宣言の失効による原状回復の申立て（二六〇条）が、これに当たる（最判(二小)昭和五一・一一・二五民集三〇巻一〇号九九九頁は、後者について本案判決の変更されないことを解除条件とする申立てと解し、原判決を変更しないときはそれについて判断する必要がないとする。判例を支持する立場として、上谷清・民商七七巻三号四一〇頁）。その趣旨は、これらは、本案請求の成否が論理的前提と

なっており、条件の成就がその訴訟内で明らかになるとともに、それによって訴訟手続の安定性を害するおそれもないことにある。

(ロ) 一つの請求を主位的に申立てるとともに、その請求が容れられないことを慮って、請求認容を解除条件として、他の請求を予備的に併合請求する場合である(請求の客観的予備的併合)。裁判所は、主位的請求を認容するときは、予備的請求について審判する必要がなくなり、主位的請求を棄却するときは、予備的請求について審判しなければならない。相手方の攻撃防御の対象を不明確にするおそれもなく、裁判所の審判に特別支障を来す可能性も見出せない。また、前述した(イ)と同様に、条件の成否が当該訴訟手続の中で明白になるので、訴訟審理の安定性を害するおそれもない。複数の請求のうち、一つの請求が認容されることを他の請求の解除条件として、複数の請求を併合請求する場合(請求の選択的併合)についても、同様の趣旨から許容される。

(ハ) これに対し、共同訴訟人の又はこれに対する請求が実体法上両立し得ない関係にある場合に、一方の又はこれに対する請求を主位的に申立て、主位的請求が認容されることを解除条件として、他方の又はこれに対する請求を予備的に申し立てる場合(請求の主観的予備的併合)については、旧法の下で適法性をめぐり議論があった(六二八頁参照)。

(2) 主張は、法律上の主張であると事実上の主張であるとを問わず、その内容について条件を付することは許されない。前者は、特定の法律効果の発生に関する自己の認識、法的判断を報告する陳述であり、後者は、前者の法律上の主張を基礎付ける具体的事実の存否に関する自己の知識、認識を報告する陳述であるから、いずれについても、その内容について条件を付することは行為の性質に照らし矛盾する行為である。

これに対し、一つの請求を根拠付ける複数の主張をし、一個を主位的に主張し、他を予備的に主張することは、攻撃防御の提出行為に条件を付するものとして許容される。当事者の付した順位は、その主張を整序する意味であ

り、他方、裁判所も、当事者の付した順位に拘束されるわけではなく、したがって訴訟審理を妨害するおそれも認められず、相手方の攻撃防御の対象を不安定にするおそれもないので、差し支えない。もっとも、相殺については、それに対する実質的判断がなされた場合には、既判力を生じる（一一四条二項）ので、予備的抗弁として主張された場合はもとより、他の主張と並列され、たとえ予備的として明示されていなくても、裁判所は最後に判断すべきである。

また、相手方の事実上の主張を否認し、右の主張が認定される場合に備えて、仮定的に自己が主張責任を負う事実を抗弁として主張することも、主張自体に矛盾がなく、訴訟審理の妨げともならず、相手方の攻撃防御に不利益を与えるおそれも認められないので、許容される。

(3)　挙証は、係争事実について証拠によって裁判官が確信をいだく状態に達するために行うのであるから、これに条件を付することは訴訟審理を阻害し、その結果として、裁判官の心証形成を妨害することになるので、行為の性質に照らし許されない。期限についても、同様である。

第三に、裁判所への審判要求の撤回を目的とする行為についてみると、訴えの取下げ、請求の放棄・認諾、訴訟上の和解は、いずれも裁判所に対する意思表示である。これらのうち、訴えの取下げ、請求の放棄・認諾は、訴訟の完結という新たな状態を生じさせる行為であり、条件を付することは、訴訟係属を不確定な状態にさせるばかりでなく、それぞれの行為が有する本来の目的とも矛盾するので、許されないと解する（最判(二小)昭和五〇・二・一四金融法務事情七五四号二九頁は、土地賃借権確認及び引渡請求訴訟において、係争地が原告の主張と異なり、第三者に所有権及び占有権がすでに移転しているのであれば、訴えを取り下げる旨の原告の陳述について、条件付き訴えの取下げであって、訴訟係属を不明確にするので許されないとする。）。その点では、訴訟上の和解についても同様のことがいえる。もっとも、これは、当事者が互いに譲り合って判決によらないで訴訟を終結させる合意である点に特徴があるので、合意の内容についてはいずれの当事者も不満はあるにしろ、相手方が進んで履行することを前提として形成されている。したがって、相手方の不履行を解除条件とする和解は適法と解する

（梅本吉彦「訴訟上の和解の効力について」三ケ月章先生古稀祝賀『民事手続法学の革新・中巻』（有斐閣、平成三年）五八二頁以下参照）。

第二項　訴訟行為の撤回・取消

一　訴え提起を目的とする行為

訴え提起前に訴訟外において、私法上の取引行為に係る契約において、基本契約に付随して当該取引行為に係る紛争を生じた場合に備えて形成されるので、積極的行為であると消極的行為であるとを問わず、訴え提起にいたるまでは、当事者間で右取引契約を撤回し、あるいは取り消すことは可能であり、それによって付随条項も失効する。もっとも、その撤回もしくは取消し自体の有効性をめぐって紛争を生じた場合には、前記付随条項がなお有効に機能することとなる。

二　裁判所への審判要求を目的とする行為

(1)　申立て　申立ては、裁判所への意思の通知であり、裁判所はこれに対する判断行為をする義務を負っているので、その判断行為がなされるまでは、原則として任意に撤回することができる。それにより、裁判所は、申立てに対する判断行為をする義務が消滅する。裁判所が申立てに対する判断行為を行った後はもはや撤回することはできない。訴えの取下げは、後述する三で取り扱う。他方、前述した意思の通知という性質に照らし、申立てについて、効果意思の欠缺、瑕疵による取消しという事態を生じることはない。

(2)　主　張　主張は、申立てを基礎付けるための行為であるから、これを撤回するか否かは、原則として当事者の任意である。主張が撤回されることにより、その主張はなかったこととなるので、申立ての基礎として裁判所の判断の対象とはならない。もっとも、主張の撤回自体について、弁論の全趣旨として斟酌される可能性は残って

いる。この点について、弁論主義と異なり職権探知主義の下では、訴訟資料および証拠を職権で収集する原則であるから、当事者の主張であっても、いったん主張されたからには職権により収集されたものと等しく、たとえ撤回しても撤回としての効力は生じないという見解がある（小山・一八九頁）。しかし、職権探知主義は、訴訟資料の探索を当事者の意思のみに委ねず、裁判所の職責ともする建前であるから、右の見解は職権探知主義の理解に疑問がある。他方、法律上の主張と事実上の主張のいずれも、その法律行為としての性質は、観念の通知であるから、主張についても、効果意思の欠缺、瑕疵による取消しという事態を生じることはない。

(3)　挙　証　挙証は、裁判所が証拠調べを行うまでは、任意に撤回できる。裁判所が証拠調べに着手した後は、挙証を撤回・取り消すことは、心証形成を妨げることになるので、許されない。

三　裁判所への審判要求の撤回を目的とする行為

判決によらずに訴訟を完結させる行為である訴えの取下げ、請求の放棄・認諾、訴訟上の和解を撤回・取り消すことは、訴訟係属の状態を著しく不確定な状態にさせるので、本来許容されるべきことではない。しかし、特に訴えの取下げ、訴訟上の和解については、その意思表示に瑕疵があった場合、その他刑事上罰すべき行為等再審事由に相当する場合には、撤回・取消しを許容されるべきものと解する。

第三項　訴訟行為の瑕疵

一　瑕疵ある訴訟行為と訴訟行為の成立・不成立

訴訟行為は、訴訟法規の定める要件・効果の規制を受けるところ、その要件に違背し、訴訟法上の効果を生じない行為を、瑕疵ある訴訟行為という。それは、訴訟行為としては成立している（訴訟行為の成立）が、その訴訟行為について

法が必要とする要件に違背する点で、不適法な訴訟行為といえる。これに対し、外形的には訴訟行為として存在しても、その方式をはじめとする要件をまったく欠いている場合には、訴訟行為として成立しているとはいえない（訴訟行為の不成立）。訴訟法規の定める要件を充たし、有効に成立し、所定の効果を生じる訴訟行為を適法な訴訟行為という。

二　瑕疵ある訴訟行為と瑕疵の治癒

瑕疵ある訴訟行為であっても、その瑕疵を治癒させることができるならば、それを許容することは当事者にとって利益になるのみならず、訴訟経済の視点からも十分是認できることである。

第一に、当事者が瑕疵ある訴訟行為を追認することにより、遡って確定的に有効とすることが認められる。訴訟能力、法定代理権・訴訟行為をするのに必要な授権を欠いている場合に、訴訟能力を取得した本人、適法に授権された代理人が、訴訟係属中にこれらを追認した場合には、行為の時に遡って効力を生じる（三四条二項三項・三七条・五九条）。選定当事者についても、同様の扱いが認められる（三四条三項）。

第二に、当事者が瑕疵ある訴訟行為を補正することにより、有効とすることが認められる。訴状（控訴状、上告状についても同様）の形式的要件、訴訟能力、法定代理権・訴訟行為をするのに必要な授権を欠いている場合に、裁判所は、ただちに無効とせず、補正を命じ、その機会を与えることが義務付けられている（訴状等について、一三七条一項・二八八条・三一四条二項、その他について、三四条一項・三七条・五九条）。選定当事者についても、同様の扱いが認められる（三四条三項）。

第三に、当事者が瑕疵ある訴訟行為を追認し、もしくは補正することなく、瑕疵ある訴訟行為が別の訴訟行為の要件備えている場合に、訴訟行為の転換により、その訴訟行為としての効果を認めることの可否が問題になる。無効行為の転換は、ある無効な行為の代わりに、これと類似の法律効果を生ずべき他の行為の効力を認めることによっ

て、当事者の意図した結果を達成させる法律行為の解釈である（末広厳太郎「無効行為の転換」法協五〇巻二号（昭和七年）（同『民法雑考』（日本評論社、昭和七年）一八四頁・二〇一頁以下）、中田淳一「訴訟行為の転換」法学論叢五九巻三号（昭和二八年）（同『訴訟行為と判決の法理』（有斐閣、昭和四七年）八頁・一二頁）。もっとも、それは申立ての一部認容とは異なるものの、処分権主義との関係で、二四六条の趣旨に反することはできないとされる（中田・前掲書二〇頁）。したがって、転換によってその効力を認められるべき訴訟行為は、現になされた訴訟行為とは、主として訴訟法上の方式・形式が異なるだけで、その実質的目的においては、同一もしくは類似のものであることを要することとなる（中田・前掲書二〇頁）。そして、転換は、行為者における法の不知もしくは錯誤の結果、その瑕疵ある訴訟行為がなされたのであり、行為者がもしこれを知っていたとすれば、他の行為をしたであろうと推測できる場合であることを前提とするとされる（中田・前掲書二〇頁）。この発想は、十分是認できると考える（もっとも、中田・前掲書二七頁が、これを裁判所の訴訟指揮権に包含される一作用とすることには疑問がある）。

三　瑕疵ある訴訟行為と当事者の救済措置

当事者が自己の行った瑕疵ある訴訟行為についての救済措置についてみると、第一に、当事者が本来のなすべき行為を行うことにより訴訟行為を懈怠したことによる瑕疵を治癒させる場合である。瑕疵ある訴訟行為により訴訟手続が進行し、判決にいたった場合には、当事者は上訴により救済を求めることができる。他方、訴訟行為について期間が定められ、それが不変期間であるときには、これを懈怠すると、裁判の確定等当事者にとって重大な結果をもたらすので、それが当事者の責めに帰すべからざる事由による場合は、懈怠した訴訟行為をなすことを許容する訴訟行為の追完という救済制度を設けている（九七条一項）。一般に、判決が確定すると通常の不服申立てはもはや認められなくなるが、その後も、特別の事由が存在する場合には、再審という非常措置が認められる（三三八条）。

第二に、裁判所及び相手方による訴訟行為が訴訟手続に関する規定に違背する場合は、当事者は異議を述べてその効力を争うことができる（九〇条。訴訟手続に関する異議権。講学上は責問権という）。裁判所が主宰する訴訟手続が適法に遂行されることは、訴訟の

公平という点で最も重要なことであるとともに、当事者としても自己の権利を保護する手続保障という視点から、所定の規定に違背する場合には、その効力を争う権利を認められるべきであるという趣旨による。それが任意規定である場合に、遅滞なく異議を述べないときは、その権利を失う（異議権の放棄・喪失）。任意規定という性質に照らし、異議を述べる権利を失うこととしても、当事者の手続保障を害するともいえず、手続の安定性を確保し、訴訟の迅速という要請を優先させるべきであり、それは訴訟経済にも適うことである。もっとも、自己の行為について異議権の放棄・喪失ということは認められない。

第四項　訴訟上における合意

一　訴訟上における合意の構造と適法性

訴訟行為は、当事者主義という基本理念と手続の安定性との調和を図り、公正かつ迅速にして、訴訟経済にも適う紛争処理に資することに向けて形成されている。そうした視点からみると、当事者間あるいは裁判所をも含む三者間において、訴訟手続に関わる合意形成が問題になる。そこには、合意の適法性、合意自体の法的性質決定、合意による訴訟行為の遂行及び訴訟手続の形成という面がある。

訴訟法規として明文の定めが存在しないときに、訴訟当事者間で合意を形成することが適法かということは古くから問題とされたところである（兼子一「訴訟に関する合意について」法協五三巻一二号（昭和一〇年）〔同・研究第一巻二四七頁以下〕、竹下守夫「訴訟契約の研究（一）—その総論的考察」法協八〇巻一号（昭和三八年）三八頁以下、青山善充「訴訟法における契約」『岩波講座・基本法学4・契約』（岩波書店、昭和五八年）二四六頁）。ここに「訴訟に関する合意」とは、当事者間で、将来紛争が生じた場合の訴訟に関して、もしくは裁判所を含む訴訟主体の間で、現に係属中の訴訟に関して、訴訟上の効果の発生を目的として交わされる合意をいう（兼子・前掲書二四一頁、青山・前掲書二四四頁は、裁判所を含めることについて明言していない。）。しかし、民事訴訟は私人間の法的紛争の処理であるという性

質に基づき、訴訟手続は当事者主義を基本的構造としている。訴訟法の規定は、すべてが強行規定ではなく、任意規定も少なくないばかりでなく、当事者の合意による訴訟手続の形成を認める規定も見受けられる（一二条）。そうしてみると、訴訟法は公法という枠組みに入る性格の規範であるとはいえ、強行規定に抵触しなければ、任意規定の枠内においては合意による訴訟手続の形成ということは訴訟規範とも十分に調和できるものと解する（青山・前掲書二四八頁）。もっとも、訴訟手続上の諸事項に係る個別の合意については、それぞれの事項に関する諸原則との整合性についての検証を行う作業を経ることが必要である。

二　合意自体の法的性質決定

「訴訟に関する合意」の法的性質についてみると、当事者間で、将来紛争が生じた場合の訴訟に関して、もしくは現に係属中の訴訟に関して、訴訟上の効果の発生を目的として交わされる合意は、一義的に決めることはできない。基本的な理解としては、第一に、訴訟法に規定のあるものについては、訴訟行為と解するのが自然な理解である。つぎに、訴訟法に直接の規定が設けられていないものについては、「訴訟に関する合意」は訴訟上の効果の発生を目的とする当事者間の合意によって形成される点に基本的要素があることに着目すると、当事者の効果意思という視点から考えるのが妥当である。しかし、そのことから訴訟法上の効果という性格を前面に押し出して、直ちに訴訟行為と推論するのは早計である。ここでいう当事者の効果意思とは、訴訟に関する合意により、直接的に訴訟上の効果を生じるか否かが決め手になると解する。たとえ、当事者が訴訟に関する合意をしても、それによって直ちに訴訟上の効果を生じるわけではない場合は、再び当事者の合意によりそれを撤回することも可能である。

(1)　訴え提起を目的とする合意　　訴え提起前に訴訟外において、私法上の取引行為に係る契約において、基本契約に付随して当該取引行為に係る紛争を生じた場合に備えて形成される点に特徴がある。第三款第一項（四三二頁）で

述べたことがそのまま当てはまる。

(2)　裁判所への審判要求を目的とする合意　申立て、主張、挙証に関する合意についてみると、申立て及び主張についてはその性質に照らし、当事者による合意を形成する余地はない。これに対し、挙証については、一般に証拠契約といわれ（七四九頁参照）、自白契約、証明責任を定める合意、証拠制限契約及び仲裁鑑定契約等があり、いずれも前述した訴え提起を目的とする合意として、訴え提起前に私法上の取引契約として合意される。それによって直接的に訴訟法上の効果を生じるわけではなく、当事者間に訴訟手続上における遵守義務を生じさせるに止まる点で私法行為と解する（伊藤・三〇三頁は、いずれも訴訟上の効果の発生を目的とする点に着目して訴訟行為とする。）。

(3)　裁判所への審判要求の撤回を目的とする合意　判決によらずに訴訟を完結させる旨の合意である。訴えの取下げの合意、訴訟上の和解が、それである（九二〇頁及び九五三頁参照）。

これに対し、裁判所を含む訴訟主体の間で、現に係属中の訴訟に関して、訴訟上の効果の発生を目的として交わされる合意については、もとより訴訟行為と解する。これについては、つぎの三で検討することとする。

三　合意による訴訟行為の遂行及び訴訟手続の形成

訴訟手続は訴訟法規によって画一的に定められていて、地域の如何を問わず、全国いかなる裁判所においても、一個の裁判権の下においては、画一的な手続に基づいて訴訟が運営されることは訴訟の公正を維持する基本的な原点であるという思想は、建前論として現在でも堅持されている。その一方で、地域の違いにより法曹人口をはじめとして司法環境に違いがあることは否定しがたいところであり、そうした状況に着目すると、個々の裁判所が民事訴訟法規の枠内とはいえ、地元の弁護士会との協議に基づき、当事者主義の原則に立脚して自律的合意の上でいわゆるローカル・ルールを構築し、もって円滑な訴訟運営を図ることはむしろ前向きに評価すべきことであるとされ

ている（最高裁判所事務総局民事局監修『条解民事訴訟規則』一三五頁、新堂・一九二頁）。また、産業社会の著しい発展とそれのもたらす市民生活への急速な変化により、社会生活における利害関係が錯綜し、その結果として生起する民事紛争も多様化の傾向にあり、個別事案毎の事情も一様ではない。そうした背景の下で、訴訟法規が訴訟手続上に生起する事項のすべてについてあらゆる事案に適切に対応できるとはいえない場合も想定される（竹下守夫「訴訟契約の研究―その総論的考察」法協八〇巻一号（昭和三八年）五五頁参照）。そうした状況を前提に改めて顧みると、個別事案毎にその事案限りでの当事者間さらには裁判所を含めた訴訟主体の間における合意形成により訴訟運営を図ることも、潜在的にはこれまでも行われてきたことであり、今後その傾向は徐々にではあるにしろ進んでいくものと想定される。そうした事態をもって、ただちに便宜訴訟もしくは任意訴訟（Konventional-prozess）として否定するべきではないのみならず、民事訴訟法規の枠内で、法規の柔軟な運用を図ることを容易く否定することは妥当でない。また、法規に欠缺が認められる場合に、その欠缺による訴訟手続上の不備を放置したまま訴訟運営を進めることは、当事者の手続保障を阻害し、しいては訴訟制度の存在意義を著しく軽減させるおそれも懸念される。そうした場合に、裁判所を含む訴訟主体間の合意によってその訴訟限りの訴訟手続を形成することは、法の欠缺を補充し、手続保障を確保する点において、積極的に評価されるべきことである（梅本吉彦「営業秘密の法的保護と民事訴訟手続」法とコンピュータ一〇号（平成四年）九〇頁。近時、同様の発想からこれを「審理契約」として位置付ける優れた研究がある、山本和彦「訴訟法律関係の契約的構成―裁判所と当事者との『審理契約』を中心として」法学五五巻一号・二号（平成三年）（同『民事訴訟審理構造論』（信山社、平成七年）三三五頁以下・特に三四二頁・三九九頁）。また、当事者自治の視点から幅広く認めるものとして、池田辰夫「訴訟係属前後の訴訟上の合意の適法性―訴訟審理における当事者自治とその限界」木川統一郎博士古稀祝賀『民事裁判の充実と促進・上巻』（判例タイムズ社、平成六年）（同『新世代の民事裁判』（信山社、平成八年）三一頁以下・特に三七頁））。

しかし、当事者間の合意が審判機関としての裁判所が有する固有の権限を侵すものであってはならない。たとえば、訴訟法規の強行規定に反する合意はもとより、心証形成、訴訟指揮権を妨げる合意は、訴訟手続上も効力を有しない。合意形成は訴訟主体の協議の積み重ねによる過程を経て無理なくなされるべきものであり、当事者間の隠れた合意により訴訟の進行を妨げるような背信的なものであってはならず（訴訟手続休止の合意の適法性については、五八四頁参照）、他方、裁判官の

強い個性と使命感が前面に出すぎて、当事者の自由闊達な訴訟活動を少しでも阻害するものであってはならない。

第三章　事案の解明と訴訟主体の役割分担

第一節　事案の解明についての裁判所と当事者の役割

第一款　事案の解明に向けた当事者の訴訟活動

当事者は、訴訟において事案の解明に向けて攻撃防御等の訴訟活動を展開するところ、それは自己の権利を保護し、その主張を裁判所に受け入れさせることを目的として追行される。したがって、訴訟においてどのような事実を主張し、それを証明するのに最も有効適切な証拠方法は何かを見極めるとともに、それらはどのようにして収集すべきかを判断するのは、正しく「自己責任」に帰属することである。他方、事案の解明は訴訟の基本理念である公正を確保する要であるとはいえ、そのために無制限な時間を要しても追求されるべきことではなく、相当なる時間的枠内で訴訟審理の迅速な進行との調和の上で追行される必要がある。したがって、当事者の訴訟活動も、攻撃防御方法は、訴訟の進行に応じて適切な時期に提出し（一五六条。適時提出主義）、信義に従い誠実に訴訟を追行し（二条後段）、もって訴訟の迅速に努めることを要請される。

第二款　事案の解明に関する基本原則

民事訴訟の目的は、利用者の立場からみると、原告と被告とを問わず自己の権利の保護にある。訴訟制度の設置者である国家の立場からみると、法秩序の維持にある。これらの立場の異なるいかんを問わず、裁判所が裁判をもって国家の統治機関としての公的判断を行うには、公正、迅速及び安価であることを基本理念とする。この公正という理念の内容の一つとして、真実の追求があり、事案の解明によってなされる。

そこで、当事者主義を基調とする訴訟構造において、当事者の自己の目的へ向けて訴訟活動を展開させる権利保護と当事者の審判機関である裁判所の公正な審判という理念を調和させ、事案の解明のために訴訟制度において採用されるべき施策として、二つの方向が考えられる。一つは、当事者に権限と責任を委ねるという施策であり、もう一つは裁判所が責任を負うという施策である。前者の立場によった場合と後者の立場によった場合とで、事案の解明のために採用する原則は異なってくる。わが国の民事訴訟は、前者を基本的原則とし、後者を補完的に取り入れるという立場を採っている。

第二節　弁論主義

第一款　弁論主義の構造

一　弁論主義

訴訟において事案の解明を図るのに、裁判所はどのような素材によって審判するかという判断の基礎と、その素材はだれが提供するかという判断の基礎の提供責任主体が問題になる。それには、裁判所が判断の基礎とする資料を訴訟の場に提供する手続自体が公正かつ公平であることを要する。判決の基礎となる事実の確定に必要な資料の提出を当事者の権能と責任とする建前を、弁論主義という。ここに判決の基礎となる事実の確定に必要な資料を訴訟資料といい、その提出活動は、主要事実の主張とそれに必要な証拠の申出から成り立っている。これに対し、訴訟資料の提出を当事者の意思のみに委ねず、裁判所の職責ともする建前を、職権探知主義という。

そして、裁判所が公正な審判を行うには、判決の基礎となる事実の確定に必要な資料を提出する機会が当事者に平等に与えられるとともに、公開の法廷において実施され、当事者の意思が裁判所に最も効果的に伝えられて、裁判所も当事者の意思を直接に受領し、かつ理解できる仕組みを用意することが必要である。これらの点については、「訴訟審理における口頭弁論の構造」として次章において検討する。

二　弁論主義の根拠

民事訴訟は民事紛争の処理を図るという機能を目的としていることにより、その構造は私的利益に係る事項は当

事者の自由意思の尊重を基調とする当事者主義を基本理念として形成されている。右の基本理念は、国家秩序の立場からみても、社会生活における私的利害の対立によって生起する紛争について、国家が法秩序を維持するために司法機関として裁判制度を設け、訴訟制度を設営するとともに、それらの紛争に平等かつ公正に対処して事案の解明に努めるために、最も有効かつ適切な姿勢といえることにある。

このような視点から前記の基本理念についてみると、その内容は、第一に、私的利益の処分は当事者の意思に委ねられるということである。訴訟における処分権主義の原則である。私人間の紛争は、どのような紛争であっても、当事者から訴えが提起されるのをまってはじめて、裁判所は審理を行うという「訴えなければ裁判なしの原則」を原点とする。それは、訴訟の開始、請求の内容及び求める裁判の特定、判決によらない訴訟の完結について、当事者の意思を尊重するとともに、当事者がこれらの権能を有することを認める原則として顕在化される。

第二に、裁判所が私人間の紛争を処理するについては、判断の基礎となる事実の確定に必要な資料の提出を当事者の権能と責任とすることである。弁論主義の原則である。したがって、弁論主義は、当事者主義を基本理念とする民事訴訟の本来的性格に起因して導き出される原則であり、法秩序の維持を目的とする民事訴訟制度の設営の趣旨にも合致することによって検証され、裏付けられるという構造にある。(1)

(1)　弁論主義の根拠に関する学説　弁論主義の根拠については、古くから諸説があり、第一に、私人間の紛争を裁判所によって国家的解決を図るには、できるかぎり当事者間の自主的解決に近いようにすることが、公平であるとともに当事者の納得を得やすいという民事訴訟の本質的要請に基づくものであるとする説（兼子一「民事訴訟の出発点に立返って」法協六五巻二号（昭和二二年）（同・研究一巻四七七以下・特に四九〇頁）、村松俊夫「弁論主義」『民事訴訟法講座二巻』（有斐閣、昭和二九年）（同『民事裁判の理論と実務』（有信堂、昭和四二年）九九頁）、新堂・三七九頁、高橋・三五〇頁）、第二に、真実発見のための合目的的考慮の所産であるとする説（村松俊夫「弁論主義の本質に就ての一考察」民商一〇巻三号（昭和一四年）（同『民事裁判の研究』（有信堂、昭和三〇年）一五一頁）（旧説）、菊井維大『民事訴訟法上・補正版』（弘文堂、昭和四三年）一六一頁、三ケ月・全集一五七頁（旧説）、斎藤秀夫『民事訴訟法概論〔新版〕』（有斐閣、昭和五七年）二〇三頁）、第三に、既存の学説が主張する根拠をすべて総合した多元的根拠に基づく歴史的所産とする説（竹下守夫「弁論主義」『演習民事訴訟法』（新演習法律学講座）（青林書院、昭和

六二年（初出・昭和四八年））三七五頁、三ケ月章「民事裁判における訴訟指揮」判タ三七一号（昭和五四年）（同・研究八巻八〇頁））等がある。第四に、これらとは別の視点から、弁論主義を見直し、民事裁判の基礎となる事実資料の収集を当事者の責任かつ権能とする面と、当事者の主張しない事実を裁判所が認定できないとする面に分け、前者を本来的弁論主義と称し、その根拠は多元説が該当するのに対し、後者は機能的弁論主義と称し、当事者の攻撃防御の機会の保障を根拠とすると解する説（小林秀之『民事裁判の審理』（有斐閣、昭和六二年）二七頁以下）がある。第五説として、第一説とは別に、民事訴訟を私人の私的利益の保護を目的とする公的サービスと捉え、私的自治の原則を前面に出して、そこに弁論主義の根拠を求める説がある（山本和彦「狭義の一般条項と弁論主義の適用」廣中俊雄先生古稀祝賀論集『民事法秩序の生成と展開』（創文社、平成八年）七七頁、同旨・『注釈民事訴訟法（3）』（平成五年）五三頁〔伊藤眞〕）。第二説は、職権探知主義を採用する人事関係訴訟と比較して、通常民事訴訟について特に該当する根拠がなく、第三説は、多元的根拠に基づく歴史的所産とするだけでは、学説として整理されてなく、未成熟の感を否定できない。さらに、第四説は、魅力ある考え方ではあるが、このように区別すべき根拠が明確性に欠ける点で是認し難い。これに対し、第一説は、民事訴訟の本質に原点を求める点で共通しているようであるが、個々の学説は必ずしも十分に考えられた上での到達点とも見受けられない節がある。この説の牽引車的立場を担った兼子博士は、私人間の紛争を民事裁判によって解決する必要がある場合に、できるかぎり私人間での自主的解決に近い結果をえることを理想とし、そこを基礎とする当事者主義から処分権主義と弁論主義を導き出している点に特徴がある（兼子・前掲書四九〇頁）。そこでは、「私的自治」という概念を用いてはいない。これに対し、第五説は私的自治の原則との繋がりを強調する。しかし、私的自治の原則から演繹的に弁論主義を導き出すことは、「私的自治の原則」の沿革的に照らしても（村上淳一「倫理的自律としての私的自治」法協九七巻七号（昭和五五年）九八二頁以下、星野英一「意思自治の原則、私的自治の原則」『民法講座(1)民法総則』（有斐閣、昭和五九年）（同『民法論集第七巻』（有斐閣、平成元年）一一九頁以下））、適切ではなく、現代法としての民事訴訟法の枠組みの中で捉える場合には、むしろ「自己規律」ないし「自己責任」の思想に求めるのが妥当である（北村一郎「私法上の契約と『意思自律の原理』」『岩波講座・基本法学4・契約』（岩波書店、昭和五八年）一六六頁参照）。

弁論主義の根拠について、結論として民事訴訟の本質に求める第一説を支持するが、その意味する内容と論理構成については、一様ではなく、本文に述べたように解すべきものと考える（学者としてあるいは裁判官として指導的立場にある先達が、前述したように見解を変更することは、この問題が民事訴訟法学の根本に関わる難解な問題であることを象徴している。）。

三　弁論主義と処分権主義との関係

民事訴訟の構造は当事者主義を基本理念として形成されている。その当事者主義は、私的利益に係る事項は当事

者の自由意思の尊重を基調とし、民事訴訟上において、処分権主義と弁論主義によって成り立っている。処分権主義も弁論主義も、当事者主義を理念とする基盤の上に形成される点で共通するといえる。

処分権主義は、私的利益の処分は当事者の意思に委ねられるという原則である。それは、訴訟の開始、請求の内容及び求める裁判の特定、判決によらない訴訟の完結について、当事者にこれらの権能を委ねることを認めるものである。これに対し、弁論主義は、処分権主義の下において、裁判所が私人間の紛争を処理するに際し、その判断の基礎となる事実の確定に必要な資料の提出をめぐる権能と責任の帰属に関する問題であり、職権探知主義に対立する概念である。処分権主義は、審判の対象を限定し特定する権能を当事者に与えるのに対し、弁論主義は、当事者によって限定し特定された審判の対象について審理する範囲と素材を当事者の判断に委ねる点で、両者は連動する機能を営む性格を有する（もっとも、処分権主義に反しなくても、弁論主義に反する場合がある（八五〇頁参照）。）。

したがって、処分権主義と、弁論主義と職権探知主義の選択とは、次元を異にする問題である。職権探知主義の下でも、処分権主義はなお適用されるのであり、その一例である人事訴訟においても、訴訟の開始、請求の内容及び求める裁判の特定をはじめ、判決によらずに訴えの取下げにより訴訟を完結させる権能を当事者は保有している。その点では、弁論主義の下におけるのと変わるところはない。

その反面で、処分権主義の下においては、判決によらずに訴訟を完結させる権能を当事者に与えるところ、請求の放棄・認諾、訴訟上の和解は、単に裁判所に対する審判の要求を撤回する機能に止まらず、確定判決と同一の効力を生じる機能を有する（二六七条）。そうすると、紛争処理の内容を当事者の意思のみに委ねることとしない職権探知主義の下では、それと同様の機能を有する請求の放棄・認諾、訴訟上の和解は、許されないことになる。その限度において、当事者主義を基盤とする処分権主義は、職権探知主義の下では制約されることとなる。

四　弁論主義と真実義務

(1)　真実義務の構造　民事訴訟は、利害関係の対立する当事者が自己の権利を護るために攻撃防御を展開するという基本構造から成り立っている。この性格を率直に認める前提に立っても、当事者は、たとえ訴訟戦術としてであれ、攻撃方法としても防御方法としても、意識的に真実に反する主張をすることまでも許容されるものではない。このように、当事者が真実に反する事実であることを知っていながら真実であると主張し、あるいは真実であるかのように主張すること、及び相手方の主張する事実が真実であることを知っていながら、それを争ってはならない、という訴訟上の義務を、「真実義務」という。もともと、真実義務は、訴訟上の信義則として定立されていたことではある（たとえば、兼子一「民事訴訟の出発点に立返って」法協六五巻二号（昭和二二年）（同・研究一巻四九二頁）、中野貞一郎「民事訴訟における信義誠実の原則」民商四三巻六号（昭和三六年）（同『訴訟関係と訴訟行為』（弘文堂、昭和三六年）三八頁以下）、同「民事訴訟における真実義務」末川先生古稀記念『権利の濫用・中』（有斐閣、昭和三七年）（同『過失の推認』（弘文堂、昭和五三年）一五三頁以下・特に一六四頁）。また、ドイツ一九三三年法が真実義務の規定を新設した当時の学説を検証したものとして、中田淳一「訴訟上の真実義務について」法学論叢三四巻二号（昭和一一年）（同『訴訟及び仲裁の法理』（有信堂、昭和二八年）六五頁以下）は、この問題の先駆的研究である。）が、現行法制度の下における実定法上の直接的根拠は、新設の二条にあると解するのが相当である（これに対し、旧法の下で、伊東乾「信義則に代わるもの」民商七八巻臨時増刊号(3)（昭和五三年）三八頁以下は、訴訟行為に信義則の適用を認めつつ、自律的行為責任に委ねるべしとする立場から真実義務については理論的にも政策的にも疑問とする。）。もっとも、それは、当事者の主張が客観的事実と一致していることまでも要求するものではない。

そこで、裁判所が私人間の紛争を処理するに際し、事案の解明のための訴訟資料の収集を当事者の権能と責任に委ねる弁論主義を採用したこととの関係が問題になる。

第一は、弁論主義の下では、真実の発見ないし追求には限界があり、したがって当事者に真実義務を課することは弁論主義に抵触するのではないかという疑問である。しかし、一般の民事紛争については訴訟資料の提出を当事者の権限と責任に委ねることが事案の解明のために有効かつ適切であり、それによって真実の発見ないし追及に資することと認められることによるのである。かりに、裁判所が当事者の主張に不明確ないし疑義があると判断した

場合には、釈明権を行使することにより、当事者の主張に係るこれらの点を明らかにする措置を同時に用意することによって事案の解明に努めることとされている。そうしてみると、前記第一の疑問は当たらないといえる。

第二に、弁論主義の内容の一つとして裁判所に対する自白の拘束力を認めることと真実義務とは、両立しないのではないかという疑問である。当事者に課す真実義務は当事者の主張が客観的事実と一致していることをまでも要求するものではないとすると、当事者間に争いのない事実は客観的真実に一致していないこともあり得ることとなる。他方、真実義務が、主観的真実に反する自白および擬制自白の裁判所に対する拘束力を排除するものであれば、弁論主義に抵触するのではないかという疑問となる（山木戸克己「弁論主義の法構造」中田淳一先生還暦記念『民事訴訟の理論（下）』（有斐閣、昭和四五年）（同『民事訴訟法論集』一六頁）、もっとも、同見解も真実義務そのものについては信義則の適用の一例として是認する、同書一八頁）。

しかし、前者についてみると、弁論主義は、訴訟資料の収集を当事者の権限と責任に委ねることが事案の解明に有効且つ適切であることに由来し、それによって真実の追及に資することとなる趣旨であるのに対し、真実義務を当事者の主張が客観的事実と一致していることをまでも要求するものではないとするのは、むしろ当然のことである。そこから、訴訟審理を通じて事案の解明を図るのであり、真実義務を主観的真実の局面で捉えるのは、それを課することにより事案の解明の妨げとなる要素をあらかじめ除去することにある。後者は、自白が真実に反する場合には、それが錯誤によるものであれば取り消すことができ（大判大正一一・二・二〇民集一巻五二頁）、自白した事実が真実に反する場合には、錯誤によるものと認められる（最判（三小）昭和二五・七・一一民集四巻七号三一六頁）のは、法律行為の一般理論に照らし、自然の理である。

このように見てくると、真実義務を認めることは弁論主義と抵触しないことはもとより、むしろ弁論主義は、当事者に真実義務を課することによりはじめて成り立つのであり、弁論主義を実効化あらしめるために、必要なことと認められる（中野・前掲書一六六頁は、真実義務は当事者が事実資料を提出する仕方を規制し、事実資料の提出に当たって自己の懐抱する主観的意思に違反してはならないというに止まることをもって、弁論主義との両立を主張するが、技巧的な理由に偏しているきらいがある。）。

当事者は訴え又は抗弁の基礎をなす事実関係について知っている事実を有利不利に関わらず完全に陳述しなければならない、という訴訟上の義務を、「完全陳述義務」として位置付け、この義務を当事者に課する考え方がある（中田・前掲書七四頁、中野・前掲書一五六頁参照）。オーストリア民訴法及びドイツ民訴法が、いずれも「真実」とともに「完全」という文言を条文に明示していることに源がある。[2] 訴訟上における信義則の各論的事項の一つとして、真実義務とともに完全陳述義務を位置付けることができると考える。そこでいう完全という意味は、真実義務におけると同様に、主観的に認識していながら陳述しないことを規制するのであって、客観的に存在するすべての事実を陳述することを義務付けることを意味するものではない。その趣旨は、主観的に認識している事実を隠したまま裁判されることにより実体的真実に反する裁判を招来する事態を防止することにある。完全陳述義務は、裁判長が釈明権を行使した場合（一四九条）、当事者照会の場合（一六三条）に、自己に不利な事実、証拠の隠匿を許容しない根拠として実践的意義を有すると位置付けるのが妥当である（伊藤眞「開示手続の理念と意義（下）」判タ七八七号（平成四年）二七頁は、こうした場合に完全な回答を義務付ける理念とする。）。そのように考えると、完全陳述義務も、弁論主義と抵触するものではなく、むしろ弁論主義を実効化あらしめる意義を認めることができる（中野・前掲書一五六頁、加藤新太郎「真実義務と弁護士の役割」判時一三四八号（平成二年）（同『弁護士役割論〔新版〕』（弘文堂、平成一二年）二七九頁注8）、高橋・重点講義三九六頁）。この点について、完全陳述義務が弁論主義との関係で問題になるのは、主要事実に限られるとして、訴え又は抗弁を理由付ける事実についても陳述する義務を負うものとすれば、主張責任の原則に撞着するという見方がある（山木戸・前掲書一九頁）。しかし、対象となる事実に着目するのは、完全陳述義務の理解自体が不適切であって、前述した趣旨に照らし、疑問である。

他方、真実義務をさらに発展させて、そこから直ちに当事者に「事案解明義務」を課したものと推論することは妥当でない。この考え方は、証明責任を負う当事者に対し事案の解明を期待できないときは、証明責任の分配と関わりなく、一定の要件の下に証明責任を負っていない相手方にも一定程度の事案解明を求め、その違反に対し何ら

かの制裁を科す行為規範定立の必要性を説くものである（春日偉知郎「事案解明義務」民訴雑誌二八号（昭和五七年）（同『民事証拠法研究』（有斐閣、平成三年）二三四頁）、もっとも、同論文は、事案解明義務を証拠の収集・提出との関係で論じていて、真実義務との関係で取り上げているわけではない。）。そして、相手方に事案解明義務を求める当事者は、①自己の権利主張について合理的な基礎があることを明らかにする手掛りを示すこと、②この者が、客観的に事案解明をなしえない状況にあり、かつ、③そのことにつき非難可能性がないこと、④相手方が事案解明を容易にでき、その期待可能性があることを要件としている（春日・前掲書二四七頁）。この点について、実質的当事者平等の実現を求めるものとして、積極的に評価する立場も見られる（上田徹一郎『当事者平等原則の展開』（有斐閣、平成九年）四九頁）。しかし、結果として証明責任の転換を生じることになること（石川明「証拠に関する当事者権―証拠へのアクセス」『講座民事訴訟5』（弘文堂、昭和五八年）一五頁）、主張・証明責任の区別があいまいになるのみならず、当事者双方が事案の解明を行わなければならず、裁判所に対する情報提供者にすぎなくなり、主体的地位を失うおそれがあること（小林秀之『新証拠法』（弘文堂、平成一〇年）一四二頁）等の批判がある。また、訴訟審理における真実発見のための方向性としては評価しつつも、理論的に未成熟であるという裁判官の立場からの指摘（加藤新太郎・前掲書二八五頁）は、示唆に富むものがある。事案の解明は審判機関である裁判所の職責であって、その判断の基礎となる事実の確定に必要な資料の提出を当事者の権能と責任とすることをもって、当事者が相手方もしくは裁判所に対して事案解明義務を負うとすることは、訴訟手続における訴訟主体の役割分担のあり方についての認識に疑問がある。

（2）　真実義務と比較法制　　真実義務をはじめて明文化したのは、一八九五年（明治二八年）のオーストリア民訴法で、つぎのように定めている。「第一七八条　いずれの当事者も、その陳述中で個々の事件において自己の申立てを理由づけるのに必要なすべての事実を、真実に即して完全に、かつ、特定して主張し、相手方当事者がした事実の主張及び申し出た証拠について明確に意見を述べ、取り調べられた証拠の結果について説明し、かつ相手方当事者の関連する主張についても明確に意見を申し述べなければならない。」（法務大臣官房司法法制調査部『オーストリア民事訴訟法典』（法務資料第四五六号・平成九年）六四頁）

さらに、一九三三年（昭和八年）のドイツ民訴法は、つぎのように定めている。「第一三八条第一項　当事者は事実状況に関する陳

述を完全かつ真実にかなってしなければならない。」（法務大臣官房司法法制調査部『ドイツ民事訴訟法典』（法務資料第四五〇号・平成四年）五二頁）

他方、フランス民事訴訟法では、司法に対して節度を守る義務を定めた規定（二四条）はあるものの、真実義務を定めた明文規定はなく、判例において、道徳的義務として把握されていると解されている（徳田和幸「フランス民事訴訟における防御権理論」民商七五巻六号（昭和五二年）（同『フランス民事訴訟法の基礎理論』（信山社、平成六年）三〇頁））。なお、一九七六年（昭和五一年）施行の新法では、当事者の証拠調べ協力義務の規定を新設している（一一条）。

これに対し、わが国では、新法においても明文規定を設けるには至ってないが、テッヒョー草案にはオーストリー民訴法に倣った規定が置かれていた。「第二三二条　事実ノ陳述ハ真実ニ基キ完全ニ一定ナルヲ要ス」（テッヒョー『訴訟法草案』（山田顕義司法大臣宛）（一八八六年＝明治一九年））

(2)　真実義務違反の効果　当事者に訴訟上の真実義務、完全陳述義務を認めるとしても、その法的効果をどのように位置付けるかが最も重要な問題である。基本的には、真実義務違反に基づく法的効果を導くことは困難であり、その限りでは理念的な位置付けに止まるように見える。しかし、裁判長による釈明権の行使による事案解明に向けた積極的な姿勢に対する当事者の回避的ないし逃避的態度等は弁論の全趣旨として、事実認定に斟酌されることとなり、これをもって当事者に対する不意打ちと批判することはできない。そうした視点からみると、やはり単なる理念に止まらず、信義則の具体的な発現形態の一つとして、訴訟審理において少なからざる意義を認めることができる。また、真実義務は、それ自体単独で直接的な効果を営む機能を果たす性質ではなく、釈明権等と連動することによりはじめて、有効に機能するものである。

さらに、真実義務は、訴訟代理人に向けられるべきである。訴訟代理人としての弁護士は、基本的に依頼者である当事者の権利を擁護することに使命がある。しかし、弁護士法第一条第二項に定める誠実義務とは、相手方（代理人を含む）及び裁判所に対する関係においても保持されることが要求される。また、その誠実義務は、依頼者との委任契約関係における善管注意義務に加重された法的義務と解するのが相当である（伊藤眞「弁護士と当事者」『講座民事訴訟3』（弘文堂、昭和五九年）一二三頁、日本弁護士連合会調査室編著『条解弁護士法（第二版・補正版）』（弘文堂、平成一〇年（初版・平成五年））一八頁。また、加藤新太郎『弁護士役割論（新版）』（弘文堂、平成一二年）三六〇頁は、弁護士・依頼者間の信認関係による誠実義務と当該弁護士を基準とする実質的に善管注意義務を加重した誠実義務二元説を主張する。これに対し、小林秀之

「弁護士の専門家責任」専門家責任研究会編『専門家の民事責任』（商事法務研究会、平成元年）七八頁は、倫理規定と解する。さらに、鈴木重勝「弁護士の民事責任」『判例研究・取引と損害賠償』（商事法務研究会、平成元年）二五六頁は、法的規範としての誠実義務を否定する。）。真実義務は、本条にいう信義則の発現形態の一つでもある（加藤新太郎「真実義務と弁護士の役割」判時一三四八号（平成二年）（同・前掲書二六三頁以下）が、真実義務を訴訟当事者を適切に助言しつつ、訴訟を遂行すべき訴訟代理人たる弁護士のあるべき執務規範の発現として位置付けるべしとするのは、極めて適切な指摘である。）。また、弁護士倫理第四条は、「弁護士は、信義に従い、誠実かつ公正に職務を行う。」と定め、同第七条は、「弁護士は、勝敗にとらわれて真実の発見をゆるがせにしてはならない。」と定めている（日本弁護士連合会弁護士倫理に関する委員会編『注釈弁護士倫理［補訂版］』（有斐閣、平成八年（初版・平成七年））三八頁は、前記倫理第七条は、弁護士の真実義務を定めたものではないとし、弁護士は依頼者の同意なしに不利益な陳述をすることは許されないとする。）。こうした真実義務は、とりわけ、証拠の偏在する訴訟では、証拠を保有する側の訴訟代理人に事案の解明に対する厳しい真実義務が課せられるのではないか。たとえば、医療過誤訴訟、薬害訴訟、消費者訴訟、製造物責任訴訟等は、その例である。これらは、国等の指定代理人についても同様であって、単に自己が代理する国等の利害を護るために使命があるのではなく、むしろ訴訟代理人をはるかに上回る公的使命を担っているのであり、それは自己が代理する国等の利害を超えた公益的立場に位置し、厳しい真実義務と完全陳述義務を負う職務であると認識しなければならない。したがって、裁判長も、そうした点を深く認識し、釈明権の行使をしなければならない。

第二款　弁論主義の内容

弁論主義は、判決の基礎となる事実の確定に必要な資料（訴訟資料）の提出を当事者の権能と責任とする建前をいう。訴訟資料の提出活動は、主要事実の主張とそれに必要な証拠の申出から成り立っている。実定法上において弁論主義の内容について直接に定める規定はない。弁論主義の構造を踏まえて、現行法体系の枠内で捉えると、三つの柱から成り立っている。

一　主張責任

(1)　主張責任の構造　弁論主義の下では、主要事実は当事者が口頭弁論で陳述しないかぎり、裁判所は判決の基礎として採用することができない[1]。したがって、当事者が自己の主張を直接に根拠付ける事実である主要事実を弁論で陳述しないと、裁判所はその事実を顧慮せず、存在しないものとして取り扱うこととなる。この不利益を主張責任という。主要事実について、いずれの当事者が主張責任を負うかの定めを、主張責任の分配という。主張責任の分配は、実体法規に定められた権利ないし法律効果の発生を主張する者が、それを基礎付ける要件事実を主張する責任を負担するのを原則とする。それは訴訟の進展によって変動することはなく、実体法規によって定まる。当事者が主張したか否かが、明確でなくても、弁論の全趣旨から主張されたものと認められる場合は、主張されたものと認めて差し支えない。主張責任は、弁論主義の下でのみ観念されることであり、職権探知主義の下では生じる余地がない。

これらは、原告が主張する請求原因たる事実に止まらず、被告の主張する抗弁事実、又は原告の主張する再抗弁事実及び被告の主張する再々抗弁事実についても、同様である。

（1）　主要事実・要件事実・間接事実・補助事実の概念　権利又は法律関係の発生・消滅・障害等の法律効果を直接に基礎付ける事実を、主要事実という。主要事実について、法律効果の発生・消滅・障害等を基礎付ける法律要件を構成する事実という点に着目して、要件事実という語を用いることもあり、通常、主要事実と要件事実とは、同義語と解されている（司法研修所編「民事訴訟における要件事実―総論」司法研修所論集七二号（昭和五九年）（同『増補民事訴訟における要件事実・第一巻』（法曹会、昭和六一年）三頁））。現実の社会生活において生起した具体的事実の存在を判断するのが事実認定であって、認定された事実が、法律効果の発生を基礎付ける法律要件を構成する要件事実に該当するか否かを判断するのは法律判断であり、その過程を包摂（あてはめともいう。）という。また、主要事実の存在を経験則によって推認させる事実を間接事実といい（徴表ともいう。）、証拠の信憑性を覆すための事実を、補助事実という。

この点について、主要事実と要件事実を区別すべき旨を提唱する見解がある。この見解は、一般条項にどのように対応すべきかという問題に直面し、主要事実と要件事実を同意義に理解する従来の考え方を疑問であるとして、一般条項における具体的事情を主要事実とし、構成要件要素へのあてはめが普通の条文と違う点を重視して、「準主要事実」と呼ぶべしとする（倉田卓次「一般条項と証明責任」（昭和四九年）（同『民事実務と証明論』（日本評論社）二五九頁））。その後、法規の前提命題で要求されている事実の全体が法律要件であり、それを構成する各個の事実が要件事実であって、法規の要件事実に該当する具体的事実を主要事実とする見解に発展した（山木戸克己「自由心証と挙証責任」大阪学院大学法学研究一巻一・二号（昭和五一年）（同『民事訴訟法論集』（有斐閣、平成二年）四九頁））。その違いとして、要件事実は一般的生活関係に該当する類型的事実であって、法的概念であるのに対し、主要事実は現実の生活関係における具体的事実であって、事実的ないし経験的概念であるとする。そして、一般の要件事実においては、主要事実を示すのに法規上要件事実を示す概念がそのまま使用されるので、両者を同視され易いが明確に区別すべきであるとしている。これに対し、法律要件を構成する要件が一般条項によって示された規範的要件である場合に、その規範的要件に該当する具体的事実が要件事実であることは、通常の要件の場合と同様であって、この要件事実を主要事実といっても差し支えないとするとともに、法律要件の一部である規範的部分は個別的法律要件と呼べば足り、これを要件事実と通常の意味の事実のようにいうことは適切でないとする批判がある（伊藤滋夫「要件事実と実体法断想（上）」ジュリ九四五号（平成元年）一〇四頁））。一般条項あるいは不特定概念という特別の事項を素材にして全体を論じることにより、一見すると精緻な分析のようではあるが、全体的に技巧に傾斜しすぎ、問題をいたずらに複雑にしているきらいを否定できず、その点で右の批判を妥当と考える。

(i) 主張共通の原則　主要事実について、主張責任を負う者が主張したか相手方が主張したかに関わらず、当事者のいずれかが口頭弁論で主張していれば、裁判所は、右事実を判決の基礎とすることができる。これを「主張共通原則」という[2]。その根拠は、第一に、弁論主義は、訴訟資料の収集に関する裁判所と当事者間の役割分担を規律するに止まり、両当事者間の役割分担を定めたものではないから、いずれの当事者がその事実を訴訟に持ち込んだかを問題にするものではないこと、第二に、主張責任の原則は、いずれの当事者からもその法律要件を充足する事実が提出されない場合に、その事実の存否をいずれの当事者の不利益に判断すべきかの問題であって、すでに提出されている場合は、もはや主張責任の関するところではないという点にある（兼子一「相手方の援用せざる当事者の自己に不利なる陳述」『法学協会五十周年記念論文集』（昭和

八年）（同・民事法研究第一巻二一三頁）。これに対し、憲法上の意義における「裁判」の手続き内において、憲法三二条によって、当事者ないしそれに準ずる利害関係人に保障される基本的人権としての弁論権の積極的効力に根拠を求める見解がある。その積極的効力とは、「当事者は事実を提出し証拠方法を申し出る権能を有する」ことにあるという、山本克己「当事者の一方しか『主張』し得ない無効と主張共通の原則——錯誤無効を例に」奥田昌道先生還暦記念『民事法理論の諸問題・下巻』（成文堂、平成七年）一一六頁。しかし、憲法にまで遡ることなく、訴訟法の枠内に根拠を求めるのが、平衡感覚のとれた理論構成と考える。なお、井上治典「手続保障の第三の波」（昭和五八年）（同『民事手続論』（有斐閣、平成五年）五一頁）は、訴訟手続における当事者自治の役割を強調し、当事者間の責任分配のあり方という視点から、対立当事者間の主張共通の原則を否定する。）。もっとも、当事者のいずれかが口頭弁論で主張していれば、裁判所は、右事実を判決の基礎とすることができるのであって、常に斟酌しなければならないわけではなく、斟酌するか否かは裁判所の裁量に委ねられる（裁判所が斟酌しなかった場合には、釈明義務違反ないし審理不尽を問われる余地はある。最判（一小）昭和四一・九・八民集二〇巻七号一三一四頁が、斟酌すべきであるとする趣旨も、上告審として自判可能な事案について破棄差し戻していることに照らすと、同様の趣旨と解するのが相当である。これに対し、最判（一小）昭和二七・一一・二七民集六巻一〇号一〇六二頁は、裁判所の斟酌すべき義務を認める。）。

（2）　主張共通の原則と「当事者の一方のみが主張できる無効」

対立当事者間に主張共通の原則を認めることにより、実体法上において「当事者の一方のみが主張できる無効」との関係が問題になる。この問題の端緒は、最判（二小）昭和四〇・九・一〇民集一九巻六号一五一二頁が、民法九五条を表意者保護の規定と解する立場から、表意者自身が意思表示に瑕疵を認めず、錯誤無効を主張する意思がないにもかかわらず、第三者が錯誤無効を主張することは許されないとしたことにある。判旨がいう、「錯誤無効を主張する」ことは許されないという意味を錯誤の要件に該当する具体的事実を主張することを意味するならば、その限りにおいて、主張共通の原則を否定することになるからである。この点について、錯誤無効を主張する権利を同条の意味での抗弁事項ではなく、抗弁権（Einrede）として延期的抗弁権と法的構成することにより、法律効果である相手方の権利貫徹の阻止効を生じるためには、抗弁権の発生要件を充足するだけでなく、抗弁権者の抗弁権行使の意思表示を必要とする点に着目し、主張共通の原則との整合性を図る注目すべき見解がある（山本克己・前掲書一二一頁）。これに対し、錯誤無効は表意者に固有のもので、表意者による観念の通知であると解し、表意者に要素の錯誤があるだけでは無効の主張として完結せず、表意者自身による無効の主張という観念の通知を要するところ、それを主張する意思がないのはその点を欠くので、たとえ第三者が錯誤無効を主張しても、それ自体は適法であるが、理由がなく、したがって失当であるにすぎないと解し、主張共通の原則とも矛盾しないとする立場がある（賀集唱「『無効主張権』及び『二重効問題』―攻撃防御方法としての錯誤無効の主張と詐欺取消しの主張」『司法研修所論集　創立五十周年記念特集号　第一巻　民事編Ⅰ』（平成九年）六一頁）。錯誤無効の主張について、前者は、抗弁権としての延期的抗弁という視点から、後者は、観念の通知という視点から、前記判例について、主張共通の原則との法的整合性を図っている。さらに、商法の分野においても同様の問題を生じる（上柳克郎「商法における『当事者の一方のみが主張できる無効』」服部栄三先生古稀記念『商法学における論争と省察』（商事法務研究会、平

成二年）〔同『商事法論集』（有斐閣、平成一一年）四八頁以下〕）。それをも視野に入れて考えると、民法と商法の問題を少なくともこの場合については、別に対処する理由も見出し難く、観念の通知と解するのが無理のない考え方という点で妥当である。

(ii)　相手方の援用せざる自己に不利益な陳述　　相手方に主張責任のある主要事実を他方の当事者が主張し、相手方がこの主張を援用した場合は、自白となる。これと異なり、相手方に主張責任のある主要事実を他方の当事者が主張し、相手方がこの主張事実を争っている場合に、裁判所は、主張共通の原則により、主張責任を負わない当事者の主張として、右主要事実をそのまま訴訟資料とすることができ、この当事者の主張を「相手方の援用せざる自己に不利益な陳述」あるいは単に「不利益陳述」という（兼子・前掲書二〇二頁以下・特に二一三頁、司法研修所編「民事訴訟における要件事実―総論」司法研修所論集七二号（昭和五九年）〔同『増補民事訴訟における要件事実・第一巻』（法曹会、昭和六一年）一八頁〕）。陳述をした当事者からみると、判決の基礎として採用されたときには、その当事者に不利益な本案判決を被る可能性のある事実であることから、自己に不利益な陳述（先行自白という。）ということになる（兼子・前掲書二〇四頁）。これは、原告・被告に関わりなく、請求原因と抗弁のいずれについても該当する。

判例も、係争地上に建物を所有し、右土地を占有しているXが、係争地の所有名義人Yに対し係争地の所有権移転登記請求訴訟を提起し、他方YはXに対し建物収去土地明渡請求訴訟を提起し、両請求が併合された事案において、所有権に基づき土地明渡請求をしたYがXに対しその土地の使用を許した事実を主張し、裁判所がこれを確定した場合には、Xが右事実を自己の利益に援用しなかったときでも、裁判所は、Yの請求の当否を判断するについて右事実を斟酌すべきであるとし、主張共通の原則を認める立場を明らかにしている（最判（一小）昭和四一・九・八民集二〇巻七号一三一四頁。本件のように、二つの請求が併合審理された場合には、事案の統一的解決という点で、判旨の立場によってはじめて併合の成果を上げることができるといえる。新堂・判例二七五頁）。

もっとも、これらの理は、主張責任を負う者が、その不利益を受けることを免れる効果を生じるに止まり、相手方がこの主張事実を争っているのであるから、証拠によって認定されなければ、裁判所は判決の基礎とすることが

できない（兼子・前掲書二三五頁、司法研修所編・前掲書一九頁。前掲最判昭和四一年九月八日は、この点について判示してなく、またいわゆる等価主張の理論の当否について判断したものでもないと解する、同旨・鈴木正裕・民商五六巻三号四七九頁）。

(2) 主張責任の機能　主張責任の訴訟審理における機能についてみると、第一に、当事者によって限定し特定された審判の対象について、さらに当事者の意思によって審理する範囲を限定する機能を有する。それは、当事者によって争点となった点について、裁判所が審理し、それに基づいて審判するという機能を果たすこととなる。原告が、訴訟上の請求として特定した訴訟物によって、裁判所の審判の対象が定まることとなり、裁判所は訴訟物を越えて又はこれと異なる事項について審判することは処分権主義により許されない（二四六条）。したがって、新訴訟物理論は旧訴訟物理論と比較して一般に訴訟物の範囲が広いので、旧理論によると処分権主義に違反する場合でも、新理論の立場では違反しない場合がある。しかし、その場合であっても、弁論主義の制約を受けるのは別個の問題であって、裁判所が裁判の基礎とする事実が当事者によって弁論で陳述されていることを要する。その事実が当事者によって弁論に顕出されていないにもかかわらず、右事実に基づいて判決することは弁論主義に違反することとなる。第二に、当事者が攻撃防御を尽くすべき対象を特定させ、有効かつ適切な訴訟活動を展開することに資する機能を果たすこととなる。当事者間の争点が明確になってはじめて、攻撃防御を尽くすべき対象が決まるのであって、それが決まることなしに攻撃防御を展開することはできない。したがって、原告は、訴状において請求の趣旨、請求原因を記載することを要し（一三三条二項二号）、請求を理由づける事実を具体的に記載し、立証を要する事由ごとに、当該事実に関連する事実で重要なもの及び証拠を記載しなければならない（規五三条一項）。また、被告も、訴状の記載事項に対応する内容を記載した答弁書の提出を義務づけられる（規八〇条一項）。第三に、当事者は互いに相手方が弁論に顕出する事実についてのみ弁論を展開することをもって足り、それ以外の事実については顧慮することを必要とせず、もって手続保障の機能を果たすこととなる。その結果、判決において、当事者は互いに主張せず、したがって攻撃防御

を展開しなかった事実を認定されるという事態を発生することは防止できることとなる。

これらの弁論主義が有する機能は、民事訴訟手続が当事者の意思に対応するのみならず、公正な裁判の確保に資することとなる。

(3)　訴訟資料と証拠資料の峻別　　主要事実は当事者が弁論で陳述しないかぎり、裁判所は判決の基礎として採用することができないという命題の理論的帰結として、当事者が弁論に顕出しない主要事実は、裁判所が、たとえ証拠調べによって心証を得たとしても、その事実に基づいて裁判することはできないという命題が導き出される。証拠調べによって感得された内容は、証拠資料であって訴訟資料ではなく、証拠資料によって訴訟資料を補うことはできない。これを肯定すると、相手方の攻撃防御の機会を奪うこととなり、その結果として、予見可能性の範囲を越えて事実認定されるという手続保障を害する事態を生じることとなる。もっとも、心証を得てはいるが主要事実の弁論への顕出がないという事態は、事案の解明の趣旨に照らし、そのまま放置されるべきではなく、当事者の陳述に十分でない点が存在するのであるから、裁判所は、その当事者に対し、事実関係を明らかにするための積極的な釈明権の行使をする必要がある。

訴訟資料は、当事者又はその代理人が訴訟追行の目的をもって弁論に顕出するという方法によってなされることを要し、その内容をいう。したがって、その場合に、当事者は訴訟能力を有することを要するとともに、その代理人は代理権を授与されていることを要する（大判昭和一一・一〇・六民集一五巻一七八九頁は、法定代理人を証人として尋問した供述を訴訟資料に転換して採用することを妨げないとするが、妥当でない。兼子・判例二二二頁も、判旨に反対する。）。

裁判所が、釈明処分として（一五一条一項一号）、訴訟関係を明瞭にするため、口頭弁論期日に出頭を命じた当事者又は法定代理人の弁論も、訴訟資料である。もっとも、裁判所がそこにおける弁論から感得した印象が弁論の全趣旨として（二四七条）、証拠原因となることはあり得る。

(4) 主要事実と間接事実の区別　(i) 主張責任の適用　主張責任が適用されるのは、主要事実に限られ、間接事実及び補助事実は含まれない[3]（兼子一「相手方の援用せざる当事者の自己に不利なる陳述」『法学協会五十周年記念論文集』（昭和八年）〔同・研究第一巻二二五頁、二二八頁〕、村松俊夫「弁論主義の本質に就ての一考察」民商一〇巻三号ないし六号（昭和一四年）〔同『民事裁判の研究』（有信堂、昭和三〇年）一八七頁〕、青山善充「主要事実・間接事実の区別と主張責任」『講座民事訴訟4』（弘文堂、昭和六〇年）四〇〇頁。司法研修所民事裁判教官室は従来からこの立場を堅持している、司法研修所編「民事訴訟における要件事実―総論」司法研修所論集七二号（昭和五九年）〔同『増補民事訴訟における要件事実・第一巻』（法曹会、昭和六一年）一四頁〕）。したがって、間接事実は、当事者が弁論において陳述していなくても、裁判所が証拠調べによって心証をえた場合には、これによって主要事実の存否を推認することができる。もっとも、主要事実が弁論において陳述されていなければ、たとえ間接事実について心証をえても、それをもって主要事実を推認することはできない。

判例は、間接事実について当事者による陳述がないにもかかわらず、同一裁判所に別件訴訟が係属している間接事実に当たる事実を裁判所にとって顕著な事実であるとし、これを資料に主要事実を認定することも差し支えないとする（最判(二小)昭和二八・九・一一裁判集民事九号九〇一頁）。

(ii) 主要事実の機能　弁論主義の下において、主要事実は、主張責任の適用を受けることにより、当事者にとっては、攻撃防御の最も重要な対象として位置付けられ、裁判所にとっては、事実認定の最終対象となるべきものである。また、主要事実と間接事実の区別は、主張責任との関係に止まらず、訴状の記載事項、争点整理をはじめ訴訟手続の種々の局面において、判断基準として重要な意義をもっている（青山善充「主要事実・間接事実の区別と主張責任」『講座民事訴訟4』（弘文堂、昭和六〇年）三六八頁注二、小林秀之『民事裁判の審理』（有斐閣、昭和六二年）七一頁参照）。したがって、それは、当事者と裁判所のいずれの立場から見ても明確であることを要する。

このように、通説が、主張責任の適用を主要事実に限定し、間接事実は含まれないとするのに対し、一般条項・不特定概念との関わりにおいてみると、主要事実と間接事実の区別を明確に識別することは困難であるとして、通説を疑問とする批判が現れてきた。(6)で、それを検討する。

(5)　主張責任と認定事実の同一性　　主張責任は、主要事実について当事者によって口頭弁論へ顕出されることを要求するところ、当事者の主張する事実と裁判所の認定する事実は、細部にいたるまで厳格に一致することを要求されるわけではない。主張責任の機能が、①当事者の意思による審判の範囲の限定、②攻撃防御の対象の特定及び③相手方が弁論に顕出する事実についてのみ弁論を展開することにあること（四六七頁参照）、さらに主張責任は主要事実に限られ、間接事実には適用されないことに照らすと、当事者の主張事実と裁判所の認定事実が異なる場合に、それが弁論主義に違反するか否かは、認定事実によって不利益を受ける者にとって、手続保障を確保されているか否かに帰着する。ここにいう手続保障の確保とは、不利益を受ける者が、認定事実についても攻撃防御を尽くしたか、もしくはその事案において攻撃防御を尽くそうとすれば尽くせなかったわけではなく、それを期待する合理的妥当性があり、防御権行使の機会を不当に奪ったとは認められないことをいう（一般に、不意打ち防止という用語が用いられるが、それは認定の結果として不意打ちになるかということであって、判断基準ではなく、一見すると分かり易いようであるが、適切な用語ではない）。こうした視点から見ると、手続保障が確保されていると認められる場合の客観的判断基準として、一般的には、主張事実と認定事実との間に「社会通念上同一性が認められる場合」という基準を設定することは合理的妥当性があると認められ、したがって、その場合には、主張事実と異なる事実を認定したとしても、弁論主義に違反するものではないといえる。(3)

つぎに、口頭弁論の全経過に照らし、裁判所が心証形成により認定しようとする主要事実について、たとえ明示の主張がなくても、当事者の「黙示の主張がなされたものと認められる場合」には、その主要事実が弁論に顕出されたものと扱っても、弁論主義に反するものではない（例えば、注(3)(i)⑤の場合である。）。

(3)　具体的事例　　(i)　所有権移転の来歴・経過　　当初、判例は、原告が係争不動産は原告の被相続人乙が甲から買い受け、乙から原告が相続したと主張して、丙に対し、所有権確認及び引渡請求訴訟を提起したところ、丙が、右不動産は甲から買

い受けたものであり、乙の所有に帰したことはない旨を主張した場合に、乙が右不動産を生前に丙に譲渡したことを認定し、請求を棄却することは、弁論主義に違反しないとした（①大判昭和一一・一〇・六民集一五巻一七七一頁）。しかし、丙が原告の所有権の存在を争うのは否認であるのと異なり、原告が主張していない別個の法規の要件事実である乙から贈与された事実は抗弁事項であり、裁判所は、たとえ証拠調べにより心証形成していても、丙の主張がなければ、右事実を認定することはできず、その点で、否認と抗弁を取り違えていると批判された（兼子一・判例民訴訟二〇八頁）。しかし、その後も、一般論として、判例の基礎となる事実は当事者の主張を基礎として確定しなければならないが、右事実の来歴等については、裁判所は証拠により当事者の主張と異なる事実を認定することを妨げないという立場を採っていた（②最判(二小)昭和二五・一一・一〇民集四巻一一号五五一頁）。これに対し、最高裁は、原告が登記名義人に対し、所有権に基づく登記抹消請求訴訟を提起したところ、被告が、抗弁として、原告が甲に対し代物弁済により右不動産の所有権を移転した旨主張した場合に、原告から甲への所有権移転を認定し、さらに原告は甲より右不動産を買い戻したが、この後これを乙に譲渡担保として移転した事実を認定し、請求を棄却することは、弁論主義に違反するとした（③最判(三小)昭和四一・四・一二民集二〇巻四号五四八頁。原告の主張事実と認定事実とは社会通念に照らし、同一事実であって法的評価の違いにすぎず、判旨は疑問であり、むしろ釈明活動に問題があったと見受けられる。同旨・新堂・判例二六四頁、木下忠良・民商五五巻五号七八九頁。これに対し、村松俊夫・判例評論九九号九九頁は、判旨に賛成しつつ、破棄差し戻した点について疑問とする。）。そして、原告らが、係争不動産は原告等の被相続人乙が甲から買い受け、乙から原告等が共同相続したと主張して、右不動産の名義人丙に対し、共有特分権に基づき各持分に応ずる所有権移転登記請求訴訟を提起したところ、丙が、右不動産は丙の夫丁が甲から買い受け、丁から丙が相続した旨主張した場合に、右不動産は乙が甲から買い受けた後に丁に死因贈与したと認定し、請求を棄却することは、弁論主義に違反するとし、前記①を判例変更するにいたった（④最判(一小)昭和五五・二・七民集三四巻二号一二三頁。本件差し戻し審で、丙が新たに死因贈与と取得時効を主張したところ、再上告審の、⑤最判(三小)昭和五七・四・二七判時一〇四六号四一頁は、贈与契約成立の主張も含まれているとして原告の弁論主義違反の主張を斥け、上告を棄却している。）。

　このように、判例は、個別事案の処理には疑問もあるが、所有権移転の来歴・経過は主要事実であり、弁論主義に服するとする立場が確立されていて、それ自体は妥当といえる。

　原告が所有権の存在を主張してこれに基づく各種訴訟を提起したところ、被告が所有権の存在を争った場合には、所有権の存在自体は法律状態であって事実ではなく、これを直接に証明することはできないので、原告は、係争物件の所有権が原告に帰属する法律効果を生ずべき要件事実を証明しなければならない。原告が所有権の承継取得を主張するのであれば、被告が前主の所有権を争う限り、その物件の原始取得したことまで遡ることとなる。それがどこまで遡るかは、被告が争うか否かに係ってくる（坂井芳雄『最高裁判所判例解説民事篇(昭和四一年度)』一七九頁〜一八〇頁）。

（ii）　代理権　判例は、ある契約が甲乙間に成立したものと主張して、右契約の履行請求訴訟が提起された場合に、裁判所が右契約は甲の代理人と乙との間になされたものと認定しても、弁論主義に反せず（大判昭和九・三・三〇民集一三巻四一八頁、最判（三小）昭和三三・七・八民集一二巻一一号一七四〇頁、最判（二小）昭和三九・一一・一三判時三九六号四〇頁）、逆に代理人によってなされたと主張された場合に、本人によってなされたと認定することも同様とする（最判（二小）昭和四二・六・一六判時四八九号五〇頁）。しかし、本人による法律行為と代理人による法律行為は、要件事実としては明らかに別個であって、社会的事実として同一性を認めることは困難であり、弁論主義に違反すると解するのが相当である（兼子・判例民訴一九七頁、坂井芳雄「契約が代理人によって成立したことの主張を要するか」判タ七一号（昭和三二年）〔近藤完爾＝浅沼武編『民事法の諸問題I』（判例タイムズ社、昭和四〇年）七八頁〕、司法研修所民事裁判教官室編『増補民事訴訟における要件事実・第一巻』（法曹会、昭和六一年）一七頁。大江忠『要件事実民法（上）』（第一法規、平成七年）一四五頁は、同様の立場によりつつ、前記最判昭和三三・七・八について、契約成立の点は実質的争いがなかった事案であり、救済判例と理解すべきであるとする）。このことは、商事代理の場合においては、一層明確である（商法五〇四条について、森本滋「商法五〇四条と代理制度」林良平先生還暦記念論文集『現代私法学の課題と展望・中』（有斐閣、昭和五七年）二七九頁以下）。これに対し、代理人による契約の締結が主要事実であることを認めながら、不意打ちに当たらない場合にはその主張を要しないという考え方がある（田辺公二「反対論として」近藤完爾＝浅沼武編・前掲書八三頁、新堂・三九一頁）が、理論的に矛盾していて是認できない。もっとも、これらの場合の多くは、弁論の全趣旨から当事者の黙示の主張があったと認められる場合であるように考えられ、それを明確にする釈明権の行使が望まれるし、判例として問題とされてきたという教訓は、裁判官に釈明権行使の行為規範として機能しているように見受けられる。

（iii）　単独買受けと共同買受け　判例は、Xは訴外Aの斡旋によりY会社に鉄材を売却した代金について、Y_1会社とその代表者のY_2を共同被告として売買代金支払請求訴訟を提起した事案において、Y_1会社とAの共同買受と認定して、Xの請求を認容しても、民訴法一八六条（新法二四六条）違反しないとする（最判（一小）昭和三〇・四・七民集九巻四号四六六頁）。その理由として、Y_1会社の単独買受ならば、代金全額を請求でき、Aとの共同買受ならば、商法五一一条の適用される場合を除き、半額しか請求できず、同条の適用される場合であれば、全額請求できるにすぎないとしている。ところが、Y_1会社とAが鉄材の売買を業としていたことは、原審において当事者は主張していなかったので（三淵乾太郎『最高裁判例解説民事篇・昭和三十年度』四〇頁）、弁論主義違反の有無が問題になる。この点について、会社は商人であり、Y_1会社の売買による債務が連帯債務であることは、Y_1が会社であることにより十分であり、Y_1が会社であることは、Xの主張に含まれていて、Y_1も争わないとみられるので、上記事実認定がY_1にとって不意打ちであり、その点が明示されていればY_1として他の主張・立証できたとは考えにくいとして、弁論主義には違反するが破棄差し戻すまでの瑕疵には当たらないとする見方がある（高橋宏志・法協一〇七巻八号一三七四頁）。しかし、右の点をもって、主要事実が弁論に顕出されていたとみることは行き過ぎた擬制であって、主張事実と認定事実の間に同一性を認めることは困難であり、右の見解は疑問である（中島一郎・民商三三巻三号三八六頁）。

（iv）　不法行為における過失　判例は、心臓脚気の治療のための皮下注射による上膊部の運動障害の発生により勤務先を解雇された患者が医療機関に対し損害賠償請求した事案について、原審が注射液が不良であったか、又は注射器の消毒が不完全であったかのいずれかの過誤があった旨認定したことについて、いずれの事実もともに診療行為の過失となすに足りるものであるから、そのいずれかの過失であると推断しても、過失の認定として、不明又は未確定とはいえないとしている（最判(二小)昭和三二・五・一〇民集一一巻五号七一五頁）。この点について、学説は、医師の過失の認定について選択的認定を許容したものとして、医療過誤訴訟における占める先例的意義を高く評価している（新堂・判例民訴一〇六頁、高橋・重点講義三七二頁。これに対し、小林秀之『民事裁判の審理』（有斐閣、昭和六二年）一〇二頁は、被告にとって不意打ちに当たり、防御権の侵害になるとして判旨に反対する。）。あるいは、過失の一応の推定を医師の医療行為に関して採用したものと評価する見方もある（中野貞一郎「過失の『一応の推定』について」法曹時報一九巻一〇号（昭和四二年）（同『過失の推認』（弘文堂、昭和五三年）八頁）、唄孝一『医事法学への歩み』（岩波書店、昭和四五年）一四九頁）。この判例の立場は、その後の医療過誤訴訟において、踏襲されている（最判(三小)昭和三九・七・二八民集一八巻六号一二四一頁）。医療行為は個々の行為が連続し、かつ連結しているのであり、それらを総合的に判断して、過失という法的性質決定をするか否かが問題になるのであって、個々の行為を特定することは必要ないのみならず、それによって被告医療機関が主張・立証するのに特別の支障を生じるともいえない（総合的認定というべきであろう。伊藤滋夫『事実認定の基礎―裁判官による事実判断の構造』（有斐閣、平成八年）二二八頁は、前記判例を概括的認定の対象として考えられる事柄の範囲の中における選択的認定と理解する。）。したがって、本判決の結論はもとより是認できるが、不法行為における過失について選択的認定を許容したものとして、先例的意義を捉えるのは、妥当でないと考える。

（v）　法律行為・事実の発生時　一般に、契約の成立時、時効の起算点について、厳密に特定の年月日を正確に認定することが常に要求されるわけではなく、相殺の意思表示をした日時が問題となることはあるものの、例えば、時効の起算点が一日を争う事態は稀であり、通常は「何年何月頃」と認定されている。したがって、たとえこれらの点について、当事者の主張する事実と裁判所の認定する事実に不一致があったとしても、「社会通念上同一性が認められる場合」に該当するのであって、これをもって弁論主義に違反するとはいえない。もっとも、医療過誤訴訟においても、医師の診療行為が手遅れであったか否かが争点になった場合には、病状の推移、発病の日が何時であったかが認定の核心となる場合もある（例えば、最判(三小)平成九・二・二五民集五一巻二号五〇二頁）。

(6)　主張責任と一般条項・不特定概念

（i）　学説の展開　一般条項・不特定概念は、その性質により必ずしも主要事実が一義的に断定できないという点で明確ではない面があり、それらの主要事実をどのように捉えるかについては、他の一般の法律要件には見られない特徴がある。従来の通説は、主張責任の適用を主要事実に限るとし、

一般的抽象的な不特定概念を用いて法律要件を規定した一般条項については、不特定概念自体を主要事実と捉え、それを導く個々の事実は間接事実と解する（岩松三郎＝兼子一編『法律実務講座民事訴訟編第二巻』（有斐閣、昭和三三年）一一六頁、同『法律実務講座民事訴訟編第四巻』（有斐閣、昭和三七年）一四六頁、村松俊夫「事実認定について」（同『民訴雑考』（日本評論社、昭和三四年）一〇八頁〕）。

これに対し、通説を疑問とし、法規の法律要件標識の概念はいずれも抽象的なものであって、社会通念、先例の集積によって経験的に具体化することが可能であるとし、一義的な経験概念を具体化した事実を主要事実とするからには、多義的な価値概念を具体化した事実も主要事実であるとする新たな見解が主張された（山内敏彦「一般条項ないし抽象的概念と要件事実（主張・立証責任）」判タ二一〇号（昭和四二年）〔本井巽＝賀集唱編『民事実務ノート・第三巻』（判例タイムズ社、昭和四四年）六頁〕）。こうした疑問はさらに進んで、法律要件自体が曖昧なものが少なくなく、とりわけ一般条項、黙示的な意思表示においては主要事実と間接事実の区別が明確でなく、通説のいう原則に対し、主要事実であっても弁論主義の適用を受けない例外とされる場合（本人と代理人との関係、過失相殺、損益相殺、慰藉料算定等）、逆に間接事実であっても弁論主義の適用を受ける例外とされる場合が出てきている旨が指摘された。そして、弁論主義から主張責任は必然的に導き出されるのではなく、訴訟政策上の理由によるのであり、主要事実・間接事実を問わず、訴訟の勝敗に影響する重要な事実をもって当事者の主張を要するものと解すべきであるとする批判が提起された（尾田桃二「主要事実と間接事実にかんする二、三の疑問」兼子博士還暦記念『裁判法の諸問題・中』（有斐閣、昭和四四年）二七一頁以下）。

こうした動きは、むしろ通説が間接事実の重要性を見過ごしている旨を指摘するとともに、主要事実と間接事実の区別が明確でないとして、主張責任には端的に間接事実を含むとし、弁論主義の下では主要事実であると間接事実であるとを問わず、判決の基礎となし得るためには、原則として当事者の主張を要するという一歩踏み込んだ説に進んでいった（竹下守夫「弁論主義」『演習民事訴訟法』（新演習法律学講座）（青林書院、昭和六二年〔初出・昭和四八年〕）三七五頁以下・特に三七八頁、伊東乾『弁論主義』（学陽書房、昭和五〇年）一〇七頁。民法の立場から、濱上則雄「製造物責任における証明問題（一）」判タ三三五号（昭和五一年）一七頁）。あるいは、一般条項における具体的事情を主要事実と認めつつ、構成要件へのあてはめが普通の条文と

異なることから、主要事実という用語を避けて「準主要事実」と呼び、主張責任には準主要事実を含むとする説が主張されている（倉田卓次「一般条項と証明責任」（昭和四九年）（同『民事実務と証明論』（日本評論社）二五二頁以下・特に二五九頁））。

さらに、要件事実と主要事実との違いを強調し、法規の前提命題で要求されている事実の全体が法律要件であり、それを構成する各個の事実が要件事実であって、法規の要件事実に該当する具体的事実を主要事実とする見解に発展した。そして、一般条項について、主張責任を充たす限度としての抽象的・包括的な主要事実に含まれるより具体的ないし個別的な事実は、主要事実を補充するものではあるが、依然として主要事実（補充的主要事実）というべきであって、主要事実を推認させる普通の補充事実とは異なるとする（山木戸克己「自由心証と挙証責任」大阪学院大学法学研究一巻一・二号（昭和五一年）（同『民事訴訟法論集』（有斐閣、平成二年）四九頁））。

この間にあって、全く新しい視点からの見解も主張された。

一つは、利益考量論の見地から、法条の立法目的、当事者の攻撃防御目標としての明確性、認定すべき事実の範囲の明確性等の明確な基準に基づいて、具体的事案毎に弁論主義に相応しい主要事実と間接事実の基準を再構成すべしとする見解が生まれた（石田穣「立証責任論の現状と将来」法協九〇巻八号（昭和四八年）〔同『民法と民事訴訟法の交錯』（東京大学出版会、昭和五四年）三頁以下・特に二一頁〕、新堂・三八六頁）。

もう一つは、これまでのように、主張責任の問題を形式的・静態的にとらえるのではなく、訴訟の個別的事情に依存する実質的・動態的な問題であるとし、主要事実・間接事実の区別は訴訟の局面ごとに当否を検討すべしとする視点から、主要事実と間接事実の区別に実体法規の適用のための最小限の事実を明らかにする機能は認めつつ、弁論主義との関係では、主要事実に止まらず、重要な間接事実・補助事実も当事者の主張を要するとする見解である（小林秀之「民事訴訟における訴訟資料・証拠資料(3)」法協九七巻八号（昭和五五年）一一六三頁、同『民事裁判の審理』（有斐閣、昭和六二年）一五六頁以下・特に一七四頁））。

最近では、主張責任は重要な間接事実には及ぶが、重要でない主要事実には及ばないとし、不意打ち防止により調整する説も主張される（高橋・三六三頁、なお、同教授は法規の条文の構成要件に書かれているのが要件事実であり、それに具体的ふくらみをもたせたものが主要事実であるとする。同・三六〇頁））。

こうした多様な動きの中にあって、基本的に従来の通説を支持するとともに、それを補強する方向で対応する姿勢を採る立場もある。

司法研修所は、主張責任の適用を主要事実に限るとする通説の立場を堅持し、規範的評価に関する一般的抽象的な不特定概念を用いて法律要件を規定した条項については、法律要件としてのこのような規範的評価の成立を根拠付ける具体的事実を評価根拠事実と呼び、これを主要事実としている（司法研修所編「民事訴訟における要件事実―総論」司法研修所論集七二号（昭和五九年）〔同『増補民事訴訟における要件事実・第一巻』（法曹会、昭和六一年）三〇頁〕）。この立場においては、規範的評価自体は、具体的事実が当該規範に当てはまるという法的判断であり、主要事実ではないとする（同書三一頁）。基本的にこの立場を支持する見解もある（青山善充「主要事実・間接事実の区別と主張責任」『講座民事訴訟4』（弘文堂、昭和六〇年）四〇三頁、もっとも、そこでは、前述の規範的評価を要件事実と呼び、規範的評価を基礎付ける事実を主要事実と称している。）。

(ii)　検　討　主要事実と間接事実の区別が法規の構造に基づくものであるとともに、少なくとも理論上明確な基準を設定するものとして、通説の地位を確保してきたことは自然なことである。その反面で、従来の通説が、一般の実体法における要件事実を構成する事実と一般条項をまったく同じように捉えていたことは、確かに実体法の条文構造の理解に欠ける点があったものといえる。

これを前述した批判についてみると、一般条項については、主要事実と間接事実との区別が困難であることをもって、両者の区別の必要性を否定するのは、理論的に当然の帰結として導き出せることではない。また、両者の区別は主張責任を決定する基準として機能するという通説を疑問とし、訴訟上重要か否かを基準とすべしとするのは、それこそまさに明確性を著しく欠くものである。それでは、間接事実をも主張責任の対象として取り込むのが妥当かというと、主要事実と異なり、多様な間接事実をも含めることにより、訴訟の審理に資する効果があるとみるのは困難であって、当事者にとって攻撃防御の対象が定まらず、また裁判所にとっても争点整理がかえって恣意的に

傾斜するおそれがあるとともに、適切かつ妥当な訴訟審理を著しく困難にするおそれがある（青山善充・前掲書四〇一頁）。

一般条項を定める実体法の条文構造を精査すると、一般の実体法における要件事実が特定概念をもって規定できるのと異なり、要件事実となるべき事実が個別的にして多様であることから、立法技術上一般的抽象的な不特定概念を用いて法律要件を規定したものである（個別的にして多様な事実を包括的に表現したものとみるべきである。）。したがって、一般条項においては、法律要件として定められた一般的抽象的な不特定概念を構成する事実が主要事実と解する（その点で、不特定概念について類型化することは、要件事実を明確にする意味で有益な作業であり、後述する公序良俗についてこれを行った我妻博士の役割は、訴訟法的視点からみて、極めて意義のあることといえる。）。その点で、司法研修所が、法律要件としてのこのような規範的評価の成立を根拠付ける具体的事実を評価根拠事実と呼ぶことについては必ずしも必要性はないと考えるが、その理論構成及び結論は同一の立場として支持することができる。これに対し、法律要件として定められたところの不特定概念をもって要件事実として位置付け、それを構成する事実を主要事実とみる見解（青山善充・前掲書四〇三頁）は、これらの実体法における一般条項についての十分な検討を怠っているきらいが見受けられ、疑問である。

つぎに間接事実についてみると、間接事実にもその事案において重要なものは少ない。個別事案の特徴を象徴的に映し出しているともいえるので、口頭弁論における間接事実の存否をめぐる攻撃防御の展開は、訴訟審理の上で重要な意義がある（村松俊夫「間接事実の意義と価値」上智法学論集一三巻二・三合併号（昭和四五年）六頁、賀集唱「民事裁判における訴訟指揮―とくに運用上の具体的方策」法曹時報二四巻四号（昭和四七年）六六一頁以下・六七二頁、難波孝一「訴訟当事者の役割」『新民事訴訟法の理論と実務・上』（ぎょうせい、平成九年）一八八頁）。しかし、そのことから、ただちに主張責任の適用対象とすることには、論理の飛躍がある。むしろ、裁判所として、具体的妥当性のある判断をするために、このような間接事実、一般条項の主張及びあてはめについてこそ、釈明権を行使すべき意義があるとともに、釈明権の存在価値があるといえる（青山善充・前掲書四〇五頁注六七は、重要な間接事実は一律に弁論主義の適用があるというのではなく、訴訟の展開に応じて弾力的な釈明権の行使を期待するものであって、間接事実にはこの行き方のほうが相応しいとして、釈明義務違反の問題として処理する。また、村松俊夫・前掲二二頁・三三頁が、重要な間接事実は主要事実と同様に扱ったほうがよいとしつつ、それは個々の事案において重要さの程度が異なるから、理論の問題ではなく、運用の問題であるとするのは、いずれも著者と同旨と解することができる。）。

(7)　個別的問題　弁論主義との関係で問題となる実体法上の個別的事項について、以下において検討することとする。

(i)　時　効　時効は当事者が「援用」しなければ、裁判所はこれによって裁判できないと定められている(4)（民一四五条。これに対し、国の債権・債務に係る時効については援用を要しない（会計三一条一項）。その趣旨について、高柳信一・法協八四巻一〇号一四〇〇頁参照）。本条と民法一六二条・一六七条の関係が問題となるところ（学説の状況については、於保不二雄「時効の援用及び時効利益の放棄」法曹時報五巻七号（昭和二八年）〔同『民法著作集Ⅰ財産法』（新青出版、平成一二年）五一頁以下〕、星野英一「時効に関する覚書―その存在理由を中心として」法協八六巻六号（昭和四四年）〔同『民法論集・第四巻』（有斐閣、昭和五三年）一七三頁以下〕、山本豊「民法一四五条（時効の援用の意味および援用権者の範囲）」廣中俊雄・星野英一編『民法典の百年Ⅱ個別的観察(1)総則編・物権編』（有斐閣、平成一〇年）二五七頁以下参照）、現在の判例は、時効による権利消滅の効果は、時効期間の経過とともに確定的に生ずるものではなく、時効が援用されたときにはじめて確定的に生ずるとする（債権の消滅時効について、最判(二小)昭和六一・三・一七民集四〇巻二号四二〇頁、最判(一小)平成六・九・八判時一五一一号六六頁）。ここにおける「援用」を要することの意味は、時効の効果を確定的ならしめることを援用権者の意思に委ねたもので、援用は単なる訴訟上の事実の主張ではなく、時効の利益を享受しようとする実体上の意思表示であり、訴訟上における時効の抗弁は援用権者のこの意思表示のあった事実及びその効果の主張と解する（兼子一・判例民訴二九七頁）。原告がその請求権についてすでに時効にかかっていることを基礎付ける事実を陳述していても、相手方が時効を援用しない限り、裁判所は時効の完成を理由として原告の請求を棄却することはできないこととなる（兼子一「相手方の援用せざる当事者の自己に不利なる陳述」『法学協会五十周年記念論文集』（昭和八年）〔同・研究一巻二一八頁〕）。もっとも、援用は裁判上行使されることを要件とされていないので、裁判外ですでに援用権者の援用があった場合に、その援用の事実が相手方の陳述により顕出されたときは、あらためて援用権者による援用がなくても、裁判所はこれを採用すべきである（兼子前掲論文集二一九頁注三〇。坂田宏「権利抗弁概念の再評価(二・完)」民商一一〇巻六号（平成六年）九八九頁が、この点をも否定的に解し、時効の援用について主張共通の原則が採られていないとするのは、疑問である。）。したがって、民法一四五条は、弁論主義の原則に基づく規定ではなく、時効の本質に由来する実体規定である。訴訟法上の視点でみると、留置権、同時履行の抗弁権等と同様に権利抗弁といわれ、権利の発生・消滅を基礎付ける事実が口頭弁論に顕出されていて

もそれだけでは足りず、それらの権利を行使する意思表示を要する性格のものである（時効の援用と釈明権の行使については、四九二頁参照）。

これに対し、除斥期間については、援用は不要であり、したがって信義則違反及び権利濫用を生じない（民七二四条後段について、最判(一小)平成元・一二・二一民集四三巻一二号二二〇九頁）。

（4）「援用」の意味　援用という用語は、法文上には見られないが、講学上も実務上も多く用いられている用語である。その意味は、つぎのように多様である（第一及び第二の意味について、村松俊夫・民商六三巻五号七七一頁参照）。第一は、当事者が特定の証拠を自己に有利に斟酌されることを求める意味である。当事者の一方が提出した証拠は、証拠共通の原則により、他方の当事者にとっても証拠となるのみならず、適法に顕出された証拠について裁判所は自由心証により事実認定の資料とすることができる（最判(一小)昭和二八・五・一四民集七巻五号五六五頁）。したがって、この意味での援用は、裁判所の注意を促す行為であるに止まり、法的に必要な行為ではない。第二は、当事者が口頭弁論で、一定の証拠調べの結果をありのまま陳述する意味である（西村宏一「証拠調の結果の援用」判タ四〇号（昭和二九年）（近藤完爾・浅沼武編『民事法の諸問題・第一巻』（判例タイムズ社、昭和四〇年）一九三頁）。法廷で証拠調べが行われた場合には、必要としないが、法廷外で受命裁判官又は受託裁判官によって証拠調べが行われた場合には、証拠調べの結果を法廷に顕出するために法的にも必要な行為である。判例は、調査嘱託によって得られた回答書等の証拠は、調査嘱託自体が証拠調べであるので、口頭弁論において提示して当事者に意見陳述の機会を与えれば足り、当事者の援用を要しないとする（最判(一小)昭和四五・三・二六民集二四巻三号一六五頁。旧々民事訴訟法二一六条二項では、この場合の援用について、「演述」という用語が使われていた）。第三に、自己が所持しない証拠を口頭弁論に提出する行為をいう（宮崎福二「『提出』『援用』『訊問を求める』という言葉について」判タ四五号（昭和三〇年）一三頁）。たとえば、相手方が所持する文書について、当事者が提出命令を申立て、それにより裁判所に提出を求めた上で、「援用」する場合である（この場合、「提出」ではない。）。第四に、当事者が実体上の意思表示をすることをいう。民法一四五条にいう時効の「援用」は、これを意味する（なお七四〇頁参照）。

(ii)　権利濫用　(イ)　判例・学説の動向　個別的事案における権利濫用による処理は、弁論主義との関係で、主要事実及び権利濫用の主張の要否が問題になる（これに対し、一般的法理論としての権利濫用による処理方法は、実体法の局面の問題に止まり、弁論主義との関係で問題にする余地はない。たとえば、手形法に権利濫用禁止の原則を適用するとともに、それに基づく具体的抗弁を是認したものとして、最判(大)昭和四三・一二・二五民集二二巻一三号三五四八頁参照。その点で、新堂・三八三頁が、本判決をもって権利濫用を職権で取り上げた例として、個別的事例におけるのと同列に扱うのは妥当でない。）。判例についてみると、権利濫用を基礎付ける個々的な事実の主張があれば足り、権利濫用の主張は不要とする立場（東京高判昭和三〇・七・八下民

集六巻七号一三四二頁、神戸地判平成三・一・一六判タ七六一号二五二頁）と、右の点を認めた上で、事実審裁判所が証拠調べの結果、原告の請求が権利濫用と認めた場合には、被告に右の事実を抗弁として主張するか否かを釈明し、被告がその主張をした場合には、原告に対しても防御方法を講じさせる処置をした上で判決すべしとする立場（名古屋高判昭和五二・三・二八下民集二八巻一～四号三一八頁、同判決は、釈明義務違反を理由に原判決を破棄差し戻している。）がある。これに対し、最高裁は、当事者の主張の経過に照らし、権利濫用の主張をしたものとみなすことができるとし（最判(三小)昭和三九・一〇・一三民集一八巻八号一五七八頁）、権利濫用の主張を要することを前提としていると見られる（これに対し、司法研修所民事教官室編「民事訴訟における要件事実について（一）」司法研修所報二六号（昭和三六年）一六七頁は、権利濫用の主張を要しないとし、前記東京高判昭和三〇・七・八、神戸地判平成三・一・一六と同様の立場を採っている。）。

権利濫用と明示して論じている学説についてみると、権利濫用が法的概念としての法律要件であり、これを基礎付ける具体的事実が主要事実であるが、公益的色彩が強く、弁論主義の理念に拮抗するので、当事者の主張がなくても、証拠調べの結果から判明した事実を判決の基礎にできるとする立場（村松俊夫「訴訟に現れた権利濫用」末川先生古稀記念『権利の濫用・中』（昭和三七年）二九六頁以下、篠田省二「権利濫用・公序良俗違反の主張の要否」『新・実務民事訴訟講座２』（昭和五六年）四九頁・五〇頁、青山善充「主要事実・間接事実の区別と主張責任」『講座民事訴訟４』（弘文堂、昭和六〇年）四〇三頁。いずれも、公序良俗についても同様に解している。）と、権利濫用を基礎付ける事実が主要事実であり、当事者の弁論に顕れていないのに判決の基礎にすることは弁論主義に違反するとする立場（竹下守夫「弁論主義」『演習民事訴訟法』（青林書院、昭和六二年）三七七頁、ただし公序良俗違反については前記学説に同調している。）が、対立している。

これに対し、近時、これまで自明の理とされてきた法適用は裁判所の専権事項であるという命題を疑問とし、当事者も法適用についても意見を述べることができるとする見解がある。その視点として、釈明権の対象が事実上の事項に止まらず、法律上の事項にも及ぶことに着目し、裁判所が法適用について釈明義務を怠った場合には、釈明義務違反として処置すべしとする考え方（小林秀之『民事裁判の審理』（有斐閣、昭和六二年）三一二頁、同・私法リマークス五号一四二頁）と、法律問題指摘義務ないし法的観点指摘義務という新たな視点から捉える考え方（当事者権という視点から論じた先駆的な業績として、徳田和幸「法領域における手続権保障」吉川大二郎博士追悼論集『手続法の理論と実践・上巻』（昭和五二年）〔同『フランス民事訴訟法の基礎理論』（信山社、平成六年）八六頁以下〕、詳細な比較法的検討に基づき深化させた業績として、山本和彦「民事訴訟における法律問題に関する審理構造（１）～（４・完）」法協一〇六巻四号（平成元年）・九号・一〇号・一〇七巻三号（平成二年）がある。なお、同論文はさらに補完され、同『民事訴訟審理構造論』（信山

社、平成七年）として結実している。その間にあって、それを法理学的に深化させた優れた業績として、山本克己「民事訴訟におけるいわゆる"Rechts-gespräch"について（一）〜（四・完）」法学論叢一一九巻一号（昭和六一年）・三号・五号、一二〇巻一号、特に一二〇巻一号三三頁以下参照）とがある。

後者の考え方は、「裁判所が当事者の主張しているのとは異なる法律問題または主張されていない法律問題を判決の基礎とするとき、裁判所はその点について指摘して当事者に攻防の機会を与えねばならない旨の義務」を、法律問題指摘義務という[5]（山本和彦・前掲書一六九頁）。訴訟物による判決事項の決定、主張責任、釈明義務という既存の措置によっては、当事者に対する法適用の点で不意打ちは避けがたいことを判例によって検証し、法的問題の指摘を当事者に対する裁判所の義務とすることの必要性を主張する（山本和彦・前掲書一六九頁以下。これに同調するものとして、高橋・重点講義三八四頁）。これらの立場では、前掲名古屋高判昭和五二年三月二八日について、釈明義務違反ないし法的観点指摘義務を権利濫用について認めたものとして積極的に評価されている（小林秀之・前掲書三一頁、山本和彦・前掲書二一二頁、高橋・重点講義三八八頁）。

（5）　法的観点指摘義務と比較法制　　ドイツでは、一九七六年にいわゆる簡素化法によって、民事訴訟法につぎの条項を新設している。「第二七八条第三項　裁判所は、付帯債権のみに関するものを除き、裁判所がある法的観点について表明する機会を与えていたときにのみ、当事者が明らかに看過した、又は重要でないと考えていた、その法的観点に基づいて裁判することができる。」（法務大臣官房司法法制調査部編『ドイツ民事訴訟法典』（法務資料四五〇号）（法曹会、平成五年）八六頁）。本条の最も主要な目的は、不意打ち防止にあり、弁護士訴訟についても認められるとされている（その他、立法経緯と立法後の判例及び学説の動向については、山本和彦・前掲書一四三頁以下参照）。

また、フランスでも、一九八一年（昭和五六年）デクレによって、民事訴訟法につぎの条項を設けている。

「第一六条　1　裁判官は、あらゆる場合において対審主義を遵守させ、また自ら遵守せねばならない。

2　裁判官は、当事者により援用または提出された攻撃防御方法、弁明及び文書を、当事者が対審的に弁論することができた場合にのみ、判決の基礎とできる。

3　裁判官は、前以て当事者に意見表明の機会を与えることなく、職権で取り上げた法律上の攻撃防御方法を判決の基礎とすることはできない。」（山本和彦訳による、同・前掲書三〇頁）

㈺　検　討　ドイツ法およびフランス法が、立法で法的問題指摘義務を規定する背景には、前者は、憲法に定める審問請求権（Anspruch auf rechtliches Gehör）、後者は防御権の尊重の理念という手続保障の一般原理の存在があると見られる（徳田和幸・前掲書九四頁）。そうした一般原理に係る規定をもたないわが国の法制の下で、権利濫用と弁論主義との関係について考えるには、訴訟法の視点に止まらず、権利濫用の実体法上の性質と機能の視点からも検討することを要する。

権利濫用禁止の原則は、一般的法理論としては、既存の実定法規の空白部分を補完し、あるいはひずみを正し、新たな権利の限界を設定するにいたるまでの過渡的な対応措置として機能する特徴がある（広中俊雄・判例評論二八三号（判時一〇四六号）一八一頁（同『民事法の諸問題』（創文社、平成六年）三九一頁）、同・民商五〇巻二号（同『不動産賃貸借法の研究』（創文社、平成四年）三五六頁）、鈴木禄彌「財産法における『権利濫用』理論の機能」法時三〇巻一〇号（昭和三三年）（同『物権法の研究』（創文社、昭和五一年）五八頁以下）。権利濫用の法創造的機能ということができる。）。これに対し、個別的事案における処理という局面で見ると、権利濫用という法的構成を用いる場合には、両当事者の利益考量という作業を介して（大村敦志・法協一〇二巻一号二三七頁参照）、一方は本来正当な権利行使であり、無権利者である相手方の自己に対する不法な行為を排除するものであるにもかかわらず、権利行使を排除されることを意味する。その反面、利益考量を介在させることによって、当事者間の具体的衡平をはかる一種の強制調停的作用を果たしている（鈴木禄彌・前掲書六四頁）。こうした場合に、それが同種の類型的事案であれば、適用例が集積されることにより、権利濫用という構成自体が客観的基準を次第に形成することもありえる（瀬川信久・法協九二巻六号七五九頁）が、本来的に判断基準として不明確であることは否定できない（平井宜雄「法解釈論の合理主義的基礎づけ―法律学基礎理論覚書・その二」法協一〇七巻五号（平成二年）七九六頁―七九七頁）。しかも、それは通常、権利制限的に機能し得ても、権利根拠的には働かない性格の法理論である（江頭憲治郎・ジュリ五二三号一四一頁）。単に公益的色彩を有することをもって権利濫用の主張を要しないとするのは、その実体的機能を看過している。これらの実体的特徴を斟酌すると、訴訟上で権利濫用によって権利行使を抑止される側の攻撃防御は十分に確保される必要がある。

訴訟法の視点とともにこれらを取りまとめると、実体法上に法律要件として定められた一般的抽象的な不特定概

念である権利濫用を基礎付ける個々の事実が主要事実であるので、弁論に顕出されていることを要するとともに、当事者による権利濫用の主張を要すると解するのが相当である。したがって、裁判所としては、権利濫用によって判決するには、あらかじめ釈明権を行使することを要するのであり、これを怠った場合には、釈明義務違反になる。むしろ、こうした一般条項の適用についてこそ、釈明権の果たすべき重要な役割があると考えるべきである。この点について、前述した法律問題指摘義務という構成は、実定法上の根拠を欠き、釈明義務の一つと解するのも無理があるので、釈明権の局面で処理するのが妥当であると考える。

(iii) 公序良俗違反　公序良俗違反は、権利濫用と同様に一般条項であっても、両者はまったく異なる性格を有する。公序良俗違反は、権利濫用におけるように、当事者間の利益考量という作業を経る余地はなく、両当事者の意思に関わりなく裁判所として法的効力を否定し、国家として法的保護を一切与えないという性格のものである（これに反する訴訟上の和解、請求の放棄・認諾も認められない。九四九頁・九五八頁参照）。もっとも、公序良俗違反の形態は多様であり、これを法的処理概念として用いる局面も民事法の局面に止まらず、私人間における憲法に定める基本的人権をはじめとする諸規定違反行為に対するいわゆる間接適用による法的構成（芦部信喜『憲法学Ⅱ・人権総論』（有斐閣、平成四年）二九四頁以下参照）等の種々の場合があり、それらの中には利益考量が介在することも少なくない（大村敦志『公序良俗と契約正義』（有斐閣、平成七年）三頁ないし七頁・二七三頁以下にみる比較法及び判例分析に基づく「給付の均衡の法理」の見解参照）。こうした特徴を踏まえて、民法学において古くから判例の総合的研究に基づき公序良俗違反行為を類型化がなされたこと（我妻榮「判例より見たる『公の秩序善良の風俗』」法協四一巻五号（大正一二年）（同『民法研究Ⅱ・総則』（有斐閣、昭和四一年）一二一頁以下参照））は、訴訟法の立場からみると、それを基礎付ける主要事実を明確にする機能を営む意義が認められる。そうした広範な対象領域に伴う不均等な要素を斟酌しても、法秩序の維持の視点からも、当事者の権利保護の視点から検討しても、裁判所として法的効力を是認できない究極の決め手として機能している点では、共通しているものと見られる。それは、民事紛争処理における最後の砦でもある。このように考えると、権

利濫用とは異なり、当事者の主張しない事実も証拠調べの結果又は弁論の全趣旨により認定できる場合には、これを判決の基礎として訴訟資料にできるとともに、当事者による公序良俗違反の主張も要しないと解するのが相当である（権利濫用に関する前記学説も、この点については異論がない。）。なお、判例も、当事者が特に民法九〇条による無効の主張がなくても、同条違反に該当する事実の陳述さえあれば、その有効無効の判断をできるとしている（最判(二小)昭和三六・四・二七民集一五巻四号九〇一頁）。

(iv)　信義誠実の原則　信義則違反については、権利濫用と同様に対処すべしとする考え方が有力である（篠田省二・前掲書五〇頁、青山善充・前掲書四〇三頁）。しかし、信義則についても、単に一般条項という点に着目して一律に取り扱うのではなく、権利濫用とは別にその実体法上の機能に即して考える必要がある。

信義則は、ある規定の「適用」の次元と「解釈」の次元で発動が可能である点では、権利濫用と共通している面がある（大村敦志・法協一〇八巻一二号二一二四頁。同教授は、信義則について、「具体的＝主観的」「規範外在的＝付加的」であるのに対し、権利濫用は、「抽象的＝客観的」「規範内在的＝包摂的」であるという。）。これは、前者については実践的概念として、後者については説明的概念として使用されるということができる（松浦馨「当事者行為の規制原理としての信義則」『講座民事訴訟4』（弘文堂、昭和六〇年）二五六頁）。信義則は、これら適用・解釈のいずれの局面においても、既存の実定法規の空白部分を補完し、具体的妥当性のある結果を導くための調整的役割を果たす点に、顕著な特徴がある。そうしてみると、権利濫用について前述したところとは異なり、信義則違反については、当事者によってそれを基礎付ける事実が弁論に顕出されていれば、信義則違反の主張がなくても、裁判所はこれを適用して裁判できると解するのが相当である。

(v)　過　失　実体法上の法律要件として規定された「過失」について、これを主要事実と解し、過失を基礎付ける事実を間接事実とみる（前記(6)(i)の従来の通説）のは、これまで述べてきたように、一般条項の理解として是認できない。法律要件としての過失は、法的評価概念であって、不特定概念の主要事実はこれを基礎付ける具体的事実と解する。

(vi)　過失相殺　判例は、過失相殺は債務者又は加害者の主張がなくても、職権でできるとする（債務不履行につき、最判(三小)昭和四

三・一二・二四民集二二巻一三号四五四頁、不法行為につき、大判昭和三・八・一民集七巻六四八頁、最判(三小)昭和四一・六・二一民集二〇巻五号一〇七八頁)。もっとも、債権者又は被害者の過失を基礎付ける事実は債務者又は加害者が主張立証することを要する（前記最判昭和四三・一二・二四は、この点を明示する。）。

過失相殺の現在的機能は、損害賠償額の公平かつ合理的な調整を図るために、被害者に終局的に帰属する賠償額を減額するところにある（内田貴・法協九四巻九号一四二七頁）。他方、その内容の不明確なことを指摘し、事故抑止・損害抑止の視点から見直すべしとする考え方（能見善久「過失相殺の現代的機能」森島昭夫教授還暦記念論文集『不法行為法の現代的課題と展開』（日本評論社、平成七年）一一九頁以下）、むしろ被害者保護の視点から過失相殺の限定的な適用を主張する新たな見解（田中成志「過失相殺の適用における『公平』―特に加害者の責任が加重されている場合の過失相殺」加藤一郎先生古稀記念『現代社会と民法学の動向　上』（有斐閣、平成四年）二〇七頁以下・特に二二四頁以下）も主張されている。しかし、基本的には、その現在的機能を承認した上で、個別的事案に即した「公平かつ合理的な調整」にこれらの新たな指摘をどのように活かしていくかという点に問題は帰着するというのが現在の一般的な方向性と見られる。それは契約責任と不法行為責任のいずれについても共通するといえる。

そのような視点からみると、債権者又は被害者の過失を基礎付ける事実が弁論に顕出されていれば、過失相殺自体は援用権者である債務者又は加害者による過失相殺の抗弁を要することなく、裁判所の職権で行うことができるとする判例の立場を支持することができると考える（倉田卓次「過失相殺の職権斟酌」（昭和四七年）（同『交通事故賠償の諸相』（日本評論社、昭和五一年）二二〇頁）参照）。

(vii)　正当の事由　借地法（大正一〇年法律第四九号）及び借家法（大正一〇年法律第五〇号）に定める借地借家契約の更新拒絶の「正当の事由」は、法規裁量として作用するところ、その内容が「貸主自ら使用する必要がある場合その他正当な事由がある場合」と規定するに止まり、どのような事由が正当事由の判断要素を構成するかについて明確ではなかった。しかし、現実の訴訟においては、裁判官の広範な裁量による強制調停的なものとして機能するとともに、既存の事実の確認の裁判から次第に裁判自体によって新しい権利関係を作り出す形成裁判的なものとなっていく傾向にあると指摘されていた（鈴木禄弥『居住権論〔新版〕』（有斐閣、昭和五六年〔初版・昭和三四年〕）二〇三頁）。そこで、借地借家法（平成三年法律第九〇号）においては、従来の判例を踏まえて

一歩踏み込んで明確化が図られている（借地借家六条・二八条。なお、最高裁判所事務総局民事局監修『借地借家関係事件執務資料』（司法協会、平成五年）四頁参照）。

こうした立法の経緯に照らすと、法律要件としての正当事由は、法的評価概念であって、これを基礎付ける具体的事実を主要事実と解する。

二　自白

当事者間に争いのない事実は、証拠によって認定する必要がなく（一七九条・一五九条）、またこれに反する認定をすることもできない。裁判所は、当事者間に争いのない事実については、証拠調べをすることなしに判決の基礎とし、その事実を前提として判決しなければならない。この原則により、当事者は裁判所に対して審理の対象を限定する権能を確保することとなり、他方、裁判所は、その限度において審理の対象から除外されることにより、審判機関としての責務を免れることとなる。さらに、当事者は、争いのない事実については、これに反する認定をされることはないので、その限度においては共通の前提の下に審判されるという意味で、裁判の公平を担保されることとなる。

三　証拠の申請

当事者間に争いのある事実は証拠によって認定されることを要するところ、証拠は原則として当事者が申請したものでなければならない。もっとも、いずれの当事者が申請したかは問わない（七五三頁参照）。

第三款　事案の解明に向けた裁判所の訴訟活動

一　釈明権の構造

わが国の民事訴訟法制は、事案の解明について、当事者の権能と責任に委ねる施策を採用し、弁論主義を基本原則としている。しかし、それは、当事者主義を基調とする訴訟構造において、当事者の権利保護と裁判所の公正な審判という二つの理念の調和の上に成り立っているものである。そうした視点から見ると、裁判所も、当事者主義から導き出される弁論主義の施策に対し、補完的に関わっていくことが審判機関としての責務とみることができる。そこで、裁判所に、訴訟指揮権の一つとして釈明権を認めている（一四九条）。その趣旨は、当事者の主張が不明確なときに、そのまま審判してしまったのでは、当事者に酷であり、たとえ訴訟代理人に委任された事件であっても、訴訟代理人の訴訟活動の巧拙によって訴訟の結果が左右されては、結果として当事者に不利益を与えてしまうので、裁判所が当事者の主張の不明確な点を明らかにするために後見的立場からのりだすものとして理解されている（代表的なものとして、兼子一「民事訴訟の出発点に立返って」法協六五巻二号（昭和二二年）（同・研究一巻四七七以下・特に四九二頁））。しかし、裁判所は、そうした当事者個人レベルの救済のために後見的な役割を努めようというのではなく、事案の事情が不明確なまま審判したのでは、審判機関としての使命を全うできず、事案の事情について不明確な点があれば、まずそれを明らかにした上で事案の解明に資することとし、もって公平、適正な裁判の実現を図るために釈明権を付与されたものと見るべきである(1)。そういう趣旨に照らすと、一四九条にいう「訴訟関係を明瞭にするため」とは、事案の解明を図ることをいうと解するのが相当である。

このように釈明権行使のあり方については、訴訟に対する基本的な姿勢と期待する役割についての考え方の如何に依存する度合いが少なくないことから、その時々の時代的背景と対応して変遷を繰り返してきていると見られる

（戦前の状況について、村松俊夫「釈明義務の履行」法曹会雑誌一一巻一二号（昭和八年）、同「弁論主義に就ての一考察」民商一〇巻六号（昭和一四年）〔同『民事裁判の研究』（有信堂、昭和三〇年）一頁以下・二四一頁以下〕、戦後について、三ケ月章「弁論主義の動向―戦後ドイツの学説の検討」法協七二巻二号（昭和二九年）〔同・研究一巻四九頁〕、中野貞一郎「弁論主義の動向と釈明権」ジュリ五〇〇号（昭和四七年）〔同『過失の推認』（弘文堂、昭和五三年）二一五頁以下〕が、それぞれの時代の状況を詳述している。）。

（1）　釈明権の趣旨についての判例の立場　判例は、「釈明の制度は、弁論主義の形式的な適用による不合理を修正し、訴訟関係を明らかにし、できるだけ事案の真相をきわめることによって、当事者間における紛争の真の解決をはかることを目的として設けられたものである」とする（最判(一小)昭和四五・六・一一民集二四巻六号五一六頁）。著者の立場に近いものといえる。もっとも、釈明権は裁判所の後見的機能に止まり、事案の解明の責任を裁判所が背負うものではなく、訴訟代理人は、受任事件に対する熱意と研究努力とが裁判に現れてこそ、在野法曹の訴訟活動の進歩に伴う裁判本来の姿の出現が期待できるとする弁護士出身の最高裁裁判官の厳しい意見が注目される（最判(一小)昭和五一・六・一七民集三〇巻六号五九二頁における藤林益三裁判官反対意見）。これらとは別の視点から、裁判所と当事者が一体となって共通の目的たる判決を目指して進む共同作業の一部とする裁判官の見方がある（鈴木忠一「民事訴訟における当事者自治の限界と実務上の問題」『新・実務民事訴訟講座Ⅰ』（日本評論社、昭和五六年）一二二頁）。

二　釈明権の行使と範囲

(1)　釈明権の行使　裁判所の釈明権の行使は、口頭弁論における行使（一四九条一項）、期日外における釈明[2]（同条）、及び釈明処分によってなされる[3]。また、釈明権は、訴訟指揮権の一つとして裁判所に属するが、その行使は、合議体においては基本的に裁判長によることとされ、この釈明権の行使に対して当事者が行うのを「釈明」という。陪席裁判官も、裁判長に告げて、釈明権を行使することができる（同条二項）。

口頭弁論の期日外における釈明は、第一回期日前及び期日間の双方がある[4]。裁判長及び陪席裁判官が、口頭弁論の期日外において、攻撃防御方法に重要な変更を生じ得る事項について釈明権を行使したときは、その内容を相手方に通知しなければならない（規六三条四項）。その趣旨は、相手方の手続保障が害されることを防止することにある。その場合に、裁判所書記官は、訴訟記録上明らかにしなければならない（同条二項）。もっとも、この点は、裁判所内部の事務処理の細目に関する事項であり、仮にこれに違反したとしても釈明自体が違法となるものではないとされる（最高

裁判所民事局監修『条解民事訴訟規則』一三八頁）。裁判長又は陪席裁判官は、期日外釈明を裁判所書記官に命じて行わせることもできる（規六三条一項）。期日外における釈明、とりわけ第一回期日前の釈明が、所期の効用を発揮するか否かは、今後の運用に係っているが、裁判所と当事者が接触する前に行われることであるので、その点を十分に配慮することを要する（その留意点を適切に指摘するものとして、飯村敏明「第一回口頭弁論期日前の参考事項の聴取について」『新民事訴訟法大系・理論と実務（第二巻）』（青林書院、平成九年）九六頁以下参照）。

釈明権行使の方法は、一般に発問による方法と立証を促す方法とにより行われるが、期日外における釈明は、ファクシミリ、電話会議等相当な方法をもって行うこともできる。

当事者は、裁判所の釈明権行使に応じる直接的義務はないが、裁判所が釈明権を行使することは、訴訟関係に不明瞭な点があると判断したからであるので、当事者がそれに応じない場合には、なんらかの不利益を生じるおそれは十分あり得る（たとえば、陳述の趣旨が不明として扱われる場合である。）。その場合は、上級審において、釈明権不行使の問題が生じるのに備えて、訴訟記録上に明らかにしておくことが適切な措置である（奈良次郎「訴訟資料収集に関する裁判所の権限と責任」『講座民事訴訟4』（弘文堂、昭和六〇年）一五三頁）。逆に、釈明権の行使に応じた当事者に不利な結果を生じさせない配慮も必要である（山木戸克己「弁論主義の法構造――弁論権および当事者責任との関連における試論」中田淳一先生還暦記念『民事訴訟の理論（下）』（有斐閣、昭和四五年）（同『民事訴訟法論集』（有斐閣、平成二年）一頁以下・特に二三頁））。

他方、当事者も、口頭弁論の期日又は期日外において、裁判長に必要な発問を求めることができる（一四九条三項）。この当事者の権利を求問権という。民事訴訟において、当事者は裁判所との関係において訴訟活動を展開するのを原則とし、訴訟法もそれを前提として両者の法律関係を規律する構成を採っているので、当事者は相手方に直接に質問するのではなく、裁判所を介することとしたものである（当事者間の問い合わせ行為という点では、裁判所を介さない当事者照会制度と共通する。五一七頁参照）。当事者の求問権の行使に対し、裁判所がこれに応じるか否かは、訴訟指揮権に属することであり、裁判所の裁量に委ねられる。

（2）旧法における口頭弁論期日外の釈明　旧法の下では、口頭弁論期日外の釈明権の行使について明文の規定は設けられてな

かったが、相手方の手続保障を害さないように留意しつつ、期日間釈明が行われていた。その趣旨は、充実した準備によって口頭弁論に臨むとともに、次回期日まで待つことなく、回答を求めることにより、一回の無駄な期日を省く効果があり、訴訟の進行に資することができるという点にあった（岩佐善巳ほか『民事訴訟のプラクティスに関する研究』（司法研究報告書四〇輯一号）（法曹会、平成元年）一〇六頁以下、篠原勝美ほか『民事訴訟の新しい審理方法に関する研究』（司法研究報告書四八輯一号）（法曹会、平成八年）一〇七頁以下）。第一回期日前の求釈明については、訴訟関係者の間で意見が分かれていたようであるが、「審理の対象たる請求を具体的事実に則して特定して設定すること及びそのための当事者の準備活動を促すこと」に限定し、かつこれに対する回答は、原則として書面でなされ被告に送達することとすれば差し支えないという見方が有力であったようである（岩佐ほか・前掲書五七頁～五九頁）。こうした経緯を経て、新法において明文化されたものである（裁判所側から見た経緯について、塩崎勤「釈明権」『新民事訴訟法大系・理論と実務（第二巻）』（青林書院、平成九年）一一五頁以下、園尾隆司「裁判所の釈明権と訴訟指揮」竹下守夫＝今井功編『講座新民事訴訟法Ⅰ』（弘文堂、平成一〇年）二三四頁）。

（3）　判決釈明　弁論を終結し、裁判官が判決起案の段階に入ってから、当事者の口頭弁論の主張のうちに要件事実の主張が欠けていて、しかもそれを根拠付ける証拠が備わっていることに気付いた場合には、本来弁論を再開すべきである。ところが、弁論を再開して、その点を指摘すれば、当事者は当然に主張することが予想され、しかもその点に関する限り相手方に新たな防御方法が考えられない事案で、弁論を再開することなく、判決書の事実摘示欄にその遺脱した主張があたかも弁論で主張されたように記載し、理由欄でその事実を証拠により認定することを、判決釈明という（坂井芳雄『裁判手形法（再増補）』（一粒社、昭和六三年＝初版・昭和四三年）一〇頁）。また、準備書面の記載に明らかに誤りが認められるような場合にも、判決理由で裁判所が正当と考える記載をすることにより、当事者の釈明に代えることがあるという（園尾・前掲書二三九頁）。

（4）　口頭弁論終結後の釈明権の行使　口頭弁論終結後に期日外釈明が行われることは本来ありえないところであるが、合議あるいは判決作成に際し、弁論を再開するほどではないが、いわゆる判決釈明ではまかないきれないと判断した場合に、行われることもあるようである（園尾・前掲書二三九頁）。訴訟の公正を確保するために、慎重な扱いを要する。

(2)　釈明権の対象　裁判所は、訴訟関係を明瞭にするために、事実上及び法律上の事項に関し、当事者に対し問いを発し、又は立証を促すことができる（一四九条一項）。「訴訟関係を明瞭にする」ことは、釈明権行使の目的であるとともに、その対象であり、釈明権は、訴訟関係に関わる事実上及び法律上の事項に関する事項を対象とする。「訴訟関係を明瞭にする」とは、事案の解明を図ることに

照らすと、ここにいう訴訟関係とは、事件全体の事実及び争点、その証拠の総体を意味し、講学上の訴訟法律関係とは異なる概念である（兼子・条解上三二八頁）。事実上及び法律上の事項について問いを発するとは、事実及び適用法規の両面から当事者の主張を検討して、その陳述の不明瞭、不完全、矛盾を指摘し、これを訂正し、補充する機会を与えることをいう[(5)]（兼子・条解上三二九頁）。当事者の法律上の見解は裁判所を拘束するものではないが、訴訟は法律上の争訟であるので、裁判所として法規を適用する見地から、当事者の法律上の見解を正し（近時、法適用を裁判所の専権事項であるという命題を疑問とし、法的観点指摘義務として位置付ける考え方がある、四一八頁参照）、又は当事者が主張する法律効果を基礎付ける要件事実について主張責任を負う者に陳述を促すことも必要である（この点に着目し、訴訟代理人に自己の担当する事件に対する認識を正確にし、かつその事実にしたがった適切な主張を展開していくのを助けるのが、釈明であるとする見解がある、武藤春光「民事訴訟における訴訟指揮について―釈明と和解を中心にして」司法研修所論集五六号（昭和五〇年）七八頁）。事案の内容に照らし、当事者の意図するところが請求の趣旨として妥当性を欠くときは、検討し直すことを示唆することも含まれる（四九六頁(6)参照）。さらに、訴訟資料と証拠資料とを混同し、主張責任により主要事実が弁論に顕出されていると誤解していると見受けられる場合に、援用することの可否を確認することも、弁論主義を補完する釈明権の機能から必要なことであり、それによって弁論主義違反の事態を生じることをあらかじめ防止することに努めるべきである。

また、一般条項をはじめとして裁判官の法規裁量に依存する度合いが高い問題の場合、当事者の主張の明確性が特に求められる所有権移転の来歴・経過、代理権等が争点になっていて、事案の処理の決め手となるような場合には、当事者の手続保障に欠けることのないように、釈明権の行使に求める比重は重くなるといえる。むしろ、こうした場合にこそ、釈明権の存在価値があるともいえる。

立証を促すとは、要証事実について証明責任を負う者が証拠を申し出ていない場合に、その注意を喚起することをいう（兼子・条解上三二九頁）。また、すでに提出されている証拠の整理にも及ぶのであり、関連性のきわめて薄いもの、甚だ

しく重複するもの等について、適切に整理することも含まれる（賀集唱「民事訴訟における訴訟指揮―とくに運用上の具体的方策」法曹時報二四巻四号（昭和四七年）六七六頁。新たに提出しようという証拠については、証拠の採否の問題として処理する措置もある。）。

職権調査事項についても、裁判所が疑問をもつ場合には、当事者に対し、釈明権を行使することはもとより差し支えない。たとえば、訴訟要件の存否について、当事者の訴訟資料からは不明確な点が認められる場合である（大判昭和一一・一・一七裁判例（一〇）民事三頁）。

（5）　時効の援用と釈明権　　時効の援用については、民法一四五条との関係で、裁判所はこの点について釈明権を行使すべきかが問題となる。判例は、釈明権の行使を要しないとする（大判昭和一六・一一・一八判決全集九輯一一五頁（ただし本人訴訟）、取得時効について、最判(二小)昭和三一・一二・二八民集一〇巻一二号一六三九頁、最判昭和三九・七・一六判タ一六五号七三頁）。少数ではあるが民事事件担当裁判官に個別に意見を聴取すると、一般には、いずれも義務ではないとした上で、①他に主張することはないか、②本件は大分時間が経過しているが、というような表現を用いて釈明権を行使するようである。訴訟代理人としては、これらの発問により、当然に気付いてほしいという。また、取得時効は、現状肯定的な性格であり、積極的に釈明権を行使してもよいが、消滅時効はもともと債務を負っていることなので一切釈明権を行使すべきでないという見方もある。これに対し、同条が時効の総則規定であるので、両者について扱いを異にするのは妥当でないという批判もある。さらに、本人訴訟の場合には、相手方の訴訟代理人にことわった上で、本人に対して時効の援用について明確に発問すべきであるという意見もある。いずれも、裁判官の訴訟審理に対する苦心を重ねた真摯な姿勢をみることができる。学説は、時効の援用について釈明することには、これまで消極的な態度をとっていたように見られる（奈良次郎「訴訟資料収集に関する裁判所の権限と責任」『講座民事訴訟4』（弘文堂、昭和六〇年）一五四頁は、釈明することは少ないとし、高橋・重点講義三七八頁は、釈明しないのも実務の知恵であるという。）。これに対し、時効の援用の訴訟上の機能を間接事実のつもりで主張した事実を時効の要件事実と評価することについての当事者の自由意思尊重と相手方の不意打ち防止にあるという立場から、積極的に捉える主張がある（山本和彦・法協一〇三巻八号一六七四頁）。時効の援用について一般的に釈明義務があるとはいえないが、取得時効であると消滅時効であるとを問わず、時効を根拠付ける要件事実が弁論に顕れている場合には、むしろ積極的に釈明権を行使することが、裁判所としての義務とみるのが妥当である（その点で、前記最判昭和三一・一二・二八には、疑問がある。）。

(3)　釈明権の範囲　　釈明権は、裁判所の訴訟指揮権として行使されるものであるので、釈明権の範囲について

は、裁判所の役割という観点から消極的釈明と積極的釈明とに識別することが適切である（中野貞一郎「弁論主義の動向と釈明権」ジュリ五〇〇号（昭和四七年）（同『過失の推認』（弘文堂、昭和五三年）二二〇頁注5）をもって嚆矢とする。これに対し、両者の区別は明確性を欠くとして、類型的考察によって個別的事案を超えて有用な基準を見出すことができるとする批判がある。『注釈民事訴訟法（3）』（有斐閣、平成五年）一一八頁・一二二頁以下〔松本博之〕。なお、奈良次郎「釈明権と釈明義務の範囲」『実務民事訴訟講座1』（日本評論社、昭和四四年）二〇六頁参照）。

当事者の主張に不明瞭・矛盾等がある場合に、それらについて明瞭にするための釈明権の行使（一四九条一項）を、消極的釈明という。これに対し、当事者の中立・主張等が事案に照らし不適当である場合、あるいは証拠調べの結果として、裁判所がその存在を心証形成するにいたった主要事実について当事者が主張していない場合に、当事者に主張を促し、あるいは主張責任を負担する当事者にその主張の可否を問うことを、積極的釈明という。最も象徴的なのが、訴えの変更を示唆する釈明、(6) 新たな証拠方法の提出を求める釈明、(7) である。

釈明権は、裁判所の訴訟指揮権の一つであり、権限であるとともに義務である。積極的釈明か、消極的釈明かは、前者は権限ではあるが義務ではなく、後者は権限であるとともに義務であるという性格のものではなく、どこまで釈明権を行使すべきかは、事案に即して判断すべきことである。その基準を一義的に設定することは困難であるが、一応の最低基準と最高基準を限界基準として検討することは行為規範として有意義なことである。釈明権の行使の義務として求められる基準は、当事者の主張に不明瞭・矛盾等がある場合に、それらについて明瞭にするための釈明権の行使を最低基準とし、裁判所が判決結果に直接に結びつくと判断するか否かに最高基準を限界基準として設定するのを相当と考える。あるいは、釈明権を積極的に行使することは、裁判所の心証形成に対する当事者の予断を生じるおそれがあるという懐疑的な見方も予想されるが、争点を明確にし、さらには和解の機会の端緒となることもあり得るので、むしろ肯定的に評価すべきである（新堂・判例二七六頁）。

もっとも、釈明権が裁判所の権限に止まらず義務であるということは、訴訟代理人が裁判所に事案の解明を依存

することを許容するものではなく、みずからの訴訟準備を含む訴訟活動をいささかなりとも怠ってはならず、弁護士報酬の対価の限度で最善を尽くせば足りるという性格のものではない。もとより、怠惰な訴訟活動の補助を目的とするものでもない（四九〇頁注（1）の藤林裁判官の反対意見参照）。

（6）　訴えの変更と釈明権　　訴えの変更に係る釈明権の行使をどこまで行うことができるかは、難しい問題である。判例は、請求の趣旨について釈明権の不行使を違法とする場合もある（最判(二小)昭和二九・八・二〇民集八巻八号一五〇五頁、最判(三小)昭和四一・四・一二民集二〇巻四号五六〇頁、最判(二小)昭和五八・一〇・二八判時一一〇四号六七頁）。さらに、請求原因の変更に及ぶことの可否について、最判(一小)昭和四五年六月一一日（民集二四巻六号五一六頁）は、「請求原因として主張された事実関係とこれに基づく法律構成とがそれ自体正当ではあるが、証拠により認定される事実関係との間にくいちがいがあってその申立を認容することができないと判断される場合においても、その訴訟の経過や訴訟資料、証拠資料からみて別個の法律構成に基づく事実関係が主張されるならば原告の申立を認容することができ、当事者間における紛争の根本的解決が期待できるにもかかわらず、原告においてその主張をせず、かつ、主張しないことが明らかに原告の誤解または不注意に基づくものと認められるようなときは、事実審裁判所は、その釈明の内容が別個の請求原因にわたる結果となる場合でも、その機能として、原告に対しその主張の趣旨とするところを釈明し、場合によっては発問の形式によって具体的な法律構成を示唆して真意を確かめることも許される」とする。本判例は、請求原因の変更に関する指標たる役割を担う判例として高く評価することができる。それを正当化する基盤として、係属中の訴訟で紛争を可能な限り根本的解決を図ろうという理念が決め手になると見られる（中野貞一郎「訴えの変更と釈明義務」判タ二七九号（昭和四七年）（同『過失の推認』（弘文堂、昭和五三年）二五四頁）、奈良次郎「訴訟資料収集に関する裁判所の権限と責任」『講座民事訴訟4』（弘文堂、昭和六〇年）一五四頁）。もっとも、訴えの変更に係る釈明権の行使に応じた当事者に不利益な結果を生じさせないために、原則として交換的変更ではなく、追加的変更をさせておくことが妥当である（山木戸克己「弁論主義の法構造——弁論権および当事者責任との関連における試論」中田淳一先生還暦記念『民事訴訟の理論(下)』（有斐閣、昭和四五年）（同『民事訴訟法論集』（有斐閣、平成二年）一頁以下・特に二三頁）、奈良・前掲書一五四頁）。

（7）　証拠方法の提出を示唆する釈明　　立証の釈明は、もともと立証が十分でない場合に、そのまま立証なしとして判決することは正義に反するので、裁判所が立証を促す権限を有することを認めたものである。判例も、当事者が不注意ないし誤解により立証しない場合に、釈明権の行使を要するという立場を採っている（最判(二小)昭和三九・六・二六民集一八巻五号九五四頁、最判(三小)昭和五八・六・七判時一〇八四号七三頁、最判(一小)昭和六一・四・三判時一一九八号一一〇頁）。本人訴訟において、みるべき証拠がないにもかかわらず、裁判所が職権で当事者尋問を行わないで、敗訴判決をする場合も、同様と解する。さらに、新たな証拠を必要とする場合の証拠の提出（前掲最判昭和三九年六月二六日）、重要な書証の成立について第一

審の判断を覆す場合にその署名部分の筆跡鑑定の申出（最判(二小)平成八・二・二二判時一五五九号四六頁）等についても、釈明権不行使を違法とする。これに対し、立証が成功しなかった場合に、新たな証拠の提出を促し、あるいは一応心証形成した後に、相手方に反対証拠の提出を促すのは、それ自体が通常の訴訟指揮権の行使であって、釈明権の行使ではない。

(4) 釈明権行使の方法　釈明権の行使の方法は、当事者に対し問いを発し、又は立証を促すことによる（一四九条一項）。問いは、一般的な表現ではなく、裁判所の意思が当事者に理解できる表現であることを要する。もっとも、口頭弁論における裁判長の発問に対し、訴訟代理人はすべての神経を傾注し、発問のニュアンス、そこに潜む言外の余情を鋭敏に享受する心構えが必要である。また、文書による釈明という方法もあり、明確性という点で、その効用を指摘する向きもある（木川統一郎「文書による釈明の著効」判タ五〇六号（昭和五八年）（同『民事訴訟法改正問題』（成文堂、平成四年）二七一頁以下）、奈良次郎「訴訟資料収集に関する裁判所の権限と責任」『講座民事訴訟4』（弘文堂、昭和六〇年）一五三頁）。

三　釈明義務違反と上告理由

旧法において、釈明義務違反が上告理由に当たるかについては明文の定めはないものの、判例は、釈明権の定めは効力規定であり、したがってこれを怠ったことについて違法性があるとするものであり、審理不尽の違法があるとして対処してきた（『注釈民事訴訟法(8)』二五六頁〔松本博之〕参照）。これに対し、新法が上告受理制度を設置したことにより、上告制度が著しく変更されたことに伴い、新法においても、旧法における釈明義務違反が上告理由となり得るかが問題になる。しかし、旧法の「判決ニ影響ヲ及ボスコト明ナル法令ノ違背アルコトヲ理由トスルトキ」を定めた上告理由の規定（旧民訴三九四条）は存続していないが、釈明権の行使を権利であるとともに義務であることにおいては、新法の下においても変わることはなく、釈明権の存在意義を斟酌すると、釈明義務違反の事件は「法令の解釈に関する重要な事項を含むものと認められる事件」（三一八条一項）に十分に該当するのであり、上告受理の申立てによるべきものと解する。

事実審における釈明権の行使をすべき判断基準と上告審として釈明義務違反を問うべき判断基準は、同一であると解するのが相当である。しかし、上告審という立場から、それを理由に原判決を破棄すべき判断基準は、そうしなければ著しく正義に反するか否かが問題になるのであり、その点で釈明義務違反と破棄差戻しの判断基準は同一ではない。もとより、それらの判断基準は個別具体的事案によって必ずしも一義的には決められない要素があるが、一般的な基準としては、事実審における前記最低基準である①当事者の主張に不明瞭・矛盾等がある場合に、それらについて明瞭にするための釈明権の行使を履行しているか、つぎに、限界基準である②原審で主張・立証がなされていれば、判決の結論が異なったかという二点が、基本的な判断基準になる。さらに、その上で、原判決を破棄し原審に差し戻すべきか否かについては、原審で当事者が主張・立証しなかったことが、当事者の責めに帰すべからざる事由によるかが、補充的な判断要素となるものと考える。

四　釈明処分

裁判所は、訴訟関係を明瞭にするため、①当事者本人又はその法定代理人に出頭を命じ、②口頭弁論期日において、当事者のため事務を処理し、又は補助する者で裁判所が相当と認めるものに陳述をさせ、③訴訟書類又は訴訟において引用した文書その他の物件で当事者の所持するものを提出させ、④当事者又は第三者の提出した文書その他の物件を裁判所に留め置き、⑤検証をし、又は鑑定を命じ、⑥調査嘱託をすることができる（一五一条一項）。これを釈明処分という。これらのうち、検証、鑑定及び調査嘱託については、証拠調べに関する規定を準用する（同条二項）。

釈明処分は、いずれも訴訟関係を明瞭にするために行われるのであり、係争事実の存否を確定するためではないので、これによって得られた資料は、証拠資料とはならない（これに対し、釈明処分の役割に期待するとともに、検証、鑑定はいずれも証拠調べであり、そこで得られた資料は証拠資料になるとする見解として、木川統一郎「釈明・釈明処分と弁論準備処分」中村英郎教授古稀祝賀『民事訴訟法学の新たな展開・上巻』（成文堂、平成八年）七頁・一〇頁）。もっとも、弁論の全趣旨として、係争事実の認定の証拠資料と

なる余地はある（二四七条）。また、釈明処分の結果が文書化されていて、当事者が証拠として援用する旨を申出れば、証拠資料となる。

第三節　職権探知主義

一　職権探知主義の構造

当事者主義を基調とする訴訟構造において、当事者の自己の目的へ向けて訴訟活動を展開させる権利保護と当事者の審判機関である裁判所の公正な審判という理念を調和させ、事案の解明のために訴訟制度において採用されるべき施策の一つに、弁論主義と対立するものとして職権探知主義がある。これは、訴訟資料の提出を当事者の意思のみに委ねず、裁判所の職責ともする建前をいう。私的利益をめぐる紛争は、基本的に当事者主義を押し進めることにより、事案の解明を図ることができるといえるが、たとえ私人間の争いであっても、身分関係をめぐる争いは、法秩序の根幹に関わる性格を有しているとともに、単に訴訟当事者間の利害に止まらず、広く第三者の利害にも深く関わり、多大な影響を与える性格を有している。また、行政上の争訟についても、ほぼ同様のことがいえる。そこで、これらの訴訟については、基本的に訴訟資料を収集し提出する権限を当事者のみに委ねず、裁判所も、その役割を分担してこそ、審判機関としての使命を達することができると認められる。そうした趣旨により、人事訴訟事件及び行政訴訟事件については、職権探知主義の施策を部分的に採用している。

二　職権探知主義の内容

(1)　人事関係訴訟事件　人事関係訴訟事件に関しては、離婚訴訟（人訴一四条）、離縁訴訟（人訴二六条）、親子関係訴訟

（人訴二七条・三二条）について、職権探知主義による旨を明文で定めている。これらの訴訟においては、処分権主義も制限される（人訴一〇条・二六条・三二条）。もっとも、離婚訴訟及び離縁訴訟においては、婚姻及び養子縁組を維持するためにのみ証拠調べ、資料の収集が認められる（人訴一四条・二六条。これを片面的職権探知という。）。これに対し、親子関係事件については、請求認容・棄却の双方について職権探知が採られている（人訴三一条二項。これを双面的職権探知という。）。その趣旨は、人事訴訟事件の判決は、第三者に対しても効力を有し（人訴一八条・二六条・三二条一項）、法秩序の根幹に関わることにある。

(2)　行政訴訟事件　また、行政訴訟事件では、職権証拠調べをできる旨を定めるに止まり（行訴二四条）、積極的に証拠を収集し、あるいは当事者の主張しない事実を探索し、判断の資料にできる旨の規定はない。したがって、同条は弁論主義を前提とするものであり、人事関係訴訟事件におけるような職権探知主義を採用したものではない（杉本良吉『行政事件訴訟法の解説』（法曹会、昭和四二年）八三頁、中込秀樹ほか『改訂・行政事件訴訟の一般的問題に関する実務的研究』（法曹会、平成一二年）二一五頁、南博方編『条解行政事件訴訟法』（弘文堂、昭和六二年）五九三頁〔時岡泰〕）。行政訴訟事件についても、取消判決等は第三者に対しても効力を有することにあるとされ（行訴三二条一項）、その趣旨は、行政上の法律関係の画一性にある（南博方編・前掲書七二二頁以下〔岡光民雄〕）。

(3)　通常民事訴訟事件　職権探知が採用される前述した趣旨に照らすと、通常の民事訴訟においても、公益に関する訴訟上の事項、判決の第三者効力を生じる訴訟については、職権探知を取り入れることが問題になる。公益に関する事項という視点からみると、裁判所は、訴訟要件について、抗弁事項とされる要件を除き、職権で顧慮しなければならないとともに、その存否を判断するための資料も職権探知すべき職責を負っている。これに対し、訴訟要件のうち、任意管轄、訴えの利益、当事者適格については、当事者の弁論に顕出された資料だけを判断の手がかりにすべきである。

会社法上の形成訴訟について、判決の第三者効力を生じることを理由として、職権探知主義を採用すべしとする

見解がある（加藤正治『新訂民事訴訟法要論』（有斐閣、昭和二一年）一二七頁、松田二郎『会社法概論』（岩波書店、昭和二六年）五一頁、小室直人「民事訴訟における職権調査の諸問題」名城法学三五巻一号（昭和六〇年）（同『訴訟物と既判力』（信山社、平成一一年）一二七頁））。しかし、単に第三者効の理論的帰結として職権探知主義の採用を導くことは疑問である。必ずしも法秩序の根幹に関わる性格は見られず、第三者の利害にも関わっていることだけをもってしては、十分な根拠とはならないと考える。

三　職権探知主義における当事者の地位

職権探知主義が採用される訴訟においても、その基盤は当事者主義にある。したがって、当事者主義の現れである処分権主義のうち、訴訟の開始、訴訟対象の設定及び特定については、民事訴訟の本質に由来することであるので、職権探知主義の下でも適用されることに変わりはない。これに対し、判決によらない当事者の意思による訴訟の終了については、前述した（一参照）職権探知主義の性格に照らし、制限されることはあり得る（九二七頁・九四九頁参照）。

また、職権探知主義は、裁判所も訴訟資料の収集・提出について責任を分担するというのであって、それによって、当事者が有する訴訟資料を収集し、提出する固有の権限が制約されるわけではない。したがって、当事者が攻撃防御を尽くす手続保障を確保すべきことは、弁論主義が適用される場合と異なるところはない。むしろ、裁判所が職権探知した訴訟資料及び証拠資料について、裁判所は当事者がこれを知り得る状態に置くとともに、それについて意見を述べる機会を与えることを要する（人訴一四条ただし書・三二条二項ただし書。職権証拠調べの結果について、行訴二四条ただし書）。

四　職権探知主義と職権調査事項

職権探知主義は、訴訟資料を収集し提出する権限を当事者のみに委ねず、裁判所の職責ともする建前であり、これを当事者の権限と責任とする弁論主義に対立するものである。他方、職権調査事項は、当事者の申立てや異議があってはじめて、裁判所として顧慮するのではなく、裁判所がみずから進んで取り上げ、その事項に応じた措置をとることを義務付けられている事項である。したがって、職権調査事項について、当事者の合意により左右し、あ

るいは放棄することにより裁判所の措置を必要としないこととすることは許されない。その反面、当事者も、職権調査事項については、裁判所の措置を促す申立てや主張をすることは、時期的な制約を受けることはない（一五七条・三一二条。もっとも、信義則違反として斥けられることはあり得る。）。

職権探知と職権調査は、裁判所がその職責により能動的に対応する点では共通している面があるといえるものの、次元を異にする問題である（三ケ月・双書二〇八頁は、職権探知主義と弁論主義とは主要事実に係る対立する原則であるのに対し、職権調査は手続要件に係る問題して区別すべしとするが、両者を同一次元で捉える前提に立っていることに起因するものであり、正確性を欠き、疑問である。）。職権調査事項について、裁判所がその存否を判断するための資料も職権探知すべき職責を負うか否かは、別個の問題であって、職権調査であることから論理的帰結として当然に導かれることではない（小室直人「民事訴訟における職権調査の諸問題」名城法学三五巻一号（昭和六〇年）（同『訴訟物と既判力』（信山社、平成一一年）二三四頁）参照）。

第四章　訴訟審理における口頭弁論の構造

第一節　訴訟審理における口頭弁論の位置

一　口頭弁論の意義

口頭弁論とは、受訴裁判所の口頭弁論期日において、当事者双方が対立して関与する形態の下に、口頭により、本案の申立て及び攻撃防御方法の提出その他の陳述をすることをいう(1)（狭義の口頭弁論。たとえば、八七条・一六一条参照。単に弁論ともいう。）。さらに、これと結合して、裁判所による訴訟指揮、証拠調べ及び裁判の言渡しを含む訴訟審理の方式ないし手続という意味で用いることもある（広義の口頭弁論。たとえば、一四八条一項・一五一条一項一号二号・一五二条・一五三条・一六〇条・二四九条一項、規六六条・六七条・六九条・七〇条参照）。陳述は、口頭により、明示的にかつ確定的にすることを要する（それは、同時に口頭弁論調書における「弁論事項記載三原則」を構成することとなる。大塚啓志ほか『新民事訴訟法における書記官事務の研究（Ⅰ）』（平成九年度書記官実務研究）（司法協会）一〇五頁参照）。

(1)　口頭による陳述　陳述は、口頭による。当事者が裁判所の面前において口頭で陳述してはじめて、口頭弁論に顕出されたこととなる。直接主義及び口頭主義に基づくものである。その方法は、当事者の口頭による陳述と、あらかじめ提出した準備書面等の書面に基づく陳述とがある。通訳人を介する陳述及び筆問筆答による陳述（一五四条）も、口頭による陳述に含まれる（なお、裁判所では日本語を用いる（裁七四条）。）。

(2)　明示的な陳述　陳述は、明確になすとともに、裁判所が正確に認識できることを要する。したがって、法は重要な事項については、あらかじめ書面により準備することを義務付けている。訴状、答弁書その他の準備書面

が、その例である（一三三条・一六一条）。もっとも、これらの書面をあらかじめ提出した者が、最初の口頭弁論期日に出頭しなかったときは、そこに記載された事項について、陳述したものとみなすこととしている（一五八条）。

(3)　確定的な陳述　陳述は、その内容が主張として確定的であることを要する。弁論主義により、裁判所は当事者が口頭弁論に顕出した訴訟資料に限り判決の基礎にできるとともに、当事者の申し出た証拠に限り取り調べることができるので、陳述内容が確定性に欠けると、裁判所が審理を進めるのに妨げとなることによる。

二　口頭弁論の必要性

口頭弁論について、法は、口頭弁論を開くことを必要とする場合と、口頭弁論を開くことを裁判所の裁量に委ねられている場合の二つに分けて規定を設けている。前者を必要的口頭弁論、後者を任意的口頭弁論という。

(1)　必要的口頭弁論　訴え又は上訴に対して、裁判所は判決をもって裁判をしなければならないところ、そのためには必ず口頭弁論を開き、当事者に弁論の機会を与えなければならない（八七条一項本文）。当事者が自己の主張を直接に根拠付ける事実（主要事実）は、当事者が弁論で陳述しないかぎり、裁判所は、判決の基礎とすることができない（弁論主義）。書面による陳述を判決の基礎にするのは、特別の定めのある場合に限られる（一五八条・二七七条）。証拠調べの結果等の資料も、同様である。

これに対し、口頭弁論において当事者に攻撃防御を尽くす機会を与えなくても、手続保障に欠けることになるとはいえない場合については、口頭弁論を開くことを必要としない（八七条三項）。①訴えが不適法でその不備を補正することができない場合は、口頭弁論を開かないで、判決で訴えを却下できる（一四〇条）。控訴及び上告について、その要件を欠く場合にも、同様である（二九〇条・三一九条。なお、上告について、三一六条・三一七条参照）。②原告が担保を立てるべき期間内にこれを立てないとき、口頭弁論を開かないで訴えを却下する（七八条）。その他、③変更の判決（二五六条二項）、④上告審における書面審理に

よる上告棄却（三一九条）、⑤手形訴訟による対象不適格（三五五条）、⑥手形訴訟の終局判決に対する不適法な異議（三五九条）が、その場合である。

(2) 任意的口頭弁論　訴訟手続において派生的に生じる事項については、迅速に処理することを要するとともに、権利の確定に直接関わることではないので、決定をもって完結すべきこととし、口頭弁論を開くか否かについては、裁判所の裁量に委ねられる（八七条一項ただし書）。たとえ口頭弁論を開いても、任意的であるに止まる。したがって、いったん口頭弁論を開いても、その後書面審理に移すことも、移すか否かの選択を含めて、裁判所の裁量に委ねられる。決定手続では、書面審理を原則とし、たとえ口頭弁論が開かれても、それを補充し、釈明をするため、もしくは証人尋問を行うためにするものである。したがって、口頭弁論で得られた資料も、書面で提出されたものもいずれも訴訟資料となり得る。また、民事保全に関する裁判は、口頭弁論を経ないですることができる（民保三条）。それは、すべて決定又は命令によることを意味する（このような表現をもって決定手続であることを規定するのが、慣用句であるという、山崎潮『民事保全法の解説』（法曹会、平成六年）一四九頁。その例として、民執四条・一五七条二項、破産一一〇条一項、会社更生九条等がある。）。

これに対し、決定で裁判すべき事件であっても、訴訟手続の必要的口頭弁論の中で問題となった事項については、通常その口頭弁論の中で審理される。その場合でも、右事件を審理する口頭弁論の限りでは任意的口頭弁論であるので、弁論以外の資料も顧慮することができる（鈴木正裕「決定・命令に対する不服申立て（四）」法曹時報三六巻一一号（昭和五九年）二二〇六頁以下、『注釈民事訴訟法（3）』八九頁〔竹下守夫〕）。

決定手続において口頭弁論を開かない場合に、裁判所は裁量により当事者を審尋することができる（八七条二項）。ここにいう審尋とは、裁判所が、口頭弁論期日外で、当事者その他の訴訟関係人に、個別的又は同時に、書面又は口頭で陳述する機会を与えることをいう[1]（大判昭和一一・六・九民集一五巻一〇八七頁）。それは、書面審理の補充として行われる。

（1）「審尋」・「審問」　「審尋」という語は、種々の法規に用いられているが、その意味は一様ではない（谷口安平「民事保全における審尋」竹下守夫・鈴木正裕編『民事保全法の基本構造』（西神田編集室、平成七年）一〇〇頁以下参照）。

（i）書面審理・口頭審理に対応させた場合の審尋　任意的口頭弁論の下で、口頭弁論に代えて審尋を行う場合には、裁判所の裁量により書面・口頭の両方の方法が許される。したがって、そこでは、口頭ないし書面による陳述を裁判所が適当と考える方法で聴くことを意味する。

（ii）主張と証明を対比した場合の審尋　民訴法八七条にいう審尋は、弁論に対応する概念で、当事者の主張を整理することを目的とし、証拠資料の収集を目的とはしない（これに対し、谷口・前掲書一〇三頁は、弁論と証拠調べの両方の機能を肯定する。）。例外として、民事保全手続では、当事者・参考人を簡易な証拠調べとして審尋する旨を定める（民保三〇条・四〇条一項・四一条四項。山崎潮・前掲書一二三頁参照）。民事執行手続における審尋についても、同様に証拠調べを含めた意味で用いている（民執五条。香川保一監修『注釈民事執行法1』（金融財政、昭和五八年）一八二頁〔田中康久〕）。

（iii）口頭弁論と対比した場合の審尋　口頭弁論という審理方式に対立する審理方式を包括的に示す用語として、あるいは口頭弁論期日に対応する審理の場としての審尋期日を示す用語として用いられる場合がある（谷口安平・前掲書一〇五頁）。

なお、旧民事訴訟法では、「審尋」とは別に「審問」という語が、使い分けられていて、受命裁判官又は受託裁判官が、口頭弁論の形式によらないで、当事者その他の関係人に個別的に口頭又は書面で陳述させること（証拠調べを含む。）を「審問」といい（一四九条・一五二条二項）、裁判所が同様のことを行うことを「審尋」といっていた（民訴規一一二条）。「審問」は、もともと非訟事件手続における事情聴取や証拠調べ等のための期日における手続を意味する表現であり（非訟一三条、借地借家四五条）、新法で受命裁判官の職務が拡大したことに伴い、これまでの二つの用語の使い分けは適切でないので、新民訴法及び民訴規則で「審問」という語は使われなくなった（最高裁判所事務総局民事局監修『条解民事訴訟規則』七八頁）。

第二節　口頭弁論の基本構造

現行の民事訴訟法の下で、民事訴訟事件の訴訟審理は、口頭弁論に向けて、その準備のために諸手続を設けると

ともに、口頭弁論における当事者の手続保障を確保し、裁判所の面前において直接に口頭で攻撃防御を展開する対審構造を中心に構成されている。

口頭弁論手続は、種々の原則によって基礎付けられている。

一 公開主義

訴訟の審理及び裁判を一般に公開された法廷で行うことを、公開主義という。その趣旨は、訴訟の審理及び裁判を一般公衆が傍聴できる状態の下で行うことにより、司法権の行使が公正かつ適法に行われていることを一般公衆に明らかにすることにより、これを担保することにある。わが国では、憲法が、「裁判の対審及び判決は、公開法廷でこれを行ふ」と、裁判公開の原則を定めていること（憲八二条一項）に特徴がある（その制定過程について、鈴木重勝「わが国における裁判公開原則の成立過程―民事訴訟における公開制限を中心に」早稲田法学五七巻三号（昭和五七年）八三頁以下参照。ドイツでは、裁判所構成法一六九条が裁判所の審理の公開を定める。）。本条の意味について、判例は、法律上の実体的権利義務自体につき争いがあり、これを確定するには、公開の法廷における対審及び判決によるべきものとする（最決(大)昭和三五・七・六民集一四巻九号一六五七頁、最判(大)昭和四〇・六・三〇民集一九巻四号一〇八九頁）。本条の趣旨は、一般公開を定めたものと解されている（法学協会編『註解日本国憲法（下巻）』（有斐閣、昭和二九年）一二四〇頁）。他方、その例外として、「裁判所が、裁判官の全員一致で、公の秩序又は善良な風俗を害する虞があると決した場合には、対審は公開しないでこれを行ふことができる。」（憲八二条二項本文）とする。ここにいう公序良俗を害する虞がある場合とは、具体的に人心を刺激して公共の治安を破り、あるいは猥褻など人心に不良の影響を及ぼして風教を傷付けるようなことをいうと解されている（法学協会編・前掲書一二四一頁）。もっとも、「但し、政治犯罪、出版に関する犯罪又はこの憲法第三章で保障する国民の権利が問題となってゐる事件の対審は、常にこれを公開しなければならない。」（憲八二条二項ただし書）とする。この趣旨は、刑事事件に限られることではなく、民事事件、行政事件についても、該当することである。

裁判公開の原則を民事訴訟手続との関係についてみると、主として、営業秘密、情報公開及びプライバシーとの

関係で問題になる。裁判公開を例外的に制限することが許容されるのは、その訴訟の当事者限りの利益を保護するためではなく、これを超えた公益的要請に由来するものと解すべきである。また、この原則が裁判の公正の確保のために寄与してきたことは、軽視してはならない。これらの問題の処理についても、裁判公開の原則を制限することの理論付けを試みる方向で対応するのではなく、訴訟手続法の局面で対応する方策を検討すべきである。(1) 新法の立法過程では、秘密保護手続の導入も検討課題とされた（法務省民事局参事官室『民事訴訟手続に関する改正要綱試案』「第四　口頭弁論及びその準備　七　秘密保護の手続（後注）」）が、新法に取り入れるまでには至らず、秘密保護のために訴訟記録の閲覧等を制限する規定を設けるに止まった（九二条一項参照）。

（1）　民事訴訟手続と裁判公開の原則　営業秘密は、実体法上はもとより（不正競争二条一項四号ないし九号・四項）、訴訟手続法上においても保護されるべきことではあるが、それを裁判公開の原則に制限を加えることによって対処しようというのは、あまりにも安易な発想であって、将来的にみるならば、営業秘密の法的保護を図るために有効適切であるかは、極めて疑問である（営業秘密について裁判公開の原則を制限すべき旨の主張は、鈴木忠一「非訟事件に於ける正当な手続の保障」法曹時報二一巻二号（昭和四四年）（同『非訟・家事事件の研究』（有斐閣、昭和四六年）二七九頁）を嚆矢とし、最近では中野貞一郎「民事裁判と憲法」『講座民事訴訟1』（弘文堂、昭和五九年）（同『民事手続の現在課題』（判例タイムズ社、平成元年）二〇頁）が、全面的に支持し、さらに佐藤幸治「司法権と『公開裁判原則』─特に情報公開法制との関連において」小嶋和司教授退職記念『憲法と行政法』（良書普及会、昭和六二年）（同『現代国家と司法権』（有斐閣、昭和六三年）四三三頁）が、公開制限の可能性をより広く認める傾向を裁判のあり方に対する新たな発想として積極的に評価するが、いずれも是認できない。）。これに対し、公序が害されることを理由として営業秘密についての審理を非公開にできるとする見解がある。その理由として、営業秘密は一定範囲の第三者に対してその権利の承認を求めうる、差止請求権をも内包する権利として憲法二九条にいう財産権であるとし、このことをもって憲法八二条二項にいう公序の内容になるとする（伊藤眞「営業秘密の保護と審理の公開原則（上）（下）」ジュリスト一〇三〇号（平成五年）、特に一〇三一号八三頁）。しかし、このようなことは、営業秘密に限られたことではなく、営業秘密が、公序良俗を害する虞があるとして対審を非公開にすることは困難であると解する（梅本吉彦「営業秘密の法的保護と民事訴訟手続」法とコンピュータ一〇号（平成四年）九七頁）。むしろ、相手方に公開することに適さない場合における資料の審理については、その訴訟の当事者間の合意による裁判官限りの開示の方法による処理という方法が妥当と考える（梅本吉彦・前掲論文九一頁）。新民事訴訟法が、文書提出命令の申立てに係る文書の判断について、この考え方をいわゆるインカメラ手続（二二三条三項）として取り入れていることは、評価できる。同様のことは、情報公開に係る紛争において、公開請求された文書を非公開文書として請求を拒絶することの当否について裁判所が審理する場合にも、該当する。

また、裁判公開を例外的に制限することが許容されるのは、その訴訟の当事者限りの利益を保護するためではなく、これを超

えた公益的要請に由来するものであるから、憲法三二条を根拠として、国民が非公開裁判を求める権利を有するものと解すること（松井茂記『裁判を受ける権利』（日本評論社、平成五年）は、裁判公開は一般公開を意味する前提の下に、問題解決の手がかりを憲法全体の構造に求め、同様の見解を主張する。）は、是認できない。

二　双方審尋主義

訴訟の審理において、当事者双方にその主張を述べる機会を平等に与えることを、双方審尋主義という（これを当事者側から見て、当事者対等の原則、武器対等の原則ともいう）。それは、裁判の基本的要素である（新堂幸司「民事訴訟の目的論からなにを学ぶか」（昭和五七年）〔同『民事訴訟制度の役割』（有斐閣、平成五年）二八五頁〕）とともに、裁判の公平を確保するための基本原則であり、法律上の実体的権利義務自体につき争いがある場合に、その確定を図るために審判するについて、憲法上の要請である（憲三二条）。「裁判を受ける権利」は、双方審尋主義に支えられているともいえる（中野貞一郎「民事裁判と憲法」『講座民事訴訟1』（弘文堂、昭和五九年）〔同『民事手続の現在課題』（判例タイムズ社、平成元年）一四頁〕）。双方審尋主義は、訴訟手続において、必要的口頭弁論（八七条）として具体化されている。これに対し、実体的権利義務関係の確定を直接目的としない場合（たとえば、民事保全手続）については、口頭弁論は任意的であり（民保三条）、双方審尋主義も原則として適用されない（もっとも、当事者から保全異議が申し立てられた場合の審理については、審尋期日の開催を要求すること等により、双方審尋主義の趣旨が生かされている、民保二九条参照）。

他方、双方審尋主義は、当事者が攻撃防御を展開する機会を与えられながら、これを怠った場合には、それによる不利益を課するという制裁的機能を営む面をもっている（その例として、証拠決定を経ない証人尋問の実施及び証拠却下決定がなされなかった当事者尋問の不実施について責問権の喪失を認めた、最判（一小）昭和二六・三・二九民集五巻五号一七七頁。一・二審を通じて被告が口頭弁論に出頭しなかった場合に、準備書面に記載されず、その写しの送達もなかった書証を証拠とした判決を適法とした、最判（三小）昭和二七・六・一七民集六巻六号五九五頁）。

三　口頭主義

(1) 口頭主義と書面主義　訴訟の審理において、当事者及び裁判所が訴訟行為を口頭により行うこととする原則を、口頭主義という。これに対し、書面により行う原則を書面主義という。近代における各国の民事訴訟法典は、一般に口頭主義を採用している。その趣旨は、当事者の視点からみると、当事者の意思を陳述という方法をもって

裁判所に伝えることにより、裁判所に当事者の意思を明確に認識させることができる。他方、裁判所の視点からみると、当事者の陳述に不明確、不十分な点があった場合には、その場で直ちに確認し、問い質すことにより、当事者の主張を常に的確に把握することができるとともに、釈明権の行使等裁判所の意向を当事者に伝えるについても便利である。さらに、当事者が相互に弁論を展開することにより、公開主義及び直接主義と連結し、充実した審理を図ることができる。これらの結果として、当事者及び裁判所が口頭により訴訟行為を行うことは、訴訟審理の実を上げるのに有益である（口頭審理主義の歴史的研究、とりわけドイツ帝国民事訴訟法における書面主義から口頭主義への転換の経緯について、竹下守夫「『口頭弁論』の歴史的意義と将来の展望」『講座民事訴訟4』（弘文堂、昭和六〇年）三頁以下参照）。

もっとも、口頭主義は、口頭の陳述とそれを聴取するという作業によると、複雑な事項については、訴訟主体のいずれの立場においても、容易に理解することが困難である場合が少なくなく、また重要事項について後に再び確認するについては、保存性という点で、欠けるところがある。このように、口頭主義と書面主義とは、それぞれの長所と短所が相互に表裏一体性をもっているところに特徴がある。

(2)　現行法における口頭主義の原則　わが国では、口頭主義が採用されてきたが、その一方で常に問題があることも指摘され、その解決のための努力が積み重ねられてきた（これまでも、裁判実務の立場から、常に問題点が検討されてきたことについて、村松俊夫「口頭審理主義と書面審理主義」佐藤教授退職記念『法及政治の諸問題』（有斐閣、昭和一四年）（同『民事裁判の研究』（有信堂、昭和三〇年）一二五頁、特に一三七頁以下）、近藤完爾「口頭主義の反省」『訴訟と裁判』（有斐閣、昭和三一年）（同『民事訴訟論考Ⅱ』（判例タイムズ社、昭和五三年）一頁以下、特に一四頁以下）参照）。現行の法制も、口頭主義を原則とし、必要的口頭弁論の中にこれを位置づけている（八七条一項）。人証についての証拠調べについても、同様であって、証人尋問、当事者尋問等については、口頭によるのを原則とし、書類に基づいて陳述することは許されない（二〇三条・二一〇条）。控訴審においても、口頭主義の原則が適用されるが、続審であることから限界があり、上告審は法律審であることから書面審理を原則とする（小室直人「口頭主義の限界―とくに上訴審について」民訴雑誌七号（昭和三六年）五七頁以下、特に七一頁以下参照）。

(3)　書面の機能　法は、口頭主義の短所を補充するために、例外的に書面の作成を要求し、あるいは訴訟手続

における書面の役割を積極的に認めて、書面の活用を認めるとともに、書面に重要な機能を与えている（住吉博「訴訟における書面が果たす役割」書研所報二九号（昭和五四年）〔同『民事訴訟法論集・第二巻』（法学書院、昭和五六年）五七頁以下〕は、訴訟における書面の働きとして、訴訟を設定する行為、訴訟審理の行為及び証明の手段の三種を上げるが、つぎに掲げるように補充することが必要である。）。

（i）　訴訟審理の設定　　訴訟審理の基礎を形成する訴訟行為については、その重要性に鑑み、書面によることを要件とする。訴えの提起（一三三条一項）、訴えの変更（一四三条二項）、選定者による請求の追加（一四四条三項）、中間確認の訴え（一四五条二項）、訴えの取下げ（二六一条三項）、控訴の提起（二八六条一項）、上告の提起（三一四条一項）等が、その例である。

裁判所の判断もしくは相手方の攻撃防御の対象となる事項については、その事項の内容を容易に理解し、適切な対応をするのに資する趣旨から、書面によることを必要とする。口頭弁論に際し、あらかじめ準備書面の提出を要求すること（一六一条・一六二条、規七九条〜八三条、民訴三一五条・三一六条一項二号、規二〇一条、民訴三一九条）は、その顕著な例である。

（ii）　訴訟の審理　　公正な審理に実質的に欠けるおそれがない場合については、訴訟運営を効率的に実施し、あるいはその進行を促進することを優先させる措置を設けている。当事者の一方が欠席した場合における口頭陳述の擬制（一五八条・二七七条）は、その例である。当事者の便宜を目的として、本来の手続の代替的手段としてその役割を書面に求めることを許容する。遠隔地にいる当事者について争点及び証拠の整理をするための書面による準備手続（一七五条）、尋問に代わる書面の提出（二〇五条）等が、その例である。

（iii）　証明の手段　　証拠調べ手続において、書面は、第一に、物証として、証拠方法の一つであり、客観性という点で、人証には見られない一般的に高い証明力のある証拠方法として機能する。第二に、証拠調べの報告の手段としての書面であり、たとえば、調査の嘱託、鑑定嘱託等の報告としての書面がその例である。

（iv）　訴訟審理の記録　　訴訟手続が法令を遵守して遂行されていることを記録するために、書面の保存性に着目し、書面にすることを必要とする場合を定めている。口頭弁論調書（一六〇条一項）が、その例である。裁判所の判断を明確

かつ客観的に表示し、①当事者にこれを知らせるとともに、上訴等不服申立てをするか否かを検討する機会を与えること、②上級審が、再審査に際して、原審がいかなる事実に基づき、いかなる理由に基づき判決したかを明らかにすること等を目的として、判決書又は判決言渡調書を作成することを必要とする（二五二条ないし二五四条。八三八頁参照）。

四　直接主義

(1)　直接主義の構造　訴訟の審理において、その事件について判決をする受訴裁判所が、みずから弁論を聴取し、証拠調べを行うこととする原則を、直接主義という。これに対し、受訴裁判所以外のものが弁論の聴取、証拠調べ等の審理を行い、その結果の報告に基づき受訴裁判所が判決することとする原則を、間接主義という。判決をする裁判所が、直接に審理を行うことは、弁論の内容を理解し、事案の真相を的確に把握するのに有効かつ適切であり、口頭主義と連結することにより、充実した訴訟の審理を行うことができる。

もっとも、直接主義は口頭主義と緊密な性質をもっているが、必ずしも同一ではない。受訴裁判所以外のところで弁論が行われた場合（一八五条・一九五条）に、そこで得られた資料は、受訴裁判所にとって間接的な資料に止まり、直接主義の要請により、受訴裁判所の口頭弁論期日において顕出されることを要する。逆に、書面による陳述であっても、受訴裁判所がみずから聴取する場合には、直接主義の原則に欠けるところはない（一五八条・二七七条）。

(2)　現行法における直接主義　現行法は、直接主義を採用する（二四九条一項）。もっとも、直接主義を厳格に執行することは、例えば、同一審級において同一訴訟が終結するまで、担当裁判官が交替することは一切できず、さらに移送、弁論の併合等も困難になる。こうしたことは裁判制度を運営する上で極めて困難なことであるのみならず、適切な訴訟審理を妨げ、訴訟制度を硬直化させるおそれがあり、そもそも必ずしも重要な意義のあることでもない。むしろ、訴訟係属中にこうした事態を生じる場合を前提として、直接主義の要請からその対応措置を設けることが、

訴訟制度運営のあり方として有効かつ適切である。そこで、訴訟手続過程において直接主義を一部緩和するとともに、他方、それに対応する措置を設けることにより、結論として直接主義の要請に応え、もって訴訟手続の公正の確保を図っている。

(i)　受命裁判官又は受託裁判官等による証拠調べ　裁判所は、相当と認めるときは、裁判所外で証拠調べをできる（一八五条）。受訴裁判所において証拠調べをすることが困難な場合（例えば、証人が入院していて出頭できない場合、証人が遠隔地に在住していて出頭が困難な場合）があるので、そうした場合には、受命裁判官又は受託裁判官に証拠調べをさせ（一九五条・二一〇条・二六八条参照）、その結果を受訴裁判所の口頭弁論期日に顕出されることを要する。証拠調べは当事者の申出により実施するので、受訴裁判所は、証拠調べの結果について当事者に援用・陳述の機会を与えれば足り、当事者が現実に援用することまでは必要としないと解する（最判(三小)昭和二八・五・一二裁判集民事九号一〇一頁は、証人尋問を申請した者が口頭弁論に欠席して、受託裁判官による証拠調べの結果を援用しなかったので、原審が右証拠調べの結果を取り上げなかった措置について、当事者が口頭弁論において陳述することによってはじめて援用したこととなり、裁判所の判断すべき対象となるとし、原審の扱いを是認するする。これに対し、最判(三小)昭和三五・二・九民集一四巻一号八四頁は、当事者に援用の機会を二回にわたり与えたが、当事者双方とも援用しないまま弁論を終結させた場合について、違法ではないとする。）。

(ii)　弁論の更新　(イ)　裁判官の交代　受訴裁判所を構成する裁判官が交代したときに、直接主義を形式的に適用すると、弁論及び証拠調べをあらためてはじめからやりなおすこととなるが、それは、訴訟をいたずらに遅延させ、当事者にとっても著しく煩雑なことであり、訴訟経済に反し、またその積極的必要性があるとも認められない。そこで、新たに受訴裁判所を構成する裁判官の面前において、当事者にそれまでの弁論の結果を陳述させることとしている（二四九条二項。その比較法的沿革について、鈴木正裕「当事者による『手続結果の陳述』」石田喜久夫・西原道雄・高木多喜男先生還暦記念論文集『金融法の課題と展望』（日本評論社、平成二年）四〇七頁、特に四〇九頁以下参照）。これを弁論の更新という。一般には、当事者双方が「従前の口頭弁論のとおり陳述します」と述べるようである（もっとも、当事者のいずれか一方が陳述すれば足りる。また、知的財産関係訴訟その他複雑な訴訟では、主張の概要を要約した書面を作成させ、それに基づいて陳述させる例もみられるようである。）。

証人尋問については、受訴裁判所が直接審理により心証形成するところに意義があるので、これを単に弁論更新

手続によっては十分でない場合もあり得る。そこで、単独裁判官が交代した場合又は合議体の裁判官の過半数が交代した場合に、その前に尋問をした証人について、当事者が更に尋問を申出をしたときは、裁判所は、その尋問をしなければならないとされている（二四九条三項。これにより、先の尋問が失効するわけではない。）。これは、同一審級の口頭弁論における措置であって、第一審裁判所と第二審裁判所との間について、適用されるわけではない（最判（一小）昭和二七・一二・二五民集六巻一二号一二四〇頁）。また、当事者の申し出た証拠を調べるか否かは裁判所の裁量に委ねられる事項であることに照らすと、証人尋問についての例外的規定である本条は、当事者尋問に準用する余地はないと解する（最判（一小）昭和四二・三・三一民集二一巻二号五〇二頁、最判（一小）昭和四七・五・四裁判集民事一〇六号一頁）。

この弁論更新手続を実施しないまま弁論を終結すると、口頭弁論に関与しない裁判官によってなされた判決として絶対的上告事由になる（三一二条二項一号。この場合に弁論更新手続の遵守については、口頭弁論調書の記載だけに絶対的証明力がある（一六〇条三項）。なお、奈良次郎「弁論更新の懈怠の効果についての一考察」司法研修所論集五五号（昭和五〇年）二〇頁以下参照）。

㈺　弁論の併合　口頭弁論の併合が命じられた場合に、併合前にそれぞれの事件において実施された証拠調べの結果については、直接主義の要請により、併合後の口頭弁論において、他の事件の当事者によって援用されてはじめて、そのまま証拠資料となる（兼子・条解三四二頁〔新堂〕。これに対し、井口牧郎「証人尋問と弁論の分離併合」兼子一編『実例法学全集・民事訴訟法（上巻）』（青林書院、昭和三八年）二九四頁は、援用することなしに、当然にそのままの形で証拠資料になるとする。なお、最判（三小）昭和四一・四・一二民集二〇巻四号五六〇頁は、併合前の証拠調べの結果は、併合後においても同一の性質のまま証拠資料になると判示しているに止まり、立ち会っていない当事者による援用はないものの、立ち会った当事者による援用があった事例であるので、この判例をもって援用不要説を採用したものと解するのは不正確である。）。当事者を異にする事件について口頭弁論の併合を命じた場合に、その前に尋問をした証人について尋問の機会がなかった当事者が尋問の申出をしたときは、裁判所はその尋問をしなければならないとされる（一五二条二項）。本条は、弁論の併合により共同訴訟人となった右当事者の尋問権を保障する点に、直接の趣旨がある。

㈻　受命裁判官による弁論準備手続　裁判所は、受命裁判官に弁論準備手続を行わせることができるところ（一七一条一項）、直接主義の要請により、当事者は、口頭弁論において、その結果を陳述しなければならない（一七三条）。なお、この陳述を単なる形式的なものに終わらせることなく、実質化するため、その後の証拠調べによって証明すべ

き事実を明らかにしなければならないとされる（規八九条。なお、最高裁判所事務総局民事局監修『条解民事訴訟規則』二〇四頁参照）。

㈡　上訴審　控訴審において当事者は第一審における口頭弁論の結果を陳述しなければならない（二九六条二項）。わが国の控訴審は続審制である（二九八条一項）が、直接主義及び口頭主義の要請により、第一審における訴訟資料及び証拠調べの結果は、当事者によって控訴審の口頭弁論に上程されることが必要であり、それによってはじめて、控訴審において、利用することができる。

五　継続審理主義・併行審理主義

受訴裁判所に係属する複数の事件のうちの一つの事件を集中的に継続して審理し、その審理が終了した後に、別の事件の審理に着手する原則を、継続審理主義という。これに対し、受訴裁判所に係属する複数の事件を併行して審理する原則を、併行審理主義という。一般に、継続審理主義は、その事件について裁判官の新鮮な感覚と記憶に支えられて事案の解明のために適切な審理ができるのに対し、併行審理主義は、一つの事件の審理に長期間を費やすこととなるといわれる。しかし、それは、第三者が裁判所側に立った上での仮定的な見方であり、当事者側からみると、とりわけ訴訟代理人にとって、受任している多数の事件を順次に対応することは、当事者の信頼を著しく損なうこととなる。裁判所の立場からみても、訴訟代理人が準備書面及び証拠の提出等について適切な対応をするならば、その事件について裁判官の新鮮な感覚と記憶を妨げるおそれもない。

また、裁判所は、提起される多数の訴訟について、審判機関として公平に対応することが司法権の基本的姿勢である。そうした観点からすると、併行審理主義を基本原則として訴訟運営することは自然の理である。しかし、多数当事者訴訟をはじめとする特別の訴訟については、他の訴訟と同様に併行審理を実践することは、その訴訟の当事者にとってはもとより、他の訴訟の当事者にも、長期間にわたって多大の影響を与えることが懸念される。そう

した訴訟について、裁判所が専任の裁判官を当てて対応する等の特別の配慮をすることはむしろ当然のことであって、これをもって他の訴訟の関係者に対する公平性を欠くとはいえない。

第三節　口頭弁論の準備

口頭弁論は、訴訟審理の中核を形成するものであるところ、そこにおける審理を充実させるためには、訴訟主体である当事者、裁判所の双方が口頭弁論に備えてあらかじめ十分な準備をして臨むことが必要である。こうしたことは、その事件に限らず、一般的視野で考えると、一つの事件処理が滞ることは、必然的に他の事件処理に間接的な影響を及ぼすので、限られた時間の中で、多くの訴訟の審理を行うことを求められている裁判所にとって、効率的な法廷運営を可能にするとともに、裁判所を利用する当事者にとっても、互いに望ましいことである。

第一款　当事者による事前準備

第一項　事実関係調査義務

当事者は、主張及び立証を尽くすため、あらかじめ証人その他の証拠について事実関係を詳細に調査しなければならないとされる（規八五条）。期日における審理を充実させ、当事者双方が主張及び立証を適時に行うこと（一五六条）を可能にするために、その基礎となる事実関係を事前に詳細に調査することを義務づけたものである（最高裁判所事務総局民事局監修『条解民事訴訟規則』一九二頁）。これに対応して、争点及び証拠の整理手続を経た事件についての口頭弁論期日は、事実及び証拠について

の調査が十分に行われていないことを理由とする変更は許されない（規六四条）。本条は、当事者及びその訴訟代理人に強制力ある調査権限を与えたものではなく、当事者照会制度等を活用することが考えられる。

第二項　当事者照会制度

一　当事者照会制度の構造

(1) 制度の趣旨　当事者は、訴訟係属中、相手方に対し、主張及び立証を準備するために必要な事項について、相当の期間を定めて、書面で回答するように照会することができる（一六三条本文）。この制度は、当事者が、相手方の支配下にある情報を裁判所を介することなく、互いに開示することにより、あらかじめ事実関係を的確に把握し、それに適合した準備を行うとともに、争点整理に資することを趣旨として新法で設けられた制度である[1]（河野正憲「当事者照会制度①―その目的」『新民事訴訟法大系・第二巻』（青林書院・平成九年）一四八頁）。とりわけ、情報が一方に偏在している訴訟において、訴訟のはじめの段階で、この制度が健全に機能することにより、充実した審理が期待される[2]。

(2) 回答義務の根拠　本条は、当事者が主張及び立証を準備するために必要な事項を明らかにする義務を相手方に課したものである。その根拠は、訴訟係属により、当事者間に訴訟法律関係が形成されることに伴い、当事者は信義に従い誠実に訴訟を追行する義務（二条）を生じることに起因する（秋山幹男「証拠収集制度(2)―当事者照会制度」『新民事訴訟法の理論と実務・上』（ぎょうせい・平成九年）四二五頁は、一定の範囲で当事者に事案解明義務を課したものとして位置付ける）。

(1) 立法の経緯　旧法第一二七条第三項は、訴訟関係を明瞭にするために必要があるときは、当事者は裁判長を通じて相手方に釈明を求めることができるところ、当事者としては、裁判長を通じるのではなく、直接に当事者間でやりとりする法が便利であるという考え方に基づき、日本弁護士連合会から提案された事項である（同「『民事訴訟手続に関する検討事項』に対する意見書」（平成四年七月）一一四頁・一三五頁）。

立法の検討事項の作成段階では、証拠収集手続の一つとして、「当事者照会（仮称）制度当事者は、係属した訴訟において、相手方に対し、主張又は立証を準備するために必要な事項について、照会書（仮称）を送付し、一定期間（例えば、一月）内に文書で回答するよう求めることができるとする考え方」（法務省民事局参事官室『民事訴訟手続に関する検討事項』三三頁）が、提案された。

その後、改正要綱試案では、同様に、証拠収集手続の一つとして、「当事者照会（仮称）制度　当事者は、係属した訴訟において、相手方に対し、主張又は立証を準備するために必要な事項について、照会書（仮称）を送付し、相当の期間を定めて、文書で回答するよう求めることができるものとする。ただし、次に掲げる照会については、この限りでないものとする。」とした上で、ただし書として六項目の除外事由（制定後とほぼ同様の内容）を掲げ、さらに、「（注）この制度は、制裁を伴わないものとする。」（法務省民事局参事官室『民事訴訟手続に関する改正要綱試案』二二頁）とした。

さらに、条文化の段階においては、単なる証拠の収集に止まらず、むしろ情報収集という機能を求める趣旨から、「第二章　口頭弁論及びその準備」の「第二節　準備書面等」に移されるに至った。

この間、裁判所関係者の間では、その意義を認めつつ、照会の是非を巡る紛争を生じ、かえって訴訟遅延の原因になりかねないとして危惧する反対意見も見られた（最高裁判所事務総局民事局『民事訴訟手続に関する検討事項に対する各裁判所の意見』一三四頁以下）。

（2）　相手方からの情報の収集　　当事者が、訴訟係属後に訴訟の初期の段階で、主張及び立証を準備するために必要な事項を相手方から収集する制度として、口頭弁論期日又は期日外において裁判長に必要な発問を求め（一四九条三項。求釈明という。）、あるいは準備書面（一六一条）で質問する方策がある。しかし、求釈明によるのは、裁判所を介在させるという利点があるものの、その反面で裁判所の訴訟指揮権に委ねられることであり、迂遠であるのみならず、主張及び立証を準備するためには十分ではない。また、相手方の保有する情報を開示させることは、裁判所の釈明権の本来の目的でもない。さらに、準備書面も、情報を収集することに目的があるのではなく、相手方に口頭弁論の内容を予告し、準備に資するためのものであり、みずからが情報を積極的に収集するためのものではない。したがって、当事者照会制度とは目的を異にするのであり、この制度を別に設置する意義があるとともに、たとえ当事者照会制度を設置しても、前記諸制度を存続させることは矛盾するものではない。

なお、訴え提起前における一般的な情報の収集の方策については、一六七頁以下参照。

二　要　件

(1)　照会の主体　照会し又は照会を受ける主体は、当事者であり、原告・被告を問わない。独立当事者参加人も、含まれる。補助参加人も、被参加人の訴訟行為と抵触しない限り、一切の訴訟行為をできるから（四五条）、当事者照会の主体となり得る。共同訴訟人間も、利害対立する関係の場合もあり得るので、相手方に含まれると解する（森脇純夫「当事者照会制度②―照会する側の代理人として」『新民事訴訟法大系・第二巻』（青林書院、平成九年）一七三頁は、訴訟係属がないことを理由に否定するが、「訴訟の係属中」とは訴訟係属前について否定する趣旨であって、事件として訴訟係属していることをもって足りると解する。）。

(2)　照会できる時期　照会は、訴訟係属中であることを要する。したがって、訴状が裁判所に提出された時以降ではなく、被告に送達された後である。また、事実審口頭弁論終結時後は、この制度の趣旨に照らし、照会することはできない。訴訟の進行段階に応じて、当事者照会制度によるほか、口頭弁論期日又は期日外において裁判長に必要な発問を求め（一四九条三項）、あるいは準備書面（一六一条）で質問する等の方法が適宜に活用されることとなる。

(3)　照会事項　照会できる事項は、主張又は立証を準備するために必要な事項である。その訴訟における主張又は証明活動に関する事項であることをもって足り、主張責任、証明責任を負う事項に限らない。もっとも、弁論主義においては、当事者は自己に有利な主要事実はこれを主張しないと、その事実はないものとして不利益に扱われるという主張責任の原則が存在することに照らすと、そうした事実を相手方に照会して回答を求めるのは、この原則と矛盾することであり、したがって相手方に回答義務は存在しないのではないかという疑問を生じる余地もある。しかし、弁論主義は、本来、事案の解明のために判決の基礎をなす事実の確定に必要な資料の提出を当事者の権能と責任に委ねるところに原点がある。もとより、訴訟は対立する当事者がそれぞれ攻撃防御を展開することを基本構造としてはじめて成り立つ構造を形成している。しかし、このことは、自己の主張を根拠付ける証拠が一方の当事者側に偏在している場合に、それを絶好の有利な立場と認識し、事実を明らかにせず、証拠を隠し通すこと

までも、許容するものではない。こうした状況の下においては、すでに文書提出命令にその萌芽をみられるように、当事者の実質的公平を適えるように基盤を整備した上ではじめて、事案の解明を図ることが可能であるとともに、審判機関である裁判所はもとより、当事者双方とも協力し、信義誠実の原則に則って訴訟追行する義務を担う立場にある。このように考えると、当事者照会制度は、弁論主義と対立するものではなく、主張責任及び証明責任の例外を制度化したものでもない（これに対し、秋山幹男・前掲書四二六頁は、当事者の実質的平等・公平や訴訟における真実発見の目的から、例外的に、相手方に主張立証責任がある事実についても回答する義務を当事者に課したものであるとする。）。

したがって、当事者照会制度が弁論主義の下において存立することを斟酌すると、「主張又は立証を準備するために必要な事項」とは、弁論主義における主張立証責任の分配の原則を前提とした上で、なお相手方に回答を求めることが相当であると判断される事項を意味するものと解する。ただし、①具体的又は個別的でない照会、②相手方を侮辱し、又は困惑させる照会、③既にした照会と重複する照会、④意見を求める照会、⑤相手方が回答するために不相当な費用又は時間を要する照会、⑥一九六条又は一九七条の規定により証言を拒絶することができる事項と同様の事項についての照会のいずれかに該当するときを除く（一六三条ただし書）。

(4)　照会方法　照会書及び回答書を相手方に送付してする（一六三条本文、規八四条一項前段）。相手方に代理人があるときは、照会書は、その代理人に送付する（規八四条一項後段）。照会書には、①当事者及び代理人の氏名、②事件の表示、③訴訟の係属する裁判所の表示、④年月日、⑤照会する事項及びその必要性、⑥法一六三条の規定により照会する旨、⑦回答すべき期間、⑧照会する者の住所、郵便番号及びファクシミリの番号を記載し、当事者及び代理人が記名押印する（規八四条二項）。特に、⑤は、主張又は立証を準備するために必要であることを相手方に理解させるためであるので、その趣旨に即した記載をすることを要する。他方、回答書には、前記①から④までに掲げる事項及び照会事項に対する回答を記載し、当事者及び代理人が記名押印する（八四条三項前段）。この場合に、照会事項中に法一六三条各号に掲げる

照会に該当することを理由に拒絶するものがあるときは、その条項も記載する（八四条三項後段）。照会事項は、項目を分けて記載するものとし、照会事項に対する回答は、できる限り、照会事項の項目に対応させて、かつ、具体的に記載する（八四条四項）。相手方が回答しやすくするとともに、相手方も照会に対応した回答をすべきであるとする趣旨である。

この照会を、準備書面をもって行うことは、妥当でない（最高裁判所事務総局民事局監修『条解民事訴訟規則』一九一頁。これに対し、秋山幹男・前掲書四三五頁は、同様に準備書面によるのは避けるのが望ましいとしつつ、準備書面によって照会した場合に、拒否することは困難であり、相手方に回答義務を生じるとする。同様に、森脇純夫・前掲書一七四頁は、これによって裁判所に照会内容を了知させ、それによって相手方からの回答を得られるようにする効用を指摘して肯定的に解する。）。当事者照会制度は、主張又は立証を準備するためのものであり、また裁判所を介しないで当事者間で直接照会と回答を行うところに特徴があるのに対し、準備書面は、口頭弁論における弁論の内容を相手方に予告し、それに対する応答を準備することを目的とするものであり、両者は制度の趣旨が異なっている。

三　効　果

当事者照会は、訴訟法律関係に基づき、信義誠実の原則をその基本理念とする制度であり、照会を受けた相手方は、回答する義務を負う。回答を拒絶した場合及び照会内容に対応しない不適切な回答をした場合について、法的制裁措置は設けられていない。この点を捉えて実効性を疑問とする見方も予想されるが、裁判所を介さずに当事者間での照会に法的制裁を設けることは不適切であるのみならず、そこまで踏み込むとかえって照会をめぐる紛争を生じ、本来の訴訟の審理を遅延させるおそれが懸念される。したがって、当事者、とりわけ訴訟代理人が、この制度の趣旨を前向きに理解し、育成させていくべきことと捉えるのが妥当である。もっとも、照会事項の除外事由に該当する場合を除き、照会者が相手方の回答拒絶の事実を口頭弁論に顕出した場合には、その事実自体が弁論の全趣旨として裁判所によって不利益に斟酌されることはあり得る。しかし、その場合でも、裁判所が直接当事者照会

に対する対応の適否について判断を示すべきではないので、当事者として裁判所の見解を求めたい場合には、あらためて文書提出命令その他の申立てをし、これに対する相手方の対応に対して裁判所の判断を求める方法によるべきである（園尾隆司「当事者照会制度④—当事者照会に不適切な対応をした場合」『新民事訴訟法大系・第二巻』（青林書院、平成九年）二〇四頁）。

四　課　題

当事者照会制度は、相手方の回答拒否に対する制裁措置がないこと、裁判所を介することなく情報をやり取りする感覚が定着していないこと、相手方の回答義務を根拠付ける理念が成熟していないこと、主張責任・証明責任を負う当事者がそのための証拠を収集する責務を担っているという実務感覚がすでに定着していること、非弁護士であっても利用することが可能であること等が、その問題点として上げられる。こうした問題点を背景にして、今後の課題についてあらかじめ検討することは、当事者照会制度を健全に発展させるために、必要な作業である。

照会当事者の訴訟代理人としては、つぎのような点が課題となる（森脇純夫・前掲書一七七頁参照）。

第一に、既存の類似の制度との比較においてみると、当事者照会制度は、相手方に対する求釈明要求では賄いきれないところを担う趣旨で設置されたものであるが、従来の求釈明には相手方に対する証拠漁りの応酬になりかねない事態があったと報告されていて、この新たな制度においても、その点は十分に懸念される（園尾隆司・前掲書二〇二頁）。

第二に、当事者照会制度は、照会者と回答者のいずれの訴訟代理人の立場においても、極めて厳しい事態に直面することが予想される。照会当事者の代理人は、訴訟の早期の段階で依頼者から詳細な事情を聴取し、事案の的確な把握に努めるとともに、主張及び立証のために必要な情報で、かつ相手方から入手することについて合理的妥当性のある情報を抽出し、相手方が回答しやすいように照会事項を構成することに努める必要がある。

第三に、当事者照会制度は、裁判所を介さないところに特徴があるので、この制度を利用するについて裁判所に

頼る態度は、制度の趣旨にも反することとなる。しかし、この制度を当事者が利用して情報を収集し、それによってどのような情報を入手したかということを裁判所としても把握しておくことは、争点整理をはじめとして訴訟審理の上で有効且つ適切なことである。したがって、裁判所にこれらの点を了知させることを留意する必要がある。

他方、回答当事者の代理人は、つぎの点が課題となる（竹田真一郎「当事者照会制度③—照会をうけた側の代理人として」『新民事訴訟法大系・第二巻』（青林書院、平成九年）一八七頁以下参照）。第一に、事件を受任後の早期の段階で、当事者に制度の説明と照会を受ける可能性を説示することが必要である。第二に、証拠が偏在する事件（たとえば医療過誤事件、公害事件等）こそ、この制度を設置する主たる趣旨があるとされているが、そうした事案では当事者間の利害が鋭く対立するので、回答当事者の訴訟代理人への期待が強まるものと予想される。

このような種々の問題があるとはいえ、この制度は、特に訴訟代理人に従来とは異なる根本的な意識変革を要請されるとともに、同様にその依頼者となる国民に対しても法意識の基本的発想の転換を求めている。なるほど、私法上の視点からみると、訴訟代理人である弁護士と依頼者との関係は委任契約関係であり、弁護士は依頼者に対して、善良なる管理者としての注意義務を負う（民六四四条）。他方、弁護士は、社会的正義を実現することを使命とし、その使命に基づき、誠実に職務を行うことを行動目標とする（弁護一条）。この趣旨は、弁護士について、民法上の善管注意義務を特に加重したものと解するのが相当である（四六一頁参照）。したがって、弁護士は、依頼者との委任関係によって生じる義務に優先する社会的正義に基づく誠実義務を担っているといえる。このような立場から、弁護士は当事者照会制度の定着と健全な発展のために強固な認識と自覚が望まれる。同時に、依頼者とりわけ顧問会社等は、顧問弁護士がすべてに優先させて自己の利益に行動し、また行動すべきであるとする期待と認識は根本的に改めなければならない。顧問弁護士は自己の「顧問」である前に「弁護士」であって、究極的には依頼者の利益に優先する公益的使命を担う崇高な職であることを、依頼者・顧問会社等は認識する必要がある。

第三項　準備書面

一　準備書面の意義

準備書面とは、当事者が口頭弁論において陳述しようとする事項を記載し、あらかじめ裁判所に提出する書面をいう。訴状・上訴状には、法により定められた事項を記載することを要し、それらは請求を特定するのに必要な事項である（一三三条二項二号）。それ以外に請求を理由づける事実を具体的に記載し、かつ立証を要する事由ごとに、その事実に関連する事実で重要なもの及び証拠を記載することを要求される（規五三条一項）。これらの事項は、準備書面の記載事項としての攻撃防御方法（一六一条二項一号）であるから、これを記載した訴状・上訴状は、準備書面としての性格をもっている（規五三条三項・七九条・一七五条）が、準備書面ではない。被告が提出する答弁書は、被告の本案の申立てを記載した最初の準備書面である。したがって、その記載事項については、準備書面に関する規定が適用される（一五八条・一六一条・規七九条）。被上訴人が提出する答弁書についても、同様である（三一九条、規二〇一条）。

二　準備書面の機能と口頭弁論

準備書面の主たる目的は、自己の攻撃防御方法を明らかにし、あるいは相手方の攻撃防御方法に対する応答を示すことにより、弁論の内容をあらかじめ相手方に予告し、相手方がそれに対する対応を準備することにある。とりわけ、このような準備書面を当事者双方が交換することによって、両当事者とも相手方の攻撃防御に対する準備を行うことが可能となる点に重要な意義がある。また、同様に、裁判所に対しても、弁論の内容をあらかじめ予告することにより、裁判所として、準備書面を検討した上で、釈明権を行使すべきか否か、どの点について問いただすべきか等当事者双方への対応を準備して弁論に臨むこととなる（準備書面の裁判所に対する機能を的確に指摘するものとして、岩佐善巳ほか『民事訴訟のプラクティスに関する研究』司法研究報告書四〇輯一

号（法曹会、平成元年）七八頁）。これらにより、来る口頭弁論期日において充実した審理を図ることができるとともに、当事者にとって予期しない事項について直ちにその場で対応を強いられるという手続保障に欠ける事態を防止することができる。このように、口頭主義の下においても、当事者の攻撃防御方法を両当事者及び裁判所にあらかじめ正確に伝えるとともに、記録として保存する上で、書面が重要な役割を担っている。

三　準備書面の記載事項

準備書面にこれらの機能を求めることは、それにどのような事項を記載すべきであるかが重要な問題になる。法は、準備書面に記載すべき事項として、①攻撃又は防御の方法、②相手方の請求及び攻撃又は防御の方法に対する陳述を定めている（一六一条二項）。さらに、できる限り、請求を理由づける事実、抗弁事実又は再抗弁事実についての主張とこれらに関連する事実についての主張とを区別して記載しなければならない（規七九条二項）とともに、立証を要する事由ごとに、証拠を記載しなければならない（同条四項）。また、準備書面において相手方の主張する事実を否認する場合には、その理由を記載しなければならない（同条三項）。

四　準備書面の提出方法・時期

答弁書その他の準備書面は、これを記載した事項について相手方が準備をするのに必要な期間をおいて、裁判所に提出しなければならない（規七九条一項）。当事者は、準備書面を同様の準備期間をおいて相手方へ直送することを原則とする（規八三条一項）。裁判所に提出すると同時に、相手方に直送する趣旨と解するのが相当である。準備書面の直送を受けた相手方は、その受領書面を相手方に直送するとともに、裁判所に提出しなければならない（同条二項）。旧法においては、準備書面も送達によっていた（旧法二四三条一項）が、その趣旨は相手方が在廷しない口頭弁論においても、その準備書面に記載した事実を主張することができるので（一六一条三項、旧法二四七条）、それだけのためであれば、送達という方法によらなけ

ればならないだけの必要性もないとして、新法では送達を要しないこととした（最高裁判所事務総局民事局監修『条解民事訴訟規則』一八二頁）。

裁判長は、答弁書若しくは特定の事項に関する主張を記載した準備書面の提出又は特定の事項に関する証拠の申出をすべき期間を定めることができる（一六二条）。裁判長は、訴訟指揮権に基づき、口頭弁論期日又は期日外において、釈明権を行使することができるのであり（一四九条）、準備書面等の提出期間を設定することについても、当然に可能であるが、その重要性に鑑み、特に明文の定めを設けたものである。

五　準備書面提出・不提出の効果

(1)　提出の効果　準備書面は、相手方及び裁判所が口頭弁論を準備するために、当事者が口頭弁論において陳述しようとする事項を記載し、あらかじめ裁判所に提出する書面であって、それ自体が口頭弁論の代わりになるのではなく、口頭弁論において陳述してはじめて、判決の基礎として訴訟資料になる。(1) 準備書面に記載した事項は、たとえ相手方が口頭弁論に出頭していなくても、主張することができ、その場合に、相手方がその主張を明らかに争わないものとして、擬制自白が成立する場合もあり得る（一五九条三項）。もっとも、相手方が準備書面により予告した事実について、これを争う旨の陳述を記載した書面をあらかじめ提出し、陳述したものとみなされる場合（一五八条・二七七条）を除く。

他方、原告又は被告が最初にすべき口頭弁論期日に出頭せず、又は出頭したが本案の弁論をしないときは、その者が提出した訴状又は答弁書その他の準備書面に記載した事項を陳述したものとみなすこととし、出頭した相手方に弁論させることができるとしている（一五八条）。また、相手方が本案について準備書面を提出した後にあっては、訴えの取下げは、相手方の同意を得なければならない（二六一条二項）。

（1）　準備書面に記載した私法上の形成権の行使の意思表示　相殺権、解除権等の私法上の形成権を準備書面に記載することを

もって行使することも、もとより可能である。その法的性質は、私法行為であるとともに訴訟行為であるところの密接不可分の一個の行為と解されるので、訴訟上の効力は、準備書面が直送により相手方に到達しただけでは足りず、口頭弁論において陳述された時に効力を生じる。この場合に、たとえ相手方が口頭弁論に欠席していたとしても、変わることはない。

(2) 不提出の効果　相手方が在廷していない口頭弁論においては、相手方に送達された又は相手方からその準備書面を受領した旨を記載した書面が提出された準備書面に記載した事実でなければ、主張することができない（一六一条三項）。もっとも、ここに主張できない事実とは、攻撃防御方法のうち事実に関するものである抗弁の提出、積極否認等を意味し(2)、事実を含まない単なる法律上の見解の陳述は差し支えない。また、すでにした主張の範囲内であれば、主張及び相手方の主張の認否もなし得る。

裁判長が、一六二条に基づき、準備書面又は証拠の申出をすべき期間を定めたにもかかわらず、正当の理由がないのにこの指示に従わない場合には、口頭弁論を終結し、あるいはその後に提出される主張又は証拠について時期に遅れた攻撃防御方法として却下されることもあり得る（一五七条）。

(2)　準備書面に記載しない証拠の申出　判例は、証拠の申出は含まれないとしていたが（あらかじめ相手方に送達された準備書面に記載された時効中断の抗弁を立証するために、右書面に記載されていない証人尋問の実施について、大判昭和九年一一月五日民集一三巻一九七四頁。もっとも、書証について、大判昭和八年四月一八日民集一二巻七〇三頁は、傍論ではあるが、含まれるとしている。）、最高裁は、一・二審を通じて被告が口頭弁論に出頭しなかった場合に、準備書面に記載されず、その写しの送達もなかった書証によって事実認定して判決したのを適法としている（最判(三小)昭和二七・六・一七民集六巻六号五九五頁）。学説は、ここにいう事実とは広く事実資料の意味であるとし、証拠の申出も含まれるとする説が、古くから有力である。その理由は、証拠の申出に対する証拠抗弁、証拠調べの結果についての陳述等は事実認定に重大な影響を及ぼすことに求める（兼子・判例民訴一八五頁、三ケ月・双書四〇一頁、新堂・四二八頁）。これに対し、含まれないとする説は、証拠の申出だけでは、申し出た当事者の利益も相手方の不利益も生じないことを理由とする（菊井・判例二一頁、吉川大二郎・民商一巻五号八五六頁）。他方、近時、一律に扱うのではなく、すでに主張されもしくは準備書面に記載されていて相手方も十分に予想される事実についての証拠申出については、本条にいう事実に含まれないとする説が主張されている（兼子・条解九〇六頁〔竹下〕）。しかし、証拠の申出と証拠調べは異なるのであり、その

点を識別することを要する（前記消極説の表現はこれを識別している節が見受けられる。）。証拠の申出は、証明すべき事実を特定しなければならないのであり（一八〇条一項）、それによって直ちに証拠調べを行うわけではないので、たとえ相手方が出頭していなくても相手方に不利益を生じさせることにもならず、これを否定する根拠もない。これに対し、証拠調べは、相手方への予告なしに行うことは相手方の防御権を奪うことになるのでもとより許されないと解する。この点で、人証と書証を比較すると、前者は証拠の申出と証拠調べを明確に識別しやすいが、後者については、証拠の申出が直ちに証拠調べに直結し易いので留意する必要がある。したがって、証拠の申出は差し支えないが、証拠調べは次回期日に行う措置をすべきである（菊井＝村松・II二九二頁）。

第二款　裁判所による事前準備

裁判所も、当事者とは異なる立場から、審判機関として、口頭弁論に備えてあらかじめ十分な準備をして臨むことが必要である。それは、あらかじめ当事者から提出された準備書面について、それに添付された証拠資料を対比しつつ検討することにより、当事者の主張に不明確、矛盾あるいは不完全な点等を検討し、口頭弁論を待つことなく、釈明すべき事項、あるいは口頭弁論において釈明すべき事項を整理しておくことが必要である。

裁判所は、訴訟指揮権の一つとして、釈明権を口頭弁論における（一四九条一項）他に、期日外において行使することができる（同条）。口頭弁論の期日外における釈明は、第一回期日前及び期日間の双方がある。裁判長及び陪席裁判官が、口頭弁論の期日外において、攻撃防御方法に重要な変更を生じ得る事項について釈明権を行使したときは、その内容を相手方に通知しなければならない（規六三条四項）。その趣旨は、相手方の手続保障が害されることを防止することにある。その場合に、裁判所書記官は、訴訟記録上明らかにしなければならない（同条二項）。裁判長又は陪席裁判官は、期日外釈明を裁判所書記官に命じて行わせることもできる（規六三条一項）。裁判所は、期日外における釈明を適切に行うことにより、当事者の主張の不明確、不完全な点をあらかじめ指摘し、来る口頭弁論に向けて十分に対応できるように

注意を喚起する機能を営むこととなる。

第三款　争点及び証拠の整理手続

民事訴訟は、裁判所が、当事者間の争いのある点について、証拠調べをして、事実認定をし、法規範を適用することにより、判決をもって結論を明らかにすることを基本的構造として成り立っている。したがって、民事訴訟が十分に機能することは、この構造に即した訴訟の審理が充実かつ適切に行われることを意味する。そのためには、当事者間の争点が、訴訟の早期の段階で明確になり、審理を集中すべき対象が定まることを必要とする。そこに、訴訟の審理における争点及び証拠の整理手続が占める意義を認めることができる。したがって、争点整理とは、法規範を適用すべき主要事実をはじめ、間接事実、補助事実を含む事実についての当事者間における主張の不一致を明確にし、証拠調べの対象を限定する作業を意味する。[1] わが国の民事訴訟手続の歴史は、永きにわたって民事訴訟手続の中に争点及び証拠の整理手続をいかにして適切に組み込んでいくかに苦心を重ねてきたということができる。それはまた、比較法的にみても、各国民事訴訟法制の歴史の縮図であるとみることもできる[2]（争点及び証拠の整理手続の比較法史的研究として、鈴木正裕「争点整理の方策について―その史的考察」原井龍一郎先生古稀祝賀『改革期の民事手続法』（法律文化社、平成一二年）二七四頁以下参照）。

新法は、争点及び証拠の整理のために、法律上の手続として、準備的口頭弁論（一六四条～一六七条、規八六条・八七条）、弁論準備手続（一六八条～一七四条、規八八条～九〇条）及び書面による準備手続（一七五条～一七八条、規九一条～九四条）を設けている。その背景には、長年にわたる裁判実務における裁判所、弁護士会による真摯な実績の蓄積と試行錯誤とが交錯して存在するとみることができる。

（1）「論理型争点整理」と「事実型争点整理」　著者のいう本来の争点整理を「論理型争点整理」といい、訴訟物と直接関連しないが、和解等に役立つ背景事情を明らかにすることをも含めて「事実型争点整理」として、これをもって望ましいあり方とす

る主張もある（伊藤眞「民事訴訟における争点整理手続」法曹時報四三巻九号（平成三年）四頁、篠原勝美ほか『民事訴訟の新しい審理方法に関する研究』（司法研究報告書四八輯一号）（法曹会、平成八年）六八頁）。それによって、当事者間に和解の気運を生じる可能性を示唆する。しかし、本来の争点整理があってはじめて、事案が明確になり、その結果として、和解の可能性が認められる場合も十分にあり得るのであって、このように識別することが争点整理として機能的であるかについては疑問があるのみならず、争点整理が本来の目的を離れて和解を目的とするものになることが予想される。和解の意義は積極的に評価するが、争点整理を建前にしつつ、実は和解を目的としながら進めることは、当事者からの不信を招く事態が予想され、それは民事訴訟のあり方として長期的に見て有益なことではない。

（2）　わが国における争点及び証拠の整理手続　準備手続は、古く明治二三年の旧々法に遡り、旧ドイツ民訴法を継受し、計算関係等の複雑な特別の事件について導入されたのに端を発し、そこでは準備手続に付するか否かは裁判所の裁量に委ねられていた（旧々法二〇八条・二六六条）。大正一五年全面改正では、地方裁判所においては準備手続に付することを原則とするとともに、失権効を課したのが特徴である（旧法二四九条）。しかし、それは改正趣旨に反して実を結ぶところとはならなかった。戦後の昭和二三年の改正では、それまでの経験から準備手続に付するのは例外的扱いとなり、合議制をもって審理する事件ついて、しかも裁判所が相当とする場合に限られた（改正二四九条。その事情について、関根小郷「継続審理を中心する民事訴訟法の改正と最高裁判所規則」法曹時報三巻一号（昭和二六年）四三頁）。その後、昭和二五年改正では、裁量による点では従来と変わらないものの、合議制のみならず単独制にも適用することとし、一転して準備手続が、原則的扱いとされるに至った（民事訴訟の継続審理に関する規則（昭和二五年最高裁規則二七号）九条～一一条）。ところが、ここでも所期の効果を発揮するに至らなかったことから、昭和三一年に旧民事訴訟規則が制定され、準備手続は大きく後退し、事件が繁雑なときに限ることとされた（一六条・一七条）。その一方で、口頭弁論の場で本格的な準備手続を実施することとし、新たに準備的口頭弁論が導入された（旧民事訴訟規則二六条～二九条）。その結果、むしろ問題の関心は準備的口頭弁論へ向けられることとなった。しかし、それも目立った成果を上げることはできず、やがて裁判実務は、「弁論兼和解」を生み出すこととなる（これらの歴史的経緯と評価については、実務家の立場から、高桑昭ほか『準備手続の実務上の諸問題』（司法研修所資料二一号）（昭和四二年）七頁～一二頁、研究者の立場から、上原敏夫「訴訟の準備と審理の充実」『講座民事訴訟4』（弘文堂、昭和六〇年）一九一頁以下、山本和彦「弁論準備手続①―立法の経過と目的」『新民事訴訟法大系・第二巻』（青林書院、平成九年）二四八頁以下参照）。

第一項　準備的口頭弁論

一　準備的口頭弁論の構造

争点及び証拠の整理を目的として、裁判所が必要と認めたときに行う口頭弁論を、準備的口頭弁論という（一六四条）。口頭弁論手続に段階を設け、争点及び証拠の整理を目的とする準備的口頭弁論を行い、その上で本来の口頭弁論を行おうというものである（旧法の下では、旧民訴規則二六条以下において定められていたのを、民訴法自体に定めたところに、新法における争点及び証拠の整理の比重が重いことを示している。）。この手続は、争点整理を公開の法廷で行おうという点に特徴があるとともに、そこで実施できる行為に制限がないことに積極的意義が認められる（この点に着目し、東京地方裁判所において昭和三三年九月にもっぱら準備的口頭弁論のみを行う第二五部が設置され、翌年一月に第二六部が設置され、同様の任務を担当することとなった。いずれも新件部といわれ、優れた試みであった。古関敏正「新件部の設置―理論と実情」法曹時報一一巻九号（昭和三四年）一二〇二頁以下、高桑昭ほか『準備手続の実務上の諸問題』（司法研修所資料二一号）（昭和四二年）六頁注3。もっとも、これを違法とする意見をはじめとする批判的な見方もあったという（古関・前掲一二一七頁以下参照）。）。

二　手続要件

(1)　裁判所が、争点及び証拠の整理を必要と認めたときに行う（一六四条）。この点は、一般の通常事件においても該当することであり、したがって特に公開の法廷で行う点に特徴があることに照らすと、争点及び証拠の整理をする必要があり、かつ公開法廷で行うことが相当である場合である。社会的に広く関心が持たれている事件で、争点及び証拠の整理を公開で行うことが妥当な事件がこれに該当するといえる。当事者が準備的口頭弁論によることを要請することは可能であるが、裁判所が必要と認める判断要素の一つを構成するに止まる。ラウンド・テーブル法廷の活用をはじめとする工夫が必要となる（最高裁判所事務総局民事局監修「民事訴訟法についての国会審議の概要」『民事訴訟手続の改正関係資料（2）』（民事裁判資料二一四号）（法曹会、平成九年）三九八頁〔石垣君雄民事局長答弁〕）。

(2)　公開主義、口頭主義、直接主義及び双方審理主義等の口頭弁論における諸原則が適用される。争点整理に関する行為について、証拠調べを含むあらゆる行為をすることができる。もっとも、証人尋問及び当事者尋問は想定

されていないと解するのが素直な理解である（一八二条参照。反対・法務省民事局参事官室編『一問一答新民事訴訟法』一七七頁）。

(3) 時期的な制限は特にないので、いつでも実施できる。いったん通常の本質的口頭弁論を開始した後に、準備的口頭弁論を実施することもできる。

三　効　果

(1) 準備的口頭弁論を終了する場合には、裁判所は、その後の証拠調べにより証明すべき事実を当事者との間で確認する（一六五条一項）。その場合に、裁判所は、相当と認めるときは、裁判所書記官に確認された事実を準備的口頭弁論調書に記載させなければならない（規八六条一項）。また、裁判所は、相当と認めるときは、当事者に準備的口頭弁論における争点及び証拠の整理の結果を要約した書面を提出させることができる（一六五条二項）。その場合に、裁判所は右書面を提出すべき期間を定めることができる（規八六条二項）。ここにいう確認とは、裁判所と当事者間における争点決定の合意を意味する（山本和彦「弁論準備手続」ジュリ一〇九八号（平成八年）五九頁）。当事者が期日に出頭せず、又は定められた期間内に準備書面の提出若しくは証拠の申出をしないときでも、裁判所は、準備的口頭弁論を終了することができる（一六六条）。当事者の不熱心な訴訟追行に対する措置の一つである。

(2) 口頭弁論手続そのものであるから、本来の口頭弁論において準備的口頭弁論の結果を改めて陳述することは必要でない。

(3) 準備的口頭弁論を終了後に攻撃防御方法を提出した当事者は、相手方の求めがあるときは、相手方に対し、準備的口頭弁論の終了前にこれを提出できなかった理由を説明しなければならない（一六七条）。その趣旨は、失権効より緩和された説明義務を一種の負担として課したものと解するのが相当である（加藤新太郎「争点整理手続の整備」『新民事訴訟法の理論と実務・上』（ぎょうせい、平成九年）一三〇頁・二三五頁）。この説明は、期日において口頭でする場合を除き、書面でしなければならない（規八七条一項）。期日において口

頭でされた場合に、相手方は説明内容を記載した書面の交付を求めることができる（同条二項）。

第二項　弁論準備手続

一　弁論準備手続の構造

争点及び証拠の整理を目的として、裁判所が必要と認めたときに、当事者の意見を聴いて行う手続を、弁論準備手続という（一六八条）。旧法における準備手続（旧法二四九条〜二五六条）を改正し、その問題点を改めるとともに、(1) これまで実務上で活用されてきていた「弁論兼和解」が大きな成果を上げていたことは認められつつも、その法的根拠については議論があり、(2) 問題があったことを踏まえて明文をもって定めた制度である。

(1)　旧法における準備手続の問題点　準備手続とは、両当事者の主張を整理し、争点を確定するとともに、証拠の収集整理をし、口頭弁論における審理、とりわけ証拠調べを集中的かつ効率的に実施するための手続をいう。その問題点として、制度上の視点からみると、①証拠調べができないこと、②訴訟上の事項についての中間的な裁判ができないこと、③口頭弁論の準備に関する事項に限られ、判決によらない紛争処理（訴訟上の和解、裁判外の和解による訴えの取下げ等）の促進を図ることができないこと等が上げられていた。また、運用上の視点からは、①準備手続を行う裁判官に練達な者を配置できないこと、②失権規定が有効に機能していないこと、③弁護士の調査能力の限界及び訴訟の発展的性格から訴訟の早期の段階で争点を固定化するのは困難であること等が指摘されていた（実務家の立場から、高桑昭ほか『準備手続の実務上の諸問題』（司法研修所資料二一号）（昭和四二年）七頁〜一二頁、今井功＝筧康生「準備手続の問題点」判タ二〇一号（昭和四二年）一三〇頁、岩佐善巳ほか『民事訴訟のプラクティスに関する研究』（司法研究報告書四〇輯一号）（法曹会、平成元年）一〇三頁、研究者の立場から、上原敏夫「訴訟の準備と審理の充実」『講座民事訴訟４』（弘文堂、昭和六〇年）一九一頁以下・特に二〇七頁参照））。

(2)　「弁論兼和解」の法的根拠　弁論兼和解手続とは、法廷外の場、主として準備室、和解室等において、非公開で、当事者及び訴訟の関係者から事情を聴取し、争点及び証拠関係を整理しながら、事案と状況に応じて和解による解決を視野に入れ、審理の促進と充実を図る手続をいう。「弁論兼和解」が学界の注目を引くに至ったのは、昭和五八年の民事訴訟法学会大会の「シンポジウム・民事訴訟の促進について」民訴雑誌三〇号（昭和五九年）一三五頁〔三宅弘人判事報告〕が最初といえよう。「弁論兼和

解」を目的に即して分類すると、①当事者の主張が多岐にわたっている場合に、争点を整理して真の争点を探すことを主たる目的とする争点整理重点型、②和解の可能性がみえたときに、和解を主眼として争点の整理を行う和解勧試重点型、③工業所有権事件等のような複雑な技術問題等を含む事件について、訴訟の関係人が共通の理解を得るために行う説明会型、④本人訴訟の特殊性に着目して、口頭によるやり取りによって争点を明らかにしながら、和解を勧試する本人訴訟型等があった（最高裁判所事務総局民事局『民事訴訟の審理の充実を図るための方策に関する協議要録』（民事裁判資料一六九号）（法曹会、昭和六二年）五四頁以下、特に六〇頁、岩佐善巳ほか『民事訴訟のプラクティスに関する研究』司法研究報告書四〇輯一号（法曹会、平成元年）九四頁）。これを直接に根拠づける実定法上の明文がなく、準備手続説（鈴木正裕「『弁論兼和解』方式について」民訴雑誌三六号（平成二年）四頁）、準備的口頭弁論説（最高裁事務総局民事局・前掲書五四頁〔大阪地裁〕、岩佐善巳ほか・前掲書九三頁参照）、口頭弁論と和解の中間存在としての新種訴訟行為説（中野貞一郎「手続法の継受と実務の継受」季刊実務民事法三号（昭和五八年）（同『民事手続の現在問題』（判例タイムズ社、平成元年）八三頁）、手続裁量説（加藤新太郎「争点整理手続の構想」判タ八二三号（平成五年）（同『手続裁量論』（弘文堂、平成八年）四一頁）等に、見解が分かれていた。その有効性については積極的に評価されながらも、期日において実施できる行為の範囲が明確でなく、とりわけ和解手続との違いがあいまいである等の問題があった。

二　手続要件

(1)　裁判所が、争点及び証拠の整理を必要と認めたときに行う（一六八条）。この点は、準備的口頭弁論と同一である。旧法の準備手続では、事件が繁雑であることを要件としていたところ（旧規一六条・一七条）、繁雑な事件についてその必要性は是認できるが、それ以外の事件でも争点及び証拠の整理を必要とする場合は少なくないので、新法では、要件を緩和したものである。当事者の意見を聴いて行うが、それは参考とするに止まり、裁判所を拘束するものではない。もっとも、裁判所は、当事者の意見を聴けば足りるというのでなく、これに対して、応答義務を負うと解するのが、本条の趣旨に適うといえる（加藤新太郎・前掲書二四四頁注一一は、本条を手続裁量の考慮要素についての注意規定と解し、応答義務はないとするが、疑問である。）。当事者の反対を押し切ってまで実施しても成果があがることは期待できず、また当事者も意見は明確に述べるべきであり、とりわけ異議があるときは、その相当な理由を付する必要がある。争点整理について、準備的口頭弁論と弁論準備手続のいずれをもって常態ということはできず（加藤新太郎・前掲書二二〇頁は、弁論準備手続が常態となろうという。）、書面による準備手続をも含めて、裁判所は、事案の内容と性格に即して、最も適切な手続を選択すべきであり、それが立法趣旨にも適うものといえる（最高裁判所事務総局民事局監修「民事訴訟法についての国会審議の概

要」『民事訴訟手続の改正関係資料（2）』民事裁判資料二一四号（法曹会、平成九年）三九八頁〔石垣君雄民事局長答弁〕参照）。第一回口頭弁論期日前に弁論準備手続に付する場合には、当事者に異議がないことを要する（規六〇条一項ただし書）。

(2)　当事者の対席で実施する（一六九条一項）。原則として、非公開であり、裁判所が相当とする者の傍聴を許すことができるとされている（同条二項）。公開原則が適用される準備的口頭弁論が用意されていることを斟酌すると、相当とする者とは、その事件に実質的利害関係を有する者であって、当事者も傍聴することに反対しない者と解する（加藤新太郎・前掲書二二二頁は、それに合理的関心を有する者を含めるが、疑問である。）。当事者が申し出た者については、手続を行うのに支障を生ずるおそれがあると認める場合を除き、傍聴を許さなければならない（同条三項）。手続を行うのに支障を生ずるおそれがあると認める場合とは、物理的に困難な場合、第三者に対し秘密を要する場合等が、該当する。

弁論準備手続では、準備書面の提出（一七〇条一項）、証拠の申出に関する裁判、その他の口頭弁論期日外においてすることができる裁判及び文書の証拠調べ（同条二項）、釈明権の行使等をすることができる（同条六項）。

また、当事者が遠隔の地に居住しているときその他相当と認めるときは、裁判所は当事者の意見を聴いて、電話会議システムを利用して、期日における手続を行うことができる（一七〇条三項本文。その利用状況について、最高裁判所事務総局民事局監修「電話会議システムの利用状況について」『民事訴訟手続の改正関係資料（3）』民事裁判資料二二一号（法曹会、平成一〇年）三五〇頁以下参照）。ただし、書面による準備手続におけるのと異なり、当事者の一方がその期日に出頭した場合に限る（同条三項ただし書。当事者双方が出頭困難な場合は、書面による準備手続を利用することをもって足りることによる。）。ここに裁判所が相当と認めるときとは、当事者又は訴訟代理人が裁判所に出頭することが困難な場合であることをいう。当事者又は訴訟代理人が病気である場合、訴訟代理人の事務所が遠隔地にある場合等がその例である。

(3)　準備的口頭弁論と同様に、時期的な制限は特にないので、いつでも実施できる。いったん通常の本質的口頭弁論を開始した後に、弁論準備手続を実施することもできる。第一回口頭弁論期日前に弁論準備手続に付する場合

には、当事者に異議がないことを要する（規六〇条一項ただし書）。

三　効　果

(1)　手続終結時における争点等の確認については、準備的口頭弁論におけるのと、同様である（一七〇条六項・一六五条一項）。その場合に、裁判所は、相当と認めるときは、裁判所書記官に確認された事実を弁論準備手続調書に記載させなければならない（規九〇条・八六条一項）。争点及び証拠の整理の結果を要約した書面の提出についても、準備的口頭弁論におけるのと、同様である（一七〇条六項、規九〇条・八六条二項）。当事者不出頭による手続の終了についても、準備的口頭弁論におけるのと、同様である（一七〇条六項・一六六条）。

(2)　当事者は、口頭弁論において、弁論準備手続の結果を陳述しなければならない（一七三条）。その場合は、その後の証拠調べによって証明すべき事実を明らかにしてしなければならない（規八九条）。

(3)　弁論準備手続終了後における攻撃防御方法の提出については、準備的口頭弁論におけるのと同様の説明義務を負う（一七四条・一六七条、規九〇条・八七条）。

第三項　書面による準備手続

一　書面による準備手続の構造

当事者が遠隔地に居住しているときその他裁判所が相当と認めるときに、当事者の出頭なしに準備書面の提出等により争点及び証拠の整理をする手続を、書面による準備手続という（一七五条）。その趣旨は、当事者が遠隔地に居住しているような場合に、裁判所に出頭する時間的経済的負担を軽減するとともに、準備書面の交換、さらには電話会議システム等を活用することにより、早期に争点等の整理を図ることにある（ドイツ民訴法にいう書面先行手続を参考にしたものであるとされる、大喜多啓光ほか『ドイツにお

ける簡素化法施行後の民事訴訟の運営」司法研究報告書四三輯二号（法曹会、平成七年）九一頁以下参照）。したがって、当事者が裁判所に出頭することが困難な状況にある場合には、有用である。その反面で、たとえ電話回線により当事者の同時関与が保障されているとはいえ、さらに争点及び証拠等の整理を目的とするにしても、当事者が対席して行う民事訴訟本来の姿と比較すると、例外的措置とみるのが妥当であって、その要件を遵守しつつ、無理のない活用をしてこそ、この制度が健全に発展することがかなえられる（これに対し、小久保孝雄「書面による準備手続」『新民事訴訟法大系・第二巻』（青林書院、平成九年）三五八頁は、必ずしも限定的に解することは要しないとする。）。

二　手続要件

(1)　当事者が遠隔地に居住しているときその他裁判所が相当と認めるときに、当事者の意見を聴いて行う（一七五条）。裁判所が相当と認めるときとは、当事者又は訴訟代理人が裁判所に出頭することが困難な場合をいう。当事者又は訴訟代理人が病気である場合、訴訟代理人の事務所が遠隔地にある場合等がその例である。書面による準備手続は、裁判長が行うが、高等裁判所においては、受命裁判官に行わせることができる（一七六条一項）。当事者の意見を聴くことを要する。争点整理は、本来、当事者双方が出頭して行うべきであるから、ここにいう当事者の意見聴取は、弁論準備手続の場合と異なり、当事者の意向に反しないことを意味するものと解する。

(2)　争点及び証拠の整理をする必要があることを要する（一七五条）。この点については、準備的口頭弁論及び弁論準備手続と同様である。書面による準備手続は、これら二者と異なり、さらに、書面の交換等により争点及び証拠の整理をすることが相当であることを要する。

(3)　書面による準備手続では、準備書面の提出（一七五条）、釈明権の行使（一七六条四項・一四九条）等をすることができる。和解を試みることもできる（八九条）。電話会議システムによって和解を試みることは当然に想定されることであるが、その場合に、争点整理のための協議であるか和解のための協議であるかを、当事者に認識させた上で行うべきである

（小久保・前掲書三六六頁）。

(4)　書面による準備手続の方法は、書面の交換による他に、電話会議システムを利用して、争点及び証拠の整理に関する事項その他口頭弁論の準備のため必要な事項について、当事者双方と協議することができる（一七六条三項）。

三　効　果

(1)　裁判所は、この手続終結後の口頭弁論期日において、その後の証拠調べによって証明すべき事実を当事者との間で確認する（一七七条）。

(2)　電話会議システムによる協議をしたときは、裁判長等は、裁判所書記官にその手続についての調書を作成させ、協議の結果を記載させることができる（規九一条二項）。その記録には、電話会議システムによる協議の実施、通話先の電話番号等を記載させる（同条三項）。

(3)　争点及び証拠の整理の結果を要約した書面の提出についても、準備的口頭弁論、弁論準備手続におけるのと、同様である（一七六条四項・一六五条二項、規九〇条・八六条二項）。

(4)　弁論準備手続終了後における攻撃防御方法の提出については、準備的口頭弁論、弁論準備手続におけるのと同様に説明義務を負う（一七八条）。もっとも、説明義務が発生する基準時は、この手続終結後の口頭弁論期日において要約書面に記載した事項の陳述がなされた場合、又は証拠調べにおいて証明すべき事実の確認がなされた時である。本条による説明は、期日において口頭でする場合を除き、書面でしなければならない（規九四条一項）。さらに、期日において口頭で説明された場合には、相手方は、説明をした当事者に対し、説明の内容を記載した書面を交付するよう求めることができる（同条二項・八七条二項）。

第四款　進行協議期日

一　進行協議期日の構造

口頭弁論の期日外において、その審理を充実させることを目的として、当事者双方が立ち会って、口頭弁論における証拠調べと争点との関係その他訴訟の進行に関し必要な事項について協議するために、裁判所が指定する期日又はそこにおける手続を、進行協議期日という（規九五条一項。節名や各条文の見出しは手続自体を示す意味で用いられているが、各条においてはこの手続を行うために指定された期日を示す意味で用いられ、別に「進行協議期日における手続」という表現によっている。最高裁判所事務総局民事局監修『条解民事訴訟規則』二一八頁注3）。その趣旨は、訴訟の節目毎に、審理の進め方や証拠調べの対象・範囲等について協議することにより、これに関する裁判所及び当事者の理解を共通にし、もって適切な準備と口頭弁論期日における審理の充実を図ることにある（最高裁判所事務総局民事局・前掲書二一四頁）。旧法下において、知的財産関係事件をはじめ専門的技術な事項に関わる事件について技術説明会等を実施し、一定の成果を上げていたことを踏まえて、これを一般化し、明文化したものである。大規模な訴訟における審理計画の打ち合わせ、利害関係の異なる当事者が多数存在する事件において弁論を分離せずに審理する場合のグループ別の打ち合わせ等に活用することが想定できる（最高裁判所事務総局民事局監修「平成七年度高等裁判所管内別民事事件担当裁判官協議会協議結果要旨」『民事訴訟手続の改正関係資料（2）』民事裁判資料二一四号（法曹会、平成九年）一二〇頁）。したがって、前記事項の進行協議はすべてこの手続によって行うべきことを意味する趣旨ではない。

二　手続要件

(1)　口頭弁論の審理を充実させることを目的とすること、当事者双方が立ち会うことを、それぞれ要件とする（規九五条一項前段）。口頭弁論における証拠調べと争点との関係その他訴訟の進行に関し必要な事項について協議する（規九五条一項後段）。制度の趣旨に照らし、争点及び証拠の整理を行うことはできない。その一方で、証拠調べと争点との関係を確

認するに際し、争点及び証拠の整理に及ぶことは十分に想定される事態であり、両者の境界は必ずしも明確ではない。非公開で、厳格な手続になじまない協議という場で、訴訟の審理の中心である争点及び証拠の整理にまで及ぶことは、たとえ審理の迅速を図るという趣旨であっても、許されない。訴えの取下げ並びに請求の放棄及び認諾も、可能である（規九五条二項）。ただし、電話会議システムを利用することによって行う当事者は、これらの行為をできない（規九六条三項）。

(2) 口頭弁論の期日外で行う（規九五条一項前段）。裁判所は、相当と認めるときは、裁判所外で行うこともできる（規九七条）。これまでの裁判実務で、事件の現場（一九五条三号）等において、「現地検分」、「事実上の検証」として行われ、成果を上げていたことを踏まえて、裁判所外における「現地和解」を認めた規定（規三二条二項）に相当するものとして設けたものである（最高裁判所事務総局民事局・前掲条解二二一頁）。

(3) 当事者が遠隔地に居住しているときその他裁判所が相当と認めるときは、当事者の意見を聴いて、電話会議システムを利用することによって手続を行うことができる（規九六条）。

(4) 原則として、裁判所が行うが、受命裁判官に行わせることもできる（規九八条）。

三　効　果

進行協議期日については、厳格な調書の作成は義務づけられていない（規則七八条を準用していない。また、電話会議システムについて、規八八条二項は準用しているが、四項は準用していない。）。裁判所関係者の間では、協議内容を記録として残すことについて、当初から積極・消極両様の意見があった（最高裁判所事務総局民事局・前掲民事裁判資料二一四号一二〇頁）。民事調停手続における「経過調書」に準じるものと解するのが相当である（民調規一一条参照）。

第四節　口頭弁論の実施

一　口頭弁論の実施

(1)　口頭弁論の開始　訴訟を主宰する訴訟指揮権は裁判所に帰属するところ、合議体による審理においては、原則として裁判長が口頭弁論を指揮する（一四八条。訴訟指揮権の一態様としての「弁論指揮権」という。）。裁判長が、第一回口頭弁論期日を指定し、第一回期日においては、原告が訴状に基づいて本案の申立てを陳述し、これに対し被告が答弁書に基づき本案の申立てを陳述する。弁論準備手続を経由した事件においては、当事者は弁論準備手続調書（規八八条）又はこれに代わる準備書面（一七〇条六項・一六五条二項）に基づいて弁論準備手続の結果を陳述しなければならない（一七三条、規八九条）。これによって、弁論準備手続であらかじめ陳述された内容が確定的に弁論の内容になり、訴訟資料を構成することになる。弁論準備手続の結果の報告であるから、当事者双方が行うことは必要でなく、いずれか一方の当事者が行うことをもって足りる。

(2)　口頭弁論の続行　口頭弁論が開始されると、訴訟が裁判をするに熟するまで、期日を重ね、弁論を続行する（第二回以降の口頭弁論期日を「続行期日」という。）。後の期日における口頭弁論は、先行する口頭弁論を前提にして実施される。証拠調べも、裁判所外で実施する場合を除き、口頭弁論期日で行う。その過程で、裁判官が交替したときは、当事者にそれまでの口頭弁論の結果を陳述させて、弁論を更新し、弁論を続行する。

口頭弁論が数期日にわたって重ねて実施されても、同一期日に実施されたものと観念され、当事者の弁論も証拠調べもどの段階までに実施しなければならないという制限はなく、どの段階で実施されても、訴訟法上の同一の効果を有する。この原則を口頭弁論の一体性という。

裁判所は、訴訟手続の過程において、訴訟指揮権に基づき口頭弁論を整序し、審理の充実と訴訟の迅速を図ることに努める（五五二頁四参照）。

(3)　口頭弁論の終結　弁論を続行し、訴訟が裁判をするに熟する段階に至ったと裁判所が判断すると、[1] 口頭弁論を終結させる（二四三条一項。これを「結審」という。）。その特則として、訴訟追行に当事者が熱意を示さない場合には、たとえ訴訟が裁判するのに熟していなくても、裁判所は、口頭弁論を終結させることができる（二四四条）。口頭弁論を終結させることは、単に訴訟の審理を終えるに止まらず、それによって口頭弁論終結時という法的に意義のある基準時を形成することとなる。[2] 裁判所は、いったん弁論を終結させても、再開を命ずることができる[3]（一五三条）。

（1）「訴訟が裁判をするのに熟したとき」の意義　「訴訟が裁判をするのに熟したとき」とは、一般的には、裁判所が訴訟について終局的判断をすることが可能になった状態をいう。この点について、裁判への成熟とは、審理が尽くされて裁判所に十分な情報が獲得された状態、すなわち解明度が達成されたときであるとし、それは、可能な法律構成、適用可能な法条・要件事実を十分に検討し尽くし、予想されうる主張や証拠の提出が尽きていることであるとする見解がある（太田勝造「『訴訟カ裁判ヲ為スニ熟スルトキ』について」法学教室五八号（昭和六〇年）〔新堂幸司編著『特別講義民事訴訟法』（有斐閣、昭和六三年）四三七頁以下〕）。裁判所のみならず、当事者の双方の視点から捉えている点で、示唆に富む見解である。

（2）「口頭弁論終結時」の機能　口頭弁論終結時は、訴訟法的には、攻撃防御方法の提出期限、訴訟法上は訴訟要件の判断基準時であり、既判力の時的限界の基準時として機能する。他方、実体法的には、各種の損害賠償請求等における請求価格の算定基準時としての機能を有する。たとえば、①外国通貨をもって債権額が指定された金銭債権について日本の通貨により裁判上の請求された場合、日本の通貨による債権額は、事実審口頭弁論終結時の外国為替相場によって外国通貨を日本の通貨に換算した額である（最判(三小)昭和五〇・七・一五民集二九巻六号一〇二九頁）、とするのをはじめとして、②目的物引渡請求の執行不能に備えた代償請求における価格算定基準時（大判(聯)昭和一五・三・一三民集一九巻五三〇頁、最判(二小)昭和三〇・一・二一民集九巻一号二二頁）、③遺留分権利者が受遺者に対する価格弁償請求（民一〇四一条一項）における遺贈目的物の価格算定基準時（最判(二小)昭和五一・八・三〇民集三〇巻七号七六八頁）等である。これらは、口頭弁論終結時まで攻撃防御方法を提出できることに伴う法的効果として設定されたのではなく、比較考量によって導き出された基準時という性格をもっている。しかし、目的

物が価格変動の激しい物である場合（とくに①③）には、たとえ鑑定という手続を介したとしても、鑑定時と口頭弁論終結時のずれにより相当の差異を生じることがあり、訴訟手続上のやむを得ない措置とはいえ、かなり技術的性格の強いものである。そうした点を考慮すると時のずれに伴う価格の変動を考慮して裁判官の裁量によって価格を算定することがむしろ実体に即しているという見方もある（内田貴・法協九五巻三号六一〇頁）。これに対し、短期賃貸借解除請求における損害発生の有無について、賃貸借契約の期間が口頭弁論終結時後に到来する場合には、口頭弁論終結時後の抵当不動産の売却価格を視野に入れて、判断することとなるが、制度に内在する要素としてそのずれは許容される（最判(二小)平成八・九・一三民集五〇巻八号二三七四頁）。

さらに根本に立ち返って、損害賠償請求の基本的問題として、民法の視点から、損害賠償基準時は、損害の事実と金銭的評価の区別という視角を投入し、基準時の問題は損害の金銭的評価の平面に属する問題であって、民法四一六条によって処理されるべきではなく、利益取得の蓋然性によって、究極的には裁判官の自由裁量によるべきであるとする見解がある（平井宜雄『損害賠償法の理論』（東京大学出版会、昭和四六年）二〇九頁以下）。その背景には、基準時は損害の金銭的評価に関する弁論主義という訴訟法上の問題とする考えに基づいている。この見解に対し、財産損害の算定時について、裁判所に過大な負担を負わすことになるとする批判がある（北川善太郎「損害賠償額算定の基準時」法学論叢八八巻四・五・六号（昭和四六年）一四九頁以下）。その立場では、むしろ取引の種類・環境、当事者、目的物等の要素によって類型的に標準がきまるとするとともに、裁判所はそうした枠内で基準点を決める裁量権を有するとする（北川「損害賠償論序説（一）」法学論叢七三巻一号（昭和三八年）一七頁以下）。損害の発生時点は、実体法上の問題であるが、それをどの範囲について請求するかは、訴訟法上の処分権主義の問題である。これに対し、請求する損害賠償の算定基準時は、請求権の内容・性質によって、損害賠償責任原因の発生時であり（大判(民刑聯中間)大正一五・五・二二民集五巻三八六頁、平井宜雄＝栗田哲男「富喜丸判決の研究（一）（二・完）」法協八八巻一号（昭和四六年）六二頁以下・二号二四〇頁以下参照）、あるいは口頭弁論終結時であったり、異なるのであって、いずれも請求内容を特定する要素を構成する点において実体法上の問題である。

（3）弁論の再開　口頭弁論終結後に、裁判所が当事者の主張・立証に不十分な点を見出し、あるいは釈明すべき事項があると認識するにいたった場合等に、裁判所は弁論の再開を命ずることができる（一五三条）。弁論の再開は、裁判所の訴訟指揮権に属し（一四八条）、裁判所の職権で決定をもって命ずる。当事者が新たな主張・立証をしたい旨を理由に、あるいは訴え取下げもしくは訴訟上の和解の無効又は取消しを主張し、弁論の再開を申し立てる場合がある。しかし、当事者には弁論再開の申立権はなく、たとえ当事者が弁論の再開を申し立てても、裁判所による職権の発動を促すに止まり、再開の可否は裁判所の裁量に委ねられる（最判(大)昭和三五・一二・七民集一四巻一三号二九六四頁、最判(大)昭和四二・九・二七民集二一巻七号一九二五頁）。もっとも、判例も、裁判所の裁量権は無制限のものではなく、弁論を再開

して当事者に更に攻撃防御の方法を提出する機会を与えることが訴訟における手続的正義の要求するところであると認められるような特段の事由がある場合には、弁論を再開すべきであり、そのまま判決することは違法であるとする（最判（一小）昭和五六・九・二四民集三五巻六号一〇八八頁。本判決を裁判実務慣行と比較しつつ、積極的に評価するものとして、奈良次郎「弁論の再開をめぐる若干の問題について」中野貞一郎先生古稀祝賀『判例民事訴訟法の理論（上）』（有斐閣、平成七年）四三三頁以下、比較法的研究に基づき詳細な検討を加えるものとして、加波眞一「口頭弁論再開要件について（一）（二・完）」民商九一巻三号（昭和五九年）三五三頁以下・特に五号七三〇頁以下参照）。弁論の再開は、裁判所の立場からみると、釈明権を補充する機能を営む性格を有すると認識されていた（松本博之・法協八八巻二号二六八頁）が、前記最判昭和五六年を端緒として、当事者の手続保障の視点からも位置付けられる方向性にあることは評価できる。もとより、当事者も、適時提出主義の理念と反する運用を求めることがあってはならない。

なお、裁判所が口頭弁論を再開させるまでもないと判断するときは、期日外釈明で処理することもある（四九〇頁参照）。

二　口頭弁論における当事者の訴訟活動──攻撃防御方法の提出

口頭弁論は、受訴裁判所の口頭弁論期日において、当事者双方が対立して関与する形態の下で、口頭により、本案の申立て及び攻撃防御方法の提出その他の陳述をすることである（狭義の口頭弁論）。口頭弁論が開始され、原告による訴状の陳述と被告による答弁書の陳述を終えると、当事者の攻撃防御方法の提出が、証拠調べとともに、口頭弁論の中核を形成することとなる（攻撃防御方法の概念について、四三四頁参照）。

(1)　攻撃防御方法の提出時期　(i)　適時提出主義の原則　口頭弁論の一体性により、口頭弁論が数期日にわたって実施されても、同一期日に実施されたものと観念され、当事者の弁論や証拠調べがどの段階で実施されても、訴訟法上の同一の効果を有する。これを当事者の側からみると、攻撃防御方法を口頭弁論終結に至るまでいつでも提出できることを意味する（随時提出主義の原則）。旧法は、口頭弁論の一体性から理論的帰結として、そうした原則を採用していた（旧一三七条）。その趣旨は、柔軟な訴訟活動を可能にし、口頭弁論を活性化させ、審理の充実に資することにある。しかし、現象面からみると、争点が早期に確定せず、そのまま証拠調べが実施される等の現象を生じさせ、さらに当事者の意図的な訴訟引延ばしを誘発させることにもなった。それは、訴訟制度に対する国民の信頼を失うこ

ととなるとともに、その使命を損なうことでもある。原点に立ち返ると、口頭弁論の一体性は、当然に随時提出主義を導き出すわけではなく、攻撃防御方法の提出時期についてどのような原則を採用するかは、訴訟政策に帰属する性格を有する問題である。

新法は、このような背景を踏まえて、これまでの訴訟政策を変更し、攻撃防御方法は、「訴訟の進行に応じ適切な時期に提出しなければならない」とする原則を採用した（一五六条。適時提出主義という。）。その基盤を形成する基本的理念は、充実した審理と訴訟の迅速を図ることにある。そうした趣旨に照らし、ここにいう攻撃防御方法の提出の適時性とは、訴訟当事者としてどのような訴訟であっても、訴え提起の当初から主張を明確にし、それを根拠付ける証拠を合わせて提出し、早期に争点及び証拠の整理が可能なように努めるとともに、個別の訴訟に即して、訴訟の内容に応じて、適切な時期に適切な範囲において、攻撃防御方法を提出すべきことを意味する。[1]

(ii)　法が予定する攻撃防御方法の提出の過程　適時提出主義を採用した新法の理念は、訴訟の手続過程における攻撃防御方法の提出について、多面的な視点から要件を設定している。

(イ)　訴状・答弁書　訴え提起の段階において、訴状には、請求の趣旨及び原因を記載することを要する（一三三条一項二号）ほかに、請求を理由づける事実を具体的に記載し、かつ立証を要する事由ごとに、その事実に関連する事実で重要なもの及び証拠を記載することを要する（規五三条一項）。その際に、請求を理由づける事実（主要事実）についての主張とその事実に関連する事実（間接事実）についての主張とを区別して記載しなければならないとされている（同条二項）。これらによって、当事者の主張と立証の関係を当初から明らかにする趣旨である。

訴状に対応する答弁書についても同様であって、請求の趣旨に対する答弁を記載するほか、訴状に記載された事実に対する認否及び抗弁事実を具体的に記載するとともに、立証を要する事由ごとに、その事実に関連する事実で

重要なもの及び証拠を記載しなければならない（規八〇条一項前段）。さらに、立証を要する事由につき、重要な書証の写しを添付しなければならない（同条二項）。これらの事項を記載しあるいは添付できない場合は、答弁書の提出後速やかに、これらを記載した準備書面あるいは添付すべき書証を提出しなければならない（同条一項後段・二項後段）。

さらに、被告の答弁により反論を要する場合には、原告は、速やかに、答弁書に記載された事実に対する認否及び再抗弁事実を具体的に記載するとともに、立証を要することとなった事由ごとに、その事実に関連する事実で重要なもの及び証拠を記載した準備書面を提出しなければならない（規八一条前段）。また、その準備書面には、立証を要することとなった事由につき、重要な書証の写しを添付しなければならない（同条後段）。

裁判長は、答弁書その他特定の事項を記載した準備書面の提出又は特定の事項に関する証拠の申出をすべき期間を定めることができる（一六二条）。訴訟指揮権の行使の態様の一つとして、たとえ明文の定めがなくても準備書面の提出期間を定めることは可能であるが、その重要性を考慮し、確認的に定めたものである。正当な理由がないのにこの指示に従わなかった場合には、その後に提出された攻撃防御方法について、裁判所は時期に遅れたものとして却下することもあり（一五七条一項）、さらに裁判長は口頭弁論を終結することも可能である。したがって、当事者が定められた期間を遵守すべきことは、訴訟の主体として当然の責務であり、その重要性を深く認識することが必要である。

(ロ)　争点及び証拠の整理　新法は、争点及び証拠の整理を目的とする手続として、準備的口頭弁論（一六四条～一六七条、規八六条・八七条）、弁論準備手続（一六八条～一七四条、規八八条～九〇条）及び書面による準備手続（一七五条～一七八条、規九一条～九四条）を設けている。これらの手続の終結時には、その後の証拠調べにおいて証明すべき事実を当事者との間で確認する（一六五条・一七〇条六項・一七七条）とともに、要約書面の提出させることができる（一六五条二項・一七〇条六項・一七六条四項、規八六条二項・九〇条・九二条）。したがって、法は、これらの手続の終結時までに、すべての攻撃防御方法が提出されることを予定している（一六七条・一七四条・一七八条、規八七条・九〇条・九四条）。

(ハ) 口頭弁論　争点及び証拠の整理を目的とする手続が終結すると、口頭弁論が開かれる（本質的口頭弁論という）。そこでは、争点及び証拠の整理を目的とする手続の結果が、陳述され又は上程されることを必要とする（一七三条、規八九条。一七七条）。それからは、証拠調べの段階に入ることとなる。

このように、新法は、訴訟の審理を争点及び証拠の整理を目的とする手続と証拠調べ手続に区分けをすることにより、早期に争点及び証拠を明らかにすることにより、口頭弁論を充実させ、訴訟の迅速を図ることとしている。

（1）会社関係訴訟における取消・無効事由の追加主張　（i）株主総会決議取消訴訟における取消事由の追加　判例は、株主総会決議取消請求訴訟において、商法二四八条一項所定の提訴期間後に取消事由を追加することは許されないとする（最判（二小）昭和五一・一二・二四民集三〇巻一一号二〇七六頁）。その根拠として、右の規定は瑕疵ある総会決議の効力の早期確定を図る趣旨であり、所定の期間は、決議の瑕疵の主張を制限したものであるとする。この立場は、同条を当時の旧民訴法一三七条に定める随時提出主義の例外規定とするものである。学説は、判例と同様に否定説の立場（新堂・判例民訴一三七頁、同「決議取消しの訴えにおける取消事由の追加」（昭和五三年）〔同『訴訟物と争点効（下）』（有斐閣、平成三年）一五四頁〕、鴻常夫「会社法上の訴に関する一考察」兼子博士還暦記念『裁判法の諸問題（中）』（有斐閣、昭和四五年）〔同『会社法の諸問題II』（有斐閣、平成元年）八頁〕）と反対に肯定説の立場（西原寛一「株主総会の議決権行使をめぐる諸問題」大阪株式事務懇談会記録一二六号（昭和四二年）〔同『商事法研究・第三巻』（有斐閣、昭和四三年）二五八頁〕、『新版注釈会社法(5)』（有斐閣、平成六一年）三六一頁〔岩原紳作〕）とが対立する。しかし、提訴期間経過後に取消事由を追加しても、ただちに訴訟の完結を遅延させることにはならず、総会決議の効力の早期安定性から解釈論的帰結として当然に導かれるものではない（三ヶ月章「訴訟物再考」民訴雑誌一九号（昭和四八年）〔同・研究七巻七七頁〕）。取消事由にかかわらず全体として訴訟物は一個とみるのが素直であり、所定の期間内に提訴されていれば、民事訴訟法に則って訴訟の迅速を図れば足りるのであり、それ以外に会社訴訟であることをもって、特別に対応すべき実定法上の根拠もない。したがって、肯定説をもって妥当と解する。なお、七一三頁参照。

（ii）新株発行無効の訴えにおける無効事由の追加　判例は、新株発行無効の訴えにおいて、商法二八〇条ノ一五第一項所定の提訴期間後に無効事由を追加することについて、許されないとする（最判（二小）平成六・七・一八裁判集民事一七二号九六九頁）。その理由を、前記最判昭和五一年一二月二四日を引用し、新株発行に伴う複雑な法律関係の早期確定に求めている。学説は、否定説を採るようである（『新版注釈会社法（7）』（有斐閣、平成六二年）三六〇頁〔近藤弘二〕）。これについても、前記（i）と同様に解するのが相当である。

(2) 適時提出主義の例外　新法は、適時提出主義の原則を採用するとともに、攻撃防御方法の提出に関して、

制限を課している。

(i)　時機に後れた攻撃防御方法の却下　当事者が故意又は重大な過失により時機に後れて提出した攻撃防御方法について、訴訟の完結を遅延させることとなると認めたときは、裁判所は申立てにより又は職権で、却下することができる（一五七条一項）。

(イ)　手続要件　①　攻撃防御方法であること　反訴の提起は攻撃防御方法でないので、本条の適用を受けない。訴えの変更も同様であるが、一四三条一項ただし書の適用を受ける。

②　故意又は重大な過失により時機に遅れて提出したものであること　時機に遅れて提出したとは、現に提出した時に先立ち適切な時機に提出することが可能であったにもかかわらず、自己の故意又は重大な過失により提出しなかったことをいう。故意または過失によるとは、単にこのような提出可能性の視点だけではなく、当事者の法律知識の程度（例えば、本人訴訟では、主張者に不利にならないように考慮されるべきである。）、攻撃防御方法の内容（例えば、通常仮定的抗弁として主張される訴訟上の相殺の抗弁、建物買取請求権などは、当初から提出を要求するのは、無理がある。民法の立場から建物買取請求権につき同様の指摘をするものとして、川島武宜・法協八五巻七号一一〇〇頁。前者について、大判昭和一七・一〇・一三法学一二巻五二〇頁、自働債権の算定に多大な日数を要することを根拠に訴訟の完結を遅延させるとして排斥した例として、最判昭和三二・一二・二四裁判集民事二九号五五五頁、後者について、提出を認めた例として、最判(三小)昭和三〇・四・五民集九巻四号四三九頁、却下した例として最判(二小)昭和四六・四・二三判時六三一号五五頁）に止まらず、事件の状況を総合的に斟酌して判断すべきである。また、控訴審において提出される場合には、続審主義であるので、第一審からの経過を通じて判断すべきである（大判昭和八・二・七民集一二巻一五九頁、前掲最判(三小)昭和三〇・四・五）。もっとも、これら随時提出主義の下における判例が、新法の下で先例としての意義を有するかは疑問であり、たとえ仮定的抗弁に属するものであっても、判断基準は厳しくなるとする批判も予想される。しかし、これらは権利の属性に由来するので、先例としての意義を失うものではない。

③　訴訟の完結を遅延させること　その攻撃防御方法を採り上げて審理すると、そのためだけで訴訟の完結を遅延させ、これを取り上げなければ、直ちに弁論を終結できる状態にあることをいう（兼子・条解三五四頁〔新堂〕）。

④　前記の要件は、却下を申し立てる者が積極的に証明することを要し、提出者の側が故意又は過失のなかったことを疎明する責任はない（大判昭和一二・六・二民集一六巻六八三頁。旧法二五五条一項ただし書は、準備手続終結後の主張について故意又は過失のなかったことの疎明責任を課していた。）。

(ロ)　効　果　攻撃防御方法の却下は、当事者の申立て又は職権でする。却下するには、口頭弁論に基づき決定ですることもできるし、終局判決の理由中で示すこともできる。却下の決定に対し、独立して不服を申立てることはできない。申立てを斥ける決定に対しても、本来訴訟指揮権に属する事項であるから、不服申立てはできない。

(ii)　釈明に応じない攻撃防御方法の却下　攻撃防御方法でその趣旨が明瞭でないものについて当事者が必要な釈明をせず、又は釈明すべき期日に出頭しないときも、時機に遅れて提出された場合と同一の要件に基づき、裁判所は申立てにより又は職権で、却下することができる（一五七条二項）。

(iii)　争点及び証拠の整理手続終結後の新たな主張の制約　法は、争点及び証拠の整理手続の終結時までに、すべての攻撃防御方法が提出されることを予定していて、その後に攻撃防御方法を提出する当事者は、これを終結時までに提出できなかった理由を説明する義務を負う（一六七条・一七四条・一七八条、規八七条・九〇条・九四条）。

(iv)　これら(i)ないし(iii)の制限は、弁論主義が適用される場合に限られる（人訴一〇条一項参照。五〇二頁参照）。

(v)　中間判決を行った場合には、それに接着する口頭弁論終結時までに提出できた攻撃防御方法をもはや提出することはできない（八三四頁参照）。

三　口頭弁論における当事者の懈怠行為

当事者が正当の理由なしに、裁判所に無断で口頭弁論を欠席し、あるいは出頭しても弁論をしないで退廷することは、当事者として最も責められるべき懈怠行為であり、法は制裁措置を設けている。

(1)　当事者双方の欠席　当事者双方が口頭弁論に欠席し、あるいは出頭しても弁論をしないで退廷した場合に

は、その期日は一切の審理をできないで終了することになる（例外的に、予定されていた証拠調べ（一八三条）、判決の言渡し（二五一条二項）はできる。）。

その場合に、①裁判所は、職権で次回期日を指定し、審理を続行することができるし、②次回期日を指定しないままその期日を終了し、当事者の期日指定の申立てをまってはじめて、期日を指定してもよい。また、③その後、当事者が一月以内に期日指定の申立てをしないときは、訴えの取下げがあったとみなされ、当事者双方が連続して二回前述の行為を行った場合も、同様である（二六三条）。

さらに、④「審理の現状及び当事者の訴訟追行の状況を考慮して相当と認めるとき」は、口頭弁論を終結させることも、可能である（二四四条本文）。判例は旧法一八二条（新二四三条）により同様の結論を出していた（最判㈢小）昭和四一・一一・二二民集二〇巻九号一九一四頁）。新法は、明文の定めを設けたものである。そこで、問題は、口頭弁論の終結を「相当と認めるとき」とはどのような場合かに帰着する。前回の期日を終えるに際し、裁判所はいまだ判決するに熟していないと判断して今回の期日を指定したのである。たとえ当事者双方が欠席したことはもとより責められるべきであるとはいえ、前回期日の終了から審理は全く進んでいないのであるから、本来判決をするに熟しているとはいえないはずである。もし、そうでなければ、今回の期日指定は無用であったことを、裁判所みずからが認めることになる。そうすると、「相当と認めるとき」とは、当事者双方とも裁判所に対しもはや攻撃防御方法を提出し審理を求めることは時機に遅れ、訴訟の終結を遅延させることとなるので許容されないと判断すること（一五七条参照）をいうものと解するのが相当である。

(2)　当事者の一方の欠席　　当事者の一方が口頭弁論に欠席した場合には、訴訟審理の進行を図る必要性と訴訟審理に適用される基本原則とりわけ口頭主義の要請を斟酌しつつ、出席した当事者の利益を考慮する必要があり、最初の期日と続行期日とに分けて考察することを要する。

(i)　最初の期日における欠席　　最初の期日に当事者の一方が欠席した場合には、口頭主義の原則によると、審

理の対象が定まらず、口頭弁論手続を進めることはできない。それは、裁判所の訴訟審理に重大な妨げになるのみならず、出頭した当事者に不当な不利益を及ぼすことになる。そこで、最初の期日に原告あるいは被告のいずれが欠席した場合についても、欠席した当事者がそれまでに提出している訴状、答弁書その他の準備書面に記載した事項は、これを陳述したものとみなし、出頭した当事者に弁論をさせることができるとしている（一五八条）。最初の期日とは、必ずしも第一回口頭弁論期日を意味するわけではなく、弁論がはじめて実際に行われる期日をいう（大判昭和一五・一二・二〇民集九巻一一八一頁）。本条は、控訴審にも準用され（二九七条）、控訴審の最初の口頭弁論が行われる期日をいう（最判(三小)昭和二五・一〇・三一民集四巻一〇号五一六頁）。さらに、上告審で口頭弁論が開かれ、最初の期日に当事者の一方が欠席した場合にも、準用される（三一三条）。

その結果、出頭した当事者が現実に行う弁論と欠席した当事者が提出してある書面とを対応させることにより、審理を進める。欠席した当事者は、出頭した当事者の準備書面等に記載された事実について、自己があらかじめ提出した書面で明らかに争っていない場合には、自白したものとみなされる（一五九条三項）。また、そのあらかじめ提出した書面で相手方（出席した当事者）の主張事実を認める旨を記載していた場合には、擬制自白が成立する（兼子・条解九五一頁〔松浦〕）。

このような書面の陳述の擬制の規定は、弁論準備手続にも準用される（一七〇条六項）。これに対し、弁論準備手続後に開かれた最初の口頭弁論期日には、準用する余地はない。当事者は、弁論準備手続の結果を陳述しなければならない（一七三条）が、当事者のいずれか一方が口頭弁論に上程すれば足りるからである。もっとも、弁論準備手続終結後においても、攻撃防御方法の提出は、たとえ制限されているとはいえ、可能なのであるから、あらかじめそれを記載した準備書面を提出していたときには、陳述の擬制を認める意義があるとする批判も予想される。しかし、欠席者について陳述の擬制を認める趣旨は、当事者の一方が欠席したことにより、審理を進めることができず、裁判所の訴

訟審理に重大な妨げになるのみならず、出頭した当事者に不当な不利益を及ぼすのを回避することにある。そうしてみると、この場合に、欠席者についてあらかじめ提出した書面の陳述の擬制を認めるべき根拠はない。

なお、当事者双方が欠席した場合については、最初の期日であっても、(1)による。

(ii)　続行期日における欠席　続行期日に当事者の一方が欠席した場合には、最初の期日におけるのと異なり、欠席した当事者がそれまでに提出した準備書面等を陳述したものとみなす取扱いはしない。これは、口頭主義を形骸化するばかりでなく、そうした便宜的措置を採らなくても審理を進める妨げになるわけではないからである。これに対し、簡易裁判所については、取り扱う事件が軽微であることを斟酌し、続行期日についても、準備書面等の陳述の擬制を認める（二七七条・一五八条）。

四　口頭弁論の整序

裁判所は、口頭弁論を主宰する権能である訴訟指揮権を有するところ、口頭弁論手続を遂行するについて、弁論の充実と訴訟の迅速を図るために、個別の事案に応じて、口頭弁論を整理することも必要な作業である。

(1)　最初の口頭弁論日前における参考事項の聴取　裁判長は、最初にすべき口頭弁論期日の前に、当事者から、訴訟の進行に関する意見その他訴訟の進行について参考とすべき事項の聴取をすることができる（規六一条一項）。裁判所書記官に命じて行うこともできる（同条二項）。「訴訟の進行に関する意見その他訴訟の進行について参考とすべき事項」とは、被告の期日への出席の見込み、特別送達による訴状の送達の可能性等がある（最高裁判所事務総局民事局監修『条解民事訴訟規則』一三四頁）。その他、訴え提起に至るまでの被告との交渉の有無は、和解の可能性を量る目安の一つとなり得るし、被告との間の別に係争中の事件の有無も、弁論の併合の可能性を判断する手がかりとして有用である。これらは、いずれも定型的処理になじむ性格が顕著であるので、各裁判所において弁護士会との協議の上で、「訴訟進行に関する照会書」

の類を作成することが妥当である（例えば、東京地方裁判所監修『東京地方裁判所における新民事訴訟法・規則に基づく実務の運用〔改訂版〕』（司法協会、平成一二年）五三頁参照）。

(2) 弁論の制限　請求が複数の場合あるいは一個の請求について数個の攻撃防御方法が争いとなっている場合に、そのうちの一個の請求あるいは一個の攻撃防御方法に審理の対象を限定し、審理することを、弁論の制限という。限定された審理の対象について中間判決（二四五条）を行うことも可能であり、さらに終局判決をするに熟すれば、口頭弁論を終結して判決することもできる。あるいは、弁論の制限を取り消して、請求全体の審理を進めることも可能である。

(3) 弁論の分離　併合審理されている数個の請求について、特定の請求の審理を別の手続で行うことを命ずる措置を、弁論の分離という。分離により、弁論及び証拠調べ手続のみならず、判決を含むすべての審理を別個の訴訟手続で行うこととなる。したがって、弁論の分離は、別個の訴訟手続として扱っても、事件の処理として支障を来さない場合であることを要する（例えば、関連性に欠ける併合請求、牽連関係を欠くにもかかわらず原告の同意のある反訴等）。当事者が同一訴訟手続で審判されることを求めて提起するとみられる場合には、弁論を分離すると、たとえそれぞれ判決に至ったとしても、不都合な結果を生じ、あるいは新たな紛争を生じさせることがあるので、不適切である（例えば、反訴について、最判（二小）昭和五四・三・八民集三三巻二号一八七頁の第一審、主債務者及び保証人を相手方とする共同訴訟について、最判（一小）昭和五一・一〇・二一民集三〇巻九号九〇三頁の前訴）。同一訴訟手続で審判されることが法的に強制されていないからといって、弁論を分離することが妥当か否かは別個の問題であり、事件の処理の適切性という視点からの考慮を経ることが要請される。さらに、別個に判決できない事件については、もとより弁論の分離は許されない（例えば、必要的共同訴訟、同時審判の申出のあった共同訴訟（四一条）等）。したがって、反訴として提起されたから適法であり、別訴によると、二重起訴禁止原則に抵触する場合についても、同様である。

併合請求が許されない請求が併合されている場合（三八条・一三六条、人訴七条）に、弁論の分離により、独立した請求として訴訟

手続で審理することが可能である。反訴の要件を欠く場合にも、同様である（最判（一小）昭和四一・一一・一〇民集二〇巻九号一七三三頁は、不適法として却下すべしとする。）。

いったん弁論を分離しても、後に弁論を併合することは可能である。弁論の分離は、弁論の併合と組み合わせることにより、事件の審理の促進と統一的解決を図ることに有用である。例えば、同一事件に関する複数の多数当事者訴訟について、争点が共通している場合に、先行する訴訟を集中審理方式をもって審理し、他の訴訟は事実上停止の状態にし、審理が熟した段階で、これらの弁論を併合して判決する場合がある。それによって、多数当事者訴訟をすこしでも迅速かつ統一的に裁判することが可能である。

たとえ、弁論が分離されても、裁判管轄は変わらない（一五条）。また、分離前の証拠資料は、そのまま分離後の両事件の証拠資料になる（証人尋問の結果について、大判昭和一〇・四・三〇民集一四巻一一七五頁）。

(4)　弁論の併合　同一の訴訟上の裁判所又は官署としての裁判所に別個に係属している数個の請求を、同一手続内で審理することを命ずる措置を、弁論の併合という。併合により、数個の請求について、弁論及び証拠調べ手続のみならず、判決を含むすべての審理を一個の訴訟手続で併合して行うこととなる。[1] その結果として、数個の請求について矛盾のない判断をすることが可能になり、特別の法理論を借りることなく、統一的解決を図ることができるし、このことは上訴審にまで維持される（その一例として、新堂「争点効を否定した最高裁判決の残したもの」中田淳一先生還暦記念『民事訴訟の理論（下）』（有斐閣、昭和四五年）（同『訴訟物と争点効（上）』（有斐閣、昭和六三年）二八六頁以下）、同・判例民訴七八頁）。弁論を併合するか否かは、裁判所の裁量に委ねられる。請求の併合が許されない場合には、弁論の併合もできない（一三六条、人訴七条二項参照）。逆に、弁論の併合を法が命じている場合（商一〇五条三項・一三六条三項・二四七条二項・二五二条・二八〇条ノ一六・三八〇条三項・三九四条三項・四一六条一項等）は、併合しないで審判すると違法な判決になる。

（1）　弁論の併合と併合前の証拠調べ　口頭弁論の併合が命じられた場合に、併合前にそれぞれの事件において実施された証拠調べの結果については、直接主義の要請により、併合後の口頭弁論において、他の事件の当事者によって援用されてはじめて、

そのまま証拠資料となる（兼子・条解三四二頁〔新堂〕、これに対し、井口牧郎「証人尋問と弁論の分離併合」兼子一編『実例法学全集・民事訴訟法（上巻）』（青林書院、昭和三八年）二九四頁は、援用することなしに、当然にそのままの形で証拠資料になるとする）。なお、最判(三小)昭和四一年四月一二日（民集二〇巻四号五六〇頁）は、併合前の証拠調べの結果は、併合後においても同一の性質のまま証拠資料になると判示しているに止まり、立ち会っていない当事者による援用はないものの、立ち会った当事者による援用があった事例であるので、この判例をもって援用不要説を採用したものと解するのは不正確である（新堂「共同訴訟人の孤立化に対する反省」法協八八巻一一・一二号（昭和四六年）〔同『訴訟物と争点効(下)』（有斐閣、平成三年）六三頁〕）。当事者を異にする事件について口頭弁論の併合を命じた場合に、その前に尋問をした証人について尋問の機会がなかった当事者が尋問の申出をしたときは、裁判所はその尋問をしなければならないとされる（一五二条二項）。本条は、弁論の併合により共同訴訟人となった新たな当事者の尋問権を保障する点に、直接の趣旨がある。

(5)　判決の併合　併合すべき事件が同一の受訴裁判所において審理され、終局判決に熟しているときに、一個の判決で双方を処理する判決段階からの併合を、判決の併合といい、これを認めるべきであるとする見解がある(2)（新堂・四四八頁、同・判例民訴七八頁。そこでは例として、第三者異議の訴えと同一裁判所で審理される詐害行為取消しの別訴である最判(二小)昭和四三・一一・一五民集二二巻一二号二六五九頁を上げている。）。その要件として、主要な争点を共通にした同一当事者間の数個の事件であることを挙げている（『注釈民事訴訟法(3)』二〇七頁〔加藤新太郎〕は、同一当事者に限らず、元来一個の事件で弁論が分離された場合をも含めて肯定する）。しかし、便宜的事由に踏み込みすぎた措置であるのみならず、当事者の意思にも合致しているか疑問である。また、上訴の利益の有無を判断する基準をどこに求めるのかも、不明確であって是認できない。

(2)　共同不法行為者間の損害賠償と差引計算による判決の併合　双方過失による不法行為における損害賠償責任の構造については、実体法上において交差責任説と単一責任説との対立する問題である（鴻常夫「双方過失による船舶の衝突」我妻先生還暦記念『損害賠償責任の研究・中』（有斐閣、昭和三三年）六二一頁以下・特に六二七頁参照）。この点について、一個の事実から甲乙双方に損害が生じ、同一訴訟（反訴を含む）で双方から損害賠償請求されている場合に、観念的には双方が損害賠償請求権を有するが、最終的には甲乙いずれか一方からの損害賠償請求権しか成立せず、差引計算した上で一個の判決をすべきであるとする説がある（川井健・判例評論一一七号（昭和四三年）〔同『現代不法行為法研究』（日本評論社、昭和五三年）三一四頁〕）。この説では、民法五〇九条は、差引計算の結果はじき出された損害賠償請求権についてのみ適用されるとする（この立場では、同一不法行為によって生じた損害賠償請求間の相殺を禁止する最判(三小)昭和三二・四・三〇民集一一巻四号六四六頁、最判(三小)昭和四九・六・二八民集二八巻五号六六六頁にも、抵触しないこととなる。）。しかし、双方過失による不法行為について交差責任説によりながら、差引計算という表引計算という手段を用いることにより単一責任説に傾斜するのは、矛盾する考え方である。それのみならず、差引計算という表

現を用いても、実質的にみて相殺そのものであり、相殺は意思表示によるとする明文規定（民五〇六条）に反することは否定できず、また差引計算による判決の併合という実定法上の根拠を欠く措置であって疑問である。

五　口頭弁論の記録

(1)　口頭弁論調書の作成の趣旨　口頭弁論の経過を記録し保存し、もって公正な訴訟手続の保障を確保するために、裁判所書記官が公証機関として作成する文書を、口頭弁論調書という。そのうち、証拠調べが行われた口頭弁論の調書を、特に証拠調調書と総称し、それには証人尋問調書、検証調書等がある。裁判所書記官は、口頭弁論について、期日ごとに調書を作成する（一六〇条一項）。裁判官とは別個独立した公証機関である裁判所書記官が、その固有の権限に基づき作成することにより、公正な訴訟手続の保障を確保することができる。期日ごとに調書を作成するとは、同時に一個の調書を作成することをも意味する。その趣旨は、調書の形式的証明力（一六〇条三項）が重複し、あるいは矛盾することを防止するとともに、期日ごとに調書の内容の一覧性を確保することにある（大塚啓志ほか『新民事訴訟法における書記官事務の研究（I）』（裁判所書記官実務研究報告書）（司法協会、平成一〇年）八五頁。これを実務上「一期日一調書の原則」という。）。口頭弁論調書の趣旨を踏まえ、裁判所書記官事務の効率化を図るために、書記官自身により種々の工夫がされている（例えば、東京地方裁判所では、昭和四五年頃から「新様式口頭弁論調書作成要領」が作成され、事務能率の向上に努めているという。河西和雄ほか『民事訴訟の審理の充実と書記官の役割』裁判所書記官研修所実務研究報告書二二巻一号（法曹会、平成二年）一七二頁）。

(2)　口頭弁論調書の作成者　口頭弁論調書の作成者は、期日に立ち会った裁判所書記官である。担当裁判官であっても、調書を作成する権限はなく、裁判所書記官に対し、調書の記載、変更等を命ずることができるに止まる（裁六〇条四項・五項、規六七条一項五号）。口頭弁論調書には、裁判所書記官が記名押印し、裁判長が認印しなければならない（規六六条二項）。裁判長に支障があるときは、陪席裁判官がその事由を付記して認印しなければならない（同条三項前段）。裁判官に支障があるときは、裁判所書記官がその旨を付記すれば足りる（同条三項後段）。裁判所は、必要があると認めるときは、申立て又は職

権で、裁判所速記官その他の速記者に口頭弁論における陳述の全部又は一部を速記させることができる（規七〇条）。その場合は、速記録を調書の一部として引用することとなる（規七二条・七三条）が、調書の作成権限は公証機関である裁判所書記官である。これに対し、速記録を作成させるのは、裁判所の権限である（規七四条）。

(3)　口頭弁論調書の作成時期　口頭弁論調書は、期日ごとに作成することとされているので（一六〇条一項）、期日の終了後少なくとも同日中に作成することが想定されている。しかし、同一期日に多数の事件を審理するので、期日の終了までに作成することはもとより、同日中に作成することも極めて困難である（新法では、後述する旧法一四六条を廃止したのはこの事情を反映している。もっとも、最判（一小）昭和二六・二・二二民集五巻三号一〇二頁は、これを独自の見解として排斥する。）。したがって、判例は、事務の都合上その作成が期日後になっても、権限ある裁判所書記官によって法定の形式を備えている限り、有効とする（最判（三小）昭和四二・五・二三民集二一巻四号九一六頁）。もっとも、調書完成後に立会書記官以外の者によって弁論の更新がなされた旨加筆された調書について効力を否定し（最判（三小）昭和三三・一一・四民集一二巻一五号三二四七頁）、さらに上告理由で瑕疵を指摘された後に作成することは許されないとしている（前掲最判昭和四二年五月二三日）。

(4)　口頭弁論調書の記載事項　口頭弁論調書の記載事項には、形式的記載事項と実質的記載事項とがある。形式的記載事項は、口頭弁論の方式に関する事項であり、民事訴訟規則六六条一項の各号に定められている。実質的記載事項は、内容に関する事項であり、弁論の要領を記載する他に、特につぎの事項を明確に記載することとされている（規六七条一項）。すなわち、①訴えの取下げ、和解、請求の放棄及び認諾並びに自白、②証人、当事者本人及び鑑定人の陳述、③証人、当事者本人及び鑑定人の宣誓の有無並びに証人及び鑑定人に宣誓をさせなかった理由、④検証の結果、⑤裁判長が記載を命じた事項及び当事者の請求により記載を許した事項、⑥書面を作成しないでした裁判、⑦裁判の言渡しである。弁論の要領とは、弁論の外形的経過、当事者の提出した攻撃防御方法及びこれに対す

る相手方の陳述等、弁論の実質的内容をいう（最高裁判所事務総局民事局監修『条解民事訴訟規則』一四七頁）。ただし、訴訟が裁判によらないで完結した場合には、裁判長の許可を得て、証人、当事者本人及び鑑定人の陳述並びに検証の結果の記載を省略することができる（同条二項本文）。もっとも、当事者が訴訟の完結を知った日から一週間以内にその記載をすべき旨を申出をしたときはこの限りでない（同条二項ただし書）。

調書には、書面、写真、録音テープ、ビデオテープその他裁判所において適当と認めるものを引用し、訴訟記録に添付して調書の一部とすることができる（規六九条）。書面などの引用も調書の作成の一方法であるから、裁判所書記官に判断の権限があり、それに裁判所が適当と認めるものが追加されると解するのが相当である。

また、裁判所書記官は、裁判長の許可があったときは、証人、当事者本人又は鑑定人の陳述を録音テープ又はビデオテープ（これらに準ずる方法により一定の事項を記録することができる物を含む。）に記録し、調書の記載に代えることができる（規六八条一項）。その場合に、訴訟が完結するまでに当事者の申出があったときは、証人等の陳述を記載した書面を作成しなければならない（同条二項前段）。訴訟が上訴審に係属中である場合において、上訴裁判所が必要と認めたときも、同様である（同条二項後段）。

裁判所は、必要があると認めるときは、申立てにより又は職権で、録音装置を使用して口頭弁論における陳述の全部又は一部を録取させることができる（規七六条）。調書の記載の正確性を確保する補助手段として、録音という方法を利用できる旨を定めた。本条により、録音テープ等を調書の一部に代えることはできない（規則六八条とはその点で異なる。）。

(5)　関係人への開示　調書の記載について当事者その他の関係人が異議を述べたときは、調書にその旨を記載しなければならない（一六〇条二項）。旧法一四六条は、関係人から申立てがあれば、口頭弁論期日中に調書を読んで聞かせ又は閲覧させることを義務づけるとともに、関係人が異議を述べたときは、調書にその旨を記載することとしたが、調書を口頭弁論期日当日に作成することは困難であり、ほとんど行われていなかったので（『注釈民事訴訟法(3)』三九一頁〔福井厚士〕）、これ

を廃止した。

(6)　口頭弁論調書の証明力　口頭弁論が、その方式に関する規定を遵守していたか否かについては、調書によってのみ証明することができる（一六〇条三項）。前述した口頭弁論調書の作成の趣旨から導かれるものである。その他の証拠方法により補充したり、反証を上げて争うことはできない。その意味で、自由心証主義の例外として、法定証拠力を認めたものといえる。これを口頭弁論調書の形式的証明力という。口頭弁論の方式とは、弁論の外部的形式をいい、弁論の時、場所、事件の呼上げ、弁論の公開、関与した裁判官、当事者又は代理人の出頭の有無、弁論の結果の陳述（二四九条二項・二五四条。最判(二小)昭和三一・四・一三民集一〇巻四号三八八頁参照）、判決の言渡し等がこれに属する。これに対し、当事者の弁論の内容、証人・鑑定人の供述等は属さない。これをもって、口頭弁論調書には、実質的証拠力はないという。

第五章　手続保障の確保

第一節　手続保障の基本的構造

民事訴訟を手続保障の点からみると、双方審尋主義を基本原則として、訴訟手続過程を通じて両当事者に平等に攻撃防御を主張する機会を確保し、訴訟手続において攻撃防御を展開した対象についてのみ判決の効力として既判力を生じることとするとともに、手続に関与し攻撃防御を展開する機会を与えられた者について判決の効力を及ぼすこととし、もって手続保障に裏付けられた訴訟構造を構築している。その手続過程において、両当事者への情報の伝達については確実性と迅速性を確保し、当事者が訴訟追行するのに支障を生じた場合には、訴訟手続を停止し、その事由を生じた者につき手続保障に欠ける事態の発生を未然に防止する方策を講じている。

他方、手続保障は訴訟の迅速との調和の上にはじめて形成されるべきであり、一般に訴訟行為も、あらかじめ時間的枠組みを設定し、その中で行うことが要請されるところ、当事者が自己の当事者の責めに帰すべからざる事由により時間的枠組みの制限を遵守できなかった場合には、その救済措置を用意している。

さらに、これら訴訟審理の過程については、独立した権限を有する者が、法令にしたがって遂行されているか否かを調書という所定の形式に則って記録、保管し、もって公正な手続保障を確保することを図っている。

本章では、手続保障の視点から、期日・期間、送達について取り扱うこととする。

第二節　期日・期間

第一款　期　日

一　期　日

期日とは、当事者及びその他の訴訟関係人並びに裁判所が一堂に会して、訴訟に関する行為をするために定められた時間をいう。期日には、その目的とする違いにより、口頭弁論期日、準備的口頭弁論期日、弁論準備手続期日、証拠調期日、和解期日等がある。

二　期日の指定

期日は、申立てにより又は職権で、裁判長が指定する（九三条一項）。受命裁判官又は受託裁判官が行う手続の期日は、その裁判官が指定する（規三五条）。期日の指定は、通常、命令の形式をもって行い、告知によって効力を生ずる（一一九条）。期日は、通常場所、年月日、開始時刻を特定して指定される（ただし、簡易裁判所においては任意に出頭して口頭弁論をすることができる。二七三条）。期日は、やむを得ない場合のほかは、日曜日その他の一般の休日を避けなければならない（九三条二項）。

期日は、当事者が一堂に会する点に意義があるので、特定の場所及び時刻まで指定して明確にすることにより、当事者及び裁判所の間で理解に齟齬がないことに留意するとともに、通常は当事者の都合をも斟酌して指定し、もって手続保障に欠けることのないように運用される。

期日の指定について、当事者も申立権を有する（九三条一項）。当事者の期日指定の申立てを却下する場合は、訴訟審理

の続行を拒絶することを意味するので、裁判所の決定で行うことを要する。訴訟終了後に期日指定の申立てがなされた場合（例えば、訴え取下げあるいは訴訟上の和解の効力を争う場合。九四六頁・九七二頁参照）は、訴訟の終了の効果を争うとともに、再審理を求める旨を主張する趣旨であるので、口頭弁論を経て終局判決で応答すべきである（訴えの取下げについて、大決昭和八・七・一一民集一二巻二〇四〇頁、訴訟上の和解について、最判(三小)昭和三八・二・一二民集一七巻一号一七一頁）。

期日を指定する手続を経ないで開いた期日において訴訟行為を行った場合は、その訴訟行為は効力を生じない。

三　期日の変更

期日の開始前にその指定した期日を取り消して、これに代わる新たな期日を指定する裁判をすることを、期日の変更という。

(1)　期日の変更の要件　期日を指定することは、裁判所の訴訟指揮権に属することであるので、指定した期日を変更することも、職権で行うことができるが、既に指定された期日を前提に訴訟活動の準備を行っている当事者に重大な影響を与えることもあり得る。また、たとえ両当事者間で合意したからといって期日を変更することは、裁判所が有する訴訟指揮権を犯すばかりでなく、その事件について審理の進行を著しく妨げることになるとともに、他の事件の審理の計画にも影響を及ぼすことになる。他方、裁判所にとっても、両当事者にとっても、期日を変更せざるを得ない場合もあり得る（平成七年一月一七日未明に発生した阪神・淡路大地震の際には、神戸地方裁判所本庁及び神戸簡易裁判所における民事通常事件、調停事件等について、同年二月三日までに予定されていた期日が職権によりすべて延期された。北沢晶「阪神・淡路大震災と裁判所」ジュリ一〇七〇号（平成七年）一七九頁参照）。そこで、これらの事情を考慮して、期日の変更については、その要件が定められている。

(イ)　弁論準備手続の最初の期日及び弁論準備手続を経ない口頭弁論の最初の期日について、これを変更する当事者の合意がある場合には、特別の制限なく期日の変更が許される（九三条三項ただし書）。もっとも、新たな期日についてまで

も、当事者が合意することはできず、裁判所が訴訟指揮権に基づき指定する。

(ロ)　弁論準備手続の続行期日及び弁論準備手続を経ない口頭弁論の続行期日については、顕著な事由がある場合に限り、期日の変更が許される（同条三項本文）。顕著な事由とは、社会通念上そのような事由があるときにはその者の期日への出頭を期待できず、期日の変更を認めなければ、同人の弁論権を不当に侵害する場合をいう（兼子・条解三八二頁〔竹下〕）。

(ハ)　弁論準備手続を経た口頭弁論の期日については、やむを得ない事由がある場合でなければ、期日の変更は許すことができない（同条四項）。やむを得ない事由とは、その期日に出頭すべき当事者または代理人について出頭できない事由があり、代理人又は復代理人に委任することができず、あるいは他人に委任したのでは目的を達することができない場合をいう（兼子・条解三八三頁〔竹下〕）。前記(ロ)の場合における顕著な事由と比較して、弁論準備手続を経た口頭弁論の期日であることから、厳しい判断を必要とする。弁論準備手続をはじめ、準備的口頭弁論、書面による準備手続という争点及び証拠の整理手続を経た事件については、事実及び証拠についての調査が十分に行われていないことを理由として、期日を変更することは許されない（規六四条）。

前記(ロ)・(ハ)のいずれの場合についても、当事者の一方につき訴訟代理人が数人ある場合において、その一部の代理人について変更の事由が生じたこと、期日指定後にその期日と同じ日時が他の事件の期日に指定されたことによって、期日を変更することはできない（規三七条）。

(2)　期日の変更の手続　期日変更の申立ては、期日の変更を必要とする事由を明らかにしてしなければならない（規三六条）。変更を必要とする事由については、すでに指定された期日に出頭できない事由を具体的に明らかにするとともに、これを疎明する資料を提出することを要する（大判昭和一八・五・二七法学一八巻六九頁、最判(三小)昭和二四・八・二民集三巻九号三一二頁）。裁判長は、期日変更の申立てを認めるときは、期日変更の命令をし、申立てを斥けるときは、裁判所が決定をもって申立てを却下する。

これらの命令又は決定に対し、不服を申立てることはできない。

四　期日の呼出し

指定した期日を当事者その他の関係人に通知して、出頭を要求することを、期日の呼出しという。期日の呼出しは、呼出状の送達、その事件について出頭した者に対する期日の告知、その他相当と認める方法による（九四条一項）。呼出状の送達の相手方は、呼び出すべき者であり、訴訟代理人に委任されている場合は、通常その訴訟代理人である。訴訟代理人がいる場合に、呼出状を本人に送達しても適法である（最判(二小)昭和二五・六・二三民集四巻六号二四〇頁）が、適切ではない。当事者尋問の期日の呼出状は、訴訟代理人の他に本人に対しても送達すべきである（規一二七条・一〇八条。当事者尋問の申請に際し、「本人同行」といっているときは、不要である。）。未成年者を証人とする呼出状は、法定代理人に送達すべきである。証人として証言するには、訴訟能力を必要としないが、呼出状の送達を受け取る行為は訴訟行為であり、訴訟能力を要することによる。

相当と認める方法による呼出しを特に「簡易呼出し」という。旧法では、第一回期日の呼出しは、簡易呼出しによることはできないとされていた（旧一五四条二項）のが、新法ではこのような制限を設けていない。もっとも、簡易の呼出しによったときは、期日に出頭しない当事者、証人又は鑑定人に対し、法律上の制裁その他期間の不遵守による不利益を帰することはできない（九四条二項本文）。ただし、これらの者が期日の呼出しを受けた旨を記載した書面を提出したときは、この限りでない（同条二項ただし書）。

期日の呼出し手続を経ないで期日を開いた場合は、その期日の実施は違法である（ただし、訴訟手続に関する異議権の放棄（九〇条）の対象になる。）。期日の呼出しがないため出頭できず、そのまま敗訴判決を受けた場合に、その者は期日において正当に代理されなかった者に準じて（三一二条二項四号・三三八条一項三号）、上訴又は再審により救済を求めることができる。

五　期日の実施

期日は、あらかじめ指定された場所、年月日、開始時刻期日に行われる。そのうち、口頭弁論期日は、事件の呼上げによって開始する（規六二条）。事件の呼上げは、法廷を主宰する裁判長が行うべきであるが、通常は裁判所書記官、廷吏等が行っている。各期日の目的である事項を実施し、その目的を終えると、裁判長が次回期日を指定し、あるいは裁判をするのに熟したと判断するときは、口頭弁論の終結を宣言して、期日を終了する（一般的には、次回である いはあと二回で口頭弁論を終結する旨等、あらかじめ予告している。）。

第二款　期　間

一　期　間

訴訟法上一定の訴訟行為をなすべきある時点からある時点までの継続的な時間を、期間という。法が、期間を設ける趣旨は、裁判所、当事者及び訴訟関係者がなすべき訴訟行為について、一定の時間的制限を設けることにより、手続保障を図るとともに、訴訟の迅速な進行を確保し、もって両者の調整を保持することにある。

(1)　行為期間・猶予期間　期間を定める目的を基準として区別したものとして、行為期間と猶予期間（又は中間期間）とがある。

行為期間は、一定の行為をその間になすべき期間であり、その期間内に一定の行為をしないと、その行為をする機会を失う等の不利益を生ずるものである。そのうち、当事者の行為について定められたものを固有期間という。例えば、補正期間（三四条一項・五九条・一三七条一項）、担保提供期間（七五条五項）、準備書面提出期間（一六二条・一七〇条六項）、争点及び証拠の整理結果要約書面の提出期間（規八六条二項・九〇条・九二条）、上訴期間（二八五条・三一三条・三三二条）、再審期間（三四二条）等である。また、裁判所の行為に

ついて定められた期間を職務期間という。例えば、口頭弁論終結後の判決言渡期日までの期間（二五一条一項）、判決書等の送達期間（規一五九条一項）、最初の口頭弁論期日の指定（規六〇条二項）、変更判決の期間（二五六条一項）等であり、変更判決の期間の定めは強行規定であるが、他はいずれも原則として訓示規定である。

猶予期間は、当事者その他の関係人の利益を保護するために行為をなす前提として、一定の時間的猶予を置くものである。例えば、公示送達の効力発生時期（一一二条一項二項。なお五七七頁参照）、公示催告期間（公催仲裁七六七条）等である。

(2) 法定期間・裁定期間　法定期間は、期間の長さを法律により定めたものである。現行民訴法の法定期間は、いずれも日、週、月、年を単位として定められている（時を単位とする例として、民執規四一条一項）。これに対し、裁定期間は、それぞれの場合に応じて裁判所が定めるものである（例えば、三四条一項・七五条五項・七九条三項・一三七条一項・一六二条。なお、裁判所書記官が定めるものとして、規二五条一項）。

(3) 通常期間・不変期間　法定期間のうち、法律で特に不変期間と定めるものを、不変期間という（二八五条・三一三条・三三七条二項・三三二条・三四二条一項・三五七条・三九三条。なお、二六三条・三一五条は、不変期間と定められてないので、これに当たらない。）。不変期間以外の法定期間を、通常期間という。不変期間は、裁判所がこの期間を伸縮することはできない（九六条一項ただし書。付加期間を定めることはできる。同条二項）が、訴訟行為の追完が認められ（九七条）、この点で通常期間と異なる。

二　期間の計算

期間の計算については、民法の定めによる（九五条一項）。したがって、期間の初日は、原則として算入しない（民一四〇条）が、期間の始期が午前零時からはじまる場合は、その初日から起算する（同条ただし書）。例えば、判決書が一一〇条三項の公示送達によった場合には、公示送達書の掲示を始めた日の翌日に効力を生じる（一一二条一項ただし書）が、その翌日が開始する午前零時に生ずることとなる。期間の末日が日曜日、土曜日、国民の祝日に関する法律に規定する休日、一月二日、一月三日又は一二月二九日から一二月三一日までの日に当たるときは、期間はその翌日に満了する（九五条三項）。

三　期間の進行

裁定期間は、裁判所が期間を定めた際に始期を定めたときは、その始期が到来した時から期間が進行し、始期を定めなかったときは、その裁判が効力を生じた時（告知の時、一一九条）から期間が進行する（九五条二項）。期間の進行は、訴訟手続の中断及び中止の間は停止し、中断及び中止の事由が解消すると、改めてはじめから進行を開始する。

四　期間の伸縮・付加

通常の法定期間及び裁定期間は、原則として伸縮することができ、前者は、裁判所が、後者はこれを定めた裁判機関が行う（九六条一項、規三八条）。ただし、これらの期間であっても、伸縮できないものがある。第一に、期間の伸縮を認める趣旨は、当事者の不利益を回避することにあるから、固有期間に限られる（職務期間は、原則として訓示的性格のものであるので、実益もない。）。第二に、裁判所の訴訟指揮の対象とならないものについては、除かれる。例えば、訴えの取下げの擬制期間（二六三条）、支払督促に対する異議申立期間（三八七条・三九二条）等である。第三に、明文規定のあるものである（九七条二項・一一二条三項）。不変期間についても、遠隔の地に住所又は居所を有する者のために、裁判所は、付加期間を定めることができる（九六条二項）。期間を伸縮し、付加期間を定める処置は、裁判所の職権による裁量事項であるから、当事者は申立権を有するものではなく、またその処置に対して不服を申立てることはできない。

五　期間の懈怠とその救済

当事者その他の関係人が、行為期間内になすべき一定の行為をしないことを、期間の懈怠という。それによって、通常、その行為をする機会を失う等の不利益を生ずる。通常期間は、たとえ期間を懈怠しても訴訟係属中であるから、当事者は訴訟手続の中で別の対応措置を講ずる余地がある。他方、不変期間は、一般に裁判に対する不服申立ての時間的制限という性格を有するので、それを懈怠すると、ただちに自己に不利益な裁判の確定や訴権の喪失と

いう手続の完結を生じさせる。しかも、それらの期間は裁判を早期に確定させる趣旨により、比較的短い期間が設定されている。そこで、法は、当事者が、不変期間を遵守できなかったとしても、当事者の責めに帰すべからざる事由による場合には、一定の期間内に限って本来なすべき訴訟行為を行うことにより、法定された期間内に行ったのと同様に有効なものとする救済措置を設けている（九七条）。これを「訴訟行為の追完」又は単に「追完」という。

(1) 追完の要件　(i)　不変期間であること　明文で不変期間と定められていることを要する。同様に重大かつ終局的な不利益を生ずる上告理由書・再抗告理由書提出期間、当事者双方の不出頭に基づく訴え取下げの擬制の期間について、本条の類推適用を認める見解がある（兼子・条解四〇六頁〔竹下〕）。しかし、追完が不変期間の不遵守に対する特別の救済措置であるという性格に照らし、手続の確定を優先させるべきであり、否定的に解する（上告理由書提出期間について、大判昭和一一・一〇・三一法学六巻二号二三九頁、当事者双方の不出頭に基づく訴え取下げの擬制の期間について、最判(二小)昭和三三・一〇・一七民集一二巻一四号三一六一頁、最決(二小)昭和三五・六・一三民集一四巻八号一三二三頁、特許法四八条の三第一項所定の出願審査請求期間について、最判(二小)昭和六一・四・二五判時一一九三号一三七頁）。

(ii)　当事者の責めに帰すべからざる事由により遵守できなかったこと　(イ)　大震災、大火山活動による交通・通信の途絶が典型的な場合である。郵便局の争議行為中による郵便の遅延（最判(三小)昭和五五・一〇・二八判時九八四号六八頁）、豪雪による汽車の延着（大判大正七・七・一一民録二四輯一一九七頁）、関東大震災による通信の途絶（大判大正一三・六・一三新聞二三三五号一六頁）等が、その例である。判決の送達を知らなかった場合も、これに該当する（公示送達と追完については、五七八頁参照）。判例は、家族であっても、事実上利害の反する長男に補充送達された判決に対する控訴期間経過後の控訴について、追完を認める（東京高判平成六・五・三〇判時一五〇四号九三頁）。

(ロ)　本人に過失がなくても、訴訟代理人に過失があれば、追完はできない（訴訟代理人から当事者への判決送達の通知を怠ったことにより上訴期間が徒過した場合について、最判(三小)昭和二四・四・一二民集三巻四号九七頁）。訴訟代理人の故意・過失により不変期間の不遵守を生じたとしても、それは訴訟委任した当事者の負担に帰すべきことにある（これに対し、高見進「訴訟代理人の補助者の過失と上訴の追完」小室直人・小山昇先生還暦記念『裁判と上訴・上』三五八頁は、弁護士自身の無過失が主張立証できれば追完を認めるべしとする。）。訴訟代理

人である弁護士の事務員の故意・過失による場合についても、同様である（前掲最判昭和二四・四・一二、大判昭和九・五・一二民集一三巻一〇五一頁）。

(2)　追完の手続効果　当事者は、不遵守の事由が消滅した後一週間以内に、また外国にいる当事者については二月以内に、不変期間内にすべき訴訟行為を行うことにより（九七条一項。この期間は伸縮できない、同条二項）、その手続において適法要件として追完を認める正当事由に当たるか否かを判断する。期日指定の申立てをした上で、判決手続において追完の正当事由の有無を判断するという構造ではない（前掲最決昭和三五・六・一三）。もっとも、追完の事由の成否について弁論を制限して審理し、これを認めるときは中間判決をすることも可能である（その例として、東京地判昭和三一・一二・二一行集七巻一二号三〇九一頁）。追完の事由については、訴訟行為の追完をする者に主張・証明責任がある（もっとも、最判(三小)昭和五五・一〇・二八判時九八四号六八頁は、当事者の責めに帰すべからざる事由の存したことをうかがう資料がないとして上訴の追完を認めなかった場合について、職権調査を尽くさなかった違法があるとした。）。

追完による訴訟行為を行っても、すでに不変期間が徒過したことによって確定した手続法上の効果を停止するものではない。この点について、新法においても特別の規定は設けられてなく、再審の訴えの提起による執行停止（三九八条一項一号）に準じて、執行停止の申立てを認めるべきである。

第三節　送　達

一　送　達

送達とは、当事者、その他訴訟関係人に対し、訴訟上の書類を法定の方式にしたがって、交付してその内容を了知させ、又は交付を受ける機会を与えるとともに、これらの行為を公証する裁判機関による訴訟行為をいう。(1) 送達は、特別の定めがある場合を除き、職権でする（九八条一項）。

(1) 書面をもって法定の方式によることを要する。送達内容を確実に特定の相手方に了知させるとともに、それにより紛争の発生をあらかじめ予防する趣旨である。書面によらない送達は存在せず、法定の方式に違背する送達は違法である。

(2) 送達は、裁判所による裁判権の命令的作用を営む行使である。送達は、送達実施機関が所定の手続を取ることにより、その法的効力を生じる。たとえ送達を受けるべき者（受送達者という。）が書面を受領しない場合であっても、送達の効力は失わない。いったん受領した後に誤配を理由に返戻された場合も、送達の効力が変わるわけではなく、交付を受けた者が受領権限を有する者であるか否かによって有効性が左右される（最判(三小)昭和五四・一・三〇判時九一九号五七頁、郵便による送達において、受送達者がいったん送達書類を受領後に、その代人が郵便局員に右書類を返戻して転送手続を依頼し、実施された場合であっても、受送達者の組織内部のことであり、郵便局員の行為はサービスであるに止まり、受送達者が受領した時に有効な送達としての効力を生ずるとする。郵便法四四条に基づく転送措置ではなく、判旨は妥当である。）。また、裁判権が及ばない者を被告とする訴訟が提起された場合には、ただちに被告に対して直接に送達することはできず、所定の手続を経ることを要する（三四頁参照）。

(3) 送達を実施したことを公証するために、送達実施機関は送達報告書を作成することを要する（一〇九条）。もっとも、送達報告書は、送達が適式に実施されたことについて絶対的証明力を有するものではない（大決昭和八・六・一六日民集一二巻一五一九頁）。適式な送達が実施されたにもかかわらず、送達報告書が作成又は提出されない場合又はその記載に本質的な瑕疵があっても、送達が無効になるわけではない（兼子・条解四五一頁〔竹下〕、勝野鴻志郎＝上田正俊『民事訴訟関係書類の送達実務の研究—改訂—』（裁判所書記官研修所実務研究報告書二〇巻二号）（法曹会、昭和六一年）二〇七頁。これに対し、兼子・条解上四二七頁は、送達が要式的公証行為であることを理由に送達の効力を否定する。）。

(4) 送達は、それ自体が独立した訴訟行為ではなく、当事者、その他訴訟関係人に対し、訴訟上の書類を交付してその内容を了知させ、又は交付を受ける機会を与える裁判機関による仲介的訴訟行為である。送達は、原則として裁判所の職責によることとする職権送達主義による（九八条一項。例外として、公示送達は当事者の申立てによる当事者送達主義を採用し（一一〇条一項）、裁判所が訴訟の遅滞を避けるため必要があると認めるときは、職権

で行うことができる（同条二項）。）。

(5)　送達を受けるべき者は、原則として送達書類の名宛人である。送達書類の名宛人たる当事者が訴訟委任している場合に、当事者に対して送達しても有効である（最判（二小）昭和二五・六・二三民集四巻六号二四〇頁。もっとも、訴訟代理人に送達するのが原則的取扱いである。）。送達の受領行為は訴訟行為であるから、受送達者は原則として訴訟能力を有することを要する（補充送達については、書類の受領について相当のわきまえがあれば、未成年者であっても差し支えない。）。未成年者および成年被後見人に対する送達は、その法定代理人にする（一〇二条一項）。これらの者を証人または証拠方法たる本人として呼び出す場合も、同様である（ただし、呼出状は本人を名宛人とする。）。これに対し、未成年者であっても、独立して法律行為をなし得る場合については、本人を受送達者とする。

(6)　行政行為を法の定める特定の方式によって告知することを、「行政上の送達」又は「行政送達」という。一般に、個別法規において特別の定めを設けている場合を除き、民事訴訟法の送達に関する規定を準用する（例えば、特許一八九条・一九〇条参照。園部逸夫「行政上の送達」法学論叢六一巻五号（昭和三〇年）（同『行政手続の法理』（有斐閣、昭和四四年）四八頁以下・特に六六頁）。特許法上の送達については、特許庁編『工業所有権法逐条解説〔第一六版〕』（発明協会、平成一三年）四九四頁以下、中山信弘編著『注解特許法・第三版【下巻】』（青林書院、平成一二年）一九一七頁以下〔青木康〕参照）。

（1）　送付・通知・催告・公告　(i)　送　付　訴訟手続における書類の簡易な伝達方法をいう（規四七条）。新法は、当事者、その他の訴訟関係人に書類を伝達する方法として、送達という厳格な方法によることを必ずしも必要としないものについて、新たに設けた伝達方法である。送付の方法は、送付すべき書類の写しの交付又はその書類のファクシミリを利用した送信による（規四七条一項）。その対象とする書類は「写し」（規四七条一項）で足りる点で、送達すべき書類が「謄本又は副本」（規四〇条）であるのと異なる。裁判所が当事者の提出に係る書類を相手方に送付しなければならない場合において、当事者が相手方に対して直接に送付することができ（これを「直送」という）、その場合、裁判所は改めて送付することを要しない（規四七条三項）。準備書面については、直送を原則とする（規八三条一項）。その場合に、準備書面の直送を受けた相手方は、その直送をした当事者に準備書面を受領した旨の書面（「受領書面」という。）を直送するとともに、その受領書を裁判所にも提出しなければならない（規八三条二項）。もっとも、当事者が、受領した旨を相手方が記載した準備書面を裁判所に提出した場合は、受領書面等の提出を要しない（同条三項）。

(ii) 催　告　訴訟手続における一定の行為をすべき旨当事者、その他の訴訟関係人に対して要求する意思を伝達する行為をいう（七九条三項、規二五条一項）。法定の形式ではなく、相当と認める方法によることをもって足りる（規四条）点で、送達と異なる。

(iii) 通　知　訴訟手続における一定の意思又は事実を当事者、その他の訴訟関係人に対して伝達する行為をいう（一二七条・一四九条四項、規六五条・一〇四条）。催告と同様に、法定の形式ではなく、相当と認める方法によることをもって足りる（規四条）点で、送達と異なる。通知は、当事者が行う場合もある（三六条・五九条）。

(iv) 公　告　不特定の者を対象とする伝達方法をいう（公催仲裁七六六条・七七三条、民執六四条四項、民執規四条、破一一五条・一四三条、会更一二条・一五条、民再一〇条等）。送達が特定の者を相手方とする伝達方法である点で、異なる。

二　送達機関

送達機関には、送達事務取扱者と送達実施機関とがある。

(1) 送達事務取扱者　送達に関する事務のうち、送達実施以外の事務を送達事務という。送達事務を取り扱う者を送達事務取扱者といい、原則として受訴裁判所の裁判所書記官が当たる（九八条二項）。その他の送達事務取扱者として、受託裁判所の裁判所書記官（規三九条）、執行官（民執規二〇条三項四項）、公証人（公証五七条ノ二第二項、民執規二〇条二項）がある。

(2) 送達実施機関　送達を実施する者を送達実施機関といい、法文上は「送達をする公務員」という（九九条二項）。送達は、原則として、郵便又は執行官によって実施し、郵便による送達は郵便業務に従事する者を送達をする公務員とする（九九条）。その他に、裁判所書記官は、その所属する裁判所の事件に出頭した者に対して、送達をする公務員としてみずから送達することができる（一〇〇条）。書留郵便に付する送達（一〇七条）、公示送達（一一一条）についても、同様である。

三　送達書類

通常、送達種類は、原則として送達すべき書類の「謄本又は副本」による（規四〇条）。例外として、正本による場合

に、判決書（二五五条二項）、判決書に代わる調書（規一五九条二項）、更正決定の決定書（規一六〇条一項ただし書）等があり、原本による場合に、呼出状（九四条一項）、上告提起通知書（規一八九条一項）等がある。

四　送達方法

(1)　交付送達　送達は、原則として送達を受けるべき者に送達すべき書類を交付してする（一〇一条。方法に着目して交付送達という。）。これを「交付送達の原則」という。その趣旨は、書類を交付する方法が、当事者、その他訴訟関係人に対し、訴訟上の書類の内容を了知させるのに最も確実であることによる。これに対する例外的方法として、郵便に付する送達（一〇七条）、公示送達（一一一条）がある。送達を受けるべき者を受送達者という。

交付送達の実施方法は、送達実施機関が送達すべき場所において送達すべき書類を送達を受けるべき者に直接に交付して行うのを原則とする（これを交付送達ということもある。）。これに対する例外的な実施方法として、出会送達（一〇五条）、補充送達（一〇六条一項二項）、差置送達（一〇六条三項）がある。

(イ)　出会送達　送達実施機関が受送達者とその送達すべき場所以外の出会った場所においてする送達をいう。受送達者で日本国内に住所等を有することが明らかでないもの（送達場所等の届出をした者を除く。）に出会ったとき、日本国内に住所等を有することが明らかな者又は送達場所等の届出をした者が送達を受けることを拒まないときに行う（一〇五条）。たとえば、郵便業務従事者が当事者不在のため送達書類を持ち帰った後に郵便局の窓口に出頭してきた受送達者又は補充送達の受領資格を有する者にそれを交付する場合である。

(ロ)　補充送達　就業場所以外の送達すべき場所において受送達者に出会わないときに、使用人その他の従業者又は同居者であって、書類の受理について相当のわきまえのあるものに書類を交付することによる送達をいう（一〇六条一項二項）。書類の受理について相当のわきまえのあるものであれば、未成年者であっても差し支えなく、中学生程度を

もって一応の判断基準といえる。

(ハ) 差置送達　受送達者又は本人の補充送達の受領資格を有する者が正当の事由なく受けることを拒んだときに、送達すべき場所に書類を差し置くことによる送達をいう（一〇六条三項）。

(2) 書留郵便に付する送達　補充送達及び差置送達により送達することができないときに、裁判所書記官が書類を書留郵便に付して発送することによる送達をいう（一〇七条）。新法では送達場所届出制度（一〇四条）を採用したことにより、書留郵便に付する送達はそれが適用される範囲外の送達についてのみ生ずる。この方法による送達では、書類を書留郵便に付して発送した時に、送達があったものとみなされる（一〇七条三項）。書留郵便に付する送達をしたときは、裁判所書記官はその旨及びこれを発送した時に送達があったものとみなされることを送達を受けた者に通知しなければならない（規四四条）。被告が送達書類の内容を了知する前に、あるいは了知する機会がない可能性があるにもかかわらず、送達の効果を生ずる点で、裁判の実現の必要性が手続保障に優先する例外的措置を設けた制度である（新堂幸司「郵便に付する送達について」鈴木禄弥先生古稀記念『民事法学の新展開』（有斐閣、平成五年）（同『民事訴訟法学の基礎』（有斐閣、平成一〇年）三五二頁以下」は、その問題点を詳細に検討する。）。したがって、不在を装って送達を免れようとする当事者対する有効な対応策としての意義があるとともに、その反面、受送達者の受ける不利益に配慮して運用することを要する（井上繁規「書留郵便に付する送達」『新民事訴訟法大系・第一巻』（青林書院、平成九年）一九三頁）。

(3) 外国における送達　外国にいる者に対する送達は、裁判長がその国の管轄官庁又はその国に駐在する日本の大使、公使若しくは領事に嘱託してする（一〇八条）。受命裁判官又は受託裁判官が外国における送達をすべきときも、同様である（規四五条）。この場合には、その前提として国際司法共助を必要とする。これを基礎付ける国家間の合意には、多国間条約として、「民事訴訟手続に関する条約」（昭和四五年六月五日条約第六号）、「民事又は商事に関する裁判上及び裁判外の文書の外国における送達及び告知に関する条約」（昭和四五年六月五日条約第七号）があり、二国間条約として、「日本国とアメリカ合衆

国との間の領事条約」（昭和三九年七月一七日条約第一六号）、「日本国とグレート・ブリテン及び北部アイルランド連合王国との間の領事条約」（昭和四〇年九月二九日条約第二二号）がある。条約及び二国間の取り決めもない場合については、具体的事件が生じたときに、個別的応諾による（国家間の合意を含むこれらの詳細については、最高裁判所事務総局民事局監修『国際司法共助ハンドブック』（民事裁判資料第二二五号）（法曹会、平成一一年）三頁以下・五三頁以下、同『民事事件に関する国際司法共助手続マニュアル』（法曹会、平成一一年）九頁以下参照）。

(4)　公示送達　裁判所書記官が送達すべき書類を保管し、いつでも送達を受けるべき者に交付すべき旨を裁判所の掲示場に掲示してする送達をいう（一一一条）。裁判所書記官は、公示送達があったことを官報又は新聞紙に掲載することができる（規四六条二項）。

(i)　公示送達の要件　公示送達は、つぎに掲げるいずれかの場合に許される（一一〇条）。

(イ)　当事者の住所、居所その他送達すべき場所が知れない場合（同条一号）

(ロ)　書留郵便に付する送達（一〇七条一項）により送達することができない場合（二号）

(ハ)　外国においてすべき送達について、一〇八条の規定によることができず、又はこれによっても送達することができない場合（三号）

(ニ)　一〇八条の規定により外国の管轄官庁に嘱託を発した後六月を経過してもその送達を証する書面の送付がない場合（四号）

(ii)　公示送達の手続　(イ)　公示送達は、原則として、当事者の申立てによる（一一〇条一項。職権送達主義の原則（九八条一項）の例外である。公示送達の手続の一例を解説するものとして、最高裁判所事務総局民事局監修『新しい民事訴訟の実務―事例に即した解説を中心として』民事裁判資料二一五号（法曹会、平成九年）二三頁以下参照）。公示送達を申し立てる者は、前記(i)の要件の存在を証明しなければならない。例えば、一一〇条一号の場合は、通常特定の住居所からの移転先が不明であることを意味するので、受送達者の最後の住居所の場所と現在同所に居住ないし存在しないことを証明する資料を提出する

ことを要する。法人等が当事者の場合は、その代表者の住居所が不明であるだけでは足りず（三五条に定める特別代理人の選任を申し立てることができるからである。）、法人の営業所又は事務所の所在地も不明であることを証明しなければならない。

裁判所書記官は、公示送達の要件を具備していると判断するときは、公示送達を実施する。その方法は、裁判所書記官が送達すべき書類を保管し、いつでも送達を受けるべき者に交付すべき旨を裁判所の掲示場に掲示することによる（一一一条）。公示送達の要件を具備していると判断できないときは、申立てを却下する。これに対しては、申立人は裁判所書記官の所属する裁判所に異議を申立てることができ、裁判所が決定で裁判する（一二一条）。

(ロ) 裁判所が、訴訟の遅滞を避けるため必要があると認めるときは、申立てがなくても、裁判所書記官に公示送達を命ずることができる（同条二項）。例えば、訴訟係属中に当事者いずれか一方の所在が不明になり他方が公示送達を申し立てない場合、双方が所在不明になった場合等である。もっとも、公示送達を命ずることなく、もはや訴訟追行の意思がないものとして、二四四条を類推適用し、訴えを却下することもできる。

また、同一当事者に対する二回目以降の公示送達は、原則として職権でする（同条三項、ただし同条一項四号に掲げる場合を除く。）。

(iii) 公示送達の効力　(イ) 公示送達は、掲示を始めた日から二週間を経過することによって、効力を生ずる（一一二条一項本文）。ただし、同一当事者に対する二回目以降の公示送達は、掲示を始めた日の翌日に効力を生ずる（同条ただし書）。外国においてすべき送達についてした公示送達にあっては、掲示を始めた日から六週間を経過することによって、効力を生ずる（一一二条二項）。これらの期間は、法定期間であるから、本来短縮できる（規三八条）が、受送達者の利益を害するおそれがあるので、伸長できるものの、短縮することはできない（一一二条三項）。また、公示送達は、その審級に限り効力を有するので、上訴審においては改めて申立てを要する。

(ロ) 公示送達の要件を具備しないのに実施された場合には、一般的に適式でない送達手続は無効と解されている

こと、さらに公示による意思表示が無効とされる場合（一一三条、民九七条ノ二第三項）に準じて、その公示送達は無効と解するのが相当である（伊藤剛「公示送達」『新民事訴訟法大系・第一巻』（青林書院、平成九年）三一三頁）。公示送達の後に当事者の住所、居所その他送達すべき場所が判明した場合は、裁判所書記官は公示送達の処分を取消し、職権で通常の送達を実施する。

(ハ)　違法ないし不当な公示送達が実施された場合には、受送達者の手続保障を回復する趣旨から、訴訟行為の追完（九七条）、上訴等による救済の可否が問題になる。しかし、公示送達は、こうした場合に、まず訴訟によって自己の権利の保護を図ろうとする者についてその権利行使を不可能ならしめることによる不当な不利益を防ぎ、権利行使を可能ならしめることを目的として非常手段として設けられた制度である。その結果として、受送達者が公示送達によって不変期間内に訴訟係属、判決の存在を知ることはほとんどありえないことも当初から折り込み済みの上で、なおかつ積極的に権利行使を行う者の利益を保護すべしという発想に基づいている。したがって、公示送達によって手続保障をまったく無視されたかに見える受送達者の保護をたやすく救済することは、公示送達制度を実質的に否定することにもなる。その反面、公示送達はこうした本来的性質をもっているとはいえ、受送達者においてなんらの過失がなくても、公示送達の事実を知らないで不変期間を徒過した場合にまで訴訟行為の追完を許さないことは、受送達者に不当な不利益を与えるとともに、手続保障をまったく否定するに等しいことになる。したがって、こうした公示送達及び追完の制度の趣旨を前提とした上で、追完等の救済措置を認めることは矛盾するものではない[2]（詳細な比較法的研究として、小山昇「不実の申立てに基づく公示送達を受けた者の救済について」北大法学論集三八巻五・六号（下）（昭和六三年）・三九巻五・六号（上）（平成元年）、北海学園大学法学研究二五巻一号（平成元年）（同・著作集一〇巻三三五頁以下）参照）。

(ニ)　公示送達事件は、相手方に直接に訴訟が提起されたことが了知されていないので、相手方がみずから攻撃防御を展開する機会を確保することにより手続保障を図るという手続構造を形成するわけではない。逆に、訴訟の遂行を可能にするために、相手方の関与のないまま訴訟の審理を実施することを法政策として許容したものである。

したがって、公示送達事件の審理においては、むしろ裁判所が必要最低限度の請求原因事実が何であるかを厳密に検討することによってはじめて、公正な審理を維持することができる(篠原勝美ほか『民事訴訟の新しい審理方法の研究』(司法研究報告書四八輯一号)(法曹会、平成八年)一三一頁参照)。

(iv) 公示送達による意思表示の到達　当事者が相手方の所在を知ることができない場合に、相手方に対する公示送達がされた書類に、その相手方に対しその訴訟の目的である請求又は防御の方法に関する意思表示をする記載があるときは、その意思表示は公示送達方法としての掲示を始めた日から二週間を経過した時に、相手方に到達したものとみなすこととされる(一一三条前段)。民法上の公示による意思表示と民訴法上の公示送達は、管轄裁判所、公示の方法、効力の発生時期等について違いがあり、所在不明の相手方に対する意思表示を記載した書類が公示送達されても、民法上の意思表示としての効力を生じないので、改めて民法上の公示による意思表示を行わなければならなかった。新法は当事者に余分な手数を掛ける煩わしさを回避するために、民法九七条ノ二の特則を設けたものである。公示送達による意思表示の到達が認められるのは、その訴訟の目的である請求又は防御の方法に関する意思表示であることを要する。例えば、賃貸借契約終了に基づく明渡請求訴訟における契約解除の意思表示、売買契約に基づく代金支払請求訴訟における売買予約完結の意思表示等が典型的事例とされている(法務省民事局参事官室編『一問一答新民事訴訟法』一二二頁)。

相手方が一一三条前段による意思表示の到達の効力を争うには、表意者が「相手方の所在を知っていたこと」又は「相手方の所在を知らなかったことにつき過失があること」を証明しなければならない(一一三条後段・民九七条ノ二第三項ただし書)。このような場合は、公示送達の無効と公示送達による意思表示の無効という訴訟上及び実体法上の二重効を生ずることとなる(伊藤剛・前掲書三一七頁、大江忠『要件事実民事訴訟法(上)』(第一法規、平成一二年)二七五頁)。

(2) 公示送達における追完・再審と判例の動向　公示送達によって受送達者がその事実を知って書類を裁判所書記官のもとに受け取りに赴くことはほとんど想定できない。そこで、公示送達によって訴訟手続が開始、進行し、受送達者が敗訴判決を受け

た後に右事実を知ったときに、その被った不利益の救済が問題になる。追完による救済について、判例は、当初、①公示送達は受送達者が送達の事実を知ると否とにかかわらず送達を完了したものとみなすことを理由に追完の対象にならないとしていた（大判昭和一六・七・一八民集二〇巻九八八頁）。しかし、公示送達の有効なることと追完の可否とは別個の問題であって、受送達者が控訴期間を徒過したことについての過失の有無に帰着する問題である。その後、判例は、②登記・公告のない外国会社及び帰国して所在不明であるその代表者を共同被告とする公示送達による工事代金分配請求訴訟の勝訴判決に基づく強制競売の競売期日の指定後に、右代表者が敗訴の事実を知った事案（最判(二小)昭和三六・五・二六民集一五巻五号一四二五頁）、③訴え提起に先立ち当事者間で交渉があったにもかかわらず、土地登記簿上の住所であり本籍地を住所として訴え、さらに売買契約書上の住所に宛てた訴えがいずれも不送達となったことにより公示送達によった土地所有権移転登記訴訟（最判(二小)昭和四二・二・二四民集二一巻一号二〇九頁）について、いずれも控訴の追完を認めている。また、④かつての内縁の妻を被告として妻名義の土地について所有権移転登記請求訴訟を提起した事案において、妻が所在や住所を知らせなかったことは夫の気性の激しい性格にあったこと、訴訟提起前に当事者間で交渉がありながら、妻の海外渡航中に乗じて公示送達によったこと等の事情を斟酌して、控訴の追完を認めている（最判(三小)平成四・四・二八判時一四五五号九二頁）。これに対し、⑤別件訴訟の係属、訴訟代理人の同一性、原告側からの被告の住所の照会等により訴訟係属の事実を知りうる状況にありながら積極的に対応せず、むしろ逃げていたと見受けられる事案について、追完を否定している（最判(三小)昭和五四・七・三一判時九四四号五三頁）。いずれも妥当な措置といえる（判例の分析について、梅本吉彦「不意打防止と訴訟法理論―公示送達・追完・再審」（昭和五八年）〔新堂幸司編『特別講義民事訴訟法』（有斐閣、昭和六三年）三九四頁以下〕）。

他方、公示送達によって受送達者は、再審の訴えによって救済を求めることも想定されるが、判例は、原告の過失によって被告の住所不明として公示送達によった事案について、再審事由に当たらないとし（大判昭和一〇・一二・二六民集一四巻二一二九頁）、送達場所を知っていながら公示送達によった事案についても、四二〇条一項三号（新法三三八条一項三号）に当たらないとする（離婚訴訟について、最判(一小)昭和五七・五・二七判時一〇五二号六六頁）。しかし、受送達者の住居所がわかっていながら公示送達によって確定判決を取得する行為は、故意にその者の訴訟手続への関与を妨げた上で判決を取得する点において、氏名冒用訴訟（九六頁参照）に等しい行為であり、三三八条一項三号によって救済を図ることは同条の趣旨にも反せず文理上も無理のない解釈といえる。追完と再審の訴えのいずれによるかは、公示送達によって訴訟が開始、進行したことを知った時点如何にも関わってくるので、受送達者の救済措置としていずれによるかによって公示送達及び再審制度の存在意義自体が左右されることになるとも見られない。したがって、受送達者の選択に委ねるべきものと解する（梅本前掲書四〇五頁）。

五　送達場所

(1) 送達場所　送達は、受送達者の住所、居所、営業所又は事務所においてすることを原則とし、法定代理人に対する送達は、本人の営業所又は事務所においてもすることができる（一〇三条一項）。受送達者の住所等が知れないとき、又はその場所において送達するのに支障があるときは、送達は、その就業場所においてすることができる（同条二項前段）。ここにいう就業場所とは、受送達者が現実に業務についている場所をいう（最判(三小)昭和六〇・九・一七判時一一七三号五九頁は、名目上の取締役に対し会社事務所を就業場所とした補充送達の効力を否定する。）。受送達者が、就業場所において送達を受ける旨の申述をしたときも、同様である（同条二項後段）。法人等を被告とする訴状は、その代表者が受送達者であり、法人の主たる営業所又は事務所もしくは代表者の住所のいずれに送達することも適法である（三七条・一〇三条一項。一三九頁参照）。

(2) 送達場所の届出制度　当事者、法定代理人又は訴訟代理人は、送達を受けるべき場所（日本国内に限る）を受訴裁判所に届けなければならない（一〇四条一項前段）。この届出をした場合には、送達はその届出に係る場所にする（同条二項）。上訴審についても、すでに原審で届け出た送達を受けるべき場所が効力を有する（最高裁判所事務総局民事局『民事訴訟手続の改正関係資料(3)』(民事裁判資料二二一号)(法曹会、平成一〇年)三九二頁）。現代においては、核家族化、共働き家庭等の増加等により、週日の昼間は世帯全員が不在である家庭が多く、郵便による送達が困難になっていることから、こうした事態を解消するために、新法は送達場所の届出制度を設けることとしたものである（法務省民事局参事官室編『一問一答新民事訴訟法』一〇七頁）。このような制定の趣旨に照らし、届け出る送達場所は一カ所に限られる。郵便による送達において、郵便物の受取人が住所の変更を郵便局に届け出ている場合は、転居先に郵便物を転送する取扱いがされる（郵便四四条）。この場合に、たとえ旧住所を送達場所とする届出を変更してなく、転居先の新住所に送達されても、新住所は一〇三条一項に定める場所として有効な送達と解する。もっとも、その後の送達は、すでに届出た送達場所による（法務省民事局参事官室・前掲書一一一頁、最高裁判所事務総局総務局監修『書記官事務に関する新通達等の概要(下)』(司法協会、平成一〇年)一〇六頁）。

また、送達受取人を届け出ることもできる（一〇四条一項後段）。送達場所及び送達受取人の届出は、書面によることを必要とし、できる限り、訴状、答弁書に記載しなければならない（規四一条一項二項）。

当事者等が送達場所を届出ないとき、最初の送達は、その住居所、就業場所において実施し（一〇三条）、二回目以降の送達は、原則として、その者に対する直前の送達場所において実施する（一〇四条三項一号）。

六　送達の瑕疵

送達に関する法の定めに違背する送達を、瑕疵ある送達といい、このような送達は無効である。瑕疵ある送達であっても、一定の要件を満たす場合には、その瑕疵が治癒され、送達の効力を生ずることとなる。

(1)　訴訟手続に関する異議権（責問権）の放棄・喪失　送達は、当事者、その他訴訟関係人に対し、訴訟上の書類を法定の方式にしたがって、交付してその内容を了知させ、又は交付を受ける機会を与えることを目的とする制度であるから、その手続に瑕疵があったとしても、当事者等がそれによる不利益を甘受し、あるいは遅滞なく異議を述べない場合には、強行規定の法的効果の発生に関わる場合を除き（後述(2)参照）、送達を無効とする理由もない。したがって、その場合には、当事者が訴訟手続に関する異議権（責問権）を放棄ないし喪失したものと処理しても、送達制度の趣旨を損なうことにもならない。

(2)　送達書類の到達　受送達者以外の者が誤って受領した場合であっても、その後に本来の受送達者に到達した場合には、送達は実質的に完了したものとみることができ、またそのように解しても特に支障を生ずるものでもない。判例は、判決正本が誤って第三者に送達されたが、その後に受送達者が現実に交付を受けた場合に、受送達者が判決正本を現実に入手してから上訴期間が進行するとして、送達の瑕疵による上訴期間の徒過の発生を回避している（最判(二小)昭和三八・四・一二民集一七巻三号二六八頁）。上訴期間という不変期間の起算点に関する瑕疵は、異議権の放棄によって治癒され

ないので、上訴期間の起算点を右のように解することによる措置は妥当である。訴訟代理権の消滅後に代理人に送達されたが、上訴期間内に受送達者が上訴した場合にも、同様の理由で瑕疵ある送達の治癒を認めている（最判(二小)昭和四三・六・二一民集二二巻六号一二九七頁）。

第四節　訴訟手続の停止

一　訴訟手続の停止

訴訟の係属中に、その訴訟手続が法律上進行できない状態になることを、訴訟手続の停止という。裁判所による事件の処理が遅れ、あるいは当事者が訴訟の進行を図るのに不熱心であるために、訴訟手続が事実上停滞している場合とは異なる。訴訟手続の停止には、訴訟手続の中断と中止とがある。その趣旨は、当事者が訴訟追行するについて支障を生じた場合には、訴訟手続を停止し、その事由を生じた者について手続保障に欠ける事態の発生を未然に防止する点にある。裁判官について除斥又は忌避の申立てがあったときは、その申立てについての決定が確定するまで訴訟手続は停止する（二六条）が、絶対的な停止ではない点で、ここにいう停止とは異なる。また、現行法の下では、当事者の合意による訴訟手続の休止は認められない（旧々法一八八条参照。池田辰夫「訴訟係属前後の訴訟上の合意の適法性—訴訟審理における当事者自治とその限界」木川統一郎博士古稀祝賀『民事裁判の充実と促進・上巻』（判例タイムズ社、平成六年）二一八頁以下・特に二二六頁（同『新世代の民事裁判』（信山社、平成八年）三一頁以下・特に三八頁」は、ドイツ連邦最高裁の判例を紹介し、わが国の現行法制の下でも、提訴後の当事者間における訴訟手続の休止の合意を認めるべしとする。）。

二　訴訟手続の中断

訴訟係属中に一方の当事者側の訴訟追行者が交代しなければならない事由が発生した場合に、新追行者が訴訟に関与できる状態にいたるまで、訴訟手続の進行を停止することをいう。新追行者の手続保障の利益を確保する趣旨

である。中断は、法定の事由が発生することにより当然に生じ、新追行者又は相手方から中断した手続の続行を申し立てることにより、もしくは裁判所の続行命令によって解消する。

(1)　中断の発生　(i)　中断事由　中断は、法定の事由が発生することにより、裁判所や当事者がそれを知るか否かにかかわりなく、当然に生じる。

(イ)　当事者の消滅　自然人の死亡（一二四条一項一号）及び法人の合併による消滅（同項二号）当事者の一方が死亡し、訴訟物が相続に親しむ性質のものであって、対立する相手方が唯一の相続人である場合には、当事者の地位に混同を生じ、訴訟は当然に終了する（八二六頁参照）。対立する両当事者である法人間で合併した場合にも、同様である。また、訴訟物が一身専属的性質を有する場合には、当事者の死亡により訴訟は終了する。なお、法人の分割は法人が消滅するわけではないので、中断事由にはならない。

(ロ)　当事者の訴訟能力の喪失、法定代理人の死亡、法定代理権の消滅（同項三号）　訴訟代理権が消滅した場合は、当事者本人がみずから訴訟追行することができるので、中断事由にはならない。代表者が一人である法人において、その代表者が死亡したときあるいは更迭されたときは、中断する（三七条。ただし、更迭された相手方に通知しなければ代理権の消滅の効果は生じない、三六条参照）。

(ハ)　当事者適格の喪失　訴訟物たる権利義務の本来の帰属主体に代わり、第三者がその訴訟物について一定の資格に基づき当事者適格を有する場合に、その資格を喪失すると、当事者適格を失うとともに、本来の帰属主体はもともと訴訟追行できないので、訴訟手続は中断する。

①　当事者である受託者の信託の任務の終了（同項四号）　受託者である信託会社の支配人が信託財産に関する訴訟について代理人として訴訟追行中に、信託会社の信託の任務が終了した場合にも、訴訟代理権は消滅しないので（五八条）、中断を生じない（瀬戸正二「信託の任務の終了と訴訟手続の中断」『実例法学全集・民事訴訟法（上巻）』（青林書院、昭和三八年）一五九頁、これに対し、兼子・条解二四二頁〔新堂〕は、五八条は法令による訴訟代理人には及ばないとして、中断を生じるとする。）。

② 一定の資格を有する者で自己の名で他人のために訴訟の当事者となる者の死亡その他の事由による資格の喪失（同項五号） 破産財団に関する訴訟における破産管財人（破一六二条）、遺言執行者（民一〇一二条）の任務の終了が、その例である。逆に、権利義務の本来の帰属主体が訴訟を追行していたところ、資格当事者がその地位についたときも、本来の帰属主体は当事者適格を喪失するので、訴訟手続は中断する（相続人による訴訟係属中に遺言執行者が選任された場合について、東京高判昭和五二・一二・一九判時八七八号六八頁）。

㈡ 選定当事者の全員の死亡その他の事由による資格の喪失（同項六号） 選定者の意思に基づく選定の取消・変更による資格の喪失を含む（兼子・条解七三八頁〔竹下〕、反対・兼子・条解上五六二頁）。選定当事者の一部の者が資格を喪失した場合は、他の選定当事者が訴訟追行できるので（三〇条五項）、中断を生じない。

㈭ 当事者が破産宣告を受けたとき

① 当事者が破産宣告を受けたとき、破産財団に関する訴訟手続は中断する（一二五条一項前段）。中断した訴訟手続が受継するまでに破産手続の解止があったときは、破産者は当然に訴訟手続を受継する（同項後段）。破産宣告を受けたときとは、破産は宣告と同時に効力を生ずることから（破一条）、破産宣告の効力発生時と解するのが相当である（兼子・条解七四一頁〔竹下〕。これに対し、大判昭和一六・九・九新聞四七二七号一四頁は、破産宣告確定時とする。）。なお、会社更生の場合にも、更生手続開始決定があったとき、会社の財産関係の訴訟手続は中断する（会更六八条）。また、民事再生の場合にも、再生手続開始の決定があったとき、再生債務者の財産関係の訴訟手続のうち再生債権に関するものは中断する（民再四〇条一項）。

破産財団に関する訴訟手続には、破産財団に属する財産に関する訴訟と破産財団が引き当てになる破産債権に関する訴訟とがある(1)（兼子一「訴訟承継論」法協四九巻二号（昭和六年）〔同・研究第一巻九八頁以下参照〕）。

(a) 破産財団に属する財産に関する訴訟 破産宣告により破産者は破産財団を構成する財産の管理処分権を失い（破七条）、その権限は破産管財人に帰属するので、破産者を当事者とする訴訟は無意味であり、訴訟手続は中断し、

破産管財人が破産者の訴訟上の地位を承継し（破一六二条）、中断した訴訟手続を受継する（破六九条）。破産者が訴訟代理人に訴訟委任している場合であっても、委任者である本人が破産宣告を受けたことにより、訴訟代理権は消滅するので（民六五三条前段）、訴訟手続は中断する。

(b)　破産財団が引き当てになる破産債権に関する訴訟　破産財団が引き当てになる債権は、債務者が破産宣告を受けたことにより、その後は破産手続によってのみ行使されることとなるのみならず、破産財団の管理処分権は破産管財人に帰属するので、係属中の訴訟を続行する法的意味がなく、訴訟手続は中断する。債権調査期日に異議が述べられなければ、破産債権として確定し、訴訟手続は終了する。これに対し、異議が述べられた場合は、中断されていた訴訟手続は、破産債権者が異議者を相手方として受継を申立て（破二四六条一項）、破産債権確定訴訟として続行される（同条二項・二四四条二項）。

(c)　財団債権に関する訴訟　破産宣告時に係属中の訴訟で財団債権に関する訴訟については、訴訟は中断し、管財人が債務の履行を選択する場合には、管財人が受継する（破六九条一項後段）。

(d)　破産財団に属する財産に関するとともに、破産債権及び財団債権に関する訴訟　前記(a)及び(b)により訴訟手続は中断する。例えば、土地賃借人を被告とする建物収去土地明渡及び延滞賃料支払請求訴訟の係属中に被告が破産宣告を受けた場合（最判(一小)昭和五九・五・一七判時一一一九号七二頁）には、建物収去土地明渡請求権は破産財団に、破産宣告時までの延滞賃料債権は破産債権に、破産宣告後の延滞賃料債権は財団債権に関する訴訟である。それぞれの性質に即して受継手続をとることとなる。

②　当事者が破産宣告を受けて中断した破産財団に関する訴訟手続が受継された後に、破産手続の解止があったときは、訴訟手続は中断する（一二五条二項前段）。この場合に、破産者は訴訟手続を受継しなければならない（同項後段）。

（1）　個別訴訟における当事者の倒産と訴訟手続の中断　個別具体的訴訟の係属中に権利義務の実体的帰属主体が倒産した場合に、訴訟手続が中断するか否かについて問題を生ずる。

①　株主代表訴訟において会社が倒産した場合　訴訟は中断し（兼子一監修『条解会社更生法・上巻』（弘文堂、昭和四八年）五九六頁）、管財人が株主の地位を承継し、中断した訴訟手続を受継することとなる（東京地決平成一二・一・二七資料版商事法務一九一号一八二頁）。会社が倒産した後における取締役に対する責任追及はもっぱら管財人の権限に委ねられることによる（会社が破産宣告を受けた後、あるいは会社更生決定を受けた後に取締役に対する責任追及は、同様株主が提起する株主代表訴訟は原告適格を欠き、不適法である。破産宣告について、東京地判平成七・一一・三〇判タ九一四号二四九頁、会社更生について、東京地判昭和四一・一二・二三判時四六九号五七頁、東京高判昭和四三・六・一九判タ二二七号二二一頁、大阪高判平成元・一〇・二六判タ七一一号二五三頁。これに対し、中島弘雅・私法リマークス二号一五六頁は、株主には会社とは別に固有の提訴権限があることを理由に適法とする。）。詐害行為取消請求との整合性という視点からも、管財人による集中的対応という方向性は妥当な処理といえる（松下淳一「結合企業の倒産法的規律（三）」法協一一〇巻三号（平成五年）三〇〇頁）。さらに、会社債権者による取締役に対する損害賠償請求訴訟についても、その倒産処理機能に着目して、会社が倒産した場合には、訴訟手続を中断して（一二四条・破六九条の準用）、管財人に委ねるべきであるとする見解がみられる（佐藤鉄男『取締役倒産責任論』（信山社、平成三年）二二〇頁以下・特に二二三頁）。解釈論の領域を超える見解である。

②　株主総会決議無効確認請求訴訟において会社が倒産した場合　会社組織に係る訴訟であって、会社財産の管理処分権に関する訴訟ではなく、また代表取締役等も会社の組織法的関係においては権限が存続するので、中断しないと解する（兼子・前掲書五九六頁、谷口安平『倒産処理法〔第二版〕』（筑摩書房、昭和五五年）二〇一頁、岩原紳作「株主総会決議を争う訴訟の構造（二）」法協九六巻七号（昭和五四年）八五三頁。これに対し、松田二郎『会社更生法〔新版〕』（有斐閣、昭和五一年）一〇四頁は、決議の内容によって区別し、蛸配当を理由とする利益配当決議の無効を主張する場合、営業の全部譲渡または譲受けの承認決議の無効を主張する場合等については、財産関係の訴訟であり、中断するとする。しかし、同一総会で複数の決議をした場合に、その内容によって区別することは対応措置が極めて複雑になる点でも、疑問である。）。

③　詐害行為取消訴訟・債権者代位訴訟において債務者が倒産した場合　詐害行為取消訴訟については、訴訟手続は中断し（破八六条一項、会更九三条一項）、管財人は原告である債権者の地位を承継し、中断した訴訟手続を受継することができる（破八六条二項・六九条、会更九三条二項・六九条）。もっとも、管財人は、これらを強制されるわけではなく、別に否認の訴えを提起することもできる（兼子一「訴訟承継論」法協四九巻二号（昭和六年）（同・法研究第一巻一〇四頁）。三ケ月章「取立訴訟と代位訴訟の解釈論的・立法論的調整」法協九一巻一号（昭和四九年）（同・研究第七巻一五三頁）は、この発想を代位訴訟についても継承する。）。債権者代位訴訟についても、同様と解する（破産の場合について、東京高判昭和五八・一・二六下民集三四巻一～四合併号一七頁、最高裁判所事務総局民事局『破産事件執務資料』（民事裁判資料一九三号）（法曹会、平成三年）一八頁。会社更生の場合について、松田・前掲書一〇八頁）。

(ii)　中断を生じない場合　前項(i)の中断事由のうち、当事者が破産宣告を受けた場合を除き、その当事者が訴訟代理人に委任している場合は、訴訟手続は中断しない（一二四条二項）。これらの事由は、いずれも訴訟代理権の消滅を生じさせないので（五八条）、他の事由により訴訟代理権が消滅するまで、訴訟手続は続行される。訴訟追行に支障を生

ずるおそれがなく、中断事由を生じた側の当事者の手続保障を損なうことにもならず、むしろ訴訟手続を続行させることにより、相手方の迅速な訴訟の遂行という利益を保護すべきことによる。

法一二四条一項各号に掲げる事由が生じたときは、訴訟手続が中断すると否とにかかわらず、訴訟代理人はその旨を裁判所に書面で届けなければならない（規五二条）。実体上の権利義務の承継者と手続上の実質的な当事者を一致させるべきであるという趣旨から、旧法の下で実務において行われていた「事実上の承継の手続」を、訴訟代理人による書面による届出という形で明文の根拠を付与したものである（最高裁判所事務総局民事局監修『条解民事訴訟規則』（司法協会、平成九年）一一三頁）。

(2)　中断の解消　中断は、当事者による受継の申立て又は裁判所の続行命令により解消し、訴訟手続の進行が再開する。

(i)　受継の申立て　受継とは、訴訟追行者が中断した訴訟手続を続行する申立てをいう。ただし、破産財団に関する訴訟手続が中断し、破産法の所定の受継があるまでに破産手続の解止があったときは、破産者が申立てなしに当然に受継する（民訴法一二五条一項）。

(イ)　受継申立権者　中断事由のある当事者側の新訴訟追行者及び相手方である（一二六条）。新追行者は、各中断事由ごとに法定されている（一二四条一項ないし六号）。中断事由の発生により当然承継を生ずる場合は、その承継人たる新当事者が追行者として受継を申し立てる。他方、新訴訟追行者が定まった場合に、相手方は新追行者に対し、受継を申し立てることができる。

夫が嫡出否認の訴えを提起した後に死亡したときは、法定の近親者による任意的な訴訟承継が認められ、中断した訴訟手続を受継できるにとどまり（人訴二九条三項）、被告側の受継申立てや裁判所の続行命令は認められない（吉村徳重＝牧山市治編『注解人事訴訟手続法〔改訂〕』（青林書院、平成五年）三三五頁〔徳田和幸〕）。

(ロ)　受継手続　受継の申立ては、訴訟手続の中断事由が発生した時点に、その訴訟が係属していた裁判所に行う。(2) 申立ては、書面でしなければならない（規五一条一項。受継申立書）。その書面には、受継する者が法一二四条一項各号に定める者であることを明らかにする資料を添付しなければならない（同条二項）。受継の申立てがあった場合には、裁判所はその相手方に通知しなければならない（一二七条）。必要的共同訴訟の場合は、そのうちの一人について中断事由を生じると他の共同訴訟人との関係でも中断するので、共同訴訟人の一人が受継の申立てをした場合には、他の共同訴訟人全員に対しても通知することを要する。通知は、相当と認める方法による（規四条一項）。通知は、裁判所書記官にさせることができる（同条六項）。通知をすることは、相手方との関係で中断が解消される時期を明確にする趣旨である。

(ハ)　受継に関する裁判　受継の申立てがあった場合には、裁判所は職権で調査し、理由がないと認めるときは、決定で申立てを却下する（一二八条一項）。却下決定に対して、受継の申立人は抗告することができる（三二八条）。裁判所が申立てを理由があると認めるときは、口頭弁論終結前においては、訴訟指揮権に基づき期日を指定することにより、裁判所として受継を認める判断を示すことをもって足り（決定によるのと異なり決定書の作成を要しない。）、特別に受継を認める旨の決定は要しない。(3) 相手方が、受継を認めることに不服があるときに、独立した不服申立ての方法はなく（大決昭和九・七・三一民集一三巻一四六〇頁、最判(二小)昭和四八・三・二三民集二七巻二号三六八頁）、続行された手続内で新追行者の当事者適格を争うことになり、最終的には、終局判決に対する上訴に吸収される（前掲最判昭和四八・三・二三）。もっとも、控訴審の終局判決言渡し後の判決正本送達前に当事者が死亡したため、訴訟手続が中断し、相手方の受継申立てが認められ、新当事者に対する受継決定があったときに、右受継決定を不服とする相手方は、終局判決に対する上告をもって受継決定のみの破棄を求めることができる（前掲最判昭和四八・三・二三）。その趣旨は、新当事者による受継に対する相手方の不服申立ての機会を確保する点にある。したがって、この点は、新法の下でも変わることはなく、三一二条二項四号を類推適用して上告できると解する。

受継により中断解消の効力を生ずる。その時期は、受継の申立人との関係では、申立ての時であり、相手方との関係では、通知があった時である。当事者双方に対する訴訟行為は、いずれについても中断が解消されていることを要する。

（2）　中断の発生時点と受継手続　　受継手続は、中断を生じる時点によって異なってくる（一般には、中断事由の発生時点と中断を生じる時点とは一致するが、中断事由が発生しても訴訟代理人に委任している場合は、訴訟手続は中断しない（一二四条二項）ので、中断を生ずる時点とは異なる。）。

(i)　口頭弁論終結前に中断を生じた場合　　受継の申立ては、その訴訟が係属していた裁判所に行う。その後は、本文に述べた手続及び裁判による。

(ii)　口頭弁論終結後に中断を生じた場合　　受継の申立ては、その訴訟が係属している裁判所に行う。裁判所は、受継を認めるときは、弁論を再開して審理を続行させるか、又は再開しないときは、決定をもって申立てを認める旨の裁判をし、決定書を申立人に送達すべきである。相手方には、その旨を通知しなければならない（一二七条）。理由がないと認めるときは、決定で申立てを却下する（一二八条一項）。

(iii)　終局判決後に中断を生じた場合　　終局判決の言渡し後に中断を生じた場合に、上訴されるまでは、訴訟はその裁判所に係属しているので、一二八条二項を類推適用して終局判決をした裁判所に受継を申し立てることとなる（兼子・条解七四九頁〔竹下〕）。また、上訴とともに受継を申立てることもできると解する（終局判決の送達後に中断した場合について、大判昭和七・一二・二四民集一一巻二三七六頁。これに対し、兼子・判例民訴二五七頁は、中断中は移審の効果も生じないことを理由に常に原裁判所に申し立てるべきであるとする。）。

（3）　受継と承継資格の欠缺の措置　　受継を認める判断をした後に承継の資格又は権限のないことが明らかになった場合には、その審級における場合と上訴審における場合とがある。

(i)　終局判決前に承継の資格又は権限のないことが明らかになった場合　　受継の申立てを認めて期日を指定する判断は、訴訟指揮権に基づくものであり、その判断をした裁判所を拘束しない。裁判所は、受継決定を行っているわけではなく、その後の審理において受継を承法と判断したのであるから、終局判決をもって受継の申立てを理由なしとして却下すべきである（兼子一「訴訟承継論」法協四九巻二号（昭和六年）〔同・研究第一巻七一頁〕。これに対し、兼子・条解七四七頁七四八頁〔竹下〕は、訴訟承継を伴う場合は訴えを却下し、伴わない場合は受継申立てを却下する決定をすべしとする。）。

(ii)　上訴審が受継を違法と判断した場合　　相手方が、受継を認めることに不服があるときに、独立した不服申立ての方法はな

く、終局判決に対する上訴において争うこととなるところ（ただし最判(二小)昭和四八・三・二三民集二七巻二号三六八頁参照）、終局判決の言渡し後の受継決定を上訴審が違法と判断した場合の措置については、議論がある。①受継決定を不服とする新当事者が、終局判決に対する上訴をもって受継決定のみの破棄を求めた場合は（前掲最判昭和四八・三・二三）、受継決定だけを破棄し原審に差し戻すことにより、原判決後の中断の状態が復活する（兼子・条解七五一頁〔竹下〕）。②終局判決に対する上訴の理由の一つとして受継の違法を主張している場合は、受継決定を取消し、新当事者による上訴は不適法として却下する（高見進・法協九二巻九号一一二三頁）。これに対し、判決言渡し後の受継決定は中間的裁判であって終局判決の要素を構成するとし、これに対する不服申立ては、終局判決自体を対象とするものと解し、受継決定の違法は判決理由中の判断として原判決を破棄すべしとする説がある（上田徹一郎・判例評論一七六号一二二頁）。しかし、中間的裁判という位置付けそのものに疑問があるのみならず、原判決に違法とする点がないにもかかわらず、これを破棄する理由はなく、疑問である。また、受継決定を先行する終局判決を補完する補足判決とみて、終局判決とともに又は独立して上訴の対象となるとする説がある（戸根住夫「訴訟手続の受継に関する裁判の問題点」民商一〇八巻六号（平成五年）八一三頁）。しかし、受継の当否に対する裁判は決定で足りるとするにもかかわらず、当事者の交替を伴うことをもって判決によるべしとするのは困難である。

(ii) 続行命令　当事者が受継の申立てをしない場合は、裁判所が職権で訴訟手続の続行を申し立てることができる（一二九条）。当事者双方が中断した訴訟の続行を申し立てるのを怠っている場合には、訴訟の進行に関して職権主義が採用されていることに照らし、裁判所は職権で訴訟手続の続行を図る措置をとることができることとしたものである。続行命令は、新追行者に対し中断した訴訟手続の続行を命ずる決定をすることによる。新期日を指定したことをもって、続行命令と解することはできない（大判昭和一三・五・一四評論二七巻民訴一九六頁は、原告について第一審係属中に成年に達したことにより法定代理権が消滅し、第一審判決の送達をもって中断したところ、敗訴原告が単に控訴しただけで受継の申立てをしなかった場合に、控訴審が口頭弁論において当事者双方を呼出し審理をしたときには、職権をもって続行命令を行ったものといえるとする。）。

三　訴訟手続の中止

裁判所又は当事者に障害がある等の事由により、訴訟を進行させることができないか又は不適当な場合に、法律上当然に又は裁判所の訴訟指揮上の処分によって、訴訟手続を停止することをいう。

(i)　裁判所の職務執行不能による中止　天災その他の事由によって裁判所が職務を行うことができないときは、訴訟手続はその事由が消滅するまで中止する（一三〇条）。これらの場合は、裁判所として職務の執行ができないのであるから、その事由が発生することにより、当然に中止の効果を生じる。

(ii)　当事者の故障による中止　当事者に不定期間の故障により訴訟手続を続行することができないときは、裁判所は決定をもって中止を命ずることができる（一三一条）。「不定期間の故障」とは、当事者が訴訟手続を続行することが、社会通念に照らして不可能もしくは著しく困難であって、その事態が継続していて解消する終期を予測できない場合をいう。天災その他の事由によって当事者の居住する地域と裁判所との間の交通が途絶していて、回復する目途がたたない場合、伝染病等により当事者が隔離されていて治癒する時期の見込みがたたない場合等であり、訴訟代理人と連絡することもできない状況をいう。

裁判所の職務執行不能による中止の場合と異なり、不定期間の故障により当然に中止の効果を生ずるのではなく、裁判所による中止の決定を要する。当事者の故障による中止は、裁判所の職権により、当事者に申立権はなく職権の発動を促すに止まる（兼子・条解七五四頁（竹下）は申立権を認める。）。本条の趣旨は、当事者の手続保障にあるが、裁判所による中止決定がなく、不変期間を徒過した場合には、訴訟行為の追完によって救済を図るべきである。

(iii)　受訴裁判所に対する中止　受訴裁判所以外の裁判所が、受訴裁判所に係属している訴訟手続について利害関係人の申立て又は職権で中止を命ずる場合がある。会社更生手続、民事再生手続の開始の申立てを審理している裁判所が、受訴裁判所に係属している事件の中止を命ずる場合（会更三七条一項、民再二六条一項三号）である。株主総会決議関係訴訟等会社の組織に関する訴訟、債務者の人格権に関する訴訟は含まれない。

(iv)　裁量中止　係属中の訴訟と牽連する事件が、他の手続に係属していて、その結果をまって訴訟手続を続行

することが適切と裁判所が判断するときに、その職権で中止を命ずることを、裁量中止という。受訴裁判所の訴訟指揮権に基づき中止を命ずるものである。例えば、離婚・離縁事件において和諧の見込みがある場合（人訴一三条・二六条）、訴訟係属中の事件について調停に付されている場合（民調規五条、家審規一三〇条）である。その他、特許審査あるいは審判が特許庁に係属していることにより、訴訟係属中の特許関係訴訟について中止を命ずる場合（特許五四条二項・一六八条二項）である。

(v)　当事者の申立権に基づく中止　他の民事事件又は刑事事件が先決関係にある場合に、当事者に訴訟手続の中止申立権を認める場合がある。実用新案登録無効審判が特許庁に係属していることにより、訴訟係属中の実用新案権侵害訴訟について被告の申立権に基づく中止の場合である（新案四〇条の二）。その趣旨は、実用新案手続を実体審査を経て権利を付与する制度から、実体的要件の審査を行わずに登録を行う制度に改正したことに伴い、権利が有効であることを前提として侵害訴訟を遂行することは、被告に不利であることから、瑕疵ある権利の濫用を防止し、権利者と第三者との利益の均衡を図るために、設けた規定である（特許庁総務部総務課工業所有権制度改正審議室編著『改正特許法・実用新案法解説』（有斐閣、平成五年）九三頁参照。これに対し、前記特許法一六八条二項による場合は、特許出願審査の手続構造が実体審査を経て特許査定を行う点で実用新案の手続構造とは異なっているので、民事訴訟の先決関係にある場合でも、訴訟手続の中止は裁判所の職権によることとし、当事者に中止申立権を与えていない。）。

四　訴訟手続の停止の効果

(1)　訴訟手続上の行為　訴訟手続の停止中は、当事者も裁判所も、その事件の訴訟手続に係る行為をすることはできない（一三二条一項の反対解釈。手続の停止を解消する行為を除く。）。訴訟手続外の行為については、手続の停止と関係ないので停止による制約を受けない。

(i)　手続の停止中における当事者の行為は、相手方に対する関係で無効である。しかし、中断中に上訴が提起され、それが却下される前に受継の申立てがあった場合は、前者の瑕疵は後者によって治癒されたものと解するのが相当である（大判昭和一三・八・一九民集一七巻一六三八頁。反対・兼子・判例民訴二五九頁。新堂・三六〇頁は、中断中の訴訟行為は、手続の停止が解消しても有効とならず、受継決定があったときに適法な上訴があったとみる。）。また、相手方が訴訟手

続に関する異議権を放棄・喪失した場合も、有効となる（大判昭和一四・九・一四民集一八巻一〇八三頁は、中断中に控訴を提起し、控訴審係属中に受継の申立てがあり、異議なく口頭弁論が続行された場合について同旨）。

(ii)　手続の停止中における裁判所の行為は、双方の当事者に対する関係で無効である。当事者の行為と同様に、相手方が訴訟手続に関する異議権を放棄・喪失すれば、有効となる。口頭弁論終結後に中断を生じた場合は、当事者が関与する必要はなく、裁判の結果はできるだけ迅速に明らかにすることが望ましいので、判決の言渡しは、当事者の手続保障を害するおそれもないことを踏え、中断中でもできる（一三二条一項）。また、裁判所の内部的行為についても、同様である（例えば、裁判官の合議、裁判書の作成）。もっとも、判決の送達は、裁判所内部の行為ではなく、当事者に対する訴訟行為であるので、中断事由を生じた当事者に対してはもとより、その相手方についてはたとえ送達したとしても、上訴期間は進行しないので、いずれの当事者についても中断の解消後に行うべきである。これに対し、口頭弁論終結前に停止を生じた場合は、弁論を終結させて判決することは許されない。このような終局判決は、当事者が正当な訴訟追行権者によって適法に代理されなかった場合に準じて、代理権の欠缺の理由を類推し（三一二条一項四号・三三八条一項三号）、上訴又は再審によって取消しを求めることができる。(4)

(4)　訴訟手続の中断中の口頭弁論の終結による判決と送達　訴訟手続の中断中に口頭弁論を終結させて、判決することは違法であるが、その判決を当然に無効として放置することはできない。上訴又は再審を提起する前提として、判決をだれに送達すべきかが問題になる。当事者の死亡による中断の場合には、訴訟物たる権利義務の一般承継人に送達するのが妥当である。中断を解消させるための手続のための送達であるから、中断中であっても差し支えない。

(2)　期間の進行　訴訟手続の中断又は中止があったときは、期間は進行を停止する（一三二条二項）。それまでに進行した期間は、まったく進行しなかったことになる。その後に、中断又は中止が解消すると、期間は改めてはじめから

進行する。これに対し、裁判所の職務に関する期間、当事者の訴訟行為が可能か否かにかかわりなく進行すべき再審の訴え(三四二条)、除権判決に対する不服の訴え(公催仲裁七七五条)、行政事件訴訟の抗告訴訟における第三者の再審の訴えの期間(行訴三四条四項)等は、画一的に定められている性質により、中断又は中止によって影響されない。

第四編　訴訟の形態の複合と変動

訴訟は、単一の原告が単一の被告に対して、単一の請求をすることを基本的構造とするところ、さらに、訴訟の主体又は客体が複数から構成される場合がある。また、そうした場合には、訴え提起の当初からが複数で構成される場合と、訴え提起後にそうした構成を生じる場合とがある。本編では、これを訴訟の主体の複合と変動（第一章）と訴訟の客体の複合と変動（第二章）として位置付け、以下において考察する。

第一章　訴訟の主体の複合と変動

現代社会においては、産業構造はもとより、社会構造自体が複合した連携の主体の下に行動する局面が増加する。こうした事態が進み、価値感覚が多様化し、規制緩和が進行するにつれて、利害関係の対立が激化し、直接的又は間接的利害関係者が複合化した紛争が出現する。その結果として、多数当事者紛争の増加という事態を生じ、訴訟が単一当事者間の紛争から複数当事者間の紛争へと変動する傾向にある。

訴訟の主体の複合と変動を発生原因の視点からみると、訴え提起の当初から生じる場合と訴え提起後に生じる場合とがある。前者の原始的発生原因による場合が、共同訴訟（本章第一節・第二節・第三節）であり、後者の後発的発生原因による場合が、訴えの主観的併合（第二章第一節）、任意的当事者変更（第三章第一節）、訴訟参加（第二章第二節）である。

第一節　共同訴訟

第一款　共同訴訟の構造

共同訴訟とは、一つの訴訟手続に複数の原告又は被告が関与する訴訟形態をいう。この場合に、同一の当事者側を構成する者をそれぞれ共同原告又は共同被告、あるいは単に共同訴訟人という。同一事実関係から生じた紛争は、それに関係する者の間に共通する争点が少なくなく、一つの訴訟手続により紛争処理を図ることは、一般的に当事者に便利であるのみならず、統一的な解決を図ることができ、紛争の公平な処理という趣旨にも合致する。また、裁判所にとっても訴訟の効率を図ることができるという利点がある。このように訴訟主体の利益に適うとともに、公平な処理という訴訟制度の基本理念にも沿うことから、共同訴訟という訴訟形態を設けている。

他面において、そうした複数の当事者が関与する訴訟は、特別の事情を備えている場合も少なくなく、単に複数の当事者の存在という事実だけに着目して、当事者の利益を超えて統一的な紛争解決を優先させ、画一的な訴訟の処理形態に当てはめることは、かえって紛争の適切且つ妥当な処理を妨げるおそれがある。そうした背景を踏まえて、紛争形態に即して複数の共同訴訟形態が設けられている。

第二節　通常共同訴訟

第一款　通常共同訴訟の構造

通常共同訴訟とは、共同訴訟人の各人と相手方との間の請求について相対的解決を図ることをもって足りる場合の共同訴訟形態をいう。訴訟は、単一の原告が単一の被告に対して、単一の請求をすることを基本的構造とし、それらの者の間限りで相対的解決を図ることをもって足りるのである。しかし、同一事実関係から生じた紛争に関わる複数の者が、それぞれ自己の権利の保護を目的として共同して一個の訴訟形態を選択して、構成することは、紛争の相対的解決という基本原則に反するものではなく、その原則を前提としつつ、統一的解決をも適えようとする意思は、もとより当事者主義を基調とする民事訴訟制度の趣旨にも合致するものであり、この意思を尊重し、制度的保障を与えられるべきことである。ここに通常共同訴訟の原点がある。

ここでは、共同訴訟人の各人が独立して訴訟追行権能を有し、その反面で、共同訴訟人間において合一に確定することが法律上保障されていない。

第二款　通常共同訴訟の要件

一　通常共同訴訟の要件

通常共同訴訟は、訴訟の目的である権利又は義務が数人について共通であるとき、又は同一の事実上及び法律上

の原因に基づくときに認められる（三八条前段）。訴訟の目的である権利又は義務が同種であって事実上又は法律上同種の原因に基づくときも同様である（同条後段）。したがって、つぎのいずれかの要件を満たすことを要する。

(1)　権利・義務の共通性　　訴訟の目的である権利又は義務が数人について共通であることを要する。共同訴訟人が又は共同訴訟人に対して主張する請求内容（訴訟物）が共通であることをいう。例えば、①複数の土地共有者が不法占拠者に対して明渡請求する場合、②複数の連帯債務者に対して支払請求する場合（大判明治二九・四・二民録二輯四巻五頁）である。

(2)　事実上及び法律上の原因の同一性　　同一の事実上及び法律上の原因に基づくことを要する。共同訴訟人が又は共同訴訟人に対して主張する請求（訴訟物）を基礎づける原因事実が同一であることをいう。前記(1)と異なり、訴訟物が共通していることを要しない。例えば、①債権者が主債務者と保証人に対して履行請求をする場合（最判(一小)昭和二七・一二・二五民集六巻一二号一二五五頁。なお、六二〇頁参照）、②同一手形の振出人、裏書人及び保証人に対して履行請求をする場合（大判明治三五・六・二四民録八輯六巻一三三頁は、後記(3)に当たるとするが疑問である。）、③同一事故の被害者が加害者に対して損害賠償請求をする場合、④買主及び転得者に対して所有権移転登記抹消請求をする場合（最判(二小)昭和二九・九・一七民集八巻九号一六三五頁、最判(二小)昭和三一・九・二八民集一〇巻九号一二一三頁）、⑤複数の者に対する同一物についての自己の所有権確認請求をする場合（最判(二小)昭和三四・七・三民集一三巻七号八九八頁、最判(一小)昭和三三・一・三〇民集一二巻一号一〇三頁、反対・大判昭和一二・六・四民集一六巻七四五頁）。

(3)　権利・義務と事実上及び法律上の原因の同種性　　訴訟の目的である権利又は義務が同種であって事実上又は法律上同種の原因に基づくことを要する。前記(1)(2)と異なり、請求内容の発生原因について具体的に関連することを要せず、権利・義務と事実上及び法律上の原因が同種であることをもって足りる。例えば、同一のノンバンクによる複数の契約者に対してクレジット代金又はリース代金の支払請求をする場合、同一のマンション賃貸人による複数の賃借人に対する賃料支払請求をする場合である。

二　請求の客観的併合の要件

通常共同訴訟は、請求も当然に複数であり、訴訟の客体である請求の併合を伴うので、共同訴訟の要件を充たしているばかりでなく、請求の客観的併合の要件をも充たしていることを要する（一三六条）。

第三款　通常共同訴訟の審理

一　共同訴訟人の独立性

通常共同訴訟において、共同訴訟人は、それぞれが他の共同訴訟人に干渉させることなく、独立して訴訟追行する権限を有する。これを「共同訴訟人独立の原則」という。その趣旨は、通常共同訴訟は個々の共同訴訟人と相手方の間で相対的解決を図ることをもって足りる場合であり、共同訴訟人各自の訴訟追行権限を尊重することにある。共同訴訟人は、各自が任意に訴訟行為を行うことができ、その効力も他の共同訴訟人には及ばず、同様に共同訴訟人のうちの一人に対する相手方の訴訟行為も他の共同訴訟人には及ばないし、共同訴訟人のうちの一人について生じた事項も、他の共同訴訟人には影響しない（三九条）。したがって、共同訴訟人は、各自が独立して訴訟代理人を選任することができ、一人について訴訟手続の中断事由を生じても、他の共同訴訟人に影響を及ぼさず、いったん共同して訴えを提起しても、判決によることなく訴訟を完結させること、すなわち訴えの取下げ、請求の放棄・認諾、訴訟上の和解も、各自の独立した意思に委ねられる。その結果として、共同訴訟人の間で統一した訴訟の結論を導き出されることにはならないが、もともと個々の共同訴訟人と相手方の間で相対的解決を図ることをもって足りる場合であることに起因する。同様に、裁判所にとっても、訴訟指揮の上で合一確定を考慮すべき法的要請はなく、したがって弁論の分離、一部判決等を行うことも差し支えないこととなる。さらに、たとえ判決に不服があっ

ても、それに対して上訴するか否かは、個々の共同訴訟人の判断に委ねられ、その結果として、判決の最終的な結論が統一性を欠いても、もともと合一確定を要求されているわけではなく、法的問題を生じないのである。

二　共同訴訟人の関連性

共同訴訟は、訴訟主体の側面において複合した訴訟形態である点で、単一当事者間の訴訟とは異なるのであり、共同訴訟人独立の原則は各共同訴訟人の訴訟追行権限を尊重する趣旨であることに照らすと、その訴訟追行権限に抵触しない限りにおいて、共同訴訟人間の関連性に着目して、訴訟審理の上で共同訴訟人間に共通性を図ることは前記原則に反するものではない。むしろ、共同訴訟の特徴を生かした対応であるとともに、公平かつ合理的な紛争処理であり、訴訟の効率性という意味での訴訟経済にも適うものである（したがって、共同訴訟人独立の原則の修正という消極的な視点ではなく、本文に述べるように、積極的な視点で捉えるべきである。）。通常共同訴訟ということは、必要的共同訴訟という枠組みによる法的規制を加えないことであって、訴訟の審理の上で共同訴訟人であることについて格別の配慮をまったく要しないということではない。

(1)　共同訴訟人間の主張共通の原則　共同訴訟人のうちの一人のした主張は、他の共同訴訟人がこれと抵触する主張を積極的にしない場合には、その主張が他の共同訴訟人に利益なものである限り、その者にも効力を生じるとする考え方を、「共同訴訟人間の主張共通の原則」又は単に「主張共通の原則」という（新堂幸司「共同訴訟人の孤立化に対する反省」法協八八巻一・二号（昭和四六年）（同『訴訟物と争点効（下）』（有斐閣、平成三年）三三頁以下・特に六〇頁）。対立当事者の主張共通の原則については、四六六頁参照）。判例は、これを否定する（最判（二小）昭和四五・一・二三判時五八九号五〇頁は、弁論の併合の事案において、必要的共同訴訟人でないことを理由とする。）。

他の共同訴訟人の援用という積極的な意思によることなく、裁判所の立場から見て利益という価値判断をもって、共同訴訟人の間に主張の共通性を確保しようとするのは、通常共同訴訟における共同訴訟人の主体的独自性の尊重という基盤と相反し、共同訴訟人独立の原則に抵触する。また、他の共同訴訟人が「これと抵触する主張を積極的

にしない場合」という意思に係らせているからといって、弁論主義の内容の一つである主要事実についての主張責任に反しないともいえない。一つの原則との関係が問われる場合には、それと異なる新たな措置に対応する旨の積極的な意思が現れていることを要するのであって、それをも必要としないことは、柔軟な訴訟手続というよりも、かえって恣意的な訴訟審理に陥るおそれがある。あるいは、裁判所の釈明権の行使に委ねるとしても、それを唯一の手掛かりにすることをもって、前記原則に抵触しないとするには無理がある。しかし、前記原則を主張する発想の根底にある共同訴訟人間について可能な限り矛盾のない処理を図ろうとする発想は積極的に評価されるべきことである。したがって、共同訴訟を審理する裁判所は、主張共通の原則によってではなく、通常共同訴訟における共同訴訟人間の関連性に幅があることを視野に入れて、個々の事案に即した積極的な釈明権の行使によって、具体的妥当性のある処理を図るべきである。

主張共通の原則を直接に採用するのではなく、共同訴訟人間に補助参加の利益があるときは、参加の申立てなしに、当然に補助参加関係を認めることにより、同様の機能を導き出す考え方がある（兼子・判例民訴三九三頁、新堂・前掲書四七頁以下）。判例は、明確な基準を欠くとして否定する（最判(二小)昭和四三・九・一二民集二二巻九号一八九六頁）。前記主張共通の原則と同様の機能を当然の補助参加理論によって代替しようとするには、判例も指摘するように基準が不明確であり、技巧的に過ぎて疑問である。

(2) 共同訴訟人間の証拠共通の原則　共同訴訟人のうちの一人が申請した証拠から得られた証拠資料は、他の共同訴訟人との関係においても共通の証拠資料となるとする考え方を、「共同訴訟人間の証拠共通の原則」又は単に「証拠共通の原則」という。(1) 判例も、これを認める（前記最判(二小)昭和四五・一・二三は、共同訴訟人間について肯定する旨を判示する。対立当事者間の証拠共通の原則については、七五三頁参照）。自由心証主義の理念に基づくものである。

さらに、共同訴訟人間に証拠共通の原則をあらためて用いることなく、共同訴訟人の一人が提出した証拠、又は

共同訴訟人の一人に対して提出された証拠は、弁論の全趣旨によって、他の共同訴訟人又はその相手方が援用しなくても、証拠原因たる資料となり得る（大判大正一〇・九・二八民録二七輯一六七三頁は、主債務者による債務の成立についての自白を共同被告である保証人について弁論の全趣旨により斟酌することを認める。）。それは、自由心証主義の当然の帰結として、根拠付けることができる（加藤正治『民事訴訟法判例批評集・第一巻』（有斐閣、大正一五年）三七二頁、加藤新太郎「自由心証における弁論の全趣旨」法政論集一四七号（平成五年）（同『手続裁量論』（弘文堂、平成八年）一七〇頁））。もっとも、対立当事者間におけるのと異なり、共同訴訟人間の利害関係等を考慮することは必要であり、補充的かつ制限的に用いるべきである（西村宏一「利害相反する共同訴訟人間の訴訟法律関係—証拠共通の原則との関係において」岩松裁判官還暦記念『訴訟と裁判』（有斐閣、昭和三一年）一三九頁以下・特に二四三頁、塚原朋一「通常共同訴訟の審理をめぐる諸問題」判タ四四七号（昭和五六年）（牧山市治＝山口和男編『民事判例実務研究・第二巻』（判例タイムズ社、昭和五七年）一七七頁）、加藤新太郎・前掲書一七〇頁）。

しかし、共同訴訟人のうちの一人を尋問する場合は、当事者として尋問するのであり、証人としてではないし、他の共同訴訟人にとって共通する事項については、他の共同訴訟人にも補充尋問もしくは反対尋問を許容しているのであって、これらは共同訴訟人間に証拠共通の原則が成立することを是認してはじめて、正当化することができる（井関浩「共同訴訟人間の証拠共通の原則」『実務民事訴訟講座1』（日本評論社、昭和四四年）二五七頁以下・特に二六五頁）。したがって、弁論の全趣旨による対応が可能であることをもって、証拠共通の原則を否定する根拠とはならない。もっとも、共同訴訟人間の利害関係等を考慮すべき旨の前記指摘は、証拠共通の原則を適用するについても、釈明権の行使により、当事者の援用を促す訴訟指揮を期待する意義を有する。

（1）　共同訴訟人間の証拠共通の原則と弁論主義の関係　　共同訴訟人間に証拠共通の原則を認めることは、その証拠を提出しなかった他の共同訴訟人にとっては、当事者による申出によることなく、職権で証拠調べが行われたのと同じ結果になり、弁論主義と矛盾するという疑問を提起する見解がある（新堂・前掲『訴訟物と争点効（下）』五九頁以下）。共同訴訟人間は、常に共通した利害関係にあるとはいえず、対立関係にある場合もあり得る。あるいは、対立当事者間について証拠共通の原則は、弁論主義の内容の一つとして位置付けられ、証拠資料を提出する権能と責任は当事者に委ねることが訴訟の公平に適うことを趣旨とするが、同時に証拠の双面性に基づく自由心証主義にも由来する性格をもっている。そのような視点からみると、共同訴訟人間の証拠共通の原則を認めること

は、弁論主義と矛盾するものではない（三ケ月・全集二一三頁・三九八頁は、共同訴訟として手続が共通に行われることによる結果であって、訴訟経済の要求と裁判の統一の効果を上げることが期待されるにすぎず、対立当事者間のそれは根本的に異なるとする。その一方で、三ケ月・判例民訴二六〇頁では、対立当事者間の証拠共通の原則についても、自由心証主義に由来する性格を認めている。）。

三　共同訴訟の要件の審理

通常共同訴訟において、共同訴訟の要件（三八条）は相手方が異議を申し立てた場合にはじめて、その要件をみたしているかを審理すれば足りる。他方、請求の客観的併合の要件（一三六条）については職権で調査することを要する。これに対し、共同訴訟の要件又は請求の客観的併合の要件を欠いている場合は、裁判所は職権で弁論を分離して審理する（各請求について、もとより一般的訴訟要件を備えていることを要する。）。

第三節　必要的共同訴訟

民事紛争に複数の当事者が係わっている場合に、個別的処理に委ねるか、合一確定を図るかについては、歴史的に複雑な歩みを重ねてきている。とりわけ、合一確定を図る訴訟の枠組みを実定法上に定める規定の背景には、比較法的にみると、永い歴史的経緯が存在し、その評価については、現在にいたるも、必ずしも一致していない（古くは雉本朗造「必要的共同訴訟」法協三一巻八号（大正二年）一頁以下、中田淳一「必要的共同訴訟に就いて（一・未完）」法学論叢四〇巻六号（昭和一四年）一頁以下、中村英郎「必要的共同訴訟における合一確定―ことにその沿革的考察」早稲田法学六〇巻一号（昭和三九年）（同『民事訴訟におけるローマ法理とゲルマン法理』（成文堂、昭和五二年）一六一頁以下）等の研究がある。また、近年における、岡徹「ドイツ普通法時代における共同訴訟論の展開（一）（二・完）―『一体性』から『独立性』へ」民商六九巻六号九四五頁以下・七〇巻一号（昭和四九年）七五頁以下は、これらの先行業績におけるドイツ普通法学説史及びZPO成立史の理解について詳細な批判を加えた優れた研究である。また、アメリカ法について、谷口安平「多数当事者紛争とデュープロセス――アメリカ法の動向から」法学論叢七八巻五号（昭和四一年）一頁以下、高橋宏志「必要的共同訴訟論の試み（一）」法協九二巻五号（昭和五〇年）五〇二頁以下参照）。現在では、必要的共同訴訟とは、共同訴訟人全員について紛争を合一的に処理し、確定することを要する場合の共同訴訟形態をいう。それは、共同訴訟人が全員集合して訴え提起することを法的に要件とされるか否かによって、固有必要的共

同訴訟と類似必要的共同訴訟とに分けられる。一般市民社会では、同一又は同種の事実関係から生ずる紛争は、関係当事者間で統一的な処理がなされることが法的安定性と信頼性の点からみて望ましいという認識は少なくない。他方、訴え提起という司法上の救済措置を求める場合には、当事者にとっては訴え提起の容易性にかなりの比重が置かれる。そこに、法的論理性に止まらず、両者の要素をどのように調和させるかという政策的考慮が加わってくる。その点に着目すると、共同訴訟間の枠組みの政策的要素を強調し、柔軟に把握し（新堂幸司「共同訴訟人の孤立化に対する反省」法協八八巻一・二号（昭和四六年）（同『訴訟物と争点効（下）』（有斐閣、平成三年）三三頁以下・特に三八頁以下）、小島武司「共同所有をめぐる紛争とその集団的処理」ジュリ五〇〇号（昭和四七年）三三一頁（同『訴訟制度改革の理論』（弘文堂、昭和五二年）一一三頁））、あるいは流動的に再構成しようという考え方が生じてくる（1）（高橋宏志「必要的共同訴訟論の試み（三・完）」法協九二巻一〇号（昭和五〇年）一三二二頁以下。その論旨には、合一確定の議論と訴訟共同の議論を分離すべきであるとする認識に基づいている。））。しかし、訴えを提起しようとする当事者にとっては、判断基準の明確であってはじめて決断できるのであり、判断基準を設定した上で、これに対応できなかったときに訴訟手続の中での対応措置を検討することが必要である。

（1）　準必要的共同訴訟　通常共同訴訟と必要的共同訴訟の枠組みは、流動的であるという認識に立って、いずれにも属さない別の枠組みを提唱する説がある。それは、共同訴訟人について生じる訴訟上の請求が、論理上合一に確定すべきであるが、法律上合一にのみ確定すべき場合に当たらないところに、必要的共同訴訟の規定の準用を認める準必要的共同訴訟を設定するものである（中村英郎「特別共同訴訟理論の再構成」中村宗雄先生古稀祝賀記念論集『民事訴訟の法理』（敬文堂、昭和四〇年）一八七頁（同『民事訴訟におけるローマ法理とゲルマン法理』（成文堂、昭和五二年）一九五頁以下・特に二〇九頁））。ここにいう訴訟物の論理上の合一とは、複数の請求が直接であれ、間接であれ、同一の請求原因事実の上に立っている場合、すなわち広い意味で請求の基礎を同じくする場合に限られるとしている（中村・前掲書二一〇頁）。しかし、本来通常共同訴訟である場合について、必要的共同訴訟の規定を制限的に適用しようとするものであって、論理的に無理がある。

第一款　固有必要的共同訴訟

第一項　固有必要的共同訴訟の構造

固有必要的共同訴訟とは、訴え提起するについて共同訴訟人とすべき者が全員集合してはじめて、一個の当事者適格が認められる場合の共同訴訟形態をいう。共同訴訟人とすべき者のそれぞれが、個別に当事者適格を有するわけではない。したがって、共同訴訟人とすべき者の一人でも遺脱している場合は、当事者適格を欠き、訴えは不適法となる。これらは、共同訴訟人とすべき者が、原告側の場合と被告側の場合とで変わることはない。

第二項　固有必要的共同訴訟の判断基準と類型

一　固有必要的共同訴訟の判断基準

固有必要的共同訴訟は、共同訴訟人全員について紛争を合一的に処理し、確定することを要する共同訴訟形態である。ここにいう「合一的に処理し、確定すること」とは、法論理的に統一的解決を図ることが要請されることを意味するのではなく、法律上合一的に処理し、確定することが必要であり、個別に相対的処理を図ることは法律上回復し難い混乱を生じさせることを意味するものと解する(1)。本来、民事訴訟は紛争の当事者間かぎりで相対的に解決を図ることをもって足りるのであり、それが当事者の意思に適うものであるところ、そうした当事者の意思よりも、合一的な処理による確定ということが公益的要請として優先させるべき場合である（したがって、財産権関係訴訟ではおのずから極めて限定されてくる、高田裕成「いわゆる『訴訟共同の必要』についての覚え書――固有必要的共同訴訟論への一視角」三ケ月章先生古稀祝賀『民事手続法学の革新・中巻』（有斐閣・平成三年）一九四頁以下参照）。民事紛争は、訴え提起自体が当事者の意思に

係らせる処分権主義を基盤としている。しかし、そのことと、司法判断を求めるについて合一的に処理し、確定されることを、訴訟制度として当事者に要求することとは矛盾するものではない。また、合一的に処理し、確定することは、手続上も共同訴訟人とすべきもの全員が訴訟手続に関与することを要するとともに、その判決の効果を共同訴訟人とすべき者のすべてに確定させることを要する（その点で、合一確定の議論と訴訟共同の議論を分離すべきであるとする見方には、疑問がある。六〇六頁参照）。

（1）固有必要的共同訴訟の判断基準　固有必要的共同訴訟の訴訟形態をとるべきか否かを判断する基準として、その訴訟形態をとることの不都合と訴訟を断念することの不都合を紛争の具体的状況に即して、精密に衡量して決定すべきであり、その衡量の判断に際しては、その種の紛争における紛争過程の実態をも見極めるべきことを主張する見解がある（新堂幸司「入会権と固有必要的共同訴訟」（鑑定意見書・昭和五七年）（同『民事訴訟法学の展開』（有斐閣、平成一二年）二八四頁））。しかし、いずれの要素も、前記判断基準を設定するに至る過程の中ですでに検討され、消化、吸収した上で導かれているのであり、織り込み済みの問題である。また、訴訟の結果における重大な共同の利益の存在を上げる見解（福永有利「共同所有関係と固有必要的共同訴訟―原告側の場合」民訴雑誌二一号（昭和五〇年）四四頁）についても、同様のことがいえる。前者の見解の背景には、裁判官の状況に応じた判断に依存する姿勢が見られる。しかし、判断基準は硬直的であってはならないが、明確性であることを要する。その点で、この見解は、事件を上告審の段階から省みるときには当てはまるとしても、訴え提起に際しては機能面に疑問がある。むしろ、共同訴訟人とすべき者を遺脱していることが訴え提起後に判明した場合に、補正措置の局面で処理すべきことである。

二　固有必要的共同訴訟の類型

固有必要的共同訴訟の要件である「合一的に処理し、確定すること」を**一**に述べた判断基準に基づき考えると、行使する権利の属性と対象とする権利関係の属性の二つの側面から検討することを要する。

第一の行使する権利の属性とは、実体法及び手続法の両面からみると、合一的処理による確定という基準に照らし、単に法理論的なものでは足りず、行使自体が実定法上共同して行使することを義務づけられていることをいう。法律上において共同して行使することを要求されている管理処分権に基づく場合である。

第二の権利関係の属性とは、同様の視点からみると、対象とする権利関係について分離された紛争処理を図ることが、その権利関係の法制度自体を否定し、法律上回復し難い結果を招来させる場合である。他人間の法律関係の変更を内容とする場合が、それに当る。

(1) 管理処分権の共同行使　(i) 複数の者が管理処分権を共同して行使することを実定法上義務づけられている場合　合一的に処理し、確定することを法律上義務づけられているので、固有必要的共同訴訟を構成する。例えば、選定当事者が複数選定されている場合における選定当事者による訴え（三〇条）、複数の受託者のある場合における受託者による信託財産に関する訴え（信託二四条。四宮和夫『信託法〔新版〕』（有斐閣、平成元年）二一八頁）、複数の破産管財人又は更生管財人が選任されている場合における管財人による破産財団に属する財産又は更生会社の財産に関する訴え（破一六三条、会更九七条。会社更生について、兼子一監修『条解会社更生法・中巻』（弘文堂、昭和四八年）二四八頁）、複数の管財人が選任されている場合における管財人による再生債務者の財産に関する訴え（民再七〇条）である。管財人が追加選任された場合は、訴訟手続は中断し、新管財人は先任の管財人とともに受継し、固有必要的共同訴訟を形成する（更生管財人について、最判(三小)昭和四五・一〇・二七民集二四巻一一号一六五五頁）。

(ii) 複数の者が管理処分権を共同して行使することを権利の属性に基づき義務づけられている場合　分割前の相続財産、組合財産について、共同所有者による第三者に対する管理処分権に基づく訴えの場合である。[2]

(2) 他人間の法律関係の変更　他人間の法律関係の変動を生じさせることを請求内容とする訴訟である。法律上において共同被告とすることが定められている場合として、第三者が提起する婚姻無効又は取消しの訴えは夫婦を共同被告とし（人訴二条二項）、養子縁組無効又は取消しの訴えは養親と養子を共同被告とすることを要する（同二六条・二条二項）。明文で義務づけられていない場合として、抵当権者による短期賃貸借契約解除請求の訴え（民三九五条ただし書き）は、賃貸人と賃借人を共同被告とすることを要する（大判大正四・一〇・六民録二一輯一五九六頁）。取締役解任請求の訴え（商二五七条）は、会社と解任すべき取

締役間の委任契約関係の解消を請求内容とするので、両者を共同被告とすることを要する（最判(二小)平成一〇・三・二七民集五二巻二号六六一頁）。

もっとも、判例は、嫡出親子関係存否確認の訴えについて、父及び母と子の三者間で合一に確定されるべき固有必要的共同訴訟としていたところ（大判昭和四・九・二五民集八巻七六三頁、大判昭和一九・六・二八民集二三巻四〇一頁）、最高裁は、前記判例を変更し、父子関係と母子関係との各不存在を合一に確定する必要はないとした（最判(三小)昭和五六・六・一六民集三五巻四号七九一頁）。この判旨は、親子関係に関する合一説を廃し、父子関係と母子関係とは別個のものであるという個別説を採ることを前提として、導いた結論である（肯定的立場として、佐上善和「第三者提起の親子関係存否確認の訴えと被告適格」民商法雑誌創刊五十周年記念・九三巻臨時増刊号(1)（昭和六一年）二二二頁以下・特に二三〇頁、批判的立場として、佐藤鉄男・法協一〇一巻九号一四七六頁）。したがって、他人間の法律関係の変更について、判例の一般的立場と抵触するものではない（判旨を支持しつつ、手続保障の観点から、当事者とされていない父又は母について、ドイツ民訴法の必要的呼出（notwendige Beiladung, ZPO §640e）にならって（同制度については、高田裕成「いわゆる対世効論についての一考察（1）—身分訴訟に焦点をあてて」法協一〇四巻八号（昭和六二年）一一八四頁以下参照）、解釈論として認めるべしとする見解がある、吉村徳重「判決効の拡張と手続権保障—身分訴訟を中心として」山木戸克己教授還暦記念『実体法と手続法の交錯・下』（有斐閣、昭和五三年）一三四頁。これに対し、鈴木正裕・民商八六巻六号九五二頁は、必要的呼出を採用できないのであれば、変更前の判例に戻るべきことを示唆する。）。

(2)　共同所有財産関係に関する訴えと共同訴訟　共同所有財産に関する訴訟形態の共同性について、内部関係訴訟と外部関係訴訟とに分けて考察することにより、以下に述べるように判例の立場は明確に整理することが可能であり、その対応は一貫していて是認できる。

(i)　内部関係訴訟　共同所有関係にある内部の紛争は、原告・被告間に立場の差異がない双面性の訴訟であることに特徴がある。それを処理するには、共同所有関係を構成する者の全員が訴訟に関与することが要件であり、対立する当事者間で原告・被告のいずれの側に立つかは、給付訴訟における債務名義の取得の可否の点を除き、問題にする余地はない。共同所有関係の内部で相互の権利関係は合一に確定されることを属性とするので、共同所有関係にある一部の者は他の全員を被告として訴えを提起しなければならない。確認の訴えと給付の訴えとを問わないことはもとより、形式的形成訴訟である共有物分割請求についても、同様である（共有物分割について、大判明治四一・九・二五民録一四輯九三一頁、大判大正一二・一二・一七民集二巻六八四頁、大判大正一三・一一・二〇民集三巻五一六頁）。同様に、共同相続人間における遺産確認請求についても、固有必要的共同訴訟を形成する（最判(三小)平成元・三・二八民集四三巻三号一六七頁）。

これに対し、個々の持分権自体をめぐる紛争は、本質的には共同所有関係内部の集団的紛争ではなく、持分権を主張する者の

間における個別的紛争にすぎないので、持分権を主張する共有者がこれを争う共有者を被告として確認の訴えを提起すれば足り、たとえ複数の共有者が原告として又は複数の共有者を被告としていても、個々の持分権に基づく権利行使であるので、通常共同訴訟である（大判大正三・二・一六民録二〇輯七五頁、大判大正六・二・二八民録二三輯三二二頁、大判大正一一・二・二〇民集一巻五六頁、大判大正一三・五・一九民集三巻二一一頁、大判昭和三・一二・一七民集七巻一〇九五頁。小山昇「必要的共同訴訟」『民事訴訟法講座・第一巻』（有斐閣、昭和三四年）〔同・著作集第四巻六頁〕、我妻榮『民法判例評釈Ⅰ』（一粒社、昭和四〇年）三五八頁参照）。持分権に基づく登記請求の訴えについても、判例は、同様であるとし、他の共有者の単独名義になっているときに、その者に対し自己との共有名義への変更登記請求をできる（大判明治三七・四・二九民録一〇輯五八三頁、大判大正九・一二・一七民録二六輯二〇四三頁、最判(二小)昭和三八・二・二二民集一七巻一号二三五頁）。共有者の一人の持分を他の全共有者が買い受けた場合に、売主の持分全部の移転登記請求をするには全員が原告になることを要するが、それぞれ自己の取得した持分について他の共有者に関係なく登記請求する趣旨であれば、通常共同訴訟であるとする（大判大正一一・七・一〇民集一巻三八六頁。小山・前掲書六頁、我妻・前掲書三五五頁参照）。いずれも、判例の立場は、妥当といえる。

(ii)　外部関係訴訟　共同所有者が原告側となって第三者に対し訴えを提起する場合と被告側となって第三者から共同所有者に対して訴えを提起する場合とがある。

(イ)　共同所有者が原告側の場合　共同所有者が持分権を主張する場合と共同所有者関係を主張する場合とがある。

(a)　共同所有者が持分権を第三者に主張する場合　総有、合有については持分権は成り立たないので、共有関係に限られる。そこで、共有についてみると、共有者が第三者に対して持分権確認請求の訴えを提起する場合は、持分権の個別的権利の属性により、他の共有者に対する場合と同様に、単独で提起することができる（大判大正八・四・二民録二五輯六一三頁、大判大正一三・五・一九民集三巻二一一頁、大判昭和三・一二・一七民集七巻一〇九五頁、共有持分権の及ぶ土地範囲確認請求について、最判(一小)昭和四〇・五・二〇民集一九巻四号八五九頁）。持分権に基づく第三者に対する登記請求についても、同様である（大判大正一〇・一〇・二七民録二七輯二〇四〇頁、登記抹消請求について、最判(二小)昭和三八・二・二二民集一七巻一号二三五頁）。これらについては、学説上も異論がない（小山・前掲書七頁、我妻・前掲書三五八頁）。

(b)　共同所有者が共同所有関係を第三者に主張する場合　判例は、第三者に対して共有物全部の引渡又は明渡請求するには、共有者の一部の者において訴えを提起できるとする（大判大正一〇・三・一八民録二七輯五四七頁、大判大正一〇・六・一三民録二七輯一一五五頁、最判(二小)昭和四二・八・二五民集二一巻七号一七四〇頁）。妨害排除請求も可能である（大判大正一〇・七・一八民録二七輯一三九二頁）。さらに、登記請求についても同様であり、第三者が有する所有権取得登記の全部抹消請求できるとする（共同相続財産について、最判(一小)昭和三一・五・一〇民集一〇巻五号四八七頁、組合財産について、最判(三小)昭和三三・七・二二民集一二巻一二号一八〇五頁）。いずれも、保存行為によるものとして（民二五二条ただし書き）、根拠づけられ（前掲大判大正一〇年三月一八日は、不可分債権に関する民法四二八条の類推適用による）、学説も支持する（小山・前掲書七頁）。

これに対し、共同所有関係そのものに基づく請求を内容とする場合については、その法律関係の属性により、共有、合有、総有のいずれについても、構成員全員が原告を構成することを要するとする。例えば、共同所有関係にあることの第三者に対する

確認請求（数人が共同して有する一個の所有権という意味の共有権について、最判(一小)昭和四六・一〇・七民集二五巻七号八八五頁）、総有関係に基づく登記抹消請求（最判(三小)昭和四一・一一・二五民集二〇巻九号一九二一頁）、共有権に基づく所有権移転登記請求（前掲最判(一小)昭和四六・一〇・七）、隣接する土地の一方又は双方が共有に属する場合の境界確定請求（最判(一小)昭和四六・一二・九民集二五巻九号一四五七頁）、等である（これに対し、兼子一「共有関係の訴訟」法学新報五九巻一二号（昭和二七年）（同・研究第二巻一五一頁）は、共有者が第三者に対して主張できるのは各自の有する持分権であって、共有者が共同して原告になった場合でも、共有権あるいは共有関係の主張を認める必要はないとする。）。いずれも妥当といえる。

さらに、共同所有関係が団体を形成し、その権利能力なき社団に当たり、その代表者が団体の規約等により授権されている場合には、団体の構成員全員の共同所有に属する財産について、団体自体が訴訟追行権を有する（最判(三小)平成六・五・三一民集四八巻四号一〇六五頁は、入会団体の総有権確認請求について同旨。なお、新堂幸司「入会権と固有必要的共同訴訟」（鑑定意見書・昭和五七年）（同『民事訴訟法学の展開』（有斐閣、平成一二年）二八二頁以下」参照）。これにより、前記固有必要的共同訴訟による事案の提訴上の障害を除去する機能をはたすことができる。

(ロ)　共同所有者が被告側の場合　第三者の共同所有者に対する共同所有物の権利関係確認請求（大判大正一三・五・三一民集三巻二六〇頁、家屋台帳上の共有名義人に対する建物所有権確認請求について、最判(二小)昭和三四・七・三民集一三巻七号八九八頁、賃貸人の共同相続人に対する賃借権確認請求について、最判(二小)昭和四五・五・二二民集二四巻五号四一五頁）、給付請求（売買契約に基づく共同相続人に対する知事への許可申請協力義務履行請求について、最判(三小)昭和三八・一〇・一民集一七巻九号一一〇六頁、土地所有者による建物の所有者である共同相続人に対する建物収去土地明渡請求について、最判(二小)昭和四三・三・一五民集二二巻三号六〇七頁。小山昇「共有者を被告とする建物収去土地明渡訴訟について」北大法学論集二七巻三・四号（昭和五二年）（同・著作集第四巻三七以下・特に五〇頁参照」）のいずれの場合も、共有者の一部の者に対して訴えを提起できるとする。その理由は、各共同訴訟人が不可分債務を負担しているので個別的履行請求が許容され、確認請求については、争いある当事者間で解決することをもって足りるとすることにある。もっとも、これらの場合であっても、被告である共同所有者側が反訴を提起するについては、先に(イ)で述べたところによることとなる。

また、登記請求についてみると、共有者に対する登記抹消請求については、共有者全員を被告とすべきであるとし（大判昭和八・三・三〇裁判例（七）民五七頁、大判昭和八・七・七民集一二巻一八四九頁）、物上請求権に基づく所有権移転登記抹消請求についても、同様の見解を採る（最判(三小)昭和三八・三・一二民集一七巻二号三一〇頁）。他方、売買を原因とする所有権移転登記請求については、不可分債務を理由に共有者の一部を被告とすることを許容する（最判(二小)昭和三六・一二・一五民集一五巻一一号二八六五頁）。最判昭和三八年は、所有権に基づく登記抹消請求であるのに対し、最判昭和三六年は売買に基づく所有権移転登記という不可分債務の履行である点に違いがあり、相互に矛盾はない（奈良次郎『最高裁判所判例解説・民事編・昭和三八年度』一〇一七頁。大内俊身「数人を被告とする登記関係訴訟と固有必要的共同訴訟」香川最高裁判事退官記念論文集『民法と登記・中』（テイハン・平成五年）四〇四頁以下・特に四〇七頁は、この理解を疑問とし、いずれも通常共同訴訟とする。）。

第三項　固有必要的共同訴訟の審理

一　固有必要的共同訴訟の審理と合一的処理・確定

固有必要的共同訴訟は合一的処理・確定を要件とするところから、その審理についても、その要件に即して行われる。

固有必要的共同訴訟は、訴え提起するについて共同訴訟人とすべき者が全員集合してはじめて、一個の当事者適格が認められるので、共同訴訟人とすべき者の一人でも遺脱している場合は、当事者適格を欠き、訴えは不適法として却下される。

(1)　訴訟要件　共同訴訟人はそれぞれ訴訟要件を具備していることを要する。したがって、訴訟要件は各共同訴訟人ごとに個別に調査し、これを欠くときは補正を命じ、補正できないときは、訴え全部を却下する。その場合は、訴訟要件を欠缺している者についてこれを補正した上で、あらためて訴えを提起することとなる。

(2)　訴訟行為　共同訴訟人の一人の訴訟行為は、全員の利益においてのみその効力を生ずる（四〇条一項）。例えば、相手方の主張事実に対する否認、抗弁、証拠の提出等である。不利益な行為は、全員でしなければ効力を生じない（同条項の反対解釈）。例えば、自白、請求の放棄・認諾等である。

これに対し、相手方の訴訟行為は、共同訴訟人の一人に対して行えば、全員に対してその効力を生ずる（同条二項）。利益・不利益には関わらない。なお、裁判所の訴訟行為については、本条項は適用されないので、共同訴訟人全員に対して個別に行うことを要する。

(3)　訴訟の進行　訴訟の進行は共同訴訟人全員について合一であることを要する。弁論及び証拠調べは同一期

日に行い、弁論の分離はできない。共同訴訟人の一部について訴訟手続の中断又は中止の原因があるときは、その中断又は中止は全員について効力を生じる（四〇条三項）。

(4)　訴訟の完結　共同訴訟人の一部の者について一部判決（二四三条二項）をすることはできない（誤って一部判決した場合は、追加判決すると事件が二分するので、瑕疵のある全部判決として判決名宛人以外の共同訴訟人も上訴できる。）。判決によらない訴訟の完結についても同様であって、共同訴訟人の一部の者だけが又は一部の者だけに対して訴えを取り下げることはできない（九三一頁参照）。訴訟上の和解についても、共同訴訟人の一部の者の間だけで行うことはできない。

(5)　上　訴　終局判決に対し共同訴訟人の一人が上訴すれば、全員のために判決の確定が遮断され、事件全体が上級審に移審する効力を生じる（四〇条一項）。この場合に、共同訴訟人全員が上訴人になる（最判(二小)昭和五八・四・一民集三七巻三号二〇一頁は、地自二四二条の二第一項四号の住民訴訟につき類似必要的共同訴訟とし、同様の立場にあったところ、最判(大)平成九・四・二民集五一巻四号一六七三頁において、住民訴訟の類似必要的共同訴訟について判例変更したが、固有必要的共同訴訟について先例的意義はない。六一九頁参照）。上訴する意思のない者についてまで上訴人として位置付けることについて疑問とする見方もありえるが（六一九頁参照）、必要的共同訴訟の共同訴訟人間にあっても、もともとその訴訟に対する関心度には差異があり、そうした主観的認識の格差等をも織り込んだ上で、なおかつ合一確定の必要性が優先する場合について、固有必要的共同訴訟として位置付けるのである。したがって、通説の立場を変更すべき理由とはいえない。

二　固有必要的共同訴訟の審理に係る課題

固有必要的共同訴訟は合一的処理・確定を要件とするところから、その審理について、二つの問題を生じる。

第一に、原告側について共同訴訟人とすべき者の一部が、訴え提起に同調しない場合である。権利が現に侵害され、あるいは侵害されるおそれがあり、自己の権利を保護しようと積極的に意図しているにもかかわらず、固有必要的共同訴訟とすべき場合であることから、それを構成する一部の者が同調しないために、法的救済の途を閉ざさ

れることは、法的正義に著しく欠ける事態である。他方、訴え提起に同調しないからといって、手続保障を放棄したものでないことはもとより、それを確保する必要性が消滅したことにもならない。両者の利害を調和しながら、問題の解決を図ることが必要になる。(1)

第二に、訴え提起後に、共同訴訟人とすべき者の一部を遺脱していることが判明した場合に、これを補正することができるかという問題である。いったん提起した訴えについて、かりに瑕疵があったとしても、その瑕疵を補正することが可能であれば、当事者に補正する機会を与え、裁判所の実体的判断を得る要件を確保することが、その瑕疵を生じた当事者はもとより、相手方にとっても好ましいことであり、また訴訟経済にも適うことである。これを共同訴訟人とすべき者に一部を遺脱した場合についてみると、共同訴訟参加（五二条）、訴えの主観的追加的併合及び別訴の提起による弁論の併合（一五二条）により、補正する余地がある。(2)

(1) 固有必要的共同訴訟において共同提訴を拒む者への対応　第一説は、共同提訴を拒む者を被告とする（新堂幸司「民事訴訟法理論はだれのためにあるか」判タ二二一号（昭和四三年）（同『民事訴訟制度の役割』（有斐閣、平成五年）四一頁）、小島武司「共同所有をめぐる紛争とその集団的処理」ジュリ五〇〇号（昭和四七年）三三一頁（同『訴訟制度改革の理論』（弘文堂、昭和五二年）一二四頁）、高橋宏志「必要的共同訴訟論の試み（三・完）」法協九二巻一〇号（昭和五〇年）一三二五頁・一三三一頁、同「必要的共同訴訟について」民訴雑誌二三号（昭和五二年）二六頁。いずれも、各当事者の関係は三面訴訟として把握すべしとする）。判例は、土地共有者による境界確定訴訟についてこれを認める（最判(一小)平成一一・一一・九民集五三巻八号一四二一頁）。

しかし、訴え提起後に共同提訴を拒む者が原告と同一の立場で訴訟に加わる途を閉ざすことになるとともに、訴え提起を拒んだことをもって直ちに被告側にまとめることは、他の被告との立場の違いを無視するものであり、便宜的に過ぎる。共同所有者内部における訴訟、共有物分割請求訴訟、境界確定訴訟については同様に解されるが、それらの事案は原告・被告間に立場の差異がない双面性の訴訟であることによるのであり、それをここに借用することは局面が異なっている。前記判例も、共有者による境界確定訴訟という特殊性に照らし、是認できるに止まり、判例理論として一般化して捉えるべきではない（同判決における千種秀夫裁判官の補足意見参照）。

第二説は、実質的に争う意思のない者、所在不明の者は原告に加えることを要しないとする（小島武司・前掲書一二四頁、福永有利「共同所有関係と固有必要的共同訴訟

―原告側の場合」民訴雑誌二一号（昭和五〇年）四〇頁）。法的根拠に欠け、固有必要的共同訴訟とすること自体と矛盾し、問題の解決にならない。

第三説は、選定当事者の応用によるべしとする（小島武司・前掲書一二八頁）。ここでは、共同所有をめぐる紛争を前提にして、個別的授権に基づくのではなく、「十分な代表関係」を肯定できるだけの利害の一致があれば足りるという考え方に支えられている。クラスアクションの理論を借用したものであり、選定当事者の応用という根拠だけでは無理がある。

第四説は、訴訟告知によるとする（小林秀之『新民事訴訟法』（平成九年）四三二頁。山本克己「遺産確認の訴えに関する若干の問題」判タ六五二号（昭和六三年）二八頁注33は、共有者間の遺産確認の訴えについて同旨。なお、谷口安平「多数当事者紛争とデュー・プロセス―アメリカ法の動向から」法学論叢七八巻五号（昭和四一年）二九頁参照）。判例は、訴訟告知をしても、訴訟に当事者として関与することにはならないことを理由に、不適法とする（境界確定訴訟について、最判（一小）昭和四六・一二・九民集二五巻九号一四五七頁）。しかし、共同訴訟人とすべき者と同じ立場で共同提訴を拒む者に訴訟との繋がりを持たせようという発想に裏付けられた考え方であり、さらに訴え提起後も原告と同一の立場で訴訟に加わる途を残している点でも、手続保障の視点から妥当な対応措置であり、この考え方が現行法の枠内では最も妥当である。

このことは、被告側について共同訴訟人とすべき場合にも、同様の問題を生じる。原告の立場において、訴え提起に際して被告とした者が本来被告とすべき者のすべてを包含しているのかという不安が絶えずつきまとい、かりに事実審において勝訴したとしても、上告審にいたり、被告側から一部遺脱の主張があれば、当事者適格の欠缺を理由に訴えが却下され、あるいは下級審に差し戻され、それまでの訴訟活動はすべて無駄になるという危険を背負うこととなる。

こうした場合に、争いのある者だけを被告とすれば足り、共同訴訟人として被告とすべき者が不明のときは知りうる範囲で訴訟追行し、上告審に至り遺脱が判明しても、そこに至るまでの下級審判決は無効ではなく、部分的な解決にとどめるか、差し戻して抜本的な解決を図るかは、裁判所の裁量に委ねるべしとする説がある（小島武司・前掲書一二四頁、松浦馨・判例評論一一五号一三六頁。その背景には、共同訴訟の要否は訴訟の段階によって影響されるとする考え方に基づいている）。部分的解決に止めるか否かの点について、裁判所が判断する権限があるというのは疑問であり、また当事者適格の欠缺により下級審判決を取り消して、訴えを却下するのではなく、差し戻して補正する機会を与えるべきである。

(2)　固有必要的共同訴訟における共同訴訟人とすべき者の一部を遺脱した場合の補正措置　標記の場合における補正措置として、第一に、共同訴訟参加（五二条）がある。原告とすべき者について遺脱していた場合には、その者が積極的に対応する意思があれば、すでに係属中の訴訟に共同訴訟参加することによって瑕疵を補正することができる（第一審において被告側に共同訴訟参加した例として、大判昭和九・七・三一民集一三巻一四三八頁。これに対し、兼子・判例民訴三七六頁は、後述する第二の方法によるべきであるとして、この方法を疑問とする。）。訴訟がすでに上訴審の段階に進んでいる場合であっても、みずから審級の利益を放棄して参加するのであるから、否定する理由はない。その反面で、被告側に遺脱がある場合には、遺脱している者

が積極的に加入しない限り、原告側の主導権で補正できず、決め手とはならない。

第二に、訴えの主観的追加的併合である。第一の方法と同様に、原告側と被告側のいずれに遺脱があっても、原告側の主導権により補正できる長所がある。もっとも、訴訟がすでに上訴審に至っている場合には、新たに加入する被告側の者について審級の利益を保護する必要性から、採用できない制約がある。さらに、この併合形態そのものについて、判例が否定的であるという障害がある（最判（三小）昭和六二・七・一七民集四一巻五号一四〇二頁。六三二頁参照）。

第三に、別訴の提起を提起し、係属中の訴訟と弁論を併合する方法（一五二条）である。明文規定に基づく点で、無理がなく、さらにたとえ被告側に欠缺の瑕疵があっても、原告側の主導権で補正できる点に長所が認められる。その反面で、第二の方法と同様に、訴訟がすでに上訴審に至っている場合には、利用できない制約がある。

第二款　類似必要的共同訴訟

第一項　類似必要的共同訴訟の構造

類似必要的共同訴訟とは、訴えを提起するについて共同訴訟人とすべき者が全員集合していることは要しないが、いったん共同して訴え提起した場合には、合一的に確定されることを要する共同訴訟形態をいう。民事訴訟は紛争の当事者間かぎりで相対的に解決を図るという原則を、訴え提起の段階では尊重しつつ、他方、訴訟の完結の段階では、合一的な確定を図るという構造である。したがって、個別的訴訟の提起を認めるものの、判決の効力は当事者間限りで相対的に生じることに着目し、判決の効力が及ぶ者について、共同訴訟形態をとっている利点を生かして統一的な処理を図ることは、原告・被告のいずれの当事者にとっても不都合であることはなく、裁判所にとっても、訴訟効率に適う点で訴訟経済に合致する。

第二項　類似必要的共同訴訟の判断基準と類型

類似必要的共同訴訟の構造を踏まえて、その判断基準について考えると、共同訴訟人の一人に対する判決の効力が、他の共同訴訟人にも及ぶことから、訴訟の完結が区々になることは法律上許容できない場合であると解する。したがって、ここにいう判決の効力は、既判力を意味し、その他の効力は含まれない（鈴木正裕「判決の反射的効果」判タ二六一号（昭和四六年）一五頁以下は、反射効が及ぶ場合にまで、類似必要的共同訴訟を認める。九〇九頁参照）。

これを具体的事例についてみると、複数の債権者による代位訴訟（兼子・条解一六九頁〔新堂〕。三ケ月・全集二一九頁は、通常共同訴訟とする。）、債権者による代位訴訟に債務者が共同訴訟参加した場合（池田辰夫『債権者代位訴訟の構造』（信山社、平成七年）一〇〇頁。これに対し、高橋宏志「必要的共同訴訟と上訴」小室直人・小山昇先生還暦記念『裁判と上訴（中）』（有斐閣、昭和五五年）五七頁注4は、合一確定の必要のない固有必要的共同訴訟とする。）、複数の者による会社設立無効の訴え（商一三六条）・株主総会決議取消又は不存在ないし無効の訴え（同二四七条・二五二条）、複数の株主による代表訴訟（同二六七条。最判（二小）平成一二・七・七民集五四巻六号一七六七頁）、複数の者による住民訴訟（地自二四二条の二。最判（二小）昭和五八・四・一民集三七巻三号二〇一頁、最判（大）平成九・四・二民集五一巻四号一六七三頁）等である。さらに、執行法については、差押債権者による取立訴訟において、他の差押債権者が共同訴訟参加命令（民執一五七条一項）に基づき訴訟参加した場合、差押債権者による取立訴訟が競合していて訴訟参加命令が発せられた場合は、いずれも類似必要的共同訴訟に転化する（香川保一監修『注釈民事執行法6』（きんざい、平成七年）六〇三頁・六〇五頁〔田中康久〕、三ケ月「取立訴訟と代位訴訟の解釈論的・立法論的調整」法協九一巻一号（昭和四九年）〔同・研究七巻一一六頁〕、山口繁「差し押えた債権の取立てと転付」竹下守夫・鈴木正裕編『民事執行法の基本構造』（西神田編集室、昭和五六年）四七九頁）。倒産法制については、複数の異議対象が同一である異議者との破産債権確定訴訟（破二四四条・二五〇条）・更生債権又は更生担保権確定訴訟（会更一四七条。兼子・体系三八五頁、中田淳一『破産法・和議法』（有斐閣、昭和三四年）二二二頁、新堂・六七一頁。これに対し、五十部豊久「破産債権の確定と共同訴訟」兼子博士還暦記念『裁判法の諸問題　下』（有斐閣、昭和四五年）四二〇頁、兼子一監修『条解会社更生法・中』（弘文堂、昭和四八年）七三九頁は、固有必要的共同訴訟とするが、もともと単独でも当事者適格を有するので、妥当でない。）、有名義債権に対する数人の異議者による破産債権確定訴訟（破二四八条二項・二四四条二項）・更生債権又は更生担保権確定訴訟（会更一五二条二項・一四七条三項）、民事再生手続において、再生債権査定の裁判に対する異議等のある再生債権を有す

る再生債権者による複数の異議者に対する異議の訴え（民再一〇六条三項）等である。

第三項　類似必要的共同訴訟の審理

類似必要的共同訴訟の審理については、原則として、固有必要的共同訴訟におけると同様であるので（六一三頁参照）、異なる点についてのみ述べることとする。

終局判決に対し共同訴訟人の一人が上訴すれば、固有必要的共同訴訟と同様に、全員のために判決の確定が遮断され、事件全体が上級審に移審する効力を生じる（四〇条一項。同条を基軸に合一確定の規律に新たな検討を試みるものとして、高田裕成「いわゆる類似必要的共同訴訟関係における共同訴訟人の地位」新堂幸司先生古稀祝賀『民事訴訟法理論の新たな構築・上巻』（有斐閣、平成一三年）六四五頁以下参照）。この場合に、判例は、共同訴訟人全員が上訴人になるとしていた（最判（二小）昭和五八・四・一民集三七巻三号二〇一頁）が、後に判例変更し、住民訴訟の類似必要的共同訴訟について、上訴しなかった共同訴訟人は、上訴人にはならず、上訴をした共同訴訟人のうちの一部の者が上訴を取り下げた場合は、その者は上訴人ではなくなるとした（最判（大）平成九・四・二民集五一巻四号一六七三頁）。上訴の意思もなく上訴審における訴訟追行の意思もない共同訴訟人に上訴人としての地位を擬制し、みずから上訴した共同訴訟人と同様に位置付けることを疑問とし、上訴した共同訴訟人は、上訴しない者のために、「審級かぎりでの訴訟担当」と構成し、「緩和された形式での選定当事者」とみるべしとする主張がみられ（井上治典「多数当事者訴訟における一部の者のみの上訴」甲南法学一五巻一・二合併号（昭和五〇年）〔同『多数当事者訴訟の法理』（弘文堂、昭和五六年）二〇四頁〕。前掲最判（二小）昭和五八年四月一日の木下忠良裁判官の反対意見参照）、好意的に受け止められていた（兼子・条解一七〇頁〔新堂〕。高橋宏志「必要的共同訴訟と上訴」『裁判と上訴（中）』小室直人・小山昇先生還暦記念（有斐閣・昭和五五年）五五頁以下は、共感を示すものの、必要的共同訴訟の尺度で捉えることを疑問とする。）。新判例は、こうした状況を踏まえて住民訴訟における多数者を原告とした場合に、実務上の難点をも斟酌して（高橋利文「片面的対世効ある判決と必要的共同訴訟人の一部の者の上訴」貞家最高裁判事退官記念論文集『民事法と裁判・下』（きんざい、平成七年）一七八頁以下・特に一八六頁以下）、類似必要的共同訴訟に一般化することを慎重に避け、住民訴訟について判例変更したものと捉えるのが相当であり、その限度で妥当と解する（徳田和幸「複数住民の提起した住民訴訟と上訴」原井龍一郎先生古稀祝賀『改革期の民事手続法』（法律文化社、

平成一二年）四一三頁以下は、判旨を是認しつつ、上訴しなかった者への通知の必要性を指摘するが、むしろその点に昭和五八年判決における実務上の難点があったのである。）その後、複数の株主の提起した株主訴訟について、踏襲されている（最判(二小)平成一二・七・七民集五四巻六号一七六七頁）。

第三款　通常共同訴訟と必要的共同訴訟の交錯

個別の共同訴訟のうち、これまで問題とされた場合を抽出し、合一的に処理し、確定することを要するか否かを、これまで検討してきたところに基づき検討し、具体的妥当性を検証する。

一　債権者の主債務者および保証人に対する訴訟

債権者が債務者と保証人を共同被告として提起した訴えについて、判例は、権利関係が合一に確定されなければ訴えの目的が達せられないものではないことを理由に、通常共同訴訟であるとする（最判(一小)昭和二七・一二・二五民集六巻一二号一二五五頁）。学説も、多くは判旨を支持している（可部恒雄「主債務者および保証人を共同被告とする訴訟の取扱」兼子一編『実例民事訴訟法・上巻』（青林書院、昭和三八年）一二四頁、三ケ月・判例民訴二二七頁、中田淳一・判例研究一五〇頁）。この点について、債権者・主債務者間の判決は保証人に対し反射的効力を生じるとして、共同訴訟的補助参加をしたような必要的共同訴訟とみる説（鈴木正裕「判決の反射的効果」判タ二六一号（昭和四六年）一五頁）、論理上合一に確定すべきであるが、法律上合一にのみ確定すべき場合に該当しないことを理由に、準必要的共同訴訟と解する説（中村英郎「特別共同訴訟理論の再構成」中村宗雄先生古稀祝賀記念論集『民事訴訟の法理』（敬文堂、昭和四〇年）一八七頁〔同『民事訴訟におけるローマ法理とゲルマン法理』（成文堂、昭和五二年）二〇九頁〕）、共同訴訟の規制の流動化を提唱し、主債務者と保証人について訴訟共同の必要性を認め、訴訟物の同一を必要としないという前提に立って、必要的共同訴訟とする説（高橋宏志「必要的共同訴訟論の試み（三・完）」法協九二巻一〇号（昭和五〇年）一三二二頁、同「必要的共同訴訟について」民訴雑誌二三号（昭和五二年）四〇頁・五四頁）がある。しかし、債権者の主債務者に対する請求と保証人に対する請求は、訴訟物が別個であり、合一的に処理し、確定しなければならないわけではなく、さらに保証債務の附従性（民四四八条）による反射的効力を肯定する立場によっても、そのことからただちに合一に確定すべき決め手を見出すことは困難である。

二　数人を被告とする登記請求訴訟

登記が順次移転し、関連する登記が複数存在する場合に、それら各登記の抹消請求は、必要的共同訴訟を形成するかが問題になる。判例についてみると、大審院は、登記名義人全員を共同被告とする固有必要的共同訴訟とし（大判明治三六・七・六民録九輯八五六頁）、その後、現在の登記名義人だけを被告とすべしと変更した（大判明治四四・五・一六民録一七輯二九九頁）。しかし、不動産の所有者が強制競売による競落人及び転得者に対し所有権取得登記及び所有権移転登記の各抹消請求する場合について、類似必要的共同訴訟としていた（大判昭和四・六・一民集八巻五六五頁）。これに対し、最高裁は、競売の無効を主張して買受人及び転得者に対し各登記抹消請求する場合（最判(二小)昭和二九・九・一七民集八巻九号一六三五頁）、不動産売買の不存在を主張して所有権移転登記を受けた者及び同人から抵当権設定登記を得た者に対し各登記抹消請求する場合（最判(二小)昭和三一・九・二八民集一〇巻九号一二一三頁）に、いずれも通常共同訴訟とする。学説も、一般的には判例を支持している（中田淳一・判例研究二二四頁、三ケ月・判例民訴一一六頁）。これに対し、合一確定を求める考え方も一部に見られる（五十部豊久「必要的共同訴訟と二つの紛争類型」民訴雑誌一二号（昭和四一年）一九二頁以下は、固有必要的共同訴訟説を主張し、中村英郎「特別共同訴訟理論の再構成」中村宗雄先生古稀祝賀記念論集『民事訴訟の法理』（敬文堂、昭和四〇年）一八七頁（同『民事訴訟におけるローマ法理とゲルマン法理』（成文堂、昭和五二年）二〇九頁・二一〇頁注3）は、準必要的共同訴訟説を主張するとともに、真の所有者が登記名義人及びこれより抵当権の設定を受けた者に対し、第一に自己の所有権の確認を求める場合には、この場合に限り、類似必要的共同訴訟となるとする）。登記の順次移転している場合における各登記の抹消請求は、意思表示を求めるものであって、実体法上判決内容が区々になることは、弁論主義の下では当然ありえることであって、たとえそれが目的と手段の関係にあって、全員に対し請求認容判決を取得しないと終局的目的を適えることができなかったとしても、そのことをもって必要的共同訴訟にいう合一確定の要件をみたすことにはならない（高橋宏志・法協九九巻五号七九二頁。民法の視点から、幾代通『登記請求権』（有斐閣、昭和五四年）一〇二頁は、同旨）。したがって、判例の立場が妥当である。

第四節　同時審判申出共同訴訟

第一款　同時審判申出共同訴訟の構造

同時審判申出共同訴訟とは、共同被告の一方に対する訴訟の目的である権利と共同被告の他方に対する訴訟の目的である権利とが法律上併存し得ない関係にある場合に、原告の申出により同時審判される訴訟をいう（四一条）。複数の被告に対する請求が実体上両立しえない関係にある場合に、統一的な審理を保障する措置は、旧法では設けられていなかった。これらの請求を単純に併合請求すると、もともと両者は実体上両立し得ない場合であるから、原告の両者に対する請求に矛盾を生じるおそれがある。別個に訴え提起すると、一方の訴え提起を受けた裁判所では請求を棄却し、他方の訴え提起を受けた裁判所でも請求を棄却し、共同被告のいずれに対しても敗訴する事態もあり得る（例えば、工作物責任における占有者に対する請求と所有者に対する請求）。あるいは、一方の被告に対して主位的に請求し、他方の被告に対して予備的に請求する訴えの主観的予備的併合の形態を採ることも考えられるが、この訴訟形態の適法性自体について見解が分かれている（特に、最判(二小)昭和四三・三・八民集二二巻三号五五一頁は、許されないとした。六二八頁参照）。そこで、当事者の便宜を図り、前述のように両者の判断が区々になっていずれについても救済されないという事態を避けたいという原告の意思を尊重し、申出による同時審判の保障という形をもって立法化したのである（法務省民事局参事官室編『一問一答新民事訴訟法』五九頁）。その性質は、通常共同訴訟であることに変わりはない（高見進「同時審判の申出がある共同訴訟」ジュリ一〇九八号（平成八年）三七頁は、通常訴訟と必要的共同訴訟との中間形態であるという。）。

第二款　同時審判申出共同訴訟の要件

同時審判申出共同訴訟は、共同被告の一方に対する訴訟の目的である権利と共同被告の他方に対する訴訟の目的である権利とが法律上併存し得ない関係にある場合に、原告の申出により形成される。

一　共同被告の一方に対する訴訟の目的である権利と共同被告の他方に対する訴訟の目的である権利とが法律上併存し得ない関係にある場合

複数の被告に対する権利が法律上併存し得ない場合である。例えば、契約の相手方に対する履行請求とその無権代理人に対する損害賠償請求（民一一七条一項）、工作物の瑕疵に基づく占有者に対する損害賠償請求と所有者に対する損害賠償請求（民七一七条）等、一方の請求における請求原因事実が他方の請求の抗弁事実を構成する等主張の局面で両立し得ない場合である（法務省民事局参事官室編・前掲書五八頁）。これに対し、事実上併存し得ない場合は、対象にならない（法律上併存し得ない場合も、事実認定に係ってくるので、これら二つの場合を明確に区別することは、本来困難なことであり、その点で立法として法律上併存し得ない場合に限定したことが妥当であるかは、疑問が残る。上北武男「同時審判の申出がある共同訴訟の適用範囲に関する一試論」白川和雄先生古稀記念『民事紛争をめぐる法的諸問題』（信山社、平成一一年）六一三頁以下・特に六二五頁は、解釈論として事実上併存し得ない場合も対象とする。）。例えば、契約の相手方や不法行為の加害者が複数のうちのいずれであるか明らかでない場合である（法務省民事局参事官室編・前掲書五九頁）。もっとも、そうした請求を審理する際に、裁判所が同条の趣旨を踏まえた訴訟指揮をし、さらに類推適用することは可能である（最高裁判所事務総局民事局「新民事訴訟法及び新民事訴訟規則についての説明事項」同監修『民事訴訟手続の改正関係資料（3）』（民事裁判資料二二一号）（平成一〇年）三八八頁）。

二　原告による同時審判の申出

(1)　同時審判申出共同訴訟は、当事者の申出による場合に限り、裁判所が職権で決定するわけではない（もっとも、訴訟指揮権に基づく弁論の併合によることは可能である。）。申出は、原告のみができ（四一条一項）、被告が申し出ることはできない。複数の原告による権利については、認められていない。申出は、期日においてする場合を除き、書面でしなければならない（規一九条二項）。

(2)　原告の同時審判の申出は、訴え提起と同時にできるが、必ずしもそれに限らない。控訴審の口頭弁論終結時まで、申し出ることができる（四一条二項）。また、その時までは、いつでも申出を撤回することができる（規一九条一項。例えば、一部の被告との間で早期に判決を望むこととなった場合である。）。申出の撤回は、期日においてする場合を除き、書面でしなければならない（同条二項）。

第三款　同時審判申出共同訴訟の審判

一　弁論・裁判の分離の禁止

同時審判の申出があると、弁論及び裁判を分離することは禁止され（四一条一項）、共同訴訟として併合して審理することが保障される。それにより、共同訴訟人間に証拠共通の原則が働き、判断に区々を生じないこととなる（法務省民事局・前掲書一問一答六〇頁は、特にこの点を指摘する。）。もっとも、弁論及び裁判を分離することが禁止されるに止まり、通常共同訴訟であることに変わりはないので、その他の点では、共同訴訟人独立の原則（三九条）が適用される。[1] 被告の一人に中断・中止事由が生じても、その者についてのみ効力が及ぶに止まり、他の被告に関する訴訟の進行は妨げられない（高田裕成「同時審判の申出がある共同訴訟」『新民事訴訟法大系・第一巻』（青林書院、平成九年）一九〇頁は、共通判決を確保する趣旨から、訴訟手続が中断・中止することを認める。）。被告の一人との間で、判決によらない訴訟の完結を図ることも可能であり、それによって他の共同被告との関係は影響を受けない。

原告の申出があったにもかかわらず、弁論を分離することは、違法であるが、原告がただちに異議を述べなければ、訴訟手続に関する異議権を失う（申出の黙示の撤回を生じるとするのは、撤回には原則として書面によることを要すること（民規一九条二項）に照らし、妥当でない。）。

（1）　同時審判申出共同訴訟と共同訴訟人独立の原則　　同時審判申出共同訴訟は、基本的に通常共同訴訟としての性質を保持していると解すると、共同訴訟人独立の原則が適用される。したがって、被告の一人との訴訟行為を他の共同被告のために、弁論の全趣旨として斟酌できることとなるが、これらの共同訴訟人の間で相互に矛盾した主張を形成するので、弁論の全趣旨により

認定することには慎重な判断が必要になる。同様のことは、共同訴訟人間の証拠共通の原則を適用するについても、当てはまることである。しかし、この訴訟形態を法定化した趣旨が、事実認定が区々になることによって生じる難点を避けることにある点に照らすと、積極的な対応が必要となる（徳田和幸「同時審判申出共同訴訟と共同訴訟人独立の原則」佐々木吉男先生追悼論集『民事紛争の解決と手続』（信山社、平成一二年）一二六頁以下参照）。

二　控訴審における審理の併合

共同被告の一人の又は一人に対する控訴が提起されると、その当事者間に関する限りで判決確定の遮断及び移審の効力を生じる。さらに、別の被告の又は別の被告に対する控訴が提起され、同一の控訴裁判所に別個に訴訟係属すると、第一審ですでに同時審判の申出があったときは、弁論及び裁判を併合しなければならない(2)（四一条三項。上告審は法律審であることから、同条項は適用されない）。第一審で同時審判の申出がないときは、同条項の適用を受けないが、控訴審でも口頭弁論終結時まで、同時審判を申し出ることができる（四一条二項）。

(2)　同時審判申出共同訴訟と上訴手続　同時審判申出共同訴訟を定める四一条は、上訴手続との関係で二つの問題がある。第一に、共同被告の一人の又は一人に対する控訴により、他の共同被告について移審の効力を認めていないことである。そのため、共同被告の一人に対して請求認容判決を取得した原告は、他の共同被告が控訴した場合に、二重敗訴を避けるために、控訴する必要を生じる。その結果、本来必要としない上訴を誘発させるような制度は妥当かという疑問を生じる（高田裕成「同時審判の申出がある共同訴訟」『新民事訴訟法大系・第一巻』（青林書院、平成九年）一八六頁）。第二に、被告にとって原告の共同被告に対する敗訴判決が自己に不利益に作用することから、この取消しを求める地位を保障する措置に欠けていることである（高田・前掲書一八六頁）。これらの点は、訴えの主観的予備的併合の存続を肯定させる方向に機能する要因を形成している。

第二章　訴訟主体の複合形態の発生

訴訟主体の複合形態を発生手続の側面からみると、大別して訴えの主観的な各種併合と訴訟参加がある。その他に、単一当事者間の訴訟は、弁論が併合された場合（五一四頁）、複数の者によって訴訟承継された場合（六七九頁）に、訴訟主体の複合形態を生じる。

第一節　訴訟主体の併合形態

第一款　訴えの主観的併合

一　訴えの主観的併合の構造

訴えの主観的併合とは、複数の原告による各請求又は複数の被告に対する各請求を、一つの訴えで同時に審判を申し立てる併合形態をいう。共同訴訟の形態として、最も一般的な発生手続である。

二　訴えの主観的併合の要件

(1)　主観的要件　複数の者による又は複数の者に対する請求を、一つの訴えで同時に審判を申し立てるので、各自の請求相互の間に同時に審判することを正当化する関連性ないし共通性のあることが要求される。それは、①権利・義務の共通性、②事実上及び法律上の原因の同一性、③権利・義務と事実上及び法律上の原因の同種性、と

いう三つの要件のいずれかを満たすことを要する（三八条。その内容は通常共同訴訟の要件でもある。五九九頁参照）。もっとも、これらの要件は、請求相互間に関連性も共通性もないにもかかわらず、原告の意思によって共同審判を受けることを強制される被告の不利益を防ぐことにあるので、被告が甘受し、もしくは特に異議がなければ、それらの要件を欠いていても差し支えなく（大判大正六・一二・二五民録二三輯二二二〇頁）、裁判所が職権をもって顧慮しなければならない事項ではない。

(2)　客観的要件　訴えの主観的併合は、請求も当然に複数であり、訴訟の客体である請求の併合を伴うので、その要件を満たしていることを要求される。したがって、同種の訴訟手続による請求であること（一三六条）、共通の管轄権を有すること（七条。但し前記③の場合を除く）を要する。

三　訴えの主観的併合の審理

請求相互間について審判の申立てる順位はなく、裁判所はすべての請求について審判しなければならない。これらの請求について共同審理をしなければならない法的制約はないので、訴訟審理が複雑化し審理が遅滞すること等の事態が懸念される場合には、裁判所が訴訟指揮権に基づき弁論を分離することは可能である。

第二款　訴えの主観的予備的・選択的併合

第一項　訴えの主観的予備的併合

一　訴えの主観的予備的併合の構造

訴えの主観的予備的併合とは、複数の原告による各請求又は複数の被告に対する各請求が、実体上両立し得ない関係にある場合に、原告がいずれか一方の請求を主位的に主張し、それが認容されることを解除条件として、予備

的に他の請求の審判を申し立てる併合形態をいう。例えば、主位的に契約の相手方に対する履行請求をし、予備的にその無権代理人に対する損害賠償請求する場合（民一一七条一項）、主位的に工作物の瑕疵に基づく占有者に対する損害賠償請求し、予備的に所有者に対する損害賠償請求する場合（民七一七条）、債権の譲受人が主位的に履行請求し、債権譲渡が無効とされることを慮って、譲渡人が予備的に履行請求する場合等である。これらの請求を単純に併合請求すると、もともと両者は実体上両立し得ない場合であるから、特に原告の両者に対する請求に矛盾を生じるおそれがある。別個に訴え提起すると、一方の訴え提起を受けた裁判所では請求を棄却し、他方の訴え提起を受けた裁判所でも請求を棄却し、共同被告のいずれに対しても敗訴する事態もあり得る。そうした事態を回避するために、提唱された併合形態である。

二　訴えの主観的予備的併合の審理

旧法の下で、最高裁は訴えの主観的予備的併合を不適法としたが、特に理由は付せられていない（最判（二小）昭和四三・三・八民集二二巻三号五五一頁）。しかし、その後も肯定的に解する下級審裁判例は少なくなく、学説も一部に否定説があった（木川統一郎「主観的予備的併合不要論」判タ七七八号（平成四年）（同『民事訴訟法改正問題』（成文堂、平成四年）二〇七頁以下））が、むしろ肯定説が有力であった[2][3]（判例及び学説の動向について、小山昇「訴えの主観的・予備的併合」『実務民事訴訟講座1』（日本評論社、昭和四四年）（同・著作集第四巻二九三頁以下）、井上治典「訴えの主観的予備的併合」『講座民事訴訟2』（弘文堂、平成四年）（同『多数当事者の訴訟』（信山社、平成七年）三頁以下）。これに対し、『注釈民事訴訟法（2）』（有斐閣、平成四年）二二頁〔上田〕、河野正憲「訴えの主観的予備的併合」中野貞一郎先生古稀祝賀『判例民事訴訟法の理論・上』（有斐閣、平成七年）五〇七頁以下・特に五二五頁は、両請求を予備的としてではなく、順位的併合と理解すべきであるとする。）。

この併合形態は直接実定法上の根拠はないが、訴訟行為に条件を付することの許される場合という視点から捉えると、十分に法的根拠を認めることができる。最も重要な問題は、上訴審を視野に入れると、裁判の統一を保障できるかという点である。審理の構造を被告側の主観的予備的併合の場合についてみると、主位的請求を認容する場合は、予備的請求について審判する必要がなく、逆に主位的請求を棄却する場合は、予備的請求について審判する

こととなる。

前者の場合に、主位的被告が控訴すると、予備的請求の性質に基づき、一体として判決の確定が遮断され、控訴審に移審する。

後者の場合に、予備的被告が控訴すると、同様に一体として判決の確定が遮断され、控訴審に移審する。予備的被告が控訴人、原告が被控訴人となり、主位的請求の関係については、主位的被告は原審で勝訴しているので控訴の利益はなく、被控訴人となり、原告は主位的請求を棄却されているので、控訴人となる。もとより、原告が控訴しないことも可能である。たとえその場合でも、予備的被告は、主位的請求について原告の請求が認容されることに利益があることに着目して、原審で主位的請求が棄却されたことについて不服の利益があり、控訴することができる（訴えの主観的予備的併合は、訴訟構造が主位的請求を前提として構成されているので、予備的被告が予備的請求敗訴について控訴するには、原告の請求が棄却された主位的請求についても控訴することと一体になってはじめて成り立っている。）。この点について、共同被告の一方と原告との間で、他の被告に対する請求について、訴訟告知をしたのと同様に解し、予備的被告の控訴の利益を根拠づけるとともに、かりに予備的被告が原告の主位的請求棄却判決に対し控訴しないで確定すると、参加的効力によって、上訴審で原告に対してこれに反する主張ができなくなるので、常に上訴したものとみなければならないとする考え方がある（兼子・体系三八八頁）。しかし、原告が主位的請求について控訴しない場合に、そうした理解は擬制に等しく、むしろ予備的請求の構造である主位的請求と予備的請求の一体的審理という本質に着目すると、四〇条を準用して理論構成すれば足りるとともに素直な理解である。

（2）　同時審判申出共同訴訟と訴えの主観的予備的併合　　新法において同時審判申出共同訴訟の規定が設けられたことにより、訴えの主観的予備的併合は確定的に不適法となったのか、あるいはなお存在意義とその余地があるかが問題になる。学説の多くは、適法とする（高田裕成「同時審判の申出がある共同訴訟」『新民事訴訟法大系一巻』（青林書院、平成九年）一九三頁。中野貞一郎『解説新民事訴訟法』（有斐閣、平成九年）七〇頁は、否定する趣旨ではないとしつつ、その余地はほとんどないとする。これに対し、高見進「同時審判

の申出がある共同訴訟」ジュリ一〇九八号（平成八年）三六頁は、不適法とする。）。上訴手続との関係で、同時審判手続を確保する措置が設けられていないので、今後も存在意義があると解する。

（3）　行政事件訴訟と訴えの主観的予備的併合　　行政事件訴訟における主観的予備的併合について、判例は、民事事件における前記最判昭和四三年以前に、主位的に農業委員会に対し宅地買収計画取消請求し、予備的に同被告に対し買収対価増額請求した事案について、出訴期間を経過した右予備的請求を適法とした（最判(一小)昭和三七・二・二二集一六巻二号三七五頁）。本判決は、農業委員会に対する買収計画取消請求と、国に対する買収対価増額請求を予備的併合請求することを適法とすることを前提とするものと解されいる（渡部吉隆『最高裁判所判例解説民事篇・昭和三七年度』六六頁。古崎慶長「行政訴訟上の主観的予備的併合について」民商八七巻一号（昭和五七年）〔同『国家賠償法研究』（日本評論社、昭和六〇年）二四五頁〕は、これを疑問とし、その点の先例的意義を否定する。）。学説は、主位的被告と予備的被告の間に行政主体と行政機関の一体性が認められる場合には、肯定する傾向にある（矢野邦雄「関連請求の併合とその問題点」『実務民事訴訟講座8』（昭和四五年）一八九頁以下、古崎・前掲書二五九頁、南博方編『条解行政事件訴訟法』（弘文堂、昭和六二年）五三三頁以下〔宍戸達徳＝金子順一〕）。前記判例をもって、行政訴訟における主観的予備的併合を認めた判例と解するのは困難であるが、学説の基本的立場は是認できる。

第二項　訴えの主観的選択的併合

一　訴えの主観的選択的併合の構造

訴えの主観的選択的併合とは、複数の原告による各請求又は複数の被告に対する各請求が、実体上両立し得る又は両立し得ない関係にある場合に、いずれかの請求の認容されることを選択的に主張し、それが認容されることを解除条件として他の請求の審判を申し立てる併合形態をいう（井上治典「訴えの主観的選択的併合の適否」判タ二八一号（昭和四七年）〔同『多数当事者訴訟の法理』（弘文堂、昭和五六年）一八一頁〕。これに対し、瀧川叡一「請求の主観的択一関係と共同訴訟」判タ二〇〇号二四頁〔本井巽＝中村修三編『民事実務ノート・第二巻』（判例タイムズ社、昭和四三年）一〇八頁〕は、両立しえない関係にある請求に限定する。多くはそのような場合であるが、それに限定すべき根拠はない。）。

二　訴えの主観的選択的併合の審理

訴えの主観的予備的併合は、本来請求の選択的関係がある場合の理論構成であり、したがってその審理の理論的面では多くの点で重なるので、訴えの主観的選択的併合の審理は、予備的併合の場合に準じて考えれば足りるとい

える（もっとも、予備的併合の場合は選択的関係にない場合もある。瀧川・前掲書一一三頁）。予備的併合か選択的併合かは、当事者の請求の趣旨によって決まる。

第三款　訴えの主観的追加的併合

一　訴えの主観的追加的併合の構造

訴えの主観的追加的併合とは、訴訟係属中に、原告の第三者に対する請求又は第三者の被告に対する請求を追加し、併合して審判を求める訴えの併合形態をいう。一般的に、訴訟係属後に当事者とすべき者の存在が判明した場合に、すでに係属中の訴訟を活用して共同審判を図る措置として機能する(1)。例えば、固有必要的共同訴訟において共同訴訟人とすべき者を遺脱した場合に、その欠缺を補正する措置として有効である。とりわけ、原告側の主導権の下で行うことができる点に特徴がある。また、別訴を提起し弁論の併合による方法も考えられるが、それと比較して、裁判手数料を新たに納付することも必要でなく（九条）、併合請求による管轄を取得すること（七条）等の法的利益を認めることができる。

旧法の下で、最高裁は、新訴の提起による手数料の納付に係る補正命令に従わなかったために訴えが却下され、その前提として訴えの主観的追加的併合の可否が争いとなった事案において、これを不適法とし、その理由として、明文の規定がないこと、新訴につき旧訴の訴訟状態を利用できるか問題があること、訴訟経済に適うものでもなく、訴訟を複雑にする弊害も予想されること、軽率な提訴又は濫訴の増加が予想されること、新訴の提起の時期によっては訴訟遅延を招きやすいことを上げている（最判(三小)昭和六二・七・一七民集四一巻五号一四〇二頁）。そして、訴訟係属後に第三者に対する請求を旧訴に追加して一個の判決を得ようとする場合は、共同訴訟の要件を満たしていても、別訴を提起し、口頭弁論の併合を裁判所に促す方法によるべきであるとする。これに対し、学説は、訴えの主観的追加的併合の有する機能は、

別訴の提起による弁論の併合の方法により解決できるとして判例を支持する説もある（瀧川・前掲書一四一頁、谷口安平「主観的追加的併合」中野貞一郎先生古稀祝賀『判例民事訴訟法の理論(上)』（有斐閣、平成七年）五五一頁）が、多くは有効な機能に着目して適法とする立場にある（兼子・体系三八八頁を嚆矢とする。）。

(1)　係属する訴訟への第三者の引込み　すでに係属する訴訟を活用して共同審理の枠を広げることは、紛争の集約的な処理を可能にする点で有効かつ適切であるという視点から、学説は拡大させる傾向にあり、第三者が被告の共同訴訟人として参加する場合、被告が第三者を原告の共同訴訟人として追加する場合（山木戸克己「追加的共同訴訟」神戸法学雑誌六巻一・二号（昭和三一年）〔同『民事訴訟理論の基礎的研究』（有斐閣、昭和三六年）七九頁〕。後者の場合の一例である求償請求訴訟、真実の義務者に対する請求の併合審判について、井上治典「被告による第三者の追加」甲南法学一一巻二・三号（昭和四六年）〔同『多数当事者訴訟の法理』（弘文堂、昭和五六年）一五四頁〕は、訴訟告知を一歩進めた訴えの主観的追加的併合と位置付ける。）等を上げる。これらの場合について係属中の訴訟と併合審判する意義は十分に首肯できるが、訴えの主観的追加的併合として扱うべきであるとするのは、判例の立場をかえって是認することになるのであり、むしろ第三者に対する反訴として対処するのが妥当と解する。これに対し、第三者の引込み形態を塡補型、転嫁型、権利指名型に三分類する見解に同調し、被告と引き込まれる第三者の利益を比較考量し、保証債務の履行請求された被告が求償義務者である主債務者を引き込む塡補型の場合及び債務の履行請求された被告が自称債権者を引き込む権利指名型の場合（民執一五七条一項参照）は是認できるとするが、不法行為に基づく損害賠償請求された責任転嫁型の場合は、被告にそれだけの利益がないとして否定するともに、前二者についても、裁判所の積極的な裁量を評価し別訴の提起による弁論の併合によるべしとする見解がある（伊藤眞「第三者の訴訟引込み」『新・実務民事訴訟講座3』（日本評論社、昭和五七年）一四六頁以下）。しかし、比較考量の視点から処理すべき局面ではなく、その前提とする三類型の考え方（霜島甲一「当事者引込みの理論」判タ二六一号（昭和四六年）一八頁）自体も、単に現象面にとらわれて分類したすぎず、そこには明確な基準もなく、いずれの点でも疑問である。

二　訴えの主観的追加的併合の要件

(1)　併合請求の関連性　すでに係属中の訴訟に後から第三者に係る請求を追加して併合審理を求める点に特徴があるので、両者の請求の間に、権利又は義務が共通であるとき、又は同一の事実上及び法律上の原因に基づくときであることを要する（三八条前段参照。山木戸克己「追加的共同訴訟」神戸法学雑誌六巻一・二号（昭和三一年）（同・前掲書八二頁））。

(2)　審級の利益　第三者に対する請求を併合する場合は、その第三者の審級の利益を保護するために、訴訟が

第一審に係属中であることを要する。これに対し、第三者が被告に対する請求を併合する場合は、みずから審級の利益を放棄する意思をもってすでに係属する訴訟に併合審理を求めるのであり、その争点がすでに第一審で審理の対象になっていれば被告が審級の利益を害されるおそれもないので、許容される。また、追加的に併合された請求が、係属中の請求と両立しえない場合には、同時審判を申し立てることができる（四一条）。

三　訴えの主観的追加的併合の審理

訴えの主観的追加的併合は、実体関係の変動により、従前の当事者が訴訟追行権を失ったのではなく、その点では訴訟承継とはまったく別の状況にある。したがって、併合請求した第三者は、従前の訴訟状態を承継するわけではない。もっとも、すでに係属中の訴訟における証拠調べの結果、他の共同訴訟人のそれまでの主張、訴訟行為の効果を援用することは可能である（山木戸・前掲書八四頁）。

出訴期間の定めがある場合は、新訴の提起の時を基準として判断すべきであるとされるが（兼子・体系三八八頁）、当初の訴え提起の時点で出訴期間を遵守していれば、さかのぼって効力を生じるものと認めるのが相当である。

第四款　共同訴訟参加

一　共同訴訟参加の構造

第三者が係属中の訴訟に原告又は被告の共同訴訟人として加入する形態を、共同訴訟参加という（五二条）。その立法趣旨は、訴訟の目的が当事者の一方及び第三者につき合一に確定することを必要とする共同訴訟において、共同訴訟人となるべき者が訴訟に関与していない場合に、そのような者が共同訴訟人として訴訟に参加できることは便宜であることに着目して、旧法に改正した際に新設し（司法省編纂『民事訴訟法中改正法律案理由書』（大正一五年）四〇頁）、新法五二条に引き継がれてい

る。その機能には、当事者適格の欠缺の補正という側面と共同訴訟の追加という側面とがある。

二　共同訴訟参加の要件

(1)　訴訟の目的が当事者の一方及び第三者について合一にのみ確定すべき場合であること　係属中の訴訟の判決の効力が参加人と相手方の間にも及び、類似必要的共同訴訟を形成する場合である。ここにいう判決の効力は、既判力のみならず形成力を含むが、法律要件的効力は含まれない（高橋宏志「各種参加型相互の関係」『講座民事訴訟3』（弘文堂、昭和五九年）は、さらに執行力の拡張でもよいとする。）。また、固有必要的共同訴訟において共同訴訟人とすべき者の一部を遺脱している場合に、その者が参加することによって当事者適格の欠缺の瑕疵を補正する役割を果たすこともできる（これを認めた例として、大判昭和九・七・三一民集一三巻一四三八頁は、第一審において被告側に共同訴訟参加を認める。また、札幌高判昭和五六・三・三〇下民集三三巻九～一二号一五五二頁は、共有者間の土地境界確定訴訟において、第一審の原告・被告に異議がないことを理由に認めている。他方、兼子・判例民訴三七六頁、山木戸克己「訴訟参加と訴訟承継」『民事訴訟法講座・第一巻』（有斐閣、昭和二九年）二九八頁は、固有必要的共同訴訟関係についてこの参加を認めるのは疑問とする。）。

(2)　訴訟係属中であること　訴訟係属中であれば、上告審に係属中でもよい（これに対し、三ケ月・全集二三〇頁は、実質的には新訴の提起であるとして控訴審までに限るとする。）。参加するとともに、上訴を提起することもできる。

(3)　係属中の訴訟について当事者適格を有すること　前記(1)の要件及び実質は訴え提起の性格を有することから、参加人は係属中の訴訟について当事者適格を有することを要する（桜井孝一「共同訴訟的参加と当事者適格」中村宗雄先生古稀祝賀記念論集『民事訴訟の法理』（敬文堂、昭和四〇年）二四五頁は、立法過程の議論から、わが国の共同訴訟参加の制度を設けたのは、ドイツ法にいう共同訴訟的補助参加を否定する趣旨であったとして、当事者適格を不要とするが、審議過程において種々の議論はあったものの、結論としては前記一に述べた趣旨に帰着したことに照らすと、その主張には疑問がある。）。当事者適格を欠く者は、共同訴訟的補助参加できるに止まる。したがって、役員選任株主総会決議取消請求訴訟の被告適格は会社自体であり、当該取締役は右決議取消請求訴訟の当事者適格がないので、被告会社に共同訴訟参加することはできない（最判(二小)昭和三六・一一・二四民集一五巻一〇号二五八三頁）。出訴期間の定めがある場合に、期間経過後の参加について、判例は当事者適格を欠くとし（最判(一小)昭和三六・八・三一民集一五巻七号二〇四〇頁）、通説もこれを支持する（兼子・条解上二〇〇頁）。

三　共同訴訟参加の手続

共同訴訟参加の申出の手続は、補助参加の申出に準じる（五二条二項・四三条・四七条二項三項）。参加を申し出た者が当事者適格を欠くときは、補助参加の要件を満たしていれば、共同訴訟的補助参加として認めるのが相当である。

第二節　訴訟参加

第一款　訴訟参加の構造

一　訴訟参加の構造

民事訴訟は対立する二当事者間の紛争をその間限りで解決を図ることを基本原則とする。しかし、一個の紛争には複数の者が直接又は間接に関係する場合が少なくない。いったん訴訟が開始されたのを機縁として、そうした第三者が係属中の訴訟に参加し、攻撃防御を展開して自己の主張をし、直接に自己の権利を保護し、あるいは当事者のいずれか一方を援助することにより、自己の権利を間接的に擁護する機会を与えることは、事案の解明に役立つとともに、紛争の公正かつ集約的解決に資することとなる。他方、それによって、係属中の訴訟の当事者が攻撃防御を展開する妨げとなるわけでもなく、その他手続保障が害されることにもならない。また、訴訟制度全体の視点からみても、一定の要件を設定してこの要件を満たす第三者が係属中の訴訟に参加することは、いたずらに訴訟を複雑にさせるおそれもなく、訴訟経済に適うものであり、裁判所としてもこれを否定的に対応すべき理由はない。このような趣旨に基づき、訴訟参加という制度を設けている。

二　訴訟参加の類型

係属中の訴訟に関係のある者についてみると、そこには直接的または間接的利害の違いをはじめ、法的利害または経済的利害等種々の程度の差があり得る。そのような背景を踏まえて、法は、補助参加、独立当事者参加の制度を設けている。さらに、直接の明文規定はないが、講学上において共同訴訟的補助参加という形態がある。また、そうした訴訟参加の要件である訴訟係属の事実を第三者に了知させるために、訴訟告知という制度が用意されている。もっとも、訴訟参加の名称が付されていても、その機能はむしろ訴訟共同の機会を手続上確保することを主眼とする制度も見られる（共同訴訟参加）。いずれも、係属中の訴訟に直接又は間接に関わりのある者が、みずからの意思により、そこに加入する点に共通した特徴がある(1)（訴訟類型相互間の一般的機能分担を概観するものとして、高橋宏志「各種参加類型相互の関係」『講座民事訴訟3』（弘文堂、昭和五九年）二五三頁以下参照）。

（1）　強制的訴訟参加（強制参加）　民事訴訟上の訴訟参加制度が、第三者の意思により係属中の訴訟に加入するのと異なり、第三者に対して強制的に加入させる訴訟参加制度がある。民事執行における取立訴訟への参加命令（民執一五七条）、行政事件訴訟における第三者の訴訟参加（行政事件訴訟法二二条）、行政庁の訴訟参加（行政事件訴訟法二三条）が、それである。比較法的にみると、アメリカ、フランス両国の法制にその例をみることができる（井上治典「アメリカにおける訴訟参加制度」九大法学一六号（昭和四一年）（同『多数当事者の訴訟』（信山社、平成四年）二五五頁）、安見ゆかり「フランスにおける強制参加について（一）（二・完）」龍谷法学二八巻二号（平成七年）二一九頁以下、三号三一四頁以下参照）。

第二款　補助参加

一　補助参加の構造

補助参加とは、他人間の係属中の訴訟について利害関係のある第三者が、当事者の一方を勝訴させることによって間接的に自己の権利を護るために、その訴訟に加わる参加形態をいう（四二条）。この第三者を参加人又は従たる当事者といい、補助される原告又は被告を被参加人又は主たる当事者という。

二　補助参加の要件

(1)　他人間に訴訟が係属中であること　(イ)　参加人は当事者に対して第三者の立場にあるので、当事者が相手方に参加することはできない。しかし、共同訴訟人が、相手方と他の共同訴訟人との間の訴訟について、相手方に補助参加することは差し支えない。自己の共同訴訟人に参加することも可能である。これに対し、同一人が原告・被告双方の参加人になることはできない。

(ロ)　訴訟係属中であることを要し、上告審に係属中でも可能である。しかし、参加を申立てるともに、再審の訴えを提起することによって、訴訟係属を復活させることはできない。再審の対象にしようとする訴訟はすでに完結しているのであるから、そこに補助参加することを認めるのは困難である（兼子・体系三九九頁は、再審事由があれば、参加とともに再審の訴えを提起できるとするが疑問である。）。再審の訴え提起の当事者適格の範囲内において確定判決の効力を争うことができるに止まると解するのが相当である（四三条二項をもって、補助参加とともに再審の訴えを提起することまでも認める趣旨と解することはできない。）。

(2)　訴訟の結果につき利害関係のあること　訴訟の結果につき利害関係があるとは、第一に、訴訟物たる権利又は法律関係の存否が論理的前提となって直接導かれる関係にあること、第二に、訴訟物たる権利又は法律関係について同一の法的地位にあることをいう(1)（通説は、前者のみを基準とする。兼子・体系三九九頁、同「選定当事者の場合の共同の利益と補助参加の利害関係の差異」『実例法学全集民事訴訟法・上巻』（青林書院、昭和三八年）八六頁）。

(イ)　訴訟の結果とは、本案判決の主文で示される訴訟物たる権利又は法律関係の存否をいう。判決の効力が直接に参加人と相手方との関係に及ぶことまでは要しない。判決理由中で判断される事実及び法律関係の存否について利害関係があるだけでは足りない(2)（東京高決昭和四九・四・一七下民集二五巻一～四号三〇九頁は、補助参加訴訟の判決の効力は理由中の判断にも及ぶことを根拠にこの場合にも利害関係を肯定する。）。したがって、特定の争点に限った補助参加はできない。

(ロ)　利害関係は、法律上のものであることを要する(3)。財産権上のものに限らず、身分法上の関係であっても、さ

らに公法上、刑事法上のものであっても差し支えない。精神的又は経済的利害関係があっても、補助参加する利益はない。もっとも、それが法的裏付けのある利益であれば、法律上の利益として補助参加の利益が認められる。

(3)　補助参加の他に法的救済手段又は不服申立て手段があっても、補助参加を申し立てる妨げにはならない。独立当事者参加をした者が、さらに補助参加を申立てた場合に、前者の申立てが認められれば、後者の申立ては却下される（東京地決昭和六〇・九・六判時一一八〇号九〇頁）。

（1）　補助参加の背景　　第三者が係属中の他人の訴訟に補助参加する動機は、多様である。①積極的に自己の権利保護を目的とする場合、②それよりもむしろ被参加人を擁護することにより、間接的に自己の利益を護ろうとする場合、③将来自己に向けて法的追求が及ぶことを防止する場合に大別される。所在不明の夫に対する金銭請求訴訟への妻の補助参加は、①の例であり、株主代表訴訟において会社が被告取締役に補助参加するのは、②の例である。後者の場合は、法的利益と理論構成するものの、むしろ名誉又は企業イメージの擁護という色彩が濃厚である。さらに、補助参加に係る訴訟における補助参加人に対する判決の効力について、判例は参加的効力説を採用し（六四五頁参照）、既判力とまでは認めていないことに着目し、当事者の一方と法的利害関係はあるが、その当事者の有する事情により法廷でいっしょに訴訟活動をすることを欲せず、あえて補助参加しない場合も少なくない。特に、企業にみられる行動形態である（後掲注(3)参照）。

（2）　争点限りの補助参加　　訴訟物との関係に限らず、争点限りの補助参加を認め（新堂幸司「参加的効力の拡張と補助参加人の従属性」兼子博士還暦記念『裁判法の諸問題（中）』（有斐閣、昭和四四年）（同『訴訟物と争点効（上）』二五六頁）。伊藤眞「コーポレイト・ガバナンスと民事訴訟―株主代表訴訟をめぐる諸問題」商事法務一三六四号（平成四年）一二頁は、この立場を前提に、株主代表訴訟では会社の意思決定の適法性が争点になることを根拠に、会社の被告取締役への補助参加を認める。）、さらに利害関係が複雑に絡み合う事案では、ある争点については原告側と他の争点については被告側と利害関係を共通にする場合があるとして、それぞれの争点ごとに原告・被告双方に補助参加を認める説がある（井上治典「補助参加の利益」民訴雑誌一六号（昭和四五年）〔同『多数当事者訴訟の法理』（弘文堂、昭和五六年）九九頁以下・特に一〇二頁〕、新堂・六九四頁）。しかし、争点にも程度に差異があり、さらに審級毎に争点が変わることがあり得るのみならず、当事者の考える争点と裁判所の考える争点も同一とは限らないので、いたずらに訴訟を複雑にするだけであって疑問である。また、後掲注(3)の最決（小一）平成一三年一月三〇日をもって、判例が争点限りの補助参加を認めるものと解するのは妥当ではない。

（3）補助参加と法律上の利益　①同一事故の被害者の損害賠償請求訴訟　訴訟物たる権利又は法律関係と同一の事実上の原因に基づくことは、その存否が確定されることによって直ちに影響を受ける関係にあるわけではない。したがって、同一事故の被害者の一人が加害者に対して提起した損害賠償請求訴訟に、他の被害者が補助参加する利益はないとする説がある（兼子一「選定当事者の場合の共同の利益と補助参加の利害関係の差異」『実例法学全集民事訴訟法・上巻』（青林書院、昭和三八年）八六頁）。しかし、同一の事実上又は法律上の原因に基づく点で、訴訟物に対し同一の法的地位にあると認められるので、補助参加の利益を肯定するのが妥当である。

②共同不法行為者と主張される者　共同不法行為者と主張される者が被害者側に補助参加することについて、判例は肯定する（最判（三小）昭和五一・三・三〇判時八一四号一一二頁は、共同不法行為の一人が相手方と他の共同不法行為者との間の訴訟において、自己に対する第一審敗訴判決に上訴しないときに、相手方への補助参加を認める）。学説も、これを広く一般的に肯定する説が有力である（井上治典・判タ三三八号（昭和五一年）（同『多数当事者訴訟の法理』（弘文堂、昭和五六年）三六五頁）。

③夫婦関係　判例は、所在不明の夫に対する保証債務履行請求訴訟において、公示送達により進行中である場合に、妻が夫への補助参加を申立てた事案について、夫婦の協力扶助義務（民七五二条）を理由に申立てを認める（名古屋高決昭和四三・九・三〇高民集二一巻四号四六〇頁）。本件は、従来の通説がいう訴訟物たる権利又は法律関係の存否が論理的前提となって直接導かれる関係にあることという要件からは、当然に肯定的結論が導かれる場合ではない。訴訟物たる権利又は法律関係について同一の法的地位にあることという要件の下ではじめて、是認される結論である（井上治典・民商六三巻一号一六八頁は、結論として判旨に賛成する。）。妻は、不在者の財産管理人の選任を申し立てる方法も可能であるが、法的救済方法として迂遠であり、それでは十分でない。

④株主代表訴訟　株主代表訴訟において会社が被告取締役に補助参加できるかについては、判例は、取締役会の意思決定の違法を原因とする場合には、請求が認容されると会社の利益に影響を及ぼすとして、肯定的立場を採る（最決（二小）平成一三・一・三〇民集五五巻一号三〇頁）。学説も、被告取締役の行為の適法性を確定することに会社の法益が認められる場合もあるとして肯定説が有力である（伊藤眞「補助参加の利益再考―判決の証明効に対する疑問」民訴雑誌四一号（平成七年）一二頁、同・前掲論文商事法務一三六四号二一頁、佐藤鉄男「株主代表訴訟における訴訟参加とその形態」ジュリ一〇六二号（平成七年）六三頁、新堂幸司「株主代表訴訟の被告役員への会社の補助参加」自由と正義四七巻一二号（平成八年）（同『民事訴訟法学の展開』（有斐閣、平成一二年）八七頁）。しかし、会社は株主による訴え提起の要求に応じるか否かの局面で、取締役の行為を適法と判断するのであれば、それを拒否することによって、取締役の行為の適法性について判断の機会を与えられ、手続保障を確保されているのであり、その後は第三者の立場にある。また、肯定説のいう会社の利益は事実上の利益にすぎない。さらに、会社の補助参加を認めることにより事案の解明に有効な証拠の提出が期待できるとする見方もあるが、それは会社に有利な証拠が充実することはできても、証拠の面においてもともと不利な立場にある株主の主張を根拠づけるための証拠の収集に寄与するもの

とは期待できない。それのみならず、会社は、株主が勝訴すれば被告取締役から損害賠償の支払いを受ける立場にある。それにもかかわらず、会社について人格の二重構造を認め、被告取締役に補助参加できるというのは、株主代表訴訟の構造と抵触し無理があり、これをもって硬直した理解とはいえない（前掲最決（一小）平成一三・一・三〇の町田顕裁判官の反対意見、徳田和幸「株主代表訴訟における会社の地位」民商一一五巻四・五号（平成九年）六〇二頁、中島弘雅「株主代表訴訟における訴訟参加」小林秀之＝近藤光男編『株主代表訴訟大系』（弘文堂、平成八年）一二三頁、高田裕成・私法リマークス一四号一二六頁、商法の視点から、岩原紳作「株主代表訴訟の構造と被告側への訴訟参加」竹内昭夫編『特別講義商法Ｉ』（有斐閣、平成七年）二一五頁以下、山下友信「取締役の責任・代表訴訟と取締役の責任」商事法務一三三六号（平成五年）一五頁、神田秀樹「株主代表訴訟に関する理論的側面」ジュリ一〇三八号（平成六年）七〇頁）。

⑤　住民訴訟　住民訴訟の被告側へ地方自治体が民訴法上の補助参加をすることについては、肯定説（東京高決昭和五六・七・八行集三二巻七号一〇一七頁、三好達「住民訴訟の諸問題」『新実務民事訴訟講座9』（日本評論社、昭和五八年）三二三頁）と否定説（東京高決昭和五八・九・三〇行集三四巻九号一六九七頁、大和勇美「住民訴訟の諸問題」『実務民事訴訟講座9』（日本評論社、昭和四五年）五七頁）が対立する。前記③株主代表訴訟におけると同様の理由により、否定説を妥当と解する。

⑥　労働委員会の救済命令に対する取消訴訟　労働組合又は組合員による不当労働行為を理由とする救済申立てを認容した労働委員会の救済命令に対して、使用者が提起した労働委員会を被告とする救済命令取消訴訟を提起した場合に、労働組合または組合員は被告に補助参加できる（今井功＝高橋利文＝遠山廣直＝藤山雅行『救済命令等の取消訴訟の処理に関する研究』（司法研究報告書三八輯一号）（法曹会、昭和六二年）四七頁）。同様に、救済申立てを斥けた決定に対する労働組合又は組合員による労働委員会を被告とする取消訴訟に、使用者も被告側に補助参加できる。

⑦　医療過誤・薬害訴訟　病院を被告とする医療過誤訴訟、病院、製薬会社を被告とする薬害訴訟において、診療した医師又は投薬を処方した医師が補助参加できるかについて、判例は補助参加の利益を否定する（東京高決昭和四九・四・一七下民集二五巻一～四号三〇九頁は、製薬会社及び国を被告とする損害賠償請求訴訟に、先行する別訴で同一製剤の投与について損害賠償請求されている医師による補助参加の利益を否定する。）。しかし、先行する第一の訴訟で当事者の一方が相手方から訴えられているのと同一の事実上又は法律上の原因に基づき、第二の訴訟で第三者が右相手方から訴えられている場合には、訴訟物たる権利又は法律関係について同一の法的地位にあるものとして、補助参加の利益を認めるのが相当である。

三　補助参加の手続

(1)　補助参加の申出　補助参加の申出は、参加の趣旨及び理由を明らかにして、補助参加により訴訟行為をなすべき裁判所にする（四三条一項）。申出は、書面又は口頭ですることができる（規一条参照）。参加の趣旨は、参加すべき訴訟及びいずれの当事者の側に参加するかを明らかにする（申出書の副本は当事者双方に送達する、規二〇条一項）。参加の理由は、訴訟の結果について法

律上の利害関係があることを認めるに足る事実関係を明示する。補助参加の申出は、補助参加人としてすることができる訴訟行為とともにすることができる（四三条二項）。したがって、上訴、支払督促に対する異議の申立て等とともに、補助参加を申し出ることができる。

自己の訴訟対象となっている請求と、共同訴訟人とその相手方との間の請求の相互関係から、補助参加の理由が認められる場合には、補助参加の申出を要することなく、補助参加関係を認めるべきであるとする説がある（兼子・判例三九三頁、新堂幸司「共同訴訟人の孤立化に対する反省」法協八八巻一一・一二号（昭和四六年）（同『訴訟物と争点効（下）』（有斐閣、平成三年）七三頁））。しかし、補助参加の申出は、様式行為であるとする原則に反するばかりでなく、補助参加関係を生じる基準として不明確であり疑問である（最判（二小）昭和四三・九・一二民集二二巻九号一八九六頁は、通常共同訴訟における共同訴訟人独立の原則を確認するとともに、当然の補助参加を否定する。）。

(2)　補助参加の許否　補助参加の許否は、当事者が参加について異議を述べたときにはじめて、裁判所は調査する（四四条一項前段）。したがって、当事者が参加について異議を述べた場合に、補助参加人は参加の理由を疎明すれば足りる（同条一項後段。もっとも、参加申出の訴訟行為としての有効要件については、職権調査事項であり、これを欠くときは参加申出は却下される）。当事者は、異議を述べないで弁論し、又は弁論準備手続において申述した後は異議権を喪失する（同条二項）。参加の許否は、参加申出のあった裁判所が、決定で裁判する（同条一項後段）。参加を許可する決定に対しては当事者が、参加を不許可とする決定に対しては補助参加人が、即時抗告をすることができる（同条三項）。

補助参加の申出に対して当事者から異議が述べられても、訴訟手続は停止しないし、補助参加を許さない裁判が確定するまでの間は訴訟行為をすることができる（四五条三項）。さらに、補助参加を許さない裁判が確定しても、当事者がそれまでに補助参加人がした訴訟行為を援用したときは、効力を有する（同条四項）。

四　補助参加人の地位

(1)　従属的地位　補助参加人は、訴訟の結果について法律上の利害関係があることを理由に、当事者のいずれか一方に参加する者であって、直接に判決の名宛人である訴訟の当事者ではない。したがって、訴訟当事者に対する第三者として、証人又は鑑定人となり得る。しかし、自己の名と計算において、訴訟に関与するのであるから、それによってみずからが支出した費用、被参加人の相手方に生じた費用について、訴訟の結果により、相手方との間で訴訟費用の負担の裁判を受けることとなる（六六条・六一条ないし六五条）。

(2)　独立的地位　補助参加人は、当事者とは異なる法的利益を有する立場から、訴訟に関与するものである点では、単なる代理人ではなく、当事者とは別個に固有の地位を有するので、そのための手続保障を図ることを要する。したがって、期日の呼出、訴訟書類の送達は、当事者とは別に直接補助参加人に行う。もっとも、たとえ補助参加人について訴訟手続の中断事由を生じても、当事者ではないので、それによって本来の当事者間の訴訟進行が影響されることにはならない。

(3)　補助参加人の訴訟行為　補助参加人は、前記従属的地位及び独立的地位に基づき、原則として、被参加人を勝訴させるために必要な一切の訴訟行為を行うことができる（四五条一項本文）。それは、被参加人がしたのと同様の効果をもってすることができることを意味する。一切の訴訟行為とは、その訴訟の攻撃防御方法の提出をはじめとして、異議の申立て、上訴の提起等である。(4)

ただし、次の行為は、補助参加の趣旨が当事者の一方を勝訴させることによって間接的に自己の権利を護ることに照らし、することができない。

(イ)　私法上の権利行使　補助参加人は、被参加人の有する権利を訴訟上行使することがたとえ攻撃防御を展開

する上で有効かつ適切であったとしても、それは私法上その権能が認められている場合（例えば、民四二三条・四三六条二項・四五七条二項等参照）を除き、当然にはできない（形成権につき、中野貞一郎「相殺の抗弁」『訴訟関係と訴訟行為』（弘文堂、昭和三六年）一二六頁。これに対し、井上治典「補助参加人の訴訟上の地位について（一）」民商五八巻一号（昭和四三年）（同『多数当事者訴訟の法理』（弘文堂、昭和五六年）五六頁）は、参加人は訴訟を通じて被参加人の実体上の権利の処分を招来する可能性を本来有しているとして被参加人に属する形成権の行使を認める。）。

(ロ)　訴訟の目的を変更し又は拡張する行為　補助参加は係属中の訴訟が存在することを要件として、その当事者の一方を勝訴させるために参加する形態の構造を採っている。したがって、補助参加人が、その係属する訴訟自体を変更、処分又は拡張する行為をすることは、訴訟参加行為と矛盾するものであり、行うことはできない。例えば、訴えの取下げ、訴えの変更、反訴の提起等である。

(ハ)　被参加人に不利益な行為　補助参加人は継続中の訴訟の結果について法律上の利害関係があり、被参加人を勝訴させることが補助参加する目的であるから、被参加人に不利益な行為はできない。例えば、請求の放棄・認諾、訴訟上の和解、自白（井上治典・前掲書四二頁は、事実の報告としての訴訟行為である点で本質的に請求の認諾とは異なるとして是認する。なお、同教授は不利益な行為という範疇の設定を疑問とし、前記訴訟を変更ないし消滅させる行為として考慮すれば足りるとする。）、上訴権の放棄、被参加人による上訴の取下げ等である。

(ニ)　参加当時の訴訟状態から被参加人ができない行為（四五条一項ただし書き）　補助参加人の被参加人に対する従属的地位により、被参加人ができない行為を参加人が代わった行おうとする事態を避ける趣旨をも含んでいる。例えば、被参加人が撤回できない自白の撤回、被参加人として時機に遅れた攻撃防御方法の提出（一五七条参照）、上告審における事実資料の提出等である。

(ホ)　被参加人の行為と抵触する行為（四五条二項）　被参加人の行為がすでに先行しあるいは存在すれば、これと矛盾する行為はできない。もっとも、被参加人が特定の訴訟行為をしないという不作為に対し、参加人がそれと同じ訴訟行為をすることは、抵触する行為をすることとはいえない。例えば、被参加人が争わない事実を争うことはもと

より、被参加人が上訴しない場合であっても、被参加人が上訴権を放棄する旨の意思表示を積極的にしていない限り、上訴できる（控訴の申立てにつき、大判昭和一一・三・一八民集一五巻五二〇頁、最判(三小)昭和四六・六・二九裁判集民事一〇三号二四一頁）。逆に、参加人が上訴を提起した後に、被参加人が上訴することは、二重上訴を構成するので、被参加人の上訴は不適法となる（上告につき、最判(三小)平成元・三・七判時一三一五号六三頁）。

(4)　補助参加人の上訴期間　補助参加人が上訴を提起するについては、被参加人の上訴期間内に限られる（控訴につき、最判(二小)昭和三七・一・一九民集一六巻一号一〇六頁、東京高決平成一一・九・二〇判タ一〇四五号三〇二頁、上告又は上告理由書提出期間につき、最判(二小)昭和二五・九・八民集四巻九号三五九頁、最判(一小)昭和四七・一・二〇判時六五九号五六頁）。これに対し、補助参加人の手続保障の視点から、独自の上訴期間を認めるべしとする説がある（井上治典「補助参加人の訴訟上の地位について(二・完)」民商五八巻二号(昭和四三年)〔同『多数当事者訴訟の法理』(弘文堂、昭和五六年)三八頁〕、兼子・条解一一六三頁〔松浦〕。小室直人「上訴要件に関する判例総合研究」民訴雑誌一〇号(昭和四八年)〔同『上訴・再審』(信山社、平成一一年)三八七頁・四二一頁〕は、上訴期間は独自の上訴期間を認めるが、上告理由書提出期間については前記最判に賛成する。理論的に一貫しない嫌いがある。）。しかし、補助参加人の手続保障は、その訴訟に対する訴訟当事者の意思に関わりなく、手続関与者としての独自の主導権を認めることを意味するものではなく、疑問である。

五　補助参加人に対する判決の効力

補助参加に係る訴訟の裁判は、原則として参加人に対しても効力を有する（四六条）。

(1)　判決の効力の法的性質　補助参加に係る訴訟における補助参加人に対する判決の効力の法的性質について、判例は、古くは既判力説によっていたところ（大判昭和一五・七・二六民集一九巻一三九五頁）、最高裁は前記大審院判例を変更し、「判決の確定後補助参加人が被参加人に対してその判決が不当であると主張することを禁ずる効力」であるとして、既判力とは異なる特殊な効力とする参加的効力説を採用する（最判(一小)昭和四五・一〇・二二民集二四巻一一号一五八三頁）。他方、学説は、前記大判に対する有力学説の厳しい批判を糸口に参加的効力説が主流を形成して、判例変更を促す原動力となった（兼子・判例民訴三八六頁、同「既判力と参加的効力」法律時報一四巻三号(昭和一七年)〔同・研究第二巻五五頁〕。これに対し、加藤正治『新訂民事訴訟法要論』(有斐閣、昭和二一年)二五五頁は、当初から既判力説を強力に支持していた。）。これら参加的効力説は、参加人と被参加人との間の訴訟追行責任の公平分担の理念に基礎づけられた拘束力として捉える点に特徴がある。また、参加的効力は、職権で顧慮すべき事項ではなく、当事者の援用をまってはじめて斟酌すれば足りる（兼子・前掲研究第二巻六七頁。これに対し、松本博之「証明責任と訴訟

告知の効果」法学雑誌三二巻三・四合併号（昭和六〇年）（同『証明責任の分配〔新版〕』（信山社、平成八年）二八八頁）は、参加的効力説によりつつ、その矛盾判決の防止に役立つという機能に着目し、職権調査事項説に根拠があるとする。）。

ところが、最高裁が参加的効力説を採用した後に、学説はかえってこれを疑問として修正を加える向きも少なくなく（例えば、鈴木重勝「参加的効力の主観的範囲の限定の根拠」中村宗雄先生古稀祝賀記念論集『民事訴訟の法理』（敬文堂、昭和四〇年）四〇九頁、新堂幸司「参加的効力の拡張と補助参加人の従属性」兼子博士還暦記念『裁判法の諸問題（中）』（有斐閣、昭和四四年）（同『訴訟物と争点効（上）』（有斐閣、昭和六三年）二二七頁））、手続権保障を代償としそれを担保としての手続結果の不可争性という基盤において共通性があるとして、既判力をもって一元的に説明しようとする新既判力説ともいうべき考え方が形成されつつある（例えば、井上治典・甲南法学一一巻四号（昭和四六年）（同『多数当事者訴訟の法理』（弘文堂、昭和五六年）三八一頁））。

(2)　判決の効力の客観的範囲　判例の採用する参加的効力説によると、判決主文に包含される訴訟物たる権利又は法律関係の存否の判断に止まらず、その論理的前提としての判決理由中の事実認定や先決的権利関係の存否の判断にも及ぶこととなる。しかし、このことは傍論にまで及ぶことを意味するわけではない。これに対し、既判力説では、既判力の一般原則により判決主文に包含される訴訟物たる権利又は法律関係の存否の判断に止まる。

(3)　判決の効力の主観的範囲　(イ)　参加人と被参加人との間　補助参加に係る訴訟の裁判の効力を参加的効力と解すると、訴訟追行責任の公平分担の理念に基づき、被参加人が敗訴した場合に、判決の効力は参加人と被参加人との間に生じる。これに対し、被参加人が勝訴した場合については、参加人と被参加人との間に参加的効力を生じる余地はない。他方、既判力と解すると、参加人は被参加人を勝訴させるために参加するのであり、両者の間には対立関係があるわけではなく、そこに既判力の主観的効力を認めることは困難である。

(ロ)　参加人と相手方との間　対審構造の基本原則に照らし、判決の基礎は原告・被告間の訴訟行為によって形成されるのであり、参加人が相手方に敗訴原因を与えたとすれば、その敗訴原因が判決の基礎とされるのであるから、参加人と相手方との間にも判決の効力を生じるとする説がある（鈴木重勝・前掲論文四二七頁）。さらにこの考え方を発展させ

て、右の敗訴原因の認定である判決理由中の判断について参加的効力を生じさせていることに着目し、これを争点効の根拠と捉えて無限定に参加人と相手方との間に参加的効力を生じるとする有力説も見られる（新堂幸司・前掲書二三六頁）。しかし、参加人と相手方との間には、直接的な訴訟関係は存在せず、当事者の一方と当事者の他方への参加人の関係に止まるので、その間に当事者間におけると同様に判決の効力を生じさせることは無理がある。

これに対し、既判力説によると、参加人は被参加人とともにその相手方との間で訴訟を展開しているのであり、参加人と被参加人との間に将来生じるかもしれない紛争を考慮して訴訟活動をしているわけではないことを強調する。その上で、判決の効力が参加人と相手方との間にも生じることは自然のことであるとする。しかし、判決の直接的名宛人ではない者について既判力を認めることは困難である。

(4)　検　討　　判決の効力の法的性質決定から論理必然的に結論を導き出すのではなく、参加人と相手方との間に、将来紛争の発生が予想される場合には、前訴において参加人という立場から自己の名と計算において、訴訟に関与し、相手方と対峙したにもかかわらず、その判決の効力を全く受けないというのでは、参加人の視点からみると、前訴に参加したことの意義について疑問を生じることも予想される。

しかし、参加の対象となった訴訟自体は、被参加人とその相手方との間の紛争であり、参加人は被参加人を勝訴させることにより自己の権利の保護を図る間接的地位にある。なるほど、その訴訟において訴訟行為をすることにより、相手方と攻撃防御を展開することとなるが、それはあくまでも被参加人を勝訴させるためであり、自己を名宛人とする勝訴判決を取得するためではない。そのように考えると、参加的効力説に立ちつつ、参加人と相手方との間に後日紛争を生じた場合には、個々の事案ごとに信義則により具体的妥当性のある解決を図ることが妥当な処理といえるのであり、これをもって信義則という一般条項への依存と批判することもできない。

(5)　補助参加人に対して効力を有しない場合　補助参加に係る訴訟の裁判は、つぎの場合には、補助参加人に対して効力を生じない（四六条本文）。①補助参加人が訴訟行為をすることができなかったとき（同条一号・四五条一項ただし書き）、②補助参加人の訴訟行為が効力を有しなかったとき（同条二号・四五条二項）、③被参加人が補助参加人の訴訟行為を妨げたとき（同条三号）、④被参加人が補助参加人のすることができない訴訟行為を故意又は過失によってしなかったとき（同条四号）。

第三款　共同訴訟的補助参加

一　共同訴訟的補助参加の構造

共同訴訟的補助参加とは、他人間の係属中の訴訟について判決の効力を受ける第三者が、その訴訟に加わる参加形態をいう。訴訟の目的が当事者の一方及び第三者について合一に確定することを必要とする場合は、その第三者は共同訴訟参加できる（五二条）。この場合は、第三者は係属中の訴訟について当事者適格を有することを要する。これに対し、第三者が係属中の訴訟について、判決の効力は受けるが、それについて独立して原告又は被告となる適格を有しない場合に、単なる補助参加を認めるだけでは十分な訴訟活動ができず、手続保障に欠けるところがあるので、その者のために共同訴訟的補助参加を認める必要性と合理性がある(1)（判例は、大判昭和一三・一二・二八民集一七巻二八七八頁が、旧特許法の下における特許権範囲確認審判の事案において、被参加人の申立てを斥けた抗告審判に対し、補助参加人のみが上告したところ、被参加人が上告の取下げ及び上告権放棄の書面を提出した場合に、これを共同訴訟的補助参加という語を用いて、被参加人の前記行為を無効としたのが最初の例である。兼子・判例民訴三八三頁は、判旨を支持する。）。

(1)　共同訴訟的補助参加の立法状況　民訴法においては、新法を含めて、明文をもって共同訴訟的補助参加を定めた例はない。もっとも、行政事件において抗告訴訟への第三者の参加を定めた行政事件訴訟法二二条四項は、共同訴訟的補助参加に類する規定と解される（杉本良吉『行政事件訴訟法の解説』（法曹会、昭和四二年）七九頁）。また、特許審判に利害関係のある第三者の参加を定める特許法一四八条三項四項も、同様である（特許庁編『工業所有権法逐条解説〔第一六版〕』（発明協会、平成一三年）三六六頁参照）。

比較法的にはドイツ法系に立法例をみることができる（立法沿革史については、井上治典「共同訴訟的補助参加論の形成と展開―参加人の地位を中心として」甲南法学九巻一・二合併号（昭和四三年）〔同『多数当事者訴訟の法

理』（弘文堂、昭和五六年）一〇九頁以下参照））。

①　ドイツ民事訴訟法第六九条「民法の規定により、本訴訟においてなされた裁判の確定力が補助参加人と相手方の法律関係につき効力を有するときは、補助参加人はこれを第六一条（注・共同訴訟の効果の規定）の意味における主たる当事者の共同訴訟人とみなす。」（法務大臣司法法制調査部編『ドイツ民事訴訟法典』法務資料第四五〇号二八頁）

②　オーストリア民事訴訟法第二〇条「訴訟において言い渡される判決が、争われている法律関係の性質により又は法律の規定により、参加人と主たる当事者の相手方との法律関係についても法律上の効果を有する場合は、参加人には、（必要的）共同訴訟人の地位が与えられる。」（法務大臣司法法制調査部編『オーストリア民事訴訟法典』法務資料第四五六号一八頁）

二　共同訴訟的補助参加の要件

(1)　共同訴訟的補助参加の要件　他人間の訴訟における判決の効力を受ける第三者が補助参加する場合であることを要する。ここにいう判決の効力とは、既判力であることを要せず、形成力、法律要件的効力等の判決の効力を受けることをもって足りる。当事者適格を有する者は、共同訴訟参加できるので、当事者適格を有しないが判決効を受ける者のためにこの参加形態の存在意義がある。

(2)　共同訴訟的補助参加の利益　共同訴訟的補助参加の利益を有する場合についてみると、

(イ)　第三者の訴訟担当による訴訟において判決の効力が参加人に及ぶ場合　破産管財人による破産財団に関する訴訟に破産者が参加する場合、遺言執行者による訴訟に相続人が参加する場合等である。

(ロ)　対世的効力を生じる場合　人事関係訴訟（人訴一八条一項・二六条・三二条一項）、会社関係訴訟（商二四七条二項・二五二条・一〇九条一項）がその例である。なお、株主総会決議取消又は無効確認請求訴訟の係属中に被告会社について破産又は会社更生手続が開始された場合には、営業譲渡や蛸配当を内容とする決議であっても、訴訟手続は中断せず、管財人は判決効を受けるので、共同訴訟的補助参加できる（谷口安平『倒産処理法（第二版）』（筑摩書房、昭和六二年）二〇二頁）。

(ハ) 判決の付随的効力を受ける場合　判決の反射的効力（ただし九〇九頁参照(2)）、法律要件的効力を受ける場合にも、単なる補助参加ではなく共同訴訟的補助参加を認められるものと解する。

(2) 債権者・債務者間の訴訟への保証人の関与　債権者と主債務者間の訴訟に保証人がどのような地位において関与できるかについては争いがある。通説は、補助参加に止まるとする（新堂七〇六頁）が、共同訴訟的補助参加を認めるべしとする有力説が見られる（鈴木正裕「判決の反射的効果」判タ二六一号（昭和四六年）一五頁）。保証債務の附従性を前提としつつ、保証人の地位の主体性を尊重する趣旨から、後者を妥当と解する（なお、債権者と主債務者・保証人間の訴訟形態について、六二〇頁、判決効について、九一〇頁参照）。

三　共同訴訟的補助参加の手続

共同訴訟的補助参加は、参加人の地位が補助参加人と異なるので、その旨を明示して申出ることを要する。共同訴訟参加の申出をしたところ、裁判所はその要件は満たしていないが、共同訴訟的補助参加の要件を満たしていると判断する場合に、共同訴訟的補助参加として認めることができる。また、共同訴訟参加が可能にもかかわらず、補助参加又は共同訴訟的補助参加を申し出た場合に、裁判所が申出を不適法とすべき理由はなく、共同訴訟的補助参加として認めるのが相当である（これに対し、最判(二小)昭和六三・二・二五民集四二巻二号一二〇頁は、住民訴訟において、出訴期間内に監査請求手続を経た住民が原告側に補助参加した場合につき、否定する。）。逆に、共同訴訟的補助参加を申し出た場合に、共同訴訟参加の要件を満たしているとして、共同訴訟参加として認めることはできない。

四　共同訴訟的補助参加人の地位

共同訴訟的補助参加人は、補助参加人と異なり、必要的共同訴訟人（四〇条）に準じる（これに対し、共同訴訟的補助参加を補助参加の中に吸収し、その一種として位置付け、補助参加人の地位について当事者性を強めようとする考え方がある。井上治典・前掲書一四四頁以下参照）。

(1) 被参加人の行為と抵触する行為でもすることができる（四〇条一項の類推適用）。その反面で、これを理由にして、参加的

効力を免れることはできないこととなる(四六条)。

(2)　参加人に訴訟手続の中断又は中止の事由が発生すれば、係属中の訴訟手続も停止する。

(3)　参加人の上訴の期間は、被参加人とは別に計算される。

第四款　訴訟告知

一　訴訟告知の構造

訴訟告知とは、訴訟係属中に当事者から訴訟係属の事実を、訴訟参加できる利害関係を有する者に、法定の方式にしたがって、通知することをいう。訴訟参加制度を設けることは、いったん係属した訴訟の場を活用して、その紛争に利害関係のある第三者が加わることによって自己の権利を保護する機会を与えることはその者にとって有益であることはもとより、本来の当事者間における事案の解明に役立つとともに、紛争の公正かつ集約的解決に資することとなる。しかし、一般的に、第三者が自己に利害関係のある他人間の訴訟係属の事実を知ることは困難なことである。そこで、訴訟参加する資格のある者に、みずからが利害関係のある他人間の訴訟係属という事実を了知させる方法を合わせて用意されていることが必要である。それと同時に、訴訟告知をしたにもかかわらず、通知を受けた第三者が訴訟参加しなかった場合には、訴訟参加の機会を提供されたにもかかわらず、これを拒絶したのであるから、参加したのと同様に係属中の訴訟に対する判決の効力を及ぼすことが合理的妥当性がある(山口繁「差し押えた債権の取立てと転付」竹下守夫＝鈴木正裕編『民事執行法の基本構造』(西神田編集室、昭和五六年)四七八頁は、この点に着目して、民事執行における取立訴訟への参加命令(民執一五七条)を訴訟告知類似の申立てと解する。)。この二点に、訴訟告知の制度を設ける趣旨がある[1](本間靖規「訴訟告知の機能について」木川統一郎博士古稀祝賀『民事裁判の充実と促進・上巻』(判例タイムズ社、平成四年)三九五頁は、両者の機能を明確に区別し、前者について公告等との役割分担を検討すべきことを強調する。訴訟告知制度の沿革についての比較法的研究として、佐野裕志「訴訟告知制度(一)・(二・完)—史的考察」民商八七巻一号(昭和五七年)三〇頁以下・二号一六六頁以下参照)。

（1）　訴訟告知の背景　係属中の訴訟の当事者が第三者に訴訟告知する背景には、種々の事情がある。大別して、①第三者との後日における紛争の発生を回避するために訴訟係属の事実を通知し、訴訟への参加を促す場合、②第三者の後日における紛争の発生を予期して、第三者への判決効の発生を意図する場合、③利害関係者への訴訟係属の事実を通知することにより、多数当事者訴訟の処理につき、裁判所の心証形成が有利に展開することを意図する場合、④第三者を含めた訴訟上の和解による処理を意図する場合（九五四頁参照）、⑤当事者適格の欠缺を補完することを意図する場合（例えば、固有必要的共同訴訟において共同提訴を拒否する者への訴訟告知、六一六頁参照）がある（その他の見方として、中本敏嗣「訴訟告知に関する諸問題」判タ五七八号（昭和六一年）（藤原弘道＝山口和男編『民事判例実務研究・第五巻』（判例タイムズ社、平成元年）四〇六頁）、井上治典「訴訟告知論を考える」同『多数当事者の訴訟』（信山社、平成四年）一三五頁参照）。

二　訴訟告知の要件

(1)　訴訟の係属中であることを要する。訴訟係属中であれば、上級審でもよく、上告審でも可能である。もっとも、訴訟告知の時期により、告知を受けた第三者がたとえ参加したにもかかわらず十分に攻撃防御を展開できなかったときは、参加的効力を生じないことがある（四六条参照）。

(2)　告知をできる者は、その訴訟の当事者（原告、被告、選定当事者）、当事者参加をした者及びこれらの者から訴訟告知を受けた者である。補助参加人も、訴訟行為として訴訟告知をできる。告知を受けた者は、たとえ自己が訴訟参加しなくても、さらに第三者に告知することができる（五三条二項。例えば、手形裏書人として告知された者がさらに前の裏書人に告知する場合である。）。告知できる者が、告知するか否かは任意である。もっとも、特に法が義務づけている場合はその限りでない（例えば、株主代表訴訟における提訴株主による会社への訴訟告知（商二六八条三項））。さらに、債権者代位訴訟の判決の既判力が代位債権者敗訴の場合にも被代位者に及ぶとする見解を採る立場では、代位債権者は被代位者に訴訟告知することを義務づけられることとなる。

(3)　告知する対象となり得る者は、訴訟参加する利害関係を有する第三者である。広く訴訟参加できる第三者が対象であり、多くは補助参加できる者であるが、それに限らない。訴訟告知を受けた者を被告知者という。

三　訴訟告知の方式

(1) 訴訟告知は、その理由及び訴訟の程度を記載した書面（訴訟告知書）を裁判所に提出して行う（五三条三項）。訴訟告知の書面は、訴訟告知を受けるべき者に送達しなければならない（規二二条一項。副本を送達する、規二二条二項）。もっとも、訴訟告知の効果は、訴訟告知を受けるべき者が補助参加しようと思えば可能であった時に生じるのであり（五三条四項）、この送達によって生じるわけではなく、したがって特別の訴訟法上の効果を生じる性格の行為ではない。また、裁判所は、訴訟告知の書面の副本を相手方に送付しなければならない（規二二条三項）。訴訟告知があった事実を知らせるとともに、被告知者が訴訟参加する可能性のあることをあらかじめ承知させておく意味を有するにとどまるので、送達という厳格な方法によらず、送付という方法（四七条）によることとしたものである（最高裁判所事務総局民事局監修『条解民事訴訟規則』四四頁）。

(2) 訴訟告知書を提出するに際し、手数料としての印紙を貼用することは要しないが（民訴費三条一項別表一参照）、送達に要する費用の概算額を予納することを要する（民訴費一一条一項一号・一二条）。

四　訴訟告知の効果

(1) 被告知者は、告知を受けたことによって当然に訴訟参加の効力を生じるわけではなく、訴訟参加するか否かは任意であり、あらためて訴訟参加の申出の行為を要する。

(2) 被告知者が補助参加すると、その判決の参加的効力を生じる（四六条）。被告知者が訴訟参加しなかったとしても、参加することができた時に参加したのと同様に、判決の参加的効力を受ける[1]（五三条四項・四六条。なお、取立訴訟における参加命令にはこのような制限はない（民執一五七条三項））。被告知者の参加が遅れたときも同様である（ただし、相手方の異議申し立てにより、参加申出が却下されたときを除く。）。もっとも、参加的効力を生じるのは、補助参加することができた被告知者に限り、他の訴訟参加をすることができた者については生じない[2]（五三条四項は四六条の判決効に限っている。）。また、訴訟告知を受けた者がたとえ補助参加したとしても、あくまでも補助参加人であって当事者で

はないので、判決の参加的効力は及ぶが、執行力までは生じない。

現実に訴訟参加した場合のみならず、特に訴訟告知を受けたにもかかわらず参加しなかった場合に、たとえ参加的効力説の立場によっても、どの点について後訴に対する拘束力を生じるかは、常に明確とは限らない（裁判所は直接の当事者間の紛争を処理するのに必要な限度において判断し、訴訟参加人を含めた後訴の発生を視野に入れて判断するわけではない。もとより、この点を非難することもできない。）。実際に、後訴において前訴の参加的効力が争いとなった際に、後訴裁判所が、前訴の裁判所において判決の論理的前提となった事実関係又は法律関係に対する明確な判断がなされているか否かを判定することに帰着する。(3)

(3)　告知自体は、事実の通知であって、訴訟参加を催告する行為ではなく、裁判上の請求でもない。しかし、実体法上、訴訟告知に時効中断の効果を特別に付与している場合がある（手八六条・七〇条三項、小七三条・五一条二項。東京高判昭和五三・二・二八判時八九六号七五頁は、手八六条一項による時効中断を振出人に対する裏書人の手形金請求権についても認めるが、最判（一小）昭和五七・七・一五民集三六巻六号一一一三頁（但し傍論）、前田庸『手形法・小切手法』（法律学大系）（有斐閣、平成一一年）六二七頁は反対）。それ以外の場合についても、訴訟告知に権利行使としての催告と同様の時効中断の効果を認める余地があると解する（我妻榮「確認訴訟と時効中断」法協五〇巻七号（昭和七年）〔同『民法研究Ⅱ』（有斐閣、昭和四一年）二六五頁〕）。

(1)　被告知者が告知者の相手方に補助参加した場合の判決の効力　一般に、訴訟告知を受けた被告知者が告知者の側ではなく、その相手方に補助参加した場合は、前者との関係では訴訟告知による参加的効力が、後者との関係では補助参加による参加的効力が問題になる。この問題について二つの裁判例がある。第一の事例は、売主Xがその代理人Yが無権代理であったとして買主Aに所有権確認及び所有権移転登記抹消請求訴訟を提起した事案において、XがYに訴訟告知をしたところ、Yは代理権の存在を主張してAに補助参加し、A側が表見代理の成立を理由に勝訴した。その後に、XがYに対し無権代理による土地所有権の喪失を主張して損害賠償請求訴訟を提起した。後訴裁判所は、訴訟告知の制度は告知者が被告知者に訴訟参加する機会を与えることにより、被告知者との間に告知の効果（五三条四項・四六条）を取得することを目的とする制度であるとの前提に立って、「参加をなし得る第三者」か否かは告知者の主観的利益を基準に判断すべしとした。そして、前訴の判決理由中の判断である代理権授与行為なしとの判断に参加的効力を認めてX勝訴の判決をした（仙台高判昭和五五・一・二八高民集三三巻一号一頁。本判決についての最も詳細な検討を加えた研究として、新堂幸司ほか『民事紛争処理過程の実態研究』（弘文

堂、昭和五八年）参照）。本判決は、訴訟告知の機能を一面的に捉えている偏りがあるのみならず、訴訟告知を受けた者が告知をした者に補助参加しないでその相手方に補助参加したからといって、前者への補助参加を見送った点につき、参加して敗訴した場合以上の不利益を被る根拠はない。また、代理権授与行為なしとの判断は、理由中の判断というよりも傍論であり、この点に拘束力を認めていることにも疑問がある。

　これに対し、第二の事例は、交通事故の被害者の遺族が加害者X_1と保険会社X_2に損害賠償請求訴訟を提起した事案において、被告等は被害者の死亡はY病院の医療過誤によると主張してYに訴訟告知をしたところ、YはAに補助参加し、裁判所は交通事故と医療過誤とが競合した異時的共同不法行為によるとしてAの全面勝訴判決をした。そこで、X_1等はYに対し求償金請求訴訟を提起した。後訴裁判所は、参加的効力は、判決の論理的前提となった事実関係又は法律関係に対する判断について告知者と被告知者との間に認められるとの前提に立って、A・X間の訴訟において、異時的共同不法行為が認められ、各自全損害について賠償義務を負うべきであるとされた場合は、医療上の過失の有無に関する部分は傍論であって参加的効力を生じるものではなく、訴訟告知自体が無意味であったことになり、したがってYとの関係ではいずれの参加的効力も生じる余地がないとしてX等の請求を棄却する判決をした（東京高判昭和六〇・六・二五判時一一六〇号九三頁）。

　本来、訴訟告知は、係属中の訴訟のいずれの当事者が訴訟告知をしたかに関わりなく、被告知者が訴訟参加するか否かを判断する端緒を提供するのであり、それに対して参加するか否か、たとえ参加するとしてもいずれの側に訴訟参加すべきかは、被告知者の判断に委ねられるべきことである。かりに、告知者の側に訴訟参加するのが原則であるとすると、当事者のいずれが先に訴訟告知したかによって被告知者の立場が大きく左右されることになり、それは不当な拘束をし、著しく妥当性を欠くことになる（これに対し、松本博之「証明責任と訴訟告知の効果」法学雑誌三一巻三・四合併号（昭和六〇年）（同『証明責任の分配〔新版〕』（信山社、平成八年）三〇四頁）は、被告知者に過大な選択権を与え、参加を受けなかった告知者には著しく不利であるとする。）。したがって、標記のような場合には、二つの参加的効力が競合するのではなく、被告知者がいずれの側に訴訟参加したかを基準にして判断するのが合理的妥当性のある考え方である。また、前記二つの裁判例についてみると、一方は、売買契約関係訴訟であり、他方は、共同不法行為訴訟であり、それぞれに実体法上の紛争類型の特殊性が認められ、それを訴訟法の次元で統一的に評価することが妥当であるかについては疑問が残る。

（2）　責任訴訟における訴訟通知義務と参加的効力　　自動車事故の被害者による加害者に対する責任関係訴訟において、被保険者は保険会社に訴訟通知義務が約款上定められている。それによって保険会社の手続上の地位は保障されるとみる余地も考えら

れる。しかし、それだけで保険会社に手続保障が充たされたものと判断することは困難であり、訴訟法上の効力である参加的効力ないしそれに準じた効力を認めることはできないと解する（上田徹一郎「責任判決の準参加的効力と構成要件的効力—責任判決と保険会社」民訴雑誌二三号（昭和五二年）〔同『判決効の範囲』（有斐閣、昭和六〇年）一九五頁・二〇六頁以下〕は、構成要件的効力として認める。）。

（3）参加的効力と証明責任の分配　参加的効力の限界を判断するについて、不明確な場合があり得る点に着目して、前訴における証明責任の分配をもって参加的効力を限界付ける一つの基準にしようとする見解がある（松本博之・前掲書三〇五頁以下）。確かに、例えば注1の仙台高判昭和五五・一・二八におけるように、前訴裁判所が「代理権を授与していたとまで認定することは困難である」という説示を無権代理と認定したのか、代理権の存否不明と解するかはまさしく困難である。しかし、それは後訴裁判所の判断に委ねられるべきであり、その際に前訴における証明責任の分配をもって参加的効力を限界付ける一つの基準にしようというのは、明確性の点では優れているが、前訴における証明責任は前訴の請求を根拠づける主要事実の存否を判断するために機能するのであって、それをもって判決理由中の判断にまで拘束力が及ぶ参加的効力の限界付けに用いるには、なお根拠を要すると考える。

第五款　独立当事者参加

一　独立当事者参加の構造

独立当事者参加とは、他人間の係属中の訴訟について、第三者が当事者双方又はその一方に対して、当事者としてその間の請求と関連する自己の請求を定立し、同時に審判を求め、もって合一的確定を図るために、その訴訟に加わる訴訟形態をいう（四七条）。

その特徴についてみると、第一に、民事訴訟は、対立する二当事者が存在することを基本的構造とするところ、そこに第三者が当事者として、訴訟を形成する訴訟参加形態である。第二に、係属中の訴訟の当事者双方又は一方に対して主体的地位に立って加わる形態である。第三に、対立する三当事者間の紛争を同時に審判することにより、

合一的に確定する訴訟形態である。これら三つの特徴を同時に有するところに、独立当事者参加の固有の訴訟構造がある。(1)

(1)　独立当事者参加の沿革　独立当事者参加は、大正一五年の全面改正の際にはじめて取り入れられた制度である。その趣旨は、詐害訴訟参加と権利参加のいずれについても、一個の判決をもって三当事者間の関係を確定することにあり、当事者として他人間の訴訟への参加するを認めることは、訴訟経済上最も必要であるとしている（司法省編纂『民事訴訟法中改正法律案理由書』（大正一五年）三八頁）。この背景には、前記二つの参加のそれぞれ別個に、旧々法の規定を承継するとともに、比較法的沿革も異なり、また旧民法をはじめとする関連する民法及び商法の立法動向の影響もある（山木戸克己「訴訟参加と訴訟承継」『民事訴訟法講座・第一巻』（有斐閣、昭和二九年）二七三頁・特に二七六頁以下参照）。旧法の主参加訴訟（旧法六〇条）は、係属中の訴訟の当事者双方を被告として、本訴訟とは別に訴えを提起する形態であり、訴訟参加そのものではなく、利用価値もほとんど認められなかった。そこで、新法では、主参加訴訟を廃止し、独立当事者参加自体についても、最判(大)昭和四二年九月二七日民集二一巻七号一九二五頁が当事者双方を被告としなければならないとしたのを立法的に変更し、当事者の一方だけを相手方とする請求の定立も認めることとし、活用の幅を拡大することとなった（四七条一項・独立当事者参加を主参加に遡った沿革についての比較法的研究として、菱田雄郷「第三者による他人間の訴訟への介入（一）」法協一一八巻一号（平成一三年）一一八頁以下参照）。

二　独立当事者参加の要件（四七条）

(1)　他人間に訴訟が係属中であること　他人間に訴訟が係属していることは、訴訟参加の本質的要素であり、補助参加をはじめとする他の訴訟参加形態と同様である。さらに、控訴審口頭弁論終結時前に係争物を譲渡された承継人、自己の権利を主張し又は権利を害されることを主張する第三者を考えると、上告審においても、必要性があるとして肯定する有力説がある（兼子・判例四〇七頁）。しかし、この参加は当事者としての請求を定立するのであるから、新訴の提起であり、しかも肯定説が着目するこれらの者は既判力を当然に受けるわけではなく、上告審において独立当事者参加することは理論的に困難であるのみならず、その必要性も認められないと解する（最判(三小)昭和四四・七・一五民集二三巻八号一五三二頁、奈良次郎「独立当事者参加について（二）」判例評論一二二号（判時五四四号、昭和四四年）一〇五頁。大判昭和一三・一二・二六民集一七巻二五八五頁は、控訴審判決後に訴訟の目的たる権利を譲受た者による上告審における独立当事者参加を否定するが、控訴審判決後の譲受人の参加を否定するに止まるのか、あるいは上

告審における参加そのものを否定する趣旨かは明確でない。）。さらに、前記有力説は、事実審に差し戻される可能性もあることをも理由とするが、差戻し後における参加の利益であって、上告審における参加の根拠とするには無理がある。

(2)　「訴訟の結果によって権利が害されること」又は「訴訟の目的の全部若しくは一部が自己の権利であること」

前者を詐害防止参加、後者を権利主張参加といい、これを一般に「参加の理由」として位置付けているので、この点は別に**三**において取り上げることとする。

(3)　係属中の訴訟の当事者双方又は一方に対し当事者としての請求を定立すること

第三者が当事者として係属中の訴訟に参加するのであるから、請求を定立することを要し、その訴訟の当事者双方又は一方を相手方とする。(2)

(イ)　当事者双方を相手方とする場合　　独立当事者参加は一個の権利又は法律関係に関する三当事者間の紛争を合一的に確定することを本旨とする制度であるので、参加申出人は係属中の訴訟の当事者双方を相手方としてそれぞれ請求を定立することを原則的形態とする。その結果、三面訴訟の形態を形成することとなる。もとより、その請求は双方について同一内容であることは要しない。

(ロ)　当事者の一方を相手方とする場合　　一個の権利又は法律関係に関して三当事者間の利害関係が対立する場合であっても、参加人と当事者の一方の間では紛争が顕在化しているわけではなく、差し当たり解決を図るべき必要性が認められないこともあり得ないわけではなく、それにもかかわらず、そうした者との間においてもなお請求を定立することを強制することは、たとえ三当事者間の紛争の合一的確定を本旨とするにしても、合理的妥当性を見出すことは困難である。そこで、新法は、三当事者間紛争の実態に着目して、当事者の一方を相手方としてのみ請求を定立する片面的独立当事者参加の形態を認めることとするとともに、その場合にも必要的共同訴訟の規定

（四〇条一項ないし三項）を準用することとしたのである（四七条一項・四項。これを準独立当事者参加又は、片面的独立当事者参加という。）。その結果、当事者間の訴訟法律関係と非当事者間の訴訟法律関係という新しい重層的訴訟構造形態を形成することとなる（上田徹一郎「片面的独立当事者参加訴訟の構造と非当事者間の判決効」民商一二三巻三号（平成一二年）二九九頁以下参照）。

（2）　請求の定立の相手方と立法事情　旧法の下で、判例は、当初、当事者の一方に対してのみ請求を定立して、独立当事者参加することを認めていた（訴訟承継の事案について、最判（二小）昭和三六・三・一六民集一五巻三号五二四頁）。その後、独立当事者参加する者は常に当事者双方を被告とすることを要するとし、「同一の権利関係について、原被告および参加人の三者が互いに相争う紛争を一の訴訟手続によって、一挙に矛盾なく解決しようとする訴訟形態であって、右三者を互いにてい立、牽制しあう関係に置き、一の判決により訴訟の目的を全員につき合一にのみ確定することを目的とする」ものであることを根拠としていた（最判（大）昭和四二・九・二七民集二一巻七号一九二五頁）。これに対し、新法の立法に際しては、参加申出人と一方との間に実質的な争いがない場合にまで、双方を相手方とする請求を定立することを強制するのは紛争の実情にそぐわないので、一方のみを相手方とする独立当事者参加を認めることにより、この手続を簡易化し、当事者に利用しやすいものにした（法務省民事局参事官室編『一問一答新民事訴訟法』六二頁）。したがって、特に独立当事者参加に関する旧法下における判例・学説については、こうした事情を斟酌して対応することが必要である。

三　独立当事者参加の理由

独立当事者参加を参加の理由の視点からみると、詐害防止参加と権利主張参加とがある。

(1)　詐害防止参加　訴訟の結果によって権利が害されることを理由として参加する場合である。

(i)　学説の状況　ここにいう訴訟の結果による権利の侵害がなにを意味するかについては、見解が対立する。

(イ)　詐害意思説　四七条の規定が旧々民訴法に定めた詐害判決の再審による救済制度（四八三条）に由来するものであり、その考え方を訴訟完結前に遡及させて事前の規制を図る趣旨と、旧法において導入された沿革に基づき、訴訟の結果による権利の侵害とは、当事者がその訴訟によって参加人を害する意思があると客観的に認められる場合

をいうとする説である（三ケ月・全集二二四頁、吉野衛「不動産の二重譲渡と独立当事者参加の許否」判タ一五二号（昭和三八年））、近藤完爾＝浅沼武編『民事法の諸問題Ⅱ』（判例タイムズ社・昭和四一年）三〇八頁以下・特に三二九頁）。当事者と参加人との間の利害対立が存することから充実した訴訟活動が期待できない場合をいうとする説（小島武司「独立当事者参加をめぐる若干の問題」『実務民事訴訟講座1』（日本評論社、昭和四四年）一三二頁）も、基本的視点においては同一で、表現が異なるにすぎない。

(ロ)　判決効説　当事者間の判決の既判力が当事者双方と参加人の間にも生じる場合か、少なくとも参加人として当事者の受ける判決の効力を承認しなければならない反射的効果を受ける関係上、その訴訟を放置すると判決の効力によって、参加人の権利が侵害される場合をいうとする説である（兼子・体系四一三頁、小山・四九七頁）。したがって、共同訴訟参加及び共同訴訟的補助参加を利用することも可能な場合に止まらず、それを一歩踏み越えるところに特徴を求める考え方である。

(ハ)　利害関係説　判決効説では対象となる場合が限定されるという発想から、訴訟の結果によって権利が法律上・事実上侵害される可能性のある場合をいうとする説である（奈良次郎「独立当事者参加について(三)」判例評論一二四号（判時五五一号）（昭和四四年）一一二頁）。この立場は、前記二説をも包含する点に特徴があり、その要件事実の解釈の際には、旧法六〇条（新法で廃止）・六四条（新四二条）・七五条（新五二条）の表現を検討すべきであるとする。

(ニ)　紛争・訴訟手続経過説　第三者が当事者の処分的訴訟行為を阻止できる地位にあるか、及び紛争経過、訴訟経過からそのための訴訟加入を必要とするだけの具体的事情があるかという二つの要素から判断すべきであるとする説である（井上治典「独立当事者参加」『新・実務民事訴訟講座3』（日本評論社、昭和五七年）（同『多数当事者の訴訟』（信山社、平成四年）三五頁））。

(ii)　判例の動向　大審院は、X（親）がY（子）を被告として、不動産所有権移転につき偽造委任状による売買の無効を理由とする移転登記抹消請求訴訟を提起したところ、Yが口頭弁論期日に不出頭の事案において、係争不動産の抵当権者Zが詐害防止を理由として独立当事者参加し、係争不動産につきYの所有権に属する旨の確認請

求したところ、参加申出を理由があるとして許容した（大判昭和一二・四・一六民集一六巻四六三頁）。その理由として、詐害防止参加の趣旨は、訴訟の結果によって権利が害されるおそれのある第三者をしてその権利を保全させるために、当事者として参加させ、これら三者間の紛争を迅速かつ画一的に解決し、もって訴訟経済及び判決の抵触を防止することにあるとして、第三者は他人間の判決の効力が直接に及ぶ者に限らず、訴訟の結果により間接に自己の権利を侵害されるおそれのある者をも含むとした。最高裁は、XがYを被告として、不動産所有権移転につき弁済を担保するために交付した売渡証書の白地名義への無断補充による登記の無効を理由とする移転登記抹消請求訴訟を提起したところ、Yが口頭弁論期日に不出頭の事案において、Yの債権者で右係争不動産の強制競売決定を受けたZが詐害防止を理由として独立当事者参加し、X・Yを相手方として係争不動産につきYの所有権に属する旨の確認請求したところ、「Xの本訴請求の原因、Zの参加の理由に関し原審の確定した事実及び本件訴訟の経過」に照らし、参加を是認できるとした（最判（二小）昭和四二・二・二三民集二一巻一号一六九頁）。

これらの二つの判例は、参加人が前者は抵当権者、後者は強制競売決定を受けた者である点が異なるにすぎず、ほぼ同一内容の事案であるが、いずれも本訴被告の訴訟追行行為について客観的に詐害意思があると判断し、参加を認めている点で基本的に詐害意思説の立場にあると見られている（これに対し、山木戸・判例研究九三頁は、利害関係説を採ったものと捉える。）。

(iii)　検　討　第三者の権利が他人間の訴訟を媒介として侵害されるおそれがある場合に、その結論を待って必要があれば事後的救済の機会を与えることは、法秩序の視点からみると、一端形成された法的状態を覆すことによる法的不安定性を引き起こすとともに、二重の訴訟運営を必要とする点で訴訟経済にも反することである。また、係属中の当事者にとっても、第三者の事後的救済を認めることは一端確定した状態を変更されることを伴うので、程度の差はあるものの法的安定性を損なうおそれがある。また、後から権利の回復を図ろうとする第三者にとって

は出遅れによる損失を招来するおそれがあり、おのずから限界があることも否定できない。そうしてみると、三当事者間の紛争の合一的解決を事後的救済に委ねることは、裁判所及び係属中の訴訟当事者を含む利害関係人のいずれの立場においても好ましい事態ではない。詐害防止参加は、こうした事態の発生を防止するために、訴訟係属の事実を直視して、訴訟の完結を待つことなく、そこに第三者を加入させ、事前に手続保障を確保することにより、三当事者間で画一的解決を図ることを本旨とする制度である。これを第三者の側からみれば、訴訟の結果によって自己の権利が侵害されることをまつことなく、他人間の訴訟に参加するとともに、積極的に請求を定立することにより、自己の権利の保護を図る機会を確保することができる。他方、たとえ三当事者間の紛争であっても、訴訟の審理を円滑にすすめ、もって事案の迅速な解決を図るには、いたずらに訴訟構造を複雑にしないという考慮も必要である。

そういう視点からみると、判決の効力が、当事者双方と参加人の間にも生じることにより、その訴訟を放置すると、判決の効力によって参加人の権利が侵害される場合をいうと解するのが相当である。ここにいう判決の効力とは、既判力に止まらず、形成力をはじめとして法律要件的効力をも含む。したがって、結果的には利害関係説にほぼ等しくなる。もっとも、利害関係説がいう「法律上・事実上侵害される可能性のある場合」というのは、要件としての基準が明確性を欠くので適切ではなく、このような基準としては客観的に明確であることが要請されるので、実定法を基盤として形成することが必要かつ適切であり、その点で、疑問がある。

(2) 権利主張参加　(i) 要　件　訴訟の目的の全部若しくは一部が自己の権利であることを理由として参加する場合である。それは、係属中の訴訟の訴訟物たる権利又は法律関係もしくは係争物についての本訴当事者の主張と、それらについての参加人の主張とが、理論的に両立しえない関係にあることをいう。

(ii)　事　例　①　所有権確認・登記請求　XのYに対する所有権確認及び所有権移転登記請求訴訟の係属中に、ZがXに対し所有権確認請求、Yに対し所有権確認及び所有権移転登記請求する場合であり、権利主張参加の最も典型的な事例である。

②　権利の相対的帰属性──特に不動産の二重譲渡　実体法上一個の権利の相対的帰属が認められている場合に、第一に、本訴の権利と参加人の権利について、理論的に両立しえない関係にあるという要件に抵触しないか、第二に、両者の権利をいずれも認められる場合に、裁判所はどのような判決をすべきかが問題になる。例えば、不動産の二重譲渡において、第二買主Xの売主Yに対する売買契約に基づく所有権移転登記請求に対し、第一買主ZがXに対し所有権確認請求を、Yに対し所有権確認及び所有権移転登記請求する場合である。通説は、本訴の権利と参加人の権利について、理論的に両立しえない関係にあるという要件は、参加の理由であり、参加人の請求の趣旨及び原因によって判断すれば足り、審理の結果として実体上権利が両立し得るとの判断に達しても、それによって参加が不適法となるものではないとする（兼子・条解上一八二頁、兼子・条解一九八頁〔新堂〕、奈良次郎「続・独立当事者参加訴訟(六)」判例評論二四八号（判時九三五号）（昭和五四年）一五三頁、井上治典「独立当事者参加」『新・実務民事訴訟講座3』（日本評論社、昭和五七年）（同『多数当事者の訴訟』（信山社、平成四年）三三頁注4））。これに対し、不動産の二重譲渡は実体法上可能なのであるから、XもZもYに対する正当な所有権移転登記請求権を有するのであり、両者は両立しえない関係にはないので、Zの参加の理由がないとする見解がある（吉野衛「不動産の二重譲渡と独立当事者参加の許否」判タ一五二号（昭和三八年）（近藤完爾＝浅沼武編『民事法の諸問題II』（判例タイムズ社・昭和四一年）三〇八頁）、三木浩一「独立当事者参加における統一審判と合一確定」新堂幸司先生古稀祝賀『民事訴訟法理論の新たな構築・上巻』（有斐閣、平成一三年）八三四頁以下）。判例は、通説と同様の立場にある（大阪高判昭和四三・五・一五判時五五四号四七頁、福岡高判昭和三〇・一〇・一〇下民集六巻一〇号二一〇二頁）。もっとも、不動産の第二買主の売主に対する売買契約に基づく所有権移転登記請求訴訟に、第一買主が売主に対し仮登記に基づき本登記請求を、第二買主に対し本登記手続承諾請求し（不登一〇五条一項）、権利主張参加を申出た場合について、第二買主の請求は係争地の所有権確認請求を含んでいるわけではないので、これら三者の間で合一確定されること

はないとして、第一買主の参加申出は権利主張の参加の申出ではなく新訴の提起と判断し、管轄裁判所に移送した（最判(三小)平成六・九・二七判時一五一三号一一一頁）。参加の理由の可否と請求に理由があるかは別個の問題であって、通説が妥当であり、前記最高裁判例も通説の立場と異なるものではないと解する（宇野聡・民商一一四巻三号五四五頁は、少数説の立場によっても本登記手続承諾請求は本訴請求と両立しえない関係にあるとみることが可能であるとし、参加を認めた上で事件全体を原審に差し戻すべきであるとする。）。

同様の問題は、詐欺による取消が善意の第三者に対抗できないため、参加人が当事者の一方に対して権利主張できても、他方に主張できない場合、特定の物件について債権的請求権に基づく引渡請求訴訟の係属中に参加人が所有権に基づき同一物件の引渡請求する場合等にも生じる（兼子・条解上一八二頁、奈良・前掲判例評論二四八号一五三頁参照）。

③　債権者代位訴訟　債務者の第三債務者に対する訴訟係属中に、債権者が権利主張参加し、債務者に代位して第三債務者に債権者代位請求をすることはできない。債権者代位訴訟は債務者が権利行使しない場合に限り許されるのであり、その権利行使後に重ねて代位訴訟を提起することはできないからである（最判(一小)昭和二八・一二・一四民集七巻一二号一三八六頁）。

これに対し、債権者代位訴訟に債務者が権利主張参加する場合については、別の点が問題になる。判例は、Z所有地を賃借するXが、係争地上の建物についてYの無権原による占有を主張して、ZのYに対する所有権に基づく建物収去土地明渡請求権を代位行使して訴えを提起したところ、Zが独立当事者参加し、Xに対しYへの無断転貸による賃貸借契約の解除に基づく賃借権不存在確認を、Yに対し所有権に基づく建物収去土地明渡請求した事案について、二重起訴に当たらないとするとともに、審理の結果債権者が代位の目的となった権利につき訴訟追行権を有するときは、債務者は当事者適格を欠き不適法となり、反対の場合は債務者は訴訟追行権を失っていないものとして、その訴えは適法となるとする（最判(三小)昭和四八・四・二四民集二七巻三号五九六頁）。そして、本件については、Zにおいて無断転貸による賃貸借契約を解除したことによりXの訴訟追行権は消滅したとして、Zの訴えを適法とした。代位訴訟に債務者が

当事者参加したことにより債権者が当事者適格を失うとすることには無理があり（三ケ月「取立訴訟と代位訴訟の解釈論的・立法論的調整」法協九一巻一号（昭和四九年）〔同・研究第七巻一五二頁以下〕は、債権者代位訴訟は私的なものであることを理由に、本来の権利者である債務者がみずから訴えを提起したことにより、債権者は訴訟追行権を失うとする。）、この場合も、賃借権の存否は実体問題と見るべきであって、Xの請求を棄却しZの請求を認容すれば足りると解する（池田辰夫「債権者代位構造における代位の構造（五）」判時一〇〇五号（昭和五六年）〔同『債権者代位訴訟の構造』（信山社、平成七年）一〇〇頁・一〇六頁注66〕）。

四　独立当事者参加の手続

(1)　独立当事者参加の申出　独立当事者参加の申出は、係属中の訴訟の当事者を相手方に当事者として請求を定立する参加形態である。したがって、訴えの提起そのものであるから、書面によることを要し（四七条二項。参加申出書）、その書面は当事者双方に送達しなければならない（同条三項）。参加申出書には、参加の趣旨及び理由を明らかにして、訴訟行為をすべき裁判所に提出しなければならない（同条四項・四三条）。その参加申出書には、訴状又は上訴状に準じて印紙を貼用しなければならない（民訴費三別表第一第七項）。また、当事者として参加するのであるから、係属する訴訟の当事者の訴訟代理人が、参加人の代理人になることは、双方代理を形成することになるので、許されない（兼子・条解一二〇三頁〔新堂〕）。

(2)　独立当事者参加の申出の効果　独立当事者参加の申出は、訴えの提起そのものであるから、訴訟法上の効果として、それに準じて参加人の定立した請求について二重起訴禁止原則を生じる（一四二条）。また、他の法規上の効果として、その請求について時効中断を生じる（民一四七条一号）。同様に、参加の取下げは、訴えの取下げに準じて、係属する訴訟の当事者が応訴した後は、その同意を要する（二六一条二項）。

(3)　独立当事者参加の申出に対する措置　参加の可否については、本訴の請求と参加人の請求の趣旨及び原因によって判断する。参加の申出は訴え提起に準じる行為であるので、相手方とされた係属中の訴訟の当事者はたとえ参加の申出について所定の要件を欠いていると判断しても、異議を申し立てることはできず（四四条を準用していない。）、本案請

求に対する抗弁の中で主張すべきである。その際に、単に参加の理由がないと主張する場合とその前提となった法律行為、例えば債権譲渡が信託法一一条に違反する旨を主張する場合とがある。しかし、後者は本案審理において判断すべきことであり、たとえ本案審理の結果として、債権譲渡が無効と判断されたからといって、それによって参加の理由がないとして参加申出自体が不適法となるわけではない（大阪高判昭和三九・四・一〇下民集一五巻四号七六一頁）。その反面で、訴えの提起そのものではなく、参加の理由が要件とされて組み込まれているので、これを欠いているときは、口頭弁論に基づいて参加申出を却下することとなる。もっとも、たとえ参加要件を欠いていても、独立した訴えとして取り扱う余地が認められるときは、ただちに参加申出を却下せず、弁論を分離することにより、独立した訴えとして処置すべきである（主観的追加的併合として処置できる場合には、併合審理を認めることが可能である。）。

参加の可否につき、本訴の請求と参加人の請求の趣旨及び原因によって判断されることは、それによって訴えの変更を妨げるものではない。本訴原告も参加人も、所定の要件に則って訴えの変更することは差し支えない（奈良次郎「続・独立当事者参加訴訟（四）」判例評論二四五号（判時九二五号）（昭和五四年）一四八頁）。

五　独立当事者参加の審判

(1) 訴訟要件の調査　訴訟要件は、本訴、参加人の参加申出についてそれぞれ別個に調査し、その欠缺があるときは、終局判決で訴え又は参加申出を却下する。

(2) 本案の審理　独立当事者訴訟は、三当事者間で相互に法的利害が交錯する紛争を合一的に確定する必要があるとともに、そのうちの二当事者間で任意に紛争処理を図ることを手続上もあらかじめ抑制する要請が働くので、必要的共同訴訟の規定が準用される（四七条四項・四〇条一項ないし三項）。

(イ) 二当事者間の訴訟行為は、他の一人に不利益をもたらす限り、その当事者間においても効力を生じない（四〇

条一項準用）。例えば、自白、請求の放棄・認諾等である（1）（井上治典「独立当事者参加論の位相」甲南法学一七巻二・三号（昭和五二年）（同『多数当事者訴訟の法理』（弘文堂、昭和五六年）二八五頁）は、いずれの行為についても他の一人に不利益をもたらすとは限らないとして肯定する）。逆に、他の一人にも有利な訴訟行為は、全員のために効力を生じる。独立当事者参加のあった後に原告が本訴を取り下げることは可能であるが、被告のみならず参加人の同意も要する（最判(二小)昭和六〇・三・一五判時一一六八号六六頁。その後は参加人と被告との通常共同訴訟になる）。この場合に、参加人が訴えの取下げの書面の送達を受けた日から二週間以内に異議を述べないときは、訴えの取下げに同意したものとみなされる（二六一条五項準用）。

(ロ)　一人に対する相手方の訴訟行為は、他の一人に対しても効力を生じる（四〇条二項準用）。例えば、参加人の主張事実を被告が争ったときは、原告との関係でも争ったものと取り扱われる（書証の成立の認否につき、最判(三小)昭和四一・四・一二民集二〇巻四号五六〇頁）。

(ハ)　一人について訴訟手続の中断又は中止の原因があるときは、全員についてその効力を生じる（四〇条三項準用）。

(ニ)　弁論を分離することはできない。一部判決することもできず、一部の当事者間の請求について判決したに止まり、他の者に関することを脱漏したときは、違法な判決であり、追加判決によって補完することもできない（大判昭和五・一二・二二民集九巻一一八九頁、最判(二小)昭和四三・四・一二民集二二巻四号八七七頁）。

(ホ)　本訴原告又は本訴被告は、参加人に対し、反訴を提起することもできる（奈良次郎・前掲判例評論二四五号一四八頁。最判(一小)昭和五〇・三・一三民集二九巻三号二三三頁は、XとZが占有使用中の溜池にいて、XがYに所有権移転登記請求したのに対し、Yは反訴をもってXに所有権確認及び明渡請求した係属中の訴訟に、Zが当事者参加し、Xに所有権移転登記請求し、Yに所有権確認請求したところ、YはZに所有権確認及び明渡請求の反訴を提起した事案である。本訴被告が本訴原告及び参加人に対して提起した反訴が独立当事者参加の要件を満たしている事例である。ZのYに対する所有権確認請求が、合一確定の要請の決め手になった事案である。その点について、小山昇・民商七三巻六号（同・著作集四巻二八一頁）参照）。

（1）　独立当事者参加における二当事者間の和解　三面訴訟構造を形成する独立当事者参加において、二当事者間で訴訟上の和解による解決を図ることは、相互の互譲による解決という和解の性格から、程度の差はあるものの、他の一人にとって有利な面もあるとともに不利な面もあるのみならず、三当事者間の紛争を合一に確定するこの制度の目的に反するので無効と解するのが相当である（奈良次郎「続・独立当事者参加訴訟(四)」判例評論二四五号（判時九二五号、昭和五四年）一四二頁、『注釈民事訴訟法(2)』（有斐閣、平成四年）二一八頁〔河野正憲〕、上野泰男「独立当事者参加訴訟の審判規制」中野貞一郎先生古稀祝賀『判例民事訴訟法の理論・上』（有斐閣・平成七年）五〇四頁）。判例も、XのY_1に対する係争地の所有権移転登記抹消請求、Y_2に対する同一土地の妨害排除請求訴訟に、Zが独立

当事者参加し、同一土地の所有権確認請求した事案において、XとY$_1$とY$_2$間に係争地の所有権がXに属することを骨子とする訴訟上の和解が成立した場合に、無効とし、その他の当事者間の請求についての判決を無効とする（仙台高判昭和五五・五・三〇判タ四一九号一二二頁）。また、XのYに対する所有権移転登記回復請求の係属中に、Xの妻ZがXから係争不動産を贈与されたと主張して独立当事者参加し、X・Yに対し所有権確認請求及びYに対し所有権移転登記請求した事案において、X・Y間で係争地の所有権がXに属することを骨子とする訴訟上の和解が成立した場合に、前記裁判例と同様の見解を採る（東京高判平成三・一二・一七判時一四一三号六二頁）。いずれも本訴の当事者間において和解が成立していることが特徴的である。これに対し、ここにいう合一確定の要請は必要的共同訴訟におけるように本質的なものではなく、矛盾のない判決を同時に行うことを意味するにすぎず、二当事者間の和解でも他の一人に不利益なものでなければ有効に成立しうるとする説がある（井上治典「独立当事者参加論の位相」甲南法学一七巻二・三号（昭和五二年）〔同『多数当事者訴訟の法理』（弘文堂、昭和五六年）一八五頁〕、兼子・条解二〇四頁〔新堂〕、中野貞一郎「独立当事者参加訴訟における二当事者の和解」判タ八〇二号（平成五年）〔同『民事訴訟法の論点Ⅰ』（判例タイムズ社・平成六年）一八〇頁以下〕。これに対し、三木浩一「多数当事者紛争の審理ユニット」法学研究七〇巻一〇号（平成九年）三七頁は、一般的に有効とする。）。しかし、本訴の当事者間で参加人を除外したまま和解を成立させれば、参加の目的に反するし、当事者の一方と参加人との間で和解することも、それ自体が他の一方の有する参加に対する応訴による合一確定の利益を害することにもなる。さらに、訴訟上の和解は本来の請求以外の内容も対象とできるので、それまでの三当事者間の訴訟の内容構造を二当事者だけの意思で変更することにもなる。したがって、いずれ点からも有効とみるのは困難である。

(3) 上　訴　三当事者のうちの一人が上訴すれば、事件は全体として上級審に移審し、上訴審は三当事者を名宛人とする一個の判決をすることとなる（これに対し、参加人の請求に上訴審において最後まで一体として審判の対象に服さなければならないほど強い絆で結合されているか疑問であるとして、敗訴者に上訴しないことにより離脱の自由を認めるべきであるとする立場もある、井上治典「多数当事者訴訟における一部の者のみの上訴」甲南法学一五巻一・二号（昭和五〇年）〔同『多数当事者訴訟の法理』（弘文堂、昭和五六年）二一四頁以下〕）。

この場合に、上訴せずまた上訴の相手方ともされていない他の当事者の地位について、判例は当初上訴人になるという立場を採っていた（大判昭和一五・一二・二四民集一九巻二四〇二頁）。この立場は、直接上訴の対象とされていない請求が上訴審の審判の対象となる根拠づけにとっては有益である。しかし、上訴の申立てという積極的な審判の申立ての行為がないのに上訴人の地位につくとするのは、擬制に等しく、そのため、当初上訴した者がこれを取り下げるときに、当然に上

訴の取下げを認めることにも無理があり、実際に上訴したわけではないにもかかわらず、共同して上訴を取り下げることを要することとなり、理論的に無理な構成になる。

そこで、判例も、人訴二三条におけると同様の発想により、民訴四〇条二項を準用して被上訴人としての地位を認めることとなり（最判(一小)昭和三六・三・一六民集一五巻三号五二四頁、最判(一小)昭和五〇・三・一三民集二九巻三号二三三頁）、現在では学説も同様の立場にある（兼子・条解二〇四頁〔新堂〕）。これに対し、上訴人とも被上訴人とも異なり、訴訟活動を制限された被上訴人的資格のある者とする説がある（小山昇「独立当事者参加訴訟の控訴審の構造」北大法学論集二六巻一・二号（昭和五〇年）（同・著作集四巻二六二頁以下））。しかし、上訴審における当事者の地位にそのような制約された者を特別に認める理論的根拠がなお明確でなく、上訴審の審理を混乱せしめることともなり、いずれの点からも疑問であり、判例の立場が妥当である。上訴審の当事者に勝負関係に対応し必要に応じ、被上訴人のみならず上訴人でもある二面性を有する地位を認める説（小島武司「独立当事者参加をめぐる諸問題」『実務民事訴訟講座1』（日本評論社、昭和四四年）一三五頁、倉田卓次・判タ一二八号三八頁）、現実に上訴した者の不服を基準にして、審判の対象の範囲を決め、上訴しなかった者の判決部分が審判の対象になるか否かは、紛争の実態に即して判断すべきであるとする説（井上治典・前掲書二二〇頁）についても、同様の批判が当てはまる。さらに、上訴審においても、合一確定の要請はそのまま維持されるので、自己の意思にかかわらず当然に被上訴人となった者は、上訴又は附帯上訴の有無にかかわらず、合一確定に必要な限度において、原判決を不利益に変更されることがあり得る（最判(二小)昭和四八・七・二〇民集二七巻七号八六三頁）。

六　二当事者訴訟への還元

独立当事者参加により三面当事者訴訟を構成した後に、訴訟当事者又は参加人による新たな訴訟行為により二当事者訴訟へ還元される場合がある。

(1)　本訴の取下げ又は却下　独立当事者参加のあった後に原告が本訴を取り下げることは可能であるが、被告

のみならず参加人の同意も要する（六六八頁参照）。本訴が不適法として却下された場合も、参加人と被告間の二当事者訴訟となる。参加人が本訴原告だけを相手方として参加した場合は、本訴が不適法により却下されたからといって、参加自体が左右される理由はないので、参加人と原告との間の訴訟が存続する。

(2)　参加申出の取下げ　　参加申出は、訴えの取下げに準じて、係属する訴訟の当事者が応訴した後は、その同意を得て取り下げることができる（二六一条二項）。当事者双方を相手方として参加した場合に、両請求を取り下げるときはもとより、一方に対する請求を取り下げるときも、合一確定の要請の解放を求める意味を有することに照らし、双方の同意を要する。当事者の一方だけを相手方として参加した場合は、参加の相手方の同意だけで足りると解する。

(3)　訴訟脱退　　第三者が独立当事者参加した場合に、係属中の訴訟の当事者が相手方の承諾をえて、その訴訟から離脱することを、訴訟脱退という（四八条前段）。

(i)　趣　旨　　独立当事者参加により、本訴の当事者がもはや訴訟を続行させる意義がなくなったと判断する場合には、その訴訟を参加人と他の者との間で処理を図ることに委ねて、訴訟から離脱することにより、無用な審理を避けるとともに、二当事者間の訴訟に還元されることによって審理の促進を図ることにある。

(ii)　要　件　　(a)　自己の権利を主張するための参加であること　　詐害防止参加のみならず、権利主張参加をも含む。もっとも、権利主張参加の場合に多くみられるであろう。しかし、いずれの参加形態を選択したかによって、訴訟脱退の可否が左右されるべき根拠はない。

(b)　相手方の承諾があること　　本訴を構成した当事者の関係を解消させ、訴訟係属を将来に向かって消滅させ、請求の当否についての裁判所の判断を必要としなくなるのであるから、相手方の応訴の利益を保護するために、その承諾を要する。参加人は相手方に勝訴すれば、脱退者に対しても判決効が生じるので、参加人の承諾は必要とし

ていない。

(iii) 手続・効果　書面又は期日において口頭で、裁判所に対して行うことを要する（二六一条類推適用）。訴訟係属を消滅させる点で、訴えの取下げに類することによる。もっとも、訴えの取下げがその部分につきはじめから訴訟係属しなかったとみなされる（二六二条一項）のと異なり、将来に向けて訴訟係属を消滅させるに止まる。

(iv) 脱退者に対する判決効　本訴の当事者の一方が訴訟脱退した後に、他の当事者と参加人との間の紛争について判決がなされた場合には、脱退した者に対しても効力を有する（四八条後段）。脱退の法的性質は、訴訟追行権の放棄による判決受認の意思表示であり[1]、四八条後段に定める判決効は、その法的効果と捉えるのが妥当である[2]（四八条後段はそれを確認的に規定したものと解する。）。ここにいう判決効は、既判力のみならず、執行力を含む[3]。もとより、原告・被告のいずれが脱退した場合についても、基本的に変わるところはない。

（1）訴訟脱退の法的性質　訴訟脱退の法的性質については、第一説は、自己の立場を参加人と相手方との間の勝敗の結果に任せ、これを条件として参加人及び相手方と自己との間の請求について、予告的に請求の放棄（原告脱退の場合）又は認諾（被告脱退の場合）をするものとみる（兼子・判例民訴四二〇頁）。しかし、このような条件の付与が許容されるかは疑問である。第二説は、訴訟追行権の放棄であるとし、当事者としての主張立証を一切しない旨の訴訟処分の一種と位置付ける（井上治典「訴訟脱退と判決」判タ三二〇号（昭和五〇年）二〔同『多数当事者訴訟の法理』（弘文堂、昭和五六年）二五一頁〕、新堂・七二三頁）。この立場は、脱退によって脱退者に関わる訴訟係属自体は消滅しないという点に特徴がある。しかし、相手方の承諾を得て訴訟から脱退したにもかかわらず、なお脱退者との関係でも審判対象として残存し、その他の当事者の攻撃防御に委ねるというのは論理的に無理がある。法的性質としては、端的に「訴訟追行権の放棄による判決受認の意思表示」と捉えるのが、脱退という行為に素直に対応した自然な理解である。その上で、判決効が及ぶことの規定（四八条後段）と連動させるのが妥当である。この法的性質を論じることは意味のないことではないが、判決効の法的性質と関連付けて、考察すべき問題である。

（2）脱退者に対する判決効の法的性質　判決効の性質について、第一説は、残存する当事者と参加人間の判決の結果を条件とする請求の放棄（原告脱退の場合）又は請求の認諾（被告脱退の場合）とする（兼子・判例民訴四二〇頁）、第二説は、脱退者の請求又は脱退者に対する請求

に関し、残存する当事者と参加人との間の請求についての判断の内容が、論理必然的に延長する判決効の拡張とみる（小山昇「民訴七一条の参加訴訟における判決の内容と効力に関する試論」中田淳一先生還暦記念『民事訴訟の理論（上）』（有斐閣、昭和四四年）〔同・著作集四巻二〇九頁〕、上野泰男「訴訟脱退について」関西大学法学論集四二巻三・四号（平成四年）五二〇頁）、第三説は、当事者としての主張立証を一切しない旨の訴訟処分の一種である訴訟追行権の放棄と位置付け、そこから脱退者に関する判決の効力と導きだす（新堂・七二五頁）。第一説は、永く通説的地位を占めてはいたが、実定法上に規定のあるものに手掛かりを求めるのは、一見すると手堅いようであるが、請求の放棄・認諾という相手方の主張の全面的な受け入れという点に類似性を見出したにすぎず、これらとは本質的に異なる制度であり、賛成しがたい。第二説も、論理必然的な判決効の延長というだけでは、現象面の表面的な表現に止まり、理由付けにはならない。第三説の特徴は、脱退者に関わる訴訟の訴訟係属自体はなくならないとし、これに対する判決も行うものと取り扱う点にあるが、前記注1に述べたように疑問である。

（3）　脱退者に対する既判力・執行力　　脱退者に対する判決効について、脱退者に対して給付判決をする余地はなく、既判力に止まるとする説（上野・前掲関西大学法学論集四二巻三・四号五〇三頁注94）と執行力を含むとする説（兼子・判例民訴四二〇頁、吉村徳重「執行力の主観的範囲と執行文」竹下守夫＝鈴木正裕編『民事執行法の基本構造』（西神田編集室、昭和五六年）一三二頁）とが、対立する。前者は、執行力を欲するのであれば、脱退を承諾すべきでないとするが、承諾にその役割を求めるのは本筋を外れている。判決効を訴訟追行権の放棄による判決受認の意思表示の法的効果と捉えると、既判力のみならず、執行力を含むと解するのが相当である。それによって、脱退者に対し、あらためて給付判決を取得する必要もなく、残存する者の保護に欠けることもなくなる。その場合に、債務名義は、脱退調書と給付判決をもって構成し、給付判決の主文に脱退者の給付義務を表示するのが相当である。したがって、執行力が脱退者に拡張されるわけではない（吉村・前掲書一三六頁注2）。

第三章　訴訟主体の変動の発生と形態

訴訟係属中に訴訟主体である当事者について変動を生じさせる形態として、訴訟係属後に原告がその意思により当初の被告以外の者に訴えの相手方を変え、あるいは当初の原告以外の者が原告に代わって当初の被告に訴えを提起する訴訟形態と、訴訟係属中に係争物の権利又は法律関係が移転したことに基づき、訴訟上の当事者の地位が従前の当事者から新たな権利又は法律関係の主体に変わる訴訟形態がある。前者が任意的当事者変更であり、後者が訴訟承継である。これらを包括して当事者の交替という。

第一節　任意的当事者変更

第一款　任意的当事者変更の構造

任意的当事者変更とは、訴訟係属後に原告がその意思により当初の被告以外の者に訴えの相手方を変え、あるいは当初の原告以外の者が原告に代わって当初の被告に訴えを提起する訴訟形態をいう。当事者の表示の訂正が、当初の当事者の同一性を害することなく、訴状等の記載によって行われるのと比較して、原告と被告のいずれについて変更する場合であっても、当初の原告又は被告以外の者が原告又は被告に代わって当事者の地位につく点で異なっている。また、当初の原告又はこれに代わる者の直接の意思によって、被告又は原告に変更を生じる点で、訴

訟承継とも異なる。(1) 当事者とすべき者について常に必ずしも明確であるとはかぎらず、誤ったこと自体当事者の責めに帰すべき事情の認められないことも少なくないし、さらには訴訟係属後に、当事者とすべき者を誤ったことが判明することもあり、そうした場合の事後的措置として、訴訟追行の上で有用である。ところが、任意的当事者変更を直接根拠づける規定は存在しないので、理論構成等について難しい問題を生じる（任意的当事者変更の比較法的沿革については、鈴木重勝「任意的当事者変更理論の系譜」外岡茂十郎教授還暦祝賀論文集『現代法学の諸問題』（早稲田大学法学会、昭和三五年）七六五頁以下参照）。

（1）　法定の任意的当事者変更　行政事件訴訟手続においては、抗告訴訟について行政権限を行使した当面の責任者として、処分をした行政庁を被告とすべきところ、だれがそれに該当するかは必ずしも容易に判定できないことから、被告を誤った場合の救済措置として被告の変更を認めている（行訴一五条。杉本良吉『行政事件訴訟法の解説』（法曹会、昭和四二年）五九頁）。その趣旨は、被告を変更して再訴を提起する負担を避けることができるばかりでなく、たとえ再訴を提起しても、もはや提起期間を途過している場合もあり得るところ、そうした不利益が発生することを防止する点にある。もっとも、被告を誤ったことにつき故意又は重大な過失によらないことを要する（行訴一五条一項。その意義につき、古崎慶長「行政訴訟における被告変更の許可要件としての『重大な過失』」吉川大二郎博士追悼論集『手続法の理論と実践・上巻』（法律文化社、昭和五五年）五〇二頁以下・特に五一六頁参照）。

第二款　任意的当事者変更の理論構成

任意的当事者変更の理論構成については、古くから見解が対立する。第一に、既存の規定に手掛かりを求めて、訴えの変更と解する説がある（細野長良『民事訴訟法要義・第二巻』（巖松堂、昭和一三年）二二五頁。東京地判昭和三三・九・三下民集九巻九号一七三六頁は、XのA個人に対する訴えをAが代表取締役をつとめるY会社に被告を変更するについて、訴えの変更として許容する。これに対し、五十部豊久「判例評釈」東京大学商法研究会『商事判例研究・昭和三三年度』（有斐閣）三二九頁は、通説の立場から判旨に反対する。）。第二に、当事者の変更を目的とする特殊な単一の行為であるとして、既存の法規とは別個に要件・効果を規律すべきであるとする説（鈴木重勝「任意的当事者変更の許容根拠」早稲田法学三六巻三・四冊（昭和三五年）一六五頁）がある。前者は、訴えの変更が同一当事者間における制度であるのに対し、任意的当事者変更は、訴訟係属中に訴訟の主体を当事者の意思により変更させる点で、本質的に異なっていて、両者の間に類似性を認めることは困難であ

り、単純に既存の規定に手掛かりを求める前提要件を欠き、現在ではこれに同調する立場は見あたらない（東京高判昭和五九・八・一六判時一一五二号一四〇頁も、訴えの変更の規定は適用されないとする。）。後者は、立法論としてはまだしも、こうした立論をするには具体的な要件・効果を提起すべきであり、学説の提唱の基本的な姿勢自体に疑問がある。

これに対し、第三に、新訴の提起と旧訴の取下げという二つの行為から構成される複合的現象と解し、両者の訴えはまったく別個のものと捉えて、その前提の上に新当事者は従前の訴訟追行の結果について拘束されないと結論づける説がある（兼子一「訴訟承継論」法協四九巻一号（昭和六年）〔同・研究第一巻一六頁〕）。これが現在の通説である。しかし、この通説の立場において、前段から後段の新訴と旧訴の関係は全く遮断されるとする結論を論理的帰結として当然に導くことができるかについては疑問がある。

任意的当事者変更の構造は、厳密に分析すると、新訴の提起による訴えの主観的追加的併合と旧訴の取下げの複合形態である。この形態が有用であるにもかかわらず問題があるのは、被告側に変更を生じる場合に、相手方当事者を変更する原告側にとっては有用であるのに対し、変更される側とりわけ新たに当事者の地位につく者の手続保障を確保できるかという課題に直面することにある。もとより、新当事者ほどではないにしても、旧当事者にとっても、応訴の利益を剥奪されることによる不利益の救済という必要性はある。したがって、新旧当事者の手続保障が確保できるかという視点から判断されるべきである。

本来、旧訴の当事者から相手方の一方的な事情によって変更された新訴の当事者は、交替される前主である旧訴の当事者が関与した訴訟手続の法的拘束を受ける理由はない。しかし、任意的当事者変更の趣旨は、当事者とりわけ原告があらためて訴えを提起し直すことなく、従前の訴訟手続を活用し、新たに相手方とすべき者を被告として訴訟追行することを許容し、もって当事者にとって有用であるのみならず、裁判所にとっても訴訟経済に適うこと

にある。したがって、その趣旨を踏まえて、任意的当事者変更の要件を類型化することが必要である。

第三款　任意的当事者変更の要件・効果

一　要件

任意的当事者変更は、その趣旨を踏まえ（第二款）、手続保障を確保しつつ、一定の要件の下に認められるべきものである。もともと、実定法上の根拠規定を欠いているのであるから、それは、実体法上の制約及び取引形態上の制約を手続法の局面において補完する機能に求められる。そこで、任意的当事者変更の要件を機能的視点から類型化することが必要になる。

第一に、実体法上の理論的制約を補完するものとしての機能である。例えば、手形面上の債務者を判定するのに、手形法の厳格性により制約があることから、これを手続法上において真実の債務者に変更し、もって手形金債権の回収に資する場合である（大阪地判昭和四〇・五・三一判タ一七八号一六〇頁。これを表示の訂正で処理することは、法主体が異なるので困難である。六七九頁参照）。

第二に、実体法上又は判例上いまだ責任主体が確立されていない事態を補完するものとしての機能である。もっとも、その場合は、被告とすべき者の判断が困難な事情のあることが少なくなく、したがって、審級によって裁判所の判断も異なることが予想されるので、主観的選択的又は予備的併合を追加的に請求した場合として解するのが相当であり、単純に旧訴の取下げとの複合形態と構成することは妥当ではない（その点では、訴えの主観的追加的併合の問題に吸収されるべき要素がある。）。その場合は、訴訟技術的には実定法上に手掛かりを求め、同時審判を申出ることによって（四一条）、権利保護を図るべきである。

第三に、取引の実態に照らし、旧訴と新訴の当事者が実質的に同一と認められる場合である（個人から法人に変更する場合につき、奈良地判昭和三

九・三・二三下民集一五巻三号五八六頁）。①単なる誤認による場合（大阪地判昭和四二・七・一三判タ二一三号一六九頁は、国家賠償請求を公務員個人から国に変更する場合につき、大阪地判昭和三九・一〇・一九判タ一六八号一七一頁は、破産宣告を受けたにもかかわらず破産者を被告として提起した訴えを破産管財人に変更する場合につき、いずれも任意的当事者変更を否定する。）、②事実関係についての判断を誤った場合、③事実関係の判断の困難な場合等における救済を図るために、任意的当事者変更に解決の拠り所を求めるべき性格のものではない。したがって、例えば、被害者が加害者を誤って請求した場合、加害者を特定することができないまま想定される者を被告として請求したところ、訴訟係属中の真の加害者が判明した場合等の救済措置としては、認められない。

また、原告について許容されるべき余地は、ほとんど見当たらない（東京地判昭和五三・一二・一一判タ三七八号一一四頁は、金融業者Aの使用人である「B」を原告として提起された訴えを、「BことA」に変更するのを認められないとする。）。

二　効　果

通説は、任意的当事者変更を新訴の提起と旧訴の取下げの複合的現象と解し、新当事者は従前の訴訟追行の結果について拘束されないとする。しかし、まったく要件を設定することなく、そのように構造分析をしただけで消極的な結論を導くことには疑問がある。一定の要件を設定した上で、旧訴の訴訟手続の効力が新訴にも及ぶことを認めるのが妥当と解する。旧訴における事実上の主張ならびに証拠調べの結果は、新訴の当事者が援用しない限り、新訴の事実認定の資料とはできないが、新訴の当事者から援用する場合には、一括援用も可能と解する（福永有利「任意的当事者変更」『実務民事訴訟講座1』（日本評論社、昭和四四年）一〇九頁）。

第四款　任意的当事者変更の手続

任意的当事者変更は、新訴の提起による訴えの主観的追加的併合と旧訴の取下げの二つの行為から構成される複合的現象が、手続上一体として行われる[1]。したがって、主観的追加的併合及び訴えの取下げの要件を具備すること

を要する。もっとも、訴えの取下げを伴わない場合は、取下げの要件を具備することを要しない。

時効中断の効力及び提訴期間遵守は、新訴の提起時ではなく、旧訴の提起時を基準として判断すべきである。本来、訴えの取下げにより時効中断の効力は遡って消滅する（民一四九条）が、任意的当事者変更においては訴訟追行を終局的に取りやめるのではなく、その理論構成として、旧訴の取下げが観念されるので、旧訴の提起によって生じた実体法上の効果である時効中断の効力がそれにより影響される余地はない（最判(二小)昭和三八・一・一八民集一七巻一号一頁）。

（1）当事者の表示の訂正と任意的当事者変更　被告を誤った事例についてみると、原告が当初被告とした者の表示を誤ったことが判明した場合に、正しい表示に訂正を申し立てる行為は、表示の前後を通じて当事者の同一性において変わるところはないので、一般的には許容されるべきである。例えば、被告会社の商号が変更されていた場合、被告名が芸名であった場合等に、それぞれ新商号、本名に変更する行為がそれである。したがって、表示の訂正によって、それまでの訴訟手続の効果は訴訟法上のみならず、訴え提起による実体法上の効果である時効中断についても、まったく影響されない。これに対し、任意的当事者変更は、被告の表示の訂正の前後を通じて当事者の同一性が認められない場合である。例えば、被告をA個人としていたのをAが代表者であるY会社に変更する場合又はその逆の場合である。単なる表示の誤りを訂正するのと異なり、法的主体の別の者に変更するのであるから、なんらの制限なしに許容されることではない。したがって、任意的当事者変更によって、それまでの訴訟手続の効果は訴訟法上のみならず、訴え提起による実体法上の効果についても、別の考慮を必要とする。第一に、当事者の変更を特別の制限なしに許容し、その反面で旧訴の効果は新訴に及ばないとする構成であり、第二に、当事者の変更は一定の要件を具備する場合に許容されるとともに、旧訴の効果は新訴に及ぶことを認めるとする構成である。任意的当事者変更の趣旨に照らし、第二の構成が妥当といえる。

なお、原告を誤った事例については、単なる誤解というよりは作為による病理的な場合が多いようである。もっとも、当初の原告について、訴訟係属後に当事者適格の有無について疑問を生じ、原告の変更を求める場合はあり得る（前記一の第二の場合に該当するので、それによって対処すべきである。）。

第二節　訴訟承継

第一款　訴訟承継の構造

一　訴訟承継の趣旨

訴訟承継とは、訴訟係属中に係争物に係る権利又は法律関係が移転したことに基づき、訴訟上の当事者の地位が従前の当事者から新たな権利又は法律関係の主体に変わる訴訟形態をいう。任意的当事者変更が、当初の原告又はこれに代わる者の直接の意思によって、被告又は原告に変更を生じるのに対し、訴訟承継は、訴訟主体である当事者の係争物に対する訴訟追行権の消滅したこと、又は係争物の権利又は法律関係が移転したことに基づき、当事者の地位に変動を生じる点で、異なっている。

いったん訴訟係属した後に、時の経過に伴い、訴訟主体である当事者自身に変動を生じることは少なくない。また、訴訟の係争物であるからといって、その訴訟が完結するまで、係争物をいっさい処分できないとする法的根拠はないし、経済的交換価値の有効活用の点からも否定されるべき理由はない。その反面、訴訟係属後に、当事者の地位、係争物の権利又は法律関係について変動を生じたからといって、あらためて訴訟を提起しなければならないのでは、原告にとって極めて煩瑣であるのみならず、被告にとっても、応訴によるそれまでの訴訟追行行為が無意味になるのでは、不当な不利益を受けるおそれがある。とりわけ、それが当事者いずれかの意思によってほしいままに行われることが可能であるならば、当事者間に不公平な事態を招くこととなる。さらに、従前の当事者に代わっ

てその地位を受け継ぎ、もしくは係争物の権利又は法律関係の主体となった者は、それに係る訴訟の負担を当然に負うものとすることが公平の理念に適うものである。また、裁判所にとっても、訴訟主体である当事者の係争物に対する訴訟追行権の消滅したこと、又は係争物の権利又は法律関係が移転したことによって、それまでの審理が無駄になることは、訴訟経済に著しく反することになる。このような訴訟係属中の事態を訴訟にそのまま反映させ、もって円滑な訴訟の審理を図る趣旨に基づき、訴訟承継という制度が設けられている（兼子一「訴訟承継論」法協四九巻一号（昭和六年）〔同・研究第一巻四一頁〕は、訴訟承継を訴訟の対象としての争いを中心として捉えることにより、既判力の形成過程である訴訟状態上の有利又は不利な地位の承継として位置付ける。）。

二　訴訟承継の類型

訴訟承継には、それを生じさせる原因の視点からみると、訴訟主体である当事者の係争物に対する訴訟追行権の消滅したことによる承継と、係争物の権利又は法律関係が移転したことによる承継とがある。前者による類型を当然承継といい、後者による類型に参加承継と引受承継がある。

三　訴訟承継の効果

訴訟承継があると、新当事者は旧当事者の訴訟上の地位を受け継ぐこととなるので、旧当事者の訴訟追行に基づいて形成された訴訟状態をそのまま承継する（兼子・前掲書四二頁。これに対し、三ケ月・全集一四五頁・二三一頁は、訴訟手続の主体間に存在するものとして理念的に要請される法律的関係を訴訟法律関係と呼び、訴訟承継は訴訟法律関係の承継関係とみるが、通説に取って代わるまでには至っていない。）。したがって、訴訟上の請求は、実質的には同一性を保ち、訴訟追行権が移転する（八木良一「当事者の死亡による当然承継」民訴雑誌三一号（昭和六〇年）四二頁は、当事者の交替があるのに、訴訟上の請求が同一性を保つとする従来の考え方を疑問とする。）。

(1)　従前の弁論、証拠調べ、裁判等は、すべて承継後の新当事者との訴訟において、そのまま効力を有する。仮執行宣言も、承継人に及ぶ（二五九条・一一五条二項）が、執行法上の問題であって、訴訟承継から直接導かれる効果ではない。

(2)　旧当事者が訴訟手続上できなくなった行為は、新当事者もすることはできない（例えば、自白に反する主張、時期に遅れた攻撃防御方法の提出等である。）。

(3) これに対し、従前の訴訟について生じた訴訟費用の負担の関係では、本案とは別の問題であるので、異なった処置を必要とする。包括承継を原因とする場合には、訴訟費用の負担についても承継するが、特定承継を原因とする場合には、特別の事由のない限り承継せず、相手方の負担の帰属及び割合については、旧当事者と新当事者のそれぞれ別に決めることとなる。

第二款 当然承継

一 当然承継の原因

訴訟主体である当事者の係争物に対する訴訟追行権の消滅したことによる承継を、当然承継という。実体的な承継原因が訴訟に直ちに反映することにより、当事者の意思に関わりなく承継を生じる。その場合に訴訟追行の相次性を確保することが必要であることを考慮すると、実体的な承継原因が訴訟手続を中断させる原因となるので、承継原因は訴訟手続の中断及び受継の規定から推知される。もっとも、中断及び受継は訴訟手続の進行に関する事態であるのに対し、承継は訴訟主体の変動の形態である点で性格が異なっている。

(1) 当事者の死亡（一二四条一項一号） 訴訟係属中に当事者が死亡した場合には、訴訟物が相続に親しむ性質か否かによって異なってくる。

(i) 訴訟物が相続に親しむ性質である場合は、その措置が以下の三つに分かれる。

① 相続人、受遺者、遺言執行者、相続財産管理人等が、通常は承継人となる（一般的には、これらの者が想定できるとはいえても、具体的事例においては、実体法上の見解の相違あるいは複雑な事実関係により、これらの者のうちのいずれが承継人となるべきか争いになる場合もある、八木・前掲論文三三頁参照）。人事訴訟事件では、法律が特に承継人を定めている場合がある（人訴二条三項四項・二六条・三二条二項四項に定める検察官又は弁護士）（同二九条三項に定める一定範囲の親族。なお六八四頁注（1）①参照）。

② 対立する相手方が唯一の相続人であるときは、当事者の地位に混同を生じ、訴訟は当然に終了する。

③ 死亡した当事者の地位を承継する者がいないときは、訴訟は当然に終了する。

(ii) 訴訟物が一身専属的性質を有する場合は、当事者の死亡により、訴訟は当然に終了する。

① 身分関係訴訟　一般に、身分関係訴訟においては、訴訟物自体が一身専属的性質を有するので、訴え提起後に原告が死亡したときは、特別の規定がある場合を除き、訴訟は当然に終了する（もっとも、古くから、身分関係訴訟において、たとえ一身専属的権利であっても、他に独立に同一内容の身分を争う適格者があるときは、その者に訴訟承継を認めるべきであるとする有力な見解が見られる、山田正三・法学論叢一二巻五号一一三頁、兼子一「訴訟承継論」法協四九巻一号（昭和六年）（同・研究第一巻七六頁注九八））。例えば、親子関係不存在確認訴訟の係属中に、原告が死亡すれば、その権利は一身専属的性質であって、相続による承継の対象とはならず、訴訟は当然に終了する（東京高判昭和五八・九・一四判時一〇九四号三五頁、名古屋地決昭和四二・四・一四判タ二〇七号一〇五頁、山木戸克己『人事訴訟手続法』（有斐閣、昭和三三年）八七頁・特に一〇七頁。これに対し、人訴二九条三項に準拠して、相続人による訴訟承継を認めるものとして、大判昭和一六・一二・二四新聞四七六六号一三頁）。その趣旨は、年長養子の禁止に違反を理由として養親が養子を相手方として提起した養子縁組取消請求訴訟の係属中に養親が死亡した場合（最判(三小)昭和五一・七・二七民集三〇巻七号七二四頁）、養親が養子を相手方として提起した離縁請求訴訟の係属中に養親が死亡した場合（最判(三小)昭和五七・一一・二六家裁月報三五巻一一号六八頁）、夫の死亡後に検察官を相手方として提起した離婚無効確認請求訴訟の係属中に原告が死亡した場合（大阪高判昭和五九・八・二一高民集三七巻三号一五九頁）、夫婦の一方が他方を相手方として提起した婚姻無効確認請求において原告が死亡した場合（最判(二小)平成元・一〇・一三家裁月報四二巻二号一五九頁）についても、同様とする。この点について、嫡出否認の訴え（民七七五条）に唯一の例外をみることができる。原告である夫の死亡後は、その子のために相続権を害されるべき者、その他夫の三親等内の血族が訴訟を受継できるとしている（人訴二九条三項）。本来、嫡出否認請求権は一身専属的な権利であるが、訴訟経済と紛争の迅速な処理を図る趣旨により、一定の近親者に限って新たな訴え提起を要求することなく、夫が追行していた訴訟手続の受継を認めたものである（岡垣学『人事訴訟手続法』（第一法規、昭和五六年）四二一頁）。もっとも、民事訴訟法の定める当事者の死亡による訴訟手続の受継が新適格者による当然承継を前提とするのに対し、本

条は第三者である法定の近親者の申立てによることを要する相違点があるので、むしろ任意的な訴訟承継を認めたものと解すべきである（山木戸・前掲書六一頁、岡垣・前掲書四二一頁、吉村徳重＝牧山市治編『注解人事訴訟手続法【改訂】』（青林書院、平成五年）三三五頁〔徳田和幸〕）。したがって、法定の近親者が複数あっても、全員で承継することは必要でない。他方、嫡出否認の訴えを提起した後に被告である子が死亡したときには、その訴訟手続を受継できる特別の規定がないので、子の死亡とともに嫡出否認権が消滅し、訴訟は終了する。その子に直系卑属がある場合も同様である（『注釈民法(22)のI』（有斐閣、昭和四六年）一四六頁〔岡垣学〕）。

② 会社関係訴訟　株主による株主総会決議関係訴訟の係属中に原告が死亡した場合には、社員たる地位を自益権並びに共益権を含む社員権と解する通説の立場においては、社員権の相続を原因とする取得によって、総会決議取消請求権という共益権も承継取得するので、相続人によって当然承継されることとなる（最判(大)昭和四五・七・一五民集二四巻七号八〇四頁。これに対し、共益権を一身専属的権利と解し、社員権を否定する立場では、訴訟承継を認めず、相続人はあらためて訴えを提起することとなる。松田二郎『株式会社法の理論―株式本質論を中心にして―』（岩波書店、昭和三七年）四七頁）。

③ その他　判例は、生活扶助・医療扶助を一部廃止する旨の社会福祉事務所長による保護変更決定処分に対する不服申立てを却下した知事並びに厚生大臣の処分についての裁決取消請求訴訟において、生活保護請求権は一身専属的権利であるとして、原告の死亡により訴訟は終了するとしている（最判(大)昭和四二・五・二四民集二一巻五号一〇四三頁）。これに対し、田中二郎裁判官ほかの少数意見は、保護変更決定処分が違法であれば、変更決定後の本件生活扶助基準金額と適正な生活扶助基準金額の差額について、国に対し不当利得返還請求権を生じるので、相続性があるとして反対する。さらに、判例は、国民年金受給資格を有する者の国に対する未支給年金支払請求訴訟の係属中に原告が死亡した場合についても、同様に訴訟承継を否定する（最判(三小)平成七・一一・七民集四九巻九号二八二九頁）。

しかし、訴訟承継が認められるには、訴訟物たる権利又は法律関係を承継するに止まらず、その点の直接の承継がなくても、当該訴訟物を承継する法的利益があることをもって足り（「訴訟承継の利益」と呼ぶのが適切である。）、その法的利益は特に法令

によって当該訴訟物に関する訴訟追行権が与えられていることまでも要するものではないと解するのが相当である。当然承継であっても、主体が変更されれば、新当事者の訴訟物に対する関係が旧当事者とまったく同一ということはありえないのである（八木・前掲論文四二頁）。訴訟承継の趣旨が訴訟手続の担い手としての公平の理念と訴訟経済の確保にあることからすると、承継前と比較して承継によって紛争を実質的に解決できることとなる可能性も当然にあり得ることであって、承継前の枠内に止められるべき根拠もない。そうした承継の趣旨に照らすと、前記最判昭和四二年五月二四日には疑問がある（少数意見は訴訟承継との整合性を欠く点で根拠が不十分である。）。また、前掲最判平成七年一一月七日が、相続人にあらためて社会保険庁長官への申請行為からやり直すことを求めるのは、訴訟承継の趣旨に反するものであり、賛成できない。

(2)　法人その他の団体の合併による消滅（一二四条一項二号）　合併により設立された法人その他の団体、又は吸収合併後に存続する法人その他の団体が、承継人となる[1]。

（1）　会社の合併・分割と会社関係訴訟　（i）　会社合併の場合　①　会社決議関係訴訟　株主総会の合併決議無効確認・取消しの訴えの係属中に会社が吸収合併された場合には、被告適格も存続会社又は新会社に承継されるとする説（上柳克郎「合併」『経営法学全集』（ダイヤモンド社、昭和四一年）〔同『会社法・手形法論集』（有斐閣・昭和五五年）二六三頁〕）、合併決議無効確認・取消しの訴えの限りで解散会社の人格が存続するとする説（大隅健一郎ほか『会社合併手続』（財政経済弘報社、昭和四一年）二四五頁・二五六頁〔大隅〕、『新版注釈会社法（13）』二三九頁〔今井宏〕）、これらの訴えの被告適格は解散会社に専属することを理由に訴訟は終了するとする説（兼子・条解上五五八頁、兼子・条解七三四頁〔竹下守夫〕）、訴えの利益を失い、訴訟承継の余地はなく、合併無効の訴え（商四一五条）に訴えを変更することを要するとする説（新堂幸司「株主総会決議取消しの訴え」（昭和五八年）〔同『民事訴訟法学の基礎』（有斐閣、平成一〇年）四一一頁〕。『新版注釈会社法（13）』二四五頁〔小橋馨〕は、両者の訴えを必要であるとし、併合審理すべき旨を強調するが、決議の効力を争う訴訟を維持することを求めるのは疑問である。）がある。合併の法的性質については人格合一説、現物出資説及び組織変更説等の諸見解がある（柴田和史「合併法理の再構成（一）」法協一〇四巻一二号（昭和六二年）一六三九頁以下参照）が、総会決議の無効・取消の訴えは組織上の行為の無効・取消しを求めるのであるから、商取引上の権利義務の存否を争うのと異なり、被告適格が新会社又は存続会社に包括承継される余地はなく、訴訟は終了すると解するのが妥当である。いったん合併の効力を生じたにもかかわらず、その訴訟の限度で解散会社が存続するというのは法

的に矛盾する。

② 新株発行無効の訴え　新株発行無効の訴えの係属中に会社が吸収合併されたときの訴えの帰趨については、存続会社が承継するとする説（福岡高判昭和四一・七・一八高民集一九巻四号三三〇頁、畑郁夫・民商六〇巻一号一五五頁、『新版注釈会社法(13)』二三九頁〔今井宏〕）、訴訟は終了するとする説（長崎地判昭和四〇・七・二〇判時四二一号五五頁）、請求に理由があると認められる場合は合併無効の訴えに変更すべきであるとする説（鈴木竹雄『商事判例研究・昭和四一年度』八六頁、同説は請求原因おいて新株発行無効原因となりえない事由が主張されているにすぎない場合は、存続会社が承継した上で請求を棄却すべきであるとする。）とが対立する。請求に理由があるか否かで取扱を異にすべき根拠はなく、前記①と同様に、訴訟は終了すると解するのが妥当である。なお、合併による新株発行の効力を争う訴えについては、当初から新会社を被告とする。

③ 株主代表訴訟　株主代表訴訟の係属中に会社が合併しても、原告株主の訴訟追行権は影響されることはなく、訴訟はそれによって左右されない。

(ii) 会社分割の場合　分割計画書の記載したところにより、分割により設立した会社又は営業を承継した会社が承継する（商三七四条ノ一〇・三七四条ノ二六。原田晃治「会社分割法制の創設について(下)」商事法務一五六六号（平成一二年）六頁参照）。

(3) 当事者である受託者の信託の任務の終了（一二四条一項四号）　信託関係の終了によって信託財産は帰属権利者に移ることとなるが、信託関係の終了と同時に帰属権利者に物権的に帰属するのではなく、法定信託となり、移転手続を経た上で帰属権利者が承継人となる（四宮和夫『信託法〔新版〕』（有斐閣、平成元年）三五一頁以下）。

(4) 一定の資格を有する者で自己の名で他人のために訴訟の当事者となるもの（破一六二条、会社更生九六条、民再六七条一項、商八一一条二項）の死亡その他の事由による資格の喪失（一二四条一項五号）　新たにそれらの一定の資格を取得したものが、承継人となる。

(5) 選定当事者の全員の死亡その他の事由による資格の喪失（一二四条一項六号）　選定当事者の資格の喪失には、選定者の意思に基づいて選定を取消し又は変更する場合を含む。本号の場合は、選定者本人又はあらためて選定行為を行って選定された者が、承継する。

(6) 破産宣告又は破産解止（一二五条）　当事者が破産宣告を受けると、破産財団を構成する財産の管理処分権は破

産管財人が掌握するので、破産財団に関する訴訟は破産管財人が承継人となる（五八六頁参照）。また、破産解止の場合は、破産者が承継人となる。

二　当然承継の手続

(1)　訴訟手続の中断を伴う場合　訴訟手続が中断している場合は、承継人は、受継申立書（規五一条一項）及び受継資格を明らかにする資料を添付して（同条二項）、受継を申し立てる（承継を申立てるのではない。）。裁判所は、承継人又は相手方による受継の申立ての適否について判断するに際し、承継人としての適格を調査し、適格を欠くときは、理由なしとして受継の申立てを決定で却下する（一二八条一項）。これに対して、申立人は抗告することができる（三二八条一項）。承継人としての適格を有すると判断するときは、受継許可の決定をする（口頭弁論期日を指定することにより、訴訟手続の続行を黙示に許可することも可能である。）。

(2)　訴訟手続の中断を伴わない場合　中断事由を生じても訴訟代理人がある場合には、訴訟手続は中断しない（一二四条二項）が、訴訟代理人は中断事由を生じた旨を裁判所に届け出なければならない（規五二条）。その趣旨は、従前の当事者の係争物に対する訴訟追行権が消滅した事由を明らかにするとともに、新たに訴訟追行権を取得する者を明らかにし、実体上の当事者と訴訟手続上の当事者を合致させることが、訴訟手続の明確性に照らし、必要であることによる（実務の取扱いについて、八木良一「当事者の死亡による当然承継」民訴雑誌三一号（昭和六〇年）三七頁以下参照）。

もっとも、中断事由を生じた後に、旧当事者の表示のまま訴訟手続が進行しても、訴訟代理人は承継人を当事者として訴訟追行していると認められる場合には、たとえ旧当事者を名宛人として判決されても、承継人を名宛人として判決されたものと判断するのが相当である（執行の段階では、承継人のために又は承継人に対する執行文の付与を求めることを要する。民執二三条・二七条二項、民執規一七条二項）。また、訴訟代理人が、新たに訴訟委任状を取り付けることなく、承継人を当事者として引き続き訴訟追行しても適法である（最判（二小）昭和三三・九・一九民集一二巻一三号二〇六二頁）。その場合に、判決には承継人を当事者として表示すべきであり、旧当事者を表示したときは

判決を更正すべきである（最判(二小)昭和四二・八・二五判時四九六号四三頁）。

第三款　参加承継・引受承継

第一項　係争物の移転と訴訟の帰趨

一　係争物の移転

訴訟がいったん訴訟係属した後は、訴訟が完結するまで、係争物の処分を一切禁止することにより紛争処理を容易にするか、訴訟に要する時間的負担、係争物の経済的交換価値の有効活用を図るために処分を可能にした上で法的手当を講じるべきかは、司法・立法政策に関わる問題である。古くローマ法は、係争物の処分を禁止していたが（船田享二『ローマ法・第五巻』（岩波書店、昭和四七年）一四四頁・一五五頁・一六一頁）、近代法では、一般にこれを認めた上で、その紛争処理を図るために、紛争の主体が変動した事態を訴訟に反映させることによる方策と、たとえ係争物に係る権利又は法律関係の主体が変動しても、従前の当事者がそのまま訴訟を追行し、その判決の効力を権利又は法律関係の新たな主体にも及ぼすことによる方策とがある。前者を訴訟承継主義、後者を当事者恒定主義という。訴訟承継主義は、係争物に係る権利又は法律関係の主体が変動したことを紛争主体の変動として捉えて、承継人を新当事者として訴訟上に位置付け、その者が直接的に攻撃防御を展開する機会を与え、手続保障を確保するところに特徴がある。これに対し、当事者恒定主義は、たとえ訴訟係属中に係争物に係る権利又は法律関係に変動があっても、訴訟当事者関係は訴え提起の当初の状態を堅持し、その当事者間について公的判断を受け、判決の効力を新当事者にも及ぼすことによって紛争処理を図ることとする建前である。[1] わが国の法制は、旧々法においては特別の規定は設けられていなかったが、旧法以来、

係争物の譲渡を前提とする規定が設けられ、当事者承継主義を採用するものと解されている（兼子一「訴訟承継論」法協四九巻一号（昭和六年）〔同・研究第一巻一二八頁〕、日比野泰久「訴訟承継主義の限界について」名古屋大学法政論集一二〇号（昭和六三年）八八頁以下参照）。

その訴訟承継主義の下において、訴訟が係属した後に、当事者の意思により、係争物の権利又は法律関係が第三者に移転した場合に、前款で取り扱った当然承継のように、当事者の意思に関わりなく訴訟手続に反映させる制度は設けられていない。係争物の権利又は法律関係が特定的に第三者に移転するのが、当事者の意思によることに着目し、それに対応して訴訟手続に反映させるについても、公平の理念に裏付けられた当事者の意思に委ねるのが相当であることによる。そこで、民事訴訟法は、従前の当事者の訴訟上の地位を引き継ぐ制度として、参加承継と引受承継を設けている。前者は、承継人である第三者がみずからの意思で訴訟上の地位を引き継ぐのに対し、後者は、相手方がその第三者に対して承継を強制する制度である。

（1）　ドイツ法における当事者恒定主義　当事者恒定主義は、ドイツ法にみることができる（ドイツ法制における沿革から現行法に至る経過を詳細に紹介する最近の優れた業績として、高見進「登記請求権保全の仮処分の効力（一）」法協九三巻九号（昭和五一年）一三三〇頁以下、日比野泰久「係争物の譲渡に関する一考察（一）～（三・完）―ドイツ法における当事者恒定制度を中心として」名古屋大学法政論集一〇五号（昭和六〇年）九三頁以下、一一四号（昭和六二年）一〇七頁以下、一一五号三〇五頁以下参照）。

ドイツ民事訴訟法第二六五条「訴訟係属は、当事者の一方若しくは他方が係争中の物を譲渡し又は主張された請求権を譲渡する権利を妨げない。

②　係争物又は請求権の譲渡は訴訟に影響を及ぼさない。承継人は、相手方の同意がなければ前権利者に代わり主たる当事者として訴訟を引き受け、又は主参加をする権利を持たない。承継人が補助参加人として参加したときは、第六九条〔注・共同訴訟的補助参加の規定〕は適用されない。

③　原告が係争物の譲渡又は請求権の譲渡をしたときは、第三二五条〔確定力と権利承継の規定〕によって判決が承継人に対して影響を及ぼさない限り、被告は原告に対し請求を主張すべき権利を有しない旨の抗弁をもって対抗できる。」（法務大臣官房司法法制調査部編『ドイツ民事訴訟法典』法務資料第四五〇号八一頁）

二　係争物の移転と訴訟法・実体法の対応

係争物の権利又は法律関係が特定的に第三者に移転した場合に関して、手続法は多様な対応措置を設けている。

(1) 民事訴訟法上の措置　第一に、口頭弁論終結前の承継人に対しては、本款で取り扱う参加承継（五〇条）と引受承継（五一条）があり、第二に、口頭弁論終結後の承継人に対しては、既判力の主観的範囲を拡張している（一一五条一項三号）。

(2) 民事執行法上の措置　債務名義成立後の承継人（確定判決、仮執行宣言付き判決等については口頭弁論終結後の承継人）に対して、執行力を拡張する（民執二三条一項三号）。

(3) 民事保全法上の措置　係争物の権利又は法律関係が特定的に第三者に移転することをあらかじめ法的に禁止する措置を用意し、仮処分制度（民保二三条以下）を設けている。それは、原告が係争物について処分禁止の仮処分又は占有移転禁止の仮処分を得ることにより、被告による第三者への譲渡等を法的に抑止することができ（民保五三条一項・五八条・六二条・六四条）、たとえ被告が仮処分に反して譲渡等に及んでも、原告に対抗できない効力を有する（処分禁止の仮処分につき、最判昭和四五・九・八民集二四巻一〇号一三五九頁、占有移転禁止の仮処分につき最判昭和四六・一・二一民集二五巻一号二五頁）。その点で、訴訟承継主義の下において、当事者恒定を目的とする仮処分としての機能を営む点に特徴がある（高橋宏志「不動産の処分禁止仮処分」『民事保全講座2』（法律文化社、平成八年）四三八頁以下・特に四五七頁、佐藤歳二「占有移転禁止仮処分の効力と新占有者の保護」竹下守夫＝鈴木正裕編『民事保全法の基本構造』（西神田編集室、平成七年）三八七頁以下・特に三九六頁、福永有利「占有移転禁止の仮処分」竹下守夫＝藤田耕三編『民事保全法』（有斐閣、平成九年）三四八頁）。

(4) 実体法の措置　係争物の権利又は法律関係が特定的に第三者に移転した場合に関して、特別の定めを設けているわけではないが、特定の不動産物件について係争中であることを公示する制度として、予告登記（不登三条）がある。それにより、第三者はその物件が係争中であることを知るので警告的機能を営むことができる（北川弘治「予告登記はどういう場合にするのか」判タ一七七号（昭和四〇年）一八八頁、慶田康男「予告登記」幾代通他編『不動産登記法講座II』（日本評論社、昭和五二年）二〇〇頁。その沿革について、吉野衛『注釈不動産登記法総論【新版】上』（金融財政、昭和五七年）一六五頁参照）。

係争物の権利又は法律関係が特定的に第三者に移転した場合には、これらの手続法と実体法に定める制度が連動

して機能することにより、適正な紛争処理が図られることが望まれる（新堂幸司「訴訟承継主義の限界とその対策」判タ二九五号（昭和四八年）〔同『訴訟物と争点効（下）』（有斐閣、平成三年）七七頁以下〕参照）。

(5)　訴訟承継と既判力又は執行力との関係　訴訟は、実質的にみると、生成過程中の既判力であるという認識に立って、訴訟承継における承継の概念と既判力の主観的範囲としての口頭弁論終結後の承継人とを連結させて考えられてきた（兼子・前掲書三四頁・四三頁）。あるいは、訴訟上の承継の概念について、執行力の拡張と訴訟承継で意義が異なることを強調し、二義性を認めることによってはじめて妥当な解決を図ることができるとする試みも見られた（三ケ月章「特定物引渡訴訟における占有承継人の地位」法曹時報一三巻六号（昭和三六年）〔同・研究一巻二八五頁以下・特に三〇九頁以下〕）。これに対し、近時、訴訟承継は、これから審理を続ける際に問題となるのに対し、既判力及び執行力の拡張は審理を終えた後に問題となる違いがあるとして、手続保障の観点から承継人の範囲を考えるについて、利益考量に差異を生じるとする有力な見解がある（新堂・七三九頁）。

しかし、これらが、承継人の概念の二義性という視点から捉えるのは、技巧的に過ぎるし、利益考量という局面になじむ性格であるかも疑問がある。係争物の権利又は法律関係が特定的に第三者に移転した場合に関して、手続法が多様な対応措置を設けていることを直視すると、訴訟承継は係属する訴訟手続の発展的な活用という性格が前面に出てくるのに対し、既判力は、すでに確定した判決の効力をどの範囲にまで生じさせるかという性格のものである。いずれも、すぐれて司法政策的視点に立っている点では、共通しているといえる。しかし、訴訟承継は、係属中の訴訟の枠内における生成過程の制度である点に着目すると（その限度で、兼子・前掲は示唆に富む。）、発展的に捉えるべきものであり、訴訟承継主義の下でも、対物的理解を補完的に取り入れることによってはじめて、その原則がかえって機能的に作用することにもなる（六九五頁参照）。これに対し、既判力及び執行力の拡張は確定判決の機能を当事者の利益と第三者の手続保障いう視点から捉えるべきものである。この点の違いは明確に認識すべきことである。

第二項　参加承継・引受承継の原因・内容と請求態様

一　参加承継・引受承継の原因・内容

訴訟が係属した後に、当事者の意思により、係争物の権利又は法律関係が特定的に第三者に移転した場合に、参加承継及び引受承継の原因を生じる。係争物の権利又は法律関係が「特定的に第三者に移転した場合」とは、係争物の個別的な権利又は法律関係が個別的原因に基づいて第三者に移転することをいう（これを取得する第三者の側からみて特定承継という）。当事者の意思には、任意処分（例えば、売買、贈与、債権譲渡）に止まらず、法の規定（例えば、代位権行使）、執行処分（例えば、競落許可決定、転付命令）が含まれる。

このような原因により承継される内容は、係争物の権利又は法律関係である。ここにいう「係争物の権利又は法律関係」とは、訴訟物に止まらず、その請求の基礎である係争物（物権的又は債権的財産をいう。）に係る権利又は法律関係をいう。参加承継においても引受承継においても、権利であると義務であるとに関わりなく、承継の内容となる。（1）係争物の権利又は法律関係が第三者に移転したことにより、従前の訴訟の当事者適格が移転し、訴訟承継を生じることとなる。

（1）　権利承継と義務承継　旧法の下では、規定の文言として、権利の承継のみが参加承継の内容であり、義務の承継のみが引受承継の内容とされていた（七三条・七四条）。これに対し、兼子一「訴訟承継論」法協四九巻一号二号（昭和六年）（同『民事法研究・第一巻』（酒井書店、昭和二五年）所収）により、参加承継と引受承継のいずれについても、権利と義務の区別はないことが綿密に実証され、学説として確立した。判例も、戦後になってこれを認めるところとなった（参加承継につき、最判（三小）昭和三二・九・一七民集一一巻九号一五四〇頁、引受承継につき、最判（二小）昭和五二・三・一八金融法務事情八三七号三四頁）。新法は、これらの経緯を受けて、明文化するに至っている（五一条）。

二　承継人の請求態様

当然承継において、訴訟上の主体について実体法上の原因に基づいて変動を生じて訴訟の紛争主体が変更されれば、新当事者の訴訟物に対する関係が旧当事者とまったく同一ということはありえないと同様に、特定承継である

参加承継・引受承継においては、むしろそれにもまして当事者の意思又は法の定めるところにより、係争物の権利又は法律関係が特定的に第三者に移転することによる承継であるから、請求態様が変更しない場合もあれば、変更を余儀なくされる場合もある。(1)

(1)　係争物に係る権利又は法律関係の主体が第三者に変動したことにより、その第三者が前主の請求権と同様の訴訟追行権を取得する場合　この場合は、前主の訴訟物と承継人の訴訟物に変わりはない。例えば、①原告が訴求中の債権を第三者に譲渡した場合、又は、被告の債務を第三者が引き受けた場合、②所有権確認請求の目的物件を第三者に譲渡した場合等である。

(2)　係争物に係る権利又は法律関係の主体が第三者に変動したことにより、その第三者が新たな紛争主体として、請求の態様も変更する場合　この場合は、係争物に係る権利又は法律関係の基礎が変わる場合であるので、前主の訴訟物と承継人の訴訟物は変容するのであり、債権的請求権から物権的請求権に変容し、あるいは逆に変容しても、訴訟承継制度の趣旨に照らし、承継を妨げる理由はない。(2) 例えば、①建物収去土地明渡請求の係属中に、被告が右建物について第三者との間で賃貸借契約を締結した場合、②所有権移転登記請求の係属中に、被告から係争物件について第三者に所有権移転登記した場合、③詐害行為取消請求の係属中に目的物が第三者に譲渡された場合、(3) 等である。①については、賃借人に対し建物退去土地明渡請求の引受承継を申し立てることができる（最判（三小）昭和四一・三・二二民集二〇巻三号四八四頁）。また、建物について第三者の譲渡された場合の譲受人に対しても、同様である。さらに、②については、移転登記抹消請求の引受承継を申し立てることができる。

（1）　引受承継における請求の提示　引受承継があった場合に、原告側の引受承継人の請求又は被告側の引受承継人に対する請求を、だれが提示するかについては、見解が分かれている。第一説は、従来の当事者間の請求がそのまま承継されるとし（兼子・

前掲研究一巻一四三頁）、第二説は、引受申立人が引受申立てとともに、相手方に対する自己の請求を提示することを要するとする（山木戸克己・判例研究一一八頁。これに対し、中野貞一郎「訴訟承継と訴訟上の請求」判タ八〇四号（平成五年）〔同『民事訴訟法の論点Ⅰ』（判例タイムズ社、平成六年）一六五頁〕は、基本的にこの立場を支持しつつ、引受決定によって原告側承継人の被告に対する請求が擬制されるとする。）。これに対し、第三説は、引受申立ての権限・責任と請求提示の責任とを峻別すべきであるとし、引受承継が認められたときに、申立人か承継人かが請求を提示すれば足りるとする（井上治典「訴訟引受けについての手続上の問題点」吉川大二郎博士追悼論集『手続法の理論と実践・下巻』（法律文化社、昭和五六年）〔同『多数当事者の訴訟』（信山社、平成四年）六六頁以下〕）。本文で述べるように、請求が変容しない場合は、従来の当事者間の請求がそのまま承継されるが、請求態様が変容する場合には、相手方に対する自己の請求を提示することを要するので、第二説を妥当と解する（請求の定立の擬制という理論構成は疑問である。）。

（2）　訴訟物の実体法的性質と引受承継　前主に対して債権的請求権が訴訟物であったのが、係争物の権利又は法律関係が第三者（承継人）に移転したことにより、承継人に対しては物権的請求権となる場合に、又は逆の場合に、承継を認められるかが、問題にされていたことがある（学説の状況について、『注釈民事訴訟法(2)』二五八頁〔池田辰夫〕参照）。その背景には、訴訟物論争と関係するとともに、承継についての理解の違いが存在していたとみられる。訴訟承継制度が、訴訟係属中に係争物の権利又は法律関係が第三者に移転したことにより、紛争の主体が変動した場合に、この事態を訴訟に反映させ、その訴訟の枠内で紛争を処理する趣旨であることに立ち返ると、このような視点は、訴訟承継制度の趣旨に合致しないといえよう。

（3）　詐害行為取消請求訴訟係属中の転得者と引受承継　判例は、転得者は債務の承継者に当たらないとして引受承継の申立てを否定する（大決昭和八・四・一三民集一二巻五九三頁。否認訴訟について、兼子一監修『条解会社更生法・中巻』（弘文堂、昭和四八年）一二七頁）。これに対し、通説は、受益者に対する登記抹消請求に加えて、転得者に対するそれとは別の登記抹消請求の引受承継を申し立てることを認める（兼子・判例四三二頁、菊井＝村松・Ⅰ四七六頁）。否認訴訟についても、同様である（宮脇幸彦ほか編『注解会社更生法』（青林書院、昭和六一年）三〇一頁〔池田辰夫〕）。本文(2)に該当する事例として、肯定的に解する通説の立場が妥当である。もっとも、予告登記による警告的機能を根拠に引受承継の申立てを認める見解がある（兼子・前掲判例四三一頁）が、不動産が詐害行為取消請求訴訟の係争物であるからといって、予告登記の対象ではなく（昭和四七年六月三〇日法務省民甲第二四〇〇号民事局長回答・法務省民事局編『登記関係先例集・追加編Ⅴ』七五九頁）、したがってその点を根拠とするのは妥当でない。

第三項　参加承継・引受承継の手続

一　参加承継の申出及び引受承継の申立て

(1)　参加承継の申出　訴訟係属中に第三者が、その訴訟の目的である権利の全部又は一部を譲り受けたときは、独立当事者参加の形式（四七条）で、参加を申し出ることができる（四九条）。同様に、第三者が、その訴訟の目的である義務の全部又は一部を承継したときも、独立当事者参加の形式（四七条）で、参加を申し出ることができる（五一条前段）。

(2)　引受承継の申立て　訴訟係属中に第三者が、その訴訟の目的である義務の全部又は一部を承継したときに、その相手方は承継人である第三者に対し、訴訟引受を申し立てることができる（五〇条一項。義務承継人の訴訟引受の申立て）。また、前主も、訴訟当事者として、承継人に引受申立てをできる（最判(二小)昭和五二・三・一八金融法務事情八三七号三四頁。これに対し、中野・前掲書一七一頁は、前主が承継人に対し請求を定立する利益がないとして、否定する）。同様に、第三者が、その訴訟の目的である権利の全部又は一部を譲り受けたときも、その相手方は譲受人である第三者に対し、引受承継を申し立てることができる（五一条後段・五〇条一項。権利承継人の訴訟引受の申立て）。

訴訟引受を申し立てるには、期日においてする場合を除き、原則として、書面によることを要する（規二一条。義務承継人の申立てであると、権利承継人の申立てであるとを問わない。）。申立書には、引受の範囲と理由を明確に述べることを要する。また、申立人の請求が前主の請求と変容しない場合は、従来の当事者間の請求がそのまま承継されるので、同様の請求を提示すれば足りるが、請求態様が変容する場合には、相手方に対する自己の請求をあらためて提示することを要する。

二　参加の申出及び引受の申立てに対する裁判

(1)　参加承継の申出　参加承継の申出に対して、相手方は異議を申し立てることができる。その申出は独立当

事者参加の形式で行われるので、参加承継の要件の欠缺の主張は訴訟要件の欠缺に相当するので、裁判所は口頭弁論を経て判決をもって裁判する（四四条は準用されない。）。参加承継の申出は、事実審口頭弁論終結時前に限られる（大判昭和一三・一二・二六民集一七巻二五八五頁。新堂・七四三頁は、破棄差戻し判決の可能性を根拠に上告審係属中でも可能とするが、差戻し後の承継の利益をもって上告審における参加の根拠とするのは無理がある。）。

(2) 引受承継の申立て　引受承継の申立てについて、裁判所は決定をもって申立人である第三者に訴訟を引受させる（五〇条一項）。裁判所は、訴訟引受の決定をする場合には、当事者及び第三者を審尋しなければならない（同条二項）。訴訟引受の申立てを却下する決定に対しては、申立人は抗告できる（三二八条一項）。訴訟引受を認める決定に対しては、中間的な裁判であるから、被申立人である承継人が独立して不服を申立てることはできない（大判昭和一六・四・一五民集二〇巻四八二頁）。訴訟引受が認められた後の審理において、承継の適格性については当事者適格と同様の取扱いを受けることとなる。

引受承継の申立ては、事実審口頭弁論終結時前に限られる（最決(二小)昭和三七・一〇・一二民集一六巻一〇号二一二八頁）。

三　参加承継及び引受承継の決定後の審判

参加承継を認めた後は、前主の被告に対する請求と参加人の請求の審判については、必要的共同訴訟と同様に処理される（五一条前段・四七条四項・四〇条一項ないし三項）。また、引受承継を認める決定が下された後は、前主の請求と相手方に対する請求の審判については、引受申立人は同時審判を申立てることができる（五一条後段・五〇条三項・四一条）。その趣旨は、一部承継や重畳的承継の場合に、判断の統一性を保障することにある。

また、参加承継又は引受承継があった場合は、前主である当事者は訴訟から脱退することができる（五〇条三項・四八条）。

四　訴訟承継主義の問題点

訴訟承継主義においては、承継原因が生じても、ただちに訴訟手続に反映しないので、それに伴う問題がある。

(1) 承継原因の発生時と承継時の間における訴訟行為の承継人に対する効力　訴訟承継主義の下では、当然承

継と異なり承継原因となる事実が発生しても、ただちに訴訟手続に反映するわけではない。そこで、承継原因の発生時と訴訟承継時の間における前主と相手方間の訴訟行為の効力は、承継人に及ぶかが問題になる。第一説は、承継原因の発生によって前主は訴訟追行権を失うので、たとえ前主と相手方の間で訴訟手続が進行してもその当事者間限りで意味を有するにすぎず、承継人と相手方との間では訴訟はいかなる段階にあっても、訴訟の進行は相対的に中断したものとみなし、承継人の参加承継又は引受承継の申立てにより再開されるとする（兼子一「訴訟承継論」法協四九巻一号（昭和六年）〔同・研究第一巻一四八頁〕。立法論としては、前主による承継までの訴訟担当を認めるべきであるとする。）。第二説は、前記第一説ではすでに訴訟が終了した後の効力について問題を生じるとして、前主による訴訟追行の効力は承継人に及ばず、承継人の援用をまって訴訟資料になるとする（中野貞一郎「訴訟承継と訴訟上の請求」判タ八〇四号（平成五年）〔同『民事訴訟法の論点Ⅰ』（判例タイムズ社、平成六年）一六二頁〕）。第三に、承継人が訴訟係属の事実を知っていた場合、例えば不動産関係訴訟における予告登記の存在する場合には、承継原因発生後の前主による訴訟追行行為をもって、承継人から前主への黙示の任意的訴訟担当があったものと認めて判決効を及ぼすとともに、「請求の目的物を所持する者」（一一五条一項四号）の解釈により、具体的妥当性のある解決を図ることを試みようとする説がある（新堂幸司「訴訟承継主義の限界とその対策」判タ二九五号（昭和四八年）〔同『訴訟物と争点効（下）』（有斐閣、平成三年）一〇二頁・一〇八頁注1〕、日比野泰久「訴訟承継主義の限界について」名古屋大学法政論集一二〇号（昭和六三年）一一二頁以下）。

訴訟承継主義の下では、承継原因を生じたときにはすみやかに訴訟手続に反映させることにより、新たな当事者の間で訴訟手続を進行させることは、いずれの当事者にとっても必要かつ有益なことである。承継原因の発生後に承継時までの間に、承継原因を生じた前主による訴訟行為がなされたとしても、前主は訴訟追行権を失っているのであるから、承継人と相手方との間ではその訴訟行為の効力を生じる余地はなく、承継人がこれを援用することによってはじめて、同人に訴訟行為の効力を生じるに止まる。このことは、承継人があらかじめ訴訟係属の事実を知っていたとしても変わることはなく、その事実をもって承継人から前主への黙示の任意的訴訟担当があると認めるの

は困難である（訴訟承継人の訴訟係属を認識していたという事実は、次項(2)の場合に問題になる。）。

(2)　承継手続なしに訴訟が終了した場合の承継人に対する効力　実体上承継原因が生じたにもかかわらず、訴訟手続に反映することなく訴訟が終了した場合（例えば、実体上の承継原因が生じたにもかかわらず、前主も承継人も相手方に伝えなかった場合）は、口頭弁論終結前の承継人に判決の既判力は及ばない（一一五条一項三号参照）ので、承継人との間で再び訴訟をすることとなる。

現行民事手続法制は訴訟承継主義を原則とし、その上に民事保全法において当事者恒定を目的とする仮処分の機能を営む保全手続が用意されるという構造から成り立っている。したがって、訴訟承継主義によって問題を生じる場合に、当事者恒定的角度から解明に当たることは、現行法制の枠組みを越えるものではない。手続法制全体をみると、訴訟承継主義の下において、原告が自己の目的を遂げるために相手方に対し係争物の現状を変更させない方策として当事者恒定を目的とする仮処分（処分禁止、占有移転禁止の仮処分）が用意されている。この点について、原告に担保を立てること等新たな負担を課せられ、実務上解決を迫られる問題もなお残っている旨の指摘も見受けられる（例えば、瀬木比呂志「占有移転禁止仮処分に関する理論上、実務上の諸問題」判タ九〇五号（平成八年）（東京地裁保全研究会編『詳論民事保全の理論と実務』（判例タイムズ社、平成一〇年）一二一頁以下参照））。債務者との利害の均衡を図る方策として捉えるべき性格のものであり、債権者の視点からいたずらに強調すべきではない。むしろ、これを前向きに捉え、それによる加重負担は担保の提供金額の算定を調整することにより軽減を図ることが本筋の対応である。

さらに、訴訟承継主義の下における問題の処理を補完する方策を手続法の局面でみると、係争物自体に着目して、既判力の主観的範囲について「請求の目的物を所持する者」（一一五条一項四号）として対物的処理に問題の解決の手掛かりを求めることができる。すなわち、自己の利益のために所持しているのではなく、当事者（前主）のため又は前主の相手方を詐害するために、外観的に所持している者は、承継人としての手続保障を図ることも必要とせず、「請求の目的物を所持する者」として既判力が及ぶものと解することが、訴訟承継の視点からも既判力の主観的範囲の視点から

もそれぞれの立法趣旨に抵触せず、妥当な処理である（八九二頁参照）。例えば、売買契約に基づく所有権移転登記請求訴訟の係属中に、原告を詐害する目的で被告売主と共謀して係争物件の贈与を受けた者（大阪高判昭和四六・四・八判時六三三号七三頁）、家屋明渡請求訴訟の係属中に、原告賃貸人を詐害する目的で係争物件の譲渡を受けた者（最判（二小）昭和四八・一〇・二六民集二七巻九号一二四〇頁の事案）等である。もっとも、承継人の手続保障の点で妥当性について問題が残るばかりでなく、訴訟承継主義の建前自体と抵触するおそれもあるとする批判も予想される。しかし、係争物件の特定承継という点に着目して、一一五条一項四号に手掛かりを求めて対物的に処理することは、むしろ同条の趣旨を活かした事例として、評価されるべきである。

また、特定承継自体は実体法上の問題であることに照らし、手続法制を実体法と連動させて適切な機能を図る視点も必要である。これを不動産関係訴訟についてみると、予告登記（不登三条）に補完的役割を求めるのは自然な帰結である。もっとも、予告登記には警告的機能があるに止まり、その後の承継人に判決の既判力を及ぼすことはできず、処分禁止の仮処分と同様の効力を認めることもできない（最判（一小）昭和四五・一二・一〇民集二四巻一三号二〇〇四頁。これに対し、平井宜雄・法協八五巻一一号一六二二頁は処分禁止の仮処分と同様の効力を認めるべしとし、新堂・前掲訴訟物と争点効（下）一〇〇頁も方向性において同様の立場を採る。）。また、予告登記の機能自体にも制約がある。しかし、それによって対応できない場合は、例えば詐害行為取消請求、否認権に基づく請求のように、もともとそれらの制度の内在的性格に由来するのであって、訴訟承継に固有の問題ではない。こうした限界があるからといって、予告登記の機能を否定することは法的処理のあり方として妥当ではない。また、債権譲渡関係訴訟については、譲渡人と譲受人間の債権譲渡契約において、債権譲渡の有効性に争いを生じた場合の担保条項を取り入れること、債務者との関係では債権者の不確知を理由とする供託によって対処すべきことである。

他方、被告にとっては決め手となる方策はない。しかし、訴訟は、原告の主導権の下に開始される処分権主義の性格に照らし、この点を強調するのは妥当ではない。当事者恒定のための仮処分における担保提供の金額算定等の

中で処理されるべきことである。

第四章　訴訟の客体の複合と変動

訴訟客体の複合形態を発生手続の側面からみると、訴え提起の当初から併合される場合と訴え提起後に別の請求が併合される場合とがある。前者は、訴えの客観的併合として構成される（第一節）。これに対し、後者は、すでに訴訟が係属していることから、訴えの変更、中間確認の訴え、反訴として、特別に規定が設けられているので、本書においても、それぞれ独立して扱うこととする（第二節、第三節、第四節）。

第一節　請求の併合

一　請求の併合の構造

訴訟の客体の複合形態は、請求の併合の構造を基盤として形成される。一般に、数個の請求を一個の訴えをもって同時に審判を求める形態を、請求の併合という。そのうち、一人の原告が、一人の被告に対し、数個の請求を一個の訴えをもって審判を求めることを、訴えの客観的併合という（あるいは、固有の訴えの客観的併合という。）。請求の併合の基本的形態である。これに対し、複数の原告が又は複数の被告に対し、数個の請求を一個の訴えをもって審判を求める場合は、訴えの主観的併合を伴う点で、異なっている。

請求が一個であるか数個であるかは、訴訟物についての理解によって異なってくる性質を有する。

二　請求の併合の要件

数個の請求を一個の訴えをもって同時に審判を求めることは、原告にとって便利であることはもとより、被告にとっても、訴訟主体の複合形態を形成する場合と比較すると、一般的には不利益を生じるおそれが少なく、応訴に著しい地理的な不便と複雑な攻撃防御を強いられる事態を防止すれば特に問題を生じることはなく、裁判所にとっても、審理の範囲をいたずらに拡大して審理を複雑にし、訴訟遅延を生じさせる事態が防止されれば足りるので、それらに必要な限度において、要件を設けている。

(1)　数個の請求が、同種の訴訟手続によって審判される場合であること（一三六条）　訴訟手続の種別が異なる場合は、それぞれ適用される弁論や証拠調べに関する手続原則が各特性に応じて設定されているので、これらの訴訟手続の請求を併合し、一個の訴えをもって同時に審判を求めることは、その前提とする趣旨に反することによる。ただし、特に法が認める場合(1)（人訴七条二項ただし書き・二六条・三二条一項、行訴一六条）、それに準じる場合は、請求を併合することができる(2)。民事訴訟手続と人事訴訟手続、行政事件訴訟手続は、訴訟手続として種別を異にするので、これらの異種手続の請求を併合することはできない。これに対し、再審請求は民事訴訟手続の一つであり、他の請求を併合することは差し支えない。

これに対し、各請求の間に関連性があることは、請求の併合の要件ではない（ただし、行訴一六条一項参照）。

(1)　行政事件訴訟における関連請求の併合　行政事件訴訟において、関連請求の併合を認める趣旨は、取消訴訟に関連する請求を併合することにより、審理の重複、裁判の矛盾抵触を防止し、同一処分に関する紛争を一挙に解決するとともに、他面、請求の併合は右の目的に役立つ限度に止め、それ以上に併合することを抑制し、もって審理が複雑化するのを防止し、取消訴訟自体の迅速な審理裁判を図ろうという点にある（杉本良吉『行政事件訴訟法の解説』（法曹会、昭和四二年）五一頁・六四頁）。取消訴訟が不適法な場合に、受訴裁判所は、それに併合して提起された関連請求について、直ちに不適法とすべきではなく、独立に訴訟要件を充たしているときは、分離して

審判するか、管轄裁判所に移送すべきである（矢野邦雄「関連請求の併合との問題点」『実務民事訴訟講座8』（日本評論社、昭和四五年）一九四頁、古崎慶長「取消請求訴訟が不適法な場合と関連請求としての国家賠償訴訟」民商八六巻五号（昭和五七年）（同『国家賠償法研究』（日本評論社、昭和六〇年）二二五頁））。また、取消訴訟と併合して提起された請求が併合要件を充たさない場合についても、同様である（最判（一小）昭和五九・三・二九判時一一二二号一一〇頁）。

（2）　離婚請求と婚姻費用・扶養料・監護費用請求　離婚請求訴訟において、附帯的申立てとして財産分与を請求することは、明文で認められているが（人訴一五条）、標記の諸請求については、明文規定がないため見解が対立する（学説の状況については、佐々木吉男「家事事件と人事訴訟の再検討―離婚争訟事件の非訟的処理を中心として」中川善之助先生追悼『現代家族法大系1』（有斐閣、昭和五五年）二八〇頁以下、岡垣学『人事訴訟手続法』（第一法規、昭和五六年）一五七頁以下参照）。判例は、離婚請求とともに、破綻後、離婚判決確定時までの婚姻費用（生活費）を附帯請求した場合（最判（二小）昭和四三・九・二〇民集二二巻九号一九三八頁）、離婚請求の本訴に対し、子の親権者の指定、慰謝料の支払い、財産分与及び同居期間中の婚姻費用を反訴請求した場合（最判（一小）昭和四四・四・二〇民集二三巻二号三九九頁）について、いずれも家庭裁判所の審判事項であることを理由に請求を斥けている。これに対し、慰謝料、財産分与及び別居後に支出した子の過去の教育費及び生活費を附帯請求した場合に、過去の教育費及び生活費を財産分与の要素として定めることができるとした（最判（三小）昭和五三・一一・一四民集三二巻八号一五二九頁）。さらに、離婚確定後の監護費用の支払請求も附帯請求を認め（最判（二小）平成元・一二・一一民集四三巻一二号一七六三頁）、別居後の離婚判決による離婚成立時までの期間における子の監護費用についても、同様に認めている（最判（一小）平成九・四・一〇民集五一巻四号一九七二頁）。離婚紛争の訴訟への集中傾向は、審判事項とする原則を形骸化するという懸念もあるが、離婚の成否が争いの根本であることに着目すると、標記事項についても離婚請求に伴って請求される場合には、裁判所として必要な措置を行うことはむしろ当然のことであり、人訴一五条は財産分与等代表的なものを掲げているに過ぎず、それ以外の措置を否定する趣旨と解すべきではなく、附帯請求は肯定的に取り扱うべきものと解する。また、このような措置をとったことにより、審判事項とされる事項の審理を疎かにし、当事者に不当な不利益を与えるおそれもない。もっとも、離婚請求が棄却される場合は、過去の監護費用請求については、弁論を分離した上で認容することが可能と解する。

(2)　請求の併合が禁止されていないこと　同種の手続であっても、併合が禁止されている場合については、その制限を受けることとなる（人訴七条二項・二六条・三二条一項）。

(3)　各請求について受訴裁判所に管轄権のあること　新法において、併合請求における管轄権について、訴訟の目的である権利又は義務が数人について共通であるとき、又は同一の事実上及び法律上の原因に基づくときの共

同訴訟についても、認めることとなったので（七条）、専属管轄の場合を除き、この要件による制限は事実上著しく緩和されたこととなる。

三　請求の併合の態様

請求の併合には、単純併合、予備的併合及び選択的併合がある。

(1)　単純併合

併合された請求のすべてについて審判を求める併合の態様をいう[(1)]。先決関係及び基本たる法律関係を共通にする請求の併合も、単純併合の一態様である（小室直人「訴の客観的併合の一態様」中田淳一先生還暦記念『民事訴訟の理論(上)』（有斐閣・昭和四四年）〔同『訴訟物と既判力』（信山社、平成一一年）一七七頁〕）。他の請求が認容されるか否かは、関係がない点で、予備的併合及び選択的併合と異なる。裁判所は、必ずすべての請求について審判することを要する。

(1)　物の引渡請求と代償請求の併合　本来の給付請求とともに、その執行不能を慮って、給付義務の履行に代わる損害賠償（代償請求）を併合請求する場合がある。その適法性の根拠は、一三五条及び一三六条に求められる。本来の給付請求をし、その執行が不能になってはじめて、給付義務の履行に代わる損害賠償請求権が発生するところ、これをあらかじめ一個の訴えで併合請求し、債務名義を取得することを意図した併合形態である。したがって、両者の請求は、現在の給付請求と将来の給付請求の単純併合であって、両立し得る関係にあり、予備的併合でも選択的併合でもない。（代償請求について三三六頁参照）。

(2)　予備的併合

主位的請求が認容されないことを慮って、それが認容されることを解除条件として副位的請求についてあらかじめ審判を求める併合の態様をいう。

(i)　趣　旨　訴え提起に際し、どのような請求の形態を定立するかは、相手方の攻撃防御の展開を妨げもしくは裁判所の審理を妨げるおそれがない限り、処分権主義の建前から当事者の意思に委ねられるべきことである。特定の紛争について、事実上又は法律上両立し得ない請求の成立が想定される場合に、原告が請求を併合して一個の訴訟手続の中で審理することは、相手方にとっても裁判所にとっても不都合なことではないのみならず、かえって

統一的に判断することを可能にし、紛争処理に資することになる。これを予備的併合についてみると、訴訟行為に条件を付するものではなく、審判を求める順位を明示するに止まり、それによって相手方の攻撃防御の対象が特定性を欠くものでもなく、裁判所の審理に支障を来すおそれもなく、その他訴訟手続の進行を妨げる余地もない。

(ii)　要　件　数個の請求が両立し得ない場合に限り、予備的併合の態様を取ることが許される。事実上又は法律上両立し得ない請求を併合することは、同一の訴えをもって事実上又は法律上両立し得ない主張を同時にすることを意味するので、順位を付することによってはじめて、矛盾のない一貫性のある主張を構成することになる。

請求が両立し得るものであって、単純併合による審判の申立てが可能な場合に、予備的併合は許されない（福岡高判平成八・一〇・一七判タ九四二号二五七頁。池田辰夫・私法リマークス一七号一三五頁は、判旨を疑問とする。）。もっとも、両立し得る数個の請求に法的利益の差異を認識し、予備的併合の態様を取る場合（不真正予備的併合という。）は、請求の特定性及び主張の一貫性に欠けるともいえず、審理を不安定にする弊害も認められないので、これを否定すべき理由はない。例えば、主位的請求として手形金債権を副位的請求としてその原因債権を請求する場合である（最判(三小)昭和三九・四・七民集一八巻四号五二〇頁は、このような予備的併合を許容することを前提とする。これに対し、前掲福岡高判の事案は、あえて予備的に併合する積極的理由が認められない。）。

予備的併合を正当化する根拠は処分権主義にあるとして、両請求の基礎が同一であること、両請求の審理対象に共通性があること、再訴の可能性が低いことを要件とすべしとする見解が見られる（大久保邦彦「請求の客観的予備的併合の適法要件」神戸学院法学二六巻一号（平成八年）一六二一頁以下）。しかし、再訴の可能性が低いことは予測することが困難であり、要件として親しまないばかりでなく、これらの三つを予備的併合に限って要件とする積極的根拠もない。

(iii)　審　理　裁判所は、まず主位的請求の当否について審判し、それが理由のない場合にはじめて、副位的請求の当否について審判する（大判昭和一六・五・二三民集二〇巻六六八頁）。主位的請求を認容するときは、副位的請求について審判する必要はないが、主位的請求を斥けるときは、副位的請求についても審判しなければならない。

他方、予備的併合の要件を欠いている場合には、単純併合として処理するか、もしくは別個独立した請求として弁論を分離する方法によって処理するのが相当である。

(3)　選択的併合　数個の請求のうち、一個が認容されることを他の請求についての審判の申立ての解除条件として、数個の請求について同時に審判を求める併合の態様をいう（選択債権（民四〇六条）に基づく請求を選択的併合というは、請求は一個であるから不正確である。）。

(i)　趣　旨　特定の紛争について法律上数個の請求が成立すると想定し、いずれか一個の請求の認容されることを欲して、訴えを提起する場合に、原告として請求の対象を特定するとともに、紛争の集約的処理を図ることに資する点にある。相手方にとっても、攻撃防御の対象が特定され、訴訟活動に不都合を生じるおそれはなく、裁判所にとっても、審理に支障を来すことにもならない。その他、原告がたとえ勝訴したとしても、二重に確定判決を取得することも懸念されない。

(ii)　要　件　一個の給付又は法律関係の変動を目的として、数個の請求権、形成権又は形成要件に基づく請求が競合的に成立しうる場合における請求の併合の態様として認められる。旧訴訟物理論の下で、このような場合に一個の訴訟手続によって当初の目的を適えるための方策として構築されたものであり、新訴訟物理論の立場からは、厳しい批判がある（二二〇頁参照）。

給付の目的を異にする相互に関係のない数個の請求を選択的に併合することは、求める法的利益が異なるのであるから、選択的に主張する合理的理由はなく、原告の恣意的な意思によって審判の対象を不確定にするので許されない（浅生重機「請求の選択的又は予備的併合と上訴」民訴雑誌二八号（昭和五七年）七頁）。これに対し、両立し得ない数個の請求は、通常、予備的併合の態様を取るが、原告がそれらの間の利益状況を斟酌し、訴訟戦術として選択的に併合することも、請求の特定性と主張の一貫性を欠くことにもならないので、許容されるべきものと解する（浅生・前掲四頁以下、池田辰夫・民商八一巻六号八六〇頁注5、高橋爽一郎「請求の予備的併合、選択的併合がなされた場合の控訴審における

審理上の問題点について」判タ七二七号（平成二年）（後藤勇＝山口和男編『民事判例実務研究・第七巻』（判例タイムズ社、平成三年）三八四頁以下）。通説はこれを認めない、兼子・体系三六七頁）。同一事実に基づき、証明の成否によって両立し得ない数個の請求が可能な場合があり得る（例えば、一個の売買契約の成立の成否が争いとなっている事案において、売買契約の成立が認められれば目的物の引渡請求を、成立が認められなければ売買代金の不当利得返還請求を併合する場合。浅生・前掲六頁参照）。

(ii) 審　理　裁判所は、いずれの請求から判断しても差し支えない。一個の請求を認容するときは、他の請求について審判する必要はないが、すべての請求についても理由がない旨を判断してはじめて、請求を棄却判決ができる。いずれの請求から審理を進めるか、あるいは並行して審理するかは、裁判所の訴訟指揮権に属する。

四　併合訴訟の審判

(1) 併合要件の調査　併合要件は、併合請求の訴訟要件であり、裁判所は職権で調査することを要する。その判断の基準時は、口頭弁論終結時である。たとえ、併合要件を欠いていても、単純併合については、独立して取り扱って審判するか、管轄裁判所に移送する。

(2) 審　理　併合請求は、同時に審理され、弁論及び証拠調べは、すべての請求のためのものとして行われる。単純併合については、弁論を分離することができるが、予備的併合及び選択的併合については、その性質に照らし、弁論の分離はできず、必要に応じて、弁論を制限できるに止まる（一五二条）。単純併合であっても、先決関係及び基本たる法律関係を共通にする請求の併合については、弁論を分離するのは不適切である（小室直人「訴の客観的併合の一態様」中田淳一先生還暦記念『民事訴訟の理論（上）』（有斐閣・昭和四四年）（同『訴訟物と既判力』（信山社、平成一一年）二〇〇頁）は、許されないとする。）。

(3) 終局判決　併合請求のすべてについて判決するに熟したときは、全部判決をすべきである。単純併合においては、併合請求の内の一部について判決に熟したときは、その請求についてのみ一部判決をできる（二四三条三項）。単純併合であっても、弁論を分離するのが不適切なものについては、一部判決も同様にすべきでない（小室・前掲書二〇〇頁は、許されないとする。）。

予備的併合及び選択的併合については、その性質に照らし、一部判決はできない（八三六頁参照）。（上訴との関係については、九九七頁参照）

第二節　訴えの変更

一　訴えの変更の構造

原告が、訴え提起後の訴訟係属中に、当初の請求の内容を変更することを、訴えの変更という。訴え提起後に、当初の請求の内容を変更する必要を生じた場合に、その訴訟手続を活用して、手続の枠内で一定の要件の下に新たな請求について審判する機会を確保し、紛争処理を図る制度である。その趣旨は、原告にとっては、いったん提起した訴えを活用できることは便利であるとともに、改めて訴えを提起しなおさなければならない手数を避けることができ、被告にとっても、改めて応訴するのは煩わしいことであり、一定の要件の下であれば、特に不利益を生じるおそれもなく、同様に、裁判所にとっても、それまでの審理を活かすことができ、訴訟経済にも適うことにある（訴えの変更の沿革について、比較法的視点から考察するものとして、菊井維大「訴の変更」『民事訴訟法講座・第一巻』（有斐閣・昭和二九年）一八八頁以下、中村英郎「訴の変更理論の再検討」中田淳一先生還暦記念『民事訴訟の理論（上）』（有斐閣・昭和四四年）〔同『民事訴訟におけるローマ法理とゲルマン法理』（成文堂、昭和五二年）一〇九頁〕、請求の基礎の本質的意味の視点から考察するものとして、染野義信「紛争事実関係と請求の基礎」兼子博士還暦記念『裁判法の諸問題・下』（有斐閣・昭和四五年）一六〇頁以下参照）。したがって、訴えの変更は、処分権主義の建前により、原告の意思に委ねられる（裁判所が訴えの変更を積極的に釈明することは差し支えないし、評価されるべきことである、中野貞一郎「訴えの変更と釈明義務」判タ二七九号（昭和四七年）〔同『過失の推認』（弘文堂、昭和五三年）二二九頁以下〕）。これに対し、主要な争点を共通にする関係にある関連請求について併合審判を確保するために必要不可欠な制度として位置付ける考え方がある（新堂・六四八頁）。その背景には、旧請求の係属中に主要な争点を共通にする新請求を別訴をもって提起することは二重起訴禁止原則に抵触するとして、訴えの変更によって紛争解決の実効性を高めるべきであるという司法政策的考慮が存在する（その場合に、別訴によることは許されず、訴えの変更を当事者の自由意思によるとする性格は著しく後退する。）。しかし、その前提自体に

疑問があり（二六〇頁参照）、賛成できない。

請求の内容を変更するとは、請求の趣旨もしくは請求の原因を、又は双方を変更することをいう。請求を根拠付ける攻撃方法としての主張を改めることは、訴えの変更ではない（訴訟物の捉え方によっては、訴えの変更ではなく、単に攻撃防御方法の変更に止まり、旧訴訟物理論の立場において訴えの変更とされる場合の多くが、新訴訟物理論では攻撃防御方法の主張を改めるにすぎないこととなる。）。また、請求の趣旨を縮減することは、訴えの一部取下げであって、訴えの変更ではないが、請求の趣旨を拡張することは、質的又は量的に旧請求を上廻るものに改めるのであるから、訴えの変更である（兼子・体系三七〇頁。これに対し、いずれも訴の変更とみる説として、菊井・前掲書一九七頁、新堂六四六頁）。当事者を変更することは、請求の内容を変更するのではなく、相手方の主体を変更するので、訴えの変更の範疇には入らず、基本的性質を異にする。

訴えの変更の態様には、従来の請求に代えて新たな請求について審判を申し立てる場合と、従来の請求を維持しながら、別個の請求を追加する場合とがある。前者を、訴えの交換的変更、後者を、訴えの追加的変更という（訴えの交換的変更という概念の必要性について、中村英郎・前掲書一〇九頁、新堂六五四頁注1参照）。

二　訴えの変更の要件

(1)　請求の基礎が同一であること（一四三条一項本文）　請求の基礎について、①請求を特定の権利請求として構成するために、請求原因を抽出した地盤となる状態に還元し拡大して眺めた、前法律的な利益紛争関係を指すとする説（兼子体系三七二頁）、②請求のよって立つ事実関係であるとし、新旧の両請求のよって立つ事実関係は利益の追求を中心とするから、利益の内容その主張追求の過程を通じて、両事実関係の間に一体的密着性を肯定できるときに、基礎の同一性があるとする説（菊井・前掲書二〇四頁）、③新旧両請求の事実資料の間に審理の継続施行を正当化する程度の一体性・密着性が肯定できるときとする説（三ケ月・全集一三八頁）、④旧請求の当否の判断に必要な主要事実と新請求の当否の判断に必要な主要事実とがその根幹において共通する現象をいうとする説（小山・五二六頁）、さらに、⑤両請求の主要な争点が共通で

あって、旧請求についての訴訟資料や証拠資料を新請求の審理に利用することが期待できる関係にあり、かつ各請求の利益主張が社会生活上は同一又は一連の紛争に関するものとみられる場合とする説（新堂・六四九頁）がある。訴えの変更が、訴え提起後に、当初の請求の内容を変更する必要を生じた場合に、その訴訟手続を活用して、手続の枠内で一定の要件の下に新たな請求について審判する機会を確保し、紛争処理を図る趣旨にあることに照らすと、請求の同一性とは、訴訟対象とされる経済的利益が同一であることと解するのが相当である（民事保全手続における被保全権利と本案の同一性における請求の基礎の同一性と訴えの変更における請求の基礎の同一性の関係について、鈴木正裕「被保全権利と本案の同一性」『民事保全講座1』（法律文化社、平成八年）三七八頁参照）。[1] 攻撃防御方法の共通性は、請求の基礎を画する基準ではなく、その範囲内の訴え変更の際に生じるであろう効用と考えるべきである。②の延長上に③があるとみることができるが、①④は経済的利益の同一性に帰着する。そして、②③は訴えの変更による効用として捉えるのが妥当である。また、⑤は、①ないし④をすべて取り込もうしているが、原告がいったん提起した訴えを活用する便宜を、被告及び裁判所との間の利害調整の上で適えようとする視点ではなく、いったん提起した訴えであることに着目して、そこで紛争の集約的処理を図るべしという訴訟政策的要求が全面に押し出された発想に基づいていて、見解を異にする。

請求の基礎の同一性という要件は、被告の利益を保護するために設けられているので、たとえこの要件を充たしていなくても、被告が同意し又は応訴した場合は、裁判所として否定すべき理由はない（審理の状況を勘案し、弁論を分離することは可能である。）。

(2)　著しく訴訟を遅延させないこと（一四三条一項ただし書き）　訴えの変更は、係属中の訴訟を原告のために活用する便宜を図る点に基盤が存在するので、訴訟を遅延させてまで許容することは、被告にとって訴訟の迅速な処理を害され、裁判所にとっても審理の妨げとなる。原告は、その訴訟の中で訴えを変更してまで紛争処理を図らなくても、既判力により遮断されてしまうわけではないので、訴訟を遅延させる場合には、別訴の途を選択すべきである。

(3)　事実審口頭弁論終結前であること（一四三条一項本文）　訴状を裁判所に提出した後であっても、訴状が被告に送達される前であれば、訴訟係属を生じていないので、原告は訴状の記載事項を訂正し、あるいは補充することも可能であり、たとえ請求の内容を変更しても、訴えの変更ではない。上告審においては、たとえ口頭弁論が開かれても訴えの変更はできない。もっとも、新たな事実審理を要せず、単に請求の趣旨を変更するに止まる場合には、改めて事実審に差し戻すのは訴訟経済に反するので、訴えの変更を認めるべきである（藤原弘道・民商法雑誌九五巻六号九一〇頁。後掲七一五頁参照）。

(4)　訴えの交換的変更の場合は、旧請求の訴訟係属を消滅させることになるので、訴えの取下げにおけると同様に、相手方が本案につき準備書面を提出し、弁論準備手続において申述し、又は口頭弁論をした後は、その同意を要する（二六一条二項）。相手方が同意しないときは、旧請求の取下げの効力を生じないので、訴えの追加的変更として取り扱うこととなる。相手方が異議なく応訴すれば、旧請求の取下げにつき同意したものと解するのが相当である（最判（二小）昭和四一・一・二一民集二〇巻一号九四頁）。

(5)　新請求が他の裁判所の専属管轄に属さないことは、訴え変更の要件ではない。旧請求について受訴裁判所に管轄権があれば、原則として新請求についても関連裁判籍を生じる（七条）。受訴裁判所は、訴え変更の許否を判断した上で、その要件を充たしていると判断したときは、これを認めた上で、新請求が他の裁判所の専属管轄に属する場合は、その管轄裁判所に移送すれば足りる（一六条一項）。

（1）　行政事件訴訟と民事訴訟との間の訴えの変更　行政事件訴訟において、取消請求訴訟に関連請求を追加的に併合することは、明文で認められている（行訴一九条）。逆に、民事訴訟である国家賠償請求に損失補償請求を予備的に追加的変更することについては、明文規定はない。判例は、いずれも被告を同じくし、対等の当事者間で金銭給付を求めるもので、その主張する経済的不利益の内容が同一で請求額もこれに見合うものであり、同一の行為に起因するものとして発生原因が実質的に共通する等相互に密接な関連性を有するので、民訴法の訴えの追加的変更に準じて肯定的に解する（最判（三小）平成五・七・二〇民集四七巻七号四六二七頁）。もっとも、損失補

償請求は公法上の請求として行政訴訟手続によるので、相手方の審級の利益を配慮し、控訴審においては相手方の同意を要するとする。控訴審における訴えの変更について、明文で要件とされていない相手方の同意を要する点を除き、妥当な見解といえる（宇賀克也『国家補償法』（有斐閣、平成九年）三八四頁は、この点を含めて判旨に賛成する。）。

三　訴えの変更の手続

(1)　請求の変更は書面によることを要する（一四三条二項）。その趣旨は、訴状の必要的記載事項（一三三条二項二号）の変更を意味することによる。判例は、請求原因だけを変更する場合は、書面によることを要しないとする（家屋明渡請求の請求原因を所有権から使用貸借の終了に変更した場合につき、最判(三小)昭和三五・五・二四民集一四巻七号一一八三頁）が、書面によることの前述の趣旨に照らし、疑問である。

(2)　訴え変更の書面は、相手方に送達しなければならず（同条三項）、送達された時に訴訟係属を生じる。新請求にとっては、訴状に当たることによる。もっとも、口頭弁論期日等において口頭によっても、書面の提出又は送達の欠缺は、被告の訴訟手続に関する異議権の放棄・喪失によって治癒されるので、被告が異議なく応訴すれば有効となる（最判(三小)昭和三一・六・一九民集一〇巻六号六六五頁）。新請求の時効中断の効果は、原則として訴え変更の書面が裁判所に提出された時に生じる(1)（一四七条）。訴えの交換的変更は、旧訴について訴えの取下げを伴うので、訴え取下げの一般原則によると、その請求について当初の訴え提起時に遡って時効中断の効力が消滅することとなるが（民一四九条）、交換的変更は訴訟の終了を意図するものではない点で、通常の訴え取下げと異なるので、旧訴の時効中断の効力は消滅しない（最判(二小)昭和三八・一・一八民集一七巻一号一頁）。

(1)　訴えの変更と時効中断・出訴期間　(i)　行政事件訴訟　判例は、一般論として、訴えの変更は、変更後の新請求については新たな訴えの提起であることを理由に、訴えにつき出訴期間の制限がある場合には、原則として、訴え変更の時を基準として決するとする（土地収用裁決取消請求につき、最判(一小)昭和五八・九・八判時一〇九六号六二頁、換地処分取消請求につき、最判(二小)昭和六一・二・二四民集四〇巻一号六九頁）。その例外として、①変更前後の請求の間に訴訟物の同一性が認められるとき、又は②両者の間に存する関係から、変更後の新請求に係る訴えを当初の訴え提起の時に提起されたものと同視し、出訴期間の遵守において欠けるところがないと解すべき特段の事情があるときは、当初の訴え提起時

を基準とする旨を判示している（前掲最判(一小)昭和五八・九・八、同最判昭和六一・二・二四。①の例として、最判(三小)昭和三一・六・五民集一〇巻六号六五六頁、②の例として、最判(一小)昭和三七・二・二二民集一六巻二号三七五頁。行政事件訴訟判例の分析について、中島弘雅「訴えの変更と出訴期間遵守の効力—行政訴訟・会社訴訟判例の分析」服部榮三先生古稀記念『商法学における論争と省察』（商事法務研究会、平成二年）六五二頁以下参照）。

(ii) 会社関係訴訟　株主総会決議取消請求の訴えにおける取消事由の追加、新株発行無効の訴えにおける無効事由の追加は、攻撃防御方法の変更であって、訴えの変更ではない。したがって、当初の訴え提起時に時効中断・出訴期間の遵守の効力を生じ、たとえこれらの取消事由又は無効事由の追加があっても、それによって前記効力が左右される余地はない（五四七頁）。決議無効確認の訴えを決議取消請求の提訴期間内に提起した後の提訴期間経過後に決議取消請求の訴えを予備的に追加的変更した場合につき、判例は後訴を適法とする（最判(二小)昭和五四・一一・一六民集三三巻七号七〇九頁。なお五四七頁注（1）参照）。また、新株発行差止請求の訴えを提起した後の提訴期間（商二八〇条ノ一五）経過後に新株発行無効の訴えを予備的に追加的変更した場合につき、行政事件訴訟に係る前記最判昭和六一年二月二四日の①に該当するとして適法とする（最判(一小)平成五・一二・一六民集四七巻一〇号五四二三頁。これに対し、両者の訴えは制度的に同一目的の関連した訴えとはいえないとする反対意見が付せられている。）。もっとも、行政訴訟の考え方を会社訴訟に導入することについては、前者は国民の権利保護の要請があるのに対し、後者は企業人間の紛争であることを理由に否定的な評価がある（鴻常夫「会社法上の訴に関する一考察」兼子博士還暦記念『裁判法の諸問題・下』（有斐閣、昭和四五年）〔同『会社法の諸問題Ⅱ』（有斐閣、平成元年）八頁〕）が、原告が企業人か否かによって左右されるべき性質の問題ではなく、訴え提起による権利保護という視点から捉えるべきであり、疑問であり、むしろ判例の立場を支持する。

四　訴えの変更に対する審判

訴えの変更の申立てについて、裁判所は、その成否及び適否について職権をもって調査する。

(1)　訴えの変更に該当しないと判断したときは、そのまま審理を続行し、当事者間に争いがある場合は、中間判決又は終局判決の理由中で、その旨を明らかにすべきである。

(2)　訴えの変更に該当する場合で、かつその要件を欠くと認めるときは、相手方の申立て又は職権で、訴えの変更を許さない旨の決定をする（一四三条四項。最判(三小)昭和四三・一〇・一五判時五四一号三五頁は、予備的に反訴の追加的変更の申立てにつき、訴訟手続を著しく遅滞させない要件に反するとして、判決理由中で不許の説示をすることで足りるとするが、前記要件の性格に着目した措置であって、一般化すべきではない。）。この決定は新請求についてその審級では審判しない旨の中間的裁判に止まり、理由のないこ

とを終局的に確定する性質のものではなく、右決定を前提に旧請求についての終局判決をすることにより、新請求についても却下する旨の判断を包含することとなる。したがって、訴えの変更を許さない旨の決定に対し、独立して不服を申し立てることはできず（大決昭和八・六・三〇民集一二巻一六八二頁）、終局判決に対する上訴によることとなる。控訴審は、訴え変更を不許とした措置を不当と認めるときは、これを取り消して新請求について審判することとなる（請求の基礎が同一であるから、通常、新請求について第一審で実質的審理をしているといえるので、審級の利益を侵害するとはいえない。もっとも、事情によって、第一審へ差し戻すこともできる。三〇八条一項参照）。

(3)　訴えの変更に該当し、かつその要件を充たすと認めるときは、特に判断することを要しないが、相手方が争う場合は、決定でその旨を明らかにする（一四三条四項）。交換的変更においては、新請求についてのみ審判し、追加的変更においては、請求の併合として審判する。いずれの場合も、旧請求について収集された資料、証拠調べは、新請求の資料となる。自白についても、同様である（大判昭和一一・一〇・二八民集一五巻一八九四頁）。なお、新請求が他の裁判所の専属管轄に属する場合は、その管轄裁判所に移送すれば足りるのであり（一六条一項）、訴え変更の許否は、受訴裁判所において審判する。例えば、家庭裁判所において請求異議の訴えを損害賠償請求の訴えに交換的変更を申し立てた場合には、家庭裁判所が受訴裁判所として訴え変更の許否を判断し、これを適法とするときは、新請求を管轄裁判所へ移送する（最判（一小）平成五・二・一八民集四七巻二号六三二頁）。

(4)　上訴審における訴えの変更　(i)　控訴審の審理の方式について続審制を採用していることに照らし、控訴審においても訴えを変更することができる。それのみならず、訴え変更の前記要件とりわけ請求の基礎の同一性を充たしていることにより、交換的変更はもとより追加的変更についても相手方の審級の利益を侵害するおそれもないからである（中村英郎「控訴審における訴の変更と反訴」小室直人・小山昇先生還暦記念『裁判と上訴（中）』（昭和五五年）〔同『民事訴訟理論の法系的考察』（成文堂、平成元年）二〇一頁〕）。訴え却下判決に対する控訴審において訴えを変更することは、請求の基礎が同一であることだけからただちに許されるものではなく、新請求につい

て相手方の審級の利益を害さない特別の事情のあることを要する(なお、第一審における同様の意味では、専属管轄の制約を生じる余地はない。)。判例は、養親子関係存在確認の訴えに離縁無効確認の訴えを追加的に変更した事案につき、第一審から事実関係について審理を遂げ、相手方も異議なく応訴していることを理由に、適法とする(最判(一小)平成五・一二・二判時一四八六号六九頁。これに対し、最判(三小)昭和四一・四・一九訟務月報一二巻一〇号一四〇二頁は、行政処分取消請求の訴えについて、第一審で却下され、控訴審で損害賠償請求の追加的併合を申し立てた事案につき、相手方の同意がないことを理由に許されないとするとともに、傍論ではあるが民事訴訟の訴えの変更としても、訴え却下判決の控訴審における追加的併合は許されないとする。)。婚姻事件、養子縁組事件、子の認知無効・取消しの訴えについては、控訴審においても訴えを変更できる(人訴八条・二六条・三二条三項)。

(ii) 控訴審で訴えが変更された場合は、旧請求の控訴と新請求の当否の双方について、判決主文において裁判所の判断を明確に示すことを要する(最判(二小)昭和三一・一二・二〇民集一〇巻一二号一五七三頁)。金銭給付請求について第一審で請求が認容され、被控訴人(原告)がその法的理由を控訴審において変更した場合に、控訴審裁判所が第一審の旧請求認容判決を取り消して、新請求を認容すべきものと判断するときは、たとえ結論として認容額に変わりがなくても、主文で第一審判決を取り消した上で、改めて同額の請求認容判決をすべきである(最判(二小)昭和三二・二・二八民集一一巻二号三七四頁、最判(一小)昭和四三・三・七民集二二巻三号五二九頁)。判例は、請求の全部認容判決の控訴審で、請求を減縮した場合に、請求を相当とし、控訴が理由なしと判断するときは、第一審判決中の請求減縮部分は当然に失効するので、理論的には単に控訴棄却だけで足りるとしつつ(最判(三小)昭和二四・一一・八民集三巻一一号四九五頁、最判(二小)昭和四五・一二・四判時六一八号三五頁。判旨に賛成するものとして、兼子・判民昭和二四年度三八事件)、第一審判決のうち有効に存続する部分を判決主文で明確にする実務上の処理を積極的に評価している(前掲最判昭和四五・一二・四)。第一審判決のうち有効に存続する部分は債務名義となることを考慮すると、後者の実務上の措置が妥当である。

(iii) 訴えの変更は、事実審口頭弁論終結前であることを要するが(一四三条一項本文)、新たな事実審理を要せず、単に請求の趣旨を変更するに止まる場合には、改めて事実審に差し戻すのは訴訟経済に反するので、訴えの変更を認めるべきである。判例も、金銭債権に基づく給付請求訴訟が上告審係属中に被告が破産宣告を受け、破産管財人が受継し

た場合には、原告は破産債権確定訴訟に訴えを変更できるとする（最判(二小)昭和六一・四・一一民集四〇巻三号五五八頁、判旨に賛成するものとして、藤原弘道・民商九五六号九一〇頁。なお、最判(三小)平成九・九・九判時一六二四号九六頁は、旧法の下において、上告理由書提出期間経過後に上告人が破産宣告を受けた場合に、受継手続を経ることなく、口頭弁論を経ずに上告棄却判決をできるとする。）。

第三節　中間確認の訴え

一　中間確認の訴えの構造

係属中の訴訟の訴訟物である権利又は法律関係の存否を判断する先決関係にある権利又は法律関係の存否について、その訴訟手続と一体とする確認請求の訴えを、中間確認の訴えという。確定判決の既判力は、原則として、判決主文に包含するものに限って生じ（一一四条一項）、判決理由中における先決関係に対する判断には及ばない。そこで、当事者が、判決理由中におけるその先決関係についても、その訴訟で既判力をもって確定することを望むならば、判決主文をもって裁判所の判断を明らかにすることにより、当事者の意思を適える途を制度として確保する趣旨により、設けられているものである（判決理由中の判断に争点効を肯定する立場でも、前提問題についても審理の対象とすることを相手方及び裁判所に徹底させる手段として、中間確認の訴えの意義は否定していない、新堂幸司「既判力と訴訟物」法協八〇巻三号（昭和三八年）〔同『訴訟物と既判力(上)』（有斐閣、昭和六三年）一七八頁注6〕）。

中間確認の訴えの態様は、原告が提起する場合と被告が提起する場合とがある。原告が提起する形態には、当初から併合請求する場合と訴訟係属後に訴えの追加的併合による場合とがある。これに対し、被告が提起する態様としては、反訴の形式を取ることとなる。既判力の一般原則を補完するものとして、特に設けられているものであるので、別に定められている（一四五条）。

二　中間確認の訴えの要件

裁判が訴訟の進行中に争いとなっている法律関係の成立又は不成立に係るときは、当事者は、請求を拡張して、その法律関係の確認の判決を求めることができる（一四五条一項）。

(1)　当事者間に訴訟が係属中であること　訴訟進行中に争いとなっている場合は、象徴的な場合を示すに過ぎず、原告が訴え提起時から本来の請求と併合請求することはもとより、被告が当初から反訴として提起することもできる。また、当事者は控訴審において提起することもできる。その場合に、相手方の同意は要しない。訴訟物の先決関係の存否を対象とするものであり、相手方も任意に提起できたのであり、現に提起できるのであるから、たとえ控訴審において提起したとしても、相手方に審級の利益をはじめとする不利益を与える余地は認められないからである。第一審が訴え却下判決の場合であっても、同様である。

(2)　当事者間に争いがあり、訴訟物の存否を判断する先決関係にある権利又は法律関係について、積極的又は消極的確認を請求すること（一四五条一項本文）　(i)訴訟物の存否を判断する先決関係にある権利又は法律関係を対象とすることを要するとともに、先決関係にある権利又は法律関係について争いの存することをもって確認の利益が認められる。権利又は法律関係の存否を対象とするものに限り、事実関係の確認を求めることは原則として認められない。もっとも、先決関係にある過去の事実関係や法律行為の効力について争いがあり、これらを確認することが現に存する紛争の解決を図ることに資する場合には、通常の確認の訴えと同様に確認の利益を認められる（大判昭和八・六・二〇民集一二巻一五九七頁は、傍論ではあるが過去の権利を対象とすることを肯定する。東京地判昭和五一・三・二判時八三二号七一頁は、停学処分を不当として、損害賠償とその前提とする右処分の無効確認を当初から併合請求した事案において、無効確認の部分につき、損害賠償に対する中間確認の訴えとして確認の利益を認める。）。

また、先決関係とは、本来の請求の結論を決めるに際し、一般的に判断する必要があることをもって足り、結論を導き出すのに理論上のみならず具体的に必要不可欠な関係にあることまで要しない。確認の利益の問題として斟

酌すべきことであり、このように解したからといって、本条の趣旨に反するものではない。

(ii)　当事者間に争いがあることを要するとともに、それを終局判決をもって判断する必要性があることを要する。訴え提起前に争いがあったことだけでは足りず、訴え提起時に争いがあることを要する。一般的には、訴訟物の存否を判断する先決関係にある権利又は法律関係について、当事者間に争いがあることをもって足り、それ以上に特別の要件が加重されるわけではない。もっとも、同一の権利又は法律関係について別訴が係属している場合には、二重起訴禁止原則に抵触する。

(3)　本来の請求と同種の訴訟手続によるものであること　　訴訟手続の種別が異なる場合には、それぞれ適用される弁論や証拠調べに関する手続原則が各特性に応じて設定されているので、これらの訴訟手続の請求を一体として審判を求めることは、その前提とする趣旨に反することによる。ただし、特に法が認める場合（人訴七条二項ただし書き・二六条・三二条一項、行訴一六条）は、この限りでない。

(4)　他の裁判所の専属管轄に属さないこと（一四五条一項ただし書き）　　確認請求が他の裁判所の専属的合意管轄に属する場合は差し支えない（一四五条一項ただし書きにおける括弧書き・一一条）。

三　中間確認の訴えの手続

中間確認の訴えを提起するには、書面によることを要し、[1]相手方にその書面を送達しなければならない（一四五条二項・一四三条二項三項）。書面が相手方に送達されることにより、訴訟係属を生じる。時効中断の効果は、前記書面を裁判所に提出した時に生ずる（一四七条。当初の請求と経済的利益が同一である場合には、当初の訴え提起時から生じていると解するのが相当である。）。本来の請求と訴訟物は異なるものの、その先決関係にある紛争という制限及びそれに付随する請求である趣旨に照らし、当初の授権、訴訟代理権の範囲に含まれると解する（菊井＝村松・II一九五頁。反対・新堂・六六一頁、兼子・条解八六三頁〔竹下〕）。

（1）「黙示による中間確認の訴え」の理論　訴訟物について先決関係にある法律関係の存否につき、両当事者が真剣に争い、裁判所も重要争点として実質的に審理し、判断が判決理由中で明らかにであることを要件として、その場合に黙示による中間確認の訴えの提起があったとみなして、その点についての判決理由中の判断に既判力を認める考え方がある（坂原正夫「黙示による中間確認の訴え」法学研究五三巻一二号（昭和五五年）（同『民事訴訟法における既判力の研究』（慶應義塾大学法学研究会、平成五年）一二一頁以下・特に一四〇頁以下））。その趣旨は、争点効理論に実定法上の根拠を与えるとともに、事後的に当事者の意思を活かすことにある。争点効理論の提唱者からは、説明の仕方の差にすぎない旨の批判があり（新堂幸司「既判力と訴訟物」法協八〇巻三号（昭和三八年）（同『訴訟物と争点効（上）』（有斐閣、昭和六三年）一八一頁））、一般論として、黙示の訴えという理論構成について、当事者の意思による訴訟物の特定に欠ける点で賛同できないとする指摘がある（納谷広美「所有権に基づく登記請求訴訟」三ケ月章先生古稀祝賀『民事手続法学の革新・中巻』（有斐閣、平成三年）二三三頁）。事後的に訴えの意思及び訴訟物の特定を擬制する点で、疑問がある。もっとも、原告が給付請求とともに、その先決関係にある法律関係について確認請求を併合請求する場合に、後者は中間確認の訴えとして処理すべきところ、この点を見逃して確認の利益を改めて問うことがあるとして、この種の「潜在的中間確認の訴え」の存在が指摘されている（倉田卓次「盲点としての中間確認」判タ一八三号（同『民事実務と証明論』（日本評論社、昭和六二年）八八頁））。

四　中間確認の訴えの審理

本来の請求に付随する請求であるから、一体として処理されることを予定されているので、両者は併合審理されるべきであり、弁論を分離することも適さないし、一部判決についても同様である（もっとも、弁論を分離し、又は一部判決することも違法とまではいえない）。中間確認の訴えに対する裁判は、中間判決ではなく、終局判決である。したがって、裁判所は、一個の全部終局判決をもって裁判することを要する。その結果として、当事者は、中間確認の訴えの判決に対してのみ、上訴することはできず、本来の請求について上訴した場合は、中間確認の訴えについては当事者のいずれも上訴しなかったとしても、判決の確定は遮断される。

本来の請求の訴えが取り下げられ、又は却下されても、中間確認の訴えはただちに前提を欠き、不適法として却下されるべきであるとはいえない。独立の訴えとしてすでに訴訟係属を生じているので、そのまま存続し、確認の利益の有無を判断すれば足りると解する（その場合に、本来の請求に係る従前の訴訟資料は、その後の審理に利用することができる。九三六頁参照）。

第四節　反　訴

一　反訴の構造

係属中の訴訟の訴訟物である権利又は法律関係又は防御の方法と関連する請求を目的として、その訴訟手続と一体とする、被告から原告を相手方として提起する訴えを、反訴という（抗弁が単に攻撃防御方法に止まるのと異なる。）。その趣旨は、被告が原告から訴えを提起されたことに対応して、本訴手続を活用して、原告に対する関連した請求について審判を求める機会を保障し、もって当事者間の公平な紛争処理を図ることにある。

反訴を提起する態様は、被告が原告を相手方とする場合を原則とし、前述した趣旨に基づき、反訴を提起された原告がさらに被告に対して再反訴を提起する場合がある。また、反訴には、請求の併合と同様に、単純反訴と予備的反訴とがある。

二　反訴の要件

被告は、本訴の目的である請求又は防御の方法と関連する請求を目的とする場合に限り、口頭弁論の終結に至るまで、本訴の係属する裁判所に反訴を提起することができる（一四六条）。

(1)　本訴の目的である請求又は防御の方法と関連する請求であること（一四六条一項本文）　本訴の目的である請求と関連する請求とは、本訴の請求とその権利関係の内容又は発生原因事実に共通性があることをいい、防御方法と関連する請求とは、抗弁事由とその内容又は発生原因事実に共通性があることをいう。前者の例として、同一物について所有権確認請求の訴えに対して給付の訴えの反訴、第三者異議の訴えに対して詐害行為取消請求の反訴(1)、占有の

訴えに対して本権に基づく反訴[2]を提起する場合であり、後者の例として、金銭債権支払請求の訴えに対して、相殺の抗弁を主張するとともに、反対債権について予備的反訴を又は反対債権の残額について反訴を提起する場合である。本訴と同一の訴訟物を反訴をもって請求することは、訴えの利益がない（新堂・六五五頁。菊井＝村松・Ⅱ二五三頁は、二重起訴禁止原則に抵触し、許されないとする。例えば、金銭債権支払請求の訴えに対して金銭債務不存在確認の反訴は許されないが、その逆は許される。）。

被告が本訴に対立する請求権を有する場合に、反訴として提起するか否かは、原則として被告の任意である。[3]

(2)　本訴の事実審口頭弁論終結時前であること（一四六条一項本文）　控訴審において反訴を提起するには、相手方の同意を要する（三〇〇条一項）。相手方が異議を述べないで反訴の本案について弁論をしたときは、同意したものとみなされる（同条二項）。いずれも、相手方の審級の利益を保護する趣旨による。判例は、土地明渡請求に対する賃借権の抗弁を認めて請求棄却判決に対する控訴審において、賃借権確認の反訴を提起した事案につき、第一審で実質的審理をしていることを理由に審級の利益を侵害しないとして、原告の同意を要しないとする（最判(二小)昭和三八・二・二一民集一七巻一号一九八頁）。また、請求の基礎が同一であれば、第一審で提起した反訴を控訴審において変更し、請求の一部を拡張するのに相手方の同意は不要とする（最判(三小)昭和四五・一〇・一三判時六一四号五一頁。控訴審で交換的変更をした後に、変更後の反訴を主位的請求とし、予備的反訴を追加的に変更した事案につき、最判(二小)昭和五〇・六・二七判時七八五号六一頁は、同旨）。なお、婚姻事件、養子縁組事件、子の認知無効・取消しの訴えについては、相手方の同意を要しない（人訴八条・二六条・三二条三項）。

(3)　請求が他の裁判所の専属管轄に属さないこと（一四六条一項ただし書き）　専属的合意管轄を除く（一四六条一項ただし書きにおける括弧書き・一一条）。

(4)　著しく訴訟手続を遅滞させないこと（一四六条一項ただし書き）　訴えの提起であって攻撃防御方法ではないが、訴訟の引き延ばしに利用されることを防止するために、新法が新たに要件として定めたものである。

(5)　反訴が禁止される場合（三五一条・三六七条二項・三六九条、人訴七条二項本文・二六条・三二条一項）でないこと。

(6)　本訴と同種の訴訟手続によるものであること　反訴は請求の併合を生じるので、その要件をも充たしてい

ることを要する。訴訟手続の種別が異なる場合は、それぞれ適用される弁論や証拠調べに関する手続原則が各特性に応じて設定されているので、これらの訴訟手続の請求を一体として審判を求めることは、その前提とする趣旨に反することによる。

（1）　第三者異議の訴えに対する詐害行為取消請求の反訴　所有権を異議事由とする第三者異議の訴えに対し、右所有権取得原因について詐害行為取消請求の反訴を提起した事案において、反訴が認容されるべき場合に、本訴の帰趨が問題になる。判例は、①詐害行為取消請求を形成訴訟とする前提の下に、所有権の取得自体は異議事由に当たらないとして、第三者異議の訴えは請求が棄却されるとする（最判(二小)昭和四〇・三・二六民集一九巻二号五〇八頁）。第三者異議の訴えの性質論に関わることではなく、妥当な処理といえる（所有権確認の本訴に対する所有権取得原因の行為について詐害行為取消請求の反訴を提起した場合も、同様である。新堂・判例六六頁も判旨賛成）。ところが、②両者が別個に提起され、弁論も併合されず、別に判決がなされる場合には、詐害行為取消請求が認容されるべき場合でも、第三者異議の訴えの請求を棄却することはできないとする（最判(二小)昭和四三・一一・一五民集二二巻一二号二六五九頁）。しかし、両者を別に処理すべき理由はなく、前記事案と同様の処理をすべきである（新堂・判例民訴七三頁参照）。また、③手形振出人Xが、受取人による手形裏書につき被裏書人Yを被告として提起した詐害行為取消請求訴訟の係属中に、Yから更に取立委任裏書を受けた者Zが振出人Xに対する手形金支払請求訴訟を提起し、同一裁判所で併合審理された事案について、YとZを実質上同一の地位にあるとみて、反訴ではないにも関わらず、前記①を引用し、詐害行為取消請求が認容されるべき場合には、手形金請求は棄却されるとする（最判(二小)昭和五四・四・六民集三三巻三号三二九頁、大阪地判昭和四八・五・一九判時七一六号九一頁。新堂・判例八七頁は判旨の結論に賛成）。もっとも、これらの事案の処理は、詐害行為取消権の行使は訴え（反訴を含む）によることを要する立場を前提としている（最判(二小)昭和三九・六・一二民集一八巻五号七六四頁）。根本的には、判例が詐害行為取消権を訴えによってのみ行使することができ、抗弁によることを否定する点に問題がある。

（2）　占有の訴えに対する本権に基づく反訴　判例は、民法二〇二条二項は、占有の訴えにおいて本権に基づいて裁判することを禁ずるものであり、したがって本権を防御方法とすることは許されないが、占有保全の訴えに対し本権に基づく反訴を提起することは右法条に反しないとする（最判(二小)昭和四〇・三・四民集一九巻二号一九七頁）。新訴訟物理論の立場でも、特別の異論を差し挟んではいないが（三ケ月章「占有訴訟の現代的意義」法協七九巻二号（昭和三七年）〔同・研究三巻五九頁〕）、民法の立場から前記判例を是認しつつ、自力救済禁止の趣旨により、占有の訴え一般に拡大することには疑問とする見解もなお存在する（星野英一・法協八二巻六号〔同『民事判例研究・第二巻1』（有斐閣、昭和四六年）一九七頁〕）。前記最判は、両請求について現

在の給付判決をすることの可否までは触れていないが、反訴について将来の給付判決により処理することが可能であると解する（同旨・東京地判昭和四五・四・一六下民集二一巻三・四号五九六頁。本訴と反訴をいずれも理由ありとする場合の解決方法につき、三ケ月・前掲書六一一頁注（四）参照）。なお、二一六頁参照。

（3）　強制反訴　被告が本訴と対立する請求権を反訴として請求しないと既判力により失権する場合に、その論理的帰結として反訴を提起することを余儀なくされることになるとして、強制反訴ということがある。外国法制が多面的な視点から紹介され（上野泰男「反訴の強制による訴訟の単一化アメリカ法における必要的反訴（Compulsory Counterclaim）」大阪市立大学法学雑誌一九巻二号（昭和四七年）一〇七頁以下）、さらにわが国の解釈論としても、相殺適状にある反対債権の主張、引換給付判決又は条件付給付判決を可能にする場合における反対請求権の主張に、いずれも強制的反訴の側面がある（新堂幸司「既判力と訴訟物」法協八〇巻三号（昭和三八年）、同「条件付給付判決とその効果」民訴雑誌一〇号（昭和三八年）（同『訴訟物と既判力（上）』（有斐閣、昭和六三年）一七一頁注1、一八九頁）、坂田宏「同時履行関係と引換給付判決（二・完）」民商九八巻五号（昭和六三年）五八四頁）。なお、八六七頁参照。

三　反訴の手続・審判

(1)　反訴の手続　反訴であることを明示することを要する。反訴が提起されたときに、裁判所は反訴要件及び一般の訴訟要件について調査することを要する。反訴の要件を欠くときは、独立した訴えとして取り扱うことができる（最判（一小）昭和四一・一一・一〇民集二〇巻九号一七三三頁は、これを認めない）。被告は、本訴原告以外の第三者を相手方として反訴を提起すること（第三者に対する反訴）は、本訴の目的である請求又は防御の方法と関連する請求であることの要件に合致しないので、不適法と解する（東京高判昭和五五・一二・二五判時九九二号六五頁は、原告以外の第三者を共同不法行為者とする反訴を不適法とする。）。反訴に対する再反訴の提起は許される（旧々法二〇条三項は、禁止していた。）。

(2)　反訴の審判　反訴の審判は、本訴と併合して行う。別訴によると二重起訴禁止原則に抵触することを回避するために、反訴によった場合には、弁論の分離はできないと解する（五五三頁）。その他、反訴について弁論の分離を禁止する規定はないが、本来一体として審理されるべきであり、訴訟運営上から弁論の分離は望ましくない。本訴と反訴の判決を併合して、一個の判決をすることはできない（五五五頁参照）。

第五編　証　拠

第一章　証拠法の理念と構造

第一節　証拠法の理念

一　証拠による裁判

国家は法秩序の維持を目的として訴訟制度を設営し、その統治機構の一つである裁判所は訴訟として提起された民事紛争に平等に対応して事案の解明に努め、それを公正に裁判することを使命とする。裁判所が、このような使命の下に、当事者の主張の当否を判断するには、証拠に基づいて行うことを必要とする。他方、その判断の基礎となる事実の確定に必要な資料は、裁判所が任意に収集、活用することによっては、裁判の公正を害するおそれがあり、当事者みずからの権限と責任に委ねること（弁論主義）が、当事者主義を基調とする民事訴訟の基本理念とも合致する。したがって、裁判所の証拠に基づく事実の確定と、弁論主義とが連結することによってはじめて、公正な裁判を確保する基盤を形成することとなる。

二　証拠法における当事者と裁判所の役割

民事訴訟は、事案の解明に必要な証拠は当事者双方とも可能なかぎり提出し、その上で裁判所の公平かつ公正な判断を求めることを基本理念とする。もとより、弁論主義により、自己の主張を根拠付けるのに必要な証拠を収集し、提出するのは、当事者の権限と責任に委ねられる。しかし、証言拒絶事由等をはじめとする法の定める例外的場合を除き、当事者は、裁判所が判決をする基礎となる事実の確定に必要な証拠は、原則としてすべてを提出し、もって裁判所の事案の解明に資することは、訴訟における信義誠実の原則の原点である。また、それによってはじめて、裁判所も審判機関として公平かつ公正な判断が可能となる。

しかし、社会生活の進展に伴い、通常民事紛争も内容が複雑化し、さらに新たな種類の紛争が生じ、そのためこれらの紛争から自己の権利の保護を図るために、訴訟活動は証拠の収集を中心にして、これまでとは異なり、多方面にわたって掘り下げた作業を必要とする。他方、手続法は、従来の判例、実務の蓄積を踏まえ、比較法的視点も考慮しつつ、かつ将来を見据えて種々の事態を視野に入れて立法作業が進められるべきであり、とりわけ証拠法については前記の事情に照らし、そうした姿勢が特に要求される。しかし、時代の推移と社会の急速な進展によって生起するこれらのすべての事態を予見することは、もとより困難である。したがって、訴訟手続に関する法の定めは公正かつ公平な手続を確保するために、当事者が遵守すべき必要かつ最小限度の基準を設定したものであり、審判機関として裁判所に課せられた事案の解明と公正かつ公平な判断という使命を遂行するために不十分な点については、裁判所が補完することを予定しているのである。それは、訴訟手続を主宰する権限に基づき当事者に特定の行為を命じる行為と職権により裁判所みずから特定の行為を行うことにより構成される。前者が訴訟指揮権の行使であり、後者が職権調査、職権探知および職権による証拠の収集である。

三　証拠の収集

証拠の収集は、当事者が自己の主張を根拠付ける証拠資料を取得して、証明活動に資する作業であり、弁論主義の証拠法における発現として、訴訟活動の基盤を形成するものである。それは、同時に充実した訴訟の審理をもたらし、事案の解明に資するのであって、訴訟法の立法政策として弁論主義を採用するについては、当事者に広範な証拠収集の方法を制度として保障することが必要である。

証拠の収集を訴え提起の準備にはじまる過程の中でみると、訴え提起に先立って、その準備のために証拠を収集する方法として、弁護士の報告請求（弁護二三条の二）、証拠保全手続（二三五条以下）、満足的仮処分が検討の対象になる（一七〇頁参照）。

これに対し、訴え提起後に採り得る方法として、弁護士の報告請求、証拠保全手続はこの局面でも機能するが、民事訴訟法上の制度として当事者照会、文書送付嘱託、調査嘱託、文書提出命令の申立てが用意されている。[1]もっとも、当事者照会は口頭弁論準備のための制度として設けられたものであり（五一七頁参照）、その他に、文書提出命令の申立て、証拠保全も証拠収集の機能を営むが、もともと訴訟手続上は証拠調べ手続として位置付けられているので、それぞれ該当個所で取り扱うこととする（八〇三頁・八一七頁参照）。

証拠の収集が弁論主義の発現として重要な意義を有することは、そこに実践的役割と機能が高まるにつれ、違法な収集行為を誘発させる事態が想定される。社会生活が新たな展開を示し、価値観が多様化し、規制緩和が進み、事前の規制から事後の処理に転換することにより、紛争処理が社会生活に占める比重が増加すると、そこにおける証拠の収集は場合によっては相当に緊張したものとなる。とりわけ、現代社会のひずみから生じる紛争においては、自己の主張を根拠付ける証拠となるべき資料が相手方又は第三者の下にあることが少なくなく、証拠を収集するのに、多様な方策を用いることを余儀なくされる。その結果として、証拠の収集方法の適法性が争いとなり、違法に

収集された証拠を訴訟手続上法的にどのように評価すべきかが重要な問題になる。それは、自由心証主義という証拠による事実認定の基本原則と直接に関わる性格をもっている（七四八頁参照）。

（1）　実体法上の証拠収集制度　　実体法上において証拠収集制度が定められている場合があり、特に商法のものが注目される。第一に、商業帳簿提出命令の制度がある（商三五条）。民訴法上の文書提出命令の特則である（奈良次郎「商業帳簿と文書提出命令」山木戸克己教授還暦記念『実体法と手続法の交錯・下』（有斐閣、昭和五三年）二四七頁以下参照）。第二に少数株主の帳簿閲覧権がある（商二九三条ノ六、有四四条ノ二第一項）。株主は閲覧対象となる帳簿・書類を特定することを要するところ、その手掛かりをもたないので困難であり、そのため十分に機能しているとはいえない。そのため、この制度を非訟事件とし、これらの書類に係る営業秘密の保持を図るためインカメラ手続（民訴二二三条三項）に相当する制度改正を示唆する指摘がある（江頭憲治郎『結合企業法の立法と解釈』（有斐閣・平成七年）一五一頁）。第三に、裁判所の選任する検査役による会社の業務・財産状況の調査制度である（商二九四条、有四五条）。さらに、従属会社の少数株主のための制度として、この制度の導入を主張する見解があり、注目される（江頭・前掲書一五二頁）。また、特許法にも、民訴法上の文書提出命令の特則として、特許侵害行為又はそれによる損害の計算のために必要な書類の提出等に関する規定がある（特許一〇五条、実用新案三〇条、意匠四一条、商標三九条、不正競争六条）。著作権法一一四条の二も同趣旨である。

第二節　証拠法の構造

一　証　拠

裁判官が判決の基礎を確定するのに必要な資料を、一般的に証拠という。

(1)　証拠方法・証拠資料・証拠原因　　証拠は、裁判官の判断過程に即して、以下の概念がある。

(イ)　証拠方法　　裁判官が、その五官の作用によって取り調べることのできる有形物を、証拠方法という。これには、人を尋問してその供述を証拠にする人的証拠（証人）とこれ以外の方法によって取り調べて証拠にする物的証拠

（証物）とがある。現行法では、人証として、証人、鑑定人、当事者本人の三種があり、物証として、文書、検証物の二種があり、それぞれの種別毎の特徴に即した証拠調手続が定められている。これらの有形物が証拠方法として用いられることのできる適格を、証拠能力という。

(ロ) 証拠資料　証拠方法を取り調べることによって感得された内容を、証拠資料という。証言、鑑定意見、当事者の供述、文書の記載内容、検証の結果が、それである。その他に、前述した類型的な証拠方法以外から得られる証拠資料として、官庁等の調査嘱託報告（一八六条）がある。証拠資料が証明の対象とされた事実の認定に役立つ程度を、証拠力又は証拠価値という。

(ハ) 証拠原因　裁判官の心証形成の原因となった資料、状況を、証拠原因という。これには、証拠調べの結果と弁論の全趣旨とから成る（二四七条）。

(2) 直接証拠・間接証拠　直接証拠は、直接に争いのある主要事実を証明するための証拠であり、間接証拠は、間接的にこれに役立つ証拠であって、主要事実を推認させる事実（間接事実又は徴表という。例えば、アリバイ、裁判外の自白）、直接証拠の証拠能力や証拠力の判断に影響のある事実（補助事実という。例えば、証人の性格、文書の真否）を証明するための証拠をいう。

(3) 本証・反証　当事者がみずから証明責任を負う事実を証明するために提出する証拠を本証といい、その事実を否認する相手方の提出する証拠を反証という（それと対立する事実を証明する証拠を反証というのは誤っている。）。本証は、その事実の存在につき裁判官をして真実であるとの確信を抱かせる状態にまで至ってはじめて、目的を達することができる。これに対し、反証は、裁判官をして相手方の主張する事実と反対の事実が真実であるとの確信をいだかせる状態にまで至ることは必要でなく、否認する事実についての裁判官の心証を真偽不明の状態にまで至らせれば、証明責任の原則によって「その事実は認められない」という自己に有利な結果となるので、目的を達することができる。(1) また、本証と反証

は、それぞれの目的を達成するに足りる証明状態を意味する場合に用いられることもある。

（1）「反証提出責任」の理論　訴訟の実際では、証明責任を負う当事者がある程度有力な立証をすると、相手方は反証の必要に迫られ、それにもかかわらず適切な反証を提出しないときは、裁判所は弁論の全趣旨によりその事実につき証明があったものとできるとする考え方をいう（山木戸克己「自由心証と挙証責任」大阪学院大法学研究一巻一・二号（昭和五一年）（同『民事訴訟法論集』（有斐閣、平成二年）三二頁））。その本質は、経験則を適用した一種の事実上の推定であるとする。弁論の全趣旨の機能的把握として積極的な評価も見られるが（加藤新太郎「自由心証における弁論の全趣旨」名古屋大学法政論集一四七号（平成五年）（同『手続裁量論』（弘文堂、平成八年）一六六頁）。小林秀之『新証拠法』（弘文堂、平成一〇年）一六九頁は、主観的証明責任と称せられる証拠提出責任の理論によって明快に説明できるとする。）、本来ならば、裁判所をして確信を抱く状態にまで達していないにも関わらず、相手方の適切な反証の提出がないことにより、証明度が向上すること等しく、疑問である（太田勝造『裁判における証明論の基礎』（弘文堂、昭和五七年）二〇九頁）。

二　証　明

(1)　証明・疎明　特定の事項の存否を証拠によって明らかにする行為を、一般に証明という。訴訟法上は、裁判官の心証状態の程度である証明度を基準として証明と疎明の二つの概念に区別する。

(i)　証　明　裁判の基礎として認定すべき事項の存在について、裁判官をして真実であるとの確信を抱かせる程度にまで、その五官によって感得しうる証拠によって、根拠付けられる状態又はその状態にまで達するように努める当事者の行為を、証明という。裁判官が真実であるとの確信を抱く程度についての明確な基準を設定することは困難であるが、一般的には合理的疑いを差し挟まない程度に確信をもって事実を確定できる状態をいうものと解する。それは、社会通念における平均的人間の判断として首肯できる高度の蓋然性にも合致するものといえる。民事訴訟における証明は、自然科学におけるように事象のメカニズムの解明を目的とするのではなく、法律効果の法律要件を構成する事実の存否を証拠によって明らかにすることを目的とするのであり、歴史的事実の証明で足りると解するのが相当である（最判(二小)昭和五〇・一〇・二四民集二九巻九号一四一七頁は、この点を最も明確に判示する。）。訴訟の直接の対象である権利又は法律関係の存否

を基礎付ける事実を終局的に確定するには、裁判官をして確信を抱く状態にまで至ることを要するので、証明によらなければならない。

(ii) 疎　明　裁判官をして真実であるとの確信を抱かせる程度にまで至ることは必要でなく、証拠によって、裁判官が一応確からしいとの推測を行ってよい状態又はその状態にまで達するように努める当事者の行為を、疎明という。疎明は、証明と比較して、心証の程度を軽減する点に特徴があり、証明力を無視することを意味するものではない（最判(一小)昭和二九・二・一八裁判集民事一二号六九三頁は、この点を強調する。）。訴訟手続上に生起する派生的な事項や権利を暫定的に確定するについては、訴訟の直接の対象ではなく、むしろ迅速な処理を図ることが要求され、それによって当事者に不当な不利益を与えることもなく、さらに裁判の公正を害するおそれもないので、裁判官の心証の程度を軽減することとするものである。これらの性質に照らし、原則として明文のある場合に限られる（三五条一項・四四条・九一条二項三項・一九八条、規一〇条三項・二四条二項・二五条・三〇条・一三〇条二項・一五三条三項・民保一三条二項）。また、証拠方法も、即時に取り調べられるものに限ることとしている（一八八条一項。旧法二六七条二項の疎明の代用制度はほとんど利用されていなかったことから、新法は代用を認める規定は設けていない。もっとも、新法の下でも当事者の陳述書による代用の余地はある。）。ここにいう疎明の即時性とは、証拠の申出と証拠調べの実施との間に時間的空白を生じないことをいう（松浦馨「民事保全法制定の意義と将来の課題」竹下守夫・鈴木正裕編『民事保全法の基本構造』（西神田編集室、平成七年）一九頁は、訴訟手続の進行上次回の審尋もしくは口頭弁論期日に結審・裁判しても遅延のおそれがない場合等についても、即時性の要件を充たすとする。）。例えば、現に在廷する証人・鑑定人・当事者本人、ただちに提出できる文書・検証物である。また、証人等の尋問に代わるそれらの者の供述書面、検証に代わる写真等の提出も差し支えない。

(2) 厳格な証明・自由な証明　法に定められた証拠調手続によって行う証明を、厳格な証明といい、このような法の定める手続によらないで行う証明を、自由な証明という。いずれも証明であることにかわりはなく、疎明ではないので、証明度の点で違いはない（菊井維大「自由な証明」北大法学部十周年記念『法学政治学論集』（有斐閣、昭和三五年）三五七頁が、自由な証明を厳格な証明と疎明の中間に位置付けられる第三の証明というのは不適切である。）。この区別は、刑事訴訟において取り入れられたことに始まり（小野清一郎「構成要件概念の訴訟法的意義」『牧野教授還暦祝賀刑事論集』（有斐閣、昭和一三年）（同『犯罪構成要件の理論』（有斐閣、昭和二八年）四四九頁））、

その後に民事訴訟にも波及した経緯をたどっている（岩松三郎「民事裁判における判断の限界（三・完）」法曹時報五巻三号（昭和二八年）〔同『民事裁判の研究』（弘文堂、昭和三六年）一三六頁注三七参照〕）。そこでは、訴訟の直接の対象である権利又は法律関係の存否を基礎付ける事実を認定するには、もとより厳格な証明によることを要するが、職権調査事項の前提事実を認定するには、自由な証明で足りるとする（村松俊夫「証拠における弁論主義」岩松裁判官還暦記念『訴訟と裁判』（有斐閣、昭和三一年）〔同『民事裁判の理論と実務』（有信堂、昭和四二年）一四二頁〕。これに対し、岩松・前掲書一三七頁は、その例として法規、経験則、一般概念等を上げ、職権調査事項全般に適用することは否定していた。）。最近では、ドイツ法の沿革についての実証的検証を経て、「訴訟の結果に重要な影響を及ぼしうる事実」には厳格な証明を適用し、それ以外の事実に自由証明の妥当可能性を残すべきであるとして、抑制する動きも見られる（高田昌宏「民事訴訟における自由証明の存在と限界」早稲田法学六五巻一号（平成元年）一頁以下・特に一〇九頁）。法の定めるところによる証拠調手続は、公開主義、口頭主義、直接主義等の諸原則を基盤として形成されているのであって、職権調査事項であることをもって法定手続の制約を受けないとする理由はなく、これらの原則を遵守することから解放された局面に、柔軟かつ迅速な手続の遂行という趣旨に基づき、自由な証明で許される局面を見出すことができる。したがって、非訟事件手続、訴訟事件における決定手続について適用されると解するのが相当である（同旨・野田宏「自由な証明」『実務民事訴訟講座1』（日本評論社、昭和四四年）二九三頁）。また、証明の対象の属性の如何によって、自由な証明に委ねることがかえって適切な事実認定に資する場合には、肯定的な対応を是認すべきである（例えば、法規、経験則、関係官庁からの報告書等）。

第二章　証明の対象と事実の確定

第一節　証明の対象

一　事　実

民事訴訟は、具体的紛争に関わる権利の保護を求めて、権利又は法律関係の存否に基づく請求の当否について裁判所の審判を求めるものである。そこで、当事者は、訴訟の直接の対象である権利又は法律関係の存否を基礎付ける事実を裁判所によって認定されるために、みずからそれらの事実を主張するとともに、裁判官をしてそれらが真実であるとの確信を抱かせる程度にまで、裁判官の五官によって感得しうる証拠によって、根拠付けることを必要とする。[1]この点について、民事訴訟では、判決の基礎をなす事実の確定に必要な資料である主要事実の主張とそれを根拠付ける証拠の提出は、当事者の権能と責任とする弁論主義の原則が採用されている。

(1)　司法事実と立法事実　訴訟において広く事実という場合には、係属する事件において裁判所によって認定を必要とする事実と、法律を制定するとき又は係属する事件において関係する法律の制定されたときにその基礎を形成した事実がある。前者を司法事実（adjudicative facts）又は判決事実、後者を立法事実（legislative facts）又は一般事実という（芦部信喜「合憲性推定の原則と立法事実の司法審査」清宮博士退職記念『憲法の諸問題』(有斐閣、昭和三八年)〔同『憲法訴訟の理論』(有斐閣、昭和四八年)一五二頁〕）。民事訴訟において証明の対象となるのは、司法事実であり、立法事実は裁判所の専権事項である法律問題として、証明の対象とはならない点で異なっている（安念潤司「憲法訴訟の当事者適格について」芦部信喜先生還暦記念『憲法訴訟と人権の理論』(有斐閣、昭和四八年)三八一頁注8参照。これに対し、原竹裕『裁判による法創造と事実審理』(弘文堂、平成一二年)は、司法判断による準則の定立によって法創造が行われることを直視するとともに、事実審理の必要性を強調し、そこに裁判官による法創造過程の法的統制の重要性を認識して、立法事実の顕出方法・証

明責任を鋭く分析する優れた業績である。）。したがって、弁論主義とりわけ自白との関係において、立法事実については司法事実と異なった取扱を要する（従来、憲法訴訟において両者の識別が問題にされてきたが、民事訴訟における裁判による法形成という視点から、ドイツ法における学説を紹介するとともに、わが国においても同様の指摘をするものとして、山本克己「民事訴訟における立法事実の審理—ドイツにおける議論の一端」木川統一郎博士古稀祝賀『民事裁判の充実と促進・下巻』（判例タイムズ社、平成六年）一二一頁以下・特に三一頁。なお、太田勝造「法の進化と社会科学」竜嵜喜助先生還暦記念論文集『紛争処理と正義』（有斐閣、昭和六三年）〔同『民事紛争解決手続論』（信山社、平成二年）一三九頁以下・特に一五三頁参照〕）。

二　経験則

経験から帰納された自然法則、事物に関する知識、法則等を、経験則という。それは、事実を判断する場合の前提となるもので、一般的な常識から専門的な知識に至るまでの幅広い範囲のものが含まれる（岩松三郎「経験則論」民訴雑誌一号（昭和二九年）〔同『民事裁判の研究』（弘文堂、昭和三六年）一四八頁〕、兼子一「経験則と自由心証」裁判官特別研究叢書二四号（昭和二六年）〔同・研究第二巻一九四頁〕）。裁判官も社会の一般的な常識に属することは、当然に知っているべきであるし、また知っているであろうが、特別な学識経験に基づく専門的な知識についてまで知っていることを期待するのは困難であるし、かりに偶然に知っていたとしても、これを用いて裁判することは客観的な事実認定とはいえず、裁判の公正を害することになる。したがって、このような場合には、鑑定等の証拠調べを経た上で認定すべきである。

三　法　規

「裁判官は法を知る」という諺にあるように、法規を知ることは裁判官の職責であるから、本来は当事者の主張・証明の対象ではなく、証明責任を生じる余地はない。しかし、裁判官が、地方の条例、慣習法、事実たる慣習（兼子条解九二八頁〔竹下〕は、事実たる慣習は、単なる事実に止まらず、法則性に裏付けられた規範的性格を有することから、経験則に含まれるとするが、規範的性格に着目すると、理論的には法規と位置付けられるべきである。それによって、裁判所は職権をもって調査することも可能となる。なお、来栖三郎「法の解釈における慣習の意義」兼子博士還暦記念『裁判法の諸問題・下』（有斐閣、昭和四五年）六二四頁、同「いわゆる事実たる慣習と法たる慣習」鈴木竹雄先生古稀記念『現代商法学の課題・上』（有斐閣、昭和五〇年）二三九頁参照）、準拠法として適用すべき外国法等についてまでも知っているとは限らず、また知らなかったからといって責められるべきことではなく（とりわけ、国際取引における商慣習について顕著であり、近時の研究の深化が評価される。大村敦志『典型契約と性質決定』（有斐閣、平成九年）二九四頁参照）、そのためこれらを適用しないまま裁判するおそれがあるので、証明

の必要性が認められる。

第二節　証明を要しない事項

当事者は、事実のうちで、当事者間に争いのない事実と裁判所に顕著な事実については証明する必要がない。前者は、弁論主義の原則により、当事者間に争いのない事実については裁判所の事実認定権が排除されることによる。他方、後者は、裁判所としてその事実の存在について心証をえて、そのまま事実を確定しても恣意的な判断のおそれがないので、証拠による根拠付けを要しないことによる（したがって、職権探知主義の下でも適用される。）。当事者間に争いのない事実には、純然たる当事者間に争いのない事実、裁判上の自白、擬制自白による事実がある。

一　当事者間に争いのない事実

当事者間に争いのない事実については、弁論主義の原則により裁判所の事実認定権が排除される。裁判所は、他の事実の認否のために証拠調べをしたところ、これと異なる心証を得たとしても、右事実と異なる事実を認定することはできない（最判(三小)昭和三〇・九・二七民集九巻一〇号一四四四頁）。

二　裁判上の自白

(1)　裁判上の自白の構造　口頭弁論又は弁論準備手続における、当事者による相手方の主張と一致する自己に不利益な事実の陳述を、裁判上の自白又は単に自白という。自白が成立すると、相手方はその主張について証明する必要がなくなる（一七九条）。弁論主義の内容一つとして位置付けられ、裁判所の事実認定権が排除される。したがって、職権探知主義の適用される訴訟、弁論主義の適用される訴訟でもその基礎たる事実関係資料の収集につき職権

探知の適用される訴訟においては、いずれも自白は無効である。[1]

（1）　自白の効力を生じない訴訟　人事訴訟においては、自白（擬制自白を含む。）は効力がない（人訴一〇条二項・二六条・三二条一項）。職権探知主義が採用されていることと、判決に対世的効力を生じることによる。会社関係訴訟については、単に対世的効力を生じることをもって、自白の効力を否定する説も有力であるが（兼子・体系三四七頁、菊井＝村松・Ⅰ七一一頁、竹下守夫「裁判上の自白」民商四四巻三号（昭和三六年）四六八頁）、それだけでは決め手とはならず、自白は弁論主義に基づくので有効と解する（兼子・条解九五二頁〔松浦〕）。行政事件訴訟についても、同様の理由により自白の効力を認めるのが相当である（南博方編『条解行政事件訴訟法』（弘文堂、昭和六二年）二三五頁〔大島崇志〕）。特許抗告訴訟と、実質的にはこれと同一の審決取消の特許当事者訴訟について、特許権の排他性と公益性を理由に自白に関する法理の適用を排除すべきであるとの説がある（小室直人「特許審決取消訴訟と自白法則」名城法学三六巻別冊（昭和六一年）（同『執行・保全・特許訴訟』（信山社、平成一一年）二三九頁以下・特に二五三頁））。しかし、その点だけを捉えて自白法理の適用を排除しようというのは、解釈論として無理がある。

(2)　自白の成立要件　自白の成立要件として、通常つぎの四つが上げられる。

(i)　自白の対象は、原則として具体的な事実であることを要し、かつ権利又は法律関係を直接に基礎付ける主要事実に限られる。それは、法的三段論法の小前提をなす具体的事実であって、大前提に当たる法律上の意見（大判昭和一六・一一・一三法学一一巻六号六二六頁）、法律の解釈適用に関する主張又はこれを含む主張（投票の効力につき、最判（一小）昭和三一・七・一九民集一〇巻七号九一五頁、停止条件付代物弁済予約の締結につき、最判（一小）昭和四二・一一・一六民集二一巻九号二四三〇頁）、経験則（大判昭和八・一・三一民集一二巻五一頁）は自白の対象とならない。

前記の原則の下で、さらに訴訟物たる権利又は法律関係の前提となる権利又は法律関係や法律効果、間接事実について、自白の成立の可否が問題になる。

(イ)　権利自白　訴訟物たる権利又は法律関係の前提となる権利又は法律関係や法律効果に関する相手方の主張を認める旨の陳述を、権利自白という[2]（訴訟物たる権利又は法律関係について法律上の主張が一致する場合には、請求の放棄又は認諾が成立する。）。従来、権利自白は一七九条の自白に当たらず、裁判上の自白と同様の効力を認めることはできないとする説が有力であった（菊井維大『民事訴訟法（下）〔補正版〕』（弘文堂、昭和四三年）

二九〇頁、斎藤秀夫『民事訴訟法概論〔新版〕』（有斐閣、昭和五七年）二六七頁）。その根拠は、自白の対象は事実に限るとし、その裏返しとして法律判断は裁判所の専権事項とすることにあるとみられる。通説は、前提となる権利又は法律関係もしくは法律効果を基礎づける事実を相手方が主張立証する負担を取り除く効力を有するとしつつ、他方、その基礎となる事実が弁論に現れている限り、裁判所はその事実に基づいて異なる法律判断をすることも可能であるとする（兼子一「相手方の援用せざる当事者の自己に不利なる陳述」『法学協会五十周年記念論文集』（有斐閣、昭和八年）（同・研究一巻二〇六頁）、岩松三郎＝兼子一『法律実務講座民事訴訟編・第四巻』（有斐閣、昭和三六年）一九頁。竹下守夫「裁判上の自白」民商四四巻三号（昭和三六年）四五六頁は、法律効果の存在を認める陳述の場合を除き、法適用についての裁判所の職責を重視して否定する。）。この立場は、相手方の主張立証責任の負担を解消する効力を認めるが、裁判所の判断を確定的に排除する効力までは認めないとするものである。しかし、当事者に対する効力と裁判所に対する効力を分離して処理するのは、自白の本質に反し、疑問である。自白の原点に立ち返ると、事実を認める部分については、当事者に対しても裁判所に対しても自白としての効力を認めるべきであり、法的主張と一体となって陳述されたことをもって、これを否定すべき理由はない。これに対し、法的陳述の部分については、裁判所の専権に属する法適用についてまでも、当事者間の意思の合致をもってただちに拘束力を認めるべき合理的理由はなく、その点についての自白の効力は当事者間及び裁判所とのいずれの関係においても否定すべきである（後掲注1の判例の立場は基本的には同旨と見られる。その点で、三ケ月・全集二七三頁・三八七頁を妥当といえる。）。権利自白の成否が争いになるとき、とりわけ日常用語と法律用語とが重複するときに、法律専門家はとかく自己の視点から捉えがちであるが、平均的一般人を基準としてみると、安易に権利自白の成立を認めることには疑問がある場合が少なくない。例えば、「ほしょうする」というときは、必ずしも「保証する」ことを意味するとは限らず、太鼓判をおすという意味に過ぎない場合である。その点で、釈明権の適切な行使が必要である。このような思考態度について、最近では肯定的に捉える説が有力である（坂原正夫「権利自白論（三・完）」法学研究四四巻二号二一一頁以下、松本博之『民事自白法』（弘文堂、平成六年）一九七頁以下）。そこでは、当事者が相手方の主張の意味を正しく理解した上で認めているか否かという環境基盤に留意している点に特徴がある。

（2）　権利自白の判例の動向　　判例は、公正証書に基づく強制執行に対し、債務の完済を主張して請求異議訴訟を提起したところ、一三万円の消費貸借の成立を認めていたのを、後に借用の際に一万九五〇〇円天引きされたので、消費貸借は一一万五〇〇円についてのみ成立したと陳述したことから、前記自白の撤回の成否が争いとなった事案において、いずれの陳述も法律上の意見の陳述であって自白に当たらないとする（最判(三小)昭和三〇・七・五民集九巻九号九八五頁。新堂・判例三七三頁は、判旨に賛成する。）。建築中の建物が二重に取引の目的物とされた事案につき、すでに法律上の建物として不動産化されていた旨の陳述につき、建造物と認められる状態にあったことを前提とする事実上の陳述として自白の成立を認める（最判(三小)昭和三七・二・一三判時二九二号一八頁）。係争不動産の契約の法的性質について停止条件付代物弁済契約とする点で当事者間に争いがなくても、裁判所は拘束されないとする（最判(一小)昭和四二・一一・一六民集二一巻九号二四三〇頁）。これに対し、自衛隊機と全日空機の空中衝突事故に係る被害者の国に対する国家賠償請求において、被告による自衛隊機が安全確認措置をとらなかったこと及びこれが注意義務に違反することを認める旨の陳述につき、事実の自白に当たるとし、過失について裁判上の自白の拘束力を認める（東京地判昭和四九・三・一下民集二五巻一～四号一二九頁）。

(ロ)　間接事実　　判例は、間接事実について、自白の成立を否定し、裁判所を拘束しないことはもとより（最判(二小)昭和三一・五・二五民集一〇巻五号五七七頁）、当事者も拘束しないとする（最判(一小)昭和四一・九・二二民集二〇巻七号一三九二頁）。これに対し、学説は、自白は弁論主義によってのみ根拠付けられるものではなく、自己責任及び禁反言の法理を基盤として成り立っていることを強調するとともに、間接事実が訴訟に占める意義が少なくないことを直視し、自白の効力を認める説がある（坂原正夫「裁判上自白法則の適用範囲」『講座民事訴訟4』（弘文堂、昭和六〇年）一六一頁・一六八頁、松本博之「間接事実・補助事実の自白の拘束力」大阪市立大学法学雑誌四〇巻三号（平成六年）〔同・前掲書九一頁〕）。しかし、間接事実について自白の効力を認めることは、経験則等を介して主要事実の認定を実質的に拘束することになるので、裁判所の心証による認定権を妨げるとともに、弁論主義の建前に反することとなり、この点は見過ごすことのできないことであり、したがって自白の拘束力を否定すべきものと解する（兼子・前掲書四九二頁）。また、間接事実についても自白が成立し、証明を要しなくなるとしつつ、裁判所は別の間接事実から主要事実の存否を自由心証により認定することを可能とし、その一方で、自白した当事者は禁反言の作用により自白に反する主張は許されないとする説がある（新堂・四六七頁、高橋・重点講義四一五頁）。しかし、間接事実

に自白の効力を否定することは、裁判所は当事者間に争いがないので証拠によって確かめることから解放されるが、他の資料によって反対の心証を得た場合は、これに拘束されずに主要事実を認定できることを意味するのであって（兼子・法協七四巻三号四〇三頁）、前記の説は自白の成立を否定する意味の理解に混乱が見られる。

(ハ)　補助事実　補助事実は、一般に自白の対象にならない。その一種である書証の成立の真正についての自白につき、判例は、当事者に対する拘束力を否定し（代理権付与の委任状、最判〔二小〕昭和五二・四・一五民集三一巻三号三七一頁）、裁判所に対する拘束力も否定する（地上権設定契約書及び領収書につき、最判〔三小〕昭和五五・四・二二判時九六八号五三頁）。その理由は、前記間接事実と同様である。他方、学説は、①補助事実であることを理由に否定する説（河野信夫「文書の真否」『新・実務民事訴訟講座2』（日本評論社、昭和五六年）二一二頁、菊井＝村松・II三九七頁、伊藤滋夫「書証に関する二、三の問題（中）」判タ七五三号（平成三年）二〇頁）、②文書の実質的証拠力を判断する前提となることを理由に否定する説（竹下守夫「裁判上の自白」民商四四巻三号（昭和三六年）四四七頁注1）、③書証の成立の真否は補助事実ではあっても、むしろ主要事実に近いとして自白の成立を肯定する説（倉田卓次「書証事務の反省」民訴雑誌三二号（昭和六一年）〔同『民事実務と証明論』（日本評論社、昭和六二年）一八五頁〕、松本博之・前掲書一〇七頁以下。結論同旨・兼子・条解上八〇六頁、兼子・条解九五四頁〔松浦〕。小林秀之『新証拠法』（弘文堂、平成一〇年）一二二頁は、実務は肯定説を前提としていると指摘する。）がある。判例と同様の①説を妥当と解する。

(ii)　自己に不利益な事実の陳述であること　不利益な陳述の意味について、判例は、一般論として、相手方が証明責任を負う事実に限るとする立場を表明するが（大判昭和八・二・九民集一二巻三九七頁、大判昭和八・九・一二民集一二巻二一三九頁、大判昭和一一・六・九民集一五巻一三二八頁。これらは傍論であり、後述するいずれの説を採るかによって結論が異なる事案ではないとする指摘がある、竹下守夫「裁判上の自白」民商四四巻三号（昭和三六年）四六一頁。なお、最高裁の立場は明らかでない、福永有利「裁判上の自白（一）」民商九一巻五号（昭和六〇年）七九八頁以下参照）、固まっているかは疑問がある。これに対し、学説は、判例の立場を支持する説（岩松三郎「民事裁判における判断の限界（三・完）」法曹時報五巻三号（昭和二八年）〔同『民事裁判の研究』（弘文堂、昭和三六年）一二〇頁〕、岩松三郎＝兼子一編『法律実務講座民事訴訟編・第四巻』（有斐閣、昭和三六年）一二四頁）と自己が証明責任を負う事実でも、判決の基礎にされることにより敗訴になる可能性があれば足りるとする説（兼子・研究一巻二〇四頁、兼子・条解九四九頁〔松浦〕、春日偉知郎「自白」（昭和六二年）〔同『民事証拠法論集』（有斐閣、平成七年）一六九頁〕、小林秀之『新証拠法』（弘文堂、平成一〇年）二四三頁、高橋・重点講義四〇七頁・四一〇頁注7）とが対立する。これに対し、「不利益」な事実か否かは具体的訴訟において一義的に定まらず、法の適用を媒介とした

擬制ないし操作にすぎないとして、「不利益」陳述を自白の成立要件として不要とする主張がある（松本博之「裁判上の自白法理の再検討」民訴雑誌二〇号（昭和四九年）（同『民事自白法』（弘文堂、平成六年）二六頁以下））。

(iii)　相手方の主張と一致する陳述であること　①　主張の一致について、時間的先後は問わない。相手方が自己に有利な事実を陳述し、他方の当事者がそれを認める旨を陳述する場合に、自白が成立する。[1]逆に、当事者の一方がみずから不利な事実を陳述し、相手方がそれを援用する場合にも、自白が成立する（大判昭和八・二・九民集一二巻三九七頁。先行自白という）。

②　援用でも足りる（ここにいう援用は、相手方の陳述と解釈上一致する陳述という意味である）。前項①の後者の場合である。相手方が援用するまでは、自白が成立していないので、撤回することができ、撤回後は相手方が援用しても自白は成立しない[2]（大判昭和八・九・一二民集一二巻二一三九頁。弁論の全趣旨として斟酌される可能性は残る。高橋・重点講義四〇四頁は、相手方が援用してもその事実の陳述を維持するか否か検討する時間を与え、撤回する場合には、自白の不成立を認めるべきであるとし、錯誤の防止に役立つとする。先行自白否定論に帰着するものであって、疑問である。）。

(iv)　口頭弁論又は弁論準備手続における弁論としての陳述であること　それ以外の場における陳述は、自白の成立要件を充たさない。当事者尋問における陳述は、口頭弁論における陳述ではあるが、弁論としての陳述ではないので、証拠資料にすぎず、自白の対象とはならない。当事者の一方が裁判外で自己に不利益な陳述をし、証拠調べによってそれが裁判所に明らかになっても、証拠資料に止まる。甲事件において成立した裁判上の自白は、乙事件では裁判外の自白にすぎない。

（1）　理由付否認（積極否認・間接否認）・制限付自白　ある事実の陳述が、相手方の主張と一致する部分と一致しない部分とから成り立っている場合に、相手方の主張を全体として争いつつ、その一部について一致する陳述をしている場合と、相手方の主張を認めつつ、これに関連する別個の事実を付加して防御する場合とがある。前者を理由付否認、積極否認又は間接否認といい、相手方の主張を争っている部分について、なお相手方に証明責任がある。例えば、金銭消費貸借契約に基づく貸金支払請求において、原告主張の金銭の授受は認めるが、右金銭は消費貸借として受け取ったのではなく、売買代金の支払いとの主張して授受した旨を主張する場合である（なお、四三五頁参照）。後者を制限付自白といい、付加された別個の事実については自白した者に証明

責任がある（中田淳一「制限附自白について」法学論叢三九巻四号六号（昭和一三年）〔同『訴訟及び仲裁の法理』（有信堂、昭和二八年）八五頁〕）。例えば、前記貸金支払請求において、原告主張の消費貸借契約の存在及びそれに基づく金銭の授受を認めるが、弁済した旨を主張する場合である。

（2）　相手方の援用しない自己に不利益な陳述　（i）　通説の立場　当事者の一方が自己に不利益な事実を陳述しても、相手方が援用しないと、自白の成立要件を欠くので自白は成立しないこととなる。訴訟資料として判決の基礎とすることは差し支えないが（主張共通の原則による）、争いある事実として証拠により真否を確定することを要する（兼子・研究一巻二一〇頁以下・特に二三三頁）。この点について、判例は、当初は訴訟資料にならないとする立場にあったが（大判昭和六・八・一民集一〇巻六四二頁）、学説の厳しい批判を受け（兼子・判例民訴二〇二頁）、最高裁は、請求の当否を判断するについて、この事実を斟酌すべきであり、その事実について審理判断しないと審理不尽の違法を犯したことになるとし（最判（一小）昭和四一・九・八民集二〇巻七号一三一四頁、最判（一小）平成九・七・一七判時一六一四号七二頁、最判（二小）平成一二・四・七判時一七一三号五〇頁）、証拠調べを必要とする立場を打ち出したものと解されている（鈴木正裕・民商五六巻三号四七九頁は、最判昭和四一・九・八をもってこの点は未確定と理解する。）。なお、四六八頁参照。

（ii）　等価値主張（又は陳述）の理論　前記（i）の場合に、証拠調べをすることなく、判決の基礎とされるべきであるとする考え方がある。原告が請求を基礎付けるために主張した事実を、被告が争いつつ、同時に原告の請求を基礎付ける別個の事実をみずから陳述している場合に、二つの事実はいずれも原告の請求を基礎付ける点で法的には等しい価値を有し、したがっていずれの事実の存否についても証拠調べをすることなく、原告の請求を認容できるとする。これを「等価値主張（又は陳述）の理論」という（ドイツにおけるこの理論を最初にわが国に紹介したものとして、木川統一郎「西ドイツにおける集中証拠調べとその準備（二）」判タ四八三号（昭和五八年）〔同『訴訟促進政策の新展開』（日本評論社、昭和六二年）七二頁以下参照〕）。これを好意的に受け止める立場があり（鈴木正裕「弁論主義に関する諸問題」司法研修所論集七七号（昭和六一年）一七頁）、さらに最近では理論的に深化されている（松本博之「等価値陳述の理論」木川統一郎博士古稀祝賀『民事裁判の充実と促進・中巻』（判例タイムズ社、平成六年）〔同『民事自白法』（弘文堂、平成六年）二九三頁以下〕）。そのように一般化することには、なお検討の余地がある。

（3）　自白の効果　（i）　当事者に対する効力　当事者が自白した事実について、相手方は証明することを要しない（一七九条）。他方、自白した当事者は、原則として自白を撤回することはできない（不可撤回性という。自白の効果を遡及的に消滅させるわけではないので、「自白の取消し」という用語は不正確である。）。その理念は、自白が成立すると相手方は証拠により証明することを要しないので、自白をした当事者は相手方に対する信義則を生じることにある（これに対し、中野貞一郎・民商三二巻二号二五二頁以下は、自白した事実は真実に合致する高度の蓋然性があり、法がこれを擬制したものと捉える。）。ただし、つぎの場合には、右の理念に反するとはいえないので、撤回することができる。

(イ) 訴訟代理人による自白を当事者が更正した場合（五七条）は、むしろ自白が成立しないと解する。

(ロ) 相手方が同意する場合、又は自白の撤回に対し相手方が異議を述べない場合（最判(一小)昭和三四・九・一七民集一三巻一一号一三七二頁）は、撤回は有効とみることができる（撤回自体が時期に遅れた攻撃防御方法の提出として却下される余地はある、一五七条）。自白を撤回したのに対し、それを前提として答弁した場合は、撤回に同意したものと解する（最判(一小)昭和三四・一一・一九民集一三巻一二号一五〇〇頁）。

(ハ) 自白が、相手方又は第三者の刑事上罰すべき行為等再審事由（三三八条一項五号）による場合は、その効力は認められず、自白そのものは存在するので、自白をした当事者はこれを撤回することが認められる（詐欺行為につき、最判(二小)昭和三三・三・七民集一二巻三号四六九頁）。この場合は、確定判決の効力の取消しを目的とするのではないから、右事由につき刑事上の有罪判決が確定していること（同条二項）は要しない（最判(一小)昭和三六・一〇・五民集一五巻九号二二七一頁参照）。

(ニ) 自白が真実に反しかつ錯誤による場合は、たとえ相手方の同意がなくても、撤回できる（大判大正一一・二・二〇民集一巻五二頁）。さらに、判例は、自白した事実につき、真実に反することが証明できたときは、錯誤によるものと認められるとする（最判(三小)昭和二五・七・一一民集四巻七号三一六頁）。逆に、自白に錯誤があっても、真実に反しないときは、撤回する利益はない。他方、学説は、真実に反することの証明があれば足りるとする説が有力である（松本博之「裁判上の自白法理の再検討」民訴雑誌二〇号（昭和四九年）〔同『民事自白法』（弘文堂、平成六年）六〇頁以下〕）。これに対し、反真実の証明に係らせるのは、主張レベルの問題を証拠レベルの問題として処理するもので、自己責任を空洞化するとし、相手方の主張をみずから認めた時点で、自白者が正しく認否をなしうる客観的状況にあったか否か、相手方が信頼するのがもっともな事情にあるか否かによるとする説がある（池田辰夫「自白の撤回制限法理」法学教室四〇号（昭和五九年）〔同『新世代の民事裁判』（信山社、平成八年）一六一頁以下〕）。この立場は、自己責任の視点から禁反言による要件化を図る趣旨にある。また、自白を当該訴訟ではその事実を争わないとする意思を中核に考え、錯誤（重過失ある場合は不可）を撤回の要件にするとともに、その対象も事実の確認に止まらず、過失のないことを加味した上で法律の誤解を含むとする説がある（高橋・重点講義四二一頁）。しかし、判例

が、単に錯誤がある場合に限って撤回を認めるのではなく、反真実の証明をもって錯誤を推定するのは、錯誤の証明が困難なことを背景として斟酌するとともに、自白が弁論主義と実体的真実の究明という二つの要素を基盤として形成されることを踏まえた上で、個別事案について具体的妥当性のある処理という点をも視野に入れて位置付けをしたものと捉えることが妥当である。したがって、判例の立場を肯定的に評価できる。

(ii) 裁判所に対する効力　裁判所は、自白された事実については、弁論主義の原則によりそのまま裁判の基礎としなければならず、たとえ他の事実の認否のために証拠調べをしたところ、これと異なる心証を得たとしても、右事実と異なる認定をすることはできない（審判権排除効又は事実認定権排除効という。真実義務との関係について、四六〇頁）。

三　擬制自白

(1) 擬制自白の構造　口頭弁論又は弁論準備手続において、当事者が相手方の主張した事実を明らかに争わないときに、その事実を自白したものとみなすことを、擬制自白又は自白の擬制という（一五九条一項本文）。その趣旨は、当事者が相手方の主張事実を明らかに争わないときに、もはやその事実を争う意思がないものとみなすことは、当事者間の公平に適うとともに、自白の基本理念である信義則にも合致することにある。

擬制自白の成立要件として、通常つぎの二つが上げられる。

(イ) 相手方の主張する事実を明らかに争わないこと。ここにいう事実とは、裁判上の自白と同様に、主要事実に限り、法律上の陳述や経験則に関する陳述には適用されない（兼子・条解三五七頁〔新堂〕）。明らかに争わないこととは、これと相容れない事実を陳述することのほか、明示的にその事実を否定しないことをいう。直接にその事実を否認する陳述をしなくても、他の事実に対する陳述からその事実を争う意思が伺えれば、争う意思と判断するのが相当である。

これに対し、弁論の全趣旨により、その事実を争ったものと認めるべきときは、擬制自白は成立しない（一五九条一項ただ

し書き）。ここにいう弁論の全趣旨とは、口頭弁論の一体性を意味し（この点で、二四七条にいう弁論の全趣旨と異なる。七五四参照）、当事者の弁論を一体とみて口頭弁論終結時を基準時として判断する。第一審で争ってなく、自白の擬制が認められても、控訴審で争うことも可能であるが（大判昭和六・一一・四民集一〇巻八六五頁）、そのために証明責任の転換を生じることはない（大判昭和六・九・一四法学一巻二号二三三頁）。

(ロ)　口頭弁論又は弁論準備手続における行為であること。それ以外の場における行為は、擬制自白の成立要件を充たさない。

(ハ)　当事者が口頭弁論期日に出頭しない場合についても、擬制自白が成立する（一五九条三項本文）。ただし、相手方があらかじめ準備書面によって主張した事実を争う旨の陳述を記載した準備書面をあらかじめ提出し、これが陳述したものとみなされる場合（二七七条・一五八条）、公示送達による呼出を受けた場合（一五九条三項ただし書き）は、このかぎりでない。

(2)　擬制自白の効果　擬制自白が成立すると、裁判所はその事実を裁判の基礎としなければならない。その点では、裁判上の自白と異ならないが、当事者は直接に自白しているわけではないので、自白の撤回の余地はなく、その後にこれと相反する陳述をすれば、弁論の全趣旨により争ったものとみなされ、擬制自白が成立しないに止まる。

四　顕著な事実

顕著な事実には、公知の事実であることから裁判所にも明白な事実であるものと、裁判所に顕著な事実（職務上顕著な事実、裁判上知り得た事実ともいう。）がある。これらの事実は、証明することを要しない（一七九条）。その趣旨は、すでに裁判所が心証形成している事実であるから、証明する必要がなく、たとえ証拠に基づかないで認定しても、裁判の公正を害するおそれがないことによる。もっとも、弁論主義の下では、顕著な事実であっても、それが主要事実であるかぎり、当事者によって弁論に顕出されていることを要する。また、当事者は、公知の事実や裁判所に顕著な事実であっても、それ

らが真実と異なることを主張立証することは差し支えない。

（i）公知の事実　社会的に広く行き渡っていて、一般人が信じて疑わない程度に知られている事実をいう。公知性により、あらためて証明する必要がないことによる。例えば、歴史的に著名な事件、天災、大事故等である。判例は、公知の事実か否かは、事実問題であるとして、上告審の審判の対象にならないとする(1)（最判(二小)昭和二五・七・一四民集四巻八号三五三頁）。

（ii）裁判所に顕著な事実　判決裁判所の裁判官がその職務を遂行するに当たって、又はそれと関連して知り得た事実をいう。例えば、自己の下した判決内容又は担当した別訴、裁判所における公告に記載された破産宣告、後見開始の審判等である。合議体の場合は、過半数の裁判官が明確に記憶していることを要する（最判(二小)昭和三一・七・二〇民集一〇巻八号九四七頁）。一般に知れ渡っていることは、必要でない（最判(二小)昭和二八・九・一一裁判集民事九号九〇一頁）。これに対し、裁判官が職務を遂行する過程と関係のない局面で知り得た事実は、私的な知識に止まり、裁判所に顕著な事実とはいえない。

（1）公知の事実と経験則　公知の事実にいう事実は、個別事案に係る具体的事件又は状態をいい、本来証明の対象たるべき事実であるのに対し、経験則は事件又は状態の全体に対する論理的判断であり、本来証明の対象たるべき事実ではないが、事実を判断する場合の前提となるもので、一般的な常識から専門的な知識に至るまでの幅広い範囲のものが含まれるので、裁判所が明確な認識を有しないときに証明する必要がある点で、両者は異なっている（小室直人「裁判所に顕著な事実」中村宗雄教授還暦祝賀論集『訴訟法学と実体法学』（早稲田法学会、昭和三〇年）〔同『訴訟物と既判力』（信山社、平成一一年）〕二七四頁）。

第三章　証拠による事実認定

第一節　事実認定の構造

裁判所が、当事者の事実に関する主張の当否を審理し、裁判の基礎となる特定の事実を証拠によって認定することを、事実認定という。それは、裁判が、具体的事実を小前提とし、大前提である実体法規を適用し、もって法律効果たる権利又は法律関係の存否を確定するという三段論法によって形成されることによる。訴訟における事実の確定のうち、当事者間に争いのない事実、自白された事実、顕著な事実は、それだけで事実が確定し、証拠によって証明することを要せず（一七九条）、裁判所の事実認定権は排除される。それらを除く事実について、裁判所が証拠によって認定する対象となる。

訴訟において、事実認定は裁判の基礎を形成する点で重要な位置を占め、魅力ある研究の対象であり、多くの理論的実務的研究の成果が蓄積されている（特に実務家による最近の優れた研究成果として、伊藤滋夫「民事訴訟における事実認定に関する若干の考察―家事事件における調査義務との関連を念頭において」調研紀要五四号（昭和六三年）一頁以下、同『事実認定の基礎―裁判官による事実判断の構造』（有斐閣、平成八年）、同「事実認定と実体法」『司法研修所論集創立五十周年記念特集号・第一巻・民事編Ⅰ』（平成九年）一頁以下、田尾桃二＝加藤新太郎共編『民事事実認定』（判例タイムズ社、平成一一年）参照。また、大村敦志『典型契約と性質決定』（有斐閣、平成九年）二二九頁以下は、事実認定の対象論と本質論とを明確に識別して、民法の立場から鋭く分析する。）。それは自由心証主義と証明責任を基本原則とする。これら二つの基本原則について、項を改めて論じることとする。

第二節　自由心証主義

第一項　自由心証主義の構造

一　自由心証主義の理念

自由心証主義とは、裁判所が裁判の基礎となる特定の事実の認定をするに際し、それを構成する裁判官が審理に現れたすべての資料及び状況に基づいて自由な判断によって心証形成することを認める原則をいう。そこでは、証拠方法、証拠力や証明度について法的制約を受けない点に特徴がある。これに対し、裁判所の事実認定の拠り所とする証拠法則を法定し、裁判所はその法的拘束力の下で事実認定する原則を、法定証拠主義という。近代民事訴訟法制は自由心証主義を採用し、わが国の法制も、これを踏襲してきている（比較法的沿革については、春日偉知郎「自由心証主義の現代的意義」『講座民事訴訟5』（弘文堂、昭和五八年）、同『民事証拠法の研究』（有斐閣、平成三年）四一頁以下参照）。

民事訴訟において自由心証主義の原則を採用するのは、単に裁判官という法律専門家が審判の担い手である点に起因するのではない。民事訴訟の証拠が公権力に基づいて収集されたものではなく、弁論主義の原則に基づき、当事者が訴訟法上の権限と責任の下に収集し、提出したものである。それにもかかわらず、証拠方法、証拠力や証明度について法的制約を定め、例えば特定の証拠が備わるならば一定の事実を認定することを当然の帰結として導くことは、事案の解明を図る上でかえって妨げとなるおそれがあり、ひいては実体的真実の追及に資することにもならないことにある。

二　自由心証主義の適用範囲

自由心証主義は、裁判所が裁判の基礎を形成するものとして認定することを要するすべての事実について適用される。実体法上の事項であると、訴訟法上の事項であるとを問わない。経験則の認定についても、同様である。他方、弁論主義の原則により、自白を含む当事者間に争いのない事実について、裁判所がそのまま認定しなければならないのは、裁判所の事実認定権が排除され、自由心証主義が適用される前提を欠くのであり、自由心証主義の例外を形成するものではない。また、疎明で足りるとされる事実についても、一応確からしいと認めるか否かを心証形成すること自体が自由心証主義の適用を受ける。

これに対し、自由心証主義が例外的に制限される場合についてみる。第一に、証拠方法に関し、法律が特に定める事実の認定について、これを制限する場合がある。その趣旨は、認定の対象とされる事実の性質ないし手続の性質を考慮し、証拠方法をあらかじめ制限することにより、疑義を生じた場合に迅速な対応を図ることにある。例えば、法定代理権又は訴訟代理権の書面による証明（規一五条・二三条）、口頭弁論の方式に関する規定の遵守について調書による証明（一六〇条三項）、疎明のため用いる即時性ある証拠（一八八条）、手形・小切手訴訟における証拠方法の制限（三五二条・三六七条二項）、少額訴訟における証拠方法の制限（三七一条）である。第二に、証拠能力に関しては、次項において取り扱う。第三に、証拠力に関し、文書の成立の真正に関する推定規定（二二八条二項四項）、当事者が文書提出命令に従わない場合等に関する規定（二二四条・二二九条二項・二三二条一項）は証拠力の自由な評価を制限する。第四に、当事者の合意による制限であり、証拠契約がそれである(1)。

(1)　証拠契約　特定の訴訟における事実の確定方法に関する当事者間の合意の総称をいう（兼子一「訴訟に関する合意について」法協五三巻一二号（昭和一〇年）（同・研究第一巻二八二頁））。それには、特定の事実を認めあるいは争わない旨の合意（自白契約）、特定の証拠方法だけを提出し又は提出しない旨

の合意（証拠制限契約）、証明責任の分配を変更する合意、訴訟物たる権利又は法律関係の存否を判断するのに必要な事実の存否、内容に関する判断を第三者の判断に従う旨の合意（仲裁鑑定契約という。山下丈「西独における保険と仲裁―仲裁鑑定条項」政経論叢二四巻二号（昭和四九年）、豊田博昭「仲裁鑑定契約の法構造（一）（二）（三・完）」修道法学一三巻一号（平成三年）・一四巻一号（平成四年）・二号参照）等があるとし、現在では、これらを含めて有効とする傾向にある（兼子・条解九四二頁〔松浦〕。これに対し、兼子・前掲研究一巻二八五頁は、証拠制限の合意を除く。）。電子商取引、インターネット取引等においては、取引当事者の全員が取引に係る情報の記録を保管することは膨大な経費の負担を伴い、さらにいったん事故が発生すると原因の究明に手数がかかる。また、基本契約において証拠契約条項を取り入れることにより、それに即した証拠の確保に資する効用もある（梅本吉彦「知的財産権と証拠の保全」知的財産研究所五周年記念論文集『知的財産の潮流』（信山社、平成七年）六七頁）。こうした事情を視野に入れ、基本契約において、当事者の一方が記録を保管し、他方はいつでもこれを閲覧できる旨の合意をする場合がある。認証システム等についても、それらが相互に競合することは問題の処理を困難にするおそれもあるので、こうした証拠方法の制限の合意は増加するものと予想されるとともに、合理的妥当性が認められるので、肯定的に評価すべきである。証拠制限契約に反する証拠方法を提出した場合には、その証拠方法は証拠能力を欠き、却下される。

もっとも、証拠契約は自由心証主義との関係が問題になる。しかし、どのような証拠を提出するかは基本的に当事者の権限と意思に委ねられているので、たとえ証拠制限契約であっても、提出される証拠に対する裁判所の心証形成を制限したり妨げるわけではなく、自由心証主義に反するものではない。なお、判例は、建物増改築禁止特約の承諾は書面によることを要する旨の合意を証拠制限と解した上で適法とする（東京地判昭和四二・三・二八判タ二〇八号一二七頁）が、書面によらない承諾は効力を生じない趣旨を定めた実体法上の合意と解するのが相当である。

第二項　自由心証主義の内容

裁判所が心証形成のために用いることのできる資料（証拠原因たり得る資料）は、適法に訴訟に顕出された一切の資料や状況である。これには、弁論の全趣旨と証拠調べの結果がある（二四七条）。

一　証拠調べの結果

証拠調べの結果とは、審理において適法に行われた証拠調べから得られた証拠資料のすべてをいう。

(1)　証拠能力　証拠方法のすべてにつき、原則として、法律上特別の定めがある場合を除き、証拠能力の制限はない。伝聞証言（最判(二小)昭和二七・一二・五民集六巻一一号一二一七頁）、反対尋問の機会がなかった臨床尋問（最判(二小)昭和三二・二・八民集一一巻二号二五八頁）も、証拠能力がある。刑事訴訟においては、民事訴訟におけると異なり、司法官憲の適法な捜査と人権の保護を図る趣旨により、証拠能力について、厳しく法的規制を受けることとなる。とりわけ、違法収集証拠、伝聞証拠（刑訴三二〇条）はもとより、刑事訴訟法規に直接規定されていない証拠について、証拠能力の有無が問題になる（その一端を収集、整理したものとして、最高裁判所事務総局刑事局編『証拠能力に関する刑事裁判例集―非典型的証拠の証拠能力について』（刑事裁判資料二五五号）（法曹会、平成三年）参照））。

これに対し、民事訴訟においても、証拠能力が例外的に制限される場合として、実定法による場合と理論による場合がある。

(イ)　実定法による制限　実定法上証拠能力を制限されたものとしては、忌避された鑑定人（二一四条一項二項）が唯一の例である。裁判の公正を図る趣旨による。

(ロ)　理論による制限――違法収集証拠　違法に収集された証拠の証拠能力は、刑事訴訟では従来から重要な問題の一つとされてきたが（井上正仁『刑事訴訟における証拠排除』（弘文堂、昭和六〇年）は、比較法的集大成として貴重な業績である。）、民事訴訟においても訴訟の在り方の根本に関わる問題である[1]。最上級裁判所による直接先例となる判例はない[2]。学説は、なんらかの制限を設けることは認めつつ、その根拠と基準については多岐に分かれている。すなわち、①信義則違反に求める説（山木戸克己「民事訴訟と信義則」末川先生古稀記念『権利の濫用(中)』（有斐閣、昭和三七年）（同『民事訴訟法論集』（有斐閣、平成二年）七六頁））、②憲法で定める人格権を侵害する場合には証拠能力を定型的に否定し、例外的に違法性阻却事由を証明した場合に限って証拠能力を認める説（春日偉知郎「録音テープ等の証拠調べ」『新・実務民事訴訟講座2』（日本評論社、昭和五六年）（同『民事訴訟証拠法研究』（有斐閣、平成三年）一六七頁））、③総合的な比較考量によるべしとする説（小林秀之『新証拠法』（弘文堂、平成一〇年）一三五頁））、④裁判を受ける権利の一内容として証拠に関する当事者権に手掛かりを求め、実体法上違法とされる行為によって収集された証拠を提出する権限はないと

して、すべて証拠適格を否定する説（間渕清史「民事訴訟における違法収集証拠（二・完）」民商一〇三巻四号（平成二年）六三〇頁）等がある。しかし、①は一般条項に依存するに止まり、④は問題の背景への理解に欠けた単線的思考に偏りすぎる嫌いがあり、③は、基本的な姿勢は是認できるものの、それだけでは問題の解決にならない。②は極めて理論的ではあるが、それだけの根拠で足りるか疑問が残る。

違法収集証拠の証拠能力は、民事訴訟による権利保護の私的利益と、実体的真実に即した事案の解明及び裁判の公正という公益的要請との比較考量の上に形成されるべきことであって、そのためには複線的思考を要求される性質を有する。第一に、証明活動の環境についてみると、民事訴訟においては証拠が当事者の一方に偏在することが少なくないこと、それに反して証明責任は証拠の偏在とは関係なく決まること、証拠収集手続ないし開示手続の法的整備にも限界があること、さらにこれらを整備したからといって、決め手となる証拠とりわけ物的証拠が自己の側はもとより、相手方にも存在しない場合もあること（例えば、閉鎖的空間における当事者間の会話内容）等の状況を斟酌しなければならない。第二に、証明活動の手段性についてみると、個人の尊厳、秘密保護等の前に実体的真実の究明を後退させる場合のあること（一九六条・一九七条）、刑事上罰すべき行為による証拠に基づく裁判はたとえ確定後であっても再審の訴えにより取り消すべしという司法政策によって形成されていること（三三八条一項五ないし七号参照）等の実定法上の状況がある。これらの証明活動の環境と手段性を踏まえた上で、一定の基準を設けることが必要である。

そのようにみると、ここにいう「違法収集」とは、刑事上罰すべき方法、人の精神的肉体的自由を拘束する等の人格権侵害を伴う方法によって収集された場合をいうものと解するのが相当である。したがって、自由心証主義の下において、基本的にはいかなる証拠も証拠能力は制限されないが、このような方法によって収集された証拠に限り、例外的に証拠能力が否定される。

（1） 違法収集証拠の問題状況　標記の問題に関する判例は注2に見られるように比較的少ないが、実務上は相手方が証拠能力として争うことを避け、裁判所も同様に証明力の問題として処理しようとする傾向が少なくないという事情が存在するようである。しかし、問題自体は潜在的にも存在するとともに、収集行為の違法性を容易く問えない事情も存在する。民事紛争には、閉鎖的空間における取引行為をはじめとして、それ自体が密行性を有する性質のものもあり、むしろ今後、さらに多様な事態が発生することを想定することを要する。談合行為をはじめとする独占禁止法違反事件等についても、同様のことがいえる。したがって、写真・ビデオ等の盗み撮り、強制的採血等をめぐって、違法収集証拠の証拠能力についての対応が課題となる。

（2） 違法収集証拠の証拠能力をめぐる判例の動向　(i) 話者の同意なしに録音されたテープ　判例は、「著しく反社会的な手段を用いて、人の精神的肉体的自由を拘束する等の人格権侵害を伴う方法によって採集されたものであるときは、それ自体違法の評価を受け、その証拠能力を否定される」とする一般論（①）から、①テレビ映画製作契約の成否の立証（東京高判昭和五二・七・一五判時八六七号六〇頁）、②代物弁済による不動産譲渡に係る詐害行為取消請求における関係者の会談内容の立証（東京地判昭和四六・四・二六下民集二二巻三・四号四五四頁）③自動車によるひき逃げ事故の加害者の立証（盛岡地判昭和五九・八・一〇判タ五三二号二五三頁）のための証拠として、いずれも証拠能力を認めるものが見られる。これに対し、④「公益を保護するため或いは著しく優越する正当利益を擁護するためなど特段の事情のない限り、相手方の人格権を侵害する不法な行為というべきであり、民事事件の一方の当事者の証拠固めというような私的利益のみでは未だ一般的にこれを正当化できない」とする立場から、債務不存在確認請求の借受金額立証（大分地判昭和四六・一一・八判時六五六号八二頁）のための証拠として証拠能力を否定するものとに分かれる。なお、刑事事件において、詐欺の被害を受けたと考えた者が無断で録音したテープについての証拠能力を認める（最決(二小)平成一二・七・一二刑集五四巻六号五一三頁）。

(ii) 所有者に無断で持出された文書　⑤養父による離縁請求訴訟において養父が養子に無断で持ち出した同人の日記帳につき、証拠能力を認め（大判昭和一八・七・二民集二二巻五七四頁）、⑥夫が妻の不倫相手を被告とする損害賠償において、夫の陳述書の原稿等を妻が無断で持ち出し被告から書証として提出された場合に、信義則違反を理由に証拠申出を却下した（東京地判平成一〇・五・二九判タ一〇〇四号二六〇頁）。

(2) 証拠共通の原則　(i) 対立当事者間の証拠共通の原則　裁判官は、一方の当事者の主張事実を認定するのに、その者の申請した証拠方法の証拠調べから得られた証拠資料に止まらず、他方の当事者の申請した証拠方法による証拠資料にも証拠原因を求めることができる。この証拠資料の作用を対立当事者間の証拠共通の原則又は単に

証拠共通の原則という。判例も、これを認める（書証につき、最判(三小)昭和二三・一二・二一民集二巻一四号四九一頁、嘱託尋問につき、最判(二小)昭和二八・五・一四民集七巻五号五六五頁）。弁論主義は、判決の基礎となる事実の確定に必要な資料の提出を当事者の権限と責任とする建前をいうのであり、当事者がいったん訴訟資料を提出した後は、それをどのように判断し、評価するかは裁判所の権限と責任に委ねられるのであり、自由心証主義の問題に帰着する。したがって、当事者の一方が申請した証拠方法がその者に利益に作用するばかりでなく、不利益に作用することも当然にあり得ることであって、弁論主義の原則にもとより反するものでもない（これに対し、井上治典「手続保障の第三の波」（昭和五八年）〔同『民事手続論』（有斐閣、平成五年）五一頁〕は、当事者の責任分配の在り方からみると、再検討の余地があり、原告はその証拠でもって主張事実についての立証を十分に行ったとはいえないとみれば足りるとする。）。当事者の一方が申請した証拠方法はその者に利益にのみ機能すべきであるとするならば、裁判所は当事者双方に共通する証拠（例えば、契約書）も先に申請した者についてのみ利益に使用しなければならなくなり、裁判所の事実認定権を著しく阻害するおそれがある。

証拠共通の原則により、証拠申請すると、裁判所が証拠調べに着手した後は、相手方に有利に作用する可能性もあり得るので、相手方の同意がなければ撤回できないし、証拠調べを終えた後は、たとえ相手方の同意があっても撤回できないことになる（証人尋問につき、最判(三小)昭和三二・六・二五民集一一巻六号一一四三頁）。

(ii)　共同訴訟人間の証拠共通の原則　　共同訴訟人間においても、共同訴訟人の一人の申請した証拠は他の共同訴訟人にも、利益不利益の如何を問わずに機能する。この証拠資料の作用も、自由心証主義に基づくものであり、共同訴訟人間の証拠共通の原則又は単に証拠共通の原則という（六〇三頁参照。これに対し、中野貞一郎ほか編『新民事訴訟法〔補訂版〕』（有斐閣、平成一二年）四五一頁〔井上治典〕は、審理過程の実績から共通利用が根拠づけられ、実質的に他方の手続保障に欠ける場合には働かないとする。）。

二　弁論の全趣旨

証拠原因たり得る資料としての弁論の全趣旨とは、口頭弁論に適法に顕出された、証拠資料を除く、一切の資料

をいう[(1)]。ここにいう一切の資料とは、口頭弁論に顕出された当事者の主張の内容並びにその主張の態度、その他当該訴訟の情勢よりすれば当然に主張しもしくはある証拠を申し出るべきはずであるにもかかわらずまったくこれをなさず、もしくは時期に遅れてこれをなしたこと、はじめは明らかに争わないでいて後になって争ったこと、裁判所もしくは相手方の問いに対し釈明を避けたこと等おおよそ口頭弁論における一切の積極消極の事柄を指している[(2)]（大判昭和三・一〇・二〇民集七巻八一五頁）。釈明処分によって得られた資料も含まれる。

これらのことは、共同訴訟についても同様であり、通常共同訴訟においては、共同訴訟人の一人の訴訟行為は他の共同訴訟人には影響を及ぼさないし（三九条）、必要的共同訴訟においても、共同訴訟人の一人の訴訟行為は全員の利益においてのみ効力を生じる（四〇条一項）が、いずれも弁論の全趣旨としては斟酌される。

弁論の全趣旨は、証拠調べの結果を補完する役割を担うに止まるのではなく、それ自体が証拠調べの結果と同様に独立した証拠資料を形成する。したがって、理論的には、証拠調べをすることなく、弁論の全趣旨だけに基づいて事実認定することも可能である（現実の民事訴訟における同様の現象を実証的に分析したものとして、西野喜一「弁論の全趣旨」判時一四一四号（平成四年）（同『裁判の過程』（判例タイムズ社、平成七年）四七頁以下））。その根拠は、弁論の全趣旨が、証拠調べの結果と同様に独立した証拠資料を形成するが、それに加えて証拠調べの結果の間隙を経験則によって補填する機能を有することにある（加藤新太郎「自由心証における弁論の全趣旨」名古屋大学法政論集一四七号（平成五年）（同『手続裁量論』（弘文堂、平成八年）一七二頁））。判例は、当事者が不知と答えた第三者作成の文書成立の真正（最判(三小)昭和二七・一〇・二一民集六巻九号八四一頁）、自白の撤回の要件たる錯誤（前掲大判昭和三・一〇・二〇）、時期に遅れた攻撃防御方法の判断（大判昭和一六・一〇・八民集二〇巻一二六九頁）につき、判決文上から見る限りでは、弁論の全趣旨だけによって認定することを是認する。もっとも、いずれも直接に主要事実を認定したものではなく、その先例としての射程距離を一般化することには慎重な検討を要する。

（1）「弁論の全趣旨」の多義性　「弁論の全趣旨」という概念は、民事訴訟法の上でも条文によって異なった意味に用いられて

いる。第一に、口頭弁論の一体性の意味する場合であり、擬制自白の成立要件を定める一五九条がそれである（七四四頁参照）。第二に、口頭弁論に現れた証拠資料を除く、一切の資料を意味する場合であり、自由心証主義を定める二四七条がそれである。第三に、法律判断の前提資料となる、当該訴訟上確定された事実関係の総体を意味する場合である（兼子・条解五二二頁注二七〔竹下〕。大判昭和八・四・一八民集一二巻六八九頁、大判昭和一五・一二・二〇民集一九巻二二一五頁が、その例であるとされる）。

(2)　口頭弁論への顕出性と弁論の全趣旨　(i)　別件訴訟における主張　別件訴訟における主張はその弁論に顕出されていたことをもってただちに、現に係属する訴訟の弁論の全趣旨に含まれるのではなく、口頭弁論調書、判決書等に記載され、それが本件訴訟においていずれかの当事者によって主張されることによりはじめて、間接事実として推認の基礎となる（村松俊夫「弁論の全趣旨（一）」民商法雑誌一八巻一号（昭和一八年）（同『民事裁判の諸問題』（有信堂、昭和二八年）五〇頁）、兼子・条解五二〇頁〔竹下〕）。

(ii)　証人尋問・当事者尋問における供述態度　当該証明主題との関係では、その証拠価値の評価に影響ある事実（補助事実）として証拠調べの結果に含まれるが、それ以外の証明主題との関係で意味をもつ場合は、弁論の全趣旨として斟酌される（兼子・前掲書五二〇頁〔竹下〕）。

第三項　自由心証主義と心証形成過程・事実認定の透明化

自由心証主義は、裁判官が審理に現れたすべての資料及び状況に基づいて自由な判断によって心証形成することを認める原則であるから、裁判官は心証形成し事実認定する過程を判決において当事者に説明する責任を負う。

第一に、判決書には事実を必ず記載しなければならない（二五三条一項二号）。ここでいう事実とは、判決の基礎となるべき審理に現れた当事者の主張のすべてを裁判所の認識に従って整理して要約し、簡潔明瞭かつ論理的に記述するものをいう（司法研修所『七訂・民事判決起案の手引』（法曹会、昭和六一年）三〇頁）。

第二に、判決書の判決理由には認定した事実とその根拠を明確に記載しなければならない（二五三条一項三号）。判決を当事者に分かりやすく説得力あるものにし、最終的には特に敗訴した当事者が上訴するか否かの判断に資するものであ

ることを要する（その点で、いわゆる新様式判決には、当事者に分かりやすいことを判決の第一義的使命といいつつ、判決書を執筆した裁判官しか理解していないと思われるような、極めて大雑把なものが見受けられる。司法に対する信頼を基礎付ける最も根幹に関わることであり、改善が求められる。）。とりわけ、弁論の全趣旨による認定をどこまで透明にすべきかについては、議論があり、当事者が最も分かりにくい点であるとともに、裁判官が最も苦心する点である。判例は、証拠調べの結果と弁論の全趣旨を総合して事実を認定している場合に、弁論の全趣旨がなにを指すかが具体的に判示していなくても、記録を照合すればおのずから明らかであるときは、理由不備の違法がないとし（最判(二小)昭和三六・四・七民集一五巻四号六九四頁）、一方、「是等諸般の事実並弁論の全趣旨より」地上権の設定の事実を認定したことについて、弁論の全趣旨がなにを指すか明らかでなく、当事者間の争いのある事実をも包含しているものであれば、違法であるとする（大判大正一二・八・二評論一三巻民訴九八頁）。これに対し、学説についてみると、有力説は、自由心証による判断は客観的合理的であることを要し、一般の論理法則・経験則に従わなければならないことの担保として、判決理由中にどの資料からどうして確信を得るに至ったかの経路を、常識ある者が納得できる程度に掲げなければならず、漫然と弁論の全趣旨と証拠調べの結果を斟酌して、この事件の事実関係はこう認定するというだけでは足りないとされてきた（兼子・条解上四六二頁、加藤正治『新訂民事訴訟法要論』（有斐閣、昭和二五年）四一五頁。三ケ月・全集四〇二頁及び同・判例研究二六六頁は、心証の理由を明らかに判示することを要しないとする判例の態度が固定化することにより、事実審裁判官の心理に反映し、証拠の取捨選択に迷う場合にも、単に措信せずと片づける傾向を助長し、裁判に対する国民の信頼の喪失を警戒する。）。弁論の全趣旨に心証形成過程における証拠調べの結果の隙間を埋める補塡機能があるとして、そのことから記録によっても特定できない弁論の全趣旨があることを認め、判決の上で具体的に示すことを要しないというのが実務上の理解であるとともに、要請のようである（加藤新太郎「自由心証における弁論の全趣旨」名古屋大学法政論集一四七号（平成五年）〔同『手続裁量論』（弘文堂、平成八年）一七六頁〕）。本来、判決書において、判決理由自体から主文の導かれる根拠が明らかでないというのは、理由不備のそしりを免れないのであり（村松俊夫・前掲書四八頁）、記録と照合しつつ熟読すれば理解することが可能であるとしても、これこそ「正しく分かりやすい判決書」の趣旨に反するものである。

第三節　証明責任

第一項　証明責任の構造

一　証明責任の構造

裁判所は、裁判するに当たり、当事者の事実に関する主張の当否を審理し、裁判の基礎となる特定の事実を証拠によって認定しなければならないが、当事者が主張・立証を尽くし、裁判所が当事者間に争いのある事実について弁論の全趣旨と証拠調べの結果を斟酌して、自由な心証により判断しても（二四七条）、なおその事実の存否が不明（non liquet）であって、いずれとも認定できない事態を生じることは十分にあり得ることである。そうしたときに、裁判所が裁判を回避することは、司法権としての責務を放棄することになるとともに、当事者が自己の権利を保護するために訴訟制度を利用する目的にも合致せず、いずれの点からみても許されないことである。そこで、この場合に裁判所として、二つの対応が考えられる。第一は、「裁判官がある法規を適用―すなわち法律効果の発生を確定―しうるのは、当該法規の前提要件の存在を推論しうべき事実関係について―つまり、要件の存在について―積極的心証をいだいたときに限るのだから、逆に不存在の心証をいだいたときばかりでなく、要件が存在するかどうか疑いが残ったときにも、法規の適用は行われない」（ローゼンベルク著・倉田卓次訳『証明責任論〔全訂版〕』（判例タイムズ社、昭和六二年）二一頁）という考え方である（法規不適用説という。同旨・兼子一「立証責任」『民事訴訟法講座・第二巻』（有斐閣、昭和二九年）〔同・研究第三巻一四〇頁〕）。この考え方では、法規の法律要件を構成する事実が存否不明の場合に、裁判所はその法律効果を肯定することも否定することもできないことになる。そこで、第二に、法律効果は法律要件

に該当する事実の証明に結びつけられるのではなく、法律要件に該当する事実の客観的存在に結びつけられるのであるから、その事実の証明ができなった場合に、裁判所が判決することを可能にする特別の法規が必要であり、それが証明責任規範であるとする考え方がある（春日偉知郎「証明責任論の一視点」判タ三五〇号（昭和五二年）〔同『民事証拠法の研究』（有斐閣、平成三年）三三六頁、三四九頁以下〕、松本博之『証明責任の分配〔新版〕』（信山社、平成八年）二〇頁、小林秀之『新証拠法』（弘文堂、平成一〇年）一六四頁。証明責任規範説という。）。したがって、この考え方によると、証明責任は、法規の法律要件に該当する事実の存否が不明な場合における法規の不適用の効果ではなく、この場合に、裁判官が裁判することを可能にする裁判規範であるといえる。これを当事者の側から捉えると、法律要件を構成する事実（要件事実又は主要事実という。）が存否不明のときに、その事実の存在を法律要件とする法律効果の発生が認められないという危険又は不利益を負わせているとみることができる。この危険又は不利益を、証明責任、挙証責任又は立証責任という。(1)

他方、機能的側面からみると、証明責任は、法律要件に該当する事実の証明ができなかった場合の裁判の拠り所となるに止まらず、当事者に立証を促し、証拠の申出に対する採否を決し、あるいは証拠調べの順序を決する等訴訟指揮権を実際に行使する基準となる。さらに、訴訟外における和解交渉においても、判決による解決を視野に入れて、当事者間の対立する主張を絞り込む際に有効に機能する。また、判決に至ると、判決書の記述の構成順序を決める基準として重要な役割を果たすこととなる（判決書を簡略化することは、証明責任のこの機能を否定するものであってはならない。）。

（1）主観的証明責任・客観的証明責任　本文に述べた訴訟審理の最終段階で真偽不明の場合における裁判の基準となる証明責任の他に、弁論主義の下において当事者は主要事実について主張・立証する責任を負担することから、当事者の行為責任として証拠提出責任という観念が成立することを主張する見解がある（三ケ月・全集四〇六頁）。そこでは、前者を客観的証明責任といい、後者を主観的証明責任という。近年、釈明の相手方は証拠提出責任を負う当事者であるとして、証明責任を負う当事者が証拠を提出しない場合に、無証明であることを理由に訴訟を打ち切ることを主たる内容とする証拠提出責任が現行法上も存在する旨を主張し（例えば、釈明処分による証拠方法の職権による利用）、積極的にこれを評価する見解もみられる（松本・前掲書九頁、春日・前掲書一九頁以下。新堂四八八頁は、同・旧版三五一頁における消極的な評価を変更する。）。それ

は客観的証明責任の存在を前提とした上で、その投影として位置付け、訴訟の進行に伴う証明の必要性を取り込む点に特徴がある（小林・前掲書一六八頁は、その点をはっきり打ち出している。）。しかし、このような視点から証拠提出責任を観念することが妥当であるかについては、なお解明を要する余地も少なくないばかりでなく、これにより具体的に従来と異なるどのような結論を導くことになるのか検証も十分でなく、あらためてこのような概念を打ち立てる実益も乏しい。

(1)　証明責任と主張責任の関係　法律要件を構成する事実が存否不明のときに、その事実の存在を法律要件とする法律効果の発生が認められないという危険又は不利益を、証明責任といい、当事者が自己の主張を直接に根拠付ける事実であるその事実を弁論で陳述しないと、裁判所はその事実を顧慮せず、存在しないものと取り扱うこととなる不利益を主張責任という。したがって、証明責任と主張責任の概念構成の論理的帰結として、証明責任と主張責任は同一当事者に帰属することとなる（司法研修所編『増補民事訴訟における要件事実』（法曹会、昭和六一年）二〇頁、伊藤滋夫『要件事実の基礎』（有斐閣、平成一二年）八一頁）。これに対し、両者は一致しないこともあるとする見解がある。その論拠は、主張責任は弁論主義を根拠とし、証明責任は職権主義の場合にも起こり得る真偽の不明の場合に登場する概念で、根拠が異なるとする説（前田達明「続々・主張責任と立証責任」判タ六九四号（平成元年）三〇頁）、原則として両者は一致するとしつつ、訴えの有理性の視点から不一致を生じる場合を認める説（中野貞一郎「主張責任と証明責任」判タ六六八号（昭和六三年）（同『民事手続の現在問題』（判例タイムズ社、平成元年）二一三頁以下・特に二一六頁）、松本・前掲書三四四頁）等である。しかし、前記通説を覆すまでには至っていない。

(2)　要件事実論の意義と機能　一般に実定法の各条文は法律要件と法律効果によって構成されているので、法律要件を構成する事実を主張し、証明することに努めるのは、法的紛争を法的に処理する民事裁判の本質に照らし、論理的帰結である。それは、訴訟上における当事者の攻撃防御の対象としても、明確かつ客観的である点で有効かつ適切であり、「法による裁判」という民事裁判の理念から導かれるところ民事紛争処理の基本的拠り所である。それのみならず、和解過程においても、問題の所在と実質的対立点が明らかになった上で交渉を進めるに際し、有効

に機能する。ここに要件事実論の原点がある。すなわち、要件事実論とは、具体的事例について、当事者間に成り立つ権利又は法律関係を把握し、それを根拠付ける実体法の各条文について、解釈論と証明責任の分配の視点から裁判規範として構成するとともに、法律要件を構成する抽象的事実に該当する具体的事実を追究することをいう。したがって、法曹基礎教育の段階で、このような学習をすることは、最も基本的かつ必要不可欠な作業である（伊藤滋夫・前掲書一六頁・二七七頁、賀集唱「要件事実の機能」司法研修所論集九〇号（平成五年）三〇頁以下参照。また、大江忠「要件事実論と弁護士業務」自由と正義四七巻一号（平成八年）六七頁、永石一郎「要件事実のすすめ（上）（下）」自由と正義五〇巻四号（平成一一年）七四頁・五号七四頁は、いずれも司法研修所の民事弁護教官を経験した弁護士の立場から有益な示唆を与える。その反面で、司法研修所における要件事実教育に対する厳しい批判も少なくない。例えば、小林秀之「民事訴訟における訴訟資料・証拠資料の収集の素描」民訴雑誌二八号（昭和五七年）四一頁、萩原金美「民事証明論覚え書」民訴雑誌四四号（平成一〇年）九頁以下参照）。そうした視点からみると、現在においても、この評価に変わることはない。また、要件事実論は、実体法の解釈論に基礎を置く点で、実体法の研究にも少なからざる影響を与えている（例えば、結果債務と手段債務の区別の意義と証明責任の関係について、潮見佳男『契約規範の構造と展開』（有斐閣、平成三年）一五頁、森田宏樹「結果債務・手段債務の区別の意義について―債務不履行における『帰責事由』」鈴木祿弥先生古稀記念『民事法学の新展開』（有斐閣、平成五年）一一二頁以下。また、大村敦志『典型契約と性質決定』（有斐閣、平成九年）五五頁注九二は、要件事実論は、事実の性質決定を容易にするために、法規範をあらかじめ分節化しておこうという試みとして理解することができるとする。）。今後とも、実体法と訴訟法との連動した機能的視点から、要件事実論の発展が望まれる。

二　証明責任の分配

(1)　証明責任の分配の原則　法律効果の発生を基礎付ける法律要件を構成する事実について、いずれの当事者が証明責任を負うかの定めを、証明責任の分配という。前述した証明責任の定義に照らし、証明責任はその法律効果の発生によって利益を受ける当事者に帰属する。法律効果の発生を基礎付ける法律要件は、実体法の各条文において規定するところであり、実体法はどのような法律要件を充足することにより、どのような法律効果を発生させるかという構成の上に成り立っている（もっとも、民事訴訟法についても、要件事実という観念が成立することにつき、大江忠『要件事実民事訴訟法（上）』（第一法規、平成一二年）「はしがき」参照）。したがって、実体法上の規定を法律効果の機能に即して、権利又は法律関係の発生要件を定めた規定（権利根拠規定）、その権利又

は法律関係の発生を障害する要件を定め規定（権利障害規定）、その権利又は法律関係の発生を消滅させる要件を定めた規定（権利消滅規定）の三つに分類して、これらの法律効果の機能によって論理的に定まるところにしたがって、当事者は自己に有利な法律効果の発生を基礎付ける要件事実について証明責任を負うこととなる（司法研修所編『増補民事訴訟における要件事実』（法曹会、昭和六一年）五頁は、これらにその権利行使を一時的に阻止する要件を定めた規定（権利阻止規定）を加えて四分類する。）。これを法律要件分類説又は規範説といい、通説である。これらは、法規の文言や形式によって明らかにされているという基本的認識に立ちつつ、そのことからただちに形式的に導かれることではなく、いずれも証明責任の分担の公平と妥当性の確保の視点から実体法規の解釈によって決められることである（司法研修所編・前掲書一〇頁。この点で、大村敦志・前掲書二〇四頁は、要件事実論は契約について定型的に性質決定の作業を促進する機能を営むことを指摘する。）。それによって、当事者の訴訟活動とりわけ証明活動の指針と対象があらかじめ明確になり、いずれの当事者にとっても公平かつ明確な証明責任規範として機能することとなる。そうした視点からみると、民事保全においても、証明責任の分配の原則が適用される（野村秀敏「保全命令手続における主張・疎明責任」木川統一郎博士古稀祝賀『民事裁判の充実と促進・中巻』（判例タイムズ社、平成六年）〔同『民事保全法研究』（弘文堂、平成一三年）一頁以下・特に一六頁以下〕、松本博之「民事保全における疎明責任とその分配」『民事保全講座２』（法律文化社、平成八年）三九頁以下、北山元章「仮差押命令手続」竹下守夫・藤田耕三編『民事保全法』（有斐閣、平成九年）一五四頁以下参照）。

(2)　証拠の偏在と証明責任の分配　通説である法律要件分類説に対し、①条文の表現形式のみに証明責任分配の基準を求めるのは無理があること、②権利根拠規定と権利障害規定の区別が曖昧であること等の難点がある旨を指摘し、証拠の偏在が想定される場合には、必要な証拠方法をより利用しやすい地位にある当事者がその事実の証明責任を負うのが公平であるとする有力説がある（新堂・四八九頁。石田穣「立証責任論の現状と将来」法協九〇巻八号（昭和四八年）〔同『民法と民事訴訟法の交錯』（東京大学出版会、昭和五四年）三頁以下〕を嚆矢とし、その後若干修正されて前記有力説に集約されている。）。しかし、①は根拠がなく、②の例として上げられる民法一六七条一項の意味、四一五条後段と四一九条の関係についても、それぞれの条文固有の問題であって、法律要件分類説自体に難点があるわけではなく、前記通説を覆させる決め手とはならない（司法研修所編・前掲書八頁）。また、証拠の偏在は証明活動に重大な影響を与え、それへ

の対応を検討することはもとより必要であるが、証明責任の分配の基準となる座標軸を動かすことによって解決を図ろうとするのは、筋が違う(1)。

（1）　法的利害関係の証明責任の分配による処理の試み　法的利害関係の解決を実体法上の問題として処理するのではなく、証明責任の分配の問題として処理しようとする試みが、会社法の分野にみられる。たとえば、資本多数決の下で株主間の利害対立を調整する諸調整、主として決議の内容に応じて株主間の利害対立を調整する司法上の動的規整という視点から、多数決濫用による株主総会決議取消請求訴訟（商二四七条一項三号）において、利害関係を有する株主の方が当該決議の内容は公正であった旨の証明責任を負うとする（神田秀樹「資本多数決と株主間の利害調整（五・完）」法協九九巻二号（昭和五七年）二九〇頁）。この場合に、利害関係を有する株主に被告適格はないので、被告たる会社が負うこととなるが、そうした趣旨であるかは明らかでない。また、支配・従属会社間の取引条件の不公正を主張して、従属会社の少数株主が代表訴訟によって従属会社との取引を行った支配会社等の責任を追及する場合について、新たな規定を商法上設けるとともに、従属会社の損害等の証明責任の分配について、原告は一応の証拠を提出すれば（例えば、従属会社から支配会社に対し市場価格より相当安い価格で製品が販売された事実を証明した場合（江頭憲治郎『結合企業法の立法と解釈』（有斐閣・平成七年）一〇三頁、一四八頁）、支配会社が、それにもかかわらず取引条件が公正であったことの証明責任を負うこととすべしとする（有）。立法論として、貴重な提言であるが、なお検討すべき多くの問題がある。

さらに、倒産法制に関し、会社の破産、会社更生において、危機否認における危機の認識に対する受益者の認識についての証明責任の転換を図り、円滑な権利行使を可能にしようという主張（松下淳一「企業結合の倒産法的規律（三）」法協一一〇巻三号（平成五年）二九七頁～三〇一頁・三二二頁）、取締役の破産申立義務違反による債権者の損害賠償請求を可能にするために、ドイツ会社法の証明責任の転換を定める法制を参考にすべきであるとする見解がある（吉原和志「会社の責任財産の維持と債権者の利益保護（三・完）」法協一〇二巻八号（昭和六〇年）一四三七頁注13、一四四八頁、一四八〇頁）。いずれも、注目すべき指摘である。

三　証拠の偏在による不均衡への対応

証明責任の分配は、民事訴訟を処理する上で重要な地位を占める地位を有するにもかかわらず、民事紛争の当事者間には決め手となる証拠が相手方又は第三者の支配下にあることが少なくない。その点を直視し、これまでにも種々の方策が検討されてきている。

第一に、証明責任の分配である。前項二で述べた証明責任の分配に関する法律要件分類説を見直すべきであると

する背景には、証拠の偏在による訴訟上の証明活動の不平等の是正という発想がある。

第二に、証拠の開示制度の導入である。わが国の法制度では、証拠の開示を直接認める制度は設けられてなく、文書提出命令（八〇三頁）、証拠保全手続（八一八頁）が、若干ではあるがそれを補完する役割を果たしている。これに対し、アメリカ法におけるディスカヴァリーをはじめとする諸外国の証拠開示制度を参考にして同様の制度を導入すべきであるという主張がかねてから存在する（高橋宏志「米国ディスカバリー法序説」『法協百年論集・第三巻』（有斐閣、昭和五八年）五二七頁以下、小林秀之『新版・アメリカ民事訴訟法』（弘文堂、平成八年）一四八頁以下）が、新法では見送られている。

第三に、模索的証明の理論である。証拠の申出は証明対象を特定して行うべきところ、証明責任を負う者が事実を知ることができない状況にあるために、通常証拠の申出に際し要求される程度にまで対象を特定できないやむを得ない事情が認められる場合には、裁判所及び相手方が公平かつ合理的な判断をするのに足り得る程度の特定で足りるとする考え方を、模索的証明という（ドイツ法の詳細な紹介として、佐上善和「民事訴訟における模索的証明について」民商七八巻臨時増刊号(3)（昭和五三年）二〇〇頁以下参照）。これまで、主として文書提出命令に従わなかったときの法的効果に関して論じられた問題である。旧法の下で、判例は国家賠償請求において、原告が、被告に対し、「本件事故が事故機の整備不完全のため惹起された事実」を証明するために航空事故調査委員会報告書の提出を命じる申立てをし、これを認めた裁判所の決定を被告が拒否したところ、裁判所は、右文書をもって申立人らが証明しようとする事実そのものを真実と認め（東京高判昭和五四・一〇・一八判時九四二号一七頁）、本判決は模索的証明の理論を認めたものとして肯定的に評価されている（竹下守夫「模索的証明と文書提出命令違反の効果」吉川大二郎博士追悼論集『手続法の理論と実践・下巻』（法律文化社、昭和五六年）一六三頁）。

新法二二四条三項は、模索的証明の理論を認めたというよりは、相手方の支配下にある申立人が知り得ない内容の文書であるからこそ提出を求めたのに、これを認める裁判所の決定に違反したことによる制裁措置の拡充を図り、もって文書提出命令の制度を拡充したのであり、あらためて前記理論を採用したものではない。むしろ、この理論

の内容は、既存の制度の本来あるべき姿として合理的妥当性のある運用に吸収されるべきことであり、独立した理論として構築するだけの必要性は見出し得ない。

第四に、事案解明義務の理論である。証明責任を負わない当事者に一定の範囲において証拠を収集し提出する法的義務を課すことにより、事実関係を解明するために協力する法的義務を認め、その違反に対し何らかの制裁を科す行為規範を定立する考え方を、事案解明義務の理論という（ドイツ法の詳細な検証を踏まえて、わが国に導入すべき旨を主張するものとして、春日偉知郎「事案解明義務」民訴雑誌二八号（昭和五七年）（同『民事証拠法の研究』（有斐閣、平成三年）二三三頁以下））。旧法下における伊方原子力発電所設置許可処分取消請求訴訟において、判例は、被告行政庁がまず設置許可の判断不合理のないことを主張立証し、それを尽くさなかった場合には、右判断に不合理な点のあることが事実上推認されるとした（最判（一小）平成四・一〇・二九民集四六巻七号一一七四頁）。この立場は、前記理論を取り入れたものとして肯定的に評価されている（竹下守夫「伊方原発訴訟最高裁判決と事案解明義務」木川統一郎博士古稀祝賀『民事裁判の充実と促進・中巻』（判例タイムズ社、平成六年）一頁以下）。判旨の立場は支持できるが、原子炉の設置の許可は、行政法上の特許に属することであり、第三者との関係では、被告行政庁にその許可が基準を満たしていることについて直接主張立証責任があると解すべきである（同旨・中込秀樹ほか『改訂・行政事件訴訟の一般的問題に関する実務的研究』（法曹会、平成一二年）一八一頁）。また、前記理論の定立自体については、疑問がある（四六一頁参照）。

四　証明責任の転換

(1)　証明責任の転換の構造　証明責任の一般原則と異なり、特定の場合に、反対事実について相手方に証明責任を負わすこととする定めを、証明責任の転換という。それは一定の政策目的を遂行するための法技術であり、実体法の定め又は実体法の解釈による。訴訟の進行に伴う証明の必要性の移転とは異なり、訴訟の進行につれて、一方から他方へ証明責任が転換されることはない。

証明責任の転換の例についてみると、第一に、実体法上の明文の定めによるものとして、つぎの例がある。①不

法行為に基づく損害賠償請求については、損害賠償請求権の存在を主張する者が、被告の過失について証明責任を負うのを原則とするところ（民七〇九条）、自動車事故における損害賠償請求では、被告が自己に過失のないことについて証明責任を負う（自賠責三条ただし書き）、②会計監査人の第三者に対する損害賠償責任について、その会計監査人は自己に過失のないことの証明責任を負う（株式監査一〇条。谷口安平「監査制度改正試案における監査人の責任の挙証責任転換について」商事法務研究四六九号（昭和四三年）五頁参照）等である。なお、国税通則法一一六条は、証明責任の転換を定めたものではなく、証拠提出責任を定めたものでもなく、攻撃防御方法の提出時期についての特則に止まる（泉徳治ほか『租税訴訟の審理について』司法研究報告書三六輯二号）（法曹会、昭和五九年）一二八頁・一四四頁、岩崎政明「租税訴訟における納税者の証拠提出責任—改正国税通則法一一六条の意義と適用範囲」判タ五八一号（昭和六一年）四四頁。なお、大江忠『要件事実民事訴訟法(上)』（第一法規、平成一二年）四九〇頁参照）。

第二に、法解釈により証明責任の転換されたものとする例がある。③商法五〇四条は民法一〇〇条の証明責任を転換した規定と解する説（森本滋「商法五〇四条と代理制度」林良平先生還暦記念論文集『現代私法学の課題と展望・中』（有斐閣、昭和五七年）二八二頁参照）、④商法二〇条二項は不正競争防止法に対し証明責任を転換した規定と解する説（中山信弘「商号をめぐる商法と不正競争防止法の交錯」鈴木竹雄先生古稀記念『現代商法学の課題・中』（有斐閣、昭和五〇年）六二九頁注8。通説は、法律上の事実推定の規定とする。大江忠『要件事実商法(上)』（第一法規、平成九年）三六頁）等である。もっとも、いずれも通説となるにはいたってない。

(2)　証明責任の転換と間接反証　主要事実Aを直接証明することが困難な場合に、間接事実aの存在を証明し、裁判官をして経験則により主要事実Aの存在することを確信を抱く状態（これを「推認」という）にさせようとする場合（これを「間接証明」という）に、相手方が間接事実aと両立し得る別の間接事実bの存在を証明することにより、裁判官をして前記心証形成することを真偽不明の状態に至らせる証明活動を、間接反証という。[1][2] 間接反証理論は、ドイツにおいてローゼンベルクが提唱し（Rosenberg, Die Beweislast, 5. Aufl., München 1965, S. 196. 倉田卓次訳『証明責任論〔全訂版〕』（判例タイムズ社、昭和六二年）二三三頁）、それがわが国に、岩松三郎＝兼子一編『法律実務講座民事訴訟編・第四巻』（有斐閣、昭和三六年）一二五頁によって紹介された経緯をたどっている（その後、倉田卓次・民商五九巻二号（昭和四三年）三一〇頁、同・民商六二巻一号（昭和四五年）六二頁によって発展された。）。主要事実を直接証明することが困難な場合に、法律要件分類説の基

盤の上に、間接事実を証明対象にすることによって当事者間の証明活動の均衡を図る趣旨に基づき形成された理論として高く評価することができる。本来の反証という概念と異なり、間接事実bの存在に関する限り、裁判官をして確信を抱く状態にまで至らせることを要する。この点を捉えて、本来の証明対象である主要事実Aの証明責任の分配を一部変更ないし修正するものと解する見解がある（新堂・四九六頁、高橋・重点講義四六九頁）。しかし、主要事実Aの証明責任自体については、なんらの変更を生じさせるわけではなく、相手方は主要事実Aについて真偽不明の状態に至らせれば足りるので、これをもって証明責任の転換とみることは疑問である。それのみならず、間接事実bの存在について要求される証明度は、間接事実aの存在から主要事実Aの存在を推認するのを真偽不明に至らせれば足りるのであるから、相手方の間接事実aの証明度を上回るものであることは要しないのである（松本博之『証明責任の分配〔新版〕』（信山社、平成八年）五二頁）。もとより、間接事実aの存在について裁判所が確信を抱く状態に達しなかった場合には、間接反証が機能する余地はない。

（1）間接反証の類型　間接反証は、つぎの三類型に大別できる。第一に、原告が主要事実を直接証明することが困難なために、間接事実の存在を主張し証明する場合に、被告の対抗手段として機能する。例えば、①XがYを被告とする認知請求訴訟において、Xの母訴外AがXを懐胎したと推定される時期にAとYが同棲していた事実を証明するときに、被告側は、裁判官をして経験則によりXがAとYの間の子であるという主要事実の存在を心証形成するのを妨げるために、Yが、Aは右と同時期に他の男性と性的関係があったという事実を証明し、前記心証形成を真偽不明の状態に至らせることに努める場合（「不貞の抗弁」または「多数関係者の抗弁」という）である。第二に、原則としての法命題に対して例外を主張する場合である。間接事実から主要事実を推認するのを妨げる機能を意図する点では、前記第一の場合と同様であるが、原告及び被告のいずれもが選択する可能性がある点で異なる。判決理由における「特段の事情」がそれである（岩松＝兼子編・前掲書一二六頁、賀集唱「事実上の推定における心証の程度」民訴雑誌一四号（昭和四三年）四三頁、木川統一郎「民事訴訟における『特段の事情』と心証形成」判タ七六九号（平成四年）（同『民事訴訟法改正問題』（成文堂、平成四年）一九五頁以下参照））。もっとも、それらのすべてが間接反証事実に該当するとはいえず、再抗弁事実と構成すべき場合もある。例えば、民法六一二条における無断転貸を対抗できる特段の事情がそれであり、それを構成する具体的事実の主張が再抗

弁となる（司法研修所編『民事訴訟における要件事実・第二巻』（法曹会、平成四年）八七頁。これに対し、倉田卓次・前掲民商五九巻二号三一〇頁は、間接反証の典型的事例とみる。なお、倉田卓次監修『要件事実の証明責任・契約法下巻』（西神田編集室、平成一〇年）五三六頁参照）。第三に、規範的評価の障害事実として機能する場合である。もっとも、これを間接反証というか否かは説明の問題に帰着するという見方もある（司法研修所編『増補民事訴訟における要件事実・第一巻』（法曹会、昭和六一年）三六頁）。その例として、不法行為に基づく損害賠償請求における因果関係の否定として機能する場合を上げる立場がある。新潟水俣病訴訟において、裁判所は、因果関係で問題になるのは、①被害疾患の特定と原因物質の特定、②原因物質が原告らに到達する汚染経路、③加害企業における原因物質の排出であるとし、原告が①②の証明により被告会社の門前にまで因果関係が到達した以上は、被告において③の不存在について証明できない限り、その存在が事実上推認され、その結果すべての法的因果関係が証明されたものと解すべきであるとした（新潟地判昭和四六・九・二九下民集二二巻九・一〇号別冊一頁）。右判決につき、間接反証説は、①②によって因果関係が事実上推定され、③はその推定を妨げるために被告が証明すべき間接反証事実であるとする（小林秀之『新証拠法』（弘文堂、平成一〇年）一九八頁。独禁法違反損害賠償請求につき同旨の立場として、淡路剛久『不法行為法における権利保障と損害の評価』（有斐閣、昭和五九年）二三五頁）。しかし、因果関係の要件事実をこのように分割することは疑問であり、因果関係の要件事実としては①②であって、被害者たる原告に証明責任がある。これに対し、③は因果関係の要件事実ではなく、被告の加害行為であり、もともと原告に証明責任がある（賀集唱「損害賠償訴訟における因果関係の証明」『講座民事訴訟5』（弘文堂、昭和五八年）二〇六頁）。したがって、前記判決をもって間接反証の例とみるのは適切でない。

課税庁が実額による所得を把握できないことにより推計課税（所得税一五六条、法人税一三一条）による課税を不服とする課税処分取消請求訴訟において、納税者たる原告が帳簿等による実額に基づいて反論することを「実額反証」という。その訴訟手続上の性質について、間接反証説（佐藤繁「課税処分取消訴訟の審理」『新・実務民事訴訟講座一〇』（日本評論社、昭和五七年）七一頁、大江忠『要件事実民事訴訟法（上）』（第一法規、平成一二年）四九一頁）と、再抗弁説（泉徳治＝大藤昭＝満田明彦『租税訴訟の審理について』（司法研究報告書三六輯二号）（昭和五九年）一八四頁、小野雅也「推計課税と実額反証に関する裁判例の分析」税務大学校論叢二八号（平成一二年）二五一頁）がある。実額を基礎付ける個々の所得発生原因事実が主要事実を構成するので、先に挙げた間接反証のいずれの類型にも該当せず、再抗弁として原告に主張立証責任があると解する。

(2)　「推認」の意義　推認という概念は、二つの意義に用いられる（中田裕康・法協一〇九巻一号一七六頁参照）。第一に、甲の事実から乙の事実が推定されるという事実上の推定という意味である。当事者の意思解釈が明白でない場合に、それを補うものとして用いられる（最判(三小)昭和五二・一一・一五民集三一巻六号九〇〇頁、最判(一小)平成二・九・一七民集四四巻六号一〇〇七頁）。第二に、裁判所が証拠によって認定した間接事実を綜合して経験則により主要事実を推理認定することを意味する表現方法である（最判(一小)昭和四三・二・一判時五一四号五四頁）。したがって、証明度において劣る趣旨ではない（伊藤滋夫『事実認定の基礎』（有斐閣、平成八年）一四二頁）。

(3)　証明責任の転換と法律上の推定　法律上の推定は、法律効果Aの要件事実である乙を証明するについて、

甲という事実から、法規の適用により乙を推定することをいう。要件事実である乙の証明責任は、前記一般原則によるのであり、証明責任の転換を生じることはない。この推定を覆すには、乙の不存在を主張し証明することになるが、それは証明責任の一般原則により、右推定の効果を争う相手方が負担する。したがって、法律上の推定をもって証明責任の転換を生じるものではない。

五　推定と証明責任

一般に、ある事実から他の事実を推認することを、推定といい、事実上の推定と法律上の推定とがある。

(1)　事実上の推定　甲という事実から、裁判官が経験則により乙という事実を推認することを、事実上の推定という。その本質は、事物の蓋然性に基づく純然たる事実判断の法則であり（兼子一「推定の本質及び効果について」法協五五巻一二号（昭和一二年）〔同・研究一巻三〇四頁〕）、裁判官の自由心証の一作用として行われる。証明対象は乙であって、乙の存在を争う主張は否認であり、証明責任の転換を生じることはない。

(i)　一応の推定　事実上の推定において、裁判官をして心証形成する経験則が高度の蓋然性を備える場合に、前提事実の存在を証明することをもって推定事実の心証形成にいたることを、一応の推定といわれている。古くから、このような考え方は、判例上不法行為による損害賠償請求における過失の証明に関して、「一応の推定」として認められ（大判明治四〇・三・二五民録一三輯三二八頁、大判大正七・二・二五民録二四輯二八二頁、大判大正九・四・二八民録二六輯四八二頁）、それに呼応して主に民法上の不法行為理論の中で発展してきた（末川博「一応の推定と自由な心証―不法行為における故意過失の挙証責任を中心として」法学論叢一七巻一号（昭和二年）〔同『権利侵害と権利濫用』（岩波書店、昭和四五年）六〇九頁〕。同稿では、これらの経緯から、「過失の一応の推定」に特化して捉えられている。）。その後、訴訟法上の問題としての色彩が強まり、事実上の推定と同意義に解する考え方も見られた（中島弘道『挙証責任の研究』（有斐閣、昭和二四年）一四九頁）が、現在では、一般的には事実上の推定の一種として前記の意味に解されている（山木戸克己「自由心証と挙証責任」大阪学院大学法学研究一巻一・二号（昭和五一年）〔同『民事訴訟法論集』（有斐閣、平成二年）三九頁〕）。さらに、ある徴表に基づき経験則のみによって要証事実を推断するなかで、要証事実の

抽象的認定の許容と特段の事情についての留保の特質を備える場合に限って、一応の推定と呼ぶべきであるとする有力説も見られる（中野貞一郎「過失の『一応の推認』について—自由心証と挙証責任の境界」法曹時報一九巻一〇号（昭和四二年）（同『過失の推認』（弘文堂、昭和五三年）二一頁注20）。なお同説は、一応の推定というよりも表見証明と称することが適切とする。）。

「一応の推定」の概念は、判例上広範囲にわたって用いられているので、種々の見解があるが（藤原弘道「一応の推定と証明責任の転換」『講座民事訴訟5』（弘文堂、昭和五八年）（同『民事裁判と証明』（有信堂、平成一三年）六一頁以下）、小林秀之『新証拠法』（弘文堂、平成一〇年）五九頁参照）、この理論の前述した発展の経緯から、特に「過失の一応の推定」については、議論がある（中野・前掲書三頁以下、太田勝造『裁判における証明論の基礎』（弘文堂、昭和五七年）一九一頁以下参照）。法律要件としての過失は、法的評価概念であって、不特定概念の主要事実はこれを基礎付ける具体的事実と解するのが妥当である（四七五頁参照）。そうすると、「過失の一応の推定」は具体的事実から経験則により法的評価を推定することになるようであるが（伊藤滋夫『事実認定の基礎』（有斐閣、平成八年）一四〇頁は、ある前提事実が存在する場合に、特段の事情が認められない限り、規範的評価としての過失があることを価値判断の問題として擬制したものとみる）、過失を推定することは、「経験則により過失と法的評価される事実の推定」と「その事実に対する法的評価としての過失の認定」の総合的認定と解するのが相当である（藤原・前掲書六八頁。中野・前掲書四二頁が、事実上の推定によって故意に当たる事実と過失と評価されるべき事実のいずれかは存在したという事実判断がなされ、これに基づいて故意過失を認定する趣旨を示したものと解すべきで、表現が実務的に簡略化されているとするのも、方向性において同趣旨の理解といえよう。）。この点で、不特定概念とりわけ「過失」における主要事実と事実認定を連結させる理論として評価することができる。このように見てくると、一般的に「一応の推定」は、「事実上の推定」の中に特別の枠組みとして設けることの必要性については疑問であり、「過失の一応の推定」としてのみ存在意義があるといえる（藤原・前掲書六四頁・七〇頁）。

(ii)　表見証明　表見証明とは、ある事実が存在するときには、一定の経過をたどることが通例である定型的事象経過が存在する場合には、その定型性により、一定の事実が推認されるというドイツ判例法により形成された理論をいう（渡辺武文「表見証明と立証軽減」吉川大二郎博士追悼論集『手続法の理論と実践・下巻』（法律文化社、昭和五六年）一三九頁以下、太田・前掲書一七五頁以下、藤原・前掲書七四頁）。これを「一応の推定」と比較対照すると、いずれも不法行為訴訟における過失と因果関係を主たる対象として判例により発展し、限りなく証明に近い機能を果たす点に着目して、表見証明とも表現し、両者は視点を異にする同義語として理解する向きがある（中野・前掲書

二一頁注20、渡辺・前掲書一三九頁）。しかし、両者が異なる国の判例法理として発展してきたことをひとまず留保するとしても、ただちにそのように解することが可能であるかはなお検討の必要があり、さらにわが国において、改めて表見証明の理論を取り入れるだけの新規性と必要性についても疑問がある。

(2) 法律上の推定　法律効果Aの要件事実である乙を証明するについて、甲という事実から、法規の適用により乙を推定することを、法律上の推定という(1)。その趣旨は、法律効果Aの発生することの証明を容易にする目的による立法技術である。

(i) 事実推定（法律上の事実推定）　法律効果Aの要件事実である乙という事実につき、「甲という事実が存在するときは乙という事実が存在すると推定する」旨の定めがある場合に、甲という事実（前提事実）を証明し、前記推定規定を適用することにより、乙という事実（推定事実）の存在することを推定させることを、事実推定又は法律上の事実推定という(2)（例えば、民一八六条二項・六一九条一項・六二九条一項・七七二条一項、商二〇条二項、手二〇条二項、破五三条二項・五八条、特許一〇三条・一〇四条等）。法律効果Aを主張する者は、乙事実について主張・証明責任を負うのであるから、直接乙事実を証明することもできるが、それに代えて甲事実を証明し、前記推定規定の適用により、所期の目的を達することができ、証明を容易にする機能を営むことになる。証明責任の転換を生じるわけではない。もっとも、乙事実は推定されるにすぎず、証明されたわけではないので、相手方は乙事実の不存在を主張し証明することにより、前記推定を覆すことは可能である。当事者の訴訟追行上の地位の均衡を保持するとともに、事案の迅速な解決を図る合目的配慮に基づくものである（兼子・前掲書三〇九頁）。

(ii) 権利推定（法律上の権利推定）　「甲という事実が存在するときは乙という権利が存在する（又は法律効果を生じる。）と推定する」旨の定めがある場合に、甲という事実を証明し、前記推定規定を適用することにより、乙という権利の存在する（又は法律効果を生じる。）ことを推定させることを、権利推定又は法律上の権利推定という（例えば、民一八八条・二二九条）。事実推定におけるのと同

様に、相手方は乙権利の不存在を主張し証明することにより、前記推定が覆されることはあり得る。

（1）　意思推定としての「推定」　一定の法律行為について、当事者の通常の意思解釈を法定する方法によって、一定の法律効果の発生を推定することを、意思推定という（立法技術という点に着目して「解釈規定」ともいう。司法研修所編『増補民事訴訟における要件事実・第一巻』（法曹会、昭和六一年）二六頁参照）。法文上「推定」という文言を用いている場合（例えば、民一三六条一項・四二〇条三項・五七三条）と用いていない場合（例えば、民五五七条一項）とがある。「推定」と表示されていても、前提事実から推定事実を推定するのではないから、事実推定ではない。右法律効果の発生を争う者は、法律効果を発生させない旨の合意の存在を主張し証明しなければならない。

（2）　暫定真実　ある法条を構成する要件事実が複数ある場合に、そのうちの一つの要件事実から他の要件事実の存在を推定することを、暫定真実という。法文上は、その法条の法律効果を生じる要件のように表示されているが、実質はその不存在が右法律効果の発生障害要件となることを示す立法技術であり、ただし書に読み替えることができる（例えば、民一六二条一項・一八六条一項、商五〇三条二項。民一六二条一項について、藤原弘道「所有権の取得時効の要件事実」司法研修所論集五九号（昭和五二年）〔同『時効と占有』（日本評論社、昭和六〇年）一〇七頁以下〕、賀集唱「要件事実の機能」司法研修所論集九〇号（平成五年）四一頁は、事実上の推定と解する。）。例えば、民法一六二条一項についてみると、所有権の取得時効の要件は、①二〇年間の占有の継続すること、②占有について所有の意思のあること、③占有の態様が平穏かつ公然であることである。①のうち占有の事実が主張し証明されると、②③の事実は民法一八六条一項により当然のこととなり、取得時効の成立を争う側が逆に②③の反対の事実を主張し証明しなければならなくなる（反証では足りず、本証であることを要する。）。したがって、同条は、「ある物を二〇年間占有した者は、その所有権を取得する。ただし、所有の意思がなく又は強暴若しくは隠秘に占有したものであるときはこの限りでない。」と書き換えることができる（司法研修所編『増補民事訴訟における要件事実』（法曹会、昭和六一年）二八頁、大江忠『要件事実民法（上）』（第一法規、平成七年）三〇八頁）。

六　証明対象と証明責任

証明対象の性格から、特に証明責任と証明度の関係で問題となる事項について、つぎに考察する。

(1)　専門的知見を要する事項　社会生活が多様化し、複雑になるに伴い、高度な専門分野とりわけ広い意味での自然科学に関する紛争も増加しつつある。そうした紛争に関する訴訟における証明責任は、通常の民事訴訟にはない難しい事態に直面する。判例は、医療過誤訴訟における医療行為と被害の因果関係について、「訴訟上の因果関

係の立証は、一点の疑義も許されない自然科学的証明ではなく、経験則に照らして全証拠を総合検討し、特定の事実が特定の結果発生を招来した関係を是認しうる高度の蓋然性を証明することであり、その判定は、通常人が疑を差し挟まない程度に真実性の確信を持ちうるものであることを必要とし、かつ、それで足りるものである。」とし（最判（二小）昭和五〇・一〇・二四民集二九巻九号一四一七頁）、その立場は、同様の訴訟における鑑定による事実認定について、踏襲されている（最判（三小）平成九・二・二五民集五一巻二号五〇二頁）。

自然科学の研究・開発における証明は、当該学問分野の発展と人類の福祉の増進を目的とし、実証的に可能な限りあらゆる資料と方法を駆使して行うのに対し、訴訟における証明は、当該訴訟における争点となっている自己の主張につき裁判官をして確信を抱く状態に至らしめる目的をもって、法律上認められ、かつ訴訟上に顕出された証拠方法により行うのである（野山宏『最高裁判所判例解説・民事篇・平成九年度』二九一頁以下は、示唆に富む。）。両者の目的及び基盤は著しく異なっているのであり、それをもって被告とされた加害者、例えば医療に従事する者に理不尽な不利益と不可能を強いるものということもできない。したがって、前記判例の立場は、基本的に是認できるものといえる（自然科学と法律学が深く関わり合う環境汚染関係訴訟における証明問題について綿密に検証するものとして、松本博之「環境民事訴訟における証明問題」松本博之＝西谷敏＝佐藤岩夫編『環境保護と法―日独シンポジウム―』（信山社、平成一一年）三四九頁以下参照。自然科学の分野についても、「一点の疑義も許されない証明」が常に可能であるとは限らず、現実にある科学共同体とその中で醸成される科学的事実との関係で、法的証明と科学的証明の関係を問い直す必要があるという指摘がある。渡辺千原「事実認定における『科学』（一）」民商一一六巻三号（平成九年）三六一頁～三六三頁）。

(2)　損害額　新法は、損害の発生は認められるが、損害の性質上その額を証明することが極めて困難であるときは、裁判所は、口頭弁論の全趣旨及び証拠調べの結果に基づき、相当な損害額を認定できるとする規定を新設している[1]（二四八条）。その趣旨については、議論がある。①証明度を軽減したと見る説（法務省民事局参事官室編『一問一答新民事訴訟法』二八七頁、最高裁判所事務総局民事局監修『民事訴訟手続の改正関係資料（3）』（民事裁判資料二二一号）（法曹会、平成一〇年）四二六頁、山本克己「自由心証主義と損害額の認定」『講座新民事訴訟法Ⅱ』（弘文堂、平成一一年）三一八頁）、②損害額の算定について一定の場合に裁判所の裁量を許したものと見る説（春日偉知郎「『相当な損害額』の認定」ジュリ一〇九八号（平成八年）七四頁、坂本恵三「判決③―損害額の認定」『新民事訴訟法大系・第三巻』（青林書院、平成九年）二七五頁）、③証明度の軽減

と裁判所への裁量的判断権の付与を図ったとする説（伊藤眞「損害賠償額の認定―民事訴訟法二四八条の意義」原井龍一郎先生古稀祝賀『改革期の民事手続法』（法律文化社、平成一二年）五二頁）、④損害＝事実説を前提にし、損害額の評価を所定の要件の下に裁判官の自由な裁量に委ねた規定とする説（平井宜雄「民事訴訟法第二四八条に関する実体法学的考察」筑波大学大学院企業法学専攻十周年記念論集『現代企業法学の研究』（信山社、平成一三年）四五五頁以下・特に四六八頁）、等に分かれる。

訴訟における損害額の証明は、もともと必ずしも実践的にも容易な性格のものではなく、算定の側面及び証明の側面の両方について難しい問題である。とりわけ、不法行為訴訟においては、その傾向は顕著である（契約関係においても、程度の差はあるものの同様のことがいえるので、契約当事者間で違約金・損害賠償額について約定を設けることがあるのも、損害証明困難及び損害賠償をめぐる紛争の回避を目的とする要素が少なくない。能見善久「違約金・損害賠償額の予定とその規制（三）」法協一〇二巻七号（昭和六〇年）一二六九頁以下参照）。しかし、それをもって容易く証明度を軽減する根拠とすることは困難であり（本条とは関わりなく、証明が極めて困難な訴訟類型を分析し、厳格な要件の下に証明度を軽減する可能性を検討する試みがある、加藤新太郎「証明度軽減の法理」木川統一郎博士古稀祝賀『民事裁判の充実と促進・中巻』（判例タイムズ社、平成六年）（同『手続裁量論』（弘文堂、平成八年）一二四頁）参照。逆に証明度の引き上げが問題になる場合があるとする指摘がある、松本博之・前掲書三五七頁）、また本条をもって被害者が損害額を証明することから一切解放し、裁判所に自由裁量権を付与したと考えるのも疑問である。もともと、特に不法行為による損害賠償請求における損害額の算定は、数学的厳密性を要求されるのではなく、裁判所が公平かつ合理的な推定を図る前提と足り得る損害額の証明を要求すると解する（裁判所による評価に必要な資料の提出義務を有するに止まるわけではない。）。その誤差は、被害の全体状況と比較して、社会通念的にみて著しく齟齬を来さない相対的に許容し得る限度といえるか否かに帰着する。したがって、本条は、被害者である原告において、損害の発生を証明するとともに、公平かつ合理的な推定を図る前提と足り得る損害額を証明したときには、裁判所は口頭弁論の全趣旨及び証拠調べの結果に基づき、経験則により合理的な損害額を確定することを認めた規定と解するのが相当である（裁判所がはじめから損害額を独自に算定することではない。）。すなわち、「損害の性質上その額を証明することが極めて困難である訴訟」という限定された訴訟において、あくまでも不法行為の一般法理と処分権主義の枠内で、差額説が当然の前提としていた損害の発生と損害額の算定を分離し、前者は「事実の問題」であるが、後者をもっぱら「事実の問題」としてではなく、「事実の問題

であるとともに評価の問題」として処理すべきことを法文上認めた点に、重要な意義がある。(2)

これと類似の扱いは、すでに判例上は、事故により死亡した幼児の将来うべかりし利得を喪失したことによる損害をめぐる最判(三小)昭和三九年六月二四日民集一八巻五号八七四頁に見られ、実定法上は、特許法の一部改正(平成一〇年法律第五一号)による同法一〇二条一項の創設に見ることができる。

これらを総合すると、本条は、不法行為の一般法理と処分権主義の調和の上に、その枠内で形成された規定と位置付けるのが妥当である(なお、上記の趣旨に照らし、本条を因果関係に類推適用することは妥当でない)。

(1)　二四八条制定の背景　不法行為に基づく損害賠償請求するには、被害者において、a損害の発生、b違法行為とその損害との間の因果関係の存在、c損害額、を主張し証明しなければならない。ここにいう損害について、判例は、加害行為がなければ被害者が現在有しているであろう利益状態と加害行為によって被害者が現在有している利益状態を、それぞれ金銭的に評価して得られた差額と解している(最判(二小)昭和四二・一一・一〇民集二一巻九号二三五二頁、最判(一小)昭和六二・七・二民集四一巻五号七八五頁)。通説も同様に差額説を指示する(通説に対し新たな注目される問題提起をするものとして、潮見佳男「財産的損害概念についての一考察—差額説的損害観の再検討」判タ六八七号(平成元年)四頁以下、同「人身損害における損害概念と算定原理(一)(二)」民商一〇三巻四号(平成三年)五〇九頁以下・五号七〇九頁以下参照。立法過程から学説の推移を検証したものとして、高橋眞「損害論」『民法講座・別巻1』(有斐閣)平成二年)二〇五頁以下・特に二一八頁以下参照)。この立場では、損害の発生の認定と損害の金銭的評価の証明とは同一に帰着する。独禁法二五条違反行為につき民法七〇九条に基づく損害賠償請求では、損害自体が経済的支出額という金銭的損害そのものであるから、まさしく損害の発生は金銭的損害であり、両者は一体のものである(伊藤眞「独占禁止法違反損害賠償訴訟因果関係および損害額の立証(上)」ジュリ九六三号(平成二年)六〇頁)。しかし、その損害額を証明することは極めて困難なことであり、最高裁は、いわゆる鶴岡灯油訴訟では、石油元売り業者の違法な価格協定が実施されなかったとすれば、現実の小売価格よりも安い小売価格が形成されたことを最終消費者において主張立証しなければならないし、結論として請求を棄却した(最判(二小)平成元・一二・八民集四三巻一一号一二五九頁)。本判決には、島内裁判官の補足意見と香川裁判官の意見があり、前者は、消費者が損害額を立証することは困難であることを認め、独禁法二五条による場合を含めて何らかの推定規定を設けるべきであるとし、後者は民法七〇九条による請求は認められず、独禁法二五条に基づいてのみ請求し得るとし、公正取引委員会の損害額の意見聴取(独禁八四条一項)により提出された意見を尊重し、事業者の反対証明がない限り、最小限価格協定による値上げ額相当の損害と認められるとする。

二四八条は、前記法務省参事官室編・一問一答によると、証明度軽減を定めた創設的規定という意味の書き方をしているが、そこに上げられている事故により死亡した幼児の将来うべかりし利得を喪失したことによる損害の事例（同書二八八頁）は、すでに判例上で認められた法理であり（前掲最判昭和三九年六月二四日）、そうであれば確認的規定ということになり、改めて設ける必要はない。前掲最高裁判所事務総局民事局監修『民事訴訟手続の改正関係資料（3）』四二六頁も、これを引用するに止まる。前掲最判平成元年一二月八日も視野にあったといえようが、前述した立法関与者の受け止め方も多様であり、必ずしもそれだけが決め手とは断定できない。したがって、立法意思であると一致していえるものはなく、立法後の運用、判例、学説に任せられているというのが素直な理解というべきである。また、比較法的にも、ドイツに類似の規定があるが、参考にはなるものの、それ以上の比重を置くべきものではない（坂本恵三「ドイツ民事訴訟法二八七条について―民事訴訟法改正議論と関連して」木川統一郎博士古稀祝賀『民事裁判の充実と促進・下巻』（判例タイムズ社、平成六年）一二六頁以下、春日・前掲論文ジュリ一〇九八号七四頁参照）。

（2）「損害の性質上その額を証明することが極めて困難であるとき」の適用例　どのような場合が、この要件に該当するかは、今後の判例の動向が注目されるが、これまでの例を見ると、①節税のための等価交換式マンションの勧誘等につき建築業者の契約締結上の過失による損害賠償請求において、譲渡所得の課税の特殊性を考慮した事例（東京高判平成一〇・四・二二判時一六四六号七一頁）、②製造物責任訴訟において、火災により焼失した動産の滅失を考慮した事例（東京地判平成一一・八・三一判時一六八七号三九頁）、③元幹部社員の競業避止義務違反等による解雇無効確認を理由とする退職金支払請求に対し、被告会社が取締役の忠実義務違反による損害賠償の反訴請求した場合に、反訴請求につき、単に社会的経済的信用が減少したとして、四〇〇万円の賠償を認めた事例（大阪高判平成一〇・五・二九労働判例七四五号四二頁）、等がある。しかし、③については、因果関係及び損害の性質の認定もなく、二四八条の趣旨に反するという批判がある（森戸英幸・ジュリ一一七一号一〇六頁）。

第四章　証拠調手続

第一節　証拠調べの構造

一　証拠調べの開始

証拠調べは、弁論主義の原則により、原則として、当事者の申請した証拠について行われる（四八六頁参照）。これに対し、管轄に関する事項の証拠調べ（一四条）、調査の嘱託（一八六条）、当事者尋問（二〇七条）、鑑定の嘱託（二一八条）、公文書の成立の真否の照会（二二八条三項）、検証の際の鑑定（二三三条）、訴訟係属中の証拠保全（二三七条）、商業帳簿の提出（商三五条）は、職権をもって行うことができる（鑑定一般については、七九六頁参照）。

(1)　証拠の申出　裁判所に対し一定の証拠方法の取り調べを求める訴訟行為を、証拠の申出という。

(i)　証拠申出の方式　証拠の申出をするには、証明すべき事実を特定し（一八〇条一項）、これと証拠との関係を具体的に明示しなければならない（規九九条一項）。さらに、証拠方法に応じて所定の事項を表示し、特定しなければならない（証人尋問につき規一〇六条、当事者尋問につき二〇七条、鑑定につき規一二九条、書証につき二一九条・規一三七条・一四〇条、検証につき規一五〇条）。申出をするには、印紙の貼用は要しないが、証拠調べに要する費用は当事者の負担とされ（例えば、証人尋問における証人の手当・旅費、裁判官及び裁判所書記官の旅費及び宿泊費等をいう。後者は手続上の行為を直接の法的原因とするよりも職務上の行為であるから、本来国庫が負担すべき性質のものであるが、訴訟手続の利用者に国の特別の出費を負担させることが衡平であるという見地から、当事者に負担させることとしている。内田恒久責任編集『民事・刑事訴訟費用等に関する法律の解説』（法曹会、昭和四九年）一九三頁）、当事者は所定の金額を予納しなければならない（民訴費一一条一項・一二条）。裁判所が予納を命じたにもかかわらず、当事者が予納しないときは、裁判所は当該費用を要

する行為を行わないことができる（民訴費一二条二項）。証拠申出書は、準備書面と同様に、相手方に直送しなければならない（規九九条二項）。証人及び当事者尋問の申出は、できる限り一括してしなければならない（規一〇〇条）。

(ii)　証拠申出の時期　攻撃防御方法の一種であるから、訴訟の進行状況に応じて適切な時期に申し出なければならない（一五六条）。期日前にすることもできる（一八〇条二項）。証拠の申出は、弁論の内容であるから期日においてなすべきであるが、証拠調べそのものではなく、その準備にすぎず、期日においてなすべきことを厳格に要求すると、一回とはいえ訴訟の審理を遅延させることになる。たとえ、期日を待つことなく申出を認めたとしても、相手方に意見を述べる機会を与えるならば手続保障に欠けることもないとする趣旨である（規九九条二項参照）。

(iii)　証拠の放棄　証拠の申出の撤回ともいう。申出に基づいて証拠調べに着手する前であれば、任意に撤回できるが（証拠の申出につき、裁判所が判断せず、当事者双方も他に主張証明すべきことはない旨を述べて弁論を終結したときは、証拠の申出を放棄したものとみなされる、最判（一小）昭和二六・三・二九民集五巻五号一七七頁）、いったん証拠調べに着手すると、相手方にも有利な証拠資料が現れる可能性もあり得るので、これに立ち会った相手方の同意を要する。証拠調べを終了した後は、裁判官が心証形成しているので、撤回することできず（証人尋問につき、最判(三小)昭和三二・六・二五民集一一巻六号一一四三頁、鑑定につき、最判(一小)昭和五八・五・二六判時一〇八八号七四頁）、たとえ相手方が同意したとしても変わることはない。

(2)　証拠の申出の採否　(i)　証拠の申出と裁判所の訴訟指揮権　申出のあった証拠の取調べの要否をはじめ、範囲、時期、順序は、裁判所の訴訟指揮に委ねられる（一八一条一項）。裁判所がすでに心証形成している場合は、取り調べることを要しない。その事実を争う相手方が申し出た証拠については、公平の見地から必要がないとして排斥することは許されない（その証拠調べにより、心証が覆ることはあり得る）。それ以外の場合も、申し出た証拠を取り調べることなく、口頭弁論を終結するには、合理的理由のあることを要する。証拠調べについて不定期間の障害があるときは、証拠調べをしないことができる[(1)]（一八一条二項）。

(ii) 証拠決定　証拠の申出に対して、裁判所は原則として決定をもってその判断を明らかにすることを要する。もっとも、証拠調べをすること及びその期日が明示されれば足り、必ずしも常に証拠決定という形式を踏むことを要するわけではない。申出が不適式であったり、時機に遅れたものとして排斥すべき場合（一五七条）は、申出を却下すべきである。却下の裁判に対しては、終局判決の上訴によって争うことになる（二八三条）。申出を却下する決定をせず、取り調べもしないまま弁論を終結した場合は、黙示的に却下したことになる（最判(一小)昭和二七・一二・二五民集六巻一二号一二四〇頁）。この理は、唯一の証拠についても該当する。(1)

(1)「唯一の証拠」の取調べ　唯一の証拠について、必ず取り調べを要するか否かは議論がある。ここにいう唯一の証拠とは、一個の主要事実に対する各当事者についての証拠の個数をいう（中務俊昌「『唯一の証拠方法』と民事訴訟における証拠調の範囲」法学論叢六〇巻一・二号（昭和二四年）一二九頁）。判例は、唯一の証拠であっても、裁判所の判断により、取り調べる必要のない場合のあることを認めている。第一に、証拠の申出が不適法な場合、例えば、裁判所の費用予納命令にもかかわらず、証拠調べに必要な費用を予納しない場合（最判(一小)昭和二八・四・三〇民集七巻四号四五七頁）、時期に遅れた場合（最判(大)昭和三〇・四・二七民集九巻五号五八二頁）、当事者尋問の証拠申請書提出の要請を受けながら提出しない場合（最判(三小)昭和三五・四・二六民集一四巻六号一〇六四頁）であり、第二に、当事者の責めに帰すべき事由により、証拠調べを合理的期間内に実施することが困難な場合、例えば、当事者が本人尋問の適式な呼出しを受けながら出頭しない場合（最判(二小)昭和二九・一一・五民集八巻一一号二〇〇七頁）である。

二　証拠調べの実施の場所及び機関

証拠調べは、直接主義の建前から、原則として、受訴裁判所が当事者の口頭弁論と結合して、口頭弁論期日に法廷において行う（証拠結合主義という）。例外として、受訴裁判所以外において行うこともできる（一八五条一項前段・一九五条）。例えば、証人が出廷することが困難な場合（証人が入院中の場合、医師が職務を離れて出廷できない場合等）、実地検証を行う場合等である。この場合は、受命裁判官又は受託裁判官に行わせることができる（一八五条一項後段・二項、規一〇四条）。また、受命裁判官又は受託裁判官に文書の証拠調べをさせることもできる（規一四二条）。外国において証拠調べを行う場合は、その国の管轄官庁又はその国に駐在する日本の大

使、公使若しくは領事に嘱託する（一八四条一項。最高裁判所事務総局民事局監修『国際司法共助ハンドブック』民事裁判資料二二五号（法曹会、平成一一年）三頁・二六頁以下、同『民事事件に関する国際司法共助手続マニュアル』（法曹会、平成一一年）一七三頁以下参照）。

三　証拠調べにおける当事者の手続保障

(1)　当事者の立会権の保障　当事者は、訴訟上における手続保障の権能の一つとして、証拠調べに立ち会って、みずから証拠調べに当たり又は証拠に関する主張をする利益を有する。したがって、当事者のこの権能を確保するために、裁判所は証拠調べ期日及び場所を当事者に告知し、呼び出さなければならない（九四条・二四〇条一項本文）。当事者に立会の機会を与えれば足り、当事者が現実に立ち会う権能を放棄した場合にまで、証拠調べを行うことを妨げるものではない。したがって、これらの手続を取ったにもかかわらず当事者が出頭しなかった場合に、裁判所は可能な限り証拠調べをすることができる（一八三条）。この場合に、不出頭の当事者は、再び同一の証拠調べを申し出ることは許されないと解する。例外的に、急速を要する場合等には、当事者にこれらの事前の措置を取ることを要しない（二四〇条ただし書）。逆に、当事者を立ち会わせることにより、かえって公正な証拠調べをすることができない場合には、当事者の立会うこと自体が認められていない（二二三条六項後段）。

また、当事者対等の原則により、相手方による反対尋問権が保障されなければならない（七八八頁参照）。裁判官が、主尋問だけによって心証形成することは、著しく公平性を欠くものであり、反対尋問を聴き、さらに必要ならばみずから補充尋問をし、その上ではじめて公正な判断をすることが可能であり、またそうしなければならない。

(2)　当事者の秘密保護の利益　一般に、訴訟は、当事者はもとより、第三者も正当な理由のない限り、その訴訟に関する資料を提出する義務を有し、裁判所は訴訟上に顕出されたすべての証拠調べと弁論の全趣旨を総合して自由なる心証により事実を認定すべきである。それによってはじめて、公正な裁判が確保される。他方、当事者又

は第三者にとって高度の秘密に属する資料を提出することを余儀なくされる事態に直面することが少なくない（例えば、知的財産関係訴訟、製造物責任訴訟等）。そうした場合をも視野に入れると、訴訟手続の上で、それらの秘密を法的に保護される基盤整備を図ることが必要になる。その方法としては、第一にいわゆる秘密保護手続を創設する方法であり、第二に裁判所限りでの証拠開示手続を導入する方法であり（これら二つの方法の導入について、梅本吉彦「営業秘密の法的保護と民事訴訟手続」法とコンピュータ一〇号（平成四年）七七頁以下参照）、第三に裁判所の訴訟指揮権を活用する方法であり、第四に訴訟記録の閲覧を制限する方法がある。新法は、このうち第一の方法は見送ったが、第二及び第四の方法は実現し（二二三条三項六項・九二条。もっとも、訴訟記録の閲覧制限は産業界の強い要望により取り入れたが、予想に反し、利用度は少ないようである。）、第三の方法は裁判所も前向きに対応する姿勢をすでに見せている（八一一頁参照）。

四　証拠調べへの協力義務

訴訟は、その事件に関係する証拠は原則としてすべて訴訟審理の場に提供し、その上で裁判所の審判を受けることが公正かつ適正な裁判を確保する基本的な環境基盤である。そのためには、訴訟当事者はもとより、裁判権に服する者はすべからくこれに協力する法的義務を負う。これは、裁判を受ける権利（憲三二条）と表裏一体をなすものであり、訴権が同条と裁判所に訴訟を提起し自己の権利保護を求める権能を架橋するものであると同様に、同条から導かれる公法上の義務であり、具体的には個別法規の定めるところに委ねられる。この基本理念を受けて、法は、個別の証拠方法について、当事者がこれに反する行動をした場合には、法的制裁措置を講じている（例えば、書証につき二二四条・二二九条二項ないし四項、検証につき二三二条一項、当事者尋問につき二〇八条）。第三者についても、証人、鑑定、文書提出、検証受忍等の法的義務を定めている（一九〇条・二一二条・二二〇条・二二三条・二三二条一項）。これらについては、それぞれの証拠方法において取り上げることとする。

五　証拠調べの集中実施（一八二条）

訴訟の原点である事案の解明を図り、訴訟手続を迅速に進めるには、当事者が攻撃防御方法を適時に提出し、当

事者間の争点を整理し、問題の所在を明確にし、その上で証拠調べを集中的に実施することによりはじめて可能なことである。したがって、攻撃防御方法の適時提出、争点整理及び集中証拠調べは、三位一体のものである。これは証拠調べのすべてについて該当することであるが、とりわけ、人証についてはそのことが顕著である。

証人尋問を実効性のあるものにするには、その前提として、争点整理が一区切りついていることが必要である。それにより、当事者として、どの争点を解明するために、だれを証人として申し出て、どのような事項について尋問することが必要であるかが、おのずから決まってくる。裁判所としても、申出のあった証人尋問が必要か否かについて、適切な判断が可能になる。この点は、すでに、旧法の下においても、常に指摘されたことであり（代表的なものとして、岩佐善巳ほか『民事訴訟のプラクティスに関する研究』司法研究報告書四〇輯一号（法曹会、平成元年）一一三頁、三宅弘人「集中証拠調べの準備と配慮」木川統一郎博士古稀祝賀『民事裁判の充実と促進・中巻』（判例タイムズ社、平成六年）八八頁、太田幸夫「民事訴訟における証人尋問等の運営について」中村英郎教授古稀祝賀『民事訴訟法学の新たな展開・上巻』（成文堂、平成八年）二九四頁）、証人尋問の集中的な実施を推進すべきであるという主張も見られた（最高裁判所事務総局民事局監修『民事訴訟の運営改善関係資料（2）』民事裁判資料二〇八号（法曹会、平成六年）五〇頁参照）。新法の下においては、随時提出主義（旧一三七条）が適時提出主義（一五六条）に代わったのに合わせて、一八二条の規定が設けられたことにより、尋問事項書の工夫をはじめとする証人尋問の充実を図り、当事者尋問と関連付けながら集中証拠調べを遂行することが必要となろう。

集中証拠調べは、裁判所の強力な訴訟指揮権の行使によって行われるべきことではなく、裁判所と訴訟代理人の相互の信頼関係が確保されているとともに、両者の間に事案の解明と迅速な訴訟遂行に向けた健全な協力関係と共通認識が形成されていてはじめて実現することであり、また行われるべきことである。したがって、集中証拠調べは必ずしもすべての事件について可能なわけではなく、また適切なものであるとは限らない。単独事件では、原則として多くの裁判所で実施されていると見られるが、合議事件あるいは複雑な事件では必ずしも容易ではなく、また適切とは限らない場合も少なくないようである（最高裁判所事務総局民事局監修『民事訴訟の運営改善関係資料（3）』民事裁判資料二二一号（法曹会、平成一〇年）四八頁参照）。しかし、新法で

明文の定めが設けられたことにより、今後は一般的に訴訟審理の指針として機能することと見られる。

六　証拠調べの記録

証拠調べは訴訟審理の中核を形成するので、公正かつ適正に実施されることを要するとともに、それは訴訟当事者はもとより、第三者にも明確な形で記録され、いつでもこれを閲読できなければならない。そこで、証拠調べが口頭弁論期日において行われたときは、その経過と結果の要領を口頭弁論調書に記載される（一六〇条、規六七条一項二号ないし四号）。録音テープ又はビデオテープに記録し、調書の記載に代えることもできる（規六八条。なお、七六条参照）。また、裁判所は、必要があると認めるときは、申立てにより又は職権で、裁判所速記官その他の速記者に口頭弁論における陳述の全部又は一部を速記させることができ（規七〇条）、裁判所速記官は速記原本を反訳して速記録を作成しなければならない（規七一条。なお、規七二条ないし七五条参照）。

第二節　証人尋問

一　証人尋問の構造

訴訟当事者及びその法定代理人以外の第三者を証拠調べの客体として尋問し、その陳述を証拠資料とする証拠調べを、証人尋問という。証人尋問によって得られた証拠資料を証言という。尋問に応じて、自己が過去に見聞、その他知覚により経験して知り得た事実について、裁判所に報告することを命じられた第三者を、証人という。証人には訴訟能力を要しない(1)。これに対し、学識経験に基づき専門的知識や意見を報告することを命じられた者は、鑑定人という。当事者及びその法定代理人以外の者は、すべて証人となる資格を有する（これを証人能力という。）。証人能力は、尋

問時を標準として決する。法定代理人を証拠調べの客体として尋問するには、当事者尋問の手続による（二一一条、規一二八条）。法人等の団体を当事者とする訴訟については、当該訴訟において団体を代表する者に限り、当事者尋問による（三七条・二一一条。当該訴訟において団体を代表する者は訴状の当事者欄の記載による。）。その代表者が複数存在する場合も、当該訴訟において団体を代表する者以外の者は、証人能力がある（大判明治三八・三・二民録一一輯三〇九頁、大判大正七・二・一九民録二四輯二三一頁、大判大正九・三・三民録二六輯二一七頁、最判（二小）昭和二七・二・二二民集六巻二号二七九頁）。通説も、判例の見解を支持する（兼子・条解九八四頁〔松浦〕、菊井＝村松・II四六二頁・七〇九頁）。

証人尋問は、訴訟審理の基本原則である直接主義及び口頭主義を最も象徴する場として位置付けられ、証言の証拠力には、重大な関心がはらわれるとともに、その事案の処理の上で重要な位置を占めている（野村秀敏「証言の証拠能力・証拠力（一）（二・完）」民商九八巻五号（昭和六三年）五九八頁以下、六号七五一頁以下は、証言の証拠力に関する判例を詳細に分析した優れたものである。なお、別訴における証言の事実が消滅時効中断事由としての承認に当たる場合がある、東京地判平成元・八・二九判時一三四八号八七頁）。したがって、これを公正、適正かつ迅速に遂行できるか否かは、その訴訟の意義と信頼性を直接左右することとなる。新法は、集中証拠調べの実施を基本原則とする（一八二条。七八一頁参照）。証人尋問に関与する証人、当事者、裁判官の心理的側面を検証することは、重要な課題である（この分野における先駆的な優れた研究として、菅原郁夫『民事裁判心理学序説』（信山社、平成一〇年）六三頁以下）。

（1）　年少者の証言の証拠力　訴訟能力を欠く者であっても、本人が直接見聞したことについてみずから陳述してはじめて意義があり、その法定代理人を尋問したのでは単なる伝聞に止まる。本人を尋問した上でどの程度の証拠力が認められるかという問題に帰着する（一六歳未満の者を証人として尋問する場合には宣誓させることができない、二〇一条二項）。判例は、児童といえどもある程度事理を弁別し、それを表現する能力をそなえている者である限り、証人となることができるとし、証言時に八歳及び九歳の児童が遊戯中の事故から一年九ケ月を経過した時点における証言に信憑性を認める（最判（二小）昭和四三・二・九判時五一〇号三八頁）。なお、年少者の陳述につき、証人と当事者尋問とで取扱いに差等を設けるべき理由はない（野村秀敏「証言の証拠能力・証拠力（二・完）」民商九八巻六号（昭和六三年）七六四頁以下参照）。

二　証人義務

わが国の裁判権に服する者は、一般に証人となる公法上の義務を負う（一九〇条）。証人義務は、出頭義務、宣誓義務

及び陳述義務から成る。

(1) 出頭義務　証人が正当な理由なく出頭しないときは、これにより生じた訴訟費用の負担を命じられ、かつ過料に処せられる（一九二条一項）。さらに、犯罪を構成し、罰金又は拘留に処せられる（一九三条）。裁判所は、勾引を命じることもできる（一九四条）。なお、証人は、旅費、日当及び宿泊費を受けられ（民訴費一八条・二五条）、訴訟費用の一部となる（同二条二号・一一条一項一号・一八条）。

(2) 宣誓義務　証人は、特別の定めがある場合を除き（二〇一条二項ないし四項）、宣誓義務を負う（同条一項。宣誓の意義につき、藤原弘道「宣誓の効用」判タ六九七号（平成元年）（同『民事裁判と証明』（有信堂、平成一三年）一五九頁以下）参照）。理由なく宣誓を拒むと、不出頭におけると同様の制裁、処罰を受ける（同条五項）。宣誓した証人が虚偽の証言をしたときは、偽証罪になる（刑一六九条）。

(3) 陳述義務　陳述義務は、証言義務の中核を構成する。一定の要件の下に、証言拒絶権が認められている（一九六条ないし一九九条）。正当な理由なく証言を拒むと、不出頭におけると同様の制裁、処罰を受ける（二〇〇条・一九二条・一九三条）。

三　証言拒絶権

(1) 証言拒絶権の構造　証言拒絶権は、自己負罪による拒否権と法的黙秘義務に伴う拒否権とから成る。

(i) 自己負罪による拒否権　証言が証人又は証人と所定の親族関係等にある者が刑事訴追を受け、又は有罪判決を受けるおそれがある事項に関するときは、証人は証言を拒むことができる（一九六条柱書前段）。証言がこれらの者の名誉を害すべき事項に関するときも、同様である（同上柱書後段）。所定の親族関係等とは、①配偶者、四親等内の血族若しくは三親等内の姻族の関係にあり、又はあったこと、②後見人と被後見人の関係にあることである（一九六条一号二号）。

(ii) 法的黙秘義務に伴う拒否権　証人とされた者が法律上黙秘義務を負う場合は、証言を拒むことができる（一九七条一項）。これらの者が黙秘の義務を免除された場合は、証言を拒絶できない（同条二項）。

(イ)　公務員等の場合　公務員又は公務員であった者を証人として職務上の秘密について尋問する場合は、裁判所は当該監督官庁の承認を得なければならない。衆議院若しくは参議院の議員又はその職にあった者についてはその院、内閣総理大臣その他の国務大臣又はその職にあった者については内閣の承認を得なければならない（一九一条一項）。当該監督官庁（前記各院及び内閣も同様）は、公共の利益を害し、又は公務の遂行に著しい支障を生じるおそれがある場合を除き、承認を拒むことはできない（同条二項）。承認がない場合は、前記の者は証言を拒むことができる（一九七条一項一号）。

(ロ)　職務上他人の秘密を知り得る者の場合　医師、歯科医師、薬剤師、医薬品販売業者、助産婦、弁護士（外国人事務弁護士を含む）、弁理士、弁護人、公証人、宗教、祈禱若しくは祭祀の職にある者又はこれらの職にあった者が職務上知り得た事実で黙秘すべきものについて尋問を受ける場合は、証言を拒むことができる（同条一項二号）。

(ハ)　技術又は職業の秘密に関する事項について尋問を受ける場合　職業の如何を問わず、技術又は職業の秘密に関する事項について尋問を受ける場合は、証言を拒むことができる（同条一項三号）。ここにいう「技術又は職業の秘密」について、判例は、その事項が公開されると、当該技術の有する社会的価値が下落し、これによる活動が困難になるもの又は当該職業に深刻な影響を与え以後その遂行が困難になるものをいうとする（最決(二小)平成一二・三・一〇民集五四巻三号一〇七三頁）。その具体的事例として、裁判例は、特定商品の製造及び販売原価（大阪高決昭和四八・七・一二下民集二四巻五～八号四五五頁）、希望退職募集に応募した希望退職者のうち慰留により翻意して会社に止まった者の氏名（東京地裁八王子支判昭和五一・七・二八下民集二九巻一～四号一二二頁）、名誉毀損に基づく損害賠償請求において被告新聞社の記者の取材先の氏名（札幌高決昭和五四・八・三一判時九三七号一六頁）等について、証言拒絶を認める。もっとも、裁判所は、これらのいずれの事案でも、証言拒絶事由に該当することを認めつつ、仮に証言を得られなくても、尋問の対象事項については、他の資料等によって同等の目的を達することが必ずしも不可能ではないことを付言していることが注目される（梅本吉彦「営業秘密の法的保護と民事訴訟手続」法とコンピュータ一〇号（平成四年）八一頁）。

(2) 証言拒絶の手続　証言を拒絶しようとする者は、証言拒絶の理由を疎明しなければならない（一九八条）。証言拒絶の当否について、受訴裁判所は、当事者を審尋して、決定で裁判する（一九九条一項）。その裁判に対して、当事者及び証人は、即時抗告をすることができる（同条二項）。証言拒絶を理由がないとする裁判が確定した後に、証人が正当な理由なく証言を拒む場合は、制裁、処罰を受ける（二〇〇条・一九二条・一九三条）。

四　証人尋問の手続

(1) 証人尋問の申出　証人尋問は、当事者の申出による。申出は、証人を指定し、尋問に要する見込みの時間を明らかにしなければならない（規一〇六条）。同時に、尋問事項書（尋問事項を記載した書面）二通を提出しなければならない（規一〇七条一項本文）。ただし、やむを得ない事由があるときは、裁判長の定める期間内に提出すれば足りる（同条一項ただし書）。尋問事項書は、できる限り、個別的かつ具体的に記載しなければならない（同条二項）。申出をする当事者は、尋問事項書を相手方に直送しなければならない（同条三項）。

(2) 証人尋問の採否と手続　証人尋問の申出に対して、裁判所は原則として決定をもってその判断を明らかにすることを要する。裁判所は、当事者が申し出た証人尋問について、必要でないと認める場合は、申出を却下する（一八一条一項）。申し出た証人について、不定期間の障害のある場合についても、同様である（同条二項）。その他、当事者の故意又は過失により時機に後れて申出がなされ、訴訟の完結を遅延させることになると認めたときは、却下の決定をすることができる（一五七条一項）。

証人尋問の申出を認めるときは、期日を定めて呼出状を送付する。証人尋問を実施すること及びその期日が明示されれば、証拠決定を要しない。呼出状には、①当事者の表示、②出頭すべき日時及び場所、③出頭しない場合における法律上の制裁を記載し、尋問事項書を添付しなければならない（規一〇八条）。証人尋問を実施することが決定され

たときは、尋問の申出をした当事者は、証人を期日に出頭させるように努めなければならない（規一〇九条）。当事者の努力と裁判所からの働きかけにより証人の出頭の確保に努めることは、集中証拠調べを実効性のあるものにするために、重要なことであり、特にこの点では裁判所書記官の審理充実事務の果たす役割が大きい（篠原勝美ほか『民事訴訟の新しい審理方法に関する研究』司法研究報告書四八輯一号（法曹会、平成八年）一四七頁）。証人は、期日に出頭することができない事由を生じたときは、直ちにその事由を明らかにして届け出なければならない（規一一〇条）。証人が正当な理由なく出頭しないときは、制裁、処罰を受ける（一九二条ないし一九四条、規一一一条）。

(3)　証人尋問の実施　(i)　宣　誓　証人尋問を実施するには、裁判長ははじめに証人が証人本人であることを確かめ（人定尋問という。）、その上で所定のところにしたがって（規一一二条参照）、宣誓をさせなければならない（二〇一条一項、規一一二条一項前段）。特別の事情のあるときは、尋問後に宣誓させることができる（規一一二条一項後段）。一六歳未満の者又は宣誓の趣旨を理解することができない者を証人として尋問する場合には、宣誓をさせることができない（二〇一条二項）。自己負罪による拒否権（一九六条）を行使しない者を尋問する場合には、宣誓させないことができ（二〇一条三項）、証人が自己又は自己と一九六条各号に掲げる関係にある者に著しい利害関係のある事項について尋問を受けるときは、宣誓を拒むことができる（同条四項）。証人が宣誓を拒む場合は、証言拒絶の場合の規定（一九八条・一九九条）が、宣誓拒絶を理由がないとする裁判が確定した後に、証人が正当な理由なく宣誓を拒む場合は、不出頭の場合の規定（一九二条・一九三条）が、それぞれ準用される（二〇一条五項）。

(ii)　証人尋問の順序　尋問は、その尋問を申し出た者（主尋問という）、他の当事者（反対尋問という）、尋問を申し出た当事者の再度の尋問（再主尋問）、裁判長による尋問（補充尋問という。）の順序でする（二〇二条一項、規一一三条一項。これを交互尋問という。）。当事者対等の原則により、他の当事者による反対尋問権が保障されなければならない。裁判官が、主尋問だけによって心証形成することは、著しく公平性を欠くものであり、反対尋問を聴き、さらに必要ならばみずから補充尋問をし、その上ではじめて公

正な判断をすることが可能であり、またそうしなければならない（最判(二小)昭和三二・二・八民集一一巻二号二五八頁は、当事者尋問において本人の病状により反対尋問ができなかった場合につき、旧二六〇条（新一八一条二項）により違法とはいえないとする。）。裁判長は、適当と認めるときは、当事者の意見を聴いて、この順序を変更することができる（二〇二条二項）。当事者がこの順序の変更に異議を述べたときは、裁判所は、決定で、その異議について裁判する（同条三項）。裁判長は、このほか、必要があると認めるときは、いつでも自ら証人を尋問、又は当事者の尋問を許すことができる（同条四項）。陪席裁判官は、裁判長に告げて、証人を尋問することができる（規一一三条三項。いずれも介入尋問という。）。

(iii)　質問事項　主尋問は立証すべき事項及びこれに関連する事項、反対尋問は主尋問に現れた事項及びこれに関連する事項並びに証言の信用性に関する事項、再主尋問は反対尋問に現れた事項及びこれに関連する事項について、行うものとする（規一一四条一項）。裁判長は、各尋問における質問がこれらの事項以外の事項に関するもので、相当でないと認めるときは、申立てにより又は職権で、制限することができる（同条二項）。

質問は、できる限り、個別的かつ具体的にしなければならない（規一一五条一項）。一般に、証人は簡潔に答えることが求められている。さらに、証人を侮辱し、又は困惑させる質問、誘導質問等の質問をしてはならない旨の制限が定められている（同条二項）。裁判長は、質問がそれらの規定に違反すると認めるときは、申立てにより又は職権で、制限することができる（同条三項）。これらは、証人を体験した者による批判が少なくない問題であり（例えば、鑑定人について、前田順司ほか『専門的な知見を必要とする民事訴訟の運営』司法研究報告書五二輯一号（法曹会、平成一二年）一九〇頁）、訴訟代理人は尋問技術に走りすぎないように、節度をもって行うように自戒すべきことである（この分野に関する司法研修所教官を経験した裁判官と弁護士の共同研究として、加藤新太郎編著『新版・民事尋問技術』（ぎょうせい、平成一一年）は有益である。）。

(iv)　尋問方法　(イ)　書類に基づく陳述の禁止の原則　証人は、書類に基づいて陳述することはできない(2)（二〇三条本文）。証人は、尋問に応じて、自己が過去に見聞、その他知覚により経験して知り得た事実について、裁判所に報告することを使命とすることによる。ただし、裁判長の許可を受けたときは、この限りでない（同条ただし書）。例えば、数

値、図表、写真等、正確に記憶することが困難な事項、口頭で適切に表現し難い事項については、これらを表示した物を参照しながら証言することにより、かえって明確になる場合を想定したものである。また、裁判長は、必要があると認めるときは、証人に文字の筆記その他の必要な行為をさせることができる（規一一九条）。証人にこれらの行為をさせるのは、職権によるのであり、当事者に申立権はなく、たとえ申立てをしたとしても、職権の発動を促す意味を有するに止まる。当事者は、裁判長の許可を得て、文書、図面、写真、模型、装置その他の適当な物件を利用して証人に質問することができる（規一一六条）。

(ロ)　映像等の送受信による通話の方法による尋問　遠隔地に居住する証人の尋問をする場合には、隔地者が映像と音声の送受信により相手の状態を相互に認識しながら通話することができる方法によって、尋問することができる（二〇四条）。新法で創設されたテレビ会議の方法による尋問である（はじめての事態に対応するために、「民事訴訟におけるテレビ会議の方法による証人等の尋問手続について（通達）」及び詳細な事務連絡が発せられている、最高裁判所事務総局民事局監修『民事訴訟手続の改正関係資料（3）』民事裁判資料二二一号（法曹会、平成一〇年）四八二頁以下参照）。当事者の意見を聴いて、当事者を受訴裁判所に出頭させ、証人を当該尋問に必要な装置の設置された他の裁判所に出頭させてする（規一二三条一項）。この尋問の場合には、文書の写しを送信してこれを提示することその他の尋問の実施に必要な処置を行うため、ファクシミリを利用することができる（同条二項）。この方法により尋問した場合には、その旨及び証人が出頭した裁判所を調書に記載しなければならない（同条三項）。遠隔地に居住する証人の尋問をする場合に、時間と費用を要する事態に新しい技術を活用する方法を取り入れることにより対応したものである（新法施行後の利用状況について、最高裁判所事務総局民事局監修「テレビ会議システムの活用について」『民事訴訟の新しい運営に関する執務資料』民事裁判資料二二九号（法曹会、平成一二年）八七頁以下参照）。

(ハ)　尋問に代わる書面の提出　裁判所は、相当と認める場合において、当事者に異議がないときは、証人の尋問に代え、書面の提出をさせることができる（二〇五条。書面尋問という。ドイツ法を中心とする比較法的背景について、髙田昌宏「民事訴訟における証人尋問の書面化の限界（一）」早稲田法学七二巻四号（平成九年）二〇三頁参照）。

この場合には、裁判所は、尋問の申出をした当事者の相手方に対し、当該書面において回答を希望する事項を記載した書面を提出させることができる（規一二四条一項）。相手方に反対尋問に相当する機会を設けたものである。二〇五条にいう「相当と認める場合」とは、証人として出頭ないし証言が困難であること、反対尋問の必要性が乏しいこと等が該当する（中野哲弘「証人尋問②―書面尋問」『新民事訴訟法大系・第三巻』（青林書院、平成九年）四〇頁）。

（2）　主尋問に代わる陳述書　一般に「陳述書」とは、訴え提起後に当事者又は第三者の陳述を文書に記載し、書証として提出されるものをいう。その機能は、①争点整理、②証拠開示、③主張伝達、④主尋問代用等に分かれる。ここで対象とするのは、④の証人尋問を予定されている者の陳述を文書化する主尋問代用機能としての陳述書である（調査によると、実務上も、主として④の機能に着目した活用がされているという、篠原勝美ほか『民事訴訟の新しい審理方法に関する研究』司法研究報告書四八輯一号（法曹会、平成八年）七六頁参照）。民事訴訟においては、紛争発生後に作成された文書も証拠能力を有することは、判例も認めるところである（大判昭和一四・一一・二一民集一八巻一五四五頁）。もっとも、書類に基づく陳述の禁止の原則（二〇三条本文）との関係で若干疑問を生じる余地があるが、裁判長の許可を得たときは、これを許可しているので（同条ただし書）、適法性については根拠のあることといえる（さらに、新法は、書面尋問を認めていることも（二〇五条）、それを支持する要素となろう。）。問題は、陳述書がどのように機能するか、その結果として他の手続にどのような影響を与えるかという点にある（陳述書の問題点については、本間靖規「人証の取り調べにおける直接主義と書面の利用」『講座新民事訴訟法Ⅱ』（弘文堂、平成一一年）一九六頁参照）。この主たる機能は、尋問を実質的争点に絞り、効率化を図る点にある。それ自体は、異論はなかろう。むしろ、それは、準備書面としての機能に近くなる（山本克己「人証の取り調べの書面化」自由と正義四六巻八号（平成七年）五四頁、同「陳述書について」判タ九三八号（平成九年）六九頁）。しかし、この陳述書を導入することにより、証人尋問が形式化し、反対尋問権が形骸化するおそれは決して少なくない（高橋宏志「陳述書」判タ九一九号（平成八年）（同『新民事訴訟法論考』（信山社、平成一〇年）一一七頁以下、特に一二二頁））。そもそも、通常、陳述書は、訴訟代理人が当事者又は第三者の陳述を聴取し、その内容を取りまとめて文書化するので、証人としての陳述と比較して、整頓され、その多くは裁判所にとって理解しやすいものとなり、本人が実際に証言するよりは外見的に座りのよいものとなる。したがって、尋問の効率化を優先させるには、極めて便利である。反面、陳述書に述べられていることを、すべて証人尋問で対応することは、時間的にも困難であるのみならず、内容的にその必要性には疑問がある。しかし、証人尋問は、過去に見聞、その他知覚により経験して知り得た事実について、裁判所に報告するのであり、しかも多くは法律専門家とは限らない者がはじめて経験するのであるから、裁判所及び訴訟代理人の立場からみれば、隔靴掻痒の感がするのは当然のことであり、辛抱強く冷静に対応する姿勢が求められる。裁判所も訴訟代理人も、こうした問題点を率直に認めた上で、本来の機能に即した

活用を遵守すべきである（篠原ほか・前掲書七八頁・一五五頁は、①ないし③を統合した事実提示型として積極的に活用すべきことを提言する。）。さらに、現在の④主尋問代用としての陳述書は、その多くの部分は本来準備書面で対応すべき性格のものであり、他の主尋問の代用としての部分については、新法の改正に際し、取り入れられた宣誓供述書（公証人五八条ノ二第一項）を活用するように環境基盤の整備を図るべきである（「シンポジウム・民事訴訟法改正と公証制度」公証法学二五号（平成八年）五二頁以下〔梅本吉彦報告〕）。

(v)　証人の隔離性　証人尋問は、他の証人から隔離して行うのを原則とする（隔離尋問の原則という）。根拠となる定めはない（旧々法三一一条一項は、これを定めていた。）。その趣旨は、証人は他から影響を受けない状況の下ではじめて真実を陳述することができ、隔離された複数の者の証言内容が同一であれば、それは真実とみることができるという点にある。旧法では、後に尋問すべき証人に在廷を許すか否かは、裁判長の裁量に委ねられていた（旧二九八条。在廷尋問という。）。この点について、むしろ他の証人の在廷する場で証言することにより、事実が現れるという見方と、他の証人への影響あるいは圧力があることは否定できないという反対の見方とがあって、柔軟な訴訟指揮により適切に対処すべきであるとされていた（最高裁判所事務総局民事局監修『民事訴訟の運営改善関係資料(2)』民事裁判資料二〇八号（法曹会、平成六年）五一頁、篠原勝美ほか『民事訴訟の新しい審理方法に関する研究』司法研究報告書四八輯一号（法曹会、平成八年）一六七頁）。裁判長の訴訟指揮権に属することであるので、新法の下でも、旧法と同様とした（規一二〇条）。なお、当事者は立会権を有するので（九四条・二四〇条一項本文参照）、その意に反して、当事者を退廷させることはできない（大阪高判昭和三六・一〇・二一判時二八二号二二頁。篠原ほか・前掲書一六八頁は、実務上は証人に準じて、退廷させることができると解されているという。）。

裁判長は、必要があると認めるときは、証人と他の証人との対質を命ずることができる（規一一八条一項）。同一事実に関わる証人を同時に尋問することにより、正しい心証を得ることができるという見方があり、これを積極的に活用すべきであるとする意見がある（西口元「対質尋問の実証的研究―証拠法研究のプロローグ」中村英郎教授古稀祝賀『民事訴訟法学の新たな展開・上巻』（成文堂、平成八年）二七四頁以下）。事件の類型、争点等を総合して、適切か否かは個別に判断すべきことであろう。対質をさせるのは、職権によるのであり、当事者に申立権はなく、たとえ申立てをしたとしても、職権の発動を促す意味を有するに止まる（最判（二小）昭和三一・三・一裁判集民事二一号二五九頁。西口・前掲書二七五頁は、弁論主義の下

では当事者の意見を尊重すべきであるとする）。

(4)　裁判長の処置に対する異議　当事者が尋問の順序の変更に異議を述べたときは、裁判所は、決定で、その異議について裁判する（二〇二条三項）。また、当事者は、尋問の順序の変更（二〇二条二項）、尋問の許否（規一一三条二項三項）、質問の制限（規一一四条二項・一一五条三項）、文書等の質問への利用（一一六条一項）による裁判長の裁判に対し、異議を述べることができる（規一一七条一項）。これらの異議に対しては、裁判所は、決定で、直ちに裁判をしなければならない（同条二項）。

(5)　受命裁判官・受託裁判官の権限　受命裁判官又は受託裁判官が、証人尋問をする場合には、裁判長及び裁判所の職務はその裁判官が行う（二〇六条本文規一二五条）。証人尋問を実施している過程おいて当事者が異議を述べた場合に、迅速な対応を必要とするので、原則として、受命裁判官又は受託裁判官の権限に委ねたものである。ただし、尋問の順序の変更についての異議に対する裁判は、受訴裁判所がする（二〇六条ただし書）。

第三節　当事者尋問

一　当事者尋問の構造

当事者本人を証拠調べの客体として尋問をし、その陳述を証拠資料とする証拠方法を、当事者尋問という[1]（二〇七条）。訴訟能力を要しない。

訴訟係属中の事件の事実関係については、当事者が最も熟知していると考えられるので、当事者本人を直接尋問し、もって事案の解明に努めることは根拠のあることといえる。その反面、尋問を受ける当事者が虚偽の陳述をしたときは、偽証罪（刑一六九条）になることは酷ではないかという見方、たとえそうした法的制裁措置が設けられていて

も、自己に不利益なことを陳述する可能性は極めて低く、事案の解明に資するか否かは疑問とする見方、逆に当事者は比較的事実に即した陳述をするので事案の解明に有効であるという見方等があり得る。その点で、当事者尋問を訴訟手続の中にどのように位置付けるかは、民事訴訟の根幹にも関わる性格をもっている。旧法では、裁判所が証拠調べによって心証を得ることができないときにはじめて当事者尋問をできるとしていた（旧三三六条。当事者尋問の補充性という。テヒョウ草案から旧三三六条の制定に至るまでの系譜については、兼子一「民事訴訟法の制定―テヒョウ草案を中心として」『東京帝国大学学術大観・法学部編』（昭和一七年）（同・研究第二巻一三頁）、中野貞一郎「当事者尋問の補充性」判タ五〇六号（昭和五八年）（同『民事手続の現在課題』（判例タイムズ社、平成元年）一九五頁以下））。これに対し、新法は、旧法と比較して当事者尋問の位置付けを実施時期の点で積極的に早期に行うことを可能にする方向で対応し、証人尋問及び当事者尋問を行うときは、原則としてまず証人尋問をすることとし、ただし適当と認めるときは、当事者の意見を聴いて、まず当事者尋問をすることができることとした[2]（二〇七条二項）。もっとも、当事者尋問を実施するには、争点及び証拠の整理を終えていてはじめて、実効性があり、その上で証人尋問と関連づけながら実施することが必要である（一八二条）。

（1）　訴訟審理における当事者本人の陳述の役割　民事訴訟において、当事者本人の陳述が法的に意味を有する場合として、つぎの四つがある。第一に、当事者の弁論権としての陳述である。当事者は、口頭弁論に出頭してみずから自己の主張を陳述することができ、たとえ訴訟代理人に委任している場合であっても、当事者固有の権能として妨げられるものではない。さらに、訴訟代理人がその権限に基づいて行う訴訟行為は、当事者がしたのと同一の効力を生じるが、訴訟代理人の陳述のうち事実に関するものについては、当事者は直ちに取り消し、又は更正することができる（五七条）。これを当事者の更正権という。第二に、主張としての陳述である。もとより、主張としての陳述も前記弁論権に基づくものであるが、弁論活動の指導原則との関係では、別に考えることが妥当である。弁論主義の下では、主要事実は当事者が口頭弁論で陳述しないかぎり判決の基礎として採用することはできない。たとえ証拠調べにより裁判所が心証を得たとしても、証拠資料によって訴訟資料を補うことはできないので、これを採用することはできない。他方、陳述の内容、時期、態度等は、弁論の全趣旨として証拠原因となる（二四七条）。第三に、釈明処分として当事者本人が出頭を命じられた場合における本人の陳述（一五一条一項一号）である。これは、訴訟関係を明瞭にするためのも

のであるから、その陳述が直接に証拠資料となるわけではない。もっとも、第一の陳述と同様に、弁論の全趣旨として証拠原因となる余地はある。第四に、当事者が証拠方法として証拠調べの対象となる場合である。当事者尋問がそれである。第二及び第三の場合と異なり、当事者尋問における当事者の陳述は直接に証拠資料として事実認定の資料となる。

(2) 当事者尋問の立法の経緯　旧法の下において、裁判所は、事案の解明を図るには、当事者尋問を早期に行うことが有効かつ適切であるという認識が強く（例えば、河野信夫「当事者の尋問」『講座民事訴訟5』（弘文堂、昭和五八年）三一〇頁、吉井直昭「当事者本人の供述の役割」『新・実務民事訴訟講座2』（日本評論社、昭和五六年）一一〇頁以下）、実務上もかなり柔軟な運用が行われていて、前記規定を廃止すべきであるとする意見も多数あったようである（岩佐善巳ほか『民事訴訟のプラクティスに関する研究』司法研究報告書四〇輯一号（法曹会、平成元年）一一八頁）。他方、弁護士会は、当事者尋問の補充性を廃止することは、当事者尋問の早期実施と証人採用や証人尋問の制限が行われることが十分予想され、当事者尋問の危険性や当事者の納得という点で問題があるという意見であった、日本弁護士連合会「『民事訴訟手続に関する改正要綱試案』に対する意見書」（平成六年）一一七頁）。その結果、新法の規定となった（福永有利「証人尋問と当事者尋問の改革」『講座新民事訴訟法II』（弘文堂、平成一一年）二三二頁以下参照）。

二　当事者尋問の手続

(1) 当事者尋問は、当事者の申立て又は裁判所の職権による（二〇七条一項前段）。当事者は、みずから自己の尋問を申し立てることも、相手方当事者の尋問を申し立てることもできる。裁判所が職権で行うこともできる（物的証拠も人的証拠もなく、当事者双方の主張についていずれとも決め手を欠く場合、本人訴訟においてみるべき証拠がない場合等で、そのまま審理を終結させることは審理不尽のおそれがあるときに、前者については当事者双方を、後者についてはその本人を、職権によって行うことが多いようである。）。裁判長は、必要があると認めるときは、当事者本人と、他の当事者本人又は証人との対質を命じることができる（規一二六条）。

法定代理人を証拠調べの客体として尋問するには、当事者尋問の手続による（二一一条、規一二八条）。

(2) 裁判所は、当事者に宣誓させることができる（二〇七条一項後段。証人の場合と異なり、裁判所の裁量に委ねられる。）。当事者本人が正当な理由なく、出頭せず、又は宣誓若しくは陳述を拒んだときは、裁判所は、尋問事項に関する相手方の主張を真実と認めることができる（二〇八条）。判例は、係争手形の振出人（大阪高判昭和四四・三・二〇判タ二三五号二五一頁）、不動産鑑定費用に必要であるという名目による金員の詐取（大阪高判平成四・一・二八判タ七八七号二六三頁）をそれぞれ尋問事項とする当事者尋問の決定に対し、いずれも二回にわたり口頭弁論期日に欠席した場合につき旧三三八条（新二〇八条）を適用している。逆に、当事者から同条適用を求められたのに対し、

同条を適用しなくても認定できることを一つの理由として適用しなかった例（東京地判昭和五八・四・二二判時一〇七七号八九頁）をみることができる。一般的には、当事者も可能なかぎり他の証拠方法により証明することに努め、裁判所も他の証拠資料に認定の手掛かりを求め、本条による制裁的効果によるのは最後の拠り所とするようである。

その他、証人尋問の規定の多くは、当事者尋問にも準用される（二一〇条・一九五条・二〇一条二項・二〇二条ないし二〇四条・二〇六条）。

第四節　鑑　定

一　鑑定の構造

特別の学識経験を有する者を証拠方法として、その学識経験に基づき専門的知識や意見を報告させる証拠調べを、鑑定という。裁判所が専門的知識や判断を獲得する方法としては、受訴裁判所を構成する裁判官自身が精通する専門的知識による方法、民訴法の定める鑑定による方法、証人による方法、当事者又はその訴訟代理人が特別の学識経験を有する者に依頼してその者の報告書を書証として提出する方法[1]、等がある。証人の証言は、訴訟上に証人として登場する前に裁判所の命令とは関わりなく形成された判断を報告するのに対し、鑑定は、訴訟上において裁判所の命令があってはじめて形成された判断を報告する（岩野徹「鑑定」岩松裁判官還暦記念『訴訟と裁判』（有斐閣、昭和三一年）二九六頁）。また、証言は事実を報告するのに対し、鑑定は意見又は判断を報告する点で異なる。他方、いずれも当事者の申し出により裁判所の決定があってはじめて行われる証拠調べであり、これを認めるか否かはもっぱら裁判所の訴訟指揮権に属する点で共通する。

鑑定は学識経験に基づき専門的知識や意見を報告させるという特質を有する証拠調べであるが、その必要性と重要性は医事紛争、建築関係紛争、コンピュータ関係紛争に集中している（前田順司ほか『専門的な知見を必要とする民事訴訟の運営』司法研究報告書五二輯一号（法曹会、平成一二年）は、この

分野に関する貴重な実証的調査研究である。）。こうした状況を背景にして、専門的知識や意見を積極的に活用すべきであるとする動きが見られる（例えば、篠原勝美ほか『民事訴訟の新しい審理方法に関する研究』司法研究報告書四八輯一号（法曹会、平成八年）一八七頁、西口元「民事訴訟における専門家の関わり—争点整理、証拠調べ及び和解における専門家の役割」早稲田法学七二巻四号（平成九年）四〇七頁以下。その点で、争点整理の段階における専門家の「鑑定型陳述書」の活用とこれを前提にした説明会の有効性が強調されている、篠原ほか・前掲書八一頁。これに対し、フランスの民事訴訟における鑑定は古典的な訴訟に関する領域で多大な役割を果たしているという、北村一郎「フランス民事訴訟における鑑定人の役割（一）（二・完）」法協一一〇巻一号、二号（平成五年）・特に一一〇巻一号三頁以下参照）。そのためには、鑑定を適切に活用できる環境基盤の整備を図る必要があろう（最高裁判所事務総局民事局監修『民事訴訟手続の改正関係資料（3）』民事裁判資料二二一号（法曹会、平成一〇年）六四頁、「医療鑑定に関する鑑定人等協議会要録」同『民事訴訟の新しい運営に関する執務資料』民事裁判資料二二九号（法曹会、平成一二年）所収参照）。また、個別の実定法においても、それぞれの分野に固有の専門的知識の活用の途が設けられている（例えば、特許侵害関係訴訟において、損害計算の鑑定計算人（特許法一〇五条の二）の活用が指摘されている、東京地方裁判所知的財産権訴訟検討委員会「知的財産権侵害訴訟の運営に関する提言」（平成一二年一〇月）判タ一〇四二号（平成一二年）一二頁。その他、火災保険における仲裁鑑定条項について、豊田博昭「仲裁鑑定契約の法構造（一）（二）（三・完）」修道法学一三巻一号（平成三年）、一四巻一号（平成四年）、二号参照）。専門家はこうした意見を述べる立場になったときに、強い責任の自覚と倫理性を求められる（谷口安平「訴訟思想と鑑定人の責任」法学論叢一二八巻四・五・六号（平成三年）四〇頁以下、春日偉知郎「鑑定人の責任」川井健編『専門家の責任』（日本評論社、平成五年）二六七頁以下は、いずれも鑑定人の民事責任について、比較法的に検証する。）。他方、裁判所も、鑑定をどのように評価するかは自由心証主義に基づき裁判所の固有の権限と責任に帰属することであり、鑑定の結果にすべてを依存し、安易な認定を行うことは厳に慎まなければならない（最判（三小）平成九・二・二五民集五一巻二号五〇二頁は、医療過誤訴訟において鑑定に依存した認定について経験則違反の違法があるとする。）。

特別の学識経験により知り得た事実に関する尋問については、証人尋問に関する規定による（二一七条。これを鑑定証人というが、その性格は前記鑑定と証言の違いに照らし、鑑定人ではなく証人である。）。これに対し、裁判所の命令により、過去に認識した事実とそれに経験則を適用して得た判断を裁判所に報告する証拠方法を、「鑑定人兼証人」又は「鑑定人及び証人」という。

（1）　私鑑定（私的鑑定）　民訴法所定の証拠調べによらずに、当事者又はその訴訟代理人が訴訟外で特別の学識経験を有する第三者に依頼して、その学識経験によって得られた専門的知識や意見を報告書として作成してもらい、それを書証として裁判所に提出するものを、私鑑定又は私的鑑定という。例えば、「法律意見書」という題目で書証の形式が採られる。依頼者の有利な見解が提示されるのが一般的であるとして、その信頼性について疑義をもちつつ、相手方の反対尋問を通じて公平な判断を損なうおそれもなく、訴訟手続上の不都合はないと理解されている（加藤新太郎「民事鑑定をめぐる二、三の問題」判時一二六一号（昭和六三年）〔同『手続裁量論』（弘文堂、平成八年）二四二頁〕）。これに対

し、鑑定という訴訟法上の正規の手続きがあるにもかかわらず、それによることなく、書証と証人尋問を組み合わせることにより同じ結果がえられるのは疑問であり、たとえ書証として提出されても、提出当事者の陳述の一部とみるべきであるとする見解がある（中野貞一郎「鑑定の現在問題」（同『民事手続の現在問題』（判例タイムズ社、平成元年）一八三頁〜一八五頁））。私鑑定に限って、一般的に依頼者の有利な見解が提示されるわけではなく、その学識経験を有する者の意見が裁判所に対するどれだけの説得力があるか否かの問題であり、その点では裁判所を介した鑑定と変わるところはない。むしろ、正規の鑑定によると時間を要するので、その結果が出るまで審理が停滞し、迅速な審理を図る上から私鑑定による報告書を書証として提出し、相手方もそれに対応して自己の主張を根拠付ける同様の書証を提出し、裁判所の判断を求めることが少なくないようである。

二　鑑定の手続

鑑定は、当事者の申出により行う。鑑定は、裁判官の知識や判断能力を補充するものであるとして、一般的に職権できるとする見解がある（三ケ月・全集四一八頁、菊井＝村松・Ⅰ七四二頁）が、釈明処分として鑑定を命じることができる（一五一条一項五号）に止まり（山口和男「医療過誤と鑑定」『現代民事裁判の課題⑨医療過誤』（新日本法規、平成三年）七三一頁は、医療過誤訴訟についてその意義を強調する。もっとも、これまでほとんど利用されていないという。前田順司ほか『専門的な知見を必要とする民事訴訟運営』司法研究報告書五二輯一号（法曹会、平成一二年）八〇頁。釈明権の行使により鑑定の申し出を促すようである、野田宏「鑑定をめぐる実務上の二、三の問題」（中野貞一郎編『科学裁判と鑑定』（日本評論社、昭和六三年）九頁））、証拠調べとして職権によることまで許容するのは解釈論の域を越える（もっとも、鑑定の嘱託（二一八条）、検証の際の鑑定（二三三条）は、職権をもって行うことができる。）。鑑定を申し出るには、鑑定を求める事項を記載した書面を提出し、相手方に直送しなければならない（規一二九条一項二項）。これに対し、相手方は書面をもって意見を述べることができる（同条三項）。裁判所はこの書面に基づき、相手方の意見も考慮して、鑑定事項を定め、これを記載した書面を鑑定人に送付しなければならない（同条四項）。鑑定人は、受訴裁判所、受命裁判官又は受託裁判官が指定する（二一三条。医療については専攻領域によって鑑定結果に一定の傾向を生じる可能性があるので、専攻領域を異にする複数の医師に鑑定を要請する姿勢が必要である。）。鑑定人は、鑑定義務を負う（二一二条）。鑑定は、原則として証人尋問に関する規定を準用する（二一六条）。もっとも、鑑定の性格に照らし、勾引による強制はない（二一六条ただし書、規一三四条ただし書）。他方、当事者は、鑑定が公正であることを確保するために、鑑定人について忌避することができる（二一四条）。鑑定人は、証人

と同様に、宣誓義務を負うが、宣誓書を裁判所に提出する方式によることもできる（規一三一条）。

鑑定人は、鑑定のため必要があるときは、審理に立ち会い、裁判長に証人若しくは当事者本人に対する尋問を求め、又は裁判長の許可を得て、これらの者に対し直接問いを発することができる（規一三三条）。また、鑑定人が鑑定資料を収集するについては、それ自体専門的知識に基づく裁量に委ねられるのであり、訴訟手続外で入手した資料を鑑定の資料としても差し支えない（山本和彦・法協一〇三巻八号一六七六頁。それが当事者の一方の訴訟代理人から入手したのであっても同様である。最判(二小)昭和三一・一二・二八民集一〇巻一二号一六三九頁）。鑑定人は、裁判長の裁量により書面又は口頭で報告する（二一五条。書面によっても、書証となるわけではない。）。また、共同して又は格別にさせることもできる（規一三二条）。鑑定人は、証人と同様に、旅費、日当及び宿泊費のほか、相当の鑑定料を受けられ（民訴費一八条・二五条）、訴訟費用の一部となる（同二条二号・一一条一項一号・一八条）。

個人以外の法人等に鑑定を嘱託することもできる（二一八条。法人鑑定という。）。専攻領域によって鑑定の結果について一定の傾向を生じる蓋然性が高いので、法人鑑定を嘱託するについては、裁判所として専攻領域を異にする特別の学識経験を有する複数の者の個別の鑑定を求める等の一定の制約を付することが必要である。

第五節　書　証

一　書証の構造

(1) 書証の意義　文書を証拠方法として、それを閲読し、記載されている思想的意味内容を証拠資料として収得する証拠調べを、書証という（現在の実務では、証拠方法である文書そのものも書証という。）。ここにいう文書とは、文字その他の記号の組み合わせによって、思想的意味を表現した紙片その他の有形物をいう。(1) 文字等によって作成者の事実認識・意見・意図等が客

観的に表示されているところに特徴がある。文字その他の記号をもって構成されていても、思想的意味を表現しているとはいえないもの、あるいは文字その他の記号によらないものは文書といえず、検証物であり、証拠調べの方法は検証による。

(1)　文書の種類　訴訟法上、文書は種々の分類方法がある。

(i)　公文書・私文書　公務員がその権限に基づき正規の方式によって職務上作成した文書を、公文書といい、それ以外の文書はすべて私文書という。同一文書であっても、一部が公文書で、他の部分が私文書のこともある。例えば、内容証明郵便は、証明部分は公文書であり、通信部分は私文書である。公文書のうち、公証権限を有する公務員（例えば、公証人、裁判所書記官）が正規の方式にしたがって作成した文書を公正証書という。

(ii)　処分証書・報告証書　法律上の行為がその文書の作成又はその文書への記載によってはじめて成立する文書を、処分証書という。例えば、判決書、遺言書、手形、売買契約書等である。これに対し、それ以外の作成者の見聞、判断、感想等を記載したものを、報告証書という。例えば、各種の調書、議事録、戸籍簿、商業帳簿、診療録、領収書等である。

(iii)　原本・正本・謄本・抄本　一定の事項を表示するために確定的なものとして作成された文書を、原本という。原本の内容をそのまま全部謄写したものを、謄本といい、原本の一部を抜粋して謄写したものを、抄本という。公証権限ある公務員が、職務上の権限に基づいて作成し、謄本である旨を認証した文書を、認証ある謄本という。新法では、条文上の表現の整理がなされ、認証ある謄本を単に謄本といい（例えば、二五五条二項・二六一条四項、規四〇条等）、当事者の作成した文書は、「写し」という表現を用いている（例えば、規四七条一項・五五条二項・八一条等）。法律の規定に基づいて権限ある公務員が作成した原本と同一の効力を有する文書を、正本といい（例えば、二五五条、規一五九条二項・一六〇条一項）、謄本の一種である。

(2)　文書の証拠能力　自由心証主義の下では、すべての文書について証拠能力がある。訴え提起後に、係争事実に関して作成された文書であっても、証拠能力を有し（第三者の作成した文書につき、大判昭和一四・一一・二一民集一八巻一五四五頁、当事者自身の作成した文書につき、最判(二小)昭和二四・二・一民集三巻二号二一頁）、それらはすべて証拠力の問題に帰着する。

(3)　文書の証拠力　証拠方法としての文書の証拠調べは、それを閲読し、記載されている思想的意味内容を証

拠資料として収得する作業であるので、第一に、その文書自体が特定人の思想的意味内容を表現したものであることを確定する作業が必要であり、その上で、第二に、文書の記載内容が事実の認定に役立つかを判断する作業に進むこととなる。

(i) 文書の形式的証拠力　(イ) 意　義　文書が、挙証者をして文書の作成者であると主張する特定人の意思に基づいて作成されたものであると認められることを、文書の形式的証拠力という。文書が、挙証者の主張する特定人の意思に基づいて作成されたと認められる場合に、「その文書は真正に成立したものと認められる」又は単に「文書の真正な成立」という（これに対し、「文書の真正な成立」の意味内容につき、根本的な疑問を提起するものとして、井上泰人「文書の真正な成立と署名代理形式で作成された処分証書の取扱いに関する一試論」判タ九三九号（平成九年）二一頁以下参照）。特定の文書について形式的証拠力が認められてはじめて、その文書の実質的証拠力が問題になる。

(ロ) 文書の真正な成立　文書の成立を否認するときは、その理由を明らかにしなければならない（規一四五条）。文書の成立の真否につき争いがあれば、挙証者は文書の成立が真正であることを証明しなければならない（二二八条一項）。人証等によるほか、筆跡又は印影の対照によっても、証明できる（二二九条。印影の同一性を認識できなかった場合には、鑑定によっているが、コンピュータ技術の活用により簡易・迅速・安価に判断する方法を採る例がある、永井裕之＝住山真一郎「画像処理ソフトを利用した印影の同一性判断について」判タ九四二号（平成九年）六八頁）。文書の真正な成立は裁判所の自由心証による（二四七条）。文書の成立は補助事実であるから、自白は成立せず、裁判所も拘束されない（真正な成立を自白したのが、白地補充前の白紙委任状なのか補充後の委任状かが争いになった事案につき、最判(二小)昭和五二・四・一五民集三一巻三号三七一頁。高橋宏志・法協九六巻二号二一五頁は、判旨を疑問とし釈明不十分と見る。なお七三九頁参照）。当事者又はその代理人が、故意又は重大な過失により真実に反して文書の真正な成立を争ったときは、裁判所は、決定で一〇万円以下の過料に処する（二三〇条一項）。

(ハ) 「文書の真正な成立」の推定　公文書は、その方式及び趣旨により公務員が職務上作成したものと認めるべきときは、真正に成立したものと推定される（二二八条二項）。公文書の真正な成立につき、疑いがあるときは、当事者に証明させることもできるが、職権で当該官庁又は公署に照会できる（同条三項）。

私文書は、本人又は代理人の署名又は押印があるときは、真正に成立したものと推定される（同条四項）。本条項の性質について、通説は、法定証拠法則とする（兼子一「推定の本質及び効果について」法協五五巻一二号（昭和一二年）〔同・研究第一巻三一〇頁〕。これに対し、法律上の事実推定と解する説として、松本博之「変造手形に関する証明責任の分配と私文書の真正の推定」法学雑誌三二巻四号（昭和六一年）〔同『証明責任の分配〔新版〕』（信山社、平成八年）一七七頁〕、坂原正夫「私文書の検真と真正の推定（二）」民商九七巻三号（昭和六二年）四一三頁）。私文書の作成名義人の印影が当該名義人の印章によって顕出されたものであるときは、反証のない限り、その印影は本人の意思に基づいて顕出されたものと推定される（最判（三小）昭和三九・五・一二民集一八巻四号五九七頁。事実上の推定）。その上で、二二八条四項により、真正な成立が推定される（これを二段の推定という、加藤新太郎「文書成立の真正の推定」中野貞一郎先生古稀祝賀『判例民事訴訟法の理論・上』（有斐閣、平成七年）五九三頁）。

また、電磁的記録であって情報を表すために作成されたものは、当該電磁的記録に記録された情報について本人による電子署名が行われているときは、真正に成立したものと推定される（電子署名及び認証業務に関する法律三条）。なお、公務員が職務上作成されたものは除かれる。また、本人による電子署名は、これを行うために必要な符号及び物件を適正に管理することにより、本人だけが行うことができることとなるものに限る（同二条参照）。

(ii)　文書の実質的証拠力　文書の記載内容が、証明対象とされた事実の認定に実際に役立つ程度を、文書の実質的証拠力という。特定の文書について形式的証拠力が認められてはじめて、その文書の実質的証拠力が問題になる。

処分証書は、その文書に記載された内容以外のものは成立する余地がないので、形式的証拠力が認められれば、そこに記載された内容の行為が適法になされたことが証明され、反証により証拠力を争う余地はない（兼子＝岩松編『法律実務講座民事訴訟篇・第四巻』（有斐閣、昭和三六年）二六九頁、坂井芳雄『裁判手形法〔再増補版〕』（一粒社、昭和六三年）二〇頁、賀集唱「契約の成否・解釈と証書の証明力」民商六〇巻二号（昭和四四年）一八五頁。これに対し、松本博之「間接事実・補助事実の自白の拘束力」大阪市立大学法学雑誌四〇巻三号（平成六年）〔同『民事自白法』（弘文堂、平成六年）一〇〇頁〕は疑問とする。）。

これに対し、報告証書は、その記載内容を信用できるか否かは、裁判官が自由心証により判断する。

二　書証の手続

書証の手続は、弁論主義の原則により当事者の申出による（例外として、商業帳簿は職権で命じることも可能である、商三五条）。書証の申出について、法は、第一に、当事者が提出する方法（二一九条）、第二に、裁判所に文書提出命令を申し立てる方法（二一九条・二二一条）、第三に、裁判所に文書送付の嘱託を申し立てる方法（二二六条）を設けている。

(1)　文書の提出　当事者がみずから所持する文書については、口頭弁論期日又は準備手続期日に携帯して提出すれば足り、文書の提出と書証の申出手続が一体となっている。期日外に受訴裁判所に送付しただけでは、文書の適法な提出行為とはいえない（最判(二小)昭和三七・九・二一民集一六巻九号二〇五二頁は、控訴状と乙号証として文書の原本を裁判所に郵送した場合につき、後者について文書の提出とはいえないとする。）。文書を提出して書証の申出をするときは、当該文書を送付すべき相手方の数が二以上であるときは、その数に一を加えた通数を提出するとともに、文書の記載から明らかな場合を除き、文書の標目、作成者及び立証趣旨を明らかにした証拠説明書を提出しなければならない（規一三七条一項。相手方には直送する、同条二項）。外国語で作成された文書については、訳文を添付しなければならない（規一三八条）。したがって、原文と訳文が一体となってはじめて、適法な証拠となる（原田晃治「民事訴訟における外国語文書の取調べ」司法研修所論集七三号（昭和五九年）四六頁は、基本的に原文が証拠調べの対象になるとする。）。文書の提出は、原本、正本又は認証のある謄本でしなければならない（規一四三条一項）。文書の写しを提出することにより書証の申出をすることは、原則として不適法である（最判(二小)昭和三五・一二・九民集一四巻一三号三〇二〇頁）。もっとも、原本の存在及び成立につき当事者間に争いがなく、文書の写しをもって提出することに相手方の異議がない場合は、許される。また、文書の写し自体を原本とする趣旨で写しを提出することは許される（東京高判平成五・一〇・二七訟務月報四一巻二号七七頁）。裁判所は、文書の提出が正本又は認証のある謄本でされた場合に、必要があると認めるときは、職権で原本の提出を命じ、又は送付させることができる（規一四三条二項）。

(2)　文書提出命令の申立て　(i)　文書提出命令の構造　当事者は、相手方又は第三者が支配下にある文書に

ついて、裁判所に提出の命令を申し立てることができる（二一九条）。文書は、訴訟において、人証とともに、事実の解明のために重要な地位を占めるところ、挙証者自身が所有する場合と相手方又は第三者の支配下にある場合とがある（後者の場合に、前記第一節において「四　証拠調べへの協力義務」七八一頁として述べたことが、ここでもそのまま該当する）。

(ii)　文書提出義務の対象範囲　当事者はもとより、第三者も正当な理由のない限り、その訴訟に関する資料を提出する義務を有し、裁判所は訴訟上に顕出されたすべての証拠調べと弁論の全趣旨を総合して自由なる心証により事実を認定すべきである。こうした認識は、その国の法文化とも密接に関係することである。わが国では、当事者はたとえ事案の解明に資するものであっても、自己に不利な資料については相手方及び裁判所に知らしめないことを鉄則とし、第三者も他人間の訴訟の帰趨は自己とは関わりのないことである。たとえ関わりがあったとしても、それに協力することの利益不利益を勘案して対応すべきであるという意識が、長い間にわたり浸透している感が見られる。これは、個人であると団体であるとを問わず、私法人であると公法人であるとを問わない。しかし、法的紛争の処理が訴訟として司法の場に登場した場合には、訴訟法的には当事者間限りの問題であっても、広い視野から見ると、一つ一つの訴訟がその国の法秩序の基盤を形成し、発展させる性格を有している。

一般に、訴訟において文書は証人と並んで、証拠法上重要な地位を占めている。そこで、相手方又は第三者に対し、文書の提出を法的に義務づけるのに、その訴訟との関係で文書の提出を一般的な義務とする政策と特定の証明すべき事項との関係で提出を義務付ける政策とがあり得る。民事訴訟法は、後述するように前者に属し、他の実定法規には民訴法の特則として後者に属する政策を採っている（特許一〇五条、実用新案三〇条、意匠四一条、商標三九条、不正競争六条、著作権一一四条の二。なお、特許庁総務部総務課工業所有権制度改正審議室編『平成一一年改正・工業所有権法の解説』（発明協会、平成一一年）四五頁参照）。

このような視点から文書提出義務の範囲についてみると、法は、次に掲げる場合には、文書の所持者は、その提

出を拒むことはできないとする[1]（二二〇条本文）。その特徴は、平成八年の新法制定及び平成一三年第一五一回国会におけるその一部改正（平成一三年法律第九六号）により、私文書であると公文書であるとを問わず、文書提出義務が一般義務となったことにある（注(1)参照）。したがって、本条は、その趣旨を踏まえた方向で理解し、運用しなければならない。また、ここにいたるまでの判例及び裁判例のうち、提出義務を否定したものについては、単に文言解釈に係るものとして、当該条文は変更がないからといって、現在でも当然に先例として機能するものではなく、文書提出義務が一般義務となったことを踏まえて、その構造の中で見直されるべきであり、容易く先例として踏襲してはならない。

① 当事者が訴訟において引用した文書を自ら所持するとき（同条一号） 当事者が自己の主張を根拠付けるために引用した文書は、みずから証拠として又は添付資料として提出し、裁判所及び相手方の閲覧に供すべきである。

② 挙証者が文書の所持者に対しその引渡し又は閲覧を求めることができるとき（同条二号） 私法上はもとより（例えば、株主の会計帳簿・書類閲覧請求権（商二九三条ノ六第一項）等）、公法上の文書交付又は閲覧請求権も含む。商業帳簿についても同様に本条項により申し立てるのであり、また商業帳簿の種類により異なった取扱いをすべき理由もない（菊井＝村松・II六〇九頁は商法三五条によるとし、奈良次郎「商業帳簿と文書提出命令」山木戸克己教授還暦記念『実体法と手続法の交錯・下』（有斐閣・昭和五三年）二五五頁は、いずれによるかは当事者の選択に委ねる。）。裁判所が職権で提出を命じることができる点で、他の文書と異なっているに過ぎない（その場合は、商三五条による。）。

③ 文書が挙証者の利益のために作成され、又は挙証者と文書の所持者との法律関係について作成されたとき（同条三号） ここにいう、利益文書及び法律関係文書とは、①挙証者の権利義務を発生させる文書、②挙証者と所持者の間の法律関係を形成する過程で作成された一切の文書その他の資料、③挙証者と所持者その他の共同の利益のために作成されたものをいうのであり、④前記①ないし③の文書等の作成に挙証者と所持者が共同して関与したか否かは関わりない。

④　前3号に掲げる場合のほか、文書が次に掲げるもののいずれにも該当しないとき（同条四号）

(イ)　文書の所持者又は文書の所持者と一九六条各号に掲げる関係を有する者についての同条に規定する事項が記載されている文書

(ロ)　公務員の職務上の秘密に関する文書でその提出により公共の利益を害し、又は公務の遂行に著しい支障を生ずるおそれがあるもの

(ハ)　一九七条一項二号に規定する事実又は同項三号に規定する事項で、黙秘の義務が免除されていないものが記載されている文書

(ニ)　もっぱら文書の所持者の利用に供するための文書（国又は地方公共団体が所持する文書にあっては、公務員が組織的に用いるものを除く。）　判例は、「ある文書が、その作成目的、記載内容、これを現在の所持者が所持するに至るまでの経緯、その他の事情から判断して、専ら内部の者の利用に供する目的で作成され、外部の者に開示することが予定されていない文書であって、開示されると個人のプライバシーが侵害されたり個人ないし団体の自由な意思形成が阻害されたりするなど、開示によって所持者の側に看過し難い不利益が生ずるおそれがあると認められる場合には、特段の事情がない限り、当該文書は民訴法二二〇条四号ハ（平成一三年改正前）所定の『専ら文書の所持者の利用に供するための文書』に当たる」とする（過剰融資につき安全配慮義務違反による損害賠償請求における金融機関の貸出稟議書につき、最決（二小）平成一一・一一・一二民集五三巻八号一七八七頁、信用金庫の会員が提起した代表訴訟における同金庫の稟議書につき同旨として、最決（一小）平成一二・一二・一四民集五四巻九号二七〇九頁。町田裁判官は、本件に特段の事情があるとして、提出を命じるべきであるとする。）。特に、外部の者に見せることを全く予定せずに作成されたものであるからといって直ちにこれに該当するのではなく、その具体的内容に照らし、開示することによって所持者の側に看過し難い不利益を生じるおそれがあることを要するとする（最決（二小）平成一二・三・一〇判時一七〇八号一一五頁）。

企業をはじめとする団体における文書の多くは、基本的に「専ら内部の者の利用に供する目的で作成され、外部

の者に開示することが予定されていない文書」であって、開示されると個人のプライバシーが侵害されたり個人ないし団体の自由な意思形成が程度の差はあるものの阻害されるおそれは十分にあり得ることである（この点に着目して、団体の意思形成の自由を訴訟手続において保護すべきことを強調し、貸出稟議書につき、前記最高裁決定と同一結論を導くものとして、新堂幸司「貸出稟議書は文書提出命令の対象になるか」金融法務事情一五三八号（平成一一年）（同『民事訴訟法学の展開』（有斐閣、平成一二年）二一一頁以下・特に二二五頁））。しかもそれらは、その作成が法的に義務づけられているか否かに関わりなく、当該企業等が組織としての意思決定をするための一連の手続の形成過程を構成するものである。したがって、そうした視点から見ると、その過程に関与する者が職務上作成する文書は、それを稟議に乗せると否とに関わらず、それだけを抽出して「もっぱら文書の所持者の利用に供するための文書」と捉えるのではなく、一体として捉えるのが組織として業務を遂行する実態に即した捉え方である。従って、これらの文書は四号ニには該当せず、むしろ多くは本条三号の法律関係文書に該当するものとみるのが妥当である。

さらに、前記判例の基準によったとしても、四号ニに該当するか否かは、たとえその文書が「もっぱら文書の所持者の利用に供するための文書」であったとしても、当該訴訟における争点の解明に必要不可欠なものであり、他にそれに代わるものがない場合には、証拠調べへの協力義務と証拠としての必要性が優先されるべきであると解する（同じ方向性の考え方をするものとして、長谷部由起子「内部文書提出義務―稟議書に対する文書提出命令を否定した最高裁決定の残したもの」新堂幸司先生古稀祝賀『民事訴訟法理論の新たな構築・下巻』（有斐閣、平成一三年）三一九頁。伊藤眞「文書提出義務と自己使用文書の意義―民事訴訟における情報提供義務の限界」法協一一四巻一二号（平成九年）一四四四頁以下・特に一四五五頁は、団体の意思決定過程の会議録等について同様の利益考量の必要性を強調しつつ、前記最高裁決定と同一結論を導く。）。

また、括弧書きについて見ると、組織の構成員として作成するものはたとえ個人的覚えのためであっても職務上作成したものはすべて含まれ、もっぱら文書の所持者の利用に供するための文書とは、職務と離れて私的に利用する目的で作成した文書をいう。

(ホ)　刑事事件に係る訴訟に関する書類若しくは少年の保護事件の記録又はこれらの事件において押収されている

文書　刑事事件関係書類を民事訴訟に活用する途を開放すべきであるという要請により、現在では、確定記録は文書送付の嘱託により、刑事確定記録法に基づく閲覧に準じて、原則として送付され、確定前の記録については、刑事事件の係属している裁判所の判断に委ねられている。また、不起訴記録の被害者への開示については、刑事訴訟法四七条ただし書による。平成一三年第一五一回国会の審議の過程で、このホその他について、衆議院において、政府はこの法律の施行後三年を目途として、この法律による改正後の規定の実施状況並びに刑事事件関係書類等の民事訴訟における利用状況等を勘案し、刑事事件関係書類等その他の公務員又は公務員であった者がその職務に関し保管し、又は所持する文書を対象とする文書提出命令の制度について検討を加え、その結果に基づいて必要な措置を講ずるものとする旨の修正を行っている（附則）。

（1）　文書提出義務の範囲をめぐる経緯　（i）　旧法における状況　　文書提出義務の範囲について、旧法三一二条では、新法二二〇条一号ないし三号に相当する範囲に限定されていて、特にこれらの定めがある場合に限り、相手方又は第三者は提出義務を負うという趣旨であった。ところが、民事訴訟とりわけ現代型訴訟といわれる紛争にあっては、重要な文書が相手方又は第三者の支配下にある場合が少なくなく、しかもこれらの文書を法的強制力をもって訴訟の場に開示させる方策が訴訟法上に設けられてなく、当事者間における証拠の格差が訴訟の実質的公平性を確保する上で重大な課題となってきた。判例・学説は、種々の試みと努力を重ねて、その不公平性の是正を図る方向に努めるとともに、証言拒絶権の規定を踏まえて、これに該当する文書を除くことにより、申立人と所持人の利益考量を図っていた。しかし、基本的理念も一様ではなく、さらに解釈と運用で対処するのには、おのずから限界があった（旧法の下における判例の推移については、竹下守夫＝野村秀敏「民事訴訟における文書提出命令（一）・（二・完）」判評二〇四号・二〇六号（昭和五一年）、小林秀之「文書提出命令をめぐる最近の判例の動向（一）〜（四・完）」判評二六五号〜二六八号（昭和五六年）、同「文書提出命令の利益文書・法律関係文書の意義」判タ五四九号（昭和六〇年）二〇頁以下、上野泰男「文書提出義務に関する判例について（一）〜（四）」関西大学法学論集四七巻五号（平成九年）、六号（平成一〇年）、四八巻一号、二号参照）。

（ii）　新法における状況　　新法は、当初の政府提出法案では、「公務員の職務上の秘密に関する文書でその提出について当該官庁（衆議院又は参議院の議員の職務の秘密に関する文書については、その院、内閣総理大臣その他の国務大臣の職務上の秘密に関する文書については内閣）が承認しないもの」を、提出義務の対象から除外していた。これに対し、国会審議の段階で、情報公開

の流れに逆行する等の厳しい批判を受け、公務員又は公務員であった者がその職務に関し保管し、又は所持する文書については、行政機関の保有する情報公開制度の検討と並行して、総合的な検討を加え、その結果に基づいて必要な措置を、新法の公布後二年を目途として講ずるものとする旨の規定を附則に設ける旨修正することにより（附則二七条）、ようやく成立するにいたった。

その後、平成八年七月二二日第三三回法制審議会民事訴訟法部会が開催され、事務当局から国会における審議、修正の経緯等の報告があり、同年九月六日第三四回会議で小委員会と研究会を設けて検討することとされた。同年一〇月二四日に第一回文書提出命令制度小委員会が、同年一一月二二日に第一回文書提出命令制度研究会が開催され、前者は七回、後者は八回の会議を開催した上で、平成一〇年二月六日第三五回民事訴訟法部会において、「民事訴訟法の一部を改正する法律案要綱（案）」を了承し、同年二月二〇日開催の第一二三回法制審議会総会において、附帯要望条項が付された上、原案どおり採択され、法務大臣に答申された。改正法案は、平成一〇年第一四二回国会に提出されたが、委員会審査に入ることなく継続審査とされ、平成一二年六月二日（第一四七回国会）に衆議院の解散に伴い廃案となった。その後、平成一三年三月一三日閣議決定を経て、再度前回と同じ内容の法案が、同年三月一三日に衆議院に提出された。その趣旨は、「民事訴訟における証拠収集手続の一層の充実を図るため、公務員又は公務員であった者がその職務に関し保管し、又は所持する文書に係る文書提出命令について、一般義務とするとともに、文書提出義務の存否を判断するための手続を整備する等の措置を講ずる」（「民事訴訟法の一部を改正する法律案提案理由説明」）という点にある。衆議院は、附則に一部修正を加えた上で議決し（その内容は本書本文参照）、参議院は、同年六月二七日にこれを可決し、同年七月四日に公布された。

(iii) 文書提出命令の手続　(イ) 申立て手続　文書提出命令の申立ては、文書の表示、文書の趣旨、文書の所持者、証明すべき事実、文書提出義務の原因を明らかにして、書面でしなければならない（二二一条一項、規一四〇条一項）。二二〇条四号に掲げる場合を文書提出義務の原因とする申立ては、書証の申出を文書提出命令の申立てによってする必要がある場合でなければできない（二二一条二項）。証拠の収集は、第一義的には挙証者である当事者みずからの努力によるべきであり、書証の手続も、当事者が提出する方法（二一九条）を基本とするところ、特にその訴訟において必要とする文書が相手方又は第三者の支配下にあって、挙証者が入手できない場合に、裁判所による文書提出命令により、法的強制力をもって提出を命じる趣旨である。したがって、申立人みずから入手できるにもかかわらず、それを裁判所の

労に委ねることは、法の予定する本来の趣旨ではない。

文書提出命令の申立てに際し、文書の表示及び文書の趣旨を明らかにすることが著しく困難であるときは、これらの事項に代えて、文書の所持者がその申立てに係る文書を識別できる事項を明らかにすれば足りる（二二二条一項前段）。この場合には、裁判所に対し、文書の所持者にその文書の表示及び文書の趣旨を明らかにするように申し出なければならない（同条一項後段）。この申出があったときは、裁判所は、文書提出命令の申立てに理由がないことが明らかな場合を除き、文書の所持者に対し、右事項を明らかにすることを求めることができる（同条二項）。

(ロ)　文書提出命令の決定　　裁判所は、文書提出命令の申立てを理由があると認めるときは、決定で、文書の所持者に対し、その提出を命ずる（二二三条一項前段）。その場合に、文書に取り調べる必要がないと認める部分又は提出義務を認めることができない部分があるときは、その部分を除いて、提出を命ずることができる（同条一項後段）。第三者に対して文書の提出を命じようとする場合は、その第三者を審尋しなければならない（同条二項）。文書提出命令の申立についての決定に対しては、即時抗告できる（同条四項）。文書提出命令に対し、証拠調べの必要がないことを理由として却下する決定に対し、右必要性があることを理由として独立して不服申立てをすることはできない（最決（二小）平成一二・三・一〇民集五四巻三号一〇七三頁）。また、文書の提出を命じられた所持者及び申立人以外の者は即時抗告の利益を有せず、本案事件の当事者であっても同様である（最決（二小）平成一二・一二・一一民集五四巻九号二七四三頁）。

(ハ)　公務員が所持又は保管する文書に係る手続　　(a)　裁判所は、公務員の職務上の秘密に関する文書について二二〇条四号に掲げる場合を文書提出義務の原因とする場合には、その申立てに理由がないことが明らかなときを除き、当該文書が同号ロに掲げる文書に該当するかどうかについて、当該監督官庁（衆議院又は参議院の議員の職務上の秘密に関する文書についてはその院、内閣総理大臣その他の国務大臣の職務上の秘密に関する文書について

は内閣）の意見を聴かなければならない。この場合に、当該監督官庁は、当該文書が同号ロに掲げる文書に該当する旨の意見を述べるときは、その理由を示さなければならない（二二三条三項）。

(b) 当該監督官庁が二二〇条四号ロに掲げる文書に該当する理由として、①国の安全が害されるおそれ、他国若しくは国際機関との信頼関係が損なわれるおそれ又は他国若しくは国際機関との交渉上不利益を被るおそれ、②犯罪の予防、鎮圧又は捜査、公訴の維持、刑の執行その他の公共の安全と秩序の維持に支障を及ぼすおそれがあることを述べたときは、裁判所は、その意見について相当の理由があると認めるに足りない場合に限り、その文書の提出を命ずることができる（同条四項）。

(c) 監督官庁が、文書の所持者以外の第三者の技術又は職業の秘密に関する事項に係る記載がされている文書について意見を述べようとするときは、二二〇条四号ロに掲げる文書に該当する旨の意見を述べようとするときを除き、あらかじめ、当該第三者の意見を聴くものとする（同条五項）。

(d) 裁判所は、文書が二二〇条四号イからニまでに掲げる文書のいずれかに該当するかどうかの判断をするため必要があると認めるときは、文書の所持者にそれを提示させ、閲覧した上で、判断することができる。この場合に、何人もその提示された文書の開示を求めることはできない（同条六項。インカメラ（in camera）手続又は非公開審理手続という。それによる審理の例として、東京高決平成一〇・七・一六金融商事一〇五五号三九頁。これを詳述するものとして、伊藤眞「インカメラ手続の光と影—東京高裁平成一〇年七月一六日決定を素材として」新堂幸司先生古稀祝賀『民事訴訟法理論の新たな構築・下巻』（有斐閣、平成一三年）一九六頁）。

㈡ 提出された文書の取扱い　提出された文書は、裁判所が口頭弁論期日又は準備手続期日において提示し、挙証者が申し立てた文書であることを確認した上で、挙証者はその文書の全部又は一部を証拠として援用することを要する。文書提出命令によって提出された文書に営業秘密が含まれている場合には、これが不必要に開示されることを避けるために、裁判所は訴訟指揮権に基づき、その閲覧、謄写等の方法を定めることができる（東京高決平成九・五・二〇判

時一六〇一号一四三頁は、それを示唆する。実際の決定例として、東京地決平成九・七・二二判時一六二七号一四一頁、東京地決平成一〇・七・三一判時一六五八号一七八頁）。

(iv)　文書提出命令違反の効果　(イ)　当事者が文書提出命令に従わないときは、裁判所は、当該文書の記載に関する相手方の主張を真実と認めることができる（二二四条一項）。弁論主義の一内容である相手方の証拠収集活動を裁判所の決定にもかかわらず阻害する行為は、前記民事訴訟の基本原則を否定するものであり、証明妨害として法的制裁措置を設けたものである。「当該文書の記載に関する相手方の主張」とは、文書の性質・内容についての主張及びその文書により証明しようとする事実に関する主張を含む（小林秀之「文書提出命令をめぐる最近の判例の動向（三）」判評二六七号（昭和五六年）一四六頁。挙証者が文書の具体的記載内容を知り又は合理的に推定する基礎を有しない場合につき同旨として、東京高判昭和五四・一〇・一八下民集三三巻五～八号一〇三一頁、竹下守夫「模索的証明と文書提出命令違反の効果」吉川大二郎博士追悼論集『手続法の理論と実践・下巻』（法律文化社、昭和五六年）一八三頁、兼子・条解一〇六八頁〔松浦〕）。判例・通説は、後者まで認めることは、文書が提出された場合よりも挙証者を利することになるので、否定していた（最判（一小）昭和三一・九・二八裁判集民事二三号二八一頁、菊井＝村松・II六三一頁）。しかし、証すべきの主張を根拠付ける文書が相手方又は第三者の支配下にあるので、裁判所に文書提出命令を申し立てるのであるから、それを認める決定に従わなかった場合には、証明妨害としてその文書により証明しようとする事実に関する主張を真実と認めてこそ、右決定を遵守した場合との均衡を保つことができる。文書が提出された場合よりも挙証者を利することになるわけではなく、かえって決定を遵守しなかったことにより、利益を得る事態を生じる結果になる。

こうした従来の判例・通説に対する批判を踏まえて、新法は、相手方が、当該文書の記載に関して具体的な主張をすること及び当該文書により証明すべき事実を他の証拠により証明することが著しく困難であるときは、裁判所は、その事実に関する相手方の主張を真実と認めることができるとした（同条三項）。もっとも、裁判所は、他の証拠から証明すべき事実をが真実でないとの確信を抱いた場合には、自由心証主義によりその事実に関する相手方の主張を真実でないと認めることができる。

(ロ) 当事者が相手方の使用を妨げる目的で提出義務がある文書を滅失させ、その他これを利用することができないようにしたときも、同様である(同条二項)。法令等により文書の作成が義務づけられているにもかかわらず、その文書が存在しない場合、あるいは保存期間が定められているにもかかわらず、その文書が存在しない場合については、ただちに本条項に該当するとはいえないが、それらの事実自体が弁論の全趣旨として事実認定に影響することはあり得る。なお、同条三項は、この場合にも適用される。

(ハ) 第三者が文書提出命令に従わないときは、裁判所は、決定で二〇万円以下の過料に処する(二二五条一項)。この決定に対しては、即時抗告できる(同条二項)。

(v) 文書に準ずる物件　図面、写真、録音テープ、ビデオテープその他の情報を表すために作成された物件で文書でないものについては、書証に関する規定を準用する[(2)](二三一条、規一四七条)。したがって、録音テープに録取されている音声の意味内容を証拠資料とする目的の場合には、文書提出命令の対象となる(東京地決平成元・六・二判タ七〇九号二六二頁)。

(2) 新種記録媒体　旧法の下で、磁気テープ及びこれを取り出すのに必要不可欠な資料の提出を申立てた事案につき、裁判所は準文書(旧法三三二条)として提出を命じた(大阪高決昭和五三・三・六高民集三一巻一号三八頁)。磁気テープ、磁気ディスク等はそのままでは内容を見読できないが、コンピュータの操作によりプリントアウトしたものは文字その他の記号により人の思想を表現した文書であるので、その内容を証拠資料とする証拠調べは書証である。その場合に、磁気テープ等が原本であり、プリントアウトされたものが正本である。証拠調べは、磁気テープ等とプリントアウトした文書及びこれに使用したプログラムと合わせて、民訴規則一三八条一項を準用して、記号、符合を復号化した文書を提出することを要する(梅本吉彦「情報化社会における民事訴訟法」民訴雑誌三三号(昭和六二年)一七頁以下)。新法では準文書の規定は設けられたが、旧法三三二条のそれとは意味内容が異なっている。磁気テープ等新種記録媒体についての規定は設けられていないが、この点について、所管官庁の立法作業担当者は、裁判所において容易に再生できないものもあり、鑑定や検証をせざるを得ない場合も考慮して、規定を設けることを見送ったとしている(法務省民事局参事官室編『一問一答・新民事訴訟法』二七七頁)。したがって、新法の下でも、今後の課題として残されている。この場合に、新法制定とともに公証人法の一部改正として導入された宣誓供述書(公証五八条ノ

二）の補完的機能に着目し、新種記録媒体からプリントアウトされた文書、さらに復号化した文書について、担当者が資格を明示した上で署名して宣誓供述書とすることにより、刑事罰（同法六〇条ノ五）の法的制裁措置に裏付けられた証拠調べ手続として、現実的かつ適切妥当な対応に努めるべきであると解する（「シンポジウム・民事訴訟法改正と公証制度」公証法学二五号（平成八年）五四頁〔梅本吉彦報告〕）。

(3)　文書送付の嘱託　当事者は、文書の所持者にその文書の送付を嘱託することを裁判所に申し立てることができる（二二六条本文）。嘱託は受訴裁判所が決定し、裁判所書記官が行う（規三一条二項）。嘱託先は、文書提出義務を負っている者か否かを問わない。団体であると個人であるとを問わない。送付の嘱託を受けた団体又は個人はこれに応じる公法上の義務があるが、たとえ応じなかったとしても制裁措置は設けられていない。その対象となる文書は第三者が保管しているので、当事者双方とも内容を熟知してなく、それが判明すれば、かえって争点が明確になり、審理に資することが少なくないので、裁判所が原告に申請するように積極的に促すことも必要である（岩佐善巳ほか『民事訴訟のプラクティスに関する研究』司法研究報告書四〇輯一号（法曹会、平成元年）五二頁）。また、文書送付の嘱託を受けた団体の側にも、適切な対応が要請される（公正取引委員会は、その取扱いの要領を定めている「独占禁止法違反行為に係る損害賠償請求訴訟に関する資料の提供等について」（平成三年五月一五日）最高裁判所事務総局行政局監修『独占禁止法関係訴訟執務資料』行政裁判資料七六号（平成一三年）二一二頁以下所収）参照）。

送付嘱託を申し立てる行為は、書証の申出の方法の一つであるが、文書の提出及び文書提出命令の申立てと異なり、書証の申出の準備行為を兼ねるものであり、送付された文書（実務上は、取寄文書ともいう）が直ちに証拠となるのではなく、申し立てた当事者がその中から必要なものだけを証拠として提出する。裁判所も、当事者が証拠として指定したもの以外については、証拠調べを必要としない（最判（二小）昭和四五・一二・四裁判集民事一〇一号六二七頁は、口頭弁論期日において送付嘱託により取り寄せた文書を提示したが申立人が出頭しなかったので、証拠として取り調べなかったのを適法とする。）。送付嘱託に応じて送付された文書自体は、提出者に所有権があり、いずれ提出者に返還されるべきものであって、訴訟記録ではない（西村宏一「訴訟記録」『民事訴訟法講座・第二巻』（有斐閣、昭和二九年）四九四頁）。しかし、訴訟記録でないからといって、その論理的帰結として当事者に閲覧・謄写請求権がないという結論を導くことはできない。当事者には、書証の申出行為の一貫とし

て閲覧・謄写請求権を有すると解するのが相当である(広島地決平成六・三・二八判タ八七五号二七八頁は、当事者による送付された文書の閲覧・謄写請求につき、裁判所書記官が送付者に照会してその一部につきこれを拒否したのを適法としたが、結論に疑問がある。また、裁判所書記官みずからの判断と責任により許否を決すべきである。裁判所書)。

当事者が法令により文書の正本又は謄本の交付を求めることができる場合は、申立てはできない(同条ただし書)。

(4) 証拠調べ後の文書の措置　文書の証拠調べは、原本、正本又は認証ある謄本を提出し(規一四三条)、裁判所がこれを閲読することによる。証拠調べを終えた後は、裁判所はその文書を提出者又は送付者に返還しなければならない。しかし、必要があると認めるときは、提出又は送付された文書を裁判所に留置することができる(二二七条)。

第六節　検　証

一　検証の構造

裁判官がみずからの五感の作用によって、直接に事物の形状・現象を検査し、それによって得られた認識内容を証拠資料とする証拠調べを、検証という。検証の対象となるものを検証物という。同一の事物であっても、証拠調べの対象によってその方法が異なる。同一の文書であっても、その記載内容を対象とするのであれば、書証によることとなり、その紙質、表示されている筆跡・印影を対象とするのであれば、検証による。

紛争類型又は訴訟の争点によって、検証の占める重要性が異なってくる。特に、人証によってはもとより、物証であっても、文書では、判決の基礎を確定する手掛かりを得ることが容易でない場合には、検証による証拠調べが必要になる。例えば、境界確定訴訟における係争地の状況、知的財産紛争をはじめ通常民事訴訟において、物の生産工程の状況を把握する場合である(村松俊夫『境界確定の訴〔増補版〕』(有斐閣、昭和五二年〔初版、昭和四七年〕)二三頁・一二一頁、倉田卓次「境界確定の訴について(二)」司法研修所論集五七号(昭和五一年)九五頁、清永利亮ほか『工業所有権関係

民事事件の処理に関する諸問題』（司法研究報告書四一輯一号）（法曹会、平成七年）一二二頁）。その際、特に知的財産関係訴訟の場合に、企業秘密の保護について十分に配慮することを要する（梅本吉彦「営業秘密の法的保護と民事訴訟手続」法とコンピュータ一〇号（平成四年）八九頁）。その反面、検証には、証拠調べの結果を調書に作成することが困難であること、検証の実施には相当長時間を要すること等の事情から、裁判所が消極的であるとの批判がある（岩佐善巳ほか『民事訴訟のプラクティスに関する研究』（司法研究報告書四〇輯一号）（法曹会、平成元年）一三四頁）。

二　検証の手続

検証の手続は、おおむね書証に準じる（二三二条一項、規一五一条。鈴木信幸＝山田忠克『民事検証の手続と調書』（裁判所書記官実務研究報告書一四巻一号）（法曹会、昭和五一年）は、やや古くなっているが、検証の手続を最も詳細に論じたものとして貴重である）。検証の申出には、検証の目的を表示してしなければならない（規一五〇条）。一般に、証明すべき事実を特定し明示するとともに、検証の対象となるものを表示する。挙証者が検証の対象物を所持する場合は、単なる検証の申出で足りるが、相手方又は第三者が所持、占有する場合には、目的物の提示、検証受忍、送付嘱託等を申し立てる。裁判所は、検証の申出が理由があると認めるときは、検証物を所持、占有する相手方又は第三者に決定で検証物提示命令、検証受忍命令等を発する（二三二条一項・二二三条一項）。これらの命令に従わない相手方、第三者に対する制裁については、文書提出命令におけると同様である(1)（二三二条一項・二二四条、二三二条二項三項）。これに対し、裁判所は、検証の申出の対象とされる物の証拠価値、その他の事情を斟酌して相当でないと判断するときは、申立てを却下することができる（例えば、大阪地決昭和四六・一一・一五判時六五一号二八頁は、大阪国際空港公害訴訟において第三者である報道機関への放映済みフィルム及びシネコーダー・テープの検証申出及び検証受忍命令の申立てについて、それらの証拠価値及び報道機関の将来における取材活動への影響等を考慮していずれも却下した。）。検証の際に、専門的知識や意見が必要であるときは、裁判所は鑑定を命じることができる（二三三条）。

（1）　検証協力義務　親子関係訴訟において当事者がＤＮＡ鑑定を拒否した場合の措置については、困難な問題を生じる。判例は、①民法七七二条の嫡出推定の働かない親子関係不存在確認請求と、②同事件の被告等の不貞等を理由とする損害賠償請求において、被告等がＤＮＡ鑑定を拒否した場合に、前者につき二三二条一項（二二四条準用）は適用すべきでないとするとともに、主観

的証明責任の転換をすべしとの主張を斥け、何人も疑いを差し挟まないような信頼するに足りる科学的証拠によって立証されることが必要であるとし、結論として訴えを却下し、他方後者について他の間接証拠を総合して本件の子は夫婦間の子ではありえないとして慰藉料請求を認めた（東京高判平成七・一一・三〇判時一五五一号七三頁・七七頁）。こうした一見矛盾する判断には疑問が残る。高度の真実追及を要請され、弁論主義が制限されている人事関係訴訟においては、検証協力義務に反することをもって直ちに二三二条一項（二三四条準用）を適用することには確かに疑問がある。その反面、自己の敗訴を自覚した当事者が検証協力を拒否しさえすれば勝訴判決を取得できるのでは、法的正義に反する。現行法の下では、ＤＮＡ鑑定による検証を拒否したことが、弁論の全趣旨を構成し、これに当事者尋問を証拠資料として総合して自由心証により事実認定するのが妥当と解する（これに対し、春日偉知郎「父子関係訴訟における証明問題と鑑定強制（検証協力義務）」法曹時報四九巻二号（平成九年）三二五頁以下は、前記判決の要求する証明度を疑問とし、民事訴訟におけるのと同程度又はこれよりやや高い証明度にとどめ、父子関係を否定する供述があることを踏まえて、鑑定を強く促しても応じない場合には、証明妨害又は解明義務違反により証拠提出責任を転換し、嫡出推定の排除を認めるべきであったとする。しかし、解釈論から遊離しすぎるきらいがあり疑問である）。また、法的親子関係について科学的鑑定方法により真実の究明を図ることは、実体法の視点から疑問とする見方もある（水野紀子「実親子関係と血縁主義に関する一考察」星野英一先生古稀祝賀『日本民法学の形成と課題・下』（有斐閣、平成八年）一一四六頁）。しかし、最も有力な証拠方法としてＤＮＡ鑑定という科学的方法を尊重するのは、問題の性質に照らし、社会通念に反しないのみならず不自然な姿勢でもない。

立法論としては、正当な理由なしに検証協力を拒否したときは、証明責任の転換を図ることが妥当な処理と考える。直接強制を採用することは、行為の性質に照らし、疑問がある（春日・前掲論文法曹時報四九巻二号三二七頁。なお、「特集・実親子関係とＤＮＡ鑑定」ジュリ一〇九九号（平成九年）二九頁以下参照）。

第七節　証拠保全

一　証拠保全の構造

訴訟における本来の証拠調べの実施まで待っていたのでは、その証拠調べが不能又は困難になるおそれのある特定の証拠について、本案の訴訟手続とは別にあらかじめこれを取り調べることにより、その結果を保全しておくための証拠調手続を、証拠保全という（二三四条）。証拠調べの実施まで待つことなく証拠調べを実施するという点で、そ

れには、証拠保全機能と証拠収集機能とがある。前者は、証拠調べを時期的に繰り上げて実施するという性格を有するのに対し、後者は、わが国の法制度の下では、訴訟審理前の証拠開示のための制度が設けられてなく、その点で、これを補完する機能の一部を果たす意義がある。むしろ、多くの場合に、両者の重複機能を果たしている。特に知的財産紛争、医療紛争では、決め手となる証拠が加害者側の支配下にあるので、こうした性格が顕著である（清永利亮ほか『工業所有権関係民事事件の処理に関する諸問題』（司法研究報告書四一輯一号）（法曹会、平成七年）一二三頁）。

証拠保全は、訴え提起前でも可能であり、しかもたとえ証拠保全手続を経たとしても、その後訴えを提起しなければならない起訴責任を生じない点に特徴がある。そのため、証拠保全手続を経た事案につき、その後に現実に訴え提起に至らない場合が少なくないという。この点について、もともと訴え提起を予定してなく、別の目的で証拠保全手続を利用したのではないかという見方と、証拠保全手続をしてまでも確保する必要性の高い証拠資料を取得されてしまった事態に直面し、相手方との間で交渉が成立したものと見るべきであるという受け止め方とがある。たとえ前者のような場合があったとしても、その面をことさら強調し、直ちにこの制度の濫用と断定して制限する方向に運用するのは誤っていて、後者のような場合を想定し、前記の特徴を活かす方向に育成し、発展させていくべきである。

二　証拠保全の手続

証拠保全は、あらかじめ証拠調べをしておかなければ、その証拠を使用することが困難な事情があると認めるときに行う（二三四条）。

証拠保全は、申立てにより行うほか、裁判所が必要があると認めるときは、職権で証拠保全決定をできる（二三七条）。証拠保全の申立ては、訴え提起後は、その証拠を使用すべき審級の裁判所に、訴え提起前は、尋問を受けるべき者

若しくは文書を所持する者の居所又は検証物の所在地を管轄する地方裁判所または簡易裁判所に行う（二三五条一項二項）。急迫の事情がある場合には、訴え提起後であっても、訴え提起前と同様の裁判所に申し立てることができる（同条三項）。証拠保全の申立は、書面により、書面には相手方の表示、証明すべき事実、証拠、証拠保全事由を記載しなければならない（規一五三条一項二項）。証拠保全事由は、疎明しなければならない（同条三項）。相手方を指定することができない場合でも、申し立てることができ（二三六条前段）、この場合は、裁判所は相手方となるべき者のために特別代理人を選任する（同条後段）。例えば、ひき逃げ事故で加害者不明のまま、現場検証を申し立てる場合である。

裁判所は、申立てが理由があると認めるときは、証拠保全の決定をする。証拠保全の決定に対しては、不服を申し立てることはできない（二三八条）。証拠調べの期日には、申立人及び相手方を呼び出さなければならない（二四〇条本文）。例えば、火災現場の現場検証の場合である（柴田昌一「太洋デパート火災証拠保全事件メモ」書研所報二五号（昭和五〇年）一〇七頁は、その実例の貴重な報告である。）。ただし、急速を要する場合は、この限りでない（同条ただし書）。例えば、証拠隠滅ないし改竄のおそれがある場合である。知的財産関係紛争、医療紛争にその例が多い[1]（清永ほか・前掲書二二三頁）。その送達について、判例は、国の医療機関が保管する診療記録等に係る証拠保全の相手方は国であり、証拠保全決定書の送達受領権限は法務省（法務局及び地方法務局を含む）に限られ、当該医療機関にはないとする（最判（二小）平成三・一二・五訟務月報三八巻六号一〇二九頁、広島高判平成三・一・三一判タ七五三号二二二頁）。送達は営業所においてもできるのであり（一〇三条）、医療業務は民訴法五条五号にいう業務に当然に含まれるので、医療行為をした病院は、右医療業務に関しては国の営業所として適法な送達場所に当たると解する（林圭介「証拠保全に関する研究」民訴雑誌三七号（平成三年）四一頁）。

証拠保全を実施する場合には、証人尋問、書証等のそれぞれ固有の制限の適用を受ける（一九六条・一九七条・二二〇条四号イないしハ）。また、証拠保全の方法は、証拠方法の特性に即して適切な方法を選択することにより、証拠保全の意義を高める必要がある（その点で、ビデオ撮影によることは最近の注目される方法の一つである、山門優「ビデオ撮影による証拠保全手続―診療録等の証拠保全手続を中心に」判タ九三四号（平成九年）一九頁、太田朝陽「ビデオ撮影方式による証拠保全手続の記録について」同誌三一頁参照）。

証拠保全に関する費用は、訴訟費用の一部とする（二四一条）。証拠保全手続において尋問した証人について、当事者が口頭弁論において尋問を申し出たときは、裁判所はその尋問をしなければならない（二四二条）。

（1）　医療機関が保管する診療記録等の証拠保全手続　医療過誤訴訟、薬害訴訟等では、訴え提起前に診療記録等の証拠保全を申し立てるのが、通例である。医師が診療したときは、診療録に記載することを義務付けられている（医師法二四条、歯科医師法二三条）。証拠保全に際しては、この診療録をはじめとして、検査記録（輸血伝票等）、処方箋、看護記録等の当該患者に関するいっさいの診療記録を対象とすることが必要であり、保健診療明細書の基礎になる診療録だけでは足りないことはもとより、前記各種書類のすべてを網羅しなければならない。その場合に関して若干の問題がある。第一に、保全事由についてどの程度まで疎明することを要するかが問題になる。通常、改竄のおそれを事由とすることが多いが、当該事案についての具体的事実の疎明を要するという説（広島地決昭和六一・一一・二一判時一二二四号七六頁、大竹たかし「提起前の証拠保全実施上の諸問題」判タ三六一号（昭和五三年）七七頁、兼子・条解一一〇二頁〔松浦〕）と、具体的事実の疎明を不要とする説（新堂幸司「訴訟提起前におけるカルテ等の閲覧・謄写について」判タ三八二号（昭和五四年）〔同『民事訴訟法学の展開』（有斐閣、平成一二年）一八九頁〕、林圭介・前掲論文四〇頁、畔柳達雄「医療事故訴訟提起前の準備活動」『新・実務民事訴訟講座5』（日本評論社、昭和五八年）一九六頁。小林秀之『民事裁判の審理』（有斐閣、昭和六二年）二四〇頁は、あらかじめ証拠調べをしておかなければ、その証拠を使用することが困難な事情とは、客観的事情だけでなく、主観的事情も含むと解することにより、同様の結論を導く。）とがある。証拠保全事由を疎明すること（規一五三条三項）が、申立の要件であるから、具体的事実の疎明を不要とまでいうことは困難である。問題は、何をもって具体的事実というかという点に帰着する。この点について、診療時ないし事故発生時から現在にいたるまで、担当医師又は当該医療機関関係者による説明の拒否、欠如、矛盾があり、訴訟の提起により、診療記録等の改竄のおそれが顕著である旨の申立人による陳述書をもって足りると解する。医師法や医療法等によって作成・保管が要求されている診療録は、医師の公法上の地位とこれに基づく義務として、公法上の要請から監督機関に対する関係で作成が義務付けられているもので、医師と患者との関係で医師の診療録の作成を規律しようという趣旨ではない（伊藤栄子「診療録の医務上の取扱いと法律上の取扱いをめぐって（下）」判タ三〇二号（昭和四九年）四八頁注1）、という基本的な認識にこそ、最も重要な問題がある（なお、『カルテ等の診療情報の活用に関する検討会報告書』（平成一〇年六月一八日）ジュリ一一四二号（平成一〇年）六四頁参照）。

第二に、電子カルテが導入されてきている事態を直視し、どのように対処すべきかという問題である。電子カルテとは、第一に、診療記録を電子的に記録し、保管したものをいう。それは、内容的にみると、医療情報をデータベース化し、インターフェイスを含んだ作業環境であり、その目的はこれを標準化することにより、医療機関等で相互に有効かつ適切に活用しやすくすることにある（この点が従来の書面媒体にない特徴である。）。この証拠保全は、電子カルテをプリントアウトした文書と当初から文書化されている診療記

録そのものの両者について実施することを要する。この場合に、前者は、検証であるが、後者は書証である。次節三で後述する書証・検証融合形態と位置づけられる。第二に、診療記録を画像として入力し、保管することも、広義の電子カルテという。現在では、電子カルテとしてではなく、マイクロフィルムによる保存として認められている（この場合は検証による。）。医療機関が、ネットワーク化により、電子カルテを共有化することとなると、証拠保全についても新たな方法を検討する必要がある。

第八節　特別な証拠調べ

現行法に定める五つの証拠方法についての証拠調べの他に特別な証拠調べがある。

一　調査の嘱託

(1)　調査の嘱託の構造　　裁判所は、官庁若しくは公署、外国の官庁若しくは公署又は学校、商工会議所、取引所その他の団体に必要な調査の嘱託することができる（一八六条）。その趣旨は、客観的事項を調査し、報告を求めるのは、証人尋問におけるように宣誓や反対尋問の手続を経なくても、手続の公正を害するおそれがなく、当事者の手続保障を害することにもならないことにある（1）（比較法的沿革については、高田昌宏「ドイツ民事訴訟法における公の報告（amtliche Auskunft）—民事訴訟における調査嘱託の基礎的研究」中村英郎教授古稀祝賀『民事訴訟法学の新たな展開・上巻』（成文堂、平成八年）七五五頁以下・特に七八四頁参照）。当事者又はその訴訟代理人が前記の団体に問い合わせても、守秘義務を理由に回答しないことが少なくないので、裁判所の公権力によるこの方法が用いられているようである（村松俊夫・民商六三巻五号七六九頁参照。最判(三小)昭和五六・四・一四民集三五巻三号六二〇頁が、弁護士法二三条の二による地方自治体に対する前科及び犯罪歴等の照会について、裁判所からの照会の可能性を示唆するのは調査嘱託に指すものと解される。）。

（1）　裁判所による意見の照会　　独禁法上の差止請求及び損害賠償請求において、裁判所による公正取引委員会に対し、当該事件に関する同法の適用その他必要な事項について意見を求めることができる求意見制度を設け、裁判所が意見を求めるか否かに

つき、前者は裁量的であり（独禁八三条の二第二項）、後者は義務的である（同八四条一項。その訴訟法上の扱いについて、最高裁判所事務総局行政局監修『独占禁止法関係訴訟執務資料』行政裁判資料七六号（平成一三年）二〇頁以下参照）。なお、最判（一小）昭和六二・七・二民集四一巻五号七八五頁は、八四条による公正取引委員会の意見は、裁判所を拘束するものではなく、単に判断に当たっての一資料の意味に止まるとする。

(2)　調査の嘱託の手続　調査の嘱託は、当事者の申立て又は職権で行う。嘱託は受訴裁判所が決定し、裁判所書記官が行う（規三一条二項）。嘱託先は、公私の団体に限られ、権利能力の有無は問わない。個人に調査を嘱託することはできない。その場合は、証人尋問又は鑑定の方法による。調査の嘱託を受けた前記の団体はこれに応じる公法上の義務があるが、たとえ応じなかったとしても制裁措置は設けられていない。その前提として、裁判所が事案の解明のために客観的事項を調査し、報告を求めるの対し、これらの団体が拒否する事態は想定されていないというのが妥当な見方であろう。嘱託を受けた団体から裁判所に提出された調査の結果を証拠とするには、裁判所が口頭弁論に提示し、当事者に意見を陳述する機会を与えれば足り、当事者の援用を要しない（最判（一小）昭和四五・九・二〇民集二四巻三号一六五頁）。

二　受命裁判官又は受託裁判官による文書の証拠調べ（規一四二条）

受命裁判官又は受託裁判官による文書の証拠調べの対象とする文書とは、容積がかさばり運搬が困難なもの、貴重品で滅失毀損のおそれがあり、外部への持ち出しが制限されているもの等をいう。新法は、旧三二一条に相当する受命裁判官又は受託裁判官による文書の証拠調べを、裁判所内部の事務処理に関する事項であるとして、根拠とする規定を規則にゆずっている（最高裁判所事務総局民事局監修『条解民事訴訟規則』三〇二頁）。しかし、これは証拠調べそのものであることには変わりはなく、文書の証拠調べであるが、書証ではなく、むしろ検証に準じる性格のものであり（鈴木信幸＝山田忠克『民事検証の手続と調書』裁判所書記官実務研究報告書一四巻一号（法曹会、昭和五一年）一四三頁）、この対応はいずれの視点からも疑問である。

三　書証・検証融合形態

一般に、証拠調べの方法は、所定の五つの方法に限られるわけではない（村松・前掲民商六三巻五号七六七頁）。既存のこれらの方法も、それぞれ別個独立したものでなければならないわけでもない。現在でも、書証として定められていても、実質的には検証というべきものもある（前掲二参照）。また、証拠保全手続では、本来の証拠調べでは書証による場合にも検証によっている。

インターネット社会における多様な取引形態を想定すると、そこで生じた紛争を処理するには、これまでと同様の証拠調べで対応できるか否かは疑わしいものがある。例えば、一個の物件について表示、性質、構造等について、同時に証拠調べを実施しなければならない場合もあり得る。こうした多様な事態に適切妥当な対応をするには、既存の証拠調べとりわけ書証と検証を融合した証拠調べの形態が必要になる。

第六編　訴訟の終了

第一章　訴訟の終了の形態

訴訟は、裁判所の行為により、あるいは当事者の一方または双方の行為により、その他一定の事由により終了する。

一　訴訟の終了の形態

(1)　裁判所の行為による終了　　裁判所の行為による訴訟の終了原因として、終局判決、裁判長による訴状却下命令（一三七条二項、一三八条二項）がある。終局判決があっても、当事者が上訴できる場合は、上訴するときまで事件は判決裁判所に係属する。当事者が上訴すれば上級審における審理が行われるので、訴訟は訴えに対する終局判決が確定することにより完結する。訴訟を移送し、あるいは事件を回付した場合は、その受訴裁判所における訴訟係属が終了するに止まり、訴訟そのものは完結しない。

(2)　当事者の行為による終了　　訴訟によって紛争の解決を図るか否かは当事者の意思に委ねられるのと同様に、いったん訴訟が開始されても、処分権主義の内容の一つとして、当事者は判決によらないで、みずからの意思により訴訟を終了させる権能を有する。当事者の一方の行為により訴訟を終了させる原因として、訴えの取下げ、

請求の放棄・認諾があり、当事者双方の行為によるものとして、訴訟上の和解がある。また、当事者の脱退によって、従前の本訴の当事者間ならびに参加人と脱退者間の訴訟は終了する。

(3)　その他の事由による終了　　判決によらないで、また当事者の意思にかかわりなく、訴訟が終了する場合がある。

(イ)　対立当事者の地位に混同を生じた場合　　対立当事者の地位に混同を生じて同一人が双方の地位を占めると、同一人が対立当事者の地位を兼ねることになり、民事訴訟の基本原則である二当事者対立構造が消滅するので、訴訟は当然に終了する。たとえば、当事者の一方が死亡し、訴訟物が相続財産を構成する性質を有するとともに、相手方が唯一の相続人である場合、対立当事者である両法人が合併した場合である。[1] この場合、訴訟費用の請求についても、混同を生じるので、訴訟費用の裁判をする必要もなくなる（ただし、後述二参照）。

これに対し、訴訟係属中に訴訟物について実体法上の混同（民五二〇条）を生じても、訴訟は当然に終了するわけではなく、請求自体が失当となるので、原告が訴えの取下げ、請求の放棄をしなければ、被告は混同による債務の消滅を抗弁として主張し、請求棄却を求めなければならない。

(ロ)　訴訟物である権利または法律関係が当事者の一方に専属する性質を有し、その当事者が当事者能力を失った場合　　例えば、訴訟係属中に当事者が死亡し、その地位を承継する者がいないか、訴訟物が相続に親しまない性質である場合に、訴訟は当然に終了する。[2] 一般に身分関係訴訟において、訴え提起後に原告が死亡したときには、訴訟物自体が一身専属的性質を有するので、訴訟は原告の死亡と同時に当然に終了する（六八二頁参照）。

(ハ)　その他　①当事者双方が期日に出頭せず、又は弁論もしくは申述しないで退廷もしくは退席したことにより、訴えの取下げが擬制されるとき（二六三条）、②破産管財人の否認訴訟係属中に破産手続が解止したとき、③給付訴

訟の係属中に被告が破産宣告を受け、訴訟手続が中断したところ、右給付債権が債権調査期日において異議なく確定したとき（破二四〇条）にも、訴訟は終了する。

（1）　承継人である相続人が限定承認をした場合は、実体法上相続人と被相続人間の権利義務は混同によって消滅せず（民一〇二七条）、相続管理人を選任し（民一〇二八条・一〇二一条）、被相続人の地位を承継させることとなる。また、他に共同相続人がいる場合は、訴訟は他の相続人と相手方であった相続人との間において、他の相続人が承継した利益の範囲において存続することとなる（兼子一「訴訟承継論」法協四九巻二号〔昭和六年〕〔同・研究一巻七四頁〕）。

（2）　その訴訟においてすでに生じた訴訟費用の負担についての争いは、財産権上の争いであり、相続の対象となるので、この限度で訴訟はなお係属する（ただし、後述二参照）。

二　訴訟の終了とその措置

訴訟が終了すると、判決の言渡し、訴訟上の和解、請求の放棄・認諾、訴えの取下げについては、調書に記載することを要する（3）（一六〇条、規六七条一項一号、七号。調書の必要的記載事項）。これらの訴訟終了原因は、いずれも紛争解決基準を設定する効果をもつので（ただし、訴えの取下げを除く）、調書に記載することを必要とする。

訴訟が裁判及び和解によらないで完結したときは、申立てにより、第一審裁判所は決定で訴訟費用の負担を命じ、その裁判所の裁判所書記官はその決定が執行力を生じた後にその負担額を定めなければならない（七三条）。

また、事件記録の保管その他事務の簡易・合理化を図るため、民事事件および行政事件について、「仮既済処理」という制度が設けられている（4）。

（3）　前記一(3)に掲げる「その他の事由(イ)・(ロ)」の事由が発生し、当事者がこれを証する書面を添付して届け出た場合は、受訴裁判所は調査の上、右事由が認められたときは、訴訟記録にその旨を記載する。当事者の届け出がない場合または届け出があっても添付された書面からこれを認めるに十分ではないときは、裁判所は官公署に調査嘱託をし、右事由の発生が明らかであると

認められるときは、同様の措置をとる。

(4)　当事者の所在が不明のため、訴訟を進行することができなくなった事件で、その所在不明の事実が事件記録上明らかになった日から三年を経過したものなど一定の事由に該当する事件について、裁判長の認定によって、認定の日に仮既済とする（「民事事件および行政事件の仮既済処理の実施について」昭和四一年一〇月七日総三第四〇号高等裁判所長官、地方裁判所長あて事務総長通達）。もっとも、訟廷事務の上で既済として取り扱われるに止まり、訴訟は完結するわけではなく、仮既済とした事由が消滅すれば、事件はふたたび進行する（仮既済処理の制度は、すでに昭和二五年一一月一六日付け総務・民事・行政甲第一号事務総長通達にはじまり、その後前記通達に変更されている。）。

第二章　判　決

裁判所が、訴えの提起を受けて、請求の当否について公権力に基づき法的判断を下すことによって訴訟を完結することは、その最も基本的かつ重要な使命である。本章においては、広く裁判一般の中で判決の占める位置を明らかにし、判決を中心としてその効力を検討するとともに、それに付随する諸問題について多角的視点から考察する。

第一節　裁　判

一　裁判の構造

一般に、裁判とは、当事者間の具体的な法律関係に関する紛争について、法の定めるところにより判断する国家作用をいう。国家統治権の視点から、その権限を司法権、司法裁判権又は単に裁判権といい、憲法により最高裁判所及び法の定める下級裁判所に属する（憲七六条）。これに対し、訴訟法上は、裁判機関が、法の定めるところにより、その判断又は意思の表示を行う手続き上の行為を、裁判という。ここにいう裁判機関による行為とは、狭義の裁判所又は裁判官による行為をいい、裁判所書記官、執行官による行為は、たとえ裁判に類するものであっても（例えば、裁判所書記官による行為として、訴訟費用額の確定（七一条、規二四条ないし二六条）、公示送達（一一〇条）等、執行官による行為として、超過差押えの取消し（民執一二八条二項）等）、これに含まれない。民事訴訟手続において、狭義の裁判所又は裁判官による裁判としての行為は、判決をはじめ、訴訟審理の過程で生じる派生的又は付随的事項に関する判断（例えば、裁判官の除斥・忌避（二五条）、管轄の指定（一〇条）等）、訴訟指揮の担い手としての処分（例えば、期日の指定（九三条）、期間の裁定（九六条）、弁論の分離・併合（一五二条）等）等がある。

これに対し、裁判機関による行為であっても、事実行為（例えば、弁論の聴取、証拠の取調べ等）とは、区別される。

二　裁判の種類

(1) 判決・決定・命令　裁判機関及び成立手続による分類である。判決が裁判の中核に位置し、法もこれについて規定を設け、決定及び命令にも、その性質に反しない限り、判決に関する規定を準用する（一二二条、規五〇条三項）。

(i)　裁判機関の視点からみると、判決と決定は、裁判所がする裁判であり、合議制審判の場合は、合議体がする。これに対し、命令は、裁判官が、裁判長、受命裁判官又は受託裁判官の資格においてする裁判である。単独制審判の場合は、一人の裁判官が、裁判所としてあるいは裁判長としての権限を合わせて行使する。合議制審判の場合は裁判所がすべき裁判事項は、決定により、裁判長がすべき裁判事項は、命令による。個々の裁判の名称として、「命令」という名称が用いられていても（例えば、差押命令、転付命令、譲渡命令、管理命令、仮差押命令等）、それは内容を示し、ここにいう裁判の形式としての命令を意味するものではない（これらは、通常、裁判所が決定の形式でする。民執四条・一四三条・一五九条・一六一条、民保三条等）。

(ii)　成立手続の視点からみると、判決は、原則として、口頭弁論に基づき（八七条一項本文）、言渡しにより成立する（二五〇条）。判決書には、判決をした裁判官が署名押印しなければならない（規一五七条一項）。判決に対する不服申立は、控訴、上告による。これに対し、決定及び命令は、口頭弁論を経るか否かは裁判機関の判断に委ねられ（八七条一項ただし書き）、その成立については相当と認める方法により告知すれば足り（一一九条）、必ずしも言渡しを必要としない。裁判書には、裁判官の記名押印で足りる（規五〇条一項）。それに対して独立して不服申立ができる場合は、抗告による（決定・命令に対する不服申立につき、多角的視点から詳細に分析したものとして、鈴木正裕「決定・命令に対する不服申立て―民事（一）～（四・完）」法曹時報三六巻七号（昭和五九年）一頁以下、八号一四五三頁以下、一〇号一八一七頁以下、一一号二〇九三頁以下参照）。判決、決定・命令のいずれについても、異議申立てという同一審級内の不服申立方法が認められる場合がある（判決につき、三七八条・三五七条。決定・命令につき、三二九条）。

(iii)　裁判事項の視点からみると、判決は、訴え、控訴及び上告に対する裁判所の終局的又は中間的判断をする場

合であり、決定・命令は、原則として、訴訟審理の過程で生じる派生的又は付随的事項に関する判断をする場合である。例外として、本来判決によるべき終局的又は中間的判断を決定をもってできる場合がある（前者の例として、三一七条・三四五条一項二項等。後者の例として、五〇条・一二八条一項・一四三条四項・三四六条一項）。このような裁判事項の違いから、地方裁判所では、判事補（特例判事補（判事補の職権の特例等に関する法律一条）を除く）は、単独で判決はできないが、受命裁判官又は受託裁判官として、決定又は命令をすることはできる（一二三条。ただし、前述した本来判決によるべき中間的判断を決定でする場合を除く。）。

(2) 中間的裁判・終局的裁判　訴訟の処理の終局性による区別である。係属する訴訟を完結させるのが、終局的裁判であり、終局判決、訴状却下命令、抗告審における決定がそれである。これに対し、終局的裁判に至る訴訟審理の過程で生じる問題に対する判断が中間的裁判であり、中間判決、受継決定、攻撃防御方法の却下決定等がそれである。中間的裁判については、原則として、独立して不服申立ができず、終局的裁判に対する上訴による。

第二節　判　決

第一款　判決の種類

判決は、裁判の中で中核としての地位を占めるところ、訴訟処理の終局性の視点から、中間判決と終局判決とに分類される。

一　中間判決

(1) 中間判決の構造　訴訟審理の過程で生じる派生的又は付随的事項に関する当事者間の争いについての判

決を、中間判決という。それは、終局判決を視野に入れて、あらかじめ裁判所の判断を明らかにすることにより前記争いの解決を図り、終局判決の準備的機能を目的とする。したがって、訴訟が裁判をするにいまだ熟さないときに、前述した事項についての裁判所の判断を示すところに意義がある。もっとも、中間判決をもって裁判所の判断を示すか否かは、裁判所の裁量に委ねられ、あえて中間判決をせず、終局判決の理由中において判断を示すことも差し支えない(1)。

（1）　中間判決の機能　中間判決は、いったんこれを行うと当事者のみならず裁判所をも拘束し、その一方で、当事者は独立して不服を申し立てることはできず、しかも中間判決をするか否かは裁判所の裁量に委ねられている。そこで、一般的に、裁判所は、これを好まない傾向にあるようである。その反面、中間判決とりわけ原因判決については、これによって、和解が促進されるという見方と、逆に判決内容が不利であった側の当事者が頑なになり、和解の途が遠のくので、好ましくないという見方とがある（池田辰夫「裁判の種類―中間判決の沿革と機能からみた決定及び一部判決との交錯」『講座民事訴訟6』（弘文堂、昭和五九年）（同『新世代の民事裁判』（信山社、平成八年）四三頁以下・特に六一頁以下）は、審理整序機能をはじめとする種々の機能を見いだし、比較法的視点から検証した貴重な実証的論考である。）。例えば、知的財産権関係訴訟についても、裁判官によって中間判決の評価が分かれる。

(2)　中間判決の対象　裁判所は、独立した攻撃防御方法、その他の中間の争い、請求の原因及び数額について争いがある場合の原因について、中間判決をすることができる（二四五条）。当事者間の中間の争いであっても、決定による旨の定めのある場合（一二八条・一四三条四項・二二三条一項等）、当事者と第三者との争いの場合（四四条・五〇条・五一条・一九九条・二二三条二項、規一四六条二項等）については、決定により、中間判決はできない。

(i)　独立した攻撃防御方法　本案に関する主張や抗弁のうち、他の攻撃防御方法から分離して判断することができ、かつそれだけで一個の法律効果を生じさせるものをいう。例えば、①所有権確認請求訴訟において、主位的に売買による承継取得を主張し、予備的に時効取得を主張する場合における、売買及び時効の主張、②貸金返還請求訴訟において、債務の消滅の抗弁として弁済及び消滅時効を主張する場合における、弁済及び消滅時効の抗弁で

ある。独立した攻撃防御方法に対する判断が訴訟を完結させるときは、終局判決をしなければならず（二四三条一項）、中間判決はできない。最高裁判所へ上告した事件につき、上告論旨が数点に分かれていて、そのうち小法廷で裁判することができない点及び大法廷で裁判することを相当とする点についてのみ、大法廷で裁判し、その他の点については小法廷で裁判させる場合に、大法廷の裁判は小法廷を拘束し、その限りでは中間的裁判の性質を有する（最高裁判所事務総局総務局『裁判所法逐条解説・上巻』（法曹会、昭和四三年）八三頁）。しかし、これをもって独立の攻撃方法に対する中間判決（兼子一＝竹下守夫『裁判法〔第四版〕』（有斐閣、平成一一年）一七四頁）というのは、疑問である。

(ii) 中間の争い　訴訟手続に関する当事者間の争いのうち、口頭弁論に基づいて判断すべきものをいう。例えば、訴訟要件の存否、訴え取下げの効力、訴訟上の和解の効力等である。これらの事項でも、その判断が訴訟を完結させるときは（例えば、訴訟要件の具備を否定し、訴え取下げ・訴訟上の和解の効力を認めるとき）、終局判決をしなければならず、中間判決はできない。

(iii) 「請求の原因及び数額について争いがある場合」の原因　(イ) 請求の原因とは、訴訟物から数額・数量の点を除外した、権利関係の存否自体に関する事項をいう（その点で、訴状の必要的記載事項としての請求の原因（一三三条二項二号）とは異なる。）。請求原因は理由があることを判示する中間判決を、原因判決という（原因において理由がなければ、請求棄却の終局判決をする。）。

(ロ) 請求の原因と数額の両方につき、争いがある場合であることを要する。原因判決は本案判決であるから、訴訟要件をすべて具備することを要し、その上で、請求の原因に理由があり、原因判決をするに熟するに至った場合でなければならない。原因判決をしても、その後の審理により数額がゼロと認められれば、あらためて請求棄却の終局判決をする（請求の原因に理由があるとする根拠とされた事由が、数額の算定に際し、抑制的に機能する場合があり、裁判所が原因判決を避ける要因の一つとなっている。）。

(3) 中間判決の手続　中間判決をするか否かは、裁判所の裁量に委ねられ、あえて中間判決をせず、中間判決の対象となる事項について、終局判決の理由中において判断を示すこともできる。いったん中間判決をすると、裁

判所のみならず当事者にもその審級限りでの失権効を生じるので、裁判所はあらかじめ当事者に対しいつどの点について中間判決をするかを伝えておくべきである。

(4) 中間判決の効力　(i)　中間判決をすると、その審級の裁判所はこれに拘束され、中間判決の判断を前提として終局判決をしなければならない。当事者も、中間判決の直前の口頭弁論期日終了までに提出できた攻撃防御方法をもって中間判決された判断を争うことはできない。したがって、弁済、消滅時効等の事由を主張することはできない。中間判決の直前の口頭弁論期日終了までに行使することが可能であった形成権についても、取消権、解除権は請求権の存否を直接左右する事由であるので、同様に解すべきである。判例は、相殺権についても、もはや主張できないとする（大判昭和八・七・四民集一二巻一七五二頁、中野貞一郎『訴訟関係と訴訟行為』（弘文堂、昭和三六年）一二四頁。兼子・判例一七四頁は、判例の立場を支持しつつ、裁判所の裁量により相殺権の判断をその後の審理に留保できるとする。）。しかし、相殺権は請求権の存否を直接左右する事由であるとは限らず、その訴訟における攻撃防御方法として当然に予定されているわけではない。したがって、請求権と同一事実関係に基づくものについては遮断されるが、別の事実関係から生じた自働債権による相殺権については、中間判決後であっても行使できると解する。

(ii)　中間判決は、既判力も執行力も生じない（中間判決後に、終局判決によることなく訴訟が終了しても、同様である。）。中間判決に対し、独立して不服を申し立てることはできず、終局判決に対する上訴を提起し、その中で中間判決についても上級審の判断を求めることになる（二八三条）。上級審は、原審の中間判決に拘束されない。したがって、当事者は、上級審において新たな攻撃防御方法を提出することもできるが、時機に遅れたものとして却下されることはあり得る（一五七条）。上級審が原判決を破棄し、原審に差戻す旨の判決をする場合に、中間判決を取り消さなければ、差戻審は先の中間判決に拘束される。

(5) 行政事件訴訟における中間判決　行政事件訴訟においても、行政事件訴訟法に特別の定めがない事項については、民事訴訟の例によるので（行訴七条）、民事訴訟でいう中間判決も当然に可能である。その他に、行政事件訴訟

に特有の制度として、中間違法確認判決がある。事情判決の終局判決に先立ち、裁判所は、相当と認めるときは、判決をもって、処分又は裁決が違法であることを宣言することができる（行訴三一条二項）。本条は、英米法における終局判決前の仮決定の制度にならったものである（法制審議会行政訴訟部会小委員会「行政事件訴訟特例法改正要綱試案（小委員会案）の要点説明（昭和三五年七月一日）」『日本立法資料全集・行政事件訴訟法（4）』（信山社、平成六年）三五〇頁）。その趣旨は、この判決をもって裁判所の判断を示すことにより、被告側において損害の除去、補填等事情判決を可能とするような対策を期待し、その結果を勘案して、事件の公共の福祉に適合する解決を図ろうという点にあるという（杉本良吉『行政事件訴訟法の解説』（法曹会、昭和四三年）一〇五頁）。その実際的意義は、警告的・和解勧告的機能を有するという評価（南博方『行政訴訟の制度と理論』（有斐閣、昭和四三年）二八頁）と、疑問視する消極的評価（南博方編『条解行政事件訴訟法』（弘文堂、昭和六二年）七〇一頁〔岩崎政明〕）に分かれている。

二　終局判決

(1)　終局判決の構造　係属する訴訟をその審級として完結させる裁判を、終局判決という。その審級として完結させる点で、上級審の破棄差戻判決・移送判決も、終局判決である（最判（三小）昭和二六・一〇・一六民集五巻一一号五八三頁参照）。事件の全部を完結させる判決を全部判決、一部を他の部分から分離させて完結させる判決を一部判決といい、一部判決をした後に、残部はその審級に係属し、これを完結させる判決を残部判決という(1)。一部判決をするか否かは、裁判所の裁量に委ねられる（二四三条二項三項）。一部判決は、終局判決であるから、裁判所はあらかじめ当事者に対し、期日を示して、どの点について一部判決をする旨を伝えておくべきである。

一部判決は、同一請求の一部、数個の請求の一部についてすることができる。前者の場合に、同一金銭債権の一部を分離して一部判決をすることは残部と矛盾抵触のおそれがあるので許されないとする説がある（小室直人「訴えの客観的併合の一態様」中田淳一先生還暦記念『民事訴訟の理論・上巻』（有斐閣、昭和四四年）（同『訴訟物と既判力』（信山社、平成一一年）一九七頁））が、本訴と反訴が同一の権利関係を対象とする場合と異なり、それが否定する決め手になる場合といえるか疑問であり、金銭債権の可分性により認められるべきである。さらに、口

頭弁論の併合を命じた数個の訴訟中の一つについても一部判決できるし（二四三条三項）、本訴又は反訴についても同様である（同条三項。ただし、本訴と反訴が同一の権利関係を対象とする場合は、矛盾抵触のおそれがあるので許されない。）。請求が予備的に併合されている場合に、その一部の請求を分離して請求棄却の一部判決することは、これらの併合形態が一体として審判を受けるという本来的性質に反するので、許されない（予備的請求の場合につき、最判（二小）昭和三八・三・八民集一七巻二号三〇四頁。請求認容の判決は全部判決である。）。請求が選択的に併合されている場合も、その一部の請求を分離して請求棄却の一部判決することは、理論的には許されない。また、二つの請求の一方が他方の先決関係にある場合、双方が共通の先決的法律関係に由来する場合は、一部判決は許されない（兼子・条解四九〇頁〔竹下〕）。中間確認の訴えについては、本来の請求と一体として判決すべきであるが、一部判決は許されないとまではいえない（池田辰夫「裁判の種類―中間判決の沿革と機能からみた決定及び一部判決との交錯」『講座民事訴訟6』（弘文堂、昭和五九年）（同『新世代の民事裁判』（信山社、平成八年）六四頁注54）は、手続き停止等の措置をとればよく、可能とする。）。

一部判決をするのに熟したときに、裁判所としてすみやかに一部判決をすることは当事者の利益に適うようであるが、それについて独立して上訴できるので、かりにそうなった場合には、事件が異なった審級に分離されて係属することになり、不統一な結果を生じさせるおそれがある。したがって、たとえ一部判決できる場合であっても、当該事案の個別的事情を十分に考慮する必要があり、たとえ不統一な結果に落ち着いても差し支えない事情が認められることを要する。そこに、一部判決は裁判所の裁量に委ねられる意義がある。

一部判決は裁判所の裁量に委ねられるので、これを不当として不服申立をすることはできない。これに対し、一部判決をすることが法律上許されないのに、違法な判決をしてしまった場合は、瑕疵ある全部判決となる。したがって、上訴の提起により取り消しを求めることとなる（この場合に事件全体が上級審に移審する）。

（1）判決の脱漏・判断の脱漏　裁判所が判決主文で判断すべき事項の一部について誤って裁判し落とし、結果的に一部判決をしたことになった場合を、判決の脱漏という。脱漏した部分は、なおその裁判所に係属していることとなるのであり（二五八条一項）、

裁判所は職権でこの点について判決する（これを追加判決という）。これに対し、攻撃防御方法についての判断をし落とした場合を、判断の脱漏といい、再審事由となる（三三八条一項九号）。したがって、訴訟物理論によって、訴訟物か攻撃防御方法かの理解が異なるのに対応し、判決の脱漏か判断の脱漏かが異なってくる（兼子一「裁判の脱漏と判断の遺脱との差異」同『実例法学全集・民事訴訟法・上巻』（青林書院、昭和三八年）三五一頁参照）。訴訟費用の裁判を脱漏したときは、裁判所は、申立てにより又は職権で、その訴訟費用の負担について、決定で裁判する（二五八条二項）。この決定に対しては、即時抗告できる（同条三項）。適法な控訴があったときは、この決定は効力を失い、控訴審はあらためて訴訟の総費用について、その負担の裁判をする（同条四項）。

(2) 訴訟判決・本案判決　訴訟要件又は上訴要件の欠缺により、訴え又は上訴を不適法として却下する終局判決を、訴訟判決という。訴え取下げの効力、当事者の死亡等による訴訟終了の成否について争いがある場合に、訴訟終了を宣言する判決も、訴訟判決である。これに対し、訴えまたは上訴につき訴訟要件又は上訴要件が備わっていて、請求の理由又は上訴による不服申立てについて理由があるか否かの実体的判断をする終局判決を、本案判決という。

第二款　判決の成立

一　判決内容の確定

(1) 判決内容を確定する裁判官　判決の内容は、その基本となる口頭弁論に関与した裁判官がする（二四九条一項）。したがって、口頭弁論終結前に裁判官が交代した場合には、当事者は、従前の口頭弁論の結果を陳述しなければならない（同条二項。弁論の更新）。また、口頭弁論終結後に裁判官が交代した場合は、判決内容が確定していれば判決の成立は妨げられないが（なお、合議制の場合につき、規一五七条二項参照。単独制の場合は、後任の裁判官の下で弁論を更新し、判決内容を確定することとなる。）、確定していなければ、弁論を再開し、弁論を更新した上で、判決内容を確定しなければならない。

(2)　判決内容の確定手続　単独制の場合は、当然その裁判官が判決内容を確定する。合議制の場合は、口頭弁論に関与した裁判官が合議し採決による。評議は、秘密とされ、裁判長が開き、整理する（裁七五条）。裁判官は、評議において、その意見を述べなければならない（裁七六条）。評決は、過半数の意見による（裁七七条一項）。数額について意見が三説以上に分かれ、その説がそれぞれ過半数にならないときは、過半数になるまで最も多額の意見の数を順次少額の意見の数に加え、その中で最も少額の意見による（同条二項一号）。

二　判決書

(1)　判決書の作成目的　判決書を作成する目的について、一般につぎのようにいわれている（司法研修所編『九訂・民事判決起案の手引』（平成一三年、法曹会）一頁）。すなわち、①訴訟当事者に対して、判決の内容を知らせるとともに、これに対し上訴するかどうかを考慮する機会を与えること、②上級審に対して、その再審査のため、いかなる事実に基づき、いかなる理由の下に、判決したのかを明らかにすること、③一般国民に対して、具体的な事件を通じて法の内容を明らかにするとともに、裁判所の判断及び判断の過程を示すことによって裁判の公正を保障すること、④判決をする裁判官自身に対しては、自己の考え、判断を客観視することを可能にすることの四点である。

これらは、つぎの二点に集約されると考える（ただし、少額訴訟事件の判決を除く、平手勇治ほか『少額事件の簡易迅速な処理に関する研究』（司法研究報告書四二輯一号）（平成三年）一七七頁以下参照）。第一に、当事者の申立てに対する裁判所の判断を当事者に伝えることにある。第二に、確定判決は、法の定める第三者に対しても効力を生じるばかりでなく、最上級審はもとよりたとえ下級審の判決であっても、判例あるいは裁判例として、その訴訟が完結しても将来に向けて規範的役割を果たすのであるから、広く国民に向けて裁判の結果を明らかにすることにある（下級審の裁判例といえども、研究者の論文とは比較にならない程の社会的に多大なる重みをもっている。梅本吉彦「判例研究の意義と方法２―民事判例について」法学セミナー三一七号（昭和五六年）九四頁）。したがって、まず当事者に分かり易いものでなければならず、同時に第三者にとっても、上級審からみても、内容について理解が分

かれることのないように表現したものであることを必要とする。口頭で補充する余地はないのであるから、言外の余情をくみ取れというのは筋違いである。④については、執筆した判決書を読んで判断の客観視を可能にするのではなく、特に事実及び争点を明確に区別し、記載することによって事案の全体を再認させ、自己の審理が完璧であったか否かを反省させる意義があるとされてきて（兼子一「民事判決における事実の意義―判決事実の機能に関する一考察」斎藤常三郎博士還暦論文集『法と裁判』（昭和一七年）〔同・研究第二巻四五頁〕）、このことは現在に至るも変わることはない。

(2) 判決書の記載事項　判決内容が確定したときは、判決書を作成し、それには、① 主文、② 事実、③ 理由、④ 口頭弁論の終結の日、⑤ 当事者及び法定代理人、⑥ 裁判所を記載しなければならない（二五三条一項）。事実の記載においては、請求を明らかにし、かつ主文が正当であることを示すのに必要な主張を提示しなければならない（同条二項）。この規定の基礎にあるのは、最近、急速に普及した新様式判決書である。[1] その評価については分かれているが、従来は「事実」と「理由」を区分していたのを、「請求」、「事案の概要」、「争点に対する判断」に集約し、「事案の概要」は「争点に対する判断」の記載と総合して、主文が導かれる論理的過程を明らかにするものであると位置づける点に特徴がある。

(i) 主文（二五三条一項一号）　訴状に記載された請求の趣旨又は上訴状に記載された上訴の趣旨に対する裁判所の応答の結論を表示するものである。なお、その他に、訴訟費用の裁判（六七条）、仮執行又は仮執行免脱の宣言（二五九条）、仮執行の失効による原状回復命令（二六〇条二項）、上訴権濫用に対して金銭納付を命ずる裁判（三〇三条・三一三条・三二七条二項）が、記載される。

主文においては、給付判決、確認判決及び形成判決であるかが、明確に表示されていることを要する。とりわけ、給付判決では、執行に関わってくるので、主文の表示が不明確であったり、引用する別紙目録の記載を誤ると、執

行（広義の執行を含む）できなくなることがあり得る（例えば、登記請求訴訟について、司法研修所編『九訂・民事判決起案の手引』（平成一三年）一五頁）。

(ii)　事実（二五三条一項二号）　事実として、請求を明らかにし、かつ主文が正当であることを示すのに必要な主張を提示しなければならない（二五三条二項）。本来、判決書に事実を記載する趣旨は、第一に弁論主義の下でいかなる事実が当事者の弁論に現れ、又は当事者間に争いがあるものかを、判決の基礎を確定する前提として明確にすること、第二に控訴審への弁論準備手続調書たる役割を担うものであること、第三に、判決理由の起案に先立ち、事実と争点を明確に区別し、全資料を整備することにより、事案の全体をみずからに明瞭に再認せしめ、審理の完璧を反省させることにあるとされてきた（兼子・前掲書四四頁）。これに対し、新様式の「事実の概要」は、裁判官が主文で示された判断を正当化するための根拠付けとなっていて、まったく逆転した発想の上に成り立っているきらいがある。

(iii)　理　由　主文の結論を導き出した過程を明確にする重要な意義がある。もとより理由は学術論文ではないので、その訴訟限りで必要かつ十分な程度の説示で足りる。しかし、当事者をして納得せしめるに十分な根拠付けがなされなければならない。判例を引用する場合には、その出典を明らかにし、当事者が点検することが可能な程度に特定されていることを要する（この点で、下級審判決には極めて不備な例が目立つ。）。

(iv)　裁判官の署名押印　判決書には、判決をした裁判官が署名押印しなければならない（規一五七条一項）。合議体の裁判官が判決書に署名押印することに支障があるときは（例えば、退官、転任、病気等の場合）、判決の基本となった口頭弁論に関与した他の裁判官がその事由を付記して署名押印しなければならない（同条二項）。

（1）　新様式判決書　新法の制定に先立つ平成二年に、東京高等・地方裁判所民事判決書改善委員会及び大阪高等・地方裁判所民事判決書改善委員会の共同提言として、民事判決書の様式についての新しい考え方が公表された（最高裁判所事務総局編『民事判決書の新しい様式について』（平成二年））。それは、主として、適切な訴訟指揮に基づく的確な争点整理を前提として、中心的争点を明確にし、判決書は当事者に分

かり易いものであるべきであるという基本的考え方の下に考案され、つぎの点に留意しているとする（同書一頁以下）。①当事者のための判決であることを重視し、事件における中心的争点を浮かび上がらせ、これに対する判断を平易簡明な文体を用い、分かり易い文章で示すように心掛けること。②裁判官にとって、書きやすいものであること。文体に習熟しなければ書けないようなものではなく、常識的な文章の起案能力があれば書ける判決を目指す。③判決書は、形式的な記載、重複記載等の無駄を省き、簡潔なものとなるように心掛けること。④事実及び理由は、全体を通じて、主文が導かれる論理的過程が明瞭に読み取れる程度の記載で足りるものとする。ただし、中心的争点については、具体的な事実関係が明らかになるよう、主張と証拠を摘示しながら丁寧に記述するよう心掛けること、等である。これに対する評価は、裁判官による積極的なものもある（後藤勇「新様式の判決」木川統一郎博士古稀祝賀『民事裁判の充実と促進・上巻』（判例タイムズ社、平成六年）七二七頁以下、藤原弘道「新様式判決と事実摘示」同書七五九頁以下、江見弘武「判決①—判決書」『新民事訴訟法大系・第三巻』（青林書院、平成九年）二四一頁以下、宮崎公男「判決書」『講座新民事訴訟法II』（弘文堂、平成一一年）三四三頁以下）が、裁判官経験者あるいは実務にも関わっている者からの厳しい消極的評価もある（西野喜一「民事判決書新様式について」判タ七二四号（平成二年）（同『裁判の過程』（判例タイムズ社、平成七年）四四三頁以下）、小林秀之「民事判決書新様式の評価と検討」判タ七二四号（平成二年）四頁以下、木川統一郎「民事訴訟法の基礎理論からみた新様式判決」判タ七五二号（平成三年）六頁以下）。

判決作成の目的は、本文(1)に述べたところにある。その点で、当事者に分かり易いことを心掛けるのは、当然のことであり、異論はなかろう。判例雑誌等に公刊されているものから見る限りでは、前述の留意点を適切に反映させた判決も少なくない。その一方で、訴訟記録と対照しながら読むと、主要な争点の食い違いをはじめ、留意点②だけしか念頭にないのではないかとの疑念を抱かせる判決も存在することは否定できない。平易簡明な文章は簡単な省略された文章を意味するわけではない。例えば、控訴審が、第一審判決を細切れ的に引用しながら判決書を作成することこそ、当事者に不親切であるのに、この点ついては、改められないのは極めて疑問である（規一八四条。もっとも、部分的な引用が多用される余り、分かりにくい判決書等とならないよう、実務の運用上の工夫が望まれるとされている、最高裁判所事務総局民事局監修『条解民事訴訟規則』三八一頁注5）。新様式判決が筆を惜しんで手抜き判決といわれることのないように留意しなければならない旨を表明する裁判官みずからの自戒の言に今後を託することとする（篠原勝美ほか『民事訴訟の新しい審理方法に関する研究』（司法研究報告書四八輯一号）（平成八年）一九七頁～二〇三頁。なお、最高裁調査官の立場からみた控訴審判決に対する所見として、佐藤歳二「上告審から見た新様式判決書」木川統一郎博士古稀祝賀『民事裁判の充実と促進・中巻』（判例タイムズ社、平成六年）三九五頁以下参照）。

三　判決の言渡し

(1)　判決は、言渡しによって効力を生じる（二五〇条。判決の内容を宣言する事実行為である。）。判決内容が確定し、判決書が作成されていても、言渡し前は、裁判書として効力を生じない。判決の言渡しは、口頭弁論期日においてすることを要する（大判昭和一

三・四・二〇民集一七巻七三九頁）。判決の言渡しは、口頭弁論終結日から二月以内にしなければならない（二五一条。ただし訓示規定である。）。判決言渡期日は、通常最終口頭弁論終結時に、裁判長が指定し、言渡しにより告知する。同日に欠席した当事者に判決言渡期日の呼出状を送達することは要しない（最判(三小)昭和二三・五・一八民集二巻五号一一五頁、当事者双方が欠席した場合につき、最判(二小)昭和五六・三・二〇民集三五巻二号二一九頁）。この点につき、規則において、判決言渡期日は、あらかじめ裁判所書記官が当事者に通知するものとし、その日時を期日において告知した場合又はその不備を補正することができない不適法な訴えを口頭弁論を経ないで却下する場合は、この限りでない旨を定める（規一五六条）。本条は、旧法の下で、最高裁判所において、口頭弁論を経ないで上告棄却判決をする場合には、判決言渡期日をあらかじめ通知することはなかった点につき、批判があったのを踏まえて新設した規定であり、前記判例の見解を変更するものではないとされる（最高裁民事局・前掲書三二五頁）。

(2)　判決の言渡しは、判決言渡期日に公開法廷で行う（憲八二条一項、裁七〇条）。原則として判決書原本に基づいて行う（二五二条）。裁判長が主文を朗読して行い（規一五五条一項）、相当と認めるときは、判決理由を朗読し、又は口頭でその要領を告げることができる（同条二項）。社会的に関心を集めている事件、傍聴整理券を発行する事件等については、最高裁判所であれ下級裁判所であれ、この規定を生かした運用が望まれる。判決書原本に基づかない言渡しは、裁判長が主文及び理由の要旨を告げてする（同条三項）。

(3)　新法は、例外として、次に掲げる場合に、原告の請求を認容するときは、判決書原本に基づかないですることができるとする（二五四条一項）。①　被告が口頭弁論において原告の主張した事実を争わず、その他なんらの防御方法も提出しない場合、②　被告が公示送達による呼出しを受けたにもかかわらず口頭弁論期日に出頭しない場合（被告の提出した準備書面が口頭弁論において陳述されたものとみなされる場合を除く。）。

また、少額訴訟では、相当でないと認める場合を除き、口頭弁論終結後直ちに言い渡すこととし、判決書原本に

基づかないでする（三七四条一項二項本文。最高裁判所事務総局民事局監修『少額訴訟手続関係資料—簡易裁判所判事協議会協議要録』（民事裁判資料二二六号）（平成一〇年）八九頁以下参照）。

判決書原本に基づかないで言い渡した場合は、裁判所は、判決書の作成に代えて、裁判所書記官に、当事者及び法定代理人、主文、請求並びに理由の要旨を、判決言渡しをした口頭弁論期日の調書に記載させなければならない（二五四条二項・三七四条二項ただし書き）。

四　判決の送達

判決書の当事者へ送達する目的は、第一に判決内容を確実に知らしめることにあり、第二に不服申立てをするか否かについて判断するのに資することにある。判決書は、言渡し後遅滞なく、裁判所書記官に交付し、裁判所書記官はこれに言渡し及び交付日を付記して押印しなければならない（規一五八条）。判決書又は判決書に代わる調書（二五四条二項・三七四条二項）の送達は、裁判所書記官が判決書の交付を受けた日又は判決言渡しの日から二週間以内にしなければならない（規一五九条一項）。判決書に代わる調書の送達は、その正本によることができる（同条二項）。

第三節　判決事項

一　判決事項の構造

裁判所は、当事者の申し立てていない事項について判決することはできない（二四六条）。処分権主義の原則の一つとして、当事者が申立事項を設定する権能を有する。原告が自己の申立事項を明らかにすることにより、裁判所の審判の対象と範囲を設定し、裁判所は、原告の申立事項の範囲内において判決しなければならない。したがって、当事者による申立事項を設定することは、裁判所の判決事項の対象と範囲を設定する機能を営むものである。裁判所

は、原告の請求に理由がなければ、被告による請求棄却の申立てがあると否とにかかわらず、請求棄却の判決をするのであるから、ここにいう申立事項は審判を求めた側の申立事項のみをいう。同様に、上訴審についても、上訴の申立があれば、上訴裁判所はその当否について裁判するのであり、上訴棄却の申立がなくても、上訴の理由がないと判断するときは、上訴棄却の判決をすることができる（最判(二小)昭和三六・二・二四民集一五巻二号三〇一頁）。これに対し、上告審は上告理由に基づき不服申立てがあった限りで審理する（三二〇条）のは、弁論主義の帰結である。

これを機能面について見ると、第一に、裁判所の判決が申立事項の範囲に限られることは、訴えを提起する原告のみならず、これに応訴する被告にとっても、攻撃防御の対象範囲が画されるので、両当事者はその限度で攻撃防御を展開すれば足りるのであり、判決による不意打ち防止の機能を果たすことになる（谷口安平「アメリカ民訴における判決の申立と裁判」法学論叢八八巻一・二・三号（昭和四五年）一二八頁）。第二に、原告の申立事項に対して、被告が攻撃防御をつくすことにより、紛争が新たな局面を迎えたときに、原告の申立事項の範囲内と認められる限度においては、原告の請求の意思解釈により、裁判所は請求の一部を認容する判決を下すことを許容する機能を果たすことになる。それは、前記第一の機能に照らしても、当事者間の公平を害するものではなく、またいったん提起された訴訟の枠内で具体的妥当性のある処理を図る点において、訴訟経済にも合致するものである。

二　申立事項と判決事項

民訴法二四六条にいう申立事項とは、訴訟物を意味するというが（最判(三小)昭和三三・七・八民集一二巻一一号一七四〇頁）、正確には、訴訟物とそれに対する判決の態様を意味する。攻撃防御方法である主張又は抗弁は含まない。

(1)　判決の態様　請求の性質・内容である給付、確認及び形成の請求によって、その理論的帰結としてこれを認容する判決の態様も給付、確認及び形成の判決が導かれる。したがって、たとえ、請求を認容するのであっても、

原告が求める態様と異なる態様の判決をすることは、二四六条に違反する。例えば、給付判決を求めているのに、確認判決をすること、又はその逆の形態も、いずれも許されない。これに対し、現在の給付判決を求めている場合に、将来の給付判決をすることは、申立ての範囲内であり、一部認容判決として適法である（鈴木重勝「申立事項と判決事項」『新・実務民事訴訟講座3』（日本評論社、昭和五七年）三六七頁以下は、この点を詳細に根拠付ける。これに対し、三ケ月・全集一五五頁は、将来の給付の訴えには、特別の利益が要求される点で紛争解決の特殊な型であるとし、釈明して請求の趣旨を改めさせた上でなければできないとする。）。その逆は、申立事項を越えるので、許されない。

(2)　訴訟物の同一性　裁判所は、当事者の申し立てていない事項について判決することは、二四六条に違反し、許されない。したがって、訴訟物の理解の違いによって、本条に定める処分権主義に違反するか否かについて異なった結論が導かれる。

(i)　一般的原則　(イ)　数量的に原告の申立金額を下回る金額を認容する判決は許されるが、これを超える金額を認容する判決をすることは申立事項を超えることになり、許されない。例えば、①　一〇〇〇万円の支払請求に対し、八〇〇万円の請求認容判決は許されるが、②　一三〇〇万円の支払いを命ずる判決は許されない。もっとも、後者の場合に、審理の結果として一三〇〇万円の金銭債権の存在を認定することは差し支えなく、判決における請求認容額は請求額である一〇〇〇万円に止まるに過ぎない。これに対し、③一定金額を超えて債務が存在しない旨の債務不存在確認請求訴訟において、申立額を下回る金額の債務を超えて債務が存在しない旨の判決をすることは、申立事項を超えることになり、許されない（例えば、一三〇〇万円を超える債務の不存在確認請求に対し、一〇〇〇万円を超えて債務が存在しない旨の確認判決をする場合である。）。これらは、訴訟物理論に関していずれの立場によっても異なることはない。

(ロ)　原告の請求の意思解釈により、申立事項の範囲内と認められる判決は、原告の申立ての趣旨に反しないと考えられるので、二四六条に違反しないと認められる。一部認容の限界の問題である。

第一に、数量的に申立事項の一部を認容する判決、数量的に原告の申立額を上回る金額の支払いと引換に給付を命じる判決は、許される。例えば、前者として、前記①の場合であり、後者として、一〇〇〇万円の立退料の支払いを条件とする家屋明渡請求に対し、一五〇〇万円の立退料の支払いを条件に明渡しを命じる判決をする場合である（最判(一小)昭和四六・一一・二五民集二五巻八号一三四三頁、最判(三小)昭和四六・一二・七判時六五七号五一頁）。後者の趣旨は、この場合に、原告の意思は自己の主張する金額に固執するものではなく、提示した金額と著しく相違しない範囲内において裁判所の認定する金額を支払う意思を含むものと解するのが相当であることによる（これらの場合について、坂田宏「申立事項と判決事項」中野貞一郎先生古稀祝賀『判例民事訴訟法の理論・上』（有斐閣、平成七年）一九七頁以下が、申立事項と判決事項との不一致が許される例外的場合であるとし、その救済する対象は当事者よりもむしろ裁判官であると評価されるというは、基本的な認識に疑問がある。）。もっとも、裁判所は原告の申出額を著しく上回る立退料の支払いを条件に明け渡しを命ずる判決をすることは、原告の意思に適うとはいえないので、請求棄却判決をすべきである。無条件の家屋明渡請求に対し、裁判所が算定した一定額の立退料の支払いを条件に明渡しを命ずる判決をすることについても、同様に許されるべきではない。

第二に、無条件の給付請求に対し、条件付き給付判決をすることは、許される。

(a)　同時履行の抗弁が成り立つ場合に、原告の被告に対する債務の履行と引換えに被告に給付を命じる判決（大判明治四四・一二・一一民録一七輯七七二頁、大判大正七・四・一五民録二四輯六八七頁）、留置権の抗弁が成り立つ場合に、原告の被告に対する物に関する債務の弁済と引換に被告に給付を命じる判決（大判昭和一一・一・二四判決全集三輯二号一八頁、最判(一小)昭和三三・三・一三民集一二巻三号五二四頁。第三者の支払義務との引換給付につき、最判(一小)昭和四七・一一・一六民集二六巻九号一六一九頁。その場合の判決主文は、被告に対し、第三者から債務の支払いを受けるのと引換えに物の引渡しを命ずる旨を表示し、右第三者の履行は執行開始の要件となる。）は、いずれも一部認容判決として認められる。これに対し、判例は、抵当債務の弁済と引換に抵当権抹消登記請求訴訟を提起した場合に、両者は同時履行の関係に立つものではなく、引換給付判決をすることは違法とする（最判(三小)昭和五七・一・一九判時一〇三二号五五頁）。この点につき、実体法上の原則を動かさず、かつ判例理論の枠組みから逸脱することなく、引換給付に近い効果を導く手続を検討する必要があるという視点から、

残債務の存在と金額が認定されれば、その弁済を条件として登記抹消を命ずる一部認容判決をすべきであるとする見解がある（内田貴・判評二八五号一八九頁）。極めて示唆に富む考え方であり、共感を覚える（新堂幸司「条件付給付判決とその効果」民訴雑誌一〇号（昭和三八年）、同『訴訟物と争点効（上）』（有斐閣、昭和六三年）一八三頁以下・特に一八六頁）は、同様の発想から、この結論を前提問題に対する拘束力へと発展させるが、その点については、別途検討を要する。九〇七頁参照）。

(b) 建物収去土地明渡請求において、被告が建物買取請求権を行使しその代金債権に基づき留置権を行使する旨の抗弁を提出し、右抗弁を理由があると認めるときにつき、判例は、右明渡請求は、家屋の引渡を求める申立てを包含する趣旨と解し、その物に関して生じた債務の弁済と引換に家屋の引渡しを命ずる判決をすべきであるとする（最判（二小）昭和三三年六月六日民集一二巻九号一三八四頁）。しかし、この場合の訴訟物は、土地所有権に基づく土地明渡請求権という一個の物権的請求権であり、家屋収去あるいは家屋引渡はそれに付随する履行形態に過ぎず、訴訟物を構成するものではない（中田淳一・判例研究二八四頁）。したがって、原告の意思解釈としてではなく、訴訟物の局面で新旧いずれの理論によっても、是認されるべきことである。同様の事案で、建物に賃借人が占有している場合について、その請求には指図による占有移転を含む趣旨も含まれるとする（最判（三小）昭和三六・二・二八民集一五巻二号三二四頁）。この場合についても、訴訟物の局面ではなく、判旨と同様に原告の意思解釈として是認する立場がある（新堂・判例三六頁）。しかし、原告が訴え提起時に常にそこまで予見しているかというともはや推測の域の問題になるのみならず、対人訴訟から対物訴訟的な捉え方となり、現行の訴訟法に即応しなくなる。その点でも、訴訟物の局面で捉え同一の結論を導くことが妥当である。

(c) 被相続人の債権者による相続人を被告とする貸金支払請求に対し、限定承認の抗弁を主張し、これを認めるときは、相続財産の存する限度で相続債務の支払いを命ずる判決をすべきである（大判昭和七・六・二民集一一巻一〇九九頁、最判（二小）昭和四九・四・二六民集二八巻三号五〇三頁。なお、後者は、その場合に責任限定部分の判示は後訴に対する拘束力を生じるとする。八七〇頁参照）。

(d) 給付訴訟において、給付請求権について不執行の合意の主張があり、これを認める場合につき、判例は、右

請求権について執行できない旨を判決主文において明らかにすべきであるとする（最判(一小)平成五・一一・一一民集四七巻九号五二五五頁）。不執行の合意は、前述した限定承認と同様に、債権の属性であり、責任限定事由として判決主文に表示することを要する。

(ii)　一般に、旧訴訟物理論によると、申立事項に対し判決事項がこれと異なり二四六条に違反する場合でも、新訴訟物理論によると単に攻撃防御方法の違いに過ぎず、違反しないとされる場合がある。もっとも、後者の場合でも、弁論主義の原則により請求を基礎付ける事実が弁論に顕出されていることを必要とし、顕出されていないにもかかわらず右事実に基づいて請求を認容することは弁論主義に違反することとなる。

(イ)　請求権競合　債務不履行に基づく損害賠償請求に対し、不法行為に基づき損害賠償を認容する判決は、旧理論においては当然に認められないが、新理論では訴訟物が同一なので二四六条に違反しない。

(ロ)　占有権と本権　本権に基づく請求に対し、占有権に基づき請求を認容する判決をすることにつき、判例は、当事者の申立てない事項を判決した違法があるとする（土地賃借権に基づく妨害排除請求に対し、占有権に基づく請求認容の判決につき、最判(二小)昭和三六・三・二四民集一五巻三号五四二頁）。旧理論では、もとより違法であるが、新理論では適法とする方向に傾くこととなろう（その場合に、民法二〇二条との関係が問題になるが、同条の趣旨に反するとはいえないであろう。）。

(ハ)　不法行為に基づく損害賠償請求　同一事故により生じた同一の身体障害を理由として財産上の損害と精神上の損害につき賠償請求する場合に、判例は、訴訟物は一個であるとし、療養費及び慰藉料が減額認定された分について、逸失利益を請求額より増額して認定し、請求金額の枠内で認容する判決を適法とする（最判(一小)昭和四八・四・五民集二七巻三号四一九頁）。

損害額全体の一部である旨を明示した支払請求に対し、過失相殺する場合につき、判例は、損害全額から過失割合による減額をし、その残額が請求額を超えないときは、右残額を認容し、残額が請求額を超えるときは、請求全額を認容できるとする（前掲最判昭和四八年四月五日。いわゆる外側説の立場である）。明示的一部請求に対し、相殺の抗弁が理由があるときも同様とす

る（最判(三小)平成六・一一・二二民集四八巻七号二三五五頁）。しかし、いずれの場合についても、訴訟物である一部請求部分について、過失相殺又は相殺するのが理論的には正当と考える（梅本吉彦・ジュリスト一〇六八号一二二頁、松本博之「反対相殺の適否について」佐々木吉男先生追悼論集『民事紛争の解決と手続』（信山社、平成一二年）二〇四頁、いわゆる内側説。これに対し、中野貞一郎・民商一一三巻六号九二一頁は判旨に賛成する。なお、前者の事案は、あらかじめ自己の過失の存在を認め、みずから認める過失の割合について減額して請求した場合であり、これを一部請求と捉えることについて疑問がある。）。

㈡　人事訴訟　離婚請求について、法定離婚原因毎に訴訟物を別個と考える立場では、当事者の主張する離婚原因と異なる原因に基づいて請求を認容することは、許されない（中田淳一「形成訴訟の訴訟物」民訴雑誌一号（昭和二九年）（同『訴訟と判決の法理』（有斐閣、昭和四七年）一二五頁）。最判（三小）昭和三六・四・二五民集一五巻四号八九一頁は、民法七七〇条一項四号の離婚原因を主張して離婚請求訴訟を提起したからといって、反対の事情のない限り同項五号の離婚原因も主張するものと解することはできないとして、同様の結論を導く。）が、訴訟物を離婚請求を求める一個の法的地位と捉える立場では、差し支えないことになる（三ケ月章「訴訟物再考」民訴雑誌一九号（昭和四八年）（同・研究七巻七一頁）、新堂・二九一頁）。しかし、民法の解釈自体に基本的問題がある。条文の体裁から直ちに各号ごとに別個の独立した訴訟物を構成すると結論付けるのは形式的にすぎる嫌いがある。民法七七〇条一項一号ないし四号に定める離婚原因は、五号の例示的意味があるに止まり、前四号の離婚原因がただちに離婚請求を理由あらしめるのではなく、それらが「婚姻を継続し難い重大な事由」であることから離婚原因を正当化すると解すべきである（山木戸克己「離婚原因の相対化と離婚訴訟の形態」『神戸経済大学創立五十周年記念論文集（法学編）』（昭和二八年）（同『民事訴訟理論の基礎的研究』（有斐閣、昭和三六年）一四〇頁）。民法の立場からも是認できる考え方のようである、中川善之助「離婚原因論」東北法学会雑誌六号（昭和三一年）三一九頁、我妻榮「離婚と裁判手続」民商法創刊二十五周年記念号（上）・民商法三九巻一・二・三号合併号（昭和三四年）（同『民法研究Ⅶ2』（有斐閣、昭和四四年）一六〇頁）、泉久雄「離婚原因論」『注釈民法(21)・親族(2)』（有斐閣、昭和四一年）（同『家族法の研究』（有斐閣、平成一一年）四頁））。したがって、当事者が一号ないし四号に定める離婚原因のいずれを主張するにしても、最終的には裁判所が原告の主張した事由又は他の事由から「婚姻を継続し難い重大な事由」であると認めるか否かに帰着するのであり、二四六条違反を生じる余地はないと解する。

なお、離婚請求に対し、婚姻無効判決をすること又はその逆は、どのような立場でも、違法となる。

㈭　会社関係訴訟　株主総会決議訴訟について、決議取消請求（商二四七条）、決議無効確認請求（商二五二条）、決議不存在確認請求（同条）の三類型があるが、同一決議を対象とするこれらの請求は、一個の訴訟物を構成すると考えると、

当事者の請求にかかわらず、相互に互換性のある請求認容判決をしても、差し支えないこととなる（坂井芳雄「株主総会決議不存在確認の訴はゆるされるか（二・完）」判タ七二号（昭和三二年）五二頁を嚆矢とし、同「株主総会の決議を目的とする訴の性質」松田二郎判事在職四十年記念『会社と訴訟・上巻』（昭和四三年）二九九頁によって押し進められ、小山昇「株主総会の決議を争う訴訟の訴訟物」鈴木竹雄先生古稀記念『現代商法学の諸問題・上』（有斐閣、昭和五〇年）（同・著作集第一巻一九五頁以下）が深化させ、新堂・二九二頁によって支持されるに至っている。）。これに対し、新理論の立場でも、招集手続の瑕疵と決議方法の瑕疵は事実関係が異なるとし、会社関係訴訟を「救済の訴え」という視点からその実質的延長線上で捉え、訴訟物は別個とする立場がある（三ケ月・前掲研究七二頁）。これらの訴訟が争う対象は同一の決議であるが、その瑕疵事由は別個の事実関係に基づくものであり（とりわけ証券代行業務を信託銀行に委託している場合は一層顕著である。）、前述した離婚訴訟におけると同様に、その前提とする実体法の規定を素直に理解すれば、訴訟物理論の如何に関わらず、別個の訴訟物を構成すると解するのが自然であり、したがって前記の説には賛成できない。

(iii)　訴訟物として同一ではあるが、弁論主義との関係で問題となる場合がある。Xが訴外Aの斡旋でY_1会社に売買した鉄材の代金が未払いであるとして、Y_1会社とその代表者Y_2に対して売買代金を連帯して支払うことを求める訴えを提起したところ、原審がY_1会社とAとが共同して買い受けたものと認定して、Y_1会社に請求金額どおりの支払いを命ずる判決をしたのを、最高裁は処分権主義に反しないとした（最判（二小）昭和三〇・四・七民集九巻四号四六六頁）。売買契約に基づく代金支払請求という点で訴訟物は同一であると認められ、請求金額の点でも申立額を上回るわけではないので、処分権主義の点では問題がないようである（高橋宏志・法協一〇七巻八号一三七二頁）。もっとも、共同買受の事実について当事者の主張の有無が問題になる（四七四頁参照）。

三　裁判所の裁量による請求棄却

原告の請求が所定の法律要件を充たしていても、なお裁判所が職権で請求を棄却できる旨、定められている場合がある。

(1)　会社決議訴訟　株主総会決議取消請求訴訟において、招集手続又は決議の方法が法令又は定款に違反するときでも、裁判所は違反事実が重大でなくかつ決議に影響を及ぼさないと認めるときは、請求を棄却できる（商二五一条。創立総会決議（商一八〇条三項）、有限会社の社員総会決議取消請求訴訟（有四一条）に準用）。昭和一三年改正で新設され、その後二五年改正で削除され、五六年改正で新設されたものであり、昭和一三年の新設当初からその性質については議論があり（司法省民事局『改正商法及有限會社法の運用に関する民事實務家會同に於ける議事速記録』（昭和一四年）一九五頁）、現行規定は単に復活されたというべきではなく、別に新設された規定として位置づけられる（『新版注釈会社法(5)』（有斐閣、昭和六一年）三七二頁以下〔岩原紳作〕）。本来は請求について理由がありながら、職権をもって請求を棄却できる点で、例外的に、処分権主義を一部制限したものと解することができ、訴訟法的にも、注目される規定である（谷口安平「議決権不統一行使と決議取消訴訟の裁量棄却」企業法研究一二三号（昭和四〇年）二五頁参照。中田淳一・判例研究七八頁は、非訟事件に近い処理をすべきであるとする。）。

(2)　離婚請求　裁判所は、法の定める裁判上の離婚事由があるときでも、一切の事情を考慮して婚姻の継続を相当と認めるときは、離婚請求を棄却できる（民七七〇条二項）。むしろ、本条の適用について、裁判官は自己の特定の離婚観により裁量権の濫用にならないように留意する必要がある（『注釈民法(21)』（有斐閣、昭和四一年）三〇〇頁〔阿部徹〕）。

(3)　事情判決　行政事件において、取消訴訟について特別事情による請求の裁量棄却が認められている（行訴三一条）。ここでは、公共の福祉という公益性が前面に出されている（杉本良吉『行政事件訴訟法の解説』（法曹会、昭和四二年）一〇二頁、南博方『行政訴訟の制度と理論』（有斐閣、昭和四三年）二九頁）。

第四節　判決の効力

裁判所が判決をすると、それにより一定の効力を生ずる。本節では、これを判決の成立による効力と判決の確定

による効力に分けて考察するとともに、他方、判決の無効という事態について取り扱うこととする。なお、判決の確定による効力の詳細については、その中心である既判力（第五節）とその他の効力（第六節）に分けて、次節以下で論じることとする。

第一款　判決の成立による効力

判決が成立したことによる効力として（判決の成立については、八三七頁参照）、判決の自縛力と判決の羈束力とがある。

一　判決の自縛力

裁判所が判決を言い渡し、判決として成立すると、その裁判所自身を拘束し、これを撤回したり、取り消すことはできないことを、判決の自縛力という。もっとも、現行法上は、判決の変更（二五六条）、判決の更正（二五七条）を許される限度で緩和されている。これに対し、決定は、抗告に基づく再度の考案による変更（三三三条）を認められ、また、訴訟指揮に関する決定及び命令は、確定的な判断の表示ではないので、いつでも取り消すことができる（一二〇条）。

(1)　判決の変更　判決の変更は、昭和二三年の改正の際に、アメリカ法における motion for new trial を参考にして新設された制度である（奥野健一＝三宅正雄『改正民事訴訟法の解説』（海口書店、昭和二三年）七頁）。この制度は、本来、陪審制度と密接に関連するので、これをわが国に取り入れることについては、疑問とする見方も強かった（中田淳一「改正民事訴訟法の諸問題」民商二三巻六号（昭和二四年）三六五頁）が、紛争の秩序的解決を中心としてのみ、過ちを改めるにはばかる必要はないという趣旨から、肯定的な見解もあった（小室直人「変更判決に関する研究」民商法二六巻二号三四六号（昭和二五年）（同『上訴・再審』（信山社、平成一一年）二七五頁以下・特に三一五頁）は、この制度のアメリカ法における沿革から詳細に検証し、必ずしも陪審制度と結びつくものではないとして、積極的に評価する。）。判決をした裁判所が、判決に法令違反のあることを発見したときは、その言渡し後一週間以内に限り、変更の判決をすることができる（二五六条一項本文）。ただし、判決が確定したとき、又は判決を変更するために事件につき弁論をする必要があるとき

は、この限りでない（同条項ただし書き）。たとえその期間内であっても、当事者がすでに上訴した後は、もはや事件は上訴裁判所に係属するので、原裁判所が変更判決をすることはできないと解する。これに対し、変更判決によりすでに提起した上訴は変更判決に対する上訴としての効力を有するとする説がある（菊井＝村松・Ⅰ一〇六四頁、兼子・条解五六五頁〔竹下〕）。しかし、当事者が同裁判所に上訴状を提出し（二八六条一項・三一四条）、それによって同裁判所が誤りを発見して、判決を変更することもあり得ることになり、すでに提起した上訴が理由のないこととなるのは、理に合わないと考える。変更判決は、口頭弁論を経ないでする（同条二項）。この判決の言渡期日の呼出しにおいては、公示送達による場合を除き、送達をすべき場所にあてて呼出状を発したときに、送達があったものとみなす（同条三項）。

変更判決は、従前の判決の全部又は一部を失効させ、新たに判決するのであるから、従前の判決は変更された限度で即時にかつ確定的に効力を失う。

(2) 判決の更正　判決に計算違い、誤記その他これに類する明白な誤りがあるときは、裁判所は、申立てにより又は職権で、いつでも更正決定をすることができる（二五七条一項）。更正決定に対しては、即時抗告をすることができる（同条二項本文）。ただし、判決に対し適法な控訴があったときは、この限りでない（同条項ただし書き）。ここにいう明白な誤りとは、判決裁判所が表現しようとした意思と表示の間に不一致があり、判決書のみならず訴訟記録、その他判決確定後に明らかになった資料から明白に読み取れる場合であることをいう。必ずしも、裁判所の責めに帰すべき事由による場合に限らない。例えば、判例は、当事者が建物収去土地明渡請求において、当初から明け渡しを求める目的物件を誤った場合であっても、それが訴訟記録から明らかであれば判決の更正の要件を充たすとする（最判(二小)昭和四三・二・二三民集二二巻二号二九六頁）。

判決の更正は、判決をした裁判所が行うのが原則であるが、事件が上訴された後は、上訴裁判所だけがその権限

を有すると解する（最判(三小)昭和三二・七・二民集一一巻七号一一八六頁）。更正に関して抵触を生じるおそれがあるので、判決原本を現に存するその事件の係属する裁判所に限られるものと解すべきである（兼子・条解上四八九頁、菊井・判民大正一二年度四一事件は、判決裁判所に限られるとし、新堂・五六四頁、兼子・条解五六八頁〔竹下〕は、いずれの裁判所も権限を有するとする。上告裁判所が同裁判所に係属する事件の関連事件の訴訟記録を取り寄せて現に有していても、そこに編綴されている右関連確定事件の判決を更正する権限はない、最決（二小）昭和三五・一二・九民集一四巻一四号三二六八頁）。

更正決定がなされると、当初の判決と一体になり、判決時に遡って、当初から更正された通りの判決がなされたことになる。したがって、上訴期間も、当初の判決の送達時が基準となる（大判昭和九・一一・二〇新聞三七八六号一二頁）。

裁判所が判決を言い渡し、判決として成立すると、本来は判決の自縛力を生じ、判決の更正は例外的措置であるので、特に裁判所の責めに帰すべき事由による明白な誤りは、裁判に対する信頼性を左右しかねないので、裁判所として十分なる注意を求められる。

二　判決の羈束力

判決の判断内容が、その訴訟手続内においては、他の裁判所を拘束することを、判決の羈束力という（決定についても、同様の効力を認められる場合がある、一二二条一項）。

第一に、中間的裁判が終局的裁判を拘束する場合がある。すなわち、中間判決は、その審級において、右判決をした裁判所を拘束する。第二に、事実審と法律審の制度上の役割分担により、事実審において適法に確定された事実は、法律審である上告裁判所を拘束する（三二一条一項）。第三に、審級制度を採用する制度の趣旨に基づき、上告裁判所が破棄理由とした事実上及び法律上の判断は、差戻し又は移送を受けた裁判所を拘束する（三二五条三項後段）。差戻し又は移送を受けた裁判所の判決に対する再上告を受けた上告裁判所は、前の上告裁判所による前記判断に拘束される。

第二款　判決の確定による効力

一　判決の確定

終局判決が、その訴訟手続の内での通常の不服申立て方法（上訴、上告受理の申立て（三一八条）、手形訴訟における異議の申立て（三五七条）、少額訴訟における異議の申立て（三七八条）をいい、再審を含まない。）によって争うことができなくなった状態を、判決の確定という。この状態を判決の効力という視点から、判決の形式的確定力ともいう。

(1)　判決の確定の時期　終局判決が、その訴訟手続の内での通常の不服申立方法の期間が満了したときに、判決の確定を生ずる（一一六条一項）。通常の不服申立方法の期間が満了したときとは、上訴期間（二八五条・三一三条・三一八条五項）、異議申立期間（三五七条・三七八条一項）が経過したときをいう。上訴期間満了前でも、上訴権のある当事者が上訴権を放棄したとき（二八四条・三一三条）は、放棄のときに確定する。異議申立権を放棄したとき（三五八条・三七八条二項）についても、同様である。もともと不服申立てができない判決（上告審判決、除権判決（公催仲裁七七四条一項）、手形訴訟によることができないことによる訴え却下判決（三五五条一項））は、判決言渡しと同時に確定する。不控訴の合意があるときも、同様である（控訴を省略する旨の合意があるときは、上告期間満了のときに確定する。）。

(2)　判決の確定の範囲　判決の確定は、この判決によって裁判された事項の全部について生ずる。併合請求の全部について同時に判決がなされたとき、共同訴訟人の全部について同時に判決がなされたときも、いずれも同様である。これに対し、例外として、当事者の一方が敗訴の部分につき、上訴権のみならず附帯上訴権も放棄したとき（二八四条・二九三条一項三項、規一七三条二項参照）は、その部分だけ放棄したときに先に確定する。また、通常共同訴訟において共同訴訟人のうち一部のものが上訴し、他のものが上訴しないときは、上訴しないものについてだけ先に確定する（規四八条二項は、判決の一部分だけ確定する場合があり得ることを予定して設けられている。）。

(3)　判決の確定の証明　確定判決に基づいて戸籍の届出、登記等の手続をするには、判決の確定証明を必要とする。当事者又は利害関係のある第三者（利害関係のあることの疎明を要する。）が、判決の確定の証明を受けるには、第一審裁判所の裁判所書記官に請求し、その証明書の交付を受ける（規四八条一項）。訴訟が上訴審に係属中であるときは、上訴裁判所の裁判所書記官に請求する（同条二項）。判決が確定しているか否かは、判決書自体からは知ることができず、その訴訟記録によることを要するので、これを現に保管している裁判所に請求すべきであり、認証権限のあるものとしてその裁判所の裁判所書記官に請求することとされる。裁判所書記官が請求を拒絶したときは、その裁判所書記官が所属する裁判所に異議の申立てをすることができる（一二一条）。

二　判決の確定による効力

判決が確定して形式的確定力を生ずることにより、その判断内容について、既判力、執行力、形成力等の効力を生ずる。

第三款　判決の瑕疵

判決の瑕疵という場合に、広義には、判決の不存在、瑕疵ある判決、判決の無効、確定判決の騙取がある（一般に、「判決の無効」の表題で、これらの四つの場合を取り上げているが適切ではない。）。

一　判決の不存在

裁判官が、職務の執行として法の定めるところにしたがって、その判断又は意思の表示を判決として行う場合以外は、判決として成立しない。たとえ、裁判官であっても、職務の執行として行ったのでなければ、判決として、不存在である。裁判官以外の者（例えば、裁判所書記官）による判決と称するものがなされても、同様である。これらを判決の不

存在又は非判決という。

二　瑕疵ある判決

裁判官が、職務の執行として法の定めるところにしたがって、その判断又は意思の表示を判決として行う場合に、その判決に訴訟手続、内容等に瑕疵があっても、判決としては有効に存在するものと認められる。当事者は、訴訟法の定めるところにより、不服申立てをできるに止まる。

三　判決の無効

判決として外形上有効に存在していても、内容上の効力を生じない判決を、判決の無効又は無効な判決という。実在しないものを当事者とする判決、裁判権に服さないものを当事者とする判決、当事者適格のない者を当事者とする形成判決（例えば、婚姻関係にない者に対する離婚判決）等が、それである。もっとも、訴訟手続上は、有効に成立しているので、訴訟終了の効力を有するが、外形上は判決として存在するので、有効なものとして利用されることをあらかじめ阻止するために、上訴、再審によってその判決を取り消す利益が認められるべきである。

四　確定判決の騙取

当事者が相手方、第三者、裁判所を欺罔して確定判決を取得することを確定判決の騙取という。

判例は、土地賃貸人Yが、土地賃借人でその上に建物を所有するAと共謀して、Aの賃借料支払債務不履行を理由に契約を解除し、Aに対し建物収去土地明渡請求訴訟を提起したところ、第一審の第一回口頭弁論でAがYの主張事実をすべて自白し、Y勝訴判決が下され、Yが右判決に基づき、Aに対し強制執行したところ、右契約解除前に強制競売を申立てその後に前記建物を競落したXが、Yに対し当事者の共謀により第三者を害する目的で虚偽の主張に基づいて取得された判決の無効を異議事由として請求異議訴訟を提起した場合について、前記本訴請求が「不

法行為を構成するかどうかは別として」と留保を付した上で請求を棄却している（最判（三小）昭和四〇・一二・二一民集一九巻九号二二七〇頁）。さらに、ＹのＸに対する売買代金支払請求訴訟の係属中に裁判外の和解により訴え取下げの合意をしたにもかかわらず、Ｙはこれを履行せずにＸの口頭弁論期日に欠席のまま勝訴判決を取得し、強制執行に及んだため、Ｘが右判決の当然無効を主張し、不法行為に基づく損害賠償請求した場合について、Ｙの確定判決取得は再審事由を構成するとし、Ｘは再審の訴えを提起できる場合であっても、独立して不法行為による損害賠償請求をできるとして請求を認容している（最判（三小）昭和四四・七・八民集二三巻八号一四〇七頁。本件は、当初請求異議訴訟を提起し、訴訟係属中に前記最高裁判決があったため、その理由中の説示に触発されて、訴えを変更したものである。ただし、両事件の間には特別の関係はない。）。

この点について、①騙取された確定判決であるからといって、当然に無効とする主張を認めることはできず、まずその判決を法的に取り消しを図らなければならないとする説（兼子・体系三三三頁、吉川大二郎「強制執行における権利濫用」末川先生古稀記念『権利の濫用・中』（有斐閣、昭和三七年）三四一頁、中野貞一郎「確定判決に基づく強制執行と不法行為の成否」民商六二巻五号（昭和四五年）（同『判例問題研究強制執行法』（有斐閣、昭和五〇年）一〇一頁））、②基本的にこれを支持して、可能な限り再審事由の類推によって救済を図り、不当利得返還についても、同様であるとし、それで対応できない場合で、しかも相手方の救済を放置できない場合に、例外的に既判力に関わらず不法行為による損害賠償請求、不当利得返還請求を認めるべきであるとする説（上田徹一郎「騙取判決の既判力と不当利得」谷口知平教授還暦記念『不当利得・事務管理の研究（3）』（有斐閣、昭和四七年）二八〇頁）、③手続保障がまったく奪われたことにより、既判力を否定し、判決の当然に無効なることを主張して、再審の訴えを経由することなく、損害賠償請求等を認める見解がある（河野正憲「詐取判決の既判力」（同『当事者行為の法的構造』（弘文堂、昭和六〇年）三四一頁以下）、岡田幸宏「判決の不当取得について（四・完）」名古屋大学法政論集一三七号（平成三年）四七五頁。『注釈民事訴訟法（4）』（有斐閣、平成九年）三〇七頁〔高橋宏志〕は、相手方の企てにより一方当事者が訴訟に関与し攻撃防御を行う機会を奪われた場合と、手続保障をまったく欠くとまではいえない場合に分けつつ、結論としていずれも再審経由不要説を支持する。）。

その訴訟手続において、攻撃防御の機会を与えらず、手続保障を侵害されたものの立場を斟酌すると、当然に無効とするのが一見妥当のようである。しかし、その判決が当然に無効であるか否かは、判決が所定の手続によって取り消されてはじめていえることであり、それまでは騙取されたか否かもにわかに断定できない。その点で、①の

立場を支持する。確定判決を取り消す手続を経由することを要求するのは、迂遠な途のようであるが、騙取された確定判決の法的効力を取り消す救済方法とともに、それに関わったものに対する損害賠償請求又は不当利得返還請求を併合請求することにより、騙取されたと主張する者の法的救済が遅滞することもなく、既判力との均衡を保持しつつ、適切な解決を図ることができる。もっとも、その救済方法は、再審の訴えに限定されなければならないわけではなく、あるいは騙取された確定判決に基づいて強制執行を受けた場合は、執行法上の救済措置を請求する方法によることも認められるべきである(本訴請求の判決内容が給付・確認・形成判決か等状況によって、選択の余地を認めるのが妥当である。)。それにより、確定判決の騙取ではなかったときに、すでに右確定判決を取得した者の権利の早期実現が不当に遅滞することを懸念することも予想されるが、請求異議訴訟に伴う執行停止により調整を図るべきである。その点で、前記最判昭和四〇年一二月二一日は、疑問である。これに対し、前記最判昭和四四年七月八日は、単なる確定判決の騙取ではなく、裁判外の和解に伴う訴え取下げの合意の不履行による確定判決の騙取という点で異なり、本判決をもって通常の確定判決の騙取についても、当然の判決の無効を主張し、ただちに損害賠償請求を認めるものと判断することは、射程距離を越えるものである。

第五節　既　判　力

第一款　既判力の構造

一　既判力の本質

確定した終局判決の内容である判断に付与される拘束力を、既判力という。その本質については、訴訟制度の目的論とも関連し、古くから議論がある。第一に、訴訟の目的は紛争の法的解決であり、判決は紛争の解決を目標にして、法判断の形成を内容とし、それによって実体権を確定、変容させ、そのために後訴裁判所はこれと異なる裁判ができなくなるのであり、既判力は裁判の内容の正しさを担保することを使命とすると考える説がある（伊東乾「既判力について」民訴雑誌八号（昭和三七年）一八頁。その後、同説は、坂原正夫「既判力の本質」伊東乾教授古稀記念論文集『民事訴訟の理論と実践』（慶應通信、平成三年）〔同『民事訴訟法における既判力の研究』（慶応義塾大学法学研究会、平成五年）三五九頁以下〕に継承されている。実体法説（慶））。既判力の本質である裁判所の確定的判断に後訴裁判所及び当事者が服する根拠に欠けるきらいがある。第二は、二元説のいう目的と正当性の根拠の下に認められた後訴裁判所に対する前訴判決の訴訟法上の拘束力とする説である（伊藤・四五一頁、兼子・条解五九二頁（竹下）、高橋・重点講義五〇一頁注4。訴訟法説。なお、伊藤眞「既判力の二つの性格について」民商七八巻臨時増刊号(3)（昭和五三年）二六八頁以下では、既判力には実体法的側面と訴訟法的側面とがあるとする。）。訴訟法説とみずから称しているが、実質的には後述する二元説に等しい（高橋・前掲書を除く。）。第三に、実在する権利を法の適用により認識するのではなく、人の判断行為である裁判によって法が形成されること及び訴訟制度の目的は紛争の解決にあることの基本的認識の上に、裁判所が訴訟を通じて下す確定判決の判断によって、その内容として権利関係の実在性が形成されるとする説が有力であった（兼子一『実体法と訴訟法』（有斐閣、昭和三二年）一五八頁以下。権利実在説）。この説が前提とする法と裁判の関係に対する認識自体

に疑問があるのみならず（五頁。兼子博士の判決による権利の実在化を鋭く批判するものとして、鈴木正裕「既判力論に対する一考察」中田淳一先生還暦記念『民事訴訟の理論（下）』（有斐閣、昭和四五年）三五頁、同「兼子博士の既判力論（権利実在説）について」兼子博士還暦記念『裁判法の諸問題・上』（有斐閣、昭和四四年）三一八頁以下）、実体法説に対するのと同様の批判が当てはまる。これらと異なり、第四に、既判力の本質は公権的強行的な訴訟制度に根ざした紛争解決の一回性の要請である一事不再理の理念の現れとする説がある（三ケ月・全集二六頁）。しかし、一事不再理の原則と既判力の本質をこれだけの根拠により結びつけることには疑問がある。第五に、現在では、訴訟制度としての制度的側面と当事者の地位につくことにより訴訟追行する権能と機会を保障されたこと及びそれによる自己責任の側面の二面から捉える考え方が通説としての地位を占めている（新堂幸司「提出責任論の評価」『法協百年・第三巻』（有斐閣、昭和五八年）（同『訴訟物と争点効（下）』（有斐閣、平成三年）二八六頁以下）、上田徹一郎「遮断効と提出責任」民商法雑誌七八巻臨時増刊号(3)（昭和五三年）（同『判決効の範囲』（有斐閣、昭和六〇年）二三五頁）。二元説（上田・前掲書は提出責任説という）。もっとも、これらのすべてが二つの側面に均等な比重を掛けているわけではない。）。単に訴訟制度の側からだけ見ることは設置者である国家の立場に偏っている。同様に、訴訟過程における手続保障が与えられたことによる自己責任とみること（水谷暢「後訴における審理拒否」民訴雑誌二六号（昭和五五年）七〇頁以下、井上正三「既判力の客観的範囲」『講座民事訴訟6』（弘文堂、昭和五九年）三二〇頁）も、利用者である当事者の側に偏っている。訴訟制度の目的には、国家の設置目的と国民の利用目的の二面があり（一頁）、裁判所の確定的判断である判決の既判力の本質も、訴訟制度のこれら二つの目的を基盤として考える必要がある。既判力の本質をそうした視点から捉えると、国家の設置した訴訟制度に内在する法的安定性を確保し、もって法秩序を維持するとともに、訴訟制度の利用者が当事者として訴訟手続に関与し、攻撃防御を展開する権能と機会を与えられて手続保障を確保されたことにより、当事者が裁判所の判断に服する正当性が担保されると理解すべきであり、現在の通説の立場が妥当である。

二　既判力ある判決

(1)　確定した終局判決　終局判決は確定すると、すべて既判力を有する。(1) これに対し、中間判決は、終局判決を準備するために、その前提問題について判断するものであるから、その審級の限りで裁判所を拘束するに止まり、

後訴の裁判所を拘束する既判力を生ずるものではない。

(イ)　訴訟判決　訴訟判決は、その根拠とする訴訟要件の欠缺の判断について、既判力を有する（上田徹一郎「却下・棄却判決の効力」『実務民事訴訟講座2』（日本評論社、昭和四四年）〔同『判決効の範囲』（有斐閣、昭和六〇年）八八頁・特に九五頁以下〕、高橋・重点講義六一九頁）。個々の訴訟要件の欠缺の判断は、判決主文と一体となって既判力の対象が決まるのであり、理由中の判断に既判力を生ずる趣旨ではない。訴訟判決において欠缺すると判断された訴訟要件を補正することなく、再び訴えが提起された場合には、前訴の既判力により訴えは却下される。したがって、訴えの蒸し返しという色彩が全面に現れる点に特徴があるので、一事不再理によって処理すべしという批判も予想される。このような再訴の提起の可能性については多くはないと想定されるが、裁判所の判断に対する効力という視点から捉えるべきであり、その点で、既判力として処理するのが適切かつ妥当である（ただし、対世的効力はない）。もっとも、起訴行為の有効要件としての訴訟行為の欠缺の場合は、既判力を生ずる余地はない。

(ロ)　本案判決　確認の訴えについての確認判決、給付の訴え及び形成の訴えにおいて請求を棄却する確認判決、給付の訴えにおいて請求を認容する給付判決、形成の訴えにおいて請求を認容する形成判決のいずれについても、既判力を生ずる。

(2)　外国裁判所の確定判決　外国裁判所の確定判決は、所定の要件（一一八条）を充たし、わが国において効力を有するときは、外国で有する既判力がそのまま内国において認められる（澤木敬郎＝青山善充編『国際民事訴訟法の理論』（有斐閣、昭和六二年）三七三頁〔高田裕成〕）。

(3)　確定判決と同一の効力を有するもの　法律上において、確定判決と同一の効力を有する旨定められているものがある。和解又は請求の放棄若しくは認諾証書（二六七条）、仲裁判断（公催仲裁八〇〇条）、破産手続における確定破産債権表（破二四二条）、民事再生手続における確定再生債権者表（民再一〇四条三項）、再生債権の査定についての裁判（民再一一一条二項）、会社更生手続における更生債権者表及び更生担保権者表（会更一四五条）、調停調書（民調一六条・民訴二六七条）等である。もっとも、これらが既判

力を有するかは改めて検討を要する。

(1) 決定の既判力　争いとなっている事項についての終局的判断をした決定は、裁判所の判断として、判決に準じて取り扱うのが相当であり、その判断については既判力を生ずる(一二二条・一一四条)。例えば、訴訟費用の負担に関する決定(六九条・七三条)、支払督促に対する異議却下決定(三九四条)等である。判例は、補助参加申立却下決定後に、同一理由に基づく申立てを許されないとする(最決(一小)昭和五八・六・二五判時一〇八二号五〇頁)が、既判力に基づくというよりは、一事不再理によって処理したものと解するのが妥当である。

第二款　既判力の範囲

既判力は標準時を基準として、物的限界である客観的範囲及び人的限界である主観的範囲から成る。

一　既判力の標準時(時的限界)

(1)　既判力の標準時　既判力は、事実審口頭弁論終結時をもって標準時とする。当事者は、口頭弁論終結時まで攻撃防御方法を提出でき(民執三五条二項)、裁判所は審理を進めて、裁判を熟するに至ったと判断したときは口頭弁論を終結させ(二四三条一項)、その時点で訴訟要件の有無を確認した上で、口頭弁論において審理したところに基づき(八七条)、判決する。当事者は、その時点までは攻撃防御方法を提出できたのであるから、手続保障を確保されていて、これを標準時とする裁判所の判断の効力を受けることについて、合理的妥当性を有する。それとは異なり、すでに当事者が攻撃防御方法の提出を終了した後をもって、既判力の標準時とすることは、当事者にとって手続保障に欠けることになる。また、裁判所にとっても、もはや当事者が攻撃防御方法の提出を終了した後は、事実認定及び判断の手掛かりとすることが訴訟法上許される新たな訴訟資料も証拠資料もなく、さらに裁判所がみずからこれらを収集し、判断の材料とすることは弁論主義に反し許されない。裁判所は、口頭弁論終結時をもって口頭弁論に顕出され

た訴訟資料及び証拠資料に基づいて判断することにより、審判機関としての責務を果たすことができる。したがって、判決の既判力は、その時点を標準時として形成されることとなる。

第一審判決に対して控訴され、控訴審において判決が確定された場合は、控訴審口頭弁論終結時まで攻撃防御方法を提出することができ、控訴審裁判所も、その時点を基準として判断するので、控訴審口頭弁論終結時をもって標準時となる。さらに、上告された場合は、たとえ上告審において口頭弁論が開かれても、法律審であり新たな攻撃防御方法は提出できないのであるから、既判力の標準時は事実審最終口頭弁論終結時である。

(2)　既判力の標準時の効果　(i)　既判力は、口頭弁論終結時を標準時として形成されることは、①その時点における権利又は法律関係の存否が確定されるのであり、たとえ判決理由中でそれより前の時点Aから権利又は法律関係の存在を認定していたとしても、その時点Aから権利が存在したことまで既判力によって確定されるわけではない。また、②当初から権利又は法律関係は成立しなかったことを理由に、口頭弁論終結時におけるその不存在が既判力によって確定されても、もともと権利又は法律関係は成立していなかったあるいは口頭弁論終結時以前には存しなかったという判断まで、既判力によって確定されるわけではない（中野貞一郎「既判力の標準時」判タ八〇九号（平成五年）〔同『民事訴訟法の論点Ⅰ』（判例タイムズ社、平成六年）二四六頁〕は、①②のいずれも既判力の客観的範囲の問題とする。）。したがって、前訴の訴訟物たる権利又は法律関係とは別の権利又は法律関係の基礎としてこれらを主張することは、前訴の既判力によって妨げられない。例えば、土地を買い受けたことによる所有権の存在を主張して所有権確認請求訴訟を提起したところ、売買契約の無効を理由に敗訴した後に、同一被告に対し、買受時から前訴の口頭弁論終結時までの地代相当額の賠償請求訴訟を提起し、その間所有権が自己に帰属していた旨を主張することは、前訴の既判力に抵触しない。

(ii)　口頭弁論終結時における権利又は法律関係の存否が既判力をもって確定されるので、当事者はその時点まで

に存在した事由を主張又は抗弁として提出しようとすれば提出できたにもかかわらず、提出することなく敗訴した場合には、それらの事由をもって前記敗訴判決の効力を争うことは、既判力に抵触し、許されない。これを判決の遮断効という（沿革を比較法的に検証したものとして、鈴木正裕「既判力の遮断効（失権効）について」判タ六七四号（昭和六三年）四頁以下参照）。例えば、給付の訴えにおける原告勝訴判決がなされると、口頭弁論終結時における原告の給付請求権の存在が既判力によって確定されるので、判決の確定後に、被告債務者が給付請求権の成立を争うことはもとより、口頭弁論終結時前に生じた債務の弁済、免除、消滅時効の完成（大判昭和一四・三・二九民集一八巻三七〇頁）等を主張して、判決の効力を争うことはできない。

(イ) 形成権の行使　形成権は、意思表示があってはじめて、効果を生ずるので、口頭弁論終結時前に行使しようとすれば行使可能であったにもかかわらず、行使することなく敗訴した場合に、あらためて行使できるかが問題になる。攻撃方法と防御方法とに分けて考察する。

(a) 攻撃方法としての形成権の行使　判例は、振出日が白地の約束手形による支払請求訴訟で請求棄却判決を受けた一年三月後に、右白地部分を補充し再訴を提起した場合に、前訴と権利又は法律関係が同一であるとし、さらに前訴の事実審最終口頭弁論終結時前に白地補充権を有し、これを行使して手形金支払請求できたにもかかわらず行使せず、これに基づき後訴を提起することは、前訴の既判力により遮断され、許されないとして、請求を棄却した（最判(三小)昭和五七・三・三〇民集三六巻三号五〇一頁）。判決の遮断効の一般論に照らし、妥当といえよう（河野正憲「形成権の機能と既判力」『講座民事訴訟6』（弘文堂、昭和五九年）（同『当事者行為の法的構造』（弘文堂、昭和六三年）一四四頁）、住吉博『訴訟的救済と判決効』（弘文堂、昭和六〇年）三一三頁、高橋宏志・法協一〇〇巻一一号二一三〇頁。なお、事後処理についてみると、手形所持人は、原因債権に基づいて再訴を提起することは可能であるが、他方、白地手形の呈示は無効であり遡求権保全の手続きを欠いているので、遡求権を行使することはできない。）。これに対し、手形債権の不存在が確定されるわけではないこと、当事者のわずかばかりの過誤を問責することになること、等の理由により遮断効を否定する見解がある（兼子・条解六三八頁（竹下）、池田辰夫「基準時後の形成権行使遮断の根拠と限界」阪大法学一五三・一五四合併号（平成二年）（同『新世代の民事裁判』（信山社、平成八年）一七八頁））。遮断効の問題を既判力の客観的範囲の問題に置き換えることにより、みずから訴え提

起に及んだにもかかわらず、攻撃防御方法の提出を怠った当事者の救済を図ることを意図するもので、問題の所在を取り違えている（特に、前者は、後述する防御方法としての形成権の行使における取消権・解除権との整合性がなく、異なった処理をすべき積極的根拠も示されていない。）。

(b)　防御方法としての形成権の行使　①　取消権・解除権　大審院判例は、取消権について、遮断効を否定していたところ（大判明治四二・五・二八民録一五輯三五二八頁、大判大正一四・三・二〇民集四巻一四一頁、大判昭和八・九・二九民集一二巻四〇八頁）、最高裁は、遮断効を肯定し、異議事由として請求異議訴訟を提起できないとする（書面によらない贈与の取消権につき、最判（三小）昭和三六・一二・一二民集一五巻一一号二七七八頁、詐欺による取消権につき、最判（一小）昭和五五・一〇・二三民集三四巻五号七四七頁。なお、前者の判例の意味につき、広中俊雄『契約法の理論と解釈』（創文社、平成四年）一〇九頁参照）。また、解除権についても、遮断されるとする（大阪高判昭和五二・三・三〇判時八七三号四二頁。なお、本件上告審はこの点について直接判示していない、最判（三小）昭和五四・四・一七判時九三一号六二頁参照）。取消権及び解除権は、請求権の存否を直接に左右する点で、純然たる攻撃防御方法であり、最高裁判例の立場はもとより当然のことであって、通説もこれを支持する（兼子・体系三四〇頁、兼子・条解六三七頁〔竹下〕、河野・前掲書一四一頁）。これに対し、形成権は、その存在によってではなく、行使によってはじめて実体的な法律関係の変動を生じること、標準時はその時における権利関係が確定され、その後の変動には遮断効は及ばないこと、既判力は標準時における請求権の存在を確定するだけで、将来にわたって取消権の行使により消滅する可能性がないことを確定するわけではないこと等を根拠として、取消権及び解除権について、遮断効を否定する有力説がある（中野貞一郎「形成権の行使と請求異議の訴え」判タ一八二号（昭和四〇年）〔同『強制執行・破産の研究』（有斐閣、昭和四六年）三六頁以下・特に四四頁〕、同・前掲民事訴訟法の論点Ⅰ二五〇頁以下）。しかし、既判力を法的安定性の要求に支えられた確定判決における裁判所の判断の規準性に求めながら、前記結論を導くのは論理的に矛盾し、判例・通説の立場を覆すに足りるだけの根拠に欠け、賛成できない。

②　相殺権　相殺権について、当初、大審院は、遮断効を肯定していた（大判明治四〇・七・一九民録一三輯八二七頁）が、その後に判例変更して否定するに至り（大判（民事連合部）明治四三・一一・二六民録一六輯七六四頁）、最高裁も、同様に遮断効を否定する（最判（二小）昭和四〇・四・二民集一九巻三号五三九頁）。学説も、最高裁判例の立場を支持している（河野・前掲書一四五頁、上田・前掲書二五〇頁。なお、解除権と相殺権が交錯する場合の問題については、森田宏樹・法協一〇九巻六号一一四〇頁参照）。相殺権については、

口頭弁論終結時前に主張できたはずであるというには、単に客観的に相殺適状の自働債権があったというだけでは足りず、債務者がこれを覚知していた場合に限るとする説がある（兼子・体系三四二頁）。

相殺権は、訴求債権（受働債権）に対して、かりに反対債権（自働債権）の存在が認定されれば、訴求債権のうちの認容額が減額され又は消滅して請求棄却になることもあり得るので、攻撃防御方法としての機能を有する性格のものではあるが、前記取消権及び解除権と異なり、訴求債権の存否自体を左右するものではない点で、訴求債権に対する純然たる攻撃防御方法ではない。さらに、このことは、その訴訟で攻撃防御方法として行使してもよいが、別に行使してもともと差し支えなく、いずれの権利行使の途を選択するかは、当事者の選択に委ねられている。その反面、攻撃防御方法として主張しようとすれば主張できたにもかかわらず主張しなかったことは、それを異議事由として請求異議訴訟を提起し、敗訴判決の執行力を消滅させる法的利益を許容することは、民執法三五条二項の明文に反することになる。さらに、利益考量という要素を取り入れても、すでに勝訴判決を取得した債権者の権利の早期実現を保護すべきであり、それを後退させてまで、標準時前に相殺適状にあった反対債権（自働債権）を有する者の利益を保護すべき理由はない。その者は、反対債権について本案訴訟で相殺の抗弁を主張しなかったからといって、終局的に失権したわけではないので、別訴を提起することにより、その債権回収を図るべきであり、それを否定する根拠もない（結論同旨・坂原正夫「既判力標準時後の相殺権行使について」『慶應義塾創立一二五周年記念論文集・法学部法律学科関係』（昭和五八年）〔同『民事訴訟法における既判力の研究』（慶應義塾大学法学研究会、平成五年）三三頁〕）。もっとも、相殺に供する反対債権は、通常は訴求債権と異なる事実関係から生じたものであるが、訴求債権と同一事実関係から生じた場合には、本案訴訟における攻撃防御方法として訴求債権の存否を左右するので、標準時までに主張できたにもかかわらず主張せずに敗訴したときは、異議事由に当たらないことはもとより、別訴をもって主張することもできず、失権すると解する（例えば、双方過失による不法行為により双方互いに相手方の過失による不法行為に基づき損害賠償請求権を取得する場合には、本訴請求に対して反訴請求するか、少なくとも過失相殺を主張しておくことを要する。新堂・五八四頁参照）。

解除権と相殺権の行使が交錯する場合には、相殺の遡及効と解除の効力との関係という問題を生じる。それは、相殺権行使の時間的制限に係る問題でもある。例えば、賃貸借契約において、賃料不払いを理由に契約を解除し、家屋明渡請求訴訟を提起したのに対し、賃借人が修繕費用償還請求権による相殺権はいつまでに行使すればよいかである。修繕費用償還請求権は賃貸借契約解除の正当性を左右する要素をも備えていることに着目すると、家屋明渡請求に対する固有の攻撃防御方法として位置づけられるべきであり、判決確定後に請求異議事由として認めることは妥当でなく、判決手続の中で行使することを義務付けられるべきものと解する（森田宏樹・法協一〇九巻六号一二四〇頁参照）。

③　建物買取請求権　取消権・解除権と相殺権の中間的地位にあるものとして、建物買取請求権がある。建物収去土地明渡請求訴訟において、被告が建物買取請求権を行使することなく敗訴した後に、右請求権を行使できるかが問題になる。第一に、異議事由として請求異議訴訟を提起できるかについて、判例は、遮断効を否定し、異議事由として請求異議訴訟を肯定する（最判(二小)平成七・一二・一五民集四九巻一〇号三〇五一頁、札幌高判昭和四〇・二・一九高民集一八巻二号一二〇頁、東京高判平成二・一〇・三〇判時一三七九号八三頁。これに対し、東京地判昭和四三・一二・二五判時五五五号五八頁は、遮断効を認める）。学説は、判例と同様に、遮断効を否定するのが多数説といえよう（村松俊夫「既判力と建物買取請求権」〔同『民訴雑考』（日本評論社、昭和三四年）八八頁〕、中田淳一・判例研究三五七頁）。これに対し、建物買取請求権は建物収去土地明渡請求訴訟に対する防御機能を中核とし、前記訴えは右請求権を行使するか否かを促しているとみることができるとして、遮断効によりもはや行使できないとする説がある（河野・前掲書一四三頁。民法の視点から、鈴木禄弥『借地・借家法の研究Ⅰ』（創文社、昭和五九年）六二三頁）。しかし、この訴訟の訴訟物は、土地明渡請求権であり、建物収去はその手段の一つであることに着目すると、建物買取請求権をこのように位置づけることには疑問がある（建物買取請求権の現在的機能について、大塚直・法協一〇二巻三号六一四頁参照）。第二に、確定判決の執行力の排除を目的とするのではなく、別に建物買取請求権を行使し、新たに別訴として建物買取代金支払請求訴訟を提起することについて、判例は、肯定する立場にあり（最判(二小)昭和五二・六・二〇裁判集民事一二一号六三頁）、異議事由として請求異議訴訟を提起し、敗訴した後に、建物買取代金支払請求訴訟を提起するこ

とについても、同様とする（東京高判昭和五三・七・二六判時九〇四号六六頁）。これに対し、学説は、むしろこの第二の場合を自覚していない節が伺える。もっとも、第一及び第二いずれの場合にあっても、建物が収去されていまえば買取請求権は当然に行使できなくなる（山本和彦「建物収去手続における建物抵当権者の法的地位」法学五三巻一号（平成元年）七八頁）。

これらの考え方とは異なり、既判力の標準時との関係から考察するのでは対応できないとして、基準時までに提出することができたという手続保障が確保されていたと認められるか、かつその者の実体法上の地位との関係で前訴で提出しておくべき責任があったと認められるかという視点から検討すべしとする説がある（上田徹一郎「遮断効と提出責任」民商七八巻臨時増刊号(3)（昭和五三年）（同『判決効の範囲』（有斐閣、昭和六〇年）二二四頁以下）。提出責任説という）。しかし、標準時という時点を一つの境界点とすることは、当事者と裁判所が事案の解明に向けた役割分担を認めた上で設定されていることであり、改めて提出責任という概念を用いることによらなければ、標準時に伴う法的効果について合理的な理論構成ができないという必要性も認められない。

(ロ)　その他　(a)　限定承認　標準時までに限定承認の抗弁を提出しないで、判決確定後にこれを異議事由として請求異議訴訟を提起することにつき、判例は、遮断効は及ばないとして是認する（大判昭和一五・二・三民集一九巻一一〇頁）。多数説は、判例を支持する（兼子一『増補強制執行法』（酒井書店、昭和二六年）五一頁、三ケ月章「執行に対する救済」『民事訴訟法講座四巻』（昭和三〇年）（同・研究第二巻六四頁））。しかし、本件は、相続人が標準時前に限定承認の事実を債権者に通知し、債権者は知っていたにもかかわらず、無留保の勝訴判決を取得したことを気貨として強制執行に及んだのに対し、相続人が改めて限定承認を異議事由として請求異議訴訟を提起したところ、裁判所は不法行為を構成する不当な強制執行と認めた事案である。したがって、その先例的意義を安易に一般化することには疑問がある。限定承認は相続人の責任において清算手続を実施するのであり、相続人はそれを促進すべき立場にある（野田愛子「限定承認清算手続を促進する手段」東京家庭裁判所身分法研究会編『家事事件の研究（1）』（有斐閣、昭和四五年）二九四頁）。しかも、相続財産管理人にも優越する地位にある。このような実体法上の性質を斟酌すると、標準時までに限定承認の主張を要求しても酷とはいえず、確定判決

の遮断効により異議事由とすることは認められないと解する（中田淳一「確定判決の失権効」末川先生還暦記念『民事法の諸問題』（有斐閣、昭和二八年）（同『訴と判決の法理』（有斐閣、昭和四七年）一二九頁）（債務の態様とする）、新堂幸司「責任限定を明示した給付判決の効力」我妻榮先生追悼論集『私法学の新たな展開』（昭和五〇年）（同『訴訟物と争点効（下）』（有斐閣、平成三年）一八頁）、中野貞一郎『民事執行法（新訂四版）』（青林書院、平成一二年）二二八頁、高橋・重点講義五六六頁）。

逆に、被相続人の債権者が相続人に対し限定承認の限度で支払いを求める旨の留保付き給付請求訴訟を提起し、その訴訟が上告審係属中に、相続人のいう限定承認に無効事由（民九二一条）があることを理由として、無条件の給付請求の後訴を提起し、その係属中に前訴が確定した場合につき、判例は、前訴の限定承認の存在及び効力についての判断には既判力に準ずる効力があるとして、前訴の標準時前に主張できた事由に基づき、その確定判決を争うことはできないとして、後訴を却下した（最判（二小）昭和四九・四・二六民集二八巻三号五〇三頁）。「既判力に準ずる効力」とする趣旨は、いわゆる争点効類似の発想ではなく、「限定承認の限度」の文言が判決主文に表示されることに着目して、訴訟物の一部と位置づける点にある。しかし、前訴は上告審とはいえ、いまだ係属中であったにもかかわらず、そこで限定承認の無効を主張せず、別訴を提起して主張すること自体に奇異な感がし、判旨には異論がないものの、判例としての射程距離は限定して捉えるべきである。

(b)　後遺症　不法行為に基づく損害賠償請求で被害者勝訴判決の確定後に、後遺症が発生した場合に、再訴の可否が問題になる。

判例は、①　前訴の口頭弁論終結時までの治療費賠償請求訴訟で勝訴判決が確定したところ、その後に再手術を余儀なくされたことにより要した治療費の賠償請求の後訴を提起した場合に、両者の訴訟物は異なるので、前訴の既判力は後訴に及ばないとする（最判（三小）昭和四二・七・一八民集二一巻六号一五五九頁）。また、②　交通事故による全損害を正確に把握し難い状況で、早急に少額の賠償金をもって示談がされた場合に、右示談によって被害者が放棄した損害賠償請求は、示談当時予想していた損害に限られ、その当時予想できなかった後遺症等については、後日損害賠償請求できるとする（最判（二小）

昭和四三・三・一五民集二二巻三号五八七頁）。さらに、③受傷による身体侵害を理由とする慰藉料請求して調停が成立したところ、その後に死亡したため、相続人が生命侵害を理由とする慰藉料請求した場合につき、被侵害利益が異なり、同一性を有しないとして再訴を認め、調停が受傷による損害賠償のほか、死亡による慰藉料を含めて成立したというためには、これを肯定し得る特別の事情があり、かつその調停の内容が公序良俗に反しないことを要するとする（最判(一小)昭和四三・四・一一民集二二巻四号八六二頁）。

①は、前訴において予見可能性の射程距離外にある損害は、前訴の遮断効が及ばない別個の損害であり、既判力の時的限界の問題として同様の結論を導くべき問題である（平井宜雄・法協八五巻七号一〇八七頁）。これに対し、前訴と後訴は別個の訴訟物であり、一部請求理論とも異なり、追加賠償請求として積極的に捉える説がある（小山昇「確定判決後の追加賠償請求について」吉川大二郎博士追悼論集『手続法の理論と実践・上巻』（法律文化社、昭和五五年）〔同・著作集五巻二五七頁以下〕）。しかし、それは、遮断効の及ばない場合という処理に落ち着くのであり、あらためて追加請求という枠組みを設けて処理すべきことではない。②についてみると、示談により解決した場合は、当事者間の合意とはいえ、おのずから種々の力関係が全く影響しないとはいえないので、確定判決による処理には見られない潜在的な事情が通常想定される。そうした要素を織り込んだ上で具体的妥当性ある解決を図るための一定の規準を打ち出した点で、判旨は妥当といえる。また、③は、前訴の調停成立時には存しなかった被害者の死亡という事実を素直に受け止めれば、その時点で予見できなかった事態というべきであり、前訴の遮断効は生じないと解するのが相当である。これに対し、むしろ一部請求の問題として、示談、和解、調停に限らず、既判力の客観的範囲の視点から、確定判決後の再訴の適否と同様の問題として捉え、被害者の救済という実践的政策的観点と法的安定性終局性の要請から判断すべきであるとする立場がある（新堂幸司「紛争解決後の損害の増大とその賠償請求」ジュリ三九九号（昭和四三年）〔同『訴訟物と争点効（上）』（有斐閣、昭和六三年）二〇〇頁〕）。しかし、前述した判例の事案からも明らかなように、一部請求は、原告が自覚的にするのに対し、後遺症は、紛争

処理後の後発的損害発生に対する措置という点では、基本的に異なっていて、そこの底流に共通性を見出そうとする発想は疑問である。また、身体侵害による慰藉料と生命侵害による慰藉料は一個の損害の賠償金として算定すべきであるが、調停が介在したことにより両者が分断されたのであり、調停後の損害は調停前の損害の残部ではなく、たとえ一部請求否定説によっても、是認されるべきであるとする見解がある（小山昇「調停の成立後の慰藉料請求について」判タ二二三号（昭和四三年）〔同・著作集五巻二九八頁〕）。その指摘自体はもっともであるが、基本的には、前記見解と同様の批判が当てはまる。

二　既判力の客観的範囲（物的限界）

(1)　判決主文中の判断　訴状に記載された請求の趣旨又は上訴状に記載された上訴の趣旨に対する裁判所の応答の結論は、判決において主文として表示される。終局判決が確定すると、その確定判決は、主文に包含するものに限り、既判力を生じる（一一四条一項）。

処分権主義に基づき、原告が自己の申立事項を明らかにすることにより、裁判所の審判の対象と範囲を設定し、裁判所は、原告の申立事項の範囲内において判決しなければならない（二四六条）。当事者による申立事項を設定することは、裁判所の判決事項の対象と範囲を設定する機能を営むのである。それは、訴えを提起する原告のみならず、これに応訴する被告にとっても、攻撃防御の対象範囲が画されるので、両当事者はその限度で攻撃防御を展開すれば足りる。したがって、これに対する裁判所の応答について既判力を生じさせ、確定的効力を認めること（一一四条一項）は、処分権主義、攻撃防御に係る当事者対等の原則を基盤とする訴訟制度の本質に起因する。これを訴訟主体の視点からみると、審判機関である裁判所は主文に表示された限りにおいて審判する責務を負うとともに、拘束力を受けることになる。当事者にとっても、原告・被告を問わず、その限度において攻撃防御を展開したのであるから、それに対する裁判所の判断に服するのは、論理的帰結であり、当事者間の公平を害するものでないことはもとより、

手続保障に欠けるおそれもない。もっとも、原告の申立事項に対して、被告が攻撃防御をつくすことにより、紛争が新たな局面を迎えたときに、原告の申立事項の範囲内と認められる限度においては、原告の請求の意思解釈により、裁判所は請求の一部を認容する判決を下すことがある。しかし、それも、申立事項の範囲内に限られるのであるから、判決主文をもって表示された判断について既判力を認めても、判決による不意打ちにもならない。

(2) 判決理由中の判断

(イ) 判決理由中の判断と既判力の不発生　(i) 判決理由中の判断と既判力　判決理由中の判断は、判決の結論である主文を導くための過程であり、個々の判断は当事者が攻撃防御方法として主張した事項に対する判断という要素があるものの、必ずしも結論を導くための論理上必要な前提判断であるとは限らない。これを、当事者の側からみると、申立事項がその訴訟で求める内容であり、それに対して攻撃防御を展開するのであり、その前提となる事項の主張は原告・被告によって同じ経路において攻撃防御を展開するわけではない。したがって、申立事項に対する判断を表示した主文についてのみ既判力をもって確定することが当事者の意思に合致するとともに、理由中の判断にまで既判力を生じさせることは、攻撃防御の最も重要な対象とした事項以外の事項について、確定力を付与させることになり、手続保障に欠けるおそれがある。また、裁判所の側からみると、結論を導く判断にも、決め手となった判断の判示から付言に止まる事項の判示までおのずから比重に違いがあり、一様ではない。さらに、係属する訴訟の利害関係者の側からみると、法的に利害があるとして訴訟参加するか否かは、既判力をもって確定される訴訟物である申立事項を規準として判断されるので、理由中の判断にまで既判力を生じるとすると、利害関係のある訴訟に参加の機会を与えられることなく、訴訟が完結してしまうこともあり得るので、その意味でも手続保障が害されることになる。

このように、訴訟を取り巻く当事者、裁判所及び第三者の立場を斟酌すると、判決理由中の判断に既判力を生じ

させる根拠がないのみならず、むしろ生じさせるべきではないこととなる（判決理由中の判断の拘束力をめぐるドイツ及びアメリカにおける学説史的状況については、吉村徳重「判決理由中の判断の拘束力―コラテラル・エストッペルの視点から―」法政研究三三巻三～六合併号（昭和四二年）四四九頁以下参照）。

(ロ)　判決理由中の判断の既判力不発生による効果　判決理由中における事実認定、法律判断にはついては、既判力を生じないことの効果として、後訴において、それらの事実、法律判断と同一の事項をめぐって同一当事者間で争いになっても、前訴の判断は当事者及び裁判所を拘束せず、したがって当事者はそれと異なる主張ができるし、裁判所が異なった判断をすることも差し支えない。

もっとも、訴訟の審理の過程で中立事項の先決関係にある事項についても、理由中の判断であるにもかかわらず、その訴訟において既判力をもって確定する途を別に用意することは、原告被告のいずれにとっても望ましいことであり、裁判所としてもこれを否定すべき事情もない。そこで、中間確認の訴え（一四五条）として規定を設けるとともに、当事者主義の原則により、それを活用することも当事者の意思に委ねている（原告・被告のいずれも提起できる。）。

(ii)　判決理由中の判断の拘束力　判決理由中の判断であっても、例外的に、既判力等の拘束力を有する場合がある。

(イ)　相殺の抗弁の判断　相殺のために主張した請求の成立又は不成立の判断は、相殺をもって対抗した額について既判力を有する（一一四条二項）。

(a)　被告による相殺の抗弁について、裁判所が実体的判断をした場合に、相殺のために主張した請求の成立又は不成立の判断は既判力を有する。本訴が訴え却下、訴え取下げ等により被告の反対債権（自働債権）の存否について実体的判断がなされなかった場合、本訴の訴求債権（受働債権）の存在が認定されずに請求が棄却された場合、相殺の抗弁が時機に遅れた攻撃防御方法の提出として却下された場合等は、いずれも相殺の成否について実体的判

断がなされていないので、既判力を生ずる余地はない。

(b) 反対債権（自働債権）の不存在を理由として、相殺の抗弁が斥けられた場合は、反対債権の不存在について既判力を生じる。その趣旨は、被告が後訴により反対債権を再び権利行使することを防止し、前訴の判断の実効性を確保することにある。

(c) 相殺の抗弁を認めて、訴求債権（受働債権）を反対債権（自働債権）と対等額の限度で棄却した場合に、口頭弁論終結時に訴求債権（受働債権）と反対債権（自働債権）が存在し、対等額の限度で消滅したことについて、既判力を生じると解する(1)（兼子・体系三四四頁、吉村徳重「相殺の抗弁と既判力—弁済の抗弁との対比」法政研究四六巻二・三・四合併号（昭和五五年）六一八頁）。

(d) 原告が、訴状において訴求債権と被告に対する債務をあらかじめ差し引く旨の意思表示をし、その残額債権を支払請求する場合は、訴訟上の相殺として、本条二項の適用を受ける（梅本吉彦「相殺に基づく訴」法学志林六九巻一号（昭和四六年）二一頁）。

(ロ) 中間確認の訴え　本来の請求の裁判が法律関係の成立又は不成立に係るときに、その法律関係について中間確認の訴えを提起する場合に、その判決は対象とした事項の判断について既判力を有する（一四五条）。これによって、本来の請求の先決関係にある事項について、既判力を取得することができる（七一六頁）。

(ハ) 参加的効力　補助参加に係る訴訟の判決は、補助参加人に対して効力を有し、判決理由中の判断にも拘束力を生じるが、その性質について、判例は既判力とは異なる参加的効力であるとする（四六条。六四五頁参照）。

(ニ) 争点効　第六節第一款で扱う。

(ホ) 信義則　第六節第二款で扱う。

(1) 相殺の抗弁を認めた場合の既判力　相殺の抗弁を認めて、訴求債権を反対債権と対等額の限度で棄却した場合に、多数説は、反対債権が存在しないことについて既判力を生じるとし、かつそれをもって足りるとする（岩松三郎「民事裁判における判断の限界」法曹時報三巻一一号（昭和二六年）

〔同『民事裁判の研究』（弘文堂、昭和三六年）九〇頁〕、中野貞一郎「民訴第一九九条第二項について」『司法研修所十周年記念論文集・民事篇』（昭和三三年）〔同『訴訟関係と訴訟行為』（弘文堂、昭和三六年）四五頁〕、同「相殺の抗弁（下）」判タ八九三号（平成八年）〔同『民事訴訟法の論点Ⅱ』（判例タイムズ社、平成一三年）一五三頁以下〕。新堂・五九〇頁は、旧版の見解を改説し多数説を採る。）。しかし、原告の当初から反対債権不存在の主張による不当利得返還請求又は損害賠償請求、被告の当初から訴求債権不存在の主張による不当利得返還請求又は損害賠償請求を防止するためには、本書本文のように解するのでなければ対応できない（梅本吉彦「相殺の抗弁と既判力」『民事訴訟法の争点』（有斐閣、昭和五四年）二七〇頁）。

(3)　個別的問題　(i)　登記請求訴訟　不動産の登記請求訴訟は、請求の趣旨も、移転登記請求、抹消登記請求等多様であり、同様に請求原因も多岐に分かれている。しかし、訴訟法の視点から、登記請求訴訟として捉える場合には、これらを包括して理論構成することを要する。登記請求の前提となる登記法の次元で見ると、登記実体法と登記手続法とがあり、さらに登記法という実体法と訴訟法を調和させなければならない点に、問題を複雑にしている。もとより、訴訟法の視点から実体法を検証して、それまで実体法上は所与のものとされている事項について再検討を迫ることはあり得るし、また差し支えないことである。しかし、実体法上、登記請求権は、その発生原因について種々の見解があるものの（幾代通『登記請求権』（有斐閣、昭和五四年）、香川保一「登記請求権の諸問題」『不動産登記論集・第一輯』（桂林書院、平成元年）一七三頁以下、徳本伸一「登記請求権の意義と法的性質」『新不動産登記講座・総論Ⅱ』（日本評論社、平成一〇年）二六九頁以下参照）、すでに基本権とは別に請求権として確立されていることを考えると、それを訴訟法の局面に正確に反映させることが自然な考え方である。そうした視点から見ると、登記請求訴訟の訴訟物は、登記請求権自体であり、その前提となる権利又は法律関係は訴訟物を構成するものではなく、したがって判決の既判力は登記請求権についてのみ生じ、それを基礎付ける権利又は法律関係の存否にまでは及ばないと解する。(2)

その反面、原告として訴えを提起する側において、登記請求権とそれを基礎付ける実体法の権利の確認請求を併合請求することにより、みずからの主導権の下でかつ事前に対応措置を講じることが可能である。したがって、こうした事前の措置を用意せず、再訴が提起されたときにいたって、事後的に前訴を振り返ってどのように理解する

か、あるいは救済するかという性格の問題である（納谷廣美「所有権に基づく登記請求訴訟」三ケ月章先生古稀祝賀『民事手続法学の革新・中巻』（有斐閣、平成三年）二〇五頁）。既判力は程度の差はあるものの、そうした性格をもってはいるが、登記請求において顕著である。これらの点を踏まえると、登記請求について訴訟法理論の枠組みを変更させるだけの必要性もなく、かえって実体法秩序を混乱させることが懸念されることでもある。

この点について、不動産所有権を主張してそれと相容れない登記の抹消請求をする場合は、登記に実体関係を反映させるためであるから、物権の存否が訴訟物を構成するとし、登記抹消請求を認める確定判決の既判力は、物権そのものについて判決主文に包含するものとして既判力を有するとする説がある（兼子・判例民訴二九二頁）。しかし、登記と真実の法律関係の不一致の是正は、登記請求のすべてに該当することであり、抹消請求に固有の性格ではなく、疑問である。あるいは、登記請求訴訟の先決関係である所有権の存否については、その訴訟の判決の確定によって、失権効を生じるとする余地も考えられる（小山昇「判決効と失権効（訴権の喪失）」『判決効の研究』（著作集第二巻）（信山社、平成二年）一三七頁注1）。しかし、登記請求権とそれを基礎付ける基本権とは別個独立した権利とされていることに照らすと、先決関係にあるということをもって攻撃防御方法の次元に落として、既判力により失権すると構成することには無理がある。

（2）　登記請求の既判力と判例の動向　　大審院は、①相手方の不在に乗じて虚偽の登記原因により所有権移転登記請求の勝訴確定判決を取得しても、所有権移転につき既判力によって確定するものではないとし（大判大正一四・四・二二新聞二四一八号一八頁）、さらに、②所有権者が無権利者に対する保存登記抹消請求に勝訴した確定判決は所有権を確定するとした（大判昭和一二・四・七民集一六巻三九八頁、但し傍論）。最高裁も、③所有権に基づく登記抹消請求を認容した確定判決は、その理由中で所有権の存在を確認していたとしても、その点について既判力を生じないとする（最判（一小）昭和三〇・一二・一民集九巻一三号一九〇三頁）。本判決は、理由において、所有権に基づく物上請求権による訴えにおいて、原告がその基本たる所有権をも訴訟物とする意思をその請求の趣旨で黙示的に表明し、裁判所もまた主文において黙示的にその存否について裁判している場合は、その判決が当該所有権の存否につき既判力を有すべきことはもちろんであると判示しているこ

とが注目される。その趣旨は、明らかでなく、直ちに積極的に捉えるべきかについては、決め手がない（中野貞一郎・民商三四巻四号五九六頁）。その後も、④は前記③を引用し踏襲している（最判(三小)昭和三一・四・三民集一〇巻四号二九七頁、但し傍論）。

(ii)　一部請求　数量的に可分な債権のうち、法律上区分し得る標識のない債権につき、その一部である旨を明示して請求する場合に、訴訟物の特定（二三〇頁）、時効中断の範囲（二七六頁）とともに、その既判力はこの問題の帰結点として古くから議論がある[3]（明示的一部請求確定後の残額請求について、比較法的に検証したものを集大成した、小山昇『追加請求の研究』（信山社、平成六年）は、優れた研究である。）。第一説は、数量的に分割された請求ごとに訴訟物を構成し、明示的一部請求はその部分に限り既判力を生じ、その結論の如何に関わらず残額部分には及ばず、残額債権の後訴請求は前訴の既判力に抵触しないとし、訴訟をもてあそんでいるような場合は、後訴を訴権の濫用として訴え却下すれば足りるとする（村松俊夫「金銭債権の一部請求」（昭和三二年）〔同『民訴雑考』（日本評論社、昭和三四年）七八頁以下、特に八〇頁〕、木川統一郎「一部請求メモ」判タ二〇九号（昭和四二年）〔同『民事訴訟政策序説』（有斐閣、昭和四三年）一八九頁〕。小山・一五四頁二三八頁三九六頁は、訴権の濫用ではなく、訴えの利益がないとする。同様の立場によりつつ、残部請求の処理を、菊井＝村松・全訂Ｉ一一一〇頁は信義則に、また中野貞一郎「一部請求論について」染野義信博士古稀記念論文集『民事訴訟法の現代的構築』（勁草書房、平成元年）〔同『民事手続の現在問題』（判例タイムズ社、平成元年）八五頁以下・特に九七頁〕は、信義則の発現としての禁反言の法理に委ねる。）。基本的に、判例理論を支持する立場である。後述するように、最も妥当な考え方である。同様の立場によりつつ、前訴請求が全部又は一部敗訴した場合と勝訴した場合によりさらに類型化して、対処する説もある（兼子・条解六二三頁〔竹下〕）。しかし、敗訴にも全部敗訴か一部敗訴か幅があり、さらにその理由も多様であることに照らすと、適切な類型的把握とはいい難い。詳細に類型化することは、精緻な理論の感を呈するが、例外的処理をすべき多様な事案があり得ることを意味するのであって、疑問である。

これに対し、第二説は、明示的一部請求は、請求の趣旨の特定を欠き不適法であるとする（兼子一「確定判決後の残額請求―既判力の客観的範囲に関する一問題」『法学新報五十周年記念論文集・第二部』（昭和一五年）〔同・研究第一巻三九一頁以下・特に四一六頁〕）。それを正当化する根拠として、分割請求は裁判所の負担を増加させ、相手方の応訴の煩わしさを加重し、さらに訴訟費用を節約して試験訴訟を試みるのは国家の訴訟制度の濫用であるとする（同書四一七頁）。しかし、請求の特定性を欠くという点では一応理論的根拠の型をとっているが、むしろ後段の政策論

に真の理由があり、この点こそが決め手となっている。

第三説は、明示的一部請求は申立事項として請求額の上限を示すに止まり、債権全体が訴訟物を構成し、その既判力は全額に及ぶとする（三ケ月・全集一〇八頁。その比較法的背景について、三ケ月章「一部請求判決の既判力論争の背景―訴訟理論における解釈論と政策論の分界について」判タ一五〇号（昭和三八年）〔同・研究第三巻一六五頁以下〕参照）。訴訟物と申立事項を分離し、申立事項を既判力対象とするところに特徴があり、その点では興味深いものがある。しかし、この考え方は、解釈論というよりも、提唱者がみずから認めるように、政策論が先行するきらいがあり、第二説を政策論の限りにおいて取り入れたものである。被告の応訴の煩わしさを指摘するが、むしろ国家の訴訟制度のありかたという点にこそ重点があり、提唱者が意識しているか否かは定かでないが、訴訟制度の目的論、訴権論をめぐる考え方の違いが最も顕著に現れていると見ることができる。一般に、理論の当否は、その積極的な根拠付けがいかに説得力があるか否かが必要条件であり、それを政策的視点等から検証することによってはじめて十分条件が備わり、理論として満たされる。反対に、政策論をもって理論自体の直接的根拠とすることは論理が逆である。

第四説は、申立事項は当事者の意思を尊重しなければならないので一部請求部分が訴訟物であるが、残額請求は、応訴させられる被告に不公平であること及び裁判所にとって費やした労力に比べて紛争解決の実効性に乏しいので、原則として許さないとし、請求の拡張で対応すべきであるとする（新堂幸司「既判力と訴訟物」法協八〇巻三号（昭和三八年）〔同『訴訟物と争点効（上）』（有斐閣、昭和六三年）一六二頁〕、同・二九五頁、高橋・重点講義八八頁以下・特に九六頁。なお、新堂幸司「審理方式からみた一部請求論の展開」佐々木吉男先生追悼論集『民事紛争の解決と手続』（信山社、平成一二年）三頁以下参照）。

明示的一部請求は、実体法上の金銭債権の可分性という性質と訴訟手続をどのように止揚するかという問題であり、前者の点を全く考慮することなく、後者の視点からだけ検討すれば足りるものではない。この視点が、特に第二ないし四説に欠けている点である。基本的には、当事者が実体法上の請求権を訴訟上行使するのに、どのような請求形態を取ることが可能かということであり、訴訟の開始について当事者処分権主義を建前とするところから、

原告側に選択権が委ねられていることは、訴訟手続に内在的なものであり、これをもって被告の不利益を指摘することはできない。また、裁判所として、どのような請求形態を選択してくれたならば、審判機関として好都合であるという内心に秘めたるものがあったとしても、原告の選択権に優先することではない。訴えをもって請求の当否について審判を求める直接の対象である請求の趣旨に対する裁判所の答えである判決主文としてその判断が表示されたところについて、既判力を生じるのである。この点は、一部請求についても変わることはない。

既判力は、後訴において、当事者には前訴と矛盾抵触する主張を許さず、裁判所には矛盾抵触する判決を許さないという効力であって、再訴を禁止する効力ではない。そこに、相手方の応訴の煩わしさは、直接的には入っていない。相手方の応訴の煩わしさを保護すべき場合には、他の法的手段を用いて利害の調整を図ることが必要になる。この点は、裁判所の審理の煩わしさや訴訟経済を阻害する場合も、同様である。訴訟制度として、利用者と設置者のいずれの視点からも著しく妥当性を欠くと認められる場合にまで、放置し、許容しようという考え方を採るものは、当然のことながらこれまで見られなかったことはもとより、今後も見られないであろう。それらを視野に入れて、すべて既判力又は判決の効力という枠組みの中で画一的に処理しようとすると、例外的な現象から一般的な事例を規制するという法的処理における基本的な誤りを犯すことになる。第二説ないし四説は、その点で疑問があるのみならず、前述した実体法の視点の欠落を政策論をもって置き換えることにより、一層無理な理論構成を生み出している。これらの検討を重ねてくると、第一説をもって妥当な処理と考える。

(3)　一部請求の既判力と判例の動向　判例は、① 数人の債務者に対し金銭債権の支払請求をし確定判決を得た後に、これを連帯債務と主張して別訴を提起することは既判力に抵触し許されないとした上で、ある金銭債権の全部として請求し勝訴確定判決をえた後に、別訴において、前記請求を一部である旨主張し、その残額を請求することは、許されないとする（最判(二小)昭和三二・六・七民集一

一巻六号九四八頁）。しかし、②一個の請求の数量的な一部についてのみ判決を求める旨を明示して訴えが提起された場合に、訴訟物は右債権の一部であって、訴え提起による時効中断の効力はその一部についてのみ生じ、残部には生じないのであり、その後時効完成前に残部にまで請求を拡張すれば、残部についての時効は、拡張の書面を裁判所に提出したときに生じるとし（最判(二小)昭和三四・二・二〇民集一三巻二号二〇九頁）、一部請求部分についてのみ既判力を生じる布石を打っている。そして、③三〇万円の損害金のうちの一〇万円である旨を明示して請求し、八万円につき勝訴判決が確定後に、残額二〇万円の支払請求した事案につき、一個の債権の一部についてのみ判決を求める旨を明示して訴えが提起された場合に、訴訟物は右債権の一部の存否のみであって、その確定判決の既判力は残部には及ばないとする（最判(二小)昭和三七・八・一〇民集一六巻八号一七二〇頁）。このうち、②は時効中断が争点の事案であり、直接既判力が争いとなったものではない。これに対し、最近、④係争地の宅地造成等による販売斡旋の報酬合意に基づく一二億円の一部として一億円を支払請求し敗訴判決確定後に、残額から二億円余りの報酬支払請求をした場合に、「一個の金銭債権の数量的一部請求は、当該債権が存在しその額は一定額を下回らないことを主張して右額の限度でこれを請求するものであり、債権の特定の一部を請求するものではないから、このような請求の当否を判断するためには、おのずから債権の全部について審理判断することが必要になる。」それに続けて、明示的一部請求に対する相殺の抗弁については、最判（三小）平成六年一一月二二日民集四八巻七号一三五五頁を引用して、外側説を取るべきことを説示した上で、さらに、「数量的一部請求を全部又は一部棄却する旨の判決は、このような債権の全部について行われた審理の結果に基づいて、当該債権が全く現存しないか又は一部として請求された額に満たない額しか現存しないとの判断を示すものであって、言い換えれば、後に残部として請求し得る部分が存在しないとの判断を示すものにほかならない。したがって、右判決が確定した後に原告が残部請求の訴えを提起することは、実質的には前訴で認められなかった請求及び主張を蒸し返すものであり、前訴の確定判決によって当該債権の全部について紛争が解決されたとの被告の合理的期待に反し、被告に二重の応訴の負担を強いるものというべきである。以上の点に照らすと、金銭債権の数量的一部請求で敗訴した原告が残部請求の訴えを提起することは、特段の事情のない限り、信義則に反して許されない。」とする（最判(二小)平成一〇・六・一二民集五二巻四号一一四七頁）。もっとも、⑤明示的一部請求の既判力について前記③を引用し、その判旨を是認しつつ、別件訴訟で訴求している残額債権をもって相殺の抗弁を主張することは、相殺が相手方の提訴に対する防御手段であることと簡易迅速な決済手段であることから、特段の事情の存する場合を除いて、許されるとする（最判(三小)平成一〇・六・三〇民集五二巻四号一二二五頁）。④が信義則に反するとし、既判力との関係に言及しないのは、既判力には反しないが信義則に反するという趣旨と解するのが素直であろう。そうすると、長く判例とし

て確立された地位を築いてきた③との関係で、敗訴判決後の残額請求に着目して導かれた結論なのか、不可解な点が残っている。むしろ、ここまで断定するのであれば、今後に余韻を残すのではなく、明言すべきである。とくに、前記引用判旨の間に、一部請求に対する相殺の抗弁という本件事案とは直接に関係のない事項につき詳細に説示しつつ、この点をあいまいのまま残しているのは、判旨に対する賛否は別として適切な姿勢といえるか疑問である。

(iii)　手形金債権と原因債権　手形金債権に基づく支払請求訴訟の確定判決は、手形金債権についてのみ既判力を生じ、原因債権にまでは及ばない（梅本吉彦「手形金請求訴訟と時効中断」民訴雑誌二七号（昭和五六年）九二頁・九七頁）。この点について、新訴訟物理論の中には、手形金債権に基づく支払請求の訴訟物は、原因債権を含む給付を求める一個の受給権とする基本的立場から、原因債権にまで既判力の範囲を認める見解がある（新堂幸司「訴訟物の再構成(三)」法協七五巻五号（昭和三四年）（同『訴訟物と争点効（上）』（有斐閣、昭和六三年）一〇九頁以下））。しかし、訴訟物理論の立場の当否はかりに留保するとしても、手形金債権による請求棄却判決は、その理由が多様であり、一律に原因債権にまで既判力を及ぼすことは疑問であり、そこには紛争の一回解決性という政策的意図のみが先行してしまったひずみをみることができる。また、手形訴訟によると、原因債権をも選択的に併合することはできず、そうした途を選択すると、手形訴訟を活用することはできなくなるという矛盾に直面する。この要因は、手形金債権に基づく支払請求の訴訟物自体の理解に問題があることに帰着する。

また、同じ新訴訟物理論にあっても、手形の無因性は経済的に同一のものを法律的には異別なものとして取り扱う基礎を与える法律的な技術であるという認識の上に、原告としては経済的同一性に着目して一個の紛争として裁判上主張しうる余地と、法律的異別性の面を利して別個の紛争として構成する余地の二つの可能性を法律が認めているとして、そのいずれを選ぶかは原告の選択に任せるべきであるとする見解がある（三ヶ月・全集一〇九頁、同・双書一一九頁）。この立場は、前者によると原因債権にまで既判力が及び、後者によると手形金債権に止まるとする。しかし、そうした原

告の意思を訴状の請求の趣旨にどのように表現させることになるのかが課題になるのみならず、そうした原告の選択に委ねること自体が新訴訟物理論の基本的立場に合致するか疑問である。むしろ、手形金債権において、新理論が困難な問題に直面したことを現している。

この点について、訴訟対象としての訴訟物は法的に保護されるべき経済的利益であって、そのうち、審判対象である法的請求権が既判力対象であると解する。他方、時効中断は、訴訟対象としての訴訟物について生じる。時効が中断されたからといって、その請求権の存在までもが確定されるわけではなく、当該請求権の時効による消滅が差し当たり阻止されるに過ぎないのであるから、時効中断の範囲を審判対象である既判力対象に限定する理由はない。したがって、訴訟対象とされる経済的利益の同一性の範囲内において、裁判上の請求としての時効中断の効力を生じる。これを手形金請求についてみると、訴訟対象は既存の債務から生じた金銭支払請求自体であり、手形金債権のみならず、既存の債務から生じた原因債権についても時効中断の効力を生じる。他方、既判力は、手形金債権にのみ生じ、原因債権にまでは及ばないと解する。このことは、手形金債権に基づく支払請求において、手形金債権の無因性により、原因債権の存在についてまで証明責任はなく、手形法上の理論からも裏付けられることである（坂井芳雄『裁判手形法〔再増補〕』（一粒社、昭和六三年）四頁以下・一五頁以下参照）。手形金債権支払請求が棄却される場合は、原因債権の消滅による場合もあるが、手形上の形式的瑕疵による場合もあり、一律に原因債権にまで既判力を生じるとするのは妥当でない。手形金債権に基づく請求において勝訴した手形債権者が、その後さらに原因債権に基づいて請求した場合には、権利濫用等、手形法上の問題として処理すれば足りることであって、問題の解決のすべてを訴訟法理論が担うべきものではなく、実体法との調和のとれた役割分担の基礎に立って、民事紛争の解決の役割を果たすべきである。

(iv)　請求棄却判決　(イ)　一般的な請求棄却判決　給付の訴えにおける請求棄却判決は、原告の主張する実体

法上の権利又は法律関係の不存在が、既判力により確定する。確認の訴えにおける請求棄却判決も、同様である。形成の訴えは、形成原因の不存在が既判力により確定する。

(ロ)　確定判決の存在による請求棄却判決　前訴において敗訴した者が、前訴の訴訟物と同一の訴訟物につき再訴を提起した場合に、請求棄却判決がなされる。この場合には、再訴をもって請求した権利又は法律関係の不存在が既判力により確定する。これに対し、前訴において勝訴した者が、同一の訴訟物につき再訴を提起した場合は、特別の訴えの利益がない限り、訴え却下判決がなされるので、標記の問題を生じない。

(ハ)　期限未到来による請求棄却判決　現在の給付の訴えに対し、期限未到来を理由に請求を棄却する判決は、権利の不存在が最終的に確定するのではなく、期限が到来すれば、権利の存在する蓋然性が高い点で、前記イの場合と異なる（将来の給付の訴えの利益を充たしていれば、将来の給付判決をすることとなるので、以下は将来の給付の利益が認められない場合に問題になる）。したがって、再訴を認めることには異論がなかろう。その理由として、第一説は、期限の到来は前訴の口頭弁論終結時後の事由として、既判力により遮断されないとし（大判昭和三・九・五新聞二九〇七号一四頁、但し傍論）、第二説は、期限未到来という判決理由中の判断の特殊性による拘束力を認め、再訴を許す（新堂幸司「既判力と訴訟物」法協八〇巻三号（昭和三八年）〔同『訴訟物と争点効（上）』（有斐閣、昭和六三年）一五二頁以下・特に一五五頁〕。この立場は、争点効に発展する含みがある。）。そして、第三説は、この立場を押し進め、主文に包含される判断内容は、請求自体の不存在ではなく、期限未到来又は条件未成就のゆえに現在請求しうる地位にないものとして既判力を生じ、その後の一定の期日の到来又は条件成就の内容を構成する事実の発生により既判力に抵触することなく再訴を提起できるとする説に発展している（兼子・条解六〇一頁〔竹下〕、高橋宏志「既判力と再訴」三ケ月章先生古稀祝賀『民事手続法学の革新・中巻』（有斐閣、平成三年）五三六頁。「一時的棄却判決」又は「差し当たり棄却判決」といわれる。ドイツにおける議論については、高橋・前掲書五三二頁以下参照）。第一説は、時的限界の問題として捉えるのに対し、第二説及び第三説は、客観的範囲の問題として処理しようとする。第一説を妥当と考える。前訴の口頭弁論終結時後に弁済期が到来した場合には、既判力の標準時後に生じた事由としてこれを理由に再訴を提起することは、前訴の遮断

効の及ばないところであり、既判力に反しない。もっとも、後訴の裁判所は、前訴の履行期に関する判断に拘束される理由はなく、別の履行期を認定することはあり得る。この既判力の時的限界の視点から再訴を許容することは、前訴において弁済を理由に請求を棄却された場合にも、標準時後に弁済期が到来したことを証明すると再訴が可能になると批判する（高橋・前掲書五三四頁）。しかし、そうした再訴が許されないことは当然のことであり、前記見解と関わりなく再訴の可能性自体は想定されるのであり、たとえそうした訴え提起があったとしても、理由なしとして請求が棄却されるだけのことであり、前記見解を覆すに足りるだけの根拠とはならない。

(v)　将来の給付請求後の増額請求　判例は、従前の土地所有者が、仮換地の不法占拠者に対し、将来の賃料相当損害金の請求認容確定判決を得たところ、その事実審口頭弁論終結時後に、公租公課の増大、土地の価格高騰により、又は近隣の土地の賃料と比較して、認容額が不相当となったときは、前訴の請求は一部請求であったことになり、右判決の既判力は認容額と適正賃料額の差額に相当する損害金には及ばず、その支払請求の新訴を提起できるとする（最判(一小)昭和六一・七・一七民集四〇巻五号九四一頁）。本判決は、将来の賃料相当損害金の特殊性によるもので、判例として容易く一般化すべきではない。とりわけ、一部請求理論に解決の手掛かりを求めたことは、前訴が明示的一部請求ではないので、①最判(二小)昭和三二年六月七日（民集一一巻六号九四八頁）及び③最判(二小)昭和三七年八月一〇日（民集一六巻八号一七二〇頁）との関係が問題となる余地がある（八八〇頁注(3)参照。小山昇「確定判決後の賃料相当損害金の追補請求について」『追加請求の研究』（著作集第五巻）（信山社、平成六年）二八一頁は、一部請求理論の濫用と批判する。）。本判決は、将来の賃料相当損害金の特殊性から、本件の請求の一般的、客観的解釈として一定の留保があったとみているのであり、これらの判例と抵触するものではないとされている（平田浩『最高裁判所判例解説民事篇・昭和六十一年度』三二六頁）。本件について、前訴が将来の給付請求の訴えの利益をみとめたことを疑問視する見方もある（小山・前掲書二八四頁参照）。さらに、将来の給付判決の既判力は、通常の場合よりも弱く、顕著な事情変更があれば修正を認めるべきであるとする説がある（高橋・重点講義六一八頁）。しかし、事情変更

の原則の適用について、判例は極めて厳しい態度を取っていること（最判(二小)昭和二九・二・一二民集八巻二号四四八頁は一般理論として認めるが、この原則を直接適用した最高裁判例はない。）を斟酌すると、そこに解決の手掛かりを求めることには、疑問がある。むしろ、判決確定後について、借地借家法一一条（当時の借地法一二条）に定める賃料増額請求権を類推適用した事案と解するのが妥当である。なお、新法一一七条の確定判決の変更を求める訴えは、定期金賠償を命じた場合に限られ、本件のような継続的不法行為の事案には適用されない。

三　既判力の主観的範囲（人的限界）

終局判決が確定すると、その確定判決は、当事者、訴訟担当における利益帰属主体、口頭弁論終結後の承継人及び請求の目的物の所持者に対して生じる（一一五条一項）。訴訟脱退者についても生じるし（四八条・五〇条三項・五一条）、例外的に、第三者に対しても生じる場合がある。

(1)　当事者

民事訴訟は対立する二当事者間の紛争を相対的に解決することを機能と役割とする制度であり、訴訟の当事者としてその訴訟手続に関与し、攻撃防御を展開する機会を与えられ、手続保障を確保されたことにより、その訴訟の判決の効力を及ぼすべき合理的根拠が認められ、既判力を生じる（一一五条一項一号）。したがって、訴訟当事者以外の第三者に対しては、たとえ法定代理人、訴訟代理人、共同訴訟人であっても、請求について対立関係にある当事者ではないので、既判力を生じる余地はない。

もっとも、請求について、当事者と同視すべき地位にあるものは、既判力を及ぼすことが判決の実効性を確保するために必要であるのみならず、たとえ既判力を及ぼしたとしても、手続保障に欠けるおそれがないことを検証した上で、第三者であっても、既判力を及ぼす合理的妥当性の認められる場合がある。それについて、(2)以下において検討する。

(2)　訴訟担当における利益帰属主体　当事者が他人のために原告又は被告となった場合のその他人について、既判力を有する（一一五条一項二号。本条項の沿革については、池田辰夫「債権者代位訴訟における代位の構造（三）」判時九九六号（昭和五六年）（同『債権者代位訴訟の構造』（信山社、平成七年）六四頁以下参照））。権利義務の本来の帰属主体に代わり、またはこれと並んで、第三者がその訴訟物について当事者適格を有し、その者の受けた判決の既判力を権利義務の本来の帰属主体に及ぼすものである（三八六頁参照）。法人格なき社団・財団が当事者となって、その代表者名義に所有権移転登記請求する場合にも、本条を準用できると解する（一〇六頁参照）。

(3)　口頭弁論終結後の承継人　当事者及び訴訟担当における利益帰属主体の口頭弁論終結後の承継人について、既判力を有する（一一五条一項三号）。承継は、包括承継と特定承継とに分かれるところ、包括承継の場合は、承継人は前主の権利義務を包括的に取得するので、当然に本条項にいう承継人に当たる（これに対し、上田徹一郎「判決効の範囲決定と実体関係の基準性」民商九三巻三号（昭和六〇年）三三六頁は、包括承継人について、その地位が前主の地位と完全な依存関係にある限りでは、前主と同様の地位で判決効が及び、特定承継人と区別すべきであるとする。）。特定承継についてみると、その趣旨は、口頭弁論において、当事者又は訴訟担当における利益帰属主体が攻撃防御を展開する機会を与えられ、手続保障を確保された後に、第三者がみずからの意思に基づいてその法的利益を引き継いだ場合に、その第三者が承継人として判決の結果を受認することは、承継を生じる前主の相手方との関係で、公平の理念に適うとともに、審判機関である裁判所との関係でも、そこに至るまでの審判を有効に機能させることができ、承継人に不当な不利益を課するものでもなく、それによって判決の実効性を確保することにある(1)（同旨・兼子・条解六五六頁（竹下）。これに対し、高橋・重点講義五八四頁は、判決の実効性だけに求めるが、公平性を欠くのは適当でない。）。

承継の前主は、原告又は被告を問わないことはもとより、勝訴者又は敗訴者のいずれでも差し支えない。また、承継の原因は、任意処分（例・売買、賃貸借）、強制処分（例・競売、転付命令）、当然承継（例・相続、合併）のいずれであるとを問わない。承継の態様は、承継取得に限らず、原始取得（例・即時取得、時効取得）も含まれる。

(i)　口頭弁論終結後の承継人の意義　包括承継の場合は、承継人と被承継人の地位は同一であるから問題を生

じる余地はない。特定承継の場合に、ここにいう承継人とは、第一に実体法上の訴訟物を承継した者、第二に訴訟物を法律要件として生じる権利関係を承継した者、第三に訴訟物を基礎付ける権利関係を承継した者をいうと解する(2)（口頭弁論終結後の承継人に関する立法の沿革及び学説史については、小山昇「口頭弁論終結後の承継人の基準に関する学説の展開について―日本民事訴訟法学説史の一断面」北大法学論集三一巻三・四合併号（昭和五六年）〔同・著作集二巻一八〇頁以下参照〕）。口頭弁論終結後の承継人に既判力を及ぼす趣旨は、公平の理念と判決の実効性にあるという視点からみると、口頭弁論終結後の承継人について統一的な概念を決めるのではなく、このように類型的に捉えるのがその趣旨に合致する。

その場合に、口頭弁論終結後に承継という事態を生じたことにより、直ちに既判力を及ぼすべき承継人とみるのであり、既判力を及ぼすべき承継人か否かについて、さらに実質的判断を要するわけではない。したがって、承継人も、既判力を及ぼされた上で、前主の相手方に対し自己固有の抗弁を主張できる（八九〇頁(iii)(イ)参照）。

①　実体法上の訴訟物を承継した者　この点については、問題がない。訴訟物である義務の承継につき、免責的債務引受けについて承継人に当たることは、特に異論はないが、重畳的債務引受けについては、既判力肯定説（兼子・条解上五二六頁、吉村徳重「既判力拡張における依存関係（三・完）」法政研究二八巻一号（昭和三六年）七六頁、鈴木正裕「判決の反射的効果」判タ二六一号（昭和四六年）五頁注8、高橋・重点講義五八九頁注一一二）と否定説（兼子・条解六六四頁〔竹下〕、『注釈民事訴訟法（4）』四〇三頁〔伊藤眞〕。これに対し、上野泰男「既判力の主観的範囲に関する一考察」関西大学法学論集四一巻三号（平成三年）九三五頁は、債務者側の移転については既判力を否定しつつ、権利者側については肯定する。）とが対立する。債務引受けの形態により、別に取り扱う理由はなく、債権譲渡について肯定しながら、債務引受けの場合に否定すべき積極的理由もなく、肯定説が妥当である。

②　訴訟物を基礎として生じる権利関係を承継した者　口頭弁論終結後の承継人に既判力を及ぼすことが公平の理念と判決の実効性の趣旨にあることに照らし、前訴の訴訟物が物権的請求権か債権的請求権か、取戻請求権か交付請求権かによって、承継の可否は左右されない（新堂・五九四頁。これまで、三ケ月章「特定物引渡請求訴訟における占有承継人の地位」法曹時報一三巻六号（昭和三六年）〔同・研究第一巻二八五頁以下・特に二九五頁〕をはじめとして、訴訟物理論に特有な問題として位置づけられてきたが、その点についていずれの立場を採るかによって、論理必然的に導かれる問題ではない。）。例えば、建物収去土地明渡請求訴訟の係属中に、建物の所

有権あるいは賃借権を取得した者である。土地明渡請求権が訴訟物であり、建物収去はそれに付随する履行形態の一つであるから（八四七頁参照）、①の基準では対応できない。承継人として既判力を及ぼすことに合理的妥当性があり、承継人の手続保障に欠けることもない。この場合に、承継人が前訴の存在を知っていたか否か、あるいは取引上通常実施する程度の調査をすれば知り得たか否かに係らせること（高見進「判決効の承継人に対する拡張―建物収去土地明渡請求訴訟の場合」北大法学論集三一巻三・四合併号（昭和五六年）一二二七頁）は、既判力の安定性を阻害し、妥当でない（執行妨害を誘発させるおそれがある。高橋・重点講義五九二頁注一一七参照）。

③　訴訟物を基礎付ける権利関係を承継した者　権利者側に承継を生じる場合である。例えば、建物収去土地明渡請求訴訟の係属中に、係争地の所有権を取得した者である。

（1）　訴訟承継と既判力の拡張としての「口頭弁論終結後の承継人」　通説は、訴訟承継は「生成中の既判力」を承継人に及ぼすのに対し、口頭弁論終結後の承継人への既判力の拡張はその理論上の当然の帰結とし、両者を連動させて捉えている（兼子一「訴訟承継論」法協四九巻一号（昭和六年）（同・研究第一巻四〇頁～四三頁）、山木戸克己「訴訟物たる実体法上の関係の承継」法学セミナー三〇号（昭和三三年）四四頁）。しかし、訴訟承継にいう承継とは、訴訟物たる権利又は法律関係を引き継ぐだけでなく、それを直接に引き継がなくても、当該訴訟物を引き継ぐ法的利益があることをもって足り、その法的利益は特に法令によって当該訴訟物に関する訴訟追行権が与えられていることまで要するものではない。この違いは、訴訟承継が係属中の訴訟をできるだけ生かすことにより、紛争処理を図るのに対し、既判力を承継人に及ぼす趣旨は、公平の理念と判決の実効性にあることによる。

（2）　「口頭弁論終結後の承継人」の意義に関する学説の動向　訴訟物を承継した者に既判力が及ぶことについては、異論がない。第一説は、訴訟物を承継した者に限るとする（兼子・判例民訴三〇〇頁）。それでは、一一五条一項三号の趣旨に反することになる。そこで、問題は、どこまで既判力を拡張することが可能であるかという点にある。第二説は、当事者適格を承継した者とする（小山昇「口頭弁論終結後の承継人について」北大法学論集一〇巻合併号（昭和三五年）（同・著作集二巻二六八頁以下参照））。最も問題を生じる建物収去土地明渡請求訴訟の係属中に、建物の所有権あるいは賃借権を取得した者は、係争地の明渡義務を承継したわけではないので、承継人とみることは困難であり、当事者適格の承継では説明できない。そこで、第三説は、紛争主体たる地位を承継した者とする（新堂幸司「訴訟当事者から登記を得た者の地位（二・完）」判評一五三号（昭和四六年）（同『既判力と争点効』（有斐閣、昭和六三年）三二七頁））。当事者適格の承継とはいわない点で、第二説の難点は回避されているものの、その結果、既判力の基準と

して曖昧であることは否定できない。第四説は、当事者適格を基礎づけていた法的地位の承継とする（兼子・条解六五三頁〔竹下〕、上野泰男「既判力の主観的範囲に関する一考察」関西大学法学論集四一巻三号（平成三年）九三四頁）。その趣旨は、承継人はもはや訴訟追行権はないので、前主の訴訟追行に手続保障が確保されていた点に根拠を求めることにより、前主と承継人との間に依存関係があるときに既判力を拡張することとし、それは、当事者適格を基礎づけていた法的地位の承継にあるとする。これらの学説は、口頭弁論終結後の承継人について、訴訟物を承継した者以外にどこまで拡大するかについて、対物的な視点から考えたことを対人的に構成し直すことに苦心が払われてきたといえる。

(ii)　承継の時期　既判力の標準時である事実審口頭弁論終結時後に、承継の効力を生じることをいう。承継は、上告審に係属中に生じた場合も含まれる。標準時前に承継の効力を生じた場合は、訴訟承継の問題になる。

(iii)　既判力の作用　(イ)　口頭弁論終結後の承継人に対する既判力の作用　既判力は、口頭弁論終結時の当事者間の権利関係を確定するのであり、口頭弁論終結後におけるその一方の承継人は、前主の相手方との間の後訴において、前主と相手方との間の確定判決において判決主文をもって判断された事項について、自己に有利であると否とに関わりなく、それと抵触する主張はできず、裁判所もその判断を前提としなければならない。口頭弁論終結後に前訴の当事者の一方について承継を生じた場合に、承継人と前主の相手方との間の権利関係が、既判力により直ちに確定するわけではない。したがって、承継人は、相手方に対し、自己固有の防御方法を主張できる(3)（新堂・五九五頁）。

（3）　口頭弁論終結後の承継人に対する既判力における形式説と実質説　口頭弁論終結後に訴訟物たる権利関係について利害関係をもつに至った者につき、そのことをもって直ちに既判力を及ぼすべきであるとする説（山木戸克己「訴訟物たる実体法上の関係の承継」法学セミナー三〇号（昭和三三年）四七頁、小山昇「口頭弁論終結後の承継人について」北大法学論集一〇巻合併号（昭和三五年）（同・著作集二巻一六八頁）、同「訴訟当事者から登記を得た者の地位（二・完）」判例評論一五三号（昭和四六年）（同『訴訟物と争点効（上）』（有斐閣、昭和六三年）三一七頁）、高橋・重点講義五八六頁以下）と、利害関係をもつにいたった者につき保護すべきか否かの判断を、既判力を及ぼすべきか否かの判断の中で行うべきであるとする説（兼子・体系三四五頁、上田徹一郎「判決効の範囲決定と実体関係の基準性」民商九三巻三号（昭和六〇年）三三八頁）とがある。前者を形式説、後者を実質説と表現している（新堂・前掲書三二七頁）。既判力の主観的範囲は、承継人と前主の相手方との責任分界を明確にする意義があり、そのことは、口頭弁論終結後の承継人に既判力を及ぼす趣旨が、公平の理念と判決の実効性にあることに照らし、この場合にとりわけ顕著である。そうした視点からみ

ると、形式説が妥当である（これに対し、吉村徳重「既判力の第三者への拡張」『講座民事訴訟6』（弘文堂、昭和五九年）一四四頁以下は、両説を批判し、既判力の拡張が遮断効を生ずるとすれば、承継概念を左右する実体関係もこれに対応した後訴で発展的に把握すべしとする）。なお、判例は実質説の立場にある（本頁①②参照。中野貞一郎「弁論終結後の承継人」判タ八〇六号（平成五年）〔同『民事訴訟法の論点Ⅰ』（判例タイムズ社、平成六年）二一二頁以下〕、伊藤・四八六頁以下は、形式説と実体説の対比という捉え方を疑問とする。）。

(イ)　実体法上の対抗関係と既判力

①　不動産の二重譲渡の場合　不動産の第一買主Xが売主Yに対する所有権移転登記請求訴訟を提起し、その口頭弁論終結前に第二買主ZがYから同一不動産を買い受け、右基準時後に所有権移転登記を完了したところ、その後にXはYに対する勝訴判決を取得した場合に、判例は、ZについてX・Y間の口頭弁論終結後の承継人か否かを問題にするのではなく、不動産の二重譲渡の対抗関係の問題として捉える。したがって、XのZに対する所有権移転登記請求に対し、ZはX・Y間のX勝訴判決が存在するにもかかわらず、その既判力を受けることはなく、Z固有の抗弁として、登記を先に取得したことにより、Xに対抗できる旨を主張できるとする（最判（一小）昭和四一・六・二判時四六四号二五頁）。Z理論的には、Zは承継人として既判力を受けるが、前記固有の抗弁を主張できると解するのが、実体法と手続法の均衡のとれた理解として妥当である（新堂幸司・前掲『訴訟物と争点効（上）』三〇八頁・三一四頁、兼子・条解六六三頁〔竹下〕、高橋・重点講義五八七頁）。

②　虚偽表示の場合　乙は、丙名義の登記のある土地につき、乙・丙間の通謀虚偽表示によることを主張して、丙に対し所有権移転登記請求訴訟を提起し、勝訴判決を取得したところ、その口頭弁論終結後に、係争地の強制競売において、甲が事情を知らないでこれを競落し、乙に対し真正な登記名義回復のための移転登記請求と所有権確認請求訴訟を提起した場合に、判例は、乙は丙名義の登記の通謀虚偽表示による無効を善意の甲に対抗できないとし、このことは乙・丙間の確定判決により左右されず、甲は丙の承継人には当たらないとして、甲の請求を認容した（最判（二小）昭和四八・六・二一民集二七巻六号七一二頁）。この場合も、甲を承継人と認めた上で、乙に対抗できると解するのが妥当である。もっ

とも、乙は甲に対し、乙・丙間の法律行為について無権代理を主張することは可能である（吉村徳重「既判力の第三者への拡張」『講座民事訴訟6』（弘文堂、昭和五九年）一四八頁、丹野達「既判力の主観的範囲についての一考察」法曹時報四七巻九号（平成七年）二〇五九頁注18、高橋・重点講義五八八頁。これに対し、新堂幸司「弁論終結後の承継人」（昭和五八年）（同『訴訟物と争点効（下）』（有斐閣、平成三年）三五六頁）は、信義則上許されないとする。）。

(ロ)　法人格否認の法理と既判力　執行手続における法人格否認の法理の適用は、二つの場合に問題になる。①XのAに対する債務名義でYに執行したところ、Yが第三者異議の訴えを提起した場合であり、②XはAに対する債務名義を有するが、YをAと実質的に同一人格として、Yに対して執行するに当たり、あらかじめ債務名義を取得しようとする場合である（梅本吉彦・ジュリ六四一号一二八頁）。判例は、法人格否認の法理を実体法上では認めるものの、執行手続に適用することについて、否定する（最判（一小）昭和五三・九・一四判時九〇六号八八頁は、②の場合に執行文付与請求を斥ける。最判（一小）昭和四四・二・二七民集二三巻二号五一一頁（但し、傍論）は、一般的に否定する。）。執行手続における簡易・迅速な執行の確保と執行の明確・安定性という二つの対立する要請の狭間にあって、判例は、後者を優先させている。①については、第三者異議の訴えに対し、右第三者への債務名義なしに実体法上の給付義務ないし執行受認義務を主張できると解することが可能であり、②については、執行債権者Xによる執行文付与の請求手続の中で、Yの手続保障も確保できるので、肯定的に解する（商法の立場から、江頭憲治郎「法人格否認の法理と判決の効力の拡張」石井照久先生追悼論文集『商事法の諸問題』（有斐閣、昭和四九年）（同『会社法人格否認の法理』（東京大学出版会、昭和五五年）四二八頁・四三二頁）は、①について肯定するが、②については否定する。）。このように解することにより、前記の二つの要請をいずれも取り入れた解決を図ることができる。これらは、法人格否認の法理について、会社法人格濫用型と会社法人格形骸化型によって、異なるものではない。前者について、出資者の利害及び手続保障の点から否定する説もあるが、その点を強調するのであれば、いずれの場合も否定的に作用することになり、疑問である（前者は否定するが、後者は肯定するものとして、上田徹一郎「既判力の主観的範囲の理論の再構成」民訴雑誌二〇号（昭和四九年）（同『判決効の範囲』（有斐閣、昭和六〇年）一四三頁・一六四頁））。これに対し、責任発生原因としての法人格の否認時期と判決の既判力拡張の時期とはずれがあることを指摘するとともに、既判力の拡張は執行力の拡張を当然に生じるものではないという前提に立って、実質的利益が欠缺する場合には、所持人と同様に見られるので執行力の拡張を認めるが、他

者による訴訟の代行の形態においては、前訴の時から依存関係が認められる場合には、既判力が拡張されるが、執行力は拡張されないとする説がある（福永有利「法人格否認の法理に関する訴訟法上の諸問題」関西大学法学論集二五巻四・五・六合併号（昭和五〇年）一一一七頁・一一二〇頁・一一二九頁）。しかし、前記の時期的なずれは法人格否認の場合に限ったことではなく、根拠がない。

(4) 請求の目的物の所持者　当事者、訴訟担当における利益帰属主体及び口頭弁論終結後の承継人のために、請求の目的物を所持する者について、既判力を有する（一一五条一項四号）。その趣旨は、請求の目的物の所持者とされる者は、当事者のために占有しているのであり、自己固有の占有に係る法的利益を有しないので、当事者についての既判力をこれらの者に及ぼすべき合理的妥当性があるとともに、手続保障に欠けるおそれもないことにある。(1) 前訴の訴訟物が物権的請求権か債権的請求権かは、問わない。請求の目的物を所持している時点は、口頭弁論終結時の前後を問わない。なお、既判力のみならず、執行力も及ぶ（民執二三条三項）。請求の目的物の所持者の例としては、同居人、受寄者、管理人等である。

最も問題になるのは、XのAに対する訴訟の係属中に当事者の一方とりわけ被告であるAから第三者であるYに訴訟上の地位の移転があった場合に、XはYに引受承継の申立てをしないまま、Aを名宛人とする勝訴判決を取得しても、その判決の効力はYに及ばないことである。しかし、この訴訟の係属中に、AからYへの所有権の移転をXは必ずしも知り得る立場にあるとはいえない。裁判例についてみると、XがA会社に対する売買を原因とする所有権移転登記請求訴訟を提起し、勝訴判決を取得したところ、その係属中に、A会社は同社社長の子Yに贈与を原因とする所有権移転登記をしていた。そこで、XはYに対し所有権移転登記請求した場合に、判例は、A・Y間の贈与を通謀虚偽表示と認定するとともに、本訴の実質上の当事者はA会社自体であり、同社が自己に対し実体法上依存関係にあるYの名の下に応訴しているとした。その上で、YはA会社のために登記名義人になっているにすぎ

ない者であるとして、請求の目的物の所持者に準じて、前訴の既判力が及ぶとする（大阪高判昭和四六・四・八判時六三三号七三頁）。このような訴訟承継主義の狭間に生じる場合について、訴訟の実質上の当事者を認定して、請求の目的物の所持者に準ずる者であるという解決を示したことは積極的に評価できる（新堂幸司「訴訟承継主義の限界とその対策」判タ二九五号（昭和四八年）〔同『訴訟物と争点効（下）』（有斐閣、平成三年）九二頁以下〕、同・判例一九八頁）。

（1）　請求の目的物の所持者と形式説・実質説　口頭弁論終結後の承継人に対する既判力における形式説か実質説かの問題の視点からみると、請求の目的物の所持者についての一般的な考え方は、実質説の立場に相当する（高橋・重点講義五九七頁）。それは、請求の目的物の所持者が、もともと訴訟の当事者のために占有しているのであり、自己固有の占有に係る法的利益を有しない点で、口頭弁論終結後の承継人と異なり、自己固有の抗弁を有していないことにある。また、請求の目的物を所持している時点について、口頭弁論終結時という標準時の前後を問わない。したがって、ここで形式説を判断規準とする意義はない（これに対し、中野貞一郎「弁論終結後の承継人」判タ八〇六号（平成五年）〔同『民事訴訟法の論点Ⅰ』（判例タイムズ社、平成六年）二一九頁以下〕は、形式説を押し進める。）。

(5)　訴訟脱退者　独立当事者参加（四七条）、訴訟引受け（五〇条・五一条）によって、第三者が当事者となったため、係属中の訴訟における従来の当事者の一方がこの第三者に当事者の地位を譲って脱退した場合に、その後の第三者と脱退した当事者の相手方との判決の効力は、脱退した者に対しても及ぶ（四八条・五〇条三項・五一条）。

(6)　第三者　法律関係の画一的処理を図る必要性により、判決の効力を当事者間に止まらず、第三者にも及ぼす対世的効力を認めている場合がある。会社関係訴訟（商一〇九条・一三六条三項・一四二条・二四七条二項・二五二条・二八〇条ノ一六・三六三条五項・三七二条二項・三七四条ノ一二第六項・三七四条ノ二八第三項・三八〇条三項・四一五条三項、有六三条一項）、身分関係訴訟（人訴一八条・二六条・三二条一項）が、その例である。もっとも、それらの場合には、判決の効力を及ぼされる第三者の手続保障を図る方策を用意することが求められる。そうした趣旨により、会社関係訴訟が提起された場合の公告（商一〇五条四項・一三六条三項・一四二条・二四七条二項・二五二条）、父が死亡した後における認知の訴えが提起された場合に、相続人たる子、その他訴訟の結果により相続権を害される者に対する通知（人訴三三条）が定められている。(2) これらの多くは形成判決であるが、実質的に同様の機能を営む確認判決もあり（例えば、人訴一八条）、その対世的効力の性質は既判力と解するのが妥

当である。

（2）身分関係訴訟の対世的効力と第三者への通知義務　身分関係訴訟一般について、当然に対世的効力を認めることに疑問が提起され、第三者の手続保障を確保すべきであり、それに伴う緊張関係の調整の必要性がいわれていた（吉村徳重「判決効の拡張と手続権保障―身分訴訟を中心として」山木戸克己教授還暦記念『実体法と手続法の交錯・下』（有斐閣、昭和五三年）一一八頁以下、高田裕成「いわゆる対世的効力についての一考察（一）」法協一〇四巻八号（昭和六二年）一一二九頁以下）。こうした状況を踏まえて、新法の制定とともにに、人訴三三条が新設され、第三者への通知を義務付けるとともに、各訴えごとに通知の相手方を定めた「人事訴訟手続法第三十三条の規定による通知に関する規則」（平成八年最高裁規則第七号）が制定され、新法と同時に施行された（高橋宏志「人事訴訟における手続保障」『講座新民事訴訟法Ⅲ』（弘文堂、平成一〇年）三四九頁以下・特に三六〇頁参照）。

第三款　既判力の作用

一　既判力の作用の構造

既判力の存否は、後訴において、裁判所の職権調査事項の対象となる。前訴の既判力に抵触する判決は、当然に無効な判決ではないが、違法な判決であり、再審事由となる（三三八条一項一〇号）。確定判決の当事者間又はその既判力を受ける者との間の合意により、既判力の内容と異なる合意をしても、裁判所を拘束する効力はなく、合意した者の間においては、確定判決の既判力によって形成された法律関係を変更し、これと異なる法律関係を形成する実体法上の効力としては有効である（一部認容一部棄却判決がなされたところ、原告は主たる目的とする請求部分で敗訴し、それ以外で勝訴し、被告の立場からはそれが逆である場合に、確定判決の内容と異なる内容の合意による解決を図ることがある。）。

(1) 既判力と一事不再理の原則　民事訴訟における一事不再理とは、確定判決によって完結した事件について、再訴を提起すること及び再審理することを不適法とする原則をいう。刑事訴訟においては、過去の特定の行為の可罰性を審判するが、民事訴訟においては、これと異なり、審判の対象とする私法上の権利又は法律関係は、時間的経過に伴い状況は常に変化するので、厳密な意味で同一事件はないとされる（兼子一『実体法と訴訟法』（有斐閣、昭和三二年）一四四頁）。しか

し、刑事訴訟が国家による刑罰権の行使という点で、民事訴訟とは根本的な違いがあり、一事不再理の原則も、両者について同一に論じることはできないし、妥当でない。一事不再理は、裁判一般に共通する原則であり、民事訴訟と刑事訴訟とでその発現形態が異なるに過ぎない。時間的視点から厳密に同一事件というと、民事訴訟においては、再審訴訟（三三八条）、婚姻取消請求訴訟（民七四四条）等、極めて限られた形態において問題になるに止まるのであり（兼子前掲書一四五頁も、これらが完全な同一事件であることは認める。）、これらの場合の再訴は、不適法として却下される。もっとも、訴訟判決において欠缺すると判断された訴訟要件を補正することなく、再び訴えが提起された場合には、前訴の既判力により訴えは却下されるのであり、一事不再理の原則によるわけではない（八六二頁参照）。この点について、民事訴訟における一事不再理を後述する既判力の消極的作用を表現するものとして捉えるべきであるとする考え方がある（新堂幸司「民事訴訟における一事不再理」民訴雑誌六号（昭和三五年）（同『訴訟物と争点効（上）』（有斐閣、昭和六三年）一二五頁以下・特に一三三頁））。また、一事不再理の原則の理念から既判力を根拠付けることによりいわゆる訴訟法説を支持する説もある（三ケ月・全集二六頁）。

(2)　既判力の双面性　既判力は、通常、前訴で勝訴した当事者に有利に作用するが、その訴訟物に対する裁判所の判断を前提とすることにより、必ずしも常に有利に作用するとは限らない。これを「既判力の双面性」という（既判力の双面性を判決効帰属主体間の平等原則の表れと位置付けるものとして、上田徹一郎「判決効と当事者平等原則」法と政治四八巻一号（平成九年）（同『当事者平等原則の展開』（有斐閣、平成九年）二一三頁））。例えば、金銭債権支払請求訴訟において全部認容判決を取得した場合に、それによって金銭債権の金額が確定し、勝訴原告は、それを上回る金額を請求することはできないし、敗訴被告はそれ以下の金額であるとしてその代金額を再び争うことはできない。また、土地所有権者を被告として地上権確認請求訴訟を提起して勝訴した者は、土地所有権者からの地代の支払請求に対し、地上権を有しない旨を主張することはできない（兼子一「確定判決後の残額請求—既判力の客観的範囲に関する一問題」『法学新報五十周年記念論文集・第二部』（昭和一五年）（同・研究第一巻三九四頁）。なお、請求の放棄との関係について九五二頁参照）。

二　後訴における既判力の作用

既判力は、口頭弁論終結時の当事者間の権利関係を確定するのであり、既判力を受ける者は、その後訴において、前訴の当事者間の確定判決において判決主文をもって判断された事項について、自己に有利であると否とに関わりなく、それと抵触する主張はできず、裁判所もその判断を前提としなければならないことを意味する。たとえ、前訴の確定判決後に、法令の改正があっても、既判力自体を左右するものではない。

後訴における既判力の作用は、一般に消極的作用と積極的作用の両面から成り立っている（この捉え方は、兼子一『実体法と訴訟法』（有斐閣、昭和三二年）一三三頁・一四五頁が、二つの作用を認めつつ、積極的作用を主眼とするのを正当としたのを、新堂・五九九頁が、消極的作用を明確にし、既判力の二つの作用は相互補完関係にあると位置づけたのを嚆矢とする。）。前者として、既判力を生じている判断を争うための主張立証活動を許さないとともに、後者として、既判力ある判断を前提として審理を進める作用を営むことになる。

(1)　後訴の訴訟物が前訴と同一である場合　前訴の敗訴原告が、前訴の被告に対し前訴と同一請求を内容とする訴えを提起した場合に、その請求を基礎付ける主張が前訴の口頭弁論終結時前に生じたものであれば、前訴の既判力により排斥され、請求棄却の本案判決をする（三ケ月・全集三〇〇頁は、既判力ある裁判の存在を消極的訴訟要件とする立場から、訴え却下判決をすべしとする。）。これに対し、主張が右時点後に生じたものであれば、その当否を審理し、前訴の判断を総合した上で、本案判決をする。前訴の敗訴被告が前訴と反対の請求をする場合（例えば、前訴で給付請求を受けて敗訴したところ、同一給付につき債務不存在確認請求する場合である。）も、同様である。

つぎに、前訴で勝訴した原告が、前訴と同一請求を内容とする訴えを提起する場合は、原則として訴えの利益がないとして、訴えを却下する。例外として、重ねて同一請求につき勝訴判決を取得する特別の理由があると認められる場合は、その当否を審理し、本案判決をする（三二二頁参照）。

(2)　後訴の訴訟物が前訴を先決関係とする場合　前訴の口頭弁論終結時後に生じた事由と後訴の請求を基礎

付ける主張を総合して、本案判決をする。後訴が、前訴の当事者以外の者で、前訴の既判力を受ける者による場合についても、同様である。

(3) 後訴の訴訟物が前訴と矛盾する場合　後訴の請求を基礎付ける主張が前訴の口頭弁論終結時前に生じたものであれば、前訴の既判力により遮断され、請求棄却の本案判決をする。これに対し、主張が右時点後に生じたものであれば、その当否を審理し、前訴の判断を総合した上で本案判決をする。

第四款　確定判決の変更を求める訴え

一　確定判決の変更を求める訴えの構造

定期金による賠償を命じた確定判決について、口頭弁論終結後に損害額の算定の基礎に著しい変更が生じた場合には、判決の変更を求める訴えを提起することができる（一一七条）。旧法の下において、一時金賠償が圧倒的に多数を占める中で、定期金賠償判決がすでに散見されたところであるが、口頭弁論終結後の事情の変化に適切に対応できるかという課題があった（池田辰夫「定期金賠償の問題点」『新・実務民事訴訟講座4』（日本評論社、昭和五七年）二四一頁以下、河野正憲「確定判決と事情の変更」木川統一郎博士古稀祝賀『民事裁判の充実と促進・上巻』（判例タイムズ社、平成六年）七七〇頁以下参照）。それに対する措置として、新法がドイツ法にならって（小山昇「西ドイツ民訴三二三条の訴えについて」北大法学論集二四巻一号・二号（昭和四八年）〔同・著作集五巻一七頁以下〕参照）、設けた規定である(1)。本条を設けたことによって、直接に定期金賠償確定判決の変更の訴えが出現するのではなく、定期金賠償判決をする担保が確保されたことに意義が認められ、従来ならば定期金賠償判決をするにつき、裁判所が抱いた将来に対する懸念が、一一七条の要件の限りでは軽減されて、定期金賠償判決をし易くなったといえる（それを示唆する例として、東京地判平成八・一二・一〇判時一五八九号八一頁参照）。

（1）確定判決の変更を求める訴えの法的性質　確定判決の変更を求める訴えの法的性質についてみると、① 確定判決中の損害

賠償を命ずる部分につき、損害額の算定の基礎となった事情の変更に基づいて判決の変更を求める訴訟上の形成訴訟とみる説（法務省民事局参事官室編『一問一答・新民事訴訟法』（商事法務研究会、平成八年）一三四頁、河野正憲「確定判決の変更を求める訴え」ジュリ一〇九八号（平成八年）四一頁、雛形要松＝増森珠美「定期金による賠償を命じた確定判決の変更を求める訴え」『新民事訴訟法大系・理論と実務・第二巻』（青林書院、平成九年）一五頁）、②債務名義の執行力を変更する形成的効果を生じる点で、更正決定に準ずる形成訴訟とする説（ジュリスト増刊『研究会・新民事訴訟法』一二六頁（福田剛久））、③減額請求は形成訴訟であり、増額請求は形成訴訟と給付訴訟の併合とする説（清水正憲「確定判決の変更を求める訴え」滝井繁男ほか共編『論点・新民事訴訟法』（判例タイムズ社、平成一〇年）三九頁）、が考えられ（最高裁判所事務総局民事局監修『民事訴訟手続の改正関係資料（3）』（民事裁判資料二二一号）（平成一〇年）二八〇頁・二八三頁参照）、判決主文のあり方に直接関わってくる。「確定判決の変更を求める」点に着目すると、①説が素直な理解と見られるが、増額の場合に執行するに際して債務名義に難点があり、②説が執行力を変更するだけに重点を置くのは、均衡を失するきらいがある。この訴えは確定判決の既判力を廃棄し、債務名義を再構成するので、執行を視野に入れる必要があり、それを直接に判決主文に表示することができる点で、③説が最も妥当である。その場合に、増額変更の場合は、当初の確定判決と、変更部分については変更した給付判決とが併せて債務名義となる。

二　確定判決の変更を求める訴えの要件

(1)　口頭弁論終結時前に生じた損害であること　すでに発生した損害であることを要し、口頭弁論終結時後においても発生する継続的不法行為については適用されない（これに適用した場合の問題点につき、高田裕成「定期金賠償判決と変更の訴え」『講座新民事訴訟法Ⅰ』（弘文堂、平成一〇年）一九七頁参照）。

(2)　定期金による賠償を命じた確定判決であること　定期金賠償判決であることを要する。一時金賠償判決について、口頭弁論終結後の強制執行前に損害額の算定の基礎となった事情に著しい変更が生じたとしても、本条によって対応することはできない。旧法におけると同様に、強制執行の濫用等による途が検討されることになる（最判（一小）昭和三七・五・二四民集一六巻五号一一五七頁、中田淳一「確定判決に基づく強制執行と権利の濫用」中村宗雄先生古稀祝賀記念論集『民事訴訟の法理』（敬文堂、昭和四〇年）（同『訴と判決の法理』（有斐閣、昭和四七年）二〇三頁以下）参照）。本条の趣旨が、確定判決であるのみならず、口頭弁論終結時を基準時とする事情の変更への対応措置という点にあることに着目すると、定期金給付を内容とする確定判決同一の効力を有する和解調書、調停調書にも、準用することができると解する（河野・前掲論文四二頁。反対・雛形＝増森・前掲書一八頁）。その場合は、これらの和解、調停の成立時が基準時となる。

(3)　口頭弁論終結後に損害額の算定の基礎となった事情に著しい変更が生じたこと　後遺障害の程度、賃金水準その他の損害額の算定の基礎となった事情に著しい変更が生じたことを要する。前訴の裁判官にとって予見可能性がなく、かりに前訴においてそうした事情を承知していたならば、損害額の算定の基礎として当然に斟酌したと想定される場合をいう。

(4)　訴え提起後に支払期限が到来する定期金であること　確定判決の変更を求める訴えの対象は、その訴え提起後に支払期限が到来する定期金であることを要する（一一七条ただし書き）。著しい変更を生じてから確定判決の変更を求める訴え提起の時までの定期金については、変更を求めることができない。

三　手　続

(1)　管轄裁判所　確定判決の第一審裁判所の専属管轄に属する（一一七条二項）。確定判決を債務名義とする請求異議訴訟と同一であり（民執三五条三項・三三条二項・一九条）、両者の併合請求が可能になる。

(2)　一部請求の残額請求訴訟、請求異議訴訟との関係　確定判決に対して、① 請求異議訴訟が提起されている場合、あるいは、② 一部請求確定判決につき残額請求訴訟が提起されている場合に、確定判決の変更を求める訴えとの関係が問題になる（最高裁民事局・前掲書二七九頁・二八二頁・二八六頁参照）。請求異議訴訟は標準時後の事由による執行力の排除を求めるものであり、一部請求確定判決に対する残額請求訴訟は、原則として既判力が及ばない場合の問題であり、その点ではいずれの場合も、確定判決の変更を求める訴えと、二重起訴禁止原則に抵触するものではない（高田・前掲論文一八一頁）。しかし、①と確定判決の変更を求める訴えは、標準時後に生じた事由を請求原因とする点で、機能的には共通する面があるので、民執三五条三項・三四条二項を類推適用して、併合請求しあるいは弁論を併合すべきである。

第六節　その他の効力

第一款　執行力

一　執行力の構造

一般に、執行力には、二つの意義がある。確定判決によって命じられた給付の内容を強制執行手続により強制的に実現することができる効力を裁判の属性と位置づけ、狭義の執行力又は単に執行力という。確定判決と同一の効力を有する和解調書等についても認められる。通常、執行力という場合には、狭義の執行力をいう。これに対し、判決の内容を強制執行手続以外の方法により、実現することができる性質を判決の効力の視点から捉え、広義の執行力という。例えば、確定判決に基づく登記の申請（不登二七条）、戸籍の記載手続の申請・届出（戸一五条・六三条・七七条・七九条・一一六条）である。狭義の執行力と異なり、給付判決に限らず、確認判決、形成判決についても観念できる。[1]

（1）　確定判決と法務実務　確定判決を取得しても、広義の執行について、当事者が最終目的を達するためには、法務実務との関係で新たな手続を必要とする。判決による登記は、共同申請主義（不登二六条）の例外であり、給付判決であることを要する（小池信行「判決による登記」『新不動産登記法講座・総論III』（日本評論社、平成一〇年）七四頁）。登記申請に際し、裁判所の解釈が法務省の従来の登記実務に抵触し、判決による登記申請が受理されない事態がある。その判決による登記申請を受理することは登記法の建前から一時的に疑問視されることもありえようが、明らかに誤っていると認められる例外的な場合（例えば、意思表示を命じる判決に仮執行宣言を付与した場合。九一二頁参照）を除き、登記手続上は受理する方向で対応すべきと考える（梅本吉彦「民事訴訟における学説と実務の交錯」法学教室七七号（昭和六二年）（新堂幸司編『特別講義・民事訴訟法』（有斐閣、昭和六三年）四〇頁以下）、同旨・小倉顕「判決による登記」『登記（不動産法大系IV）』（青林書院、昭和四六年）一八九頁）。なお、確定判決による登記申請が登記官によって却下された場合には、審査請求（不登一五二条）することとなる（審査請求については、南敏文「不

動産登記法における審査請求」香川保一編『不動産登記の諸問題・下巻』（帝国判例法規出版、昭和五一年）四六三頁以下、川村俊雄「瑕疵ある登記の効力とその訂正方法」林良平先生還暦記念論文集『現代私法学の課題と展望・下巻』（有斐閣、昭和五七年）四六頁以下参照）。

二　執行力の範囲

執行力の客観的範囲について、通説は、原則として既判力の客観的範囲と同一であり、給付判決の判決主文として表示された給付請求権について生じるとされていた（兼子・体系三五一頁）。この点について、判決内容の後訴に対する通用性としての既判力の範囲と、その判決で命ぜられた給付の内容を強制的に実現できる効力としての執行力とは、当然に一致するものではないとして、疑問が提起され（中野貞一郎「執行力の範囲」山木戸克己教授還暦記念『実体法と訴訟法の交錯・下』（有斐閣、昭和五三年）（同『民事手続の現在問題』（判例タイムズ社、平成元年）二六九頁））、現在では有力説として定着しつつある（例えば、新堂・六二五頁、『注釈民事訴訟法(4)』四一六頁（伊藤））。その例とされる、建物収去土地明渡請求の債務名義を取得した後に建物買取請求権が行使された場合に、同一債務名義により建物退去土地明渡の執行ができる場合が上げられる（新堂・六二五頁）。しかし、前者と後者は同一訴訟物による履行態様の違いに過ぎず（八四七頁）、事例として適切ではない。これに対し、不作為を命じる債務名義の執行力については、示唆に富むものがある（中野・前掲書二九〇頁以下参照）。

執行力の主観的範囲は、判決の名宛人以外の者のために、あるいは名宛人以外の者に対し執行することになるので、既判力の主観的範囲とは、必ずしも一致せず、その者の法的利益が問題になる。口頭弁論終結後の承継人について、実質説によると、原則として、既判力とは別に執行力の拡張を生じないが、実定法上法律行為の効力が及ぶ第三者につき設けている制限に該当するか否かの点では、問題を生じる余地がある。これに対し、形式説によると、既判力が及ぶ者は、執行手続の段階で自己固有の攻撃防御方法を主張する機会が確保されなければならないので、執行力の主観的範囲が新たに問題になる（八八八頁参照）。債務者の承継の場合についてみると、執行債権者は、債務名義である確定判決の名宛人以外の者について執行文付与の申立をするには、その要件を充たしていることを証明するこ

とを要し（民執二七条二項・二三条一項三項）、これができないときは、執行文付与の訴えを提起することとなる（民執二七条二項）。他方、承継人は、執行文付与に対する異議の申立て（民執三二条）あるいは執行文付与に対する異議の訴え（民執三四条）によって自己固有の防御方法を主張する。このように承継人にかかる執行は、執行債権者が承継人について新たに債務名義を取得する負担を回避し、かえって承継人に自己固有の防御方法をみずから主張させることによってその手続保障を確保し、執行文付与手続の中で執行債権者と相手方との法的利害関係の調整を図ることにより、執行の迅速と不当執行の排除を調和させる趣旨である（中野・前掲書二六九頁以下、香川保一監修『注釈民事執行法2』（金融財政、昭和六〇年）一八七頁〔近藤崇晴〕、『注釈民事訴訟法（4）』四一八頁〔伊藤〕。起訴責任転換説という。）。これに対し、執行文付与手続の中で承継人に対する給付請求権が確認されるとする説（吉村徳重「既判力の拡張と執行力の拡張」法政研究二七巻二〜四合号（昭和三七年）二二四頁、新堂幸司「訴訟当事者から登記を得た者の地位（二・完）」判例評論一五三号（昭和四六年）（同『訴訟物と争点効（上）』（有斐閣、昭和六三年）三三八頁以下）。権利確認説という。）があるが、前記承継執行の趣旨に照らし、疑問である。

第二款　形成力

一　形成力の構造

形成訴訟は、法律関係の変更・消滅を確定判決の存在に係らせる性質の訴えであり、法律関係を変更・消滅させる請求権の存在を既判力によって確定されることにより、法律関係を消滅・変更させる形成力が発生する。既判力によって法律関係を変更・消滅させる請求権の存在を確定することなく、直接に形成力を生じるものではない（三ヶ月・全集三五一頁は、既判力を否定していたが、同「訴訟物再考」民訴雑誌一九号（昭和四八年）（同・研究七巻六九頁注一）で肯定説に改説している。）。

二　形成力の範囲

既判力によって法律関係を変更・消滅させる請求権の存在が確定されてはじめて、法律関係を消滅・変更させる形成力が発生するのであるから、既判力と形成力の範囲は同一である。

客観的範囲についてみると、第一に、矛盾関係にある主張の可否が問題になる。例えば、形成的効果である法律関係を変更・消滅させる請求権の存在を既判力によって確定されることにより、それと矛盾する主張は許されないと解する。この点につき、夫の妻に対する離婚請求訴訟の勝訴判決が騙取された場合に、妻の夫に対する損害賠償請求は既判力に抵触するという例が上げられることがある（中田淳一「形成判決の既判力」法学論叢四三巻五号（昭和一五年）〔同『訴訟及び仲裁の法理』（有信堂、昭和二八年）二一五頁注1〕）。しかし、前記判決によって遮断されず、既判力に抵触しないと解する（新堂・一八五頁）。

第二に、形成対象の繰返しに対する効力が問題になる。例えば、①株主総会決議取消判決の後に瑕疵ある決議が繰り返された場合、②行政処分違法取消判決の後に違法な処分が繰り返された場合である。①について、訴訟危険の公平分配という利益考量の立場から既判力が及ぶとする説があり（上村明広「形成対象の繰返しと既判力」民商五五巻一号（昭和四一年）二八頁以下、特に三四頁・四二頁）、同一の瑕疵を含み、すでに審判された形成対象と実質的に同一の対象が問題となっている場合には、既判力が働き、前訴の形成対象を前提としているが、実質的にこれと異なった形成対象が問題となっている場合には、形成力によって生じた法律関係が後訴の先決関係として働くとする説（伊藤眞「既判力の二つの性格について」民商七八巻臨時増刊号(3)（昭和五三年）二七二頁注10）、理由中の判断の拘束力を認める説（兼子・条解五九八頁〔竹下〕）があり、②について、行政実体法が確定判決の存在に結びつけた特殊な実体法的効果であり、判決の法律要件的効果の一種とする説（旧行政事件訴訟特例法一二条につき、鈴木正裕「形成判決の効力」法学論叢六七巻六号（昭和三五年）四三頁。中田淳一・判例研究二〇九頁は、反射効とする。）、行訴法三三条一項により行政庁に対してこれを遵守し行動する義務を生じ、これに反する処分は違法とする説（南博方編『注釈行政事件訴訟法』（有斐閣、昭和四七年）三一二頁〔阿部泰隆〕、吉川正昭「判決の拘束力」『実務民事訴訟講座8』（日本評論社、昭和四五年）二七一頁）、既判力により無効とする説（兼子一「上級審の裁判の拘束力」法協六八巻五号（昭和二五年）〔同・研究二巻九二頁〕、田中二郎「抗告訴訟の本質」菊井先生献呈論集『裁判と法・下』（有斐閣、昭和四二年）一一四五頁以下、特に一一四八頁）、行政処分の違法取消性の確定を訴訟物と解し、既判力が及ぶとする説（小山昇「行政処分取消判決の効力について」田中二郎先生古稀記念『公法の理論・中』（有斐閣、昭和五一年）〔同・著作集二巻一五四頁以下〕）、①②のいずれについても既判力が及ぶとする説（本間靖規「形成訴訟の判決効」『講座民事訴訟6』（弘文堂、昭和五九年）二九七頁以下）がある。しかし、①については、訴訟の対象が異なるのであるから、形成対象がたとえ繰り

返されたからといって、それにまで既判力が及ぼすことは困難であり、形成力についても同様であって、形成対象につき実質的同一性の有無を判断規準とすることも既判力及び形成力の性質に照らし、無理がある。これに対し、②については、行政処分違法取消訴訟の訴訟物にかかる前記理論から既判力を導く最後の説は極めて示唆を受ける（小山説は田中説を訴訟物理論から補完し根拠付けたものと評価できる。）。しかし、これが困難なことは①と同様であり、法律要件的効果とする説が最も無理がなく妥当である。

主観的範囲については、訴訟の当事者間に限り生じ（形成力の相対性。中田淳一・前掲訴訟及び仲裁の法理二一二頁以下、兼子一「行政処分の取消判決の効力」法曹時報三巻九号（昭和二六年）（同・研究二巻一一四頁））、第三者に対しても形成力を生じる対世的効力の性質は、反射的効力とする説（中田・前掲書二一三頁、兼子・前掲書一一五頁）と、国家法の存立自体を根拠とする一般的承認義務とする説（鈴木正裕「形成判決の効力」法学論叢六七巻六号（昭和三五年）二七頁以下、特に三二頁）がある。実定法上の根拠があるか否かにかかわらず、反射的効力によって第三者に及ぶというのは筋が通らず、また一般的承認義務というのであれば、形成力に限ったことではなく（本間義信「形成力について」民訴雑誌一四号（昭和四三年）五八頁以下、特に八一頁が、形成判決を構成要件とする一般的承認義務とするのは疑問である。）、すべての判決効について該当することであって根拠にならない。実定法の定めによる会社関係訴訟（商一〇九条・一三六条三項・一四二条・二四七条二項・二五二条・二八〇条ノ一六・三六三条五項・三七二条二項・三七四条ノ一二第六項・三七四条ノ二八第三項・三八〇条三項・四一五条三項、有六三条一項）、身分関係訴訟（人訴一八条・二六条・三二条一項）における対世的効力の趣旨は、それぞれ組織体あるいは身分関係の法的安定性を図ることにあり、その法的性質は既判力と解する。前記各規定は、既判力の主観的範囲を定める民訴法一一五条の特別規定として位置づけるのが妥当である。勝訴判決に限って対世的効力を生じると解される場合（例えば、商一〇九条及び同条準用条文）もあるが、一旦形成された法的効果を確定させるという点で、法的安定性という趣旨に照らすと、既判力と解する妨げとなるものではない。

第三款　争点効

一　争点効の構造

争点効とは、「前訴で当事者が主要な争点として争い、かつ、裁判所がこれを審理して下したその争点についての判断に生じる通用力で、同一の争点を主要な先決関係とした異別の後訴請求の審理において、その判断に反する主張を許さず、これと矛盾する判断を禁止する効力」をいう（新堂・六〇一頁。同「既判力と訴訟物」法協八〇巻三号（昭和三八年）〔同『訴訟物と争点効（上）』（有斐閣、昭和六三年）一七四頁〕において提唱し、同「争点効を否定した最高裁判決の残したもの」中田淳一先生還暦記念『民事訴訟の理論（下）』（有斐閣、昭和四五年）〔同・前掲書二六九頁以下〕において具体的判決に基づいて検証し理論的に確立したといえる。）。

その要件は、①争点効を生ずべき判断として、前後両請求の当否の判断過程で主要な争点となった事項についての判断であること、②当事者が前訴においてその争点につき主張立証を尽くしたこと、③裁判所がその争点について実質的判断をしていること、④前訴と後訴の判断の係争利益がほぼ同等であることを上げる（新堂・六〇九頁以下）。

つぎに、訴訟上の扱いについてみると、⑤争点効によって利益を受ける側の主張をまってその効力の存否を調査すれば足りること、⑥後訴請求において争点効がはたらく場合には、当事者はそれが生じている判断に反する主張立証は許されず、裁判所はその判断を前提にして当面の後訴請求の実体審判をしなければならないこと、⑦請求自体の判断で勝訴したときはその理由に不服があっても上訴の利益を認めるべきではなく、かつ上訴によって上級審の判断を求められなかった判断については争点効を否定すること、⑧訴訟物について法律上の利害関係がなくても、その前提となる争点の行方に利害関係を有する者は補助参加の利益が認められること（以上、新堂・六一五頁以下）、およびその争点についての原判決の判断につき、相手方に対し独自に上訴できること（新堂・六九九頁）、⑨その他訴訟手続過程において生起する二重起訴禁止原則、訴え提起による裁判上の請求としての時効中断等の問題についても、争点効理論を

背景に訴訟物である権利関係を判断するための主要な争点を判断規準とする（新堂・一九五頁・一九九頁）。

争点効理論が、判決理由中の判断についても、一定の要件の下で拘束力を制度として認めるべきことを提唱したことは、判決理由中の判断の重要性を喚起した点で意義がある。しかし、これまで、最高裁判所は判決理由中の判断には「既判力類似の効力」を有するものではないとして、受け入れるまでには至っていない（①最判(三小)昭和四四・六・二四判時五六九号四八頁、②最判(一小)昭和四八・一〇・四判時七二四号三三頁、③最判(二小)昭和五六・七・三判時一〇一四号六九頁。①及び①以後の判例を詳細に分析し、紹介したものとして、新堂・前掲「争点効を否定した最高裁判決の残したもの」及び同「判決の遮断効と信義則」三ケ月章先生古稀祝賀『民事手続法学の革新・中巻』（有斐閣、平成三年）〔同『民事訴訟法学の展開』（有斐閣、平成一二年）三頁以下参照〕）。その一方で、前訴を蒸し返した後訴を「既判力に準ずる効力」の理由により排斥する例も見られる（限定承認の蒸返しにつき、最判(二小)昭和四九・四・二六民集二八巻三号五〇三頁）。「既判力類似の効力」と「既判力に準ずる効力」を使い分けたことに特別の理由があるかは、にわかに断定できない。

二　争点効に対する検討

争点効を理論面に限定してみると、その四つの要件とりわけ主要な争点という基準自体が曖昧であり、判決効の基準として妥当とはいえないこと、判決理由中の判断に拘束力を認めながら、請求自体の判断で勝訴したときは上訴の利益を認めず、上訴によって上級審の判断を求められなかった判断については争点効の発生を否定するのは矛盾すること、本来の当事者は理由中の判断に不服があっても上訴の利益を否定しながら、従属的地位にある補助参加人には独立に上訴する利益を認めているのは、矛盾すること、二重起訴禁止原則、訴え提起による裁判上の請求としての時効中断について、主要な争点を判断規準とすることは疑問であること（二六〇頁注（3）・二七七頁注（5）参照）、等の理由により、争点効理論には賛成できない（梅本吉彦「判例研究の意義と方法（三・完）—民事判例について」法学セミナー三二八号（昭和五六年）一三〇頁）。

再訴を提起するに至った事案は、それぞれ特別の事情があるので、争点効理論の根底にある基本理念である信義誠実の原則によって、個別具体的事情に即して適切妥当な処理を図るべきである（竹下守夫「判決理由中の判断と信義則」山木戸克己教授還暦記念『実体法と手続法の交

錯・下』（有斐閣、昭和五三年）七二頁以下参照）。最高裁判所は、判決理由中の判断に既判力に準じる効力を有するものではないとし、争点効理論の採用を否定してきているが、その一方で、信義則により前訴の判決効を事実上拡張し、後訴を排斥する事例がみられる（例えば、最判（一小）昭和五一・九・三〇民集三〇巻八号七九九頁）。それらをすべて既判力又は判決の効力という制度的枠組みの中で画一的に処理しようとすると、通常の事例をも特殊な視点から捉えて固定された枠組みの中に取り入れることとなり、理論構成に無理を生じることになる。

第四款　反射的効力

一　反射的効力の構造

当事者間における確定判決の存在が、本来既判力の及ばない第三者に対して、反射的に利益又は不利益な影響を及ぼす現象を、判決の反射的効力又は反射効という（兼子一「連帯債務者の一人の受けた判決の効果―所謂判決の反射的効果との関連に於て」法協五六巻七号（昭和一二年）〔同・研究第一巻三七五頁〕、同『実体法と訴訟法』（有斐閣、昭和三二年）一六三頁）。その理論的根拠として、既判力の本質について、実体法説の立場から、あたかも当事者が既判力の標準時である口頭弁論終結時において、訴訟物たる権利関係について判決内容通りの和解契約をしたのと同様にみられるとして、その契約の効果としての処分を自己に有利に援用できる者や、あるいはこれを当然に承認してかからなければならない立場にある者は反射効を受けるとする（兼子・前掲実体法と訴訟法一六三頁。従属関係説という。）。その立場は、単に論理的に先決関係にあるだけでは足りず、第三者が当事者間の処分行為の効果を当然に受けなければならない関係に立つ場合であることを要するという（兼子・法協七四巻五・六合併号六五七頁）。この理論は、多くの学説によって支持されている（木川統一郎「判決の第三者に対する影響（三・完）」法学新報六八巻三号（昭和三六年）一六一頁、小山昇「債権者・主債務者間の判決と保証人」民商七六巻三号（昭和五二年）〔同・著作集二巻二五六頁〕、新堂・六二七頁以下、高橋・重点講義六三六頁以下・特に六四六頁。中田淳一・判例研究二〇〇頁は、否定していたが、同「判決の効力」法学セミナー一一号（昭和三二年）〔同『訴と判決の法理』（有斐閣、昭和四七年）一四三頁以下〕では肯定する立場を前提としている。）。もっとも、依存関係にある者に対する判決効の拡張について、既判力の拡張と反

射的効力の役割分担を主張する考え方もみられた（吉村徳重「既判力拡張における依存関係(一)(二)(三)」法政研究二六巻四号三五五頁以下、二七巻一号三七頁以下、二八巻一号（昭和三六年）四九頁以下）。また、ドイツ法における学説の展開を検証することにより、第三者へ判決の効力を拡張する点で、既判力の拡張と変わることはないという発想から、訴訟当事者と実体法上の依存関係のある第三者に、既判力を拡張することを率直に認めようとする見解へと発展している（鈴木正裕「既判力の拡張と反射的効果(一)(二)」神戸法学雑誌九巻四号五〇八頁以下、一〇巻一号（昭和三五年）三七頁以下、同「判決の反射的効果」判タ二六一号（昭和四六年）二頁以下。竹下守夫「判決の反射的効果についての覚え書」一橋論叢九五巻一号（昭和六一年）三七頁以下、上野泰男「既判力の主観的範囲に関する一考察」関西大学法学論集四一巻三号（平成三年）九四一頁は、既判力の発展として捉える。）。

二　検　討

判例は、①土地賃貸人の土地賃借人に対する建物収去土地明渡請求訴訟で原告勝訴判決は、係争建物の賃借人に反射的に効力を生じる法理上の根拠はないとする（最判(二小)昭和三一・七・二〇民集一〇巻八号九六五頁。兼子・前掲法協七四巻五・六合併号六五七頁は反射効理論を認めるが、本件はこれが問題になる事案ではないとする。）。また、②不真正連帯債務者中の一人と債権者との間の確定判決は、他の債務者にその効力を及ぼすものではなく、相殺の抗弁をもって主張された反対債権の存否が既判力によって確定された場合も同様とする（最判(二小)昭和五三・三・二三判時八八六号三五頁。鈴木正裕「連帯債務と判決効」判タ三九一号（昭和五四年）四頁以下は、不真正連帯債務の担保的機能から、判旨を支持する。これに対し、小山昇・判例評論二三七号一六四頁以下、同「連帯債務と判決効」判タ四〇四号（昭和五五年）（同・著作集二巻二七四頁以下）は、疑問とする。）。

判決の効力を訴訟当事者以外の者に及ぼすことは、効力を受ける者の手続保障を確保するために、法的根拠を必要とする。従属関係説が、当事者によって既判力の標準時に訴訟物たる権利関係について判決通りの和解契約をしたのと同様に見られるとすることが、そもそも擬制であるのみならず、それに依存関係にあることをもって、判決の反射的効力が及ぶという結論を導き出すことは、依存関係という基準自体が曖昧かつ法的根拠に欠けて無理がある。さらに、これを既判力の拡張によって理由付ける試みも、一一五条一項の規定に照らし、いずれにも該当せず疑問である。その点で、判決の反射的効力を認めることは妥当でない（三ケ月・全集三五頁、上村明広「確定判決の反射効と既判力拡張」中村宗雄先生古稀祝賀記念論集『民事訴訟の法理』（敬文堂、昭和四〇年）三八四頁、『注釈民事訴訟法(4)』（有斐閣、平成九年）四五一頁以下〔伊藤眞〕）。

そこで、確定判決自体を構成要件として、次款で取扱う実定法理の法律要件的効力によって、第三者に判決の効力が及ぶと解するのが妥当である。もっとも、確定判決の既判力を訴訟法説又は二元説の立場によると、その存在を構成要件とする実定法理の法律要件的効力によって第三者への法的効力を導き出すことに矛盾があるとする批判も予想される。しかし、既判力を訴訟制度上のものとして性質決定したからといって、それを実定法理の構成要件の要素と位置づけることとはまったく矛盾しない。むしろ、紛争処理に際し、実体法と手続法とは車の両輪のごとく作用することを実証するものである。

第五款　法律要件的効力

一　法律要件的効力の構造

確定判決の存在が、実定法規における法律効果を発生させる法律要件の要件事実を構成する場合に、その法律効果の発生することを判決の法律要件的効力又は構成要件的効力という（ドイツにおける学説の状況について、鈴木正裕「判決の反射的効果」判タ二六一号（昭和四六年）二頁以下、同「判決の法律要件的効力」山木戸克己教授還暦記念『実体法と手続法の交錯・下』（有斐閣、昭和五三年）一四九頁以下参照）。これを民訴法以外の法律の規定に基づく効果の発生であって、判決に通常生じる効力ではない旨を強調する捉え方が一般的である（新堂・六二七頁）。しかし、実体法と手続法からなる法秩序の維持として、積極的に評価できるのであり、判決の反射的効力も、法律要件的効力に吸収すべきである(1)（新堂・六二七頁が、広義の執行までもこれに包含するのは疑問である。）。

（1）　法律要件的効力を生じる具体的事例　法律要件的効力を本文のように解すると、つぎのような場合が、その例である。多くは、従来、判決の反射的効力として扱われている場合である。①債権者が主債務者に敗訴すると、保証債務の附従性（民四四八条）により、保証人は右判決結果を援用できる。反対に、債権者が主債務者に勝訴しても、保証人に不利には及ばない。②債権者が

保証人に対する保証債務履行請求において勝訴した場合には、保証人の主債務者に対する求償債権が現実化し（民四五九条一項）、保証人の主債務者を相手方とする求償請求に対し、主債務者は前記判決に拘束される。③合名会社が受けた判決の効力は、商法八〇条・八一条により、合名会社の社員に及ぶ。④連帯債務者中の一人と債権者との間の確定判決は、民法四三四条により他の債務者にその効力が及び、相殺の抗弁をもって主張された反対債権の存否が既判力によって確定された場合も、民法四三六条により同様である。その他、訴え提起による時効中断の確定判決による進行（民一五七条二項）、確定判決による確定債権の短期消滅時効の一般時効期間への転化（民一七四条ノ二）等である。これに対し、⑤土地賃貸人による土地賃借人で係争地上の建物の所有者であるに対する建物収去土地明渡請求訴訟における原告勝訴判決は、口頭弁論終結時前の右建物の賃借人に及ばない（反対、東京高判昭和二九・一一・二三下民集五巻一一号六二頁。ただし、上告審である最判（二小）昭和三一・七・二〇民集一〇巻八号九六五頁は、これを否定する。）。実定法上の根拠に欠けるからである。

二　検　討

確定判決の既判力は、客観的範囲についても主観的範囲についても（一一四条・一一五条）、明確に定められている。その反面、判決の効力を、手続保障を確保した上で、いずれの面についても一歩踏み出して及ぼそうという発想がある。しかし、それは実定法の根拠があってはじめて、是認できることであり、単なる政策的考慮から判決効を拡張することは、どのような名称を付したとしても、実質的には既判力の拡張に限りなく等しくなる。そうした視点からみると、確定判決の存在を構成要件とする法律要件的効力は、実体法と手続法の均衡と連動の上に形成されたものとして肯定的に評価できる。もっとも、法律要件的効力は、後訴裁判所及び当事者を拘束するが、既判力と異なり、訴訟法上の効力ではないので、既判力の双面性に相当する性質を有しないのであり、有利不利を問わず機能するわけではないので、職権調査事項ではなく、当事者の主張をまって顧慮すれば足りると解する。判決効を受ける点に着目すると、法律要件的効力の及ぶ者が訴訟参加する場合は、補助参加に止まらず、共同訴訟的補助参加する利益を認めるのが相当である（補助参加の利益の判断規準となる法的利害関係を拡大的に理解する傾向から、判決効を受ける者については共同訴訟的補助参加を認める方向に作用するといえる。）。

第七節　終局判決の付随的裁判

第一款　仮執行宣言

一　仮執行宣言の構造

未確定の終局判決に確定判決と同様に執行力を付与する裁判を、仮執行宣言という。勝訴原告の権利保護を、敗訴被告の上訴の利益と均衡を図りつつ、早期に実現することを目的として設けられたものである。

(1)　仮執行宣言の要件（二五九条）　(イ)　財産権上の請求に関する判決であること　財産権上の請求に関する判決は、たとえ請求認容判決に基づき強制執行した後に上級審で覆され、請求が棄却されても、一般的には金銭賠償によって原状回復が可能であることによる。終局判決でも、意思表示を命じる判決については、判決が確定されてはじめて、意思表示があったとみなされるので（民執一七三条一項）、かりに上級審で覆されたときに、著しい混乱を生じるおそれがあることから、仮執行宣言を付与することはできないと解する（最判(二小)昭和四一・六・二判時四六四号二五頁、昭和二五年七月六日民事甲一八三二号民事局長通達・法務省民事局編『登記関係先例集・下』一四二九頁。なお、登記手続を命じる仮処分についても、通説は同様の理由により否定する。東京地裁保全研究会『民事保全実務の諸問題』（判例時報社、昭和六三年）一八五頁以下）。これに対し、同条項は、執行実現の擬制の時点を定めたにすぎず、否定する根拠とはならないとする説がある（中野貞一郎「作為・不作為債権の強制執行」『民事訴訟法講座・第四巻』（有斐閣、昭和三〇年）（同『訴訟関係と訴訟行為』（弘文堂、昭和三六年）二九四頁）、同「登記手続を命ずる判決と仮執行宣言」阪大法学一一八・一一九合併号（昭和五六年）（同『民事手続の現在問題』（判例タイムズ社、平成元年）二四八頁以下）、新堂・六三四頁）が、疑問である。誤って仮執行宣言が付された終局判決による登記申請について、判例は無効な判決とはいえないので有効とする（大決昭和一〇・九・二七民集一四巻一六五〇頁、同旨・兼子・判民一〇）が、疑問である。また、家屋明渡請求についても、仮執行宣言は通常付与されない（土地建物明渡請求に付した例として、京都地判昭和六一・二・六事件

四判時一一九九号一三一頁）。これにより強制執行してしまうと、事実上執行を完了したことになることによる。将来の給付請求の認容判決に仮執行宣言が付与されることは差し支えない（竹下守夫「差止請求の強制執行と将来の損害賠償請求をめぐる諸問題」判時七九七号（昭和五一年）三二頁。人格権に基づく差止請求について付した例として、大阪高判昭和五〇・一一・二七判時七九七号三六頁）。

(ロ)　仮執行の必要が認められること　仮執行の必要があると認められるには、勝訴原告の権利保護を早期に図る必要があること、上級審において結論が維持される蓋然性が高いこと、上級審において判決が覆されたとしても被告の原状回復が可能であること等が上げられる。裁判所は、これらの要素とともに、担保を立てるか否かを斟酌し、仮執行宣言を付与するか否かを判断する（二五九条一項）。さらに、申立てにより又は職権で、担保を立てて仮執行免脱宣言をすることができる（同条三項）。これに対し、被告の資力に不安がないこと、原告勝訴判決が確定したときは、任意の履行が期待できること等は、判断の要素とはならない。

手形又は小切手による金銭支払請求及びこれに附帯する法定利率による損害賠償請求に関する判決については、裁判所は職権で仮執行宣言を付与しなければならない（同条二項本文。ただし、裁判所が相当と認めるときは、担保を立てることを条件とできる、同条ただし書き。同条の旧規定である旧一九六条二項を昭和三九年に導入した趣旨につき、宮脇幸彦責任編集『手形訴訟関係法規の解説』（法曹会、昭和四四年）二六頁以下参照）。少額訴訟において請求を認容する判決には、職権で、担保を立てて又は立てないで、仮執行宣言を付与しなければならない（三七六条一項）。また、控訴審では、金銭支払請求に関する判決について、申立てがあるときは、不必要と認める場合を除き、担保を立てないで仮執行宣言を付与しなければならない（三一〇条）。

二　仮執行宣言の手続

仮執行宣言は、財産権上の請求に関する終局判決について、裁判所が申立てにより又は職権でする（二五九条一項二項）。その場合に、担保を立てて又は立てないでする（二五九条一項二項）。裁判所は、仮執行宣言を付するに際し、申立てにより又は職権で敗訴者に担保を立てて仮執行を免れることができることを宣言することができる(1)（二五九条三項。仮執行免脱宣言という）。原告の

提供する担保は、仮執行宣言付き判決が上級審で覆されたときの損害賠償（二六〇条二項）に当てるためのものである。これに対し、被告が仮執行免脱のために提供する担保は、上級審で原判決が維持されたときに、仮執行の免脱により執行が遅滞したことによる損害に止まらず、本案請求をも担保する（新堂・判例二七七頁。これに対し、最判（二小）昭和四三・六・二一民集二二巻六号一三二九頁は、前者に限定する。）。

仮執行宣言は、終局判決と同時にその主文中でしなければならず（二五九条四項）、仮執行の申立てについて裁判しなかったとき、又は職権ですべき場合にしなかったときは、申立てにより又は職権で補充の決定をする（二五九条五項）。その他決定でする場合（二九四条・三二三条・三九一条）がある。

(1)　仮執行宣言付き判決と免脱担保　仮執行宣言付き判決に免脱担保が付与されている場合に、被告が免脱担保を供託したからといって直ちに前記判決の執行力が消滅するわけではなく、担保を立てたことを証する文書を執行機関に提出し、執行機関はそれらの文書の提出があったときに、執行を停止し（民執三九条一項五号）、すでにした執行処分を取り消さなければならない（同四〇条一項）。この取消処分は即時に効力を生じる（田中康久『新民事執行法の解説【増補改訂版】』（金融財政事情研究会、昭和五五年）一〇五頁）。この取消処分があってはじめて前記判決の執行力が消滅する。したがって、免脱担保が供託されたことを知りながら仮執行をしたとしても、不法行為を構成するものではない（東京地判平成四・六・一七判時一四三五号二七頁は、国家賠償請求事件において、国が免脱担保を供託したことを原告側代理人が知りながら仮執行したため、国が右代理人たる弁護士に対し損害賠償請求した事案につき、仮執行は不法行為に当たるが、執行行為は有効とし、請求を棄却している。石川明「仮執行の免脱と立担保と仮執行」判時一二五四号（昭和六三年）一八頁は、不法行為を構成するとする。）。なお、国は、国に対し金銭の給付を命じる仮執行宣言付き判決があった場合に、免脱担保が付されているときは、直ちに担保供託手続をとる旨の行政通達が発せられている（「仮執行の宣言に基づく執行に対する措置について」法務省訟庶第五五四号、昭和三九年一二月二四日訟務局長発、法務局長・地方法務局長宛・訟務月報一巻一二号一六三五頁）。なお、国に対し強制執行することは、適法である（中野貞一郎「国に対する強制執行」判タ四六六号（昭和五七年）〔同『民事手続の現在問題』（判例タイムズ社、平成元年）三九六頁〕）。

三　仮執行宣言に基づく執行と本案の審理

仮執行宣言に基づく執行は、確定判決によるのと同様に本執行であり、仮の執行ではない。上級審は、請求の当否を審判するにつき、仮執行宣言による執行がなされたことは斟酌すべきではない（損害賠償請求につき、最判（一小）昭和三六・二・九民集一五巻二号二〇九頁。特定物引渡請求につき仮執行され、その後転売・滅失してしまった場合につき、大判昭和一三・一二・二〇民集一七巻二五〇二頁）。仮執行は、上級審における審判によって請求権が存在しないとして

取り消されることを解除条件とすることによる。

仮執行宣言は、その宣言又は本案判決を変更する判決の言渡しにより、変更の限度で失効する（二六〇条一項）。本案判決を変更する場合は、被告の申立てにより、その判決で、仮執行宣言に基づき被告が給付したものの返還及び仮執行により又はこれを免れるために被告が受けた損害の賠償を原告に命じなければならない（同条二項三項。被告は、損害賠償請求を別訴によることもできる。最判（三小）昭和二九・三・九民集八巻三号六三七頁。なお、通常は、仮執行により金銭を取得しても、それが高額にわたる場合は、上級審で判決が覆され賠償請求を受ける事態を視野に入れて、訴訟が完結するまでは、当面の必要経費を支出するに止め、大部分は訴訟代理人の責任において、銀行預金等の方法によって保管することが少なくないという。）。被告が仮執行宣言付き敗訴判決につき上訴を提起して債務の存否を争いつつ、右判決で履行を命じられた債務を弁済したときは、任意弁済と認める特別の事情のない限り、二項の「給付」に当たる（最判（二小）昭和四七・六・一五民集二六巻五号一〇〇〇頁）。この損害賠償は無過失責任である（大判昭和一二・二・二三民集一六巻一三三頁。これに対し、伊藤眞「不当仮執行にもとづく損害賠償責任」判タ七七五号（平成四年）四頁以下・特に一七頁は、解釈論として過失責任を主張する。）。

第二款　訴訟費用の裁判

裁判所は、事件を完結する裁判において、職権で、その審級の訴訟費用全部について、その負担の裁判をしなければならない（六七条一項）。上級裁判所が本案の裁判を変更する場合は、訴訟の総費用について、その負担の裁判をしなければならない（同条二項）。訴訟費用の負担の裁判を脱漏したときは、裁判所は、申立てにより又は職権で、その訴訟費用の負担について、決定で裁判する（二五八条二項。この申立ては、書面による。民訴規一六一条）。この決定に対しては、即時抗告できる（二五八条三項）。

第三章　判決によらない訴訟の完結

紛争の解決を図るために訴訟によるか否かは当事者の意思に委ねられ、訴えが提起されなければ裁判もなく、訴えが提起されてはじめて裁判所は審判することとなる。したがって、いったん訴訟が開始されても、当事者が終局判決によらないで紛争を解決することを望む場合には、裁判所もその意思を尊重すべき立場にある。これを当事者の立場からみると、処分権主義の内容の一つとして、終局判決によらないで、みずからの意思により訴訟を終了させる権能を有することとなる。その方法は、当事者の一方の行為により訴訟を終了させる原因として、訴えの取下げ、請求の放棄・認諾があり、当事者双方の行為によるものとして、訴訟上の和解がある。また、当事者の脱退によって、従前の本訴の当事者間ならびに参加人と脱退者間の訴訟は終了する。

もっとも、当事者の一方の行為により訴訟を終了させる場合はもとより、双方の行為による場合であっても、すでに訴訟が裁判所に係属し、裁判所は審判に着手して訴訟手続を進めてきているので、訴訟を運営する立場から、そこには一定の責務がある。また、特に前者の場合には、相手方の立場についても、訴訟の一方の担い手としての利益に配慮する必要がある。

このような訴訟主体の間の利害を調整しつつ、判決によらない訴訟の完結を図ることが求められる。

第一節　訴えの取下げ

第一款　訴えの取下げの構造

一　訴えの取下げの意義

訴えの取下げは、原告が、請求の当否について裁判所に対する審判の申立ての全部又は一部を撤回する旨の、裁判所に対する意思表示をいう。この意思表示により、訴えの取下げの限度において訴訟係属が遡及的に消滅し、訴えが提起されなかったものとみなされ、訴訟は終了する。

(1)　訴えの取下げは、裁判所に対する原告の一方的な意思表示である。被告の同意を要する場合（二六一条二項）であっても、当事者間の合意あるいは合同行為ではない。判決によらずに訴訟を終了させる行為であるが、原告の一方的な意思表示である点で、訴訟上の和解と異なる。また、請求の当否についての紛争解決内容が訴訟手続の上で確定されないで訴訟が終了する点で、請求の放棄・認諾とも異なる。

(2)　訴えの取下げは、裁判所に対する審判の申立てを撤回する意思表示である。審判の申立ての撤回という点で、上訴の取下げと共通するので、訴えの取下げについての方式・効果に関する規定（二六一条三項・二六二条一項・二六三条）が、上訴の取下げの場合に準用されている（二九二条二項・三一三条）。訴えの取下げは、裁判所に対する審判の要求を撤回し、はじめから訴訟係属しなかったこととするのに対し、上訴の取下げは、上訴審の審判の申立てを撤回するに止まる点で、異なっている。したがって、上訴を取り下げると、上訴期間経過後であれば、原判決が確定するが、訴えを取り下げると、

訴訟係属の効果が遡及的に消滅し、訴えが提起されなかったこととなるので、下級審の判決も効力を失う。

(3) 当事者双方が口頭弁論または弁論準備手続の期日に欠席した場合または弁論もしくは弁論準備手続における申述をしないで退廷もしくは退席した場合の取扱いとして、訴えの取下げがあったものとみなされる場合がある（訴え取下げの擬制という。二六三条）。その他に、訴えの取下げがあったとみなされる例として、行政事件訴訟において被告変更の許可決定があったことによって、従前の被告に対して、訴えの取下げがあったものとみなされるとき（行訴一五条四項）、民事訴訟で受訴裁判所が職権で事件を調停に付した場合において、調停が成立しまたは調停に代わる決定（民調一七条）が確定したとき（同二〇条二項）、家事事件訴訟で同様に職権調停により、調停が成立しまたは合意に相当する審判（家審二三条）または調停に代わる審判（同二四条一項）が確定したとき（同一九条二項）などがある。これらはいずれも、民事訴訟法における訴え取下げの擬制の場合とは、趣旨が異なる。

二　訴えの取下げの性質

訴えの取下げは、裁判所に審判を申し立てるのは当事者の意思に委ねられていることに対応して、いったん訴えを提起しても、判決によらずに原告の意思により訴訟を終了させるものであって、処分権主義の一態様として原告が有する権能である。したがって、当事者が自由に処分できない請求権についての訴えであっても、原告の意思により取り下げることができる。[1] 訴えを取下げるにいたる背景には、種々の動機があり、それらを踏まえて問題の所在を捉え、検討することを要する。

（1） 訴え取下げの背景　いったん訴えを提起しながら、これを取り下げるには通常つぎのような背景がある。
第一に、訴え提起後に、訴訟外で和解が成立し、その和解内容の一つとして訴えの取下げが合意されたことによる場合、第二に、訴え提起後に、訴訟外で相手方が請求内容を履行した場合、第三に、訴え提起後に、勝訴の見込みがなくなった場合、第四

に、訴えを提起したところ、相手方または第三者の詐欺または強迫により、訴えを取り下げる場合、第五に、別訴で訴訟上の和解が成立し、その合意内容の一つとしてその訴訟の取下げが約され、訴えを取り下げる場合、第六に、訴えの交換的変更により、旧訴について訴えの取下げがあったと見なされる場合などである。さらに、政策型の訴訟において、訴え提起後に、訴訟外で請求内容が実質的に実現し、その目的を達したと判断した場合に、係属している審級のいかんを問わず、訴えを取り下げることがある。また、株主代表訴訟において第一審で勝訴した原告が、訴えを提起した意図はすでにかなえられたとして、上訴審で取り下げることがある（その場合の問題点について、九二七頁参照）。なお、訴えを提起したところ、受訴裁判所が職権で事件を調停に付した場合において、調停が成立したときは、訴えを取り下げたものとみなされる（民調二〇条二項）。

訴えを提起したが、被告の資力がきわめて乏しくなったか、あるいは無資力であることが判明した場合も、取下げの背景として考えられないわけではない。しかし、通常、訴え提起前に被告の資力については回収の見込みの一貫として調査するし、訴訟係属後に請求額に比較して資力が乏しいことが判明すると、ただちに訴えを取り下げず、一部請求に変更するという対応策をとるようである。もっとも、企業においては、売掛金債権が未収入金として貸借対照表に記載されているのは好ましくなく、貸倒消却の要件（法人税法基本通達九-六-一参照）を充足させることにより租税法上の処理をはかる便宜上の理由により、被告の資力に問題があるにもかかわらず、あえて訴えを提起することも少なくない。

第二款　訴え取下げの合意

一　訴え取下げの合意の意義

訴訟係属中に、期日外で、原告・被告間で訴えを取り下げる旨、合意されることがある。これを訴え取下げの合意又は訴え取下げ契約という。訴え取下げの合意は、訴えを取り下げるにいたるもっとも主たる動機を形成する。訴訟外における訴え取下げの合意の形態は、大別して、訴え提起後に、訴訟外で和解が成立し、その和解内容の一つとして訴えの取下げが合意されたことによる場合、別訴で訴訟上の和解が成立し、その合意内容の一つとして

他方の訴えの取下げが約されたことによる場合、訴えを提起したところ、その事件について調停が成立し、訴えを取り下げる場合、等がある。

二　訴え取下げの合意の効力と法的性質

訴え取下げの合意について、古く判例は、実定法上の明文規定がないことを理由に無効とした（上告の取下げの合意について、大判大一二・三・一〇民集二巻九一頁）が、民法学者は、民事法上の行為としてその効力を否定すべき理由はなく、合意に反して訴えを取り下げないときは、相手方は実体上の抗弁を主張できるとして疑問を提起していた（末広巖太郎・判民大正一二年度一九事件）。その後、民訴学者もこの立場に同調し（加藤正治『民事訴訟法判例批評集二巻』（有斐閣、昭和二年）一三九頁）、現在では、無効説を支持する見解はなく、法的性質について見解が対立する。

(1)　私法行為説　訴訟に関する合意が許容されることは、その範囲において当事者の自律が認められることを意味し、訴え取下げの合意は、内容も明確であるから、私法上の契約として有効であるとする。そして、不起訴の合意と同様に、合意の存在の主張が権利保護の必要性を消滅させる意味で、訴訟法上の抗弁が存在し、前者では、訴訟物自体に関するため絶対的であるが、後者では、その訴訟に関する限りで相対的であるに止まるとする（兼子「訴訟に関する合意について」法協五三巻一二号（昭和一〇年）（同・研究一巻二四五頁、二七八頁、二八一頁））。したがって、被告は訴訟上合意の存在を証明して、訴えの却下を求めることができることとなる。判例も、前記大判の見解と異なり、この見解を支持し（最判（二小）昭四四・一〇・一七民集二三巻一〇号一八二五頁）、学説上も、通説としての地位を占めている（新堂・三〇五頁、小山・二二八頁）。

(2)　訴訟行為説　訴え取下げの合意は、訴訟係属の消滅という訴訟法上の効果の取得に向けられているので、訴訟契約とみるべきであるとし、これを有効と認めるからには、できるだけ訴えの取下げの場合と同様に扱うのが適当であり、その効果を私法上の請求権を介して考える必要はないとする（三ケ月・全集四三四頁、同・双書五〇二頁、竹下守夫「訴取下契約」立教法学二号（昭和三六年）七四頁）。

この立場は、近時、その法的効果をさらに掘り下げ、訴訟係属の消滅という訴訟上の直接的効果とともに、原告に訴えの取下げを義務づける訴訟上の効果をも認めるべきであるとしている（青山善充「訴訟法における契約」『岩波講座・基本法学４契約』（昭和五八年）二五〇、二五七頁）。もっとも、訴訟契約説によっても、訴訟終了宣言判決によりはじめて訴え取下げの効果を生じるとする立場（三ケ月・前掲）と、訴訟外の訴え取下げの合意により即時に訴訟終了の効果を生じるのではなく、当事者が右合意の存在を訴訟上主張することにより、訴訟係属は合意の時から消滅し、これを確認する意味で、「訴え取下げの合意により訴訟は終了した」旨の判決をすべきであるとする立場（兼子・条解八七三頁〔竹下〕）とに分かれている。

(3)　検　討　(i)　一般に、法律行為の法的性質及び法律効果を考える場合に、その法律行為の当事者がどのような効果意思をもって法律行為を行っているかという視点から判断すべきである。その点で、訴訟行為説が、その基本的姿勢として訴え取下げの合意をする当事者の意思に着目すべしとするのは正しい。しかし、そのことから、訴え取下げ契約を締結する当事者の意思は、係属中の訴えの取下げと同一の効果をもって終了させることにあると推論することは、検討を要する。訴え取下げの合意は、通常、訴訟の対象となっている紛争について、当事者をはじめとする関係者が和解によって紛争を処理する一貫として、和解の内容の一部を構成するものである。その紛争をとりまく状況にかかわりなく、単にすでに提起した訴えを終了させようという意図から、訴え取下げの合意だけがなされるわけではない。したがって、訴え取下げの合意の部分だけを取り出して、その点についてのみ効果意思があると推論するのは疑問である。

訴訟係属後に、訴訟外において、当事者間で和解がなされるのは、その紛争に関して、判決によらずに交渉により互いに譲り合って、解決を図るために交渉を重ねたところ、幸いにそれが実を結び、合意が成立する場合であるとみられる。その合意が成立したことに伴い、合意条項の一つとして訴え取下げを約するとみるのが、もっとも自

然な見方である。そうした視点からみると、訴え取下げの合意は、訴訟外における和解の一つとしてなされるのであるから、当事者の効果意思は和解における合意の一つとして訴え取下げの義務を原告に課するものであり、したがって私法行為と捉えるのが妥当である。

もっとも、訴え取下げの合意だけがなされることもあり、相手方または第三者の強迫などによる場合には、そうした形態も見受けられる。その場合は、もとより私法行為といえる。

つぎに、訴訟上の和解により、別訴について訴えの取下げが合意される場合がある（波多野雅子「『訴えの取下を含む訴訟上の和解』についての試論」法学研究六二巻一一号（平成元年）八三頁以下、同（照屋雅子）「訴えの取下を含む訴訟上の和解」大阪経法大法研紀要一八号（平成六年）六三頁以下参照）。この場合は、一方の訴訟において訴訟上の和解が成立し、その合意の中で、他方の訴訟の帰趨について、取下げという合意がなされているという点に特徴がある。訴訟上の和解という点に着目すると、訴訟上の和解としての法的性質が問題となり、それによって別訴の取下げの合意についての性質を導き出すということが考えられる。しかし、取下げの合意の対象となる訴訟を規準として考えるべきであって、そうした視点からみると、この場合についても、私法行為と捉えるのが妥当である（菊井＝村松・Ⅱ二三八頁）。また、訴訟上の和解のほか、調停によった場合も同様である。

三　訴え取下げの合意の効果

訴えの取下げの合意がなされた場合の効果について、従来の学説は取下げの法的性質を考え、そこから法的効果を直接導いている。しかし、訴え取下げの合意の効果をめぐって争いを生じる場合は多様であって、裁判所は、当事者の申立てに即して、その争いに対する直接的な判断を下すのが審判機関として基本的な在り方である（野山宏『最高裁判所判例解説・民事篇・平成六年度』二〇五頁参照）。その点で、従来の学説が、訴え取下げについての法的性質決定をするところから、当然に法的効果を導き出し、裁判所としての対応を結論づけているのは疑問である。

(1)　訴えの取下げをめぐる争いについて考えると、第一に、訴え取下げの合意をしたにもかかわらず、原告が訴えを取下げない場合である。この場合に、取下げの合意がなされた訴えは、権利保護の利益を欠くので、被告が合意の存在を訴訟上で主張・立証し、裁判所も合意の存在を認めるときは、訴えを却下すべきである。その却下判決により、訴訟終了の効果を生じることになる。

この場合に、訴訟契約説の立場から、取下げの合意により、訴訟法上の義務づけ効果と変動効果とを生じるとして、裁判所は「訴え取下契約により訴訟は終了した」旨を宣言する判決をすべきであり、訴訟係属消滅の効果は契約の時に生じるという見解がある（兼子・条解八七三頁〔竹下〕）。しかし、訴訟係属消滅の効果は契約の時から生じるとすると、原告がこの義務を履行しない場合に、被告が契約の存在を裁判所に告知したときに、裁判所は取下げの合意の存在のみならず、それがいつ合意されたかについてまで認定しなければならなくなる。裁判所が取下契約の存在自体は認定できても、合意された時点については認定できない場合に、どのような判決をするのか疑問である。たとえ、訴訟契約説の立場によっても、取下契約によって訴訟法上の義務づけ効果のみならず、変動効果をも生じるとして、訴訟終了宣言判決により取下げの合意の時に遡って生じるというのは、妥当ではない。

このことは私法行為説の立場によっても同様であって、たとえ訴訟外で合意が成立しても、係属中の訴訟との関係では、あくまでも私法行為として私法上の効力を有するに止まり、それによってただちに訴訟終了の効果を生じるわけではない。したがって、いったん訴え取下げの合意がなされても、当事者間の合意によりこれを撤回することは可能であり、またそうした事態を生じることも少なくない。したがって、訴え却下判決により、合意の時に遡って、訴訟係属が消滅すると解する余地はない。

さらに、訴えの取下宣言判決によるべしとする立場から、訴え却下判決によるか、訴えの取下宣言判決ないし訴

え取下げとみなす判決によるかは、第一審の場合には、被告は訴えが取り下げられたのと異ならない地位に置かれるが、控訴審の場合には、前者によると、再訴を妨げられるのに対し、後者によると、再訴の提起ができなくなり、被告にとって利害が著しく異なるのみならず、第一審におけると、控訴審におけるのと、矛盾を生じると批判する(三ケ月・全集四三五頁)。また、控訴審において、訴え却下判決をすると、原判決はどうするのかという疑問を提起している。しかし、訴え却下判決によっても、訴訟要件の欠缺を理由とする場合と異なり、訴え取下げの合意によることは、判決理由から明確であるので、同一の訴えについて再訴の提起が禁止されることに変わりはない(同旨、兼子・研究一巻二八二頁注八四、新堂・三〇六頁)。また、この場合に、控訴審は原判決を取り消し、訴え却下の判決をすることになる(第一審で原告の請求を認容する本案判決がなされたところ、被告から控訴し、控訴審係属中に裁判外で訴え取下げの合意がなされた旨を主張した事案について、控訴審が原判決を取消し、訴えを却下した判断を最高裁は相当であると支持している。前掲最判昭四四・一〇・一七民集二三巻一〇号一八二五頁)。また、第一審が訴訟要件の欠缺を理由として、訴え却下判決をしている場合であっても、控訴審は、原判決を取り消して、あらためて訴え却下の判決をするのが相当である。

つぎに、訴えの取下げの合意がなされたにもかかわらず、原告が訴えを取下げる前に、判決が下されたときに、問題を生じる。被告が訴え取下げの合意の存在を訴訟上で主張・立証していないのであるから、本案判決がなされたとしても、もとより違法な判決ではない。訴え取下げの合意の存在は、原告の訴えについて、権利保護の利益を失わせるのであり、たとえそれを訴訟上で主張する前に、判決が下されたからといって、判決が確定する前であれば、被告が右合意の存在を主張する権利を失うという根拠もない。したがって、被告は、控訴を提起するとともに、右合意の存在を主張・立証して、原判決を取り消し、訴え却下判決を求めることができると解するのが相当である。この場合、控訴審で訴え却下判決が下された時に、訴え却下の効力を生じるので、本案判決後に訴えが取り下げられた場合といえ、したがって、二六二条二項の適用を受けることになる。

(2)　第二に、訴訟上の和解により別訴について訴え取下げの合意をしたにもかかわらず、原告が別訴を取り下げない場合である。この場合は、訴え取下げの合意が訴訟上の和解の一つとしてなされたものであるが、そのことから、ただちにその合意をもって訴訟契約というべきではない。むしろ、取下げの対象となった訴訟を規準として考えるのが妥当であり、訴訟外における訴え取下げの合意とみるべきであって、その点では前記第一の場合と本質的には同一である。したがって、原告が訴えを取り下げないときは、被告は取下げの合意の存在を主張・立証して、訴えの却下を求めることができると解する。

(3)　第三に、訴え取下げの合意がなされ、被告の同意書とともに、原告が取り下げ書を提出し、訴訟が終了したところ、原告が弁論の再開と期日指定の申立てをし、訴え取下げの無効を主張した場合である。裁判所が訴えの取下げを有効と判断したときは、被告の同意書とともに、訴え取下げ書を裁判所に提出した日に訴訟は終了したことになるのであるから、「甲の乙に対する本件訴えは、〇年〇月〇日に取下げにより終了した」旨の訴え取下げによる訴訟終了宣言判決をすべきものと考える。この場合に、裁判所は訴訟が終了していると判断しているのであるから、訴え却下の判決をする余地はない（訴訟終了宣言判決はこのような場合について、意味がある。）。これとは逆に、裁判所が訴え取下げを無効と判断したときは、通常、主文として、「本件訴訟は原告の訴え取下げにより終了していない」旨、あるいは「〇年〇月〇日の訴え取下げは無効である」旨の中間判決をした上で、審理を続行することとなる。

(4)　第四に、訴訟外において第三者に対する訴え取下げの合意がなされ、右第三者がこの合意を援用して訴え却下を主張する場合である。判例は、甲と乙・遺言執行者丙との間で遺言無効確認訴訟が係属中に、別件の甲と乙との間の遺留分減殺請求訴訟において、調停が成立し、甲は乙及び丙に対する前記遺言無効確認訴訟を取り下げる旨の合意が成立したにもかかわらず、甲が右訴えを取り下げないので、乙及び丙が前記合意を援用して訴え却下を求

めた事案において、乙のみならず丙による取下げの合意の援用をも認め、いずれに対する遺言無効確認請求訴訟も却下した（東京高判昭五六・一一・二五判時一〇二九号七八頁）。本件の処理としては妥当である（福永有利判例評論二八五号四三頁）が、これを一般化できるかについては検討の余地がある。

第三款　訴えの取下げの要件

訴えは、判決が確定するまで、その全部又は一部を取り下げることができる（二六一条一項）。相手方が本案について準備書面を提出し、弁論準備手続において申述をし、又は口頭弁論をした後にあっては、相手方の同意を得なければならない（同条二項）。

(1)　訴え取下げの自由　　訴えを取り下げるかどうかは原告の自由に任される。訴えの取下げは、原告の意思により、終局判決によらずに訴訟を終了させる方法の一つであり、処分権主義の建前により原告の自由意思による。職権探知主義が採られて請求の放棄が許されない訴訟についても、訴えを取り下げて訴訟を終了させることができる（認知請求訴訟について、訴え取下げを認めるものとして、大判昭一四・五・二〇民集一八巻五四七頁。ただし傍論というべきである。）。これらの訴えについても、もともと訴えが提起するか否かは、原告の意思に委ねられていて、訴えが提起されてはじめて、裁判所は審判するのであるから、訴えを提起した後に、原告がこれを撤回する意思を有するに至ったときは、その意思を尊重すべきであることによる。

(イ)　実体法の性質から、訴えの取下げの自由の可否が問題とされる場合がある。株主代表訴訟について、現行法の下では、解釈論として、自由とすることはやむをえないとしつつ、立法論としては、アメリカ法が裁判所の承認がなければ取下げられないとすることにつき、株主代表訴訟の事情に即したきめこまかい政策的配慮であり、この種の訴訟における代表の適切性を確保しようとする努力にほかならないとして積極的に評価する見解が見られる

（竹内昭夫「株主の代表訴訟」『法協百年記念論文集三巻』（昭和五八年）（同『会社法の理論Ⅲ』（有斐閣、平成二年）二六四頁）。同種の方向性をもって捉えるものとして、谷口安平「株主の代表訴訟」『実務民事訴訟法講座（5）』（日本評論社、昭和四四年）一〇八頁、高橋宏志「株主代表訴訟と訴訟上の和解」商事法務一三六八号（平成六年）七四頁）。しかし、立法論としても制限することは疑問である（池田辰夫「株主代表訴訟における和解」小林秀之＝近藤光男編『株主代表訴訟大系』（弘文堂、平成八年）二五〇頁）。

(ロ)　訴えを取り下げるについて、法が特に要件を義務付けているときには、その手続を経ることを要する。たとえば、破産管財人が、破産財団に属する訴訟を取り下げるには、それにより、同一の訴えの提起の制限、訴訟費用の負担、時効中断の効力の消滅などの負担を負うことになるので、訴え提起について監査委員の同意（破一九七条一〇号）あるいは債権者集会の決議（破一九八条二項本文）、または裁判所の許可をえることとされている（破一九八条二項但書）ことを斟酌すると、破産法一九七条一二号に定める権利の放棄に準じるものとして、あらかじめ同様の手続を経ることを要すると解すべきである（斎藤秀夫＝麻上正信編『注解破産法〈第三版〉下巻』（平成一一年）四四四頁〔上野久徳〕、篠原幾馬ほか編『破産事件の処理に関する実務上の諸問題』司法研究報告書三五輯一号（昭和六一年）一八六頁）。

(ハ)　訴えの提起に当たり、あらかじめ第三者との間で無断で訴えを取り下げないこと、それに違反したときは違約金を支払う旨を約していたにもかかわらず、無断で訴えを取り下げたため、右第三者が違約金の支払請求をした場合について、判例は、訴えを取り下げない旨の約束は訴訟法上も私法上も無効であるとして、請求を棄却している（大判昭一四・一一・一七民集一八巻一二二五〇頁。反対、兼子一・判例民訴三二八頁）。第三者との間で無断で訴えを取り下げたからといって、訴えの取下げの効力を左右するものではない。しかし、第三者との間の私法上の契約としての効力は有効と認められるので、それに反したときは約旨に基づき違約金支払い義務を生じると解するのが相当である（兼子・条解八七六頁〔竹下〕）。

行政事件訴訟については、訴えの取下げに関して別段の定めがないので、民事訴訟の例によるところ（行訴七条）、行政庁が訴えを取り下げることは当然にできるし、被告として訴えの取下げに同意することも差し支えない（雄川一郎『行政争訟法』（有斐閣、昭和三二年）二一五頁、南博方編『条解行政事件訴訟法』（弘文堂、昭和六二年）二三五頁〔大島崇志〕）。

(2) 訴えの取下げの範囲　訴えの取下げは、その全部又は一部についてできる。

(i) 訴えの一部取下げ　訴訟物である請求の個数を減少させる場合は、原告の意思により訴えの一部取下げ又は請求の一部放棄となる。原告の意思が明らかでないときは、裁判長は釈明を命じてその点を明らかにした上で調書に記載するようにすべきである。

(ii) 請求の減縮と訴えの変更　請求原因と区別された請求の趣旨を質的又は量的に減少させる場合を、広義における請求の減縮という。請求の趣旨の減縮は、可分な金銭又は代替物の支払又は給付を目的としたものでないかぎり、請求原因と区別された請求の趣旨だけを減縮するに止まり、請求原因を減縮するわけではない。したがって、訴訟物である権利関係の同一性や訴訟物の個数についてなんら変更を生じるものではなく、申立ての態様を変更するのであるから、請求の趣旨だけの変更による請求の変更に当たり、訴えの変更の一態様といえる（一四三条）。

(iii) 請求の減縮と訴えの一部取下げ　請求の趣旨を数量的に減少させる場合を、狭義における請求の減縮という。

判例は、買主と保証人二名に対する売買代金請求を請求金額を変更しないまま買主と保証人一名に対し請求する旨陳述した場合について、請求の趣旨を減縮したものであり訴えの取下げであるとし（最判(二小)昭二七・一二・二五民集六巻一二号一二五五頁）、不動産の売買代金支払請求において目的物件の対象範囲を縮小させ請求金額はそのまま維持した場合について、前記判例を引用し同様に解する（最判(三小)昭二八・一二・八裁判集民事一一号一四五頁）。さらに、二通の手形の支払請求訴訟において、そのうちの一通の手形に請求を減縮したところ、原告訴訟代理人が訴えの取下げについて特別委任を受けていなかったため、一度は取下げに同意した被告が取下げを無効と争った場合について、訴えの一部取下げであるとした上で、これを無効とし、裁判の脱漏によりいまなお原審に係属中と判断している（最判(三小)昭三〇・七・五民集九巻九号一〇一二頁）。

これに対し、請求の減縮を一部取下げと当然に断定することは、請求の拡張と対比して書面によることの要否について取扱いに違いを生じ、疑問であるとし、いずれも訴状により書面化している訴訟物とは別個のものを審判するという点で、口頭でよいとすることにはならないという見解がある（三ケ月・判例民訴二三一頁）。しかし、請求の減縮を請求の拡張と対比させて書面によるべしとするのは、前者が審判の対象から排除するのに対し、後者は新たに審判を求める対象として主張するという基本的な違いがあるにもかかわらず、数量的な増減という視点から同質的にとらえるものであって、むしろ硬直した対応であり、判例と同様に訴えの一部取下げとみるのが素直な理解である。

(iv)　訴えの一部取下げと一部請求　請求の減縮を一部取下げとみることと、金銭債権一部請求の可否との関係が問題になる。訴えの一部取下げは、一部請求が許される場合に限って許され、請求金額のみの減縮は、その部分について一部請求を許すとすれば、訴えの一部取下げとみる余地があるが、一部請求を許さない立場からは、請求の一部放棄したのと同じ効果を生じるする見解がある（新堂・三〇八頁）。これに対し、前者は、被告の紛争決着への利益との兼ね合いであり、後者は、債権者の分割行使の自由と相手方の応訴の利益および裁判所の立場を含めた訴訟政策的な観点から決する問題である点で、異なっているという指摘がある（兼子・条解八七一頁〔竹下〕）。

請求の減縮と請求の拡張は、実体法的には金銭債権の可分性から導かれるという点では共通しているとともに、訴訟法的には審判の対象を特定することは当事者の権限に帰属するという処分権主義に由来するものである。したがって、狭義の請求の減縮について、金銭債権の一部請求と関連させることはむしろ自然な考え方といえる。そこで、請求の減縮をどのように解すべきかについて考えると、その背景には訴えの取下げと同様に個別事案ごとに種々の事情がありえようが、基本的には一部取下げと解するのが当事者の意思に合致するといえよう。逆に、これを請求の一部放棄と解するのが、原告・被告の意思にもっとも適うという見方もある（兼子・条解八七一頁〔竹下〕）。しかし、この局面

において、原告のみならず被告の意思をも斟酌するのは、利用者の利害関係が同一であるとはいえないので、上記の趣旨に照らし、妥当でない。さらに、一部放棄と解して、減縮した部分を再び請求することを当然に遮断することは、狭義の請求の減縮であっても、原告の意思とは乖離するおそれがあり、やはり一部取下げとする判例の立場を支持すべきであると考える。また、このように解することをもって、原告の意思を斟酌することに偏りすぎているともいえない。

(v) 共同訴訟と訴えの取下げ　通常共同訴訟はもとより、類似必要的共同訴訟の場合には、共同訴訟人の一人が又は一人に対して、訴えを取り下げることができる。

これに対し、固有必要的共同訴訟の場合については、共同訴訟人とすべきもの全員が集まってはじめて全体として一個の当事者適格を有するので、訴えを提起すること自体が、原告一人の意思ではできない。判例は、原告である共同訴訟人の一部の者が訴えを取り下げることについて、同様の趣旨に基づき、共同原告全員につき合一に確定する必要があるとして無効とする（最判(二小)昭四六・一〇・七民集二五巻七号八八五頁）。通説も、判例を支持している（兼子・体系三九三頁、新堂・三〇六頁）。これに対し、固有必要的共同訴訟においても、各共同訴訟人は単独で訴訟行為ができるが、合一確定のためにその効果が制限されるか、又はその行為の結果他の者だけでは当事者適格を欠くにいたるから、全部の訴えが不適法になるだけであるとする見解がある（三ケ月・全集二一七、四二九頁）。しかし、他の共同原告が訴訟係属の利益をすでに有しているのを、その意思にかかわらず、一部の者による訴えの取下げにより一方的に失わせることは認められるべきではない。むしろ、端的に取り下げ自体を無効とするのが、理論的にも妥当である。また、他の共同原告全員の同意をえた場合に限り、訴えを取り下げることができるとする見解がある（中田・判例研究四九頁）。合一確定の要請のために、全員共同してのみ当事者適格を有するのであるから、他の共同原告の同意があることによって、その要請が後退するわけではなく、また瑕

疵が治癒されることにもならない。したがって、他の共同原告の同意があることをもって、訴訟から離脱できることにはならず、通説の立場を支持すべきと考える。

また、被告である共同訴訟人の一部に対して訴えを取り下げることについて、判例は、当初共同被告全員の同意があれば、一部の者に対する取下げを認めることを前提としたふしが見受けられ（大判昭一四・四・一八民集一八巻四六〇頁）、当時これを基本的に支持する見解が有力であった（細野長良『民事訴訟法要義二巻』（昭和六年）一四九頁。中田・判例研究四九頁は、応訴した被告の同意を要するという。また、共同原告の場合と共同被告の場合とを峻別し、前者について無効としつつ、後者については大判の立場を支持するものとして、村松俊夫・民商一〇巻三号五一四頁）。しかし、最高裁は、共同原告における実質的に同様の理由により、無効とし（最判（三小）平成六・一・二五民集四八巻一号四一頁）、現在の通説は、最高裁の立場を支持している（三ケ月・全集二一七頁、四二九頁は、この場合についてふれていないが、その趣旨からすると、応訴した被告の同意により取下げを認めることになろう。）。もっとも、訴訟で争う必要のなくなった当事者は訴訟外に退くべきであるという趣旨から、これを訴訟脱退とみるとともに、判決効を明確にする意味で選定当事者の選定として位置付けるのが適当であるという指摘がある（池田辰夫・ジュリ一〇六八号一二七頁、徳田和幸民・商一一一巻二号三三八頁、高田裕成・私法判例リマークス一〇号一四七頁）。こうした試みは貴重であるが、基本的には最高裁の立場が相当である。

(3) 訴え取下げの時期　訴えは、終局判決が確定するまで取り下げることができる。訴え提起後であっても、被告に訴状が送達されるまでは、訴訟係属を生じていないので、たとえ訴え取下げ書が提出されても、訴状の取戻請求として処理すべきである（兼子・条解八七六頁〔竹下〕。これに対し、訴えの取下げとして扱った例として、名古屋地決昭三六・二・一五下民集一二巻二号二九一頁）。口頭弁論終結後であっても、終局判決言渡し後であっても、訴えを取り下げることができるし、上級審に移審しても、判決が確定するまでは、取り下げることができる。

(4) 訴訟能力・代理権の具備　訴えを取り下げるには、原告に訴訟能力があることを要し、代理人による場合は、特別に委任されていることを要する（五五条二項二号）。被保佐人、被補助人、後見人その他法定代理人による場合に

も、特別の授権を要する（三二条二項一号）。もっとも、訴訟無能力者または無権利者でも、追認があるまでは、みずから提起した訴えを取り下げることができる（これに対し、訴訟無能力者の訴え提起は追認があるまでは無効であり、その訴えの取下げの意思表示も無効であって、追認が訴訟無能力者の利益と考えられる場合に追認できる余地を残すべきであるとする考え方がある（小山・二一九頁）。かえって訴訟無能力者の保護の建前から妥当ではあるまい。）。

(5)　被告の同意　訴えを取り下げるには、相手方が本案について準備書面を提出し、弁論準備手続において申述をし、又は口頭弁論をした後にあっては、相手方の同意を得ることを要する（二六一条二項）。原告に訴えの取下げを認める一方で、すでに被告が本案について、準備書面を提出し、弁論準備手続において申述をし、又は口頭弁論をした後は、被告側に訴訟を追行し、本案について請求棄却判決を得て、原告の請求の理由のないことを既判力をもって確定する利益を生じるので、被告の同意を要件とすることにより、当事者間の利益の均衡を図っている。

ここにいう本案とは、請求の当否に関する事項をいう。被告が、訴訟要件の欠缺を主張して弁論をしているときは、本案前の抗弁の理由のないことを停止条件として本案の主張をしているにすぎず、訴訟を維持して原告の訴えの取下げを拒否することについて法的利益を認める余地はないので、被告の同意を要しない（千葉地判昭三一・三・二六判時一〇八号一二頁、山形地判昭三五・六・二七行集一一巻六号一八五六頁、山形地鶴岡支判昭四九・九・二七判時七六五号九八頁）。また、被告が、期日の変更について同意したり、反訴を提起していても、それだけをもって本案について弁論したものとはいえない。

本訴が取り下げられたときは、被告が反訴を取り下げるのに反訴被告である原告の同意は要しない（二六一条二項ただし書）。また、被告が中間確認の訴えを取り下げる場合についても、同様である。

独立当事者参加がなされた後に、原告が訴えを取り下げる場合について、旧法の下で判例は、被告のみならず、参加人の同意も要するとしていた（最判(二小)昭六〇・三・一五判時一一六八号六六頁）が、新法の下でも同様に解する。

第四款　訴えの取下げの手続

(1)　書面による取下げ　訴えの取下げは、訴訟が係属する裁判所に、書面でしなければならない（二六一条三項本文）。手続の安定性を図るとともに、明確にするためである。もっとも、口頭弁論、弁論準備手続又は和解の期日（二六一条三項ただし書。これらの期日を総称して、「口頭弁論等の期日」という。二六一条三項参照）及び進行協議期日（規九五条二項）においては、口頭で差し支えない（弁論準備手続期日に電話会議の方法で出頭を擬制された当事者は、口頭により取り下げることはできない（一七〇条五項本文）。）。この場合、裁判所書記官は取下げの陳述を調書に記載しなければならない（規六七条一項一号）。

(2)　取下書等の送達　相手方が本案について準備書面を提出し、弁論準備手続において申述をし、又は口頭弁論をした後に訴えの取下げが書面でされたときは取下書を、訴えの取下げが口頭弁論等の期日において口頭でされ、相手方がその期日に出頭しないときは、その期日の調書の謄本をそれぞれ相手方に送達しなければならない（二六一条四項）。取下書の送達は、取下げをした者から提出された副本による（規一六二条一項）。送達をする目的は、相手方に取下げの意思表示の事実を通知し、同意するか否か考慮を促すためである（不同意権喪失の期間（二六一条五項）の起算点となる。）。訴えを取り下げるのに相手方の同意を要しないときは、裁判所書記官は、訴えの取下げがあった旨を相手方に通知しなければならない（規一六二条二項）。通知をする趣旨は、相手方が不必要な訴訟活動を準備する事態から保護することにある。もっとも、同意を要しない場合は、取下書の提出または口頭弁論等の期日における口頭の陳述によって完了し、その時に取下げの効力を生じる。

(3)　相手方の同意の方式　訴えの取下げに対する相手方の同意の方式については、特に規定はなく、書面又は口頭ですればよい。相手方の同意ないし不同意は、裁判所を宛名とする単独行為であり、それが有効に成立すれば、行為の成立とともにその効力を確定的に生じる。裁判所に到達するまでは撤回することができるが、到達後は撤回

できない。したがって、いったん同意を拒絶すれば、訴えの取下げは無効と確定し、これを撤回しあらためて同意しても、取下げの効力は生じない（最判(二小)昭三七・四・六民集一六巻四号六八六頁）。

取下げ書または取下げを記載した調書の謄本の送達を受けた日から、相手方が出頭した期日における口頭の取下げの場合はその日から、相手方が出頭しなかった期日における口頭による取下げの場合は期日の調書の謄本が送達された日から、それぞれ二週間以内に相手方が異議を述べないときは、取下げに同意したものとみなされる（二六一条五項）。被告の同意がなく、明確な態度を示さないままの状態が続くと、訴訟手続の安定性を害する恐れがあるので、そうした事態を避ける趣旨である。被告が期日の指定を申し立て又は期日で弁論するときは、同意を黙示的に拒絶したものとみるべきである。

第五款　訴えの取下げの効果

一　訴訟係属の遡及的消滅（二六二条一項）

(1)　訴えの取下げの遡及効　訴訟は、訴えが取り下げられると、取り下げられた部分については、初めから係属していなかったものとみなされる。当事者及び裁判所の訴訟行為はすべて遡及的に効力を失う。終局判決後に、訴えが取り下げられると、その終局判決は効力を失う。訴訟記録自体は、記録としての効力を失うわけではないので、取り下げられた訴訟の記録を他の訴訟において利用することは差し支えない。補助参加、訴訟告知などは、取り下げられた訴訟に従属してなされた訴訟行為であるから、当然に効力を失う。

これに対し、訴えの提起により、他の請求について生じた関連裁判籍（七条）は、起訴当時に訴訟係属していれば、その後に訴えが取り下げられても、消滅しない。また、当事者参加、反訴も、起訴当時に訴訟係属していたのであ

るから、影響を受けず、取り下げられた訴訟についてなされた訴訟行為は、存続する訴訟との関係では、なお効力を有する。類似必要的共同訴訟において、共同訴訟人の一部について訴えが取り下げられた場合も、同様に存続する他の共同訴訟人との関係では効力を有するので、取り下げられた者の訴訟行為であっても、他の共同訴訟人が援用することができる。共同訴訟参加（五二条）についても、同様である。

中間確認の訴えは、係属する訴訟において、その請求の当否を判断するのに先決関係にある法律関係について、本来の訴訟に付随して確認を求めるものである（一四五条）。その点は、反訴と比較して、本来の訴えとの関連性はいっそう密接であり、本来の訴えが取り下げられたときは、当然に不適法とみるべしという結論を導きやすい。しかし、右の点は、中間確認の訴えを提起するにいたった動機に止まり、必ずしも当然に本訴と結末をともにするという結論を引き出すことにはならない。また、本訴を取り下げる意思表示には、一般に中間確認の訴えも取り下げるという意思が黙示的にも含まれていると断定することもできない。むしろ、中間確認の訴えとして提起された後は、訴訟係属を生じ、審判の対象とされているのであるから、たとえ本訴が取り下げられても、特に取り下げる旨の意思が明確に示されないかぎり、反訴と同様に存続し、その上で、確認の利益を判断すれば足りるとみるのが相当である（中間確認の訴えは、本来の訴えが取り下げられたときは、その先決関係について判断する必要がなくなるので、不適法却下を免れず、訴えの変更又は反訴の要件を備えており、独立して判断する確認の利益を認められるときは、独立の訴えとして取り扱うとする考え方がある（兼子・体系三八一頁、三ケ月・全集一四三頁、兼子・条解八六二頁〔竹下〕）。しかし、独立の訴えとみた後に、確認の利益を判断すべきである。）。これに対し、控訴審で中間確認の訴えが提起され、その後に控訴が取り下げられたときは、中間確認の訴えは、その前提を欠くことになるので、確認の利益を失う。

(2)　訴え提起による実体法上の効果　　訴え提起による実体法上の効果は、その効果を認める趣旨により異なる。第一に、時効中断の効果については、訴え提起時に遡って消滅する（民一四九条）。第二に、訴状による履行の請求に基づき生じた遅滞の効力は、訴えの取下げにより消滅しない（大判大二・六・一九民録一九輯四六三頁）。第三に、訴訟上攻撃防御方法として

主張された形成権の法的効果については、形成権の主張の法的性質とも係わる問題である（四二六頁参照）。訴状による解除権の行使は、訴状が被告に送達されるときに効力を生じ、裁判所に対する審判の要求を撤回する意思表示である訴えの取下げにより左右されない（大判昭五・一・二八法律評論一九巻民法三四三頁、大判昭八・一一・二四法学二巻一一二九頁）。判例は、国が不当に廉価な公売処分を行ったことにより損害を生じたことを主張し、右損害賠償債権と租税債務を相殺して残額債権の支払請求訴訟を提起した後に、相殺を撤回し相殺に供した部分の損害賠償の支払をも請求した場合について、受働債権（租税債務）の承認は相殺の効果でないから、相殺を撤回しても、承認により受働債権に生じた時効中断の効力は失われないとする（最判（三小）昭三五・一二・二三民集一四巻一四号三一六六頁）。これに対し、被告が予備的相殺の抗弁を主張した後に、訴えが取り下げられた場合には、相殺の抗弁は訴訟行為としても私法行為としても効力を失うとする（大判昭和九・七・一一法律評論二三巻民訴三一八頁）が、受働債権の承認による時効中断の効力については、前記最判と同様に解するのが相当である。

(3) 訴訟費用の負担　訴訟費用の負担は、申立てにより、第一審裁判所が決定手続で裁判し、その裁判所の裁判所書記官が負担額を定める（七三条一項）。申立ては、書面によらなければならない（規二四条一項）。訴訟費用の負担の点では、原告は、原則として敗訴者と同視される（七三条二項・六一条）。もっとも、起訴の当時は請求の理由があったが、その後の事情により訴訟を維持する必要がなくなった場合（たとえば、訴訟外における和解により訴えを取り下げた場合）は、権利の伸張もしくは防御に必要であった費用は被告の負担とさせることができる（六二条）。

二　再訴の禁止（二六二条二項）

(1) 立法趣旨　本案について終局判決があった後に訴えを取り下げた者は、同一の訴えを提起することができない。訴えの取下げにより、その部分については訴訟が係属しなかったことになるのであるから、原告としてはいつでも再び同一の訴えを提起することも、本来できないわけではないはずである。それにもかかわらず、再訴を禁

止した趣旨は、いったん判決が下されても、原告にとって満足のいく結論ではなかったときに、これを取り下げて再び同一の訴えを提起して、自己の望む判決を取得しようとする事態を防ぐことに主たる理由があったようにうかがわれる（『民事訴訟法改正調査委員会速記録』（昭四）四八三頁〔松岡義正委員の改正案趣旨説明〕『日本立法資料全集一二民事訴訟法〔大正一五年改正編〕(3)』（信山社）四八七頁）。そうした事態は、裁判所を翻弄するばかりでなく、裁判制度の正常な利用の仕方とはいえないことはもとより、被告がその訴訟で紛争の解決を図ろうとする利益をも不当に害することになるので、これを間接的に抑制するとともに、訴権を濫用するのを防止するという点に、立法趣旨があると解するのが相当である。(1)

(1)　本条の立法趣旨を本文のように解すると、むしろ端的に終局判決後の取下げを禁止するほうが簡明であるとともに、立法技術としても適切であり、その後は訴訟上の和解で対処できるとする意見もある（兼子・体系二九六頁、新堂・三二一頁）。しかし、上記の立法趣旨は妥当と認められるし、かえって終局判決後の取下げを禁止すると、その後当事者間において交渉により紛争解決を図る可能性を阻害するおそれがあり、そうした対応は適切とはいえず、また訴訟上の和解による余地があるとしても十分ではなく、右の意見は決め手を欠き疑問である。

(2)　要　件　(イ)　同一の訴え　終局判決後に取り下げた訴えと同一の訴えは、再び提起できない。ここにいう「同一の訴え」とは、単に当事者および訴訟物が同一であることを意味するものではない。その点で、二重起訴における事件の同一性とは異なる。同一の訴えについて再訴を提起することが本条の立法趣旨に照らし、是認されるか否かが決め手となる。したがって、「同一の訴え」の判断は、当事者および訴訟物が同一であるに止まらず、終局判決後に訴えが取り下げられた動機、およびその後にあらためて再訴を提起するにいたるまでの経過に照らし、再訴を提起する必要性、すなわち訴えの利益を認められるか否かという点に帰着する。

大審院は、同一の訴えを基礎たる事実関係を同じくするだけでは足りず、請求原因も同一であることを要するとしていた（大判昭和一一・一二・二二民集一五巻二二七八頁）。これに対し、最高裁は、本条項を終局判決の後に訴えを取り下げることにより、裁

判を徒労に帰せしめたことに対する制裁的趣旨の規定であり、同一紛争を蒸し返して訴訟制度をもてあそぶような不当な事態を生起することを防止する目的に出たものに他ならないとする。そうした前提の上に立って、同一の訴えとは、単に当事者および訴訟物を同じくするだけでなく、訴えの利益または必要性の点についても事情を一にする訴えを意味するとしている（最判(三小)昭和五二・七・一九民集三一巻四号六九三頁）。私見と同様の視点によるもので、妥当といえる。

同一の訴えであるには、第一に、当事者が同一であることを要する。本条が訴えを取り下げた原告の承継人に及ぶかについて、多数説は、再訴の禁止という規制を既判力の主観的範囲の場合に類似性を求めて、一般承継人はもとより、特定承継人にも及ぶとする（菊井＝村松・Ⅱ二三〇頁）。これに対し、既判力の効果と同視すべきではないとして、本人に限り承継人には及ぼすべきではないとする批判的な考え方がある（三ケ月・全集四三四頁）。さらに、特定承継人については、本条の規制を一種の権利行使の条件ととらえ、管轄の合意の第三者に対する効力におけると同様に、その権利関係の内容が当事者の意思で定められる場合に限るべしとする見解がある（兼子・条解八八四頁〔竹下〕）。本条の趣旨に照らすと、当事者が実質的に同一である場合（たとえば、前訴の被告が破産宣告を受け、破産管財人を被告として再訴を提起する場合）はもとより、一般承継人および特定承継人にも及ぶものと解するのが相当であり、その上で、再訴にいたった事情を精査して、訴えの利益の有無の局面で個別具体的に妥当な解決を図るべきである。

第二に、取り下げられた訴訟の訴訟物と再訴の訴訟物とが同一であることを要する。訴訟物が同一であるとは、本条の趣旨に照らして、請求の趣旨が同一であるばかりでなく、請求原因も同一であることを要する。したがって、取り下げられた訴訟の訴訟物を先決関係とする再訴は差し支えない（三ケ月・全集四三四頁、菊井＝村松・Ⅱ二三二頁。反対、兼子・体系二九七頁、新堂・三二一頁）。

人事関係訴訟について、判例は、認知請求訴訟で勝訴しながら、訴えを取り下げた場合についても、本条が適用されるとする（大判昭一四・五・二〇民集一八巻五四七頁）。その理由として、認知請求権のように、実体法上放棄することが許されない権利

であっても、訴えの取下げは許されるのであり、したがって取下げに関する規定も適用されるとしている。最高裁も、養子縁組無効確認訴訟について、傍論ではあるが、同様の立場をとる（最判(二小)昭和四三・一二・二〇判時五四六号六九頁）。婚姻事件については、請求の認諾はできないものの、民訴法の請求の放棄に関する規定の適用を排除せず（人訴一〇条一項）、婚姻維持に関してのみ片面的職権探知主義を採っているのであるから（人訴六条・一四条）、請求棄却と同様の効力を生じる再訴禁止条項についても、基本的には適用を否定すべき根拠はないはずである。また、離婚請求についても、判例は請求の放棄は許されるとする（最判(二小)平成六・二・一〇民集四八巻二号三八八頁）ので、同様に解するのが自然のようである。しかし、婚姻関係事件においては、終局判決があったにもかかわらず、訴えを取り下げたとはいえ、むしろ取下げ後の事情から再訴を提起するにいたったという場合が多いといえよう。そうしてみると、そもそも本条にいう同一の訴えとはいえないと解するのが相当であり、したがって、前訴で敗訴した原告が、勝訴判決を取得するために訴えを取り下げて、再訴を提起したと認められるような場合を除き、原則として、再訴を提起することが許されると解する。

これに対し、認知請求権は実体法上放棄できない（最判(三小)昭和三七・四・一〇民集一六巻四号六九三頁）し、婚姻事件と異なり、認知請求事件については真実を追求すべしとする趣旨に基づき両面職権探知主義を採っているのであるから（人訴三一条二項）、請求の認諾のみならず請求の放棄も許されず、したがって再訴禁止条項の適用も否定すべきである（同旨、来栖三郎・判民昭和一四年度三七事件評釈）。

(ロ)　終局判決後の取下げ　訴えの取下げが、終局判決後になされたことを要する。ここにいう終局判決とは、本案判決であることを要し、訴訟判決を含まない。本案判決であれば、原告勝訴判決か敗訴判決かは問わない。判例は、第一審の本案判決が第二審で取り消され、差戻審の第一審であらためて本案の終局判決がなされるまでに、訴えが取り下げられた場合について、右取消判決により第一審判決はすでに効力を失っているとして、再訴禁止の効果を生じないとする（最判(三小)昭和三八・一〇・一民集一七巻九号一一二八頁）。本判決が、「本案の終局判決後」の要件を厳格に解し、上級審にお

ける取消判決の存在という明確な基準を用いるのは、法的理論構成として評価できる。

第六款　訴えの取下げの争いと審判

一　訴えの取下げおよび同意の意思表示の瑕疵

(1) 訴えの取下げの意思表示の瑕疵　(i) 判例・学説の動向　(イ) 判例は、認知請求訴訟において、第一審で原告が勝訴し、控訴審係属中に被告所有の自動車に原告の法定代理人が被告を誹謗する文言を書き付けたので、訴えを取り下げなければ告訴する旨被告から強迫されたため、訴えをいったん取り下げたが、その後原告の法定代理人が、右取下げは被告の強迫によるとして、取り消す旨を主張した事案について、原告の主張を認め、つぎのように判示した。すなわち、「訴の取下は訴訟行為であるから、一般に行為者の意思の瑕疵がただちにその効力を左右するものではないが、詐欺脅迫等明らかに刑事上罰すべき他人の行為により訴の取下がなされるにいたったときは、民訴法四二〇条一項五号（新法三三八条一項五号）の法意に照らし、その取下は無効と解すべきであ」るとする。そして、「右無効の主張については、いったん確定した判決に対する不服の申立である再審の訴を提起する場合とは異なり、同条二項〔新法三三八条二項〕の適用はなく、必ずしも右刑事上罰すべき他人の行為につき、有罪判決の確定ないしこれに準ずべき要件の具備、または告訴の提起等を必要としない」とする（最判(二小)昭四六・六・二五民集二五巻四号六四〇頁）。通説も、結論として判旨の立場を支持する（兼子・体系二九四頁、三ケ月・全集・四二九頁、新堂・判例三四八頁）。もっとも、判旨が、判例法上「明らかに刑事上罰すべき他人の行為により訴の取下がなされるにいたったとき」のみに訴えの取下げの無効を主張できるにすぎないという形で定着することが十分に予想されるとして、その理論構成に疑問を示す見解もある（新堂・判例三五〇頁）。この予想のように本判決の射程距離を限定的に理解する見解もある（兼子・条解八七七頁〔竹下〕）。しかし、右判例はこの事案に即してその解決に必要な限

りで、訴え取下げの意思表示を取り消すことのできる場合の一つについて判示したものと解するのが相当であり、射程距離を狭く理解すべきものではない。

(ロ)　つぎに、訴えの取下げの意思表示に錯誤、詐欺などの瑕疵がある場合に、民法の法律行為に関する規定を類推適用して、無効ないし取消を主張できるかが問題になる。

判例は、古くは、錯誤について、相手方が自己名義の財産を示談により原告に分配する意思などないのに、分配を拒否しないかのごとき態度を仲裁人に伝えたので、仲裁人が誤信して原告に示談を勧告し、原告がこれを受け入れて訴えを取り下げた場合について、錯誤による訴えの取下げの無効を認めていた（大判昭一三・一二・二八評論二八巻民訴二六一頁）。しかし、最高裁は、先に述べたように、傍論ではあるが、訴えの取下げは訴訟行為であるから、一般に行為者の意思の瑕疵がただちにその効力を左右するものではないとしている（前掲最判昭四六・六・二五）が、下級審の裁判例は分かれている（『注釈民事訴訟法(5)』（有斐閣、平成一〇年）三三八頁参照〔梅本〕）。

学説も、訴訟行為は、訴訟手続の安定性を尊重し、また裁判所に対する公的な陳述として明確を期する上から、特別な場合以外は、錯誤、虚偽表示、詐欺、強迫などによって効力を影響されないとしている（兼子・体系二一三頁、三ケ月・全集二八一頁。菊井＝村松Ⅱ二二三頁は、訴えの取下げは和解と異なり純粋の訴訟行為であるから、一般には無効・取消の主張は許されないとする。）。

これに対し、近時、取下げの意思表示に法律行為の瑕疵があったときにも、民法の法律行為の瑕疵に関する規定を類推適用して、取下げの効力を否定できるとする有力説がある（新堂・判例三五四頁以下、兼子・条解八七七頁〔竹下〕、河野正憲「訴訟行為と意思表示の瑕疵」民訴雑誌二〇号（昭和四九年）〔同『当事者行為の法的構造』（弘文堂、昭和六三年）二〇三頁〕）。そして、訴え取下げ行為のような訴訟終了行為がなされる場合には、その訴訟外においてなんらかの実体的取り決めがなされることが多いことに着目して、訴訟終了行為の当事者に動機の錯誤が存することについて相手方に認識可能性の存在する場合に、これを顧慮することは、訴訟行為の相手方の信頼を裏切るもので

はなく、かえって信義則に合致するとしている（松本博之「当事者の訴訟行為と意思表示の瑕疵」『講座民事訴訟4』（弘文堂、昭和六〇年）三一四頁）。

(ii) 検　討　一般に、訴訟手続は、安定性が確保されることを要する。しかし、そのことからただちに訴訟行為については、取引行為と異なり、意思表示の瑕疵に関する規定は適用されず、訴訟行為である訴えの取下げについて、その意思表示にたとえ錯誤、詐欺などの瑕疵があったとしても、法律行為の意思表示の瑕疵に関する規定を適用することはただちに排除されるというのは根拠がない。なるほど、法律行為の意思表示に関する規定は、本来取引行為について適用されることを前提にして設けられたものである。その趣旨は、意思表示の表意者について意思表示に瑕疵があったことから生じる不利益から保護することと、その意思表示を信頼した取引の相手方および第三者の有する利益を保護することの両者を、詐欺など意思表示の瑕疵の性質に即して利益考量をはかり、それぞれの法律要件と法律効果を定めたものである。したがって、こうした視点は、訴訟行為についても当てはまることであって、取下げの意思表示に瑕疵があった原告の立場と、それを信頼した被告の利益を比較してどのように調整するかという点に帰着する。たとえ意思表示の瑕疵について法律行為の意思表示の瑕疵に関する規定の適用を否定し、取下げの無効ないし取消を主張することを認めないとしたとしても、原告は再び同じ訴えを提起することになり、これを否定することはできない。また、終局判決の後には、同一の訴えについて再訴禁止の効果を生じる（二六二条二項）ので、原告にとって実体権を放棄するに等しい不利益を被ることになる。そうしてみると、原告に前述のような不利益を受忍させてまで、訴訟手続の安定性を守るという必要性も見出しがたいといえる。

もっとも、近時の有力説は、取下げにより訴訟は終了しているのであり、新たな訴訟手続が進められているわけではないので、たとえ取下げの意思表示について無効ないし取消を認めて、訴訟終了前の状態に復帰させたとしても、訴訟手続の安定性を害することにはならないとする（新堂・三〇七頁、河野・前掲二〇三頁）。しかし、訴えが取り下げられ、訴訟が終

了したことにより、係争物について新たな法律行為がなされることは十分にあり得ることであり、その後になって訴訟終了の効果が否定されれば、その法律行為によって一定の法的地位を取得した者の地位に当然に影響を生じさせることになる（松本・前掲二八八頁）ので、この点を根拠の一つとするのは妥当でない。

さらに、原告に動機の錯誤があったことについて、相手方に認識可能性があったことを錯誤による取下げの無効を認める要件とすること（松本・前掲三一五頁）も、当事者間の利益考量の判断要素という視点から導入されたものと考えられるが、適切ではない。原告の訴え取下げに動機の錯誤がある場合に、取下げの効果を否定し、従前の訴訟を復活させることを許容すべしというのは、訴訟手続における法的安定性を一歩後退させても、そのまま取下げの効力を維持することによって原告が被る不利益を救済し、訴訟の復活という利益を優先させるべしとする価値判断に基づくものである。したがって、こうした判断指針が機能するのは、相手方の認識可能性があったか否かという点を越えて斟酌すべき状況が認められる場合であるとみるべきである。ここで、相手方の認識可能性という要素を適用要件として加えることは、実体法との均衡を図るという価値判断が働いたことによるものと考えられるが、それは、訴え取下げの背景となる事情について、裁判外における和解の成立に伴う取下げの合意という状況を一般化しすぎる嫌いがあり、妥当でない。したがって、取下げの意思表示に法律行為の瑕疵があったときにも、民法の法律行為の瑕疵に関する規定を類推適用して、取下げの効力を否定することができると解するのが相当である。

つぎに、意思表示の瑕疵により取下げの効力を否定することを認めた場合に、取下げにより消滅した訴え提起による時効中断の効力（民法一四九条）の帰趨が問題になる。この点については、取り下げられた訴えに催告としての時効中断の効力を認めて、取下げ後六月以内に無効を主張すれば、訴え提起時の時効中断の効力を享受できるとするのが妥当であろう（新堂・判例三五六頁、兼子・条解・八七七頁〔竹下〕）。つぎに、取下げの意思表示に瑕疵があるという理由でその効力を争うには、いつ

まで主張できるかが問題になる。訴え提起後長年月にわたってから、その効力が争われた場合には、とくに被告の社会生活上の法的安定を害するおそれがあるので、再審期間についての三四二条を類推適用し、詐欺・強迫を知った時から三〇日、訴え取下げ後五年以内と解すべしとする見解がある（新堂・判例三五七頁、松本博之・判タ二六七号八二頁）。現行法の上では妥当な処理といえる。

(2)　同意の意思表示の瑕疵　被告による同意に意思表示の瑕疵がある場合に、原告の訴え取下げに意思表示の瑕疵があった場合と同様に扱ってよいかということが問題になる。訴訟外で和解交渉が進行していて、和解を成立させることを前提として取下げに同意したところ、和解が不成立に終わった場合に、被告の利益を保護すべきではないかという疑問を生じる余地はあり得る。とりわけ、係属中の訴訟について、被告勝訴の見込みがあった場合、あるいは第一審で被告が勝訴し、控訴審係属中であった場合には、係属中の訴訟を復活させることにより被告の利益を保護すべきであるようにも考えられる。しかし、単に見込み違いであったということだけから、ただちに保護することは困難であって、訴え取下げという原告の主導により訴訟を終了させることを制度として確保しているという趣旨に照らすと、取下げの意思表示に瑕疵があった場合と比較して、手厚く保護すべき理由も見出しにくい。したがって、取下げの意思表示に瑕疵があった場合に準じて対処することをもって足りるというべきであろう。

判例は、第一審で敗訴した原告が控訴審係属中に訴えを取下げるについて、被告である被控訴人が本人訴訟であって、控訴審における訴えの取下げにより第一審判決が確定するものと誤信して取下げに同意した場合について、取下げに対する相手方の同意は、裁判所に対する相手方の一方的な意思表示であり、それにより訴訟終了という訴訟法上の効果のみを生じさせる純然たる訴訟行為であるとして、錯誤による無効を主張することはできないとしている（高松地判昭三七・五・八判時三〇二号二七頁）。被告側が本人訴訟であることに照らすと、本件事案の処理として疑問である。

二　訴え取り下げの効力の審理手続

訴え取下げの効力に係る審理は、訴え取下げの合意がなされたにもかかわらず、原告が訴えを取り下げない場合における訴え取下げの合意の有効性をめぐり争いがある場合と、訴え取下げ後に、その効力をめぐり争いがある場合とに大別される。前者については、すでに取り扱ったので（九二三頁参照）、ここでは後者について取り扱うこととする。

訴え取下げの有効性をめぐる争いは、本質的には、訴訟終了の有無に帰着するので、その訴訟手続の中で処理されるべきことである。そうした視点からみると、取下げの無効又は不存在を主張する当事者は、期日指定の申立てによるべきであり、別訴をもって取下げの無効確認を請求することは確認の利益がない。裁判所は、期日指定の申立てに対し、必ず口頭弁論を再開して審理としなければならない。その上で、取下げを有効と認めるときは、訴えの取下げによる訴訟終了判決をすることとなる。これに対し、取下げを無効又は不存在と認めるときは、審理を続行し、中間判決又は終局判決の理由中でその旨を明らかにすべきである。

終局判決後になされた取下げの効力又は被告の同意に関して争いがある場合は、上訴して上訴審で争うべきとする説（兼子・体系二九八頁、新堂・三二三頁、兼子・条解八七九頁〔竹下〕）と、第一審で訴えが取り下げられたときは、たとえ判決言渡し後であっても、その審級の裁判所で審理し、それに対し上訴すれば足りるとする説（菊井＝村松・Ⅱ二二四頁）とがある。訴訟法上はすでにその審級の裁判所を離れているのであり、訴えの取下げか上訴の取下げかが争いの場合もありえることを考慮すると、上訴して原判決の違法を主張すべきものと解する。

第二節　請求の放棄・認諾

第一款　請求の放棄および認諾の構造

一　請求の放棄・認諾の意義

請求の放棄は、原告が、請求に理由のないことをみずから認める旨の、裁判所に対する意思表示をいい、請求の認諾は、被告が原告の請求の全部または一部に理由があることを認める旨の、裁判所に対する意思表示をいう。

当事者の一方が、相手方の主張を全面的に認めて争わない旨の意思表示を訴訟上において陳述している場合には、裁判所はその意思を尊重することが民事紛争の処理の基本原則である当事者主義に合致するのであり、当事者の意思にかかわりなく審理を続行して判決することはむしろ裁判所の役割を越えることとなる。

(1)　請求の放棄および認諾は、当事者の意思表示をそのまま紛争解決内容とすることにより、訴訟を終了させる点で、訴訟上の和解と共通し、紛争解決内容を訴訟手続上まったく確定することなく訴訟を終了させる訴えの取下げと異なっている。

(2)　請求の放棄は、裁判所に対する原告の一方的な意思表示であり、請求の認諾も、被告の一方的な意思表示である。いずれも判決によらないで、当事者の一方のみ行為により訴訟を終了させるのであるから、請求を放棄しあるいは認諾する意思表示の内容は、請求の当否についての相手方の主張を無条件に認めるものでなければならない。この点で、訴訟上の和解が、当事者双方が訴訟物についての主張を譲り合う意思表示の合致により訴訟を終了させ

る行為であるので、請求の当否についての相手方の主張を無条件に認めることを要しないのと異なる。

二　請求の放棄・認諾の性質

請求の放棄および認諾は、裁判所に対する請求の当否について審判を申し立てるのは当事者の意思に委ねられていることに対応して、いったん訴えを提起しても、判決によらずに相手方の主張を全面的に認めて争わないという当事者の意思により訴訟を終了させるものであって、処分権主義の一態様として当事者が有する権能である。したがって、当事者が自由に処分できない請求権については、たとえ相手方の主張をもはや争わないというのが当事者の意思であっても、請求の放棄または認諾により訴訟を終了させることは認められない。

請求を放棄あるいは認諾するにいたる背景には、種々の動機があり、それらを踏まえて問題の所在を捉え、検討することを要する。(1)

(1)　請求の放棄・認諾の背景　いったん訴えを提起しながら、請求を放棄しあるいは認諾するには、いずれも当事者が敗訴判決を受けることを確定的であると判断し、敗訴判決より自己の名誉を保持できると考える場合に採られる対応のようである。請求の放棄は、被告の申立てを履行することが困難な場合（最判(一小)平成六・二・一〇民集四八巻二号三八八頁は、離婚請求に対し、被告から請求棄却とともに、予備的に財産分与を申立てられ、原告がそれを履行することは困難と判断した場合である。）などに見られる。請求の認諾は、原告の請求を争うことにより、①被告として、かえって高度の機密に係わる証拠を提出する事態に追い込まれるおそれが予見されることから請求金額をも考慮し、請求を認諾する場合、②さらに立ち入った事実を法廷で明らかにされるおそれが予見されることから、請求を認諾する場合等があり、とくに、国家賠償請求に見られるようである。また、③請求を争い、訴訟を長く係属した状況に置くことにより、かえって被告の信用を一層失墜させることになる恐れがあると認められる場合なども該当する。また、請求の認諾・放棄は、訴訟脱退者に対して判決効が及ぶことの法的理論構成として用いられることがある（兼子・体系四一七頁。『注釈民事訴訟法(2)』（有斐閣、平成四年）二二九頁〔池田辰夫〕、井上治典「訴訟脱退と判決」判タ三二〇号（昭和五〇年）『多数当事者訴訟の法理』（弘文堂、昭和五六年）二四一頁参照。本書六七一頁参照）。

第二款　請求の放棄・認諾の要件

(1)　請求の処分可能性　請求の放棄および認諾は、請求が当事者の自由に処分できる権利であることを要する。一般的には、身分関係を維持する請求の法規は許される（離婚請求につき（最判（一小）平成六・二・一〇民集四八巻二号三八八頁、婚姻無効確認、婚姻取消請求）が、身分関係を新らたに形成する請求の放棄は認められない（例えば、認知請求）。これに対し、請求の認諾は、婚姻事件、養子縁組事件、親子関係事件については認められない（人訴一〇条、民訴二六六条、人訴二六条・三二条一項）。また、会社決議関係訴訟も、対世効を生じるので、請求の放棄は認められるが、認諾は認められない。

(2)　請求の特定性　請求の放棄および認諾は、訴訟物の全部又は一部を対象とするとともに、その対象となる請求を特定できることを要する。

(3)　請求の合法性　請求の認諾は、その対象となる請求が法律上許される権利であることを要する（実体法上許されない物権を設定する請求、強行法規あるいは公序良俗に反する請求等でないこと）。

(4)　訴訟要件の具備　判例は、確認の利益の認められない請求の認諾を否定し（文書の偽造確認につき、最判（一小）昭二八・一〇・一五民集七巻一〇号一〇八三頁、相続無効確認につき、最判（二小）昭三〇・九・三〇民集九巻一〇号一四九一頁）、通説も同様の立場を採る（兼子・体系三〇一頁、三ケ月・全集四三七頁）。これに対し、近時、訴訟要件一般の具備を不要とし（河野正憲「請求認諾について」九大法学二四号（昭和四七年）（同『当事者行為の法的構造』（弘文堂、昭和六三年）一二七頁）、あるいは被告の利益保護や紛争解決の実効性を確保するための訴訟要件は必要でないとする見解（新堂・三一七頁。中野貞一郎「請求認諾の要件と効力」判タ八一四号（平成五年）（同『民事訴訟法の論点Ⅰ』（判例タイムズ社、平成六年）一九八頁以下も同趣旨の考え方をする。）がある。しかし、請求の放棄は請求棄却、認諾は請求認容の本案判決とそれぞれ同様の効力を生じるので、訴訟要件を具備することを要すると解する。

(5)　訴訟能力・代理権の具備　請求の放棄および認諾をするには、訴訟能力があることを要する。法定代理人・

訴訟代理人については、特別の授権または委任を受けていることを要する（三二条二項一号、五五条二項二号）。

第三款　請求の放棄・認諾の手続

(1)　放棄・認諾の方式　請求の放棄および認諾の意思表示は、口頭弁論等の期日において口頭の陳述によって行う（二六六条）。進行協議期日（規九五条以下）においても、行うことができる（規九五条二項）。ただし、電話会議の方法によった当事者はできない（規九六条三項）。いずれも裁判所に対し、意思表示をすれば足りるので、相手方が期日に欠席した場合でも、差し支えない。請求の放棄調書は請求棄却の確定判決に代わる効力を有するので、既判力の双面性により、被告の不利益に作用することもありえるので、請求の放棄は被告が請求棄却の陳述をする以前には、一方的にできないとする見解がある（兼子一「確定判決後の残額請求」『法学新報五十周年記念論文集第二部』（昭和一五年）〔同・研究一巻三九四頁注2〕）。示唆に富む考え方ではあるが、請求の放棄を認めることによる内在的な性質のものであり、また法的根拠もなく、疑問である。

放棄および認諾の意思表示は、原則として現実に行うことを要する。被告が、口頭弁論等の期日に欠席し、かつ答弁書も提出しなかったとしても、そのことだけからただちに認諾を擬制することはできない。もっとも、口頭弁論等の期日に欠席しても、それ以前に請求を放棄または認諾する旨を記載した書面を提出していれば、放棄・認諾の陳述が擬制される（二六六条二項）。

(2)　放棄・認諾の時期　請求の放棄および認諾は、終局判決言渡し後でも判決確定前までならばできると解するのが相当である。上告審でもできる。終局判決後でも、訴えを取り下げることができるのと同様に、裁判所は、当事者が判決によらないで訴訟を終結させようとする意思を有するならば、それを尊重すべきだからである。したがって、終局判決後であっても、放棄または認諾のために期日指定の申し立てがあったときは、裁判所はこれに応

じるべきである。

(3) 放棄・認諾の調書への記載　請求を放棄または認諾する旨の陳述がなされた場合は、口頭弁論等の期日における受訴裁判所または受命裁判官は、それぞれの要件を具備しているかについて調査し、具備していると認めるときは、裁判所書記官にその陳述を調書に記載させる（規六七条一項一号）。要件を具備していると認められないときは、そのまま審理を続行させるか、当事者間に争いがあれば、中間判決をもって裁判所の判断を明らかにするのが相当である。

請求の放棄または認諾は、裁判所書記官が調書に記載することにより、有効に成立するので、裁判官が書記官に調書へ記載することを命ずるまで、当事者は放棄または認諾の意思表示を撤回することができる。

第四款　請求の放棄・認諾の効力

請求を放棄または認諾する旨の陳述を調書に記載すると、確定判決と同一の効力を生じる（二六七条）。

(1) 訴訟の終了　請求を放棄または認諾した限りにおいて、訴訟は当然に終了する。

(イ) 訴訟費用の負担は、申立てにより、第一審裁判所が決定手続で裁判し、その裁判所の裁判所書記官が負担額を定める（七三条一項）。申立ては、書面によらなければならない（規二四条一項）。訴訟費用の負担の点では、放棄または認諾した者は、原則として敗訴者と同視される（七三条二項・六一条）。

(ロ) 上級審で、放棄または認諾をしたときは、上訴の対象となっている下級審の判決はその限度において効力を失う（大判昭一二・一二・二四民集一六巻二〇四五頁）。

(ハ) 請求の放棄または認諾がなされたのに誤って判決がなされたときは、これに対する上訴によって、原判決を

取り消し、放棄または認諾によって訴訟は終了した旨の判決を求めることができると解するのが相当である。

(2)　執行力および形成力　認諾調書は、請求認容の確定判決と同視されるから、給付請求についての認諾調書は、執行力を生じ（民執二二条七号）、形成請求については、形成力を生じる。

(3)　既判力　請求の放棄および認諾は、当事者の意思表示をそのまま紛争解決内容とするとともに、それにより訴訟を終了させることを本質的な特徴とする。いずれも、裁判所の判断を直接に紛争解決内容とはしないが、当事者が訴訟上において相手方の主張を認める旨の意思表示をし、裁判所が放棄または認諾の要件を具備していることを判断することにより、当事者の意思表示に公権的効力を生じさせるものである。その点で、訴訟上の和解と共通した性質を有する。そのことから、裁判所の公権的判断によらないことに着目し、既判力を否定する見解（岩松三郎「民事裁判における判断の限界」法曹時報三巻一一号（昭和二六年）〔同『民事裁判の研究』（弘文堂、昭和三六年）九九頁以下〕、新堂・三二九頁、河野正憲・前掲当事者行為の法的構造二四二頁以下、兼子・条解七一二頁〔竹下〕）、意思表示の瑕疵による無効・取消の主張を認める制限的既判力説（松本博之「請求の放棄・認諾と意思の瑕疵」大阪市立大学法学雑誌三一巻一号（昭和五九年）一七三頁、中野貞一郎「請求認諾と訴訟要件・既判力」判タ八一四号（平成五年）〔同『民事訴訟法の論点Ⅰ』（判例タイムズ社、平成六年）二〇二頁〕）。しかし、放棄調書および認諾調書は、確定判決と同一の効力を生じるので、既判力を有すると解するのが相当である（兼子・体系三〇三頁、小山・四三九頁、三ケ月・全集四三九頁）。

放棄調書および認諾調書に既判力を認めることにより、その意思表示に瑕疵があったときには、それが再審事由に該当する場合に限り、その効力を争うことができることとなる。もっとも、既判力を認めることは、その効力を争う方法を再審の訴えに限定するものではない。再審の訴えは、裁判所の確定判決という公権力に基づく判断を取り消しを求めるとともに、新たな審判を申し立てることに本質的な存在意義がある。したがって、判決以外に当事者の意思という事由により訴訟を終結させる場合に、裁判所の公権力に基づく紛争解決内容の判断がないことをもって既判力を否定する根拠とはならないことはもとより、その効力を争う方法を再審の訴えに限定する決め手と

もならない。

第三節　訴訟上の和解

第一款　訴訟上の和解の構造

一　訴訟上の和解の意義

訴訟上の和解は、訴訟係属中に当事者双方が訴訟物についての主張を互いに譲り合って訴訟を終結させる旨の、口頭弁論等の期日における合意をいう。

(1)　訴訟係属中に当事者双方が訴訟物についての主張を互いに譲り合って訴訟を終結させる旨の合意を、口頭弁論等の期日において行うことを要する。訴訟係属中であっても、期日外において係争事件について和解する旨を内容とする合意は、私法上の和解契約（民六九五条）に止まり、訴訟上の和解とはいえない（口頭弁論等の期日において、当事者間であらためてその和解契約を内容とする合意をすれば、訴訟上の和解として成立する。）。簡易裁判所における起訴前の和解（二七五条）は訴訟係属を前提としていないので、訴訟上の和解ではないが、裁判所の面前における和解であることから、訴訟上の和解と同一の効力を有する（即決和解ともいう。）。訴訟上の和解と起訴前の和解を合わせて裁判上の和解という。

(2)　訴訟物に関する主張を当事者双方が互いに譲り合うことを要する。相手方の主張を全部認める旨の陳述は、請求の放棄または認諾である。もっとも、譲り合う程度は問わない。たとえ相手方の主張を全面的に認めても、それとともに新たな法律関係を形成し、設定する旨合意する場合は、和解といえる。訴訟物以外の事項を取り入れ、

あるいは新たな法律関係を形成し、設定することもできる。

(3)　和解は訴訟当事者間において合意されることを要するが、第三者が和解に加入することもできる(1)。この場合、第三者は係属中の訴訟にいったん補助参加した上で和解に加入する場合と、直接加入する場合とがある(2)（和解に当事者として関わり義務を負担した者がそれを履行しなかった場合における対応に差異を生じる。九七二頁参照）。第三者が和解条項のうち特定の事項に限定して参加することも認められる。

（1）　第三者の和解への加入と外国法　ドイツ民事訴訟法七九四条一項一号は、「当事者間又は当事者と第三者との間で争訟を解決するためにその全範囲について又は訴訟物の一部に関してドイツの裁判所において締結された和解又はラント司法行政庁が設置又は認可した和解所において締結された和解並びに一一八条一項三文又は四九二条三項に従い裁判官の調書に記載された和解」が債務名義となる旨を定め（民事訴訟法典現代語化研究会編『各国民事訴訟法参照条文』（信山社、平成七年）三四三頁〔春日偉知郎訳〕）、第三者が和解に加入することを認めている。

（2）　第三者の和解への加入手続　第三者が直接加入する場合について、通説は、当事者と加入者との関係を起訴前の和解に準じたものが混合するものとみる（兼子・体系三〇五頁、三ヶ月・全集四四二頁、新堂・三二四頁）が、第三者の訴訟当事者としての加入と解すべきである（岩松三郎＝兼子一編『法律実務講座民事訴訟編三巻』（有斐閣、昭和三四年）一一一頁、石川明『訴訟上の和解の研究』（慶應義塾大学法学研究会、昭和四一年）八六頁、『注釈民事訴訟法（4）』（有斐閣、平成九年）〔山本和彦〕四七九頁）。

二　訴訟上の和解の性質

訴訟上の和解の法的性質については、見解が対立し、大別してつぎの四つに分けることができる。

(1)　私法行為説　訴訟上の和解は、訴訟物に関する私法上の和解であり、それがたまたま訴訟期日になされるに止まり、和解調書はこれを公認するためのものにすぎないとする（石川明「訴訟上の和解の法的性質」法学研究三八巻四号（昭和四〇年）〔同・前掲書三～二五頁〕。新堂・三三〇頁は、しいていえば私法行為説が妥当であるが、性質論は実益がないとする。）。この見解は、和解が訴訟上においてなされることが反映されず、確定判決と同一の効力を生じることの根拠がなくなり、その結果として訴訟上の和解を否定するに等しく、また訴訟能力を要する根拠がなく

なる。

(2)　訴訟行為説　両当事者が私法上の和解によって成立した法律関係の存在を一致して裁判所に対して陳述する合同訴訟行為であるとし、私法上の和解契約があるとしても、それは訴訟上の和解の陳述内容を定める前提に過ぎず、訴訟上の和解を構成するものではないとする（兼子「訴訟に関する合意について」法協五三巻一二号（昭和一〇年）（同・研究一巻二四四頁）、同・体系三〇六頁、三ケ月・全集四四六頁、同・双書五一四頁、小山・四四一頁）。その要件・方式・効力などすべて訴訟法により律せられるべきものであり、訴訟法が事物の性質上民法の規定を準用することがありうるという（小山・四四一頁）。両当事者による裁判所に対する陳述の面に重点が置かれていて、互譲による紛争解決という訴訟上の和解のもっとも重要な要素が見落とされている。和解を時系列的に捉えて法的性質決定を導くのは、裁判外において合意したのを訴訟上の和解という形式を整える場合の説明としては成立する余地もあろうが、訴訟上の和解の一般的な場合についての性質決定としては、技巧的に過ぎるきらいがある。

(3)　併存説　現象的には一個の行為と見られるが、本来は訴訟終了を目的とする訴訟上の合意と私法上の和解契約とが併存し、前者については訴訟法の規律を、後者については実体法の規律を受け、その有効性は別個に判断されるべきであるとする（兼子・条解七一五頁〔竹下〕、『注釈民事訴訟法(4)』〔山本和彦〕四七九頁）。訴訟の終了の合意と和解とは一体となって形成されることが反映されてなく、本質的には訴訟行為説と同様のことを指摘できる。

(4)　両性説　訴訟上の和解は、私法行為と訴訟行為の双方の性質を有する密接不可分の一個の行為であるとする（加藤正治『改訂民事訴訟法要論』（有斐閣、昭和二五年）二九九頁、中村英郎「裁判上の和解」『民事訴訟法講座三巻』（有斐閣、昭和三〇年）八二八頁（同『訴訟および司法制度の研究』（成文堂、昭和五一年）一二頁））。

(5)　検　討　訴訟上の和解の性質について、無効の主張の可否およびその主張方法という実際的な問題と密接に関連する問題であるとして、積極的意義を認める立場（三ケ月・全集四四五頁、同・双書五一四頁）と実益がないとする立場（新堂・三三〇頁）とがある。訴訟上の和解は、訴訟係属中に当事者双方が訴訟物についての主張を互いに譲り合って訴訟を終結させる

旨の、口頭弁論等の期日における合意をいう。ここでは、紛争を解決する旨の合意と訴訟を終了させる旨の合意とから構成され、両者の合意が揃ってはじめて訴訟上の和解が成立する点で密接不可分であるところに特徴がある。また、いずれも当事者間の合意であって、前者の合意が当事者間の合意であり、後者の合意は裁判所に向けられた合意であるというわけではない。実体法と訴訟法の要件を具備していることを要し、私法行為と訴訟行為の双方の性質を有する密接不可分の一個の行為であり、双方の規律を受ける行為である。訴訟上の和解の実像と機能にもっとも対応しているとともに、当事者の意思にも合致している点で、両性説を妥当と考える。もっとも、裁判外において和解が実質的に成立し、その合意を形式上訴訟上の和解として成立させるにいたるという場合もある。この場合は、裁判外の和解という私法行為と、それを前提とする私法行為と訴訟行為の双方の性質を有する訴訟上の和解が存在するとみるのが妥当である。このように両性説は、訴訟上の和解が成立するにいたる事情、内容が多様であり、個別具体的事案に即した特質を適切に示ししていているといえる。

三　和解の位置付けと機能

一般に、訴訟を提起するのは、自己の権利を保護することを基本的な目的とするが、そのための訴訟の完結形態として、判決の取得によることを望む場合、判決か訴訟上の和解かは問わない場合、訴訟上の和解によることを意図する場合とがあり得る。訴え提起後に、審理が進行するにつれて、訴えを提起した当初に意図したところとは異なる方向に展開し始め、そのため別の完結形態をむしろ望む場合もある。これに対し、裁判所も、はじめに事案の概要を把握することにより、判決かあるいは和解かの方向性についておおよその構想を持ちつつ、和解の可能性を探りながら審理を進めていくうちに、判決か和解かの分岐点にさしかかり決断する場合、当初から和解によるのを妥当と判断し和解に向けて審理を進める場合などがあろう。いずれの場合も、和解の成立により完結する場合と、

最後まで和解を試みながら、判決に至る場合とがあり得る。もっとも、当初から、判決によるべきか和解によるべきかと一義的に識別する場合もまったくないわけではないようである。

そのようにみると、訴訟は判決によって決着をつけるのが本筋であるともいえないし、民事紛争はたとえ訴訟が提起されても、訴訟上の和解又は裁判外の和解によって解決を図るのが私的自治の原則に照らし、本来の在り方であると断定することも適切ではない。その上で、訴訟上の和解を機能面からみると、訴訟物についての紛争を解決する機能、訴訟物の背後にある紛争の実態を直接解決する機能、将来の紛争の発生を予防する機能を認めることができる。(1)

(1) 和解の機能とその背景　たとえば、工業所有権侵害訴訟は、損害賠償請求ないし製造販売差止請求という請求の趣旨にかかわらず、原告は必ずしもその点に主たる意図があるのではなく、専用実施権の設定又は通常実施権の許諾による解決を図ることを望むことも少なくないので、和解による解決になじむ色彩の濃い訴訟の面がある（清永利亮＝安倉孝弘＝塩月秀平＝小松一雄『工業所有権関係民事事件の処理に関する諸問題』司法研究報告書四一輯一号（司法研修所・平成七年）一九六頁参照）。また、閉鎖会社の内部紛争は、株主総会決議不存在確認請求訴訟として提起されることが多く、判決を行おうとすると、裁判所は、原則として会社法の規定に則うことになり、紛争をかえって拡大するおそれがあるので、和解をすすめることになるようである。また、当事者自身何らかの形で訴訟を提起しても、はじめから和解にもっていくことを意図している場合が多いという（宍戸善一「閉鎖会社における内部紛争の解決と経済的公正（一）」法協一〇一巻四号（昭和五九年）五四五、五四九頁注(25)）。さらに、閉鎖会社の紛争において、総会決議の瑕疵を争う訴えにおける訴訟上の和解が、少数株主に投下資本回収方法を提供しているという（宍戸・前掲五五一頁、五五二頁注(1)）。また、合名会社における業務執行が多数派社員によって不公正かつ利己的に行われ、その結果少数派社員がいわれのない恒常的な不利益を被っている場合に、少数派社員がその状態を打開するのに、退社して持分払戻請求するよりも会社解散請求することが有利であると考え、最終的には持分払戻で決着をつけるつもりであっても、解散請求の主張をした上で、有利な和解交渉に持ち込みたいという交渉技術を採ることが考えられるという（江頭憲治郎・法協一〇四巻一二号一八二四頁参照）。

第二款　訴訟上の和解の要件

(1) 請求の処分可能性　和解は、請求が当事者の自由に処分できる権利であることを要する。[1]

(2) 請求の特定性　和解は、訴訟物の全部又は一部を対象とするとともに、その対象となる請求を特定できることを要する。

(3) 内容の合法性　和解は、その内容となる権利義務が法律上許されるものであることを要する（実体法上許されない物権を設定する合意、強行法規あるいは公序良俗に反する合意等は認められない。）。

(4) 訴訟要件の具備　通説は確定判決と同一の効力を生じるさせるために、当事者の実在、専属管轄に反しないことを要するものの、起訴前の和解が認められていることから、訴訟要件一般を具備することを要しないとする（兼子・体系三〇七頁、三ケ月・全集四四六頁、新堂三二四頁）。和解調書は、既判力、執行力を生じるので、請求についても訴訟要件を具備することを要すると解するのが相当である（小山・四四二頁）。当事者が実在することを要するのはもとより、[2]必要的共同訴訟においては、共同訴訟人とすべき者全員が和解の当事者となることを要する。

(5) 訴訟能力があることを要する。また法定代理人・訴訟代理人については、特別の授権または委任を受けていることを要する（三二条二項一号、五五条二項二号）[3][4]。さらに、和解をするにつき、裁判所が第三者にその内容を通知することを要する場合がある（株主代表訴訟における会社への通知につき、商二六八条六項）。

（1）　訴訟類型と和解　詐害行為取消訴訟において、訴訟上の和解によって、債権者と被告受益者との間で相対的解決を図ることは可能であり、債権者代位訴訟においても、原告と被告第三債務者との間で同様の解決を図ることができる。もっとも、後者については、債務者を加入させて三当事者間で訴訟上の和解をすることが妥当である（取立訴訟につき、山口繁「差し押さえた債権の取立てと転付」竹下守夫＝鈴木正裕編『民事執行法

の基本構造」（西神田編集室、昭和五六年）四七三頁）。株主代表訴訟において訴訟上の和解ができるかについては、議論があった（竹内昭夫「株主の代表訴訟」『法協百年記念第三巻』（有斐閣、昭和五八年）（同『会社法の理論Ⅲ』（有斐閣、平成二年）二六五頁）、池田辰夫「株主代表訴訟における和解」小林秀之＝近藤光男編『株主代表訴訟大系』（弘文堂、平成八年）二三〇頁、前田雅弘「株主代表訴訟と和解」法学論叢一三四巻五・六合併号（平成六年）二六六頁等参照）が、和解の事例が積み重ねられ（岩原紳作「株主代表訴訟」ジュリ一二〇六号（平成一三年）一二三頁）、それを肯定する立場を前提とする規定が商法の一部改正（平成一三年法律第一四九号）によって設けられるところとなった（商二六八条五項六項）。今後は、株主代表訴訟における訴訟上の和解の手続について問題の所在の把握と公正な手続の確保を図る立法の手当に努める必要がある（岩原・前掲一二三頁）。会社関係訴訟のうち原告の請求を認容する判決が対世的効力（商一〇九条一項）を有する訴訟については、同様の内容の和解は認められず、たとえ和解が成立しても、裁判所が登記嘱託をすることはできない。

（2）死者を当事者とする和解　訴訟係属中の和解成立前に当事者が死亡していたところ、死者名義で和解が成立した場合は、和解を無効とするのではなく、本来の承継に準じて相続人への承継執行文の付与（民執二七条二項）によるのが相当である。

（3）訴訟代理権と和解　訴訟代理人については、現在では特別委任事項を含む委任状として定型文書が通常使用されているので、委任自体の有無が争いとなることはまれであるが、一部においてはいまだに定型文書を使用していないので、委任事項の表現が不明確であることから、委任の有無をめぐる争いを生じることがある。定型文書を使用している場合でも、和解は互いに譲り合うことを要素とするので、和解内容によっては、代理権の範囲をめぐって委任者と受任者である弁護士との間で争いを生じることがある。和解は、内容について相手方と交渉しあるいは裁判所と議論できるが、裁定和解（二六五条）はその余地がなく性格が異なるので、裁定和解の申立てについては、一般の和解とは別に特別の委任を要すると解する（高橋宏志「書面和解と裁判官仲裁」判タ九四二号（平成九年）四九頁（同『新民事訴訟法論考』（信山社、平成一〇年）一八九頁））。

（4）訴訟上の和解の代理権限の最大範囲　訴訟代理人の和解権限は、当事者が不測の不利益を生じるのを回避するため、その訴訟の訴訟物たる権利関係にのみ生じるのを原則とし、その範囲は訴訟物についての紛争を互譲により解決するために通常の取引通念に照らし予測可能性の範囲に及ぶと解するのが相当である（同旨、竹下守夫・法協八二巻一号一四一頁、吉戒修一「和解調書作成上の問題点」後藤勇＝藤田耕三編『訴訟上の和解の理論と実務』（西神田編集室、昭和六二年）四六三頁。紛争解決目的という視点の有用性に着目して同様の見解を採るものとして、加藤新太郎「和解における弁護士の権限と役割」三ケ月章先生古稀祝賀『民事手続法学の革新（上巻）』（有斐閣、平成三年）二八五頁（同『弁護士役割論（新版）』（弘文堂、平成一二年）三一〇頁））。当事者が不測の不利益を被った場合に、本人が的確な訴訟代理人を選任しなかったことに起因するものとして、すべてをその責めに帰するのは妥当でない。もっとも、訴訟代理人の和解権限の範囲をめぐる紛争が生じるのをあらかじめ回避するために、裁判所は、和解の成立に際して、当事者の意思を確認するために当事者または法定代理人に対し、口頭弁論等の期日に出頭を命ずることを励行すべきである（規三二条一項）。これに対し、訴訟物以外の権利関係を含めて和解をする場合はもとより、訴訟物たる権利

関係についての譲歩であっても、金銭の給付に代えて物の給付を約したり、特定物の給付に代わる他の給付を約したりするには、訴訟物それ自体の譲歩ではないから特別授権を要し、物の給付に代えて金銭の給付を約するのは最も一般的手段であるから特別授権を要しないとする見解がある（石川明『訴訟上の和解の研究』二四五頁）。訴訟物についての譲歩は和解の要件であるから、和解の権限が訴訟代理人に与えられていれば足りるが、訴訟物以外の権利関係を内容とする場合には、本人の意思を確認することを要すると解する（垣内秀介「訴訟上の和解と訴訟代理権の範囲」新堂幸司先生古稀祝賀『民事訴訟法理論の新たな構築・上巻』（有斐閣、平成一三年）四四四頁）。相手方にも容易に識別できるので法的安定性を害するおそれもないといえる。

第三款　訴訟上の和解の手続

(1) 口頭弁論等の期日における当事者双方の口頭による陳述　口頭弁論等の期日において、当事者双方が口頭で陳述することを要する（ただし、電話会議の方法による弁論準備手続において、和解をすることはできない、一七〇条五項。進行協議期日で和解をすることは予定されていない（規九五条二項）。）。特に、控訴審では、口頭弁論を終結するとともに、その後の和解期日を指定することが少なくないが、法的には差し支えない（九九六頁参照）。

(2) 和解条項案の書面による受諾　当事者が遠隔地に居住していることその他の事由により出頭することが困難であると認められる場合において、その当事者があらかじめ裁判所又は受命裁判官若しくは受託裁判官から提示された和解条項案を受諾する旨の書面を提出し、他の当事者が口頭弁論等の期日に出頭してその和解条項を受諾したとき、当事者間に和解が調ったものとみなされる（二六四条）。両当事者による和解の合意を確認できるにもかかわらず、一方当事者の不出頭だけの理由で和解を成立できないのは不合理なので、当事者の出頭の要件を緩和し、和解の成立要件の特則を定めたものである[(1)]。当事者間に和解が調ったとみなされたときは、裁判所書記官はその和解内容を調書に記載しなければならない（規一六三条三項前段）。この場合に、裁判所書記官は、受諾書面を提出した当事者に対し、遅滞なく和解が調ったものとみなされた旨を通知しなければならない（規一六三条三項後段）。

(1) 家事調停事件のうち多数当事者の関与する遺産分割調停事件について調停の成立を容易にするために調停条項案の書面による受諾の制度が設けられていて(家審二一条の二。その制定趣旨については、三宅弘人＝浦野雄幸＝南新吾＝伊藤滋夫「民事調停法及び家事審判法の一部を改正する法律の解説(四・完)」家裁月報二七巻七号(昭和五〇年)二四頁以下参照)、特別の不都合も生じていないことから、これにならって設けたものである。

(イ) 当事者が遠隔の地に居住していることその他の事由により出頭することが困難であると認められる場合であること　出頭が困難か否かは、当事者本人のみならず、訴訟代理人を基準に判断することもできる。当事者が訴訟代理人に和解権限を授与している場合には、当事者の出頭を要しないこと、本条は当事者が和解の意思を有するときにはできるだけ和解の成立を認める趣旨により設けられた規定であることに照らし、訴訟代理人を基準としても、和解の意思が調っている本人の利益を害するおそれはなく、むしろその意思に適うからである。「遠隔の地」か否かは、当事者が期日に出頭するのに要する時間、費用その他の事情を考慮して判断すべきである。「その他の事由」とは、長期にわたる病気・入院、身体障害、年齢等、客観的に出頭が困難と認められる場合をいう。

(ロ) 不出頭当事者があらかじめ裁判所等から提示された和解条項案を受諾する旨の書面を提出していること　裁判所等が和解条項案を提示するときは、書面に記載し、二六四条に規定する効果を付記しなければならない(規一六三条一項)。和解条項案は、一個でかつ一義的な内容であることを要し、幅を設けた案を提示することは許されない。書面は、当事者に直接送付して提示することによるほか、訴訟代理人の事務所に送付しても差し支えないと解する。二六四条にいう出頭の困難の有無は訴訟代理人も判断の基準に含まれるので、訴訟代理人の事務所に送付しても差し支えないと解する。裁判所等は、提示した和解案について、その後相当でないと認めたときは、出頭当事者の口頭による受諾があるまで、和解案を撤回しあるいは修正することもできると解する。

不出頭の当事者から受諾する旨の書面の提出があったときは、裁判所等は、その書面を提出した当事者の真意を

確認しなければならない（規一六三条二項）。不出頭の当事者の真意に基づかない和解の成立を防止するために、裁判所等にその真意を確認することを義務づける規定を設けたものである。真意を確認する方法は、裁判所等が個別事案に即して相当と認める方法を採ることができると解する。

(ハ)　期日等に出頭した当事者が和解条項案を受諾したこと　裁判所等は、期日等に出頭が予定される当事者にも、あらかじめ同一の和解条項案を提示しておくことを要すると解する。その当事者が期日等に出頭しなかったときは、和解は成立しない。当事者の一方が不出頭で、利害関係人が出頭しているときに、出頭した他方の当事者が和解案を受諾しても、利害関係人を加入させてこの制度による和解の成立を認めることは、あらかじめ和解条項案が利害関係人を加入させた内容である場合を除き、不出頭の当事者の利益を害する恐れがあるので、許されないと解する。

(3)　裁判所等が定める和解条項　裁判所又は受命裁判官若しくは受託裁判官は当事者の共同の申立てがあるときは、事件の解決のために適当な和解条項を定めることができる（二六五条一項）(2)。当事者双方に和解の意思があり、交渉を重ねたにもかかわらず合意に至らないので、みずから進んで裁判所等に調整的な視点から事件の解決を求める場合に、裁判所等が最終的な和解条項を定めることを認めたものである(3)。その実質的特徴に着目して、裁定和解、仲裁的和解あるいは裁判所仲裁と呼ばれる。裁定和解は、当事者が審理の経過に照らし、裁判所等を信頼してはじめて、事件の解決のための和解条項による裁定を託することにより成り立つ制度である。裁判所等が、当事者に裁定和解を強要することは許されないし、当事者に裁定和解を打診したり、示唆したりすることも立法趣旨に反する。

(イ)　当事者双方が共同して申し立てること　ここにいう申立ては、裁判所等に対し和解条項による裁定を求める旨の訴訟行為である。申立てに、条件を付することは、許されない。申立ては、書面ですることを要し、その書

面には裁判所等が定める和解条項に服する旨を記載しなければならない（同条二項）。当事者は、告知前に限り、相手方の同意なしに申立てを取り下げることができる（同条四項）。当事者双方の申立てがあっても、裁判所等が裁定による和解を適当でないと判断するときは、申立ての却下決定をすべきものと解するのが相当である。当事者双方とともに利害関係人が共同して申立てをすることも、許される。その場合に、利害関係人は、あらかじめ補助参加していることを要する。利害関係人が補助参加していない場合（起訴前の和解では認められない（二七五条四項）。）、あるいは補助参加しても、申立てに加わっていない場合に、利害関係人を加えた和解条項を定めることはできない。

(ロ) 裁判所等が事件の解決のため適当な和解条項を定めること　和解条項には、判断理由を付することは法的には必要でなく、その点で、仲裁判断と異なる。しかし、この制度が立法趣旨に即して健全な形態で定着する基盤を形成するためには、判断理由を付する運用を図ることが求められる。裁判所等が和解条項を定めるには、口頭弁論等の期日における告知、その他相当と認める方法による告知によってする（同条三項）。また、あらかじめ当事者の意見を聴かなければならない（規一六四条一項）。ここにいう意見の聴取は、仲裁手続きにおける審尋（公催仲裁七九四条一項）と異なり、期日又は期日外のいずれで行ってもよい。和解条項は、当事者双方の実情に即した公平、妥当な内容であれば足り、必ずしも法規範に従う必要はない。告知が当事者双方にされたときは、当事者間に和解が調ったものとみなされる（二六五条五項）。

（2） 地代借賃増減調停事件、商事調停事件及び鉱害調停事件について設けられている調停委員会が定める調停条項制度（民調二四条の三・三一条・三三条）にならったものである。また、フランス法に、裁判所を衡平仲裁人（amiable composer）とする類似の裁判官仲裁の制度がある（民訴一二条五項。小山昇「裁判官仲裁と司法権の変容」北大法学論集三六巻一・二号（昭和六〇年）（同著作集六巻四五一頁以下）参照）。

（3） 裁定和解について、和解成立の機会を増大させる制度として活用が期待されるという前向きの評価（新堂・三二五頁）と、時間を掛けない審理・和解協議を助長する危険があること、通常の和解勧試では裁判官から提示された和解内容について当事者側が議論

し、反対することもできるが、裁判官が自己に一任することを求めてくるのを当事者側が反対するのは困難であること等の理由から懐疑的な評価（高橋宏志「書面和解と裁判官仲裁」判タ九四二号（平成九年）四八頁〔同『新民事訴訟法論考』（信山社、平成一〇年）一八七頁〕）とがある。当事者双方の和解交渉がある程度歩み寄ってきたと認められる場合に、裁判所が当事者の了解を採った上で、確定的な和解条項を定める実務上の事例、東京スモン訴訟において、東京地裁が職権による和解勧告を行い、その上で詳細な所見を付した和解条項案を提示し、注目された事例（東京地裁昭五二・一・一七民事三四部提示・判時八三八号二九頁、同地裁昭五二・三・二二民事三四部提示・判時八四六号四八頁）等比較的肯定的に評価された前例を踏まえて、これを法制化したものとみることもできる。私見のように解することが本来の立法趣旨であり、それを前提としてはじめて前者の評価が可能であり、これを誤ると後者のような懸念が現実化することが予想される。

第四款　訴訟上の和解の効果

和解を調書に記載すると、その記載は確定判決と同一の効力を生じる（二六七条）。

(1)　訴訟の終了　訴訟上の和解が成立した限りにおいて、訴訟は当然に終了する。和解の費用又は訴訟費用の負担について、和解の内容として特別の定めをしなかったときは、その費用は各自が負担する（六八条）。和解でその負担の割合だけ定め、額を定めなかったときは、申し立てにより、第一審裁判所（二七五条の和解にあっては和解が成立した裁判所）の裁判所書記官が定める（七二条）。

(2)　執行力　和解調書の記載が給付義務を内容とするときは、執行力を有し、債務名義となる（民執二二条七号）。給付の目的に制限はなく、債務者の執行認諾の意思表示が記載されていることは要しないが、私法上の給付請求権が直接かつ具体的に特定されているとともに、給付の意思が明確に表示されていることを要する（和解調書の執行力一般について、三宅弘人「和解調書の執行力」後藤勇＝藤田耕三編『訴訟上の和解の理論と実務』（西神田編集室、昭和六二年）五〇三頁以下参照）。登記義務等意思表示を目的とする債務を記載する和解調書は、広義の執行である登記手続をする効力がある（民執一七三条一項）。

(イ)　執行力の根拠　和解調書が執行力を有する根拠は、裁判所の関与の下に当事者の確実な認識により形成された債権者の債務者に対する実体法上の給付請求権の存在と内容について、公証機関による証明と、それを作成するに至る手続に債権者と債務者が主体的に関与し、右給付請求権の存在と内容について確実に認識した上で形成されたという手続保障とにある（竹下守夫「強制執行の正当性の保障と執行文の役割」小室直人・小山昇先生還暦記念『裁判と上訴(下)』(有斐閣、昭和五五年)三三五頁〔同『民事執行における実体法と手続法』(有斐閣、平成二年)一七五頁〕、吉村徳重「執行力の主観的範囲と執行文―承継執行の構造と許容根拠」竹下守夫＝鈴木正裕編『民事執行法の基本構造』(西神田編集室、昭和五六年)一五六頁）。

(ロ)　執行力の範囲　和解調書の執行力は、当事者である債権者、債務者およびその補助者に及ぶことはもとより、和解に加入した第三者にも及ぶ。(1) また、和解成立後の当事者の承継人にも及ぶ(2)（民執二三条一項三号）。

(1)　和解に加入しなかった第三者に一定の給付をする旨の和解条項は、第三者のための契約として効力を有し、第三者が受益の意思表示をすることにより請求権を取得するのであり、執行力が右の第三者に拡張されるわけではない。

(2)　和解調書では、給付義務を定めるのに、通常根拠とする請求権を明示しないので、債務者の法的地位ないし当事者適格の承継があったと認められる場合に、承継人に対して執行力が及ぶか問題となる。判例は、訴訟上の和解により建物を収去し、その敷地を明渡すべき義務のある者から、建物を譲り受け土地を占有する者について、民訴二〇一条一項（新民訴一一五条一項三号）の承継人に当たり、和解の執行力が及び、承継執行文を付与できるとし（大判昭五・四・二四民集九巻四一五頁）、建物を賃借し居住する者についても同様であるとする（最判(二小)昭二六・四・一三民集五巻五号二四二頁）。請求権の法的根拠を明示しない債務名義についても、執行力の根拠である債務名義についての公証機関による証明に基づき、債務者から占有移転を受けた新占有者に対する請求が理由のあるものと認められるので、承継執行文を付与することができると解し、判旨に賛成する（中野貞一郎「執行力の範囲」山木戸克己教授還暦記念『実体法と手続法の交錯下巻』(昭和五三年)〔同『民事手続の現在課題』(判例タイムズ社、平成元年)二七五・二八二頁〕。結論として同旨、兼子一・判例一〇四事件、同判民昭和二六年度二三事件）。もっとも、将来の給付義務をを内容とする和解は、将来の給付の訴えについて、あらかじめその請求をする必要がある場合に限り提起できるとすること（一三五条）に照らし、和解で将来に向かって賃貸借契約をする場合（前掲・最判昭和二六・四・一三の事案）は、基礎たる賃貸借の内容を確定するだけで、賃貸借の満了や解除によって生じる明渡返還の請求権は将来の請求権に過ぎないから、たとえ当事者が確約しても賃貸借として法律上当然のことを陳述したものとして、この点については和解調書の執行力を生じないとする見解がある（兼子・判民昭和二六年度二三事件。これに反し、和解内容として本来の明渡請求について債権者が期限の猶予を与えたに止まる場合は、明渡請求についても執行力を生じるとする。）。

しかし、建物収去土地明渡請求するに及んだこと自体から生じた紛争処理という点に着目すると、すでに将来の給付請求の要件を満たしていると解することができるので、執行力を認めるのが相当である。

(3) 既判力　和解調書は、確定判決と同一の効力を生じるので、既判力を有すると解するのが相当である。

(イ) 判例の状況　判例は、起訴前の和解に関して、「和解調書の事項の解釈について争いとなった事案において、裁判上の和解は、その効力こそ確定判決と同視されるけれども、その実体は、当事者の私法上の契約であって契約に存する瑕疵のため当然無効の場合もあるのであるから、その有効無効は、和解調書の文言のみに拘泥せず、一般法律行為の解釈の基準に従ってこれを判定すべきものである」としている（最判(二小)昭三一・三・三〇民集一〇巻三号二四二頁）。本件は、起訴前の和解の法的性質について判示した判例としての意義はあるものの、訴訟上の和解の既判力に関して、直接の先例にはならない。つぎに、罹災都市借地借家臨時処理法に基づき係争地についての賃借権設定ならびに条件確定の申立に対する却下決定が確定されたので、右係争地につき賃借権に基づく借地権の確認と引渡し請求訴訟を提起した事案において、「処理法二五条は、同法一五条の規定による裁判は裁判上の和解と同一の効力を有する旨規定し、裁判上の和解は確定判決と同一の効力を有し（民訴二〇三条〔新二六七条〕）、既判力を有するものと解すべきであり、また、特に所論の如く借地権設定の裁判に限って既判力を否定しなければならない解釈上の根拠もなく、更に、本件の如く実質的理由によって賃借権設定申立を却下した裁判も処理法二五条に規定する同法一五条の裁判であることに疑いなく、従って、これについて既判力を否定すべき理由がなく、この裁判に既判力を認めたからといって、憲法の保障する裁判所の裁判を受ける権利を奪うことにならない。」として、前記申立却下決定に既判力を認めている（最判(大)昭三三・三・五民集一二巻三号三八一頁）。さらに、第一審係属中に、いったん訴訟上の和解が成立したところ、右和解に要素の錯誤があったとして、期日指定の申立てをしたところにより審理が続行され、一、二審ともに、右和解に要素の錯誤があって無効と

判示した事案について、原判決は、本件和解は要素の錯誤により無効である旨判示しているから、実質的確定力を有しないこと論をまたないとしている（最判（一小）昭三三・六・一四民集一二巻九号一四九二頁）。本判決は、趣旨が明確でなく、最上級裁判所の判例として確立したものとはいえない。

(ロ) 学説の状況　学説は、法が和解調書について確定判決と同一の効力を有すると定めているにもかかわらず、既判力を肯定すべきか否かについては見解が対立する。

① 既判力肯定説　確定判決と同一の効力を有する旨の明文規定が存在するとともに、裁判所の関与の下に判決に代わり当事者の合意により紛争の終局的解決を図るものであり、和解調書において存否が確定された事項について既判力を有するとする（兼子・判例民訴三一三頁、同・体系三〇九頁、小山「訴訟上の和解と調停―特にその錯誤について」私法九号（昭和二八年）四四四頁（同・著作集七巻二五八頁）、山木戸「和解」（昭和三四年）（同『民事訴訟法論集』（有斐閣、平成二年）四二二頁）。そして、訴訟上の和解が純然たる訴訟行為であることに着目し、和解に瑕疵がある場合には、判決の再審事由および形式に準じて主張すべきであるとするとともに、訴訟上裁判所の関与の下に判決に代えて紛争の解決を図ったのに、後から錯誤による無効を主張させる必要はないとする（兼子・前掲判例民訴、小山・前掲）。これに対し、同じ既判力肯定説の立場にあっても、むしろ訴訟においてする私法行為であるとしながら、既判力の存在を根拠として訴訟行為説と同様の結論を導きつつ、その反面で、訴訟手続において和解の瑕疵を是正する機会はほとんどないから、錯誤を生じた原因がその訴訟手続において争うことのできない事情のものであるときは、これを取消事由として認めるべきであるとする見解がある（山木戸・前掲）。そして、訴訟上の和解の取消方法は、再審の訴えに準じる和解取消の訴えを認めるべきであるが、口頭弁論期日指定の申立てによる旧訴の続行の方法もその実質は再審の訴えに類するから是認できるとする（山木戸・前掲）。

② 制限的既判力説　訴訟上の和解は確定判決と同一の効力を有するとしつつ、実体法上の無効・取消原因が

あり、裁判によってその無効が確定されたときは、和解の効力がすべて否定されるとする（菊井維大『民事訴訟法・下〔補正版〕』（弘文堂、昭和四三年）三七五頁、中村英郎「裁判上の和解」『民事訴訟法講座三巻』（有斐閣、昭三〇）八三八頁〔同『訴訟および司法制度の研究』（成文堂、昭五一）二一三頁〕）。また、既判力を伴う合意による紛争解決を当事者に提供することの意義を強調する観点からこの立場を支持する見解も見られる（『注釈民事訴訟法(4)』（有斐閣、平成九年）四八六頁〔山本和彦〕）。実体法上有効である場合にのみ既判力を有するというのではなく、和解に再審事由に準じた瑕疵がある場合に限らず、実体法上の無効・取消事由がある場合には、裁判により無効を主張できるとする点で、既判力肯定説と異なっている。

③　既判力否定説　　既判力否定説は、和解は私人の行為であり、既判力を肯定することは裁判のないところに裁判を擬制することとなり憲法三二条に違反するという見解にはじまり（岩松三郎「民事裁判における判断の限界」法曹時報三巻一号（昭和二六年）〔同『民事裁判の研究』（弘文堂、昭三六）一〇〇頁以下〕）、現在では既判力は公権的な紛争解決の要請から生じる裁判にのみ特有な要請であり、和解という自治的解決には親しまないとい点に集約されている（三ケ月・全集四四三頁）。さらに、肯定説が和解による紛争解決の実効性を高める意義を認めつつ、裁判所の関与の度合いに差があることに根拠を求め（新堂・三二九頁）、あるいは判決と異なり上訴の余地がないことを理由に（河野正憲「訴訟上の和解とその効力をめぐる紛争」北九州大法政論集八巻三＝四合併号（昭和五六年）〔同『当事者行為の法的構造』（弘文堂、昭和六三年）二六二頁〕）、否定説を採る立場が有力である。その反面、これらの理由を疑問としながらも、調停、起訴前の和解をも視野の中に入れて考えると、既判力を肯定するのは、法的安定の観点から実務的でないとする見解がある（藤原弘道「訴訟上の和解の既判力と和解の効力を争う方法」後藤勇＝藤田耕三編『訴訟上の和解の理論と実務』（西神田編集室、昭和六二年）四八八頁）。もっとも、既判力否定説の立場によっても、執行力は肯定する。既判力を否定する立場によると、民法上の和解契約と同様に、私法上の意思表示の瑕疵に基づいて、その無効ないし取消を認めることとし、その主張方法も再審の訴えに限る必要はないとする。

(ハ)　検　討　　訴訟上の和解の目的は訴訟を終了させることにあるのではなく、訴訟の場に持ち込まれた紛争を、訴訟手続の過程の中で裁判所を介在させながら、当事者間で合意した結果によって、判決に代えて紛争の解決を図

るところにある（和解の効力について、外国法とりわけアメリカ法と対比して論じるものとして、谷口安平「アメリカにおける和解判決(Consent Judgment)の効力」法学論叢六七巻五号（昭和三五年）（同『民事紛争処理』（信山社、平成一二年）一頁以下）、同「比較法的に見た訴訟上の和解」法学論叢七〇巻六号（昭和三七年）（同・前掲書六四頁以下）参照）。したがって、期日において、当事者が合意すれば、ただちに訴訟上の和解として効力を生じるのではなく、裁判所が訴訟上の和解の要件を充たしているか否かを調査した上で和解調書を作成し、それにより訴訟終了の効力に止まらず、紛争解決の効力を公的に認められる。そこで、訴訟上の和解に、判決と並んで紛争解決機能を法的に認めることは、それを法的に担保するものを必要とするところから、和解調書に確定判決と同一の効力を生じるものとしている。したがって、和解調書に記載された内容について既判力を生じると解するのが相当である（梅本吉彦「訴訟上の和解の効力について」三ケ月章先生古稀祝賀『民事手続法学の革新・中巻』（有斐閣、平成三年）五六七頁以下）。

これに対し、訴訟上の和解といっても、裁判所の公権的判断ではないことはもとより、そもそも和解の成立が訴訟係属の比較的早い時期の場合もあれば、相当程度の審理が進行した後の場合もあるように、その過程における裁判所の関与の度合いにも差異があるので、確定判決と同様に既判力を認めるのは妥当でないという批判がある（新堂・三二九頁）。当事者の申立てによるにしろ、裁判所の職権によるにしろ、裁判所が和解の斡旋に乗り出すのは、単に期日という場を提供するのではなく、訴訟手続の場を活用して、当事者および裁判所の三者間の交渉により紛争に決着をつけるためである。また、裁判所は、事案の内容と性質を斟酌しながら、審理の状況に即して適切な局面で和解の斡旋に乗り出し、あるいは関わるのであって[3]、和解の成立時期と審理の進行段階との関係をもって、裁判所の関与の度合いを判断する要素とするのは妥当でない[4]。訴訟上の和解に既判力を肯定する立場において、和解の成立過程の瑕疵についてそれが再審事由に該当する場合に、和解の効力を争うことができることは異論がない。

和解をもって成立した当事者の合意形成における瑕疵のうち、和解成立時に客観的に存在し、かつそれを主張す

ることが可能であった事由をもって和解の効力を争うことは、もとより既判力により許されない。これに対し、瑕疵が和解成立時に客観的には存在していたとしても、それを主張する可能性が認められず、期待しえなかった事由については、確定判決において遮断効が及ばない場合に準じてこれをもって和解の効力を争うことができると解する。その場合には、錯誤があったことをもって、その効力を争うこともできると解する。

さらに、既判力を肯定するからといって、その効力を争うのも当然に再審の訴えによるべしとするのは形式的に過ぎる嫌いがある。再審の訴えは、確定判決における瑕疵の存在を前提としてその効力を消滅させることを目的とする。したがって、既判力を肯定したとしても、当然にそれが再審の訴えを唯一の争う方法として位置付けるべきであることにはならない。和解無効確認の訴え等別訴によることも差し支えないとともに、従前の訴訟について期日指定の申立てによって続行させる途を開き、紛争の処理を図ることを許容すべき場合もあろう。当事者がもっとも適切な方法を選択する余地を認めることが、判決によらない訴訟の完結行為である訴訟上の和解の特徴にも適っていると考える。

訴訟上の和解と起訴前の和解を同一に捉え、その上で既判力について考えるのは妥当ではない。前者が訴訟係属中の紛争処理制度であるのに対し、後者は訴訟係属前の紛争予防制度である。したがって、前者については、既判力を生じるが、後者については既判力を生じる余地がなく、執行力を生じると解するのが相当である。

(3)　株主間の抗争が、株主総会決議取消請求訴訟のような形式的な争いの形で裁判所に提起された場合に、一方が他方の株式を買い取るという条件で和解が成立する際に、株式買取価格の決定に裁判所が実質上関与することが多いという（江頭憲治郎「取引相場のない株式の価値」『法協百年・三巻』（有斐閣、昭和五八年）四五〇頁注(2)、浜田道代「株式の評価―閉鎖会社の株主が一般的株式買取請求権を行使する場合について」北澤正啓先生還暦記念『現代株式会社法の課題』（有斐閣、昭和六一年）四三三頁）。

(4)　上告審における和解　裁判所の関与の度合いという視点からみたときに、第一審におけるのと比較して、上告審において和解が成立する場合のほうが、裁判所の関与の度合いが強いようである。最高裁が職権で和解に乗り出すのは、原判決と異なる

法的判断を固め、それによると個別具体的妥当性に欠ける嫌いがある場合に多く見られるという。たとえば、弱者救済に欠けることになる場合、訴外人に本人の責めに帰すべからざる事由による多大な不利益を与えることとなる場合などがあり、したがってただちに消極的な評価をするのは妥当でない（田中二郎『日本の司法と行政』（有斐閣、昭和五七年）九〇頁ないし九四頁参照）。

(4) 和解の解除　訴訟上の和解が成立した後に実体法上の解除原因を生じた場合には、たとえいったん有効に成立した和解であっても、解除することができる。既判力を肯定する立場においても、訴訟上の和解の合意について、解除原因を生じたときには、和解を解除できることについては異論がない。

この場合に、和解の成立により訴訟が復活するか否かについては、見解が対立する。大審院は、解除の結果として原状に復し、訴訟はいまだ終了せずなお訴訟係属するという見解を採っていた（大判昭八・二・一八法学二巻一〇号一二四三頁、大判昭八・一一・二九大審院裁判例（七）民事二七三頁）。これに対し、最高裁は、和解を債務不履行により解除し、当初の請求について改めて再訴を提起したため、二重起訴の成否が争いとなった事案について、和解によりいったん終了した旧訴は復活しないとして、二重起訴の成立を否定した（最判（一小）昭四三・二・一五民集二二巻二号一八四頁）。通説は、最高裁判例を支持する（小山昇・民商五九巻二号（同・著作集七巻三〇四頁）、伊藤眞・法協八六巻四号四九九頁）が、疑問である（梅本吉彦「訴訟上の和解の効力について」三ケ月章先生古稀祝賀『民事手続法学の革新・中巻』（有斐閣、平成三年）五七七頁以下）。

第五款　訴訟上の和解に係る争いと審判手続

訴訟上の和解は、確定判決と同一の効力を有するとされる（二六七条）ので、判決と同様の争いがあり得るとともに、判決のように裁判所の公権力に基づく強制的かつ直接的判断ではないので、判決の効力を争うのとは異なる紛争を生じることがある。

(1) 和解調書の瑕疵を主張する場合　和解を調書に記載したときは、その記載は確定判決と同一の効力を有す

る（二六七条）ので、計算違い、誤記その他明白な誤りがあったときは、判決に準じて、裁判所は、申立てにより又は職権で、いつでも更正決定をすることができる（二五七条準用。もっとも、実務上は当事者双方の了解を得て裁判所書記官が和解調書を事実上訂正させる方法を採ることが多いという。三宅弘人「和解調書の執行力」後藤勇＝藤田項三編『訴訟上の和解の理論と実務』（西神田編集室、昭和六二年）五一三頁以下参照）。

(2)　訴訟上の和解の無効ないし取消を主張する場合

訴訟上の和解に確定判決の無効事由がある場合には、和解についても無効事由となる。さらに、再審事由に当たる瑕疵がある場合には、和解の取消を主張することができる。和解について既判力を肯定する説においては、従来再審の訴えに準じる方法をとるべしとされている。しかし、既判力否定説においてはもとより、既判力肯定説、制限説によっても、和解の瑕疵を争う方法については、再審の訴えに限定する理論的根拠はなく別に考えるべきである。この点について、判例は、事案に即して、和解を行った裁判所に期日指定の申立てによる方法（大決昭六・四・二二民集一〇巻三八〇頁）、別訴として和解無効確認の訴えによる方法（大判大一四・四・二四民集四巻一九五頁）、請求異議の訴えによる方法（大判昭一四・八・一二民集一八巻九〇三頁）を認める。基本的には、判例の立場を是認すべきである。もっとも、和解の当然無効を主張し、これを前提に直接請求するのは、和解が既判力を有することに照らし、否定されるべきである。

和解に詐欺、強迫による取消を主張する場合は、無効事由がある場合に準じて対処することとなる。

(3)　訴訟上の和解の義務を履行しない場合　　和解により義務を負担した者がこれを履行しない場合に、権利者はつぎのような方法により自己の権利の実現を図ることができる。第一に、和解調書の記載が具体的な給付義務を内容とするときは執行力を有するので、これを債務名義として（民執二二条七号）、強制執行を行う方法である。第二に、和解の合意を債務不履行により解除する方法である。この場合に、和解の成立により終了した訴訟は復活するかが問題となる。当事者が期日指定を申し立てることにより、旧訴は復活すると解するので、それにより旧訴の審理を続

行させることができる。あるいは、時間の経過により、状況が変わっていることもありえるので、新に別訴を提起する途を選択することもできると解する（九七一頁参照）。

(4) 訴訟上の和解の内容について争いを生じた場合　訴訟上の和解は、当事者が互いに譲り合って紛争の解決をみるので、合意条項の表現について明確でなく、その結果合意の内容をめぐって争いを生じることもある。債権者は従前の訴えにおけるのと同一の請求原因に基づいて給付の訴えを提起し、あるいは和解で定められた給付義務の履行を求める訴えを提起し、新たな債務名義を取得する（中野貞一郎「債務名義の解釈」民商六四巻五号（昭和四六年）〔同『判例問題研究強制執行法』（有斐閣、昭和五〇年）一四頁〕）。これに対し、債務者が和解無効を主張して期日指定の申立てるのと衡平を保つために、債権者にも期日指定の申立てを認め、再開された手続内で和解条項の内容確定の機会を与えてよい（上田徹一郎・民商五九巻一号一一六頁）とする見解がある。当事者の選択にゆだねるのを相当と考える。その場合に、改めて当初の請求について再訴を提起する訴えの利益を認められる（最判（二小）昭四二・一一・三〇民集二一巻九号二五二八頁は、和解調書に基づき承継執行文を得て、建物収去命令の申立てをしたところ、建物収去のための債務名義として内容に疑義があるとして、命令が得られなかった場合について、さらに建物収去の訴えを提起することができるとする。）。

(5) 和解の基礎に著しい変更を生じた場合　和解の基礎に著しい変更を生じた場合に、定期金による賠償を命じた確定判決の変更を求める訴えを定める一一七条が準用されるかが、問題になる。有力説は、和解の既判力を否定する立場から、当事者の意思と和解の拘束力の実質は和解の実体法上の効果にあり、したがって実体法上の規制により処理されるべきであるとして、同条の準用を否定する（高田裕成「定期金賠償判決と変更の訴え」『講座新民事訴訟法Ⅰ』（弘文堂、平成一〇年）一八二頁）。

第七編　大規模訴訟手続

新法は、大規模訴訟事件について特則を設け、通常訴訟事件とは異なる審理及び裁判をすることができる。

一　大規模訴訟の構造

新法は、当事者が著しく多数で、かつ、尋問すべき証人又は当事者本人が著しく多数である訴訟を、大規模訴訟といい、特則を定める（二六八条括弧書き）。その趣旨は、一般に、大規模訴訟は、審理が複雑かつ多義にわたり、その結果として長期間に及ぶ傾向にあるので、適正かつ迅速な審理を確保することが、その訴訟関係者のためはもとより、司法に対する信頼性を維持するためにも必要なことにある（土肥章大ほか『大規模訴訟の審理に関する研究』司法研究報告書五〇輯二号（平成一二年）二頁参照）。ここに大規模訴訟とは、当事者が著しく多数で、総論的な立証の他に、個別の損害の立証等を行う必要がある訴訟をいうものと解する（最高裁判所事務総局民事局監修『民事訴訟手続の改正関係資料(3)』（民事裁判資料二二一号）（平成一〇年）九九頁・一〇四頁）。既存の訴訟についてみると、公害事件、薬害事件などがそれに当たる（これに対し、住民訴訟、原子力発電所操業差止請求訴訟等は、当事者が著しく多数ではあっても、原告等の個別的被害の立証は予定されていないので、これに当たらない。）。

二　裁判所の構成

大規模訴訟事件は、地方裁判所においては、五人の裁判官の合議体で審理及び裁判をする（二六九条一項）。この合議体で審理及び裁判をする旨の決定も、その合議体でする（二六九条一項）。その趣旨は、審理の迅速性を確保するために必要不可欠であることによる。この場合、判事補は、同時に三人以上合議体に加わり、又は裁判長となることができない（二六九条二項）。

三　訴訟手続の特則

(1)　裁判所は、当事者に異議がないときは、受命裁判官に裁判所内で証人又は当事者本人の尋問をさせることができる（二六八条）。その趣旨は、大規模訴訟では、証人及び当事者が多数にわたるので、その証拠調べを、直接主義の原則を堅持しつつ、適正かつ迅速に実施することにある。

(2)　大規模訴訟においては、裁判所及び当事者は、適正かつ迅速な審理の実現のために、進行協議期日その他の手続を利用して審理の計画を定めるための協議をするものとする（規一六五条）。計画的な審理は、訴訟においては常に要求されることであるが、とりわけ大規模訴訟においては、当事者や取り調べるべき証人が多数に及ぶことから、その必要性は特に顕著であることによる（最高裁判所事務総局民事局監修『条解民事訴訟規則』三四七頁）。複雑な訴訟については、大規模訴訟ではなくても、その特則は運用上において活用することが十分に可能な性格をもっている（最高裁判所事務総局民事局監修『計画審理を中心とする複雑訴訟の運営に関する執務資料』民事裁判資料二三五号（平成一三年）一～一一頁参照）。

(3)　当事者の一方につき訴訟代理人が数人あるときは、訴訟代理人は、その中から連絡を担当する者を選任し、その旨を裁判所に書面で届け出ることができる（規一六六条）。その趣旨は、裁判所と訴訟代理人間の連絡を瑕疵のないものにするとともに、効率的に行うことにある。

(4)　裁判所は、判決書の作成に用いるときその他必要があると認める場合であって、当事者が裁判所に提出した書面に記載した内容をフレキシブルディスクその他の磁気ディスク（これに準ずる方法により一定の事項を記録することができる物を含む。）に記録しているときは、その当事者に対し、その複製物の提出を求めることができる（規一六七条）。その趣旨は、大規模訴訟においては、判決書が膨大になり、その作成にも多くの時間を要するので、判決書の作成の迅速化を図ることは、裁判所のみならず当事者にとっても望ましいことにある。

第八編　簡易裁判所の訴訟手続

一　簡易裁判所の構造

簡易裁判所においては、簡易な手続により迅速に紛争を解決することを特色とする（二七〇条）。その特色に即して、訴訟の目的の価額が九〇万円を超えない請求について、第一審管轄権を有し、行政事件訴訟に係る請求を除外される（裁三三条一項一号）。さらに、三〇万円以下の金銭支払請求訴訟について、新法は特に少額訴訟として特則（三六八条〜三八一条）を設けている。

二　簡易裁判所の訴訟手続の特則

簡易裁判所は、前記の特色を有することを踏まえて、法的知識を十分に持たない一般市民でも容易に訴えを提起できるようにするために、種々の特則を設けている。

第一に、口頭による訴えの提起を認め（二七一条）、さらに、請求の原因に代えて、紛争の要点を明らかにすれば足りる（二七二条）。また、当事者双方は、任意に裁判所に出頭し、訴訟について口頭弁論をすることができる。この場合は、訴えの提起は口頭の陳述による（二七三条）。

第二に、被告が反訴で地方裁判所の管轄に属する請求をした場合において、相手方の申立てがあるときは、簡易裁判所は決定で、本訴及び反訴を地方裁判所に移送しなければならず（二七四条一項）、この決定に対しては、不服を申し立てることはできない（同条二項）。

第三に、裁判所は、相当と認めるときは、証人、当事者本人又は鑑定人の尋問に代え、書面の提出をさせることができる（二七八条）。

第四に、口頭弁論は、書面で準備することを要しない等の簡略化がなされている（二七六条）。これにともない、口頭弁論調書については、裁判官の許可を得て、証人等の陳述又は検証の結果の記載を省略することができる（規一七〇条一項前段）。この場合において、当事者は、裁判官が許可をする際に、意見を述べることができる（同項後段）。この場合に、裁判官の命令又は当事者の申出があるときは、裁判所書記官は、当事者の裁判上の利用に供するため、録音テープ等に証人等の陳述又は検証の結果を記録しなければならない。この場合において、当事者の申出があるときは、裁判所書記官は、当該録音テープ等の複製を許さなければならない（同条二項）。その趣旨は、簡易裁判所の事件は、通常一、二回の証拠調べにより弁論が終結されるものが多く、控訴率も低いことから、証人等の陳述や検証の結果を調書に記載する必要性は地方裁判所に比較すると低いと考えられる上、旧法の下でも同様の運用が試みられていたが、それによって特段の問題は生じてなく、当事者から異議が出されることもなかったことによる（最高裁判所事務総局民事局監修『簡易裁判所における新しい民事訴訟の実務』民事裁判資料二一六号（平成九年）四頁）。

第五に、判決書については、事実及び理由を記載するについて、請求の趣旨及び原因の要旨、その原因の有無並びに請求を排斥する理由である抗弁の要旨を表示すれば足りる（二八〇条。なお、最高裁判所事務総局編『簡易裁判所における新様式による民事判決書について』民事裁判資料二〇三号（平成五年）参照）。

第六に、簡易裁判所においては、必要があると認めるときは、和解を試みるについて、司法委員に補助をさせ、又は司法委員を審理に立ち会わせて事件につき意見を聴くことができる（二七九条一項）。

三　起訴前の和解

民事上の争いについて、当事者は、請求の趣旨及び原因並びに争いの実情を表示して、相手方の普通裁判籍の所

在地を管轄する簡易裁判所に和解を申し立てることができる（二七五条一項）。これを起訴前の和解又は即決和解という。起訴前の和解調書は、債務名義となる（民執二二条七号、民訴二六七条）。ここにいう「民事上の争い」とは、権利関係の存否、内容又は範囲についての主張の対立に限らず、広く権利関係についての不確実又は権利実行の不安を含み、さらに将来紛争発生の可能性が予測できる場合を含むと解されている（兼子・条解一一三〇頁〔松浦〕。これに対し、後者の場合は法的紛争とみられないとして不適法却下すべしとする立場がある、小野木常「起訴前の和解の原点」民商七八巻臨時増刊号(3)（昭和五三年）三三頁）。そのため、起訴前の和解の多くは、古くから、当事者間に現実には争いがないにもかかわらず、契約当事者の一方がその履行を確保するために、あらかじめ債務名義を確保する手段として利用されている（村松俊夫「所謂即決和解について」日本法学一巻三号（昭和一〇年）（同『民事裁判の研究』（有信堂、昭和三〇年）三九頁以下）、山木戸克己「和解手続の対象―和解手続と契約の公証」神戸法学雑誌二巻一号（昭和二七年）（同『民事訴訟理論の基礎的研究』（有斐閣、昭和三六年）一五一頁以下）、深沢利一「起訴前の和解に関する諸問題」『実務民事訴訟講座2』（日本評論社、昭和四四年）二五一頁以下参照）。

四　少額訴訟手続

簡易裁判所においては、訴訟の目的の価額が三〇万円以下の金銭の支払請求を目的とする訴えについて、少額訴訟による審理及び裁判を求めることができる（三六八条一項本文）。ただし、同一の簡易裁判所において同一の年に一〇回（規二二三条）を超えて求めることはできない（三六八条一項ただし書き）。一期日を原則とする（三七〇条）。新法ではじめて取り入れられた制度であり、種々の特則を設けている（三六八条〜三八一条）。その趣旨は、少額金銭債権つき簡易かつ迅速な回収を図ることにある（最高裁判所事務総局民事局監修『少額訴訟手続関係資料―簡易裁判所判事協議会協議要録』民事裁判資料二二三号（平成一〇年）、同『少額訴訟手続関係資料（その二）』民事裁判資料二三一号（平成一二年）参照）。

第九編　上訴手続

第一章　上訴制度の役割と機能

第一節　上訴制度の構造

一　上訴

裁判が確定する前に、上級裁判所にその取消又は変更を求める不服申立を、上訴という（上訴制度の沿革につき、林屋礼二「上訴制度の歴史―ローマを中心にして」小室直人・小山昇先生還暦記念『裁判と上訴（上）』（有斐閣、昭和五五年）一頁以下参照）。

(1)　裁判が確定する前にする不服申立である点で、確定判決に対する再審（三三八条）と異なり、裁判の確定と直接には関係のない点で、特別上告（三二七条）及び特別抗告（三三六条）とも異なる。

(2)　上級裁判所への不服申立である点で、同一審級内での不服申立である異議（一五〇条・二〇二条三項・二〇六条ただし書き・三二九条一項・三五七条・三六七条二項）と異なる。除権判決に対する不服申立（公催仲裁七七四条）、仲裁判断取消しの訴え（同八〇一条）は、審級を前提としない点で、上訴には当たらない。

二　上訴制度の目的

訴訟制度は審理の対象の視点から分類すると、事実審と法律審とから構成される。判断という作業は批判を受けることによってはじめて、公正かつ適切なものとして通用する性格を有する。その判断が制度としてなされるのであれば、それに対する批判の機会も制度として用意され設置されていることを必要とする。それによって制度として判断の公正かつ適正であることについて、通用性が認められる。当事者は、自己の権利を保護するために、裁判所においてみずから主張し証明活動を行い、攻撃防御を展開する手続保障が確保されなければならない。その手続保障の理念は、訴訟過程の全体的視野に立って、一つの審級内に止まらず、裁判所が下した判決に対する不服申立の機会を与えられることによって確保されなければならない。他方、裁判所にとっても、自己の下した判決に対する上級裁判所の判断を受けることは、自己の判断の妥当性を検証する機会となる（上訴制度の目的に関する学説につき、菊井維大「上訴制度」『民事訴訟法講座・第三巻』（有斐閣、昭和三〇年）八四五頁以下、三ケ月章「上訴制度の目的」前掲『裁判と上訴（上）』（同・研究八巻八五頁以下）、伊藤眞「上訴制度の目的」『講座新民事訴訟法Ⅲ』（弘文堂、平成一〇年）二頁以下参照）。

三　上訴制度の種類と不服申立の方法

上訴には、現行法上、控訴、上告及び抗告の三種類がある。裁判の種類に対応して、判決については控訴、上告が、決定及び命令については抗告が、不服申立の制度として設けられている。当事者は、原裁判に対応した不服申立の方法を選択することを必要とし、たとえ原裁判がその形式を誤ったとしても（これを違式の裁判という）、それに対する不服申立は原裁判の主文の表示に即した方法によらなければならない。したがって、決定又は命令により裁判することができない事項について、決定又は命令がなされたときに、これに対する不服申立は抗告による（三二八条二項参照）。逆に、決定又は命令により裁判すべき事項について、判決がなされたときは、本来の裁判よりも慎重な形式によったのであるから、当事者に不利益を与えるものではなく、違法として不服申立を認めなければならない理由もないので、不

服申立は許されない（最判(一小)平成七・二・二三判時一五二四号一三四頁は、補助参加の許否の裁判は決定によるべきところ、控訴審が終局判決の判決主文で却下したので上告した場合に、上告自体は適法であるが、上告審としての審判の対象は特別上告理由の有無に限られるとし、その点で上告は不適法として却下されるとする。同旨・鈴木正裕・私法リマークス一二号一二四頁）。

四　上訴審の審判の対象

上訴審の審判は、処分権主義により、当事者が上訴の提起をすることによりはじめて、審理が開始され、上訴人の原裁判に対する不服申立の当否について審判する。上訴そのものが上訴の要件を欠いているときは、不服申立の当否について本案の判断をすることなく、上訴を不適法として却下の判決をする。上訴人が、上訴することにより、上訴審において審判を受けられることを、その者の権能という視点からみて、上訴権という。

第二節　上訴の要件・効果

一　上訴は、上訴としての一般的要件を備えていることを要する。その要件とは、

(1) 原裁判が不服申立のできる裁判であり、上訴の形式が原裁判に対応していること。

(2) 原裁判の管轄裁判所に対応する上級裁判所に提起されていること。

(3) 上訴の提起が適式であって、有効であること。

(4) 上訴期間の経過前であること。ただし、上訴期間の定めがない場合、上訴期間経過後であっても、追完の要件を備えている場合は、その限りでない。

(5) 当事者間に上訴しない旨の合意がないこと。

(6) 上訴人が、原裁判に不服を主張する利益があること。

二　上訴の要件として一に上げた要件のうち、(1)ないし(5)は、上訴の提起行為の要件であるので、上訴提起時に備えていることを要する。これに対し、(6)は、上訴審において本案判決を受けるための要件であるので、控訴審では口頭弁論終結時にまた上告審では審理終結時に備えていれば足りる。上訴提起時に備えていなかったとしても、右の時までに備えれば差し支えなく、逆に上訴提起時に備えていても、右の時までに欠ければ、上訴は不適法となる。第一審判決前に提起された控訴も、それが却下される前に第一審判決がなされれば適法となるとする説がある（新堂・七五五頁）が、対象が顕在化される前に提起された上訴を適法とするのは疑問である（同旨・最判(二小)昭和二四・八・一八民集三巻九号三七六頁）。

三　上訴が提起されると、原裁判の確定が遮断され、事件が上訴審に移審する効果を生じる。

第三節　上訴権の濫用

(1)　訴訟の完結を遅延させる目的だけで上訴を提起する行為を、上訴権の濫用という。原裁判で全部又は一部敗訴した当事者は、上訴によって自己の権利の保護を図ることは、本来当事者に与えられた当然の権利である。しかし、原裁判がそのまま確定することを阻止し、訴訟の完結を遅延させるための目的だけで上訴することは、もとより上訴制度の趣旨にも反し、予想しないことであり、勝訴者の早急な救済を図る必要がある。したがって、そのような上訴の提起について、一定の法的制裁措置を設けることは司法政策として十分に首肯できることである。上訴権の濫用について、昭和二三年法律第一四九号により金銭の納付を命ずるる旨の規定が旧三八四条ノ二として新設され、新法三〇三条に同一内容で引き継がれている。

(2)　上訴権の濫用による法的制裁は、敗訴当事者に与えられた固有の不服申立権、勝訴者の救済の実効性、訴訟

制度の本来的要請としての訴訟遅延の防止という対立する三つの要素をどのように調和させるかという点に帰着する。わが国の司法政策は、前述した金銭の納付という過料と同様の民事上の制裁措置を採用している。上訴権の濫用に対する制裁措置を採るにつき、上訴権の濫用という判断規準をどこに設定するかが問題になる。一般的には、みずから攻撃防御を展開する権利の行使を怠り、手続保障を放棄したものであり、それにもかかわらず上訴した場合には、上訴権の濫用と認められると解する。例えば、答弁書を提出せず、口頭弁論にも欠席しながら、みずから控訴した上で、控訴審において口頭弁論に欠席し、あるいは実質的弁論をせずに退廷した場合が、それに当たる。(1)

上訴権の濫用による制裁金の裁判は、判決主文に掲げなければならない（三〇三条二項・三一三条。その主文は、「控訴人（又は上告人）は金……円を国庫に納付せよ。」と表示する。）。

上訴権の濫用に対する方策として、制裁的の高額化、弁護士費用の敗訴者負担原則、執行停止要件の厳格化等が上げられているが、いずれも有効な決め手とはなっていないようである（小室直人「上訴権の濫用」末川博先生古稀記念『権利の濫用・中』（有斐閣、昭和三七年）〔同『上訴・再審』（信山社、平成一一年）二三頁・特に三〇頁以下〕、同「上訴権の濫用」『実務民事訴訟講座2』（日本評論社、昭和四四年）〔同・前掲論文集三九頁・特に四二頁以下〕参照）。

（1）上訴権の濫用による法的制裁と判例の動向　判例は、第一審で答弁書を提出せず、口頭弁論にも欠席し、被告から控訴しながら、控訴審では原告の主張をすべて認め、その上で上告して、原審における自己の訴訟行為と異なる事実を主張した場合（①最判(三小)昭和三七・七・三裁判集民事六一号四六三頁）、第一審で答弁書を提出せず、口頭弁論にも欠席し、被告から控訴しながら、控訴審でも口頭弁論に出頭せず敗訴しながら、上告した場合（②最判(三小)昭和三七・七・一七裁判集民事六一号六六五頁、③最判(二小)昭和四一・一二・一八判時四六六号二四頁）に、いずれも上告を訴訟の完結を遅延させる目的のみをもってなされたものとして、旧法三九六条・三八四条ノ二（新三一三条・三〇三条）に基づき、制裁を科している（前記①②はいずれも同一裁判官で構成されている。また、③は弁護士たる訴訟代理人が付いている場合である。）。控訴権濫用につき、第一審、第二審とも、欠席した場合につき、同様の措置を採っている（例えば、東京高判昭和五〇・九・二二下民集二六巻九～一二号七九一頁）。

第二章　控訴審手続

第一節　控訴の構造

一　控　訴

第一審の終局判決につき、第二の事実審へ上訴を申し立てる行為を、控訴という。

(1)　控訴は、簡易裁判所又は地方裁判所における第一審判決を対象とする。高等裁判所の第一審判決については、上告に限られる（三一一条一項）。

(2)　控訴は、終局判決を対象とし、中間判決については終局判決とともに控訴することができ、控訴審の審判の対象となる（二八三条本文）。その場合に、控訴審は、第一審の終局判決のみならず、中間判決についても審判しなければならない（判決主文に掲げることを要する、兼子・条解五〇四頁〔竹下〕）。ただし、不服を申し立てることができない裁判及び抗告によるべき裁判については、審判の対象とならない（同条ただし書き）。

(3)　控訴は、独立して控訴審手続を開始させる申立行為である。控訴審が開始された後における、控訴人の不服の範囲の変更、被控訴人の附帯控訴は、控訴の提起ではない。

二　控訴権

当事者が、控訴を提起することにより、第一審判決に対する不服の主張の当否について裁判所に審判を求めるこ

とができることを、当事者の訴訟上の権能という視点からみて、控訴権という。または、訴訟上の法的利益として捉えて、「控訴の利益」という。

(1) 控訴権の発生　控訴権は、第一審の原告又は被告で、第一審判決によって不利益を受けた者について、その相手方との間に生じる。当事者双方に控訴権を生じれば、それぞれ独自に控訴できる。控訴の利益を基礎付ける不利益を「不服の利益」という（「控訴の利益」と「不服の利益」を同義語として使用することもある。）。

(イ) 控訴権の主体　第一審の当事者を原則とする。例外として、当事者参加できる第三者（四七条・五一条・五二条、人訴二二条）は、参加の申立てとともに控訴を提起できる（四三条二項参照）。補助参加人は、被参加人が控訴権を放棄した場合を除き、控訴できる。

(ロ) 不服の利益　不服の利益は、第一審における本案の申立ての全部又は一部が判決で排斥された場合に生じる(1)。

(a) 全部勝訴の当事者は、原則として不服の利益はない。主位的請求で敗訴し予備的請求で勝訴した場合も、主位的請求の敗訴について不服の利益がある。

(b) ①訴え却下判決に対しては、請求棄却を申し立てた被告にも不服の利益があるが（最判（二小）昭和四〇・三・一九民集一九巻二号四八四頁）、②請求棄却の判決に対し、訴え却下判決を求める利益はない（これに対し、伊藤眞「訴訟判決の機能と上訴の利益」法政論集七三号（昭和五二年）三九頁以下は、訴訟要件の機能を事案の類型別に捉え、①②とも、却下判決と棄却判決のいずれが被告に安定した地位を与えるかという視点から、上訴の利益の有無を判断すべきであるとする。そこまで踏み込んで検討することは緻密ではあるが、控訴の利益の判断規準としては疑問である。）。控訴審で反訴を提起するについては、不服の利益を要しない（ただし、七二一頁参照）。

(c) 判決理由中の判断、法律上の見解に不服があっても、そのことを理由として控訴する不服の利益はない。例外として、予備的相殺の抗弁で勝訴した場合は、主位的主張又は抗弁で勝訴した場合と比較して、既判力の点で不

利益を受けるので（一一四条二項）、不服の利益がある。

（1）「不服の利益」の基準　不服の利益を判断する基準について、見解が対立する。第一は、第一審における本案の申立てと判決主文を比較して不利益を生じているか否かを原則的基準とする説である（伊東乾「上訴要件」小室直人・小山昇先生還暦記念『裁判と上訴（上）』（有斐閣、昭和五五年）三一〇頁、小室直人「上訴の不服再論」吉川大二郎博士追悼論集『手続法の理論と実践（下巻）』（法律文化社、昭和五六年）〔同『上訴・再審』（信山社、平成一一年）三頁〕。形式的不服説といい、通説である。）。判決主文とは、既判力の客観的範囲をいうのであり（一一四条一項）、相殺の抗弁が認められても控訴の利益があるのはその例である。第二に、前審の判決が確定した場合に、既判力その他の効力により後訴をまっていては救済されないような不利益を基準とする説である（上野泰男「判例に現われた形式的不服概念の問題点」前掲『裁判と上訴（上）』三二七頁、同「上訴の利益」『新実務民事訴訟講座(3)』（日本評論社、昭和五七年）二四七頁。新実体的不服説）。第一説が例外を認めるからといって理論的一貫性に欠けるわけではなく、すべてを網羅しようとすると理論構成に無理を生じる。既判力等による遮断効の考え方を手掛かりとする発想には興味があるが、それを不服の利益の判断規準にするのは問題の所在を取り違えているきらいがある。第三に、紛争は時間の経過とともに変転するとして、申立てと判決を基軸にするのは固定的に過ぎ、将来に向けて当事者間で手続自体を実施する利益の有無に重点を置くべきであるとする説がある（井上治典「『控訴の利益』を考える」判タ五六五号（昭和六〇年）〔同『民事手続論』（有斐閣、平成五年）一七五頁以下〕）。この考え方は、個々の訴訟で当事者は何を求めているかについて検証し直す必要があり、疑問であり、第一説が妥当である。

(2)　控訴権の発生の障害　当事者間に不控訴の合意がある場合は、控訴の利益はない。特定事件につき、当事者間で控訴しない旨を合意することは、審級制度を排除する趣旨と解するのが相当であり、当事者主義の建前から違法とすべき理由はない（二八一条一項ただし書きは、第一審の事実認定に争いのないことを確認した上で飛越上告を合意すべきことを定める趣旨であり、同条には抵触しない。）。

(3)　控訴権の消滅　控訴権は、第一審判決の言渡しによって発生するが、これを放棄又は喪失することによって消滅し、その後の控訴は不適法になる。ただし、控訴権が消滅しても、相手方の控訴に対し、附帯控訴することはできる（二九三条一項）。

(イ)　控訴権の放棄　当事者は、控訴権の発生後にこれを放棄することができる（二八四条）。上告を留保するためには、飛越上告の合意によるべきである（二八一条一項ただし書き）。判決の効力が第三者に及ぶ場合は、第三者が当事者参加する機

会を奪うので、控訴権の放棄は許されない。放棄は、控訴の提起前は第一審裁判所に対し、控訴提起後は訴訟記録の存する裁判所に申述する（規一七三条一項）。控訴提起後における放棄の申述は、控訴の取下げとともにしなければならない（同条二項）。放棄の申述があったときは、裁判所書記官は、相手方に通知しなければならない（同条三項）。

（ロ）控訴権の喪失　控訴権は、控訴権者の控訴期間を経過することにより消滅する（ただし、追完の許される場合（九七条一項）を除く）。

第二節　控訴の提起

一　控訴の手続

(1)　控訴は、控訴期間内に控訴状を第一審裁判所に提出してしなければならない（二八六条一項）。控訴期間は、控訴人が判決書又はこれに変わる調書（二五四条）の送達を受けた日から二週間の不変期間である（二八五条本文）。ただし、判決言渡し後であれば、判決書送達前に提起した控訴も有効である（同条ただし書き）。

(2)　控訴状には、当事者及び法定代理人、第一審判決の表示及びその判決に対して控訴する旨を、記載しなければならない（二八六条二項）。攻撃防御方法を記載した控訴状は、準備書面を兼ねる（規一八六条）。控訴状には、訴状に貼るべき印紙額の一・五倍の印紙をはらなければならない（民訴費三条一項別表一第二項）。

(3)　控訴が不適法でその不備を補正することができないことが明らかであるときは（例えば、控訴期間を徒過している場合）、第一審裁判所は決定で控訴を却下しなければならない（二八七条一項）。この決定に対しては、即時抗告できる（同条二項）。控訴の提起があったときは、二八七条一項による却下決定のあった場合を除き、第一審裁判所の裁判所書記官は、遅滞なく、控訴裁判所の裁判所書記官に対し、訴訟記録を送付しなければならない（規一七四条）。

(4)　控訴裁判所の裁判長による控訴状の審査は、訴状審査に準じる（二八八条・一三七条）。控訴状は、被控訴人に送達しなければならない（二八九条一項）。送達できない場合、送達費用を予納しない場合は、裁判長は控訴状を却下する（同条二項・一三七条）。控訴状却下命令に対しては、即時抗告できる（二八八条・一三七条二項。高等裁判所の命令に対しては特別抗告又は許可抗告による以外に、最高裁判所に不服を申し立てることはできないので、事実上、地方裁判所が控訴審の場合に限られる。）。この即時抗告するには、抗告状に却下された控訴状を添付しなければならない（規一七六条・五七条）。

(5)　控訴が不適法でその不備を補正することができないときは、控訴裁判所は、口頭弁論を経ないで、判決で控訴を却下できる（二九〇条）。また、期日の呼出しに必要な費用の予納を相当の期間を定めて控訴人に命じた場合に、その予納がないときは、決定で、控訴を却下する（二九一条一項）。この決定に対しては、即時抗告できる（同条二項）。

(6)　控訴状に第一審判決の取消し又は変更を求める事由の具体的記載がないときは、控訴の提起後五〇日以内に、これらを記載した書面を控訴裁判所に提出しなければならない（規一八二条）。通常、これを控訴理由書と称するが、準備書面としての性格を有するので、控訴理由書に代えて前記内容を記載した準備書面を提出しても差し支えない。裁判長は、被控訴人に対し、相当の期間を定めて、控訴人が主張する前記内容に対する被控訴人の主張を記載した書面の提出を命ずることができる（規一八三条。これを反論書という。）。本条は新設の規定であるが、その趣旨は、これにより控訴審における争点整理を早期に確定できることにある（提出しなかったときの制裁はない。）。

二　控訴提起の効果

(1)　確定遮断の効力　控訴期間内に、控訴が提起されると、第一審判決の確定は遮断される（一一六条二項）。仮執行宣言が付されていたときは、それによって発生した執行力は、控訴の提起があっても、当然に停止されるわけではない（三九八条一項三号参照）。

(2)　移審の効力　控訴が提起されると、訴訟事件は第一審裁判所から控訴裁判所に移審し、控訴裁判所に係属

する。

(3) 控訴不可分の原則　控訴が提起されることによる確定判決遮断の効力及び移審の効力は、控訴人が不服を申し立てた範囲に限らず、原判決の全部に及ぶのを原則とする。これを控訴不可分の原則という。(1) 控訴人が不服を申し立てない部分については、当事者は弁論する必要がなく(二九六条一項)、控訴裁判所もその点の原判決の判断を変更できないが(三〇四条)、独立に確定する効力を生じない。特定の争点に限定した控訴の提起はできない(右田堯雄「控訴審判と争点限定」民訴雑誌二三号(昭和五二年)六一頁以下・特に一一五頁は、これを是認する。)。

(1) 控訴不可分の原則の趣旨　訴訟事件は、集約的解決が図ることが最も望ましいことであり、その訴訟が完結するまでは当事者が集約的解決を臨むならば、それが可能である余地を残しておくべきであり、それによっていずれの当事者にも特に不利益を与えるおそれも見当たらない。また、裁判所の立場からみても、訴訟の審理に支障を来すものでもない。そこで、訴訟が完結するまでは、上級審に事件が移審してもなお、事件全体として訴訟係属している状態を保持することが必要である。それによって、控訴審に至っても、控訴人が不服を申し立てない部分について、控訴人は請求拡張することができ、被控訴人も附帯控訴することによって第一審の自己の敗訴部分につき不服を申し立てることも可能にし、もって紛争の統一的かつ集約的処理を図ることに資するのである。そこに、控訴不可分の原則の趣旨がある。

三　控訴の取下げ

控訴を撤回する旨の裁判所に対する控訴人の一方的意思表示を、控訴の取下げという。訴えの取下げは、裁判所に対する請求についての審判の要求を撤回する点で、控訴の取下げと異なる。形式的に控訴審手続を終了させる点で、控訴権の放棄とも異なる(控訴を取り下げても、控訴期間経過前であれば、再び控訴を提起できるが、控訴権の放棄は確定的に控訴を不適法とする。)。

(1) 要　件　控訴は、控訴審の終局判決があるまで、取り下げることができる(二九二条一項)。被控訴人の同意を要しない(二九二条二項は二六一条二項を準用していない。被控訴人が附帯控訴していても同様である。)。口頭弁論終結後でも、終局判決前であればよい。控訴の一部取下げは、

控訴不可分の原則によりできない。職権探知主義の適用を受ける訴訟においても、控訴の取り下げは差し支えない。

(2)　方　式　控訴の取下げは、書面によることを要するが、口頭弁論、弁論準備手続又は和解期日においては、口頭でもできる（二九二条二項・二六一条三項）。控訴の取下げは、訴訟記録の存する裁判所にしなければならない（規一七七条一項）。控訴の取下げがあったときは、裁判所書記官は、その旨を相手方に通知しなければならない（同条二項）。

(3)　効　果　控訴の取下げにより、控訴は提起時に遡って効力を失い、控訴審手続も終了する（二九二条二項・二六二条一項）。その結果として、控訴期間経過後であれば、第一審判決が確定する。これに対し、訴えの取下げは、訴え提起時に遡って訴えそのものの効力を消滅させ、第一審判決も効力を失う。

(4)　控訴の取下げの擬制　当事者双方が控訴審の口頭弁論期日に出頭しなかった場合については、訴えの取下げに関する規定が準用され、控訴の取下げがあったものとみなす（二九二条二項・二六三条）。

四　附帯控訴

被控訴人が控訴によって開始された控訴審手続において、控訴審の審判の範囲を自己に有利に拡張させる申立てを、附帯控訴という(1)。

(1)　構　造　控訴審の審判の範囲は、控訴人の不服の主張によって限定されるので、控訴人が控訴しただけでは、原判決を控訴人に不利益に変更することはできないが（これを不利益変更禁止の原則という）、被控訴人の附帯控訴によって前記審判の範囲の制限を排除し、拡張させることができる。附帯控訴は、相手方の控訴を前提とするので、控訴が取り下げられ又は却下された場合には、効力を失う（二九三条二項本文）。ただし、控訴の要件を備えるものは、独立した控訴とみなす（同条項ただし書き。独立附帯控訴という）。

(2)　要　件　相手方との間に控訴が存続することを要する。被控訴人は、控訴権が消滅した後であっても、口

頭弁論終結時まで附帯控訴できる（二九三条一項。附帯控訴権を放棄した場合を除く）。

(3) 方　式　附帯控訴の方式は、控訴に関する規定による（二九三条三項）。

（1）　附帯控訴の性質と不服の利益　附帯控訴の性質について、①控訴ではなく控訴によって限定された審判の範囲を拡張する申立てであるとし、不服の利益は要しないとする説（井口牧郎「被控訴人の反訴または訴えの変更と付帯控訴」『実例法学全集・民事訴訟法（上巻）』（青林書院、昭和三九年）三六四頁、兼子・条解一一六九頁一一七〇頁〔松浦〕。最判（二小）昭和三二・一二・一三民集一一巻一三号二一四三頁が、全部勝訴した原告は附帯控訴により請求を拡張できるとするのも、同様の立場を前提とするものと評価できる。）、②控訴ではないとしつつ、公平と訴訟経済を根拠とする制度であり、控訴人との公平を図る趣旨から、不服の利益を必要とする説（小室直人「民事上訴改革論序説」民訴雑誌三五号（平成元年）九頁は、同『上訴制度の研究』一〇七頁以下を改説する。）、③控訴の一種とし、不服の利益を必要とする説（上野泰男「附帯控訴と不服の要否」民訴雑誌三〇号（昭和五九年）一五頁、同説は上訴要件としての不服の利益につき新実体的不服説を前提とする。）が、対立する。附帯控訴は、控訴への従属性という属性の点で、控訴人との均衡を図っているのであり、不服の利益を不要とすることによって控訴人との不公平を生じるとはいえず、①説が妥当である。

第三節　控訴審の審理と判決

一　控訴審の審理の構造

控訴審の審理は、第一審の終局判決に対する不服の申立ての当否についてする。その前提として、控訴が適法であることを要し、適法と判断されてはじめて、不服の申立ての内容について審判する。その点で、第一審が請求の当否について直接審判するのと異なる。

(1) 控訴審は、第一審の審理を基盤として事件について審理を続行するのであり、第一審の審理と関わりなく、はじめから審理するわけではない。その意味は、原判決のうちの当事者が不服を申立てた範囲に限定して、口頭弁論を行い（二九六条一項）、第一審で顕出された資料を基礎にし（二九八条・二九六条二項）、控訴審において新たに顕出された資料を加え

たところに基づき（二九七条・一五六条）、控訴審の口頭弁論終結時を基準として、不服申立の当否を審判することをいう。これを続審主義という（これに対し、第一審で顕出された資料に限定し、その判決の当否を事後的に審判する建前を、事後審主義という。）。その場合に、これらの資料を通じて、事件自体について再び審理し、事実認定をし、その上で法的判断を加え、控訴審として得られた判断を第一審判決と比較対照し、合致するか否かを検証する。第一審の判決と、それに対する不服申立てを形式的に比較対照し、いずれが妥当であるかについて判断すれば足りるわけではない（控訴審がこうした姿勢で臨めば、審理は迅速に進むが、それは続審主義を誤解している。）。

(2)　続審主義の下では、控訴審は、実質的には、第一審において終結した口頭弁論を再開して続行することに等しくなる。第一審における訴訟行為は、控訴審においても効力を有する（二九八条一項）。さらに、当事者は、新たに攻撃防御方法を提出することができる（二九七条・一五六条。これを控訴審における「弁論の更新権」という。）。その背景として、当事者が第一審判決に接してはじめて重要性を認識する資料もあり、また原審裁判所の審理に不十分な点もあり得ること等がある（中田淳一「控訴審における更新権について」私法六号（昭和二七年）〔同『訴訟及び仲裁の法理』（有信堂、昭和二八年）二四〇頁〕、同「控訴審の構造」『民事訴訟法講座・第三巻』（有斐閣、昭和三〇年）八七三頁）。もっとも、それによって第一審の審理を疎かにし、さらには訴訟の引き延ばしを生じさせないように、控訴審において第一審の手続経過を踏まえた制限が設けられている（二九八条二項、規一八〇条。なお三〇一条参照）。

二　控訴審の審理手続

控訴審の手続には、一般に地方裁判所における第一審手続に関する規定が準用される（二九七条）。

(1)　控訴が不適法でその不備を補正することができないときは、控訴裁判所は、口頭弁論を経ないで、判決で、控訴を却下する（二九〇条）。これに対し、控訴又は附帯控訴による不服の当否については、必ず口頭弁論を開いて、終局判決をもって裁判しなければならない（八七条一項）。

(2)　口頭弁論においては、控訴人が、原判決に対する不服の範囲である第一審判決の取消又は変更を求める限度

を陳述しなければならない（ただし、その範囲は、口頭弁論終結時までは変更することができる。）。これに対し、被控訴人は、控訴の却下又は棄却を申立て、あるいはさらに附帯控訴し、控訴審の審判の範囲を自己に有利に拡張させる申立てをすることができる。この控訴又は附帯控訴の申立てによって、控訴審の審判の対象が決まり、審理もその限度で行われる（二九六条一項）。もっとも、控訴審において、訴えの変更、反訴の提起が可能であり、それも直接に審判の対象となり、第一審判決の取消又は変更の内容を構成すると捉えるべきである。

(3)　第一審判決のうち、いずれの当事者も不服を申し立てない部分について、勝訴した当事者は、無条件の仮執行宣言を申し立てることができ、控訴裁判所は、これについて決定で裁判する（二九四条）。この申立てを却下する決定に対しては、即時抗告できるが、申立てを認める決定に対して、不服申立はできない（二九五条）。

(4)　第一審における訴訟行為は、控訴審においても効力を有するところ（二九八条一項）、そのためには、控訴審の口頭弁論において第一審の結果を陳述しなければならない（二九六条一項。これを「弁論の更新」という。）。この陳述は、いずれか一方の当事者が行えば足りる（例えば、出頭した当事者）。

(5)　当事者は、控訴審の口頭弁論終結時まで攻撃防御方法を提出できる(1)（二九七条・一五六条）。第一審口頭弁論終結時までに提出することが可能であったものでも、差し支えない。ただし、時機に遅れて提出したものとして却下されることはあり得る（二九七条・一五七条参照）。その場合は、控訴審の構造が続審主義であることにより、第一審からの手続の経過を総合して判断する（大判昭和八・二・七民集一二巻一五九頁、最判（小）昭和三〇・四・五民集九巻四号四三九頁（三））。裁判長は、当事者の意見を聴いて、攻撃防御方法の提出等の期間を定めることができる（三〇一条一項。期間を定めるのが通例であるが、これを遵守しない当事者及び訴訟代理人が少なくないようであって、訴訟遅延を招くばかりでなく、裁判所との信頼関係を著しく損なわれている。）。その期間経過後に訴訟行為をする当事者は、裁判所に対し、期間を遵守できなかった理由を説明しなければならない（同条二項）。

控訴審において反訴を提起するには、相手方の同意を要する（三〇〇条一項）。相手方が異議を述べないで反訴の本案につ

いて弁論をしたときは、反訴の提起に同意したものとみなされる（同条二項）。ただし、相手方の審級の利益を侵害しないと認められる場合には、相手方の同意を要しない（最判(一小)昭和三八・二・二一民集一七巻一号一九八頁は、原告の建物収去土地明渡請求に対し、第一審が被告の賃借権の抗弁を認めたのを受けて、控訴審で賃借権確認の反訴を提起するには原告の同意を要しないとする。）。

（1）　口頭弁論終結後の和解期日の指定　　控訴審では、事実審として最後の審判であることを考慮し、口頭弁論を終結するとともに、その後の和解期日を指定することが少なくない。弁論終結後の和解期日では、和解の成立する確立が比較的高いという見方もある。また、判決起案に着手した後に、弁論を再開するほどではないが、当事者から聴取する必要を生じ、あらためて和解期日を指定する場合もあるようである。いずれも違法ではないが、和解期日で新たな攻撃防御方法を提出しても、すでに弁論を終結しているので、訴訟手続上は参考記録として取り扱われる。

三　控訴審の審判

(1)　控訴審の審判の対象　　控訴が提起されることによる確定判決遮断の効力及び移審の効力は、控訴不可分の原則により、控訴人が不服を申し立てた範囲に限らず、原判決の全部に及ぶ。控訴審は、第一審判決のうちの当事者が不服を申立てた範囲に限定して、口頭弁論を行い（二九六条一項）、第一審で顕出された資料を基礎とし（二九八条・二九六条二項）、控訴審において新たに顕出された資料を加えたところに基づき（二九七条・一五六条）、控訴審の口頭弁論終結時を基準に、不服申立の当否を審判する。当事者が不服を申立てた範囲を越えて、第一審判決を取消又は変更することはできない[1]（三〇四条。これを不利益変更禁止の原則という。）。また、当事者が不服を申し立てていない部分につき、第一審判決を控訴人に有利に変更することもできない（これを利益変更禁止の原則という。）。いずれも、控訴審は、原判決が判断した請求中の控訴人敗訴の部分についてのみ、審判するのであって、前記諸原則は、当初において審判の範囲が限定されていることから論理必然的に導かれる当然の帰結であって、処分権主義に根拠を置いている（賀集唱「相殺の抗弁と控訴審判の範囲」『実例法学全集・民事訴訟法（上巻）』（青林書院、昭和三八年）三四四頁以下、飯塚重男「不利益変更禁止の原則」『講座民事訴訟7』

（弘文堂、昭和六〇年）一九二頁。兼子・体系四五五頁は、弁論主義と同一の基礎にあるとする。これに対し、宇野聡「不利益変更禁止原則の機能と限界（二・完）」民商一〇三巻四号（平成二年）五八四頁以下は、控訴審の審判の範囲は処分権主義により不服申立の範囲に限定されるが、不利益変更禁止の原則は処分権主義とは異なり、控訴人の利益保護の必要性に基礎を置くとする。しかし、利益変更禁止の原則の説明ができなくなり、疑問である。）。したがって、職権調査事項に属するものを除く。

（1）不利益変更禁止の原則と審判の対象　不利益変更禁止の原則に係る場合を、第一審判決との関係で類型的に整理すると、つぎのようになる（判例を網羅的に紹介するものとして、栗田隆「不利益変更禁止に関する判例法理」中野貞一郎先生古稀祝賀『判例民事訴訟法の理論（下）』（有斐閣、平成七年）二六七頁以下参照）。

（ⅰ）予備的併合の類型　①第一審が主位的請求を棄却し、予備的請求を認容する判決をしたところ、原告だけが控訴した場合に、主位的請求の当否は審判の対象となり、これを変更することは許される。

②第一審が主位的請求を棄却し、予備的請求を認容する判決をしたところ、被告だけが控訴した場合に、主位的請求の当否は審判の対象とならず、これを変更することは許されない（最判(三小)昭和五八・三・二二判時一〇七四号五五頁。上告の場合につき、最判(二小)昭和五四・三・一六民集三三巻二号二七〇頁。浅生重機「請求の選択的又は予備的併合と上訴」民訴雑誌二八号（昭和五七年）一七頁、上野泰男「請求の予備的併合と上訴」名城法学三三巻四号（昭和五九年）一八頁以下）。これに対し、原告には、主位的請求を棄却した部分について実質的不服があるとして、審判の対象になるとする説がある（小室直人「上告審における調査・判断の範囲」大阪市立大学法学雑誌一六巻二～四合併号（昭和四五年）（同『上訴・再審』（信山社、平成一一年）一八〇頁）、新堂幸司「不服申立て概念の検討」吉川大二郎博士追悼論集『手続法の理論と実践・下巻』（法律文化社、昭和五六年）（同『訴訟物と争点効（下）』二二七頁以下）、鈴木正裕・判例評論二五八号一六八頁）。しかし、控訴制度の本質に反し、被告の防御権の行使を不当に制約することになる。附帯控訴をしなかった原告が不利益を被ることをもって不当とはいえない。

③第一審が主位的請求も予備的請求も棄却し、被告が控訴した場合に、主位的請求を認容しても、又はこれを棄却して予備的請求を認容しても、問題はない。

④第一審が主位的請求を認容し、被告が控訴した場合に、主位的請求を認容した原判決を取り消し、予備的請求を認容することは許される（大判昭和一一・一二・一八民集一五巻二二六六頁、最判(三小)昭和三三・一〇・一四民集一二巻一四号三〇九一頁、同旨・兼子・判例三三九頁）。予備的併合は、主位的請求が確定的に認容されることを解除条件とする条件付き審判の申立てであり、主位的請求が容れられないときは、予備的請求について審判を求めるのが、予備的併合の趣旨であり、審級の利益を考慮すべき必要はないことによる（浅生・前掲論文一七頁）。

⑤第一審が訴求債権の成立を認めながら、被告の相殺の抗弁を容れ、原告の請求を棄却し、原告のみが控訴した場合に、控訴審が訴求債権の有効な成立を否定するときに、第一審判決を取り消して、請求棄却の判決をすることは、旧一九九条二項（新一一四条二項）に徴すると許されない（最判(一小)昭和六一・九・四判時一二一五号四七頁）。これに対し、判例は、一部請求を認容した第一審判決に対し、

被告のみが控訴し、控訴審において新たに主張された相殺の抗弁が理由がある場合に、控訴審は、当該債権の総額を確定し、その額から自働債権の額を控除した残存額が第一審で認容された一部請求の額を超えるとして控訴棄却しても、不利益変更禁止の原則に反しないとする（最判(三小)平成六・一一・二二民集四八巻七号一三五五頁。中野貞一郎・民商一一三巻六号九二一頁は、判旨に賛成し、梅本吉彦・ジュリ一〇六八号一二三頁は、判旨を疑問とする。）。

(ii)　選択的併合の類型　甲請求と乙請求を選択的併合として申し立てている場合に、甲請求につき一部を認容した判決に対し、被告だけが控訴した場合に、控訴審が、甲請求の認容部分を取り消すときは、乙請求についても審判し、理由があると認めるときは、第一審判決の甲請求の認容額の限度で乙請求を認容すべきであり、乙請求を全部理由がないと判断すべき場合にはじめて、原告の請求を全部棄却できる（最判(一小)昭和五八・四・一四判時一一三一号八一頁。浅生・前掲論文一五頁、鈴木重信「控訴審の審判の範囲」『新実務民事訴訟講座3』（日本評論社、昭和五七年）二〇四頁）。原告の意思は、一個の申立てが認容されれば、他の申立てを撤回するが、一個の申立てが棄却されるときは、他の申立てについても審判を求めるものであり、その意思は全審級を通じて維持されるべきであることによる。原告の併合形態の意思解釈に着目することにより、前記④と整合性を保っている。

(2)　控訴審の審判　控訴又は附帯控訴による不服申立に対して、裁判所は終局判決をもって対応しなければならない。控訴が不適法であるときは、控訴却下の訴訟判決をし、控訴要件を充たしている場合にはじめて、不服申立の当否について判断し、控訴認容又は控訴棄却の本案判決をする。

(イ)　第一審判決を不当とするとき（三〇五条）、第一審判決の手続が法律に違反したとき（三〇六条）は、第一審判決を取り消さなければならない。

(ロ)　第一審が訴えを不適法として却下した判決を不当として取り消す場合は、事件を第一審裁判所に差し戻さなければならない（三〇七条本文。必要的差戻しという）。判決によらない訴訟の終了（訴えの取下げ、和解等）の有効なることを認める訴訟終了宣言判決を取り消す場合にも、訴訟終了宣言判決によりいったん終了した訴訟が、上訴によって事件が一体として上訴審に移審しているので、本条を準用し第一審に差し戻すべきである（最判(大)昭和四五・七・一五民集二四巻七号八〇四頁、兼子・条解一一九四頁〔松浦〕。反対・菊井＝村松・Ⅲ一八二頁）。ただし、さらに弁論する必要がないときは、この限りでない（同条ただし書き）。実質的に第一審についての審級の利益を害しな

い場合をいう。その他に、第一審判決を取り消す場合で、さらに弁論をする必要があるときは、第一審に差し戻すことができる（三〇八条一項。任意的差戻しという。）。差戻判決に対しては、上告することができる（最判(三小)昭和二六・一〇・一六民集五巻一一号五八三頁）。

(ハ) 第一審判決を専属管轄違いを理由に差し戻すときは、判決で事件を管轄裁判所に移送しなければならない（三〇九条）。差戻判決が確定すると、事件は第一審へ移審し、控訴前の第一審手続を続行することとなる（控訴前の第一審における訴訟行為は、控訴審判決で差し戻しの理由として違法である旨判断された場合を除き、効力を有する。三〇八条二項）。差戻しを受けた第一審裁判所は、控訴裁判所が取消の理由とした判断に拘束される（裁四条）。ここにいう判断には、原判決を取り消す場合における主文及びこれを基礎付ける直接の理由で原判決を違法不当ならしめる事項についての判断をいい、法的判断であると事実認定に関する判断であるとを問わない（最高裁判所事務総局総務局『裁判所法逐条解説・上巻』（昭和四二年）三八頁）。

第三章　上告審手続

第一節　上告の構造

一　上　告

第二審の終局判決につき、法律審へ上訴を申し立てる行為を、上告という（上告制度の歴史的研究として、鈴木正裕「上告の歴史」小室直人・小山昇先生還暦記念『裁判と上訴(下)』（有斐閣、昭和五五年）一頁以下）。

(1)　上告は、地方裁判所又は高等裁判所における第二審判決を対象とする。高等裁判所を第一審とする終局判決（三一一条一項、独禁八五条・八六条、特許一七八条等）、当事者間に飛躍上告の合意（二八一条一項ただし書き）のある第一審判決については、ただちに上告を申し立てる。地方裁判所を第一審とする終局判決について、特に法の定める場合に、直接に最高裁判所に上告できる（公選二五条、自治七四条の二、人保二一条）。

(2)　上告については、上告の提起と上告受理の申立ての二つの制度がある。

(i)　判決に憲法の解釈の誤りがあること、その他憲法違反があることを理由とするとき（三一二条一項）、及び所定の事由を上告理由とするとき（同条二項。絶対的上告）に、上告を提起できる。これは、上告すべき裁判所が、最高裁判所及び高等裁判所である場合に共通する。

(ii)　上告すべき裁判所が最高裁判所である場合に、原判決に最高裁判所の判例（これがない場合は、大審院又は上告裁判所もしくは控訴裁判所である高等裁判所の判例）

と相反する判断がある事件、その他の法令の解釈に関する重要な事項を含むものと認められる事件について、申立てにより、最高裁判所は決定で上告審として事件を受理することができる（三一八条一項）。これを上告受理又は裁量上告という。上告受理決定があると、上告がなされたものとみなされる（同条四項）。

(iii) 上告すべき裁判所が高等裁判所である場合は、判決に影響を及ぼすことが明らかな法令違反があることを理由とするときも、上告を提起できる（三一二条三項）。

(3) 上告は、法律審への上訴である点で、控訴と異なる。上告審は、原審の適法に認定した事実を基礎として（三二一条）、原判決がもっぱら法令に違背するか否かについて判断するのであり、新たな主張や証拠の提出を認めないことを特徴とする（ただし、職権調査事項を除く。三二二条）。

二　上告制度の目的

上告制度の目的は、第一に、当事者の救済を図ることにある。裁判は、具体的な紛争事実に起因する請求の当否について、法的に判断する作用であるから、事実認定が正当であるとともに、法令の解釈適用が正当なものであることを要する。もとより、事実審裁判所も、単に事実認定だけに役割があるのではなく、それに対する正当な法令の解釈適用とが相まってはじめて、審判機関としての使命を全うすることができる。しかし、それを前提としつつ、法令の解釈適用について最終的に判断する裁判所を設置することにより当事者の権利保護に万全を期することに、上告制度の基本的な目的がある。第二に、法令解釈の統一を図ることにある。その法令の解釈適用が不統一であることは、いずれの裁判所の審判を受けたかによって結論が異なることになり、それは当事者の権利保護に運不運による不統一性を生じさせる点で不当な不利益を与えることになり、こうした事態は法秩序の維持にも支障を来すことになる。ここに法令解釈の統一を図る意義と必要性がある。

三　上告の利益

上告は、原判決に対する不服の利益があり、かつ所定の上告理由又は上告受理申立て理由を備えていることを要する。これらを欠いているときは、不適法として却下される。

四　上告理由

上告理由の定めについて、新法はつぎのような枠組みを設けている（ドイツ法の沿革について、鈴木正裕「上告理由としての訴訟法違反」民訴雑誌二五号（昭和五四年）二九頁以下。わが国の民訴法の沿革及び新法制定の経緯につき、山本克己「上告制度に関する改正の経緯」『新民事訴訟法大系・第四巻』（青林書院、平成九）二三頁以下、徳田和幸「最高裁判所に対する上訴制度」『講座新民事訴訟法Ⅲ』（弘文堂、平成一〇年）四七頁以下参照）。

(1)　上告すべき裁判所が最高裁判所の場合　(i)　判決に憲法の解釈の誤りがあること、その他憲法違反があることを理由とするとき（三一二条一項）、及び以下に上げる事由を上告理由とするとき（同条二項。絶対的上告理由）に、上告を申し立てることができる。①法律に従って判決裁判所を構成しなかったこと。②法律により判決に関与することができない裁判官が判決に関与したこと。③専属管轄に関する規定に違反したこと。④法定代理権、訴訟代理権又は代理人が訴訟行為をするのに必要な授権を欠いたこと。ただし、三四条二項による追認があったときはこの限りでない。⑤口頭弁論の公開の規定に違反したこと。⑥判決に理由を付せず、又は理由に食い違いがあること。いわゆる理由不備又は理由齟齬をいう。法律解釈の根拠、理由の説明は、必ずしも判決に示す必要はなく、これを欠いているからといって、理由不備とはいえない（最判(二小)昭和三七・一一・二二裁判集民事六三号三〇七頁）。

(ii)　原判決に最高裁判所の判例（これがない場合は、大審院又は上告裁判所もしくは控訴裁判所である高等裁判所の判例）と相反する判断がある事件、その他の法令の解釈に関する重要な事項を含むものと認められる事件について、申立てにより、最高裁判所は決定で上告審として事件を受理することができる（三一八条一項。上告受理又は裁量上告という。）。上告受理決定があると、上告がなされたものとみなされる（同条四項）。旧法三九四条は、判決に影響を及ぼすことが明らかな法令違反を上告理由として認めていたところ、新法の下で三

一二条及び三一八条はこれを許容しないが、審級制度に係る立法政策に属する問題であって憲法三二条に違反するものではない（最判(三小)平成一三・二・一三判時一七四五号九四頁）。

(2)　上告すべき裁判所が高等裁判所の場合　(i)　前記最高裁判所における(i)と同様である。

(ii)　判決に影響を及ぼすことが明らかな法令違反があることを理由とするときも、上告を申し立てることができる（三一二条三項）。

第二節　上告の提起

一　上告の手続

上告及び上告審の手続については、特別の規定がない限り、控訴の規定を準用する（三一三条）。

(1)　上告の提起は、上告状を原裁判所に提出してしなければならない（三一四条一項）。上告期間は、原判決の送達後二週間の不変期間である（三一三条・二八五条）。原裁判所の裁判長は、上告状を点検し、不備があれば補正を命じ、補正命令に応じなければ上告状の却下命令をする（三一四条二項・二八八条・二八九条）。上告理由書についても、上告状と同様に補正措置が設けられている（規一九六条）。原裁判所は、上告が不適法でその不備を補正することができないとき、上告理由書を提出しないとき又は上告理由の記載が所定の方式に違反するときは、決定で上告を却下しなければならない（三一六条一項）。この決定に対しては、即時抗告ができる（同条二項）。上告の提起があった場合には、上告状却下命令又は上告却下決定（三一六条一項一号）があったときを除き、当事者に「上告提起通知書」を送達しなければならない（規一八九条一項。旧規則の「上告受理通知書」の名称が改められている）。

上告状に上告理由の記載がないときは、上告人は上告提起通知書の送達を受けた日から五〇日内に上告理由書を

提出しなければならない（三一五条、規一九四条・一九〇条～一九三条）。

原裁判所は、上告状却下命令又は上告却下決定があった場合を除き、事件を上告裁判所に送付しなければならない（規一九七条一項前段）。この場合に、原裁判所は、上告人が上告理由中に示した訴訟手続に関する事実の有無について意見を付することができる（同条項後段）。事件の送付は、原裁判所の裁判所書記官が、上告裁判所の裁判所書記官に対し、訴訟記録を送付してする（同条二項）。

(2) 上告裁判所の裁判所書記官は、訴訟記録の送付を受けたときは、速やかにその旨を当事者に通知しなければならない（同条三項）。上告裁判所は、上告が不適法でその不備を補正することができないとき、上告理由書を提出しないとき又は上告理由の記載が所定の方式に違反するときは、決定で上告を却下しなければならない（三一七条一項）。上告裁判所である最高裁判所は、上告理由が明らかに憲法の解釈の誤りその他憲法に違反しない場合、及び絶対的上告理由に該当しない場合には、決定で、上告を棄却する（同条二項）。この場合に、原審が上告を却下する決定はできない（最決(三小)平成一一・三・九判時一六七三号八七頁）。上告裁判所が原裁判所から事件の送付を受けた場合に、これらの上告却下決定又は上告棄却決定をしないときは、被上告人に上告理由書の副本を送達しなければならない（規一九八条前段）。ただし、上告裁判所が口頭弁論を経ないで審理又は裁判する場合で、その必要がないと認めるときは、この限りでない（同条後段）。上告裁判所は、相当の期間を定めて、答弁書を提出すべきことを被上告人に命じることができる（規二〇一条）。

二　上告受理の申立て手続

上告受理の申立てには、特別の定めがある場合を除き、上告及び上告審の訴訟手続に関する規定が準用される（三一八条五項・三一三条～三一五条・三一六条一項）。以下において、上告の提起と異なる点についてみる。

原判決に最高裁判所の判例（これがない場合は、大審院又は上告裁判所もしくは控訴裁判所である高等裁判所の判例）と相反する判断がある事件、その他の法令の解釈に

関する重要な事項を含むものと認められる事件について、申立てにより、最高裁判所は決定で上告審として事件を受理することができる（三一八条一項）。法令の解釈に関する重要な事項を含むものと認められる場合には、判決に影響を及ぼすことが明らかな法令違反が破棄事由であること（三二五条二項）に照らすと、最高裁判所は、裁量的に上告不受理決定をすることはできないと解する（徳田和幸「最高裁判所に対する上訴制度」『講座新民事訴訟法Ⅲ』（弘文堂、平成一〇年）六二頁。反対・山本克己「最高裁判所による上告受理及び最高裁判所に対する許可抗告」ジュリ一〇九八号（平成八年）八六頁）。

上告受理申立て期間経過後に、上告期間内にした上告を上告受理の申立てに変更又は訂正することはできない（最決(二小)平成一二・七・一四判時一七二〇号一四七頁）。判決に憲法の解釈の誤りがあること、その他憲法違反があること（三一二条一項）、及び絶対的上告事由（同条二項）を理由とすることはできない（三一八条二項）。本条を受けて、上告の提起と上告受理の申立てを一通の書面でするときは、上告状と上告受理申立書を兼ねることを明らかにしなければならず、上告理由と上告受理申立て理由を区別して書かなければならないとされている（規一八八条。なお、東京高等裁判所は両方を申し立てる場合でも、上告理由書と上告受理申立て理由書は、別に作成するように指導している。）。上告受理申立て理由書の記載については、上告理由の記載に準じた記載方法が定められている（規一九九条）。最高裁判所は、上告受理申立ての理由中に重要でないと認めるものがあるときは、これを排除し（三一八条三項）、上告受理決定の中で明らかにしなければならない（規二〇〇条）。上告受理の申し立てたがあった場合における最高裁判所の裁判長は、相当の期間を定めて、答弁書を提出すべきことを被上告人に命じることができる（規二〇一条）。

最高裁判所は、上告受理の申立てを認めるときは、決定をもって行い、この決定があった場合は、上告があったものとみなされる（三一八条一項四項）。受理しないときは、上告不受理決定をする。上告受理の申立ては、上告受理を求める申立権に基づくものであるので、最高裁判所は受理しないときでも、不受理の決定をすることを要する。上告受理の申立てに係る事件が三一八条一項の事件に該当するか否かは、最高裁判所のみが判断しうる事項であり、原裁判所が該当しないとして申立てを却下する決定はできない（最決(一小)平成一一・三・九判時一六七二号六七頁）。

三　上告の効力

上告の提起又は上告受理の申立てがなされると、訴訟事件は控訴裁判所から上告裁判所に移審し、上告裁判所に係属する。これによる確定判決遮断の効力及び移審の効力は、上告人が不服を申し立てた範囲に限らず、原判決の全部に及ぶのを原則とする。

四　附帯上告

被上告人が上告審手続において、上告審の審判の範囲を自己に有利に拡張させる申立てを、附帯上告という。上告理由と別個の理由に基づくときは、上告理由書の提出期限内（規一九四条）に提起することを要し（①最判(三小)昭和三八・七・三〇民集一七巻六号八一九頁、②最判(三小)平成三・六・一八裁判集民事一六三号一〇七頁、③最判(三小)平成九・一・二八民集五一巻一号七八頁）、同一理由に基づくときは、口頭弁論が開かれるときはその終結時まで、そうでないときは上告審判決があるまで提起できる（三一三条・二九三条）。理由の同一性の判断基準は、必ずしも明確でなく（例えば、前記判例①は個人債務か連帯債務につき、③は損害賠償額の過小認定か過大認定につき、それぞれ同一性なしとするが、③は同一性を認めても無理はないと解する。）、運用の仕方によって異なってくる余地がある（新堂・判例四〇七頁）。

第三節　上告審の審理と判決

一　上告審の審理の構造

上告審の特徴は、第一審及び控訴審の性質が事実審であるのと異なり、その性質が法律審であることに見られる。その意味は、第一に事実審の適法に認定した事実を前提として審判することであり、第二に、法令の解釈適用について最終的に判断する裁判所であることをいう。

二　上告審の審理手続

上告審は、法律審であることから、その審理手続は、書面審理を原則とし、例外的に口頭主義を併用する。上告状、上告理由書、答弁書その他の書類により、上告を理由がないと認めるときは、口頭弁論を経ないで、判決で上告を棄却する（三一九条）。上告理由書提出期間の経過後に上告人が破産宣告を受けた場合でも、受継手続（破六九条）を経ることなく、上告棄却の判決をできる（最判（三小）平成九・九・九判時一六二四号九六頁）。逆に、上告を容れるには、必ず口頭弁論を開かなければならない（三一九条の反対解釈）。その場合に、口頭弁論は、上告及び附帯上告に必要な限度で行う（二九六条一項の準用）。

三　上告審の審判

上告審は、原判決の当否を審判の対象とし、原判決が適法に確定した事実を前提に（三二一条一項）、上告人が上告理由に基づき不服を申し立てた範囲を限度として調査する（三二〇条）。ただし、職権調査事項については、これらの制限を受けない（三二二条）。もっとも、飛躍上告の場合は、原判決における事実の確定に法律違反があったことを破棄理由にすることはできない（三二一条二項）。

(1)　上告却下・上告棄却　上告の提起が上告の要件（三一七条・三一六条）を欠いている場合は、上告裁判所は、上告却下の決定をする。上告裁判所である最高裁判所は、上告理由が明らかに憲法の解釈の誤りその他憲法に違反しない場合、及び絶対的上告理由に該当しない場合には、決定で、上告を棄却する（三一七条二項）。上告理由が正当と認められても、他の理由により原判決の結論を正当と判断するときは、上告を棄却する（三〇二条二項の準用）。

(2)　原判決破棄差戻し・破棄自判　上告理由を正当と認めるときは、原判決を破棄し、事件を原裁判所に差し戻し、又はこれと同等の他の裁判所に移送する（三二五条一項）。上告裁判所である最高裁判所は、憲法の解釈の誤りその他憲法に違反すると認められない場合、及び絶対的上告理由に該当しない場合であっても、判決に影響を及ぼすこと

が明らかな法令違反があるときは、同様の措置をとる（同条二項）。上告理由を正当と認める場合であって、さらに事件がその事実に基づき裁判をするのに熟するとき、事件が裁判所の権限に属しないことを理由として判決を破棄するときは、その事件について裁判しなければならない[1]（三二六条）。

（1）　破棄自判の例　最高裁判所が破棄自判した例として、つぎの三件が主要な先例として意義がある。①遺産確認訴訟は共同相続人全員が当事者となる固有必要的共同訴訟であるところ、その一部を遺脱し不適法である場合に、これと選択的併合関係にある共有持分権確認請求を上告審が認容した場合には、前記遺産確認請求を認容した部分の原判決は当然に失効する（最判（三小）平成元年九・一九判時一三二八号三八頁）、②境界確定訴訟につき本案判決をした第一審判決を取り消して訴え却下判決をした控訴審判決を破棄する場合に、第一審判決を正当とするときは、控訴棄却の判決をできる（最判（三小）平成五・三・三〇訟務月報三九巻一一号二三二六頁）、③主位的請求認容した控訴審判決を破棄し、訴え却下判決をする場合に、予備的請求が不適法でその欠缺を補正できないときは、その点についても却下判決をできる（最判（一小）平成七・三・二三民集四九巻三号一〇〇六頁）。

四　差戻審の訴訟手続

差戻判決が確定すると、事件は原審（又は移送を受けた裁判所を含む。以下同様）へ移審し、上告前の控訴審手続を続行することとなる（上告前の控訴審における訴訟行為は、上告審判決で差し戻しの理由として違法である旨判断された場合を除き、効力を有する。三一三条・三〇八条二項）。差戻しを受けた控訴審裁判所は、新たな口頭弁論に基づき裁判しなければならない（三二五条三項前段）。その場合に、上告裁判所が取消の理由とした判断に拘束される（同条項後段、裁四条）。この破棄判決の拘束力の法的性質については、既判力説（最判（二小）昭和三〇・九・二民集九巻一〇号一一九七頁、兼子一「上級審の裁判の拘束力」法協六八巻五号（昭和二五年）（同・研究第二巻九〇頁）。石川明「差戻判決の拘束力」『実務民事訴訟講座2』（日本評論社、昭和四四年）三三三頁は、一事不再理の理念の既判力という形式による発現とみる。）、審級制度に基づく特殊な効力説（小室直人「上級審の拘束的判断の範囲」『上訴制度の研究』（有斐閣、昭和三六年）二二八頁・二三一頁、新堂・七九五頁）、とがある。後者が妥当である。

第四節　特別上告

高等裁判所が上告審としてした終局判決に対し、最高裁判所にさらにする上告を、特別上告という。その判決に憲法の解釈の誤りがあることその他憲法違反があることを理由とするときに限る（三二七条一項）。この特別上告及びその上告審の訴訟手続には、その性質に反しない限り、通常の上告に関する規定が準用されるが（同条二項、規二〇四条）、前記終局判決の確定を妨げないので（一一六条一項参照）、本来の上訴ではなく、非常の不服申立方法である。

第四章　抗告審手続

一　抗告の構造

決定及び命令につき、独立して上訴を申し立てる行為を、抗告という。異議も、決定及び命令についての不服申立である点で共通するが、異議は同一審級の裁判所へ申し立てる（一五〇条・二〇二条三項・三二九条一項・三五七条・三七八条）のに対し、抗告は、上級裁判所へ不服申し立てる点で異なる。

訴訟手続の過程において種々の局面で派生的に生じる手続に関する問題につき、すべてを終局判決まで持ち越し、それと一体として上級裁判所の判断を求めることは、手続保障として慎重な対応のようである。その反面、問題の処理を後日に譲ることは、手続全体を著しく不安定にし、派生的な事項についてまで、そのような審級制度に乗せることはかえって手続保障に反するものである。そこで、こうした事項については、訴訟手続自体の中に吸収して処理を図り、もって本案の審理に資することが、当事者にとって有益であるのみならず、裁判所にとっても、訴訟の進行を効率的に推進するために有効かつ適切であるといえる。ここに抗告手続の趣旨をみることができる（抗告手続を訴訟手続全体から判決手続と対比しつつ、抗告手続の重要性を指摘するものとして、三ケ月章「決定手続と抗告手続の再編成」吉川大二郎博士追悼論集『手続法の理論と実践（上巻）』（法律文化社、昭和五五年）（同・研究第八巻一六七頁以下）。民事保全につき、決定手続の手続保障を論じるものとして、谷口安平「民事保全法における決定手続と手続保障」ジュリ九六九号（平成二年）（同『民事執行・民事保全・倒産処理（上）』（信山社、平成一二年）三一二頁以下）、竹下守夫「決定による裁判の原則と手続権の保障」竹下守夫＝鈴木正裕編『民事保全法の基本構造』（西神田編集室、平成七年）六三頁以下参照）。

二　抗告の種類

(1)　通常抗告・即時抗告

通常抗告は、抗告を提起する期間の定めがなく、原裁判の取消しを求める利益（抗告の利益）がある限り、いつでも提起できる。これに対し、即時抗告は、法が特に認める場合に限り、裁判の告知を受け

た日から一週間の不変期間内にしなければならない（三三二条）。迅速に確定する必要性が顕著な場合である。即時抗告に限り、執行停止の効力を生じる（三三四条一項）。

(2)　最初の抗告・再抗告　再抗告とは、最初の抗告に基づく抗告審の決定に対する抗告をいう。最初の抗告は、控訴の規定が準用されるのに対し（三三一条本文）、再抗告は、決定・命令についての法律審への申立てであるから、上告の規定が準用される（同条ただし書き）。ただし、最高裁判所への再抗告は認められていない（裁一六条二号・七条。最決(二小)昭和四二・三・二九裁判集民事八六号七七一頁参照）。

(3)　特別抗告　地方裁判所及び簡易裁判所の決定及び命令で不服申立できないもの並びに高等裁判所の決定及び命令に対しては、憲法解釈の誤りがあることその他憲法違反を理由とするときに、最高裁判所に特に抗告するのを、特別抗告という（三三六条一項）。終局判決に対する上訴でその当否を争うことができる決定は、これに当たらない（弁論終結決定につき、最決(三小)平成三・一一・七判時一四一八号七九頁）。裁判の確定を妨げないので、特別上告と同様に、本来の上訴ではなく、非常の不服申立方法である。

(4)　許可抗告　高等裁判所の決定及び命令に対し、高等裁判所が許可した場合に限り、最高裁判所に特に申し立てることのできる抗告を、許可抗告という（三三七条一項。高等裁判所の許可に係らせる点につき、裁判の公正さに問題があるとする適切な指摘がある、山本克己「上訴制度の改正」ジュリ一〇二八号（平成五年）一四八頁）。ただし、その裁判が地方裁判所の裁判であるとした場合に抗告できるものであるときに限る[(1)]（同条項ただし書き）。法令解釈の統一を図ることを目的として、新法においてはじめて設けられたものである（下級裁判所の裁判に対して最高裁判所に抗告を許可するか否かは審級制度に係る立法政策の問題であり、憲法違反の余地はない、最決(三小)平成一〇・七・一三判時一六五一号五四頁）。

(1)　許可抗告と保全抗告　保全抗告の裁判については再抗告できないところ（民保四一条三項）、高等裁判所が保全抗告につき行った裁判に対しては、三三七条一項ただし書きにより、最高裁判所に許可抗告できないことになる。その結果、高等裁判所における保全命令手続の大半を占める保全抗告につき、最高裁判所へ許可抗告できないことになり、法令解釈の統一を図るという立法趣

旨は適えられないので、民保四一条三項を改正すべき旨が主張された（山本克己「最高裁判所による上告受理及び最高裁判所に対する許可抗告」ジュリスト一〇九八号（平成八年）九〇頁が、この点を最初に指摘した）。この「法の欠缺」につき、判例は、高等裁判所のした保全抗告についての決定は、許可抗告制度の立法趣旨を根拠にその対象となるとして解釈論によって処理した（最決（二小）平成一一・三・一二民集五三巻三号五〇五頁。鈴木正裕・民商一二一巻四・五合併号六五五頁も、法の欠缺を認めた上でこの処理を支持する。）。

三　抗告の対象

抗告は、①口頭弁論を経ないで訴訟手続に関する申立てを却下した決定又は命令、②決定又は命令により裁判できない事項についてなされた決定又は命令に対してすることができる（三二八条。本条に当たる旧四一〇条について詳細な研究として、鈴木正裕「決定・命令に対する不服申立て―民事（一）〜（四・完）」法曹時報三六巻七号（昭和五九年）・八号・一〇号・一一号参照）。その他法律が個別に認める場合にも、抗告することができる（二一条・二五条五項・四四条三項・六九条三項・七一条七項・七五条七項・七九条四項・八六条・九二条四項・一四一条二項・一九二条二項・一九九条二項・二〇九条二項等）。これに対し、①不服申立が禁止されている裁判（一〇条三項・二五条四項・二一四条三項等）、②抗告以外の不服申立が認められている裁判（民保二六条）、③高等裁判所の裁判（最高裁判所への抗告は特別抗告及び許可抗告に限り、一般の抗告はできない。）、④受命裁判官または受託裁判官の裁判（受命裁判官または受託裁判官の命令に対する不服申立は受訴裁判所に対する異議の申立てにより、その裁判に対しては抗告ができる（三二九条）。）、については抗告できない。

四　抗告審の手続

抗告及び抗告裁判所の訴訟手続には、その性質に反しない限り、控訴に関する規定が準用される（三三一条本文、規二〇五条）。

(1)　当事者　　原裁判である決定・命令により不利益を受ける当事者又は第三者が抗告人（抗告の利益を有する者）となり、決定・命令の変更により不利益を受ける者を相手方とする。もっとも、抗告審手続は、厳格な当事者対立の構造から成り立っているわけではなく、対立する利害関係人のいない場合もある（一九二条・二〇〇条）。また、裁判所が必要があると認めるときは、相手方を定める場合もある（民執七四条四項）。

(2)　抗告の提起　　抗告状を原裁判所に提出して行う（三三一条・二八六条）。抗告状に原裁判の取消し又は変更を求める事由の具体的記載がないときは、抗告の提起後一四日以内にこれらを記載した書面を原裁判所に提出しなければなら

ない（規二〇七条）。

(3)　抗告提起の効力　適法な抗告が提起されると、原裁判をした裁判所（または裁判長。決定・命令をした裁判機関をいう。）は、みずから抗告の当否を判断し、理由があると認めるときは、その裁判を更正しなければならない（三三三条。再度の考案という。）。その趣旨は、上級審の負担を軽減するとともに、事件を早期に処理することにある。ここにいう更正とは、原裁判の取消・変更をいう。原裁判をした裁判所が、抗告を理由がないと認めるときは、意見を付して事件を抗告裁判所に送付する（規二〇六条。これにより抗告裁判所に移審の効力を生じる）。即時抗告に限り、執行停止の効力を生じるが（三三四条一項）、通常抗告については、抗告裁判所又は原決定をした裁判所若しくは裁判官は、抗告について決定があるまで、執行の停止その他必要な処分を命じることができる（同条二項）。

(4)　口頭弁論　決定手続であるから、口頭弁論を開くか否かは任意である（八七条一項ただし書き）。抗告裁判所は、抗告について口頭弁論を開かない場合には、抗告人その他の利害関係人を審尋することができる（三三五条）。

第一〇編　再審手続

一　再審手続の構造

確定した終局判決の取消を求めるとともに、本案につき審理及び裁判を求める行為を、再審という。すでに確定している裁判を対象とする点で、非常の不服申立方法である。民事紛争をめぐる救済手続においては、刑事事件におけるのと異なり、確定判決の再審に止まらず、広く確定判決の効力を争うという視点からみると、前訴判決の効力が争いとなる後訴をはじめ、請求異議訴訟等の隠れた再審の訴えが存在するところに特徴がある。その他に、即時抗告をもって不服を申し立てることができる決定又は命令で確定したものに対しても、再審を申し立てることができる（三四九条。準再審という。）。

二　再審事由

再審の訴えは、所定の事由を不服申立の理由とする場合に限られる（三三八条一項）。

(1)　絶対的再審事由　判決の内容に関わらず、当然に再審事由となる。① 判決裁判所の構成の違法（一号）、② 判決関与裁判官の違法（二号）、③ 法定代理権及び訴訟代理権の欠缺、代理人の授権の欠缺（三号）が、それである。

(2)　限定的再審事由　判決の結果に影響する場合に限る。④ 判決関与裁判官の事件に関する犯罪行為の存在（四号）、⑤ 証拠資料に係る可罰行為の存在（五号〜七号）、⑥ 判決の基礎たる裁判又は行政処分の変更（八号）、⑦ 重要な事項についての判断の遺脱（九号）、⑧ 確定判決との抵触（一〇号）が、それである。このうち、④及び⑤については、罰

すべき行為について、有罪判決若しくは過料の裁判の確定等が得られたことを要する（三三八条二項）。

三　再審訴訟の訴訟物

再審は、確定判決の取消と本案の再審理から構成されるので、その訴訟物については、① 確定判決の取消を求める形成請求と本案請求から成るとする説（兼子・体系四八一頁、新堂・八〇九頁。二元説）、② 再審事由を前提条件とする本案請求とする説（中野貞一郎・民商四六巻三号五四一頁、上村明広「再審訴訟の訴訟物構成に関する一問題」神戸法学雑誌一九巻一・二合併号（昭和四四年）八七頁、小山昇「再審の訴えの訴訟物」小室直人＝小山昇先生還暦記念『裁判と上訴・下』（有斐閣、昭和五五年）（同・著作集第一巻二六一頁）、加波眞一「再審原理と再審訴訟の手続構造（二・完）」北九州大学法政論集三号（平成四年）（同『再審原理の研究』（信山社、平成九年）二八一頁）。一元説）、とがある。再審の訴えは、前述したように二重構造を形成し、それに対応した二段階の裁判がなされ、これを中間裁判と終局裁判とみることも困難であり、二元説が妥当である。さらに、再審事由との関係が問題になるところ、その事由ごとに属性があることに着目すると、それぞれが別個の訴訟物を構成すると捉えるのが妥当である（新訴訟物理論の立場でも、三ケ月章「訴訟物再考」民訴雑誌一九号（昭和四八年）（同・研究七巻一九頁）は、再審を救済訴訟として位置づけ、二分肢説の観点から再審事由毎に訴訟物は異なるとする）。

四　再審訴訟の手続

再審の訴えは、不服申立に係る判決をした裁判所の専属管轄に属する（三四〇条一項）。審級を異にする裁判所が同一事件についてした判決に対する再審の訴えは、上級裁判所が併せて管轄する（同条二項）。再審期間は、当事者が判決の確定した後、再審事由を知った日から三〇日の不変期間内に提起しなければならない（三四二条一項）。判決が確定した日から五年を経過したときは、提起できない（同条二項）。ただし、代理権の欠缺（三三八条一項三号）及び確定判決との抵触（一〇号）を再審事由とする場合を除く（三四二条三項）。

再審の訴えの原告は、確定判決の既判力を受け、かつその取消を求める利益を有する者である。通常は確定判決の当事者で、全部又は一部敗訴した者であり、その他、口頭弁論終結後の承継人（特定承継人につき、最判（一小）昭和四六・六・三判時六三四号三七頁）、訴訟担当の場合の利益帰属主体、判決効の及ぶ第三者等である。これに対し、被告は、確定判決で勝訴した当事者又は

その口頭弁論終結後の承継人（大判昭和八・七・二二民集一二巻二二四四頁）、人事訴訟の相手方死亡の場合の検察官（人訴二条三項・二六条・三二条二項）である。

裁判所は、再審事由がある場合には、相手方を審尋した上で、再審開始決定をする（三四六条）。この決定に対しては、即時抗告できる（三四七条）。再審開始決定が確定した場合は、不服申立の限度で、本案の審理及び裁判をする（三四八条一項）。判決を正当とするときは、再審請求を棄却し、理由があると認めるときは、確定判決を取り消した上で、さらに裁判する（同条二項三項）。

主要参考文献（ゴチックは略称による引用を示す）

〔概説書・体系書〕

＊新法関係

伊藤　眞　民事訴訟法〔補訂版〕（平成一二年、初版・平成一〇年）　有斐閣
上田徹一郎　民事訴訟法（第三版）（平成一三年）　法学書院
大江　忠　要件事実民事訴訟法（平成一二年）　第一法規出版
小山　昇　民事訴訟法（新版）（平成一三年）　青林書院
斎藤　秀夫　新民事訴訟法解説（平成九年）　第一法規出版
佐上　善和　民事訴訟法（第二版）（平成一〇年、初版・平成六年）　法律文化社
新堂　幸司　新民事訴訟法（第二版）（平成一三年、初版・平成一〇年）　弘文堂
高橋　宏志　**重点講義**民事訴訟法【新版】（平成一二年、初版・平成九年）　有斐閣
中野貞一郎＝松浦　馨＝鈴木　正裕　編　新民事訴訟法**講義**（補訂版）（平成一二年、初版・平成一〇年）　有斐閣
林屋　礼二　新民事訴訟法概要（平成一二年）　有斐閣
松本　博之＝上野　泰男　民事訴訟法（第二版）（平成一三年、初版・平成一〇年）　弘文堂
三谷　忠之　民事訴訟法講義（平成一四年）　成文堂
吉村　徳重＝竹下　守夫＝谷口　安平　編　講義民事訴訟法（平成一三年）　青林書院

＊旧法関係

上田徹一郎　民事訴訟法（昭和六三年）　法学書院
加藤　正治　新訂民事訴訟法要論（昭和二五年、初版・昭和一九年）　有斐閣
兼子　一　新修民事訴訟法体系（増訂版）（昭和四〇年、初版・昭和二九年）　酒井書店
菊井　維大　民事訴訟法・上（補正版）（昭和二五年、初版・昭和三三年）・下（補正版）（昭和二五年、初版・昭和三三年）　弘文堂
小山　昇　民事訴訟法（五訂版）（平成元年、初版・昭和四三年）　青林書院
斎藤　秀夫　民事訴訟法概論（新版）（昭和五七年、初版・昭和四四年）　有斐閣
新堂　幸司　民事訴訟法（第二補正版）（平成二年、初版・昭和四九年・筑摩書房）　弘文堂
谷口　安平　口述民事訴訟法（昭和六二年）　成文堂
中野貞一郎＝松浦　馨＝鈴木正裕　編　民事訴訟法講義（初版・昭和五五年）　有斐閣
林屋　礼二　民事訴訟法概要（平成三年）　有斐閣
三ケ月　章　民事訴訟法（法律学全集）（昭和三四年）　有斐閣
同　民事訴訟法（第三版）（法律学講座双書）（平成四年、初版・昭和五四年）　弘文堂

〔注釈書〕

＊新法関係

小室　直人＝賀集　唱＝松本　博之＝加藤新太郎　編　基本法コンメンタール・新民事訴訟法1（平成九年）、2（平成一〇年）、3（平成一〇年）　日本評論社

三宅　省三＝塩崎　勤＝小林　秀之 編集代表　注解民事訴訟法【Ⅱ】（平成一二年）　青林書院

＊旧法関係

兼子　一　条解民事訴訟法・上（昭和三〇年、初版・昭和二六年）　弘文堂
兼子　一＝松浦　馨＝新堂　幸司＝竹下　守夫　条解民事訴訟法（昭和六一年）　弘文堂
菊井　維大＝村松俊夫　全訂民事訴訟法Ⅰ補訂版（平成五年）、Ⅱ（平成元年）、Ⅲ（昭和六一年）　日本評論社
新堂　幸司＝鈴木　正裕＝竹下　守夫 編集代表　注釈民事訴訟法（1）～（9）（平成三年～八年）　有斐閣
斎藤　秀夫＝小室　直人＝西村　宏一＝林屋　礼二編　注解民事訴訟法（1）～（12）〔第二版〕（平成四年～八年）　第一法規出版

〔論文集〕

池田　辰夫　債権者代位訴訟の構造（平成七年）　信山社
同　新世代の民事裁判（平成八年）　信山社
伊藤　滋夫　事実認定の基礎（平成八年）　有斐閣
同　要件事実の基礎（平成一二年）　有斐閣
伊藤　眞　民事訴訟の当事者（昭和五三年）　弘文堂
井上　治典　多数当事者訴訟の法理（昭和五六年）　弘文堂
同　多数当事者の訴訟（平成四年）　信山社
同　民事手続論（平成五年）　有斐閣
上田徹一郎　判決効の範囲（昭和六〇年）　有斐閣
同　当事者平等の原則（平成九年）　有斐閣
上原　敏夫　債権執行手続の研究（平成六年）　有斐閣
同　団体訴訟・クラスアクションの研究（平成一三年）　商事法務研究会
春日偉知郎　民事証拠法の研究（平成三年）　有斐閣
同　民事証拠法論集（平成七年）　有斐閣
加藤新太郎　弁護士役割論［新版］（平成一二年、初版・平成四年）　弘文堂
同　手続裁量論（平成八年）　弘文堂
同編著　新版・民事尋問技術（平成一一年、初版・平成八年）　ぎょうせい
同　編　民事訴訟審理（平成一二年）　判例タイムズ社
兼子　一　民事法研究　第一巻（昭和二五年）、第二巻（昭和二九年）、第三巻（昭和四四年）　酒井書店
同　実体法と訴訟法（昭和三二年）　有斐閣
木川統一郎　民事訴訟政策序説（昭和四三年）　有斐閣
同　比較民事訴訟政策の研究（昭和四七年）　有斐閣
同　民事訴訟法改正問題（平成四年）　成文堂
倉田　卓次　民事実務と証明論（昭和六二年）　日本評論社
小島　武司　裁判運営の理論（昭和四九年）　有斐閣
同　訴訟制度の理論（昭和五二年）　弘文堂
同　迅速な裁判（昭和六二年）　中央大学出版部
同　民事訴訟の基礎法理（昭和六三年）　有斐閣
小林　秀之　民事裁判の審理（昭和六二年）　有斐閣
同　新証拠法（平成一〇年）　弘文堂
小室　直人　上訴制度の研究（昭和三六年）　有斐閣
同　訴訟物と既判力（民事訴訟法論集（上））（平成一一年）　信山社
同　上訴と再審（民事訴訟法論集（中））（平成一一年）　信山社
同　執行・保全・特許訴訟（民事訴訟法論集（下））（平成一一年）　信山社

小山　昇　訴訟物の研究（小山昇著作集第一巻）（平成六年）　信山社
同　判決効の研究（第二巻）（平成二年）　信山社
同　訴訟行為・立証責任・訴訟要件の研究（同・第三巻）（平成六年）　信山社
同　多数当事者訴訟の研究（同・第四巻）（平成五年）　信山社
同　追加請求の研究（同・第五巻）（平成六年）　信山社
同　仲裁の研究（同・第六巻）（平成三年）　信山社
同　民事調停・和解の研究（同・第七巻）（平成三年）　信山社
同　家事事件の研究（同・第八巻）（平成四年）　信山社
同　保全・執行・破産の研究（同・第九巻）（平成五年）　信山社
同　判決の瑕疵の研究（同・第一〇巻）（平成六年）　信山社
同　民事裁判の本質を探して（同・第一一巻）（平成六年）　信山社
同　よき司法を求めて（同・第一二巻）（平成五年）　信山社
同　余録・随想・書評（同・第一三巻）（平成六年）　信山社
坂田　宏　民事訴訟における処分権主義（平成一三年）　有斐閣
坂原　正夫　民事訴訟法における既判力の研究（平成五年）　慶應義塾大学法学研究会
斎藤　秀夫　民事訴訟法理論の生成と展開（昭和六〇年）　有斐閣
同　民事訴訟法学内外の視角（昭和六一年）　有斐閣
新堂　幸司　民事訴訟制度の役割（民事訴訟法研究第一巻）（平成五年）　有斐閣
同　民事訴訟法学の基礎（民事訴訟法研究第二巻）（平成一〇年）　有斐閣
同　訴訟物と争点効（上）（民事訴訟法研究第三巻）（昭和六三年）　有斐閣
同　訴訟物と争点効（下）（民事訴訟法研究第四巻）（平成三年）　有斐閣
同　民事訴訟法学の展開（民事訴訟法研究第五巻）（平成一二年）　有斐閣
同　権利実行法の基礎（民事訴訟法研究第六巻）（平成一三年）　有斐閣
谷口　安平　民事紛争処理（民事手続法論集第三巻）（平成一二年）　信山社
同　民事執行・民事保全・倒産処理（上）（民事手続法論集第四巻）（平成一二年）　信山社
中田　淳一　訴訟及び仲裁の法理（昭和二八年）　有信堂
同　訴と判決の法理（昭和四七年）　有斐閣
中野貞一郎　訴訟関係と訴訟行為（昭和三六年）　弘文堂
同　過失の推認（昭和五三年）　弘文堂
同　民事手続の現在課題（平成元年）　判例タイムズ社
同　民事訴訟法の論点Ⅰ（平成六年）　判例タイムズ社
同　民事訴訟法の論点Ⅱ（平成一三年）　判例タイムズ社
松本　博之　証明責任の分配（新版）（平成八年、初版・昭和六二年・有斐閣）　信山社
同　民事自白法（平成六年）　弘文堂
三ケ月　章　民事訴訟法研究　第一巻（昭和三七年）、第二巻（昭和四一年）、第三巻（昭和四一年）、第四巻（昭和四一年）、第五巻（昭和四七年）、第六巻（昭和四七年）、第七巻（昭和五三年）、第八巻（昭和五六年）、第九巻（昭和五九年）、第十巻（平成元年）　有斐閣
山木戸克己　民事訴訟理論の基礎的研究（昭和三六年）　有斐閣
同　民事訴訟法論集（平成二年）　有斐閣
山本　和彦　民事訴訟審理構造論（平成七年）　信山社

〔判例評釈集〕

兼子　一　判例民事訴訟法(昭和二五年)　弘文堂
菊井　維大　判例民事手続法(昭和二六年)　弘文堂
新堂　幸司　判例民事手続法(平成六年)　弘文堂
中田　淳一　民事訴訟法判例研究(昭和四七年)　有斐閣
三ケ月　章　判例民事訴訟法(昭和四九年)　弘文堂
山木戸克己　民事訴訟法判例研究(平成八年)　有斐閣

〔記念論文集〕

岩松裁判官還暦記念　訴訟と裁判(昭和三一年)　有斐閣
小野木常・斎藤秀夫先生還暦記念　抵当権の実行　上(昭和四五年)、下(昭和四七年)　有斐閣
兼子博士還暦記念　裁判法の諸問題　上(昭和四四年)、中(昭和四四年)、下(昭和四五年)　有斐閣
木川統一郎博士古稀祝賀　民事裁判の充実と促進　上巻(平成六年)、中巻(平成六年)、下巻(平成六年)　判例タイムズ社
菊井維大先生献呈論集　裁判と法　上(昭和四二年)、下(昭和四二年)　有斐閣
吉川大二郎博士追悼論集　手続法の理論と実践　上巻(昭和五五年)、下巻(昭和五六年)　法律文化社
小室直人・小山昇先生還暦記念　裁判と上訴　上(昭和五五年)、中(昭和五五年)、下(昭和五五年)　有斐閣
佐々木吉男先生追悼論集　民事紛争の解決と手続(平成一二年)　信山社
新堂幸司先生古稀祝賀　民事訴訟法理論の新たな構築　上巻、下巻(平成一三年)　有斐閣
末川先生古稀記念　権利の濫用　上(昭和三七年)、中(昭和三七年)、下(昭和三七年)　有斐閣
鈴木正裕先生古稀祝賀　民事訴訟法の史的展開(平成一四年)　有斐閣
貞家最高裁判事退官記念論文集　民事法と裁判　上(平成七年)、下(平成七年)　社団法人民事法情報センター
中田淳一先生還暦記念　民事訴訟の理論　上(昭和四四年)、下(昭和四五年)　有斐閣
中野貞一郎先生古稀祝賀　判例民事訴訟法の理論　上(平成七年)、下(平成七年)　有斐閣
中村英郎教授古稀祝賀　民事訴訟法学の新たな展開　上巻(平成八年)　成文堂
中村宗雄教授還暦祝賀論集　訴訟法学と実体法学(昭和三〇年)　早稲田大学法学会
中村宗雄先生古稀祝賀論集　民事訴訟の法理(昭和四〇年)　敬文堂
原井龍一郎先生古稀祝賀　改革期の民事手続法(平成一二年)　法律文化社
松田判事在職四十年記念　会社と訴訟　上(昭和四三年)、下(昭和四三年)　有斐閣
三ケ月章先生古稀祝賀　民事手続法学の革新　上巻(平成三年)、中巻(平成三年)、下巻(平成三年)　有斐閣
山木戸克己教授還暦記念　実体法と手続法の交錯　上(昭和四九年)、下(昭和五三年)　有斐閣
吉村徳重先生古稀記念論文集　弁論と証拠調べの理論と実践(平成一四年)　法律文化社
竜嵜喜助先生還暦記念　紛争処理と正義(昭和六三年)　有斐閣

〔講　座〕

三宅省三＝塩崎勤＝小林秀之 編集代表　新民事訴訟法大系―理論と実務 第一巻〜第四巻(平成九年)　青林書院

竹下守夫 編集代表　講座新民事訴訟法Ⅰ(平成一〇年)、Ⅱ(平成一一年)、Ⅲ(平成一〇年)　弘文堂

〔実 務 書〕

塚原朋一・柳田幸三・園尾隆司・加藤新太郎 編集　新民事訴訟法の理論と実務 上・下(平成九年)　ぎょうせい

滝井繁男・田原睦夫・清水正憲 共編　論点新民事訴訟法(平成一〇年)　判例タイムズ社

〔外国民事訴訟法典〕

法務大臣官房司法法制調査部編　ドイツ民事訴訟法典―一九九一年一一月一〇日現在(法務資料四五〇号)　法曹会

同　新フランス新民事訴訟法典(昭和五三年)(法務資料四三四号)　法曹会

同　オーストリア民事訴訟法典(平成九年)(法務資料四五六号)　法曹会

同　イタリア民事訴訟法典―一九九五年一二月二〇日現在(法務資料四五五号)　法曹会

三ケ月章・柳田幸三 編　各国民事訴訟法対照条文(平成七年)　信山社

〔そ の 他〕

竹下守夫・青山善充・伊藤眞 編集代表　研究会・新民事訴訟法―立法・解釈・運用(ジュリスト増刊)(平成一一年)　有斐閣

〔裁判所関係資料〕

最高裁判所事務総局民事局監修　条解民事訴訟規則(民事裁判資料第二一三号)(平成九年)　司法協会

最高裁判所事務総局民事局監修　新しい民事訴訟の実務(民事裁判資料第二一五号)(平成九年)　法曹会

最高裁判所事務総局民事局監修　民事訴訟の新しい運営に関する執務資料(民事裁判資料第二二九号)(平成一二年)　法曹会

最高裁判所事務総局民事局監修　少額訴訟手続関係資料―簡易裁判所判事協議会協議要録(民事裁判資料第二二三号)(平成一〇年)　法曹会

最高裁判所事務総局民事局監修　少額訴訟手続関係資料(その2)(民事裁判資料第二三一号)(平成一二年)　法曹会

最高裁判所事務総局民事局監修　民事訴訟の新しい運営に関する執務資料(民事裁判資料第二二九号)(平成一二年)　法曹会

最高裁判所事務総局民事局監修　計画審理を中心とする複雑訴訟の運営に関する執務資料(民事裁判資料第二三五号)(平成一三年)　法曹会

東京地方裁判所監修
　東京地方裁判所における新民事訴訟法・規則に基づく実務の運用―東京地方裁判所新民事訴訟法施行準備委員会報告(改訂版)(平成一二年、初版・平成一〇年)　司法協会

大阪地裁新民訴法研究会
　実務新民事訴訟法(平成一〇年)　判例タイムズ社

財団法人法曹会編
　新民事訴訟法・同規則の運用と関係法律・規則の解説(平成一一年)　法曹会

司法研修所編　九訂民事判決起案の手引(平成一三年)　法曹会

司法研修所監修　四訂民事訴訟第一審手続の解説―事件記録に基づいて(平成一三年)　法曹会

大塚　啓志・安原　義弘・小松　貢・原田　明・近藤　基・定久　朋宏
　新民事訴訟法における書記官事務の研究(Ⅰ)(Ⅱ)(Ⅲ)(平成九年度書記官実務研究)(平成九年)　司法協会

山田　浩子・池田　友
　民事上訴審の手続と書記官事務の研究(平成一一年度書記官実務研究)(平成九年)　司法協会

〔法務省関係資料〕

法務省民事局参事官室編　一問一答新民事訴訟法(平成八年)　商事法務研究会

〔弁護士会関係資料〕

日本弁護士連合会民事訴訟法改正問題委員会編
　改正のポイント新民事訴訟法(別冊NBL四二号)(平成九年)　商事法務研究会

東京弁護士会編　新民事訴訟法と弁護士業務―民事裁判の大改革とその対策(別冊NBL三九号)(平成九年)　商事法務研究会

第一東京弁護士会　新民事訴訟法実務ガイドブック(平成九年)

第二東京弁護士会民事訴訟改善研究委員会編
　新民事訴訟法実務マニュアル〔改訂版〕(平成一二年、初版・平成九年)　判例タイムズ社

〔立法関係資料〕

＊旧法関係

松本　博之・河野　正憲・徳田　和幸 編著
　民事訴訟法〔大正改正編〕1～5・別冊総索引(日本立法資料全集)(平成五年～八年)　信山社

松本　博之 編著　民事訴訟法〔戦後改正編〕2～4―Ⅱ(日本立法資料全集)(平成九年～一一年)　信山社

＊新法関係

〔裁判所関係資料〕

最高裁判所事務総局民事局
　民事訴訟手続に関する検討事項に対する各裁判所の意見(平成四年六月)

最高裁判所事務総局民事局
民事訴訟手続に関する改正要綱試案に対する各裁判所の意見（平成六年四月）
最高裁判所事務総局民事局監修
民事訴訟手続の改正関係資料（民事裁判資料第二一〇号）（平成八年）
民事訴訟手続の改正関係資料（２）（民事裁判資料第二一四号）（平成九年）
民事訴訟手続の改正関係資料（３）（民事裁判資料第二二一号）（平成一〇年）
最高裁判所事務総局民事局監修
民事訴訟法規新旧対照条文（民事裁判資料第二二二号）（平成九年）

〔法務省関係資料〕

法務省民事局参事官室
民事訴訟手続に関する検討事項（平成三年一二月）
法務省民事局参事官室
民事訴訟手続に関する検討事項補足説明（平成三年一二月）
法務省民事局参事官室
民事訴訟手続に関する改正要綱試案（平成五年一二月）
法務省民事局参事官室
民事訴訟手続に関する改正要綱試案補足説明（平成五年一二月）
法務省民事局参事官室
「民事訴訟手続に関する改正要綱試案」に対する意見集（平成六年一二月）
法　務　省　平成八年第百三十六回国会提出　民事訴訟法案関係資料（平成八年）
法　務　省　平成八年第百三十六回国会提出　民事訴訟法の施行に伴う関係法律の整備等に関する法律案関係資料（平成八年）
法　務　省　平成一三年第百五十一回国会提出　民事訴訟法の一部を改正する法律案関係資料（平成一三年）

〔弁護士会関係資料〕

日本弁護士連合会
「民事訴訟手続に関する検討事項」に対する意見書（平成四年七月）
日本弁護士連合会
「民事訴訟手続に関する改正要綱試案」に対する意見書（平成六年三月）
東京弁護士会
「民事訴訟手続に関する検討事項」に対する意見書（平成四年三月）
第一東京弁護士会
「民事訴訟手続に関する検討事項」に対する意見書（平成四年三月）
第二東京弁護士会
「民事訴訟手続に関する検討事項」に対する意見書（平成四年三月）
大阪弁護士会
民事訴訟手続に関する検討事項に対する意見書（平成四年三月）
大阪弁護士会
民事訴訟手続に関する改正要綱試案に対する意見書（平成六年一月）

主要参考文献

〔司法制度改革審議会関係資料〕
司法制度改革審議会
　　司法制度改革審議会意見書（平成一三年六月一二日）
司法制度改革審議会
　　「民事訴訟利用者調査」報告書（本文）（平成一二年一二月一二日）
司法制度改革審議会
　　「民事訴訟利用者調査」報告書（資料編）（平成一二年一二月一二日）

173条 ……………………323
173条1項…………337, 912, 964

民事執行規則
4条 ……………………573
17条2項 ……………………686
20条2項 ……………………573
20条3項 ……………………573
20条4項 ……………………573
41条1項 ……………………567

民事調停法
4条……………………77
16条……………………862
17条……………………919
19条……………………270, 273
20条2項 ……………………919, 920
24条の3 ……………………963

民事調停規則
2条 ……………………233
5条 ……………………593
8条2項3項 ……………………145
11条……………………540

民事保全法
3条 ……………505, 509, 830
6条……………………37
12条……………………40, 54
12条1項……………………37
12条10号～12号 ……………54
12条13号～15号 ……………55
13条2項 ……………………731
20条1項 ……………………329
23条1項 ……………………329
23条2項 ……………………329
23条以下……………………689
29条……………………509
30条……………………506
37条 ……………………40
38条 ……………………40
39条 ……………………40
40条1項 ……………………506
41条3項 ……………1012, 1013
41条4項 ……………………506
53条1項 ……………………689
規13条1項1号……………………245

有限会社法
6条7号 ……………………51
13条2項2号 ……………………51
27条ノ2 ……………………123
41条……………………851
44条ノ2第1項……………………728
45条……………………728
63条……………………185
63条1項 ……………………894, 905
75条1項……………………51
75条1項……………………51, 185

郵便法44条……………571581,
予算決算及び会計令29条 …56
預金保険法附則15条………395

労働基準法
56条……………………113
59条……………………113

労働組合法11条1項 ………102
民事訴訟手続に関する条約昭和45年6月5日条約第6号…………………… 575
民事又は商事に関する裁判上及び裁判外の文書の外国における送達及び告知に関する条約(昭和45年6月5日 条約 第7号)…………………… 575
日本国とアメリカ合衆国との間の領事条約(昭和39年7月17日 条約 第16号)…………………… 575
日本国とグレート・ブリテン及び北部アイルランド連合王国との間の領事条約(昭和40年9月29日条約第22号)………… 576

[外国法]
アメリカ合衆国連邦民事訴訟規則23条 ………… 407
イタリア民事訴訟法 18 条…51
オーストリア裁判管轄法
65条 ……………………51
オーストリア民事訴訟法 462
20条……………………648
138条1項, 178条 ……… 462
テッヒョウ草案86条3項,
232条 ……………403, 463
ドイツ民事訴訟法…………483
12条 ……………………51
29条 ……………………55
38条1項……………………60
69条……………………648
78条〔弁護士訴訟〕………143
265条 ……………………688
278条3項……………………483
287条 ……………………776
794条1項1号 ……………954
1025条2項 ………………316
ドイツ民法
139条 ……………………427
269条……………………55
852条2項……………………166
西ドイツ民事訴訟法323条 898
フランス民事訴訟法…463, 483
11条……………………463
16条……………………483
24条……………………463
42条 ……………………51

743条 ……………………………184
744条 ……………………………896
744条1項本文……………………391
752条 ……………………………639
753条 ……………………113, 134
764条 ……………………………184
770条 ……………………………184
770条1項1号 …………………849
770条1項2号 …………………849
770条1項3号 …………………849
770条1項4号 …………………849
770条1項5号 …………………849
770条2項………………………851
772条 ……………………………816
772条1項………………………771
773条 ……………………193, 378
775条 ……………114, 184, 682
776条 ……………………………194
783条1項………………………100
787条 ……………………114, 184
802条 ……………………………184
803条 ……………………………184
814条 ……………………………184
815条 ……………………………114
817条の9………………………354
818条3項………………133, 141
823条 ……………………………113
824条 ……………………………126
825条 ……………………………135
826条 ……………………………130
826条1項………………………127
859条 ……………………126, 127
860条 ……………………………130
864条 ……………………133, 148
886条 ……………………………100
903条1項………………350, 359
906条 ……………………………193
907条 ……………………………317
908条 ……………………………193
918条3項………………………128
921条 ……………………………870
926条2項………………………128
936条1項………………127, 128
936条2項………………………128
940条2項………………………128
943条2項………………………128
950条2項………………………128
952条 ……………………………127
953条 ……………………………127
958条の3………………………360
965条 ……………………………100
1012条…………………392, 585
1013条…………………………392
1015条…………………………392
1021条…………………………827
1027条…………………………827
1028条…………………………827
1041条1項 ……………………542
民法施行法5条2号……………169

民事再生法

10条………………………………573
26条1項3号……………………592
27条………………………………324
40条1項 ………………………585
67条………………………………385
67条1項 ………………………685
70条………………………………609
104条3項………………………862
106条3項………………………619
111条2項………………………862

民事執行法

2条…………………………………40
3条…………………………………40
4条 ……………………505, 830
5条 ……………………………506
11条 ……………………………40
13条………………………………145
19条 ……………37, 39, 74, 900
22条1号 ………………………178
22条2号 ………………………178
22条7号……………………… 952, 964, 972, 979
23条………………………………686
23条1項 ………………………903
23条1項1号……………………405
23条1項2号……………………406
23条1項3号………106, 689, 965
23条2項 ………………………106
23条3項 ………………893, 903
24条3項……………………………32
27条1項 ………………326, 332
27条2項……………………… 109, 324, 903, 959
30条………………………………326
31条………………………………326
24条約31条1項a・b・c ……32
32条……………………110, 903
32条1項 ………………………332
33条2項…………………74, 900
34条……………………325, 903
34条2項 ………………267, 900
35条………………………………325
35条2項 ………………863, 867
35条3項……………74, 267, 900
36条 ………………………………40
36条3項……………………………40
37条 ………………………………40
38条 ………………………………40
39条1項5号……………………914
40条1項 ………………………914
44条 ………………………………39
44条2項……………………………37
44条3項……………………………37
53条………………………………202
64条4項 ………………………573
74条4項………………………1013
83条………………………………325
83条1項 ………………………325
83条3項 ………………………325
128条2項………………………829
132条………………………………40
155条1項………………………385
157条 …………………385, 636
157条1項 ………………… 324, 388, 618, 632
157条2項………………………505
171条2項 ………………………41
172条1項………………………335
172条4項………………………335
172条6項 ………………………41

57条4号 ……………………155
72条……………………150, 156
旧弁護士法24条……………123
旧々弁護士法14条…………123
弁護士倫理4条，7条………464

弁理士法

5条 …………………………161
75条…………………………400

法人税法131条 ……………768

民　法

1条ノ3………………………100
2条 …………………………100
4条 …………………………112
5条 …………………………113
6条1項………………………113
10条…………………………134
11条…………………………116
12条1項4号…………………115
16条1項 ……………………116
25条…………………………127
26条…………………………127
27条…………………………127
28条…………………………127
28条…………………………127
29条…………………………127
36条…………………………100
43条…………………………100
50条…………………………107
57条………………123, 127, 130
73条…………………………100
90条…………………………486
95条…………………………467
96条3項 ……………………212
97条ノ2 ……………………579
97条ノ2第3項………………578
97条ノ2第3項ただし書……579
100条 ………………………766
101条2項……………………153
102条 ………………111, 112
103条1号……………………128
108条 ………………………123
109条 ………………………138
111条1項1号 ………134, 155
111条1項2号 ………134, 155
111条2項……………………155
117条1項……………623, 628
119条 ………………………334
136条1項……………………772
140条 ………………………567
140条ただし書 ……………567
145条 ………………480, 494
147条1号…………222, 272, 664
148条 ………………278, 279
149条……………………… 73, 279, 280, 678, 712, 936
151条 ………………………273
157条2項……………280, 911
162条 ………………………480
162条1項……………………772
167条 ………………………480
167条1項……………………762
174条ノ2…………222, 224, 911
174条ノ2第1項 ……………280
174条ノ2第2項 ……………280
186条1項……………………772
186条2項……………………771
188条 ………………375, 771
201条 ………………………256
202条 ……214, 215, 216, 848
202条1項……………214, 216
202条2項……………………722
229条 ………………………771
252条ただし書 ……………611
256条1項……………………191
258条 ………………191, 377
258条2項……………………192
284条2項……………………278
367条 ………………………385
388条ただし書 ……………203
395条ただし書…………… 185, 358, 609
403条 ………………………339
406条 ………………………706
412条3項……………………256
415条後段 …………………762
416条 ………………………543
417条 ………………………335
419条…………………18, 762
420条3項……………………772
423条 ………………385, 643
424条 ………………185, 186
425条 ………………………186
426条 ………………………186
434条 ………………279, 911
436条 ………………………911
448条 ………………620, 910
452条 ………………………438
459条1項……………………911
467条1項……………………358
484条…………………………53
504条 ………………………427
506条 ………………………556
509条 ………………211, 219
520条 ………………………826
533条 ………………………438
536条2項但書………………339
537条 ………………………358
542条 ………………………328
557条1項……………………772
573条 ………………………772
612条 ………………………767
619条1項……………………771
629条1項……………………771
643条 ………………………148
644条…………………………83
645条 ………………172, 173
650条 ………………………358
651条 ………………………155
653条 ………………………155
653条前段 …………………586
667条 ………………………103
668条 ………………………103
695条 ………………………953
709条……………54, 766, 775
717条 ………………623, 628
721条 ………………………100
722条1項……………………335
724条後段 …………………481
742条 ………………………184

電子署名法
2条 ……802
3条 ……802

電気通信事業法
4条2項……245
104条 ……245

特定住宅金融専門会社の債権債務の処理の促進等に関する特別措置法19条1項2項……395

特定電気通信業者の責任制限法4条 ……246

特許法
48条の3第1項……569
54条2項 ……593
100条 ……240, 334
100条1項……240
100条2項……240
103条 ……771
104条の2本文……436
104条ただし書 ……436
104条 ……771
105条 ……728, 804
105条の2……797
148条3項4項 ……647
178条……1001
178条1項 ……41
180条 ……250
189条 ……572
190条 ……572

独占禁止法
25条……167, 775
84条1項 ……775
85条……41, 1001
86条 ……41
87条2項……27

独立行政法人通則法6条 …101

破産法
1条 ……585
4条 ……100
7条 ……385, 389
16条……317
53条2項 ……771
58条……771
69条 ……586, 587, 1008
69条1項後段 ……586
86条1項 ……587
86条2項 ……587
105条……51
108条……52
110条1項……505
115条 ……573
162条……385, 390, 585, 586, 685
163条 ……609
197条10号 ……928
197条12号 ……928
198条2項本文……928
198条2項但書……928
228条 ……145, 317
240条 ……827
242条 ……862
244条 ……343, 618
244条2項……586, 618
246条1項……586
246条2項……586
248条2項……618
250条 ……618

判事補職権特例法
1条……27
1条の2第1項……26
1条の2第2項……27

非訟事件手続法
6条 ……111, 145
13条……506
76条1項 ……386
126条1項 ……52
135条ノ15……52
135条ノ24……52
136条……52

不正競争防止法
3条 ……334
2条1項4号 ……508
2条1項5号 ……508
2条1項6号 ……508
2条1項7号 ……508
2条1項8号 ……508
2条1項9号 ……508
2条4項……508
3条 ……240
6条 ……728, 804

不動産登記法
3条 ……250, 689, 698
26条……901
27条……392, 901
34条……250
80条1項 ……378
100条1項……378
105条1項……662
144条 ……393
145条 ……251
146条1項……323
152条 ……901

不登細則44条……138
併合裁判籍の規定7条……58

弁護士法
1条2項……463
2条 ……150
3条1項 ……83
23条……171
23条の2 ……171, 246, 727
23条の2第1項前段……170
23条の2第1項後段……170
23条の2第2項……170
24条……131
25条……124, 125
25条1号 ……123, 124
25条2号 ……123
57条3号 ……155

商標法

36条……240, 334
39条……728, 804
63条1項……41
63条2項……250

小切手法73条……653

信託法

11条……394, 396
24条……609

人事訴訟手続法

1条……37, 50, 78, 184
1条ノ2……37, 78
2条……349, 377
2条2項……358, 609
2条3項……194, 354, 378, 391, 681, 1017
2条4項……194, 391, 681
3条……115
3条1項……113
3条2項……113, 121
3条3項……121
3条4項……113
4条……115, 131, 377, 391
5条……391
5条3項……250
6条……391, 940
7条……553
7条2項……47, 554, 703
7条2項ただし書……114, 702, 708
7条2項本文……721
8条……715, 721
9条……313
10条……500, 949
10条1項……549, 940
10条2項……736
13条……593
14条……499, 500, 940
14条ただし書……501
15条……131, 703
18条……500, 894, 905
18条1項……648
20条……377
22条……987
23条……668
24条……50, 113, 184, 349, 354
25条……115
26条……37, 78, 113, 114, 115, 250, 354, 391, 499, 500, 593, 609, 736, 894, 905, 949
27条……50, 184, 354, 500
28条……115, 391
29条3項……588, 682
30条1項……193, 378
30条2項……194, 378
30条3項……194, 378
30条4項……194
31条……500
31条1項……391
31条2項……500, 940
31条2項ただし書……501
32条……194, 250, 354, 378, 391, 500
32条1項……113, 114, 115, 500, 736, 894, 905
32条2項4項……391
33条……250, 894, 895

人事訴訟手続法33条の規定による通知に関する規則……250

人身保護法

2条……266
6条……414
20条……250
21条……1001
22条……250
22条1項……72
22条2項……72

人身保護規則

4条……266
21条1項1号……266
46条……267
43条……72
43条2項……72
44条1項……72

税理士法

2条の2……161
7条……308

建物区分所有法26条4項……395, 396

地方自治法

9条1項……202
9条2項……202
9条9項……202
9条の3……202
9条の4……202
10条……107
74条の2……1001
96条1項12号……138
118条5項……298
127条4項……298
151条の2第3項……298
153条1項……157
242条……107
242条の2……44, 107, 618
242条の2第1項4号……15, 614
地方自治法243条の２第４項による請求に関する規則２項……137

地方税法12条……107
中協44条2項……156, 158

著作権法

112条……240, 334
114条の2……728, 804

私立学校法28条2項 ………138
歯科医師法23条……………820
自賠法 3 条ただし書………766

実用新案法
27条……………………240, 334
30条……………………728, 804
40条の2 ……………………593
47条1項………………………41
47条2項 ……………………250

借地借家法
6条 …………………………488
11条…………………………886
28条…………………………488
45条…………………………506

手形法
18条…………………………395
20条2項 ……………………771
38条1項 ……………………429
39条1項 ……………………429
43条…………………………341
43条後段各号…………340, 341
48条2項 ……………………340
77条1項4号…………………341
86条…………………………653
86条1項 ……………………653

宗教法人法
4条 …………………………304
18条1項 ……………………304

罹災都市借地借家臨時処理法
15条…………………………966
25条…………………………966

所得税法156条 ……………768

商　法
4条……………………………60
6条 …………………………113
8条……………………………60
12条……………………138, 139
20条…………………………334
20条2項 ………………766, 771
35条…………728, 777, 803, 805
35条3号 ……………………805
35条4号 ……………………806
37条…………………………159
38条…………………………159
38条1項 ……………………156
39条…………………………158
39条2項 ……………………133
40条…………………………159
63条4号………………………51
64条1項2号 …………………51
75条…………………………123
77条…………………………133
81条1項 ……………………109
88条 …………………………39
104条 ………………………185
105条3項……………………554
105条4項……………………894
109条 ……………………894, 905
109条1項……………………959
116条 ………………………100
136条 ……………………185, 618
136条3項 ……51, 554, 894, 905
140条 ………………………185
142条………………51, 894, 905
147条…………………………51
148条…………………………51, 256
149条1項 ……………………51
166条1項8号…………………51
180条3項……………………851
188条2項2号…………………51
203条2項……………………379
247条 …………185, 618, 849
247条1項3号 ………………763
247条2項……554, 648, 894, 905
248条1項……………………547
251条 ……………………318, 851
252条 ……………………185, 349
252条………………………
349, 352, 554, 618, 849, 894, 905
256条 ………………………366
257条 ………………………609
257条3項……………………185
257条4項……………………185
262条 ……………………138, 141
267条 ……………………385, 618
267条4項…………………15, 45
268条3項……………………651
268条5項……………………959
268条6項………………958, 959
272条……………………44, 334
273条 ………………………366
280条ノ15………………
185, 349, 380, 713
280条ノ16 ………554, 894, 905
280条ノ15第1項……………547
293条ノ6……………………728
293条ノ6第1項 ……………805
294条 ………………………728
297条 ………………………157
363条5項………………894, 905
372条2項………………894, 905
374条ノ10 …………………685
374条ノ12第6項………894, 905
374条ノ28第3項………894, 905
380条3項…………554, 894, 905
415条 ……………………185, 684
415条3項………………894, 905
416条1項 ………………51, 554
428条 ………………………185
503条2項……………………772
504条 ……………………474, 766
511条 ………………………474
516条……………………53, 432
516条1項 ……………………58
516条2号〜9号………………53
707条1項……………………156
713条1項……………………156
811条2項………………391, 685
登規56条……………………138

794条1項……………………963
796条…………………………40
800条 ………………………862
801条 ……………187, 981
805条…………………………40

公証人法

1条 …………………………169
25条…………………………169
57条ノ2第2項………………573
58条ノ2 ……………………813
60条ノ5 ……………………814
58条ノ2第1項………………792

公職選挙法

25条 ………………………1001
90条…………………………368
203条…………………………41
204条…………………………41

行政機関情報公開法36条 …35

行政事件訴訟法

3条4項………………………349
4条 …………………………200
7条 ………………834, 928
9条 …………………………368
11条1項 ……………………101
13条 …………………………81
14条3項ただし書 …………273
15条………………273, 674
15条1項 ……………………674
15条3項 ……………………273
15条4項 ……………………919
16条………………702, 718
16条1項 ……………………702
19条…………………………711
22条…………………………636
22条4項 ……………………647
23条…………………………636
24条…………………………500
24条ただし書………………501
31条………………318, 851
31条2項 ……………………835
32条1項 ……………500, 904
34条4項 ……………………595
36条…………………………349
38条…………………………101
41条…………………………200

国有財産法

31条の3第1項………………201
31条の3第2項………………201
31条の3第3項………………201
31条の4 ……………………201

国家公務員法75条以下……101

最高裁判所裁判事務処理規則

4条 …………………………249
5条 …………………………249

裁判法

2条1項 ………………………25
3条 ………296, 299, 300, 306
3条1項………………296, 297
4条 ……………82, 999, 1009
5条1項 ………………………26
6条……………………………25
7条1号 ………………………41
9条……………………………26
9条3項 ………………………27
12条 …………………………25
15条 …………………………26
16条1号………………………41
16条2号……………………1012
16条3号………………………41
18条2項………………………27
18条2項本文…………………26
18条2項ただし書……………27
20条 ………………25, 298
22条…………………25, 72
23条 …………………………26
24条1号………………………41
24条3号………………………41
24条1項 ……………42, 44
26条1項………………………27
26条2項………………………27
26条3項………………………27
26条3項………………………27
27条1項………………………27
27条2項………………………27
29条 ………………25, 298
31条…………………25, 72
31条の2………………………26
31条の5……………25, 298
32条 …………………………26
33条 …………………………41
33条1項1号 ………42, 977
35条 …………………………27
35条1項………………………27
37条…………………………298
48条 …………………………82
57条 …………………………26
57条1項………………………29
57条2項………………………30
58条 …………………………26
60条…………………26, 28
60条2項………………………28
60条2項………………………28
60条3項………………………28
60条4項 ……………………556
60条5項 ……………………556
60条の2………………………26
61条の2………………………26
69条 …………………………24
70条…………………………842
71条1項 ……………………414
74条…………………………503
75条…………………………838
75条2項………………………27
76条…………………………838
77条1項 ……………………838
77条2項1号………………838
78条 …………………………28
80条 …………………………25
81条 …………………………82

裁判官分限法3条……………82
司法試験法4条1項1号 ……308

188条 ……583
208条 ……530
214条 ……437
216条2項……481
311条1項……792

意匠法
意匠37条……240, 334
意匠41条……728, 804
意匠59条1項……41
意匠59条2項 ……250

医師法24条……820
下級裁判所の設立及び管轄区域に関する法律2条 …36, 49

下級裁判所事務処理規則
4条 ……249
6条 ……249
7条 ……249
8条 ……249
10条の2 ……249

家事審判法
9条1項乙類10号……317
17条 ……77
19条……194
19条2項 ……919
21条の2 ……961
23条……194, 919
24条1項 ……919

家事審判規則
4条……77
5条2項3項 ……145
106条1項……127, 128
129条の2 ……77
130条 ……593

会計法
6条……56
30条……274
31条1項 ……480
31条2項 ……274
32条……274

会社更生法
6条……51
7条……52
9条 ……505
12条……573
15条……573
37条1項 ……592
68条……585
71条1項……73
93条1項 ……587
93条2項 ……587
96条……390, 685
97条……609
136条 ……145
145条 ……862
147条 ……343, 618
147条3項……618
152条2項……618

旧借地法12条……886

旧民法
111条 ……279
666条 ……130

刑法169条 ……785, 793
刑事訴訟法320条 ……751

国の利害関係訴訟の法務大臣の権限法
1条……50
2条 ……156
3条 ……157
5条 ……156
5条3項……157
6条の3……157
7条 ……156
7条3項……157
8条 ……157
9条 ……156

憲　法
29条……508
32条 ……
20, 25, 296, 315, 467, 509, 781, 968, 1004
76条 ……24, 298, 829
76条1項……25
76条1項……25, 296
76条2項……25
76条3項……82
77条……298
78条前段 ……82
78条後段 ……82
79条1項……26
80条……298
80条1項 ……298
82条1項 ……507, 842
82条2項 ……508
82条2項本文 ……507
82条2項ただし書 ……507

検察庁法4条 ……391
個別労働紛争解決法16条…272

戸籍法
15条……901
63条……901
77条……901
79条……901
89条 ……93
116条 ……354, 901

公害紛争処理法36条の2 …272

公示催告仲裁手続法
764条2項 ……42
766条 ……573
767条 ……567
774条 ……981
774条1項……855
775条 ……595
786条 ……316

171条 ……529
172条 ……529
173条 ……529
173条1項……989
173条2項……855, 989
173条3項……989
174条 ……529, 989
175条 ……524
176条 ……990
177条1項……992
177条2項……992
180条 ……994
182条 ……990
183条 ……990
184条 ……841
186条 ……989
188条……1006
189条1項 ……574, 1004
194条 ……1005, 1007
196条……1004
196条1項……414
197条1項前段 ……1005
197条1項後段 ……1005
197条2項 ……1005
197条3項 ……1005
198条前段……1005
198条後段……1005
199条……1006
200条……1006
201条……
414, 511, 524, 1005, 1006
203条……41
204条……1010
205条……1013
206条……1014
207条……1014
223条 ……979

民事訴訟費用等に関する法律

2条2号……799
2条11号……18
3条……17, 244
3条1項別表第1……17
3条1項 ……43, 652
3条1項別表1第2項……989
4条 ……244
4条1項 ……43, 47, 48
4条2項……44, 47
4条3項 ……47
6条……17
8条 ……244
11条 ……17
11条1項……17, 777
11条1項1号……652, 799
12条1項……17
12条2項……17, 778
18条……785, 799

旧民事訴訟法(大正15年)

21条 ……58
46条……105
47条……103
57条 ……94
60条……656, 659
85条 ……94
85条 ……94
137条 ……544
137条 ……547, 782
139条 ……421
146条 ……557, 558
154条2項……565
182条 ……550
196条2項……913
201条 ……279
208条……94
225条 ……345
226条 ……326, 355
243条1項……525
244条 ……245
247条 ……525
249条 ……530, 533
250条 ……533
251条 ……533
252条 ……533
253条 ……533
254条 ……533
255条 ……533
255条1項……549
256条 ……533
260条 ……789
267条2項……731
298条 ……792
312条 ……808
321条 ……822
332条 ……813
336条 ……794
336条 ……794
338条 ……795
384条ノ2……984
394条……497, 1003
396条 ……985
410条……1013
420条1項3号 ……580
420条1項5号 ……941
434条 ……278
436条2項……643
453条 ……438
457条 ……278
457条2項……643
458条 ……279
483条 ……658
492条3項……954
643条……83
773条 ……573
824条 ……132
826条 ……123, 127
860条 ……123, 127

旧民事訴訟規則

16条……534
17条……534
26条……530, 531
27条……530
28条……530
29条……530

旧々民事訴訟法(明治23年)

20条3項 ……723
62条 …… 147